KB271954

한 번에 합격, 자격증은 이기적
이렇게
기막힌
적중률

함께 공부하고 특별한 혜택까지!
이기적 스터디 카페

구독자 약 15만 명, 전강 무료!
이기적 유튜브

합격을 위한 기적 같은 선물
또기적 합격자료집

혼자 공부하기 외롭다면?
온라인 스터디 참여

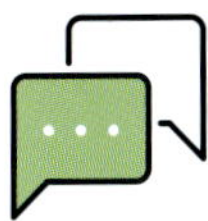

모든 궁금증 바로 해결!
전문가와 1:1 질문답변

1년 내내 진행되는
이기적 365 이벤트

도서 증정 & 상품까지!
우수 서평단 도전

간편하게 한눈에
시험 일정 확인

합격까지 모든 순간 이기적과 함께!

이기적 365 EVENT

QR코드를 찍어 이벤트에 참여하고 푸짐한 선물 받아가세요!

1 기출문제 복원하기

이기적 책으로 공부하고 시험을 봤다면 7일 내로 문제를 제보해 주세요!

2 합격 후기 작성하기

당신만의 특별한 합격 스토리와 노하우를 전해 주세요!

3 온라인 서점 리뷰 남기기

온라인 서점에서 책을 구매하고 평점과 리뷰를 남겨 주세요!

4 정오표 이벤트 참여하기

더 완벽한 이기적이 될 수 있게 수험서의 오류를 제보해 주세요!

※ 이벤트별 혜택은 변경될 수 있으므로 자세한 내용은 해당 QR을 참고해 주세요.

합격 후기 EVENT

블로그에 자랑 남기기

개인 블로그에
합격 후기 작성하고 20,000원 받기!

20,000원

네이버페이 포인트 지급

카페에 자랑 남기기

이기적 스터디 카페에
합격 후기 작성하고 5,000원 받기!

5,000원

네이버페이 포인트 지급

※ 자세한 참여 방법은 QR코드 또는 이기적 스터디 카페 '이기적 이벤트' 게시판을 확인해 주세요.
※ 이벤트에 참여한 후기는 추후 마케팅 용도로 활용될 수 있으며 혜택은 변동될 수 있습니다.

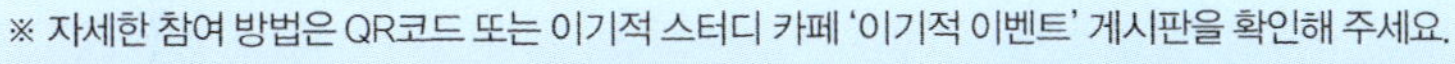
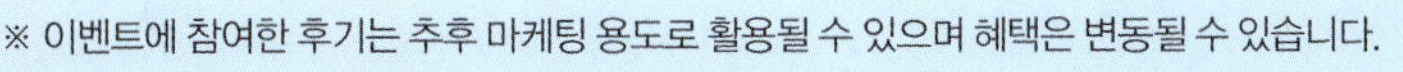

도서 인증하면 고퀄리티 강의가 따라온다!

100% 무료 강의

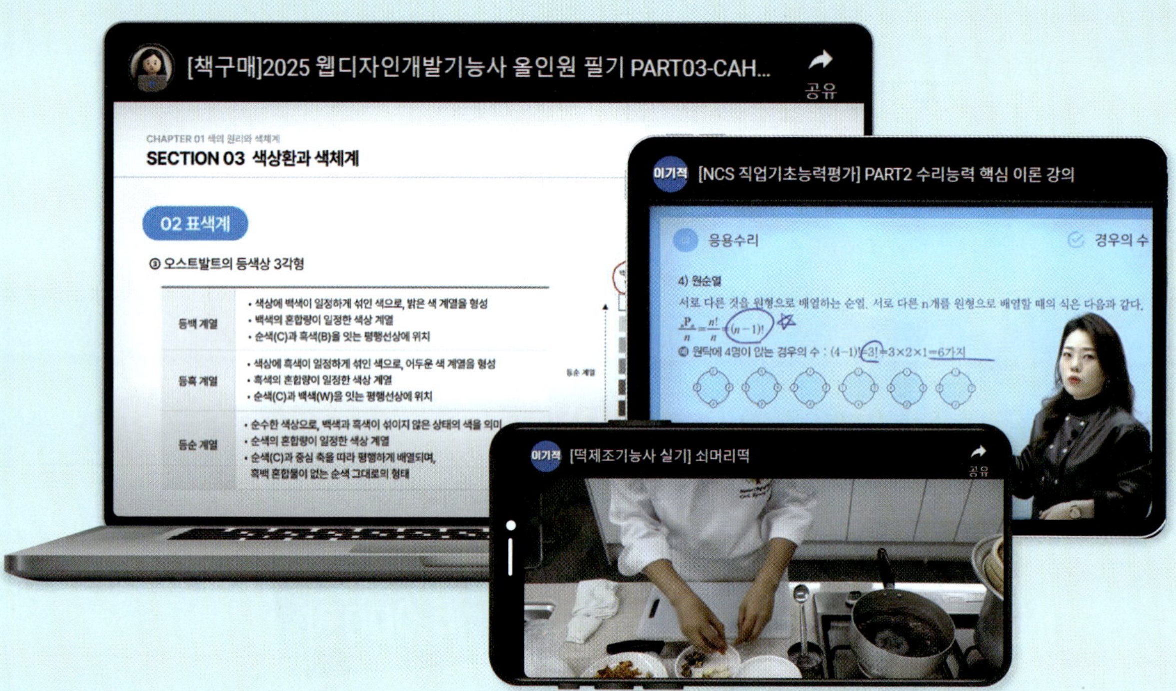

이용방법

STEP 1

이기적 홈페이지
(https://license.
youngjin.com/) 접속

STEP 2

무료 동영상
게시판에서 도서와
동일한 메뉴 선택

STEP 3

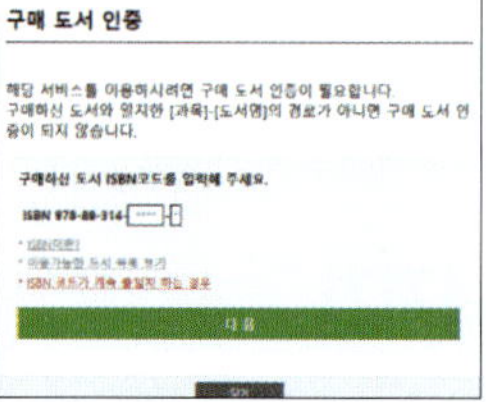

책 바코드 아래의
ISBN 코드와
도서 인증 정답 입력

STEP 4

이기적 수험서와
동영상 강의로
학습 효율 UP!

※ 도서별 동영상 제공 범위는 상이하며, 도서 내 차례에서 확인할 수 있습니다.

◀ 이기적 홈페이지 바로가기

영진닷컴 이기적

합격을 위해 모두 드려요.
이기적 합격 솔루션!

이기적이 여러분을 위해 준비했어요

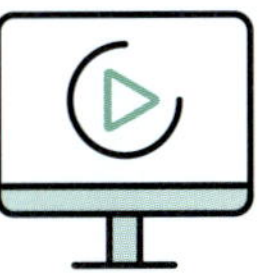

고퀄리티 저자 직강, 무료 동영상 강의

필기 이론부터 실기 문제까지 저자가 직접 알려드립니다.
이기적과 선생님이 함께 준비한 무료 동영상 강의를 시청하세요.

시험 대비에 필요한, 제어도면/트레이닝용 제어판 파일

작업형 시험을 준비할 수 있는 자료를 준비했어요.
이기적 스터디 카페에서 구매 인증 후 받으실 수 있어요.

문제 풀이의 중요성, 2026년 기출문제 수록

이론 학습 후 기출문제도 풀어봐야 실전 대비를 할 수 있겠죠?
문제 풀이로 다져진 실력으로 최종 합격까지 도전하세요.

1:1 질문답변부터 이벤트까지, 이기적 스터디 카페

궁금한 내용은 자유롭게 질문하고, 다양한 이벤트에 참여하세요.
합격 후기를 남겨주시는 분들께는 특별한 선물도 드립니다.

※ 〈2026 이기적 전기기능사 필기+실기 올인원〉을 구매하고 인증한 회원에게만 드리는 자료입니다.

전기기능사

올인원

1권 · 이론서

차례

출제빈도에 따라 분류하였습니다.

상 : 반드시 보고 가야 하는 이론
중 : 보편적으로 다루어지는 이론
하 : 알고 가면 좋은 이론

▶ **합격강의**
표시된 부분은 동영상 강의가 제공됩니다. 이기적 유튜브 채널(youtube.com/@ydot0789)이나 이기적 수험서 사이트
(license.youngjin.com)에 접속하여 시청하실 수 있습니다.

▶ 본 도서에서 제공하는 동영상은 1판 1쇄 기준 2년간 유효합니다. 단, 출제기준안에 따라 동영상 내용은 변경될 수 있습니다.

BONUS 또기적 합격자료집 PDF

- 기초수학 공략집
- 넘버링 제어도면
- 이미지 트레이닝용 제어판

※ **참여 방법** : '이기적 스터디 카페' 검색 → 이기적 스터디카페(cafe.naver.com/yjbooks) 접속 → '또기적 합격자료집' 게시판
→ 구매 인증 → 메일로 자료 받기

이 책의 구성

핵심만 정리한 이론

전문가의 기출 분석을 바탕으로
빠르게 완벽 정리

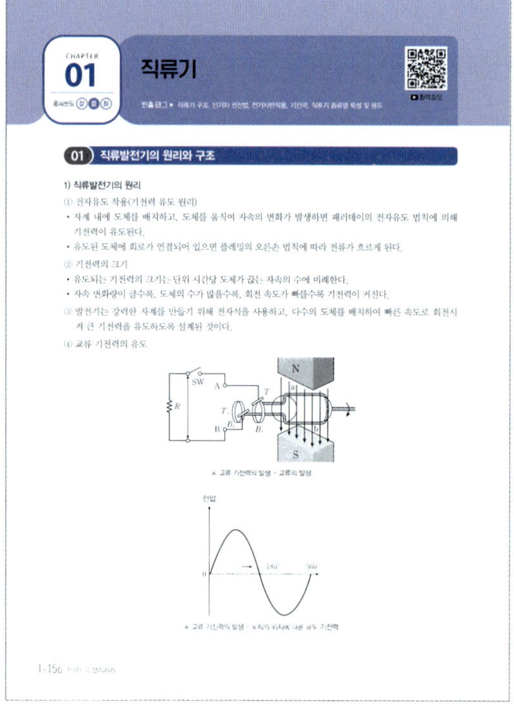

- ✅ QR 코드로 동영상 시청 가능
- ✅ 다년간의 출제 경향 반영
- ✅ 다양한 팁을 통한 학습 능률 상승

문제를 통한 이론 복습

이론별 문제 풀이를 통한
이론 복습 & 실력 점검

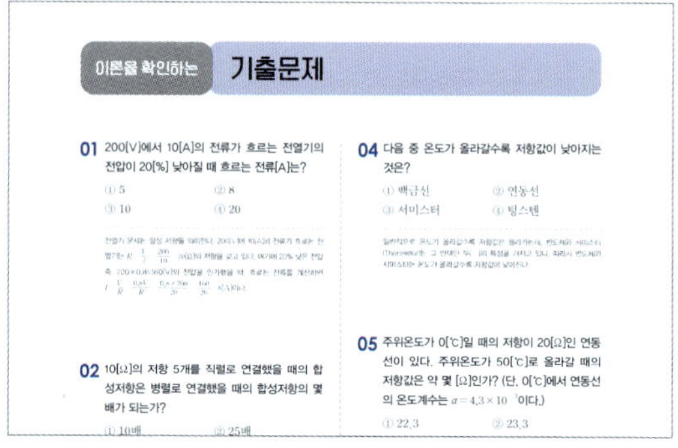

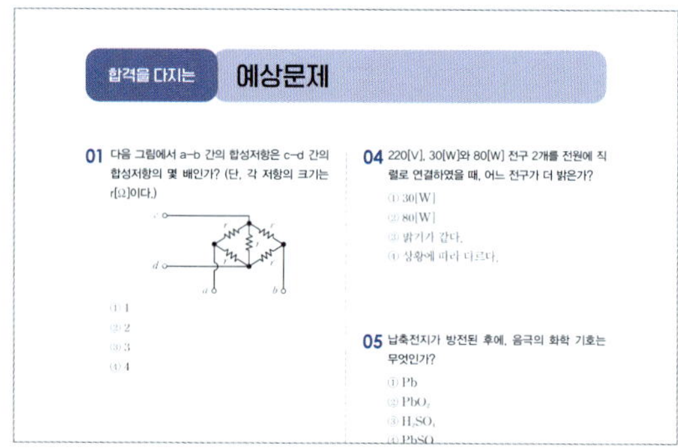

- ✅ 상세하고 친절한 해설
- ✅ 시험 빈출 유형만 엄선
- ✅ 오답 피하기로 틀린 지문 확인

기출문제 & 공개문제 풀이

또기적 합격자료집

기출문제와 공개문제 풀이로
실전 감각 극대화

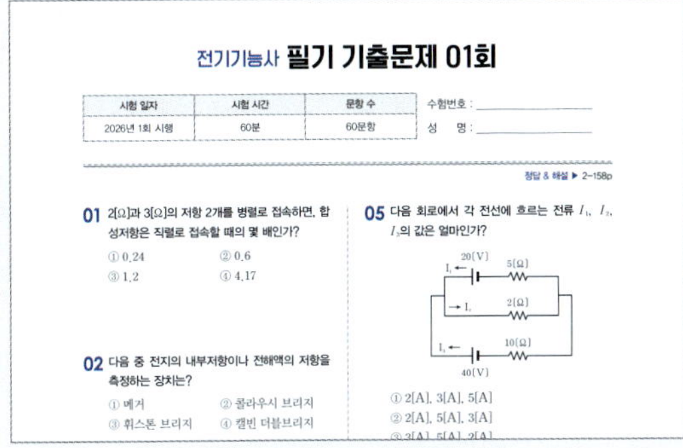

도서 구매자 특별 제공
기초수학 공략집 + 제어도면 및 제어판

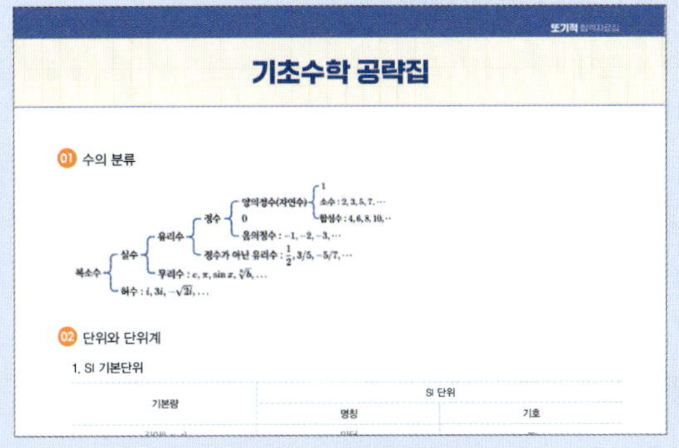

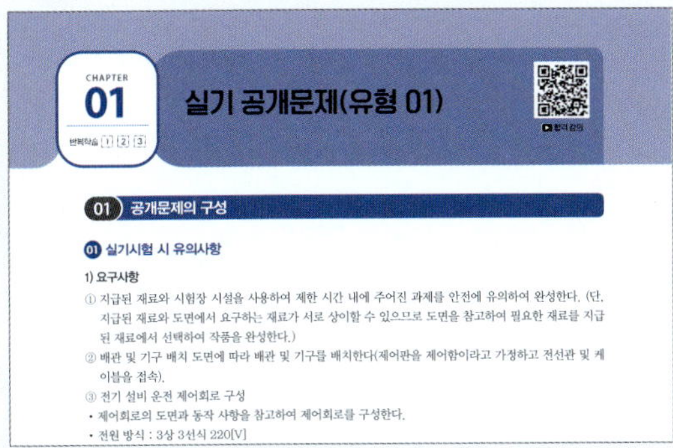

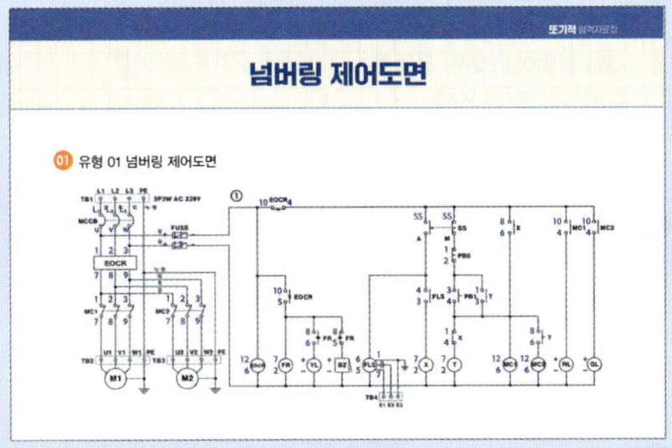

- ✔ 시험 유형 완벽하게 파악
- ✔ 이해가 쏙, 친절한 해설 수록
- ✔ 철저한 실전 대비 가능

- ✔ 수학 공략집으로 약점 보완
- ✔ 제어도면으로 빠르게 넘버링 확인
- ✔ 제어판으로 이미지 트레이닝 가능

CBT 시험 가이드

CBT란?

CBT는 시험지와 필기구로 응시하는 일반 필기시험과 달리, 컴퓨터 화면으로 시험 문제를 확인하고 그에 따른 정답을 클릭하면 네트워크를 통하여 감독자 PC에 자동으로 수험자의 답안이 저장되는 방식의 시험입니다.

오른쪽 QR코드를 스캔해서 큐넷 CBT를 체험해 보세요!

CBT 응시 유의사항

- 수험자마다 문제가 모두 달라요. 문제은행에서 자동 출제됩니다!
- 답지는 따로 없어요!
- 문제를 다 풀면, 반드시 '제출' 버튼을 눌러야만 시험이 종료되어요!
- 시험 종료 안내방송이 따로 없어요!

FAQ

Q CBT 시험이 처음이에요! 시험 당일에는 어떤 것들을 준비해야 좋을까요?

A 시험 20분 전 도착을 목표로 출발하고 시험장에는 주차할 자리가 마땅하지 않은 경우가 많으므로, 대중교통을 이용하는 것을 추천합니다. 무사히 시험 장소에 도착했다면 수험자 입장 시간에 늦지 않게 시험실에 입실하고, 자신의 자리를 확인한 뒤 착석하세요.

Q 기존보다 더 어려워졌을까요?

A 시험 자체의 난이도 차이는 없지만, 랜덤으로 출제되는 CBT 시험 특성상 경우에 따라 유독 어려운 문제가 많이 출제될 수는 있습니다. 이러한 돌발 상황에 대비하기 위해 이기적 CBT 온라인 문제집으로 실제 시험과 동일한 환경에서 미리 연습해 두세요.

Q 풀었던 문제의 답안 수정은 어떻게 하나요?

A 마킹한 답안을 수정할 경우에는 문제지 화면에서 수정하고자 하는 문제의 답을 다시 클릭하면 먼저 체크한 번호는 없어지고 새로 선택한 번호가 검은색으로 마킹됩니다.

Q 문제를 다 풀고 나면 어떻게 하나요?

A 문제를 다 풀고 시험을 종료하려면, '시험 종료' 버튼을 클릭하면 됩니다. 마킹하지 않은 문제가 있을 경우 남은 문제의 문제번호 목록을 보여 주고, 남은 문제번호를 선택한 다음 [문항으로 이동] 버튼을 클릭하면 문제화면에 클릭한 문제가 나타납니다. 남은 문제가 없을 경우 최종적으로 종료 여부를 확인하는 대화상자가 나타나며 [예]를 클릭하면 시험이 종료되고 수험자가 작성한 답안은 자동으로 저장되어 서버로 전송됩니다.

CBT 진행 순서

좌석번호 확인
수험자 접속 대기 화면에서 본인의 좌석번호를 확인합니다.

수험자 정보 확인
시험 감독관이 수험자의 신분을 확인하는 단계입니다.
신분 확인이 끝나면 시험이 시작됩니다.

안내사항
시험 안내사항을 확인하고, 다음을 클릭합니다.

유의사항
시험과 관련된 유의사항을 확인합니다.

문제풀이 메뉴 설명
시험을 볼 때 필요한 메뉴에 대한 설명을 확인합니다.
메뉴를 이용해 글자 크기와 화면 배치를 조정할 수 있습니다.
남은 시간을 확인하며 답을 표기하고, 필요한 경우 아래의 계산기를 이용할 수 있습니다.

문제풀이 연습
시험 보기 전, 연습을 해 보는 단계입니다.
직접 시험 메뉴화면을 클릭하며, CBT가 어떻게 진행되는지 확인합니다.

시험 준비 완료
문제풀이 연습을 모두 마친 후 [시험 준비 완료] 버튼을 클릭하면 시험 감독관의 지시에 따라
시험이 시작됩니다.

시험 시작
시험이 시작되었습니다. 수험자는 제한 시간에 맞추어 문제풀이를 시작합니다.

답안 제출
시험을 완료하면 [답안 제출] 버튼을 클릭합니다. 답안을 수정하기 위해 시험화면으로 돌아가고
싶으면 [아니오] 버튼을 클릭합니다.

답안 제출 최종 확인
답안 제출 메뉴에서 [예] 버튼을 클릭하면, 수험자의 실수를 방지하기 위해 한 번 더 주의 문구가
나타납니다. 시험 문제 풀이가 완벽히 끝났다면 [예] 버튼을 클릭하여 최종 제출합니다.

합격 발표
CBT 시험이 모두 종료되면, 퇴실할 수 있습니다.

이제 완벽하게 CBT 필기시험에 대해 이해하셨나요?
그렇다면 이기적이 준비한 CBT 온라인 문제집으로 학습해 보세요!

이기적 온라인 문제집 : https://cbt.youngjin.com

이기적 CBT
바로가기

시험 알아보기

● 자격 소개

- 전기설비의 시공, 유지보수, 안전관리 등 전기 전반의 실무 능력 평가
- 전기 장비와 공구를 활용하여 다양한 시설물의 전기설비를 설치 · 보수 · 점검 · 관리

● 응시 자격

제한 없음

● 시험 형식

- 필기 : 객관식 4지택일형(60분, 60문항)
- 실기 : 작업형(약 4시간 30분, 전기설비작업)

● 합격 기준

- 필기 : 100점 만점에 60점 이상
- 실기 : 100점 만점에 60점 이상

● 자격 필요성

- 해당 산업 분야의 전문인력 필요성 증가
- 전기산업기사, 전기기사 등 상위 자격증의 기반
- 전기 관련 공공기관, 공기업, 시공업체 등 가산점 혜택

출제 기준

● 개요

- 적용 기간 : 2024.1.1. ~ 2026.12.31.
- 한국산업인력공단 홈페이지에서 자세한 출제 기준을 확인하실 수 있습니다.

● 세부 출제 기준

- 필기 시험

과목명	주요항목
전기이론, 전기기기, 전기설비	• 전기의 성질과 전하에 의한 전기장 • 자기의 성질과 전류에 의한 자기장 • 전자력과 전자유도 • 직류회로 • 교류회로 • 전류의 열작용과 화학작용 • 변압기 • 직류기 • 유도전동기 • 동기기 • 정류기 및 제어기기 • 보호계전기 • 배선재료 및 공구 • 전선접속 • 배선설비공사 및 전선허용전류 계산 • 전선 및 기계기구의 보안공사 • 가공인입선 및 배전선공사 • 고압 및 저압 배전반공사 • 특수장소공사 • 전기응용시설공사

- 실기 시험

과목명	세부항목
전기설비 작업	• 전기공사 준비하기 • 전기배관 배선하기 • 전기기계기구 설치하기 • 전동기제어 및 운용하기 • 전기시설물의 검사 및 점검하기

접수 및 응시

● 시험 접수

- 큐넷에서 접수
- 접수 기간 확인해서 직접 신청

● 시험 과목

- 필기 : 전기이론, 전기기기, 전기설비
- 실기 : 전기설비작업

● 유의사항

- 수험표, 필기구, 신분증 지참
- 시험 일정은 종목별, 지역별로 상이할 수 있음

● 응시료

- 필기 : 14,500원
- 실기 : 106,200원

합격 발표

● 결과 확인

- 큐넷 홈페이지에서 합격자 발표
- 필기시험 합격예정자 및 최종합격자 발표시간 : 해당 발표일 09:00

● 자격증 신청

- 자격증 신청 및 발급은 온라인으로만 가능
- 수첩형 자격증과 상장형 자격증 중 선택
- 수첩형 자격증 발급 시 수수료 부과
  (수수료와 배송비를 포함한 최종 결제금액 : 6,120원)

고사장 및 시험 관련 문의

- 시행처 : 한국산업인력공단
- http://www.q-net.or.kr

📞 **1644-8000**

필기 시험 출제 경향

PART 01

전기이론 헷갈리기 쉬운 공식과 개념 정리! 반복 학습 필수!

01 직류회로 — 8%
빈출 태그 자유전자, 전압, 전류, 저항

02 전기회로 해석 — 20%
빈출 태그 옴의 법칙, 저항의 직렬/병렬 접속, 키르히호프의 전류/전압법칙, 전지의 직렬/병렬 접속

03 전류의 열작용과 화학작용 — 8%
빈출 태그 전력과 전력량 공식, 줄의 법칙, 전류와 전압의 측정법, 전지

04 정전기와 콘덴서 — 10%
빈출 태그 정전 유도와 쿨롱의 법칙, 전기장과 전위, 정전용량, 평행판 콘덴서

05 자기의 성질과 자기장 — 10%
빈출 태그 자기력선의 성질, 자성체 종류, 자속과 자속밀도, 자계의 세기

06 전자유도 법칙과 인덕턴스 — 15%
빈출 태그 전자력과 플레밍의 왼손 법칙, 기전력과 플레밍의 오른손 법칙, 전자유도, 인덕턴스

07 교류회로 — 15%
빈출 태그 정현파 교류의 표시, RLC 회로, 공진회로, 교류전력

08 3상 교류회로 — 10%
빈출 태그 Y결선, Δ결선, 선간전압, 선전류, 전력계산, 등가변환, 3상 교류전력

09 비정현파 교류회로 — 4%
빈출 태그 회로망 정리, 파형률, 파고율, 비정현파 실효값, 비정현파 교류회로

PART 02

전기기기 개념 이해만 하면 안정적으로 점수 획득이 가능한 과목!

01 직류기 — 15%
빈출 태그 직류기 구조, 전기자 권선법, 전기자반작용, 기전력, 직류기 종류별 특성 및 용도

02 동기기 — 20%
빈출 태그 동기속도, 기전력, 동기발전기, 동기전동기, 여자전류

03 변압기 — 30%
빈출 태그 권수비, 전선 연결 방식, 등가회로, 변압기 시험, 전압변동률, 손실 및 효율

04 유도전동기 — 30%
빈출 태그 슬립, 회전자계, 기계적 출력, 2차효율, 비례추이, 속도제어, 기동토크별 단상 유도전동기

05 정류회로 — 5%
빈출 태그 반도체 원소, 반파정류, 전파정류, 전력용 반도체 종류, 사이리스터 응용회로

전기설비 암기 위주로 학습! 반드시 점수를 따고 가야 하는 과목!

01 전기설비

5%

빈출 태그 전압의 구분, 주요 용어, 전기 심벌, 보호계전 방식, 한국전기설비규정

02 전선의 선정 및 접속

10%

빈출 태그 전선의 색상, 전선의 종류, 전선접속, 배선재료 및 공구

03 전로의 절연 및 접지

15%

빈출 태그 절연저항, 전압별 절연내력 값, 접지저항, 접지시스템, 차단기 동작특성

04 배선설계와 시공

20%

빈출 태그 표준부하, 별도 가산 부하(주택, 아파트), 수용률, 설비 불평형률

05 전기사용장소의 시설

10%

빈출 태그 대지전압, 사용전압, 중성선의 굵기, 배선설비 공사별 특성

06 가공 및 지중 배전 선로

10%

빈출 태그 가공전선지지물, 지중케이블, 간선설계, 애자, 케이블포설

07 조명 및 소방 설비

5%

빈출 태그 조명 용어, 조명 방식, 조명설계 공식(등 간격 S, 소요램프 N, 실지수, 광원 크기 F), 자탐설비

08 특수 설비 공사

20%

빈출 태그 기울타리, 교통신호등, 먼지 위험 장소(가연성, 폭연성, 화약류), 소세력회로

09 수변전 설비

5%

빈출 태그 수용률, 부등률, 부하율, 수전설비 명칭 및 특징, 차단기 종류

Q&A

Q 필기 시험에 계산 문제가 많이 나오나요?

A 계산 문제는 주로 1과목인 전기이론에서 출제됩니다. 다만 난이도가 높은 계산보다는 기본 공식을 적용하는 문제가 대부분이기 때문에 공식 정리와 기출문제 풀이를 반복하는 것이 중요합니다. 실제로 필요한 수학 수준도 사칙연산과 기초 삼각함수. 루트 정도로 비교적 간단한 편입니다. 복잡한 유도 과정을 이해하기보다는 공식을 정확히 익히고 문제에 숫자를 대입해 풀어 보는 연습을 충분히 한다면 과락을 넘기고 안정적인 점수를 확보할 수 있습니다.

Q 1과목부터 3과목까지 순서대로 공부해야 하나요?

A 반드시 순서대로 공부할 필요는 없습니다. 1과목인 전기이론은 학습 범위가 넓어 처음 공부하는 수험생에게 다소 어렵게 느껴질 수 있습니다. 이 경우 암기 위주로 구성된 3과목(전기설비)부터 학습을 시작해도 무방합니다. 비교적 접근하기 쉬운 과목으로 학습 흐름을 잡고 자신감을 얻은 뒤, 1과목(전기이론)을 공부하고 마지막으로 2과목(전기기기)을 학습하는 순서를 추천합니다. 이렇게 단계적으로 공부하면 보다 효율적으로 시험에 대비할 수 있습니다.

Q 전기 관련 지식이 없어도 합격할 수 있나요?

A 가능합니다. 전기기능사는 기초 개념을 이해하고 반복 학습을 통해 충분히 합격할 수 있는 시험입니다. 기본 이론을 차근차근 학습한 후 기출문제를 꾸준히 풀어 보며 출제 유형에 익숙해지는 것이 중요합니다. 또한 자주 출제되는 핵심 개념과 공식을 중심으로 학습하면 보다 효율적으로 시험에 대비할 수 있습니다.

Q 시험 시간이 부족하진 않을까요? 시간 배분 전략이 궁금합니다.

A 필기시험은 60분 동안 60문제를 풀어야 합니다. 즉, 1분에 한 문제씩 풀어야 하므로 시간 배분이 매우 중요합니다. 암기 위주인 3과목은 약 10분 내외로 빠르게 해결하고, 확보한 시간을 1과목의 계산 문제 풀이에 활용하는 것이 좋습니다. 막히는 문제는 과감히 표시한 뒤 넘어가고, 시간이 남으면 표시해 둔 문제만 다시 풀어보는 전략을 추천합니다.

전기이론

파트 소개

전기이론 과목은 전기의 기초 개념을 정확히 이해하고, 필요한 공식을 암기하여 적용하는 것이 중요하다. 직류회로에서는 전압, 전류, 저항 등 전기회로의 기본 개념을 먼저 이해하고, 교류회로에서는 우리가 실생활에서 가장 많이 사용하는 전기의 특성을 공부한다.

직류회로

빈출 태그 ▶ 자유전자, 전압, 전류, 저항

▶ 합격 강의

01 전기의 근원

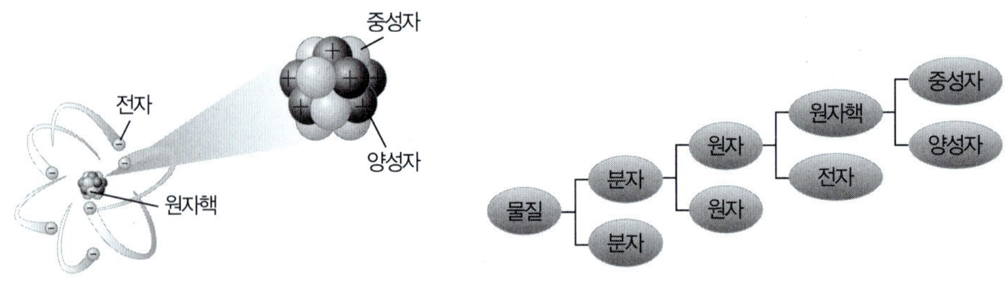

▲ 원자의 구조와 모형

1) 원자와 전자

① 고전적 해석 기준
- 모든 물질은 분자로 구성되며, 분자는 원자의 집합으로 이루어진다.
- 원자의 구조 : 중심에 원자핵(양성자 + 중성자)이 존재하고, 그 주위를 전자(−)가 궤도를 따라 회전
- 원자핵의 구성 : 원자핵은 양(+)전기와 중성자로 구성
- 전자의 구성 : 전자는 음(−)전기로 구성

② 기본 입자의 물리적 특성
- 전자 1개의 전기량 : $e = 1.602 \times 10^{-19}$[C]
- 전자의 질량 : 9.109×10^{-31}[kg]
- 양성자의 질량 : 1.672×10^{-27}[kg] → 전자보다 약 1,840배 무겁다.

③ 전자의 궤도와 성질
- 궤도당 존재 가능한 전자 수는 제한되어 있다.
- 가전자(Valence Electron) : 가장 바깥 궤도의 전자로, 가전자가 4개일 때 물질은 안정한 상태
- 자유전자 : 외부 에너지에 의해 궤도를 이탈한 전자

④ 자유전자의 역할과 도체
- 전기 현상(마찰전기, 전류, 전지 작동 등)은 모두 자유전자의 이동에 기인한다.
- 도체 : 적은 에너지로 다수의 자유전자를 발생시킬 수 있는 물질
- 전자의 이동 방향 : 음극(−) → 양극(+)

2) 전기의 발생

① 물질의 전기적 평형 상태

모든 물질은 기본적으로 양성자(+)와 전자(−)의 수가 같아 전기적으로 중성을 유지하며, 이러한 상태를 전기적 평형 상태라고 한다.

② 외부 에너지에 의한 전자 변화

- 외부에서 열, 마찰, 빛 등의 에너지가 가해지면 원자 내 전자가 궤도를 이탈할 수 있다.
- 전자가 빠져나가면 전자 수가 줄어들어 양성자가 상대적으로 많아지게 되고 물체는 양전기(+)를 띠게 된다.
- 외부에서 자유전자가 들어오면, 전자 수가 많아지게 되고 물체는 음전기(−)를 띠게 된다.

③ 대전 현상과 정전기

- 대전(Electrification) : 전자가 부족하거나 많아져서 전하 불균형이 발생한 상태
- 정전기(Static Electricity) : 대전 상태가 지속되어 물체가 전기를 띠게 되는 현상

④ 방전과 평형 회복

- 대전 상태 : 전기적으로 불안정한 상태로, 외부 회로나 도체를 통한 전자의 이동 가능
- 전자가 이동하면 물체는 다시 양성자와 전자의 수가 같아져 평형 상태로 돌아간다. 이 과정을 방전(Discharge)이라고 하며, 전기를 띠지 않고 소멸된 상태를 의미한다.

3) 전하와 전기량

① 전하(Electric Charge)

- 전하 : 어떤 물체가 대전되었을 때, 대전된 전기
- 전하는 양전하(+) 또는 음전하(−)의 형태로 존재한다.

② 전기량(Quantity of Electricity)

- 전기량 : 전하가 가지고 있는 전기의 양
- 전기량의 기호는 Q, 단위는 [C](쿨롱(Coulomb))으로 표시한다.

③ 전자 1개의 전기량과 쿨롱의 관계

- 전자 1개의 전기량은 1.602×10^{-19}[C]이다.
- 1[C]의 전기량은 약 6.24×10^{18}개의 전자가 이동하거나 부족할 때 발생한다. 이때 계산식은 $1 \div (1.602 \times 10^{-19}) ≒ 6.24 \times 10^{18}$이다.

01 전류와 전압

1) 전기회로

① 전기회로의 구성 예시

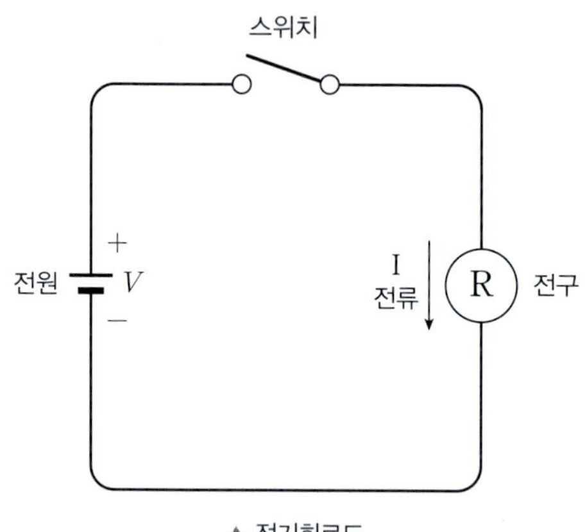

▲ 전기회로도

- 건전지, 전구, 스위치를 전선으로 연결하고, 스위치를 닫으면 회로가 완성된다.
- 전류의 흐름이 발생하고 전구에 불이 켜진다.

② 전원(Power Source)과 부하(Load)
- 전기를 공급하는 장치를 전원 또는 전원 공급장치(Power Supply)라고 하며, 전원은 회로에 전기 에너지를 제공하는 핵심 요소이다(**예** 건전지).
- 부하는 전기 에너지를 공급받아 소비하는 장치이며, 공급된 전기에너지를 빛, 열, 운동 등으로 변환하여 사용한다(**예** 전구).

③ 전기회로(Electric Circuit)와 전류의 흐름
전기회로는 전류가 흐르는 전체 경로이며, 전기회로가 완전히 연결되어 있는 닫힌 회로(Closed Circuit) 상태여야 전류가 흐를 수 있다.
- 전류는 도체(전선)를 통해 건전지의 (+)극 → 스위치 → 전구 → 건전지의 (−)극 순서로 흐른다.
- 전류는 전원을 출발하여 부하를 거쳐 다시 전원으로 되돌아가는 순환 경로를 따라 흐른다.

➕ 더 알기 TIP

전기회로는 '전원 → 스위치 → 부하 → 전원 복귀 순서'의 닫힌 순환 구조가 필요하다. 이는 마치 물의 흐름과 유사하나, 전류는 물과 다르게 연결이 끊기면 흐르지 않음에 유의해야 한다.

2) 전류(Electric Current)

① 전류의 정의와 단위

- 전류는 전하의 이동을 의미하며, 전류는 전기회로에서 에너지가 전송될 때 필요하다.
- 전류는 양극(+) → 음극(−) 방향으로 흐르고, 전자는 음극(−) → 양극(+) 방향으로 이동한다. 이때 전류의 방향과 전자의 이동은 동일한 의미로 간주한다.
- 전류의 기호는 I, 단위는 [A](암페어(Ampere))로 표시한다.
- 전류의 공식 : 일정 시간 t[sec] 동안 도체의 단면을 통과한 전하의 양이 Q[C]일 때, 전류는 다음과 같다. 1초 동안 1[C]의 전하가 이동하면, 1[A]의 전류가 흐른 것이다.

$$I = \frac{Q}{t}\,[\text{C/s}] = [\text{A}], \quad Q = It\,[\text{C}]$$

② 직류(DC)와 교류(AC)의 구분

- 직류(DC, Direct Current) : 전류가 한 방향으로만 일정하게 흐른다(◙ 건전지, 배터리).
- 교류(AC, Alternating Current) : 전류가 시간에 따라 크기와 방향이 주기적으로 바뀐다(◙ 가정용 전기)

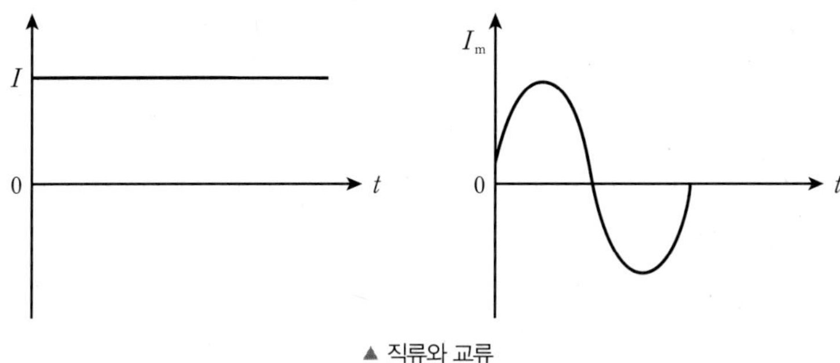

▲ 직류와 교류

➕ 더 알기 TIP

- 교류는 단순히 전류의 크기만 변하는 것이 아니다.
- 반드시 방향과 크기 모두가 주기적으로 변할 때만 교류이다.

---

3) 전압(Electric Voltage)

① 전위(Electric Potential)와 전위차(Electric Voltage Difference)

- 전위
  - 전기회로에서 임의의 한 점에서 지구(−)를 기준으로 한 전기의 절대적인 압력을 말한다.
  - 산의 높이를 해발 기준[m]으로 나타내거나, 기체 압력을 절대압력으로 표현하는 대지전압과 같은 개념이다.
- 전위차
  - 두 점 사이의 전위의 차이를 전위차 또는 전압이라 한다. 이는 두 지점 사이의 물의 압력차와 유사한 원리로 설명할 수 있다.
  - 전위차는 전하가 한 지점에서 다른 지점으로 이동할 때 발생하는 에너지 차이를 의미한다.

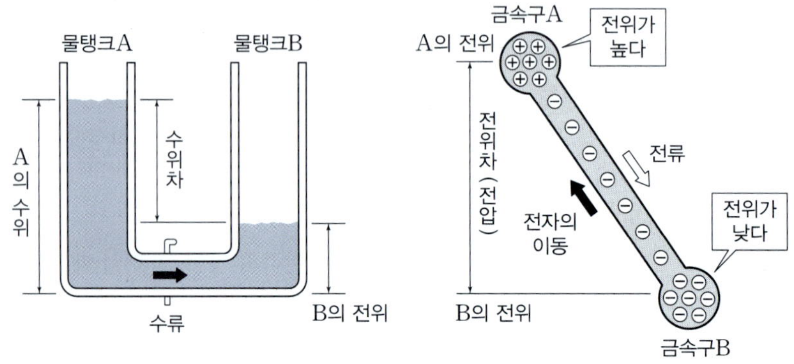

▲ 수위차(수압)와 전위차(전압)의 관계

② 전압의 단위와 공식

- 전압의 기호는 V, 단위는 [V](볼트(Volt))이다.
- 전압의 공식

  전압이란 어느 두 점 사이에 Q[C]의 전하가 이동하며 W[J]의 일을 할 때의 전기적 압력차를 말한다. 이때, 1[V]는 어느 두 점 사이에서 1[C]의 전하가 이동할 때, 1[J]의 에너지를 얻거나 잃는 상태이다. 즉, 전압은 단위 전하당 수행된 일의 양, 즉 에너지의 밀도와 관련된 개념이다.

$$V = \frac{W}{Q}[\mathrm{J/C}] = [\mathrm{V}], \ W = QV[\mathrm{J}]$$

③ 기전력(EMF, Electromotive Force)

- 기전력은 전위차를 만들어 주는 근본적인 힘이다. 즉, 전류가 흐를 수 있도록 전하를 회로 내에서 이동시키는 에너지의 원천이다.
- 기전력의 발생 원인은 전지와 같은 장치에서의 화학작용, 발전기와 같은 장치에서의 전자 유도작용이다.
- 기전력의 기호는 E, 단위는 [V](볼트(Volt))로 전압과 동일하다.
- 기전력은 전위차를 만들어내는 원인이 되는 에너지이고, 전압은 그 결과로 나타나는 전위차로 이해할 수 있다. 따라서 일반적으로 기전력(E)과 전압(V)은 동일한 단위와 개념으로 사용해도 된다.

02 저항과 전도도

1) 저항(Resistance)

① 저항의 정의와 단위

- 전류의 흐름을 방해하는 성질을 가진 전기회로 소자를 전기저항 또는 간단히 저항(Resistance)이라고 한다.
- 전류가 흐를 때 운동을 방해하거나 에너지를 소모시키는 물리적 성질이다.
- 저항의 기호는 R, 단위는 [Ω](옴(Ohm))이다.

② 저항과 도체의 물리적 특성 관계

저항은 도체의 물리적 성질 및 구조적 특성에 따라 결정된다.

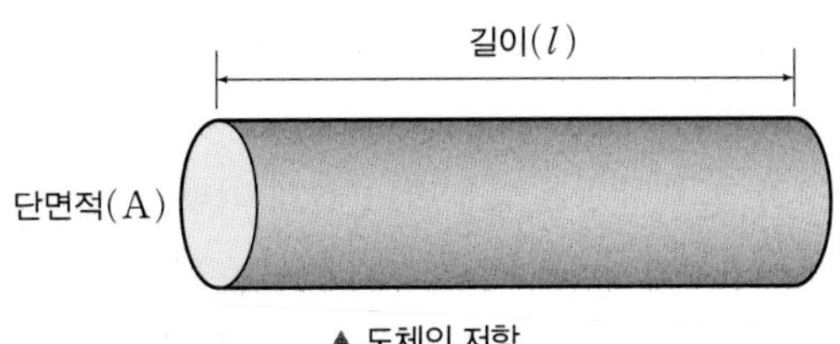

▲ 도체의 저항

- 저항의 공식

  도체의 길이가 l[m], 단면적이 A[m²], 고유저항(저항률)이 ρ[Ω · m]일 때, 저항은 다음과 같다.

$$R = \rho \frac{l}{A} [\Omega]$$

- 저항은 고유저항과 길이, 단면적에 영향을 받는다.
  - 도체의 고유저항(ρ)에 비례 : 물질 자체가 전류를 얼마나 잘 흐르게 하느냐를 결정
  - 도체의 길이(l)에 비례 : 길이가 길수록 도체에 전류가 흐르기 어려워지기 때문에 저항이 증가
  - 도체의 단면적(A)에 반비례 : 단면적이 넓어질수록 전류가 흐르기 쉬워져 저항이 감소

③ 고유저항(저항률, Specific Resistance)

- 물질 고유의 전류 흐름 방해 정도를 나타내며, 길이가 1[m], 단면적이 1[m²]인 물체의 저항을 의미한다.
- 고유저항의 기호는 ρ(로(Rho)), 단위는 [Ω · m]이다.
- 고유저항은 물질의 종류에 따라 값이 다르며, 전기 전도 특성을 구분하는 기준이 된다.
- 물질의 종류별 고유저항

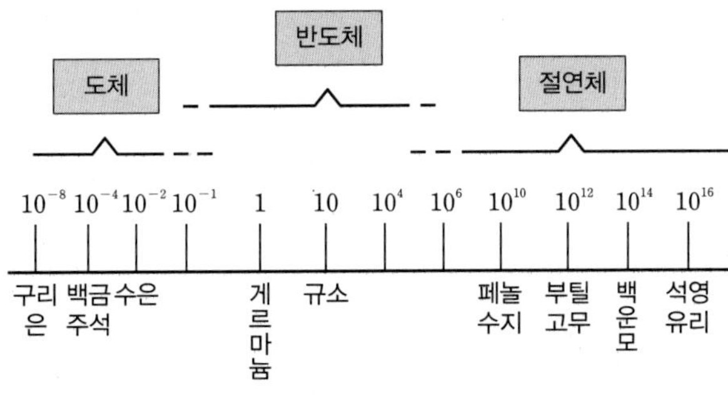

▲ 여러 가지 물질의 고유저항

전기적 성질에 따른 물질의 특성

구분	도체(Conductor)	부도체(Insulator)	반도체(Semiconductor)
정의	전기가 매우 잘 통하는 물질	전기가 거의 통하지 않는 물질	도체와 부도체의 중간 성질의 물질
고유저항 범위	$\rho \leq 10^{-4}$[Ω · m]	$\rho \geq 10^{6}$[Ω · m]	$10^{-4} < \rho < 10^{6}$[Ω · m]
예시	금, 은, 구리, 알루미늄	유리, 고무, 플라스틱, 종이, 운모	규소(Si), 게르마늄(Ge), 셀렌(Se)
용도	전선, 전기 전도용 부품	절연재, 전기기기 보호재료	• 3가 또는 5가 불순물을 소량 첨가하여 전기적 특성 제어 • 전자회로, 트랜지스터, 센서, 다이오드

2) 전도도 및 온도계수

① 전도도(Conductance) 및 전도율(Conductivity)

- 전도도는 저항의 역수로, 전자가 도체 내부에서 얼마나 쉽게 이동할 수 있는지 나타낸다.
- 전도도의 기호는 G, 단위는 [℧](모(mho)) 또는 [S](지멘스(siemens))이다.

$$G = \sigma \frac{A}{l} \, [\text{℧}]$$

- 전도율은 고유저항의 역수로 전류를 얼마나 잘 흐르게 하는지의 정도를 나타낸다.
- 전도율의 기호는 σ(시그마), 단위는 [℧/m]이다.

$$\sigma = \frac{1}{\rho} \, [\text{℧}/\text{m}]$$

② 저항의 온도계수(Temperature Coefficient of Resistance)

- 저항의 온도계수는 온도 1℃ 상승 시, 온도 변화에 따라 물질의 저항이 달라지는 비율이다.
- 저항의 온도계수의 기호는 α(알파)이며, 일반적으로 대부분의 물질은 온도가 상승하면 저항이 증가한다.
- 저항 온도 변화 공식의 예외 : 반도체와 서미스터(Thermistor) 등은 온도가 상승하면 오히려 저항이 감소
- 저항 온도 변화 공식

$$R_2 = R_1 \times \{1 + \alpha(T_2 - T_1)\} \, [\Omega]$$
$- R_1[\Omega]$: 온도 T_1에서의 저항값(기준 저항)
$- R_2[\Omega]$: 온도 T_2로 상승 시 저항값
$- \alpha$: 저항의 온도계수

01 일반적으로 절연체를 서로 마찰시키면 이들 물체는 마찰 에너지에 의해 전기를 띠게 된다. 이와 같은 현상을 무엇이라 하는가?

① 방전　　　　　　② 대전
③ 정전유도　　　　④ 정전차폐

대전 : 물체가 전기를 띠는 현상으로 어떤 에너지에 의해서 양(+)전하와 음(−)전하로 분리된다.

오답 피하기

① 대전된 물체를 접지하여 전하를 잃어버리는 현상
③ 대전된 물체에 도체를 접근시킬 때 도체가 대전되는 현상
④ 양 물체 사이에 금속 철망으로 격리시켜서 정전유도 현상을 방지하는 것

02 전자 1개의 질량은 몇 [kg]인가?

① 1.602×10^{-19}　　② 9.109×10^{-31}
③ 8.855×10^{-12}　　④ 1.672×10^{-27}

- 전자 1개의 질량 : 9.109×10^{-31}[kg]
- 전자 1개의 전기량 : 1.602×10^{-19}[C]
- 양성자 1개의 질량 : 1.672×10^{-27}[kg]

03 다음 중 전위의 단위가 아닌 것은?

① V　　　　　　② J/C
③ V/m　　　　④ N · m/C

전위 V[V]$=\dfrac{W}{Q}$[J/C]이며 일(W)=F · S[N · m]=P · t[W · s]이다. 따라서,
전위의 단위는 V[V]=[J/C]=[N · m/C]으로 표시할 수 있다.

04 어떤 도체에 6[A]의 전류가 흘러서 총 전기량이 5,400[C]이 되었다면 전류가 흐른 시간(분)은?

① 9분　　　　　　② 15분
③ 36분　　　　　④ 54분

전류 $I=\dfrac{Q}{t}$[A]이므로, $t=\dfrac{Q}{I}$[초]$\div 60=\dfrac{5,400}{6 \times 60}=15$[분]이다.

05 10[C]의 전기량이 두 점 사이를 이동하여 50[J]의 일을 했을 때, 두 점 사이의 전위차[V]는?

① 5　　　　　　② 10
③ 50　　　　　④ 500

전위차(전압)란 어느 두 점 사이에 Q[C]의 전하가 이동하여 W[J]의 일을 했을 때의 전기적인 압력차를 말한다. 즉, $V=\dfrac{W}{Q}=\dfrac{50}{10}=5$[V]이다.

06 다음 중 도체를 전기 전도도가 좋은 순서대로 올바르게 나열한 것은?

① 구리 → 금 → 은 → 알루미늄
② 금 → 은 → 구리 → 알루미늄
③ 은 → 구리 → 금 → 알루미늄
④ 구리 → 은 → 금 → 알루미늄

전기 전도도는 은 − 구리 − 금 − 알루미늄 순서대로 높다.

---

07 세라믹 봉에 탄소계의 저항체를 구워 붙이고, 여기에 나선형으로 홈을 파서 원하는 저항값을 만든 가장 일반적인 저항기는 무엇인가?

① 권선형 저항기

② 어레이 저항기

③ 탄소피막 저항기

④ 금속피막 저항기

탄소피막 저항기 : 세라믹 로드에 탄소분말을 피막 형태로 입힌 후 나선형으로 홈을 파서 저항값을 조절하는 방법으로 만든 것으로 가장 널리 사용된다.

오답 피하기

① 미세한 금속선을 세라믹 로드와 같은 권심에 감아서 일정한 저항 값을 갖도록 만든 저항기이다.

② 저항 값을 가진 여러 개의 저항을 묶어 일체형으로 만든 것으로, 디지털 회로에서 주로 사용된다.

④ 정밀한 저항이 필요한 경우에 가장 많이 사용되는 저항기로 특히 고주파 특성이 좋으므로 디지털 회로에 널리 사용된다.

08 길이가 10[m]인 전선의 저항이 10[Ω]일 때, 길이를 2배로 늘리면 저항의 크기는 몇 [Ω]이 되는가? (단, 전선의 체적은 일정하다.)

① 20

② 40

③ 100

④ 400

$R = \rho \dfrac{l}{A}$[Ω]이고 전선의 체적 $V = A \times l$[m³]이므로, 일정한 체적을 유지한 채 길이를 늘리면 단면적은 그 승수만큼 줄어든다. 즉, $R' = \rho \dfrac{2l}{\frac{A}{2}} = 4\rho \cdot \dfrac{l}{A} = 4 \times 10 = 40$[Ω]이다.

CHAPTER 02

전기회로 해석

빈출 태그 ▶ 옴의 법칙, 저항의 직렬/병렬 접속, 키르히호프의 전류/전압법칙, 전지의 직렬/병렬 접속

01 옴의 법칙과 저항의 접속

01 옴의 법칙

① 전류의 세기(I)는 회로에 공급된 전압(V)에 비례하고, 전기저항(R)에 반비례한다. 다시 말해, 전압이 클수록 전류는 강해지고, 저항이 클수록 전류는 약해진다.

② 옴의 법칙의 공식

$$I = \frac{V}{R}[\text{A}], \ \text{즉}, \ V = IR[\text{V}]$$

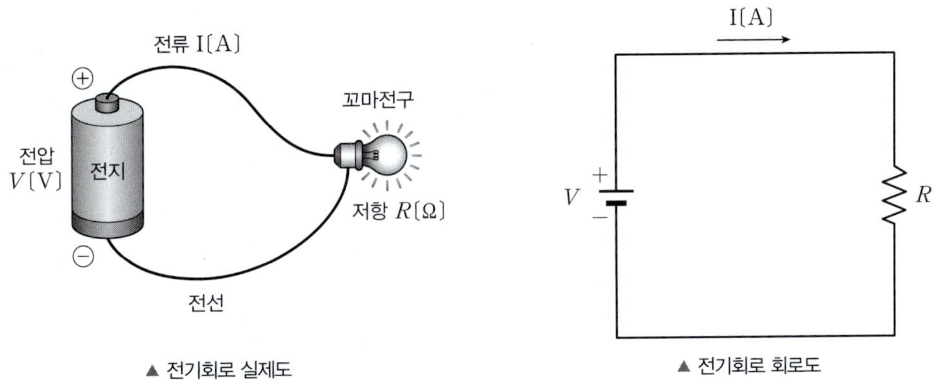

▲ 전기회로 실제도　　　　　　　　▲ 전기회로 회로도

🏁 기적의 TIP

옴의 법칙의 공식 $V = IR[\text{V}]$

• 전압(V)은 전류(I)와 저항(R)의 곱이다. 이는 모든 회로해석의 기본 공식이다.

• 옴의 법칙의 공식을 이용한 문제를 풀이할 때 전류[A]와 전압[V], 저항[Ω]의 단위를 혼동하거나 [mA], [kΩ] 등 단위 변환 실수를 하기 쉽다. 이때 반드시 단위가 일치하는지 확인 후 답을 표시하여야 한다.

1) 저항의 직렬접속

① 펌프 · 배관 회로의 원리

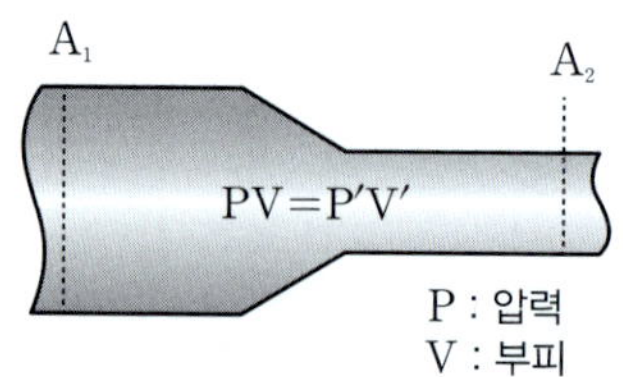

▲ 펌프 · 배관 직렬접속 회로도

- 유량(흐름량)의 특성

  굵기가 서로 다른 두 개의 관(P_1, P_2)을 직렬로 연결한 후 펌프를 이용하여 물을 흐르게 한다. 이때, 두 관에 흐르는 물의 양은 동일하다(단위 시간당 유량 일정).

- 압력의 특성

  – 굵기가 가늘수록 저항이 크므로 압력 손실(압력 강하)이 더 크다.

  – 각 관에 걸리는 압력의 합은 펌프가 제공한 전체 압력 $P[\text{kg/cm}^2]$이다.

② 전기회로의 직렬연결 구조

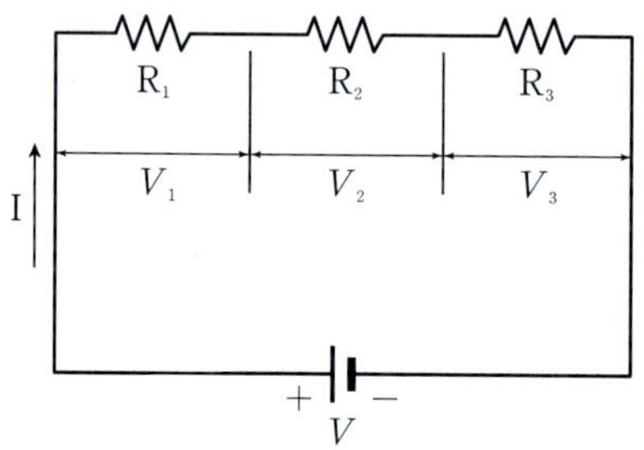

▲ 저항의 직렬접속 회로도

- 전류의 특성

  서로 다른 전기 저항값을 가진 저항(P_1, P_2, P_3)을 직렬로 연결한 후 외부 전압 $V[\text{V}]$를 공급한다. 이때, 모든 저항을 흐르는 전류 $I[\text{A}]$는 동일하다(단위 시간당 전하 이동량 일정).

- 전압강하의 특성

  – 각 저항에는 전압강하(전압 손실)가 발생한다.

  – 모든 전압강하의 합은 공급된 전체 전압 $V[\text{V}]$이다.

③ 직렬회로의 특징

> 모든 저항에 흐르는 전류는 동일하므로, $V = IR[\text{V}]$ 이용
>
> $V = V_1 + V_2 + V_3 = IR_1 + IR_2 + IR_3 = I(R_1 + R_2 + R_3)[\text{V}]$이고, 합성저항이 R_0이면,
>
> $R_0 = R_1 + R_2 + R_3[\Omega]$이다.

④ 2개의 저항 직렬연결 시 전압 분배

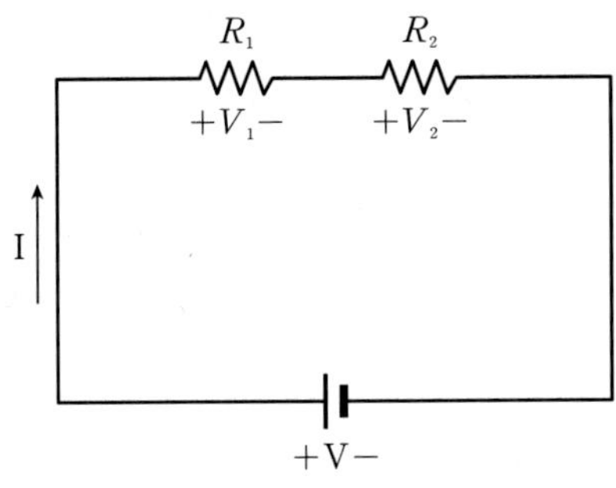

▲ 저항 2개의 직렬접속

- 두 저항에 흐르는 전류는 동일하므로, $V=IR[\mathrm{V}]$일 때 V는 R에 비례한다.
- 즉, $V_1=\dfrac{R_1}{R_1+R_2}V[\mathrm{V}]$, $V_2=\dfrac{R_2}{R_1+R_2}V[\mathrm{V}]$이다.

➕ 더 알기 TIP

저항의 직렬접속

구분	펌프 · 배관 회로	전기회로
공급원	펌프 압력 $P[\mathrm{kg/cm^2}]$	전원 전압 $V[\mathrm{V}]$
저항 요소	굵기 다른 관(P_1, P_2)	저항(R_1, R_2, R_3)
흐름량	단위 시간당 물의 양(유량 $Q[\mathrm{m^3/s}]$)	단위 시간당 전하의 양(전류 $I[\mathrm{A}]$)
흐름 특성	모든 관에 유량 동일	모든 저항에 전류 동일
압력/전압 손실	굵기가 좁을수록 압력손실(↑)	저항이 클수록 전압강하(↑)
총합 관계	압력강하의 합 = 펌프 압력 P	전압강하의 합 = 공급 전압 V

2) 저항의 병렬접속

① 펌프 · 배관 회로의 원리

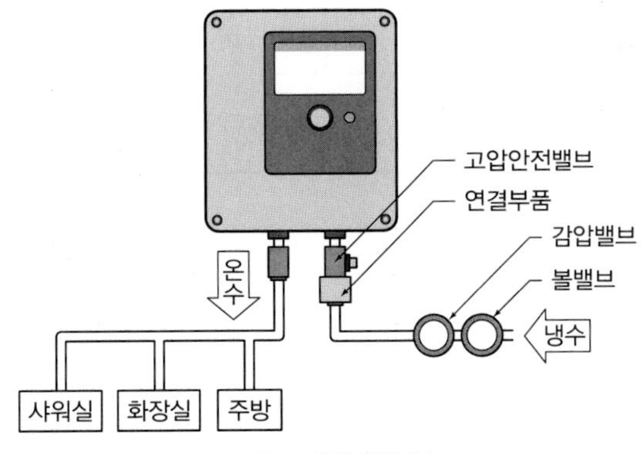

▲ 펌프 · 배관 병렬접속

- 유량(물의 흐름량) 특성
  - 각 배관을 흐르는 유량은 굵기(저항)에 따라 다르며, 굵을수록 유량이 많다.
  - 세 배관에 흐르는 유량의 합은 펌프의 총 출력 유량이다.

- 압력의 특성

  굵기(밸브 개도)가 서로 다른 세 배관(P_1, P_2, P_3)을 병렬로 연결한 후 펌프를 통해 물을 순환시킨다. 이때, 각 배관에 걸리는 압력은 동일하며, 모두 펌프의 압력 $P[\text{kg/cm}^2]$과 같다.

② 전기회로의 병렬연결 구조

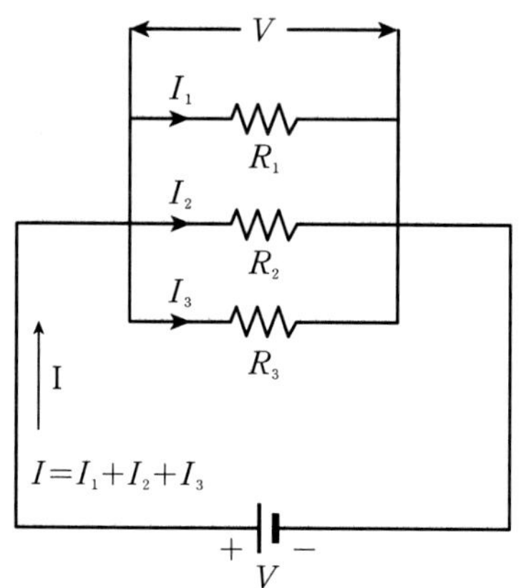

▲ 저항의 병렬접속 회로도

- 전압의 특성

  서로 다른 전기저항(R_1, R_2, R_3)을 병렬로 연결한 후 전체 회로에 전압 $V[\text{V}]$를 공급한다. 이때, 각 저항에 걸리는 전압은 동일하며, 모두 공급 전압 $V[\text{V}]$와 같다.

- 전류의 특성

  – 각 저항을 흐르는 전류의 크기는 저항값에 따라 다르며, 저항이 작을수록 전류는 많이 흐른다.
  – 세 저항에 흐르는 전류의 합은 전체 회로에 흐르는 총 전류이다.

③ 병렬회로의 특징

모든 저항에 걸리는 전류는 동일하므로, $I=\dfrac{V}{R}[\text{A}]$ 이용

$$I=I_1+I_2+I_3=\frac{V}{R_1}+\frac{V}{R_2}+\frac{V}{R_3}=V\left(\frac{1}{R_1}+\frac{1}{R_2}+\frac{1}{R_3}\right)[\text{A}]\text{이고},$$

합성저항이 R_0이면, $\dfrac{1}{R_0}=\dfrac{1}{R_1}+\dfrac{1}{R_2}+\dfrac{1}{R_3}$이다. 즉, $R_0=\dfrac{1}{\left(\dfrac{1}{R_1}+\dfrac{1}{R_2}+\dfrac{1}{R_3}\right)}[\Omega]$이다.

✚ 더 알기 TIP

저항의 병렬접속

구분	펌프 · 배관 회로	전기회로
구성 방식	P_1, P_2, P_3를 병렬연결	R_1, R_2, R_3를 병렬연결
공급원	펌프 압력 $P[\text{kg/cm}^2]$	전원 전압 $V[\text{V}]$
공통값	모든 배관에 압력 동일	모든 저항에 전압 동일
흐름 특성	굵기에 따라 유량 다름	저항에 따라 전류 다름
전체 흐름 합	유량의 합 = 펌프 총 유량 Q	전류의 합 = 전체 전류 I
핵심 법칙	파스칼의 원리 + 유량 보존	키르히호프의 전류 법칙(KCL)

④ 2개의 저항 병렬연결 시 전압 분배

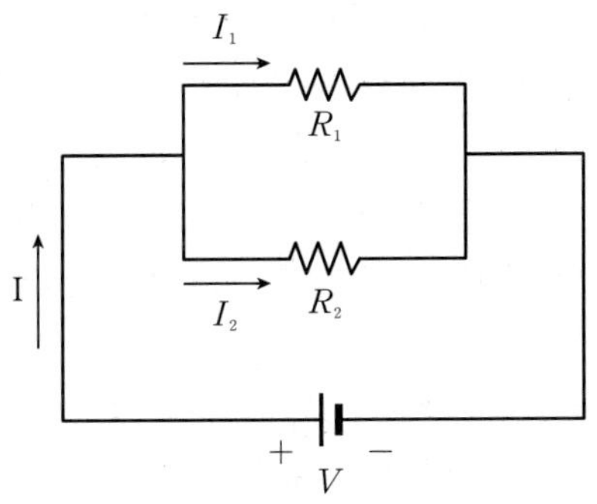

▲ 저항 2개의 병렬접속

• 두 저항에 걸리는 전압은 동일하므로, $I = \dfrac{V}{R}$ [A]일 때 I는 R에 반비례한다.

• 즉, $I_1 = \dfrac{R_2}{R_1 + R_2} I$ [A], $I_2 = \dfrac{R_1}{R_1 + R_2} I$ [A]이다.

> **기적**의 TIP
>
> **회로도에서의 직렬/병렬 판별 오류**
> • 오답 유형 : 접점이 많거나 교차된 도선으로 인해 회로가 직렬인지 병렬인지 혼동
> • 공통 접점 기준으로 전압이 같으면 병렬, 전류가 같으면 직렬로 분류해야 정확함

02 키르히호프의 법칙(Kirchhoff's Law)

01 키르히호프의 법칙 개요

1) 키르히호프의 제1 법칙(키르히호프의 전류 법칙)

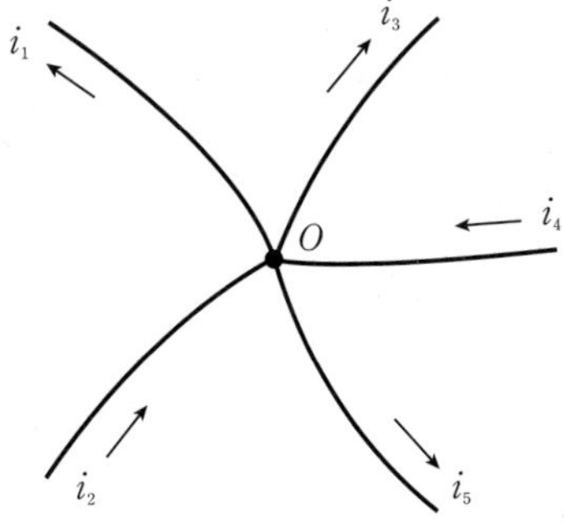

▲ 키르히호프의 전류법칙

① 전기회로 내의 임의의 접속점(Node)에서 들어오는 전류의 총합은 나가는 전류의 총합과 같다.

> $\sum$(유입 전류의 합)$=\sum$(유출 전류의 합)
> $i_1-i_2+i_3-i_4+i_5=0$
> $\sum I=0$

② 키르히호프의 제1 법칙의 의미

- 전류는 사라지거나 생성되지 않는다.
- 전류의 연속성을 보장하는 법칙이다.
- 접속점에서 전하의 보존 원리를 전류의 관점에서 해석한 것이다.

2) 키르히호프의 제2 법칙(키르히호프의 전압 법칙)

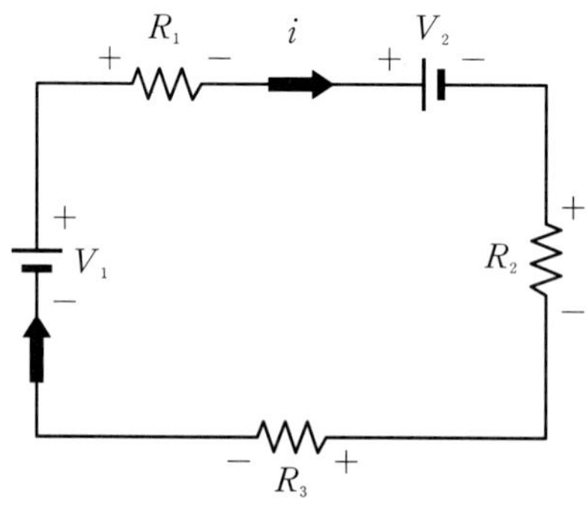

▲ 키르히호프의 전압법칙

① 전기회로 내 임의의 폐회로(Closed Loop)에서 기전력의 합은 전압강하의 합과 같다. 즉, 회로를 따라 한 바퀴 돌았을 때 공급받은 전압과 소비된 전압의 총합은 항상 같다.

> $\sum$(기전력의 합)$=\sum$(전압강하의 합)
> $-V_1+V_2+IR_1+IR_2+IR_3=0$
> $\sum V=\sum IR$

② 물리적 의미

- 기전력(전원)과 전압강하(부하) 사이의 에너지 평형 상태를 의미한다.
- 전압은 회로 내에서 생성된 만큼 정확히 소모되어야 한다.

＋ 더 알기 TIP

키르히호프의 전류 법칙과 전압 법칙

- 전류 법칙 : 하나의 노드에서 들어오는 전류의 총합은 나가는 전류의 총합과 같다. 즉, 전류의 총합=0이며, 이는 회로의 분기점 해석에 유용하다.
- 전압 법칙 : 폐회로를 따라 흐르는 전압의 총합은 0이다. 전압 상승은 +, 전압강하는 − 부호로 표현해야 하며, 방향 설정에 유의해야 한다.

02 전지의 접속

1) 전지의 부하 연결에 따른 전압강하

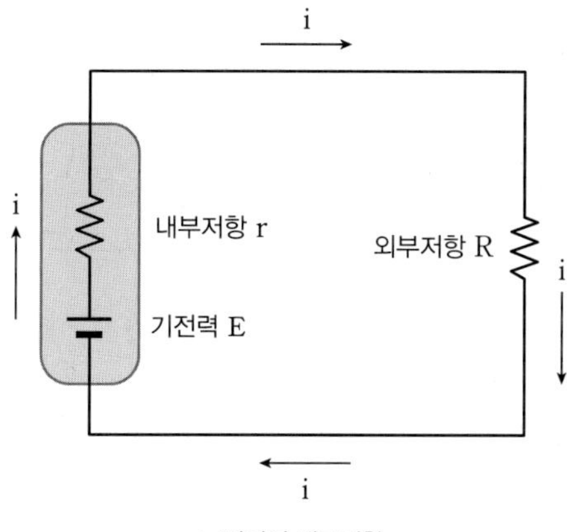

▲ 전지의 내부저항

① 부하가 없는 경우 건전지의 (+)단자와 (−)단자 사이의 전압을 측정할 수 있다. 이때, 측정된 전압이 바로 기전력(E)[V]이다.

② 부하를 연결한 경우
- 전구(또는 다른 부하)를 연결하면 전압이 약간 낮아진다.
- 모든 전원에는 크기는 작지만 내부저항 r[Ω]이 존재하고, 부하가 연결되면 내부저항으로 인한 전압강하가 발생하기 때문에 전압이 낮아진다.

2) 전지의 직렬접속

① 기본 구성
- 3개의 전지 연결 시, 각 전지의 기전력은 E_1, E_2, E_3[V], 내부저항은 r_1, r_2, r_3[Ω], 부하 저항은 R[Ω]이다.
- 3개의 전지를 직렬접속한다.

② 전지 3개의 직렬접속 시 전류 계산
- 키르히호프의 전압 법칙 적용 : 총 기전력은 총 내부저항과 외부저항에 걸리는 전압강하의 합과 같다.

$$E_1+E_2+E_3=(r_1+r_2+r_3)I+RI[\text{V}]$$

- 전지 전체의 공급 전압(좌변)은 저항에 의해 소모되는 전압강하의 합(우변)과 같다.

③ 전지 n개의 직렬접속
- n개의 전지 연결 시, 각 전지의 기전력이 E_1, E_2, E_3, ⋯ E_n[V], 내부저항이 r_1, r_2, r_3, ⋯ r_n[Ω]이고, 부하 저항이 R[Ω]이다.
- n개의 전지를 직렬접속한다.
- 키르히호프 법칙의 일반식

$$E_1+E_2+E_3\cdots+E_n=(r_1+r_2+r_3\cdots+r_n)I+RI[\text{V}]$$

④ 전지 n개가 동일한 경우(기전력 E, 내부저항 r)

- 등가 기전력(총 기전력) : $nE[\text{V}]$
- 총 내부저항 : $nr[\Omega]$
- 전류 계산 공식

$$nE=(nr+R)I[\text{V}],\ I=\frac{nE}{nr+R}[\text{A}]$$

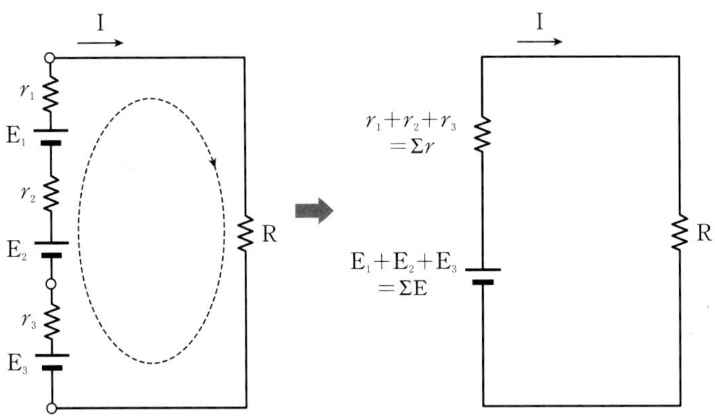

▲ 전지의 직렬접속과 등가회로

3) 전지의 병렬접속

① 기본 구성

- 각 전지의 기전력이 $E[\text{V}]$, 내부저항이 $r[\Omega]$인 전지 n개를 병렬연결하여, 외부 저항 $R[\Omega]$에 연결한다.
- 각 전지의 양극은 양극끼리, 음극은 음극끼리 연결한다.
- 전체 회로에 걸리는 전압은 전지 하나의 기전력 $E[\text{V}]$와 같다.
- 전류 분담 효과가 발생하며, 전지당 전류 부담이 줄어들고 전체 출력 용량이 증가한다.

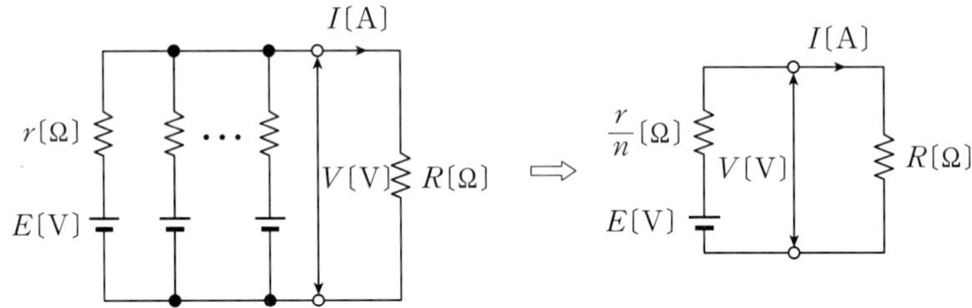

▲ 전지의 병렬접속과 등가회로

② 키르히호프의 전압법칙 적용

$$\frac{r}{n}\cdot I+RI=E[\text{V}],\ I=\frac{E}{\left(\dfrac{r}{n}\right)+R}[\text{A}]$$

등가회로

- 복잡한 회로를 간단한 구조로 모델링한 회로
- 전기적 특성이 같도록 단순화한 회로
- 해석과 계산에 매우 유리함

4) 기전력과 내부저항이 같은 전지의 직·병렬 접속

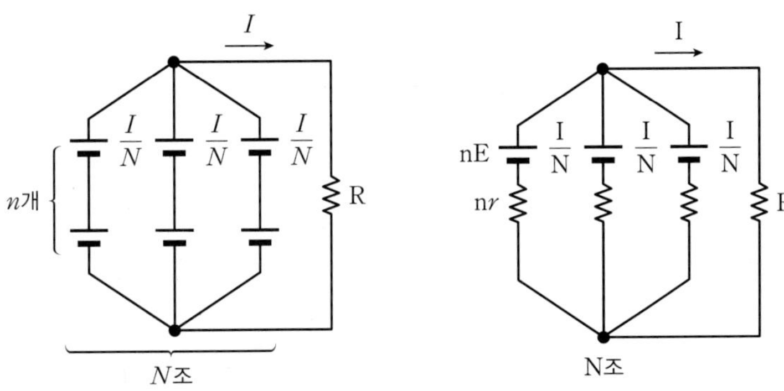

▲ 기전력이 같은 전지의 직·병렬 접속

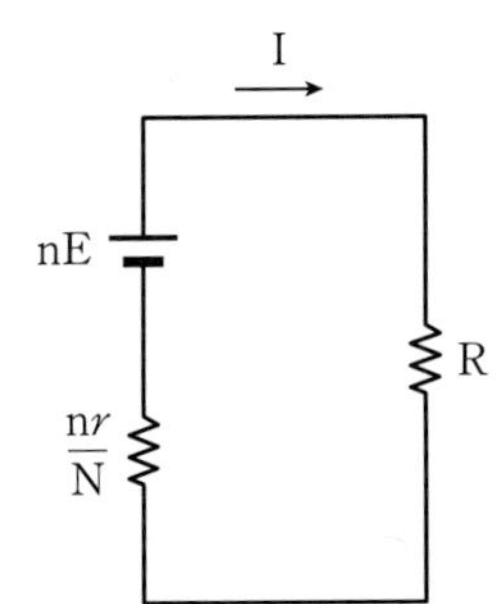

▲ 기전력이 같은 전지의 직·병렬 접속 등가회로

① 등가회로 적용

구분	직렬 접속한 1조	N조 병렬 접속한 전체 전지의 특성
합성 기전력	$E_{직렬}=nE\,[\mathrm{V}]$	$nE\,[\mathrm{V}]$(병렬에서는 기전력 유지)
합성 내부저항	$r_{직렬}=nr\,[\Omega]$	$\dfrac{nr}{N}\,[\Omega]$

② 부하에 흐르는 전류 : $I=\dfrac{(nE)}{\{(\frac{n}{N})r+R\}}\,[\mathrm{A}]$

전지의 직·병렬 접속

- 직렬 : 전압은 합산, 전류는 동일
- 병렬 : 전압은 동일, 전류는 합산

내부저항이 포함될 경우 전압강하를 고려한 계산이 필요하다.

01 200[V]에서 10[A]의 전류가 흐르는 전열기의 전압이 20[%] 낮아질 때 흐르는 전류[A]는?

① 5 ② 8
③ 10 ④ 20

전열기 문제는 항상 저항을 의미한다. 200[V]에 10[A]의 전류가 흐르는 전열기는 $R = \dfrac{V}{I} = \dfrac{200}{10} = 20[\Omega]$의 저항을 갖고 있다. 여기에 20% 낮은 전압 즉, 200×0.8=160[V]의 전압을 인가했을 때, 흐르는 전류를 계산하면 $I = \dfrac{V}{R} = \dfrac{0.8V}{R} = \dfrac{0.8 \times 200}{20} = \dfrac{160}{20} = 8[A]$이다.

02 10[Ω]의 저항 5개를 직렬로 연결했을 때의 합성저항은 병렬로 연결했을 때의 합성저항의 몇 배가 되는가?

① 10배 ② 25배
③ 50배 ④ 100배

직렬연결 시 합성저항 : $R_1 = 5R = 5 \times 10 = 50[\Omega]$
병렬연결 시 합성저항 : $R_2 = \dfrac{R}{5} = \dfrac{10}{5} = 2[\Omega]$

$\therefore R_1 = \dfrac{50}{2}R_2 = 25R_2$

03 6[Ω]의 저항 3개를 연결했을 때, 얻을 수 없는 합성저항의 값은?

① 18[Ω] ② 9[Ω]
③ 2[Ω] ④ 3[Ω]

저항 3개 모두 직렬연결 : 18[Ω]
저항 2개 병렬연결, 1개 직렬연결 : 9[Ω]
저항 3개 병렬연결 : 2[Ω]

04 다음 중 온도가 올라갈수록 저항값이 낮아지는 것은?

① 백금선 ② 연동선
③ 서미스터 ④ 텅스텐

일반적으로 온도가 올라갈수록 저항값은 올라가는데, 반도체와 서미스터 (Thermistor)는 그 반대인 부(−)의 특성을 가지고 있다. 따라서 반도체와 서미스터는 온도가 올라갈수록 저항값이 낮아진다.

05 주위온도가 0[℃]일 때의 저항이 20[Ω]인 연동선이 있다. 주위온도가 50[℃]로 올라갈 때의 저항값은 약 몇 [Ω]인가? (단, 0[℃]에서 연동선의 온도계수는 $\alpha = 4.3 \times 10^{-3}$이다.)

① 22.3 ② 23.3
③ 24.3 ④ 25.3

$R_2 = R_1[1 + \alpha(T_2 - T_1)] = 20[1 + 4.3 \times 10^{-3} \times (50-0)] = 24.3[\Omega]$

정답 01 ② 02 ② 03 ④ 04 ③ 05 ③

06 다음과 같은 회로에서 회로에 흐르는 전류의 크기와 방향으로 올바른 것은?

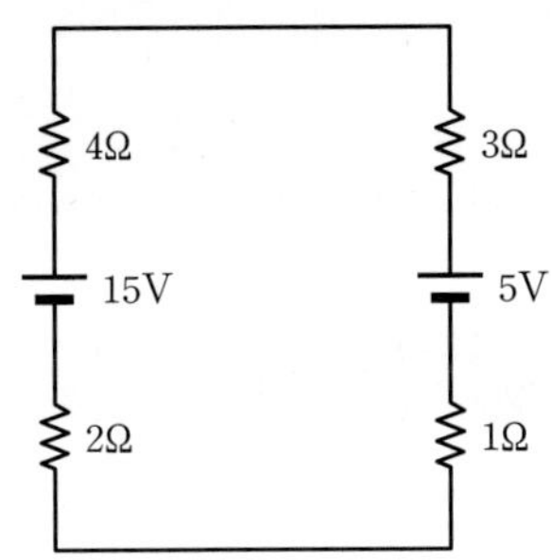

① 1[A], 시계방향
② 2[A], 반시계방향
③ 3[A], 시계방향
④ 5[A], 반시계방향

회로에서 전류가 시계방향으로 흐른다고 가정하고, 키르히호프의 전압 법칙을 적용하여 문제를 풀 수 있다.
합성 기전력 $E=15-5=10[V]$
합성저항 $R=4+3+1+2=10[\Omega]$
전류 $I=\dfrac{V}{R}=\dfrac{10}{10}=1[A]$가 되고, 값이 양수이므로 처음 가정한 방향대로 전류가 흐른다는 것을 알 수 있다. 만약 도출된 값이 음수라면 처음 가정한 방향과 반대로 전류가 흐른다는 의미이다.

07 기전력 1.5[V], 내부저항 0.1[Ω]인 전지 10개를 직렬로 접속하여 9[Ω]의 저항에 연결하면 저항에 흐르는 전류는 몇 [A]인가?

① 1.67
② 1.5
③ 1.2
④ 1.0

전지의 기전력을 $E[V]$, 내부저항을 $r[\Omega]$이라 하면,
$I=\dfrac{nE}{nr+R}=\dfrac{10\times1.5}{10\times0.1+9}=1.5[A]$이다.

08 다음 중 저항의 전압과 전류를 측정하기 위하여 전압계와 배율기, 전류계와 분류기를 연결한 방법으로 옳은 것은?

① 전압계는 직렬접속, 전류계는 병렬접속
② 배율기는 직렬접속, 분류기는 병렬접속
③ 배율기와 분류기 모두 전압계, 전류계에 병렬접속
④ 배율기와 분류기 모두 전압계, 전류계에 직렬접속

측정하고자 하는 저항에 전압계는 병렬접속, 배율기는 전압계에 직렬접속한다. 또한 전류계는 직렬접속, 분류기는 전류계에 병렬접속한다.

전류의 열작용과 화학작용

▶ 합격 강의

빈출 태그 ▶ 전력과 전력량 공식, 줄의 법칙, 전류와 전압의 측정법, 전지

01 전력과 전력량의 측정

01 전력과 전력량

1) 전력(Electric Power)

① 전력의 정의와 단위

- 전력 : 단위시간 동안 변환되거나 전송되는 전기에너지(전기가 할 수 있는 일)
- 전력의 기호는 P, 단위는 [W](와트(Watt))이다.

$$P = \frac{W}{t}[\text{J/s}] = [\text{W}]$$

- 1[W]는 1초 동안 1[J]의 에너지가 변환 또는 전달되는 전기에너지이다.

② 전력의 공식(전압, 전류, 저항 기반)

$$P = \frac{W}{t} = \frac{QV}{t} = (\frac{Q}{t}) \cdot V = V \cdot I[\text{W}]$$
$$= IR \cdot I = I^2 R[\text{W}]$$
$$= V \cdot (\frac{V}{R}) = \frac{V^2}{R}[\text{W}]$$

③ 마력(HP, Horse Power)과 전력의 단위 변환

- 전기기기의 동력 단위로 종종 마력을 사용한다.
- 마력과 와트 사이의 변환 관계 : 1[HP]=746[W]
  예 마력이 2[HP]인 전동기의 전력 : $2 \times 746 = 1,492$[W]

2) 전력량

① 전력량의 정의와 단위

- 전력량 : 일정 시간 동안 전기에너지가 한 일의 양, 즉 전기에너지가 소비된 양
- 전력(P)이 일정 시간(t) 동안 지속적으로 공급되면서 만들어지는 총 에너지량이다.
- 전력량의 기호는 W, 단위는 와트초[W · s] 또는 줄[J]이다.

$$W = P \cdot t[\text{W} \cdot s] = [\text{J}]$$

② 전력량의 확장식

$$W=P \cdot t=VIt=I^2Rt=\frac{V^2}{R} \cdot t[\text{J}]$$

③ 실무에서 사용하는 단위

- [Wh] 및 [kWh] : 줄[J] 또는 [W · s]보다 실제 전력 소비량 표현에는 [Wh], [kWh]를 일반적으로 사용
- 단위 변환 관계식

$$1[\text{kWh}]=10^3[\text{Wh}]=10^3 \times 3{,}600[\text{W}s]=3.6 \times 10^6[\text{J}]$$

❷ 줄의 법칙

1) 줄의 법칙(열량 환산식)

① 줄의 법칙의 정의와 공식

- 도체에 흐르는 전류에 의해 단위시간에 발생하는 열량은 도체의 저항과 전류의 제곱에 비례 한다. 즉, 열량은 도체의 저항(R), 전류의 제곱(I^2), 시간(t)에 비례한다.

$$H=I^2Rt[\text{J}] ≒ 0.24I^2Rt[\text{cal}]$$

- 줄의 법칙의 공식은 다음 기본 관계에 근거한다.

$$1[\text{cal}] ≒ 4.186[\text{J}] ≒ 4.2[\text{J}]$$

② 전력량과 열량의 단위 환산식

- 전기 에너지를 열 에너지로 환산하면 $1[\text{kWh}]=860[\text{kcal}]$이다.
- 전기적 에너지를 열량 단위로 변환할 때 주로 사용한다.

2) 물체의 온도 상승에 필요한 열량 계산

① 기본 열량 공식 : 어떤 물체의 온도를 $T_1 \rightarrow T_2[^\circ\text{C}]$로 올릴 때 필요한 열량 $Q=mC(T_2-T_1)[\text{cal}]$

② 전기열량=물리적 열량

$$H=Q \text{ 즉, } 860Pt\eta=mC(T_2-T_1)[\text{kcal}]$$

- 단위
  - P(전력) : [kW]
  - t(시간) : [h]
  - η(효율) : [p.u]
  - m(질량) : [kg]
  - C(비열) : 1[kcal/kg · ℃]
  - T(온도) : [℃]

기본 열량 공식의 단위

각 요소의 단위 사용에 특히 주의해야 한다. 시간의 경우 문제에서 '분'으로 제시하면 반드시 '시간'으로 환산해야 한다.

02) 전류와 전압 및 저항 측정

1) 전류와 전압 측정의 개요

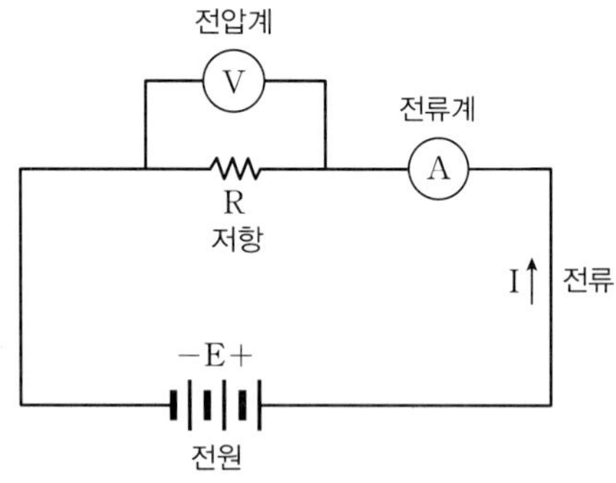

▲ 전류계와 전압계의 접속

① 전류 측정 방법 : 직렬접속 시 전류는 동일하게 흐르기 때문에 저항 $R[\Omega]$에 흐르는 전류를 측정하기 위해 전류계(Ammeter)를 저항과 직렬로 연결한다.

② 전압 측정 방법 : 병렬접속 시 전압은 동일하게 걸리기 때문에 저항 $R[\Omega]$에 걸리는 전압을 측정하려면 전압계(Voltmeter)를 저항과 병렬로 연결한다.

2) 분류기(Shunt)

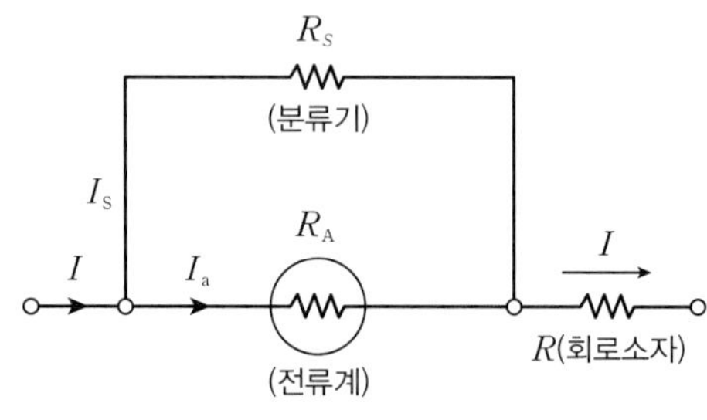

▲ 전류계와 분류기

① 전류계의 측정 범위를 넓히기 위하여 전류계와 병렬로 저항을 접속하는 저항기이다.

② 분류기의 특징
- 과전류를 분류기로 우회시켜 전류계를 보호한다.
- 전류계 자체에 흐르는 전류를 줄이기 위해 사용한다.
- 전류계를 보호하기 위해 분류기의 저항은 작을수록 좋다.

③ 분류기 저항 계산

- 전류계에 흐르는 전류(전류 분배 법칙 이용) : $I_a = \dfrac{R_s}{(R_a + R_s)} \times I\,[\mathrm{A}]$

- 측정 가능한 배율 : $n = \dfrac{I}{I_a}\,\dfrac{(R_a + R_s)}{R_s}$

- 분류기의 저항 크기 : $R_s = \dfrac{R_a}{(n-1)}\,[\Omega]$

- 단위
  - $I\,[\mathrm{A}]$: 회로 전류 / $I_a\,[\mathrm{A}]$: 전류계에 흐르는 전류 / $I_s\,[\mathrm{A}]$: 분류기에 흐르는 전류
  - n : 측정 가능한 전류 배율
  - $R_a\,[\Omega]$: 전류계의 내부저항 / $R_s\,[\Omega]$: 분류기의 저항

3) 배율기(Multiplier)

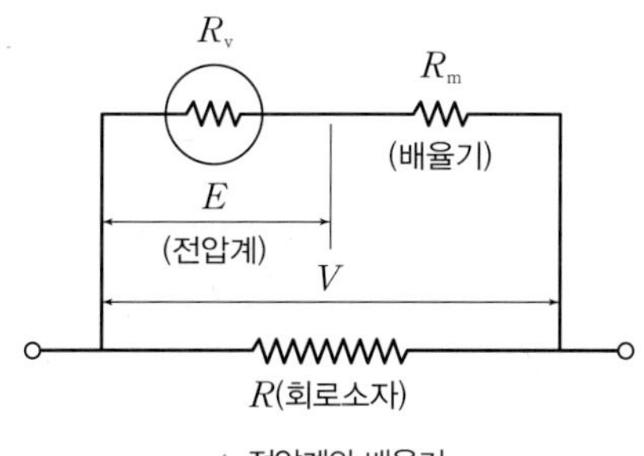

▲ 전압계와 배율기

① 전압계의 측정 범위를 넓히기 위하여 전압계와 직렬로 접속하는 저항기이다.

② 배율기의 특징

- 과전압으로부터 전압계를 보호한다.
- 전압 분배를 통해 전압계에 걸리는 전압을 제한한다.
- 전압 분배 효과가 증가하기 때문에 배율기의 저항은 높을수록 좋다.

③ 배율기 저항 계산

- 전압계에 걸리는 전압(전압 분배 법칙 이용) : $V = R_v I + R_m I\,[\mathrm{V}]$, $E = R_v I\,[\mathrm{V}]$

- 측정 가능한 배율 : $m = \dfrac{V}{E} = \dfrac{I(R_v + R_m)}{I R_v}$

- 배율기의 저항 크기 : $R_m = (m-1)R_v\,[\Omega]$

- 단위
  - $V\,[\mathrm{V}]$: 측정대상 회로 전압 / $E\,[\mathrm{V}]$: 전압계에 걸리는 전압 / $V_m\,[\mathrm{V}]$: 배율기에 걸리는 전압
  - m : 측정 가능한 전압 배율
  - $R_v\,[\Omega]$: 전압계의 내부저항 / $R_m\,[\Omega]$: 배율기의 저항
  - $I\,[\mathrm{A}]$: 전압계에 흐르는 전류

4) 휘트스톤 브리지(Wheatstone Bridge)

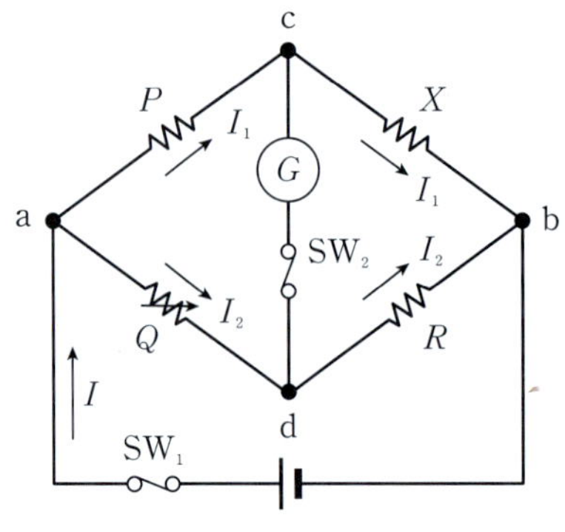

▲ 휘트스톤 브리지 회로

① 4개의 저항(P, Q, R, X)과 검류계(Galvanometer) G를 포함하여 브리지 형태(마름모형)를 이루는 회로로, 일반 저항을 측정하는 데 많이 사용한다. 특히 $0.5 \sim 10^5[\Omega]$ 범위의 중저항 측정에 적합하다.

② 브리지 평형 조건
- 회로의 직렬과 병렬 전류 흐름의 원리를 활용한다.
- 검류계 G에 전류가 흐르지 않는 평형 조건을 만족시키려면 a와 c 사이, a와 d 사이의 전압강하가 동일해야 한다.

$$I_1 P = I_2 Q, \ I_1 X = I_2 R$$

③ 저항 측정 원리
- X를 측정해야 하는 저항, P와 R은 고정값을 가지는 저항일 때 Q를 바리스터(가변저항)로 하여 저항의 크기를 조절하여 평형 조건을 만든다.
- 브리지 평형 조건을 바탕으로 저항 X의 크기를 구할 수 있다.

$$PR = QX, \ X = \frac{P}{Q} R [\Omega]$$

④ 기타 측정 회로
- 메거(Megger) : 고저항 측정용 회로
- 켈빈 더블브리지(Kelvin Bridge) : 저저항 정밀 측정용 회로

03 전류의 화학작용과 전지

01 전류의 화학작용 및 전기분해

1) 전류의 화학작용

① 전리 현상과 전해액(Electrolyte)
- 산, 염기 등의 물질을 물에 녹이면 양이온(Cation)과 음이온(Anion)으로 전리한다.
- 전해액 : 전리된 이온을 포함한 수용액

② 전기분해(Electrolysis)

- 전기분해는 화합물에 높은 전압을 가하여 전기화학적 산화 · 환원 반응을 유도하는 것이다.

  예 물의 전기분해를 통한 수소와 산소 생성, 금속 표면에 구리 도금 등

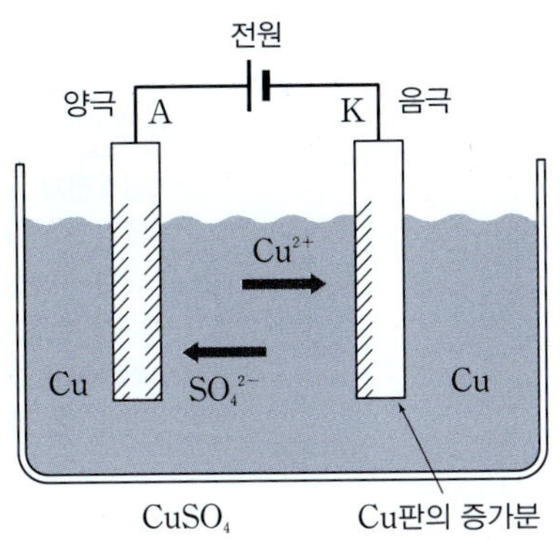

▲ 구리의 전기분해

- 전기분해 예시
  - 전해조 구성 : 황산구리($CuSO_4$) 용액＋구리판 전극 2개＋전원 공급
  - 전리 반응 : $CuSO_4 \rightarrow Cu^{++} + SO_4^{--}$
  - 전극에서의 반응

구분	반응식	설명
음극 반응	$Cu^{++} + 2e \rightarrow Cu$	구리가 석출됨
양극 반응	$SO_4^{--} - 2e \rightarrow SO_4$	SO_4가 물과 반응 → 황산 형성
	$SO_4 + H_2O \rightarrow H_2SO_4 + \frac{1}{2}O_2$	남은 산소 이온 → 산소 발생

기적의 TIP

전기분해와 전지 반응

전기분해와 전지 반응이 혼동될 수 있다. 이 두 가지 개념을 학습할 때는 방향성과 에너지의 흐름을 파악하는 것이 중요하다.
- 전기분해 : 전기에너지 → 화학에너지(외부 전원 필요)
- 전지 : 화학에너지 → 전기에너지(자체 발생)

---

③ 페러데이 법칙(Faraday's Law)

- 전기분해로 석출되는 물질의 양(w)은 전해액을 통과한 전기량(Q)에 비례한다.
- 동일 전기량일 경우 석출되는 물질의 양은 화학당량(원자량/원자가)에 비례한다.
- 석출량 계산 공식

$$w = kQ = kIt\,[\text{g}]$$

- w : 석출되는 물질의 양[g]
- k : 전기화학당량[g/C]
- Q : 전기량[C]
- I : 전류[A]
- t : 시간[s]

2) 전지(Battery)

① 전지 : 화학에너지를 전기에너지로 변환하는 장치

② 전지의 분류

구분	1차 전지(비충전식)	2차 전지(충전식)
특징	한 번 사용 후 재사용 불가	충전하여 반복 사용 가능
예시	• 건전지(망간 건전지) • 수은전지 • 알칼리전지 • 리튬전지	• 납축전지 • 알칼리축전지 • 니켈–카드뮴전지(Ni–Cd) • 니켈–수소전지(Ni–MH) • 리튬이온 2차 전지 • 리튬이온 폴리머 2차 전지

③ 볼타 전지(화학전지의 원형)

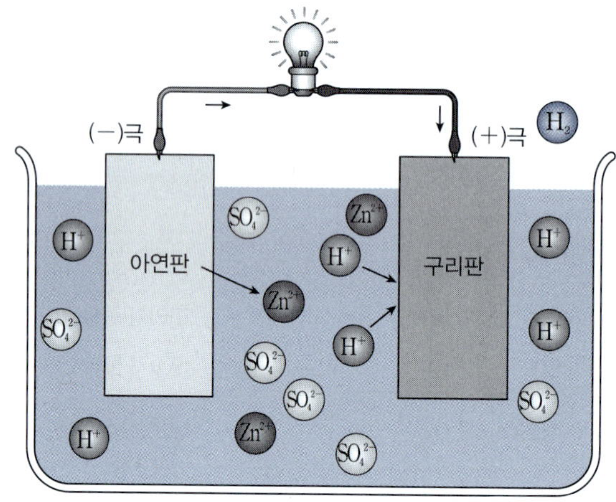

▲ 볼타 전지의 원리

• 묽은 황산(H_2SO_4) 용액과 아연판(음극), 구리판(양극)으로 구성되어 있다.
• 작동 원리
  – 아연판 : $Z_n \rightarrow Z_n^{2+} + 2e^-$(산화 반응, 전자 제공)
  – 구리판 : $2H^+ + 2e^- \rightarrow H_2$(환원 반응, 수소기체 발생)
• 황산을 사용하기 때문에 화상 및 폭발 위험이 있다.

④ 르클랑셰 전지(현대 건전지의 기반)

• 전해질 : 염화암모늄(NH_4Cl)으로 대체(알칼리성)
• 전극 : 양극은 탄소봉, 음극은 아연판
• 전해질 흡수재 : MnO_2 반죽을 종이나 천에 적셔 사용
• 분극 작용(Polarization) 발생
  – 양극(탄소)에 수소 기포가 부착되어 전류의 흐름이 방해받고 결과적으로 기전력이 감소한다.
  – 감극제를 사용하여, 분극 작용을 억제한다.
    ❿ 예 금속염류, 이산화망간(MnO_2), 중크롬산칼륨($K_2Cr_2O_7$), 산소(O_2)

⑤ 망간 건전지(일반적인 건전지 형태)

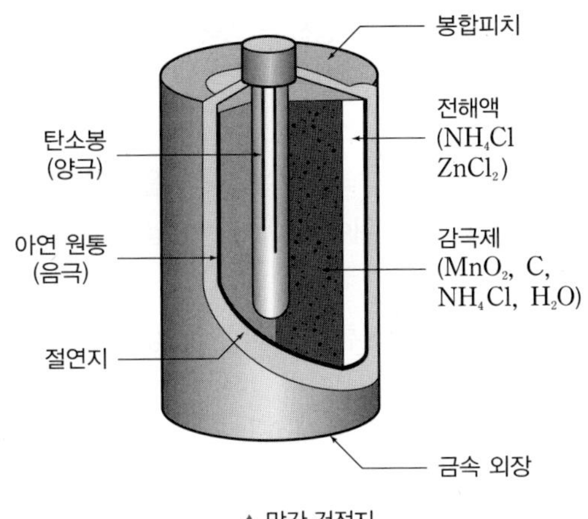

▲ 망간 건전지

- 전해질은 NH_4Cl과 MnO_2을 혼합 반죽한 것이다.
- 전해질을 흡수지 또는 천에 적셔 아연 원통 내부에 접속한다.
- 전압은 약 1.5[V]로, 분극작용이 감극제로 어느 정도 해결되며, 간단하고 저렴하게 제조할 수 있다.
- 가정용 건전지로 가장 널리 사용된다.

⑥ 납축전지(Lead Storage Battery)

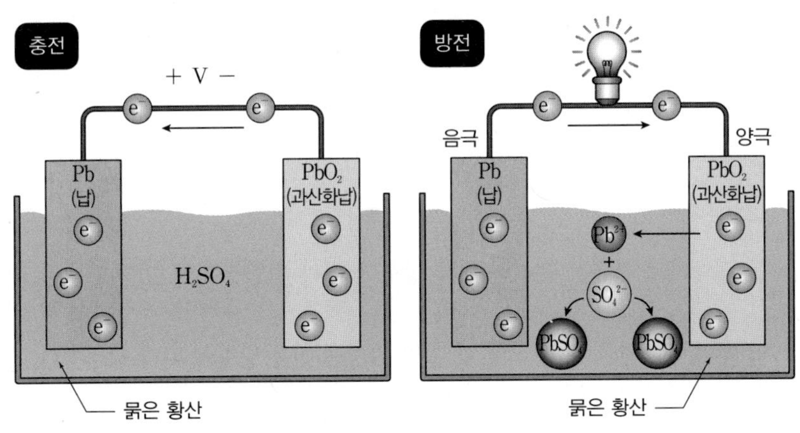

▲ 납축전지의 원리

- 전해액 : 비중이 1.2~1.3인 묽은 황산(H_2SO_4) 용액
- 전극 : 양극은 이산화납(PbO_2), 음극은 납(Pb)이며, 전극을 넣고 연결하면 약 2[V]의 전압 발생
- 작동 원리
  - 방전 시 부하 연결을 통해 전류가 흐르고 양극과 음극 모두 황산납($PbSO_4$)으로 변화한다. 결과적으로 전해액의 황산 농도가 낮아지고 기전력이 감소한다.
  - 충전 시 외부 전원 공급을 통해 전지가 재생한다. 극판은 원래 상태(PbO_2/Pb)로 복귀하고, 전해액의 황산 농도도 회복된다.

• 화학 반응식

<table>
<tr><td>양극</td><td>전해액</td><td>음극</td><td>방전</td><td>양극</td><td>전해액</td><td>음극</td></tr>
<tr><td colspan="7">PbO_2 + $2H_2SO_4$ + Pb $\rightleftharpoons$ $PbSO_4$ + $2H_2O$ + $PbSO_4$
충전</td></tr>
</table>

• 충전 완료 전압(2.4[V]) 이상으로 과충전 시 양극에서는 산소, 음극에서는 수소가 발생한다.
• 과방전으로 전압이 지나치게 낮아지면, 극판 위에 백색의 황산납($PbSO_4$)이 생성되어 극판이 휜다.

⑦ 축전지의 용량
• 축전지의 용량 : 완전 충전된 상태에서 정격 전류를 흘려 방전 종지 전압까지 도달할 때까지의 전기량
• 축전지 용량의 기호는 Q, 단위는 [Ah](암페어시)이다.
• 축전지 용량의 공식 : $Q = I \cdot h$[Ah](I : 방전 전류[A], h : 방전 시간[h])

02 열과 전기

1) 펠티에 효과

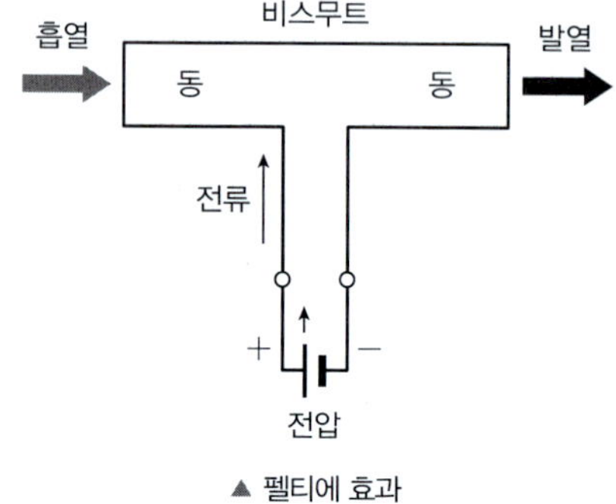

▲ 펠티에 효과

① 서로 다른 금속을 접속하고 전류를 흘리면 전류 방향에 따라 접합부에서 발열 또는 흡열이 나타나는 현상이다.
② 전기 에너지가 열 에너지로 변환되고, 발열 및 흡열 위치는 전류 방향에 따라 달라진다.
③ 전자냉동 시스템, 소형 냉각기 등에 사용된다.

2) 톰슨 효과(Thomson Effect)

① 같은 종류의 금속선이라도 온도차가 존재할 경우, 그 금속에 전류가 흐르면 온도차에 의해 열이 흡수되거나 방출되는 현상이다.
② 온도 구배가 있는 도체 내부에서도 열과 전류의 상호작용이 발생한다.
③ 열 이동 방향은 전류 방향과 온도 기울기에 의존한다.

3) 제벡 효과(Seebeck Effect)

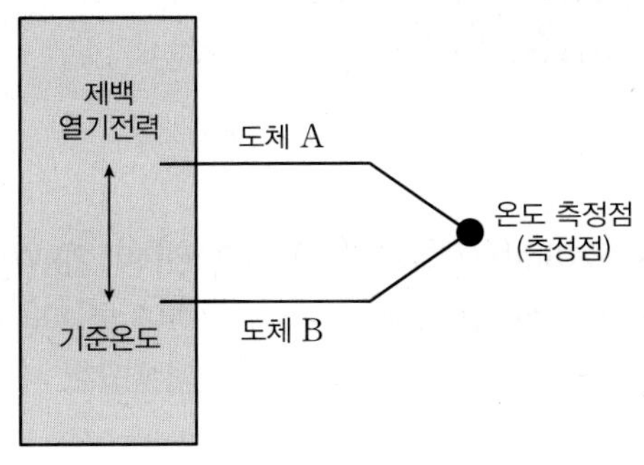

▲ 제벡 효과

① 서로 다른 두 금속을 접속하고, 두 접합부에 온도차를 주면 기전력(E)이 발생하고 전류가 흐르는 현상이다.

② 제벡 효과를 통해 발생하는 전압을 열기전력(Thermal Emf)이라 한다.

③ 열전 온도계(Thermocouple Thermometer), 고온 측정 분야에서 광범위하게 사용된다.

4) 제3 금속의 법칙

① 열전대의 접속점에 제3의 금속을 연결해도 제3 금속의 양단이 동일 온도일 경우에 열전대의 출력 전압의 크기에는 변화가 없다.

② 측정 회로 설계의 자유도가 증가하며, 다양한 계측기 연결 시 기전력 오차를 방지한다.

01 100[V]에서 100[W]의 전력을 소비하는 전열기의 전압을 20[%] 증가시키면 소비전력은 얼마인가?

① 120[W]
② 124[W]
③ 140[W]
④ 144[W]

전열기의 저항 $R=\dfrac{V^2}{P}=\dfrac{100^2}{100}=100[\Omega]$이고, 전압을 20[%] 증가시켜 120[V]를 인가하면, $P=\dfrac{V^2}{R}=\dfrac{120^2}{100}=144[W]$가 된다.

02 220[V]인 60[W]와 100[W] 전구 2개를 전원에 직렬로 연결하였을 때 어느 전구가 더 밝은가?

① 60[W]
② 100[W]
③ 밝기가 동일하다.
④ 상황에 따라 다르다.

60[W] 전구의 저항을 계산하면 $R_1=\dfrac{V^2}{P}=\dfrac{220^2}{60}[\Omega]$, $R_2=\dfrac{V^2}{P}=\dfrac{220^2}{100}[\Omega]$ 이다. 전구 2개를 직렬연결하면 전류는 일정하고 전압이 저항에 비례하여 배분되기 때문에 전구의 밝기 즉, 전력소모량은 $P=I^2R[W]$로 간단하게 비교할 수 있다. $R_1>R_2$이므로 직렬연결 시 저항값이나 전류의 값을 구하지 않고도 60[W] 전구가 더 밝은 것을 알 수 있다.

03 전력이 2[kW], 효율이 80[%]의 전열기를 사용하여 물 10[L]를 20[℃]에서 100[℃]로 올리는 데 필요한 시간[min]은 약 얼마인가?

① 17
② 28
③ 35
④ 42

전열기에서 발생하는 열량을 [kcal] 기준으로 환산하면, P[kW], t[h], η[%], m[kg], T[℃], C(비열=1)일 때 $860Pt\eta=mC(T_2-T_1)$[kcal]가 성립한다. 열량 환산 공식에서 t의 단위는 시간이므로, '분'으로 환산하여 계산한다. 따라서 $t=\dfrac{mC(T_2-T_1)}{860Pt\eta}=\dfrac{10\times1\times(100-20)}{860\times2\times0.8}=0.58\times60=34.9$[min] 이다.

04 다음과 같은 휘트스톤 브리지 회로에서 P=200[Ω], R=500[Ω]이고, Q=400[Ω]일 때 검류계 G에 흐르는 전류가 흐르지 않았다. 이때 X의 저항은 얼마인가?

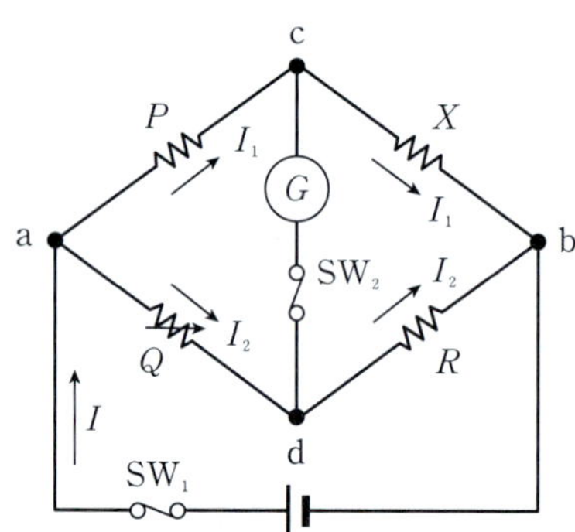

① 250[Ω]
② 100[Ω]
③ 50[Ω]
④ 16[Ω]

휘트스톤 브리지 회로의 평형 조건은 PR=XQ이므로, $X=\dfrac{PR}{Q}=\dfrac{200\times500}{400}=250[\Omega]$이다.

05 다음 중 납축전지의 특성에 대한 설명으로 옳은 것은?

① 전해액 : $PbSO_4$
② 양극 : Pb
③ 전해액 비중 : $1.2 \sim 1.3$
④ 축전지 용량의 단위 : $[W \cdot s]$

납축전지는 묽은 황산(비중 1.2~1.3) 용액에 이산화납(PbO_2)과 납(Pb) 판을 넣어서 연결하면 약 2[V]의 전압이 발생한다. 이를 화학식으로 나타내면 다음과 같다.

$$PbO_2 + 2H_2SO_4 + Pb \underset{\text{충전}}{\overset{\text{방전}}{\rightleftharpoons}} PbSO_4 + 2H_2O + PbSO_4$$

양극 전해액 음극 / 양극 전해액 음극

이때 납축전지의 용량은 [Ah]로 나타낸다.

06 서로 다른 두 종류의 금속을 접속하여 접속점에서 서로 다른 온도를 유지하면, 기전력이 발생하여 일정한 방향으로 전류가 흐른다. 이와 같은 현상을 무엇이라 하는가?

① 펠티에 효과
② 제벡 효과
③ 톰슨 효과
④ 제3 금속의 법칙

제벡 효과는 서로 다른 금속을 접속하고 온도차를 유지하면, 기전력이 발생하여 전류가 흐르는 현상이다.

오답 피하기

① 서로 다른 금속을 접속하고 전류를 흘리면 전류가 흐르는 방향에 따라서 접합부에서 발열 또는 흡열이 나타나는 현상
③ 같은 종류의 금속선이라도 온도차가 있으면 전류를 흘렸을 때, 열의 흡수 또는 발열이 나타나는 현상
④ 열전대의 접속점에 임의의 금속을 연결하여도 이 금속에 의한 열기전력의 변화는 없는 현상

정전기와 콘덴서

빈출 태그 ▶ 정전 유도와 쿨롱의 법칙, 전기장과 전위, 정전용량, 평행판 콘덴서

01 정전기

01 정전기와 전기장

1) 정전기의 발생

① 대전 : 한 물체가 어떤 에너지에 의해서 양(+)전하와 음(−)전하로 분리되는 것

② 정전기 : 전류가 흐르지 않고 대전된 상태

③ 방전 : 대전된 물체를 접지하여 전하를 잃어버리는 것

2) 정전유도와 정전차폐

① 정전유도

• 정전유도 : 대전된 물체에 도체를 접근시킬 때 도체가 대전되는 현상

• 양(+)전하로 대전된 물체에 도체를 접근시키면, 대전체와 가까운 쪽에는 음(−)전하가, 먼 쪽에는 양(+)전하가 대전된다.

② 정전차폐

• 정전차폐 : 양 물체 사이에 금속 철망으로 격리시켜 정전유도 현상을 방지하는 것

• 실제로 통신케이블의 외피에 금속망을 씌우고, 이를 접지하여 차폐를 하고 있다.

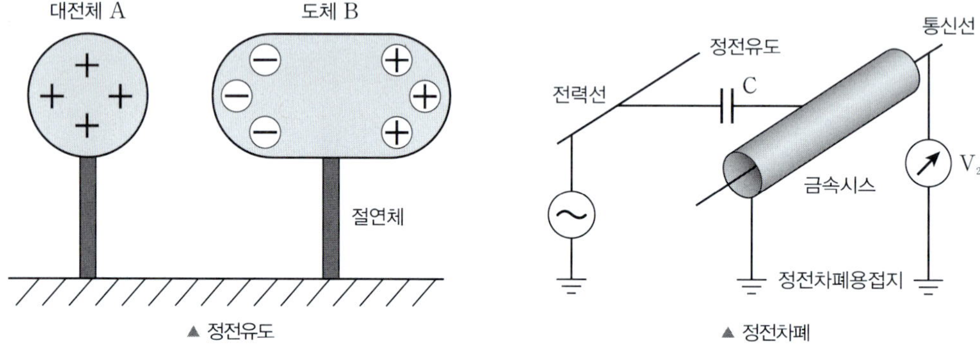

3) 정전기력

① 양(+)전하로 대전된 물체와 음(−)전하로 대전된 물체를 실로 매달아 놓으면 서로 끌어당기는 힘이 생긴다. 다른 전하끼리는 흡인력이, 같은 전하끼리는 반발력이 작용한다는 것을 알 수 있다.

② 쿨롱의 법칙(Coulomb's law) : 두 점전하 사이에 작용하는 정전기력의 크기는 두 전하의 곱에 비례하고, 두 전하 사이의 거리의 제곱에 반비례

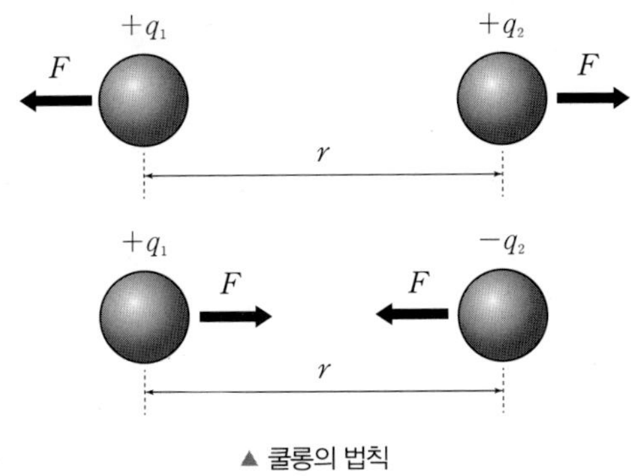

▲ 쿨롱의 법칙

$$F = \frac{1}{4\pi\varepsilon} \cdot \frac{Q_1 Q_2}{r^2}[\text{N}]$$

③ 유전율

$$\varepsilon = \varepsilon_0 \cdot \varepsilon_s[\text{F/m}]$$

- 기호는 ε, 단위는 [F/m]이다.
- 진공의 유전율 : $\varepsilon_0 = 8.855 \times 10^{-12}[\text{F/m}]$
- 비유전율 ε_s은 물질의 종류에 따라 다르며, 공기의 비유전율은 1이다.
- 여러 가지 물질의 비유전율

유전체	비유전율	유전체	비유전율
진공	1.000	운모	6.7
공기	1.00058	유리	3.5~10
종이	1.2~1.6	물(증류수)	80
폴리에틸렌	2.3	산화티탄	100
변압기유	2.2~2.4	로셀염	100~1,000
고무	2.0~3.5	티탄산바륨 자기	1,000~3,000

④ 진공(공기) 중의 정전기력

$$F = \frac{1}{4\pi\varepsilon_0} \cdot \frac{Q_1 Q_2}{r^2} = 9 \times 10^9 \cdot \frac{Q_1 Q_2}{r^2}[\text{N}]$$

1) 전기장(전계, Electric Field)

① 전기장(전장, 전계) : 대전된 물체 주위에 전하를 놓으면 전기력이 작용하며, 전기력이 작용하는 공간

② 전계의 세기

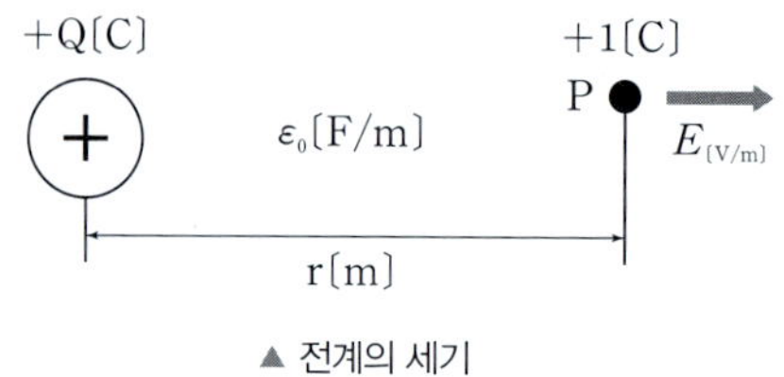

▲ 전계의 세기

- 전계 내에 전하가 존재할 때 작용하는 힘의 크기와 방향을 나타낸 것으로, 단위 전하(1[C])에 작용하는 정전기력이다.
- 기호는 E, 단위는 [N/C] 또는 [V/m]이다.
- 진공(또는 공기) 중 +Q[C] 전하에서 r[m] 떨어진 점 P에 +q[C]인 점전하가 있을 때, 이 전하에 미치는 힘의 크기(쿨롱의 법칙 적용)

$$F = \frac{1}{4\pi\varepsilon_0} \cdot \frac{Qq}{r^2}[\text{N}]$$

- 전계의 세기는 점 P에 +q[C] 대신 단위 전하를 놓았을 때, +1[C]에 대한 힘의 크기를 의미한다.

$$E = \frac{1}{4\pi\varepsilon_0} \cdot \frac{Q}{r^2}[\text{N/C}] \text{ 또는 } [\text{V/m}]$$

- 점전하 q가 전계의 세기 E에서 받는 정전기력은 $F = qE[\text{N}]$이다.

2) 전기력선

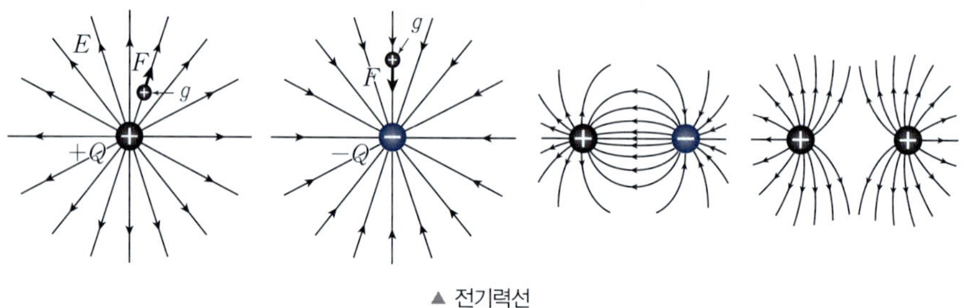

▲ 전기력선

① 전기력선 : 눈에 보이지 않는 전계를 가공의 선으로 시각화한 것으로, 전기력선의 방향과 밀도는 전계의 방향과 세기를 의미

② 전기력선의 성질

- 양(+)전하에서 나와 음(−)전하로 들어간다.
- 두 전기력선은 교차하지 않는다.
- 접선 방향은 해당 지점의 전계 방향과 일치한다.
- 전기력선은 등전위면과 직각으로 교차한다.
- 전기력선의 밀도는 전계의 세기와 비례한다.
- 전기력선은 도체 표면에 수직으로 입사하며, 도체 내부에는 존재하지 않는다.

③ 전기력선의 수
- 균일한 전계 내 전기력선 수 : 전계 E[N/C]가 작용하는 공간에서, 면적 $S[\text{m}^2]$을 수직 통과하는 전기력선 수 $N = E \cdot S$[개]
- 점전하 Q로부터 발생하는 전기력선 수 : 반지름 r의 구형 등전위면을 기준으로 하는 전기력선 수

$$N = E \cdot S = \left(\frac{1}{4\pi\varepsilon} \cdot \frac{Q}{r^2}\right) \times 4\pi r^2 = \frac{Q}{\varepsilon}[\text{개}]$$

3) 전속(Electric Flux)과 전속밀도(Electric Flux Density)

① 전속
- 전속 : 전하 Q[C]로부터 나오는 전기력선의 총량
- 유전체의 종류(유전율 ε)와 관계없이 Q[C]의 전하는 Q[개]의 전속(력선)을 가진다고 가정한다.
- 기호는 ψ(Q), 단위는 [C](쿨롱)이다.

② 전속밀도
- 전속밀도 : 단위면적당 전속의 양
- 기호는 D, 단위는 $[\text{C/m}^2]$이다.
- 점전하 Q[C]로부터 반지름 r[m] 떨어진 등전위면(구면)에서의 전속밀도

$$D = \frac{Q}{4\pi r^2}[\text{C/m}^2]$$

③ 전속밀도와 전계의 세기의 관계
- 전속밀도 D : 유전율 ε과 전계의 세기 E의 곱

$$D = \varepsilon E[\text{C/m}^2]$$

- 매질이 다르더라도 전속은 일정하지만, 유전율이 높을수록 전계의 세기는 작아진다.

4) 전위(Electric Potential)와 전위차(Potential Difference)

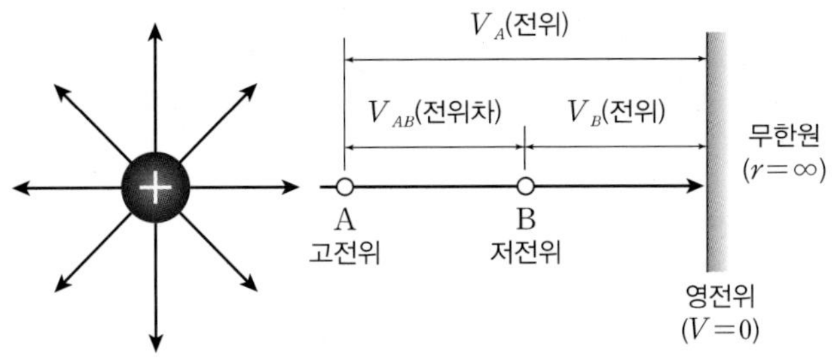

▲ 전위와 전위차

① 전위
- 전위 : 전계에 존재하는 전하가 갖는 전기적인 위치에너지를 말하며, 단위는 [V](볼트)이다.
- 전하 Q[C]로부터 r[m] 떨어진 P점의 전위는 전위가 0[V]인 무한 원점으로부터 점 P까지 단위전하를 옮기는 데 필요한 일이다.
- 전하 Q[C]에 의해 형성된 전계에서, r[m] 떨어진 점 P의 전위 V(부호는 기준 방향에 따라 부여됨)

$$V = -\int_\infty^r E\,dr = -\int_\infty^r \left(\frac{Q}{4\pi\varepsilon r^2}\right)dr = \frac{Q}{4\pi\varepsilon r}[\text{V}]$$

② 전위차

- 전위차 : 두 지점 간 전위의 차이이며, 전하를 한 점에서 다른 점으로 이동시키기 위해 필요한 일의 양을 의미하며, 단위는 [V]이다.
- 전하 Q[C]로부터 각각 r_1[m], r_2[m]가 떨어진 두 지점 A, B 사이의 전위차(평등전계 내의 전위차)

$$V_{AB}=\frac{Q}{4\pi\varepsilon}\left(\frac{1}{r_1}-\frac{1}{r_2}\right)[V]$$

03 정전용량(커패시턴스)

1) 정전용량

① 도체에 저장되는 전기량 Q[C]은 공급 전압 V[V]의 크기에 비례한다.
② 정전용량의 기호는 C, 단위는 [F](패러드(Farad))이다.
③ 정전용량의 공식

$$Q=CV[C]\ 즉,\ C=\frac{Q}{V}[F]$$

- Q : 전하[C], V : 전압[V], C : 정전용량[F]
- 1[F]는 1[V]의 전압을 걸었을 때 1[C]의 전하가 충전되는 정전용량을 의미한다.

F 기적의 TIP

정전용량의 단위

- 정전용량의 단위는 [F]지만 실제로는 [μF] 단위로 자주 출제된다. 이때 단위를 환산할 때 실수할 수 있으니 반드시 단위를 정확히 암기해야 한다.
- 1[μF]$=10^{-6}$[F]를 활용하여 문제를 풀이한다.

2) 평행판 도체의 정전용량

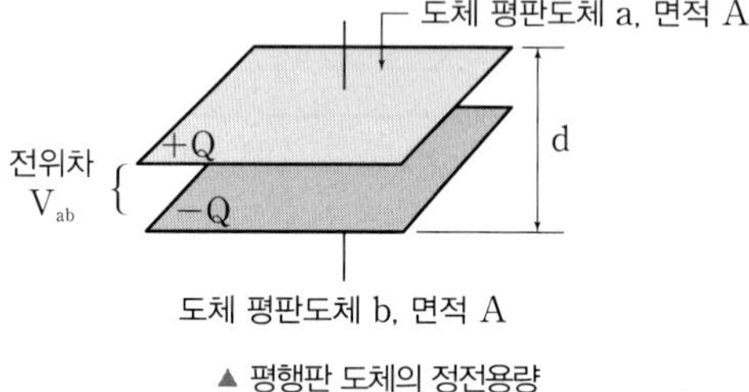

▲ 평행판 도체의 정전용량

① 면적 A[m^2], 간격 d[m], 절연체 유전율 ε[F/m]인 두 평행한 금속판 사이에 전압 V[V]를 인가하면, 양 극판에는 각각 +Q[C], −Q[C]의 전하가 축적된다.
② 평행판 도체의 정전용량

$$C=\frac{Q}{V}=\varepsilon\cdot\frac{A}{d}[F]$$

③ 정전용량을 증가시키는 방법
- 극판의 면적 A를 넓게 한다.
- 극판 간 거리 d를 좁게 한다.
- 비유전율(ε_s)이 큰 유전체를 사용한다.

3) 정전에너지

① 정전에너지 : 도체에 전하 Q[C]를 축적하기 위해 필요한 일의 양(저장된 전기적 에너지를 의미)

② 정전에너지의 공식

$$W_C = \frac{1}{2}CV^2 = \frac{1}{2}QV = \frac{1}{2}\frac{Q^2}{C}[\text{J}]$$

③ 유전체 내 단위 체적당 정전에너지

$$W_0 = \frac{1}{2}\varepsilon E^2 = \frac{1}{2}DE = \frac{1}{2}\frac{D^2}{\varepsilon}[\text{J/m}^3]$$

- D : 전속밀도(C/m^2), E : 전계 세기[V/m], ε : 유전율
- 단위 면적당 정전 흡인력

$$F_0 = \frac{1}{2}\varepsilon E^2 = \frac{1}{2}\varepsilon\left(\frac{V}{d}\right)^2[\text{N/m}^2]$$

02 콘덴서

1) 콘덴서(=커패시터)의 구조와 종류

① 콘덴서 : 두 도체 사이에 유전체를 넣고 전하를 저장하는 장치

② 콘덴서의 종류
- 고정 콘덴서(용량 고정형) : 전해 콘덴서(알루미늄, 탄탈), 세라믹 콘덴서, 마일러 콘덴서, 마이카 콘덴서
- 가변 콘덴서(용량 조절형) : 바리콘, 트리머 콘덴서(Trimmer)

2) 콘덴서의 접속

① 콘덴서의 직렬접속

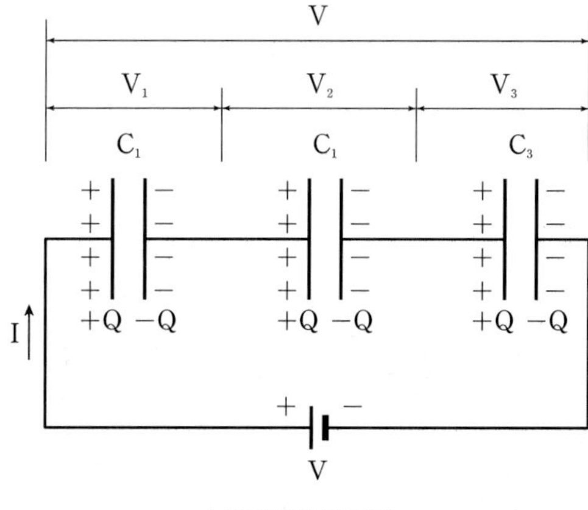

▲ 콘덴서의 직렬접속

- 전원 전압은 V[V]이고, C_1, C_2, C_3[F]인 콘덴서 3개를 직렬로 연결한다.
- 전하 Q는 동일하게 저장된다.
- 전압식

$$V = V_1 + V_2 + V_3 = \frac{Q}{C_1} + \frac{Q}{C_2} + \frac{Q}{C_3} = Q\left(\frac{1}{C_1} + \frac{1}{C_2} + \frac{1}{C_3}\right)[V]$$

- 합성 정전용량 공식

$$\frac{1}{C_0} = \frac{1}{C_1} + \frac{1}{C_2} + \frac{1}{C_3}$$

$$C_0 = \frac{1}{\left(\dfrac{1}{C_1} + \dfrac{1}{C_2} + \dfrac{1}{C_3}\right)}[F]$$

- 2개의 콘덴서 직렬연결 시 전압 분배

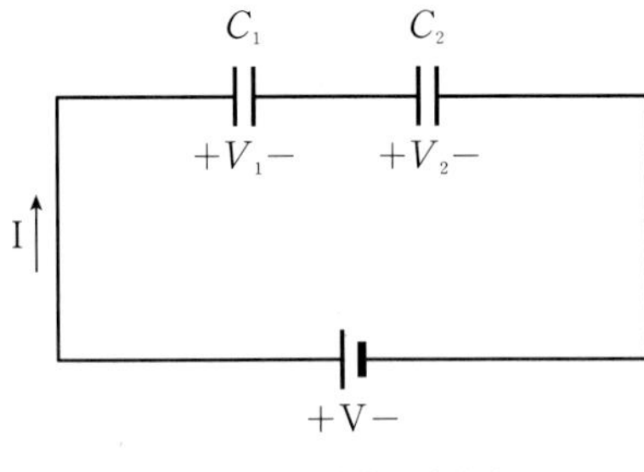

▲ 콘덴서 2개의 직렬연결

- 두 콘덴서에 흐르는 전류와 $I = \dfrac{Q}{t}[A]$에서 콘덴서에 충전되는 전하는 동일하므로, $V = \dfrac{Q}{C}[V]$일 때 V는 C에 반비례한다.
- 따라서 $V_1 = \dfrac{C_2}{C_1 + C_2} V[V]$, $V_2 = \dfrac{C_1}{C_1 + C_2} V[V]$이다.

② 콘덴서의 병렬접속

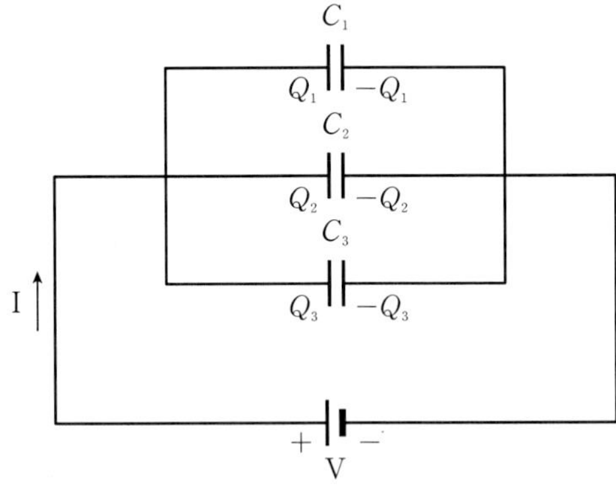

▲ 콘덴서의 병렬접속

- 전원 전압은 V[V]이고, C_1, C_2, C_3[F]인 콘덴서 3개를 병렬로 연결한다.
- 전압은 동일하게 인가되며, 전하는 콘덴서의 용량에 따라 분배된다.

• 전하식

$$Q=Q_1+Q_2+Q_3=C_1V+C_2V+C_3V=(C_1+C_2+C_3)V\,[\mathrm{C}]$$

• 합성 정전용량 공식

$$C_0=(C_1+C_2+C_3)\,[\mathrm{F}]$$

• 2개의 콘덴서 병렬연결 시 전하 분배

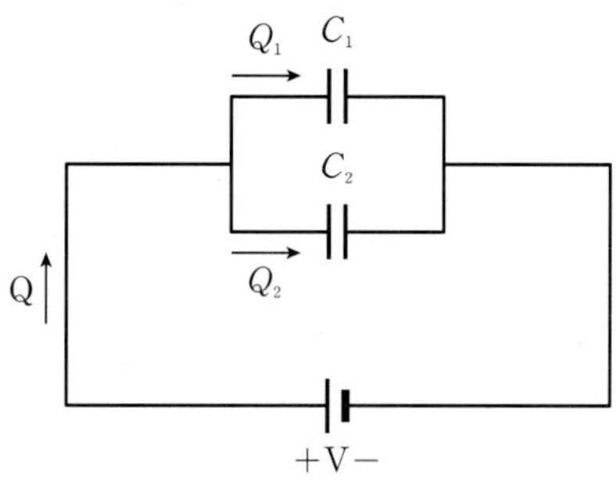

▲ 콘덴서 2개의 병렬연결

- 두 콘덴서에 걸리는 전압은 동일하고, 흐르는 전류는 달라지므로, 콘덴서에 충전되는 전하는 $Q=CV[\mathrm{C}]$일 때 Q는 C에 비례한다.
- 따라서 $Q_1=\dfrac{C_1}{C_1+C_2}Q[\mathrm{C}]$, $Q_2=\dfrac{C_2}{C_1+C_2}Q[\mathrm{C}]$이다.

기적의 TIP

콘덴서와 저항의 등가값 계산 방식

콘덴서의 등가값 계산 방식과 저항의 계산 방식이 서로 반대라는 점을 알면 쉽게 암기할 수 있다.

구분	직렬	병렬
콘덴서	역수 합($\dfrac{1}{C}=\dfrac{1}{C_1}+\dfrac{1}{C_2}$)	단순 합($C=C_1+C_2$)
저항	단순 합($R=R_1+R_2$)	역수 합($\dfrac{1}{R}=\dfrac{1}{R_1}+\dfrac{1}{R_2}$)

01 다음과 같이 양전하로 대전된 물체를 놓았을 때, 도체가 음(−)전하와 양(+)전하로 분리되어 대전되는 현상을 무엇이라 하는가?

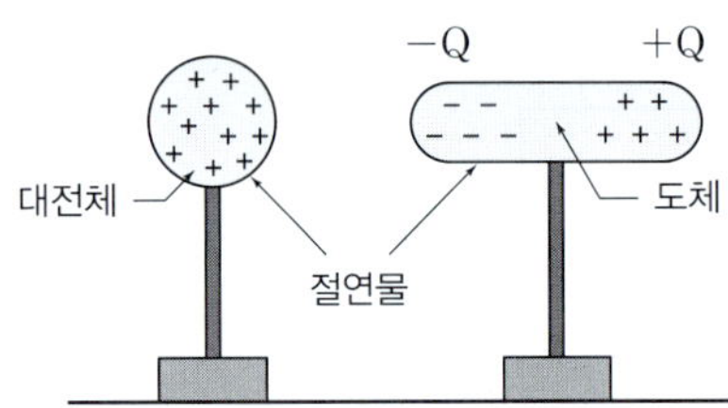

① 자기유도
② 정전유도
③ 정전차폐
④ 방전

한 물체가 어떤 에너지에 의해서 양전하와 음전하로 분리되는 것을 대전이라 하며, 이때 대전된 물체에 도체를 접근시킬 때 도체가 대전되는 현상을 정전유도라 한다.

오답 피하기
① 코일의 전류가 변할 때 그 변화로 인해 코일 자기 자신에 기전력이 유도되는 현상이다.
③ 양 물체 사이에 금속 철망으로 격리시켜서 정전유도 현상을 방지하는 현상이다.
④ 대전된 물체를 접지하여 전하를 잃어버리는 현상이다.

02 공기 중에서 $20[\mu C]$과 $100[\mu C]$의 전하 사이에 $2[N]$의 힘이 작용한다면, 두 점 사이의 거리는 얼마인가?

① $3 \times 10^6[m]$
② $90[m]$
③ $9[m]$
④ $3[m]$

진공(공기) 중의 전계에서 작용하는 쿨롱의 법칙은 $F = 9 \times 10^9 \cdot \dfrac{Q_1 Q_2}{r^2}$이다.

$r^2 = 9 \times 10^9 \cdot \dfrac{Q_1 Q_2}{F}$

$\therefore r = \sqrt{9 \times 10^9 \cdot \dfrac{Q_1 Q_2}{F}} = \sqrt{9 \times 10^9 \cdot \dfrac{20 \times 10^{-6} \times 100 \times 10^{-6}}{2}}$

$\qquad = \sqrt{9} = 3[m]$

03 비유전율이 2.0인 유전체 내부 전속밀도가 $5 \times 10^{-6}[C/m^2]$일 때, 그 지점에서 전계의 세기는 약 몇 $[V/m]$인가?

① 2.8×10^5
② 3.5×10^5
③ 5.6×10^4
④ 7.0×10^4

전속밀도와 전계의 세기는 $D = \varepsilon E$이므로, $E = \dfrac{D}{\varepsilon} = \dfrac{5 \times 10^{-6}}{8.855 \times 10^{-12} \times 2.0}$

$\fallingdotseq 2.8 \times 10^5[V/m]$이다.

04 $1,000[V]$ 전압으로 전기량 $50[\mu C]$을 콘덴서에 충전할 때 축적되는 에너지는 몇 $[J]$인가?

① 50×10^{-2}
② 25×10^{-2}
③ 5×10^{-2}
④ 2.5×10^{-2}

콘덴서에 축적되는 에너지 $W = \dfrac{1}{2}CV^2 = \dfrac{1}{2}QV = \dfrac{1}{2} \times 50 \times 10^{-6} \times 1,000 = 2.5 \times 10^{-2}[J]$이다.

05 다음 그림과 같이 공기 중에 있는 $2 \times 10^{-8}[C]$의 전하에서 2[m] 떨어진 점 Q와 4[m] 떨어진 점 P 사이의 전위차는 얼마인가?

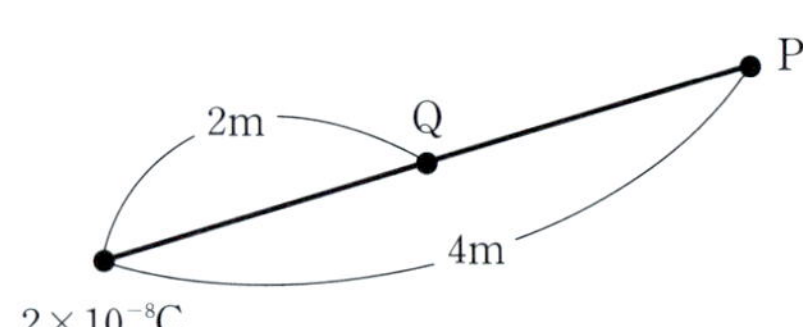

① $45[V]$
② $80[V]$
③ $90[V]$
④ $160[V]$

$V_{QP} = 9 \times 10^9 \times Q\left(\dfrac{1}{r_1} - \dfrac{1}{r_2}\right) = 9 \times 10^9 \times 2 \times 10^{-8} \times \left(\dfrac{1}{2} - \dfrac{1}{4}\right) = 45[V]$

06 10[μF]의 콘덴서에 전압을 인가하여 2.5×10^{-2} [C]의 전하가 축적되었다면, 여기에 인가한 전압은 몇 [V]인가?

① 1,200 ② 1,800

③ 2,500 ④ 3,200

$Q=CV$이므로, $V=\dfrac{Q}{C}=\dfrac{2.5 \times 10^{-2}}{10 \times 10^{-6}}=2,500[\mathrm{V}]$이다.

07 유전체 내부 전속밀도가 $5 \times 10^{-6}[\mathrm{C/m^2}]$, 전계의 세기가 1,000[V/m]인 콘덴서에 단위 체적당 축적되는 에너지[$\mathrm{J/m^3}$]는?

① 2.0×10^{-3} ② 2.5×10^{-3}

③ 5.0×10^{-3} ④ 7.5×10^{-3}

콘덴서에 단위 체적당 축적되는 에너지 $W_0=\dfrac{1}{2}\varepsilon E^2=\dfrac{1}{2}DE=\dfrac{1}{2}\times 5 \times 10^{-6} \times 1,000 = 2.5 \times 10^{-3}[\mathrm{J/m^3}]$이다.

08 다음 중 극성을 가지고 있는 콘덴서로서 교류회로에 사용할 수 없는 것은?

① 전해 콘덴서

② 마이카 콘덴서

③ 세라믹 콘덴서

④ 바리콘

전해 콘덴서는 극성이 있어 직류회로에만 사용한다.

오답 피하기

② 온도 변화에 의한 용량의 변화가 적고 절연저항이 높은 콘덴서
③ 산화티탄 등을 유전체로 사용하여 극성이 없고 가격대비 성능이 우수한 콘덴서
④ 용량을 변화시킬 수 있는 콘덴서

09 각 5[F], 10[F] 용량의 콘덴서를 직렬로 연결하고 양단에 120[V]의 전압을 인가하였을 때 10[F]에 걸리는 전압[V]은?

① 120 ② 80

③ 40 ④ 20

직렬연결 시 전압은 $V=\dfrac{Q}{C}$이므로 콘덴서 용량에 반비례한다.

$V_1=\dfrac{C_2}{C_1+C_2}V=\dfrac{10}{5+10}\times 120 = 80[\mathrm{V}]$

$V_2=\dfrac{C_1}{C_1+C_2}V=\dfrac{5}{5+10}\times 120 = 40[\mathrm{V}]$

10 Q[C]로 대전된 콘덴서 C_1[F]에 콘덴서 C_2[F]를 병렬연결하였을 때, 콘덴서 C_2에 축적되는 전기량[C]은?

① $\dfrac{C_1}{C_1+C_2}Q$ ② $\dfrac{C_2}{C_1+C_2}Q$

③ $\dfrac{C_1+C_2}{C_1}Q$ ④ $\dfrac{C_1+C_2}{C_2}Q$

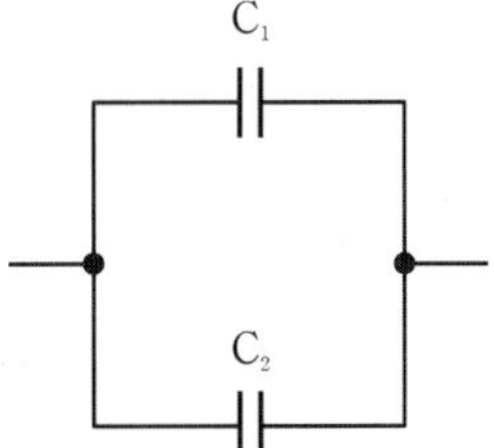

콘덴서를 병렬로 연결하면,

$C_0=C_1+C_2$, $Q=C_0 V$, $V=\dfrac{Q}{C_1+C_2}$이므로

$Q_1=C_1 V=C_1 \times \dfrac{Q}{C_1+C_2}=\dfrac{C_1}{C_1+C_2}Q[\mathrm{C}]$.

$Q_2=C_2 V=C_2 \times \dfrac{Q}{C_1+C_2}=\dfrac{C_2}{C_1+C_2}Q[\mathrm{C}]$이다.

자기의 성질과 자기장

빈출 태그 ▶ 자기력선의 성질, 자성체 종류, 자속과 자속밀도, 자계의 세기

01 자석에 의한 현상

1) 자기장 및 자기력선(Magnetic field lines)

① 자석의 성질

- 자석의 기본 작용 : 자석의 다른 극 사이에서는 흡인력, 같은 극 사이에서는 반발력이 작용한다.
- 자기력(자력) : 자석의 극 사이에서 작용하는 힘
- 자하(Magnetic Charge) : 자석이 가지는 자기의 양을 의미하며 기호는 m, 단위는 [Wb](웨버)이다.
- 자기장의 시각화 실험 : 유리판 위에 쇳가루를 뿌리고 자석을 올려놓으면 자석의 기자력에 의해 쇳가루가 일정한 형태로 정렬된다. 이 힘이 미치는 공간을 자기장(자계, 자장)이라 한다.

② 자기력선

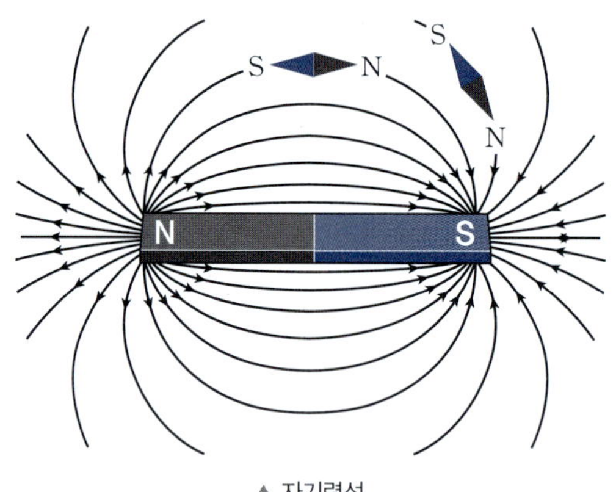

▲ 자기력선

- 자기력선 : 자계의 세기와 방향을 나타내는 가공의 선
- 자기력선의 성질
  - 자기력선은 N극에서 나와 S극으로 들어간다.
  - 자기력선은 서로 교차하지 않는다.
  - 자기력선의 접선 방향은 자계의 방향과 일치한다.
  - 자기력선의 밀도는 자계의 세기를 나타낸다.
  - 자하 m[Wb]에서는 $\dfrac{m}{\mu}$[개]의 자기력선이 발생한다.

③ 자기유도와 자성체

- 자석에 자화되는 물질을 가까이 하면, N극 쪽에는 유도된 S극이, 반대쪽에는 유도된 N극이 형성된다. 이와 같이 물질이 자화되는 현상을 자기유도라 하고, 자화되는 물질을 자성체라고 한다.

• 자성체의 종류

구분	정의	대표 물질
강자성체	자화가 잘 되는 물질	니켈(Ni), 코발트(Co), 철(Fe), 망간(Mn)
상자성체	매우 약하게 자화되는 물질	알루미늄(Al), 백금(Pt), 텅스텐(W), 주석(Sn), 산소(O_2)
반자성체	외부 자기장과 반대 방향으로 자화되는 물질	구리(Cu), 은(Ag), 아연(Zn), 비스무트(Bi), 안티몬(Sb)

2) 자석 사이에 작용하는 힘

① 쿨롱의 법칙(Coulomb's Law)

• 자석의 N극과 S극에 자하가 각각 m_1, m_2[Wb] 존재한다면, 두 자하 사이에 작용하는 자기력은 두 자하의 곱에 비례하고 거리의 제곱에 반비례한다.

• 이종 자하 간(N극−S극)에는 흡인력, 동종 자하 간(N극−N극 또는 S극−S극)에는 반발력이 작용한다.

• 쿨롱의 법칙 공식(자기력의 크기)

$$F = \frac{1}{4\pi\mu} \cdot \frac{m_1 m_2}{r^2}[\text{N}]$$

- F : 자기력[N]
- m_1, m_2 : 자하량[Wb]
- r : 자하 간 거리[m]
- μ : 투자율[H/m]

• 진공(공기) 중의 자기력($\mu_s = 1$)

$$F = \frac{1}{4\pi\mu_0} \cdot \frac{m_1 m_2}{r^2} = 6.33 \times 10^4 \cdot \frac{m_1 m_2}{r^2}[\text{N}]$$

② 투자율(μ)과 비투자율(μ_s)

• 투자율 : 자계(자기장)의 전달 정도를 나타내는 물성값으로, 물질 고유의 자기적 특성

• 투자율의 공식

$$\mu = \mu_0 \cdot \mu_s[\text{H/m}]$$

- μ_0 : 진공의 투자율
- μ_s : 물질의 비투자율

• 진공의 투자율 : $\mu_0 = 4\pi \times 10^{-7}[\text{H/m}]$

• 공기 중의 비투자율 : $\mu_s \fallingdotseq 1$. 즉, 공기는 자기적인 성질이 진공과 거의 동일

• 여러 가지 물질의 비투자율

구분	비투자율	종별
은	0.99998	반자성체
주석	0.999983	반자성체
동	0.999991	반자성체
진공	1	
공기	1.00000004	상자성체
알루미늄	1.00002	상자성체
코발트	250	강자성체

니켈	600	강자성체
규소강 (규소 4% 함유 철)	7,000	강자성체
순철	200,000	강자성체

3) 자계의 세기(＝자기장의 세기)

① 자계의 세기 : 자계 내에 자하가 존재할 때 자하에 작용하는 힘의 크기와 방향을 나타낸 것

② 기호는 H(헨리), 단위는 [N/Wb](뉴턴/웨버) 또는 [AT/m](암페어턴/미터)이다.

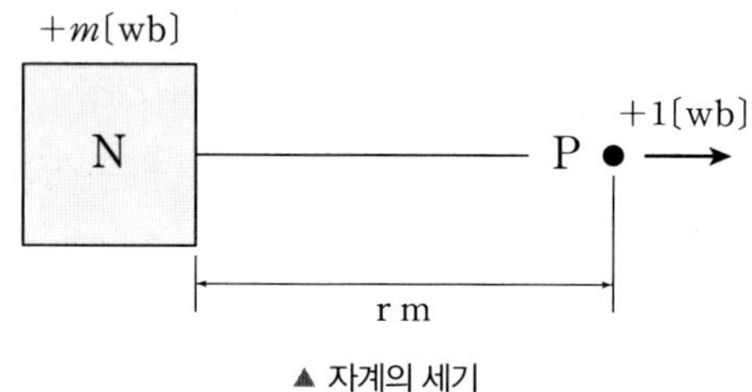

▲ 자계의 세기

③ 쿨롱의 법칙과 자계의 세기 유도

• 자하 ＋m[Wb]로 형성된 자계에서, r[m] 떨어진 점 P에 자하 $+m_1$[Wb]를 놓으면 작용하는 기자력 :

$$F = \frac{1}{4\pi\mu} \cdot \frac{mm_1}{r^2}[N]$$

• 자계의 세기(H)

   – 정의 : 단위 자하를 기준으로 P점에 단위 자하(1[Wb])를 놓았을 때 작용하는 힘

$$H = \frac{1}{4\pi\mu} \cdot \frac{m}{r^2}[N/Wb] \text{ 또는 } [AT/m]$$

   – 자계 내에서 자하 m[Wb]이 받는 기자력 : $F = mH[N]$

④ 자기력선 수와 자계의 세기 관계

• 자계의 세기가 H[AT/m]인 자계에서는 구의 표면적 1[m^2]당 H개의 자기력선이 통과한다.

• 단면적 S[m^2]를 통과하는 자기력선 수 : $N = H \cdot S$[개]

• 자하 m[Wb], 반지름 r[m], 투자율 μ[H/m]일 때 점 자하 m으로부터 발생하는 등전위면(구의 표면)상의 총 자기력선 수

$$N = H \cdot S = \left(\frac{1}{4\pi\mu} \cdot \frac{m}{r^2}\right) \times 4\pi r^2 = \frac{m}{\mu}[개]$$

4) 자속과 자속밀도

① 자속(Magnetic Flux)

• 자속 : 자하 m[Wb]로부터 나오는 자력선 묶음 자체

• 자속은 매질(투자율 μ)에 관계없이 일정하다고 가정한다.

• 기호는 ϕ, 단위는 [Wb](웨버)이다. 즉, 자하 m[Wb]가 있으면 $\phi = $m[개]의 자속이 존재한다는 것을 의미한다.

② 자속밀도(Magnetic Flux Density)

- 자속밀도 : 단위 면적당 자속의 양으로 자속이 면적에 어떻게 분포되는지를 나타냄
- 기호는 B, 단위는 $[\text{Wb/m}^2]$ 또는 $[\text{T}]$(테슬라)이다.
- 자하 m[Wb]로부터 반지름이 r[m]인 구 표면상의 자속밀도

$$B=\frac{m}{4\pi r^2}[\text{Wb/m}^2]$$

③ 자속밀도와 자계 세기의 관계

- 자속밀도는 자계의 세기(H)와 투자율(μ)의 곱이다.

$$B=\mu H[\text{Wb/m}^2]$$

- 자계의 세기(H)가 같다고 하더라도 투자율이 큰 물질일수록 자속밀도(B)는 커진다.

5) 자기 모멘트와 토크

① 자기 모멘트(Magnetic Moment)

- 자석은 항상 N극과 S극이 쌍으로 존재하므로 자석 전체의 자기적 특성을 자기 쌍극자로 다루며, 이 쌍극자의 세기를 나타내는 물리량이 자기 모멘트이다.
- 자하의 크기가 m[Wb], 자석의 길이가 l[m]일 때 자기 모멘트

$$M=ml[\text{Wb}\cdot\text{m}]$$

② 자계 내 자석에 작용하는 토크(Torque)

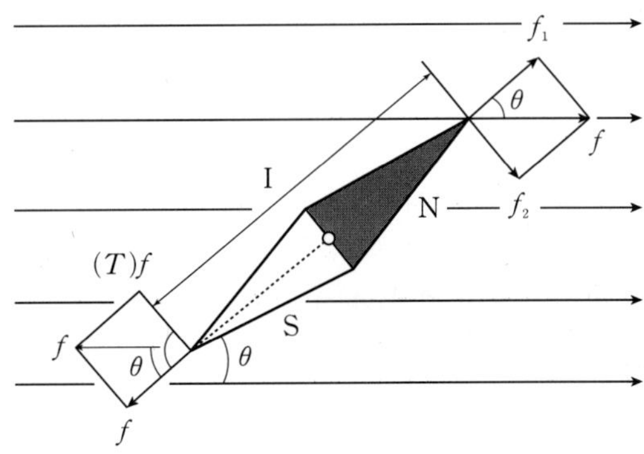

▲ 평등 자계 내에서 자침에 작용하는 토크

- N극, S극에 작용하는 힘
  - 균일한 자계의 세기 : H[AT/m]
  - 자하 : m[Wb]
  - 자석(자침)이 자계와 이루는 각도 : θ[도]
  - 각 극에 작용하는 힘의 크기 : $f=mH\sin\theta[\text{N}\cdot\text{m}]$
- 자석 전체에 작용하는 회전력(두 전극 사이 거리 l, 자기 모멘트 M)

$$T=2\times\frac{l}{2}\times f=lmH\sin\theta[\text{N}\cdot\text{m}]$$
$$T=MH\sin\theta[\text{N}\cdot\text{m}]$$

01 전류의 자기작용

1) 직선전류에 의한 자기장

① 실험 및 관찰 결과
- 유리판 또는 두꺼운 종이 위에 철가루를 뿌리고, 그 중심에 수직으로 도체(전선)를 통과시켜 전류를 흐르게 한다.
- 철가루가 도선 중심을 기준으로 여러 개의 동심원 형태로 배열되며, 도선에 가까울수록 철가루의 밀도가 높고, 멀수록 낮다.
- 철가루 대신 자침을 놓으면 자침은 일정한 방향을 가리킨다.
- 결론 : 전류가 흐르면 도선 주위에 자기장(자계)이 형성된다.

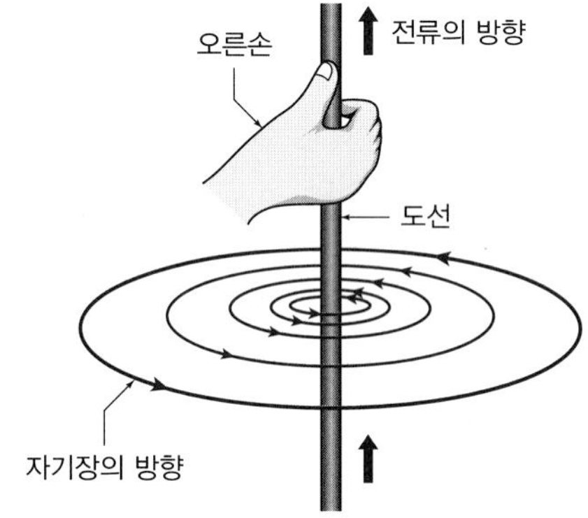

▲ 직선 전류에 의한 자기장

② 자기력선의 형태 및 성질
- 전류가 흐르는 도선 주위에 원형 자기력선이 생긴다. 이때 자기력선은 도선을 중심으로 동심원 형태이다.
- 도선에 가까울수록 자기력선 밀도(자계의 세기)가 크다.
- 전류 방향을 반대로 하면 자기장 방향도 반대로 전환된다.

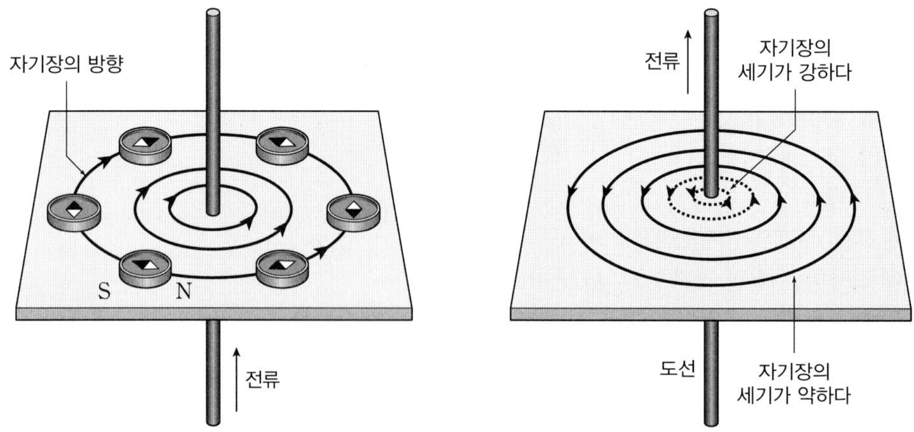

▲ 직선 전류와 자기장의 방향

③ 앙페르의 오른나사 법칙

- 전선에 전류가 흐를 때 전류에 의하여 생기는 자기장의 자기장의 방향을 결정한다.
- 전류에 의해 생성되는 자기장의 방향은 오른손 나사를 돌리는 방향이며, 전류의 방향은 나사의 축 방향이다.

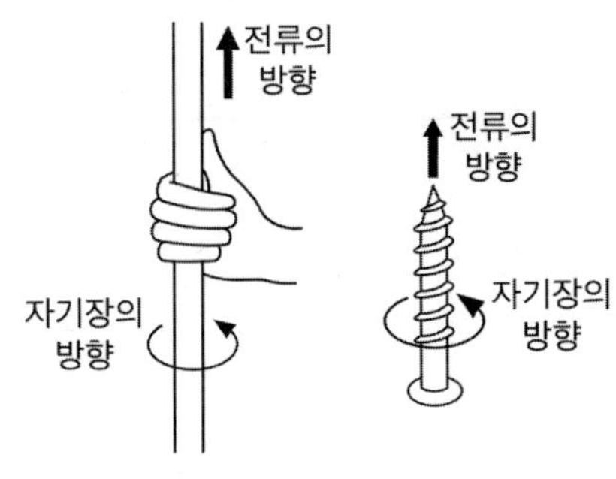

▲ 앙페르의 오른나사 법칙

2) 코일의 전류에 의한 자기장과 전자석의 원리

① 코일 및 자기장의 발생

- 코일(Coiled Conductor, Solenoid) : 도체(전선)를 여러 번 감은 형태의 구조물
- 코일에 전류가 흐르면 코일 주변에 자기장이 형성된다.

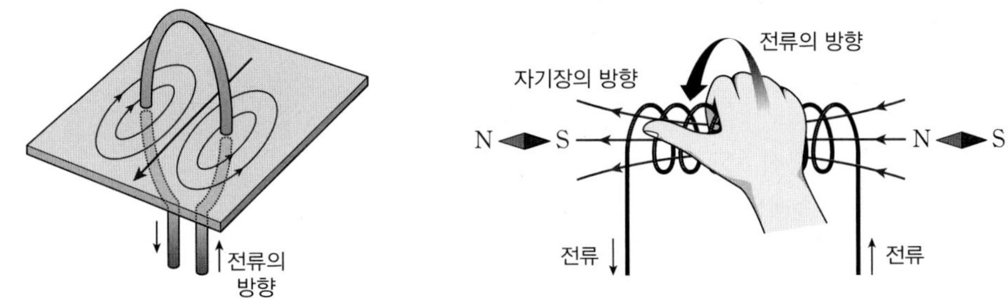

▲ 코일 전류에 의한 자력선

- 플럭스 링키지 : 전류가 흐르는 각 도선에서 발생하는 자기력선이 코일 내부에서 합쳐져 강한 자기장을 형성
- 코일에도 앙페르의 오른나사 법칙을 적용할 수 있다. 즉, 전류 방향을 따라 나사를 돌릴 때 나사 진행 방향이 자기장의 방향이다.

② 전자석의 원리

- 전자석 : 철심에 코일을 감고 전류를 흘리면 자석의 성질을 갖게 되며, 이처럼 전류에 의해 자화된 장치
- 자화 : 코일에 흐르는 전류로 인해 자기장이 발생하며, 그 자기장이 철심(자성체) 내부의 자기 쌍극자가 일정한 방향으로 정렬되어 철심 자체가 강력한 자석의 성질을 갖게 되는 현상
- 전류의 세기 및 방향을 조절하여 자석의 세기 및 극성을 조절할 수 있다.

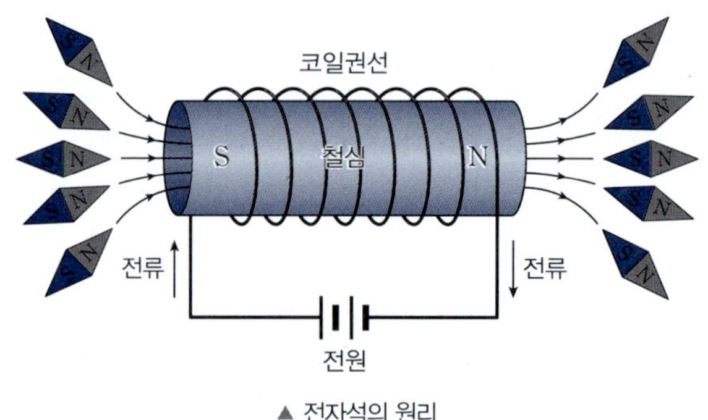

▲ 전자석의 원리

3) 자계의 세기 계산

① 앙페르의 주회적분 법칙

- 자기장 내의 임의의 닫힌 곡선에서, 자계의 세기 H[AT/m]×미소길이 l[m]의 대수의 합은 이 곡선을 통과하는 총 전류 I의 대수의 합과 같다.

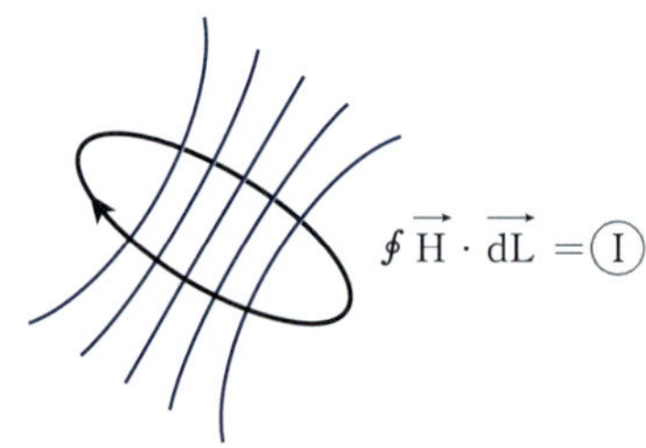

▲ 앙페르의 주회적분 법칙

- 앙페르의 주회적분 법칙 공식 : $\sum H \cdot \Delta l = \sum I$
- 무한장 직선 도체, 환상 솔레노이드에서 법칙을 활용할 수 있다.

② 비오—사바르의 법칙

- 유한 길이 전선에 전류 I[A]가 흐를 때, 도선의 미소 부분 Δl이 점 P에서 만드는 미소 자계의 세기는 ΔH[AT/m]이다.

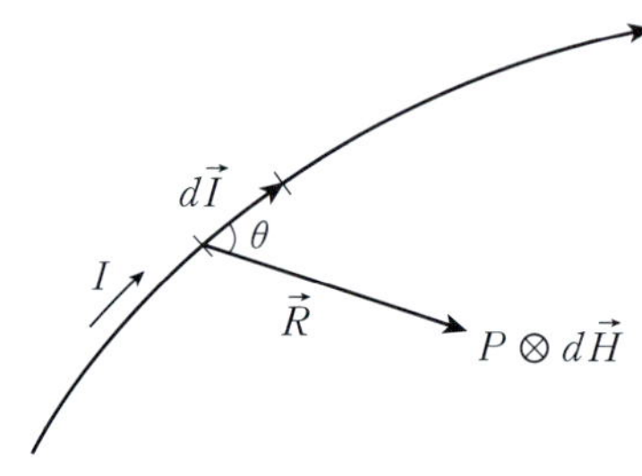

▲ 비오–사바르의 법칙

- 비오—사바르의 법칙 공식 : $\Delta H = \dfrac{I \Delta l}{4\pi r^2} \sin\theta [AT/m]$
- 자계 방향 : Δl과 점 P를 잇는 평면에 수직일 때 앙페르의 오른나사 법칙을 활용하여 파악 가능

③ 원형 코일 중심의 자계의 세기

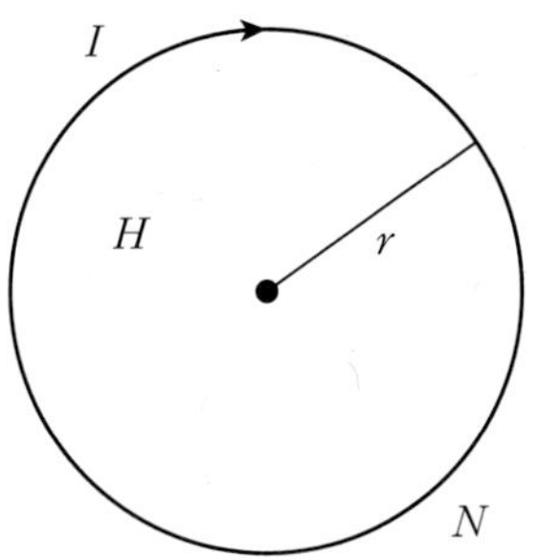

▲ 원형 코일 중심의 자계의 세기

- 원형 코일 중심의 자계의 세기 공식(1회 감은 경우)

$$
\begin{aligned}
\Delta H &= \Delta H_1 + \Delta H_2 + \Delta H_3 + \cdots + \Delta H_n \\
&= \frac{I}{4\pi r^2}(\Delta l_1 + \Delta l_2 + \Delta l_3 + \cdots + \Delta l_n) \\
&= \frac{I}{4\pi r^2} \times 2\pi r = \frac{I}{2r}[\text{AT} \cdot \text{m}]
\end{aligned}
$$

- 원형 코일 중심의 자계의 세기 공식(N회 감은 경우)

$$
H = \frac{NI}{2r}[\text{AT/m}]
$$

- r[m] : 코일 반지름
- I[A] : 전류
- N[회] : 감은 횟수

④ 무한한 길의의 직선 전류에 의한 자계의 세기

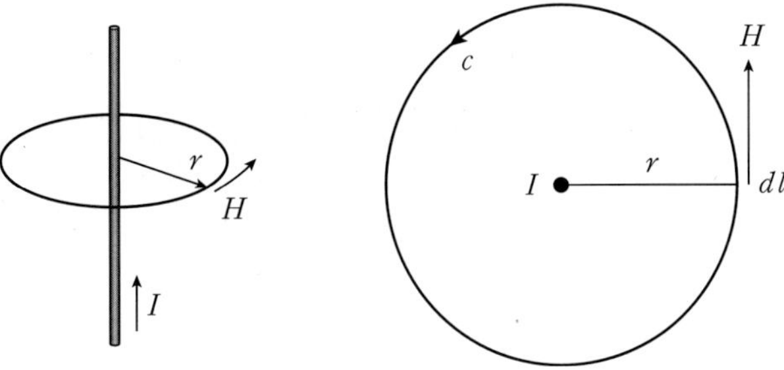

▲ 무한한 길이의 직선 전류에 의한 자계의 세기

- 무한한 길이의 직선 전류에 의한 자계의 세기 공식

$$
H = \frac{I}{2\pi r}[\text{AT/m}]
$$

- I[A] : 전류
- r[m] : 도체로부터의 거리

⑤ 환상 솔레노이드에 의한 자계의 세기

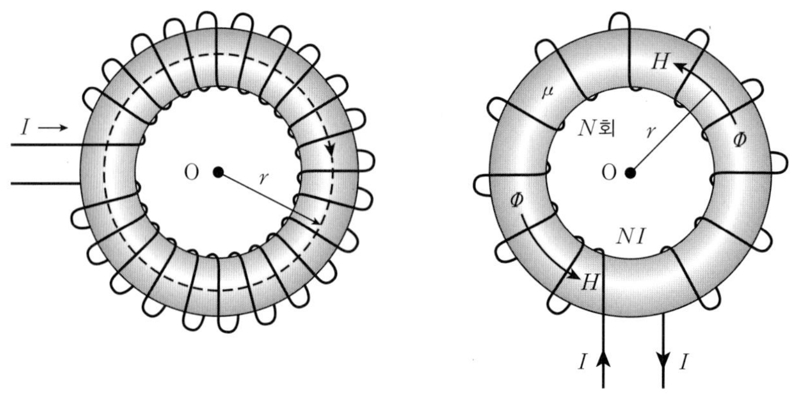

▲ 환상 솔레노이드에 의한 자계의 세기

- 환상 솔레노이드에 의한 자계의 세기 공식

$$2\pi r H = NI \ \text{즉}, \ H = \frac{NI}{2\pi r}[\text{AT/m}]$$

- r[m] : 반지름
- N[회] : 감은 횟수
- I[A] : 전류
- 자계는 내부에만 존재한다. 즉, 환상 솔레노이드의 외부 자계 H＝0이다.
- 전류가 흐르는 솔레노이드(코일) 내부의 자기장은 직선 도체처럼 일정하며, 자석과 유사한 N−S극이 형성된다. 따라서 앙페르의 오른손 나사 법칙으로 극의 방향을 판단할 수 있다.

⑥ 무한한 길이의 솔레노이드에 의한 자계의 세기

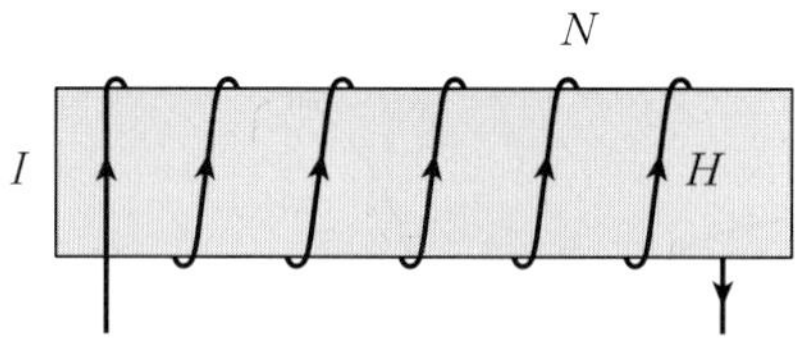

▲ 무한한 길이의 솔레노이드에 의한 자계의 세기

- 무한한 길이의 솔레노이드에 의한 자계의 세기 공식

$$H = \frac{NI}{l} = n_0 I[\text{AT/m}]$$

- l[m] : 길이
- N[회] : 감은 횟수
- $n_0 = \dfrac{N}{l}$: 단위 길이당 권선 수

ⓞ2 자기회로

① 자기회로(자로) : 자속(ϕ)이 통과하는 폐회로
- 철심에 코일을 감고 전류를 흐르게 하면 앙페르의 오른나사 법칙에 따라 자속(ϕ)이 화살표 방향으로 형성된다.
- 자속의 크기(ϕ)는 코일의 권수와 전류의 세기에 비례한다.

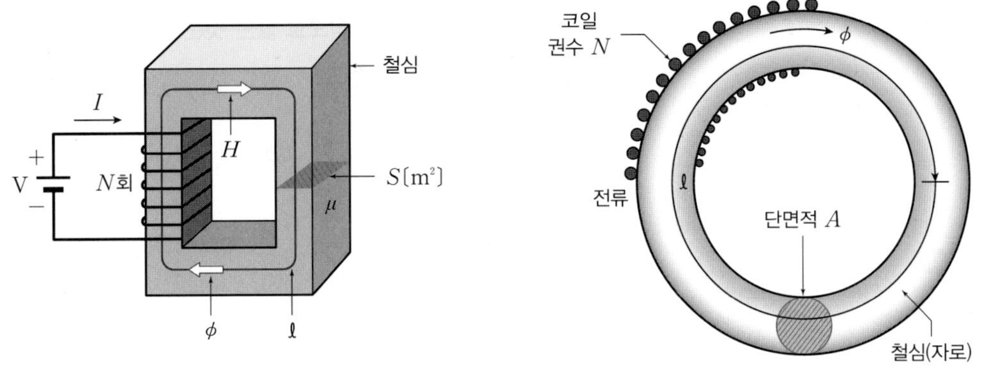

▲ 자기회로

② 기자력(Magnetomotive Force)
- 기자력 : 자속을 생성하는 원동력
- 기호는 F 또는 NI, 단위는 [AT](Ampere−Turn)이다.
- 기자력 공식 : $F = NI[\text{AT}]$

③ 자계의 세기(H)
- 자기 회로의 평균 길이가 l[m]일 때 자계의 세기는 단위 길이당 기자력과 같다.
- 자계의 세기 공식 : $H = \dfrac{NI}{l}[\text{AT/m}]$

④ 자속(ϕ)과 자속밀도(B)의 관계 : $\phi = BA = \mu H A[\text{Wb}]$
- $B[\text{Wb/m}^2]$: 자속 밀도
- $A[\text{m}^2]$: 단면적

⑤ 자기 저항(R_m)
- 자기 저항 : 자속을 흐르게 하는 데 방해가 되는 정도를 의미하며, 전기 저항과 유사한 개념
- 자기 저항 공식

$$R_m = \frac{NI}{\phi} = \frac{NI}{\mu H A} = \frac{NI}{\mu A \left(\dfrac{NI}{l}\right)} = \frac{l}{\mu A}[\text{AT/Wb}]$$

- l[m] : 자기 회로의 평균 길이
- A[m²] : 단면적
- μ[H/m] : 투자율

01 다음 중 강자성체가 아닌 것은?

① 철
② 니켈
③ 텅스텐
④ 코발트

철(Fe), 니켈(Ni), 코발트(Co), 망간(Mn)이 강자성체이다.

오답 피하기
- 상자성체 : 알루미늄(Al), 백금(Pt), 텅스텐(W)
- 반자성체 : 구리(Cu), 은(Ag), 아연(Zn), 비스무트(Bi), 안티몬(Sb)

02 비투자율이 2.5인 매질 내에서 10π[Wb]의 자하로부터 발생하는 총 자력선의 수[개]는?

① 10^7
② 2.5×10^7
③ 4×10^7
④ $4\pi \times 10^7$

자력선의 수 $N = \dfrac{m}{\mu} = \dfrac{m}{\mu_0 \mu_s} = \dfrac{10\pi}{4 \times 10^{-7} \times 2.5} = 10^7$[개]

03 반지름 20[cm], 권수 20[회]인 원형코일에 10[A]의 전류를 흘렸을 때, 코일 중심의 자계의 세기는 몇 [AT/m]인가?

① 5
② 10
③ 50
④ 500

원형코일의 자계의 세기 $H = \dfrac{NI}{2r} = \dfrac{20 \times 10}{2 \times 0.2} = 500$[AT/m]

04 전류에 의한 자계의 세기를 구하는 비오사바르의 법칙으로 옳은 것은?

① $\Delta H = \dfrac{I \Delta l}{4\pi r^2} \sin\theta$[AT/m]

② $\Delta H = \dfrac{I \Delta l}{4\pi r} \sin\theta$[AT/m]

③ $\Delta H = \dfrac{I \Delta l}{4\pi r^2} \cos\theta$[AT/m]

④ $\Delta H = \dfrac{I \Delta l}{4\pi r} \cos\theta$[AT/m]

전류에 의한 자계의 세기를 정의한 비오사바르 법칙은 $\Delta H = \dfrac{I \Delta l}{4\pi r^2} \sin\theta$ [AT/m]이다.

05 반지름 50[cm], 권수 200[회]인 환상 솔레노이드 내부 자계의 세기가 2,300[AT/m]가 되려면 약 몇 [A]의 전류를 흘려야 하는가?

① 23.25
② 36.11
③ 43.48
④ 46.10

환상 솔레노이드 내부 자계의 세기는 $H = \dfrac{NI}{2\pi r}$[AT/m]이다.

$\therefore I = \dfrac{2\pi r \times H}{N} = \dfrac{2\pi \times 0.5 \times 2,300}{200} = 36.11$[A]

06 자기회로의 반지름 40[cm], 권수 10[회]인 환상 솔레노이드에 25.2[A]의 전류가 흐를 때, 그 내부의 자계의 세기는 약 몇 [AT/m]인가?

① 10 　　　　　② 40

③ 100 　　　　 ④ 400

환상 솔레노이드 내부 자계의 세기

$$H = \frac{NI}{l} = \frac{NI}{2\pi r} = \frac{10 \times 25.2}{2 \times 3.14 \times 0.4} \fallingdotseq 100.3[\mathrm{AT/m}]$$

07 길이가 2[m], 반지름 50[cm], 비투자율 2.0인 자기회로의 자기저항은 약 몇 [AT/Wb]인가?

① 2.54×10^5

② 1.20×10^5

③ 2.54×10^4

④ 1.01×10^6

자기저항

$$R_m = \frac{NI}{\phi} = \frac{l}{\mu A} = \frac{l}{\mu_0 \mu_s \times (\pi r^2)} = \frac{2}{4\pi \times 10^{-7} \times 2.0 \times (\pi \times 0.5^2)}$$
$$\fallingdotseq 1.01 \times 10^6[\mathrm{AT/Wb}]$$

전자유도 법칙과 인덕턴스

빈출 태그 ▶ 전자력과 플레밍의 왼손 법칙, 기전력과 플레밍의 오른손 법칙, 전자유도, 인덕턴스

▶ 합격 강의

01 전자력의 개요

01 전자력의 개념과 방향 및 크기

1) 전자력의 개념

① 전자기력(전자력) : 자계 내의 도체에 전류를 흘리면 도체에서 발생한 자기장과 상호작용하여 도체에 발생하는 힘

② 전자력의 방향(플레밍의 왼손 법칙으로 설명)
- 엄지 : 힘의 방향(F)
- 검지 : 자기장의 방향(B)
- 중지 : 전류의 방향(I)

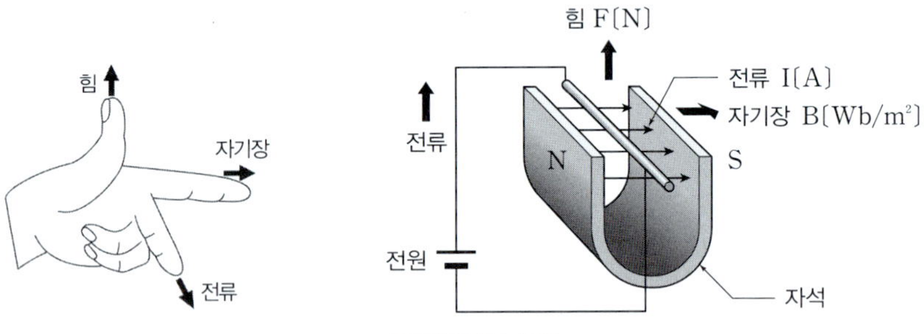

▲ 플레밍의 왼손 법칙

③ 전자력의 크기(자기장의 방향과 도체가 직각일 때)
- 조건 : 자속밀도 B[Wb/m²], 전류 I[A], 도체 길이 l[m]

$$F = BIl\,[\text{N}]$$

- 도체가 자계 방향과 평행할 경우 전자력이 작용하지 않는다. 즉, F=0이다.
- 도체가 자계와 임의의 각도[θ]로 놓인 경우의 전자력

$$F = BIl\sin\theta\,[\text{N}]$$

2) 평행도체 사이에 작용하는 힘

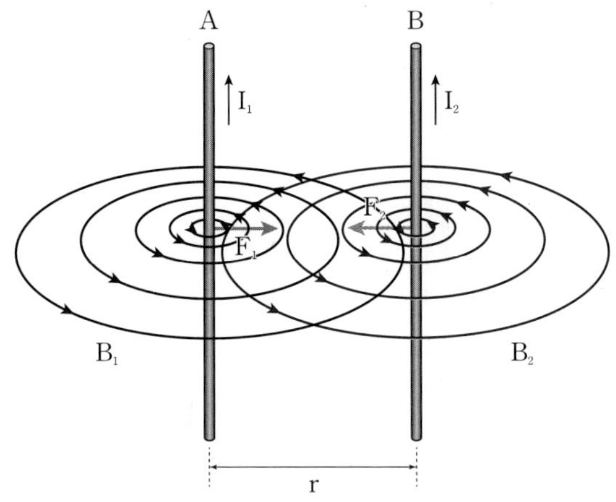

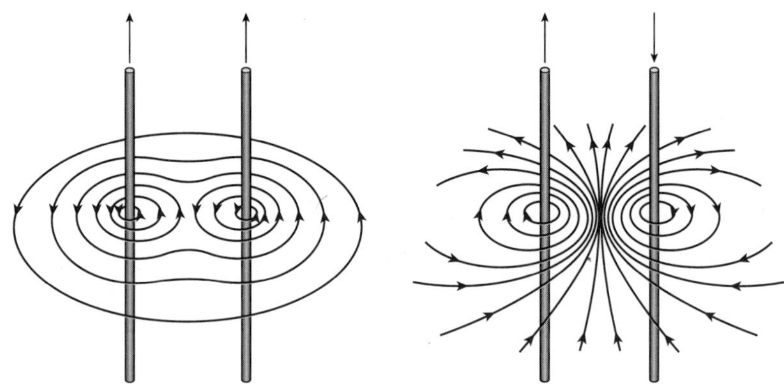

▲ 평행 도체의 힘의 방향과 자력선 분포

① 작용 방향

- 같은 방향 전류 : 흡인력 발생
- 반대 방향 전류 : 반발력 발생

② 이유(자속밀도 분포)

- 같은 방향 전류 → 도체 사이 자속이 상쇄 → 밀도 ↓ → 도체가 당겨진다.
- 반대 방향 전류 → 도체 사이 자속이 강화 → 밀도 ↑ → 도체가 밀린다.

③ 도체 A로부터 r[m] 떨어진 도체 B의 자계 세기와 자속밀도

- 조건 : 도체 간 거리 r[m], 전류 I_1, I_2[A]
- 자계의 세기

$$H = \frac{I_1}{2\pi r}[\text{AT/m}]$$

- 자속밀도

$$B = \mu_0 H = \frac{\mu_0 I_1}{2\pi r}\,[\mathrm{Wb/m^2}]$$

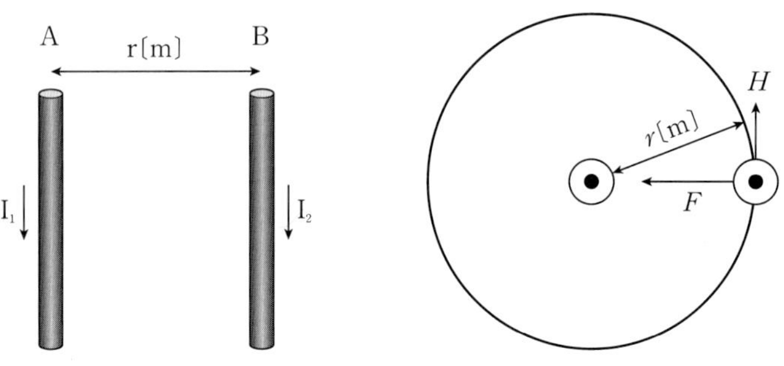

▲ 평행한 직선전류 사이에 작용하는 힘

- 도체 B에 작용하는 힘(단위길이당)

$$F = BI_2 = \frac{\mu_0 I_1 I_2}{2\pi r} = \frac{4\times 10^{-7}\times I_1 I_2}{2\pi r} = \frac{2 I_1 I_2}{r}\times 10^{-7}\,[\mathrm{N/m}]$$

3) 사각형 코일에 작용하는 힘

① 조건
- 코일의 길이 : $a[\mathrm{m}]$
- 폭 : $b[\mathrm{m}]$
- 면적 : $A = ab[\mathrm{m^2}]$
- 전류 : $I[\mathrm{A}]$
- 자속밀도 : $B[\mathrm{Wb/m^2}]$
- 자계와 코일면이 이루는 각도 : $\theta[^\circ]$

② 도선에 작용하는 힘
- $F = BIa$: 도체 한쪽에 작용하는 힘
- 두 힘 사이 거리 : b

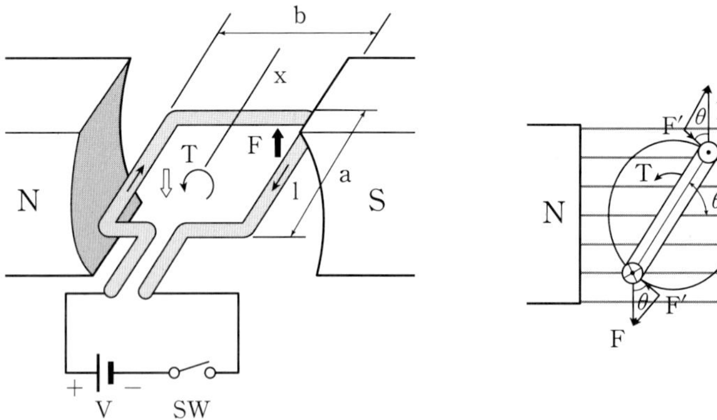

▲ 사각형 코일에 작용하는 힘

③ 토크(T)의 크기

• 토크의 크기 공식

$$T=b \times F\cos\theta = b \times BIa\cos\theta = abBI\cos\theta\,[\text{N}\cdot\text{m}]$$

• 코일 권수 N, 코일 면적 $a \times b = A\,[\text{m}^2]$일 때의 토크의 크기

$$T = BIAN\cos\theta\,[\text{N}\cdot\text{m}]$$

02 전자유도

① 전자유도 법칙 : 코일에 자속이 변화하면 기전력(emf)이 유기되고 전류가 흐른다.
② 패러데이의 전자유도 법칙으로 자속 변화에 의한 유도 기전력을 측정한다.

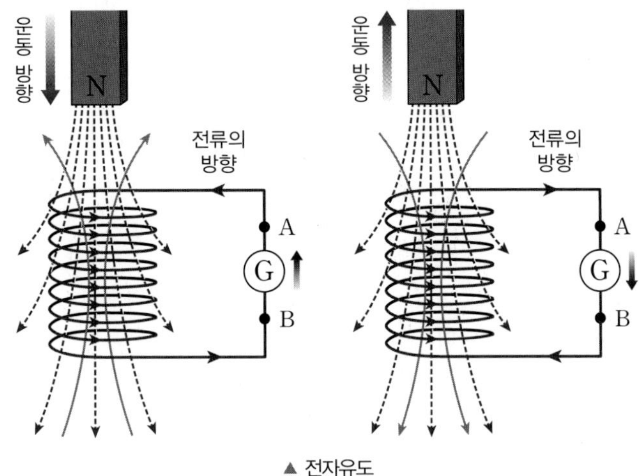

▲ 전자유도

③ 관련 실험
• 자석을 코일 가까이 위·아래로 움직이면 검류계 지침이 움직인다.
• 전자석 스위치 On/Off 시에도 검류계 지침이 움직인다.

④ 유도 기전력의 크기 : 패러데이의 전자유도 법칙 적용
• 조건
  – 코일 권수 : N[회]
  – 자속 변화량 : $\Delta\phi\,[\text{Wb}]$
  – 시간 변화량 : $\Delta t\,[\text{s}]$
• 코일에 유도되는 유도기전력의 크기는 코일의 권수와 자속 변화율에 비례한다.

$$e = N \cdot \frac{\Delta\phi}{\Delta t}\,[\text{V}]$$

⑤ 유도 기전력의 방향 : 렌츠의 법칙 적용
• 유도 기전력은 자속의 변화 방향을 방해하는 방향으로 발생한다.
• 에너지 보존 법칙과 관련되어 있으며, 코일의 전류 방향 또는 자기장의 변화 방향을 판단할 수 있다.

$$e = -N \cdot \frac{\Delta\phi}{\Delta t}\,[\text{V}]$$

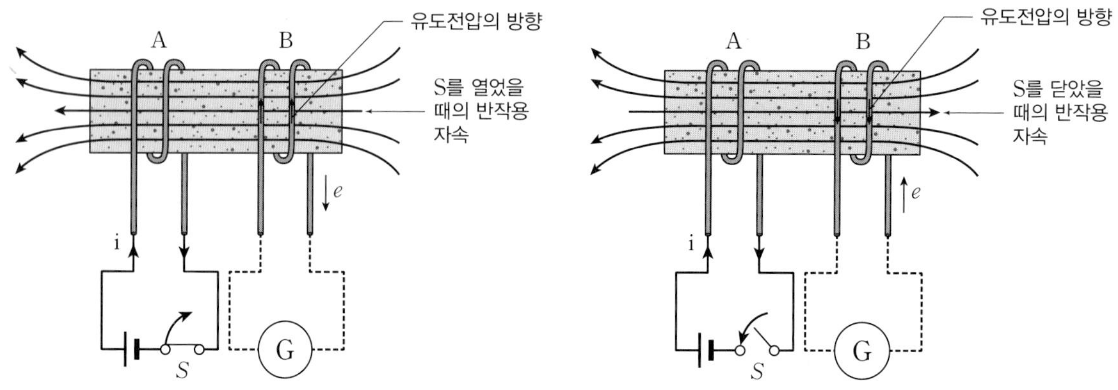

▲ 렌츠의 법칙

⑥ 도체 운동에 의한 유도 기전력

• 도체가 자기장 속을 운동하면 자기장을 가로지르며 자속을 끊고 기전력이 발생한다.
• 조건 및 변수
  - 자속밀도 : $B[\mathrm{Wb/m^2}]$
  - 도체 길이 : $l[\mathrm{m}]$
  - 속도 : $v[\mathrm{m/s}]$
  - 자계와 도체 운동이 이루는 각도 : θ
• 유도 기전력의 크기
  - 길이 $l[\mathrm{m}]$인 도체가 $\varDelta t[\mathrm{s}]$ 동안 $\varDelta S = l v \varDelta t[\mathrm{m^2}]$ 면적을 자속으로 끊으면 교차하는 자속 수는 $\varDelta\phi = B \cdot \varDelta S = B l v \varDelta t[\mathrm{Wb}]$가 된다.
  - 유도 기전력의 크기 : $e = B l v \sin\theta[\mathrm{V}]$

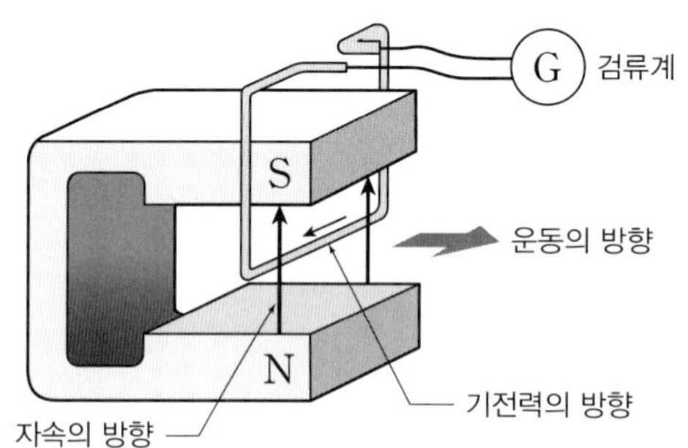

▲ 도체 운동에 의한 유도 기전력(1)

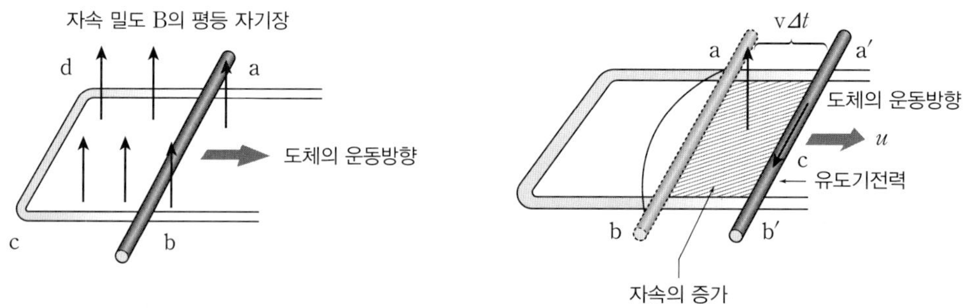

▲ 도체 운동에 의한 유도 기전력(2)

- 플레밍의 오른손 법칙을 통해 유도 기전력, 힘, 자계의 방향이 결정된다.
  - 엄지 : 도체의 운동 방향(F)
  - 검지 : 자계 방향(B)
  - 중지 : 유도 기전력 방향(e＝I)
- 발전기의 원리에 적용할 수 있다.

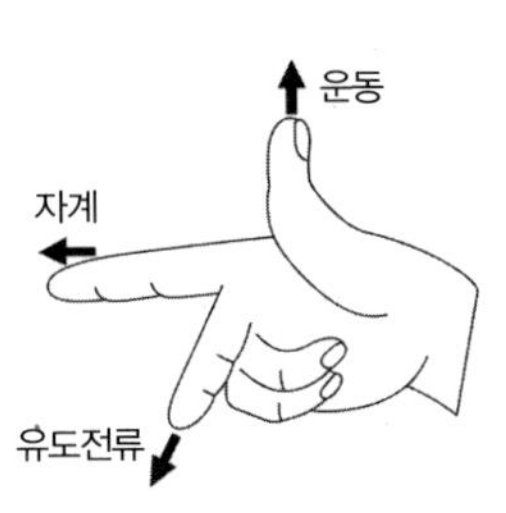

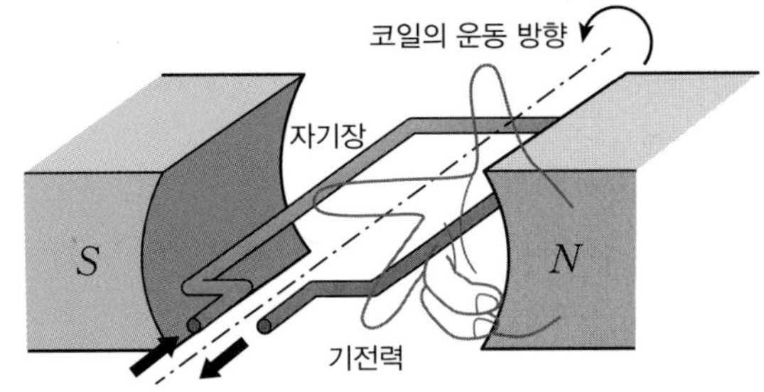

▲ 플레밍의 오른손 법칙

 기적의 TIP

플레밍의 왼손 법칙과 오른손 법칙의 비교

구분	플레밍의 왼손 법칙	플레밍의 오른손 법칙
적용 대상	전동기(Motor) 작용(전자력, 힘 발생)	발전기(Generator) 작용(유도기전력, 전압 발생)
구하는 것	도선에 작용하는 힘의 방향을 구할 때	도선에서 생성되는 전류 또는 기전력 방향을 구할 때
조건	도체에 전류가 흐를 때 자기장과 전류가 상호 작용하여 힘이 발생	도체가 자기장 속에서 운동할 때 유도기전력이 발생
손가락 의미	• 엄지 : 힘(F)의 방향 • 검지 : 자기장(B)의 방향 • 중지 : 전류(I)의 방향	• 엄지 : 운동＝힘(F)의 방향 • 검지 : 자기장(B)의 방향 • 중지 : 전류(I)의 방향
키워드	전류가 흘러서 힘이 생김(전동기의 원리)	운동 결과로 기전력이 생김(발전기의 원리)

02 인덕턴스

01 자체 인덕턴스의 개요

1) 자체 인덕턴스의 정의 및 유도 기전력

① 자체 인덕턴스
- 자체 인덕턴스 : 자체 코일의 전류 변화가 자속을 변화시키고, 그 자속 변화가 코일에 유도기전력을 발생시키는 현상
- 자체 인덕턴스의 기호는 L, 단위는 [H](헨리)이다.
- 코일에 흐르는 전류를 변화시키면 철심을 통과하는 자속이 변한다.
- 이 자속 변화는 렌츠의 법칙에 따라 자속 변화를 방해하는 방향으로 유도기전력(e)이 발생한다. 이때, 코일 자체에 발생하는 유도기전력을 자체 유도라고 한다.

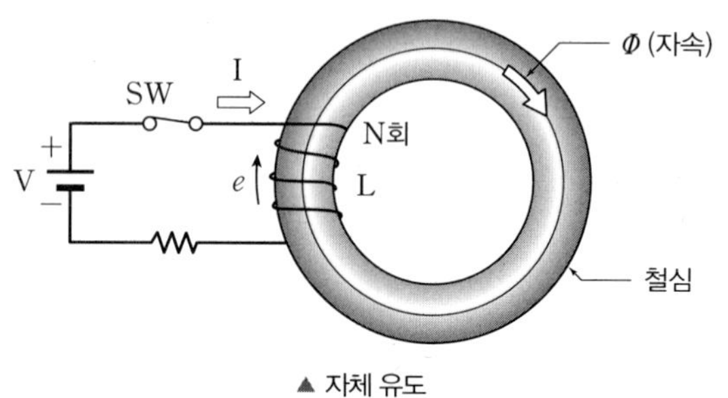

▲ 자체 유도

② 유도 기전력의 공식
- 조건
  - N : 코일 권수[회]
  - $\Delta\phi$: 자속 변화량[Wb]
  - Δt : 시간[s]

$$e = -N \cdot \frac{\Delta\phi}{\Delta t}[\text{V}]$$

③ 자속 변화와 전류 변화는 비례하므로, $N\Delta\phi = L\Delta I$이다. 따라서 $e = -L \cdot \frac{\Delta I}{\Delta t}[\text{V}]$이다.

④ 자체 인덕턴스의 공식

$$L = \frac{N\phi}{I}[\text{H}]$$

2) 환상 솔레노이드의 자체 인덕턴스

① 조건
- 권수 : N[회]
- 길이 : l[m]
- 단면적 : A[m^2]
- 투자율 : μ[H/m]

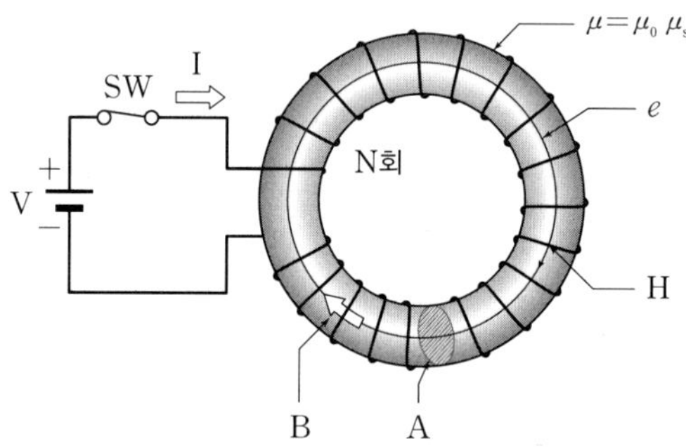

▲ 환상 솔레노이드의 자체 인덕턴스

② 자계 세기의 공식

$$H = \frac{NI}{l}[\text{AT/m}]$$

③ 자속의 공식

$$\phi = BA = \mu H A = \frac{\mu N I A}{l}\,[\text{Wb}]$$

③ 자체 인덕턴스의 공식

$$L = \frac{N\phi}{I} = \frac{\mu N^2 A}{l}\,[\text{H}]$$

❷ 상호 인덕턴스의 개요

1) 상호 인덕턴스의 정의 및 유도 기전력

① 상호 인덕턴스

- 두 코일 A(1차), B(2차)를 같은 자기 회로에 감는다.
- 코일 A에 전류가 흐르면 자속이 발생하고 이 자속이 코일 B에도 교차하여 코일 A, B에 유도기전력 $e_1[\text{V}]$, $e_2[\text{V}]$가 발생한다. 이때 발생하는 기전력을 상호 유도, 그 비례상수를 상호 인덕턴스(M)라고 한다.

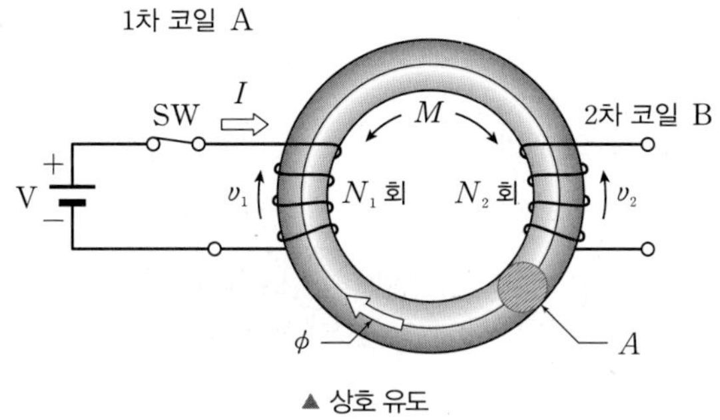

▲ 상호 유도

② 유도 기전력의 공식

- 조건
    - N_2 : 2차 코일 권수[회]
    - $\varDelta\phi$: 자속 변화량[Wb]
    - $\varDelta t$: 시간[s]

$$e_2 = -N_2 \cdot \frac{\varDelta\phi}{\varDelta t}\,[\text{V}]$$

- 전류 변화 기준 표현식 : 자속과 전류 변화는 비례하므로 $N_2\varDelta\phi = M\varDelta I_1$이다.

$$e_2 = -M \cdot \frac{\varDelta I_1}{\varDelta t}\,[\text{V}]$$

- 상호 인덕턴스 M의 공식

$$M = N_2 \cdot \frac{\phi}{I_1}\,[\text{H}]$$

2) 환상 솔레노이드의 상호 인덕턴스

① 조건

- N_1, N_2 : 각 코일 권수
- l : 자기 회로 길이[m]
- A : 단면적[m^2]
- μ : 투자율[H/m]

② 1차 코일에 의한 자계의 세기와 자속

- 자계의 세기

$$H = \frac{N_1 I_1}{l}[\text{AT/m}]$$

- 자속

$$\phi = BA = \mu HA = \frac{\mu N_1 I_1 A}{l}[\text{Wb}]$$

- 상호 인덕턴스

$$M = N_2 \cdot \frac{\phi}{I_1} = \frac{\mu N_1 N_2 A}{l}[\text{H}]$$

③ 자체 인덕턴스와 상호 인덕턴스와의 관계

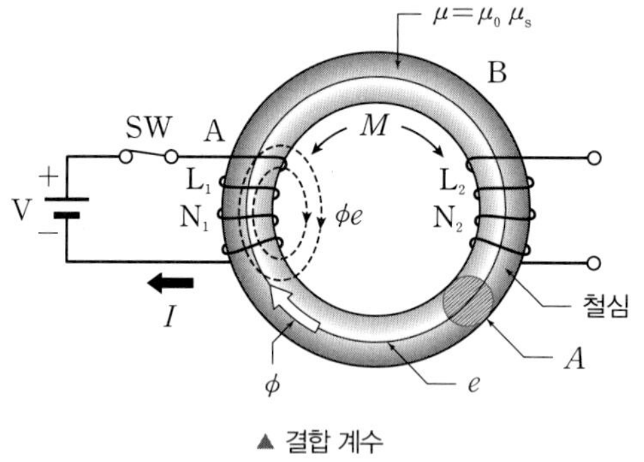

▲ 결합 계수

- 조건
  - 동일 자기 회로에 감긴 두 코일 A, B
  - 권수 : N_1, N_2
  - 길이 : l
  - 단면적 : A
  - 투자율 : μ
  - 누설 자속은 없다고 가정
- 공식

$$L_1 = \frac{\mu N_1^2 A}{l}[\text{H}], \ L_2 = \frac{\mu N_2^2 A}{l}[\text{H}], \ M = \frac{\mu N_1 N_2 A}{l}[\text{H}]$$

• 자체 인덕턴스와 상호 인덕턴스의 관계

$$M^2 = L_1 \times L_2, \ M = \sqrt{L_1 L_2}\,[\text{H}]$$

④ 결합계수

• 결합계수 k : 현실에서는 누설 자속이 존재하므로 상호 인덕턴스 M은 감소한다. 이때 결합 정도를 나타내는 계수
• 결합계수의 범위 : $0 \leq k \leq 1$
• 결합계수의 공식

$$M = k\sqrt{L_1 L_2}\,[\text{H}]$$

❸ 인덕턴스의 접속

① 기본 조건

• 동일한 자기회로에 자체 인덕턴스가 $L_1[\text{H}]$, $L_2[\text{H}]$인 2개의 코일을 직렬로 접속한다.
• 두 코일 사이에 상호 인덕턴스 M[H]가 존재한다. 이때, a−b 단자에서 본 합성 인덕턴스 $L_{12}[\text{H}]$를 구한다.

② 가동 접속(Positive Coupling)

• 전류의 방향이 같아 자속 방향도 동일하다. 이때, 두 자속이 보강되어 전체 자속이 증가한다.

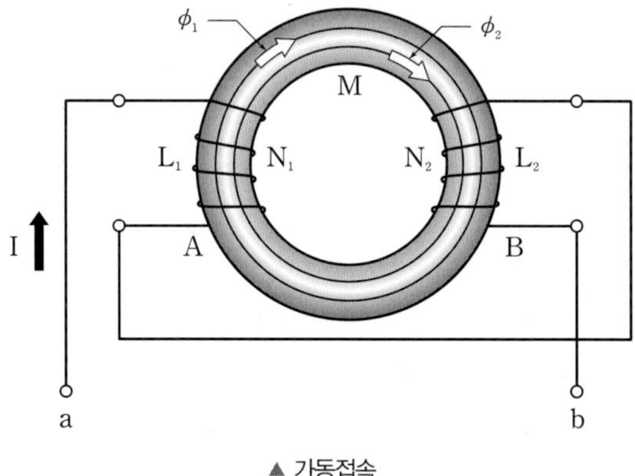

▲ 가동접속

• 합성 인덕턴스의 공식

$$L_{12} = L_1 + L_2 + 2M\,[\text{H}]$$

③ 차동 접속(Negative Coupling)
- 전류의 방향이 반대라 자속 방향도 반대이다. 이때 두 자속이 서로 상쇄되어 전체 자속이 감소한다.

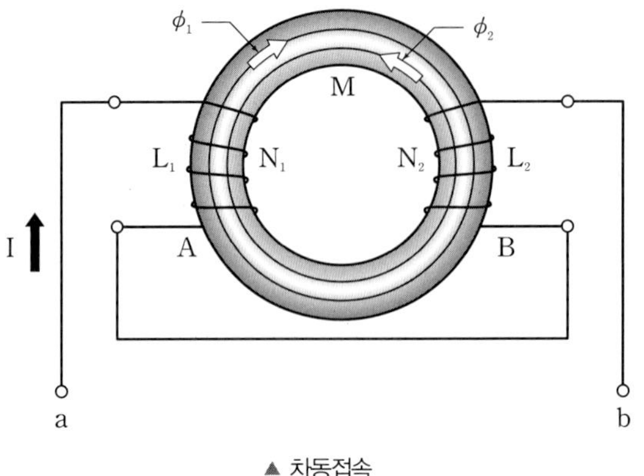

▲ 차동접속

- 합성 인덕턴스의 공식

$$L_{12} = L_1 + L_2 - 2M [\text{H}]$$

④ 가동 접속 및 차동 접속은 도면 기호로도 구분이 가능하다.

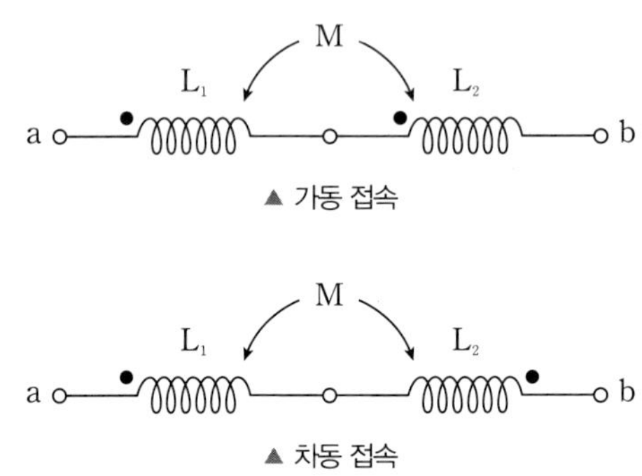

▲ 가동 접속

▲ 차동 접속

❹ 전자 에너지

① 코일 내에 저장되는 에너지 : W[J]
- 코일에 전류가 흐르면 자기장이 형성되고, 그 코일 내에는 에너지가 저장된다.
- 자체 인덕턴스 L[H]를 가진 코일에 전류 I[A]가 흐를 때, 코일 내에 저장되는 에너지 W[J]

$$W_L = \frac{1}{2} L I^2 [\text{J}]$$

② 단위 체적당 축적되는 에너지 : $W_0 [\text{J/m}^3]$
- 조건
  - N : 코일의 권수[회]
  - l : 자기회로의 길이[m]
  - A : 단면적[m^2]
  - μ : 투자율[H/m]
  - H : 자계의 세기[AT/m]

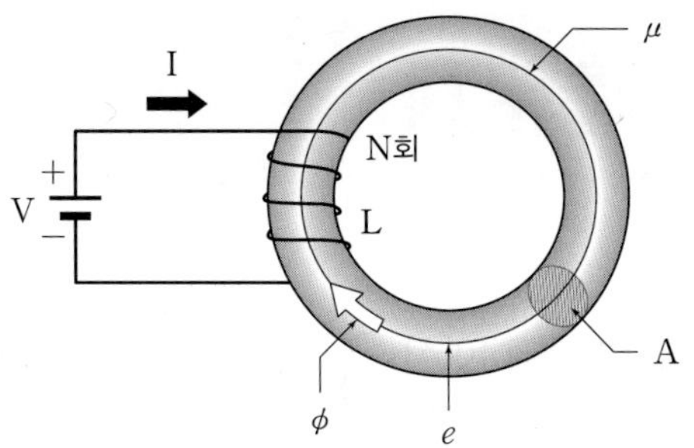

▲ 단위 체적당 축적되는 에너지

- 자체 인덕턴스와 자계의 세기
  - 자체 인덕턴스

$$L=\frac{\mu N^2 A}{l}\,[\mathrm{H}]$$

  - 자계의 세기

$$H=\frac{NI}{l}\,[\mathrm{AT/m}]$$

- 솔레노이드에 저장된 전체 에너지 : 자체 인덕턴스와 자계의 세기 공식 이용

$$W=\frac{1}{2}LI^2=\frac{1}{2}\frac{\mu N^2 AI^2}{l}=\frac{1}{2}\mu(\frac{NI}{l})^2 Al=\frac{1}{2}\mu H^2 Al\,[\mathrm{J}]$$

- 단위 체적당 저장 에너지
  - 체적 : $V=Al\,[\mathrm{m}^3]$
  - 단위 체적당 축적되는 에너지

$$W_0=\frac{1}{2}\mu H^2=\frac{1}{2}BH\,[\mathrm{J/m}^3]$$

01 자속밀도가 2[Wb/m^2]인 평등자계 내에 10[A]의 전류가 흐르고 있는 길이 50[cm]의 직선도체를 자기장과 60[°]의 방향으로 놓았을 때, 이 도체가 받는 힘의 크기는 약 몇 [N]인가?

① 5.0
② 8.7
③ 10.2
④ 20.5

도체가 받는 힘의 크기 $F=BIl\sin\theta=2\times10\times0.5\times\sin60=10\times\dfrac{\sqrt{3}}{2}=$ 8.66[N]이다.

02 공기 중에 10[cm] 떨어져 평행으로 놓인 무한장 도선에 왕복전류가 흐를 때, 단위 길이당 8×10^{-4}[N]의 힘이 작용한다면 이때 흐르는 전류는 약 몇 [A]인가?

① 200
② 80
③ 20
④ 8

평행한 도선에 작용하는 힘 $F=\dfrac{2I_1I_2}{r}\times10^{-7}$[N/m]이고,
왕복전류는 전류의 크기가 같으므로,
$I^2=\dfrac{F\times r}{2\times10^{-7}}$, $I=\sqrt{\dfrac{F\times r}{2\times10^{-7}}}=\sqrt{\dfrac{8\times10^{-4}\times0.1}{2\times10^{-7}}}=20$[A]이다.

03 코일의 자체 인덕턴스(L)와 권수(N)의 관계로 옳은 것은?

① $L\propto N$
② $L\propto N^2$
③ $L\propto N^3$
④ $L\propto\dfrac{1}{N}$

코일의 자체 인덕턴스 $L=\dfrac{N\phi}{I}=\dfrac{\mu N^2A}{l}$[H]이므로, 인덕턴스(L)는 권수의 제곱($N^2$)에 비례한다.
$Z'=\sqrt{R^2+(\omega L)^2}\angle(+\theta)\,[\Omega]$

04 환상 철심의 평균 자로 길이 l[m], 단면적 A[m^2], 비투자율 μ_s, 권수 N_1, N_2인 두 코일 사이에 누설자속이 없는 경우, 상호인덕턴스 M[H]를 바르게 나타낸 식은?

① $\dfrac{4\pi\times N_1N_2A}{l}\times10^{-7}$

② $\dfrac{8\pi\times N_1N_2A}{l}\times10^{-7}$

③ $\dfrac{6.33\times N_1N_2A}{l}\times10^4$

④ $\dfrac{9\times N_1N_2A}{l}\times10^9$

상호 인덕턴스
$M=\dfrac{\mu\times N_1N_2A}{l}=\dfrac{\mu_0\mu_s\times N_1N_2A}{l}=\dfrac{4\pi\times10^{-7}\times N_1N_2A}{l}$
$=\dfrac{4\pi\times N_1N_2A}{l}\times10^{-7}$[H]이다.

05 자체 인덕턴스가 40[mH]와 90[mH]인 두 개의 코일을 누설자속 없이 가동접속하였을 때, 합성 인덕턴스는 몇 [mH]인가?

① 250
② 200
③ 150
④ 120

가동접속 시 합성 인덕턴스 $L=L_1+L_2+2M=L_1+L_2+2k\sqrt{L_1L_2}=40+90+2\sqrt{40\times90}=250[\text{mH}]$이다.

06 자체 인덕턴스가 8[H]인 코일에 전류가 흘러서 100[J]의 에너지가 축적되었다면, 이때 흐르는 전류의 크기는 몇 [A]인가?

① 5
② 6.25
③ 10
④ 12.5

코일에 축적되는 에너지 $W=\frac{1}{2}LI^2[\text{J}]$이므로 $I^2=\frac{2W}{L}$, $I=\sqrt{\frac{2W}{L}}=\sqrt{\frac{2\times100}{8}}=5[\text{A}]$이다.

07 환상 솔레노이드에 코일 권수 N[회], 자로의 길이 l[m], 단면적 A[m²], 투자율 μ[H/m]이라 할 때, 단위 체적당 축적되는 에너지 W_0[J/m³]를 바르게 나타낸 것은?

① μ에 비례, H에 비례
② μ에 반비례, H에 비례
③ μ에 비례, H^2에 비례
④ μ에 반비례, H^2에 비례

단위 체적당 축적되는 에너지 $W_0=\frac{1}{2}\mu(H)^2=\frac{1}{2}BH[\text{J/m}^3]$이므로, μ에 비례, H^2에 비례한다.

교류회로

빈출 태그 ▶ 정현파 교류의 표시, RLC 회로, 공진회로, 교류전력

▶ 합격강의

01 교류회로의 기초

01 정현파 교류회로

1) 정현파 교류

① 교류(AC, Alternating Current)

- 시간에 따라 전류의 크기와 방향이 주기적으로 변하는 전류이다.
- 정현파, 사다리꼴파, 구형파(직사각형파), 삼각파, 펄스파 등 다양한 형태로 나타나며, 그중 사인파 형태의 정현파가 대표적인 형태이다.
- 교류 파형을 이해하기 위해 삼각함수, 복소수 개념 등 수학적 기초 지식이 요구된다.
- 교류 파형의 종류

사인파		계단파	
사다리꼴파		삼각파	
직사각형파		펄스파	

② 정현파 교류의 발생

- 도체가 자계 내에서 원운동을 할 때 플레밍의 오른손 법칙에 따라 유도 기전력이 발생한다.
- 전압 변화 형태 : 도체의 위치(각도 $\theta[°]$)에 따라 유도 기전력 $e[V]$가 변화하며 정현파 형태로 나타난다.

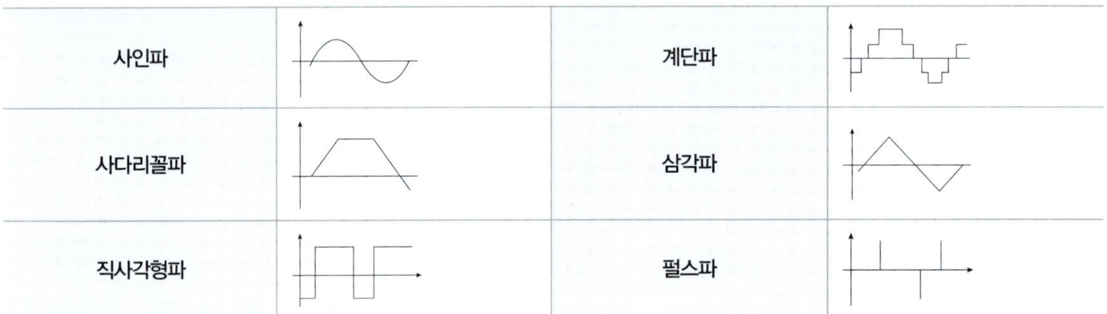

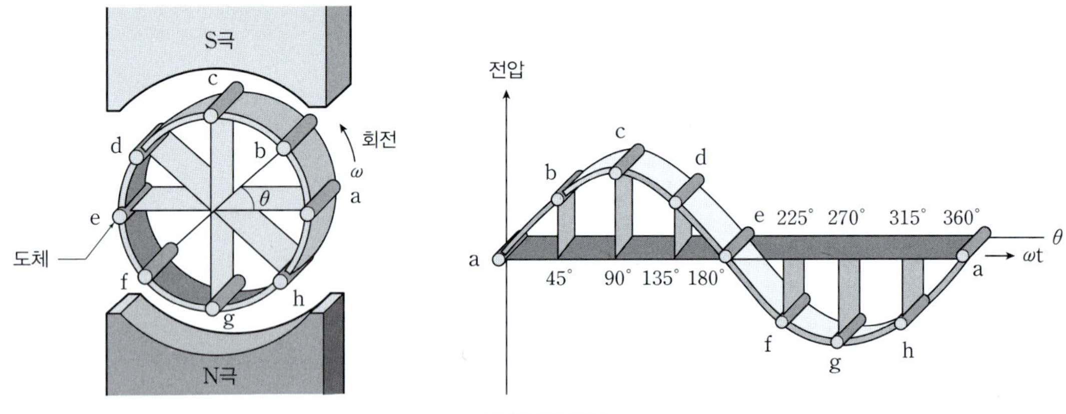

▲ 교류의 발생 원리

F 기적의 TIP

정현파 교류

정현파 교류는 '회전'에서 출발한다고 비유할 수 있다. 도체가 자계 내에서 원운동할 때 유도 기전력이 발생하며, 이는 사인 함수 형태의 정현파 전압이 된다. 즉, 전기의 사인파는 기하학적인 회전 운동에서 비롯된다는 것을 꼭 암기해야 한다.

③ 사각형 코일 회전에 의한 정현파 발생

- 조건
  - 자속밀도 : $B[\mathrm{Wb/m^2}]$
  - 도체 길이 : $l[\mathrm{m}]$
  - 폭 : $2r[\mathrm{m}]$
  - 속도 : $v[\mathrm{m/s}]$

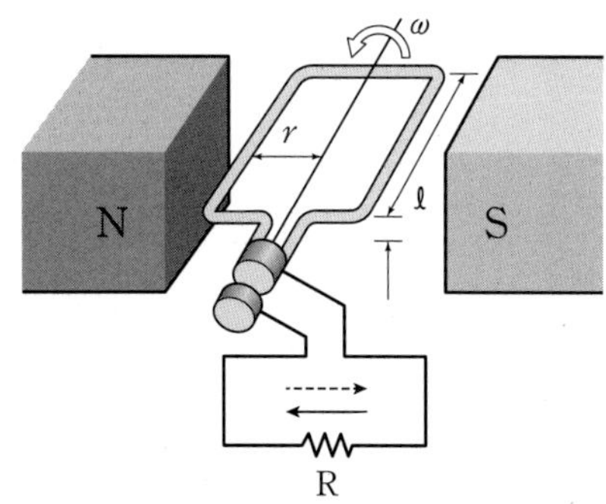
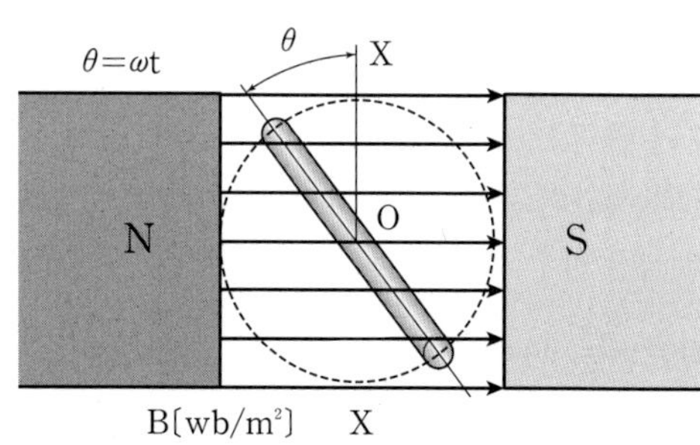

▲ 정현파 교류의 발생

- 유도 기전력의 크기

$$e = 2Blv\sin\theta[\mathrm{V}]$$

- 최대 전압 Vm : 2Blv의 값은 자속밀도(B), 코일의 치수(l), 회전속도(v)로서 전기기기가 정해지면 확정되는 값 즉, 최대값이라 할 수 있다. 따라서 $e = V_m\sin\theta[\mathrm{V}]$이다.
- 전기기기의 B, l, v 조건이 고정되면 교류 전압 및 전류의 값은 시간에 따라 변화하므로 전압은 v[V], 전류는 i[A]로 소문자로 표기한다.
- 각도의 표시
  - 도수법 : 일반적인 각도 단위
  - 호도법 : 반지름 r의 길이는 원호의 길이일 때의 각도이며 단위는 라디안[rad]이다.

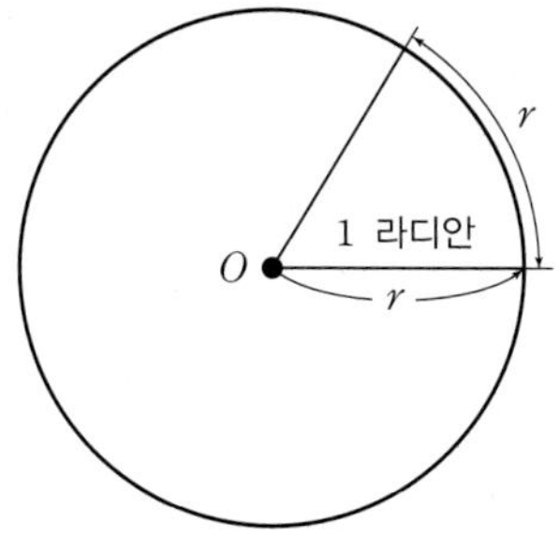

▲ 호도법의 표시

– 도수법과 호도법의 비교

도수법[°]	호도법[rad]	도수법[°]	호도법[rad]
0	0	90	$\pi/2$
30	$\pi/6$	180	π
45	$\pi/4$	270	$3\pi/2$
60	$\pi/3$	360	2π

– 도수법과 호도법 간 변환 공식

$$x[\mathrm{rad}] = \frac{\pi}{180} \times \theta[°]$$

④ 각속도

- 각속도 : 물체가 단위 시간당 회전하는 각도
- 각속도의 기호 : ω
- 각속도의 단위 : $[\theta/\mathrm{s}]$, $[\mathrm{rad/s}]$
- 각속도와 시간의 관계 : $\theta = \omega t [\mathrm{rad}]$
- 전압의 시간 함수 표현

$$v = V_m \sin\theta = V_m \sin\omega t [\mathrm{V}]$$

- 회전체와 각속도의 관계(회전체가 1초 동안 n바퀴 회전할 경우)

$$\omega = 2\pi n [\mathrm{rad/s}]$$

2) 주파수와 위상

① 주기와 주파수

- 주기 : 정현파 교류가 1회 반복되는 데 걸리는 시간
- 주기의 기호는 T, 단위는 초[s]이다.
- 1주기는 1사이클(cycle)을 의미한다.

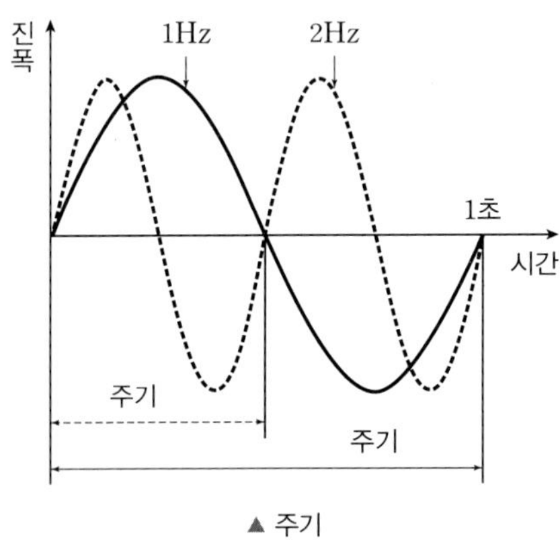

▲ 주기

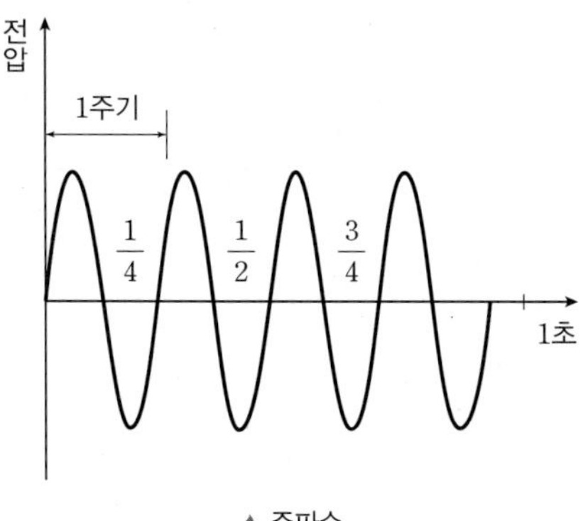

▲ 주파수

- 주파수(f)
  - 주파수 : 1초 동안 반복되는 사이클 수
  - 주파수의 기호는 f, 단위는 [Hz] 또는 [cycle/s]이다.
  - 주기 T와 주파수 f 관계식

$$f = \frac{1}{T}[\text{Hz}]$$

- 주기와 각속도(ω)와의 관계
  - 1주기의 각도 : $2\pi[\text{rad}]$
  - 주기 : T[s]

$$\omega = \frac{2\pi}{T} = 2\pi f[\text{rad/s}]$$

- 정현파 전압의 표현식 : 시간함수로서 정현파 교류전압 v는 다음과 같이 나타낼 수 있다.

$$v = V_m\sin\theta = V_m\sin\omega t = V_m\sin 2\pi ft[\text{V}]$$

기적의 TIP

각속도, 주기, 주파수

각속도(ω), 주기(T), 주파수(f)는 서로 연결된 개념이다.

$$\omega = 2\pi f \leftrightarrow f = 1/T \leftrightarrow \theta = \omega t$$

전압 및 전류 파형을 수식으로 표현할 때 이 3가지 단위를 연계하여 이해하면 교류를 쉽게 해석할 수 있다.

---

② 위상과 위상차

- 위상(Phase) : 정현파의 특정 시점에서의 각도 위치로서, 보통 ($\omega t \pm \theta$) 형태로 표현
- 위상차(Phase Difference) : 두 정현파 신호 간 각도 차이로서, 단위는 [°] 또는 [rad]이다.

- 위상차 발생 예시

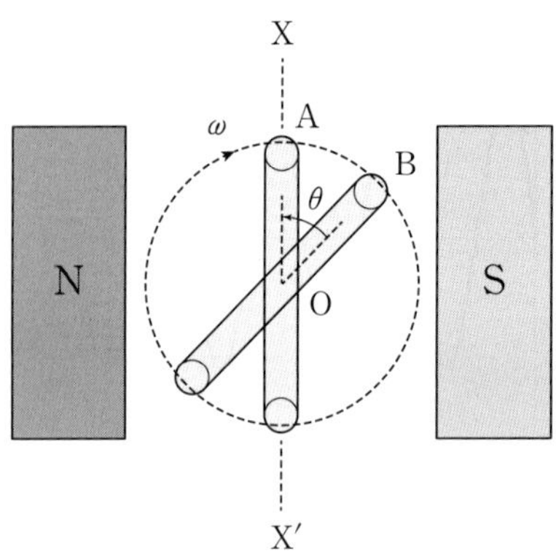

▲ 교류 전압의 위상차 – 도체 배치

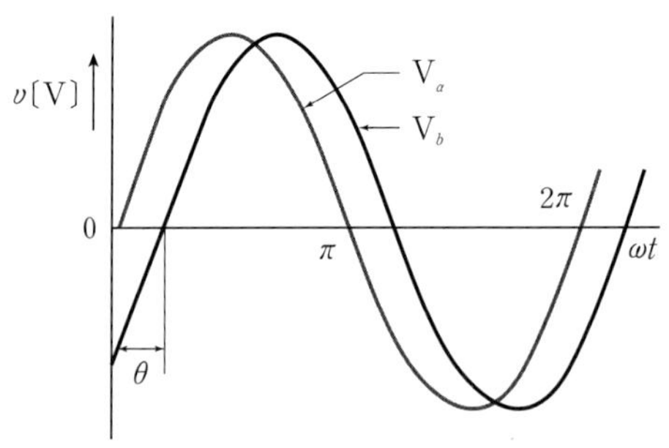

▲ 교류 전압의 위상차 – 파형

- 코일 A와 B가 동일한 축에 놓이고, 서로 $\theta[°]$만큼 떨어진 위치에서 회전할 경우 코일 A와 B에 유도되는 전압

$$v_a = V_m \sin\omega t\,[\mathrm{V}],\ v_b = V_m \sin(\omega t - \theta)\,[\mathrm{V}]$$

③ 위상차에 따른 분류
- 지상(lag) : v_b가 v_a보다 뒤쳐져 있음(음의 위상차, $-\theta$)
- 진상(lead) : v_a가 v_b보다 앞서 있음(양의 위상차, $+\theta$)
- 동상(in phase) : 두 전압의 위상차가 0도일 경우

3) 정현파 교류의 표시

① 순시값(Instantaneous Value)과 최대값(Peak Value)
- 정현파 교류의 특성
  - 전압과 전류가 시간에 따라 주기적으로 변한다.
  - 일정한 직류값과 달리 매 순간 값이 변한다.
- 기호 및 정의
  - 순시 전압 : v[V]
  - 순시 전류 : i[A]

– 최대값(Peak Value) : V_m(전압), I_m(전류)

– 진폭(Amplitude) : 양의 최대값과 음의 최대값 사이의 크기

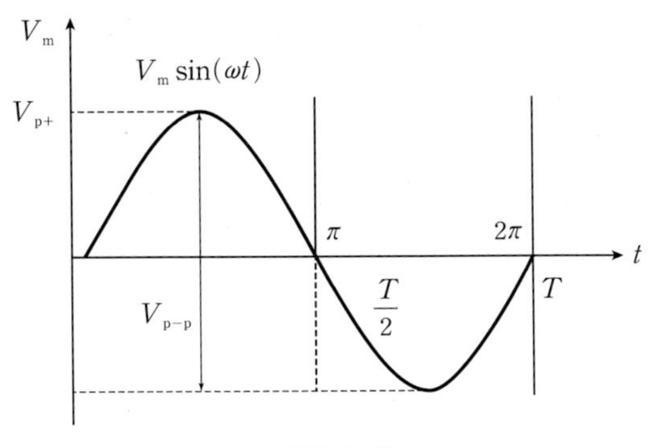

▲ 정현파 교류

• 정현파 교류의 기본 표현식

– 순시 전압 : $v=V_m\sin\omega t\,[\mathrm{V}]$

– 순시 전류 : $i=I_m\sin\omega t\,[\mathrm{A}]$

② 평균값(Average Value)

• 1주기 동안 순시값의 평균은 0이다. 따라서 양의 반주기$(0{\sim}\pi)$에 대한 평균값을 사용한다.

• 정현파의 $\dfrac{1}{2}$주기 넓이와 직사각형의 넓이가 같도록 하는 선 a−b의 값을 전압의 평균값이라 한다.

• 평균 전압

$$V_a=\frac{1}{\left(\dfrac{T}{2}\right)}=\int_0^{\frac{T}{2}}v(t)dt=\frac{1}{\left(\dfrac{\pi}{2}\right)}\int_0^{\frac{T}{2}}V_m\sin\omega t\,dt=\frac{2}{\pi}V_m\fallingdotseq0.637V_m\,[\mathrm{V}]$$

• 평균 전류

$$I_a=\frac{1}{\left(\dfrac{T}{2}\right)}=\int_0^{\frac{T}{2}}i(t)dt=\frac{1}{\left(\dfrac{\pi}{2}\right)}\int_0^{\frac{T}{2}}I_m\sin\omega t\,dt=\frac{2}{\pi}I_m\fallingdotseq0.637I_m\,[\mathrm{A}]$$

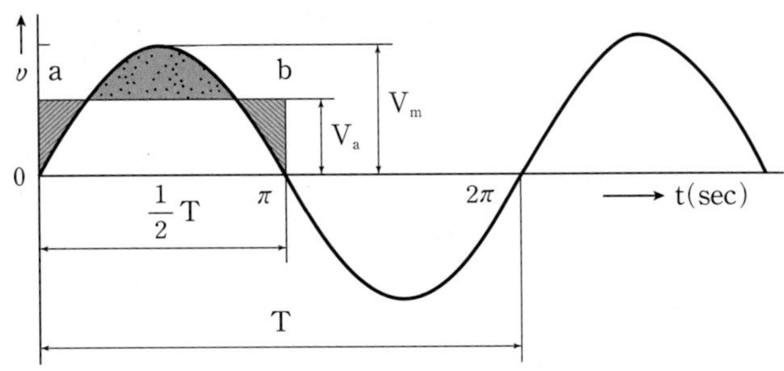

▲ 정현파 교류의 평균값

③ 실효값(RMS Value)

- 실효값 : 동일한 저항에 직류가 소비하는 전력과 교류가 소비하는 전력이 같을 때의 직류 전류의 크기
- 실효값(RMS)은 실제 유효한 전력량을 나타내는 값이다.

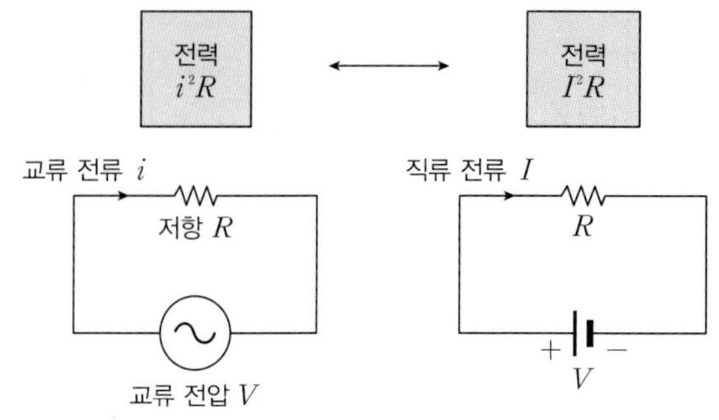

▲ 실효값의 의미

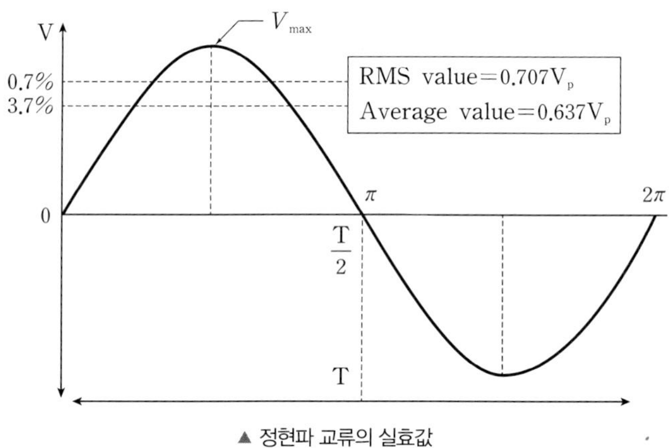

▲ 정현파 교류의 실효값

- 저항 R[Ω]에서 실효값 I는 다음 조건에서 정의된다.

$$I^2R[\mathrm{W}]=i^2R[\mathrm{W}],\ I=\sqrt{i^2}$$

- 실효값 I에 $i=I_m\sin(\omega t)$를 대입할 수 있다.

$$I=\sqrt{\frac{1}{T}\int_0^{2\pi}(i(t))^2dt}=\sqrt{\frac{1}{2\pi}\int_0^{2\pi}(I_m\sin\omega t)^2dt}$$

$$=\sqrt{\frac{1-\cos(2\omega t)}{2}}dt=\frac{I_m}{\sqrt{2}}[\mathrm{A}]\fallingdotseq0.707I_m[\mathrm{A}]$$

- 전압의 실효값도 동일하게 적용할 수 있다.

$$V=\frac{V_m}{\sqrt{2}}[\mathrm{V}]\fallingdotseq0.707V_m[\mathrm{V}]$$

- 표기 방법
  - RMS 전압 : V_{rms} 또는 $V[\mathrm{V}]$
  - RMS 전류 : I_{rms} 또는 $I[\mathrm{A}]$
  - 문자로 표시할 때에는 대문자로 표시한다.

❷ 교류의 표시

1) 벡터의 표시

① 교류회로의 특성

• 순시 전압과 순시 전류는 시간에 따라 크기와 방향이 변한다.

• 이러한 물리량은 벡터량으로 표현할 수 있다.

② 정현파 교류 전류의 순시값

• 실효값 : I[A]

• 위상각 : θ[°]

• 순시값의 표현식

$$i=I_m\sin(\omega t+\theta)=\sqrt{2}\,I\sin(2\pi ft+\theta)\,[\mathrm{A}]$$

③ 전류 벡터 : $I'=I\angle\theta\,[\mathrm{A}]$

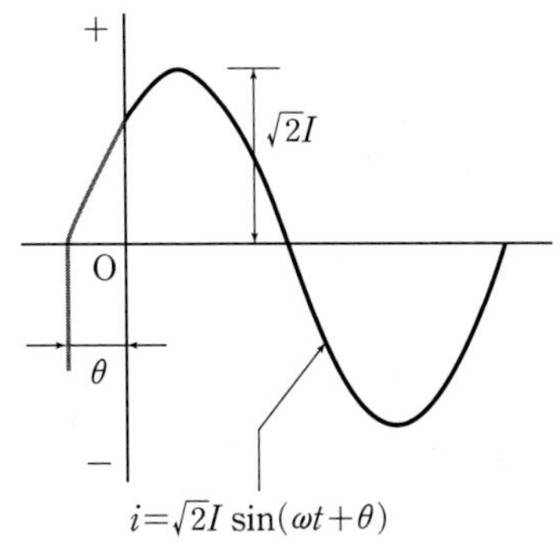

▲ 정현파 교류의 벡터 표시 – 순시값 표시

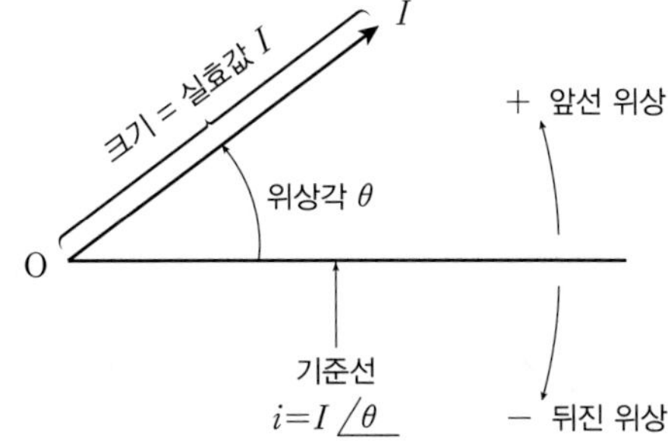

▲ 정현파 교류의 벡터 표시 – 벡터 표시

2) 복소수의 개념

• 복소수 : 실수 + 허수로 이루어진 수

• 허수 : 제곱해서 -1이 되는 수

• 허수의 단위가 j일 때, $j^2=-1$, $j=\sqrt{-1}$이다.

• 복소수는 $A=A'=a+jb$로 나타낼 수 있다.

3) 복소수의 벡터 표시

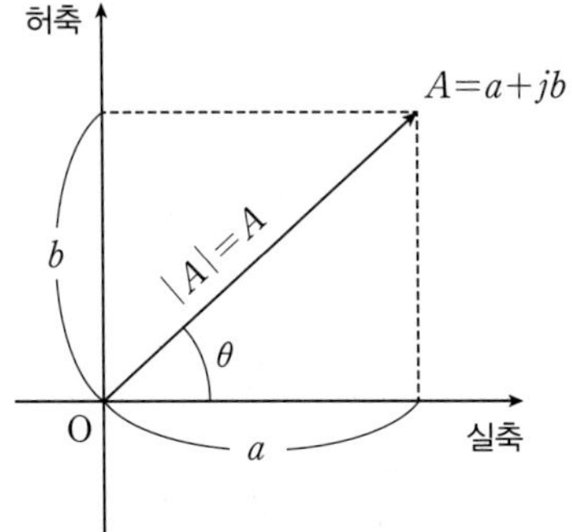

▲ 복소수의 직각좌표계 표시 형식

① 직각좌표계 형식

- 표현식

$$A' = a + jb$$

- 크기 및 위상각(편각)

$$A = |A'| = \sqrt{a^2 + b^2},\ \theta = \tan^{-1}\frac{b}{a}$$

② 삼각함수의 표현식

$$A' = A\cos\theta + jA\sin\theta = A(\cos\theta + j\sin\theta)$$
$$a = A\cos\theta,\ b = A\sin\theta$$

③ 극좌표의 표현식

$$A' = A\angle\theta$$

④ 지수함수 형식(오일러 공식 기반)

$$A' = A_\varepsilon^{\pm j\theta}$$

- $\varepsilon^{\pm j\theta} = \cos\theta + j\sin\theta$
- 크기 : $|\varepsilon^{\pm j\theta}| = \sqrt{\cos^2\theta + \sin^2\theta} = 1$

⑤ 벡터는 방법(직각좌표, 극좌표, 지수함수 등)에 따라 동일한 물리량을 다양하게 표현할 수 있으며, 이때 연산 목적에 따라 표현 방식을 선택한다.

기적의 TIP

벡터와 복소수

벡터와 복소수는 교류를 해석할 수 있는 언어의 일종이다. 정현파 교류는 시간에 따라 위상이 변하므로, 벡터(위상각 포함) 또는 복소수(j를 이용한 표현)로 다뤄야 해석이 쉬워진다. 같은 전류라도 I∠θ, I(cosθ + jsinθ), a + jb로 자유자재로 바꿔 표현할 수 있어야 한다.

4) 복소수의 연산(두 복소수 A, B가 각각 $A' = a + jb = A\angle\theta_1$, $B' = c + jd = B\angle\theta_2$일 때의 사칙연산)

① 덧셈

$$A' + B' = (a + jb) + (c + jd) = (a + c) + j(b + d)$$

② 뺄셈

$$A' - B' = (a + jb) - (c + jd) = (a - c) + j(b - d)$$

③ 곱셈

• 직각좌표계

$$A' \cdot B' = (a+jb) \cdot (c+jd) = (ac) + j(ab+bc) + j^2(bd) = (ac-bd) + j(ad+bc)$$

• 극좌표계

$$A' \cdot B' = (A\angle\theta_1) \cdot (B\angle\theta_2) = AB\angle(\theta_1+\theta_2)$$

④ 나눗셈

• 직각좌표계

$$\frac{A'}{B'} = \frac{a+jb}{c+jd} = \frac{(a+jb)(c-jd)}{(c+jd)(c-jd)} = \frac{ac+j(bc-ad)-j^2bd}{c^2+d^2} = \left(\frac{ac+bd}{c^2+d^2}\right) + j\left(\frac{bc-ad}{c^2+d^2}\right)$$

• 극좌표계

$$\frac{A'}{B'} = \frac{A\angle\theta_1}{B\angle\theta_2} = \frac{A}{B}\angle(\theta_1-\theta_2)$$

02 교류의 R-L-C 회로

01 교류전류에 대한 RLC의 작용

1) 저항(R)만의 회로

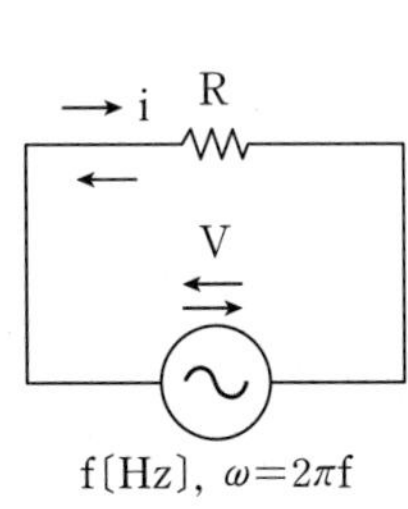

▲ 저항(R)만의 회로

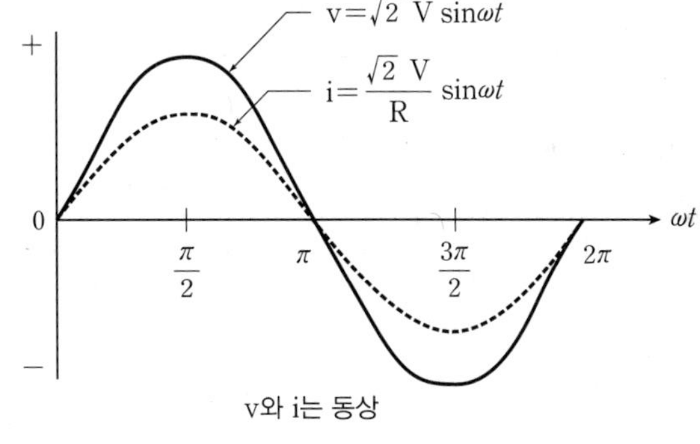

▲ 전압과 전류의 파형

① 기본 작용

• 회로에 교류 전압 $v = V_m\sin\omega t\,[\mathrm{V}]$를 공급했을 때의 전류

$$i = \frac{v}{R} = \frac{V_m}{R}\sin\omega t = \frac{\sqrt{2}\,V}{R}\sin\omega t\,[\mathrm{A}]$$

• 실효값 기준으로 $I = \dfrac{V}{R}\,[\mathrm{A}]$의 관계가 성립한다.

② 위상 관계

- 전압과 전류는 위상차 없이 동일한 위상이다.
- 전압과 전류의 위상 차는 0[°]이며, 위상 지연이나 선행이 없다.

③ 복소수 표현 및 임피던스

- 전압과 전류를 복소기호로 표현한 임피던스

$$Z' = \frac{V\angle 0°}{I\angle 0°} = \frac{V}{I}\angle 0° = R\angle 0°\,[\Omega]$$

- 저항 R은 실수부에만 존재하는 순수 저항이다.

④ 벡터도 해석

- 전압과 전류는 실수축 상에 존재하며 옴의 법칙이 성립한다.
- 이때 전압과 전류 벡터는 동일한 방향을 갖는다.

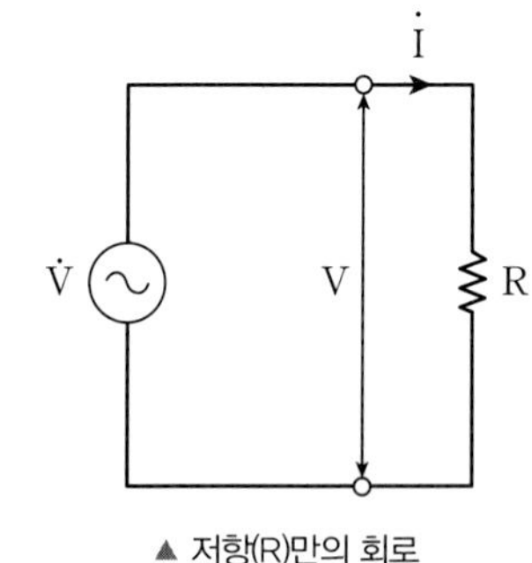

▲ 저항(R)만의 회로

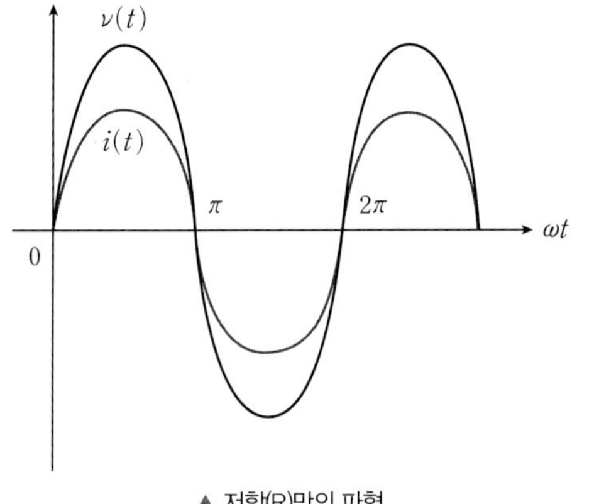

▲ 저항(R)만의 파형

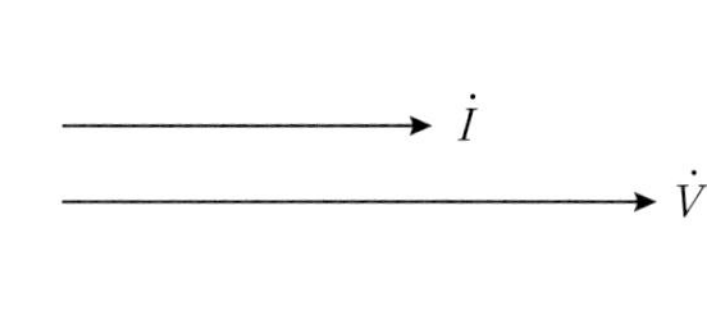

▲ 저항(R)만의 벡터도

2) 인덕턴스(L)만의 회로

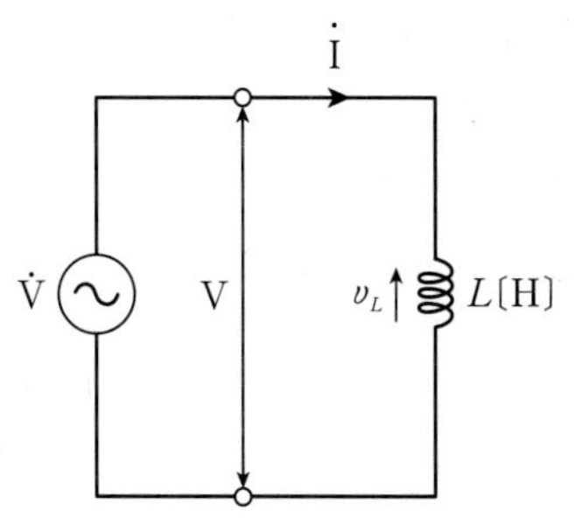

▲ 인덕턴스(L)만의 회로

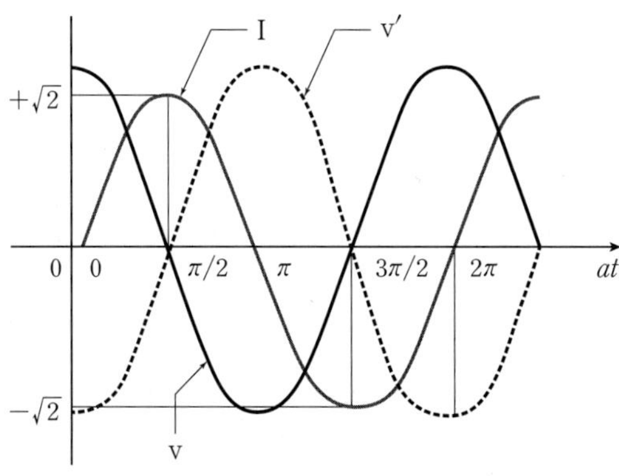

▲ 전압과 전류의 파형

① 교류 전류 $i=I_m\sin\omega t\,[\mathrm{A}]$를 코일에 공급하여 유도기전력이 발생할 때의 전압

$$v=-v_L{}'=-\left(-L\frac{di}{dt}\right)=L\frac{\Delta(\sqrt{2}\,I\sin\omega t)}{\Delta t}=\sqrt{2}\omega LI\cos\omega t=\sqrt{2}\omega LI\sin\left(\omega t+\frac{\pi}{2}\right)[\mathrm{A}]$$

② 위상 관계

- 전류는 전압보다 위상이 $\dfrac{\pi}{2}$만큼 뒤진다.

- 전류가 지상(Lag) 위상을 가진다고 표현할 수 있다.

③ 복소수 표시 및 임피던스

- 전압과 전류의 복소수 표시

$$I'=I\angle 0°[\mathrm{A}],\ V'=\omega LI\angle\frac{\pi}{2}[\mathrm{V}]$$

- 임피던스의 표현식

$$Z'=\frac{V\angle\dfrac{\pi}{2}}{I\angle 0°}=\frac{\omega LI\angle\dfrac{\pi}{2}}{I\angle 0°}=\omega L\angle\frac{\pi}{2}=j\omega L[\Omega]$$

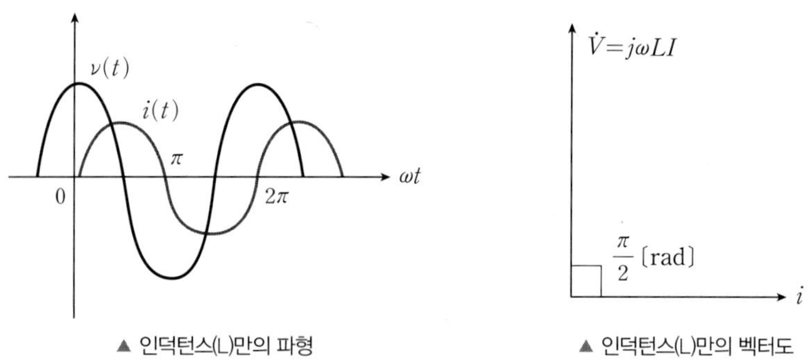

▲ 인덕턴스(L)만의 파형

▲ 인덕턴스(L)만의 벡터도

④ 리액턴스

- 유도 리액턴스 $X_L = \omega L = 2\pi f L [\Omega]$이다.
- 주파수가 높을수록 리액턴스는 증가한다.
- 직류(DC)에서는 $f = 0[\text{Hz}]$이므로 $X_L = 0[\Omega]$이다.

⑤ 벡터도 해석

- 전류는 실수축에 위치하고, 전압은 허수축의 (+) 방향($90[°]$)에 위치한다.
- 전압을 기준으로 위상이 $\dfrac{\pi}{2}[\text{rad}]$ 뒤처진 전류를 확인할 수 있다.

3) 정전용량(C)만의 회로

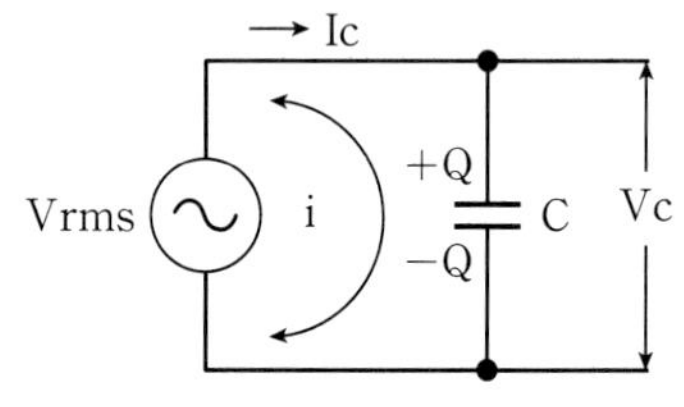

▲ 정전용량(C)만의 회로 구성

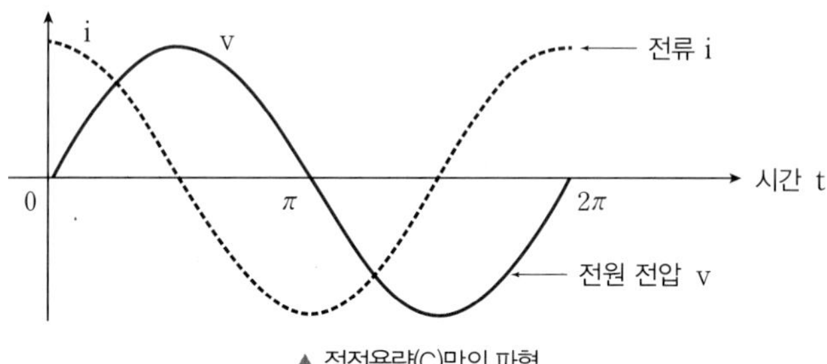

▲ 정전용량(C)만의 파형

① 교류 전압 $v=\sqrt{2}\,V\sin\omega t\,[\mathrm{V}]$를 콘덴서에 공급하여 전류가 흐를 때의 전하 및 전류

• 전하

$$q=Cv=\sqrt{2}\,CV\sin\omega t\,[\mathrm{C}]$$

• 전류

$$i=\frac{dq}{dt}=\frac{d(\sqrt{2}\,CV\sin\omega t)}{dt}=\sqrt{2}\,\omega CV\cos\omega t=\sqrt{2}\,\omega CV\sin\left(\omega t+\frac{\pi}{2}\right)[\mathrm{A}]$$

② 위상 관계

• 전류는 전압보다 위상이 $\dfrac{\pi}{2}$[rad]만큼 앞선다.

• 전류가 진상(lead) 위상을 가진다고 표현한다.

③ 복소수 표현 및 임피던스

• 전류와 전압의 복소수 표시

$$I'=\omega CV\angle\frac{\pi}{2}[\mathrm{A}],\ V'=V\angle 0°[\mathrm{V}]$$

• 임피던스의 표현식

$$Z'=\frac{V'}{I'}=\frac{V\angle 0°}{\omega CV\angle\frac{\pi}{2}}=\frac{1}{\omega C}\angle\left(-\frac{\pi}{2}\right)=\frac{1}{j\omega C}[\Omega]$$

④ 리액턴스

• 용량 리액턴스 $X_C=\dfrac{1}{\omega C}=\dfrac{1}{2\pi fC}[\Omega]$이다.

• 주파수가 높을수록 리액턴스는 작아진다.

• 직류(DC)에서는 $f=0[\mathrm{Hz}]$이므로 $X_C=\infty[\Omega]$이다.

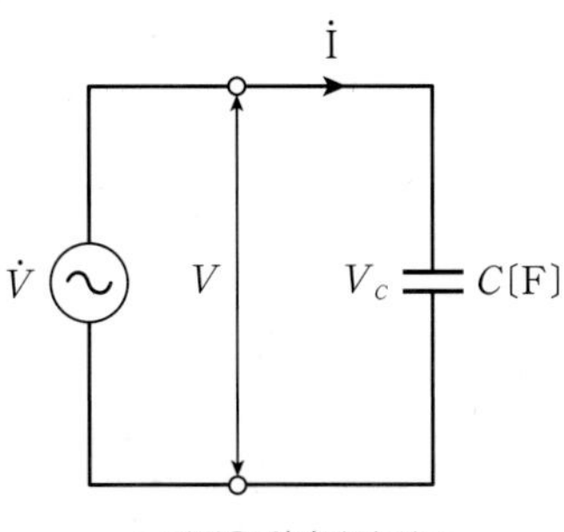

▲ 정전용량(C)만의 회로

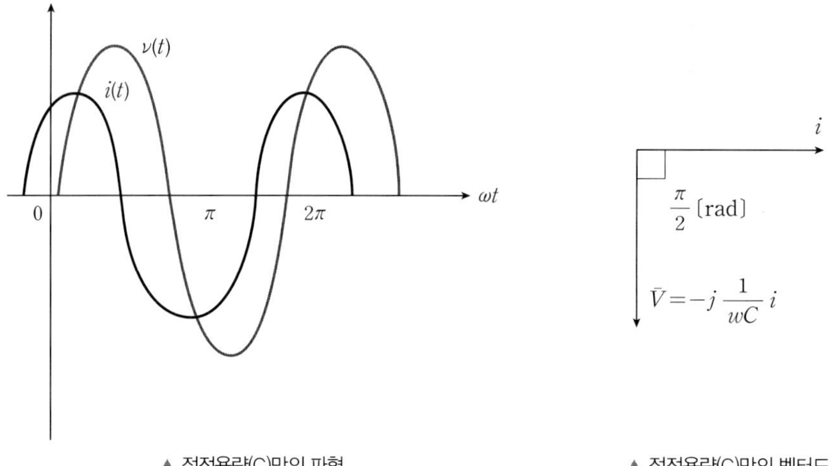

▲ 정전용량(C)만의 파형　　　　　　▲ 정전용량(C)만의 벡터도

⑤ 벡터도 해석

- 전류는 실수축에 위치하고, 전압은 허수축의 $(-)$방향$(-\dfrac{\pi}{2}[\text{rad}])$에 위치한다.

- 전압을 기준으로 전류의 위상이 앞선 모습을 확인할 수 있다.

❷ RLC 회로의 계산

1) RLC 직렬회로

① RL 직렬회로

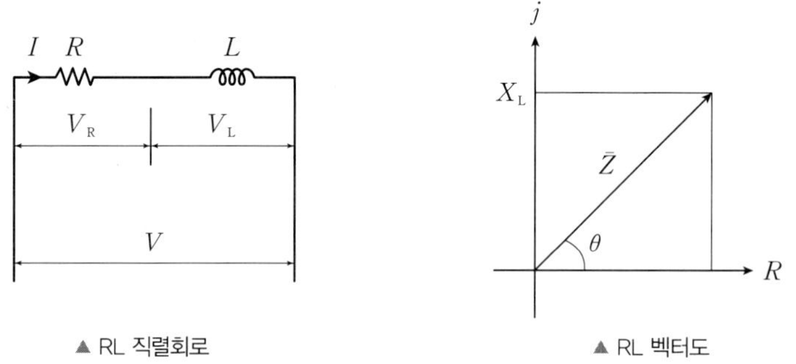

▲ RL 직렬회로　　　　　　▲ RL 벡터도

- 회로 구성
  - 저항 $R[\Omega]$과 자체 인덕턴스 $L[\text{H}]$를 직렬로 연결한 회로이다.
  - 교류전압 $v[\text{V}]$, 주파수 $f[\text{Hz}]$를 공급하면 전류 $i[\text{A}]$가 흐른다.

- 각 부하에 걸리는 전압
  - 저항 R에 걸리는 전압

$$V_R{'}=RI[\text{V}]$$

  - 인덕턴스 L에 걸리는 전압

$$V_L{'}=X_L I=j\omega LI=j2\pi fLI[\text{V}]$$

- 전압의 벡터합 및 임피던스
  - 전체 전압

$$V'=V_R{'}+V_L{'}=RI+j\omega LI=(R+j\omega L)I[\text{V}]$$

  - 임피던스

$$Z'=\frac{V'}{I'}=\frac{(R+j\omega L)I}{I}=R+j\omega L[\Omega]$$

$$Z\text{의 크기}:Z=|Z'|=\sqrt{R^2+(\omega L)^2},\ \text{위상각}\ \theta=\tan^{-1}\frac{X_L}{R}=\tan^{-1}\frac{\omega L}{R}[\text{rad}]$$

- 전압, 전류, 임피던스 극좌표 형식(지상 회로) : 전류 I는 전압보다 위상이 θ만큼 뒤진다.

$$V'=V\angle 0[\text{V}],\ Z'=\sqrt{R^2+(\omega L)^2}\angle(+\theta)[\Omega],\ I'=\frac{V}{2}\angle(-\theta)[\text{A}]$$

⬚ 기적의 TIP

R, L, C 위상 특성

- 저항(R) : 전압과 전류는 동상이다.
- 인덕턴스(L) : 전류가 전압보다 뒤처진다(지상).
- 콘덴서(C) : 전류가 전압보다 앞선다(진상).

→ R, L, C는 전력과 벡터도 해석의 출발점이 되는 핵심 개념이다.

② RC 직렬회로

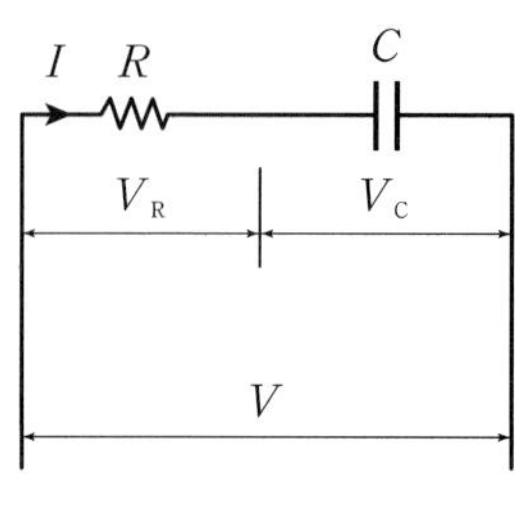

▲ RC 직렬회로

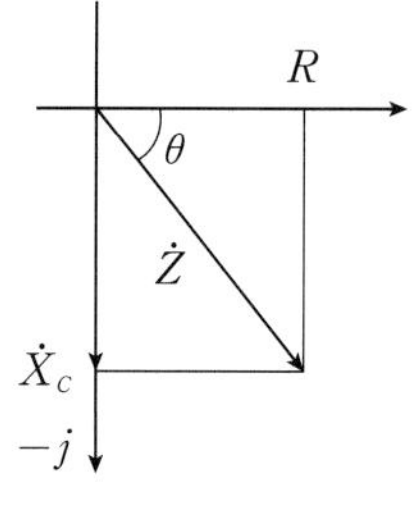

▲ RC 벡터도

- 회로 구성
  - 저항 R[Ω]과 정전용량 C[F]를 직렬로 연결한 회로이다.
  - 교류전압 v[V], 주파수 f[Hz]를 공급하면 전류 i[A]가 흐른다.
- 각 부하에 걸리는 전압
  - 저항 R에 걸리는 전압

$$V_R{'}=RI\,[\mathrm{V}]$$

  - 콘덴서 C에 걸리는 전압

$$V_C{'}=X_C I=\frac{1}{j\omega C}\,I=\frac{1}{j2\pi fC}\,I\,[\mathrm{V}]$$

- 전압의 벡터합 및 임피던스
  - 전체 전압

$$V'=V_R{'}+V_C{'}=RI+\frac{1}{j\omega C}\,I=\left(R+\frac{1}{j\omega C}\right)I\,[\mathrm{V}]$$

  - 임피던스

$$Z'=\frac{V'}{I'}=\frac{\left(R+\dfrac{1}{j\omega C}\right)I}{I}=R+\frac{1}{j\omega C}\,[\Omega]$$

$$Z\text{의 크기 } Z=|Z'|=\frac{I\sqrt{R^2+\left(\dfrac{1}{\omega C}\right)^2}}{I}=\sqrt{R^2+\left(\frac{1}{\omega C}\right)^2}\,[\Omega]$$

$$\text{위상각 } \theta=-\tan^{-1}\frac{\left(\dfrac{1}{\omega C}\right)}{R}=-\tan^{-1}\frac{1}{\omega CR}\,[\mathrm{rad}]$$

- 전압, 전류, 임피던스 극좌표 형식(진상 회로) : 전류 I는 전압보다 위상이 θ만큼 앞선다.

$$V'=V\angle 0\,[\mathrm{V}],\ Z'=\sqrt{R^2+\left(\frac{1}{\omega C}\right)^2}\angle(-\theta)\,[\Omega],\ I'=\frac{V}{2}\angle(+\theta)\,[\mathrm{A}]$$

③ LC 직렬회로

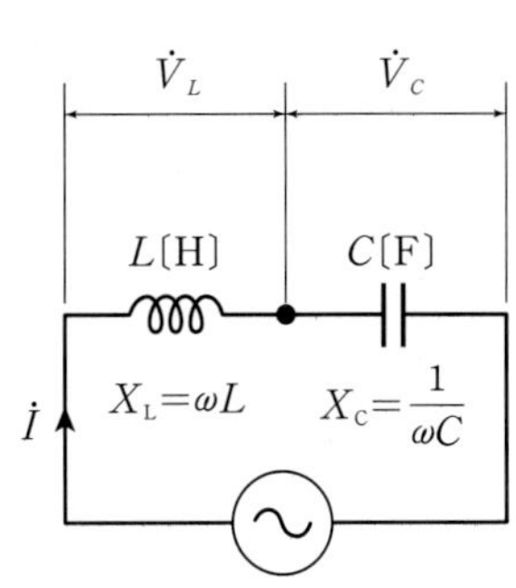

▲ LC 직렬회로와 벡터도

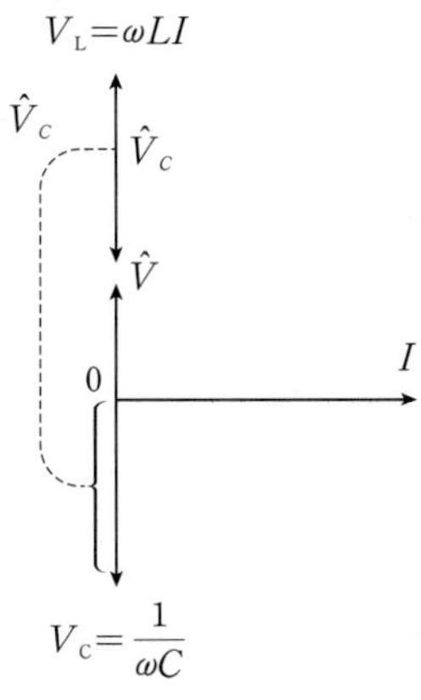

▲ LC 벡터도($V_L > V_C$)

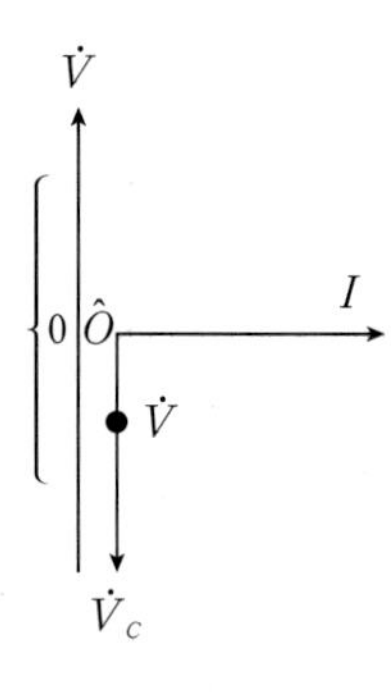

▲ LC 벡터도($V_L < V_C$)

- 회로 구성
  - 인덕턴스 L[H]와 정전용량 C[F]를 직렬로 연결한 회로이다.
  - 교류전압 v[V], 주파수 f[Hz]를 공급하면 전류 i[A]가 흐른다.
- 각 부하에 걸리는 전압
  - 인덕턴스 L에 걸리는 전압

$$V_L' = X_L I = j\omega L I = j2\pi f L I\,[\mathrm{V}]$$

  - 콘덴서 C에 걸리는 전압

$$V_C' = X_C I = \frac{1}{j\omega C} I = \frac{1}{j2\pi f C} I\,[\mathrm{V}]$$

- 전압의 벡터합 및 임피던스
  - 전체 전압

$$V' = V_L' + V_C' = j\omega L I + \frac{1}{j\omega C} I = j\left(\omega L - \frac{1}{\omega C}\right) I\,[\mathrm{V}]$$

  - 임피던스

$$Z' = \frac{V'}{I'} = \frac{j\left(\omega L - \dfrac{1}{\omega C}\right) I}{I} = j\left(\omega L - \frac{1}{\omega C}\right)[\Omega]$$

$$Z\text{의 크기 } Z = |Z'| = \left(\omega L - \frac{1}{\omega C}\right)[\Omega]$$

- 위상관계

  - $\omega L > \dfrac{1}{\omega C}$: 유도 리액턴스로 작용 → 전류가 전압보다 위상이 뒤처진다.

  - $\omega L < \dfrac{1}{\omega C}$: 용량 리액턴스로 작용 → 전류가 전압보다 위상이 앞선다.

④ RLC 직렬회로

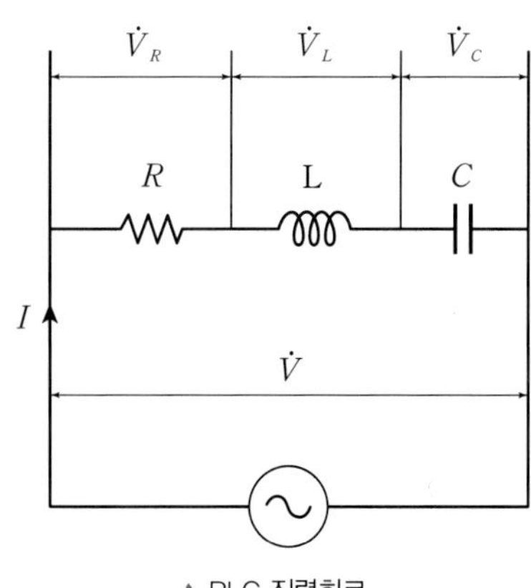

▲ RLC 직렬회로

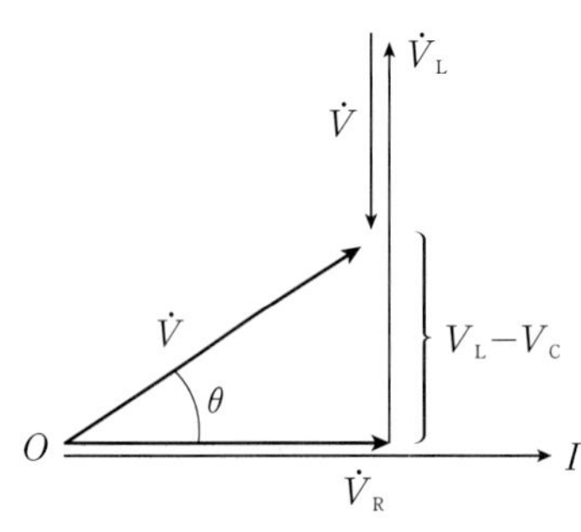

▲ 전압 벡터도($X_L > X_C$인 경우)

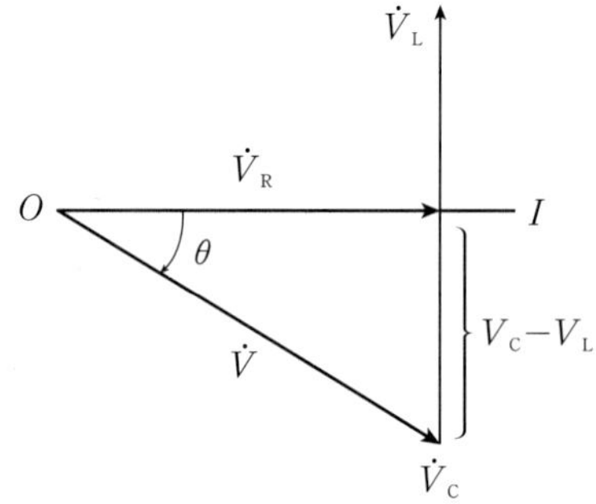

▲ 전압 벡터도($X_L < X_C$인 경우)

- 회로 구성
  - 저항 $R[\Omega]$, 인덕턴스 $L[\mathrm{H}]$, 정전용량 $C[\mathrm{F}]$를 직렬로 연결한 회로이다.
  - 교류전압 $v[\mathrm{V}]$, 주파수 $f[\mathrm{Hz}]$를 공급하면 전류 $i[\mathrm{A}]$가 흐른다.
- 각 부하에 걸리는 전압
  - 저항 R에 걸리는 전압

$$V_R{'} = RI\,[\mathrm{V}]$$

  - 인덕턴스 L에 걸리는 전압

$$V_L{'} = X_L I = j\omega L I = j2\pi f L I\,[\mathrm{V}]$$

  - 콘덴서 C에 걸리는 전압

$$V_C{'} = X_C I = \frac{1}{j\omega C}\,I = \frac{1}{j2\pi f C}\,I\,[\mathrm{V}]$$

- 전압의 벡터합 및 임피던스 : 위상각은 $(\omega L - \dfrac{1}{\omega C})$가 양$(+)$의 값이면 양$(+)$으로, 음$(-)$의 값이면 음$(-)$이 된다.

전체 전압 $V' = V_R' + V_L' + V_C' = RI + j\omega LI + \dfrac{1}{j\omega C}I = \{R + j(\omega L - \dfrac{1}{\omega C})\}I\,[\text{V}]$

임피던스 $Z' = \dfrac{V'}{I'} = \dfrac{\{R + j(\omega L - \dfrac{1}{\omega C})\}I}{I} = R + j(\omega L - \dfrac{1}{\omega C})\,[\Omega]$

Z의 크기 $|Z'| = \sqrt{R^2 + (\omega L - \dfrac{1}{\omega C})^2}$

위상각 $\theta = \tan^{-1}\dfrac{(\omega L - \dfrac{1}{\omega C})}{R}\,[\text{rad}]$

- 위상관계

  - $\omega L > \dfrac{1}{\omega C}$: 유도성 회로 → 전류가 전압보다 위상이 뒤진다.

  - $\omega L < \dfrac{1}{\omega C}$: 용량성 회로 → 전류가 전압보다 위상이 앞선다.

  - $\omega L = \dfrac{1}{\omega C}$: 공진 상태 → 위상차가 없다.

2) RLC 병렬회로

① RL 병렬회로

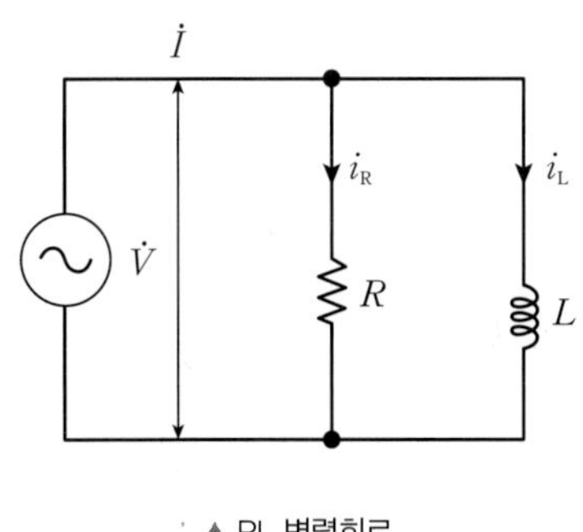

▲ RL 병렬회로

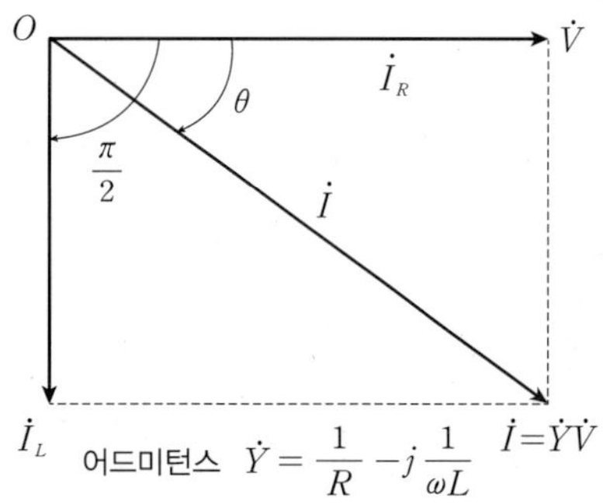

어드미턴스 $\dot{Y} = \dfrac{1}{R} - j\dfrac{1}{\omega L}$

▲ RL 벡터도

- 회로 구성
  - 저항 R[Ω]과 인덕턴스 L[H]를 병렬로 연결한 회로이다.
  - 교류 전압 V[V], 주파수 f[Hz]를 공급한다.
- 회로별 전류

  - 저항 R에 흐르는 전류 : $I_R' = \dfrac{V}{R}\,[\text{A}]$

  - 인덕턴스 L에 흐르는 전류 : $I_L' = \dfrac{V}{X_L} = \dfrac{V}{j\omega L}\,[\text{A}]$

- 전체 전류

$$I'=I_R'+I_L'=\frac{V}{R}+\frac{V}{j\omega L}=V(\frac{1}{R}+\frac{1}{j\omega L})[A]$$

$$\text{전류의 크기 } I=\sqrt{(I_R)^2+(I_L)^2}=\sqrt{(\frac{V}{R})^2+(\frac{V}{\omega L})^2}=V\sqrt{(\frac{1}{R})^2+(\frac{1}{\omega L})^2}[A]$$

- 임피던스의 크기와 위상각 : 전류는 전압보다 위상이 θ만큼 뒤처진다.

$$\text{임피던스의 크기 } Z=\frac{V}{I}=\frac{1}{\sqrt{(\frac{1}{R})^2+(\frac{1}{\omega L})^2}}[\Omega]$$

$$\text{위상각 } \theta=\tan^{-1}\frac{I_L}{I_R}=\tan^{-1}\frac{\dfrac{V}{j\omega L}}{\dfrac{V}{R}}=\tan^{-1}\frac{R}{\omega L}[\text{rad}]$$

② RC 병렬회로

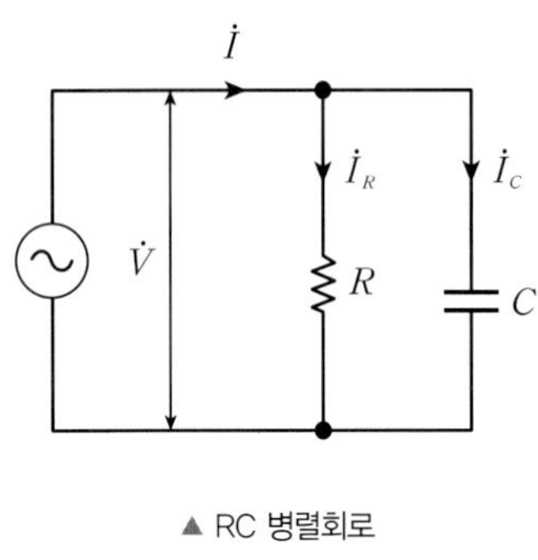

▲ RC 병렬회로

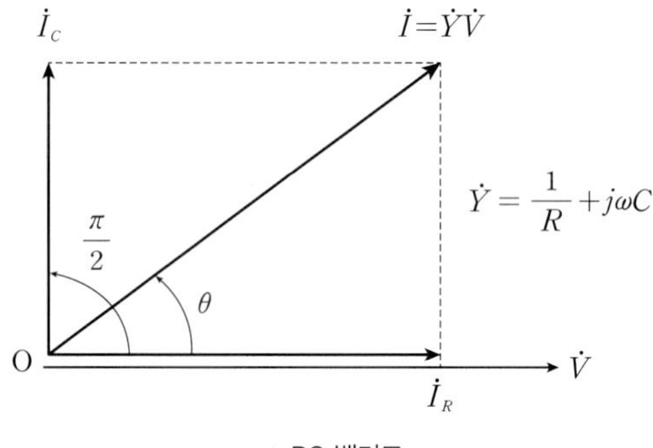

▲ RC 벡터도

- 회로 구성
  - 저항 $R[\Omega]$과 정전용량 $C[\text{F}]$를 병렬로 연결한 회로이다.
  - 교류 전압 $V[\text{V}]$, 주파수 $f[\text{Hz}]$를 공급한다.
- 회로별 전류
  - 저항 R에 흐르는 전류 : $I_R'=\frac{V}{R}[A]$
  - 정전용량 C에 흐르는 전류 : $I_C'=\frac{V}{X_C}=j\omega CV[A]$
- 전체 전류

$$I'=I_R'+I_C'=\frac{V}{R}+j\omega CV=V(\frac{1}{R}+j\omega C)[A]$$

$$\text{전류의 크기 } I=\sqrt{(I_R)^2+(I_C)^2}=\sqrt{(\frac{V}{R})^2+(\omega CV)^2}=V\sqrt{(\frac{V}{R})^2+(\omega CV)^2}[A]$$

- 임피던스와 위상각 : 전류는 전압보다 위상이 θ만큼 앞선다.

$$\text{임피던스의 크기 } Z=\frac{V}{I}=\frac{1}{\sqrt{(\frac{1}{R})^2+(\omega C)^2}}[\Omega]$$

$$\text{위상각 } \theta=\tan^{-1}\frac{I_C}{I_R}=\tan^{-1}\frac{j\omega CV}{\frac{V}{R}}=-\tan^{-1}\omega CR[\text{rad}]$$

③ LC 병렬회로

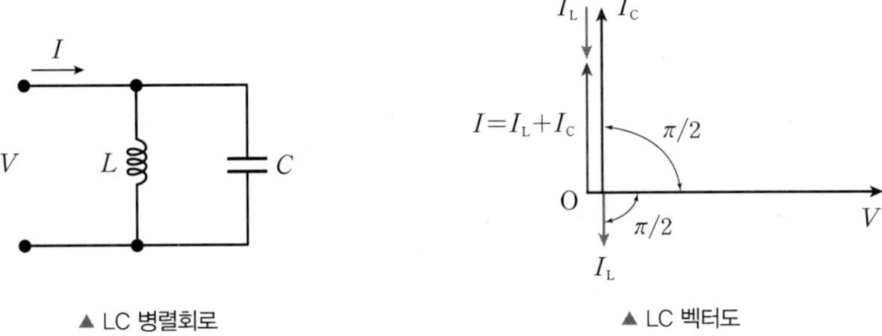

▲ LC 병렬회로　　　　　　　　　▲ LC 벡터도

- 회로 구성
  - 인덕턴스 L[H]과 정전용량 C[F]를 병렬로 연결한 회로이다.
  - 교류 전압 V[V], 주파수 f[Hz]를 공급한다.
- 회로별 전류

  - 인덕턴스 L에 흐르는 전류 : $I_L'=\dfrac{V}{X_L}=\dfrac{V}{j\omega L}[\text{A}]$

  - 정전용량 C에 흐르는 전류 : $I_C'=\dfrac{V}{X_C}=j\omega CV[\text{A}]$

- 전체 전류와 임피던스

$$I'=I_L'+I_C'=\frac{V}{j\omega L}+j\omega CV=j(\omega C-\frac{1}{\omega L})V[\text{A}]$$

$$Z'=\frac{V'}{I'}=\frac{V}{j(\omega C-\frac{1}{\omega L})V}=\frac{1}{j(\omega C-\frac{1}{\omega L})}[\Omega]$$

$$\text{임피던스의 크기 } Z=|Z'|=\frac{1}{(\omega C-\frac{1}{\omega L})}[\Omega]$$

- 위상 해석

  - $\omega C>\dfrac{1}{\omega L}$인 경우, 전류는 전압보다 위상이 θ만큼 앞선다.

  - $\omega C<\dfrac{1}{\omega L}$인 경우, 전류는 전압보다 위상이 θ만큼 뒤진다.

④ RLC 병렬회로

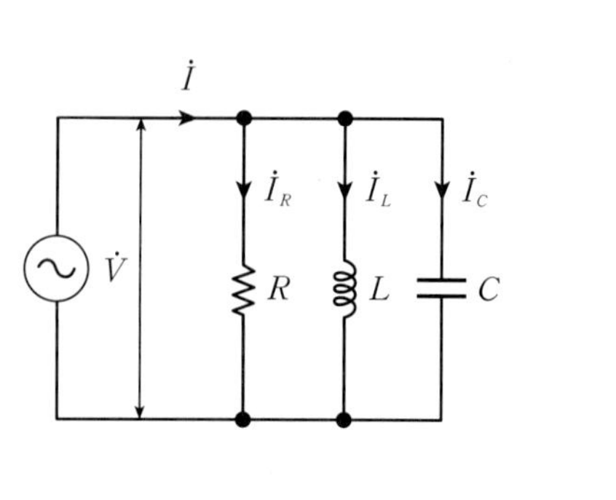

▲ RLC 병렬회로

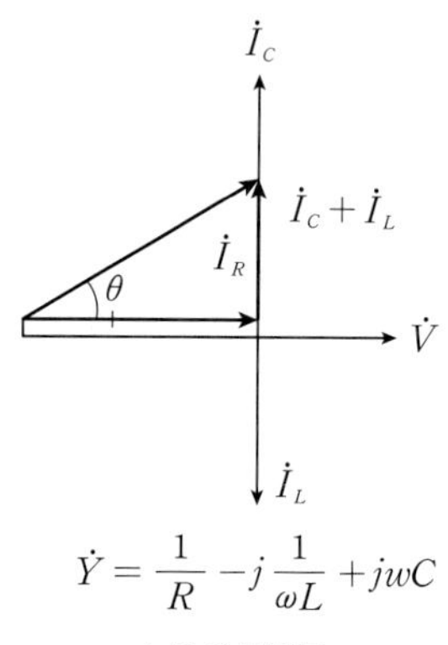

$$\dot{Y} = \frac{1}{R} - j\frac{1}{\omega L} + jwC$$

▲ RLC 벡터도

- 회로 구성
  - 저항 R[Ω], 인덕턴스 L[H], 정전용량 C[F]를 병렬로 연결한 회로이다.
  - 교류 전압 V[V], 주파수 f[Hz]를 공급한다.
- 회로별 전류

  - 저항에 흐르는 전류 : $I_R' = \dfrac{V}{R}$[A]

  - 인덕턴스에 흐르는 전류 : $I_L' = \dfrac{V}{X_L} = \dfrac{V}{j\omega L}$[A]

  - 정전용량에 흐르는 전류 : $I_C' = \dfrac{V}{X_C} = j\omega CV$[A]

- 전체 전류와 임피던스

$$I' = I_R' + I_L' + I_C' = \frac{V}{R} + \frac{V}{j\omega L} + j\omega CV = \left\{\frac{1}{R} + j\left(\omega C - \frac{1}{\omega L}\right)\right\} V \, [A]$$

$$Z' = \frac{V'}{I'} = \frac{V}{\left\{\frac{1}{R} + j\left(\omega C - \frac{1}{\omega L}\right)\right\} V} = \frac{V}{\left\{\frac{1}{R} + j\left(\omega C - \frac{1}{\omega L}\right)\right\}} \, [\Omega]$$

$\omega C > \dfrac{1}{\omega L}$인 경우,

임피던스의 크기 $Z = |Z'| = \dfrac{1}{\sqrt{\left(\frac{1}{R}\right)^2 + \left(\omega C - \frac{1}{\omega L}\right)^2}}$ $[\Omega]$

위상각 $\theta = -\tan^{-1} \dfrac{\left(\omega C - \frac{1}{\omega L}\right)}{\frac{1}{R}} = -\tan^{-1} R \cdot \left(\omega C - \frac{1}{\omega L}\right)$ [rad]

- 위상 해석

  - $\omega C > \dfrac{1}{\omega L}$인 경우, 전류는 전압보다 위상이 θ만큼 앞선다.

  - $\omega C < \dfrac{1}{\omega L}$인 경우, 전류는 전압보다 위상이 θ만큼 뒤진다.

3) 어드미턴스와 병렬회로

① 임피던스와 어드미턴스

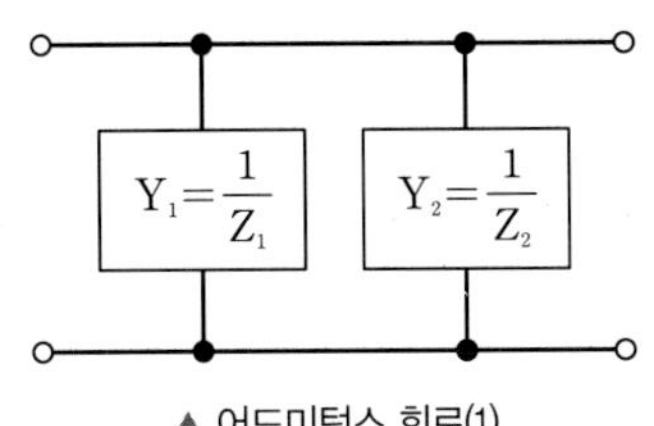

▲ 어드미턴스 회로(1)

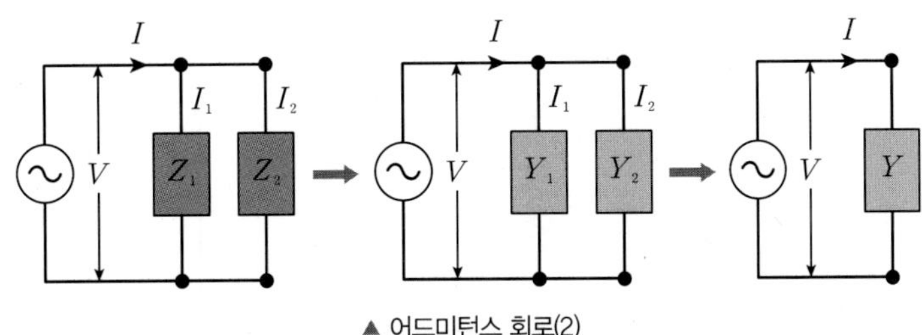

▲ 어드미턴스 회로(2)

- 병렬회로의 전류 표현
  - 임피던스 Z_1', Z_2'의 병렬회로에 전압 $V'[\text{V}]$를 공급할 때의 전체 전류 $I'[\text{A}]$

$$I'=I_1'+I_2'=\frac{V'}{Z_1'}+\frac{V'}{Z_2'}=\left(\frac{1}{Z_1'}+\frac{1}{Z_2'}\right)V'[\text{A}]$$

  - 이 회로의 합성 임피던스 $Z[\Omega]$

$$Z'=\frac{V'}{I'}=\frac{V}{\left(\dfrac{1}{Z_1'}+\dfrac{1}{Z_2'}\right)V}=\frac{1}{\left(\dfrac{1}{Z_1'}+\dfrac{1}{Z_2'}\right)}[\Omega]$$

- 어드미턴스의 정의와 표현 방식

  - 병렬회로 해석 시 임피던스 $Z[\Omega]$ 대신 그 역수인 어드미턴스 $Y'=\dfrac{1}{Z'}[\mho]$를 사용하면 해석이 간편하다.
  - 어드미턴스는 임피던스의 역수이며, 병렬접속 회로에서 유리하게 사용된다.
- 임피던스와 어드미턴스의 복소 표현
  - 임피던스 : $Z'(\text{Impedance})=R(\text{Resistance})+jX(\text{Reactance})[\Omega]$
  - 어드미턴스 : $Y'(\text{Admitance})=G(\text{Conductance})+jB(\text{Susceptance})[\mho]$

- 어드미턴스의 크기와 위상각

$$Y'=|Y'|=\sqrt{G^2+B^2}\,[\mho\,],\ \theta=\tan^{-1}\frac{B}{G}[^\circ]$$

- 어드미턴스와 임피던스의 관계

$$Y_1'=\frac{1}{Z_1},\ Y_2'=\frac{1}{Z_2}$$

- 병렬회로 전체의 전류는 각 요소의 전류를 합한 값으로 나타낸다.

$$I'=I_1'+I_2'=Y_1'V+Y_2'V=(Y_1'+Y_2')V'[\text{A}]$$

- 전체 어드미턴스는 각 소자의 어드미턴스를 합한 값이다.

$$Y'=\frac{I'}{V'}=\frac{(\dot{Y}_1+\dot{Y}_2)\dot{V}}{\dot{V}}=Y_1'+Y_2'[\mho\,]$$

② RLC 병렬회로의 어드미턴스

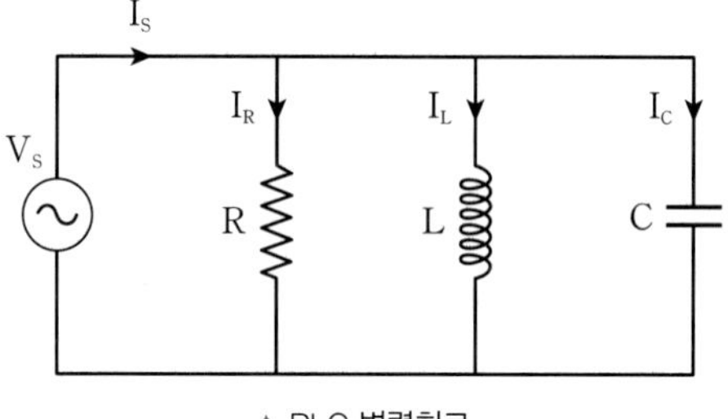

▲ RLC 병렬회로

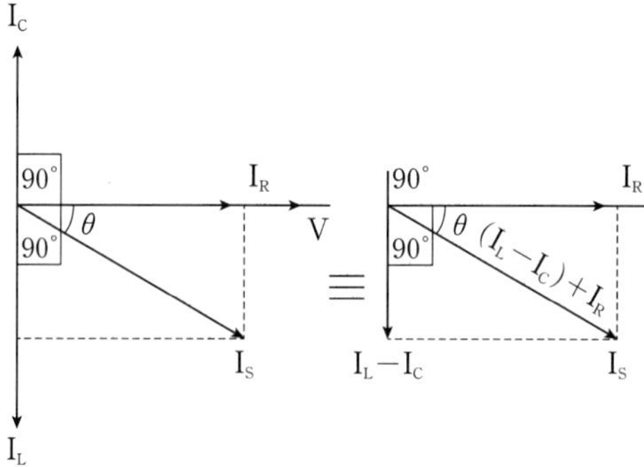

▲ RLC 벡터도

- 저항 R[Ω], 인덕턴스 L[H], 정전용량 C[F]의 병렬회로에서 각속도 ω[rad/s]인 V'[V]의 교류전압을 공급할 때의 전체 전류 I'[A]

$$I'=I_R'+I_L'+I_C'=\frac{V}{R}+\frac{V}{j\omega L}+j\omega CV=\{\frac{1}{R}+j(\omega C-\frac{1}{\omega L})\}V[\text{A}]$$

$$Y'=\frac{I'}{V'}=\frac{1}{R}+j(\omega C-\frac{1}{\omega L})[\mho\,]$$

❸ 공진회로

1) 직렬 공진회로

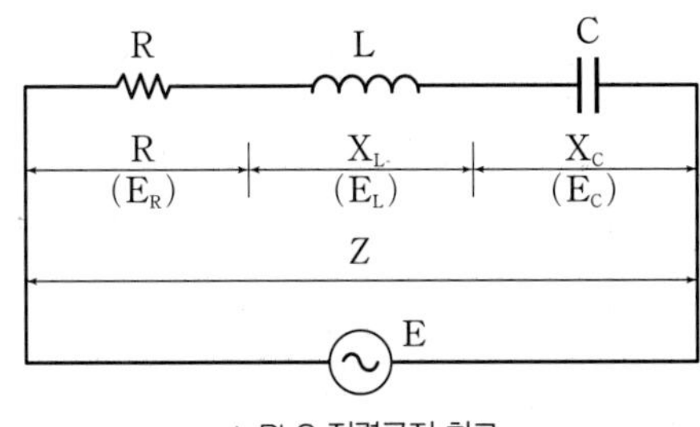

▲ RLC 직렬공진 회로

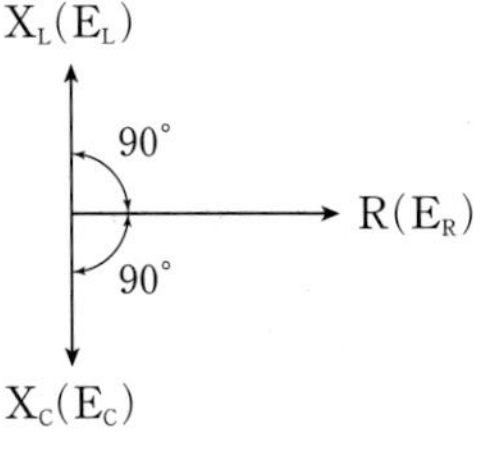

▲ RLC 벡터도

① RLC 직렬회로의 구성과 임피던스

- 기본 구성과 전압 관계 : 저항 R[Ω], 인덕턴스 L[H], 정전용량 C[F]으로 구성된 직렬회로에 주파수 f[Hz]의 교류전압 $\dot{V}$[V]를 공급할 때, 전류 $\dot{I}$[A]가 흐른다.
- 합성 임피던스 $Z'[\Omega]$

$$Z'=R+jX_L-jX_C=R+j(\omega L-\frac{1}{\omega C})[\Omega]$$

- 임피던스의 크기

$$|Z'|=\sqrt{R^2+(\omega L-\frac{1}{\omega C})^2}$$

② 직렬공진 조건과 주파수

- 공진 조건

  유도성 리액턴스 X_L과 용량성 리액턴스 X_C가 동일할 때 직렬공진이 발생한다. 이때 리액턴스는 0이 된다.

$$X=X_L-X_C=\omega_0 L-\frac{1}{\omega_0 C}=0$$

- 공진 각속도 ω_0[rad/s] 및 공진 주파수 f_0[Hz]

$$\omega_0^2 LC=1, \ \omega_0=\frac{1}{\sqrt{LC}}[\text{rad/s}]$$

$$f_0=\frac{1}{2\pi\sqrt{LC}}[\text{Hz}]$$

③ 직렬공진의 특성

- 전류와 임피던스의 관계 : 공진 시 리액턴스가 0이 되어 합성 임피던스가 최소가 되고, 회로의 전류는 최대가 된다.
- 전압공진 현상 : 직렬공진 상태에서 L이나 C 단자에 걸리는 전압이 전원 전압보다 더 커질 수 있는 현상

2) 병렬 공진회로

① RLC 병렬공진 회로

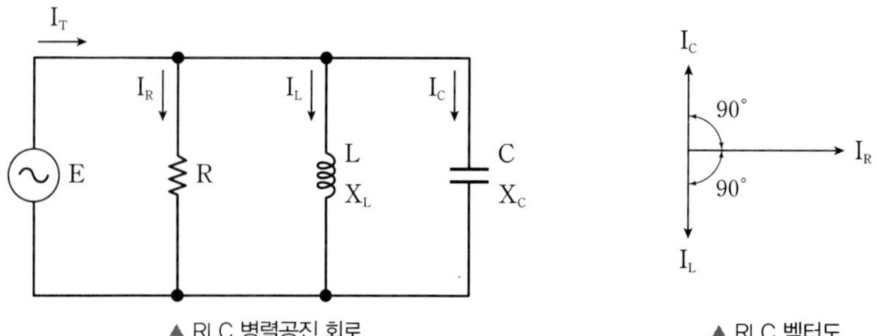

▲ RLC 병렬공진 회로　　　　　　　　　▲ RLC 벡터도

- 회로 구성과 전류 표현
  - 저항 R[Ω], 인덕턴스 L[H], 정전용량 C[F]로 구성된 병렬회로에 전압 $V'[V]$를 공급할 때, 각각의 소자에 전류가 흐른다.
  - 각 소자에 흐르는 전류가 $I_R'[A]$, $I_L'[A]$, $I_C'[A]$일 때 전체 어드미턴스 $\dot{Y}[℧]$

$$Y' = \frac{1}{R} + \frac{1}{jX_L} + \frac{1}{-jX_C} = \frac{1}{R} - j\frac{1}{X_L} + j\frac{1}{(\frac{1}{\omega C})} = \frac{1}{R} + j(\omega C - \frac{1}{\omega L})[℧]$$

  - 어드미턴스의 크기

$$|Y'| = \sqrt{(\frac{1}{R})^2 + (\omega C - \frac{1}{\omega L})^2}[℧]$$

② 병렬공진 조건과 주파수

- 공진 조건
  - 리액턴스 X_C, X_L이 동일할 때 병렬공진이 발생한다.
  - 공진 조건은 $\omega_0 C - \frac{1}{\omega_0 L} = 0$이며, 이때 $\omega_0^2 LC = 1$이다.
- 공진 각속도 $\omega_0[\text{rad/s}]$ 및 공진 주파수 $f_0[\text{Hz}]$

$$\omega_0 = \frac{1}{\sqrt{LC}}[\text{rad/s}]$$
$$f_0 = \frac{1}{2\pi\sqrt{LC}}[\text{Hz}]$$

③ 병렬공진의 특성

- 임피던스와 전류의 관계 : 공진 시 어드미턴스는 최소가 되지만, 임피던스가 최대가 되어 회로의 전류는 최소가 된다.
- 전류공진 현상 : 공진 상태에서 L이나 C에 흐르는 전류가 전체 전류보다 더 커질 수 있는 현상

④ 실제 회로의 병렬공진

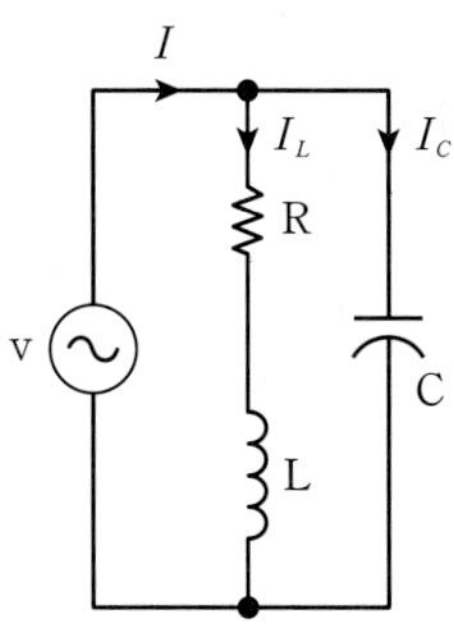

▲ 코일과 콘덴서의 병렬회로

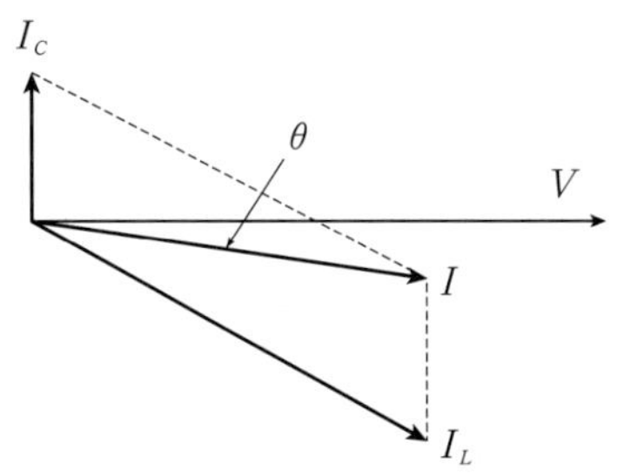

▲ 코일과 콘덴서의 병렬회로 벡터 그림

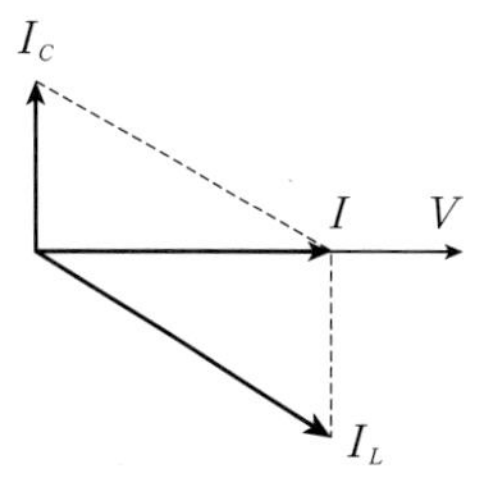

▲ 코일과 콘덴서의 병렬회로 공진 시의 벡터 그림

- 실제 코일은 내부에 저항을 포함하므로, 인덕턴스 L[H]과 저항 R[Ω]이 직렬로 연결되고, 이 직렬회로와 콘덴서 C[F]가 병렬로 연결된다.
- 인덕터에 흐르는 전류 $I_L{'}$[A], 커패시터에 흐르는 전류 $I_C{'}$[A], 전체 전류 $I{'}$[A]

$$I_L{'}=\frac{V'}{(R+j\omega L)}=\frac{(R-j\omega L)\dot{V}}{(R+j\omega L)(R-j\omega L)}=\{\frac{R}{R^2+(\omega L)^2}-j\frac{\omega L}{R^2+(\omega L)^2}\}V'[\text{A}]$$

$$I_C{'}=j\omega CV'[\text{A}]$$

$$I'=I_L{'}+I_C{'}=\{\frac{R}{R^2+(\omega L)^2}+j(\omega C-\frac{\omega L}{R^2+(\omega L)^2})\}V'[\text{A}]$$

- 반공진 조건
  - 리액턴스 성분 $X=0$이 되면 $X=\omega_0 C-\dfrac{\omega_0 L}{R^2+(\omega_0 L)^2}=0$이 되어 전체 전류는 최소가 된다.
  - 이때 전류와 전압이 동상이 되며, 이러한 현상을 반공진 또는 병렬공진이라 한다.
- 반공진 상태의 공진 각속도와 주파수

$$\omega_0=\sqrt{\frac{1}{LC}-\frac{R^2}{L^2}}\,[\text{rad/s}],\ f_0=2\pi\sqrt{\frac{1}{LC}-\frac{R^2}{L^2}}\fallingdotseq 2\pi\sqrt{\frac{1}{LC}}\,[\text{Hz}]$$

⑤ 실제 회로에서는 코일의 저항 R이 매우 작기 때문에 이론상의 RLC 병렬공진 주파수와 거의 동일하게 해석할 수 있다. 따라서 반공진 조건에서도 이론적 계산이 유효하다.

공진

공진은 유도 리액턴스와 용량 리액턴스가 서로 같아져 위상차가 0이 되는 순간이다. 즉, 공진은 리액턴스가 상쇄되는 순간이다.
- 직렬 공진 : 리액턴스 사라짐 → 임피던스 최소 → 전류 최대
- 병렬 공진 : 서셉턴스 사라짐 → 어드미턴스 최소 → 전류 최소

04 교류전력

1) 교류회로의 전력

① 저항(R) 부하의 전력
- 전압과 전류의 관계

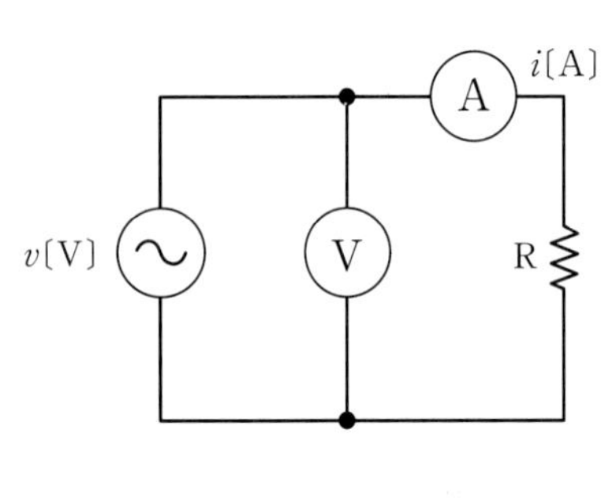

▲ 회로도

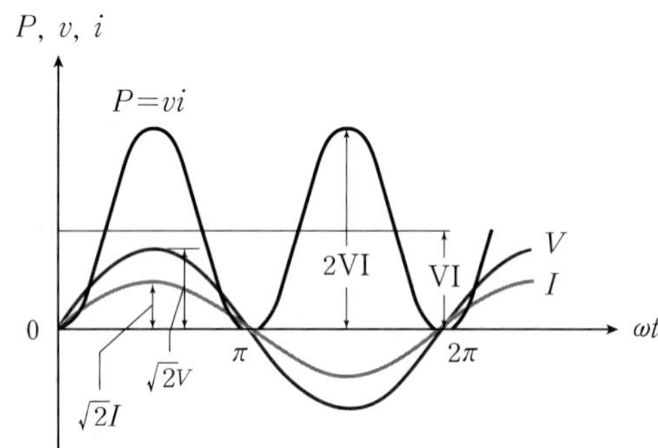

▲ 전압, 전류, 전력의 파형

- 회로 조건

  저항 R[Ω]만 있는 회로에 정현파 교류전압 $v=\sqrt{2}\,V\sin\omega t\,[\mathrm{V}]$를 공급하면 전류 i는 전압과 동상이 된다.

$$i=\frac{v}{R}=\frac{\sqrt{2}\,V}{R}\sin\omega t=\sqrt{2}\,I\sin\omega t\,[\mathrm{A}]$$

- 순시전력의 계산
  - 전력식

$$p=v\cdot i=(\sqrt{2}\,V\sin\omega t)\cdot(\sqrt{2}\,I\sin\omega t)=\sqrt{2}\,VI\sin^2\omega t\,[\mathrm{VA}]$$

  - 삼각함수 공식 적용 : 배각공식($\sin^2\omega t=\dfrac{1-\cos2\omega t}{2}$)을 적용하여 순시전력을 나타낼 수 있다.

$$p=2VI\sin^2\omega t=VI(1-\cos2\omega t)=VI-VI\cos2\omega t\,[\mathrm{VA}]$$

• 저항(R) 부하의 전력

$$P=VI\,[\mathrm{W}]$$

    – $VI\cos(2\omega t)$는 1주기 평균값이 0이 된다.
    – 저항 부하의 교류전력은 전압과 전류의 실효값을 곱한 값과 같은 값이 된다.

② 인덕턴스(L) 부하의 전력

• 전류와 전압의 위상 관계

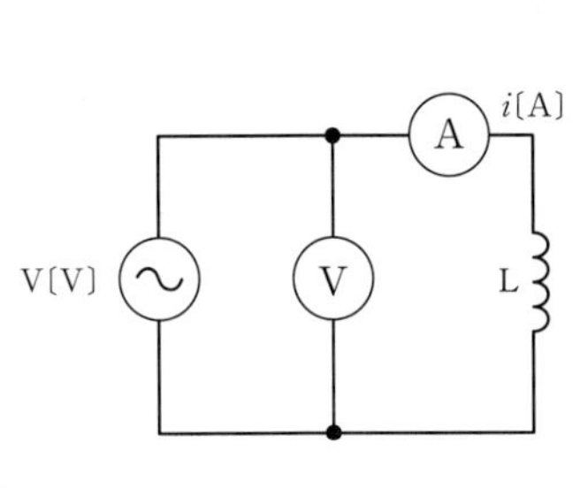

▲ 회로도

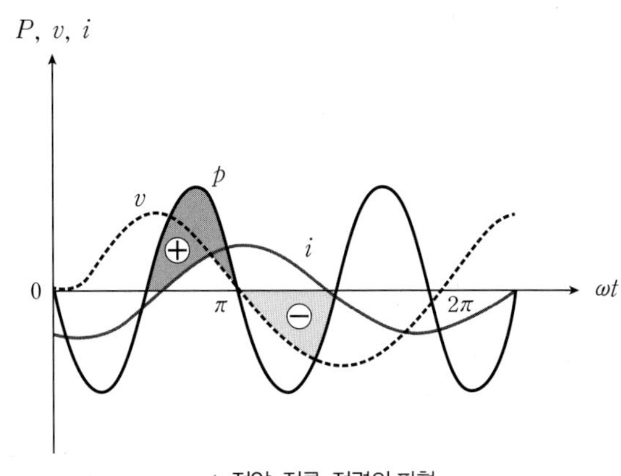

▲ 전압, 전류, 전력의 파형

• 회로 조건
    – 인덕턴스 $L[\mathrm{H}]$만 있는 회로에 교류전압을 공급하면 전류는 전압보다 90[°] 뒤진다.
    – 전류 i

$$i=\sqrt{2}\,\sin\omega t\,[\mathrm{A}]$$
$$v=-(e)=-\left(-L\frac{di}{dt}\right)=-L\frac{d(\sqrt{2}\,I\sin\omega t)}{dt}=\sqrt{2}\,\omega LI\cos\omega t=\sqrt{2}\,V\cos(\omega t)\,[\mathrm{V}]$$

• 순시전력의 계산
    – 전력식

$$p=v\cdot i=(\sqrt{2}\,V\cos\omega t)\cdot(\sqrt{2}\,I\sin\omega t)=2VI\cos\omega t\cdot\sin\omega t\,[\mathrm{VA}]$$

• 인덕턴스 부하의 교류전력

    – 삼각함수 공식 적용 : 배각공식($\sin\omega t\cdot\cos 2\omega t=\dfrac{\sin 2\omega t}{2}$)을 적용하여 나타낼 수 있다.
    – $VI\sin(2\omega t)$는 1주기 평균값이 0이 된다.

$$p=2VI\cos\omega t\cdot\sin\omega t=VI\sin 2\omega t=0\,[\mathrm{VA}]$$

    – 인덕턴스 회로는 에너지를 충·방전만 반복하며 전력을 소모하지 않는다.

③ 정전용량(C) 부하의 전력
• 전류와 전압의 위상 관계

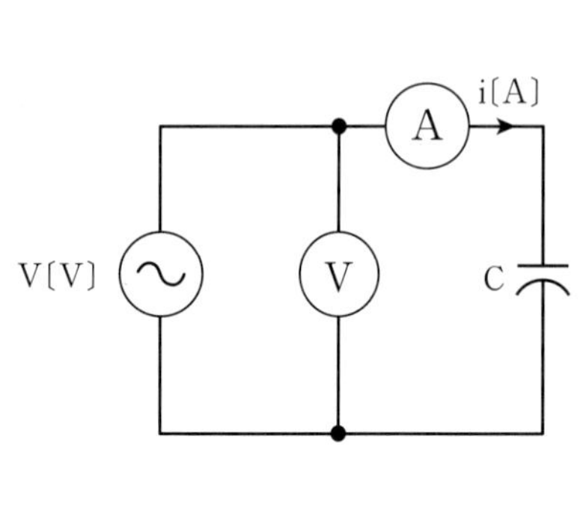

▲ 회로도

▲ 전압, 전류, 전력의 파형

• 회로 조건
  - 정전용량 C[F]만 있는 회로에 정현파 전압을 공급하면 전류는 전압보다 90[°] 앞선다.
  - 전압 v : $v=\sqrt{2}\,V\sin\omega t\,[\mathrm{V}]$
  - 전류 i

$$i=\frac{dq}{dt}=\frac{d(\sqrt{2}\,CV\sin\omega t)}{dt}=\sqrt{2}\,\omega CV\cos\omega t=\sqrt{2}\,I\cos\omega t=\sqrt{2}\,I\sin\left(\omega t+\frac{\pi}{2}\right)[\mathrm{A}]$$

• 순시전력의 계산
  - 전력식

$$p=v\cdot i=(\sqrt{2}\,V\sin\omega t)\cdot(\sqrt{2}\,I\cos\omega t)=2VI\sin\omega t\cdot\cos\omega t\,[\mathrm{VA}]$$

• 정전용량(C) 부하의 전력

  - 삼각함수 공식 적용 : 배각공식을 적용하면 $\sin\omega t\cdot\cos\omega t=\dfrac{\sin2\omega t}{2}$이다.
  - $VI\sin(2\omega t)$는 1주기 평균값이 0이다.

$$p=2VI\sin\omega t\cdot\cos\omega t=VI\sin2\omega t=0$$

  - 정전용량 회로는 에너지를 충·방전만 반복하며 전력을 소모하지 않는다.
• 인덕턴스와의 비교(위상 특성) : 정전용량 회로와 인덕턴스 회로 모두 평균전력은 0이지만 충·방전 시의 위상은 180[°] 차이가 난다.

④ RL 직렬회로의 전력

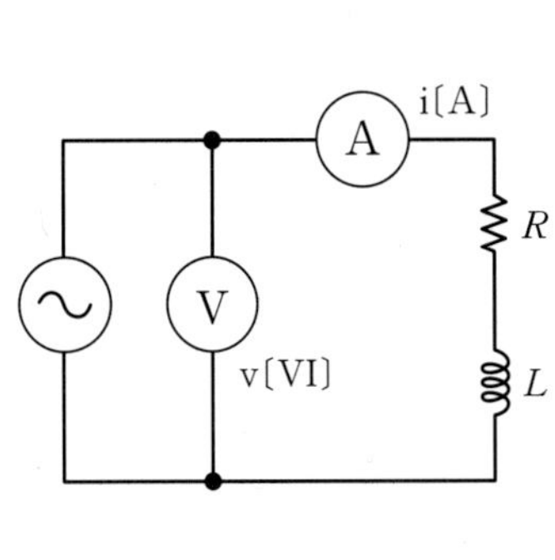

▲ RL 직렬회로

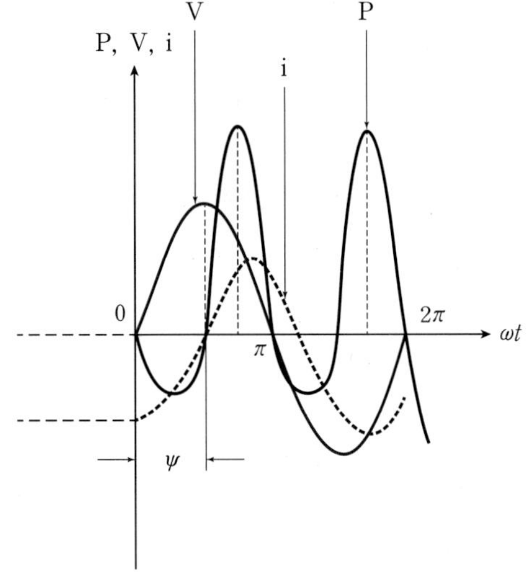

▲ RL 직렬회로 전압, 전류, 전력의 파형

- RL 직렬회로의 임피던스와 위상각

$$Z'=\frac{V'}{I'}=\frac{(R+j\omega L)I}{I}=R+j\omega L[\Omega]$$

$$Z=|Z'|=\sqrt{R^2+(\omega L)^2},\ \theta=\tan^{-1}\frac{\omega L}{R}[\text{rad}]$$

- $I=\dfrac{V}{Z}$일 때 회로에 흐르는 전류 i[A]

$$i=\frac{v}{Z'}=\frac{\sqrt{2}\,V\sin\omega t}{Z\angle\theta}=\sqrt{2}\,\frac{V}{Z}\sin(\omega t-\theta)=\sqrt{2}\,I\sin(\omega t-\theta)[\,\text{A}\,]$$

- 순시전력의 계산
  - 전력식

$$p=v\cdot i=(\sqrt{2}\,V\sin\omega t)\cdot(\sqrt{2}\,I\sin(\omega t-\theta))=2VI\sin\omega t\cdot\sin(\omega t-\theta)[\,\text{VA}\,]$$

  - 삼각함수 공식 적용 : 배각공식을 적용하면 $2\sin\omega t\cdot\cos(\omega t-\theta)=\cos\theta-\cos(2\omega t-\theta)$이다.

$$p=2VI\sin\omega t\cdot\sin\theta(\omega t-\theta)=VI\cos\theta-VI\cos(2\omega t-\theta)[\,\text{VA}\,]$$

- 평균전력(전력 해석)
  - $VI\cos(2\omega t-\theta)$는 1주기 평균값이 0이 되므로 RL 직렬회로에서 교류의 평균전력 P[W]는 위 곡선의 (+), (−) 부분의 전력이 서로 상쇄되어 순시전력 p[VA]를 평균한 값으로 나타낼 수 있다.

$$P=VI\cos\theta[\,\text{W}\,]$$

  - 이는 RL 직렬회로의 유효전력을 의미하며, 문자로 표시할 때에는 대문자로 표시한다.

전력의 구분

- 유효전력(P)[W] : 실제로 소비되는 전력
- 무효전력(Pr)[Var] : 충 · 방전에만 쓰이는 전력
- 피상전력(Pa)[VA] : 공급되는 겉보기 전력

→ 세 전력의 관계는 직각삼각형 벡터 합으로 이해할 수 있다.

2) 역률과 유효전력, 무효전력, 피상전력

① 역률(pf, Power Factor)

- 유효전력
  - 순시전력 p[VA]의 평균값이다.
  - 이때 위상각 θ는 전압 v[V]와 전류 i[A] 사이의 위상차를 의미한다.
- 순수 저항 회로의 특징
  - 리액턴스 성분이 0인 경우, 회로에는 저항 R[Ω]만 존재하게 된다. 이 경우 전압과 전류는 동상이며, 위상차 $\theta=0$, 따라서 $\cos\theta=1$이다.
  - 전력은 $P=VI$[W]로서 직류회로의 전력과 동일하게 표시된다.
- 리액턴스 존재 시 특성
  - 회로에 리액턴스가 존재하면 전압과 전류 사이에 위상차 θ가 생긴다.
  - 유효하게 소비되는 전력은 $VI\cos\theta$로 감소한다.
- 역률의 정의
  - $\cos\theta$는 전원에서 공급한 전력 중 부하에서 실질적으로 소비되는 전력의 비율을 의미한다. 이때 θ는 역률각이라 한다.
  - 역률의 공식

$$\cos\theta=\frac{P}{VI}[p \cdot u] \ \text{또는} \ \cos\theta=\frac{P}{VI}\times100[\%]$$

  - 위상각 θ는 회로의 임피던스와 관련된 개념으로, 역률은 다음과 같이 표현할 수 있다.

$$\cos\theta=\frac{P}{P_a}=\frac{P}{VI}=\frac{R}{Z}[pu]$$

  - 역률($\cos\theta$)을 유효율이라고도 한다.

② 유효전력, 무효전력, 피상전력

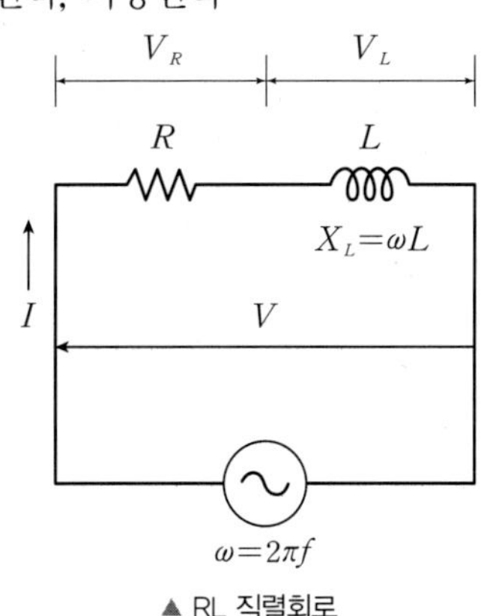

▲ RL 직렬회로

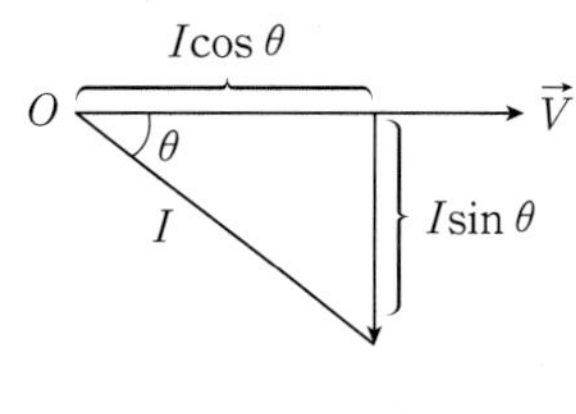

▲ RL 직렬회로 전압, 전류 벡터도

- 전압 및 전류의 표현
  - 저항 R[Ω]과 인덕턴스 L[H]의 직렬회로에서 전압과 전류 사이에는 위상차 θ[°]가 존재한다.
  - 전압과 전류의 표현식

$$v=V_m\sin\omega t=\sqrt{2}\,V\sin\omega t=V\angle 0[\text{V}]$$
$$i=I_m\sin(\omega t-\theta)=\sqrt{2}\,I\sin(\omega t-\theta)=I\angle(-\theta)[\text{A}]$$

- 전류의 분해
  - 전류 I는 전압과 동상인 성분 $I\cos\theta$와 위상차를 갖는 성분 $I\sin\theta$로 분해된다.
  - $I\cos\theta$: 유효전류, 전력 소비에 기여한다.
  - $I\sin\theta$: 무효전류, 전력 소비 없이 충 · 방전만 반복한다.
- 유효전력 : 실제로 부하에서 소비되는 전력으로 기호는 P, 단위는 [W]이다.

$$P=VI\cos\theta[\text{W}]$$

- 무효전력($\sin\theta$) : 기호는 P_r, 단위는 [Var]이다.

$$P_r=VI\sin\theta[\text{Var}]$$

- 피상전력
  - 피상전력 : 전압과 전류의 실효값만을 고려한 겉보기 전력
  - 기호는 P_a, 단위는 볼트암페어[VA]이다.
  - 피상전력은 유효전력과 무효전력의 합성 벡터로 표현된다.

$$P_a=VI=I^2Z=\frac{V^2}{Z}[\text{VA}]$$
$$P_a'=P+jP_r=VI\cos\theta+jVI\sin\theta[\text{VA}]$$

- 피상전력의 크기 및 역률 관계

$$P_a=\sqrt{P^2+P_r^2}\,[\text{VA}]$$
$$\theta=\tan^{-1}\frac{P_r}{P},\ \cos\theta=\frac{P}{P_a},\ \sin\theta=\frac{P_r}{P_a}$$

③ 역률 개선과 콘덴서 용량 산정

- 지상 역률 회로 개선
  - 역률이 낮을 경우 전력 손실, 전압 강하, 수변전 설비의 대형화 등 비효율이 발생한다. 이를 방지하기 위해 진상용 콘덴서를 설치하여 역률을 개선한다.
  - 가장 효율적인 방법은 부하 근처에 분산 설치하는 것이지만, 경제적 이유로 부하 밀집지역의 변전소에 집중적으로 설치하는 경우가 많다.
- 콘덴서 용량 Q

$$Q = P(\tan\theta_1 - \tan\theta_2) = P\left(\frac{\sin\theta_1}{\cos\theta_1} - \frac{\sin\theta_2}{\cos\theta_2}\right)[\mathrm{kVA}]$$

  - 부하의 출력 : $P[\mathrm{kW}]$
  - 최초 역률 : $\cos\theta_1$
  - 개선 목표 역률 : $\cos\theta_2$

F **기적**의 TIP

역률(Power Factor)

- 역률은 효율 그 자체이다. 역률이 낮을수록 무효전력이 많고 낭비가 심하다.
- 콘덴서를 병렬로 추가하여, 역률을 개선할 수 있다.
- 목표 역률을 정하고 개선량(Q)을 계산해 적절한 콘덴서 용량을 구하는 것이 중요하다.

---

01 어떤 정현파 교류전압의 실효값이 110[V]이면 평균값은 약 몇 [V]인가?

① 79
② 99
③ 122
④ 173

평균값 $V_a = \dfrac{2V_m}{\pi} = 0.637V_m$, 실효값 $V_s = \dfrac{V_m}{\sqrt{2}} = 0.707V_m$이다. 따라서,

$\dfrac{V_s}{V_a} = 1.11$, $V_a = \dfrac{V_s}{1.11} = \dfrac{110}{1.11} = 99.1$[V]이다.

02 $v = 100\sqrt{2}\sin(\omega t + 60)\,[V]$를 복소수로 표시한 것으로 옳은 것은?

① $50 + j86.6$
② $50 - j86.6$
③ $80 + j86.6$
④ $80 - j86.6$

$v = 100\sqrt{2}\sin(\omega t + 60)$

$= 100 \angle \dfrac{\pi}{3}$(극좌표법)

$= 100(\cos\dfrac{\pi}{3} + j\sin\dfrac{\pi}{3})$(삼각함수법)

$= 50 + j50\sqrt{3}$(직교좌표법)

03 어떤 회로에 일정한 크기의 전압으로 주파수를 2배 증가시켰더니 이 소자에 흐르는 전류의 크기가 2배로 증가하였다. 이 회로는 무엇인가?

① 유도성 회로
② 정류 회로
③ 저항 회로
④ 용량성 회로

유도성 회로(코일)의 리액턴스는 $X_L = j2\pi fL[\Omega]$이고, 용량성 회로(콘덴서)의 리액턴스는 $X_C = \dfrac{1}{j2\pi fC}[\Omega]$이다. 따라서 주파수가 증가하면 X_L은 증가하고, X_C는 감소한다. $I = \dfrac{V}{Z}[A]$이므로, 주파수가 증가하면 유도성 회로의 전류는 감소하고, 용량성 회로의 전류는 증가한다.

04 저항 6[Ω], 유도 리액턴스 8[Ω]의 직렬회로에 교류전압 200[V]를 인가했을 때, 흐르는 전류의 크기[A]와 위상각[°]은 얼마인가?

① 16.7, 53
② 16.7, 37
③ 20, 53
④ 20, 37

R–L 직렬회로의 임피던스 $Z' = R + jX_L[\Omega]$이다. 따라서 $Z = \sqrt{R^2 + X_L^2}$,

$\sqrt{6^2 + 8^2} = 10[\Omega]$, $\theta = \tan^{-1}\dfrac{X_L}{R} = \tan^{-1}\dfrac{8}{6} = 53.12[°]$, $I = \dfrac{V}{Z} = \dfrac{200}{10}$

$= 20[A]$이다.

05 RL 직렬회로에서 직류 200[V]를 인가하면 25[A]의 전류가 흐르고, 교류 200[V]를 인가하면 20[A]의 전류가 흐른다. 이 코일의 리액턴스는 약 몇 [Ω]인가?

① 3
② 5
③ 6
④ 8

- 직류 200[V] 인가 시 : $R = \dfrac{V}{I} = \dfrac{200}{25} = 8[\Omega]$
- 교류 200[V] 인가 시
  - $Z = \dfrac{V}{I} = \dfrac{200}{20} = 10[\Omega]$, $Z = \sqrt{R^2 + X_L^2}[\Omega]$
  - $X_L = \sqrt{Z^2 + R^2} = \sqrt{10^2 - 8^2} = 6[\Omega]$

06 그림과 같은 R–C 병렬회로에서 위상각 θ[˚]는?

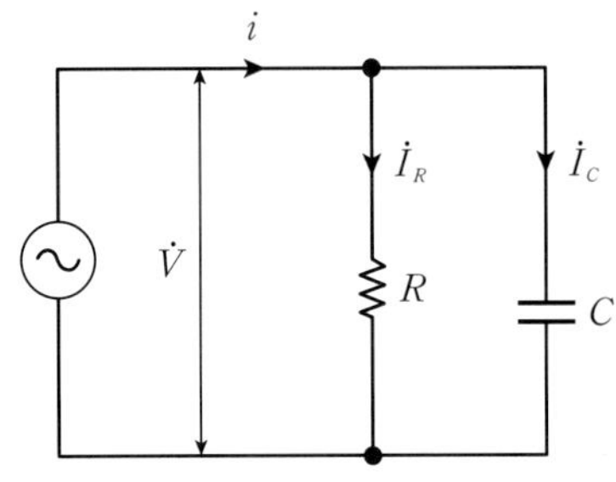

① $\tan^{-1}\dfrac{1}{\omega CR}$

② $\tan^{-1}\dfrac{R}{\omega C}$

③ $\tan^{-1}\dfrac{\omega C}{R}$

④ $\tan^{-1}\omega CR$

어드미턴스 $Y' = \dfrac{1}{R} + j\omega C[\mho]$, $Y = \sqrt{(\dfrac{1}{R})^2 + (\omega C)^2}$

$\theta = \tan^{-1}\dfrac{\omega C}{(1/R)} = \tan^{-1}\omega CR[˚]$ 또는

$\theta = \tan^{-1}\dfrac{I_C}{I_R} = \tan^{-1}\dfrac{(V/X_C)}{(V/R)} = \tan^{-1}\dfrac{R}{X_C} = \tan^{-1}\omega CR[˚]$이다.

07 저항 50[Ω], 자체 인덕턴스 100[mH], 정전용량 17.6[μF]의 직렬회로에서 공진 주파수 f_0는 약 몇 [Hz]인가?

① 50
② 70
③ 120
④ 125

공진 주파수는 R–L–C 직렬회로와 병렬회로가 동일하다.

따라서, $f_0 = \dfrac{1}{2\pi\sqrt{LC}} = \dfrac{1}{2\pi\sqrt{100 \times 10^{-3} \times 17.6 \times 10^{-6}}} \fallingdotseq 120[Hz]$

08 200[V]의 교류전원에 선풍기를 연결하여 고속으로 회전시키면서 전력과 전류를 측정하였더니 0.8[kW], 5[A]이었다. 이 선풍기의 역률을 계산한 값으로 옳은 것은?

① 0.5
② 0.6
③ 0.8
④ 0.9

교류전력 $P = VI\cos\theta[W]$, $\cos\theta = \dfrac{P}{VI} = \dfrac{0.8 \times 10^3}{200 \times 5} = 0.8$이다.

09 어떤 부하에 $200\sin\left(377t+\dfrac{\pi}{6}\right)[\mathrm{V}]$의 전압을 인가했을 때, 흐르는 전류가 $50\sin\left(377t-\dfrac{\pi}{6}\right)$ $[\mathrm{A}]$이었다면, 이 부하의 소비전력[kW]은?

① 2.5

② 5

③ 25

④ 50

전압 $v=200\sin\left(377t+\dfrac{\pi}{6}\right)=\dfrac{200}{\sqrt{2}}\angle\dfrac{\pi}{6}[\mathrm{V}]$이고,

전류 $i=50\sin\left(377t-\dfrac{\pi}{6}\right)=\dfrac{50}{\sqrt{2}}\angle-\dfrac{\pi}{6}[\mathrm{A}]$, $\theta=\dfrac{\pi}{6}-\left(-\dfrac{\pi}{6}\right)=\dfrac{\pi}{3}$이다.

따라서, $P=VI\cos\theta=\dfrac{200}{\sqrt{2}}\times\dfrac{50}{\sqrt{2}}\times\cos\dfrac{\pi}{3}=2{,}500[\mathrm{W}]=2.5[\mathrm{kW}]$이다.

10 부하 전력 1,000[kW], 역률 60[%]인 설비의 역률을 80[%]로 개선하기 위해 설치해야 할 진상용 콘덴서의 용량은 약 몇 [kVA]인가?

① 812.5

② 728.3

③ 625.2

④ 583.3

역률을 개선하기 위해 설치해야 할 진상용 콘덴서의 용량 $Q=P(\tan\theta_1-\tan\theta_2)=P\left(\dfrac{\sin\theta_1}{\cos\theta_1}-\dfrac{\sin\theta_2}{\cos\theta_2}\right)=1{,}000\left(\dfrac{0.8}{0.6}-\dfrac{0.6}{0.8}\right)\fallingdotseq583.3[\mathrm{kVA}]$이다.

3상 교류회로

빈출 태그 ▶ Y결선, △결선, 선간전압, 선전류, 전력계산, 등가변환, 3상 교류전력

01 3상 교류회로의 개요

1) 3상 교류의 발생

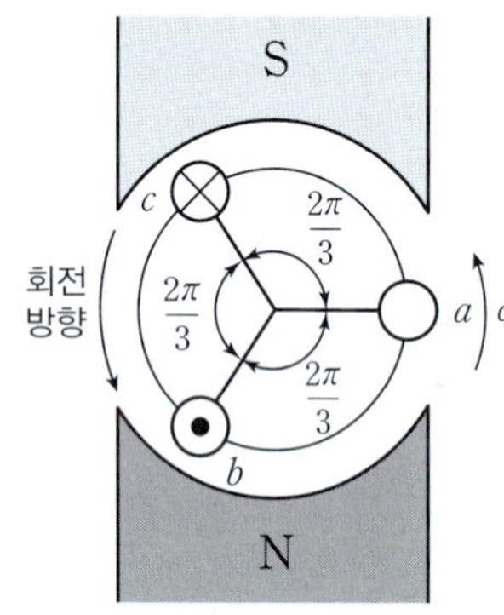

▲ 3상 교류 발생 원리 – 코일 배치

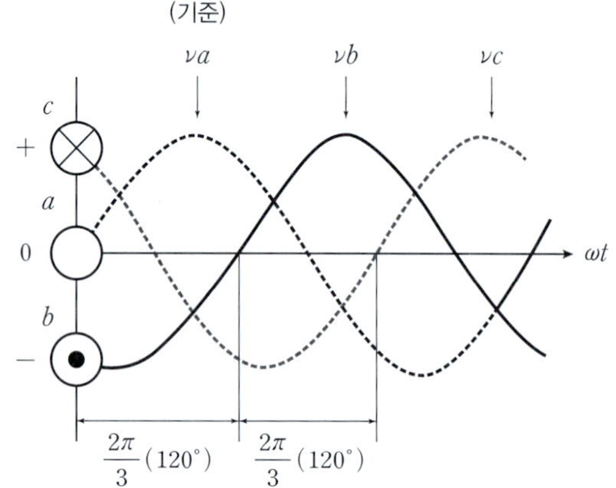

▲ 3상 교류 발생 원리 – 교류 파형

① 구조와 배치

• 코일의 배치

  – 동일한 특성을 갖는 3개의 코일 a, b, c를 자계 내에 기하학적으로 120[°] 즉, $\frac{2\pi}{3}$[rad]씩 간격을 두어 배치한다.

  – 3상 교류는 120° 위상차를 가진 3개의 서로 대칭인 교류 전압 또는 전류로 구성되며, 이는 3상 교류의 기본 구조이다.

• 회전 조건

  – 코일들을 반시계 방향으로 각속도 ω[rad/sec]로 회전시키면 각 코일에는 기전력이 유도된다.

  – 회전 운동은 도체에 자속의 변화를 주어 전자유도에 의한 유도기전력을 생성한다.

② 기전력의 위상 관계(상회전 방향)

• 코일이 회전할 때, 각 상에서 발생하는 기전력은 서로 위상이 120[°] 또는 $\frac{2\pi}{3}$[rad] 차이가 나며, 크기는 동일하다.

• 상회전 방향은 '$v_a - v_b - v_c$' 순서이다. 이는 시계방향으로 코일을 배치했을 때의 상회전 방향과 같다.

3상 전력

3상 전력도 결국 피타고라스 삼각형 구조다. 단상이든 3상이든 전력은 유효전력(P), 무효전력(Pr), 피상전력(Pa)의 직각삼각형 벡터 합 관계로 구성된다. 3상에서는 모든 값에 $\sqrt{3}$이 곱해진다는 점을 유의하고 계산 문제를 풀어야 한다.

③ 3상 기전력의 표현

- 대칭 3상 교류(Symmetrical Three-Phase AC) : 위상차가 $\dfrac{2\pi}{3}$[rad]이고 크기가 같은 정현파 교류가 3상에서 발생
- 대칭 3상 교류의 표현식

$$v_a = \sqrt{2}\,V\sin\omega t\,[\text{V}]$$

$$v_b = \sqrt{2}\,V\sin(\omega t - \frac{2\pi}{3})\,[\text{V}]$$

$$v_c = \sqrt{2}\,V\sin(\omega t - \frac{4\pi}{3})\,[\text{V}]$$

2) 3상 교류의 표시

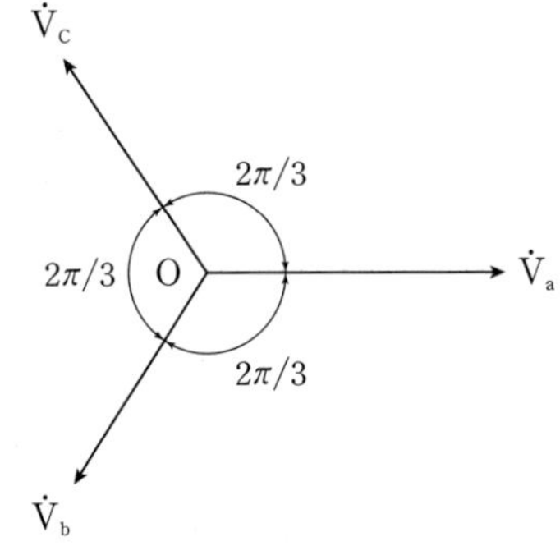

▲ 대칭 3상 교류의 벡터 표시

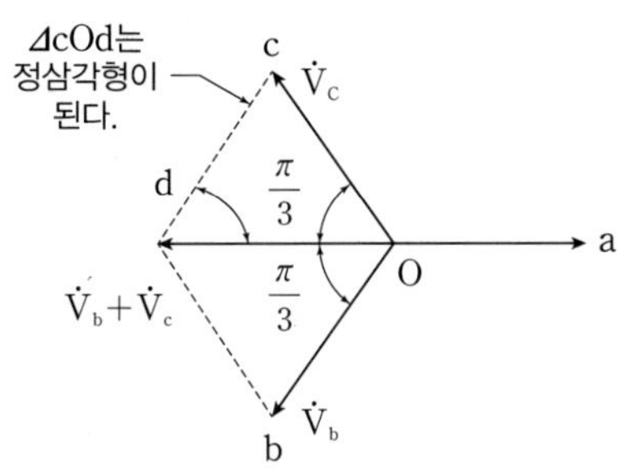

▲ 대칭 3상 교류의 벡터 합 표시

① 3상 교류의 벡터 합의 성질
- 대칭 3상 교류에서 각 상의 전압 $V_a{}'$, $V_b{}'$, $V_c{}'$는 크기가 같고 위상이 각각 120[°] 차이가 난다.
- 세 전압의 벡터 합은 항상 0이다.

$$V_a{}' + V_b{}' + V_c{}' = 0$$

② 복소 기호법에 의해 각 상의 전압을 복소수로 표시할 수 있다.

$$V_a{}' = V\angle 0\,[\text{V}]$$

$$V_b{}' = V\angle(-\frac{2\pi}{3}) = V\{\cos(-\frac{2\pi}{3}) + j\sin(-\frac{2\pi}{3})\} = V(-\frac{1}{2} - j\frac{\sqrt{3}}{2})\,[\text{V}]$$

$$V_c{}' = V\angle(-\frac{4\pi}{3}) = V\{\cos(-\frac{4\pi}{3}) + j\sin(-\frac{4\pi}{3})\} = V(-\frac{1}{2} + j\frac{\sqrt{3}}{2})\,[\text{V}]$$

③ 3상 교류의 벡터 연산자 a

• 120° 회전을 나타내는 복소수

$$a = \varepsilon^{j\frac{2\pi}{3}} = \cos\frac{2\pi}{3} + j\sin\frac{2\pi}{3} = -\frac{1}{2} + j\frac{\sqrt{3}}{2}$$

$$a^2 = \varepsilon^{j\frac{4\pi}{3}} = \cos\frac{4\pi}{3} + j\sin\frac{4\pi}{3} = -\frac{1}{2} - j\frac{\sqrt{3}}{2}$$

$$a^3 = 1, \ a + a^2 + a^3 = 0$$

• 3상 교류의 벡터 연산자 표시

$$V_a' = V, \ V_b' = a^2 V, \ V_c' = aV$$

$$V_a' + V_b' + V_c' = V + a^2 V + aV = V(1 + a^2 + a) = 0$$

3) 3상 교류의 전선 연결

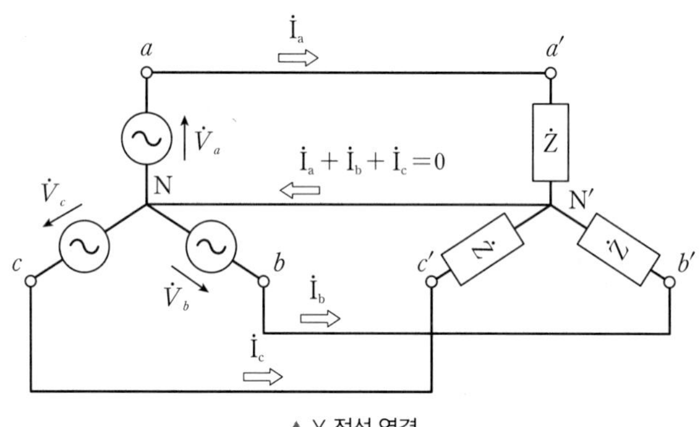

▲ Y 전선 연결

▲ ⊿ 전선 연결의 전압과 전류

① 전선 연결 방식의 개요

• 3상 교류의 전선 연결 방식의 종류 : Y 연결(성형 연결), ⊿ 연결(삼각형 연결)

• 각 상에서의 전압과 전류를 각각 상전압 V_p, 상전류 I_p라 한다.

• 선간에 걸리는 전압은 선간전압 V_l, 흐르는 전류는 선전류 I_l이라 한다.

② Y 전선 연결과 전압

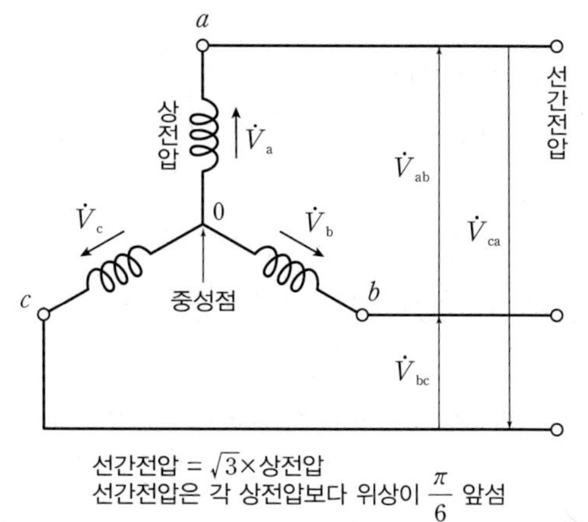

선간전압 = $\sqrt{3} \times$ 상전압
선간전압은 각 상전압보다 위상이 $\dfrac{\pi}{6}$ 앞섬

▲ Y 전선 연결의 상전압과 선간전압

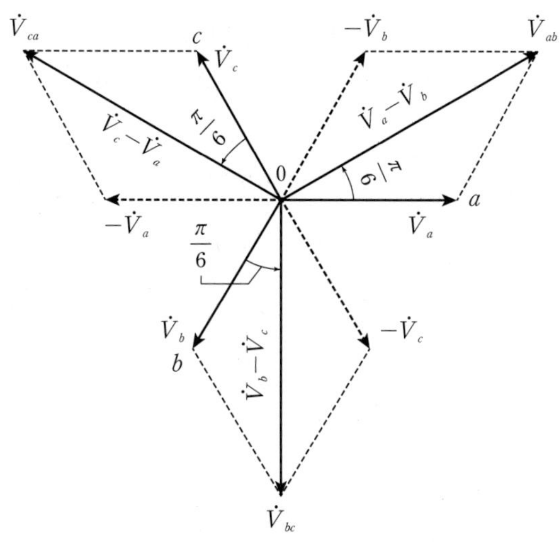

▲ Y 전선 연결의 벡터도

- Y 전선 연결(성형 연결) : 전원이나 부하를 Y형으로 연결하는 방법
- 대칭 3상 회로의 상전압 : $V_a{}'$, $V_b{}'$, $V_c{}'$
- 대칭 3상 회로의 선간전압 : $V_{ab}{}' + V_{bc}{}' + V_{ca}{}'$
- 대칭 3상 회로에서 상전압이 $V_a{}'$, $V_b{}'$, $V_c{}'$, 선간전압이 $V_{ab}{}'$, $V_{bc}{}'$, $V_{ca}{}'$라면 다음 식이 성립한다.

$$V_{ab}{}' = V_a{}' - V_b{}' \, [\text{V}]$$
$$V_{bc}{}' = V_b{}' - V_c{}' \, [\text{V}]$$
$$V_{ca}{}' = V_c{}' - V_a{}' \, [\text{V}]$$

- 벡터도 해석 : $V_{ab}'=V_a'-V_b'=V_a'+(-V_b')$와 같으며, $V_{ab}=2\times V_a\cos\dfrac{\pi}{6}=\sqrt{3}\,V_a$, V_{ab}'의 위상은 V_a'에 비해 $\dfrac{\pi}{6}$[rad] 앞선다. 이 관계는 V_{bc}'와 V_{ca}'에서도 동일하게 적용할 수 있다.

$$V_{ab}'=\sqrt{3}\,V_a'\angle\dfrac{\pi}{6}[\mathrm{V}]$$

$$V_{bc}'=\sqrt{3}\,V_b'\angle\dfrac{\pi}{6}=\sqrt{3}\,V_a'\angle\left(-\dfrac{2\pi}{3}+\dfrac{\pi}{6}\right)[\mathrm{V}]$$

$$V_{ca}'=\sqrt{3}\,V_c'\angle\dfrac{\pi}{6}=\sqrt{3}\,V_a'\angle\left(-\dfrac{4\pi}{3}+\dfrac{\pi}{6}\right)[\mathrm{V}]$$

- 대칭 3상 회로의 선간전압 V_l'과 상전압 V_p' 사이 일반식

$$V_l'=\sqrt{3}\,V_p'\angle\dfrac{\pi}{6}[\mathrm{V}]$$

③ Y－Y 전선 연결과 전류

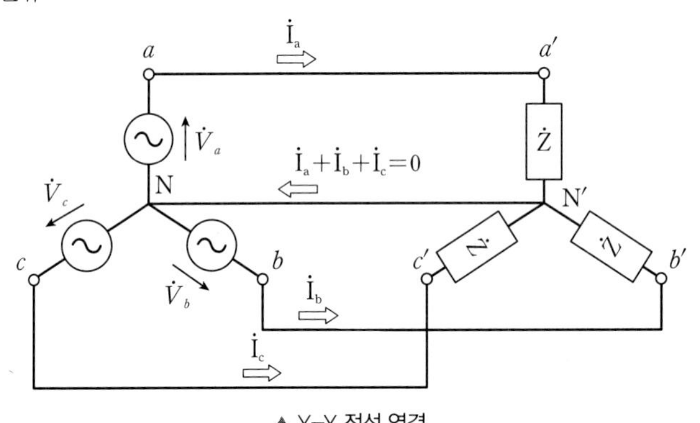

▲ Y－Y 전선 연결

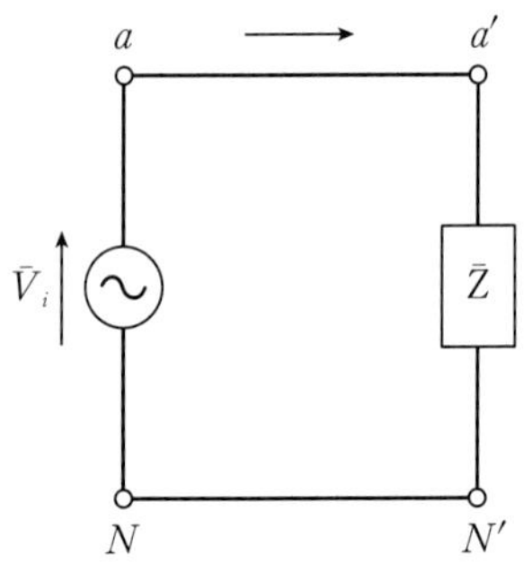

▲ Y－Y 전선 연결의 전류 흐름

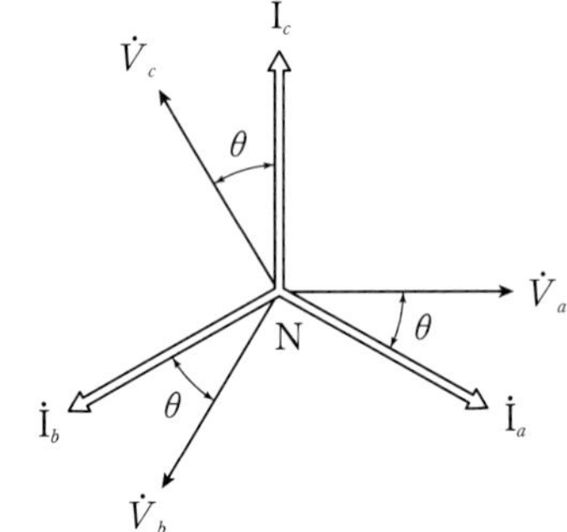

▲ Y－Y 전선 연결의 전류 벡터도

- 대칭 3상 전원에 임피던스가 $Z'=R+jX=Z\angle\theta[\Omega]$인 평형 부하를 Y－Y로 연결했을 때의 각 상전류 I_a', I_b', I_c'

$$I_a'=\dfrac{V_a'}{Z'}=\dfrac{V_a}{Z}\angle(-\theta)[\mathrm{A}]$$

$$I_b'=\dfrac{V_b'}{Z'}=\dfrac{V_b}{Z}\angle(-\theta)=\dfrac{V_a}{Z}\angle\left(-\dfrac{2\pi}{3}-\theta\right)[\mathrm{A}]$$

$$I_c'=\dfrac{V_c'}{Z'}=\dfrac{V_c}{Z}\angle(-\theta)=\dfrac{V_a}{Z}\angle\left(-\dfrac{4\pi}{3}-\theta\right)[\mathrm{A}]$$

- Y−Y 결선에서는 상전류와 선전류가 동일하다. 즉, $I_p{'}=I_l{'}$이다. 또한 중성선에 흐르는 전류 $I_N{'}$는 선전류의 벡터합이다.

$$I_l{'}=I_p{'}[\mathrm{A}]$$
$$I_N{'}=I_a{'}+I_b{'}+I_c{'}=0[\mathrm{A}]$$

④ Δ 전선 연결과 전압

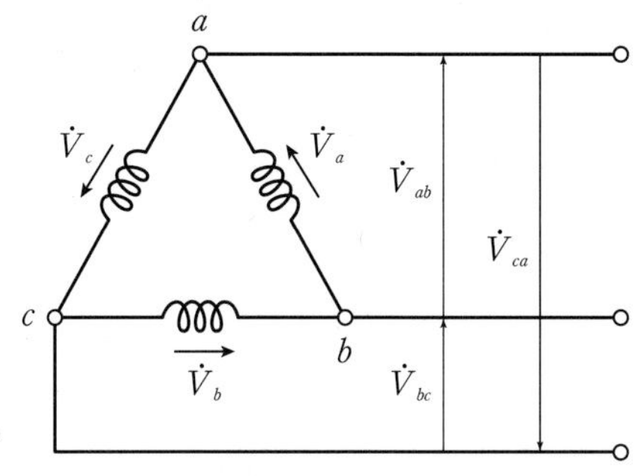

▲ Δ 전선 연결의 상전압과 선간전압

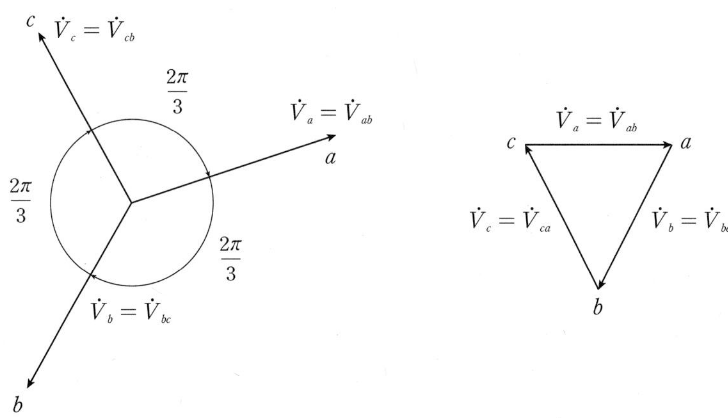

▲ Δ 전선 연결의 벡터도

- Δ 전선 연결(삼각 결선) : 전원 또는 부하를 삼각형으로 연결하는 방법
- 대칭 3상 회로에서는 상전압 $\dot{V}_a$, $\dot{V}_b$, $\dot{V}_c$과 선간전압이 동일하다.

$$V_l{'}=V_p{'}[\mathrm{V}]$$

- 각 상전압의 벡터 합은 0이 된다.

$$V_a{'}+V_b{'}+V_c{'}=0[\mathrm{V}]$$

⑤ $\Delta - \Delta$ 전선 연결과 전류

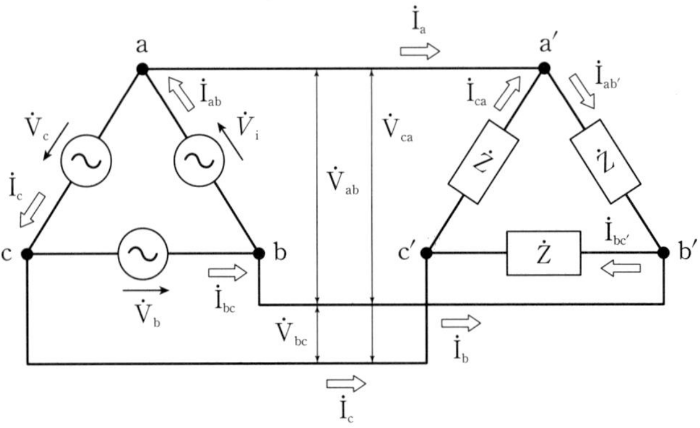

▲ $\Delta-\Delta$ 전선 연결과 전류 회로

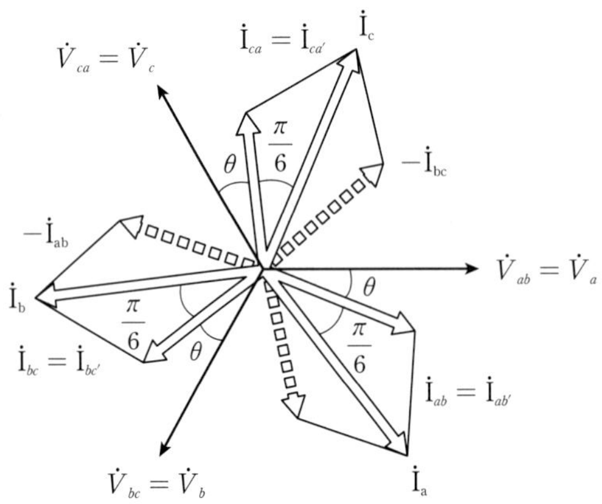

▲ $\Delta-\Delta$ 전선 연결과 전류 벡터도

- 대칭 3상 전원에 임피던스 $Z' = R + jX = Z \angle \theta [\Omega]$인 평형 부하를 $\Delta - \Delta$ 연결할 때의 상전류

$$I_a' = \frac{V_a'}{Z'} = \frac{V_a}{Z} \angle (-\theta)[\mathrm{A}]$$

$$I_b' = \frac{V_b'}{Z'} = \frac{V_b}{Z} \angle (-\theta) = \frac{V_a}{Z} \angle (-\frac{2\pi}{3} - \theta)[\mathrm{A}]$$

$$I_c' = \frac{V_c'}{Z'} = \frac{V_c}{Z} \angle (-\theta) = \frac{V_a}{Z} \angle (-\frac{4\pi}{3} - \theta)[\mathrm{A}]$$

- 선전류는 회로도에서 키르히호프의 전류법칙에 의해 다음의 관계식이 성립된다.

$$I_a' = I_{ab}' - I_{ca}'[\mathrm{V}]$$
$$I_b' = I_{bc}' - I_{ab}'[\mathrm{V}]$$
$$I_c' = I_{ca}' - I_{bc}'[\mathrm{V}]$$

- 벡터도에 따르면, $I_a' = I_{ab}' - I_{ca}' = I_{ab}' + (-I_{ca}')$와 같으므로 $I_a' = 2 \times I_{ab}' \cos\dfrac{\pi}{6} = \sqrt{3}\, I_{ab}'$[A]가 되고 선전류의 위상은 상전류보다 $\dfrac{\pi}{6}$[rad] 뒤진다.

$$I_a' = \sqrt{3}\, I_{ab}' \angle (-\frac{\pi}{6})[A]$$

$$I_b' = \sqrt{3}\, I_{bc}' \angle (-\frac{\pi}{6}) = \sqrt{3}\, I_{ab}' \angle (-\frac{2\pi}{3} - \frac{\pi}{6})[A]$$

$$I_c' = \sqrt{3}\, I_{ca}' \angle (-\frac{\pi}{6}) = \sqrt{3}\, I_{ab}' \angle (-\frac{4\pi}{3} - \frac{\pi}{6})[A]$$

- $\varDelta$ 결선에서의 선전류와 상전류의 관계 일반식

$$I_l' = \sqrt{3}\, I_p \angle (-\frac{\pi}{6})[A]$$

02) 3상 교류회로의 부하

01 3상 부하의 등가변환

1) $\varDelta \to$ Y 등가변환

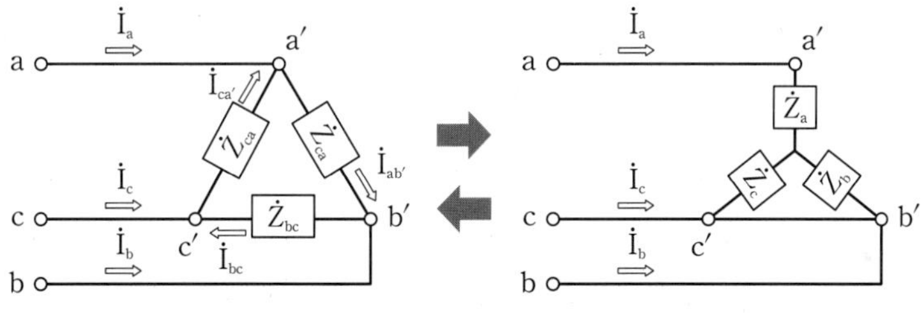

▲ $\varDelta \to$ Y 등가변환

① 등가 조건
- $\varDelta$ 전선 연결을 Y 전선 연결로 등가변환할 수 있다. 이때 두 회로에 흐르는 전류가 같다면 두 회로는 등가회로라 할 수 있다.
- $\varDelta$ 전선 연결의 각 상 임피던스가 Z_{ab}', Z_{bc}', Z_{ca}', Y 전선 연결의 각 상 임피던스가 Z_a', Z_b', Z_c'이면, 각 전선 연결에서 $a-b$, $b-c$, $c-a$ 단자에서 본 임피던스가 같도록 하면 다음의 식이 성립한다.

$$Z_a' = \frac{Z_{ca}' Z_{ab}'}{Z_{ab}' + Z_{bc}' + Z_{ca}'}[\Omega]$$

$$Z_b' = \frac{Z_{ab}' Z_{bc}'}{Z_{ab}' + Z_{bc}' + Z_{ca}'}[\Omega]$$

$$Z_c' = \frac{Z_{ab}' Z_{ca}'}{Z_{ab}' + Z_{bc}' + Z_{ca}'}[\Omega]$$

② 평형 3상 부하 조건

각 상의 부하가 동일한 평형 3상일 경우 $Z_\Delta = Z_{ab}' = Z_{bc}' = Z_{ca}'$이고, $Z_Y' = Z_a' = Z_b' = Z_c'$가 되므로 다음 식이 성립한다.

$$Z_Y' = \frac{Z_\Delta'}{3}[\Omega]$$

2) Y → Δ 등가변환

① 등가 조건 및 등가관계식

- 역변환 : Y 전선 연결을 Δ 전선 연결로 등가변환할 수 있으며, 위와 같은 방식으로 전류가 같을 경우 등가회로라 할 수 있다.
- Y 전선 연결의 각 상 임피던스를 , Z_a', Z_b', Z_c', Δ 전선 연결의 각 상 임피던스를 Z_{ab}', Z_{bc}', Z_{ca}'라고 가정한다.
- 각 전선 연결에서 a−b, b−c, c−a 단자에서 본 임피던스가 같을 때 다음의 식이 성립한다.

$$Z_{ab}' = \frac{Z_a'Z_b' + Z_b'Z_c' + Z_c'Z_a'}{Z_c'}[\Omega]$$

$$Z_{bc}' = \frac{Z_a'Z_b' + Z_b'Z_c' + Z_c'Z_a'}{Z_a'}[\Omega]$$

$$Z_{ca}' = \frac{Z_a'Z_b' + Z_b'Z_c' + Z_c'Z_a'}{Z_b'}[\Omega]$$

② 평형 3상 부하 조건

각 상의 부하가 동일한 평형 3상일 경우 $Z_\Delta = Z_{ab}' = Z_{bc}' = Z_{ca}'$이고, $Z_Y' = Z_a' = Z_b' = Z_c'$가 되므로 $Z_\Delta' = 3Z_Y'[\Omega]$가 되므로 다음 식이 성립한다.

$$Z_\Delta' = 3Z_Y'[\Omega]$$

❷ 3상 교류 전력

1) 3상 교류 전력

① 불평형 3상 부하의 전력 계산

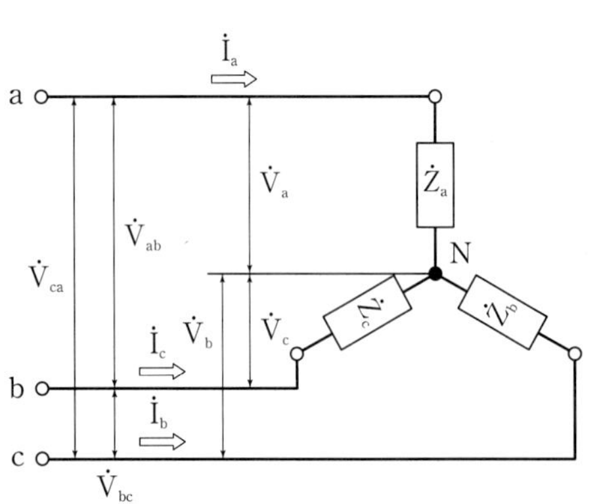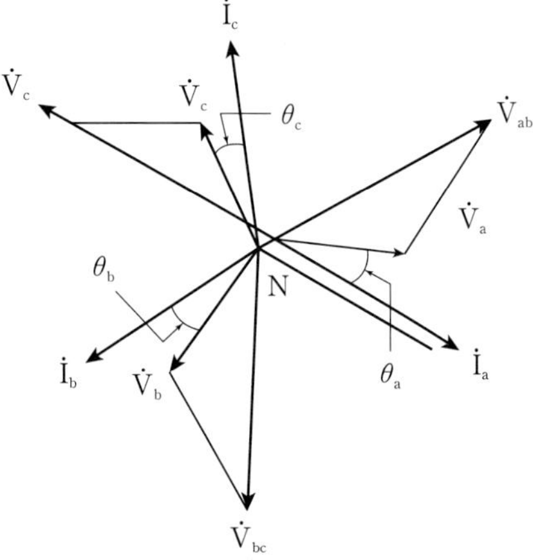

▲ 3상 교류 전력

- 부하 임피던스가 각각 $Z_a{'}$, $Z_b{'}$, $Z_c{'}[\Omega]$이고, 역률이 각각 $\cos\theta_a$, $\cos\theta_b$, $\cos\theta_c$일 때, 각 상의 유효전력

$$P_a=V_aI_a\cos\theta_a[\mathrm{W}]$$
$$P_b=V_bI_b\cos\theta_b[\mathrm{W}]$$
$$P_c=V_cI_c\cos\theta_c[\mathrm{W}]$$

- 전체 3상 유효전력은 각 상 전력의 합으로 나타낸다.

$$P=P_a+P_b+P_c[\mathrm{W}]$$

- 각 상의 무효전력

$$P_{ar}=V_aI_a\sin\theta_a[\mathrm{Var}]$$
$$P_{br}=V_bI_b\sin\theta_b[\mathrm{Var}]$$
$$P_{cr}=V_cI_c\sin\theta_c[\mathrm{Var}]$$

- 전체 3상 무효전력

$$P_r=P_{ar}+P_{br}+P_{cr}[\mathrm{Var}]$$

② 평형 3상 회로의 전력 계산

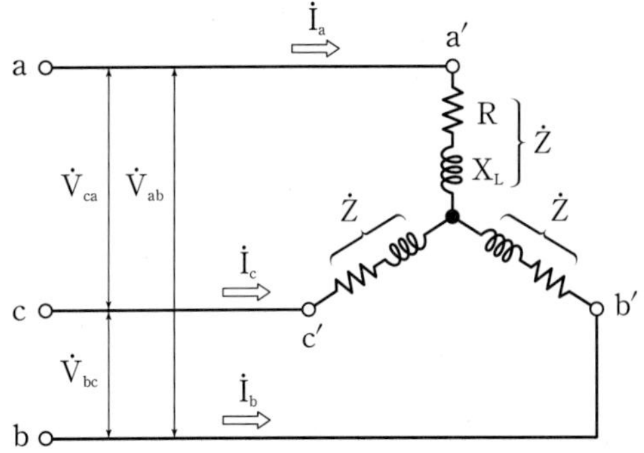
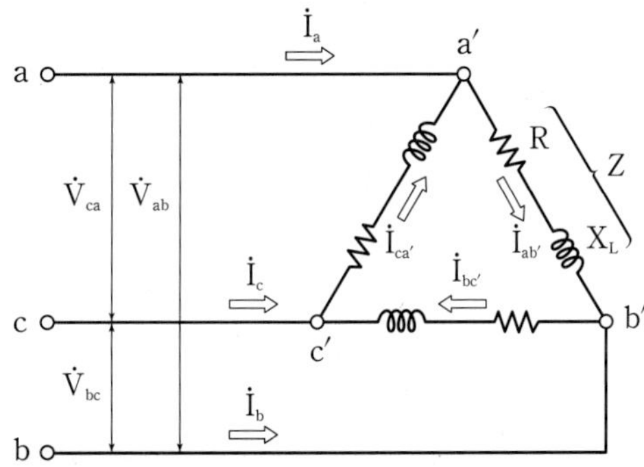

▲ Y, $\varDelta$ 전선 연결의 3상 부하 전력

- 상전압 $V_p[\mathrm{V}]$, 선간전압 $V_l[\mathrm{V}]$, 상전류 $I_p[\mathrm{A}]$, 선전류 $I_l[\mathrm{A}]$, 위상차 $\theta[\mathrm{rad}]$라 한다.
- 각 상의 유효전력은 $V_pI_p\cos\theta[\mathrm{W}]$이므로, 3상 유효전력 $P=3V_pI_p\cos\theta[\mathrm{W}]$이다.
- Y결선 또는 $\varDelta$ 결선에서도 3상 유효전력은 다음과 같이 계산된다.

$$P_Y=3V_pI_p\cos\theta=3\cdot\frac{V_l}{\sqrt{3}}\cdot I_l\cos\theta=\sqrt{3}\,V_lI_l\cos\theta[\mathrm{W}]$$

$$P_\varDelta=3V_pI_p\cos\theta=3\cdot V_l\cdot\frac{I_l}{\sqrt{3}}\cos\theta=\sqrt{3}\,V_lI_l\cos\theta[\mathrm{W}]$$

따라서, $P=\sqrt{3}\,V_lI_l\cos\theta[\mathrm{W}]$이다.

- 3상 무효전력 : $P_r=\sqrt{3}\,V_lI_l\sin\theta[\mathrm{Var}]$
- 3상 피상전력 : $P_a=\sqrt{P^2+P_r^2}=\sqrt{3}\,V_lI_l[\mathrm{VA}]$

2) 3상 교류 전력의 측정

① 3 전력계법

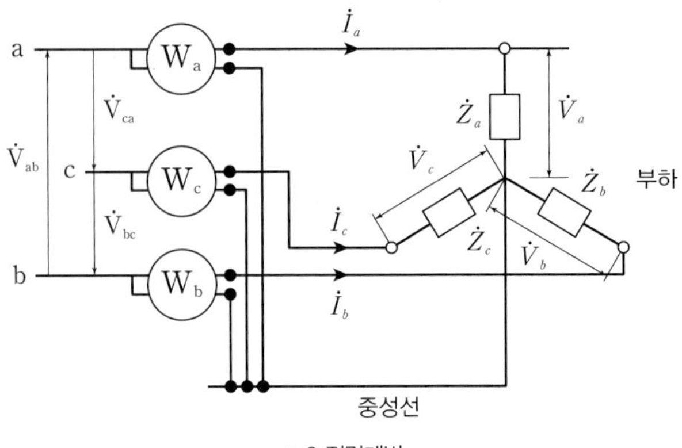

▲ 3 전력계법

- 3 전력계법 : 단상 전력계 3대를 이용하여 전력을 측정하는 방법
- 평형 및 불평형 회로 모두에서 정확한 전력 측정이 가능하다.
- 3 전력계법의 공식

$$P=P_a+P_b+P_c\,[\mathrm{W}]$$

② 2 전력계법

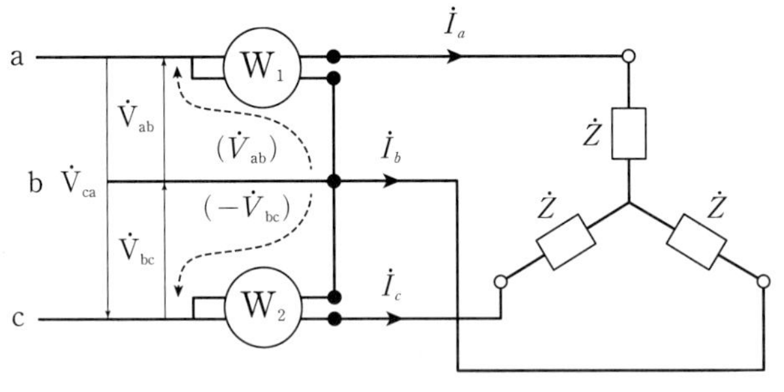

▲ 2 전력계법

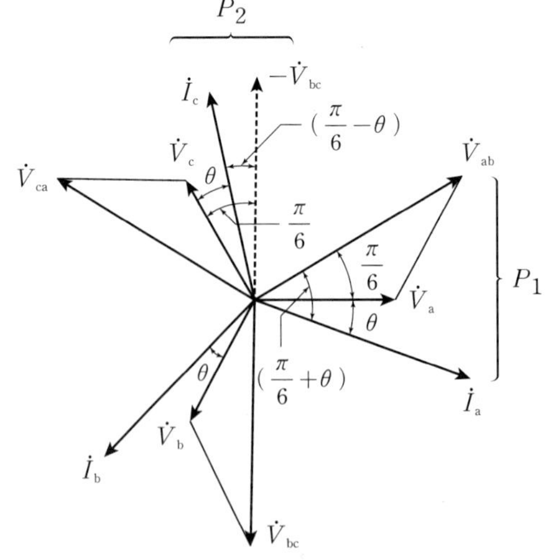

▲ 2 전력계법 벡터도

- 2 전력계법 : 단상 전력계 2대를 사용하여 전력을 측정하는 방법
- 2개의 전력계 지시값의 합으로 전체 유효전력을 구한다.
- 2 전력계법의 공식

$$P = P_1 + P_2 [\text{W}]$$

- 두 전력계의 차를 이용해 무효전력을 계산할 수 있다. (단, $P_1 > P_2$)

$$P_r = \sqrt{3}(P_1 - P_2)[\text{Var}]$$

- 무효전력과 유효전력을 이용하여 위상각 및 역률을 구할 수 있다.

$$\theta = \tan^{-1}\frac{P_r}{P} = \tan^{-1}\frac{\sqrt{3}(P_1 - P_2)}{P_1 + P_2}[\text{rad}]$$

$$\cos\theta = \frac{P_1 + P_2}{2\sqrt{P_1^2 + P_2^2 - P_1 P_2}}$$

01 △결선인 3상 유도전동기의 상전압(V_p)과 상전류(I_p)를 측정하였더니 각각 100[V], 20[A]이었다. 이 전동기의 선간전압(V_l)[V]과 선전류(I_l)[A]의 크기는 얼마인가?

① $V_l = 100\sqrt{3},\ I_l = 20$

② $V_l = 100,\ I_l = 20\sqrt{3}$

③ $V_l = 100\sqrt{3},\ I_l = 20\sqrt{3}$

④ $V_l = 100,\ I_l = 20$

$V_l = V_p[\mathrm{V}]$, $I_l = \sqrt{3}I_p\angle -\frac{\pi}{6}[\mathrm{A}]$이므로, $V_l = V_p = 100[\mathrm{V}]$, $I_l = \sqrt{3}I_p = 20\sqrt{3}[\mathrm{A}]$이다.

02 평형3상 교류회로에서 1상당 저항이 15[Ω]인 Y결선 회로가 있다. 이것을 등가인 △결선으로 바꾸려면 1상당 저항은 얼마로 해야 하는가?

① 45

② 30

③ 20

④ 10

3상 부하의 등가변환에서 $Y \to \triangle : Z_Y = 3Z_\triangle$, $\triangle \to Y : Z_Y = \frac{1}{3}Z_\triangle$이다.

따라서 $Z_Y = 3Z_\triangle = 3 \times 15 = 45[\Omega]$이다.

03 Y결선으로 된 부하에 선간전압이 100[V]이고 각 상의 저항이 4[Ω], 리액턴스가 3[Ω]일 때, 3상 전체의 소비전력은 얼마인가?

① 800

② 1,000

③ 1,600

④ 3,600

$V_l = \sqrt{3}V_p\angle\frac{\pi}{6}[\mathrm{A}]$, $I_l = I_p[\mathrm{A}]$, $Z = \sqrt{4^2 + 3^2} = 5[\Omega]$이다.

따라서, $V_p = \frac{1}{\sqrt{3}}V_l = \frac{100}{\sqrt{3}}[\mathrm{V}]$, $I_p = \frac{V_P}{Z} = \frac{\frac{100}{\sqrt{3}}}{5} = \frac{20}{\sqrt{3}}[\mathrm{A}]$이다.

1상 전력 $P = I^2R = (\frac{20}{\sqrt{3}})^2 \times 4 = \frac{1,600}{3}[\mathrm{W}]$이므로 3상 전력 $P_3 = 3 \times \frac{1,600}{3} = 1,600[\mathrm{W}]$이다.

04 각 상의 저항의 크기가 동일할 경우, △결선의 소비전력($P_\triangle$)과 Y결선의 소비전력(P_Y)의 값을 비교한 식으로 옳은 것은?

① $P_\triangle = \frac{1}{\sqrt{3}}P_Y$

② $P_\triangle = P_Y$

③ $P_Y = \frac{1}{\sqrt{3}}P_\triangle$

④ $P_\triangle = 3P_Y$

각 상별 저항이 동일하고, 입력 전압이 동일한 경우이므로 각 결선별 소비전력을 비교하면,

$P_\triangle = 3V_pI_p\cos\theta = 3 \times \frac{(V_p)^2}{R}\cos\theta = 3\frac{(V_l)^2}{R}\cos\theta[\mathrm{W}]$,

$P_Y = 3V_pI_p\cos\theta = 3 \times \frac{(V_p)^2}{R}\cos\theta = 3\frac{(\frac{V_l}{\sqrt{3}})^2}{R}\cos\theta = \frac{(V_l)^2}{R}\cos\theta[\mathrm{W}]$

이다. 따라서 $P_\triangle = 3P_Y$이다.

05 2 전력계법으로 3상 전력을 측정하였더니 $P_1=500[\mathrm{W}]$, $P_2=300[\mathrm{W}]$를 지시하였다. 이 부하의 무효전력은 몇 [Var]인가?

① 200

② 800

③ $200\sqrt{3}$

④ $800\sqrt{3}$

---

2 전력계법 유효전력 $P=P_1+P_2[\mathrm{W}]$

2 전력계법 무효전력 $P_r=\sqrt{3}(P_1-P_2)[\mathrm{Var}]$

따라서 $P_r=\sqrt{3}(P_1-P_2)=\sqrt{3}(500-300)=200\sqrt{3}[\mathrm{Var}]$이다.

비정현파 교류회로

빈출 태그 ▶ 회로망 정리, 파형률, 파고율, 비정현파 실효값, 비정현파 교류회로

▶ 합격 강의

01 회로망의 정리

1) 키르히호프의 법칙

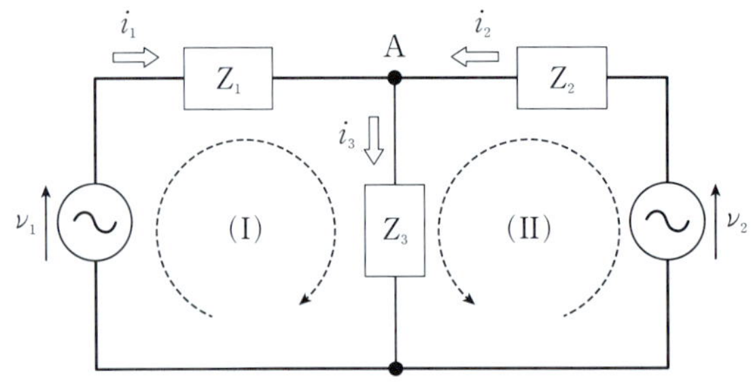

▲ 키르히호프의 법칙 – 순시값

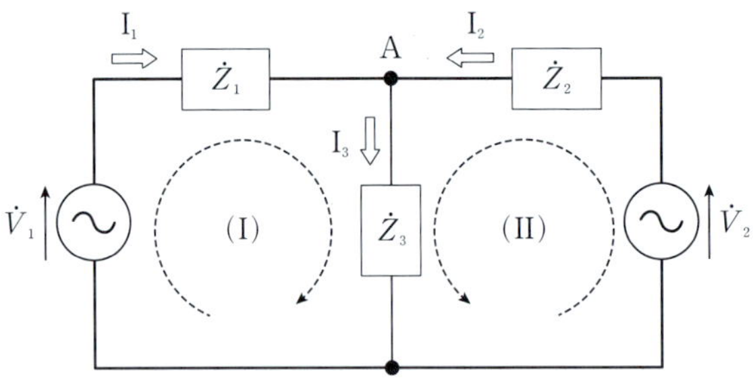

▲ 키르히호프의 법칙 – 벡터량

① 적용 가능성(범용성) : 키르히호프의 법칙은 직류회로뿐만 아니라 교류회로에도 적용 가능

② 키르히호프의 제1법칙(전류법칙, KCL)

- 회로 내 한 점 A에 유입되는 전류의 총합은 유출되는 전류의 총합과 같다.
- 순시값과 벡터량의 표현식

$$i_1' + i_2' = i_3'\,[\text{A}],\ I_1' + I_2' = I_3'\,[\text{A}]$$

③ 키르히호프의 제2법칙(전압법칙, KVL)

- 하나의 폐회로에서 전원 전압의 합은 저항이나 임피던스에 걸리는 전압 강하의 합과 같다.
- 순시값과 벡터량의 표현식

$$v_1' = Z_1' i_1' + Z_3' i_3'\,[\text{V}],\ V_1' = Z_1' I_1' + Z_3' I_3'\,[\text{V}]$$
$$v_2 = Z_2' i_2' + Z_3' i_3'\,[\text{V}],\ V_2' = Z_2' I_2' + Z_3' I_3'\,[\text{V}]$$

2) 중첩의 원리

① 중첩의 원리(Principle of Superposition)
- 선형 회로망에서 임의의 전압 또는 전류는 개별 전원의 효과를 모두 더한 것과 같다는 법칙이다.
- 회로망 내 전원들이 서로 다른 주파수를 갖거나, 종속 전원이 있을 경우 중첩의 원리를 사용하는 것이 효과적이다.

② 전원 제거 방법
- 중첩의 원리 적용 시, 작용하지 않는 전원은 제거한다.
- 전압원은 단락(Short)하고, 전류원은 개방(Open)한다.

③ 제거 이유

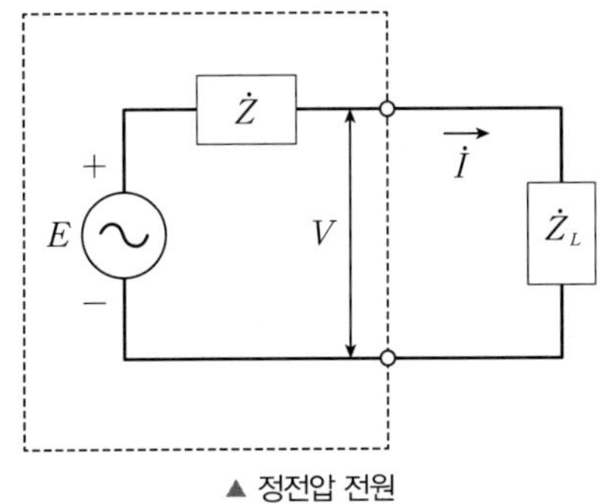

▲ 정전압 전원

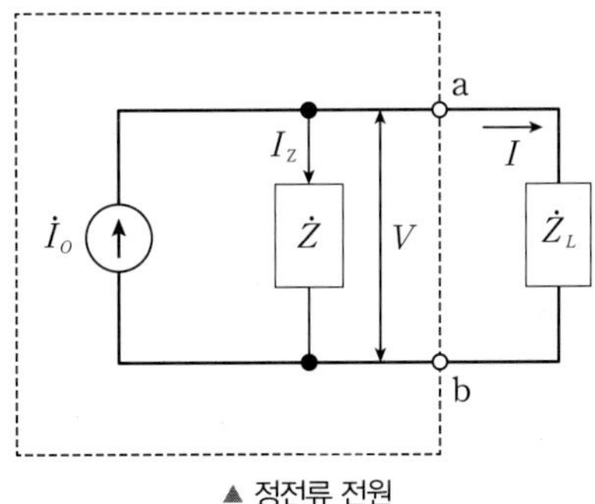

▲ 정전류 전원

- 정전압 전원
  - 부하의 크기에 상관없이 일정한 전압을 제공해야 하므로 내부 임피던스(직렬)는 $0[\Omega]$이어야 한다.
  - 전압원을 제거할 경우 단락 회로로 간주한다.
- 정전류 전원
  - 부하의 크기에 상관없이 일정한 전류를 제공해야 하므로 내부 임피던스(병렬)는 $\infty[\Omega]$이어야 한다.
  - 전류원을 제거할 경우 개방 회로로 간주한다.

④ 중첩의 원리 적용 예시

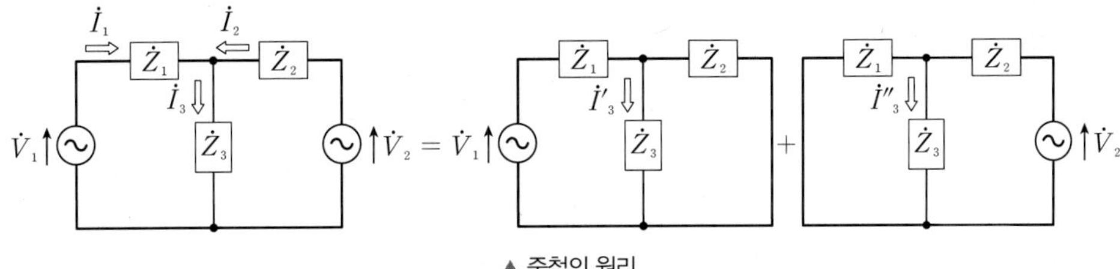

▲ 중첩의 원리

- 전압원 $V_1{'}$만 남기고 다른 전원 $V_2{'}$를 단락시켜 제거한 상태에서 $Z_3{'}[\Omega]$에 흐르는 전류 : $I_3{'}[\mathrm{A}]$
- 전압원 $V_2{'}$만 남기고 다른 전원 $V_1{'}$을 단락시켜 제거한 상태에서 $Z_3{'}[\Omega]$에 흐르는 전류 : $I_3{''}[\mathrm{A}]$
- 임피던스 $Z_3{'}[\Omega]$에 흐르는 전체 전류 : I_3

$$I_3{'}=\frac{Z_2{'}V_1{'}}{Z_1{'}Z_2{'}+Z_2{'}Z_3{'}+Z_3{'}Z_1{'}}[\mathrm{A}]$$

$$I_3{''}=\frac{Z_1{'}V_2{'}}{Z_1{'}Z_2{'}+Z_2{'}Z_3{'}+Z_3{'}Z_1{'}}[\mathrm{A}]$$

$$I_3=I_3{'}+I_3{''}=\frac{Z_2{'}V_1{'}+Z_1{'}V_2{'}}{Z_1{'}Z_2{'}+Z_2{'}Z_3{'}+Z_3{'}Z_1{'}}[\mathrm{A}]$$

3) 데브난 정리 및 노튼 정리

① 데브난 정리

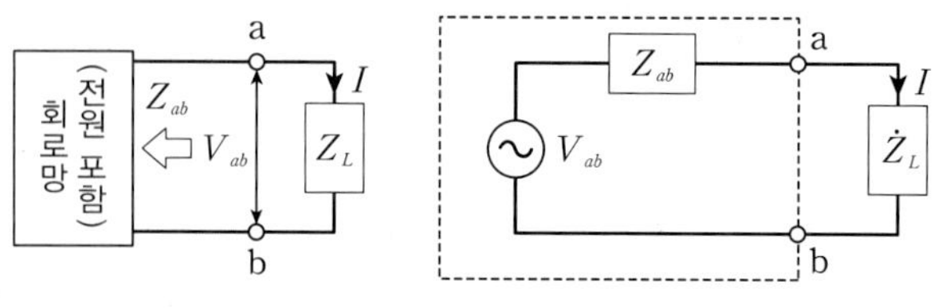

▲ 데브난 정리

- 여러 개의 전원을 포함한 회로망에서, 부하 $Z_L[\Omega]$에 흐르는 전류와 전압을 단순화된 회로로 대체할 수 있다.
- 등가 회로는 하나의 전압원 $V_{ab}[\text{V}]$과 임피던스 $Z_{ab}[\Omega]$로 구성된다.
- 데브난 정리 조건
  - 전압원 : 단자 a−b를 개방한 상태에서 측정한 전압
  - 임피던스 : 회로망의 모든 전원을 제거하고 단자 a−b에서 측정한 임피던스
  - 전원 제거 시 전압원은 단락하고, 전류원은 개방한다.
- 등가회로에서 부하에 흐르는 전류 I : $I = \dfrac{V_{ab}}{Z_{ab} + Z_L}[\text{A}]$

② 노튼 정리

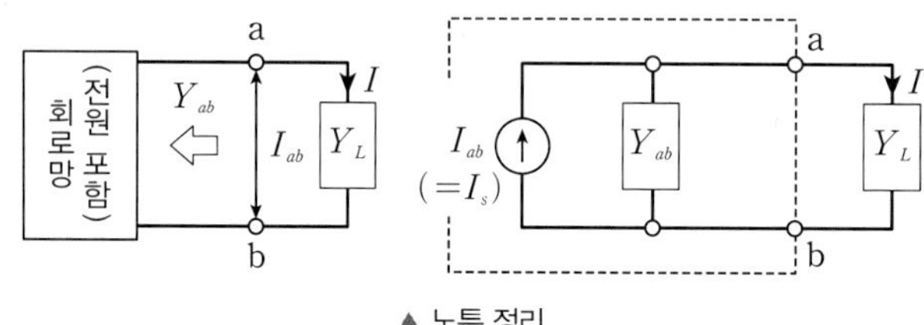

▲ 노튼 정리

- 임의의 2단자 회로망에서 부하 $Y_L[\mho]$에 걸리는 전류와 전압을 단순화된 회로로 대체할 수 있다.
- 등가 회로는 하나의 전류원 $I_{ab}[\text{A}]$와 어드미턴스 $Y_{ab}[\mho]$로 구성된다.
- 노튼 정리 조건
  - 전류원 $I_{ab}[\text{A}]$: 단자 a−b를 단락시킨 상태에서 흐르는 전류
  - 어드미턴스 $Y_{ab}[\mho]$: 회로망의 모든 전원을 제거한 뒤 단자 a−b에서 측정한 어드미턴스
- 등가회로에서 부하 어드미턴스 $Y_L[\mho]$에 흐르는 전류 $I[\text{A}]$ 및 전압 $V_{ab}[\text{V}]$

$$I = \frac{Y_L}{Y_{ab} + Y_L} \cdot I_{ab}[\text{A}]$$

$$V_{ab} = \frac{I}{Y_L} = \frac{I_{ab}}{Y_{ab} + Y_L}[\text{V}]$$

데브난 정리와 노튼 정리
- 데브난 정리 : 전압원 + 임피던스($V_{ab}+Z_{ab}$)
- 노튼 정리 : 전류원 + 어드미턴스($I_{ab}+Y_{ab}$)
→ 두 회로는 서로 변환 가능하며, 필요한 형태로 바꾸기만 하면 된다.

❷ 비정현파 교류

1) 비정현파

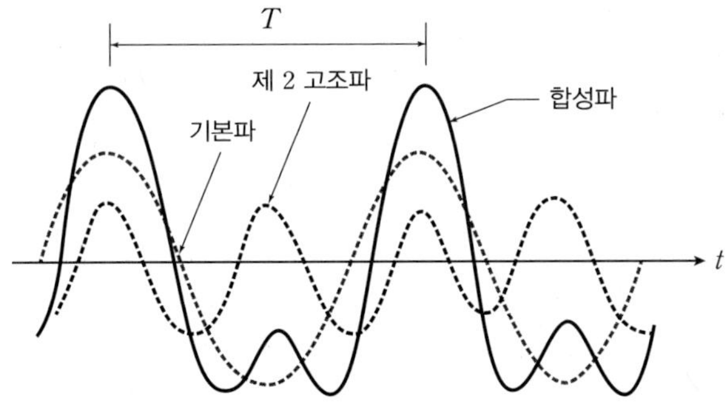

▲ 기본파와 제2 고조파의 합

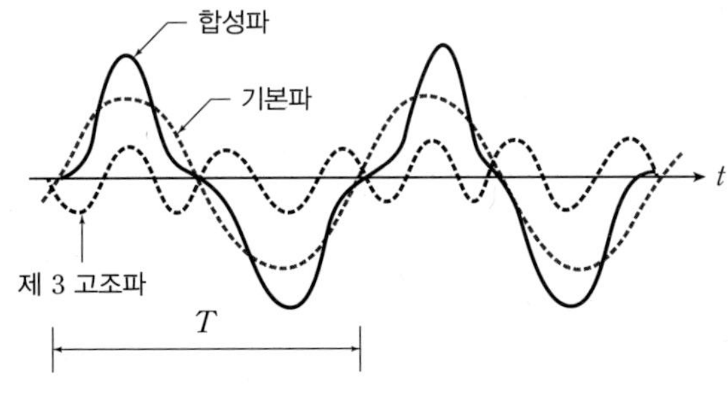

▲ 기본파와 제3 고조파의 합

① 비정현파 발생 원리
- 교류 회로에서 서로 다른 주파수를 갖는 정현파를 결합하면 비정현파가 발생한다.
- 정현파를 비선형 소자(다이오드, 트랜지스터, 변압기 등)를 통과시키면 비정현파가 생성된다.

② 기본파(Fundamental Wave)와 고조파(Higher Harmonic Wave)
- 주파수 $f_1(t)$를 기본파라 하고, 그 정수배 주파수인 $f_m(t)$를 고조파라 한다.
- 고조파는 기본 주파수의 정수배 성분으로, 회로에 왜곡을 발생시킨다.

③ 퓨리에 급수(Fourier Series) 전개(주기적인 비정현파 적용)

$$v=V_0+V_{m1}\sin(\omega t+\theta_1)+V_{m2}\sin(2\omega t+\theta_2)+\cdots+V_{mn}\sin(n\omega t+\theta_n)$$
$$=V_0+\sum_{n=1}^{\infty}V_{mn}\sin(n\omega t+\theta_n)\,[\text{V}]$$

④ 비정현파는 직류분, 기본파, 고조파의 합으로 구성되며, 이들의 실효값 제곱의 합의 제곱근으로 전체 실효값을 구할 수 있다.

$$v = V_0 + \sqrt{2}\,V_1\sin(\omega t + \theta_1) + \sqrt{2}\,V_2\sin(2\omega t + \theta_2) + \cdots + \sqrt{2}\,V_{mn}\sin(n\omega t + \theta_n)$$
$$= V_0 + \sum_{n=1}^{\infty} \sqrt{2}\,V_n\sin(n\omega t + \theta_n)\,[\mathrm{V}]$$
$$V = \sqrt{V_0^2 + V_1^2 + V_2^2 + \cdots + V_n^2}\,[\mathrm{V}]$$

2) 왜형률, 파고율, 파형률

① 왜형률(Distortion Factor)

- 왜형률 : 기본파에 대한 고조파 성분의 포함 정도를 나타내는 값
- 기본파의 실효값 $V_1[\mathrm{V}]$, 고조파의 실효값 $V_k = \sqrt{V_0^2 + V_1^2 + V_2^2 + \cdots + V_n^2}\,[\mathrm{V}]$ 일 때의 왜형률

$$k = \frac{\text{전고조파의 실효값}(V_k)}{\text{기본파의 실효값}(V_1)} = \frac{\sqrt{V_2^2 + \cdots + V_n^2}}{V_1} \times 100\,[\%]$$

② 파형률(Form Factor), 파고율(Crest Factor)

- 비정현파의 특성을 판단하는 지표로 사용된다.
- 계산식

$$\text{파형률} = \frac{\text{실효값}}{\text{평균값}}$$

$$\text{파고율} = \frac{\text{최대값}}{\text{실효값}}$$

③ 각종 파형의 파형률과 파고율의 비교

명칭	파형	파고율	파형률	실효값
구형파		1.0	1.0	V_m
정현파		1.414	1.11	$\dfrac{V_m}{\sqrt{2}} = 0.707 V_m$
반파정류		2	1.57	$\dfrac{V_m}{2} = 0.5 V_m$
삼각파		1.732	1.155	$\dfrac{V_m}{\sqrt{3}} = 0.577 V_m$

🄳 비정현파 교류회로의 계산

1) 비정현파의 임피던스와 전류

① 비정현파 전압 $v[\mathrm{V}]$: $v=V_0+\sqrt{2}\,V_1\sin(\omega t)+\sqrt{2}\,V_2\sin(2\omega t)+\cdots+\sqrt{2}\,V_n\sin(n\omega t)[\mathrm{V}]$

② 저항 $\mathrm{R}[\Omega]$에서의 전류

- 저항 회로에서는 전압과 전류가 동상이며, 각 주파수 성분에 대해 전류는 전압을 저항으로 나눈 값이다.
- 전류의 시간 함수

$$i=\frac{v}{R}=\frac{V_0}{R}+\frac{\sqrt{2}\,V_1}{R}\sin(\omega t)+\frac{\sqrt{2}\,V_2}{R}\sin(\omega t)+\cdots+\frac{\sqrt{2}\,V_n}{R}\sin(n\omega t)[\mathrm{A}]$$

- 각 주파수 성분의 전류(실효값)

$$I_0=\frac{V_0}{R},\ I_1=\frac{V_1}{R},\ I_2=\frac{V_2}{R},\ \cdots,\ I_n=\frac{V_n}{R}[\mathrm{A}]$$

③ 인덕턴스 $\mathrm{L}[\mathrm{H}]$에서의 전류

- 인덕턴스는 전류가 전압보다 $90[°]\left(\frac{\pi}{2}\right)$ 늦게 흐르며, 주파수에 비례하는 리액턴스를 가진다.
- 전류의 시간 함수

$$i=\frac{v}{X_L}=\frac{\sqrt{2}\,V_1}{jwL}\sin(\omega t)+\frac{\sqrt{2}\,V_2}{j2wL}\sin(2\omega t)+\cdots+\frac{\sqrt{2}\,V_n}{jnwL}\sin(n\omega t)$$

$$=\frac{\sqrt{2}\,V_1}{jwL}\sin\left(\omega t-\frac{\pi}{2}\right)+\frac{\sqrt{2}\,V_2}{j2wL}\sin\left(2\omega t-\frac{\pi}{2}\right)+\cdots+\frac{\sqrt{2}\,V_n}{jnwL}\sin\left(n\omega t-\frac{\pi}{2}\right)[\mathrm{A}]$$

- 각 주파수 성분의 전류(실효값)

$$I_1=\frac{V_1}{wL},\ I_2=\frac{V_2}{2wL},\ \cdots,\ I_n=\frac{V_n}{nwL}[\mathrm{A}]$$

④ 정전용량 $\mathrm{C}[\mathrm{F}]$에서의 전류

- 정전용량에서는 전류가 전압보다 $90°\left(\frac{\pi}{2}\right)$만큼 앞서 흐르며, 주파수에 비례한 용량성 리액턴스를 가진다.
- 전류의 시간 함수

$$i=\frac{v}{X_C}=j\sqrt{2}\omega CV_1\sin\left(\omega t+\frac{\pi}{2}\right)+j2\sqrt{2}\omega CV_2\sin\left(2\omega t+\frac{\pi}{2}\right)+\cdots+jn\sqrt{2}\omega CV_n\sin\left(n\omega t+\frac{\pi}{2}\right)[\mathrm{A}]$$

- 각 주파수 성분의 전류(실효값)

$$I_1=\omega CV_1,\ I_2=2\omega CV_2,\ \cdots,\ I_n=n\omega CV_n[\mathrm{A}]$$

2) 비정현파의 교류 전력

① 비정현파 전압 및 전류의 일반식 : 전압과 전류에 기본파와 고조파가 포함된 경우, 각 성분의 전압과 전류

$$v = \sqrt{2}\,V_1 \sin(\omega t) + \sqrt{2}\,V_2 \sin(2\omega t) + \cdots + \sqrt{2}\,V_n \sin(n\omega t)\,[\mathrm{V}]$$
$$i = \sqrt{2}\,I_1 \sin(\omega t + \theta_1) + \sqrt{2}\,I_2 \sin(2\omega t + \theta_2) + \cdots + \sqrt{2}\,I_n \sin(n\omega t + \theta_n)\,[\mathrm{V}]$$

② 전력의 정의

• 유효전력 : 각 주파수 성분의 전압, 전류 및 위상차를 고려한 실질적인 전력 소비량

$$P = V_1 I_1 \cos\theta_1 + V_2 I_2 \cos\theta_2 + \cdots + V_n I_n \cos\theta_n\,[\mathrm{W}]$$

• 무효전력 : 에너지의 충·방전만 반복하며 실질적 소비가 없는 전력 성분

$$P = V_1 I_1 \sin\theta_1 + V_2 I_2 \sin\theta_2 + \cdots + V_n I_n \sin\theta_n\,[\mathrm{Var}]$$

• 피상전력 : 실효값을 기준으로 한 전체 전력량이며, 유효전력과 무효전력의 벡터 합의 크기를 의미

$$P_a = \sqrt{V_1^2 + V_2^2 + \cdots + V_n^2} \times \sqrt{I_1^2 + I_2^2 + \cdots + I_n^2}\,[\mathrm{VA}]$$

③ 역률 : 공급된 피상전력 중 유효하게 소비된 전력의 비율

$$\cos\theta = \frac{V_1 I_1 \cos\theta_1 + V_2 I_2 \cos\theta_2 + \cdots + V_3 I_3 \cos\theta_3}{\sqrt{V_1^2 + V_2^2 + \cdots + V_n^2} \times \sqrt{I_1^2 + I_2^2 + \cdots + I_n^2}}$$

3) 과도현상

① 과도현상의 정의 및 개념
• 과도현상 : 스위칭 작용 등 외부 변화에 의해 회로가 한 정상 상태에서 다른 정상 상태로 전이할 때 발생하는 현상
• 회로에 갑작스러운 변화(스위칭 등)가 생기면 안정화되기 전까지 과도 상태가 나타난다.

② 시정수(τ)
• 시정수 : 전압 또는 전류가 최종 정격의 63.2[%]에 도달하는 데 걸리는 시간
• 시정수의 기호는 τ, 단위는 [sec]이다.
• 시정수가 작으면 응답은 빠르지만 안정도가 낮고, 시정수가 크면 응답은 느리지만 안정도가 높다.

③ 회로별 시정수
• R−L 직렬회로의 시정수 : $\tau = \dfrac{L}{R}[\mathrm{sec}]$
• R−C 직렬회로의 시정수 : $\tau = RC\,[\mathrm{sec}]$

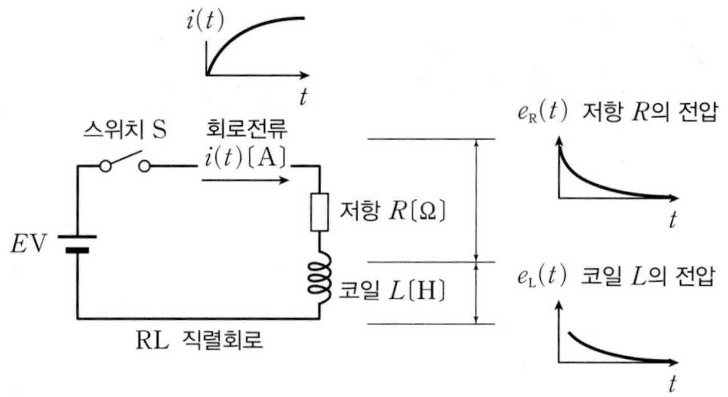

▲ R–L 직렬회로와 과도현상 특성곡선

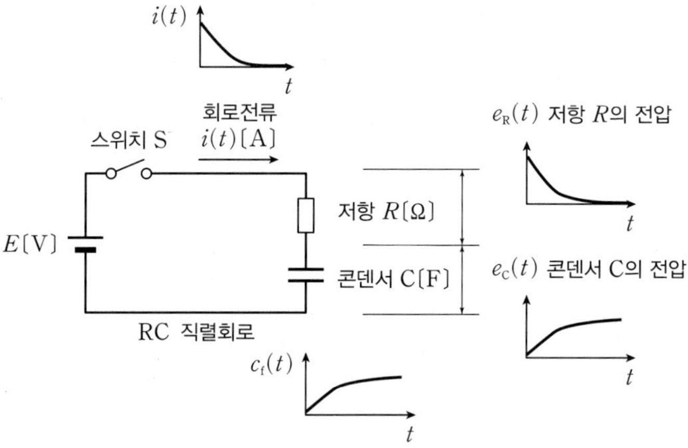

▲ R–C 직렬회로와 과도현상 특성곡선

01 다음 중 비정현파가 발생하는 원인과 거리가 먼 것은?

① 옴의 법칙

② 자기포화

③ 히스테리시스

④ 전기자 반작용

비정현파는 정현파(sine wave)를 제외한 파형을 말한다. 비정현파 발생원인은 발전기의 전기자 반작용, 변압기 철심의 자기포화와 히스테리시스 현상, 다이오드 등의 비선형 특성, 인버터 등 비정현파 전력변환 기기 등이 있다.

02 다음 중 비정현파를 여러 가지 파형의 합으로 표시하는 방법은 무엇인가?

① 키르호프의 법칙

② 노튼의 법칙

③ 퓨리에 분석

④ 테일러의 분석

일반적으로 비정현파가 주기파인 경우에는 퓨리에 급수 전개 방식(퓨리에 분석)으로 분해할 수 있으며, 직류분과 기본파, 고조파의 합으로 표시된다.

03 $v=10+10\sqrt{2}\sin\omega t+5\sqrt{2}\sin\left(3\omega t+\dfrac{\pi}{2}\right)[\text{V}]$

일 때, 이 비정현파 전압의 실효값은 몇 [V]인가?

① 10

② 15

③ 25

④ 30

비정현파의 실효값은 각 파형의 실효값의 제곱의 합의 제곱근으로 계산한다. 즉, $V=\sqrt{V_D^2+V_1^2+V_3^2}=\sqrt{10^2+10^2+5^2}=15[\text{V}]$이다.

04 다음 그림과 같은 비정현파의 제3고조파 주파수[Hz]는? (단, 전압 V=100[V], 주기 T=20[ms]이다.)

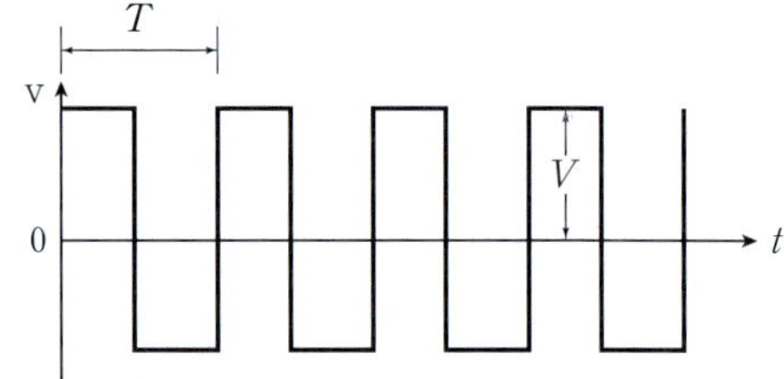

① 50

② 100

③ 120

④ 150

$f=\dfrac{1}{T}=\dfrac{1}{20\times10^{-3}}=50[\text{Hz}]$이다. 따라서 $f_3=3\times f_1=3\times50=150$ $[\text{Hz}]$이다.

05 비정현파 교류의 파형률이란?

① $\dfrac{\text{실효값}}{\text{평균값}}$

② $\dfrac{\text{평균값}}{\text{실효값}}$

③ $\dfrac{\text{최대값}}{\text{평균값}}$

④ $\dfrac{\text{실효값}}{\text{최대값}}$

비정현파의 파형률$=\dfrac{\text{실효값}}{\text{평균값}}$, 파고율$=\dfrac{\text{최대값}}{\text{실효값}}$이다.

06 R=10[kΩ], C=20[μF]인 R–C 직렬회로에서 220[V]의 직류전압을 인가하였을 때 시정수는 몇 τ[ms]인가?

① 22

② 30

③ 66

④ 200

과도현상에서 R–L 직렬회로의 시정수 $\tau=\dfrac{L}{R}$[s]이며, R–C 직렬회로 시정수 $\tau=RC$[s]이다. 따라서, $\tau=RC=10\times10^{3}\times20\times10^{-6}=200$[ms]이다.

07 다음 중 시정수와 과도현상과의 관계에 대한 설명으로 옳은 것은?

① 시정수가 클수록 과도현상은 길어진다.

② 시정수가 작을수록 과도현상은 길어진다.

③ 시정수가 클수록 과도현상은 짧아진다.

④ 시정수와 관계가 없다.

과도현상은 인덕턴스 L[H]과 정전용량 C[F]를 포함한 회로에서 스위칭 작용에 의해 하나의 상태에서 다른 정상상태로 변화하여 안정되기까지의 현상을 말하고, 정격의 63.2[%]까지 도달하는 시간을 시정수 τ라 한다. 시정수가 작을수록 정격에 도달하는 시간이 짧아져서 과도현상이 짧아질 질 수 있으나 회로의 안정도는 낮아지고, 시정수가 크면 그 반대의 경우가 된다.

01 다음 그림에서 a–b 간의 합성저항은 c–d 간의 합성저항의 몇 배인가? (단, 각 저항의 크기는 r[Ω]이다.)

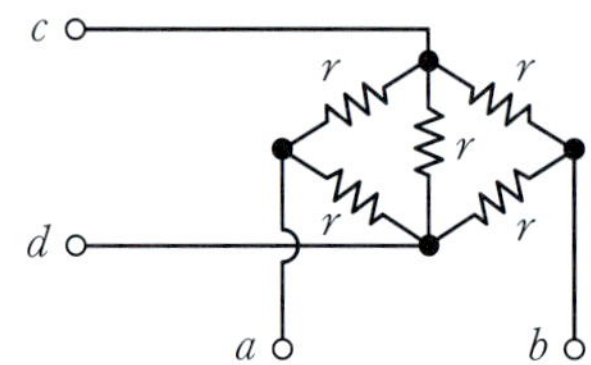

① 1
② 2
③ 3
④ 4

02 2[Ω]과 3[Ω]의 저항 2개를 병렬로 연결하였을 때의 합성컨덕턴스는 몇 [℧]인가?

① 0.2
② 0.83
③ 1.2
④ 5

03 기전력 9[V], 내부저항 0.2[Ω]의 전지 10개를 병렬로 접속하고, 여기에 9.98[Ω]의 부하저항을 접속하면 약 몇 [A]의 전류가 흐르는가?

① 0.75
② 0.9
③ 7.5
④ 9.0

04 220[V], 30[W]와 80[W] 전구 2개를 전원에 직렬로 연결하였을 때, 어느 전구가 더 밝은가?

① 30[W]
② 80[W]
③ 밝기가 같다.
④ 상황에 따라 다르다.

05 납축전지가 방전된 후에, 음극의 화학 기호는 무엇인가?

① Pb
② PbO_2
③ H_2SO_4
④ $PbSO_4$

06 공기 중에서 2[m] 떨어진 두 전하의 크기가 $4 \times 10^{-6}[\mu F]$, $6 \times 10^{-6}[\mu F]$일 때, 두 전하 사이에 작용하는 힘의 세기는 약 몇 [N]인가?

① 3.8×10^{-4}
② 54
③ 3.8×10^{5}
④ 5.4×10^{5}

07 용량 $C_1=10$, $C_2=20[\mu F]$인 콘덴서를 병렬로 접속하고 양단에 200V[V]의 전압을 인가하였을 때, 콘덴서 C_2에 분배되는 전기량은 몇 $[\mu C]$인가?

① 66.7

② 133.3

③ 2,000

④ 4,000

08 길이가 10[m]인 두 개의 왕복도선 사이의 거리가 40[cm]일 때, 두 도선 사이에 단위 길이당 작용하는 힘의 세기가 $2\times10^{-5}[\mathrm{N}]$일 때, 전류의 크기는 몇 [A]인가?

① 1

② 2

③ 3

④ 4

09 다음 중 상자성체가 아닌 물질은?

① Al

② Sb

③ W

④ Sn

10 자기회로의 평균 길이 20[cm], 권수 20[회]인 환상 솔레노이드에 9.42[A]의 전류가 흐를 때, 솔레노이드의 외부 자계의 세기는 약 몇 [AT/m]인가?

① 0

② 40

③ 100

④ 400

11 저항 R[Ω], 리액턴스 $X_c[Ω]$인 R–C 병렬회로의 역률을 표시한 값으로 옳은 것은?

① $\dfrac{R}{\sqrt{R+X_c}}$

② $\dfrac{X_c}{\sqrt{R+X_c}}$

③ $\dfrac{R}{\sqrt{R^2+X_c^2}}$

④ $\dfrac{X_c}{\sqrt{R^2+X_c^2}}$

12 저항 4[Ω], 리액턴스 3[Ω]의 직렬회로에 교류 100[V]를 인가할 때, 흐르는 전류의 크기[A]와 역률은?

① 14.3, 0.6

② 14.3, 0.8

③ 20, 0.6

④ 20, 0.8

13 Y–Y 결선에서 선간전압이 $200\sqrt{3}\,[\mathrm{V}]$, 1상의 임피던스 $Z'=4+j3\,[\Omega]$일 때, 선전류는 몇 [A]인가?

① 20

② $\dfrac{20}{\sqrt{3}}$

③ $10\sqrt{3}$

④ $20\sqrt{3}$

14 R–L–C 직렬공진 회로에서 최소값을 가지는 것은?

① 전압

② 전류

③ 저항

④ 임피던스

15 임피던스 $z=R+j\omega L=3+j4\,[\Omega]$인 R–L 직렬회로에 교류전압 $v=50\sqrt{2}\sin\omega t+30\sqrt{2}\sin\left(3\omega t+\dfrac{\pi}{6}\right)[\mathrm{V}]$의 전압을 인가하였을 때, 이 회로에 흐르는 전류의 실효값은 약 몇 [A]인가?

① 10.3

② 11.7

③ 40.0

④ 58.3

PART 01

1~150p

01 ②	02 ③	03 ②	04 ①	05 ④
06 ②	07 ④	08 ②	09 ②	10 ①
11 ④	12 ④	13 ①	14 ④	15 ①

01 ②

- a–b 간의 합성저항은 휘스톤 브리지와 같아서 평형조건이 성립되므로, 가운데 접속된 저항에는 전류가 흐르지 않는다. 따라서, r=∞와 같으므로 r을 제거하고 합성저항을 구하면 $R_{ab}=\dfrac{2r\cdot 2r}{2r+2r}=\dfrac{4r^2}{4r}=r[\Omega]$이다.
- c–d 간의 합성저항은 2r, r, 2r의 저항을 병렬연결한 것과 같으므로,
$\dfrac{1}{R_{cd}}=\dfrac{1}{2r}+\dfrac{1}{r}+\dfrac{1}{2r}=\dfrac{4}{2r}=\dfrac{2}{r}$, $R_{cd}=\dfrac{r}{2}[\Omega]$이다. 따라서 $R_{ab}=2R_{cd}$ $[\Omega]$이다.

02 ③

병렬연결 시 컨덕턴스는 저항을 컨덕턴스로 바꾸어서 합산하여 풀 수 있다. 즉, $Y_0=Y_1+Y_2=\dfrac{1}{r_1}+\dfrac{1}{r_2}=\dfrac{1}{2}+\dfrac{1}{3}=\dfrac{2\times 3}{2+3}=1.2[\mho]$이다.

03 ②

기전력 E[V], 내부저항 r[Ω]인 전지를 n개 연결하여 부하 R[Ω]에 전류를 흘리면 직렬연결 시 부하 R[Ω]에 흐르는 전류 $I=\dfrac{nE}{nr+R}$이고, 병렬연결 시 부하 R[Ω]에 흐르는 전류 $I=\dfrac{E}{\dfrac{r}{n}+R}$이다. 따라서 전지의 병렬접속

$I=\dfrac{E}{\dfrac{r}{n}+R}=\dfrac{9}{\dfrac{0.2}{10}+9.98}=0.9[A]$이다.

04 ①

30[W]의 저항 $R_1=\dfrac{V^2}{P}=\dfrac{220^2}{30}[\Omega]$, $R_2=\dfrac{V^2}{P}=\dfrac{220^2}{80}[\Omega]$이고, 직렬연결 시에 전류는 일정하고 전압이 저항에 비례하여 배분되기 때문에 전구의 밝기 즉, 전력소모량은 $P=I^2R[W]$로 저항이 큰 쪽이 전력소모가 더 많다. 여기서는 $R_1>R_2$이므로 직렬연결 시 저항이나 전류값을 구하지 않고도 30[W] 전구가 더 밝은 것을 알 수 있다.

05 ④

- 납축전지는 묽은 황산(비중 1.2~1.3) 용액에 PbO_2와 Pb를 넣고 전선을 연결하면 약 2[V]의 전압이 발생한다. 방전 후에는 양극, 음극 모두 $PbSO_4$가 된다.
- 화학식

양극	전해액	음극	방전	양극	전해액	음극
PbO_2	$+\,2H_2SO_4\,+$	Pb	$\rightleftharpoons$ 충전	$PbSO_4$	$+\,2H_2O\,+$	$PbSO_4$

06 ②

쿨롱의 법칙에 의하여 두 전하 사이에 작용하는 힘의 크기는 $F=\dfrac{1}{4\pi\varepsilon}\cdot\dfrac{Q_1\cdot Q_2}{r^2}[N]$이다. 따라서 $F=9\times 10^9\times\dfrac{Q_1\cdot Q_2}{r^2}=9\times 10^9\times\dfrac{(4\times 10^{-6})\times(6\times 10^{-6})}{(2\times 10^{-2})^2}=54[N]$이다.

07 ④

콘덴서 C_1, C_2를 병렬로 접속하고 여기에 전압을 인가하면, 콘덴서 양단에 인가되는 전압은 동일하고, Q=CV에서 V가 일정하므로 Q는 C에 비례한다. 따라서, $Q_1=C_1V=10\times 200=2,000[\mu C]$, $Q_2=C_2V=20\times 200=4,000[\mu C]$이다.

08 ②

평행도선에 미치는 힘 $F=\dfrac{2I_1I_2}{r}\times 10^{-7}[N/m]$이다.

왕복도선은 전류의 크기가 같으므로, $F=\dfrac{2I^2}{r}\times 10^{-7}\times l[N]$,
$I=\sqrt{\dfrac{F\times r\times 10^7}{2\times l}}=\sqrt{\dfrac{2\times 10^{-5}\times(40\times 10^{-2})\times 10^7}{2\times 10}}=2[A]$이다.

09 ②

- 강자성체 : 철(Fe), 니켈(Ni), 코발트(Co), 망간(Mn) 등
- 상자성체 : 알루미늄(Al), 백금(Pt), 텅스텐(W), 주석(Sn), 산소(O_2) 등
- 반자성체 : 구리(Cu), 은(Ag), 아연(Zn), 비스무트(Bi), 안티몬(Sb) 등

10 ①

환상솔레노이드 내부 자계의 세기 $H=\dfrac{NI}{l}=\dfrac{NI}{2\pi r}=\dfrac{20\times 9.42}{2\times 3.14\times 0.1}=300[AT/m]$이며, 솔레노이드 외부자계의 세기는 '0'이다.

11 ④

R–C 병렬회로의 어드미턴스는 $Y'=\dfrac{1}{R}+\dfrac{1}{-jX_c}=\dfrac{1}{R}+j\dfrac{1}{X_c}[\mho]$,
$Y=\sqrt{\left(\dfrac{1}{R}\right)^2+\left(\dfrac{1}{X_c}\right)^2}$이므로

$\cos\theta=\dfrac{G}{Y}=\dfrac{\dfrac{1}{R}}{\sqrt{\left(\dfrac{1}{R}\right)^2+\left(\dfrac{1}{X_c}\right)^2}}=\dfrac{\dfrac{1}{R}}{\sqrt{\dfrac{X_c^2+R^2}{(R\cdot X_c)^2}}}=\dfrac{\left(\dfrac{1}{R}\right)\cdot(R\cdot X_C)}{\sqrt{X_c^2+R^2}}$
$=\dfrac{X_C}{\sqrt{R^2+X_c^2}}$이다.

12 ④

R–L 직렬회로에서 임피던스 $Z'=4+j3[\Omega]$이고, $Z=\sqrt{4^2+3^2}=5[\Omega]$, $\cos\theta=\dfrac{4}{5}=0.80$이다. 따라서 $I=\dfrac{V}{Z}=\dfrac{100}{5}=20[A]$이다.

13 ①

Y결선 $I_l=I_p=\dfrac{V_p}{Z}[\mathrm{A}]$, $V_p=\dfrac{V_l}{\sqrt{3}}[\mathrm{V}]$, $Z=\sqrt{4^2+3^2}=5[\Omega]$이므로,

$$I_l=I_p=\dfrac{\dfrac{V_l}{\sqrt{3}}}{Z}=\dfrac{\dfrac{200\sqrt{3}}{\sqrt{3}}}{10}=20[\mathrm{A}]\text{이다.}$$

14 ④

RLC 직렬회로에서 임피던스는 $Z'=R+j\left(\omega L-\dfrac{1}{\omega C}\right)[\Omega]$이고, 공진조

건은 $\omega_0 L-\dfrac{1}{\omega_0 C}=0$, $f_0=\dfrac{1}{2\pi\sqrt{LC}}[\mathrm{Hz}]$이다. 이때, 임피던스가 최소이

고 회로의 전류는 최대가 된다.

15 ①

- 기본파 : 임피던스 $Z_1=\sqrt{R^2+(2\pi fL)^2}=\sqrt{3^2+4^2}=5[\Omega]$, 전류 $I_1=$
  $\dfrac{V_1}{Z_1}=\dfrac{50}{5}=10[\mathrm{A}]$

- 제3 고조파 : 임피던스 $Z_3=\sqrt{R^2+(2\pi fL)^2}=\sqrt{3^2+(3\times 4)^2}=\sqrt{3^2+12^2}$
  $[\Omega]$, 전류 $I_3=\dfrac{V_3}{Z_3}=\dfrac{30}{\sqrt{3^2+12^2}}\fallingdotseq 2.43[\mathrm{A}]$

따라서 전류의 실효값 $I_{\mathrm{rms}}=\sqrt{I_1^2+I_2^2}=\sqrt{10^2+(2.43)^2}\fallingdotseq 10.29[\mathrm{A}]$이다.

전기기기

파트 소개

전기기기 파트는 회전자기, 전기자 반작용, 전력변환 원리 등 기본 이론에 대해 정확히 이해해야 한다. 각 기기의 구조·원리·특성·기동 및 제어 방식을 도식과 함께 이해하며 암기보다는 개념 중심 학습이 효과적이다. 변압기, 유도전동기, 동기기기 등을 중심으로 계산문제 풀이와 이론 학습을 병행하여 점수 안정화를 꾀해야 한다.

직류기

빈출 태그 ▶ 직류기 구조, 전기자 권선법, 전기자반작용, 기전력, 직류기 종류별 특성 및 용도

01 직류발전기의 원리와 구조

1) 직류발전기의 원리

① 전자유도 작용(기전력 유도 원리)

- 자계 내에 도체를 배치하고, 도체를 움직여 자속의 변화가 발생하면 패러데이의 전자유도 법칙에 의해 기전력이 유도된다.
- 유도된 도체에 회로가 연결되어 있으면 플레밍의 오른손 법칙에 따라 전류가 흐르게 된다.

② 기전력의 크기

- 유도되는 기전력의 크기는 단위 시간당 도체가 끊는 자속의 수에 비례한다.
- 자속 변화량이 클수록, 도체의 수가 많을수록, 회전 속도가 빠를수록 기전력이 커진다.

③ 발전기는 강력한 자계를 만들기 위해 전자석을 사용하고, 다수의 도체를 배치하여 빠른 속도로 회전시켜 큰 기전력을 유도하도록 설계된 것이다.

④ 교류 기전력의 유도

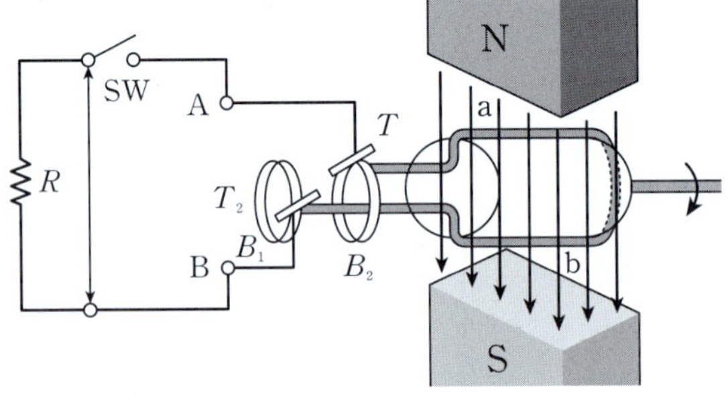

▲ 교류 기전력의 발생 – 교류의 발생

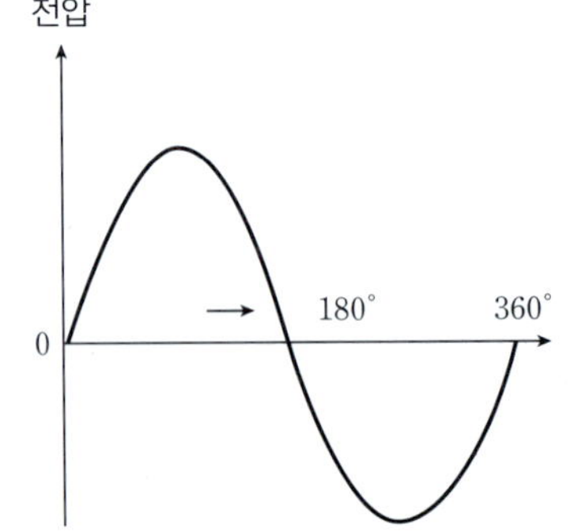

▲ 교류 기전력의 발생 – 도체의 위치에 따른 유도 기전력

- 자속밀도 $B[\mathrm{Wb/m^2}]$인 균일자계 내에서 길이 $l[\mathrm{m}]$인 코일 ab가 시계 방향으로 속도 $v[\mathrm{m/sec}]$로 회전하면, 코일에는 교류 기전력이 유도된다.
- 유도된 교류 기전력의 공식 : $e = Blv\sin\theta[\mathrm{V}]$
- 유도된 교류 기전력은 슬립링(S_1, S_2)과 브러시를 통해 외부 회로로 교류 전류를 공급한다.

2) 직류전압으로의 정류

① 직류 기전력의 발생

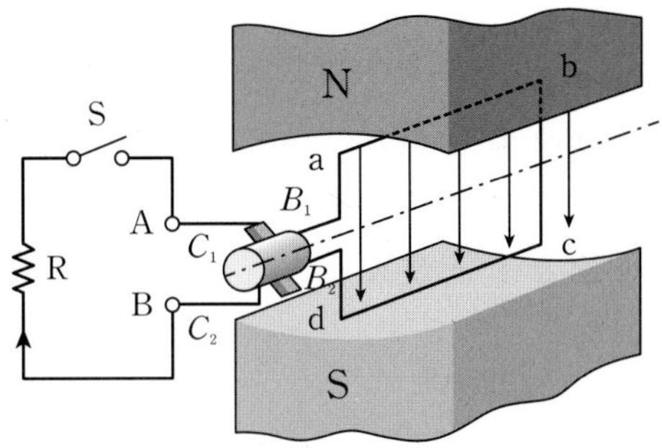

▲ 직류 기전력의 발생 – 구조

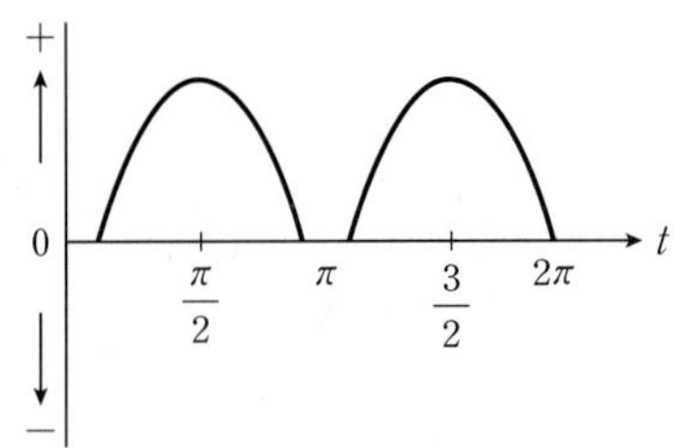

▲ 직류 기전력의 발생 – 파형

- 슬립링 대신 절연된 두 개의 반원형 금속편에 코일 양 끝을 연결하고 회전시키면, 브러시 B_1은 항상 위쪽($+$) 극성, B_2는 항상 아래쪽($-$) 극성을 유지하게 된다.
- 결과적으로 교류 기전력이 정류되어 한 방향의 직류전압이 출력된다.
- 반원형 금속편 C_1, C_2를 정류자편이라 하며, 이들 원통 형태의 정류자편 집합체를 정류자라 한다. 정류자는 유도된 교류전압을 기계적으로 정류하여 직류전압으로 변환하는 역할을 한다.

② 맥류의 감소 및 직류 전압의 평탄화

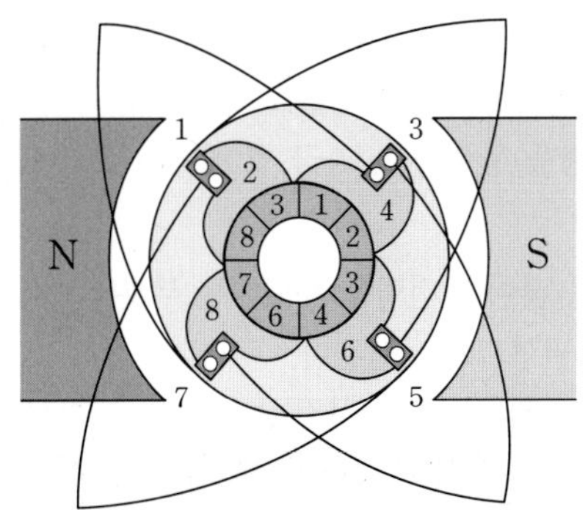

▲ 전기자 코일 배치와 맥동 기전력 – 코일과 정류자 편수

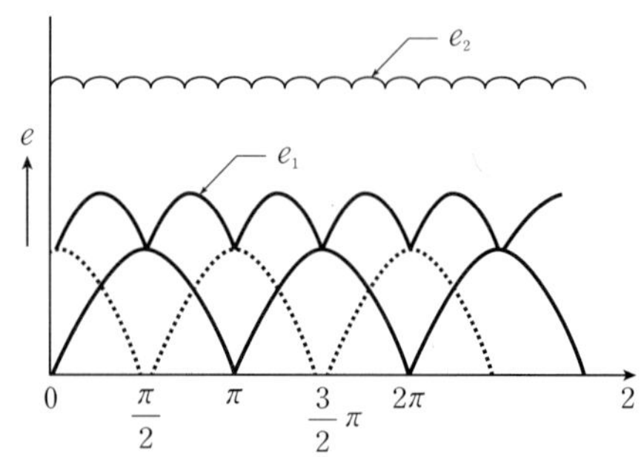

▲ 전기자 코일 배치와 맥동 기전력 – 파형

- 정류자편이 2개인 경우에는 기전력이 맥류 형태로 나타나므로 안정적인 직류 전원으로는 부적합하다.
- 코일 2개, 정류자편이 4개이면 기전력의 맥동이 줄어들어 보다 평탄한 직류 전원을 얻을 수 있다. 결과적으로 직류 출력 전압의 연속성을 높일 수 있다.
- 실제 직류발전기는 다수의 코일을 전기자 철심에 감고, 정류자편 수도 여러 개로 구성하여 맥동이 거의 없는 직류 전압을 출력할 수 있도록 제작한다.

3) 직류발전기의 구조

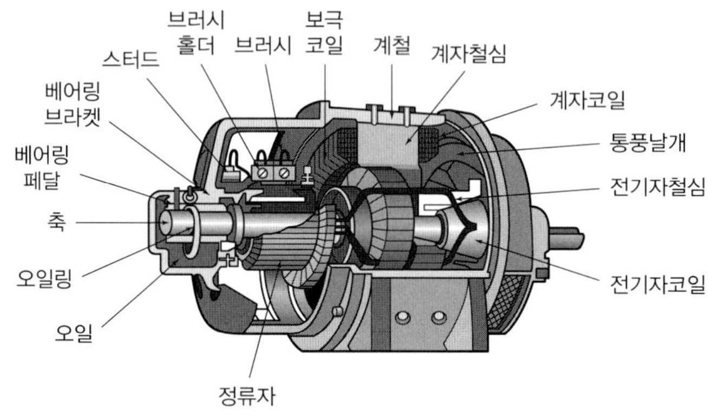

▲ 직류발전기의 구조

① 계자(Field)
- 계자 : 전류를 흘려 자속을 발생시키는 부분
- 계자의 구성요소
    - 계자 권선 : 전류를 흘려 자속을 발생시키는 역할
    - 계자 철심 : 계철과 전기자 사이의 자기회로를 형성하며, 성층된 연강판으로 구성
    - 자극편 : 공극을 통해 자속이 전기자에 고르게 분포되도록 함
    - 계철 : 자속을 통과시키며 외형을 형성하고, 자극 및 베어링 브래킷을 지지하는 역할

② 전기자(Armature)
- 전기자 : 계자에서 발생한 자속을 끊어 기전력을 유도하는 부분
- 전기자는 전기자 철심과 전기자 권선으로 구성된다.
    - 전기자 철심에 자속의 변화에 따라 히스테리시스 손실과 와류 손실이 발생한다.
    - 히스테리시스 손실 감소를 위해 1~1.4[%] 규소가 함유된 규소강판을 사용한다.
    - 와류 손실 감소를 위해 0.35~0.5[mm]의 얇은 규소강판을 성층하여 사용한다.

- 슬롯(홈)은 권선을 감기 위한 공간이며, 소형기에는 반폐 슬롯, 중·대형기에는 개방형 슬롯을 사용한다.
- 전기자 권선은 소전류용에는 둥근 구리선을, 대전류용에는 평각 구리선을 사용한다.
- 권선이 슬롯 밖으로 튀어나오지 않도록 쐐기로 고정하고, 바인드 선으로 마무리한다.

③ 공극(Air Gap)

- 공극 : 자극편과 전기자 사이의 간극
- 공극이 좁을수록 계자 권선의 기자력을 적게 해도 되지만, 너무 좁으면 진동으로 인한 기계적 고장 위험이 커진다.
- 공극의 표준 간격은 일반적으로 소형기는 약 3[mm], 대형기는 약 6~8[mm]로 설정한다.

④ 정류자(Commutator)

- 정류자 : 전기자 권선에서 유도된 교류를 직류로 정류해 주는 부분
- 운전 중에는 항상 브러시와 접촉하므로 전기적·기계적으로 견고해야 한다.

⑤ 브러시(Brush)

- 정류자와 접촉하여 전기자 권선과 외부 회로를 연결한다. 이때, 접촉 저항은 적절해야 하며, 정류자 손상을 방지하고, 마모가 적고 내구성이 있어야 한다.
- 브러시는 브러시 홀더에 장착되고, 스프링을 이용하여 약 $0.15{\sim}0.25[kg/cm^2]$의 압력으로 정류자에 접촉되도록 유지된다.
- 브러시의 종류
  - 탄소 브러시 : 소형 및 저속기에 사용
  - 흑연 브러시 : 대전류 및 고속기에 사용
  - 전기 흑연질 브러시 : 특성이 우수하여 가장 널리 사용
  - 금속 흑연질 브러시 : 저전압·대전류 용도로 사용

4) 전기자 권선법

① 환상권, 고상권

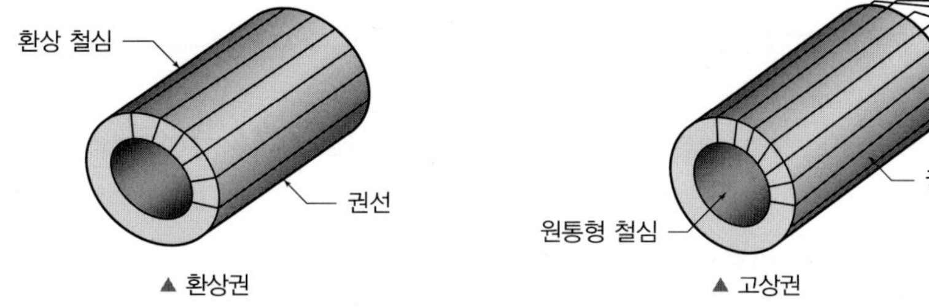

- 환상권(Ring Winding)
  - 전기자 철심 둘레에 링 모양으로 절연 도선을 감는 방식이다.
  - 구조가 단순하나, 도체 길이가 길어 기계적 강도와 전기적 손실이 크다.
  - 제작이 어려워 현재는 거의 사용되지 않는다.
- 고상권(Drum Winding)
  - 도체를 전기자 표면에 배치하는 방식이다.
  - 제작 및 수리가 용이하여 전기자 권선에 가장 널리 사용된다.
  - 도체 길이가 짧아 효율이 높고, 구조가 견고하다.

② 단층권, 이층권

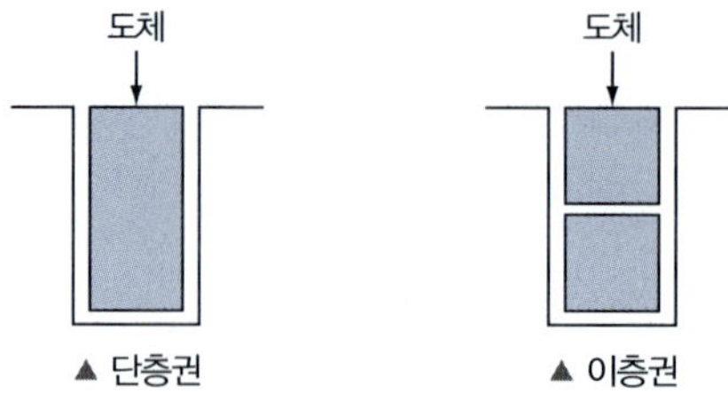

▲ 단층권　　　　▲ 이층권

- 단층권(Single Layer Winding)
  - 하나의 슬롯에 1개의 코일만 수용하는 방식이다.
  - 구조가 단순하나, 공간 활용이 비효율적이다.
- 이층권(Double Layer Winding)
  - 하나의 슬롯에 2개의 코일(상하층)을 배치하는 방식이다.
  - 대부분의 직류기에서 사용되며, 전기적 · 기계적 대칭성과 효율성이 우수하다.

③ 중권, 파권

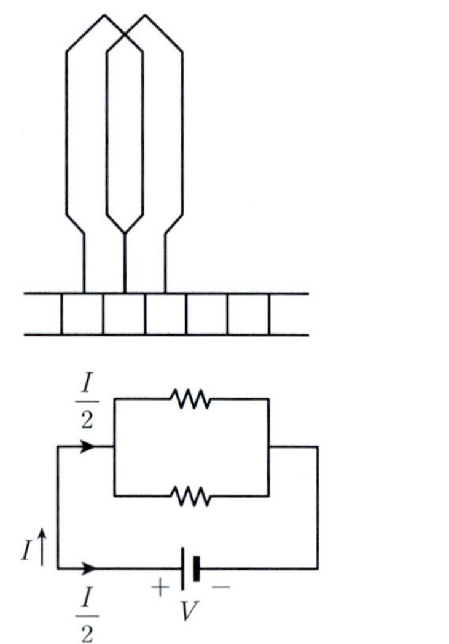
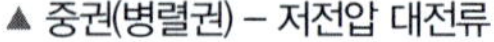

▲ 중권(병렬권) − 저전압 대전류

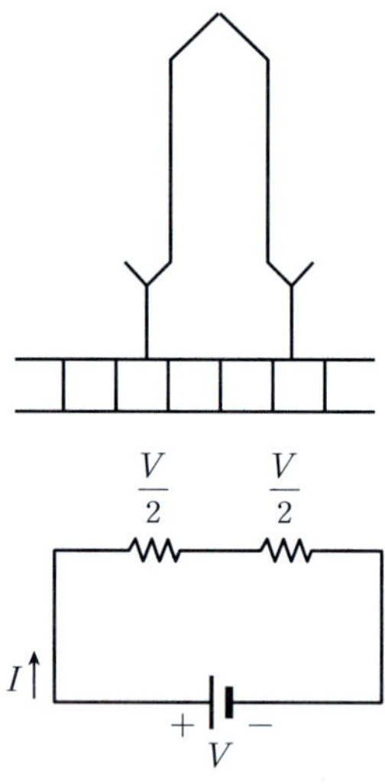

▲ 파권(직렬권) − 고전압 소전류

- 중권(Lap Winding)
  - 자극 수 P와 같은 수의 병렬회로 a를 형성한다.
  - 하나의 자극 밑에 여러 개의 코일이 배치된다.
  - 각 병렬회로에 흐르는 전류는 $I = \dfrac{I_a}{a}[\text{A}]$이다.
  - 저전압 · 대전류 전원에 적합하다.
  - 병렬회로 수가 많으므로 균압선이 필요하다.
- 파권(Wave Winding)
  - 자극 수와 관계없이 병렬회로 수 a가 2가 되도록 연결한다.
  - 각 병렬회로에 흐르는 전류는 $I = \dfrac{I_a}{2}[\text{A}]$이다.
  - 고전압 · 저전류 전원에 적합하다.
  - 병렬회로 수가 적어 균압선이 필요 없다.

• 중권과 파권의 비교

구분	중권	파권
병렬회로 수	P	2
브러시 수	P	2(극수만큼 가능)
용도	저전압, 대전류	고전압, 저전류
균압선 필요 여부	균압선 필요	균압선 불필요

02 직류발전기의 개요

01 직류발전기 이론

1) 유도 기전력

① 직류발전기의 유도 기전력 E[V]는 구성요소에 따라 결정된다.
- 전기자 총 도체 수 : Z
- 1극당 자속 : ϕ[Wb]
- 자극 수 : P
- 회전 수 : N[rpm]
- 병렬회로 수 : a

② 유도 기전력의 공식

$$v = \pi D n = 2\pi r \times \frac{N}{60}[\text{m/s}]$$

$$e = Blv = Bl \cdot \frac{2\pi r N}{60}[\text{V}]$$

③ 자속밀도 및 단일 도체 기전력

$$B = \frac{\text{전체자속}}{\text{원통의 표면적}} = \frac{P\phi}{2\pi r l}[\text{Wb/m}^2]$$

$$e = Blv = \frac{P\phi}{2\pi r l} \cdot l \cdot \frac{2\pi r N}{60} = P\phi\frac{N}{60}[\text{V}]$$

④ 총 유도 기전력
- 병렬회로 수 a, 총 도체 수 Z, 회전 수 N을 고려한 전체 유도전압

$$E = e \cdot \frac{Z}{a} = P\phi\frac{N}{60} \cdot \frac{Z}{a} = PZ\phi\frac{N}{60a}[\text{V}] = K\phi N[\text{V}]$$

- $K = \dfrac{PZ}{60a}$는 발전기의 구조상 일정한 상수이다.

2) 전기자 반작용(Armature Reaction)

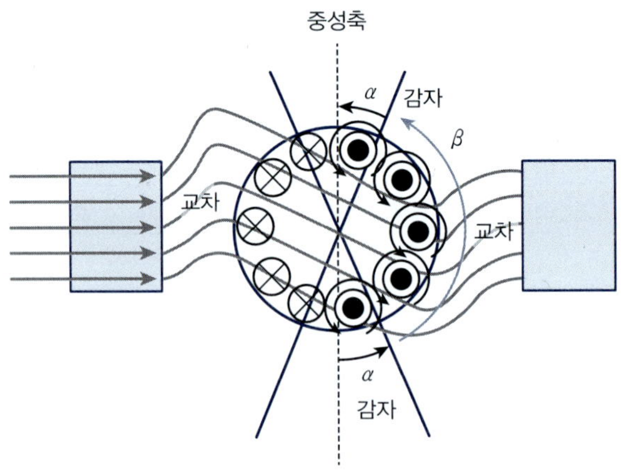

▲ 전기자 반작용에 의한 주자속

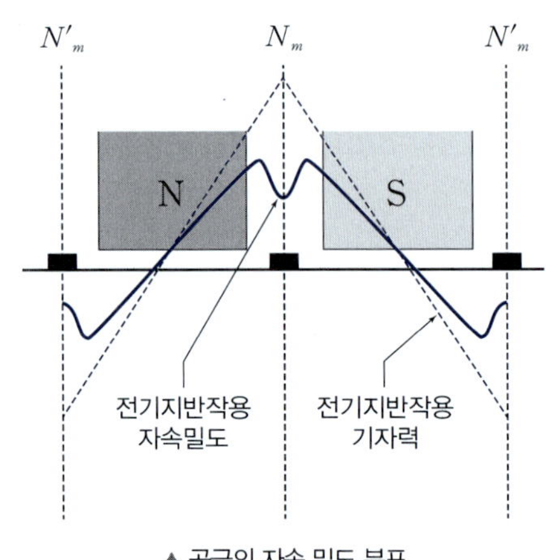

▲ 공극의 자속 밀도 분포

① 전기자 반작용 : 직류발전기에 부하가 접속되어 전기자 권선에 전류가 흐르면, 이 전류에 의한 자기작용이 주자속에 영향을 주는 현상

② 전기자 반작용의 영향
- 주자속의 분포가 왜곡되어 자극의 중성축이 이동하고, 브러시에 불꽃이 발생한다.
- 주자속이 감소되어 유도전압이 저하된다.

③ 전기자 반작용의 해소 방법
- 브러시의 위치를 전기적 중성점(발전기의 경우 회전 방향)으로 이동한다. 단, 부하 변화에 따라 중성점이 이동하여 효과가 불완전하므로 일시적 보완책이다.
- 보상권선(Compensating Winding)을 주자극 표면에 설치하고 전기자 권선과 직렬로 연결하여, 전기자 전류와 반대 방향의 전류를 흘려 전기자 기자력을 상쇄한다.
- 보극(Inter Pole)을 주자극 사이에 설치하여, 전기자 자속과 반대 방향의 기자력을 유도하여 전기자 반작용을 부분적으로 상쇄한다. 이때 일반적으로 보상권선과 보극을 동시에 적용한다.

전기자 반작용과 정류 방향 구분법
- 발전기 : 자속 왜곡 → 회전방향 따라감
- 전동기 : 자속 왜곡 → 회전방향 반대

발따 전반(발전기는 따라가고, 전동기는 반대)이라고 기억하면 쉽게 암기할 수 있다.

3) 정류작용(Commutation)

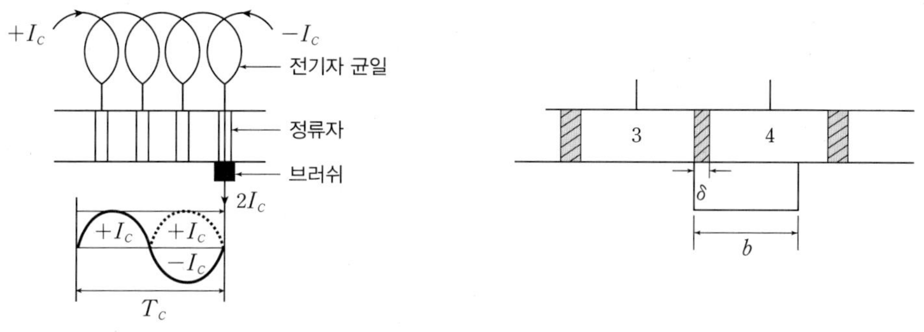

▲ 코일의 정류작용　　　　　▲ 코일의 정류시간

① 정류 : 전기자 도체의 전류가 정류자와 브러시를 통과할 때 전류 방향이 바뀌며, 유도된 교류가 직류로 변환되는 현상

② 정류시간은 단락 시작부터 종료까지의 기간으로, 일반적으로 0.5~2[ms]로 매우 짧다.

③ 정류 곡선의 특징

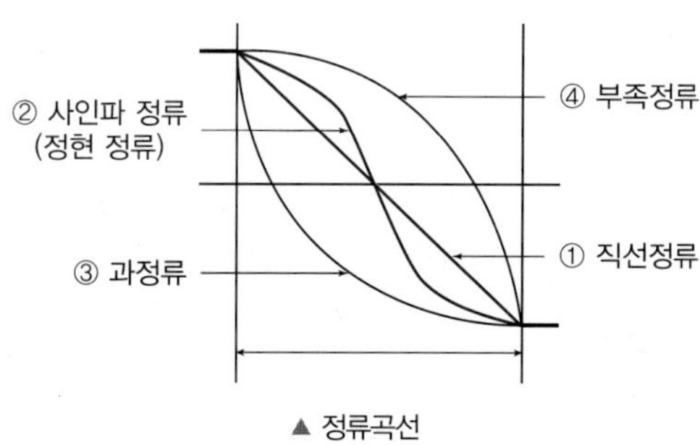

▲ 정류곡선

- 과정류 : 전류 변화가 정류 시작점에서 급격히 커져 브러시 앞쪽에서 불꽃이 발생
- 부족정류 : 리액턴스 전압에 의해 정류 종료점에서 전류 변화가 커져 브러시 뒤쪽에서 불꽃이 발생

④ 부하의 영향
- 부하가 증가하면 전기자 전류가 커져 리액턴스 전압도 증가한다.
- 불꽃이 더 자주 발생하며 정류자와 브러시의 손상을 초래하고 수명 단축을 유발한다.

⑤ 정류 개선 방법
- 저항정류(Resistance Commutation) : 탄소질 브러시 사용을 통해 브러시 접촉 저항을 높여 정류 시 전류를 줄이고 정류 안정성을 높임
- 전압정류(Voltage Commutation) : 보극을 사용하여 정류 중 코일의 리액턴스 전압을 상쇄하여 정류 품질을 개선

1) 직류발전기의 종류

① 여자 방식에 따른 분류

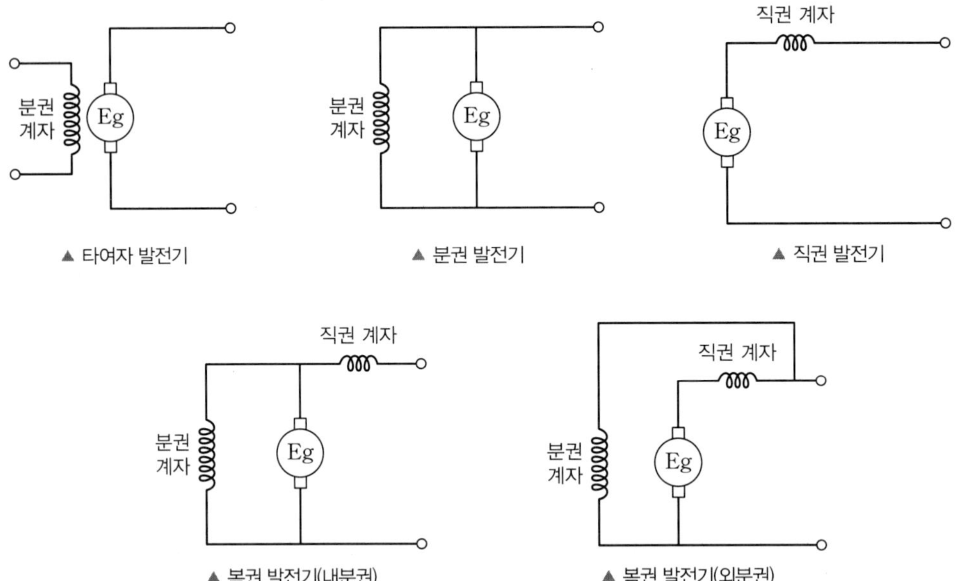

- 타여자 발전기(Separately Excited) : 외부 전원으로부터 여자전류를 공급받기 때문에 제어 범위가 넓고 정밀
- 자여자 발전기(Self Excited) : 자체 유도된 전압으로부터 여자전류를 공급

② 자여자 발전기의 종류

- 직권 발전기(Series Generator) : 계자 권선이 전기자 권선과 직렬로 연결되어 있다.
- 분권 발전기(Shunt Generator) : 계자 권선이 전기자 권선과 병렬로 연결되어 있다.
- 복권 발전기(Compound Generator) : 직권과 분권 계자 권선을 모두 갖는 구조이며, 계자 권선의 접속 방식에 따라 구분된다.
- 복권 발전기의 세부 분류
  - 내분권 발전기 : 분권 계자 권선이 전기자와 직권 계자 사이에 연결
  - 외분권 발전기 : 분권 계자 권선이 직권 계자 외부에서 연결
  - 가동복권 발전기(Cumulative Compound) : 직권 계자의 기자력이 분권 계자의 기자력을 증가시킴
  - 차동복권 발전기(Differential Compound) : 직권 계자의 기자력이 분권 계자의 기자력을 감소시킴
- 실용적으로 복권발전기는 내분권 발전기가 주로 사용되며, 내·외분권의 구별 실익은 크지 않다.

2) 타여자 발전기

① 특성 곡선(Characteristic Curve)의 종류

- 특성 곡선 : 직류발전기의 상태별 특성을 나타내는 곡선
- 대표적인 특성 곡선 : 무부하 특성곡선, 부하 특성곡선, 외부 특성곡선

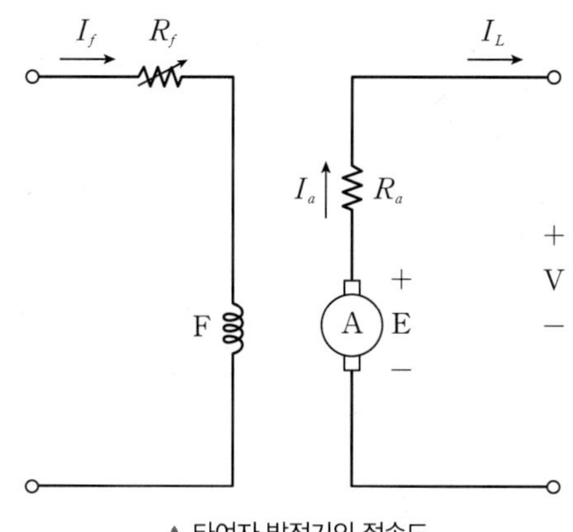

▲ 타여자 발전기의 접속도

② 무부하 특성곡선

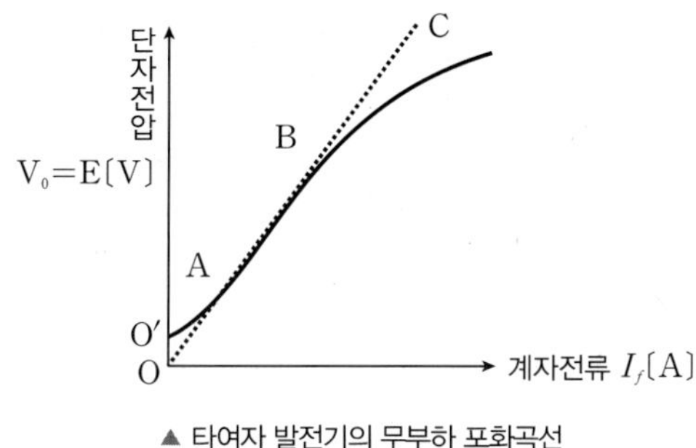

▲ 타여자 발전기의 무부하 포화곡선

- 무부하 포화곡선 : 회전수 N[rpm]을 일정하게 유지한 상태에서 계자전류 $I_f[A]$와 무부하시 단자전압 $V_0(=E)[V]$ 사이의 관계를 표시한 곡선
- 유도 기전력의 공식

$$- E=PZ\phi\frac{N}{60a}=K\phi N[V]$$

   - N이 일정할 경우 $E\propto\phi$, $\phi\propto I_f$이므로, 포화 전까지는 $E\propto I_f$ 관계가 성립한다.

③ 부하 특성곡선

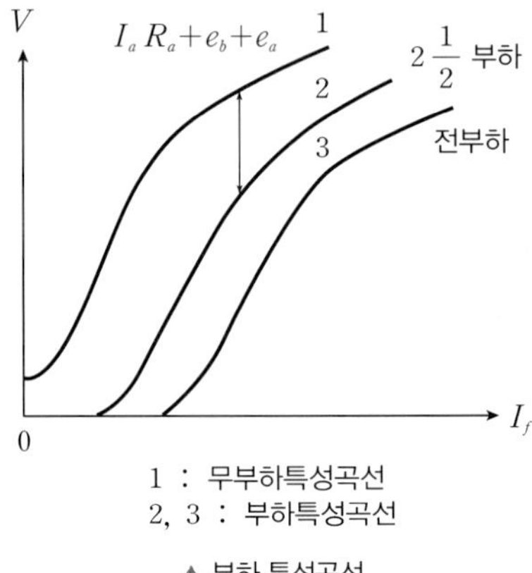

▲ 부하 특성곡선

- 부하 특성곡선 : 발전기의 회전수 N 및 전기자 전류 $I_a[\text{A}]$를 일정하게 유지한 상태에서 계자전류 $I_f[\text{A}]$와 단자전압 $V[\text{V}]$ 사이의 관계를 나타낸 곡선
- 부하가 증가하면 전압 강하로 인해 곡선은 점차 아래로 이동하게 된다.

④ 외부 특성곡선

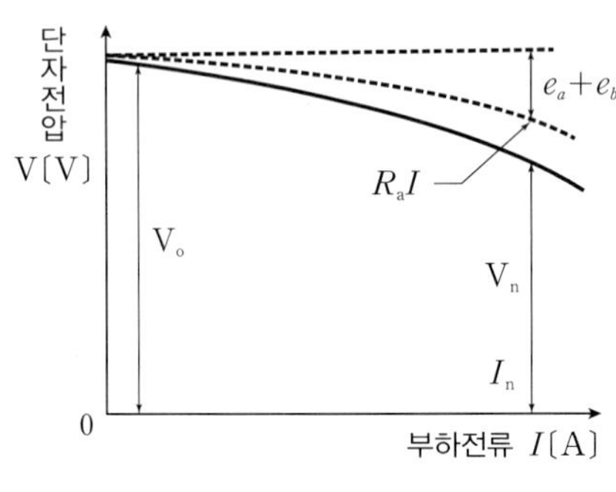

▲ 외부 특성곡선

- 외부 특성곡선 : 회전수 N[rpm]과 계자 전류 $I_f[\text{A}]$를 일정하게 유지한 상태에서 부하전류 $I_L[\text{A}]$와 단자전압 $V[\text{V}]$ 사이의 관계를 나타낸 곡선
- 부하전류 $I_L[\text{A}]$이 증가하면 단자전압 V는 점차 감소하게 된다.
- 유기 기전력과 단자 전압의 관계식 : $E = V + I_a R_a [\text{V}]$(단, 브러시 전압강하 $e_b[\text{V}]$, 전기자 반작용 전압강하 $e_a[\text{V}]$는 무시한다.)

⑤ 타여자 발전기의 특징 및 용도

- 계자전류를 전기자 전압과 독립적으로 조정할 수 있다.
- 단자 전압 강하가 작고, 전압 조정 범위가 넓다.
- 타여자 발전기의 용도 : 전기화학용 직류 전원, 전압 조정용 발전기(워드레오나드 방식, 일그너 방식 등), 동기 발전기의 주 여자기

3) 분권 발전기

① 전기자 권선과 계자 권선이 발전기 단자에서 병렬로 연결된 구조를 가진다.

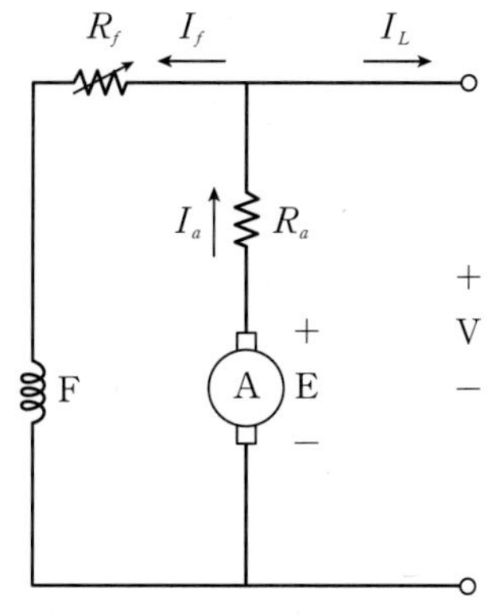

▲ 분권 발전기의 접속도

② 무부하 포화곡선

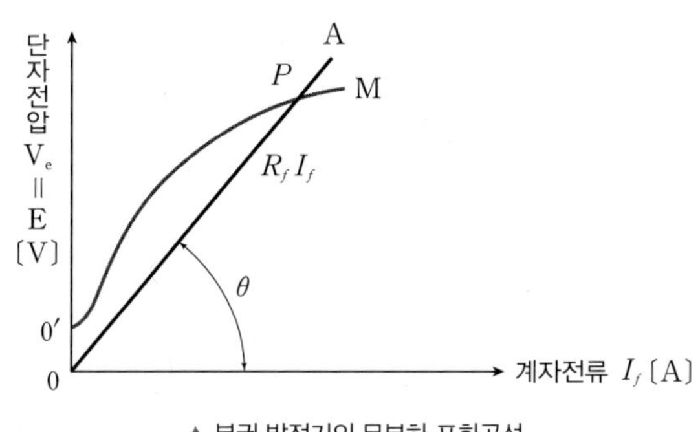

▲ 분권 발전기의 무부하 포화곡선

- 곡선에서 OO'는 계자에 남은 잔류 자기에 의한 잔류 전압을 의미한다.
- 전압의 확립(Voltage Build−up) : 잔류 전압으로 인해 전기자와 계자 권선에 소량의 전류가 흘러 계자가 여자되며, 여자 전류가 점차 증가함에 따라 단자전압도 증가하여 정격 전압에 도달하는 현상

③ 분권 발전기의 특징
- 전압 변동율이 적다.
- 계자 저항기를 사용하여 전압 조정이 가능하다.
- 타여자 발전기와 동일하게 정전압 특성을 가진다.

④ 분권 발전기의 용도 : 전기 화학용 전원, 전지 충전용 전원, 동기기 여자용 전원 등 안정적인 전압 공급이 필요한 곳에 널리 사용된다.

4) 직권 발전기

① 발전기 단자 측에서 전기자 권선과 계자 권선이 직렬로 연결된 구조이다.

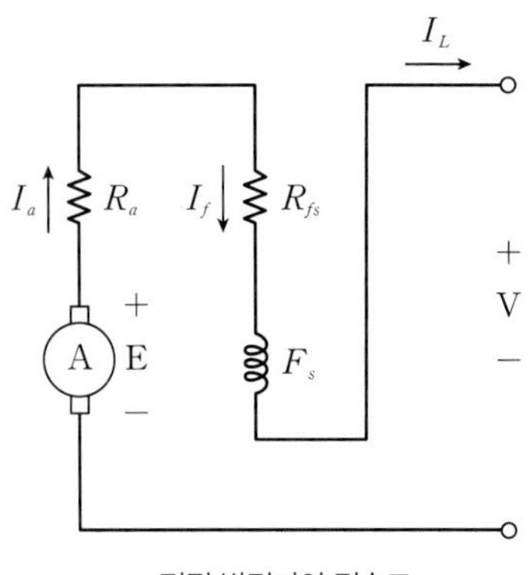

▲ 직권 발전기의 접속도

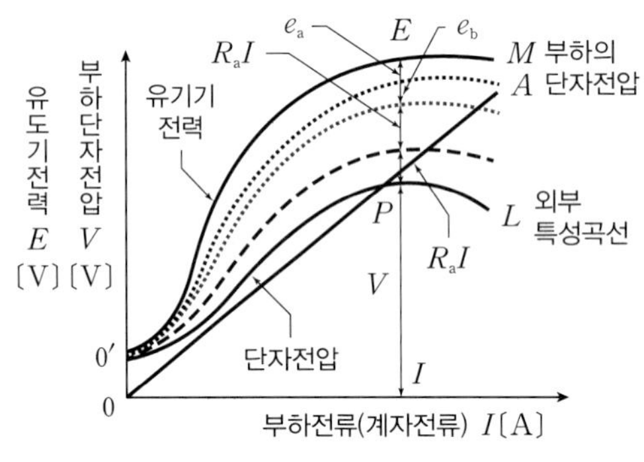

▲ 직권 발전기의 외부 특성곡선

② 무부하 시 잔류 자기로 인해 미량의 유도 기전력은 존재하나, 계자 권선에 지속적인 여자 전류를 확보할 수 없어 전압의 확립은 불가능하다.

③ 부하 시 특성

- 전기자 전류(I_a)＝계자 전류(I_f)＝부하 전류(I_L)이므로, 부하 전류 I_L[A]이 증가하면 유도 기전력 E[V] 및 단자 전압 V[V]도 함께 증가한다.
- 전압 관계식 : $E = V + I_a(R_a + R_s)\,[V]$

④ 한계 및 용도

- 부하 전류가 일정 한도를 넘어서면 단자 전압 강하가 급격히 증가한다.
- 일반적인 전원으로는 부적합하며, 전압 강하가 큰 선로의 전압 보상용 승압기(Booster)로 가끔 사용된다.

5) 복권 발전기

① 복권 발전기는 직권 계자 권선과 분권 계자 권선이 모두 존재하는 직류 발전기이다.

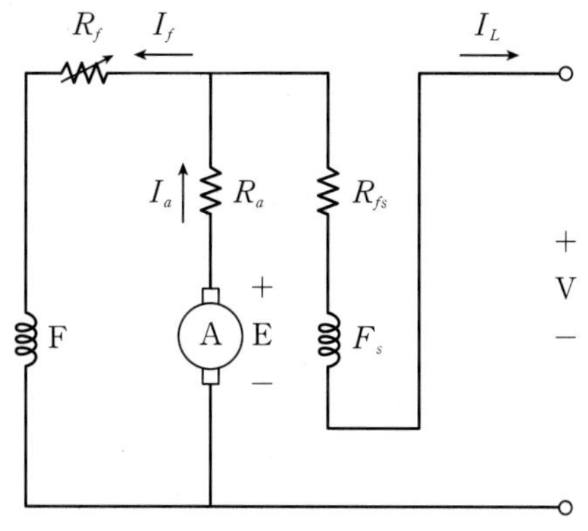

▲ 복권 발전기의 접속도

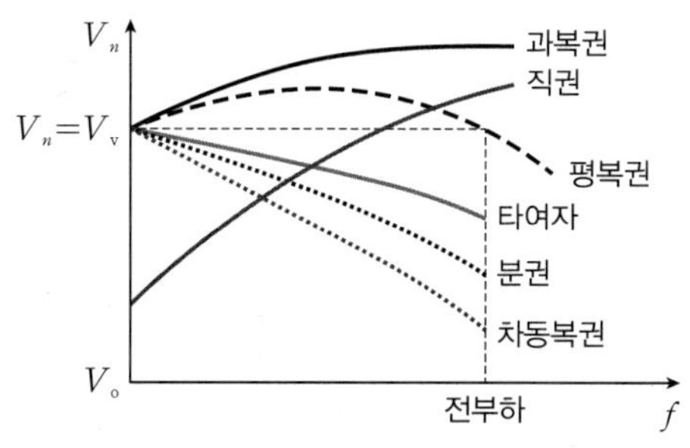

▲ 복권 발전기의 외부 특성곡선

② 가동 복권 발전기(Cumulative Compound Generator)
- 전기자 권선과 직렬로 연결된 직권 계자 권선의 기자력이 분권 계자의 기자력을 보강하는 방식이다.
- 전기자 반작용에 의한 자속 감소와 전기자 저항에 의한 전압 강하를 보완하는 효과가 있다.
- 가동 복권 발전기의 유형
  - 평복권 발전기(Flat—compound Generator) : 무부하 전압과 전부하 전압이 비슷하여, 부하 변화에 관계없이 단자 전압이 거의 일정
  - 과복권 발전기(Over—compound Generator) : 직권 계자를 강하게 설계하여 전부하 전압 〉 무부하 전압이 되도록 함
  - 차동 복권 발전기(Differential Compound Generator) : 직권 계자 권선의 기자력이 분권 계자의 기자력을 감쇄하도록 설계되어 부하 증가 시 단자 전압이 현저히 감소하나, 부하 전류는 일정하게 유지되는 특성(수하 특성)을 가진다.

③ 복권 발전기의 용도
- 평복권 발전기는 단자 전압이 일정하여 일반 직류 전원, 전기기계의 여자 전원 등에 사용된다.
- 차동 복권 발전기는 수하 특성으로 인해 용접기 전원 등 정전류 공급용으로 사용된다.

6) 직류발전기의 운전

① 기동 · 정지 순서

- 기동 절차
  - 계자 개폐기를 닫고, 계자 저항기를 최대로 설정한다.
  - 주회로 스위치를 열어 놓은 상태에서 기동하여, 규정 회전수까지 가속한다.
  - 계자 저항기를 조정하여 규정 전압을 유도한다.
  - 주회로 스위치를 닫고, 부하를 서서히 증가시킨다.
- 정지 절차(기동 순서의 역순으로 수행)
  - 부하를 최저부하까지 감소시킨 다음, 주개폐기를 열어 부하를 차단한다.
  - 계자회로를 개방하여 무전압 상태로 만든다. 단, 분권 계자 권선은 인덕턴스가 크므로, 계자 회로를 열 때 고전압이 유도되어 절연 파괴 위험이 있다.
  - 절연 파괴를 방지하기 위해, 계자 회로 개방과 동시에 방전용 저항을 분권 계자 권선에 병렬 연결하여 고전압을 억제한다.

② 병렬운전

- 분권 발전기 병렬운전의 조건
  - 단자 전압이 동일해야 한다.
  - 외부 특성이 일치하고, 발전기의 용량이 동일해야 한다.
- 직권 및 복권 발전기 병렬운전
  - 수하 특성이 없으므로, 적절한 부하 분담이 어렵다.
  - 부하를 분담하기 위해 양 발전기의 직권 계자 권선 단자를 서로 연결하는 균압선이 필요하다.

03 직류전동기의 개요

01 직류전동기 이론

1) 직류전동기의 원리

① 직류전동기

- 직류전동기 : 직류 전원을 사용하여 회전력을 발생시키는 전기기기
- 주로 위치 제어나 속도-토크 특성이 중요한 산업용 부하에 사용된다.
- 예 제철소 압연기, 전기철도, 기중기 등

② 작동 원리

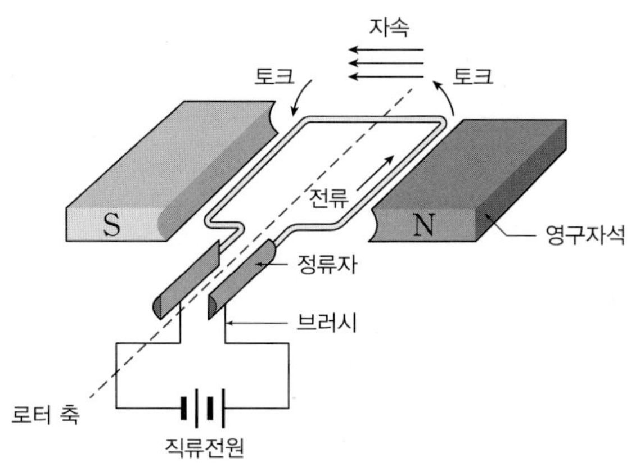

▲ 직류 전동기의 원리

- 평등 자계 내에 놓인 코일에 정류자를 접속하고 브러시를 통해 직류 전압을 공급하면 코일에 전류가 흐르고 플레밍의 왼손 법칙에 따라 회전운동이 발생한다.
- 코일이 회전해도 정류자와 브러시의 작용에 의해 각 자극 측 도체의 전류 방향은 항상 일정하므로, 전기자는 계속 동일한 방향으로 회전하게 된다.

③ 발전기와의 관계
- 직류전동기는 직류발전기와 구조가 동일하다.
- 발전기와 전류의 방향만 반대이므로 하나의 기기를 발전기 또는 전동기로 모두 사용할 수 있다.

2) 전기자의 역기전력과 전류

① 역기전력의 개념

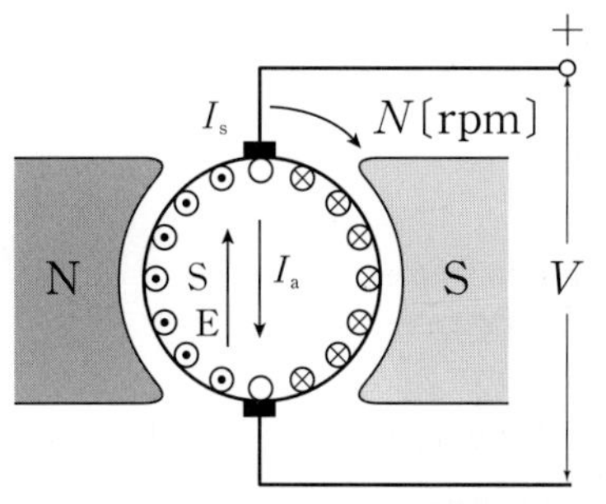

▲ 역기전력과 전기자 전류 – 도체의 전류방향

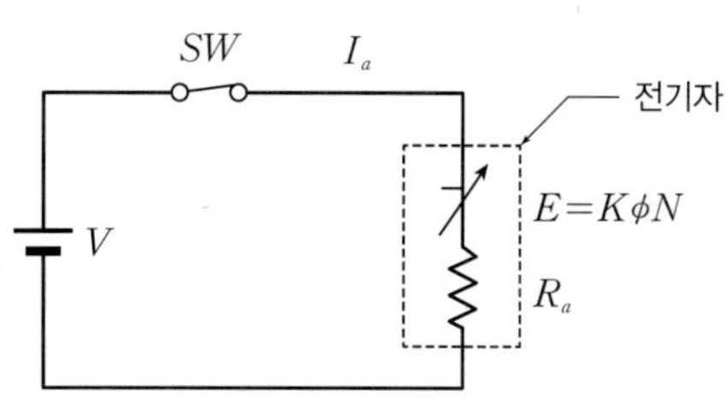

▲역기전력과 전기자 전류 – 등가회로

- 직류전동기에 전압 V[V]를 인가하여 전기자에 전류가 흐르면, 전동기는 회전하게 되고, 그 결과 코일 내에 자속 절단 작용이 발생한다.
- 렌츠의 법칙에 따라 전류의 흐름을 방해하는 방향의 기전력, 즉 역기전력(E)이 유도된다.

② 역기전력(E)의 공식

$$E=PZ\phi\frac{N}{60a}=K\phi N[\text{V}]\ \ \text{단, } K=\frac{PZ}{60a}$$

- 자극 수 : P
- 1극당 자속 : $\phi[\text{Wb}]$
- 총 도체 수 : Z
- 병렬 회로 수 : a
- 회전수 : N[rpm]

③ 단자전압과 역기전력의 관계식

$$E=V-I_aR_a[\text{V}]$$

- 단자전압 : $V[\text{V}]$
- 전기자전류 : $I_a[\text{A}]$
- 전기자 저항 : $R_a[\Omega]$

3) 속도, 토크 및 출력

① 직류전동기의 역기전력

- 공식 : $E=V-I_aR_a=PZ\phi\dfrac{N}{60a}[\text{V}]$

- 속도

  - 공식 : $N=\dfrac{60a}{PZ\phi}(V-I_aR_a)=K\dfrac{(V-I_aR_a)}{\phi}[\text{rpm}]\ \ (\text{단, } K=\dfrac{60a}{PZ}\text{이다.})$

  - 단자전압 V에 비례하고 자속 ϕ에 반비례한다.
  - 전기자 전류에 의한 전압강하 $I_aR_a[\text{V}]$가 클수록 속도는 감소한다.

② 토크(회전력)

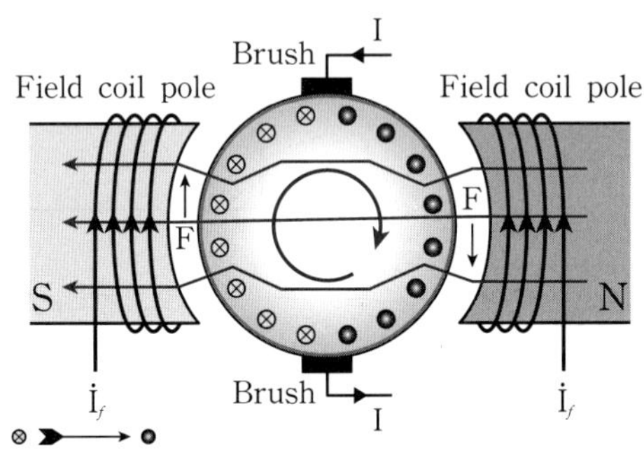

▲ 직류전동기의 회전력(토크)

- 자속밀도 $B[\text{Wb/m}^2]$, 도체 길이 l[m], 전류 I[A], 전기자 지름 D[m]일 때 1개의 도체에 작용하는 힘 : $F=BIl[\text{N}]$

- 도체에 작용하는 회전력 : $\tau = F \cdot \dfrac{D}{2} = BIl \cdot \dfrac{D}{2}[\mathrm{N \cdot m}]$

- 자속밀도 : $B = \dfrac{\text{전체 자속}}{\text{원통의 표면적}} = \dfrac{P\phi}{\pi Dl}[\mathrm{Wb/m^2}]$

- 총 도체 수 Z, 병렬회로 수 a, 전기자 전류 $I_a[\mathrm{A}]$일 때 도체 1개당 전류 : $I = \dfrac{I_a}{a}[\mathrm{A}]$

  - 전체 회전력(토크)의 공식

$$T = Z \cdot \tau = Z \cdot BIl \cdot \dfrac{D}{2} = Z \cdot \dfrac{P\phi}{\pi Dl} \cdot \dfrac{I_a}{a} \cdot l \cdot \dfrac{D}{2} = \dfrac{PZ}{2\pi a} \cdot \phi I_a = K\phi I_a[\mathrm{N \cdot m}] \ (\text{단}, K = \dfrac{PZ}{2\pi a}\text{이다.})$$

  - 회전력 $\mathrm{T[N \cdot m]}$는 전기자 전류 $I_a[\mathrm{A}]$와 1극당 자속 $\phi[\mathrm{Wb}]$에 비례한다.

③ 전기자의 역기전력은 $E = V - I_a R_a[\mathrm{V}]$이므로, 전기자 입력은 $P_a = VI_a = (E + I_a R_a)I_a = EI_a + I_a^2 R_a[\mathrm{W}]$이다.

- 기계적 출력 공식
  - 기계적 출력은 항상 $P_0[\mathrm{W}]$로 표시한다.
  - $I_a^2 R_a[\mathrm{W}]$: 전기자에서의 손실 전력
  - $EI_a[\mathrm{W}]$: 기계적 유효 출력
  - $P_0[\mathrm{W}]$: 기계적 출력

$$P_0 = EI_a = PZ\phi\dfrac{N}{60a} \cdot I_a = \omega \cdot T = \dfrac{2\pi NT}{60}[\mathrm{W}]$$

4) 전기자 반작용과 정류

① 전기자 반작용의 원인과 결과
- 직류전동기의 전기자 반작용은 전기자 전류에 의해 발생한다.
- 기본 원리는 직류발전기와 동일하나, 전기자 전류 방향이 반대이므로 영향의 방향도 반대가 된다.

② 전기자 반작용의 효과
- 주자속의 왜곡 방향 : 발전기와 반대 방향으로 형성
- 전기적 중성축의 이동 방향 : 발전기와는 반대 방향으로 이동

③ 정류 개선을 위한 조치
- 브러시 위치를 발전기와 반대 방향으로 이동시킨다.
- 보극 및 보상권선의 연결 극성을 발전기와 반대 극성으로 연결해야 한다.

1) 직류전동기의 특성

① 타여자 전동기

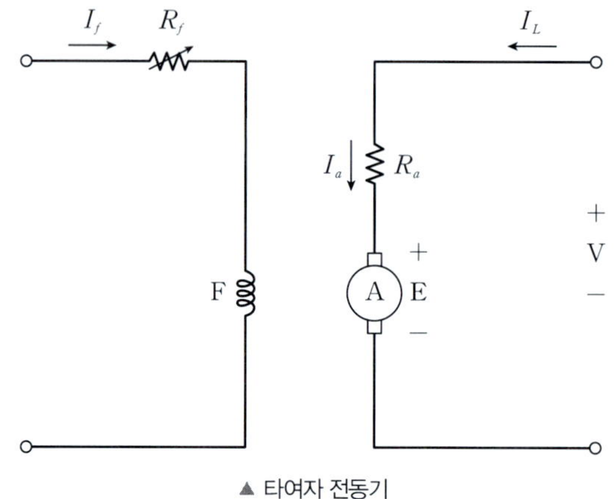

▲ 타여자 전동기

- 속도 특성 : $N = K \dfrac{(V - I_a R_a)}{\phi}[\text{rpm}]$

- 타여자 전동기는 자속 $\phi[\text{Wb}]$가 거의 일정하므로, $N \propto (V - I_a R_a)$이다.
  - 전기자 저항 $R_a[\Omega]$이 작기 때문에, 전기자 반작용을 고려하면 속도는 전부하에서 거의 일정하게 유지된다. 따라서 정속도 전동기로 분류된다.
  - 계자 전류 $I_f[\text{A}] = 0$이 되면 자속 $\phi = 0$이 되므로 주의해야 한다. 이때 속도가 무한대로 증가하여 위험하므로 계자 회로에 퓨즈를 넣지 말아야 한다.
- 토크 특성
  - 토크의 공식 : $T = K \phi I_a[\text{N} \cdot \text{m}]$
  - 부하 전류가 작을 때($I_f[\text{A}]$ 일정 유지 → 자속 ϕ 일정) 토크는 부하전류 $I_L[\text{A}]$에 비례한다.
  - 전류가 커지면 전기자 반작용에 의해 ϕ가 감소하여 토크는 완만하게 증가한다.
- 속도 조정 범위가 넓고, 정속 운전이 가능한 특성을 가진다.
- 압연기, 엘리베이터, 기타 속도 제어가 필요한 산업용 구동장치에 활용된다.

② 직권 전동기

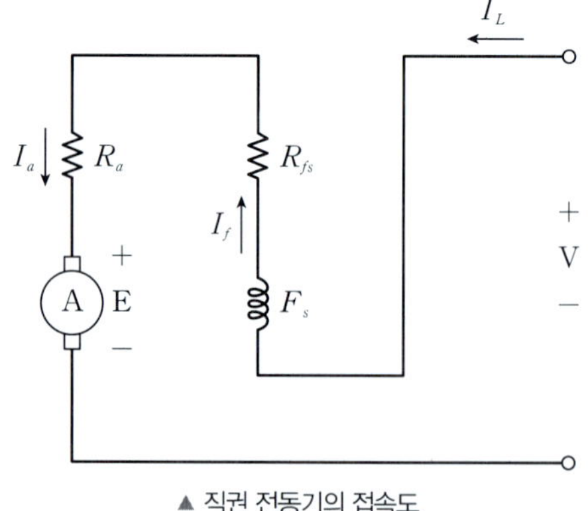

▲ 직권 전동기의 접속도

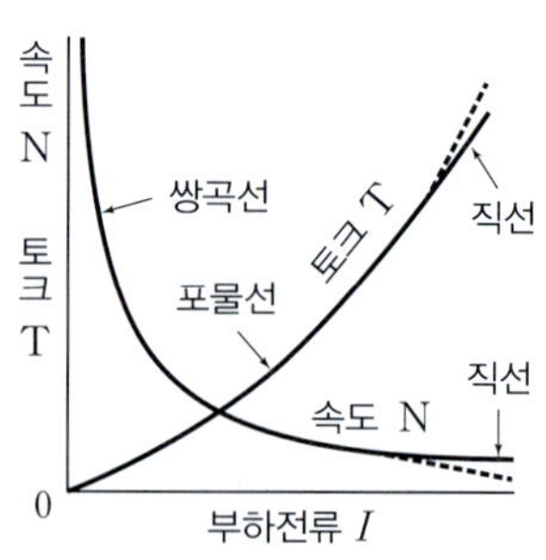

▲ 직권 전동기의 특성곡선

- 구조 및 전류 관계
  - 계자 권선과 전기자 권선이 직렬로 연결된 구조이다.
  - 따라서 전기자 전류 I_a, 계자 전류 I_f, 부하 전류 I_L은 동일하다.
- 속도 특성
  - 속도식 : $N=K\dfrac{V-I_a(R_a+R_s)}{\phi}[\text{rpm}]$

  - 자기 포화 전 자속은 $\phi[\text{Wb}]\propto I_f(=I_a)[\text{A}]$이므로 $N=K\dfrac{V}{I_a}[\text{rpm}]$이다.

  - 속도는 단자전압 V에 비례, 전기자 전류 I_a에 반비례한다.
  - 자기 포화 후 자속은 일정하므로, 속도는 거의 일정하다.
- 부하가 작아지면 속도는 급격히 증가한다. 따라서 무부하 운전 시 과속되어 위험하므로, 무부하 또는 벨트 운전은 절대 금지된다.
- 토크 특성
  - 자기 포화 전 기본식 : $\phi\propto I_a \rightarrow T=K\phi I_a=KI_a^2[\text{N}\cdot\text{m}]$
  - 자기 포화 후 기본식 : ϕ는 불변이므로 $T\propto I_a$이다.
  - 기동 시 큰 토크가 발생(전기자 전류 제곱에 비례)하고, 일정 부하 이상에서는 토크가 전기자 전류에 비례한다.
  - 정출력 전동기의 회전 속도와 토크는 반비례한다. 이때 $P_0=\omega T=2\pi\dfrac{N}{60}\cdot T[\text{W}]$이다.
- 부하 변동이 심하고, 강력한 기동 토크가 필요한 경우에 적합하다.
- 전동차, 전기 철도용 전동기, 크레인 등에 활용된다.

③ 분권 전동기
- 속도 특성
  - 속도식 : $N=K\dfrac{(V-I_aR_a)}{\phi}[\text{rpm}]$

  - 단자 전압 V[V] 및 계자 전류를 일정하게 유지하면 자속 $\phi[\text{Wb}]$도 일정하므로 속도는 거의 일정하게 유지된다.
  - 부하 증가 시 전기자 전류 $I_a[\text{A}]$가 증가하여 전압 강하 $I_aR_a[\text{V}]$가 발생하므로 속도가 다소 감소하지만, 전반적인 분권 전동기는 정속도 전동기에 해당한다.

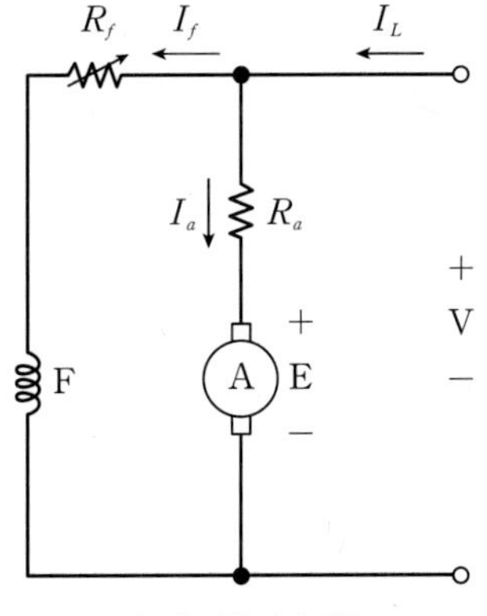

▲ 분권 전동기의 접속도

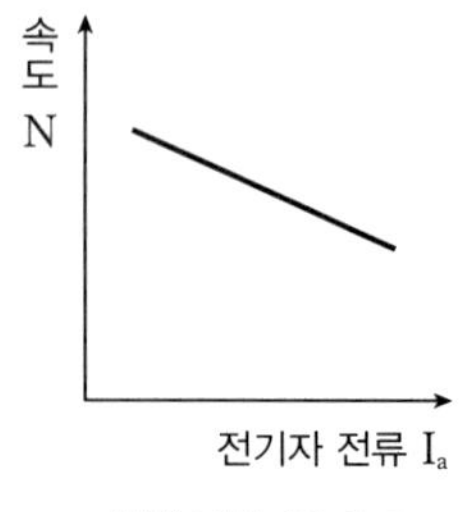

▲ 분권 전동기의 속도

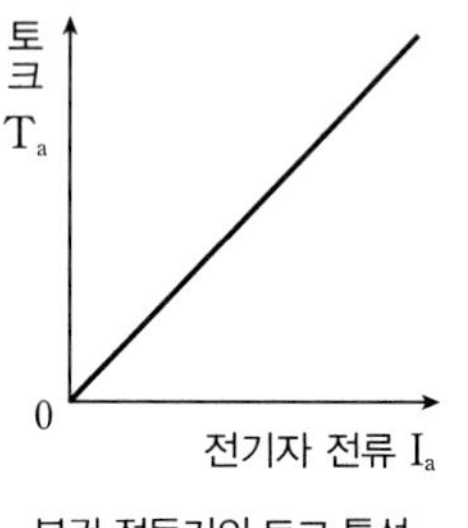

분권 전동기의 토크 특성

- 토크 특성
  - 기본식 : $T = K\phi I_a [\text{N} \cdot \text{m}]$
  - 계자 전류가 일정할 경우 자속 ϕ이 일정하므로 토크는 전기자 전류 $I_a[\text{A}]$에 비례하여 증가한다.
  - 고부하 시 전기자 반작용이 증가하므로 토크는 전기자 전류에 비례하여 증가하지는 않는다.
- 계자 저항기를 이용한 회전 속도 제어가 용이하다는 장점이 있다.
- 공작기계, 압연기, 기타 속도 조절이 필요한 정속도 구동 장치에 활용된다.

④ 복권 전동기

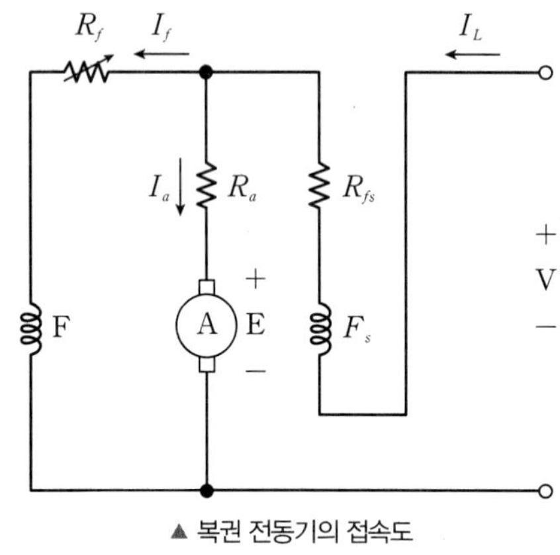

▲ 복권 전동기의 접속도

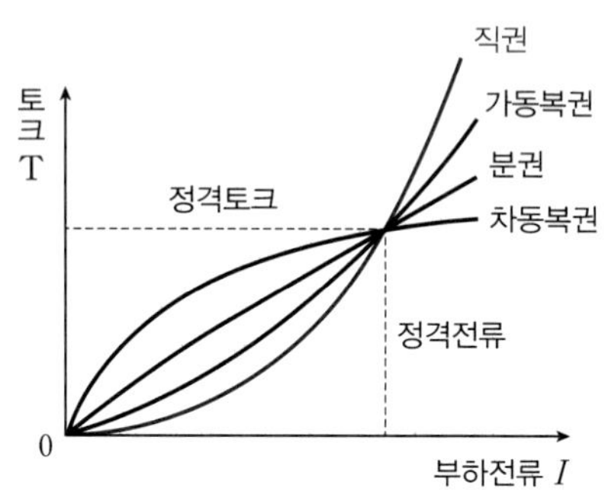

▲ 복권 전동기의 특성 곡선

- 구조상 분류
  - 가동 복권 전동기 : 직권 계자 자속이 분권 계자 자속을 보강
  - 차동 복권 전동기 : 직권 계자 자속이 분권 계자 자속을 상쇄
- 가동 복권 전동기 특성
  - 속도 특성 : 분권 전동기처럼 정속 특성을 갖고, 무부하 시 과속 위험이 없음
  - 토크 특성 : 직권 전동기처럼 큰 기동 토크를 제공
  - 직권형과 분권형의 장점을 모두 가진다.
- 차동 복권 전동기 특성
  - 속도 보상 특성 : 부하 전류가 증가할수록 자속 감소 → 속도 상승 → 속도 저하를 보상
  - 단점 : 과부하 시 속도가 지나치게 증가하여 속도 제어 불안정성이 크며, 토크 특성도 좋지 않음
- 크레인, 엘리베이터, 공작기계, 공기 압축기 등에 활용된다.

2) 직류전동기의 운전

① 기동 시 과전류 발생 원인

- 전기자 전류 공식 : $I_a = \dfrac{V - E}{R_a}[\text{A}]$

- 정지 상태에서 역기전력 $E = 0[\text{V}]$이므로, $I_a = \dfrac{V}{R_a}[\text{A}]$이다.

- 전기자 저항 R_a는 매우 작으므로, 기동 전류가 매우 커져 위험하다.

② 기동 전류 억제 방법 : 대부분의 전동기는 전기자 회로에 기동 저항기(Starter)를 직렬로 삽입하여 기동 전류를 억제한다.

③ 전동기 종류별 기동 방법

분권 전동기	• 전기자 회로에 기동 저항기를 삽입하여 기동 전류를 억제한다. • 계자저항 $R_f[\Omega]$을 0으로 설정하여 자속 ϕ를 최대로 만들어 기동 토크를 크게 한다.
직권 및 가동 복권 전동기	전기자 회로에 기동 저항기를 삽입하여 과전류를 억제한다.
차동 복권 전동기	• 기동 시 직권 권선을 단락시킨 상태로 기동한다. • 일정한 속도에 도달하면 직권 권선에 전류 공급을 시작한다.
타여자 전동기	• 기동 방식은 분권 전동기와 동일하게 적용 가능하다. • 전원 전압 조정이 가능할 때 기동 시에는 전압을 낮춰서 기동하는 방식을 사용한다.

03 직류 전동기의 속도 제어방법

1) 직류 전동기의 속도 제어

직류전동기의 속도는 자속 $\phi[\text{Wb}]$, 단자 전압 $V[\text{V}]$, 전기자 저항 $R_a[\Omega]$ 중 하나를 조정하여 이루어진다.

$$N = K\frac{(V - I_a R_a)}{\phi}[\text{rpm}]$$

2) 계자 제어법(Field Control)

① 계자 저항 R_f를 조절하여 계자 전류 I_f와 자속 ϕ를 변화시킴으로써 속도를 제어한다.

② 적용 기종 : 타여자 전동기, 분권 전동기, 복권 전동기

③ 계자 제어법의 특징

- 제어 전류가 작고 손실이 적다.
- 광범위한 속도 조절이 가능하다.
- 정출력 · 가변속도 용도에 적합하다.

④ 계자 제어 회로

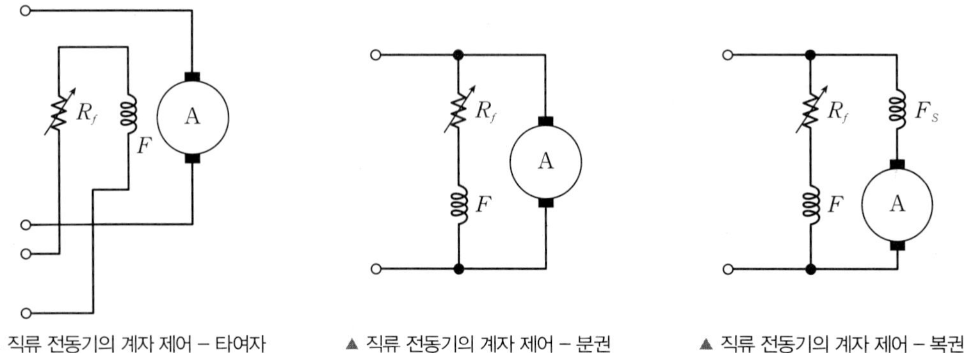

▲ 직류 전동기의 계자 제어 – 타여자   ▲ 직류 전동기의 계자 제어 – 분권   ▲ 직류 전동기의 계자 제어 – 복권

⑤ 직권 전동기의 경우

- 계자 권선에 병렬로 분류 가감 저항을 접속하여 전류를 조정하거나, 계자권선 탭을 이용해 권수를 변경 해서 속도를 조정한다.
- 이 방식은 계자 약화 제어(Field Weakening Control)라 하며, 전기 철도용 전동기에 주로 사용된다.

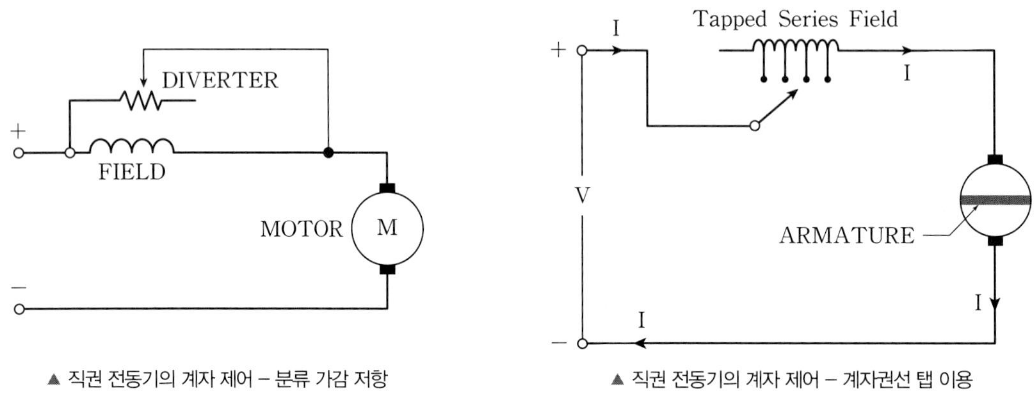

▲ 직권 전동기의 계자 제어 – 분류 가감 저항   ▲ 직권 전동기의 계자 제어 – 계자권선 탭 이용

3) 저항 제어법(Armature Resistance Control)

① 전기자 회로에 저항 R을 삽입 후 저항을 조절하여, 전압 강하를 유도하고 속도를 제어한다.

② 저항 제어법의 특징

- 전력 손실이 $I_a^2 R[\text{W}]$로 크기 때문에 효율이 낮고 속도 특성도 나쁘다.
- 속도 제어 범위가 좁고 정밀도가 낮다.
- 직권 전동기에서 부가적인 보조 수단으로 사용한다.

③ 저항 제어 회로

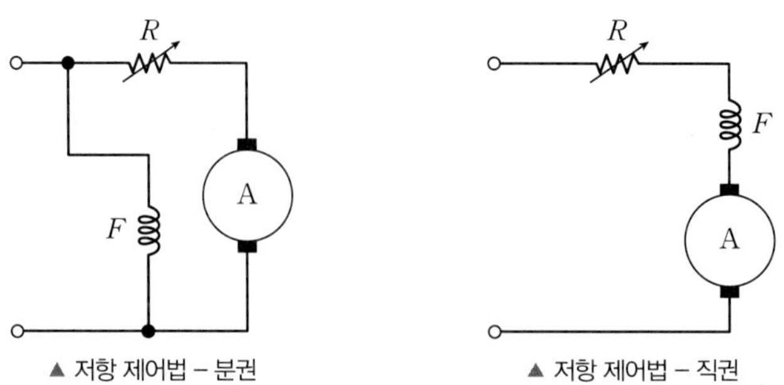

▲ 저항 제어법 – 분권   ▲ 저항 제어법 – 직권

4) 전압 제어법(Voltage Control)

① 전동기에 인가하는 전원 전압 V를 조절하여 속도를 변화시킨다.

② 대표 적용 기종은 타여자 전동기이다.

③ 종류 및 특징

워드레오나드 방식	• '유도전동기 → 직류발전기 → 타여자 직류전동기' 순으로 구성 • 직류 발전기의 계자저항을 조절하여 발전기 단자전압을 조정한다. • 정밀하고 넓은 범위 속도 제어가 가능하다. • 단점 : 장치가 복잡하고 설치비용이 고가이다. • 용도 : 권상기, 압연기, 엘리베이터, 제지용 전동기, 특수 공작기계 등
일그너 방식	• 워드레오나드 계통의 축에 플라이휠(Fly Wheel)을 부착한다. • 부하 변동을 흡수하여 출력의 안정성을 확보한다. • 용도 : 제철공장의 대형 압연기용 전동기 등
직병렬 제어 방식	• 동일 정격 전동기 2대를 직 · 병렬로 운전한다. • 단자전압 분할 방식으로 속도를 제어한다. • 주로 전기 철도용 직권 전동기에서 저항제어와 병행하여 사용한다.

5) 전기적 제동 방법

구분	원리	특징
발전제동 (Dynamic Braking)	• 전동기를 전원에서 분리하고, 외부 저항에 연결한다. • 전동기가 발전기로 작용하여 생성된 전력을 저항에서 열로 소모한다. • 회전체의 운동에너지를 전기에너지로 변환한다.	• 간단한 구조이다. • 전력 회수가 불가능하다.
회생제동 (Regenerative Braking)	• 전동기가 전원에 접속된 상태를 유지한다. • 속도가 증가하여 역기전력이 공급전압보다 커지면, 전동기가 발전기처럼 작용하여 전력을 다시 전원으로 반환한다.	에너지 회수가 가능하여 효율적이다.
역전제동 (Plugging)	• 전동기를 전원에 접속한 상태에서 전기자의 극성을 반대로 연결한다. • 회전 방향과 반대 방향의 토크를 발생시켜 급속히 정지한다.	• 매우 빠른 정지가 가능하다. • 접속 전환 시 큰 전류가 발생하여 정지 직전에 전원을 차단해야 한다. • 브레이크용 보조 회로가 필요하다.

6) 역회전(전동기의 회전 방향을 바꾸는 방법)

- 직류전동기의 회전 방향은 플레밍의 왼손 법칙에 따라 결정되며, 이는 자속의 방향과 전류의 방향에 의해 좌우된다. 따라서 계자 권선이나 전기자 권선 중 한 쪽의 접속을 반대로 하면 회전 방향이 바뀐다.
- 전기자 권선의 접속을 바꿔서 단자전압의 방향을 반대로 할 수 있기 때문에 간단하고 효과적이다.
- 보극 또는 보상권선이 포함된 전동기는 전기자 권선의 접속을 바꿀 때 보극과 보상권선의 접속도 함께 반대로 바꿔야 한다. 그렇지 않으면 정류 불량이나 회전이 불안정해질 수 있다.

🄜 직류기의 손실 및 효율

1) 손실 및 효율

① 무부하손

- 철손
    - 히스테리시스손 : 자속의 방향 변화에 따른 자성체 내부의 손실
    - 와(전)류손 : 자속 변화에 의해 도체 내부에 생기는 유도전류로 인한 손실
- 기계손
    - 마찰손 : 베어링, 브러시 등 회전부와의 기계적 마찰에 의한 손실
    - 풍손 : 회전 시 발생하는 공기 저항에 따른 손실

② 부하손

- 동손 : 저항손이라고도 하며, 전기자 및 계자 권선에 흐르는 전류에 의한 손실
- 표유부하손 : 주로 계산이나 측정이 어려운 손실이며, 와전류 등 기타 손실을 포함

③ 직류기의 효율(η)

- 입력 대비 출력의 비율
    - 발전기(G), 변압기(T) : 출력 기준 효율을 사용
    - 전동기(M) : 입력 기준 효율을 사용하며, 이를 규약 효율(Standard Efficiency)이라 함
    - 효율 : $\eta = \dfrac{출력}{입력} \times 100[\%]$

    - 규약효율 : $\eta_{G,\,T} = \dfrac{출력}{출력 + 손실} \times 100[\%]$, $\eta_M = \dfrac{입력 - 손실}{입력} \times 100[\%]$

2) 전압변동률과 속도변동률

① 전압변동률(ε)

- 전압변동률 : 발전기를 정격 조건에서 무부하로 변화시킬 때, 단자전압의 변동 정도
- 전압변동률 $\varepsilon = \dfrac{V_0 - V_n}{V_n} \times 100[\%]$ (단, V_0 : 무부하 전압[V], V_n : 정격 전압[V])

② 속도변동률(ε_0)

- 속도변동률 : 전동기를 정격 조건에서 무부하로 했을 때 회전 속도의 변동 정도
- 속도변동률 $\varepsilon_0 = \dfrac{N_0 - N_n}{N_n} \times 100[\%]$ (단, N_0 : 무부하 속도[rpm], N_n : 정격 속도[rpm])

05 특수 직류기

1) 직류 스테핑 모터(DC Stepping Motor)

- 자동제어에 사용되는 특수 전동기로서 입력되는 전기 신호를 회전운동으로 변환하여 규정된 각도만큼 회전한다.
- 교류 동기 서보 모터에 비해 효율이 높고 큰 토크를 발생시킨다.
- 속도, 거리, 방향 제어가 정확하므로 정밀 서보 기구용으로 사용된다.

2) 직류 서보 모터(DC Servo Motor)

- 매우 세밀한 속도 및 위치 제어에 적합하다.
- 기동, 정지, 제동, 정회전 · 역회전이 연속적으로 이루어지는 제어에 유리하다.
- 정밀한 위치제어가 필요한 자동화 장치나 서보 시스템 등에 사용된다.

3) 직류 · 교류 양용 전동기

- 직류 직권 전동기에 직류 전압을 공급하면, 전류 방향과 자속 방향이 동시에 반대가 되어도 회전 방향은 항상 일정하게 유지된다.
- 교류 전압을 공급해도 동일한 원리로 회전 방향은 일정하게 유지된다.
- 직류와 교류를 모두 사용할 수 있는 전동기이며, 단상 직권 정류자 전동기 또는 유니버셜 전동기라고도 한다.
- 기동 토크가 크고 회전 속도가 빠르기 때문에, 전기 드릴, 전기 청소기, 전기 믹서, 헤어드라이어 등 가정용 전기기기에 널리 사용된다.

01 다음 중 직류발전기의 구조 및 원리를 설명한 것으로 틀린 것은?

① 전기자 권선에 유도되는 교류기전력을 정류해서 직류로 만드는 부분은 정류자이다.

② 중·대형 직류기의 전기자에는 반폐 슬롯을 사용한다.

③ 부족정류를 하면 브러시 후단부에서 불꽃이 발생한다.

④ 대형 직류기의 공극은 6~8[mm] 정도로 설계한다.

전기자 철심에 권선을 끼우기 위해 만드는 슬롯은 소형기는 반폐형 슬롯을, 중·대형기는 개방형 슬롯을 많이 사용한다.

02 파권 직류 분권발전기의 극수가 4, 회전수가 1,800[rpm], 전기자 총 도체 수는 368개, 매극의 자속 수가 0.01[Wb]일 때, 유기기전력은 몇 [V]인가?

① 220

② 180

③ 150

④ 110

직류발전기의 유기기전력 $E = PZ\phi\dfrac{N}{60a} = 4 \times 368 \times 0.01 \times \dfrac{1,800}{60 \times 2} = 220.8$ [V]이다. (단, 중권 a=p, 파권 a=2)

03 다음 중 직류 발전기의 전기자 반작용의 영향이 아닌 것은?

① 브러시에 불꽃 발생

② 유도전압 감소

③ 주자속의 분포 왜곡

④ 전기적 중성축의 회전 반대방향 이동

직류발전기의 전기자 반작용
- 직류발전기에 부하를 접속하여 전기자 권선에 전류가 흐르면, 전기자 전류에 의한 기자력이 주자속의 분포나 크기에 영향을 주는 현상이다.
- 주자속의 분포를 찌그러뜨려 자극의 중성축을 이동시켜서, 브러시에 불꽃을 발생시킨다.
- 주자속을 감소시켜 유도전압을 감소시킨다.

04 무부하 상태의 직류 분권발전기가 정격속도로 회전하고 있다. 전기자 전류 5[A], 전기자 저항 2[Ω], 계자 저항 42[Ω]일 때, 유기기전력[V]은?

① 220

② 200

③ 150

④ 110

무부하에서는 $I_L = 0$, $I_a = I_f$이므로, $E = V + I_a R_a = I_a R_a + I_f R_f = I_a(R_a + R_f) = 5 \times (2 + 42) = 220$[V]이다.

05 부하의 변동과 관계없이 부하전류를 거의 일정하게 만드는 수하특성을 이용하여 용접기 전원으로 많이 쓰이는 직류 발전기는?

① 분권 발전기
② 평복권 발전기
③ 직권 발전기
④ 차동복권 발전기

차동복권 발전기
차동복권 발전기는 직권 계자 권선에 의한 기자력이 분권 계자의 기자력을 감소시키도록 설계하여 부하가 증가함에 따라 단자전압은 현저하게 감소되나 부하의 변화와 관계없이 부하전류가 거의 일정하게 유지된다. 이러한 특성을 수하특성이라 하고, 정전류를 만드는 데 사용된다. 이 특성을 이용하여 용접기 전원으로 많이 활용된다.

06 다음 중 직류전동기의 토크에 대한 설명으로 옳은 것은?

① 자속에 비례, 전기자 전류에 반비례
② 자속에 반비례, 전기자 전류에 비례
③ 자속과 전기자 전류에 비례
④ 자속과 전기자 전류에 반비례

직류전동기의 속토 특성은 $N = K\dfrac{V - I_a R_a}{\phi}$[rpm]이고, 토크 특성은 $T = K\phi I_a$이다. 즉, 토크는 자속과 전기자 전류에 비례한다.

07 직류 직권전동기 기동 시 회전수(N)와 토크(T)의 관계로 옳은 것은?

① $T \propto \dfrac{1}{N}$

② $T \propto \dfrac{1}{N^2}$

③ $T \propto N$

④ $T \propto N^2$

직류 직권전동기의 속도는 $N = K\dfrac{V}{I_a}$[rpm], 토크는 $T = K\phi I_a = K I_a^2$[N·m]이므로, 기동 초기 즉, 자속이 포화되기 전에는 $T \propto I_a^2$, $\dfrac{1}{N^2}$의 관계가 있다.

08 부하 변동이 심하고, 큰 기동 토크가 필요한 전동차나 전기 철도용 전동기, 크레인 등에 사용되는 직류 전동기는?

① 직권 전동기
② 타여자 전동기
③ 분권 전동기
④ 차동복권 전동기

직류 직권전동기는 기동 초기에 부하전류가 작을 때는 토크가 전기자 전류의 제곱에 비례하여 강한 토크를 발생하므로 전동차나 전기 철도용 전동기, 크레인 등에 사용된다.

09 직류전동기의 속도제어 방법이 아닌 것은?

① 계자제어
② 전류제어
③ 전압제어
④ 저항제어

직류전동기의 속도 $N = K\dfrac{V - I_a R_a}{\phi}$[rpm]이므로, 속도제어 방법에는 전압제어, 계자제어, 저항제어 방법이 있다.

10 직류와 교류를 모두 사용할 수 있는 전동기로서, 기동 토크가 크고 회전 속도도 빠르기 때문에 전기 드릴, 전기 청소기, 전기 믹서, 헤어드라이어 등에 많이 사용되는 직류기는?

① 전기 동력계
② 직류 스테핑 모터
③ 직류 서보 모터
④ 유니버셜 전동기

단상 직권 정류자 전동기는 유니버셜 전동기 또는 직류·교류 양용 전동기라 하며, 기동 토크가 크고 회전 속도도 빠르기 때문에 전기 드릴, 전기 청소기, 전기 믹서, 헤어드라이어 등에 많이 사용된다.

동기기

빈출 태그 ▶ 동기속도, 기전력, 동기발전기, 동기전동기, 여자전류

01 동기발전기

01 동기발전기의 원리 및 구조

1) 동기발전기의 원리

① 교류 기전력의 발생

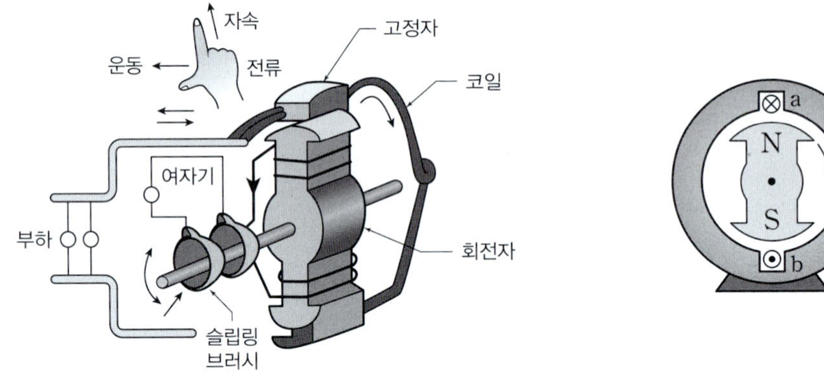

▲ 회전계자형 동기발전기

▲ 회전계자형 계자의 회전방향

▲ 기전력의 파형

- 동기기는 일정한 주파수와 자극 수에 따라 정해지는 동기 속도로 회전하는 교류기로, 종류는 동기발전기와 동기전동기가 있다.
- 회전자(계자)에 직류를 공급하여 자속을 발생시키고 회전시키면, 고정자 권선에 교류 기전력이 유도된다.
- 고정자에 부하를 연결하면, 플레밍의 오른손 법칙에 따라 전류가 흐르게 된다.
- 회전계자형 동기기의 장점
  - 계자 전원은 단상, 직류, 저압(100~125[V])이며 구조가 간단하고 기계적 강도가 우수하다.
  - 상대적으로 계자 및 전기자 권선의 절연이 쉽다.
  - 고정자인 전기자에서 대전력을 직접 외부 회로로 연결하기 쉽다.

② 동기속도와 극수

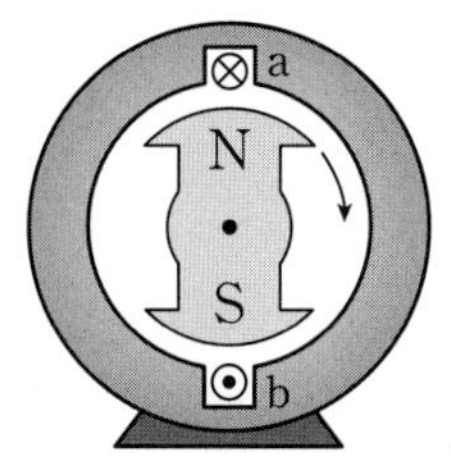

▲ 회전자 극수에 따른 주파수 관계(1)

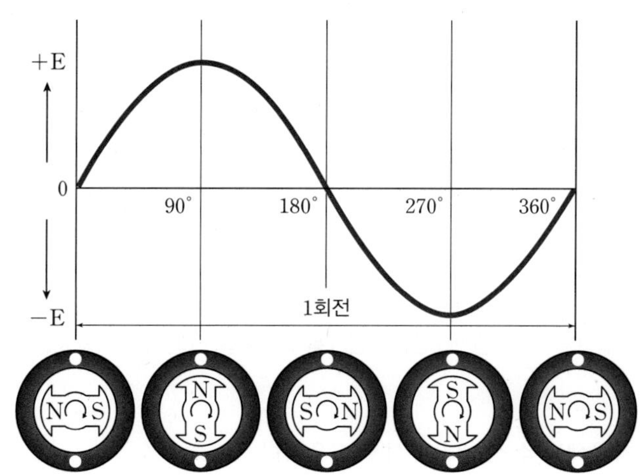

▲ 회전자 극수에 따른 주파수 관계(2)

- 회전자 극수에 따른 주파수 관계
  - 발전기의 회전수는 주파수와 극수에 따라 결정된다.
  - 회전자 극수가 2극이면 1회전 당 1주기, 4극이면 1회전 당 2주기의 교류 기전력이 유도된다.
  - 회전자 회전속도 $n_s[\text{rps}]$, 동기속도 $N_s[\text{rpm}]$일 때, 주파수는 $f=\dfrac{P}{2}\cdot n_s=\dfrac{P}{2}\cdot\dfrac{N_s}{60}[\text{Hz}]$이므로,

    $N_s=\dfrac{120f}{P}[\text{rpm}]$이다.

- 용도별 극수
  - 터빈 발전기에는 고속 운전을 위해 2극을 사용한다.
  - 원자력 발전기에는 4극, 수차 발전기는 저속 운전을 위해 다극을 사용한다.

- 주파수별 동기속도

극수(P)	회전수[rpm]		극수(P)	회전수[rpm]	
	50[Hz]	60[Hz]		50[Hz]	60[Hz]
2	3,000	3,600	16	375	450
4	1,500	1,800	20	300	360
6	1,000	1,200	24	250	300
8	750	900	32	187.5	225
10	600	720	48	125	140
12	500	600	60	100	120

2) 동기발전기의 구조

① 전체 구성 개요

- 회전계자형 동기발전기는 크게 고정자와 회전자로 구성된다.
- 고정자는 전기자 철심, 전기자 권선, 고정자 프레임으로 구성된다.
- 회전자는 자극 철심, 계자 권선, 회전자 계철, 회전축으로 구성된다.
- 부속 장치로는 여자기, 슬립링, 브러시, 제동권선, 냉각장치, 베어링, 급유장치 등이 있다.

② 고정자 및 회전자

전기자 철심	• 두께 0.35~0.5[mm]의 규소강판(규소 함유량 2~4[%])을 적층한 구조이다. • 안쪽에는 전기자 권선을 넣을 수 있도록 슬롯(홈)이 가공되어 있다.
전기자 권선	• 주로 2층권이 사용된다. • 소형기에는 둥근 구리선을, 중형기 이상에서는 평각 구리선을 사용한다. 따라서, 홈의 형태도 소형기는 반폐형, 대형기는 개방형을 사용한다.
회전자 자극 구조	• 중·저속기에는 돌극형(철극형)을 사용한다. • 고속기에는 원통형(비돌극형)을 사용한다. • 돌극형은 수차 발전기나 엔진 발전기 등에, 원통형은 터빈 발전기에 사용된다.

③ 냉각방식

- 중용량 이상의 동기발전기에는 수소 냉각방식을 적용한다.
- 대용량에는 고정자 권선의 열 제거를 위해 수냉각 방식도 함께 사용한다.

④ 수소 냉각방식

장점	• 수소의 비중은 공기의 약 7[%]로 풍손이 대폭 감소한다. • 열전도율은 공기의 약 7배, 비열은 약 14배로 냉각 효과가 크다. • 냉각효과가 커짐에 따라 발전기 용량을 약 25[%] 증가시킬 수 있다.
단점	• 설비 구조가 복잡하고 설치비가 고가이다. • 수소의 순도가 97[%] 이상 유지되지 않거나 누설이 발생할 경우 폭발 위험이 있다.
활용	• 단점에도 불구하고 경제적 이점이 커서 널리 사용된다. • 대부분의 중용량 이상의 동기발전기는 수소 냉각방식을 적용한다.

3) 전기자 권선법

① 전기자 권선 방식 개요

- 동기발전기의 전기자 권선은 분포권과 단절권을 적용하여 기전력의 파형을 개선한다.
- 권선을 감는 방식으로는 중권과 2층권이 주로 사용된다.

② 권선계수

- 권선계수의 종류

분포권 계수	- 매극 · 매상의 도체를 하나의 슬롯에 집중하여 감는 집중권에 비해, 분포권은 여러 슬롯에 분산하여 감는다. - 분포권은 고조파를 제거하여 파형을 개선하고, 누설 리액턴스를 감소시켜 과열을 방지할 수 있다. - 기전력의 크기는 집중권에 비해 K_d배만큼 감소한다. - 매극 · 매상당 슬롯 수 : $q = \dfrac{\text{총 슬롯 수}}{\text{상수} \times \text{극수}}$[개] - 기본파 분포권 계수 : $K_d = \dfrac{\sin\dfrac{\pi}{2m}}{q\sin\dfrac{\pi}{2mq}}$
단절권 계수	- 전절권은 권선의 길이를 자극의 길이와 같게 하는 방식이며, 단절권은 권선의 길이를 자극의 길이보다 짧게 한다. - 단절권은 고조파를 제거하고 동량을 절감하여 기계의 소형화와 비용 절감에 유리하다. - 기전력의 크기는 전절권에 비해 K_p배만큼 감소한다. - 단절권 비율 : $\beta = \dfrac{\text{코일 간격}}{\text{극 간격}} = \dfrac{\text{코일 간격 슬롯 수}}{\text{전 슬롯 수/극 수}}$ - 기본파 단절권계수 : $K_p = \dfrac{\beta\pi}{2}$

- 권선계수 K_w : 분포권 계수 K_d와 단절권 계수 K_p의 곱
- 권선계수는 1보다 작으며, 동기발전기의 유도 기전력 계산 시에 적용되는 계수이다.

$$K_w = K_d \times K_p < 1$$

③ 전기자 권선의 접속 방식

- 3상 동기발전기의 전기자 권선 접속은 Y 전선 연결과 $\varDelta$ 전선 연결로 나뉘며, 일반적으로 Y 전선 연결이 널리 사용된다.
- Y 전선 연결의 장점
  - 중성점을 접지하여 이상전압을 방지할 수 있다.
  - 상전압이 낮아 절연이 쉽고, 상대적으로 높은 선간전압을 얻을 수 있다.

❷ 동기발전기의 이론

1) 유도 기전력

- 자속 $\phi = \phi_m \sin\omega t\,[\text{Wb}]$일 때, 유도되는 기전력 $e\,[\text{V}]$: $e = N\dfrac{d\phi}{dt} = N\dfrac{d(\sin\omega t)}{dt} = N\dfrac{d(\sin2\pi ft)}{dt} = 2\pi fN\phi_m\cos\omega t\,[\text{V}]$
- 기전력의 실효값 $E\,[\text{V}]$: $E = \dfrac{2}{\sqrt{2}}\pi fN\phi_m = 4.44fN\phi_m\,[\text{V}]$

2) 전기자 반작용

① 전기자 반작용(Armature Reaction) : 동기발전기의 전기자 권선에 부하 전류가 흐르면, 전기자 전류에 의해 동기속도로 회전하는 회전자계가 생성된다. 이 회전자계는 계자에 의해 생성된 주자속에 영향을 미쳐 그 파형과 크기를 왜곡시킨다.

② 부하가 저항 성분 $R[\Omega]$만 있는 경우

- 전기자 전류가 유도 기전력과 동상이 된다.
- 전기자 반작용 기자력은 주계자의 기자력과 $\frac{\pi}{2}[\mathrm{rad}]$의 위상차가 발생한다.
- 이 경우 전기자 반작용은 교차자화작용(가로축 반작용)이 된다.

③ 부하가 인덕턴스 성분 $L[\mathrm{H}]$만 있는 경우

- 전기자 전류가 유도 기전력보다 $\frac{\pi}{2}[\mathrm{rad}]$만큼 위상이 늦다.
- 전기자 반작용 기자력은 주계자의 기자력보다 $\pi[\mathrm{rad}]$만큼 늦은 위상이 된다.
- 이 경우 전기자 반작용은 감자작용(직축 반작용)이 된다.

④ 부하가 정전용량 성분 $C[\mathrm{F}]$만 있는 경우

- 전기자 전류가 유도 기전력보다 만큼 위상이 빠르다.
- 전기자 반작용 기자력은 주계자의 기자력과 동일한 위상이 된다.
- 이 경우 전기자 반작용은 증자작용(직축 반작용)이 된다.
- 동기전동기에서는 위의 전기자 반작용 효과가 발전기와 반대로 나타난다.

3) 동기발전기의 등가회로 및 출력

① 동기발전기의 등가회로

- 동기발전기의 전기자 권선 한 상의 임피던스를 $Z_s[\Omega]$라 하면, 권선 저항 $r_a[\Omega]$와 동기 리액턴스 $X_s[\Omega]$의 합으로 표현한다.
- 동기 리액턴스 X_s 구성
  - 전기자 반작용 리액턴스 $X_a[\Omega]$와 전기자 누설 리액턴스 $X_l[\Omega]$의 합이다.
  - 전기자 반작용 리액턴스 X_a는 전류가 뒤진 경우 감자 작용, 전류가 앞선 경우 증자 작용을 유발하며, 이에 따른 전압 강하 또는 상승을 반영한다.
- 전기자 누설 리액턴스 X_l은 전기자 전류에 의해 발생되는 누설 자속에 의해 생기는 리액턴스이다.
- 동기 리액턴스와 임피던스의 관계식

$$X_s = X_a + X_l[\Omega]$$
$$Z_s' = r_a + jX_s[\Omega]$$

- 동기발전기의 등가회로

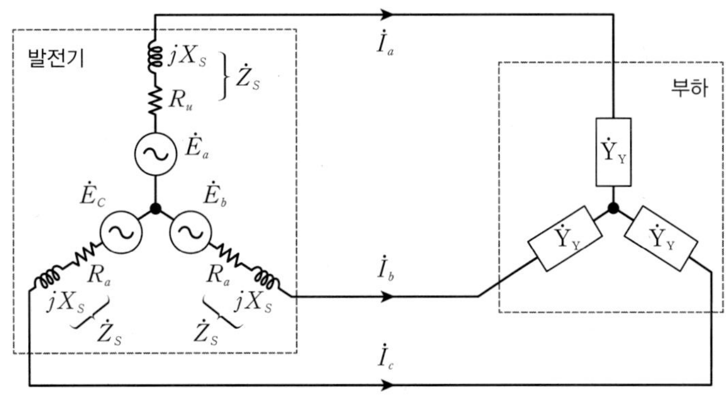

▲ 동기발전기의 등가회로

② 동기발전기의 출력
- 전기자 저항 r_a는 동기 리액턴스 X_s에 비해 매우 작기 때문에 무시할 수 있다.
- 이 조건을 전제로 등가회로와 벡터도로 표시할 수 있다.

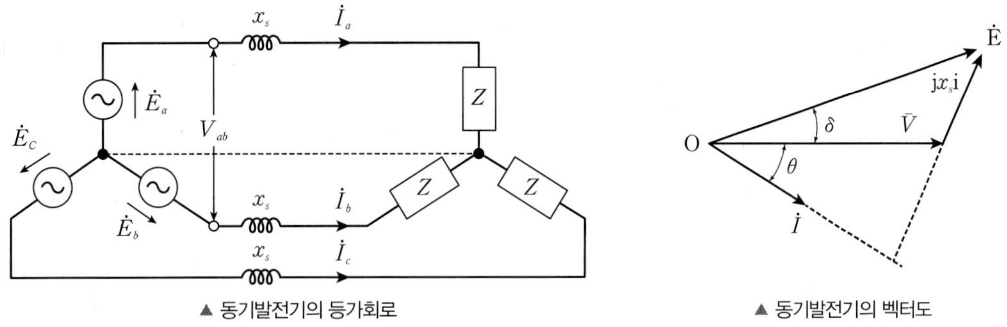

▲ 동기발전기의 등가회로　　　　▲ 동기발전기의 벡터도

- 동기발전기의 1상당 출력　$P_s = VI\cos\theta\,[\mathrm{W}]$
  - 벡터도에서 삼각함수를 적용하면 다음 관계가 성립한다.

$$E\sin\delta = X_s\cos\theta \rightarrow I\cos\theta = \frac{E}{X_s}\sin\delta$$

  - 이로부터 1상당 출력 P_s는 다음과 같이 변형할 수 있다.

$$P_s = VI\cos\theta = V \cdot \frac{E}{X_s}\sin\delta = \frac{EV}{X_s}\sin\delta\,[\mathrm{W}]$$

- 부하측과 발전기측의 선간전압을 각각 V_l, E_l이라 하면, 3상 동기발전기의 출력은 다음과 같다.

$$P_3 = 3 \cdot \frac{EV}{X_s}\sin\delta = 3 \cdot \frac{E_l}{\sqrt{3}} \cdot \frac{V_l}{\sqrt{3}} \cdot \frac{1}{X_s}\sin\delta = \frac{E_l V_l}{X_s}\sin\delta\,[\mathrm{W}]$$

- 이때 δ는 발전기측 전압 E와 부하측 전압 V 사이의 위상차이며, 이를 부하각(Load Angle)이라 한다. 일반적으로 부하각 δ는 45[°] 이하로 유지되는 것이 바람직하다.

1) 동기발전기의 특성곡선

① 무부하 포화곡선

- 무부하 포화곡선은 발전기를 무부하 상태에서 정격 속도로 운전하면서 계자전류 $I_f[\text{A}]$를 점차 증가시킬 때 유도 기전력 $V_0[\text{V}]$과의 관계를 나타내는 곡선이다.
- 계자 전류가 증가함에 따라 기전력도 증가하지만, 계자 철심이 포화되면 이후 전압 상승은 점차 완만해진다.
- 포화의 정도는 포화계수 δ로 나타내며, 식으로는 $\delta = \dfrac{bc}{ab}$로 정의한다.

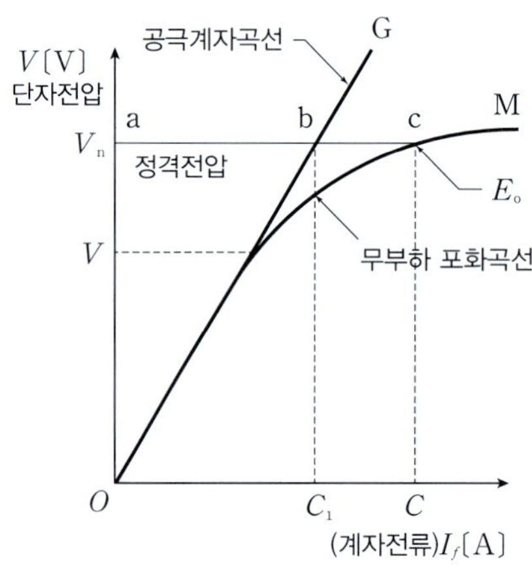

▲ 무부하 포화곡선

② 3상 단락곡선

- 3상 단락곡선은 동기발전기의 모든 단자를 단락시킨 상태에서 계자전류를 증가시켜 얻는 단락전류 I_s[A]와 계자전류 $I_f[\text{A}]$의 관계를 나타낸 곡선이다.
- OS 곡선이 3상 단락곡선이며, 일반적으로 직선으로 나타난다.
- 단락 사고 시, 초기에 2~3사이클 동안 돌발 단락전류가 흐르고, 이후에는 영구(지속) 단락전류가 흐르게 된다.
- 돌발 및 영구 단락전류 제한 인자
  - 돌발 단락전류는 전기자 누설 리액턴스 X_l에 의해 제한된다.
  - 영구 단락전류는 전기자 반작용 리액턴스 X_a에 의해 제한된다.

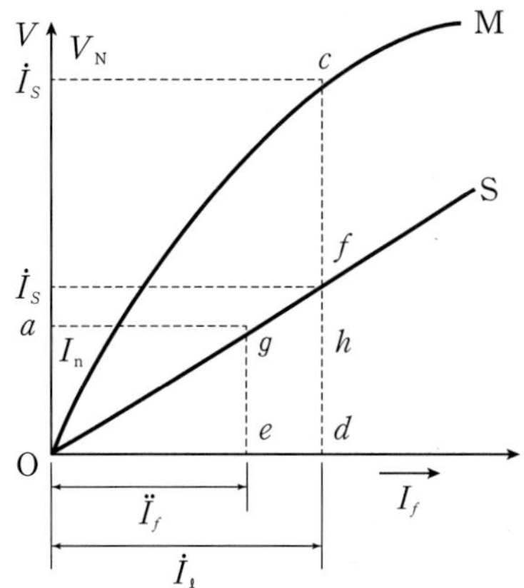

▲ 무부하 포화곡선과 3상 단락곡선

2) 단락비(Short Circuit Ratio)와 동기 임피던스

① 단락비 K_s

- 단락비 : 무부하 정격속도에서 정격 전압 $V_n[\text{V}]$을 발생시키는 데 필요한 계자전류 $I_f'[\text{A}]$와 정격 전류 $I_n[\text{A}]$과 동일한 영구 단락전류를 흘리는 데 필요한 계자전류 $I_f''[\text{A}]$의 비
- 단락비의 공식 : $K_s = \dfrac{I_f'}{I_f''} = \dfrac{I_s}{I_n}$
- 일반적인 범위 : 수차 발전기(0.9~1.2), 터빈 발전기(0.6~1.0)

② 동기 임피던스와 단락비의 관계

- 동기 임피던스 $Z_s[\Omega]$는 정격 상전압 $E_n[\text{V}]$을 3상 단락전류 $I_s[\text{A}]$로 나누어 계산할 수 있다. 즉, $Z_s = \dfrac{E_n}{I_s}[\Omega]$이다.

③ %동기임피던스와 단락비의 관계

- %동기임피던스 Z_s'는 임피던스 강하 $Z_s I_n[\text{V}]$와 정격 상전압 $E_n[\text{V}]$의 비율로 표시하며, 퍼센트[%] 또는 퍼유닛[p.u]으로 나타낸다. 즉, $Z_s' = \dfrac{Z_s I_n}{E_n} \times 100[\%] = \dfrac{I_n}{I_s}[\text{p.u}] = \dfrac{1}{K_s}$이다.

④ 단락비와 동기발전기 특성의 관계

구분	전기적 및 기계적 특성	설명
단락비가 큰 발전기	• 동기 임피던스가 작고, 전기자 반작용이 작으며, 전압변동률이 작아서 전압 안정도가 우수하다. • 동량이 적고, 공극이 크며, 계자 전류가 크고 효율은 낮다. • 기계의 중량이 무겁고 가격이 비싸나, 과부하 내량이 크다.	• 장거리 송전선로를 충전하는 경우에 유리하다. • 이와 같은 발전기를 '철기계'라 한다.
단락비가 작은 발전기	• 동기 임피던스가 크고, 전기자 반작용과 전압변동률이 크다. • 기계의 구조가 간단하고 경제적이나, 전압 안정성이 떨어진다.	• 주로 부하가 안정적인 지역에서 사용하기 적합하다. • 이와 같은 발전기를 '동기계'라 한다.

3) 전압변동률

① 전압변동률 개요
- 전압 변동률 : 발전기의 여자 전류와 속도를 일정하게 유지한 상태에서, 정격 출력에서 무부하로 출력이 변할 때의 단자 전압 변화 비율
- 일반적으로 정격 단자 전압에 대한 백분율로 표시한다.
- 정격 단자 전압을 $V_n[\mathrm{V}]$, 무부하 시 단자 전압을 $V_0[\mathrm{V}]$라 하면, 전압 변동률 $\varepsilon = \dfrac{V_0 - V_n}{V_n} \times 100[\%]$ 이다.

② 전압변동률 특성
- 전압 변동률은 부하 전류의 크기에 따라 변하며, 부하가 클수록 전압 변동도 커진다.
- 전압 변동률은 부하의 역률에 따라 값이 달라진다.
  - 부하가 유도성일 경우 전압 변동률이 양$(+)$이 된다.
  - 부하가 용량성일 경우 전압 변동률이 음$(-)$이 된다.

04 동기발전기의 병렬운전

1) 병렬운전 조건

① 발전기에 필요한 조건

기전력의 크기 동일	• 기전력 크기가 다르면 무효 순환전류가 흐르게 된다. • 이 전류는 두 발전기 내부에 흐르며 출력에는 영향을 미치지 않지만 전기자 권선에 저항손을 발생시켜 발열의 원인이 된다. • 단자 전압 차를 $\varDelta V = V_1 - V_2[\mathrm{V}]$, 임피던스를 각각 $Z_1, Z_2[\Omega]$라 하면, 무효 순환전류는 $I_c = \dfrac{\varDelta V}{Z_1 + Z_2}[\mathrm{A}]$이다.
기전력의 위상 동일	• 위상차가 있으면 유효 순환전류 즉, 동기화 전류가 흐른다. • 동기화 전류는 위상이 앞선 발전기는 부하가 증가하여 속도가 떨어지고, 위상이 뒤진 발전기는 부하가 감소하여 속도가 증가하면서 동기화를 유도한다. • 동기 임피던스 $Z_s[\Omega]$가 같고, 기전력 크기 E[V]가 동일하며 위상차가 δ일 경우, 유효 순환전류는 $I_s = \dfrac{E}{Z_s} \sin\dfrac{\delta}{2}[\mathrm{A}]$이다.
기전력의 주파수 동일	주파수가 다르면 위상차가 주기적으로 변하여 교번하는 동기화 전류가 발생한다. 이는 발전기의 난조를 일으킬 수 있다.
기전력의 파형 동일	파형이 다르면 순시 기전력에 차이가 발생하고 고조파 무효 순환전류가 흐른다. 이는 전기자 권선 과열의 원인이 된다.
상회전 방향 동일	3상 발전기에서 상회전 방향이 다르면 매우 큰 순환전류가 발생한다. 이는 전기자 권선의 손상을 일으킬 수 있다.

② 원동기에 필요한 조건

균일한 각속도	• 각속도에 불균형이 있으면 기전력의 크기와 위상에 차이가 생기며 병렬운전이 곤란해진다. • 이로 인해 고조파 성분의 무효 순환전류가 흐르게 된다.
적당한 속도 조정률	• 속도 조정률은 부하 변동에 따른 원동기의 속도 변화를 의미한다. • 속도조정률이 너무 민감하면 난조를 일으키고, 너무 느리면 부하 변동에 대한 반응이 느려 병렬운전의 안정성이 저하된다. • 각 발전기의 특성과 운용 목적에 따라 조정률을 조절한다. 　– 수력, 양수, 가스터빈 발전기 : 피크 부하 담당용 　– 유류 및 석탄 화력 발전기 : 중간 부하 담당용 　– 원자력 발전기 : 기저 부하 담당용

2) 난조의 발생 원인과 대책

① 난조(Hunting)의 의미

• 난조 : 동기기에서만 발생하는 특이한 진동 현상

• 병렬운전 중 부하가 급변하면 발전기는 동기화력에 의해 새로운 부하에 맞는 속도를 유지하려 한다. 그러나 회전체의 관성으로 인해 속도가 부하에 즉시 대응하지 못하고, 일정 속도를 중심으로 진동하게 된다.

• 일반적인 경우 진폭은 점차 감소하여 정상 속도로 수렴되나, 고유 진동 주기와 부하 변화 주기가 일치하면 공진 현상이 발생하여 진폭이 커지게 된다.

• 동기 이탈(탈조) : 공진 현상이 발생하여 진폭이 커지는 상태가 지속되면 동기속도를 유지하지 못하고 발전기가 계통에서 이탈하게 되는 현상

② 난조의 발생 원인과 대책

속도조절기의 감도가 지나치게 예민한 경우	• 속도조절기의 조정률이 너무 높으면 작은 부하 변화에도 과도하게 반응하여 난조를 일으킨다. • 대책 : 속도조절기의 속도 조정률을 적절하게 조정
원동기의 고조파 토크 포함 또는 관성 모멘트가 작은 경우	• 디젤기관 등의 회전 원동기에서 고조파 토크 성분이 포함되면 회전 불안정이 커진다. • 대책 : 관성 모멘트를 키우기 위해 플라이휠(Fly Wheel)을 부착
부하 변동이 심한 경우	• 부하가 급격하게 변하면 시스템 전체가 불안정해질 수 있다. • 대책 : 전체 계통의 용량을 키우거나 계통 연계를 강화하여 부하 변동에 대응
전기자 회로의 저항이 큰 경우	• 송전선로가 길거나 저항이 클 경우 병렬운전 시 순환전류가 발생하여 난조가 발생할 수 있다. • 대책 : 송전선로의 임피던스를 작게 하고 연결 길이를 줄임
계자에 슬립에 의한 고조파가 유기되는 경우	• 슬립 등에 의해 고조파가 발생하면 불안정한 동기화가 이루어진다. • 대책 : 제동권선(Damper Winding)을 계자 자극면에 설치하여 고조파를 제거하고 난조를 방지

3) 자기여자 현상과 안정도 향상 대책

① 자기여자 현상

• 동기발전기가 무부하 상태에서 장거리 송전선로를 충전할 때 단자전압이 급상승하는 현상이다.

• 이는 송전선로가 용량성 부하처럼 작용하여 충전전류가 단자전압을 상승시키는 원리에서 발생한다.

② 안정도 향상 대책

• 단락비를 크게 한다.

• 동기 임피던스를 작게한다.

- 관성 모멘트를 크게 조절한다.
- 속도조절기의 응답성을 빠르게 하기 위해 속응 여자 방식을 적용한다.

01 동기전동기

1) 동기전동기의 원리

① 회전 원리

- 동기전동기는 고정자의 회전자계와 회전자의 자극 간의 흡인력에 의해 동기속도로 회전하는 전동기이다.
- 고정자 권선에 3상 전력을 공급하면 회전자계가 형성된다. 회전자에 외부에서 직류 전류를 공급하여 자속을 발생시키면, 회전자계와 회전자 자석 간에 흡인력이 작용한다.
- 회전자가 정지된 상태에서는 시계방향 및 반시계 방향의 토크가 동시에 작용하여 평균 토크가 0이 되므로 자체적으로는 회전하지 못한다. 따라서 외부에서 기동 토크를 가하여 회전자를 회전자계와 같은 방향으로 일정한 속도로 회전시켜 주면 회전자계와 자극 간에 N, S극의 흡인력으로 동기속도로 회전하게 된다.
- 부하가 연결되면 회전자는 약간 뒤처지며 회전자계와 일정한 각도를 형성하고, 이 각도를 부하각 $\delta[^\circ]$라고 한다. 이때 동기전동기는 부하각이 일정한 범위 내에서 유지되므로 항상 정속 운전이 가능하다.

② 회전 속도

- 동기전동기의 회전 속도는 전원 주파수와 극수에 의해 결정되며, 이를 동기속도라 한다.
- 동기전동기는 동기발전기와 동일하게 회전 계자형 구조를 가지며, 회전 속도 $N_s=\dfrac{120f}{P}[\mathrm{rpm}]$이다.

  (단, N_s : 동기속도 [rpm], f : 전원 주파수 [Hz], P : 극수)

2) 입력 · 출력 및 토크

① 입 · 출력

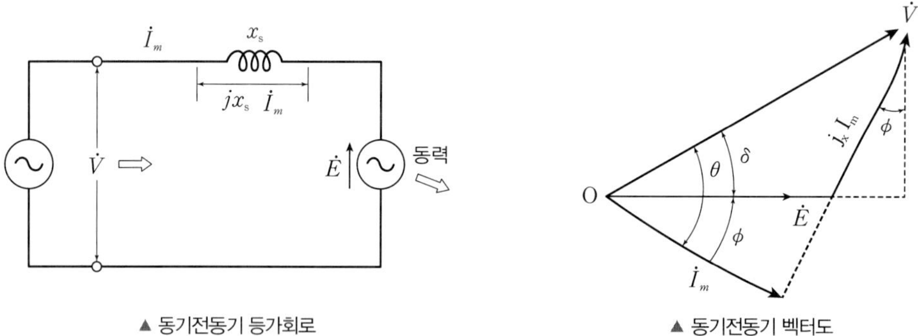

▲ 동기전동기 등가회로   ▲ 동기전동기 벡터도

- 동기전동기의 입력과 출력은 역률과 전압, 전류, 내부 기전력 등에 따라 결정된다.
- 전기자 저항 r_a는 동기 리액턴스 x_s에 비해 매우 작아서 일반적으로 무시한다.
- 전동기의 역률을 $\cos\theta$, 부하각을 δ라 하면, 전동기 1상의 입력 $P_1=VI_m\cos\theta[\mathrm{W}]$이다.
- 내부 역기전력 E[V], 전류 $I_m[\mathrm{A}]$, 위상차 $\phi=\theta-\delta[^\circ]$일 때, 출력 $P_2=EI_m\cos\phi[\mathrm{W}]$이다.

- 벡터도에서 $x_m I_m \cos\phi = V \sin\delta$ 관계가 성립되므로, 출력 $P_2 = E I_m \cos\phi = \dfrac{EV \sin\delta}{x_s}[\mathrm{W}]$이다.

- 전동기의 출력 공식은 발전기의 출력 공식과 동일하며, 이는 발전기와 전동기는 같은 원리에 기반한 장치임을 의미한다.

② 토크

- 동기전동기의 토크는 속도와 출력의 곱으로 나타내며, 부하각에 따라 변한다.

- 3상 동기전동기의 기계적 출력 $P_0 = 3P_2 = w_s \cdot T = 2\pi f \cdot T = \dfrac{2\pi N_s}{60} = T[\mathrm{W}]$이다.

- 동기속도 $N_s[\mathrm{rpm}]$, 각속도 $\omega_s[\mathrm{rad/s}]$일 때, 토크 $T = \dfrac{60}{2\pi N_s} \cdot \dfrac{3EV \sin\delta}{x_s}[\mathrm{N \cdot m}]$이다.

- 동기 이탈(Synchronous Pull−Out)

  - 토크−부하각 곡선에서 토크는 부하각 δ가 $\dfrac{\pi}{2}[\mathrm{rad}]$일 때 최대가 되며, 이를 최대 토크($T_m$) 또는 풀 아웃 토크(Pull−Out Torque)이라 한다. 만약 부하 토크(T_L)가 최대 토크를 초과하면, 부하각이 증가함에도 불구하고 토크는 감소하게 되며, 전동기는 동기속도를 벗어나게 된다.

  - 전동기가 동기 상태를 유지하지 못하고 정지하거나 난조 상태로 전환된다.

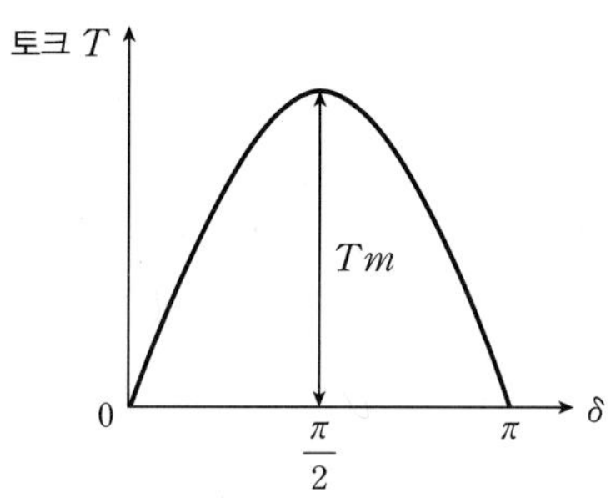

▲ 부하각과 토크

3) 위상특성 곡선(V 곡선)

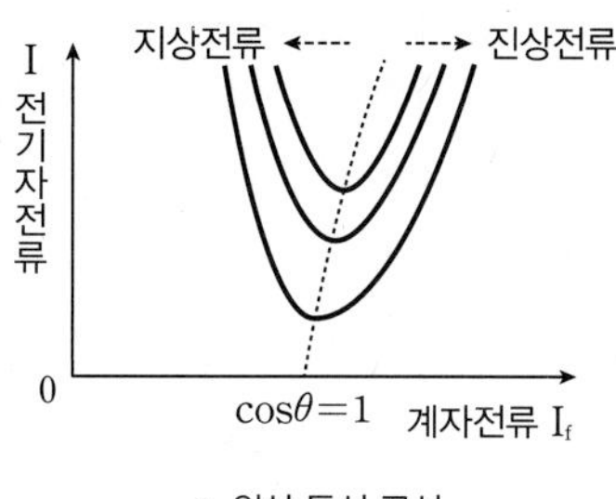

▲ 위상 특성 곡선

- 동기전동기의 위상 특성곡선은 전기자 전류의 크기와 위상 변화를 시각적으로 보여주는 곡선이다.

- 공급 전압과 부하를 일정하게 유지한 상태에서 계자 전류를 변화시키면 전기자 전류 I[A]의 크기와 위상이 변화한다.

- 세로축에 전기자 전류 I[A], 가로축에 계자 전류 $I_f[\mathrm{A}]$를 놓고 그래프를 그리면 V자 형태의 곡선이 된다. 이 곡선을 V곡선 또는 위상 특성곡선이라 하며, 동기전동기의 특성을 파악하는 데 활용한다.

  - 아래쪽 곡선은 무부하 곡선이고, 제일 위쪽 곡선은 최대부하 곡선이다.

  - 곡선의 최저점은 역률 $\cos\theta = 1$인 지점을 나타낸다.

  - 곡선의 왼쪽은 뒤진 역률, 오른쪽은 앞선 역률을 의미한다.

4) 무효 전력 보상 장치

① 정의 및 특징
- 무효 전력 보상 장치 : 동기전동기의 V곡선 특성을 활용하여 무효 전력을 조정하는 장치
- 무부하 상태에서 계자 전류만 조정하여 큰 용량의 송전계통 전압을 조정하거나 역률을 개선할 수 있다.

② 운전 방식
- 운전 조건에 따라 콘덴서 또는 리액터로 작용한다.
- 계자를 과여자로 운전하면 콘덴서 역할을 하여 유도성 부하에 의한 뒤진 전류를 보상하고 송전계통의 전압 강하를 줄인다.
- 계자를 부족여자로 운전하면 리액터 역할을 하여 무부하 장거리 송전선로의 앞선 전류를 억제하고 단자 전압 상승을 방지한다.

5) 동기전동기의 기동법

① 동기전동기의 기동장치 필요성
- 동기전동기는 정지 상태에서 스스로 기동할 수 없으므로 별도의 기동 방식이 필요하다.
- 동기전동기는 동기속도로 회전할 때에만 토크를 발생하므로 정지 상태에서는 평균 토크가 $0[\text{N} \cdot \text{m}]$이 되어 회전하지 않는다. 따라서 초기 기동을 위한 기동 토크 발생 장치가 반드시 필요하다.

② 자기 기동법
- 자기 기동법 : 회전자 자극 표면에 설치한 제동 권선을 활용하여 기동하는 방식
- 제동 권선이 농형 유도전동기의 회전자 권선 역할을 하여 기동 토크를 발생시킨다.
- 기동 시에는 기동 보상기를 이용하여 전 전압의 $30 \sim 50[\%]$ 수준의 전압을 공급한 후, 속도가 약 $70 \sim 80[\%]$에 도달하면 전 전압으로 전환한다.
- 기동 중에는 계자 회로에 고전압이 걸릴 수 있으므로, 계자 회로를 반드시 단락하고 저항을 연결한 후에 기동해야 한다.
- 제동 권선은 기동 시 기동 토크를 제공할 뿐 아니라 난조 방지와 계통 안정도 향상에도 기여한다.

③ 기동 전동기법
- 기동 전동기법 : 외부 기동용 전동기를 사용하여 동기전동기를 회전시킨 후 계통에 연결하는 방식
- 기동용 전동기를 이용하여 동기전동기를 동기속도 근처까지 가속시킨다. 이때 동기전동기는 동기발전기 역할을 하며, 계자 전류 및 속도를 조절하면서 동기검정기(Synchroscope)를 통해 계통과 동기시킨다.
- 동기가 맞춰진 후 계통에 병입하면 동기전동기로 동작하며, 기동 전동기는 분리한다.
- 유도전동기를 기동용 전동기로 사용하는 경우 동기전동기의 자극 수보다 2극 정도 적은 것을 선택하여 회전속도를 확보한다.

6) 동기전동기의 특징과 용도

장점	• 부하 변화가 있어도 속도 변동이 없으므로 일정한 속도를 유지할 수 있다. • 여자 전류를 조정하여 역률 조정이 가능하다. • 전 부하에서 효율이 양호하다. • 공극이 넓어 기계적으로 견고하고 내구성이 뛰어나다. • 공급 전압이 변화하더라도 토크의 변화가 적다.
단점	• 속도 제어가 어렵고 정밀한 제어에는 부적합하다. • 부하 급변 시 난조가 발생하기 쉬우며, 안정도 유지가 어려울 수 있다. • 기동 토크가 작고, 직류 여자 전원이 별도로 필요하다.
용도	• 일정한 속도 유지가 필요한 저속도, 중 · 대용량 부하에 적합하다. • 시멘트 공장의 분쇄기, 압축기, 송풍기 등에 널리 활용된다. • 역률 개선용 무효 전력 보상 장치로도 사용되어 송전 계통의 효율 향상에 기여한다.

02 동기기의 손실과 효율

1) 손실

① 무부하손(No Load Loss)
- 철손에는 히스테리시스손과 와류손이 포함된다.
- 기계손에는 풍손, 베어링 마찰손, 브러시 마찰손 등이 있다.

② 부하손(Load Loss)
- 전기자 동손(Copper Loss)이 대표적인 부하손이다.
- 계산상으로 정밀하게 구하기 어려운 손실로, 표유부하손(Stray Load Loss)이 있다.

2) 효율

- 동기발전기의 규약효율

$$\eta_G = \frac{출력}{출력 + 손실} = \frac{\sqrt{3}\,VI\cos\theta}{\sqrt{3}\,VI\cos\theta + P_e} \times 100[\%]$$

- 정격 전압 : $V[\mathrm{V}]$
- 정격 전류 : $I[\mathrm{A}]$
- 역률 : $\cos\theta$
- 전 손실 : $P_e[\mathrm{W}]$

- 동기전동기의 규약효율

$$\eta_M = \frac{입력 - 손실}{입력} = \frac{\sqrt{3}\,VI\cos\theta - P_e}{\sqrt{3}\,VI\cos\theta} \times 100[\%]$$

01 다음 중 동기발전기의 수소냉각방식에 대한 설명으로 틀린 것은?

① 풍손이 약 $\dfrac{1}{10}$배 감소한다.

② 열전도율이 공기의 약 7배로서 냉각효과가 크다.

③ 발전기 용량이 약 25[%] 증대된다.

④ 효율성이 높아 소용량에도 적용한다.

수소냉각방식의 장·단점

장점	• 비중이 공기의 약 7[%], 풍손이 공기의 약 $\dfrac{1}{10}$ 정도로 감소한다. • 열전도율이 공기의 약 7배, 비열이 약 14배이므로 냉각효과가 증대된다. • 발전기 용량을 약 25[%] 증가시킬 수 있다
단점	• 설비가 복잡하고 설비비가 고가이므로, 중용량 이상의 발전기에 대부분 적용한다. • 수소의 순도가 떨어지거나(순도 97% 이상 유지) 새는 곳이 있으면 폭발할 위험이 있다.

02 주파수가 50[Hz]인 계통에서 동기발전기의 속도가 1,500[rpm]일 경우, 이 발전기의 극수는?

① 2
② 4
③ 6
④ 8

동기발전기의 동기속도 $N_s = \dfrac{120f}{P}$[rpm]. 극수 $P = \dfrac{120f}{N_s} = \dfrac{120 \times 50}{1,500} = 4$이다.

03 3상 동기발전기에서 유도성 부하만 있는 경우 발생하는 전기자 반작용은?

① 편자작용
② 증자작용
③ 감자작용
④ 교차 자화작용

동기발전기의 전기자 반작용
• 저항부하 : 횡축 반작용(교차 자화작용)
• 유도부하 : 직축 반작용(감자작용)
• 용량부하 : 직축 반작용(증자작용)

04 정격 10[kV], 500[A], 역률 90[%]인 3상 동기발전기의 %동기임피던스가 80[%]일 때, 단락전류는 몇 I_s[A]인가?

① 1,500
② 625
③ 555
④ 400

단락비 $K_s = \dfrac{I_s}{I_n} = \dfrac{1}{\%Z_s}$ 일 때, $I_s = \dfrac{1}{\%Z_s} \times I_n = \dfrac{1}{0.8} \times 500 = 625$[A]이다.

05 다음 중 단락비가 큰 동기발전기의 특징이 아닌 것은?

① 전압변동율이 적다.
② 기계의 중량이 무겁다.
③ 동기 임피던스가 크다.
④ 과부하 내량이 크다.

단락비가 큰 동기발전기의 특징
• 동기 임피던스와 전기자 반작용이 작다.
• 전압변동률이 적어서 전압 안정도가 크다.
• 공극이 커서 정격전압을 유도하는 데 필요한 계자 전류가 크다.
• 기계의 중량이 무겁고 가격도 비싸다.
• 기계에 여유가 있고 과부하 내량이 커서 장거리 송전선로를 충전하는 경우 유리하다.

06 다음 중 동기발전기의 병렬운전 조건이 아닌 것은?

① 발전기의 용량
② 기전력의 크기
③ 기전력의 위상
④ 상회전방향

동기발전기의 병렬운전 조건은 기전력의 크기, 위상, 주파수, 파형 및 상회전 방향이 같아야 한다는 것이다.

07 다음 중 동기발전기의 안정도 향상대책이 아닌 것은?

① 단락비를 크게 할 것
② 동기 임피던스를 작게 할 것
③ 관성 모멘트를 작게 할 것
④ 속응 여자방식을 채용할 것

동기발전기의 안정도 향상 대책
• 단락비를 크게 한다.
• 동기 임피던스를 작게 한다.
• 관성 모멘트를 크게 한다.
• 속응 여자방식을 채용한다.

08 병렬운전 중인 두 동기발전기의 유도 기전력이 2,000[V], 동기 임피턴스가 50[Ω], 위상차가 60[°]일 때, 유효순환전류의 크기는 몇 [A]인가?

① 20
② 30
③ 40
④ 50

동기발전기의 병렬운전조건은 기전력의 크기, 위상, 주파수, 파형이 동일하고 상회전 방향이 일치하는 것이다. 즉, $I_s = \dfrac{E}{Z_S}\sin\dfrac{\delta}{2} = \dfrac{2,000}{50}\sin\dfrac{60}{2} = 20[A]$이다.

09 동기발전기에 제동권선을 사용하는 주된 목적은?

① 효율 증가
② 난조 방지
③ 출력 증가
④ 역률 개선

제동권선의 주요 기능은 동기발전기에서 난조 방지와 전력계통의 안정도 향상에 기여하고, 동기전동기의 기동 토크를 발생하는 기동 권선의 역할을 하는 것이다.

10 다음 중 동기전동기의 특징이 아닌 것은?

① 역률 조정이 가능하다.
② 전부하 효율이 양호하다.
③ 토크의 변화가 적다.
④ 속도를 제어하기 쉽다.

동기전동기의 장단점

장점	• 부하 변화에도 속도 변동이 없다. • 역률 조정이 가능하다. • 전부하 효율이 양호하다. • 공극이 넓어서 기계적으로 견고하다. • 토크의 변화가 적다.
단점	• 속도 제어가 어렵다. • 난조가 발생하기 쉽다. • 기동 토크가 적고, 여자기가 필요하다.

변압기

▶ 합격 강의

빈출 태그 ▶ 권수비, 전선 연결 방식, 등가회로, 변압기 시험, 전압변동률, 손실 및 효율

01 변압기

01 변압기의 원리 및 구조

1) 변압기의 원리

① 전자유도 현상을 이용하여 교류 전압이나 전류의 크기를 변화시키는 정지형 기기로, 교류 전원을 1차 권선에 인가하면 철심을 통해 자속이 형성되고, 이 자속이 2차 권선과 교차하면서 전압이 유도된다. 이러한 현상을 전자유도(Electromagnetic Induction)라 한다.

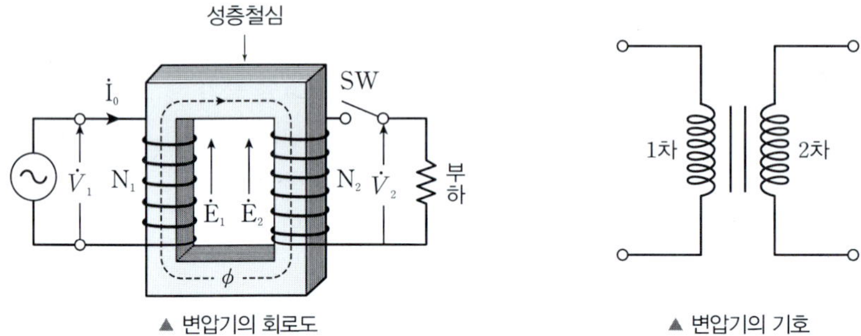

▲ 변압기의 회로도   ▲ 변압기의 기호

② 유도 기전력의 발생
- 철심 양쪽에 권선을 감고 1차 측에 교류전압 $V_1[\text{V}]$을 공급하면, 1차 권선에 기전력 $E_1[\text{V}]$이 유도된다.
- 이때 무부하 전류 $I_0[\text{A}]$가 흐르며 자속 $\phi[\text{Wb}]$를 형성하고, 자속은 철심을 통과하여 2차 권선과 교차하며, 2차 측에 기전력 $E_2[\text{V}]$을 유도한다.

③ 이상 변압기에서의 권수비
- 손실이 없는 이상적인 상태를 가정하면, 유도 기전력은 권선 수에 비례한다.
- 권수비 $a = \dfrac{N_1}{N_2} = \dfrac{E_1}{E_2} = \dfrac{V_1}{V_2}$이다.
  - N_1 : 1차 권선 수
  - N_2 : 2차 권선 수

2) 변압기의 구조

① 변압기 철심 재료
- 변압기의 철심은 철심과 권선의 조합 방식에 따라 내철형, 외철형, 권철심형으로 구분된다.
- 무부하 손실을 줄이기 위해 히스테리시스손과 와류손이 적은 두께 $0.35[\text{mm}]$ 정도의 규소강판을 사용한다. 이때 규소강판의 규소 함유량은 보통 $4 \sim 4.5[\%]$이다.
- 전기기기 권선에 사용되는 절연물은 내열성에 따라 분류된다.

- 절연 재료의 내열성에 따른 분류

종류	최고 사용온도[℃]	절연재료
Y종	90	요소수지, 목재(목면, 견 종이)
A종	105	폴리비닐, 폴리아미드(목면, 견, 종이를 바니스류에 합침)
E종	120	대부분의 플라스틱
B종	130	운모, 석영, 유리섬유에 아스팔트 접착제 사용
F종	155	운모, 석면, 유리섬유에 알킬수지, 에폭시수지 접착제 사용
H종	180	운모, 석면, 유리섬유에 규소수지 접착제 사용
C종	180 이상	운모, 석면, 유리섬유 단독 사용, 시멘트 등 무기접착제 사용

② 권선법의 종류

- 직권법
  - 철심에 절연 처리를 한 후 저압 권선을 먼저 감고, 다시 절연 후 고압 권선을 직접 감는 방식이다.
  - 원형 도체를 사용하는 소형 내철형 변압기에 많이 적용된다.
- 형권법
  - 전류 용량이 큰 평각 도체를 절연통 또는 목재 권형에 감고, 코일을 절연한 후 철심에 조립하는 방식이다.
  - 주로 중 · 대형 변압기에 사용된다.

③ 부싱(Bushing)

- 부싱은 고압과 저압 단자를 외부와 절연하여 연결하는 절연 단자의 일종이다.
- 절연 방식에 따라 단일형, 콤파운드형, 유입형, 콘덴서형 부싱으로 구분된다.

④ 절연유의 열화 방지

- 소형 변압기 : 소용량 유입변압기(주상변압기 등)는 밀폐되어 있으나 외함에 충분한 여유 공간을 두어서 절연유의 부피 변화에 의한 압력변화를 완충한다.
- 중 · 대형 변압기
  - 흡습 호흡기(브리더, Breather) 사용 : 절연유의 부피 변화에 의한 압력변화를 완충하기 위해서 변압기 외함과 대기 사이에 공기가 흡입할 수 있는 장치를 설치한다. 또한 브리더 내부에는 실리카겔을 사용하여 습기를 제거한다.
  - 콘서베이터 설치 : 대형 변압기에는 콘서베이터를 설치하고, 콘서베이터 내부의 공기와 유면 사이에는 고무 격막 또는 질소를 이용하여 절연유와 공기의 접촉을 차단한다. 이때 콘서베이터에 브리더를 부착하여 압력 증감에 따라 호흡작용이 이루어지도록 한다.

⑤ 변압기의 냉각 방식

건식 자냉식(AN)	• 자연 대류로 냉각하는 방식으로, 소용량 건식 변압기에 사용된다. • 팬이나 외부 냉각 장치 없이 공기의 대류에 의존한다.
건식 풍냉식(AF)	• 송풍 팬으로 강제 냉각하는 방식이다. • 자냉식보다 냉각 성능이 우수하며, 중소용량에 적용된다.
유입 자냉식(ONAN)	• 절연유의 자연 대류로 방열기와 본체 사이 열을 방출하는 방식이다. • 안정적이고 유지관리도 간편하여 널리 사용된다.
유입 풍냉식(ONAF)	• 송풍 팬을 설치하여 절연유 온도 상승에 따라 단계적으로 송풍기를 운전하는 방식이다. • 열부하가 높은 경우 효과적으로 냉각할 수 있다.

| 송유 풍냉식(OFAF) | • 절연유 순환 펌프와 송풍 팬을 함께 사용하는 방식이다.
• 순환 속도를 높여 냉각 효율을 높인다. |
| 송유 수냉식(OFWF) | • 방열기에 수냉각 방식까지 도입한 고성능 냉각 방식이다.
• 초대용량 변압기나 통풍이 제한되는 장소에 적용된다. |

3) 변압기 주변장치

① 탭 절환 장치(Tap Changer)

- 변압기 1차 전압의 변동이나 부하 변동에 관계없이 2차 측 전압을 일정하게 하기 위한 장치로, 보통 권선 수가 많은 1차 측에 탭을 설치한다.
- 종류
  - 무부하시 탭 절환기(NLTC, No−Load Tap Changer)
  - 부하시 탭 절환기(OLTC, On−Load Tap Changer)

② 방출 안전장치(방압변, Pressure Relief Device)

- 변압기 내부 고장 시 급격히 상승하는 내부 압력을 외부로 방출하는 장치이다.
- 변압기 본체 상부에 설치된다.

③ 변압기 보호장치

부흐홀츠 계전기 (Buchholtz Relay)	• 변압기 본체와 콘서베이터 중간에 설치한다. • 이상가스 발생 시 경보를 발생시키고, 급격한 탱크 압력 상승 시 차단기를 동작시킨다.
충격압력 계전기 (Sudden Pressure Relay)	• 아크에 의한 압력 상승 속도를 감지하여 차단기를 신속하게 동작시킨다. • 부흐홀츠 계전기가 감지하지 못하는 경우를 보완하여, 차단기 동작의 신속성을 확보한다.
차동 계전기 (비율차동 계전기, Ratio Differential Relay)	• 변압기 1차 측과 2차 측의 전류 차에 의해 내부 고장을 검출한다. • 정상 운전 시 전류비는 일정하지만 고장 시에는 이 차이가 커져 계전기가 동작한다.

4) 변압기 종류

① 건식 변압기

- 절연재로 규소수지와 유리섬유 등을 사용하여 내열성과 내습성을 확보한 변압기이다.
- 지하철, 빌딩 등 지하 변전설비에 적합하다.

② 유입 변압기

- 오일을 절연유로 절연한 변압기로서 활용도가 높으며, 옥외용으로 많이 사용된다.
- 가격이 저렴하고 설치 장소의 제약이 적으며 충격 내전압이 높다.
- 절연유의 열화 우려와 발화 위험이 있으며, 유출에 대한 대비가 필요하다.
- 절연유의 구비 조건
  - 절연 내력이 클 것
  - 비열이 커서 냉각효과가 클 것
  - 인화점이 높을 것
  - 점도 및 응고점이 낮을 것
  - 화학적으로 안정할 것
  - 고온에서 산화 또는 석출물이 발생하지 않을 것

③ 몰드 변압기

- 철심과 권선을 에폭시 수지로 몰딩한 구조의 변압기이다.
- 장점 : 과전류 내량이 크고 난연성, 내습성이 뛰어나며 효율이 높고 유지보수가 거의 필요 없다.
- 단점 : 가격이 비싸고 대용량 제작이 어렵다.
- 적용 장소 : 병원, 빌딩, 공장 등 옥내용 설비에 주로 사용된다.

④ 가스절연 변압기

- 절연체로 육불화유황(SF_6) 가스를 사용하는 변압기이다.
- 불연성, 고안정성, 우수한 절연성능을 갖고 있다.
- 동일 용량에서 설비 규모를 대폭 축소할 수 있다.
- GIS(Gas Insulated Switchgear)의 형태로 구성되어 사용된다.

➕ 더 알기 TIP

SF_6 가스의 특성

- 절연 성능이 공기의 2~3배이고, 안정성이 우수하다.
- 무색, 무취, 무독성의 불활성 기체로 화재 위험이 없다.
- 아크 차단 능력(소호능력)이 공기의 약 100배로 뛰어나다.
- 열전달 및 열적 안정성이 우수하다.
- 지구 온난화 물질로 분류되어 특별한 관리 대책이 필요하다.

❷ 변압기의 개요

1) 이상 변압기

① 유도 기전력과 권수비

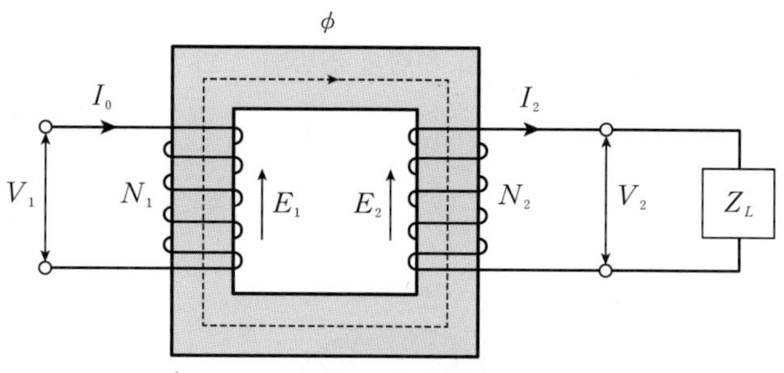

▲ 유도 기전력의 발생

- 그림과 같이 철심 위에 2개의 코일을 감고, 1차 측에 교류 전압 $v_1[\mathrm{V}]$을 공급하면 1차 권선에는 역기전력 $e_1[\mathrm{V}]$이 유도된다. 이때 무부하 전류 $I_0[\mathrm{A}]$가 흐르면서 자속 $\phi[\mathrm{Wb}]$가 발생하여 철심을 통과해 2차 권선을 자속이 관통함으로써 2차 측에 전압 $e_2[\mathrm{V}]$이 유도된다.
- 손실이 없는 이상 변압기에서는 $v_1 = -e_1$이 된다. 따라서 $e_1 = E_m\sin\omega t = \sqrt{2}E_1\sin\omega t[\mathrm{V}]$, $v_1 = V_m\sin\omega t = \sqrt{2}V_1\sin\omega t[\mathrm{V}]$이다.

- 자속 ϕ는 전압 v_1보다 $\frac{\pi}{2}$[rad]만큼 위상이 늦으며, $\phi=\phi_m\sin(\omega t-\frac{\pi}{2})$[Wb]이다.

- 역기전력 $e_1=-N_1\dfrac{d\phi}{dt}=-N_1\dfrac{d(\phi\sin(\omega t-\frac{\pi}{2}))}{dt}=-2\pi fN_1\phi_m\cos(\omega t-\frac{\pi}{2})=-2\pi fN_1\phi_m\sin(\omega t-\pi)$[V]이다.

- 최대값 $E_{m1}=2\pi fN_1\phi_m$[V]일 때의 실효값

$$E_1=\frac{E_{m1}}{\sqrt{2}}=\frac{2\pi}{\sqrt{2}}fN_1\phi_m=4.44fN_1\phi_m[\text{V}]$$

$$E_2=\frac{E_{m2}}{\sqrt{2}}=\frac{2\pi}{\sqrt{2}}fN_2\phi_m=4.44fN_2\phi_m[\text{V}]$$

유도 기전력의 비를 변압비라 하고, 권수비 $\dfrac{N_1}{N_2}$가 a일 때, $\dfrac{E_1}{E_2}=\dfrac{4.44fN_1\phi_m}{4.44fN_2\phi_m}=\dfrac{V_1}{V_2}=\dfrac{N_1}{N_2}=a$이다.

- 이상변압기의 경우, 변압기의 입력 $P_1=V_1I_1$[W], 변압기의 출력 $P_2=V_2I_2$[W]이고, $P_1=P_2$이다. 즉, $V_1I_1=V_2I_2$, $\dfrac{V_1}{V_2}=\dfrac{I_2}{I_1}=\dfrac{N_1}{N_2}=a$이다.

- 임피던스 $Z_1=\dfrac{V_1}{I_1}$[Ω], $Z_2=\dfrac{V_2}{I_2}$[Ω]이므로 $\sqrt{\dfrac{Z_1}{Z_2}}=\sqrt{\dfrac{V_1I_2}{V_2V_1}}=\sqrt{a^2}=a$가 되어 $a=\dfrac{N_1}{N_2}=\dfrac{V_1}{V_2}=\dfrac{I_2}{I_1}=\sqrt{\dfrac{Z_1}{Z_2}}$이 성립한다.

2) 실제 변압기

① 권선 저항에 의한 손실과 누설 리액턴스

- 실제 변압기에서는 권선에 의한 저항과 누설자속이 존재하여 손실이 발생한다.
- 1차, 2차 권선에는 각각 저항 r_1[Ω], r_2[Ω]이 존재하며, 권선 사이를 통과하지 못하고 외부로 누설되는 자속을 누설자속이라 한다.
- 누설자속은 누설 리액턴스로 작용하며, 권선과 직렬로 접속된 것과 동일하게 취급한다.
- 변압기의 임피던스
  - 1차 측 임피던스 : $Z_1=r_1+jx_1$[Ω]
  - 2차 측 임피던스 : $Z_2=r_2+jx_2$[Ω]

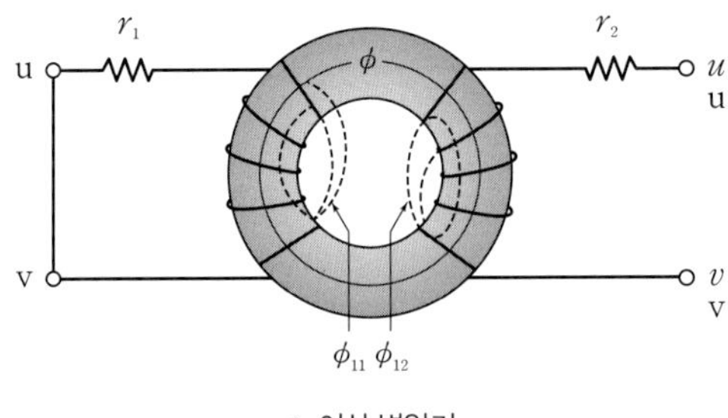

▲ 이상 변압기

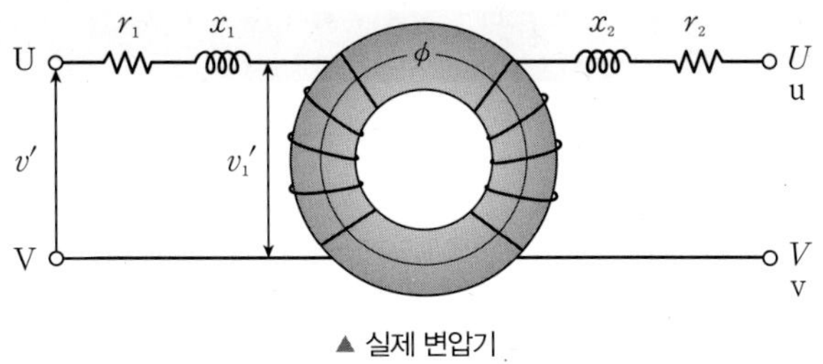

▲ 실제 변압기

② 여자 전류와 어드미턴스

- 변압기 1차 측에 전압을 공급하면 무부하 상태에서도 전류가 흐르게 된다. 이 전류는 철손전류 $I_w[\mathrm{A}]$와 자화전류 $I_u[\mathrm{A}]$로 구성된다.
- 철손전류 I_w는 철심에서의 히스테리시스손과 와류손에 대응하는 전류이다.
- 자화전류 I_u는 자속을 유지하기 위한 자화작용에 필요한 전류이다.
- 여자전류는 철손전류와 자화전류의 합으로 즉, $I_0 = I_w + I_u[\mathrm{A}]$이다.
- 여자전류는 여자 어드미턴스 $Y_0[\mho]$로 표현할 수 있다. 즉, $Y_0' = g_0 + jb_0[\mho]$이다. 이때 g_0는 여자 컨덕턴스(철손에 대응), b_0는 여자 서셉턴스(자화작용에 대응)이다.

3) 등가회로

① 실제 회로 구성

- 이상 변압기는 손실을 무시하고 전압, 전류, 저항의 관계를 설명하지만 실제 변압기에서는 손실을 고려한 회로가 필요하다.
- 실제 변압기의 등가회로에는 권선 저항에 의한 전력 손실, 누설 리액턴스에 의한 전압 강하, 철심의 철손과 자화작용에 따른 여자 전류가 포함된다.
- 이들을 반영한 회로는 실제 동작을 정확히 분석할 수 있는 장점을 가진다.

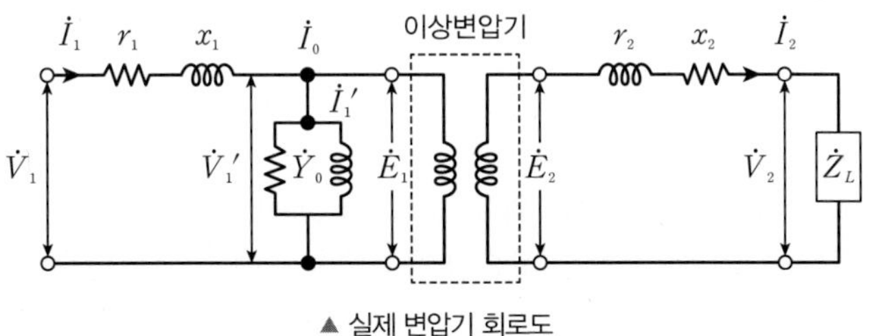

▲ 실제 변압기 회로도

② 등가회로의 환산

- 변압기의 1차 측과 2차 측은 이상 변압기 요소에 의해 분리되어 있으나, 권수비를 적용하여 하나의 회로로 환산할 수 있다.
- 일반적으로 2차 측 회로를 1차 측으로 환산하여 단일 회로를 구성한다. 이때 전체 특성을 한쪽 기준에서 분석할 수 있으므로 입력 전압, 출력 전류, 손실 및 효율을 계산하기 쉽다.

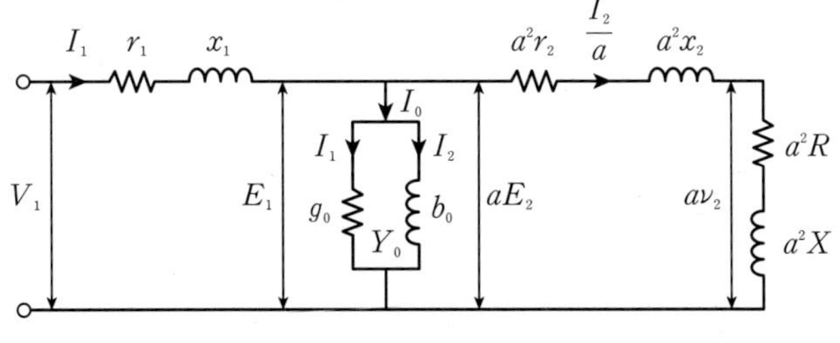

▲ 2차 측을 1차 측으로 환산한 등가회로

01 변압기의 정격과 특성

1) 정격 용량

- 변압기의 정격 용량은 일반적으로 피상전력으로 표시하며, 단위는 [VA], [kVA], [MVA] 등을 사용한다.
- 실제 전력뿐 아니라 무효 전력까지 포함한 전체 용량을 의미하며, 정격 용량은 정격 2차 전압과 정격 2차 전류의 곱이다. 즉, '변압기 정격용량[VA]＝정격 2차 전압[V]×정격 2차 전류[A]'이다.

2) 전압 변동률

① 전압 변동률의 정의

- 전압 변동률 : 1차 전압이 고정된 상태에서 정격 부하에서 무부하로 변화할 때 2차 측 단자 전압의 변동 정도를 백분율로 나타낸 값으로, 부하 유무에 따른 2차 측 전압의 변화를 의미
- 전압 변동률의 공식 : $\varepsilon = \dfrac{V_{20} - V_{2n}}{V_{2n}} \times 100\,[\%]$

  - V_{20} : 무부하 2차 전압
  - V_{2n} : 정격 2차 전압

② 전압 변동률의 간접 계산식

- 전압 변동률은 임피던스 강하로도 표현할 수 있다. 변압기 내부 임피던스의 % 저항 강하가 p[%], % 리액턴스 강하가 q[%]일 때, $e = p \cdot \cos\theta + q \cdot \sin\theta\,[\%]$이다.
- $\theta[\degree]$는 부하의 역률 각이며, 부하 특성에 따라 전압강하 정도가 달라진다.

3) 손실

① 무부하손

- 무부하손 : 2차 권선을 개방한 상태에서 1차 측에 정격 전압을 공급하였을 때 발생하는 손실
- 히스테리시스손 : 철심에 가해지는 자화력의 방향이 바뀔 때마다 발생하는 손실
- 대부분은 철손(P_i)으로, 히스테리시스손과 와류손으로 구성된다.
- 히스테리시스손과 와류손은 실험식이며, 저항손과 유전체손은 매우 작기 때문에 무시할 수 있다.

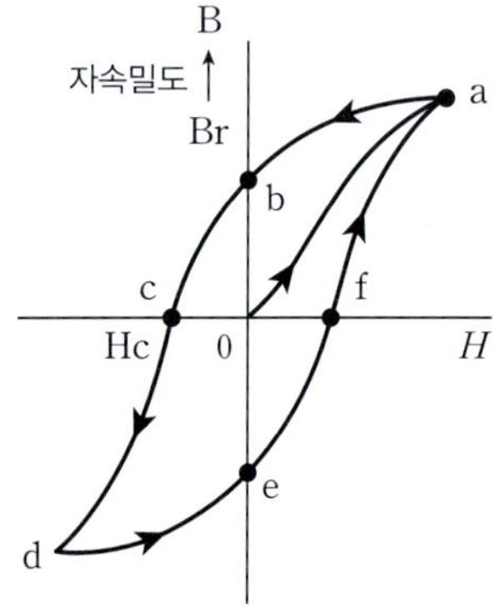

▲ 히스테리시스 곡선

- 히스테리시스 상수가 k_h, 주파수가 f[Hz], 최대 자속밀도가 $B_m[\mathrm{Wb/m^2}]$일 때 $P_h = k_h f B_m^{1.6} \sim k_h f B_m^{2.0}$ [W/kg]이다.
  - B_m이 1[$\mathrm{Wb/m^2}$] 미만일 때에는 $B_m^{1.6}$에 비례하고, B_m이 1[$\mathrm{Wb/m^2}$] 이상일 때에는 $B_m^{2.0}$에 비례한다.
- 와류손 : 철심 내에 유도된 맴돌이 전류로 인해 발생하는 손실
  - 철심 재료에 따라 정해지는 상수가 ke, 철심 두께가 t[mm], 주파수가 f[Hz], 자속밀도가 $B_m[\mathrm{Wb/m^2}]$일 때, $P_e = k_e(tfB_m)^2[\mathrm{W/kg}]$이다.
  - 와류손은 철심 두께의 제곱에 비례하므로 얇은 강판을 성층하여 사용한다.

② 부하손
- 부하손 : 변압기에 부하를 연결했을 때, 전류가 흐름에 따라 발생하는 손실로, 동손과 표유 부하손으로 구분됨
- 동손(P_C) : 1, 2차 권선의 저항에 의해 발생하는 손실
  - I_1, r_1, I_2, r_2를 각각 1차 전류, 1차 저항, 2차 전류, 2차 저항이라 하면 $P_C = k(r_1 I_1^2 + r_2 I_2^2)[\mathrm{W}]$이다.
  - k는 표유 부하손을 포함하는 계수이다.
- 표유 부하손 : 누설 자속에 의해 발생하는 와류손
  - 이론적으로 값을 계산하기 어렵다.
  - 보통 변압기 용량에 따라 실측값을 적용한다.

③ 무부하 시험과 단락 시험

무부하 시험(개방 시험)	단락 시험
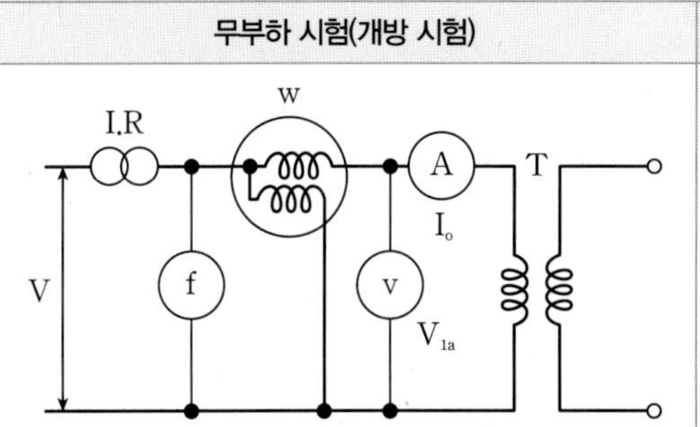	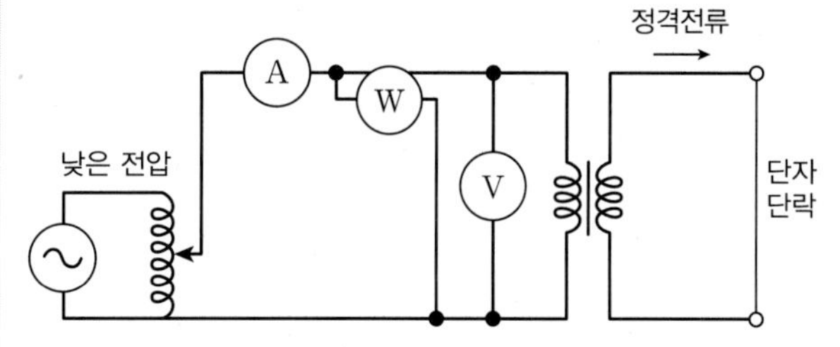

• 구성요소 : I. R(전압 조정기), V(전압계), f(주파수계), W(전력계), A(전류계)
 • 변압기 2차 측을 개방한 후 1차 측에 정격 주파수의 정격전압을 공급하여 수행한다.
 • 목적
   – 철손 $P_i[\mathrm{W}]$ 및 무부하 여자전류 $I_0[\mathrm{A}]$를 측정한다.
   – 권선 저항손 및 유전체손은 무시 가능하다.
	• 변압기 2차 측을 단락하고 1차 측에 낮은 전압을 서서히 가하여 1차 정격전류 $I_n[\mathrm{A}]$이 흐를 때의 전압 $V_s[\mathrm{V}]$와 전력 $P_s[\mathrm{W}]$를 측정한다.
	 • 정의
	   – 이때의 $V_s[\mathrm{V}]$를 임피던스 전압이라 하고, $P_s[\mathrm{W}]$는 동손 $P_C[\mathrm{W}]$가 된다.
	   – 정격 전압을 그대로 공급하면 권선 소손 위험이 있으므로 반드시 서서히 전압을 인가해야 한다.

4) 효율

① 규약 효율
- 정의
  - 변압기의 전부하 상태에서의 효율을 의미하며, 정격 상태에서 철손과 동손을 고려하여 계산한다.
  - 변압기의 정격 2차 전압을 $V_{2n}[\mathrm{V}]$, 정격 2차 전류를 $I_{2n}[\mathrm{A}]$, 역률을 $\cos\theta$, 철손을 $P_i[\mathrm{W}]$, 2차 측으로 환산한 저항을 $r_{12}[\Omega]$이라 하면 2차 동손은 $r_{12}I_{2n}^2[\mathrm{W}]$가 된다.

- 규약 효율 계산식

$$- \eta_2 = \frac{출력[kW]}{출력[kW] + 손실[kW]} \times 100[\%] = \frac{V_{2n}I_{2n}\cos\theta}{V_{2n}I_{2n}\cos\theta + P_i + r_{12}I_{2n}^2} \times 100[\%]$$

  – 출력이 부분 부하인 경우에는 2차 출력과 동손만 부분 부하로 처리하여 계산한다.

② 최대 효율
- 철손과 2차 동손이 동일할 때 변압기의 효율이 최대가 된다. 즉, $P_i = r_{12}I_2^2$일 때 효율이 최대이다.
- 이 조건에서 출력에 대한 손실이 최소가 되어 효율이 극대화된다.

③ 전일 효율
- 하루 중 변압기가 운전되는 전체 시간 중 부하와 무부하 구간을 반영하여 효율을 계산한 것으로, 하루 중 T시간은 부하 운전, 나머지 (24−T)시간은 무부하 운전이므로 전일 효율

$$\eta_d = \frac{V_{2n}I_{2n}\cos\theta \times T}{V_{2n}I_{2n}\cos\theta \times T + P_i \times 24 + r_{12}I_{2n}^2 \times T} \times 100[\%] 이다.$$

- 부하 운전 시간이 긴 경우에는 동손이 적은 변압기가 유리하고, 짧은 경우에는 철손이 적은 변압기가 유리하다.

02 변압기의 전선 연결과 운전

1) 변압기의 극성

① 변압기의 극성 : 1차 측과 2차 측 권선에서 유도되는 기전력의 상호 관계

② 가극성 : 1차와 2차의 자속이 철심을 통해 증가하는 방향

③ 감극성 : 자속이 서로 감소하는 방향으로, 우리나라는 감극성을 표준으로 채택

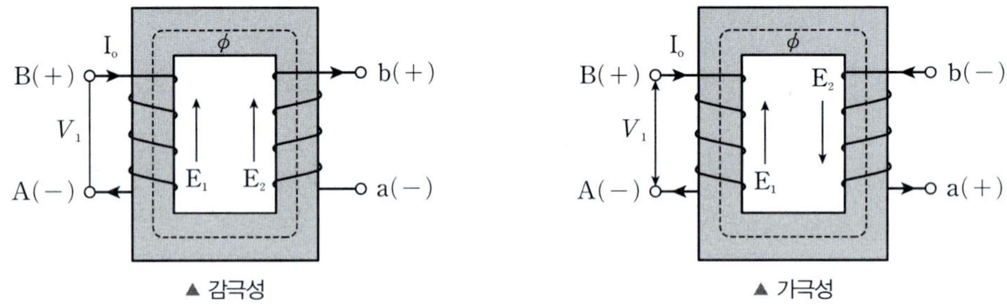

2) 3상 전선 연결 방식

① 단상 변압기 3대를 사용하여 3상으로 구성하는 방식으로, $\Delta-\Delta$, $Y-Y$, $Y-\Delta$, $\Delta-Y$, $V-V$ 방식이 있다.

② 전선 연결 방식별 특성
- Δ 전선 연결 포함 방식
  – 제3 고조파의 제거가 가능하여 통신선 유도장해 방지가 가능하다.
  – 중성점 접지 불가로 지락 보호가 어렵다.
  – 사고 발생 시 이상전압 발생의 우려가 있다.

- Y 전선 연결 포함 방식
  - 중성점 접지가 가능하여 고장 검출이 용이하다.
  - 건전상 전위 급상승의 방지가 가능하다.
  - 단절연이 가능하고 Δ 전선 연결에 비해 선간 전압이 $\sqrt{3}$배 높다.
  - 제3 고조파 제거가 불가능하여, 통신선에 유도장해를 일으킬 가능성이 크다.
- 전선 연결 방식의 적용
  - $\Delta - \mathrm{Y}$ 연결 : 승압용에 유리
  - $\mathrm{Y} - \Delta$ 연결 : 강압용에 유리
  - 사용 용도는 상황에 따라 달라질 수 있다.
- V−V 전선 연결 방식
  - 단상 변압기 2대로 3상 전력을 공급할 수 있는 방식이다.
  - 향후 부하 증설을 고려하여 초기 V−V 방식 운영 후 1대를 추가하여 $\Delta - \Delta$ 방식으로 전환 가능하다.
  - $\Delta - \Delta$ 방식 운용 중 단상 변압기 1대 고장 시에도 사용 가능하다.
  - 주의사항 : 3상 일체형 변압기에 적용 불가능
  - 출력 계산식 : $P_v = \sqrt{3}\,V_p I_p\,[\mathrm{VA}]$
  - 이용률과 용량비

$$\text{이용률} : \frac{P_0}{P_2} = \frac{\sqrt{3}\,V_p I_p}{2 V_p I_p} = \frac{\sqrt{3}}{2} = 0.866$$

$$\text{용량비} : \frac{P_0}{P_3} = \frac{\sqrt{3}\,V_p I_p}{3 V_p I_p} = \frac{\sqrt{3}}{3} = 0.577$$

③ 3상 일체형 변압기
- 철심 재료 사용량이 적고 경제적이며 효율이 높다.
- 타 설비와의 전선 연결이 쉽다.
- 소형화가 가능하여 설치 면적이 작다.
- OLTC(On−Load Tap Changer) 적용 시 유리하다.

④ 상변환
- 3상 → 2상 변환 : 스콧(Scott, T 결선), 메이어(Meyer), 우드브리지(Wood bridge) 전선 연결 방식 등
- 3상 → 6상 변환 : 포크(Fork), 대각(Diagonal), 2차 2중 Y, 2차 2중 Δ 전선 연결 방식 등

3) 병렬운전

① 단상 변압기의 병렬운전 조건
- 극성이 같을 것
- 권수비가 같고 1, 2차 정격 전압이 같을 것
- 백분율(%) 임피던스 강하가 같을 것
  - 각 변압기에 흐르는 부하 전류의 크기는 두 변압기의 임피던스 값에 반비례한다.
  - 변압기의 %임피던스가 정격 용량에 반비례하여야 적절한 부하 분담이 가능하다.
- 각 변압기의 r/x 비가 같을 것
  - r/x 비가 다르면 각 변압기의 전압에 위상차가 생겨 동손이 증가한다.

② 3상 변압기의 병렬운전 조건

- 상회전 방향과 1, 2차 선간 전압의 위상(각 변위)이 같아야 병렬운전이 가능하다.
- 전선 연결 방식의 조합에 따라 각 변위를 일치시킬 수 없는 경우 병렬운전이 불가능하다.
- 예 $\varDelta - \varDelta$와 $\varDelta - Y$ 또는 $\varDelta - Y$와 $Y - Y$ 전선 연결 변압기

4) 변압기의 시험과 건조 등

① 변압기 시험
- 온도상승시험
  - 실 부하법 : 실제 부하를 연결하는 방식으로 소형 변압기 외에는 거의 사용하지 않는 방식
  - 반환 부하법 : 철손과 동손만 별도로 공급하여 온도 상승을 시험하며 일반적으로 가장 많이 사용
  - 단락법 : 2차 측 단락 후 1차 측에서 전류를 공급하여 온도 상승을 시험하는 방식
- 절연내력시험
  - 가압시험 : 온도시험 직후, 정격 주파수 전압을 1분간 인가
  - 유도시험 : 층간 절연 시험으로 정상 유도전압의 2배를 유도
  - 충격전압시험 : 외부 뇌서지에 대한 내성 확인용, 보통 표준파형($1.2 \times 50[\mu s]$)을 사용
  - 기타 시험 : 변압기유 절연파괴 시험 등

② 변압기 건조
- 건조 목적 : 권선과 철심에 습분 제거
- 건조 방법
  - 열풍법 : 열풍을 송풍기로 공급하여 장시간 건조, 절연저항 상승 시 중지
  - 단락법 : 권선을 단락하고 전압을 공급하여 동손에 의한 가열 건조방법
  - 진공법 : 진공 상태에서 건조하는 방식으로 속도와 효과가 뛰어나나 대형 장치가 필요

⓪③ 특수 변압기

1) 3권선 변압기

① 1대의 변압기에 1, 2, 3차 권선을 설치하여 다양한 전압과 용량에 대응 가능하다.

② 1, 2, 3차 전압과 전류를 각각 V_1, V_2, V_3, I_1, I_2, I_3, 권수를 N_1, N_2, N_3라 할 때 권수비와 전압, 전류의 관계 : $\dfrac{N_1}{N_2} = \dfrac{E_1}{E_2} = \dfrac{I_2}{I_1}$, $\dfrac{N_1}{N_3} = \dfrac{E_1}{E_3} = \dfrac{I_3}{I_1}$

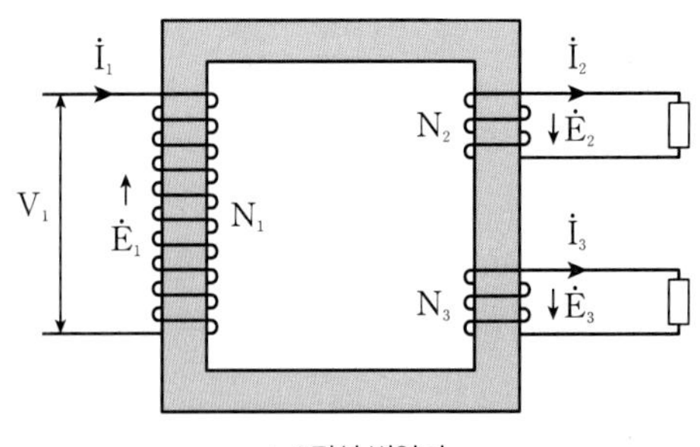

▲ 3권선 변압기

2) 단권 변압기

① 1차와 2차 권선을 분리하지 않고 일부를 공통으로 사용하는 구조이다.

② 공통 부분(분로 권선)과 2차 전용(직렬 권선)으로 이루어져 있으며 관련식은 $a=\dfrac{N_1}{N_1+N_2}=\dfrac{E_1}{E_1+E_2}=\dfrac{V_1}{V_2}=\dfrac{I_2}{I_1}$이다.

③ 장점 : 재료 절약, 누설자속 작음, 효율 우수

④ 단점 : 고 · 저압 완전 절연 불가, 단락 사고 시 대전류 발생

⑤ 용도 : 동기 · 유도 전동기 기동 보상기, 형광등 승압기 등

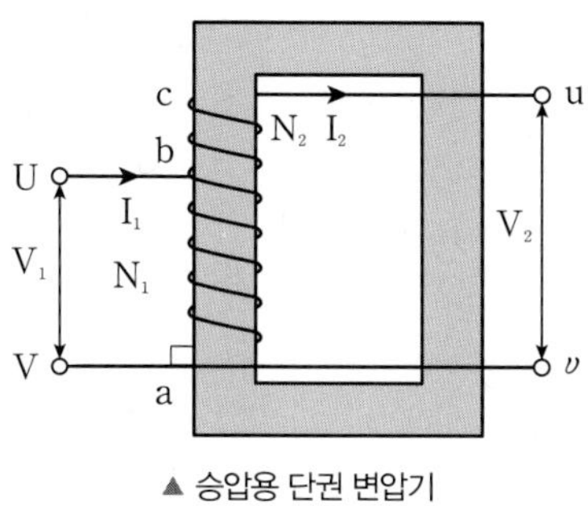

▲ 승압용 단권 변압기

3) 계기용 변성기

① 계기용 변성기(MOF, Metering Out−Fit) : 계기용 변압기(PT)와 계기용 변류기(CT)를 하나의 함에 넣고 전압계, 전류계, 전력계 등을 접속할 수 있는 기기

② 계기용 변압기(PT, Potential Transformer)

- 고전압을 저전압으로 변성하는 기기
- 2차 정격전압 : 110[V]
- 2차 부담 : 12.5~500[VA]

③ 계기용 변류기(CT, Current Transformer)

- 대전류를 소전류로 변성하는 기기이다.
- 2차 정격전류 : 5[A]
- 2차 부담 : 12.5~200[VA]
- 운전 중 정비 시 2차 회로는 반드시 단락해야 절연파괴를 방지할 수 있다.

4) 누설 변압기

- 부하 임피던스 변화에도 부하전류를 일정하게 유지시키기 위한 변압기이다.
- 누설 리액턴스를 증가시켜 전압강하를 크게 하여 부하전류를 일정하게 유지시킨다.
- 네온관 점등, 아크 용접용 변압기 등에 활용된다.

01 다음 변압기의 냉각방식 중 가장 용량이 큰 변압기에 적용하는 것은?

① 송유풍냉식
② 송유수냉식
③ 유입풍냉식
④ 유입자냉식

변압기의 용량에 따른 냉각방식은 '건식자냉식(AN) → 건식풍냉식(AF) → 유입자냉식(ONAN) → 유입풍냉식(ONAF) → 송유풍냉식(OFAF) → 송유수냉식(OFWF)'의 순서로 큰 용량에 적용한다.

02 다음 중 변압기 보호장치로서 부흐홀츠계전기의 설치 위치로 적당한 곳은?

① 콘서베이터 내부
② 변압기 본체 내부
③ 변압기 본체와 콘서베이트 사이
④ 변압기 고압측 부싱

부흐홀츠계전기는 변압기 본체와 콘서베이터 중간에 설치되어, 이상가스 발생 시 경보를 발생하는 기능과 내부 고장에 의한 탱크 압력의 급격한 증가를 감지하여 차단 장치를 동작하도록 하는 기능을 한다.

03 다음 중 변압기 절연유의 구비조건이 아닌 것은?

① 절연 내력이 클 것
② 비열이 커서 냉각효과가 클 것
③ 인화점이 높을 것
④ 점도가 높을 것

변압기 절연유의 구비조건
• 절연 내력이 클 것
• 비열이 커서 냉각효과가 클 것
• 인화점이 높을 것
• 점도가 낮고 응고점이 낮을 것
• 화학적으로 안정할 것

04 변압기의 퍼센트 저항 강하 3[%], 리액턴스 강하 4[%], 지상 역률 80[%]일 때, 전압변동률은 몇 [%]인가?

① 1.2
② 2.4
③ 4.8
④ 5.6

변압기의 전압변동률 $\varepsilon = \dfrac{V_{2o} - V_{2n}}{V_{2n}} \times 100 = p \cdot \cos\theta + q \cdot \sin\theta[\%]$, (단, p : %저항 강하, q : %리액턴스 강하)이다. 따라서 $\varepsilon = p \cdot \cos\theta + q \cdot \sin\theta = 3 \times 0.8 + 4 \times 0.6 = 4.8[\%]$이다.

05 변압기의 2차 측 저항이 1[Ω]이고 권수비가 20일 경우, 1차 측으로 환산한 저항은 몇 [Ω]이 되는가?

① 2.5×10^{-3}
② 0.05
③ 20
④ 400

권수비 $a = \dfrac{N_1}{N_2} = \dfrac{V_1}{V_2} = \dfrac{I_2}{I_1} = \sqrt{\dfrac{Z_1}{Z_2}}$의 관계가 있으므로, 2차 측을 1차 측으로 환산하면 $V_1 = aV_2$, $I_1 = \dfrac{1}{a} I_2$, $Z_1 = a^2 Z_2$가 된다. 따라서 $Z_1 = a^2 Z_2 = 20^2 \times 1 = 400[\Omega]$이다.

06 단상 변압기 2대를 V결선하여 3상 변압기로 운영했을 때의 이용률[p.u]은?

① 0.866
② 0.707
③ 0.577
④ 0.447

V–V결선

· 이용률 : $\dfrac{P_V}{P_2}=\dfrac{\sqrt{3}\,V_P I_P}{2V_P I_P}=\dfrac{\sqrt{3}}{2}=0.866$

· 용량비 : $\dfrac{P_V}{P_3}=\dfrac{\sqrt{3}\,V_P I_P}{3V_P I_P}=\dfrac{\sqrt{3}}{3}=0.577$

07 다음 중 변압기의 규약효율을 나타내는 식은?

① $\dfrac{입력}{입력+손실}\times100[\%]$

② $\dfrac{입력}{입력-손실}\times100[\%]$

③ $\dfrac{출력}{출력+손실}\times100[\%]$

④ $\dfrac{출력}{출력-손실}\times100[\%]$

· 효율 : $\eta=\dfrac{출력}{입력}\times100[\%]$

· 발전기와 변압기의 규약효율 : $\eta=\dfrac{출력}{출력+손실}\times100[\%]$

· 전동기의 규약효율 : $\eta=\dfrac{입력-손실}{입력}\times100[\%]$

08 변압기 철심에 가해지는 자화력의 변화에 의한 손실 곡선인 히스테리시스 곡선의 세로축(종축)과 가로축(횡축)이 만나는 점을 각각 무엇이라 하는가?

① 잔류자기, 보자력
② 보자력, 잔류자기
③ 자속밀도, 자계의 세기
④ 자계의 세기, 자속밀도

히스테리시스 곡선에서 종축은 자속밀도 $B[\text{Wb/m}^2]$, 횡축은 자계의 세기 $H[\text{AT/m}]$를 나타내고, 종축과 곡선이 만나는 점은 잔류자기를, 횡축과 곡선이 만나는 점은 보자력을 표시한다.

09 다음 중 2대의 단상 변압기를 이용하여 3상을 2상으로 변환하는 방식이 아닌 것은?

① 메이어 결선
② T 결선
③ 포크 결선
④ 우드브리지 결선

변압기의 **상변환 방식**

· 3상 → 2상 변환 : 스콧 결선(T 결선), 메이어 결선, 우드브리지 결선
· 3상 → 6상 변환 : 포크 결선, 대각 결선, 2차 2중 Y 결선, 2차 2중 △ 결선

10 다음 중 변압기의 절연내력시험과 관계없는 시험은?

① 가압시험
② 무부하시험
③ 유도시험
④ 충격전압시험

변압기의 절연내력시험은 변압기의 절연 강도를 보증하기 위한 시험으로서 가압시험과 유도시험, 충격전압시험이 있다.

유도전동기

빈출 태그 ▶ 슬립, 회전자계, 기계적 출력, 2차효율, 비례추이, 속도제어, 기동토크별 단상유도
전동기

▶ 합격 강의

01 3상 유도전동기

01 3상 유도전동기의 원리 및 종류

1) 3상 유도전동기의 원리

① 아라고 원판(Arago's Disk)

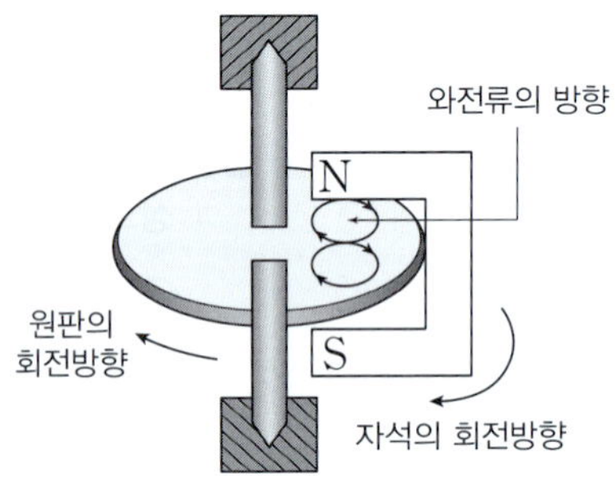

▲ 아라고 원판

- 회전 가능한 동 또는 알루미늄 원판을 말굽자석과 함께 배치하고, 자석을 회전시키면 원판은 자석의 회전 방향으로 천천히 회전하게 된다.
- 자석의 회전에 의해 원판 내부에 기전력이 유도되며, 플레밍의 오른손 법칙에 따라 맴돌이 전류(Eddy Current)가 발생한다.
- 전류와 자속의 작용으로 플레밍의 왼손 법칙이 적용되어 회전력이 발생하며, 결과적으로 원판은 자석보다 느리게 같은 방향으로 회전하게 된다.

② 회전자계의 발생

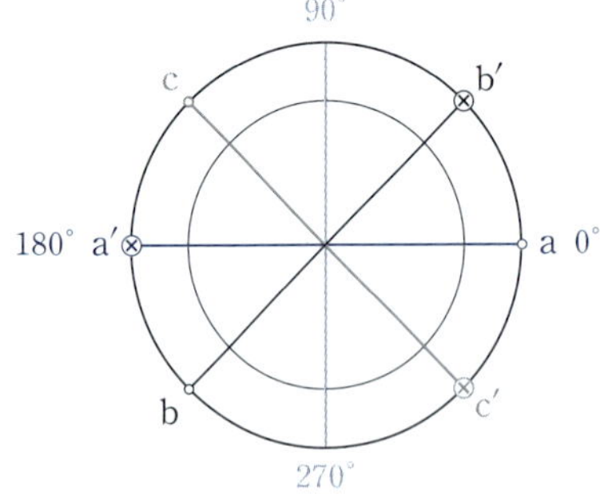

▲ 고정자 코일 배치와 3상 교류 파형

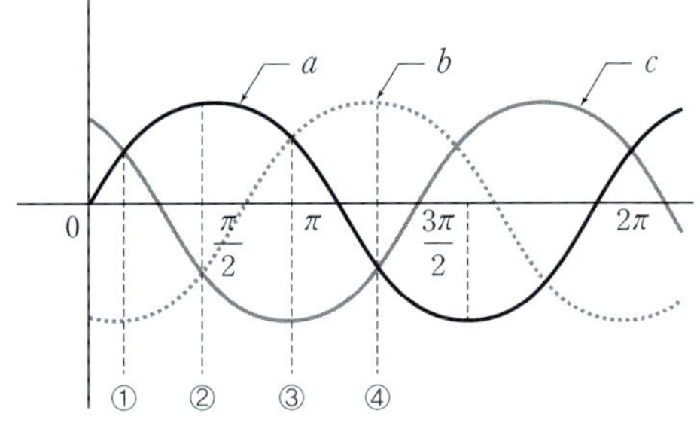

▲ 3상 교류 파형

- 고정자에 동일한 특성을 갖는 3개의 코일 a, b, c를 기하학적으로 120° 즉, $\frac{2\pi}{3}$[rad]씩 간격을 두어 배치시킨 다음 3상 교류 전압을 공급하면, 대칭 3상 교류(Symmetrical Three-Phase AC) 전류가 코일에 흐른다.

- 위 그림에서 a상을 기준으로 $\frac{\pi}{6}, \frac{\pi}{2}, \frac{5\pi}{6}, \frac{7\pi}{6}$ 위치가 각각 ①, ②, ③, ④라면, 각 위치별 a, b, c상의 전류의 방향을 부호로 표시하면 다음 표와 같다.

구분	①	②	③	④
a	+	+	+	−
b	−	−	+	+
c	+	−	−	−

- 전류의 방향에 따라 ⊙(나오는 방향), ⊗(들어가는 방향)으로 표시하면 회전 자계의 흐름을 시각적으로 나타낼 수 있다.

- 전류가 흐르는 방향을 따라서 앙페르의 오른나사 법칙을 적용하면 코일의 위치에 따라 전류에 의한 자계의 방향이 동일한 그룹으로 구분되어 마치 자석이 존재하는 것처럼 자기장이 형성된다. 교류의 위상에 따라서 자기장은 아래 그림과 같이 $\frac{1}{2}$주기가 경과하면, 자기장의 방향이 180[°]로 진행되어, 교류 전류의 주파수와 동일한 속도로 자기장이 회전하게 되는 것을 알 수 있다.

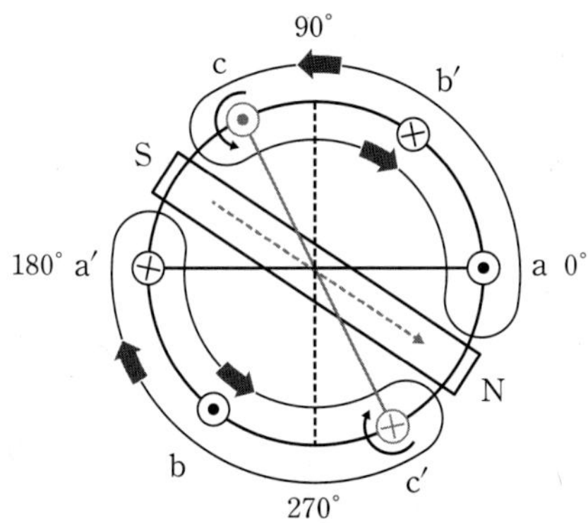

▲ 2극기의 위상별 회전자계(①번 위치)

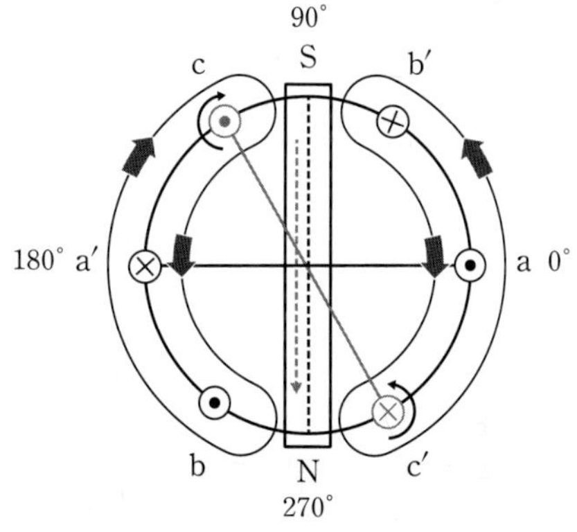

▲ 2극기의 위상별 회전자계(②번 위치)

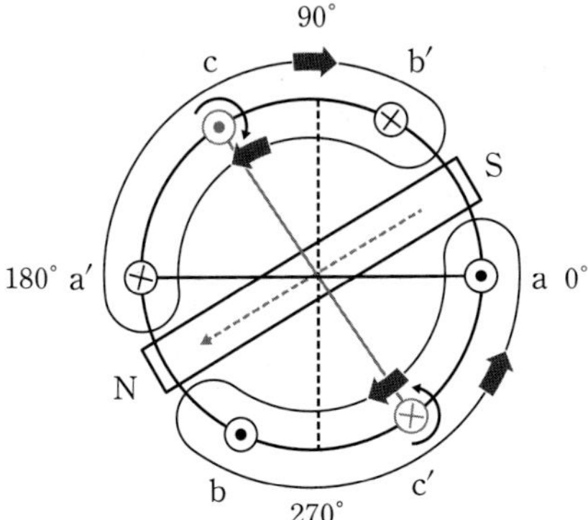

▲ 2극기의 위상별 회전자계(③번 위치)

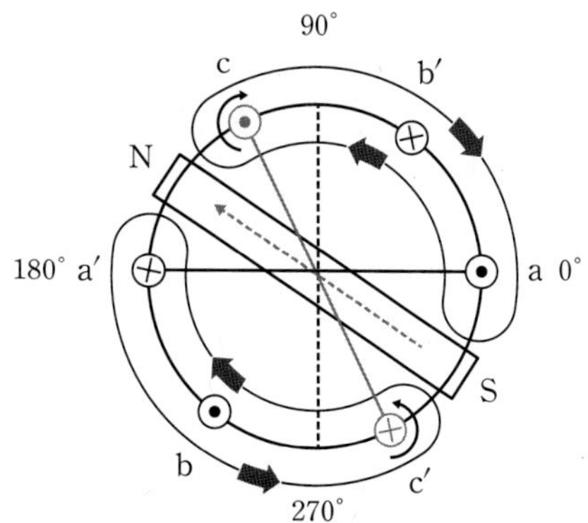

▲ 2극기의 위상별 회전자계(④번 위치)

③ 동기속도와 회전자계 속도

- 회전자계는 전원 주파수와 전동기의 극수에 의해 정해지는 동기속도(N_s)로 회전한다.
- 전자가 1초 동안 $n_s[\text{rps}]$로 회전하면 동기속도를 $N_s[\text{rpm}]$라 할 때 $f=\dfrac{P}{2}\cdot n_s=\dfrac{P}{2}\cdot\dfrac{N_s}{60}[\text{Hz}]$이므로 $N_s=\dfrac{120f}{P}[\text{rpm}]$이다.

④ 유도전동기의 작동 원리

- 동기전동기는 회전자가 전자석이므로 동기속도로 회전하게 된다.
- 유도전동기는 회전자가 단순한 도체이므로 자속의 교차에 따라 기전력이 유도되며, 이로 인해 회전력이 발생한다.
- 아라고 원판과 마찬가지로 유도전동기의 회전자는 회전자계보다 느리게 회전하며, 이 속도차를 슬립이라 한다.
- 유도전동기의 회전 원리는 자계와 도체의 상호작용에 의한 전자유도 작용과 플레밍의 왼손 법칙이 적용되어 회전력이 발생한다.

2) 3상 유도전동기의 종류 및 구조

① 3상 유도전동기는 회전자의 구성 방식에 따라 분류할 수 있다.

- 농형(Squirrel Cage) 유도전동기 : 회전자에 브러시나 슬립링이 없으며, 구조가 단순하고 저렴하며 유지보수가 쉬움
- 권선형(Wound Rotor) 유도전동기 : 회전자에 3상 코일이 설치되어 있으며, 외부 저항과 연결 가능하여 기동 전류 감소와 기동 토크 증가가 가능

② 고정자 구조

- 고정자 철심은 두께 0.35~0.5[mm]의 규소 강판을 적층하여 구성한다.
- 고정자 권선은 주로 2층권이며, 4극을 일반적으로 적용한다.
- 매극ㆍ매상당 홈 수는 총 홈 수를 상수와 극수의 곱으로 나눠서 결정한다.

③ 농형 회전자

- 홈에 구리 또는 알루미늄 막대를 비스듬히 배치하고 양쪽 끝을 단락시켜 다람쥐 쳇바퀴처럼 구성한 형태이다.
- 도체를 비스듬히 배치하는 이유는 소음 억제, 토크 특성 개선, 크롤링 방지 때문이다.

④ 공극의 역할과 설계

- 고정자와 회전자 사이의 공극(Air Gap)은 기계적 안정성과 전기적 성능을 고려하여 설계된다.
- 공극이 넓으면 자기 저항이 증가하고 여자전류가 커져 역률이 저하된다.
- 공극이 좁으면 기계적 불평형 시 진동과 소음이 발생하며, 전기적으로는 누설 리액턴스가 증가하여 철손이 커진다.
- 일반적으로 공극은 0.3~2.5[mm] 정도로 설정한다.

❷ 3상 유도전동기 이론

1) 회전수와 슬립

① 슬립
- 유도 전동기가 정지해 있을 때, 1차 권선의 전류로 인해 생성된 회전자계가 2차 권선과 교차하며 자속 변화에 따라 기전력을 유도한다.
- 이 기전력에 의해 전류가 흐르고 플레밍의 왼손 법칙에 따른 회전력이 발생한다.

② 동기속도와 회전자의 속도 비교

회전자가 동기속도로 회전할 경우, 회전자계와 상대속도가 0이 되어 자속 교차가 없고 기전력이 유도되지 않는다. 따라서 유도전동기가 회전하려면 회전자는 반드시 동기속도보다 느려야 한다.

③ 슬립의 정의와 계산

$$s = \frac{N_s - N}{N_s} \text{(단, } 1 \geq s \geq 0\text{)}, \quad N = (1-s)N_s[\text{rpm}]$$

- 동기속도 : $N_s[\text{rpm}]$
- 회전자 속도 : $N[\text{rpm}]$

④ 일반적인 슬립 범위
- 전동기 정지 시 : s=1
- 동기속도 회전 시 : s=0
- 소형 전동기 : 5~10[%]
- 중 · 대형 전동기 : 2.5~5[%]
- 특수한 경우에는 슬립이 음수이거나 1보다 클 수도 있다.
  - 부하 차단 시 : $s < 0$
  - 역회전 시 : $1 < s < 2$

2) 유도 기전력과 전류

① 회전자 정지 시 유도 기전력
- 1차 권선 : 권수 N_1, 최대 자속 $\phi_m[\text{Wb}]$, 주파수 $f_1[\text{Hz}]$
- 2차 권선 : 권수 N_2, 주파수 $f_2 = f_1[\text{Hz}]$
- 유도 기전력 실효값
  - $E_1 = 4.44 f_1 N_1 \phi_m[\text{V}]$
  - $E_2 = 4.44 f_2 N_2 \phi_m = 4.44 f_1 N_2 \phi_m[\text{V}]$

② 회전 중 상대속도
- 회전자 속도 N[rpm], 동기속도 $N_s[\text{rpm}]$, 슬립 s
- 상대속도 : $\Delta N = N_s - N = sN_s[\text{rpm}]$

③ 슬립 상태의 유도 전압과 주파수
- 2차 유도 전압 및 2차 측 주파수 : $E_{2s} = sE_2[\text{V}]$, $f_{2s} = sf_1[\text{Hz}]$

④ 슬립 상태의 임피던스 및 전류

- 2차 권선상 저항 $r_2[\Omega]$, 정지 시 1상 리액턴스 $x_2[\Omega]$
  - 슬립 s일 때 임피던스 : $Z_{2s}=r_2+jsx_2[\Omega]$
  - 2차 전류 : $I_2=\dfrac{E_{2s}}{Z_{2s}}=\dfrac{sE_2}{\sqrt{(r_2)^2+(sx_2)^2}}=\dfrac{E_2}{\sqrt{(\dfrac{r_2}{s})^2+(x_2)^2}}[A]$

- 이후부터는 전동기가 슬립 s로 운전 중인 상태를 기준으로 이론을 설명한다.

3) 기계적 출력과 2차 동손

① 기계적 출력 계산

- 2차 입력 : $P_2[W]$, 2차 동손 : P_{c2}
- 기계적 출력 : $P_0=P_2-P_{c2}=E_2I_2-r_2I_2^2[W]$

② 리액턴스를 무시할 때 근사식

- 2차 측 주파수 $sf_1[Hz]$이 매우 낮기 때문에, 2차 측의 리액턴스 성분인 $sx_2[\Omega]$를 무시하면, $E_2=\dfrac{r_2I_2}{s}$,

  $P_2=E_2I_2=(\dfrac{r_2}{s})I_2^2[W]$이므로, $P_0=E_2I_2-r_2I_2^2=(\dfrac{r_2}{s})I_2^2-r_2I_2^2=(\dfrac{1-s}{s})r_2I_2^2[W]$로 변경이 가능

  하다.

- 이 식에서 $R=(\dfrac{1-s}{s})r_2[\Omega]$는 기계적 출력을 발생시키는 등가저항이라 한다. 또한 $P_2=(\dfrac{r_2}{s})I_2^2[W]$

  가 되므로 $P_{c2}=sP_2[W]$로 표시할 수 있다. 따라서 $P_0=P_2-P_{c2}=P_2-sP_2=(1-s)P_2[W]$이다.

4) 2차 효율과 동기 와트

① 유도전동기의 2차 효율 $\eta_2[\%]$

$$(1-s)=(1-\dfrac{N_s-N}{N_s})=\dfrac{N}{N_s} \text{이므로 } \eta_2=\dfrac{P_0}{P_2}=1-s=\dfrac{N}{N_s}\times100[\%]$$

② 토크와 출력의 관계

$$P_0=\omega T=2\pi \cdot \dfrac{N}{60}T[W]$$

$$T=\dfrac{60}{2\pi} \cdot \dfrac{P_0}{N}=9.55\dfrac{P_0}{N}[N \cdot m]=0.975\dfrac{P_0}{N}[kg \cdot m]$$

- 유도전동기의 토크 : $T[N \cdot m]$

- 각속도 : $\omega=2\pi n=2\pi \cdot \dfrac{N}{60}[rad]$

- 기계적 출력 : $P_0[W]$

1) 속도 및 토크 특성

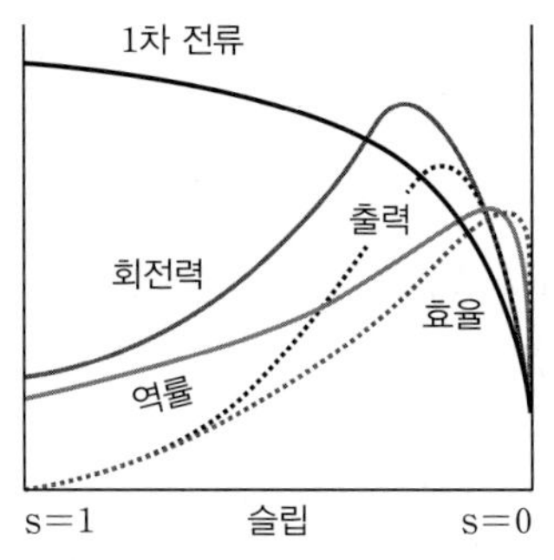

▲ 유도전동기의 특성곡선 – 속도특성곡선

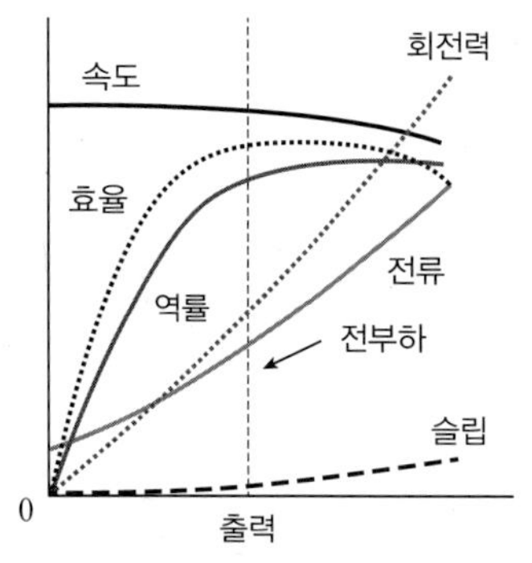

▲ 유도전동기의 특성곡선 – 출력특성곡선

- 속도특성곡선 : 유도전동기에서 1차 전압을 일정하게 유지한 상태에서 슬립과 속도, 1차 전류, 토크, 효율, 출력 등의 관계를 나타낸 곡선
- 속도특성곡선을 통해 운전 특성과 부하에 따른 반응을 확인할 수 있다.

2) 비례추이

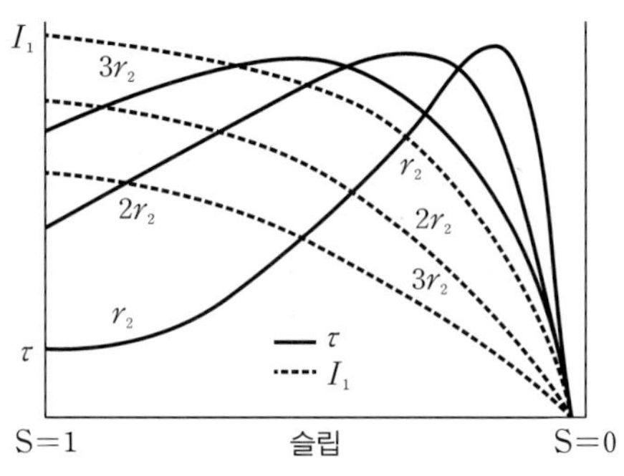

▲ 비례추이 곡선(전류와 토크)

① 권선형 유도전동기에서 2차 저항 r_2와 슬립 s는 서로 비례 관계에 있다.

② 최대 토크는 슬립이나 2차 저항과 관계없이 일정하게 유지된다.

③ 전동기의 최대 토크는 일정하게 유지되며, 2차 외부 저항을 조절함으로써 기동 전류를 줄이면서 기동 토크를 크게 할 수 있다.

④ 비례추이로 조정 가능한 항목은 1차 전류(I_1), 1차 입력(P_1), 역률($\cos\theta$)이다. 출력(P_0), 효율(η_2), 동손(P_{c2})은 비례추이에 의해 조정되지 않는다.

3) 이상현상

① 크롤링(Crawling) 현상
- 크롤링 현상 : 농형 유도전동기에서 기동 시 제7 고조파의 영향으로 정상 속도까지 도달하지 못하고 낮은 속도에서 회전을 지속하는 현상
- 차동기 운전이라고도 하며, 기동 전류가 상대적으로 커져 전동기를 소손시킬 위험이 있다.
- 경사 슬롯 구조는 풍손을 줄이는 것이 주목적이지만 크롤링 현상을 어느 정도 방지할 수 있다.

② 게르게스(Gorges) 현상 : 3상 권선형 유도전동기의 2차 회로 중 하나가 단선되어 단상 전류가 흐를 때, 슬립 $s = 0.5$인 지점에서 더 이상 가속되지 않고 회전이 지속되는 현상

❹ 3상 유도전동기의 운전과 시험

1) 기동 방법

① 유도전동기에 정격전압을 직접 공급하면 큰 기동전류가 흐르게 되어 전동기 절연이나 전원계통에 악영향을 줄 수 있으므로, 기동 전류를 제한할 필요가 있다.

② 농형 유도전동기의 기동법

전전압 기동	• 정격 전압을 직접 공급하여 기동하는 방식으로, 직입 기동이라고도 한다. • 기동 전류가 정격의 500~700[%]로 크므로 5[kW] 이하 전동기에 사용한다. • 다만 전원 모선의 용량이 충분히 큰 경우에는 대용량 전동기에 적용하기도 한다.
Y-Δ 기동	• 기동 시 Y 전선연결로 기동하여 회전 속도가 정격의 80[%] 정도가 되면, Δ 전선연결로 바꾸어서 운전한다. • 기동 전류와 기동 토크는 각각 Δ 전선연결의 1/3 정도가 되며, 10~15[kW] 전동기에 주로 사용된다. • 실제로는 기동 전류가 정격의 50~200[%], 기동 토크는 40~50[%] 정도가 된다.
기동 보상기법	• 단권 변압기를 이용해 전압을 낮추어 기동하는 방식으로, 15[kW] 이상 전동기에 사용된다. • 유사 방식으로 리액터 기동, 콘돌퍼 기동 등이 있다.

③ 권선형 유도전동기의 기동법
- 2차 회로에 가변 저항을 연결하여 비례추이 원리에 따라 기동하는 방법이다.
- 외부 저항을 최대한으로 설정하면 기동 토크가 증가하고, 기동 전류는 감소하며, 역률도 향상된다.

2) 속도제어 방법

① 유도전동기의 속도는 슬립, 주파수, 극수를 조절함으로써 제어할 수 있다.

$$N = (1-s)N_s = (1-s)\frac{120f}{P}[\text{rpm}]$$

② 속도제어 방법의 종류
- 슬립 제어 방법(2차 저항 가감법)
  - 권선형 유도전동기의 2차 측 가변 저항을 이용하여 슬립을 조절하는 방법이다.
  - 비례추이 원리에 기반하며, 효율이 낮아지고 속도 조정 범위가 좁지만 방법은 간단하다.
- 주파수 변환법
  - 가변 주파수 변환기(VVVF)를 이용하여 전압과 주파수를 동시에 제어하는 방식이다.
  - 인버터를 조합하여 전압과 주파수를 조정하여, 출력과 속도를 유연하게 조절할 수 있다.

- 극수 변환법 : 농형 유도전동기의 고정자 권선 접속을 바꾸어 극수를 변환하는 방식이다.
- 2차 여자법 : 권선형 유도전동기의 2차 회로에 회전자 주파수와 동일한 전압을 인가하여 속도와 역률을 제어하는 방법이다.
- 종속 접속법
  - 두 대 이상의 유도전동기를 기계적으로 연결하고 전기적으로 직렬 또는 병렬로 접속하여 속도를 제어하는 방식이다.
  - 종속 접속법의 종류

직렬 종속법	• 극수가 각각 P_1, P_2인 전동기 M_1, M_2를 직렬접속하고, M_1의 회전자에서 유도된 전력을 M_2의 고정자에 공급한다. • 전체 무부하 속도는 극수 P_1+P_2의 동기속도와 같다. 즉, $N_0=\dfrac{120f}{P_1+P_2}[\mathrm{rpm}]$이다.
차동 종속법	• M_1의 회전자 전력을 M_2의 회전자에 공급하고, M_2의 고정자에는 가변 저항을 연결한다. • 전체 무부하 속도는 극수 P_1-P_2의 동기속도와 같다. 즉, $N_0=\dfrac{120f}{P_1-P_2}[\mathrm{rpm}]$이다.
병렬 종속법	• M_1, M_2의 회전자 권선을 직렬로, 고정자를 병렬로 접속한 형태로, 상회전 방향 조건을 만족해야 한다. • 전체 회전자 속도는 두 전동기 극수의 평균에 해당하는 동기속도와 같다. 즉, $N_0=\dfrac{2\times120f}{P_1+P_2}[\mathrm{rpm}]$이다.

3) 전기적 제동 방법(전동기가 부하 운전 중 무부하로 전환된 상태에서 과속된 운동 에너지를 제거하기 위함)

① 발전 제동
- 전원을 차단하고 고정자에 직류 전압을 공급하여 전동기를 회전 전기자형 교류 발전기로 동작하게 한다.
- 권선형은 외부 저항, 농형은 내부 손실로 에너지를 소모하여 제동한다.

② 회생 제동
- 전동기가 동기속도 이상으로 회전할 경우 유도 발전기로 동작하여 발생 전력을 전원으로 반환하면서 제동한다.
- 크레인, 전동차 등에 많이 사용된다.

③ 역전 제동
- 3상 중 2선의 연결을 바꾸어 토크 방향을 반대로 만들어 급속히 정지시키는 방법이다.
- 큰 제동 전류가 흐르므로 저항이나 리액터를 삽입하여 제한해야 한다.

4) 시험

① 원선도법(유도전동기의 특성을 그래픽을 사용하여 해석하는 방법)을 활용하여 시험한다.

② 원선도를 작성하기 위한 시험에는 무부하시험, 구속시험, 저항측정시험이 있다.
- 무부하 시험 : 정격 전압, 주파수에서 무부하로 운전하면서 여자전류, 철손, 회전손실을 점검
- 구속 시험 : 회전자를 고정한 상태에서 2차 측을 단락시키고 특성을 점검하며, 1차 입력, 2차 동손을 측정
- 저항측정 시험 : 권선의 온도에 따라 보정된 저항 값을 측정하여 1차 동손을 산출

③ 절연내력 시험
- 회전기의 절연 강도를 확인하기 위한 시험으로 아래 표에 따른 전압을 인가한다.
- 회전기 시험전압

종류	최대사용전압	시험전압	시험시간
- 발전기 - 전동기	7[kV] 이하	최대사용전압의 1.5배 (500[V] 미만은 500[V])	권선과 대지 사이 연속하여 10분간
- 조상기 - 기타 회전기기(회전변류기 제외)	7[kV] 초과	최대사용전압의 1.25배 (10.5[kV] 미만은 10.5[kV])	

④ 슬립 측정 시험 : 회전수 측정계기 사용

⑩ 직류 밀리볼트계 법, 수화기 법, 스트로보스코프 등

02 단상 유도전동기

1) 단상 유도전동기의 개요

① 단상 유도전동기는 3상 유도전동기와 달리 1차 권선에 단상 교류가 흐르므로 회전자계가 발생하지 않고, 축방향의 교번자계만 생기기 때문에 회전력이 발생하지 않는다.

② 회전을 시작하려면 회전자에 외력을 가하거나 전기적으로 주 권선과 위상이 다른 보조 권선(기동 권선)을 사용해야 한다.

③ 일단 회전이 시작되면, 3상 유도전동기와 같은 원리로 회전하게 된다.

2) 단상 유도전동기의 원리와 특성

① 단상 교류 전압을 공급하면 전기자에는 교번자계가 발생하며, 이는 크기가 1/2이고 서로 반대방향으로 동기속도로 회전하는 두 개의 회전자계로 분리하여 해석할 수 있다.

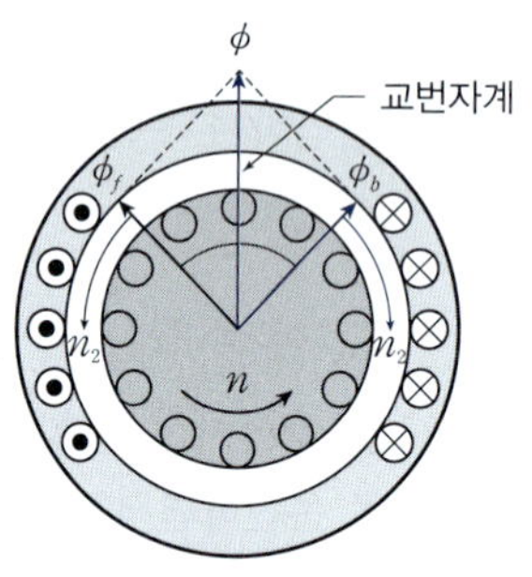

▲ 교번자계

② 정상분 회전자계 : 시계 방향으로 회전하며, 회전자 속도는 $N = (1-s)N_s[\text{rpm}]$이고, $sf[\text{Hz}]$의 주파수에 의한 기전력이 유기된다.

③ 역상분 회전자계
- 반시계 방향으로 회전하며, 회전자 속도는 $N_s + N = (1+s)N_s$이고 $(2-s)f[\text{Hz}]$의 주파수에 의한 기전력이 유기된다.
- 두 회전자계에 의한 토크를 합성한 것이 단상 유도전동기의 토크 곡선이 된다.

- 단상 유도전동기는 전부하 전류에 대한 무부하 전류의 비율이 매우 크고, 역률과 효율이 3상 유도전동기에 비해 낮다.
- 용량 대비 중량이 무겁고 가격이 비싸지만, 구조가 간단하고 사용이 편리하여 소용량 전동기에 널리 사용된다.

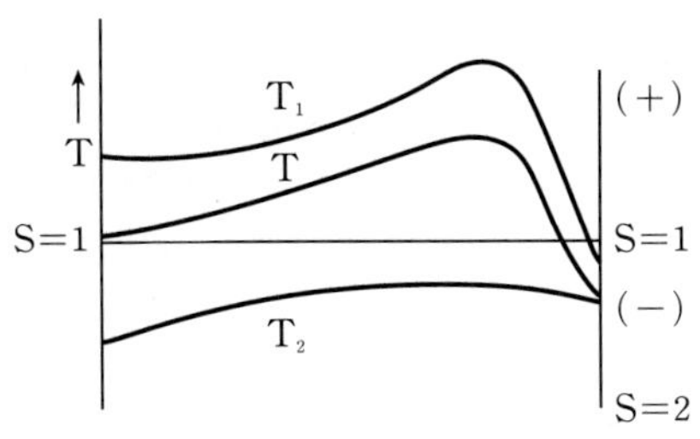

▲ 단상 유도전동기의 합성 토크 곡선

3) 단상 유도전동기의 기동장치에 의한 분류

① 기동 토크가 큰 순서 : 반발 기동형 〉 반발 유도형 〉 콘덴서 기동형 〉 분상 기동형 〉 세이딩 코일형

② 단상 유도전동기 종류

반발 기동형	• 회전자를 직류전동기의 전기자와 동일한 방법으로 구성하며, 회전자 권선은 정류자와 브러시로 연결되어 있다. • 기동 시 회전자 권선을 외부에서 단락시켜 큰 기동 토크를 얻고, 동기속도의 70~80[%]에 이르면 정류자 편을 단락시켜 농형 유도전동기로 운전하게 된다. • 단상 유도전동기 중에서 기동 토크가 가장 크다.
반발 유도형	• 회전자에 정류자와 브러시로 연결된 전기자 권선을 배치하여 반발 기동을 하고, 운전용 농형 권선을 별도로 배치한 구조이다. • 전부하 효율은 반발 기동형보다 낮고, 기동 토크도 작으나 역률은 더 우수하다.
콘덴서 기동형	• 보조 권선에 직렬로 콘덴서를 접속하여 분상을 형성하고, 기동 완료 후 보조 권선을 자동으로 분리한다. • 회전자계가 원형에 가깝고, 기동 토크는 약 200~300[%]로 우수하다. • 콘덴서의 접속 · 분리를 반복하기 위한 원심력 스위치 등 설비가 복잡하고 고장 우려가 있다. • 일정 용량의 콘덴서를 고정적으로 접속한 영구 콘덴서형은 기동 토크가 20~100[%]로 작지만 구조가 간단하고 가격이 저렴하여 가정용 선풍기, 냉장고, 세탁기 등에 널리 사용된다.
분상(Split Phase) 기동형	• 주 권선과 위상이 다른 보조 권선(기동 권선)을 별도로 구성하며, 이를 분상이라 한다. • 동기속도의 약 60~80[%]가 되면 원심력 스위치로 기동 권선을 분리하여 운전한다.
세이딩 코일 (Shading Coil)형	• 회전자는 농형이며, 고정자 자극을 몇 개의 돌극으로 구성하여 자극의 일부에 세이딩 코일을 감는다. • 세이딩 코일에 의한 유도기전력으로 기동 토크가 발생하는 원리이다. • 구조상 역회전이 불가능하며, 기동 토크가 작고 역률과 효율이 낮고 속도 변동률도 크다. • 구조가 간단하고 고장이 거의 없기 때문에 소형 선풍기, 전축의 턴테이블 등 수십 [W] 이하의 소형 전동기에 널리 사용된다.

01 다음 중 유도전동기의 슬립이 음(−)이 되는 경우는?

① 정격부하 운전 시
② 급격한 부하 차단 시
③ 무부하 운전 시
④ 역전 제동 시

슬립 $s=\dfrac{N_s-N}{N_s}$ 이고 $1\geq s\geq 0$이 보통인데, 정지 시는 1, 동기속도로 운전 시는 0이 되며, 부하의 급격한 차단 시는 음(−), 정지를 위해 역전 제동을 하는 경우에는 1보다 크다.

02 3상 유도전동기의 정격이 380[V], 60[Hz], 4극, 25[kW]이고, 슬립이 3[%]일 때, 이 전동기의 회전속도는 몇 [rpm]인가?

① 1,746
② 1,740
③ 1,728
④ 1,526

슬립 $s=\dfrac{N_s-N}{N_s}$, $N=(1-s)N_s=(1-s)\dfrac{120f}{P}$[rpm]이므로,

$N=(1-s)\dfrac{120f}{P}=(1-0.03)\times\dfrac{120\times 60}{4}=1,746$[rpm]이다.

03 3상 유도전동기의 1차 입력 60[kW], 1차 손실 2[kW], 슬립 4[%]일 때, 기계적 출력은 약 몇 [kW]인가?

① 40.5
② 55.7
③ 62.8
④ 76.5

기계적 출력 $P_0=(1-s)P_2=(1-s)(P_1-P_{c1})=(1-0.04)\times(60-1)$
$=55.7[\mathrm{kW}]$이다.

04 유도전동기의 2차 입력 P_2, 기계적 출력 P_0, 슬립 s, 동기속도 N_s, 회전속도 N, 2차 동손 P_{c2} 라 할 때, 2차 효율(η_2)의 표기로 틀린 것은?

① $1-\mathrm{S}$
② $\dfrac{P_0}{P_2}$
③ $\dfrac{P_{c2}}{P_2}$
④ $\dfrac{N}{N_s}$

유도전동기의 2차 효율 $\eta_2=\dfrac{P_0}{P_2}=1-s=\dfrac{N}{N_s}\times 100[\%]$이다.

05 기계적 출력 45[kW], 1,728[rpm]으로 회전하는 유도전동기의 토크는 약 몇 [kg · m]인가?

① 12.5
② 25.4
③ 169.5
④ 248.7

유도전동기의 토크와 기계적 출력의 관계식은

$T = 9.55 \dfrac{P_0}{N}[\text{N} \cdot \text{m}] = 0.975 \dfrac{P_0}{N}[\text{kg} \cdot \text{m}]$이다.

따라서 $T = 0.975 \dfrac{P_0}{N} = 0.975 \times \dfrac{45 \times 10^3}{1,728} \fallingdotseq 25.4[\text{kg} \cdot \text{m}]$이다.

06 다음 중 3상 유도전동기에서 비례추이를 할 수 없는 것은?

① 동손
② 1차 전류
③ 1차 입력
④ 역률

비례추이란 권선형 3상 유도전동기에서 2차 외부저항 r_2와 슬립 s 사이에 서로 비례관계가 성립하는 것을 말하며, 이를 이용하여 기동전류를 줄이면 서 기동 토크를 크게 할 수 있다. 비례추이로 조정할 수 있는 것은 1차 전류 (I_1), 1차 입력(P_1), 역률($\cos\theta$)이 있고, 출력(P_0), 효율(η_2), 동손(P_{c2})은 조정 이 불가능하다.

07 정격 10[kW], 380[V]인 농형 유도전동기를 전 전압 기동 시 기동전류가 120[A]이었다면, Y-△ 기동 시 기동전류는 몇 [A]인가?

① 10
② 20
③ 30
④ 40

Y결선으로 기동 시 △결선 시보다 기동전류와 기동토크가 각각 $\dfrac{1}{3}$배 감소 한다. 따라서 $I_Y = \dfrac{1}{3} I\triangle = \dfrac{1}{3} \times 120 = 40[\text{A}]$이다.

08 다음 중 유도전동기의 속도제어 방식 중 주파수 제어에 많이 사용하는 장치는?

① NLTC
② VVVF
③ CVCF
④ AVR

VVVF(Variable Voltage Variable Frequency)는 인버터의 조합을 사용하 여 전압과 주파수를 조정하여 출력과 속도를 유용하게 조절하는 방법이다.

09 다음 중 유도전동기의 특성을 해석하기 위한 원 선도 작성 시 필요한 시험이 아닌 것은?

① 구속시험
② 무부하시험
③ 슬립측정시험
④ 저항측정시험

원선도법은 유도전동기의 특성을 그래픽을 사용하여 해석하는 방법이며, 이 것을 작성하기 위해서는 무부하시험, 구속시험, 저항측정시험이 필요하다. 원선도에서 알 수 있는 것은 1차 입력, 1차 동손, 여자전류, 철손, 2차 동손 등을 알 수 있다.

10 다음 중 기동 토크가 가장 큰 단상 유도전동기 는?

① 분상 기동형
② 셰이딩 코일형
③ 콘덴서 기동형
④ 반발 유도형

단상 유도전동기를 기동 토크가 큰 순서로 나열하면 '반발 기동형, 반발 유 도형, 콘덴서 기동형, 분상 기동형, 셰이딩 코일형'이다.

정류회로

빈출 태그 ▶ 반도체 원소, 반파정류, 전파정류, 전력용 반도체 종류, 사이리스터 응용회로

01 반도체

01 반도체와 다이오드

1) 반도체

① 반도체의 정의

- 반도체는 고유저항이 $10^{-4} \sim 10^{6}[\Omega \cdot m]$ 사이의 값을 갖는 물질을 말한다.
- 대표적인 원자로는 실리콘(Si), 게르마늄(Ge), 셀렌(Se), 산화동(Cu_2O) 등이 있으며, 이들은 화학적으로 안정된 4가 원자로서 서로 공유 상태로 존재한다. 이러한 물질을 진성 반도체라 한다.

② 반도체의 종류

- P형 반도체 : 실리콘에 3가 원소(인듐, 알루미늄, 갈륨 등)를 첨가하면 전자 하나가 부족해 정공이 생기고 양(+) 전하가 이동하는 형태가 된다. 이러한 반도체를 P형 반도체라 하며, 3가 원소를 억셉터(Accepter)라 한다.
- N형 반도체 : 실리콘에 5가 원소(인, 안티몬, 비소 등)를 첨가하면 전자가 하나 남아 음(−) 전하가 이동하는 형태가 된다. 이러한 반도체를 N형 반도체라 하며, 5가 원소를 도너(Donor)라 한다.

2) 다이오드의 종류 및 특성

① PN접합 다이오드 : 정류소자로 가장 널리 사용
② 제너 다이오드(정전압 다이오드) : 전류가 급증해도 단자 전압이 일정한 다이오드
③ 발광 다이오드(LED) : 순방향 전압을 인가하면 빛과 열을 방출하는 다이오드
④ 포토 다이오드 : 빛 에너지를 전기 에너지로 변환하는 다이오드
⑤ 가변용량(Variable Capacitance) 다이오드 : 역방향 전압의 크기에 따라 정전용량이 변하는 특성을 이용하며, 공진회로에서 가변 콘덴서로 활용되는 다이오드
⑥ 쇼트키 다이오드 : P형 반도체 대신 금속과 N형 반도체를 결합하여, 고주파 특성과 고속 스위칭 특성이 우수한 다이오드

02 정류 회로

1) 단상 정류 회로

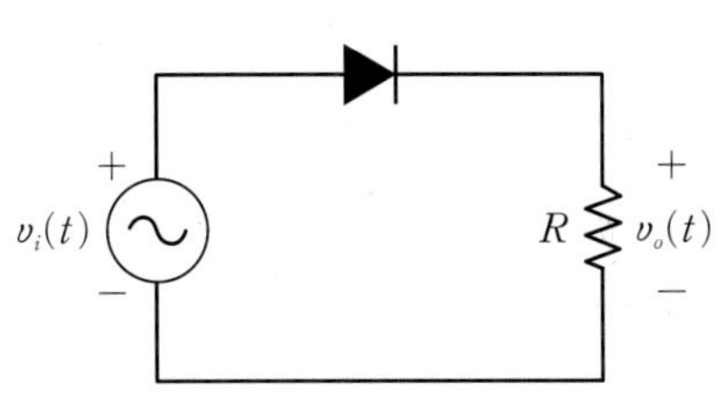

▲ 단상 반파 정류회로

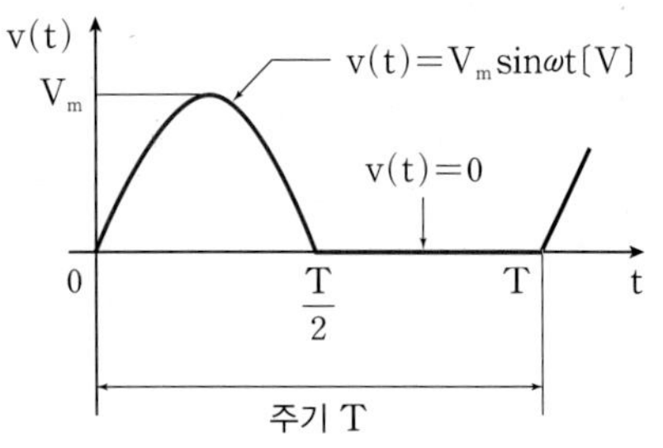

▲ 단상 반파 정류회로 – 정류파형

① 반파 정류

- 정현파 교류 전압 $e=\sqrt{2}E\sin\omega t\,[V]$를 공급하면, 양의 주기($0\leq\omega t\leq\pi$)에서는 다이오드가 도통하고, 음의 주기($\pi\leq\omega t\leq 2\pi$)에서는 도통하지 않는다.
- 1주기 동안의 직류 전압과 전류의 평균값

$$- E_d=\frac{\sqrt{2}}{\pi}E=0.45E\,[V]$$

$$- I_d=0.45\frac{E}{R}\,[A]$$

② 전파 정류

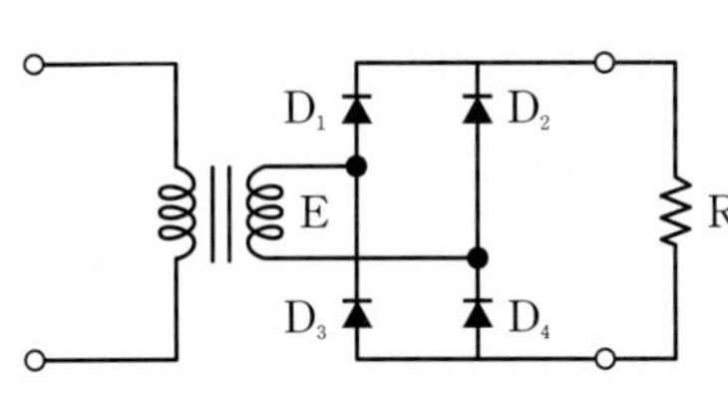

▲ 단상 전파 정류회로

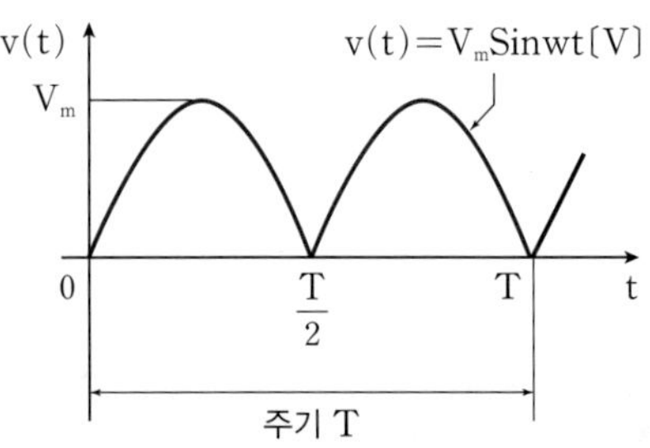

▲ 단상 전파 정류회로 – 정류파형

- 다이오드 4개를 브리지 형태로 연결하여 교류 전압 $e=\sqrt{2}E\sin\omega t\,[V]$를 공급하면, 위상각이 양($+$)의 주기($0\leq\omega t\leq\pi$) 사이에는 다이오드 $D_1 \rightarrow R \rightarrow D_4$를 통하여 전류가 흐르고, 음($-$)의 주기($\pi\leq\omega t\leq 2\pi$) 사이에는 다이오드 $D_2 \rightarrow R \rightarrow D_3$를 통하여 전류가 흐르므로 전 주기에서 부하에 양의 전압이 공급된다.
- 1주기 동안의 직류 전압과 전류의 평균값

$$- E_d=\frac{2\sqrt{2}}{\pi}E=0.9E\,[V]$$

$$- I_d=0.9\frac{E}{R}\,[A]$$

2) 3상 정류 회로

① 반파 정류

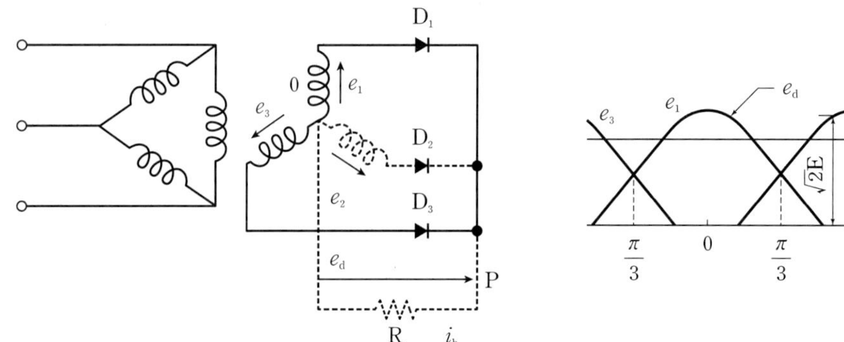

▲ 3상 반파 정류회로　　　　　　　　　　▲ 3상 반파 정류회로 – 정류파형

- $\varDelta-Y$ 변압기의 2차 측에 다이오드를 연결하고 $e=\sqrt{2}E\sin\omega t\,[\mathrm{V}]$ 정현파 3상 교류 전압을 공급하면, 양의 주기($0\leq\omega t\leq\pi$)에서만 전류가 흐른다.
- 1주기 동안의 직류 전압과 전류의 평균값

$$-\ E_d=\frac{3\sqrt{6}}{2\pi}E=1.17E\,[\mathrm{V}]$$

$$-\ I_d=1.17\frac{E}{R}\,[\mathrm{A}]$$

② 전파 정류

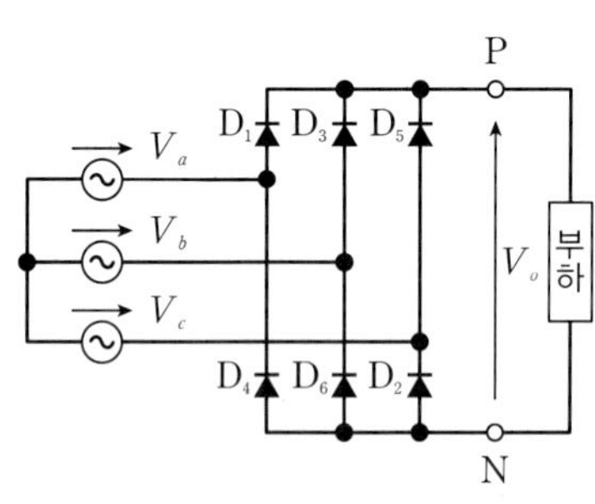

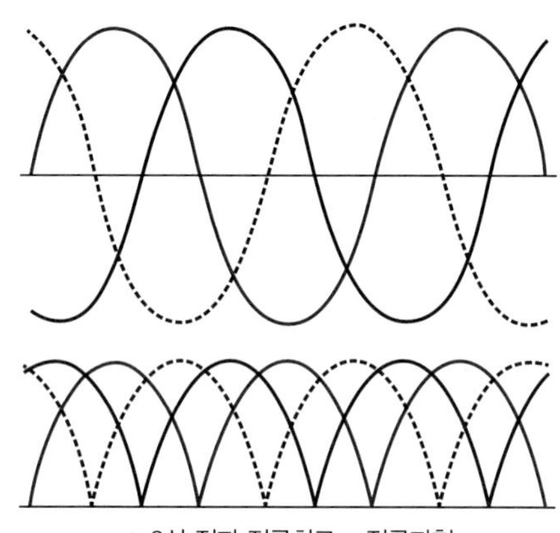

▲ 3상 전파 정류회로　　　　　　　　　　▲ 3상 전파 정류회로 – 정류파형

- 다이오드 6개를 브리지 형태로 연결하고 $e=\sqrt{2}E\sin\omega t\,[\mathrm{V}]$ 3상 교류를 공급하면, 부하에는 전 주기 동안 양의 전압이 공급된다.
- 1주기 동안의 직류 전압과 전류의 평균값

$$-\ E_d=\frac{6\sqrt{2}}{2\pi}E=1.35E\,[\mathrm{V}]$$

$$-\ I_d=1.35\frac{E}{R}\,[\mathrm{A}]$$

01 사이리스터의 특징

1) 사이리스터(Thyristor)

- 사이리스터는 PNPN의 4층 구조를 가진 반도체 소자로서 대표적으로 SCR(Silicon Controlled Rectifier)이 있다
- SCR은 양극(Anode), 음극(Cathode), 게이트(Gate) 3단자를 가지며, 게이트에 펄스 신호를 주어 양의 전압을 공급하면 통전 상태가 된다.
- 일단 통전하면 유지 전류 이하로 줄이거나 역방향 전압을 인가하기 전까지는 계속 전류가 흐른다.
- SCR의 통전 개시를 브레이크 오버(Break Over), 턴온(Turn On), 점호라고 하고, 통전을 중지시키는 것을 턴오프(Turn Off), 소호라고 한다.
- 사이리스터는 단순한 정류 기능 외에도 게이트 점호 시간 제어로 출력 전압을 제어할 수 있다.

2) 전력용 반도체 소자의 기호와 특성

명칭	기호	특성 및 용도
다이오드		정류(교류→직류)
제너 다이오드		정전압용
SCR	애노드 / 캐소드 / 게이트	역저지 3단자 사이리스터 직류·교류 제어용 소자
SCS	G_2 / A / K / G_1	역저지 4단자 사이리스트, 광에 의한 스위치 제어
TRIAC	애노드 2 (MT2) / 게이트 / 애노드 1 (MT1)	쌍방향성 3단자 사이리스터 교류 제어용
SSS	A / k	양방향성 대칭형 스위치 교류 제어용
DIAC		대칭형 3층 다이오드 트리거 펄스 발생 소자

GTO		게이트 턴오프 스위치 직류 · 교류 제어용 소재(자기소호 기능)
LASCR		감광 역저지 2단자 키 광스위치, 카운터 회로
IGBT		고속 고전압 대전류 제어

❷ 사이리스터의 응용회로

1) 제어 정류 회로

① 사이리스터를 이용한 정류 회로는 점호각(Control Angle) α, 소호각(Phase Angle) β에 따라 출력 전압이 결정된다.

② 단상 반파 정류 회로

- 저항 부하 : $E_d = \dfrac{\sqrt{2}E}{2\pi}(1+\cos\alpha)\,[\mathrm{V}]$

- 유도 부하 : $E_d = \dfrac{\sqrt{2}E}{2\pi}(\cos\alpha+\cos\beta)\,[\mathrm{V}]$

③ 단상 브리지 정류 회로(순 브리지 회로)

- 단속 전류 : $E_d = \dfrac{2\sqrt{2}E}{\pi}\dfrac{(\cos\alpha+\cos\beta)}{2}\,[\mathrm{V}]$

- 연속 전류 : $E_d = \dfrac{2\sqrt{2}E}{\pi}\cos\alpha\,[\mathrm{V}]$

2) 컨버터(Converter) 회로

① 컨버터 회로는 사이리스터 등 전력용 반도체를 사용하여 교류를 교류로($AC \rightarrow AC$), 교류를 직류로($AC \rightarrow DC$), 직류를 직류($DC \rightarrow DC$)로 변환하는 장치이다.

② 정변환 장치라고도 한다.

3) 초퍼(Chopper) 회로

① 초퍼 회로는 스위칭 작용을 이용하여 펄스 폭 변조제어(Pulse Width Modulation)를 수행한다.
② 이를 통해 직류 전압을 승압 또는 강압($DC \rightarrow DC$)하는 변환기이다.

4) 인버터(Inverter) 회로

① 인버터 회로는 직류를 교류($DC \rightarrow AC$)로 변환하는 장치이며, 전압형과 전류형으로 구분된다. 즉 역변환 장치라고도 한다.
② 전압형 인버터는 PWM 방식 또는 PAM 방식이 있다.
③ 전동기의 가변속 운전, UPS, 철도용 구동, 전기차, 태양광, 항공기 전원 등에 널리 사용된다.

5) 싸이클로 컨버터 회로

① 싸이클로 컨버터는 사이리스터를 이용하여 입력 교류 전원에서 출력 주파수와 전압을 변환하는 회로이다.
② 다이오드 정류와 유사한 원리를 기반으로 한다.

6) 변환 장치 구분

컨버터(정변환 장치)회로	AC → DC 변환
인버터(역변환 장치) 회로	DC → AC 변환
초퍼 회로	DC → DC 변환
싸이클로 컨버터 회로	AC → AC(주파수 · 전압 변환)

01 다음 중 4가인 실리콘 원자에 N형 반도체를 만들기 위하여 첨가하는 원소가 아닌 것은?

① 인(P)
② 안티몬(Sb)
③ 비소(As)
④ 인듐(In)

- 진성 반도체 : 실리콘(Si), 게르마늄(Ge), 셀렌(Se), 산화동(Cu_2O)
- P형 반도체(억셉터) : 인듐(In), 알루미늄(Al), 갈륨(Ga) 첨가
- N형 반도체(도너) : 인(P), 안티몬(Sb), 비소(As) 첨가

02 다음 반도체 소자 중 고속, 고전압, 대전류 제어에 사용하는 것은?

① GTO
② IGBT
③ TRIAC
④ LASCR

IGBT : 고속, 고전압, 대전류 제어용 반도체

오답 피하기

① 게이트 턴오프 스위치 직류 · 교류 제어용 소자
③ 쌍방향성 3단자 사이리스터 교류 제어용
④ 감광 역저지 2단자 스위치 광스위치, 카운터 회로

03 다음 반도체 소자 중 3단자 사이리스터가 아닌 것은?

① SCR
② TRIAC
③ SCS
④ GTO

SCS는 역저지 4단자 사이리스터로서, 광에 의한 스위치 제어를 한다.

오답 피하기

① 역저지 3단자 사이리스터
② 쌍방향성 3단자 사이리스터
④ 게이트 턴오프 스위치(자기소호 기능), 3단자 사이리스터

04 단상 반파 정류회로에서 전압 220[V], 부하저항이 33[Ω]일 때, 부하전류는 약 몇 [A]인가?

① 3
② 6
③ 7.8
④ 9

단상 반파정류회로
- $E_d = 0.45E = 0.45 \times 200 = 99[V]$
- $I = \dfrac{E_d}{R} = \dfrac{99}{33} = 3[A]$

05 3상 반파 정류회로에서 출력전압의 평균값은?
(단, E는 선간전압의 실효값이다.)

① $\dfrac{\sqrt{2}}{\pi}E$

② $\dfrac{2\sqrt{2}}{\pi}E$

③ $\dfrac{3\sqrt{6}}{2\pi}E$

④ $\dfrac{6\sqrt{2}}{2\pi}E$

출력전압의 평균값

- 단상반파 $=\dfrac{\sqrt{2}}{\pi}E=0.45E[\text{V}]$

- 단상전파 $=\dfrac{2\sqrt{2}}{\pi}E=0.9E[\text{V}]$

- 3상반파 $=\dfrac{3\sqrt{6}}{2\pi}E=1.17E[\text{V}]$

- 3상전파 $=\dfrac{6\sqrt{2}}{2\pi}E=1.35E[\text{V}]$

06 사이리스터를 이용한 전파 정류회로에서 입력 전압이 220[V]이고, 점호각이 60[°]일 때, 출력 전압은 약 몇 [V]인가? (단, 부하는 저항만의 부하이다.)

① 74.3

② 99.0

③ 148.5

④ 257.4

사이리스터를 이용한 정류회로(저항만의 부하)

- 단상반파 : $E_d=\dfrac{\sqrt{2}E}{2\pi}(1+\cos\alpha)[\text{V}]$

- 단상전파 : $E_d=\dfrac{2\sqrt{2}E}{2\pi}(1+\cos\alpha)[\text{V}]$

$\therefore\ E_d=\dfrac{2\sqrt{2}E}{2\pi}(1+\cos\alpha)=0.45E(1+\cos\alpha)=0.45\times220\times(1+\cos60)$

$\qquad=148.5[\text{V}]$

07 다음 중 역변환 장치를 바르게 설명한 것은?

① 직류를 직류로 변환

② 직류를 교류로 변환

③ 교류를 직류로 변환

④ 교류를 교류로 변환

- 인버터 회로(역변환 장치) : 직류를 교류로 변환
- 컨버터 회로(정변환 장치) : 교류를 직류로 변환
- 초퍼 회로 : 직류를 직류로 승압하거나 강압
- 사이클로 컨버터 : 교류를 교류로 변환(주파수까지)

01 정격속도로 운전하는 무부하 직류 분권발전기의 계자 저항이 50[Ω], 전기자 전류가 2[A], 전기자 저항이 0.5[Ω]일 때, 유도기전력은 약 몇 [V]인가?

① 25
② 50.5
③ 100
④ 101

02 다음 중 직류전동기 운전 중 전기자 반작용에 의해 발생하는 현상으로 옳지 않은 것은?

① 브러시에 불꽃이 발생한다.
② 주자속을 감소시킨다.
③ 주자속의 분포를 찌그러뜨린다.
④ 자극의 중성축을 회전방향으로 이동시킨다.

03 직류 전동기의 계자저항을 증가시키면, 회전속도는 어떻게 변하는가?

① 감소한다.
② 증가한다.
③ 계자저항과 회전속도는 관계 없다.
④ 상황에 따라 다르다.

04 다음 중 동기발전기 2대를 병렬운전 조건이 맞지 않을 경우 전기자 권선 과열의 원인으로 옳은 것은?

① 기전력의 크기가 같지 않을 때
② 기전력의 위상이 같지 않을 때
③ 기전력의 주파수가 같지 않을 때
④ 기전력의 파형이 같지 않을 때

05 다음 중 단락비가 큰 동기기에서 값이 작아지거나 성능이 저하되는 것을 고르면?

① 전압 안정도, 과부하 내량
② 동기 임피던스, 계자 전류
③ 전압변동률, 효율
④ 전기자 반작용, 가격

06 다음 중 동기전동기의 위상특성곡선에 대한 설명으로 옳지 않은 것은?

① 가로축은 계자전류를, 세로축은 부하전류를 표시한다.
② 곡선의 최저점의 역률은 1이다.
③ 부하가 클수록 곡선은 위쪽으로 올라간다.
④ 동기전동기의 위상특성을 이용하여 송전계통의 무효전력보상장치로 사용할 수 있다.

07 다음 중 부흐홀츠 계전기의 설치 위치로 가장 적당한 곳은?

① 변압기 주 탱크 내부
② 변압기 콘서베이터 내부
③ 변압기 고압측 부싱
④ 변압기 주 탱크와 콘서베이터 사이

08 변압기의 권수비가 30이고 2차 저항이 0.2[Ω]일 때, 1차로 환산한 저항값은 몇 [Ω]인가?

① 15
② 150
③ 180
④ 750

09 퍼센트 저항 강하 3[%], 퍼센트 리액턴스 강하 4[%]인 변압기의 역률이 1.0(지상)일 때, 전압변동율은 몇 [%]인가?

① 2.4
② 3.0
③ 4.0
④ 4.8

10 전원과 부하가 Y결선인 3상 평형회로가 있다. 선간전압이 380[V]이고 부하의 임피던스가 $Z'=3+j4[\Omega]$일 때, 선전류는 약 몇 [A]인가?

① 44
② $44\sqrt{3}$
③ 76
④ $76\sqrt{3}$

11 유도전동기가 역회전할 때의 슬립(s)은?

① s<0
② s=0
③ s=1
④ 2>s>1

12 슬립이 5[%]인 4극 3상 유도전동기의 출력이 20[kW]일 때, 이 전동기의 토크는 약 몇 [kg · m]인가?

① 10.83
② 11.40
③ 106.11
④ 111.70

13 권선형 3상 유도전동기에서 비례추이로 조정할 수 있는 것은?

① 출력

② 효율

③ 동손

④ 역률

14 다음 단상 유도전동기 중에서 기동 토크가 가장 큰 것은?

① 세이딩코일형

② 분상기동형

③ 영구콘덴서형

④ 반발유도형

15 3상 전파정류회로의 전원전압이 220[V], 부하 저항이 15[Ω]이면, 부하전류는 약 몇 [A]인가?

① 13.2

② 14.7

③ 17.2

④ 19.8

PART 02

1–234p

01 ④	02 ④	03 ②	04 ④	05 ③
06 ①	07 ④	08 ③	09 ②	10 ①
11 ④	12 ②	13 ④	14 ④	15 ④

01 ④

직류 분권발전기의 유도기전력은 $E=V+I_aR_a[\text{V}]$이고, 무부하 운전 시는 $I_a=I_f$이다. 따라서, $V=I_fR_f[\text{V}]$, $E=V+I_aR_a=I_aR_a+I_fR_f=I_a(R_a+R_f)[\text{V}]$이고, $E=I_aR_a+I_fR_f=I_a(R_a+R_f)=2\times(0.5+50)=101[\text{V}]$

02 ④

직류전동기에서는 전기자 반작용에 의해서 자극의 중성축을 회전방향과 반대방향으로 이동시킨다.

03 ②

직류 전동기(타여자 전동기, 분권전동기)의 속도식은 $N=K\dfrac{V-I_aR_a}{\phi}$ [rpm]이다. 따라서, '$R_f(\uparrow)\to I_f(\downarrow)\to\phi(\downarrow)\to N(\uparrow)$'의 관계가 성립한다. 즉, 계자저항을 증가시키면 속도는 증가한다.

04 ④

기전력의 파형이 같지 않을 때 고조파 무효 순환전류가 흐르고, 전기자 권선의 저항손 증가로 과열의 원인이 된다.

05 ③

- 단락비가 큰 기계(철 기계)에서 값이 작아지거나 성능이 저하되는 것 : 동량, 동기 임피던스, 전기자 반작용, 전압변동률, 효율
- 단락비가 큰 기계(철 기계)에서 값이 커지거나 성능이 향상하는 것 : 전압 안정도, 공극, 계자 전류, 기계의 중량, 가격, 과부하 내량

06 ①

- 동기전동기의 위상특성곡선을 V곡선이라고도 한다.
- 세로축은 전기자전류를, 가로축은 계자전류를 표시한다.
- 곡선이 위로 갈수록 부하가 크다.
- 곡선의 최저점은 역률이 1이고, 전기자전류가 최소가 되는 지점이다.
- 점선의 왼쪽은 뒤진 역률을, 점선의 오른쪽은 앞선 역률을 나타낸다.

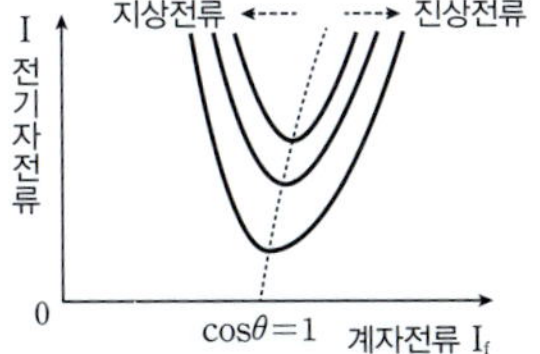

07 ④

- 부흐홀츠 계전기(Buchholtz Relay) : 변압기 본체와 콘서베이터 중간에 설치되어, 부분방전 등 이상가스 발생 시 경보를 발생하고, 내부 고장에 의한 아크 발생으로 탱크 압력의 급격한 증가를 감지하여 차단 장치를 동작하도록 하는 기능을 한다.
- 충격압력 계전기(Sudden Pressure Relay) : 변압기 내부에 고장 발생으로 인한 아크에 의하여 내부 압력상승 속도가 일정 수준 이상이 되면 동작하는 계전기로, 부흐홀츠 계전기가 미처 파악하지 못하는 부분을 감지하여 차단기 동작의 신속성을 확보한다.
- (비율)차동 계전기(Ratio Differential Relay) : 변압기의 1차 측 전류와 2차 측 전류의 차에 의해 동작하는 계전기로, 변압기의 내부고장 보호에 사용된다. 변압기가 정상 운전할 경우에는 1, 2차 측의 전류비가 일정하나 고장이 발생하여 이 차이가 일정 이상 커지면 동작하는 방식이다.

08 ③

권수비 $a=\dfrac{N_1}{N_2}=\dfrac{V_1}{V_2}=\dfrac{I_1}{I_2}=\sqrt{\dfrac{Z_1}{Z_2}}$이다. 1차 측으로 환산하면 $V_1=aV_2$, $I_1=\dfrac{1}{a}I_2$, $Z_1=a^2Z_2$가 된다. 따라서 $Z_1=a^2Z_2=(30)^2\times0.2=180[\Omega]$이다.

09 ②

변압기의 전압변동률 $\varepsilon=\dfrac{V_{20}-V_{2n}}{V_{2n}}\times100=p\cos\theta+q\sin\theta[\%]$이다. 따라서 $\varepsilon=p\cos\theta+q\sin\theta=3\cos(0°)+4\sin(0°)\times1.0+4\times0=3.0[\%]$이다.

10 ①

Y결선의 전류는 $I_p'=\dfrac{V_p}{Z}=\dfrac{\frac{V_p}{\sqrt{3}}}{Z}[\text{A}]$, $I_l'=I_p'[\text{A}]$이다. 이때, $Z=\sqrt{R^2+X^2}=\sqrt{3^2+4^2}=5[\Omega]$이므로, $I_l'=I_p'=\dfrac{\frac{V_p}{\sqrt{3}}}{Z}=\dfrac{\frac{380}{\sqrt{3}}}{5}≒43.9[\text{A}]$이다.

11 ④

유도전동기의 슬립은 $s=\dfrac{N_s-N}{N_s}$이다. 단, $1\geq s\geq0$, $N=(1-s)N_s$ [rpm]이며, s=1은 정지 상태, s=0은 동기속도이다. 부하 차단 등으로 회전수가 동기속도보다 큰 경우에는 $s<0$이며, 역회전 시에는 $2>s>1$이 되기도 한다.

12 ②

토크와 기계적 출력, 전동기 속도와의 관계식은 $T=9.55\dfrac{P_0}{N}[\text{N}\cdot\text{m}]=0.975\dfrac{P_0}{N}[\text{kg}\cdot\text{m}]$로서 모든 전동기에 적용된다. 따라서 $N=(1-s)N_s=(1-s)\dfrac{120f}{P}=(1-0.05)\times\dfrac{120\times60}{4}=1,710[\text{r p m}]$이므로, $T=0.975\dfrac{P_0}{N}=0.975\times\dfrac{20\times10^3}{1,710}≒11.40[\text{kg}\cdot\text{m}]$이다.

13 ④

권선형 유도전동기의 비례추이

- $\dfrac{r_2}{s}$로 값이 일정
- 2차 저항과 슬립 사이에는 서로 비례관계가 성립
- 유도전동기의 2차 저항을 조절하여 기동전류를 줄이고, 기동 토크를 크게 할 수 있음
- 최대 토크는 변하지 않음
- 조정 가능한 것 : 1차 전류(I_1), 1차 입력(P_1), 역률$(\cos\theta)$
- 조정 불가능한 것 : 출력(P_0), 효율(η_2), 동손(P_{c2})

14 ④

단상 유도전동기의 기동 토크는 '반발 기동형 〉 반발 유도형 〉 콘덴서 기동형 〉 분상 기동형 〉 세이딩 코일형' 순으로 크다.

15 ④

3상 전파정류회로의 $E_d=1.35E=1.35\times220=297[\text{V}]$이다. 따라서 $I=\dfrac{E_d}{R}=\dfrac{297}{15}=19.8[\text{A}]$이다.

03

전기설비

파트 소개

전기설비 과목은 전기설비 기준과 한국전기설비규정의 이해를 바탕으로 실무 적용성을 고려하여 학습하는 것이 중요하다. 전선, 접지, 배선, 설계 등 현장 중심의 규정과 수치 기준을 정확히 암기해야 한다. 출제빈도가 높은 챕터를 중심으로 법령, 계산, 안전 규정을 통합적으로 학습해야 고득점이 가능하다.

전기설비

빈출 태그 ▶ 전압의 구분, 주요 용어, 전기 심벌, 보호계전 방식, 한국전기설비규정

01 전기설비의 개요

1) 전압의 분류

구분	저압	고압	특고압
직류	1[kV] 이하	1[kV] 초과 ~ 7[kV] 이하	7[kV] 초과
교류	1.5[kV] 이하	1.5[kV] 초과 ~ 7[kV] 이하	

2) 전기설비의 분류

기준	저압
사용 주체	• 전기사업용 • 일반용 • 자가용
기능	• 전원설비 • 부하설비 • 전력공급 설비 • 감시제어설비 • 반송설비 • 정보통신설비 • 방재설비 • 특수장소 전기설비

3) 주요 용어 정의

옥측 배선	조영물에 고정시켜 시설하는 전선
관등회로	방전등용 안정기부터 방전관까지의 전로
가공 인입선	가공전선로 지지물에서 수용장소 접속점까지의 전선
이웃 연결 인입선	한 수용장소의 인입선에서 분기하여 다른 수용장소로 연결되는 인입선
등전위 본딩	등전위 형성을 위한 도전부 상호간 연결
보호 접지	감전 보호 목적의 기기 접지
서지 보호장치(SPD)	과도전압 제한과 서지 전류 분류 장치
1차/제2차 접근상태	가공전선과 타 시설물의 접근 정도에 따른 분류
충전부	도체 또는 도전부로서, PEN, PEM, PEL 도체는 포함하지 않음

특별저압 (Extra Low Voltage)	• AC 50[V] 이하 또는 DC 120[V] 이하의 전압으로 인체에 위험하지 않은 수준의 전압 • 전압밴드 Ⅰ : 감전 보호가 필요한 전기통신, 신호, 벨, 제어, 경보설비 등에 사용되는 전압 영역 • 전압밴드 Ⅱ : 배전계통 포함, 가정용, 상업용, 공업용 전압 영역 • SELV(Safety Extra Low Voltage) : 비접지 회로 • PELV(Protective Extra Low Voltage) : 접지 회로 • FELV(Funtional Extra Low Voltage) 　– 기능적 특별저압 　– SELV, PELV 요건은 아니지만 ELV에 포함되는 전압
PEN 도체	중성선 겸용 보호도체

🅕 기적의 TIP

특별저압(Extra Low Voltage) 구분 방법

- SELV : Safety, 비접지 → 가장 안전
- PELV : Protective, 접지된 특별저압
- FELV : Functional, 기능적이지만 덜 안전 → '기능'이라는 키워드는 무조건 FELV에 대한 설명이다.

사람에게 안전한 저압

- AC : 50V
- DC : 120V

---

4) 각종 심벌 및 접점의 종류

① 각종 심벌

• 표시등과 동작용 푸시 버튼의 색상별 기능

구분	표시등		동작 버튼
	기호	동작 상태	기능
녹색	GL	정지	기동
빨간색	RL	운전	정지
황색	YL	고장, 경보	리셋
백색	WL	전원	–

※ 표시등의 기호를 PL_1, PL_2로 표시하기도 함

• 일반 배선 및 배전반, 분전반, 제어반 심벌

일반 배선용 심벌		배전반, 분전반, 제어반 심벌	
명칭	심벌	명칭	심벌
천장은폐배선	———	일반용	▭
바닥은폐배선	- - - - - -	배전반	⊠
노출배선	- - - - - - - -	분전반	◤
지중매설배선	— - — - — ·	제어반	◆

② 접점의 성질 및 종류

• 접점이란 전기 회로를 접속하거나 차단하는 역할을 하는 것으로 a, b, c접점이 있다.
• 접점의 성질

구분	성질	종류
a 접점	열려 있는 접점	• 메이크 접점(Arbeit Contact) • 상시 오픈 접점(NO)
b 접점	닫혀 있는 접점	• 브레이크 접점(Break Contact) • 상시 클로즈 접점(NC)
c 접점	전환 접점	트랜스퍼 접점(Transfer Contact)

• 접점의 종류

구분		a 접점		b 접점		c 접점	
		횡서	종서	횡서	종서	횡서	종서
수동 조작 접점	수동 복귀	(기호)	(기호)	(기호)	(기호)	(기호)	(기호)
	자동 복귀	(기호)	(기호)	(기호)	(기호)	(기호)	(기호)
릴레이 접점	수동 복귀	(기호)	(기호)	(기호)	(기호)	(기호)	(기호)
	자동 복귀	(기호)	(기호)	(기호)	(기호)	(기호)	(기호)
타이머 접점	한시 동작	(기호)	(기호)	(기호)	(기호)	(기호)	(기호)
	한시 복귀	(기호)	(기호)	(기호)	(기호)	(기호)	(기호)
기계적 접점		(기호)	(기호)	(기호)	(기호)	(기호)	(기호)

02   전기설비의 보호

1) 보호계전기의 개요

① 보호계전기 선정 시 고려사항

• 보호대상 설비의 종류와 중요도
• 선택성
• 신뢰성
• 후비 보호성
• 감도
• 협조성

- 동작 속도 및 시간
- 경제성 등

② 동작시한별 보호계전기 분류
- 순한시 : 입력이 일정한 값 이상일 경우 동작
- 정한시 : 입력이 일정한 값 이상이 되면, 크기에 관계없이 일정 시간 후 동작
- 반한시 : 입력이 일정한 값 이상이면, 전류 값이 클수록 신속 차단
- 반한시성 정한시 : 입력이 어느 범위까지는 반한시 특성을, 어느 범위 이상에서는 정한시 특성을 갖는 것

③ 용도별 보호계전기 종류

번호	계전기 명칭	약어	번호	계전기 명칭	약어
12	과속도 계전기	OSR	52	교류 차단기	CB
21	거리 계전기	DR	59	교류 과전압계전기	OVR
27	교류 저전압계전기	UVR	63	압력 계전기	PR
37	교류 저전류계전기	UCR	64	지락 과전압계전기	OVGR
46	역상 계전기	NSR	79	교류 재폐로계전기	RR
47	결상 계전기	POR	86	록아웃 릴레이	LOR
49	온도 계전기	ThR	87	차동보호 계전기	PDR
50	순시 과전류계전기	OCR	90	자동전압조정기	AVR

2) 전력계통 보호계전 방식의 개요

① 전력계통 보호계전 방식
- 송전선, 변전소의 모선, 변압기 등 주요 설비를 보호하기 위해 다양한 계전기를 조합하여 사용한다.
- 최초로 동작하는 보호방식을 주보호라 하고, 주보호가 실패할 경우를 대비한 방식을 후비보호라 한다.

② 전력계통 보호계전 방식의 종류

과전류 계전방식	• 가장 기본적인 보호방식 • 구조가 간단하고 경제성이 있으나, 복잡한 계통에는 적용이 어려워 주로 후비보호용으로 사용
거리 계전방식	• 송전선의 길이에 따라 임피던스를 측정하여 일정 구간을 차단하는 방식 • CT, PT의 오차로 인해 실제 고장구간과 차단구간에 오차 발생 가능
표시선 계전방식	거리 계전방식의 단점을 보완하기 위해 표시선(pilot)을 이용하여 고장을 상호 통신하고 신속히 차단하는 방식
반송 계전방식	고주파 전류(30~300[kHz])를 송전선에 중첩하여 통신하는 방식 **예** 방향비교 방식, 위상비교 방식, 전송차단 방식 등
재폐로 계전방식	낙뢰 등의 일시적인 고장 후 고장 전류를 차단하고 아크가 소멸되면 자동으로 재폐로하여 선로를 복구하는 방식

③ 전기설비 보호 방식

전동기 보호	• 고압 유도전동기는 단락, 층간단락, 과부하, 역상, 결상, 지락, 과전압, 부족전압, 계자상실 등을 방지하기 위해 적절한 보호계전기를 사용한다. • 저압 전동기는 ACB나 MCCB에 내장된 보호기능으로 보호(과부하, 단락, 지락 고장 등)한다.
주요 회로	• 인터록 회로(Interlock Circuit) – 기기 보호 또는 작업자 안전을 위해 기계적, 전기적 인터록을 사용 – 기계적 인터록과 전기적 인터록을 동시에 적용하는 경우 존재 – 선행동작 우선회로 또는 상대동작 금지회로라고도 불림 • 자기유지 회로(Self-Holding Circuit) : 입력신호가 사라져도 출력이 유지되도록 구성된 회로 • 인칭 회로(Inching Circuit) : 버튼이나 터치 유지 시간 동안만 동작하는 회로로, 반복 동작 또는 방향 확인 등에 사용

01 다음 중 인체에 위험을 초래하지 않을 정도의 저압으로서 비접지 회로에 해당하는 것은?

① SELV
② PELV
③ FELV
④ ELV

인체에 위험을 초래하지 않을 정도의 저압을 특별저압이라 하며, 특별저압(ELV)의 기준은 AC 50[V] 이하, DC 120[V] 이하인 전압을 말한다. SELV는 비접지 회로, PELV는 접지 회로, FELV는 기능상의 이유로 ELV에는 포함되지만, SELV와 PELV가 필요하지 않은 경우에 해당한다.

02 다음 중 노출배선을 표시한 기호는?

① ——————————
② - - - - - - - - - - - - - -
③ – – – – – – – – – –
④ — — — — — — — —

• 천장은폐배선 : ——————————
• 노출배선 : - - - - - - - - - - - - - -
• 바닥은폐배선 : – – – – – – – – – –
• 바닥면노출배선 : —————————
• 지중매설배선 : — — — — — — — —

03 다음 전압의 구분에 대한 설명 중 고압에 대한 설명으로 적합한 것은?

① 직류 1,500[V], 교류 1,000[V] 이하인 것
② 직류 1,500[V], 교류 1,000[V] 이상인 것
③ 직류 1,500[V], 교류 1,000[V]를 초과하고, 7[kV] 이하인 것
④ 7[kV]를 초과하는 것

전압의 구분

구분	저압	고압	특고압
직류	1[kV] 이하	1[kV] 초과 ~ 7[kV] 이하	7[kV] 초과
교류	1.5[kV] 이하	1.5[kV] 초과 ~ 7[kV] 이하	

04 최소 동작전류 값 이상일 경우 일정한 시간에 동작하는 한시 특성을 가지는 계전기는?

① 정한시 계전기
② 반한시 계전기
③ 순한시 계전기
④ 반한시성 정한시 계전기

정한시 계전기는 동작전류의 크기에 관계없이 일정한 시간에 동작하는 계전기이다.

오답 피하기
② 동작전류가 커질수록 동작 시간이 짧아지는 계전기
③ 최소 동작전류 이상의 전류가 흐르면 즉시 동작하는 계전기
④ 동작전류가 작을 때에는 반한시 특성을, 일정 전류 이상에서는 정한시 특성을 가지는 계전기

05 다음 중 계전기가 설치된 위치에서 고장점까지의 임피던스에 비례하여 동작하는 보호 계전기는?

① 방향단락 계전기
② 거리 계전기
③ 과전류 계전기
④ 선택단락 계전기

거리 계전기는 계전기로부터 고장점까지의 임피던스를 측정하여 고장점까지의 거리를 판별할 수 있는 계전기이다.

오답 피하기
① 고장 전류가 일정한 방향에서 설정한 값 이상이 되면 동작하는 계전기
④ 병행 2회선 송전선로에서 1회선에 단락 사고 발생 시, 고장회선을 선택하여 차단하는 계전기

06 다음 중 컴퓨터를 기반으로 기계 장비를 프로세서에 의해 제어하는 장치를 무엇이라 하는가?

① HMI
② PLC
③ 릴레이 제어
④ 시퀀스 제어

PLC(Programmable Logic Controller)는 컴퓨터 기반으로 기계 장비를 프로세서에 의해 제어하는 장치이다.

오답 피하기
① 사람과 기계 간의 의사소통 수단이며, 수많은 물리적 시스템을 일원화하여 감시 및 제어를 원활하게 하도록 만든 하나의 솔루션을 의미
③ 제어 전류의 유무 또는 방향에 따라 접점이 동작하여 다른 회로를 개폐함으로써 시스템을 제어하는 것
　예 유접점 릴레이, 무접점 릴레이
④ 연속적인 사건이나 동작이 공간적, 시간적으로 정해져서 필요한 시스템을 제어하는 것

전선의 선정 및 접속

빈출 태그 ▶ 전선의 색상, 전선의 종류, 전선접속, 배선재료 및 공구

01 전선 및 케이블

1) 전선의 색상 및 종류

① 전선의 색상

- L1 : 갈색
- L2 : 검정색
- L3 : 회색
- N : 파란색
- 보호도체 : 녹색, 노란색

② 전선의 종류

- 전로에 사용하는 전선은 절연전선, 다심형 전선, 코드, 캡타이어 케이블, 저압 케이블, 고압 케이블 및 특고압 케이블과 노출전선 등이 있다.
- 전선의 종류에 따른 표기 방법은 국제 기준과 제작사에 따라 다르다.
- 자주 사용되는 전선 및 케이블의 종류

약호	전선의 종류	약호	전선의 종류
OW	옥외용 비닐절연 전선	DV	인입용 비닐절연전선
VV	비닐절연 비닐시스 케이블	CV	가교폴리에틸렌절연 비닐시스 케이블
EV	폴리에틸렌절연 비닐시스 케이블	RN	고무절연 클로로플렌 시스 케이블
FL	형광방전등용 비닐 전선	HIV	내열용 비닐절연 전선
MI	미네랄인슐레이션 케이블	NEV	폴리에틸렌절연 비닐시스 네온전선
NRV	고무절연 비닐시스 네온전선	NF	일반용 유연성 단심 비닐절연 전선
NR	일반용 단심 비닐절연 전선	HRF	내열성 유연성 고무절연 전선
ACSR	강심알루미늄 연선		

전선 및 케이블 접두어별 암기 방법
- V : 비닐(Vinyl)
- C : 가교(Cross-linked)
- R : 고무(Rubber)
- F : 유연(Flexible)
- N : 네온(Neon)
- H : 내열(Heat-resistant)
- OW : 옥외용(Outdoor Wire)
- MI : 미네랄 절연(Mineral Insulated)

- 노출전선은 절연전선, 케이블 등의 도체로 사용되거나 가공전선, 배전선 등에 사용된다.
- 노출전선의 종류
  - 경동선(지름 12[mm] 이하), 연동선
  - 동합금선(단면적 25[mm^2] 이하)
  - 경알루미늄선, 알루미늄 합금선(단면적 35[mm^2] 이하)
  - 아연도 강선, 아연도철선(방청도금한 철선 포함)

2) 전선의 규격

① 전선의 구비조건
- 도전율이 클 것
- 기계적 강도가 크고 가요성(유연성)이 있을 것
- 비중이 작고 전선의 설치가 용이할 것
- 내식성(부식이 안되는 성질)이 있을 것
- 가격이 저렴하고 구입이 쉬울 것

② 전선의 굵기 표시 : 공칭단면적은 [mm^2]로 표시하는 것을 원칙으로 한다. 다만 일부 전선은 전선의 지름을 [mm]로 표시하는 경우도 있다.

③ 연선의 공칭 단면적
- 소선의 총수 : $N = 3n(n+1) + 1$[개]
- 연선의 공칭 단면적 : $A = \pi r^2 N = \dfrac{\pi d^2}{4} \cdot N$[mm^2]
- 연선의 바깥지름 : $D = (2n+1)d$[mm]
  - 중심 소선을 뺀 층수 : n
  - 소선의 반지름 : r
  - 소선의 지름 : d
  - 연선의 바깥지름 : D

1) 전선 접속 및 주의사항

① 전선 접속 시 유의사항

- 전선의 세기(인장하중)를 20[%]이상 감소시키지 않고, 전기저항을 증가시키지 않아야 한다.
- 병렬로 사용하는 각 전선의 굵기는 구리선 50[mm^2] 이상 또는 알루미늄 전선 70[mm^2] 이상으로 하고, 전선은 같은 도체, 같은 재료, 같은 길이 및 같은 굵기의 것을 사용해야 한다.
- 병렬로 사용하는 전선은 각각에 퓨즈를 설치하지 말아야 한다.
- 같은 극인 각 전선의 터미널러그는 동일한 도체에 2개 이상의 리벳 또는 2개 이상의 나사로 접속해야 한다.
- 전선을 나사로 고정할 경우에 나사가 진동 등으로 헐거워질 우려가 있는 장소는 2중 너트, 스프링와셔 및 나사풀림 방지기구가 있는 것을 사용해야 한다.
- 교류회로에서 전선은 금속관 안에 전자적 불평형이 생기지 않도록 해야 한다.

② 전선 접속 방법

- 단선의 직선접속이나 분기접속 시 단면적이 6[mm^2] 이하인 경우는 트위스트 접속을, 단면적이 10[mm^2] 이상인 경우는 브리타니아 접속을 한다.
- 옥내배선에서 아웃렛 박스 등 접속함 내에서의 단선의 접속방법은 쥐꼬리접속(끝부분접속)으로 시행한다.
- 전선의 끝부분 접속에는 단선의 절연테이프 접속, 비틀어 꽂는 형의 전선 접속기에 의한 접속, 꽂음형 접속기 접속, 눌러 붙임단자 접속, 끝부분 겹침용 슬리브(E형) 접속, 직선겹침용 슬리브(P형) 접속, 터미널러그를 이용한 접속 등이 있다.
- 절연테이프 사용 시 반폭 이상 겹치게 2회 이상 감아서 절연피복과 동등 이상의 절연효력이 유지되도록 해야 한다.
- 연피 케이블 접속 시 리노테이프를 사용한다.

2) 배선재료 및 공구

① 배선재료

- 콘센트
  - 전기 기구와 배선과의 접속에 사용하며, 종류로는 노출형과 매입형이 있다.
  - 옥내에 시설할 때는 바닥면에서 30[cm], 욕실 등에는 방수형이면서 바닥면에서 80[cm]이상 이격해야 한다.
- 리셉터클 : 코드 없이 천장이나 벽에 직접 붙여서 전구를 꽂는 소켓
- 멀티탭 : 하나의 콘센트에 여러 개의 전기 기구를 꽂아 사용하는 접속기

② 전기 공사용 공구

와이어 스트리퍼	절연 전선의 피복 절연물을 벗기기 위한 공구
프레셔 툴	전선 접속 시 사용하는 압착단자 등을 눌러 붙이기 위한 공구
클리퍼	펜치로 절단하기 힘든 굵은 전선이나 철선 등을 절단하기 위한 공구
리머	금속관이나 합성수지관을 쇠톱이나 파이프 커터로 자른 후, 관 끝부분을 다듬기 위한 공구
오스터	금속관 공사 시 금속관 끝부분에 나사를 내기 위한 공구
히키(파이프 벤더)	금속관을 구부리는 공구
녹아웃 펀치(홀소)	금속제 캐비닛이나 철판의 구멍을 뚫기 위한 공구
드라이브 이트	화약의 폭발력을 이용하여 콘크리트 벽 등에 구멍을 뚫는 공구
피시 테이프	배관 공사 시 전선을 그 끝에 묶어 잡아당겨서, 전선을 넣기 위한 강선
전선 피박기	활선 상태에서 전선 피복을 벗기는 공구
와이어 통(Wire Tongs)	핀애자나 현수애자의 장주에서 활선을 작업영역 밖으로 밀어낼 때 사용하는 절연봉

01 다음 중 전선의 구비조건이 아닌 것은?

① 도전율이 클 것
② 기계적 강도가 클 것
③ 내식성이 있을 것
④ 비중이 클 것

전선의 구비조건
• 도전율이 클 것
• 기계적 강도가 크고 가요성(유연성)이 있을 것
• 비중이 작고 전선의 설치가 용이할 것
• 내식성(부식이 안되는 성질)이 있을 것
• 가격이 저렴하고 구입이 쉬울 것

02 다음 전선의 종류 중 고무절연 비닐시스 네온전선을 나타내는 약호는?

① NR
② NEV
③ NRV
④ ACSR

NRV : 고무절연 비닐시스 네온전선

오답 피하기

① 일반용 단심 비닐절연 전선
② 폴리에틸렌절연 비닐시스 네온전선
④ 강심알루미늄 연선

03 연선에서 중심 소선을 뺀 층수가 3층이라면 소선의 총수는 몇 가닥인가?

① 37
② 25
③ 22
④ 12

소선 총수 $N=3n(n+1)+1=9\times4+1=37$[개]이다.

04 소선의 지름이 1.2[mm]인 인입용 비닐 절연전선의 공칭 단면적이 8[mm²]이면, 소선 수는 몇 개인가?

① 3
② 5
③ 7
④ 9

연선의 소선 수 $N=\dfrac{4A}{\pi d^2}=\dfrac{4\times8}{\pi(1.2)^2}≒7.08$개이다.

05 다음 중 병렬로 사용하는 전선 접속 시 유의사항으로 틀린 것은?

① 전선의 굵기는 구리선 50[mm²] 이상 또는 알루미늄 전선 70[mm²] 이상으로 한다.
② 병렬로 사용하는 전선은 각각에 퓨즈를 설치한다.
③ 같은 극인 각 전선의 터미널러그는 동일한 도체에 2개 이상의 리벳 또는 2개 이상의 나사로 접속한다.
④ 교류회로에서 전선은 금속관 안에 전자적 불평형이 생기지 않도록 한다.

전선 접속 시 유의사항
• 전선의 세기(인장하중)를 20% 이상 감소시키지 않고, 전기저항을 증가시키지 않을 것
• 병렬로 사용하는 각 전선의 굵기는 구리선 50[mm²] 이상 또는 알루미늄 전선 70[mm²] 이상으로 하고, 전선은 같은 도체, 같은 재료, 같은 길이 및 같은 굵기의 것을 사용할 것
• 병렬로 사용하는 전선은 각각에 퓨즈를 설치하지 말 것
• 같은 극인 각 전선의 터미널러그는 동일한 도체에 2개 이상의 리벳 또는 2개 이상의 나사로 접속할 것
• 전선을 나사로 고정할 경우에 나사가 진동 등으로 헐거워질 우려가 있는 장소는 2중 너트, 스프링와셔 및 나사풀림 방지기구가 있는 것을 사용할 것
• 교류회로에서 전선은 금속관 안에 전자적 불평형이 생기지 않도록 할 것

06 다음 중 동전선의 접속 시 종단접속 방법이 아닌 것은?

① 비틀어 꽂는 형의 전선 접속기 사용
② 종단 겹침용 슬리브(E형)에 의한 접속
③ 직선 겹침용 슬리브(P형)에 의한 접속
④ 직선 맞대기용 슬리브(B형)에 의한 접속

전선 접속을 위한 슬리브
• B형 슬리브 : 직선 압착 접속(단선, 연선)
• E형 슬리브 : 종단 겹침용
• P형 슬리브 : 직선 겹침용
• S형 슬리브 : 직선 · 분기 접속용(단선, 연선)

07 다음 중 연피 케이블 접속 시 사용하는 테이프는?

① 비닐 테이프
② 리노 테이프
③ 고무 테이프
④ 금속 테이프

연피 케이블 접속 시 리노테이프를 사용한다

08 다음 중 금속관 공사 시 금속관 끝단에 나사를 내기 위한 공구는?

① 리머
② 히키
③ 홀소
④ 오스터

오스터는 금속관 끝단에 나사를 내기 위한 공구이다.

오답 피하기
① 금속관이나 합성수지관을 쇠톱이나 파이프 커터로 자른 후, 관 끝부분을 다듬기 위한 공구
② 금속관을 구부리는 공구
③ 금속제 캐비닛이나 철판의 구멍을 뚫기 위한 공구

전로의 절연 및 접지

▶합격강의

빈출 태그 ▶ 절연저항, 전압별 절연내력 값, 접지저항, 접지시스템, 차단기 동작특성

01 전로의 절연 개요

01 전로의 절연

1) 전로의 절연 원칙의 예외

① 전로는 대지로부터 절연시켜야 하며, 그 절연저항은 사용전압에 대한 누설전류가 '최대 공급전류 $\times \dfrac{1}{2,000}$' 을 넘지 않도록 해야 한다.

② 전로의 절연 원칙 제외
- 저압 전로 또는 중성선, 중성점 등에 접지공사를 한 경우
- 시험용 변압기, 전기 울타리용 전원장치, X선 발생장치 등 절연이 곤란한 장치
- 전기 욕기, 전기로, 전기 보일러, 전해조 등 기술적으로 절연이 곤란한 장치

2) 전로의 절연저항 및 절연내력

① 저압전로의 전선 상호 간 및 전로와 대지 사이의 절연저항은 특정값 이상을 유지해야 한다.

② 절연저항 측정 시 영향을 주거나 손상을 받을 수 있는 SPD 등은 측정 전에 분리시켜야 하고, 부득이하게 분리가 어려운 경우에는 시험 전압을 250[V] DC로 낮추어서 측정할 수 있지만, 절연저항은 1[MΩ] 이상이어야 한다.

③ 저압전로의 절연저항 값

전로의 사용전압[V]	DC 시험전압[V]	절연저항[MΩ]
SELV 및 PELV	250	0.5
FELV, 500[V] 이하	500	1.0
500[V] 초과	1,000	1.0

④ 저압 전로에서 정전이 어려운 경우 등 절연저항 측정이 곤란한 경우 저항성분의 누설전류가 1[mA] 이하이면 그 전로의 절연성능은 적합한 것으로 본다.

⑤ 고압 및 특고압 전로는 다음 표에서 정한 시험전압을 연속하여 10분간 인가하여 시험하였을 때, 이에 견뎌야 한다. 다만 케이블을 사용하는 교류 전로에서는 시험전압의 2배의 직류전압을 공급하여 시험할 수 있다.

⑥ 고압 및 특고압 전로의 절연내력 시험전압

전로의 종류	시험 전압
최대사용전압 7[kV] 이하	최대사용전압의 1.5배 전압
7[kV] 초과 25[k] 이하(중성선 다중접지)	최대사용전압의 0.92배 전압
7[kV] 초과 60[kV] 이하(중성선 다중접지 제외)	최대사용전압의 1.25배 전압(10.5[kV] 미만은 10.5[kV])
60[kV] 초과 중성점 비접지	최대사용전압의 1.25배 전압
60[kV] 초과 중성점 접지(직접 접지 제외)	최대사용전압의 1.5배 전압(75[kV] 미만은 75[kV])
60[kV] 초과 중성점 직접접지	최대사용전압의 0.72배 전압

3) 기계기구 등의 절연내력

- 개폐기, 차단기, 전력용 커패시터, 계기용 변성기 등의 전로 및 발 · 변전소에 시설하는 기계기구의 접속선 및 모선에는 표에서 정하는 시험 전압을 연속하여 10분간 가하여 시험하였을 때, 견딜 수 있어야 한다.
- 고압 및 특고압 기계기구 등의 절연내력 시험 전압

전로의 종류	시험 전압
최대사용전압 7[kV] 이하	최대사용전압의 1.5배 전압(500[V]미만은 500[V])
7[kV] 초과 25[kV] 이하(중성선 다중접지)	최대사용전압의 0.92배 전압
7[kV] 초과 60[kV] 이하(중성선 다중접지 제외)	최대사용전압의 1.25배 전압(10.5[kV] 미만은 10.5[kV])
60[kV] 초과 중성점 비접지	최대사용전압의 1.25배 전압
60[kV] 초과 중성점 접지(직접접지 제외)	최대사용전압의 1.1배 전압(75[kV] 미만은 75[kV])
60[kV] 초과 중성점 직접접지	최대사용전압의 0.72배 전압

❷ 접지시스템

1) 접지의 목적

① 인축의 감전 및 화재 방지
② 보호계전기의 확실한 동작 확보로 전기설비 신뢰도 향상
③ 계통의 이상전압 발생 억제
④ 고장전류나 뇌전류 유입에 대한 기기 보호

2) 접지시스템의 구성요소

① 접지시스템은 계통접지, 보호접지, 피뢰시스템 접지 등으로 구분한다.
② 접지시설의 종류에는 단독접지, 공통접지, 통합접지가 있다.
③ 접지시스템은 접지극, 접지도체, 보호도체 및 기타 설비로 구성된다.

3) 접지시스템의 시설

① 접지극의 시설기준

- 접지극은 지하 75[cm] 이상으로 하되 동결 깊이를 고려해야 한다.
- 접지선을 철주 기타 금속체를 따라서 시설하는 경우에는 접지극을 철주의 밑면으로부터 30[cm] 이상의 깊이에 매설하거나, 지중에서 그 금속체로부터 1[m] 이상 떼어서 매설하여야 한다.
- 접지선에는 절연전선을 사용해야 한다. 다만 접지선을 금속체 이외의 물체에 시설하는 경우에는 지표상 60[cm] 까지만 절연전선을 사용해도 된다.
- 접지선의 지하 75[cm]로부터 지표상 2[m]까지의 부분은 합성수지관 등으로 덮어야 한다.
- 접지극이 동봉 · 동피복강봉일 경우는 지름 8[mm] 이상, 길이 0.9[m] 이상으로 하고, 동판일 경우는 두께 0.7[mm] 이상, 단면적 900[㎠] 이상이어야 하며, 철봉일 경우는 지름 12[mm] 이상, 길이 0.9[m] 이상이어야 한다.

② 접지저항 저감 방법

- 접지봉의 길이나 접지판의 면적을 넓게 한다.
- 접지극의 매설 깊이를 깊게 한다.
- 접지극을 상호 2[m] 이상 이격하여 병렬 접속한다.
- 그물망 공법이나 매설 지지선 공법 등 접지극의 시설방법을 변경한다.
- 화학적 접지저항 저감제를 사용하여 토지를 개량한다.

4) 접지도체와 보호도체

① 접지도체의 최소 단면적

- 구리 저압 : 6[mm^2] 이상(고압 이상은 16[mm^2])
- 철제 : 50[mm^2] 이상
- 접지도체에 피뢰시스템이 접속되는 경우는 구리는 16[mm^2], 철제는 50[mm^2] 이상이어야 한다.
- 알루미늄 도체는 접지도체로 사용해서는 안 된다.
- 중성점 접지용 접지도체 : 16[mm^2] 이상의 연동선 (단, 7[kV] 이하의 전로나 25[kV] 이하의 중성선 다중접지 방식을 활용하여 지락 시 2초 이내 자동 차단장치가 있는 경우는 6[mm^2] 이상의 연동선 사용)

② 접지도체가 매입되는 지점에는 안전 전기 연결 라벨이 영구적으로 고정되도록 시설하여야 한다.

- 접지극의 모든 접지도체 연결지점
- 외부도전성 부분의 모든 본딩도체 연결지점
- 주 개폐기에서 분리된 주 접지단자

③ 보호도체(PE)의 단면적

상도체의 단면적 S[mm^2]	보호도체의 최소 단면적[mm^2]	
	상도체와 보호도체 재질이 같은 경우	상도체와 보호도체 재질이 다른 경우
$S \leq 16$	S	$\dfrac{k_1}{k_2} \times S$
$16 < S \leq 35$	16	$\dfrac{k_1}{k_2} \times 16$
$S > 35$	$\dfrac{S}{2}$	$\dfrac{k_1}{k_2} \times \dfrac{S}{2}$

- 보호도체와 계통도체를 겸용하는 겸용도체(PEN)의 단면적은 구리는 10[mm^2], 알루미늄은 16[mm^2] 이상이어야 한다.
- k_1, k_2 : 도체의 재질에 따른 상도체 및 보호도체의 상수값

④ 수도관 등을 접지극으로 사용하는 경우
- 지중에 매설되어 있고 대지 저항값이 3[Ω] 이하인 경우는 전기공사의 접지극으로 사용할 수 있다.
- 접지도체와 접속점은 수도관로의 안지름 75[mm] 이상인 부분 또는 여기서 분기한 안지름 75[mm] 미만인 경우는 분기점에서 5[m] 이내에 접속하여야 하고, 전기 저항값이 2[Ω] 이하인 경우는 5[m]를 넘을 수 있다.
- 건축물·구조물의 철골 기타의 금속제는 대지 저항값이 2[Ω] 이하인 값을 유지하는 경우에 한한다.

⑤ 공통접지 및 통합접지 시스템
- 고압 및 특고압 계통의 지락사고 시 저압계통에 가해지는 상용주파 과전압은 정해진 값을 초과해서는 안 된다.
- 저압설비 허용 상용주파 과전압

고압계통 지락고장시간[sec]	저압설비 상용주파 과전압[V]	비고
>5	U_0+250	중성선이 없는 경우 U_0는 선간전압임
≤5	$U_0+1,200$	

⑥ 기계기구의 철대 및 외함의 접지 : 전로에 시설하는 기계기구의 철대 및 금속제 외함에는 접지공사를 하여야 한다.

⑦ 감전보호용 등전위 본딩
- 등전위 본딩의 적용 : 건축물·구조물에서 접지도체, 주 접지 단자와 다음의 도전성 부분은 등전위 본딩을 하여야 한다.
    - 수도관·가스관 등 금속배관
    - 건축물·구조물 등의 금속 보강재
    - 금속제 난방배관 및 공조설비 등 계통 외 도전부
- 보호 등전위 본딩 도체 : 주 접지 단자에 접속하기 위한 등전위 본딩 도체는 설비 내의 가장 큰 보호접지 도체 단면적의 1/2 이상의 단면적을 가져야 하고, 다음의 단면적 이상이어야 한다.
    - 구리 도체 : 6[mm^2]
    - 알루미늄 도체 : 16[mm^2]
    - 강철 도체 : 50[mm^2]

🔘 03 피뢰시스템

1) 피뢰시스템의 적용 범위 및 구성

① 피뢰시스템의 구성은 직격뢰로부터 대상물을 보호하기 위한 외부 피뢰시스템과 간접뢰 및 유도뢰로부터 대상물을 보호하기 위한 내부 피뢰시스템으로 구성된다.

② 전기전자설비가 설치된 설비로서 낙뢰로부터 보호가 필요한 것 또는 지상으로부터 높이가 20[m] 이상 인 것에 적용한다.

2) 피뢰시스템의 종류 및 설치 장소

① 외부 피뢰시스템

- 높이가 60[m]를 초과하는 건축물·구조물의 측격뢰 보호용 수뢰부 시스템은 피뢰시스템 등급 Ⅳ이상으로 하여야 한다. 다만, 상층부의 높이가 60[m]를 넘는 경우에는 최상부로부터 전체높이의 20[%] 부분에 한한다.
- 건축물·구조물과 분리되지 않은 피뢰시스템인 경우에 벽이 불연성 재료인 경우에는 벽의 표면 또는 내부에 시설할 수 있다.
  - 벽이 가연성 재료인 경우에는 0.1[m]이상 이격하고, 이격이 불가능할 경우에는 도체의 단면적을 100 $[mm^2]$ 이상으로 설정해야 한다.
  - 병렬 인하도선의 최대 간격은 피뢰시스템 등급에 따라 Ⅰ·Ⅱ 등급은 10[m], Ⅲ 등급은 15[m], Ⅳ 등급은 20[m]이다.
- 수뢰부 시스템과 접지극 시스템 사이에 전기적 연속성이 형성되도록 금속부재의 최상단부와 지표레벨 사이의 직류 전기저항을 0.2[Ω] 이하로 한다.

② 내부 피뢰시스템

- 전기전자설비의 뇌서지에 대한 보호(다음 중 하나 이상 적용)
  - 접지·본딩
  - 자기차폐와 서지 유입경로 차폐
  - 서지보호장치 설치
  - 절연 인터페이스 구성
- 접지를 환상도체 접지극 또는 기초 접지극으로 시설하는 경우, 등전위 본딩망은 그물망 폭이 5[m] 이내의 간격으로 시설하여야 한다.

③ 피뢰기의 설치 장소

- 발·변전소 등의 가공전선 인입구 및 인출구
- 배전용 변압기의 고압측 및 특고압측
- 고압 및 특고압 가공전선로로부터 공급받는 수용장소의 인입구
- 가공전선로와 지중전선로가 접속되는 곳

📵 접지 유형별 세부 내역

1) 고압 및 특고압 접지 시스템 조건

① 고압 또는 특고압 접기설비의 접지는 원칙적으로 공통접지 및 통합접지에 적합해야 한다.
② 고압 및 특고압 기기는 접촉전압 및 보폭전압의 허용 값 이내의 요건을 만족해야 한다.
③ 특고압·고압 혼촉 방지시설 및 피뢰기의 접지저항은 10[Ω] 이하여야 한다.

2) 변압기 중성점 접지저항 값

① 변압기의 고압·특고압측 전로 1선 지락전류로 150을 나눈 값 이하이다.
② 자동차단장치 설치 시 1초 이내 600, 2초 이내 300을 나눈 값을 적용한다.
③ 지락전류 실측이 곤란한 경우 상정사고로 계산한 값에 의한다.

3) 전기수용가 접지

① 저압 수용가 인입구 접지 : 저압 전선로의 중성선 또는 접지측 전선에 3[Ω] 이하의 수도관로 또는 건물의 철골을 사용하여 추가로 접지공사를 할 수 있으며, 접지도체는 6[mm^2] 이상의 연동선을 사용
② 저압 수용장소의 접지(계통접지가 TN$-$C$-$S 방식인 경우) : 보호도체(PEN)의 단면적은 구리 10[mm^2] 이상, 알루미늄 16[mm^2] 이상

4) 저압 전기설비의 계통접지 방식

① 계통접지의 구성
- 저압전로의 보호도체 및 중성선의 접속 방식에 따라 접지계통은 TN 계통, TT 계통, IT 계통으로 분류한다.
- 계통접지에서 사용되는 문자의 정의

제1문자 (전원계통과 대지의 관계)	• T : 한 점을 대지에 직접 접속 • I : 모든 충전부를 대지와 절연시키거나 높은 임피던스를 통하여 대지에 직접 접속
제2문자 (전기설비의 노출도전부와 대지의 관계)	• T : 노출도전부를 대지로 직접 접속. 전원계통의 접지와는 무관 • N : 노출도전부를 전원계통의 접지점(교류에서는 중성점, 중성점이 없을 경우는 선도체)에 직접 접속
그 다음 문자 (중성선과 보호도체의 배치)	• S : 중성선 또는 접지된 선도체 외에 별도의 도체에 의해 제공되는 보호 기능 • C : 중성선과 보호 기능을 한 개의 도체로 겸용(PEN 도체)

② 계통 표시 기호

	• 중성선(N) • 중간도체(M)
	보호도체(PE)
	중성선과 보호도체 겸용(PEN)

5) 계통접지의 분류

① TN−S 계통

- 계통 전체에 대해 별도의 중성선 또는 PE 도체를 사용한다.
- 배전계통에서 PE 도체를 추가로 접지할 수 있다.

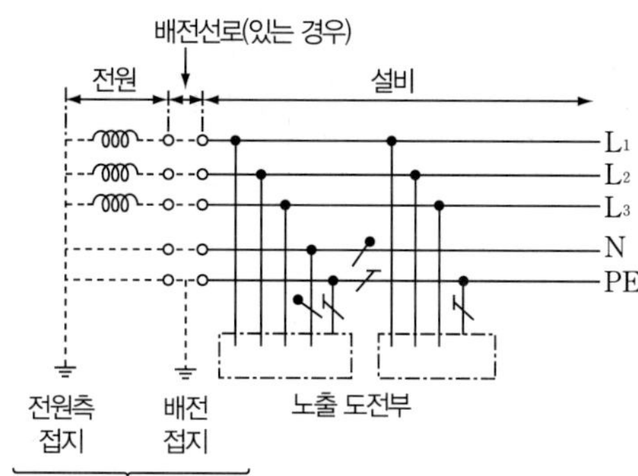

▲ 계통 내에서 별도의 중성선과 보호도체가 있는 TN−S 계통

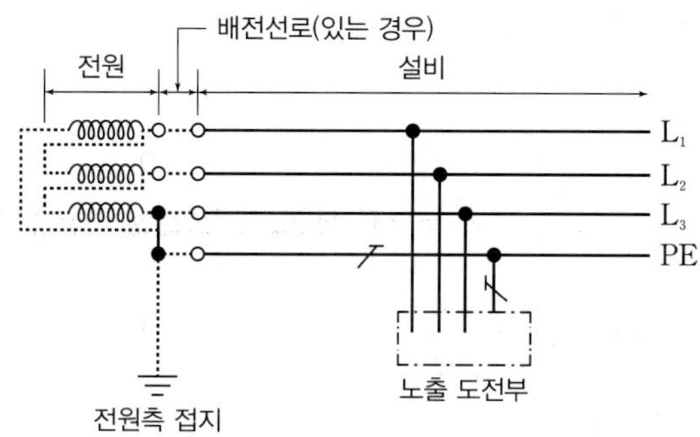

▲ 계통 내에서 별도의 접지된 선도체와 보호도체가 있는 TN−S 계통

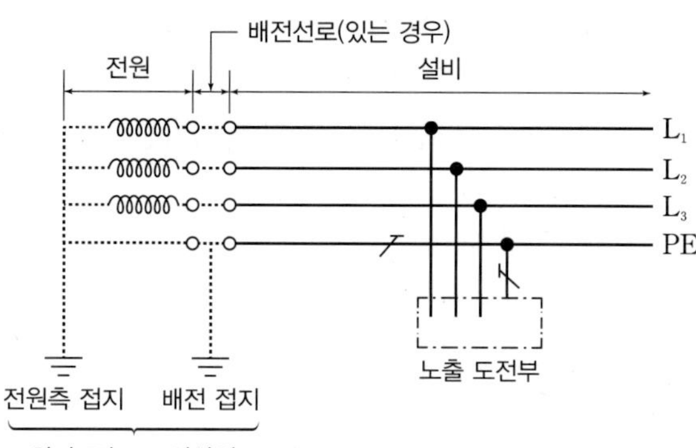

▲ 계통 내에 접지된 보호도체는 있으나 중성선이 없는 TN−S 계통

② TN-C 계통

- 계통 전체에 대해 중성선과 보호도체의 기능을 동일도체로 겸용한 PEN 도체를 사용한다.
- 배전계통에서 PEN 도체를 추가로 접지할 수 있다.

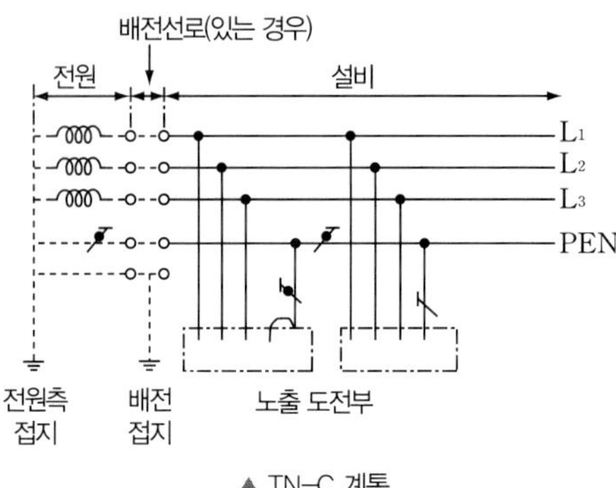

▲ TN-C 계통

③ TN-C-S계통

- 계통의 일부분에서 PEN 도체를 사용하거나, 중성선과 별도의 PE 도체를 사용하는 방식이 있다.
- 배전계통에서 PEN 도체와 PE 도체를 추가로 접지할 수 있다.

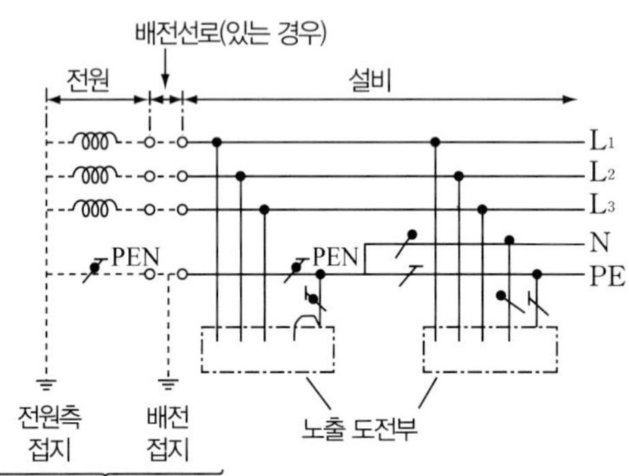

▲ 설비 중에서 PEN이 PE와 N으로 분리된 3상4선식 TN-C-S 계통

④ TT 계통

- 전원의 한 점을 직접 접지하고 설비의 노출도전부는 전원의 접지전극과 전기적으로 독립적인 접지극에 접속시킨다.
- 배전계통에서 PE 도체를 추가로 접지할 수 있다.

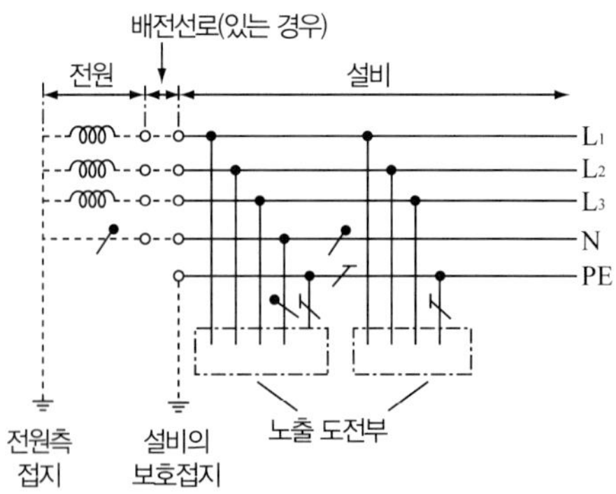

▲ 설비 전체에서 별도의 중성선과 보호도체가 있는 TT 계통

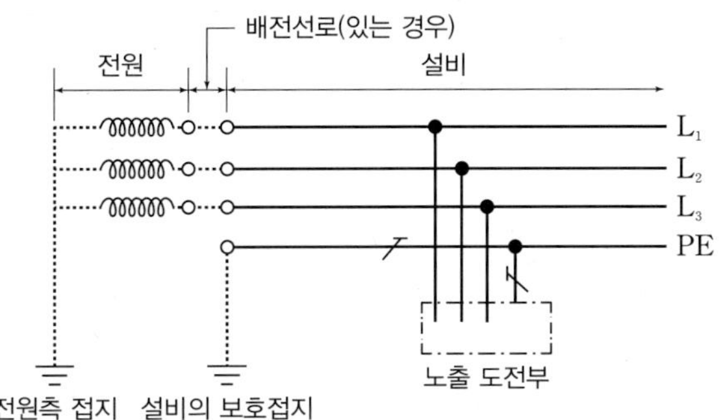

▲ 설비 전체에 접지된 보호도체가 있으나 배전용 중성선이 없는 TT 계통

⑤ IT 계통

• 충전부 전체를 대지로부터 절연시키거나, 한 점을 임피던스를 통해 대지에 접속시킨다.

• 전기설비의 노출도전부를 단독 또는 일괄적으로 계통의 PE 도체에 접속시킨다.

• 배전계통에서 추가접지가 가능하며, 중성선은 배선할 수도 있고, 배선하지 않을 수도 있다.

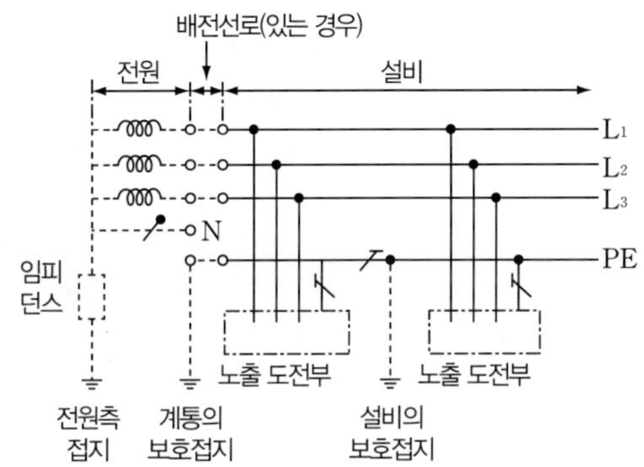

▲ 계통 내의 모든 노출도전부가 보호도체에 의해 접속되어 일괄 접지된 IT 계통

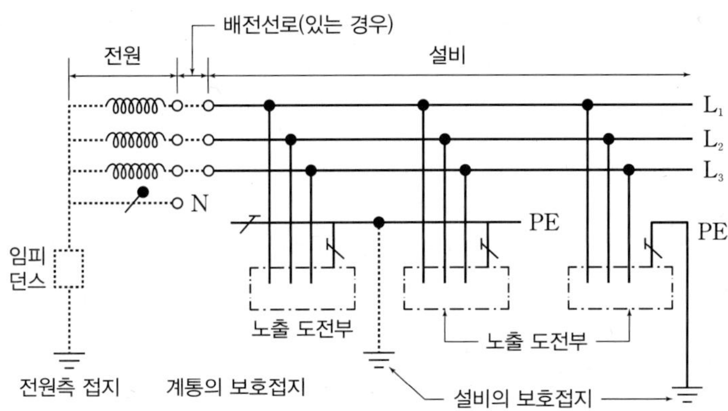

▲ 노출도전부가 조합으로 또는 개별로 접지된 IT 계통

6) 접지공사의 중요성

① 인체 허용전류와 접지전위

- 인체의 저항은 피부저항과 내부 조직저항으로 구분할 수 있으며, 미국의 안전기준은 1,000[Ω]이다.
- 인체에 흐르는 전류
  - 감지전류 : AC 약 1~2[mA]
  - 가수 전류 : 고통 수반, 근육 자유로움, AC 약 5~9[mA]
  - 불수의 전류 : 고통 수반, 근육마비로 이탈 불가, AC 약 10~15[mA]
  - 심실세동 전류 : 격렬한 쇼크, 심근 경색, 통전경로와 통전시간에 따라 다르나 일반적으로 AC 약 50~100[mA]

② 접촉전압과 보폭전압

- 접촉전압은 전기계통의 충전부분과 인체의 접촉으로 인체에 공급되는 전압이다. 누전이나 기기의 절연 파괴로 인하여 비충전부에 전압이 공급된 상태에서 사람이 감전되었을 때를 상정하므로 기기 노출부의 위험전압을 낮추는 것이 중요한 요소이다.
- 보폭전압은 뇌격 전류나 고압회로의 지락전류 등이 대지로 흐를 때 무한원점에 대한 접지전극 주위의 전위분포에 대하여 사람의 양쪽 다리 사이에 걸리는 전위차를 말한다.

02) 안전 대책

1) 감전에 대한 보호

① 보호대책의 적용

- 전원의 자동차단
- 이중 절연 또는 강화 절연
- 한 개의 전기사용 기기에 전기 공급을 위한 전기적 분리
- SELV와 PELV에 의한 특별저압

② 누전차단기의 시설

- 금속제 외함을 가지는 사용전압 50[V]를 초과하는 저압의 기계기구로서 사람이 쉽게 접촉할 우려가 있는 곳에 전기를 공급하는 전로에는 누전차단기를 시설해야 한다.
- 다만 다음의 경우는 예외로 한다. 또한 누전차단기의 사용이 단독적인 보호대책으로는 인정되지 않는다.
  - 기계기구를 발전소 · 변전소 · 개폐소 등에 시설하는 경우
  - 기계기구를 건조한 곳에 시설하는 경우
  - 대지전압이 150[V] 이하인 기계기구를 물기가 없는 곳에 시설하는 경우
  - 이중 절연구조의 기계기구를 시설하는 경우
  - 기계기구가 고무 · 합성수지 등 절연물로 피복된 경우 등

③ TT, IT 계통 접지 시 노출도전부의 접지극 저항 값은 100[Ω] 이하여야 한다.

2) 과전류에 대한 보호

① 과부하 전류에 대한 보호

• 케이블(전선)을 보호하는 과부하 보호장치의 동작 특성은 다음의 조건을 충족해야 한다.

$$I_B \leq I_N \leq I_Z$$
$$I_2 \leq 1.45 \times I_Z$$

- 회로의 설계전류 : I_B
- 보호장치의 정격전류 : I_n
- 케이블의 허용전류 : I_Z
- 보호장치의 동작전류 : I_2

• 과부하 보호설계 조건도

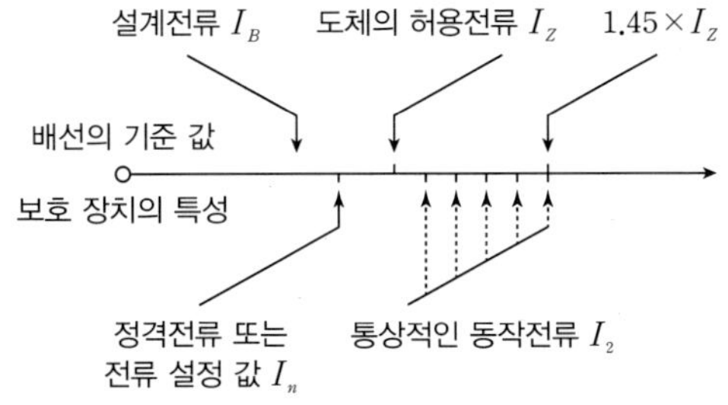

▲ 과부하 보호설계 조건도

② 과부하 보호장치의 설치 위치

• 과부하 보호장치는 도체의 허용전류 값이 줄어드는 곳(분기점)에 설치해야 한다. 다만 분기점(O)과 분기회로의 과부하 보호장치의 설치점 사이의 배선 부분에 다른 분기회로나 콘센트 회로가 접속되어 있지 않고, 다음 중 하나를 충족하는 경우에는 변경이 있는 배선에 설치할 수 있다.

• 분기회로(S_2)의 과부하 보호장치(P_2)의 전원 측에 다른 분기회로 또는 콘센트의 접속이 없고 분기회로에 대한 단락보호가 이루어지고 있는 경우, P_2는 분기회로의 분기점(O)으로부터 부하 측으로 거리에 구애받지 않고 이동하여 설치할 수 있다.

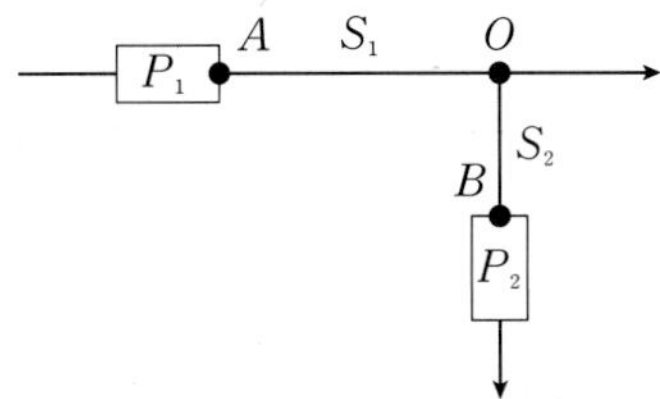

▲ 분기회로의 분기점에 설치되지 않은 과부하 보호장치

• 분기회로(S_2)의 보호장치(P_2)는 P_2의 전원 측에서 분기점(O) 사이에 다른 분기회로 또는 콘센트의 접속이 없고, 단락의 위험과 화재 및 인체에 대한 위험성이 최소화 되도록 시설된 경우 분기회로의 분기점(O)으로부터 3[m]까지 이동하여 설치할 수 있다.

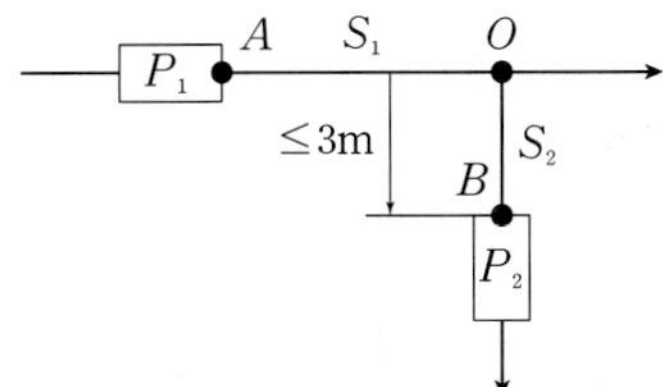

▲ 분기회로의 분기점에서 3[m] 이내에 설치된 과부하 보호장치

③ 과부하 보호장치의 생략이 가능한 경우
- 분기회로의 전원 측에 설치된 보호장치에 의하여 분기회로에서 발생하는 과부하에 대해 유효하게 보호되고 있는 분기회로
- 분기점 이후의 분기회로에 다른 분기회로 및 콘센트가 접속되지 않는 분기회로 중 부하에 설치된 과부하 보호장치가 유효하게 동작하여 과부하전류가 분기회로에 전달되지 않도록 조치를 하는 경우
- 통신회로용, 제어회로용, 신호회로용 및 이와 유사한 설비
- 사용 중 예상치 못한 회로의 개방이 위험 또는 큰 손상을 초래할 수 있는 다음과 같은 부하에 전원을 공급하는 회로에 대해서는 안전을 위해서 과부하 보호장치 생략 가능
  - 회전기의 여자회로
  - 전자석 크레인의 전원회로
  - 전류변성기의 2차회로
  - 소방설비의 전원회로
  - 안전설비(주거침입경보, 가스누출경보 등)의 전원회로

④ 저압전로 중 과전류 차단기의 시설
- 과전류차단기로 저압전로에 사용하는 범용의 퓨즈(gG)(「전기용품 및 생활용품 안전관리법」의 적용을 받는 것은 제외)는 범용 퓨즈의 용단 특성에 적합한 것이어야 한다.
- 범용 퓨즈(gG)의 용단 특성

정격전류의 구분	시간	정격전류의 배수	
		불용단전류	용단전류
4[A] 이하	60분	1.5배	2.1배
4[A] 초과 16[A] 미만	60분	1.5배	1.9배
16[A] 이상 63[A] 이하	60분	1.25배	1.6배
63[A] 초과 160[A] 이하	120분	1.25배	1.6배
160[A] 초과 400[A] 이하	180분	1.25배	1.6배
400[A] 초과	240분	1.25배	1.6배

- 산업용 배선차단기 동작시간 특성 : 과전류차단기로 저압전로에 사용하는 산업용 배선차단기(「전기용품 및 생활용품 안전관리법」의 적용을 받는 것은 제외) 및 주택용 배선차단기는 다음의 특성에 적합한 것이어야 한다.

정격전류의 구분	시간	정격전류의 배수(모든 극에 통전)	
		부동작 전류	동작 전류
63[A] 이하	60분	1.05배	1.3배
63[A] 초과	120분	1.05배	1.3배

- 주택용 배선차단기 순시트립에 따른 구분

유형	순시트립 범위
B	$3I_n$ 초과 ~ $5I_n$ 이하
C	$5I_n$ 초과 ~ $10I_n$ 이하
D	$10I_n$ 초과 ~ $20I_n$ 이하

• 주택용 배선용차단기 동작시간 특성

정격전류의 구분	시간	정격전류의 배수(모든 극에 통전)	
		부동작 전류	동작 전류
63[A] 이하	60분	1.13배	1.45배
63[A] 초과	120분	1.13배	1.45배

• 과전류 차단기로 사용하는 퓨즈 중 고압전로에 사용하는 포장 퓨즈는 정격전류의 1.3배에 견디고 2배의 전류로 120분 안에 용단되는 것이나 고압 전류제한퓨즈를 사용하고, 비포장 퓨즈는 정격전류의 1.25배에 견디고 2배의 전류로 2분 안에 용단되는 것이어야 한다.

⑤ 저압 옥내전로 인입구에서의 개폐기의 시설

• 저압 옥내전로에는 인입구에 가까운 곳으로서 쉽게 개폐할 수 있는 곳의 각 극에 개폐기를 시설하여야 한다.

• 다만 사용전압이 400[V] 이하인 옥내전로로서 다른 옥내전로에 접속하는 길이 15[m] 이하의 전로에서 전기의 공급을 받는 경우는 개폐기를 생략할 수 있다.

• 이때 정격전류가 16[A] 이하인 과전류차단기 또는 16[A]를 초과하고 20[A] 이하의 배선차단기로 보호되는 회로에 한한다.

⑥ 저압전로 중의 전동기 보호용 과전류보호장치의 시설

• 과부하 보호장치, 단락보호전용 차단기 및 단락보호전용 퓨즈(aM)(「전기용품 및 생활용품 안전관리법」의 적용을 받는 것은 제외)는 다음 조건을 만족해야 한다.
  – 과부하 보호장치로 전자접촉기를 사용할 경우에는 반드시 과부하계전기가 부착되어 있어야 한다.
  – 단락보호전용 차단기의 단락동작설정 전류 값은 전동기의 기동방식에 따른 기동돌입전류를 고려해야 한다.

• 단락보호전용 퓨즈(aM) 용단 특성

정격전류의 배수	불용단 시간	용단 시간
4배	60초 이내	–
6.3배	–	60초 이내
8배	0.5초 이내	–
10배	0.2초 이내	–
12.5배	–	0.5초 이내
19배	–	0.1초 이내

3) 열 영향에 대한 보호

① 전기기기에 대한 화상 방지를 위해 접촉 가능성이 있는 전기기기의 부품류는 인체에 화상을 일으킬 우려
　가 있는 온도에 도달해서는 안 된다.

② 전기기기의 접촉 가능성이 있는 부분에 대한 온도 제한

접촉할 가능성이 있는 부분	접촉할 가능성이 있는 표면의 재료	최고 표면 온도[℃]
손으로 잡고 조작시키는 것	금속	55
	비금속	65
손으로 잡지 않지만 접촉하는 부분	금속	70
	비금속	80
통상 조작 시 접촉할 필요가 없는 부분	금속	80
	비금속	90

01 저압 전로에서 정전이 어려운 경우 등 절연저항 측정이 곤란한 경우 저항성분의 누설전류가 몇 [mA] 이하이면 그 전로의 절연성능은 적합한 것으로 보는가?

① 0.5

② 1

③ 10

④ 100

절연저항은 사용전압에 대한 누설전류가 최대 공급전류의 1/2,000을 넘지 않도록 하여야 한다. 다만 저압 전로에서 정전이 어려운 경우 등 절연저항 측정이 곤란한 경우 저항 성분의 누설전류가 1[mA] 이하이면 그 전로의 절연성능은 적합한 것으로 본다.

02 500[V] 이하인 저압 전로의 절연저항 값 측정 시 DC 시험전압[V]과 절연저항 값[MΩ]으로 옳은 것은?

① 250, 0.5

② 250, 1.0

③ 500, 1.0

④ 1,000, 1.0

저압 전로의 절연저항 값

전로의 사용전압[V]	DC 시험전압[V]	절연저항[MΩ]
SELV 및 PELV	250	0.5
FELV, 500[V] 이하	500	1.0
500[V] 초과	1,000	1.0

03 다음 중 접지시스템의 종류가 아닌 것은?

① 단독접지

② 공통접지

③ 계통접지

④ 통합접지

• 접지시스템의 종류 : 단독접지, 공통접지, 통합접지
• 접지시스템의 구분 : 계통접지, 보호접지, 피뢰시스템 접지

04 상도체의 단면적이 18[mm²]일 때, 보호도체의 최소 단면적은 몇 [mm²]인가?

① 16

② 18

③ 20

④ 24

접지시스템의 최소 단면적

상도체의 단면적 S[mm²]	보호도체의 최소 단면적[mm²]
S≤16	S
16⟨S≤35	16
S⟩35	S/2

05 주 접지 단자에 접속하기 위한 등전위 본딩 동도체의 단면적은 몇 [mm²] 이상이어야 하는가?

① 50

② 25

③ 16

④ 6

주 접지 단자에 접속하기 위한 등전위 본딩 동도체의 단면적
• 구리 도체 : 6[mm²]
• 알루미늄 도체 : 16[mm²]
• 강철 도체 : 50[mm²]

06 계통의 일부분에서 PEN 도체를 사용하거나, 중성선과 별도의 PE 도체를 사용하는 방식의 계통접지 구성 방식은?

① TT 계통
② IT 계통
③ TN−S 계통
④ TN−C−S 계통

TN−C−S 계통은 계통의 일부분에서 PEN 도체를 사용하거나, 중성선과 별도의 PE 도체를 사용하는 방식이다.

07 금속제 외함을 가지는 저압의 기계기구로서 사람이 쉽게 접촉할 우려가 있는 곳에 전기를 공급하는 전로에는 누전차단기를 시설해야 하는데, 사용전압이 몇 [V]를 초과하는 경우에 시설하는가?

① 30
② 50
③ 150
④ 200

금속제 외함을 가지는 사용전압 50[V]를 초과하는 저압의 기계기구로서, 사람이 쉽게 접촉할 우려가 있는 곳에 전기를 공급하는 전로에는 누전차단기를 시설해야 한다

08 일반적으로 분기회로의 개폐기 및 과전류차단기는 저압 옥내 간선의 분기점으로부터 몇 [m]까지 이동하여 설치할 수 있는가?

① 3
② 4
③ 5
④ 8

전원 측에서 분기점 사이에 다른 분기회로 또는 콘센트의 접속이 없고, 단락의 위험과 화재 및 인체에 대한 위험성이 최소화되도록 시설된 경우, 분기회로의 보호장치는 분기회로의 분기점으로부터 3[m]까지 이동하여 설치할 수 있다.

09 저압 전로에 정격전류 50[A]가 흐를 때, 산업용 배선차단기의 차단전류는 정격전류의 몇 배에서 동작하여야 하는가?

① 1.05
② 1.13
③ 1.25
④ 1.3

과전류차단기의 동작시간 특성

구분	정격전류의 구분 [A]	시간[분]	정격전류의 배수[배]	
			부동작전류	동작전류
산업용	63 이하	60	1.05	1.3
	63 초과	120	1.05	1.3
주택용	63 이하	60	1.13	1.45
	63 초과	120	1.13	1.45

10 퓨즈 중에서 고압 전로에 사용하는 포장 퓨즈는 정격 전류의 2배에서 몇 분 안에 용단되는 것이어야 하는가?

① 120
② 125
③ 150
④ 180

• 포장 퓨즈 : 정격전류의 1.3배에 견디고 2배의 전류로 120분 안에 용단
• 비포장 퓨즈 : 정격전류의 1.25배에 견디고 2배의 전류로 2분 안에 용단

배선설계와 시공

빈출 태그 ▶ 표준부하, 별도 가산 부하(주택, 아파트), 수용률, 설비 불평형률

01 간선의 설계

1) 간선 계통의 결정

① 간선(Feeder) : 인입점 또는 수·변전설비 등의 전원 측에서 전등 분전반, 동력·제어반까지의 전로

② 간선의 종류 및 굵기

- 간선은 크게 전등 간선, 동력 간선, 특수용 간선 등으로 부하의 용도에 따라 분류하고, 전압 및 용도에 따라 배전방식을 결정한다.
- 간선의 굵기는 전선의 허용전류, 전압강하, 기계적 강도, 연결점의 허용 온도, 열방산 조건 등을 고려하여 결정한다.

2) 부하의 상정

① 배전설계를 위한 부하용량을 산정하기 위해서는 표준부하에 바닥면적을 곱한 값을 구하여, 별도 가산할 부하용량[VA]를 더한 값을 원칙으로 한다.

② 설비부하용량$=PA+QB+C$[VA]

- P : 표의 건축물 바닥면적[m^2](Q부분 제외)
- Q : 표의 부분적인 건축물 바닥면적[m^2]
- A : P의 표준부하[VA/m^2], B : Q의 표준부하[VA/m^2]
- C : 별도 가산할 부하용량[VA]

③ 건축물의 종류별 표준부하

건축물의 종류	표준부하[VA/m^2]
공장, 공회당, 사원, 교회, 극장, 영화관, 연회장 등	10
기숙사, 여관, 호텔, 병원, 음식점, 다방, 대중목욕탕	20
사무실, 은행, 상점, 이발소, 미용원	30
주택, 아파트	40

④ 부분적인 표준부하

건축물의 부분	표준부하[VA/m^2]
복도, 계단, 세면장, 창고, 다락	5
강당, 관람석	10
단, 건축물 중 주택, 아파트는 제외	

⑤ 별도 가산할 부하용량

건물의 부분	가산 부하[VA]
주택, 아파트 1세대 마다	500~1,000
상점의 진열장 폭 1[m] 마다	300
옥외 광고등, 전광판, 네온사인 등	실[VA]
극장, 무도장 등의 무대조명, 영화관 등의 특수 전등 부하	실[VA]

3) 간선의 전선 굵기

- 간선의 전선 굵기는 전압강하 및 허용전류 용량을 참고하여 설계하되, 전기계기구의 정격전류 합계 이상의 허용전류를 가지도록 하여야 한다. 다만 이 경우 수용률 등을 고려하여 조정한 허용전류 값을 적용할 수 있다.
- 간선의 수용률

건축물의 종류	수용률[%]
주택, 기숙사, 여관, 호텔, 창고	50
학교, 사무실, 은행	70

02 분기회로의 설계

1) 분기회로 수 결정

① 사용전압 220[V], 정격전류 15[A], 20[A]인 배선용차단기의 분기회로 수는 전등 및 소형 전기기계기구에 한하여 상정한 설비부하용량을 3,300[VA]로 나눈 값을 원칙으로 한다.

② 분기회로 수 산정 공식 : 분기회로 수 = 설비부하용량 ÷ 3,300[VA]

2) 배전반 및 분전반의 시설

배전반 및 분전반을 넣은 함의 두께는 난연성 합성수지제는 두께 1.5[mm] 이상의 내아크성인 것이어야 하며, 강판제는 두께가 1.2[mm] 이상이어야 한다

3) 설비 불평형률

배전 방식은 중성선이 단선되면 부하 불평형이 발생하기 때문에 이를 방지하기 위하여 다음과 같이 시설하는 것을 원칙으로 한다.

- 중성선에는 부하 불평형에 의한 중성선 단선 시 부하 양측 단자 전압의 심한 불평형이 발생할 수 있으므로 중성선에는 퓨즈를 시설하지 않고 구리선으로 직결한다.
- 저압 수전의 단상 3선식에서 중성선과 각 전압측 전선 간의 부하는 평형이 되게 하는 것을 원칙으로 하지만, 부득이한 경우 발생하는 설비 불평형률은 40[%]까지 허용된다.
- 3상 3선식, 4선식 선로의 설비 불평형률은 30[%] 이하여야 한다.

01 배선설계를 위한 부하용량 산정 시, 건축물의 표준부하 중 주택, 아파트의 별도 가산할 표준부하 용량은 몇 [VA] 정도를 적용하는가?

① 100

② 300

③ 500~1,000

④ 1,500~2,000

별도 가산할 표준부하
• 주택, 아파트 1세대 마다 : 500~1,000[VA]
• 상점의 진열장 폭 1[m] 마다 : 300[VA]

02 배선설계를 위한 부하 설비용량 산정 시, 주택, 아파트의 표준부하는 몇 [VA/m²]를 적용하는가?

① 10

② 20

③ 30

④ 40

• 건축물의 종류별 표준부하(A)

종류	표준부하[VA/m²]
공장, 공회당, 사원, 교회, 극장, 영화관, 연회장 등	10
기숙사, 여관, 호텔, 병원, 음식점, 다방, 대중목욕탕	20
사무실, 은행, 상점, 이발소, 미용원	30
주택, 아파트	40

• 부분적인 표준부하(B)

건축물의 부분	표준부하[VA/m²]
복도, 계단, 세면장, 창고, 다락	5
강당, 관람석	10
단, 건축물 중 주택, 아파트는 제외	

03 배전반 및 분전반 함의 강판의 두께는 몇 [mm] 이상이어야 하는가?

① 1.2

② 1.5

③ 2.0

④ 2.5

배전반 및 분전반을 넣은 함의 두께는 난연성 합성수지제의 경우는 두께 1.5[mm] 이상의 내아크성인 것이어야 하며, 강판제는 두께 1.2[mm] 이상이어야 한다.

04 사무실이나 은행은 간선의 설계를 위한 수용률은 대략 몇 [%]를 적용하는가?

① 30

② 50

③ 70

④ 80

간선의 수용률

건축물의 종류	수용률[%]
주택, 기숙사, 여관, 호텔, 창고	50
학교, 사무실, 은행	70

05 저압 수전의 경우 3상 4선식 선로의 중성선과 각 전선 간의 설비 불평형률은 몇 [%]까지 허용하는가?

① 20

② 30

③ 40

④ 50

설비 불평형률
• 단상 3선식 : 40[%] 이하
• 3상 4선식 : 30[%] 이하

전기사용장소의 시설

빈출 태그 ▶ 대지전압, 사용전압, 중성선의 굵기, 배선설비 공사별 특성

01 옥내 배선

1) 옥내전로의 대지 전압의 제한

① 백열전등 또는 방전등에 전기를 공급하는 옥내의 전로(주택의 옥내 전로 제외)의 대지 전압은 300[V] 이하이어야 하며 다음 각 호에 따라 시설하여야 한다. 다만 대지전압 150[V] 이하의 전로인 경우에는 이에 따르지 아니할 수 있다.

- 백열전등, 방전등의 전선은 사람이 접촉할 우려가 없도록 시설할 것
- 백열전등, 방전등용 안정기는 저압 옥내배선과 직접 접속하여 시설할 것
- 백열전등의 전구소켓은 스위치나 그 밖의 점멸기구가 없는 것일 것

② 주택의 옥내전로의 대지전압은 300[V] 이하여야 하며 다음 각 호에 따라 시설하여야 한다. 다만 대지전압 150[V] 이하의 전로인 경우에는 이에 따르지 아니할 수 있다.

- 사용전압은 400[V] 이하일 것
- 주택의 전로 인입구에는 「전기용품 및 생활용품 안전관리법」의 적용을 받는 인체감전보호용 누전차단기를 시설할 것
- 정격 소비 전력 3[kW] 이상의 전기기계기구에 전기를 공급하기 위한 전로에는 전용의 개폐기 및 과전류차단기와 전용콘센트를 시설할 것

2) 노출전선의 사용제한

옥내에 시설하는 저압전선에는 노출전선을 사용하여서는 아니 된다. 다만 다음 각 호의 어느 하나에 해당하는 경우에는 그러하지 아니하다.

① 애자공사에 의하여 전개된 곳에 다음의 전선을 시설하는 경우

- 전기로용 전선
- 전선의 피복 절연물이 부식하는 장소에 시설하는 전선
- 취급자 이외의 자가 출입할 수 없도록 설비한 장소에 시설하는 전선

② 버스덕트공사에 의하여 시설하는 경우

③ 라이팅덕트공사에 의하여 시설하는 경우

④ 접촉 전선을 시설하는 경우

3) 저압 옥내배선의 사용 전선 및 중선선의 굵기

① 저압 옥내배선의 사용 전선 : 저압 옥내배선의 전선은 단면적 $2.5[\text{mm}^2]$ 이상의 연동선을 사용해야 한다. 다만 사용전압이 $400[\text{V}]$ 이하인 옥내배선이 다음의 어느 하나에 해당될 때에는 예외로 한다.
- 전광표시 또는 제어 회로 등에 사용하는 배선에 단면적 $1.5[\text{mm}^2]$ 이상의 연동선을 사용하고, 이를 배관 공사에 의해 시설하는 경우
- 단면적 $0.75[\text{mm}^2]$ 이상인 코드 또는 캡타이어케이블을 사용하는 경우

② 중성선의 단면적 : 다음의 경우 중성선의 단면적은 최소한 선도체 단면적 이상이어야 한다.
- 2선식 단상회로
- 선도체 단면적 구리 $16[\text{mm}^2]$, 알루미늄선 $25[\text{mm}^2]$ 이하인 다상 회로
- 전류의 제3고조파 왜형률이 $15 \sim 33[\%]$인 3상 회로
  - 전류의 제3고조파 왜형률이 $33[\%]$를 초과하는 경우 선도체의 $1.45 \times I_B$(회로 설계전류)를 흘릴 수 있는 중성선을 선정한다.
  - 다상 회로의 선도체 단면적이 구리 $16[\text{mm}^2]$, 알루미늄선 $25[\text{mm}^2]$를 초과하는 경우, 제3 고조파 홀수배 전류가 선도체 전류의 $15[\%]$를 넘지 않고, 중성선이 과전류 보호되며, 중성선의 단면적이 구리 $16[\text{mm}^2]$, 알루미늄선 $25[\text{mm}^2]$ 이상일 경우 중성선의 단면적을 선도체 단면적보다 작게 해도 된다.

4) 배선설비와 다른 공급설비와의 접근

① 전압밴드 I 과 전압밴드 II 회로는 다음의 경우를 제외하고는 동일한 배선설비 중에 수납하지 않아야 한다.

> - 모든 케이블 또는 도체가 절연되어 있는 경우
> - 케이블이 별도 구획 또는 물리적으로 분리되는 시스템에 설치되어 있는 경우
> - 애자공사에 의하여 시설하는 저압 옥내배선과 다른 저압 옥내배선 또는 관등회로 배선 사이의 간격이 $0.1[\text{m}]$(노출전선의 경우 $0.3[\text{m}]$) 이상인 경우
> - 다만, 애자공사에 의하여 시설하는 저압 옥내배선과 애자공사에 의하여 시설하는 다른 저압 옥내배선 또는 관등회로의 배선이 병행하는 경우 상호 간의 간격을 $6[\text{cm}]$ 이상으로 하여 시설할 때에는 예외이다.

② 통신 케이블과의 접근
- 지중 통신케이블과 지중 전력 케이블이 교차하거나 접근하는 경우 $100[\text{mm}]$ 이상의 간격을 유지해야 한다.
- 저압 옥내배선이 약전류 전선 등 또는 수관·가스관이나 이와 유사한 것과 접근하거나 교차하는 경우에 저압 옥내배선을 애자공사에 의하여 시설하는 때에는 저압 옥내배선과 약전류 전선 등 또는 수관·가스관이나 이와 유사한 것과의 간격은 $0.1[\text{m}]$(전선이 노출전선인 경우 $0.3[\text{m}]$) 이상이어야 한다.

③ 비 전기 공급설비와의 접근 : 가스계량기 및 가스관의 이음부와 전력량계 및 개폐기의 간격은 $60[\text{cm}]$, 가스계량기와 점멸기 및 접속기의 간격은 $30[\text{cm}]$, 가스관의 이음부와 점멸기 및 접속기의 간격은 $15[\text{cm}]$ 이상으로 이격한다.

5) 절연물의 최고 허용 온도

① 정상적인 운전 상태에서 전선에 지속적으로 흘릴 수 있는 전류는 통상적으로 표의 절연물의 허용온도 이하여야 한다.

② 절연물의 최고 허용온도[℃]

절연물의 종류	최고 허용온도[도]
열가소성 물질(PVC)	70(도체)
열경화성물질(XLPE, EPR)	90(도체)
무기물(사람의 접촉 우려 있는 것)	70(시스)
무기물(사람의 접촉 우려 없는 것)	105(시스)

6) 수용가 설비의 전압강하

① 다른 조건을 고려하지 않는다면 수용가 설비의 인입구로부터 기기까지의 전압강하는 다음 표의 값 이하여야 한다.

② 수용가 설비의 전압강하

설비의 유형	조명[%]	기타[%]
A(저압으로 수전하는 경우)	3	5
B(고압 이상으로 수전하는 경우)	6	8

- 가능한 한 최종회로 내의 전압강하가 A 유형의 값을 넘지 않도록 하는 것이 바람직하다.
- 사용자의 배선설비가 100[m]를 넘는 부분의 전압강하는 미터 당 0.005[%] 증가할 수 있으나 이러한 증가분은 0.5[%]를 넘지 않아야 한다.

7) 콘센트의 시설

욕조나 화장실 등 인체가 물에 젖어있는 상태에서 전기를 사용하는 장소에 콘센트를 시설하는 경우 다음 각 호에 따라 시설하여야 한다.

①「전기용품 및 생활용품 안전관리법」의 적용을 받는 인체감전보호용 누전차단기(정격감도전류 15[mA] 이하, 동작시간 0.03초 이하의 전류동작형) 또는 절연변압기(정격용량 3[kVA] 이하)로 보호된 전로에 접속하거나, 인체감전보호용 누전차단기가 부착된 콘센트를 시설하여야 한다.

② 콘센트는 접지극이 있는 방적형 콘센트를 사용하여 접지하여야 한다.

1) 배선설비 공사

① 전선 및 케이블의 구분에 따른 배선설비의 공사방법

전선 및 케이블		공사 방법							
		케이블 공사			전선관 시스템	케이블 트렁킹 시스템	케이블 덕팅 시스템	케이블 트레이 시스템	애자 공사
		비고정	직접 고정	지지선					
노출전선		−	−	−	−	−	−	−	+
절연전선		−	−	−	+	+	+	−	+
케이블	다심	+	+	+	+	+	+	+	0
	단심	0	+	+	+	+	+	+	0

- ＋(사용 가능), −(사용 불가능), 0(적용할 수 없거나 실용상 사용 불가능)
- 케이블트렁킹시스템, 케이블트레이시스템, 애자공사는 건물 내에서 접근이 불가능한 장소에는 적용할 수 없다.

② 공사방법의 분류

종류	공사 방법
전선관시스템	• 합성수지관공사 • 금속관공사 • 가요전선관공사
케이블트렁킹시스템 (본체와 덮개가 별도로 구성되어 덮개를 개폐할 수 있는 공사)	• 합성수지몰드공사 • 금속몰드공사 • 금속트렁킹공사
케이블덕팅시스템 (본체와 덮개의 구분 없이 하나로 구성된 덕트 공사)	• 플로어덕트공사 • 셀룰러덕트공사 • 금속덕트공사
애자공사	애자공사
케이블트레이시스템 (레더, 브래킷 포함)	케이블트레이공사
케이블공사	• 비고정 • 직접 고정 • 지지선 방식

③ 배관규격

- 전선관시스템 : 관 내 단면적의 1/3(33.3[%]) 이하
- 케이블트렁킹시스템 및 케이블덕팅시스템 : 덕트 내 단면적의 20[%] 이하(제어 · 통신선 50[%])
- 케이블트레이시스템 : 트레이 내측폭 이하 단층으로 케이블 바깥지름의 합 이내

2) 애자 공사

① 전선은 절연전선(OW 및 DV 제외)일 것
② 전선 상호 간의 간격은 6[cm] 이상일 것
③ 전선과 조영재 사이의 간격은 사용전압이 400[V] 이하인 경우에는 2.5[cm] 이상, 400[V] 초과인 경우에는 4.5[cm](건조한 장소에 시설하는 경우에는 2.5[cm])이상일 것
④ 전선의 지지점 간의 거리는 전선을 조영재의 윗면 또는 옆면에 따라 붙일 경우에는 2[m] 이하일 것
⑤ 사용전압이 400[V] 초과인 것은 제④호의 경우 이외에는 전선의 지지점 간의 거리는 6[m] 이하일 것
⑥ 애자공사에 사용하는 애자는 절연성, 난연성 및 내수성일 것(고압 애자공사는 전선 6[mm^2] 이상, 전선 상호간 8[cm], 전선과 조영재 5[cm] 이상)

3) 합성수지 몰드 공사

① 합성수지 몰드는 홈의 폭 및 깊이가 3.5[cm] 이하, 두께는 2[mm] 이상의 것일 것
② 다만 사람이 쉽게 접촉할 우려가 없도록 시설하는 경우에는 폭이 5[cm] 이하, 두께 1[mm] 이상의 것을 사용할 수 있다.

4) 합성수지관 공사

① 전선은 절연전선(OW 제외)이고, 연선(단, 단면적 10[mm^2](알루미늄선은 단면적 16[mm^2]) 이하는 단선 가능)일 것이며, 합성수지관 안에서 접속점이 없도록 해야 한다.
② 이중천장(반자 속 포함) 내에는 시설할 수 없다.
③ 관의 두께는 2[mm] 이상이어야 한다.
④ 합성수지관 상호 간 및 박스와 관을 삽입하는 깊이를 관의 바깥지름의 1.2배(접착제를 사용하는 경우에는 0.8배) 이상으로 한다.
⑤ 경질비닐(PVC) 전선관을 새들을 사용하여 지지하는 지지점 간의 거리는 1.5[m] 이하로 하며, 전선관의 끝부분이나 박스 가까운 부분은 0.3[m] 이하, 굴곡 부분은 굴곡 시작점으로부터 약 10[mm] 떨어진 곳을 새들로 지지한다.
⑥ 경질비닐(PVC) 전선관 1본의 표준 길이는 4[m]이며, 굵기는 관의 안지름 크기에 가까운 짝수 [mm]로 한다.
⑦ 경질비닐(PVC) 전선관의 규격

구분	바깥지름[mm]	두께[mm]	안지름[mm]
14	18	2.0	14
16	22	2.0	18
22	26	2.0	22
28	34	3.0	28
36	42	3.5	35
42	48	4.0	40
54	60	4.5	51
70	76	4.5	67
82	89	5.9	77.2
100	114	7.0	100

⑧ 합성수지제 가요전선관(PF, CD, PE)의 규격

구분	바깥지름[mm]		안지름[mm]	
PF	CD	PF	CD	PF
14	21.5	19.0	14	14
16	23.0	21.0	16	16
22	30.5	27.5	22	22
28	36.5	34.0	28	28
36	45.5	42.0	36	36
42	52.0	48.0	42	42

⑨ 경질비닐(PVC) 전선관의 상호 접속을 위한 커플링의 종류

- 1호 커플링 : 토치로 커플링을 가열하여 양쪽 관이 맞닿게 하는 구조
- 2호 커플링 : 커플링의 중앙부에 관 막이가 있는 구조
- 3호 커플링 : 2호보다 관 막이가 좁게 되어 있는 구조
- 4호(TS) 커플링 : 커플링 입구 지름이 중앙부 보다 큰 구조
- 컴비네이션 커플링 : 한쪽은 TS, 다른 쪽은 고무링으로 되어 있는 구조

5) 금속관 공사

① 전선은 절연전선(OW 제외)이고, 연선(단, 단면적 10[mm^2]](알루미늄선은 단면적 16[mm^2]) 이하는 단선 가능)일 것이며, 금속관 안에서 접속점이 없도록 할 것
② 관의 두께는 콘크리트에 매설하는 것은 1.2[mm] 이상이고, 이외의 것은 1[mm] 이상으로 할 것
③ 금속 전선관을 90[°]로 굽히는 작업에서는 배관의 곡률 반경이 관 안지름의 6배 이상이 되도록 해야 한다.

- 배관의 곡률반경 : $r = 6d + \dfrac{D}{2}[mm]$

- 배관을 굽히는 데 필요한 길이 : $L = 2\pi r \times \dfrac{1}{4}[mm]$

④ 금속관공사는 접지공사를 할 것. 다만, 사용전압이 400[V] 이하로서 다음의 경우는 예외이다.
- 관의 길이가 4[m] 이하인 것을 건조한 장소에 시설하는 경우
- 옥내배선의 사용전압이 직류 300[V] 또는 교류 대지 전압 150[V] 이하로서, 전선을 넣는 관의 길이가 8[m] 이하인 것을 사람이 쉽게 접촉할 우려가 없도록 시설하거나 건조한 장소에 시설하는 경우
⑤ 금속 전선관의 호칭을 구분할 때, 박강 전선관은 배관의 바깥지름에 가까운 홀수로, 후강 전선관은 배관의 안지름에 가까운 짝수로 구분하며, 호칭이 바깥지름이나 안지름과 동일한 것은 아니다.

⑥ 금속 전선관의 종류

구분		바깥지름[mm]		두께[mm]	
후강	박강	후강	박강	후강	박강
16	15	21.0	15.9	2.3	1.2
22	19	26.5	19.1	2.3	1.6
28	25	33.3	25.4	2.5	1.6
36	31	41.9	31.8	2.5	1.6
42	39	47.8	38.1	2.5	1.6
54	51	59.6	50.8	2.8	1.6
70	63	75.2	63.5	2.8	2.0
82	75	87.9	76.2	2.8	2.0
92		100.7		3.5	
104		113.4		3.5	

⑦ 금속관 공사 시 부속품
- 로크너트 : 금속관과 박스의 접속 시 사용
- 링 리듀서 : 아웃렛 지름이 로크너트 보다 클 때 사용
- 부싱 : 전선관의 끝에 전선이 접촉되어 손상되는 것을 방지하기 위하여, 박스 안쪽에 있는 관의 끝 부분에 끼우는 부품
- 엔트런스 캡 : 저압 가공 인입구의 빗물 침입 방지용 캡
- 터미널 캡 : 저압 가공 인입선의 전동기 단자 부분에 접속 시 사용
- 노멀 밴드 : 주로 매입 금속관을 직각으로 배관 시 사용하는 접속 부품
- 유니버설 엘보 : 노출 금속 배관에서 직각으로 구부릴 때 사용

⑧ 금속 전선관을 새들로 지지할 때, 직선 부분의 지지점 간의 거리는 2[m] 이하로 한다.

6) 금속몰드 공사

① 금속몰드는 사용전압이 400[V] 이하로 옥내의 건조한 장소로 전개된 장소 또는 점검할 수 있는 은폐장소에 한하여 설치할 수 있다.
② 황동제 또는 동제의 몰드는 폭이 5[cm] 이하, 두께 0.5[mm] 이상이어야 한다.

7) 금속제 가요전선관 공사

① 전선은 절연전선(OW 제외)이고, 연선(단, 단면적 10[mm^2](알루미늄선은 단면적 16[mm^2]) 이하는 단선 가능)일 것이며, 가요전선관 안에서 접속점이 없도록 할 것
② 가요전선관은 2종 금속제 가요전선관이어야 한다. 다만 전개된 장소 또는 점검할 수 있는 은폐된 장소에는 1종 가요전선관을 사용할 수 있다.
③ 금속제 가요전선관의 부속품
- 스플릿 커플링 : 가요전선관 상호 접속 시 사용
- 컴비네이션 커플링 : 가요전선관과 금속관과의 접속 시 사용
④ 가요전선관공사는 접지공사를 해야 한다. 다만 사용전압이 400[V] 이하로서 관의 길이가 4[m] 이하인 경우는 접지공사를 생략할 수 있다.

8) 금속 덕트 공사

① 금속덕트에 넣은 전선 단면적의 합계는 덕트 내부 단면적의 20[%](전광표시 장치, 출퇴 표시등 또는 제어회로 등의 배선만을 넣는 경우에는 50[%]) 이하여야 한다.

② 금속덕트 안에는 전선에 접속점이 없도록 해야 한다. 다만 전선을 분기하는 경우에는 그 접속점을 쉽게 점검할 수 있는 때에는 적용하지 않는다. (단, 이 조건은 플로어덕트 공사에서도 마찬가지로 적용된다.)

③ 금속덕트는 폭이 40[mm] 이상이고 두께 1.2[mm] 이상인 철판 또는 동등 이상의 세기를 가지는 금속제의 것으로 견고하게 제작한 것이어야 한다.

④ 덕트를 조영재에 붙이는 경우에는 덕트의 지지점 간의 거리를 3[m](취급자 이외의 자가 출입할 수 없도록 설비한 곳에서 수직으로 붙이는 경우에는 6[m]) 이하로 하고 또한 견고하게 붙여야 한다.

9) 버스덕트 공사

① 버스덕트의 종류로는 피더 버스덕트(분기 접속 없음), 플러그인 버스덕트(중간에 부하 접속 가능), 트롤리 버스덕트(접촉자 이동 가능), 익스펜션 버스덕트(열 신축 흡수), 탭붙이 버스덕트(접속용 탭이 있음), 트랜스포지션 버스덕트(임피던스 평준화를 위해 도체 위치를 덕트 내에서 교차)가 있다.

② 덕트를 조영재에 붙이는 경우에는 덕트의 지지점 간의 거리를 3[m](취급자 이외의 자가 출입할 수 없도록 설비한 곳에서 수직으로 붙이는 경우에는 6[m]) 이하로 하고 또한 견고하게 붙여야 한다.

③ 버스덕트의 도체는 단면적 20[mm^2] 이상의 띠 모양, 지름 5[mm] 이상의 관모양이나 둥글고 긴 막대 모양의 동 또는 단면적 30[mm^2] 이상의 띠 모양의 알루미늄을 사용한 것이어야 한다.

④ 덕터 내 전선이 차지하는 단면적은 덕트 내부 단면적의 20[%] 이하로 한다. (단, 제어 회로나 출퇴 표시등 배선용 전선은 50[%] 이하도 가능하다.)

10) 라이팅 덕트 공사 및 셀룰러 덕트 공사

① 라이팅 덕트 공사 : 덕트 지지점 간의 거리는 2[m] 이하여야 한다.

② 셀룰러 덕트 공사

- 셀룰러 덕트의 판 두께는 덕트의 최대폭이 150[mm] 이하는 1.2[mm], 150~200[mm]는 1.4[mm], 200[mm] 초과는 1.6[mm] 이상이어야 한다.
- 부속품의 판 두께는 1.6[mm] 이상이어야 한다.

11) 케이블 공사

① 전선을 조영재의 아랫면 또는 옆면에 따라 붙이는 경우에는 전선의 지지점 간의 거리를 케이블은 2[m] 이하(사람이 접촉할 우려가 없는 곳에서 수직으로 붙이는 경우에는 6[m]), 캡타이어 케이블은 1[m] 이하로 한다.

② 전선을 건조물의 전기 배선용의 파이프 샤프트 안에 수직으로 매달아 시설하는 저압 옥내 배선 시 전선 및 그 지지부분의 안전율은 4 이상이어야 한다.

③ 케이블을 구부릴 때 곡률 반경은 비닐, 클로로프렌, 폴리에틸렌 외장 케이블은 바깥지름의 6배(단심인 경우 8배), 연피나 알루미늄 피의 경우는 바깥지름의 12배 이상으로 한다.

12) 케이블 트레이 공사

① 케이블 트레이(사다리형, 펀칭형, 그물망형, 통풍 채널형, 바닥밀폐형)는 금속제 또는 불연성 재료로 제작된 유닛 또는 유닛의 집합체 및 그에 부속하는 부속재 등으로 구성된 견고한 구조물을 말한다.
② 수평 트레이에 케이블 포설 시 트레이와 벽면과의 간격은 20[mm] 이상, 트레이 간 수직 간격은 300[mm] 이상 이격하여 설치하여야 한다.
③ 케이블 트레이의 안전율은 1.5 이상이어야 한다.

13) 옥내 저압용 전구선 및 이동전선의 시설

① 옥내에 시설하는 사용전압이 400[V] 이하인 조명용 전원코드 또는 이동전선은 고무코드 또는 0.6/1[kV] EP 고무 절연 클로로프렌 캡타이어케이블로서 단면적이 0.75[mm^2] 이상인 것이어야 한다.
② 사용전압이 400[V] 초과인 전구선은 옥내에 시설하여서는 안 된다.
③ 기구단자가 누름나사형, 크램프형이거나 이와 유사한 구조가 아닌 경우 단면적 10[mm^2]를 초과하는 단선 또는 단면적 6[mm^2]를 초과하는 연선에는 터미널러그를 부착해야 한다.

03 기계 및 기구의 시설

1) 특고압용 변압기의 용량

① 특고압으로 수전하는 부하의 설비용량은 다음 중 하나 이상의 조건으로 산정하여야 한다.
- 건축물의 용도에 따른 단위 면적당 부하의 종류별 표준 부하 밀도를 참고해야 한다.
- 실제로 설치되는 실부하를 고려해야 한다.
- 주택의 경우 다음 표의 부하설비용량 이상으로 산정해야 한다.
- 주택의 부하설비용량 산정기준

구분	부하설비용량
전용면적 60[m^2] 이하	3[kW]
전용면적 60[m^2] 초과	3[kW] + 0.5[kW] / 10[m^2] 당

② 특고압 수전용 변압기의 용량은 다음에 따라 산정하여야 한다.
- 수요전력을 고려해야 한다.
- 최대용량의 전동기 기동 시를 고려해야 한다.
- 공동주택 및 준주택(오피스텔)의 경우 부하설비용량 등을 고려하며 다음 표에 따른 최소 수용률 이상을 적용해야 한다.
- 세대 수에 따른 최소 수용률

세대 수	수용률[%]
500 이하	45.0
500 초과~1,000 이하	42.0
1,000 초과	40.0

2) 특고압용 기계기구의 시설

① 특고압용 기계기구는 지표상 5[m] 이상의 높이에 시설해야 한다.

② 충전 부분의 지표상의 높이를 정한 값 이상으로 하고, 사람이 접촉할 우려가 없도록 시설하여야 한다.

③ 특고압용 기계기구 지표상 높이

사용전압	울타리의 높이와 울타리로부터 충전부분까지의 거리의 합계 또는 지표상의 높이
35[kV] 이하	5[m]
35[kV] 초과 160[kV] 이하	6[m]
160[kV] 초과	6[m]에 160[kV]를 초과하는 10[kV] 마다 12[cm]를 더한 값

3) 피뢰기의 시설 및 접지

① 고압 및 특고압의 전로 중 다음 각 호에 열거하는 곳 또는 이에 근접한 곳에는 피뢰기를 시설하여야 한다.

- 발전소 · 변전소 또는 이에 준하는 장소의 가공전선 인입구 및 인출구
- 가공전선로에 접속하는 특고압 배전용 변압기의 고압측 및 특고압측
- 고압 및 특고압 가공전선로로부터 공급을 받는 수용장소의 인입구
- 가공전선로와 지중전선로가 접속되는 곳

② 고압 및 특고압의 전로에 시설하는 피뢰기의 접지저항은 10[Ω] 이하로 하여야 한다.

4) 발전소 등의 울타리 · 담의 시설

① 고압 또는 특고압의 기계기구 · 모선 등을 옥외에 시설하는 발전소 · 변전소 · 개폐소 또는 이에 준하는 곳에는 다음 각 호에 따라 구내에 취급자 이외의 사람이 들어가지 않도록 시설하여야 한다.

- 울타리 · 담 등을 시설할 것
- 출입구에는 출입금지의 표시를 할 것
- 출입구에는 자물쇠장치 기타 적당한 장치를 설치할 것

② 울타리 · 담 등의 높이는 2[m] 이상으로 하고 지표면과 울타리 · 담 등의 하단사이의 간격은 15[cm] 이하로 하고 충전부분까지 거리의 합계는 정한 값 이상으로 해야 한다.

③ 발전소 등의 울타리 · 담 등의 시설 시 간격

사용전압의 구분	울타리 · 담 등의 높이와 울타리 · 담 등으로부터 충전부분까지의 거리의 합계
35[kV] 이하	5[m]
35[kV] 초과 160[kV] 이하	6[m]
160[kV] 초과	6[m]에 160[kV]를 초과하는 10[kV]마다 12[cm]를 더한 값

01 다음 저압 옥내 전로의 시설 시 따라야 할 사항에 대한 설명으로 옳지 않은 것은?

① 옥내 전로의 대지 전압은 300[V] 이하여야 한다.

② 주택의 전로 인입구에는 「전기용품 및 생활용품 안전관리법」에 적용을 받는 인체감전보호용 누전차단기를 시설해야 한다.

③ 대지전압 150[V] 이하의 주택의 옥내전로에는 인체감전보호용 누전차단기를 시설할 필요가 없다.

④ 정격 소비 전력 3[kW] 이상의 전기기계기구에 전기를 공급하기 위한 전로에는 전용의 개폐기 및 과전류 차단기와 전용콘센트를 시설해야 한다.

저압 옥내전로의 대지 전압의 제한
- 대지전압은 300[V] 이하, 사용전압은 400[V] 이하여야 한다.
- 주택의 전로 인입구에는 「전기용품 및 생활용품 안전관리법」의 적용을 받는 인체 감전보호용 누전차단기를 시설해야 한다.
- 정격 소비 전력 3[kW] 이상의 전기기계기구에 전기를 공급하기 위한 전로에는 전용의 개폐기 및 과전류 차단기와 전용 콘센트를 시설해야 한다.

02 다음 중 주택용 누전차단기의 정격 감도전류 [mA]와 동작시간[sec]으로 옳은 것은?

① 3, 0.3

② 30, 0.03

③ 30, 0.3

④ 300, 0.03

주택용 누전차단기 : 정격감도전류 30[mA], 동작시간 0.03[초] 이내의 전류 동작형

03 저압으로 수전하는 조명 설비의 전압강하 기준은 몇 [%] 이하여야 하는가?

① 1　　　　② 2

③ 3　　　　④ 4

수용가 설비의 전압 강하

설비의 유형	조명[%]	기타[%]
저압으로 수전	3	5
고압 이상으로 수전	6	8

04 저압 옥내 배선공사 시 애자공사에서 전선 상호 간의 간격은 몇 [cm] 이상이어야 하는가?

① 2.5

② 4.5

③ 5

④ 6

애자공사
- 전선 상호 간의 간격 : 6[cm] 이상
- 전선과 조영재 사이의 이격거리 : 400[V] 이하 2.5[cm], 400[V] 초과 4.5[cm] 이상
- 전선 지지점 간의 거리 : 조영재의 윗면 또는 옆면 2[m] 이하, 400[V] 초과 6[m] 이하
- 애자의 성질 : 절연성, 난연성, 내수성

05 다음 금속 전선관 중 후강 전선관의 호칭이 아닌 것은?

① 20
② 36
③ 42
④ 54

금속전선관의 호칭
- 박강 전선관(바깥지름, 홀수) : 15, 19, 25, 31, 39, 51, 63, 75
- 후강 전선관(안지름, 짝수) : 16, 22, 28, 36, 42, 54, 70, 82, 92, 104

06 경질 비닐관(PVC)의 호칭이 16(안지름 18[mm])인 경우, 전선관을 90[°]로 굽힐 경우의 곡률반지름은 몇 [mm]인가?

① 115
② 119
③ 124
④ 187

경질 비닐관(PVC)의 호칭이 16(안지름 18[mm])인 경우, 바깥 지름은 22[mm]이므로, 배관의 곡률반경 $r = 6d + \dfrac{D}{2} = 6 \times 18 + \dfrac{22}{2} = 119[mm]$

이고, 배관 길이 $L = 2\pi r \times \dfrac{1}{4} = 2\pi \times 119 \times \dfrac{1}{4} ≒ 187[mm]$이다.

07 다음 중 PVC관의 호칭이 아닌 것은?

① 16
② 28
③ 32
④ 54

비닐관의 호칭
- 경질비닐관(PVC)의 호칭(안지름, 짝수) : 14, 16, 22, 28, 36, 42, 54, 70, 82
- 합성수지제 가요전선관(PF,CD)의 호칭 : 14, 16, 22, 28, 36, 42

08 버스덕트의 덕트 내 전선이 차지하는 단면적은 덕트 내부 단면적의 몇 [%] 이하로 해야 하는가? (단, 제어 회로용 전선인 경우이다.)

① 20
② 33
③ 48
④ 50

버스덕트의 덕트 내 전선이 차지하는 단면적은 덕트 내부 단면적의 20[%] 이하이다. (단, 제어 회로나 출퇴 표시등 배선용 전선은 50[%] 이하도 가능)

09 다음 중 금속덕트 공사에 대한 설명으로 틀린 것은? (단, 덕트의 최대 폭이 200[mm] 초과한 경우이다.)

① 덕트의 끝 부분은 막아야 한다.
② 금속덕트는 두께 1.2[mm] 이상의 철판 등으로 견고하게 제작한 것이어야 한다.
③ 덕트를 조영재에 붙이는 경우에는 덕트 지지점 간의 거리를 2[m] 이하로 해야 한다.
④ 금속덕트 안에는 접속점이 없도록 해야 한다.

금속덕트 공사
- 덕트의 끝부분은 막아야 한다.
- 금속덕트에 넣은 전선 단면적의 합계는 덕트 내부 단면적의 20[%](제어 회로 등은 50[%]) 이하여야 한다.
- 금속덕트 안에는 전선에 접속점이 없도록 해야 한다.
- 금속덕트는 폭이 40[mm] 이상, 두께 1.2[mm] 이상인 철판 등으로 견고하게 제작한 것이어야 한다.
- 덕트를 조영재에 붙이는 경우에는 덕트의 지지점 간의 거리를 3[m]이하로 하고 또한 견고하게 붙여야 한다.

10 케이블 공사에서 연피나 알루미늄 피의 경우 케
이블을 구부릴 때 곡률 반경은 외경의 몇 배 이
상으로 해야 하는가?

① 3배
② 6배
③ 8배
④ 12배

배관의 곡률반지름
- 금속관, 합성수지관 : 관 안지름의 6배
- 금속제 가요전선관 : 관 안지름의 6배(단, 제2종 금속제 가요전선관의 시
  설 및 제거가 자유로운 경우는 관 안지름의 3배이다.)
- 케이블 공사
  - 비닐, 클로로프렌, 폴리에틸렌 외장 케이블 : 바깥지름의 6배(단심인 경
    우 8배)
  - 연피나 알루미늄 피 : 바깥지름의 12배 이상

가공 및 지중 배전 선로

▶ 합격 강의

빈출 태그 ▶ 가공전선지지물, 지중케이블, 간선설계, 애자, 케이블포설

01 가공인입선 공사

01 가공 및 지중 전선로 공사

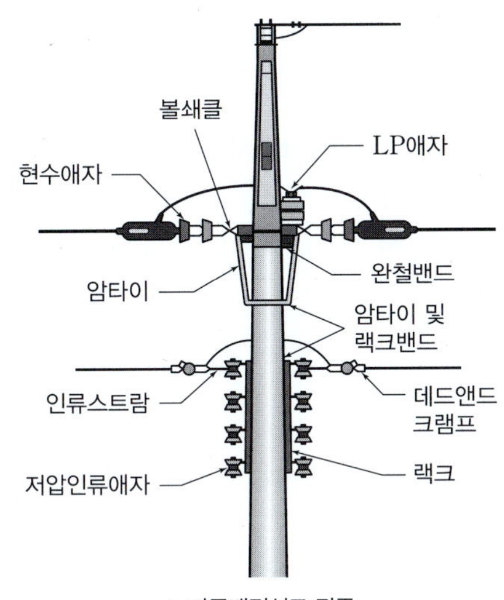

▲ 가공배전선로 장주

1) 가공 및 지중 전선로 공사 관련 용어

① 완금(완철)

• 완금(완철) : 전선을 지지 하기 위하여 전주에 설치하는 구조물

• 완금의 표준 길이[mm]

전선의 개수(조수)	저압	고압	특고압
2	900	1,400	1,800
3	1,400	1,800	2,400

② 전주 버팀대

• 전주 버팀대 : 전주가 안정적으로 직립상태를 유지하기 위하여 전주의 하단에 고정시켜 지반에 매립하는 것

• 주로 콘크리트 재질로 된 직사각형 또는 반원형으로 되어 있다.

③ 처짐정도(Dip)

- 처짐정도 : 전선의 지지점을 연결하는 수평선으로부터 전선이 아래로 처진 길이
- 가공 전선은 풍압하중과 빙설하중 및 장력을 고려하여 적정한 처짐정도를 설정하고, 이에 따라 지지물의 높이를 결정한다.

④ 애자의 종류

- 현수애자 : 전선을 아래로 늘어뜨리거나 잡아 당겨 지지하는 것

  예 볼소켓 형, 폴리머 현수애자 등
- 긴 애자(장간애자) : 자기봉에 갓을 설치하여 그 양단에 Gap을 취부한 애자
- 지지애자 : 발·변전소의 전력용 기기의 절연용은 SP애자, 전선 지지용 애자는 LP애자라 함
- 핀애자 : 애자에 핀을 넣고 핀을 부착하는 애자, 선로를 고정하기 위해 애자 상단에 홈이 있으며, 주로 배전선로용으로 사용
- 잡아당기는애자(인류애자) : 전선로에서 당기는 개소에 사용되는 애자로서, 주로 저압 가공전선로 또는 인입선에 사용
- 가지애자 : 배전선로에서 전선로의 방향을 바꿀 때 사용
- 놉애자 : 옥내배선용 애자로서 놉의 높이에 따라 소, 중, 대, 특대형으로 나뉨
- 구형애자(지지선애자) : 지지선의 중간에 설치하여 지지물과 대지 사이를 절연하고, 지지선의 장력을 담당하기 위한 애자

2) 건주 공사

① 지지물

- 가공전선로의 지지물에 취급자가 오르고 내리는 데 사용하는 발판 볼트 등을 지표상 1.8[m] 미만에 시설하여서는 안 된다.
- 가공전선로 지지물 기초의 안전율 : 안전율은 2(철탑의 기초에 대하여는 1.33) 이상이어야 한다. 다만 다음에 따라 시설하는 경우에는 적용하지 않는다.

> - 강관주 또는 철근 콘크리트주로서 그 전체 길이가 16[m] 이하, 설계하중이 6.8[kN] 이하인 것 또는 목주를 다음에 의하여 시설하는 경우
>   - 전체의 길이가 15[m] 이하인 경우는 땅에 묻히는 깊이를 전체 길이의 6분의 1 이상으로 해야 한다.
>   - 전체의 길이가 15[m] 초과~16[m] 까지는 2.5[m] 이상, 16[m] 초과~20[m] 까지는 2.8[m] 이상으로 묻어야 한다.
> - 철근 콘크리트주로서 전체의 길이가 14[m]~20[m]이고, 설계하중이 6.8[kN] 초과 9.8[kN] 이하의 것은 위 기준보다 30[cm]를 가산하여 시설해야 한다.
> - 철근 콘크리트주로서 그 전체의 길이가 14[m]~20[m]이고, 설계하중이 9.81[kN] 초과 14.72[kN] 이하인 경우
>   - 전체의 길이가 15[m] 이하인 경우에는 위 기준보다 0.5[m]를 더한 값 이상으로 해야 한다.
>   - 전체의 길이가 15[m] 초과 18[m] 이하인 경우에는 그 묻히는 깊이를 3[m] 이상으로 해야 한다.
>   - 전체의 길이가 18[m]를 초과하는 경우에는 그 묻히는 깊이를 3.2[m] 이상으로 해야 한다.

② 철주 또는 철탑을 구성하는 강재의 두께

- 철주의 주주재(완금주재 포함)로 사용하는 강재 : 4[mm]
- 철탑의 주주재로 사용하는 강재 : 5[mm]
- 기타의 부재로 사용하는 강재 : 3[mm]

3) 지지선 공사

① 지지선의 시설 기준

- 가공전선로의 지지물로 사용하는 철탑은 지지선을 사용하여 그 강도를 분담시켜서는 안 되며, 가공전선로의 지지물로 사용하는 철주 또는 철근 콘크리트주는 지지선을 사용하지 않는 상태에서 2분의 1 이상의 풍압하중에 견디는 강도를 가지는 경우 이외에는 지지선을 사용하여 그 강도를 분담시켜서는 안 된다.
- 지지선의 안전율은 2.5(고압 가공전선로 또는 특고압 전선로의 지지물로 사용하는 목주 등의 지지선은 1.5) 이상이어야 한다. 이 경우 허용 인장하중의 최저값은 4.31kN이다.
- 지지선에 연선을 사용할 경우에는 다음을 따라야 한다.
    - 소선 3가닥 이상의 연선이어야 한다.
    - 소선의 지름이 2.6[mm] 이상의 금속선을 사용한 것이어야 한다.
    - 지중부분 및 지표상 0.3[m] 까지의 부분에는 내식성이 있는 것 또는 아연도금을 한 철봉을 사용하고 쉽게 부식되지 않는 전주 버팀대에 견고하게 붙여야 한다.
- 도로를 횡단하여 시설하는 지지선의 높이는 지표상 5[m] 이상으로 하여야 한다. 다만 기술상 부득이한 경우로서 교통에 지장을 초래할 우려가 없는 경우에는 지표상 4.5[m] 이상, 보도의 경우에는 2.5[m] 이상으로 할 수 있다.
- 가공전선로의 직선 부분이란 5도 이하의 수평 각도를 이루는 곳을 말한다.

② 지지선의 종류

- 보통지선 : 전주로부터 전주 길이의 약 1/2 거리에 전주 버팀대를 매설하여 설치하는 지지선
- 공동지선 : 지지물 상호간 거리가 근접해 있을 때, 두 개의 지지물에 공동으로 사용하는 지지선
- 수평지선 : 토지의 상황 등으로 보통지선을 시설할 수 없을 때, 전주와 전주 또는 전주와 지지 기둥 간에 시설할 수 있는 지지선
- Y 지선 : 장력이 클 때나 H주일 때 보통지선을 2단으로 설치한 것
- 궁지선 : 장력이 비교적 적고 다른 종류의 지지선을 설치할 수 없을 때, 지지선용 전주 버팀대를 지지물 가까이 매설하여 시설하는 지지선

02 전선로

1) 저압 및 고압 가공 전선로

① 저·고압 가공전선로와 가공약전류전선로가 병행하는 경우 유도작용에 의한 통신장해 방지를 위하여 전선과 약전류전선 간의 간격은 2[m] 이상이어야 한다.

② 가공케이블의 시설

- 케이블은 조가선에 행거로 시설해야 한다. 이 경우 사용전압이 고압인 때에는 행거의 간격을 50[cm] 이하로 시설해야 한다.
- 조가선은 인장강도 5.93[kN] 이상의 연선 또는 단면적 22[mm^2] 이상인 아연도강연선이어야 한다.
- 조가선의 케이블에 금속 테이프를 사용 시 20[cm] 이하의 간격을 유지해야 한다.

③ 저압 가공전선의 굵기 및 종류

- 저압 가공전선은 나전선(중성선 또는 접지측 전선에 한한다), 절연전선, 다심형 전선 또는 케이블을 사용하여야 한다.
- 사용전압이 400[V] 이하인 저압 가공전선(케이블 제외)은 인장강도 3.43[kN] 또는 지름 3.2[mm] (절연전선은 지름 2.6[mm]) 이상의 경동선이어야 한다.
- 사용전압이 400[V] 초과인 저압 가공전선(케이블 제외)은 시가지에 시설하는 것은 인장강도 8.01[kN] 이상 또는 지름 5[mm] 이상의 경동선, 시가지 외에 시설하는 것은 인장강도 5.26[kN] 이상 또는 지름 4[mm] 이상의 경동선이어야 한다.
- 사용전압이 400[V] 초과인 저압 가공전선에는 DV전선 또는 다심형 전선을 사용하여서는 안 된다.

④ 고압 가공전선(케이블 제외)은 안전율이 경동선 또는 내열 동합금선은 2.2 이상, 그 밖의 전선은 2.5 이상이 되는 처짐 정도로 시설하여야 한다.

⑤ 가공전선의 높이

- 도로를 횡단하는 경우 : 지표상 6[m] 이상
- 철도 또는 궤도를 횡단하는 경우 : 레일면상 6.5[m] 이상
- 횡단보도교의 위에 시설하는 경우 : 노면상 3.5[m] 이상(전선이 케이블인 경우에는 3[m] 이상)
- 상기 이외의 경우 : 지표상 5[m] 이상. 다만, 저압 가공전선을 도로 이외의 곳에 시설하는 경우 또는 절연전선이나 케이블을 교통에 지장이 없도록 시설하는 경우에는 지표상 4[m]까지 감할 수 있다.
- 참고로, 고압 가공인입선(지름 5[mm] 이상)의 높이도 위 기준에 따르되, 상기 이외의 경우에는 지표상 3.5[m]까지 감할 수 있다.

⑥ 고압 가공전선로에 사용하는 가공지선은 인장강도 5.26[kN] 이상 또는 지름 4[mm] 이상의 나경동선을 사용하여야 한다.

⑦ 지지물의 강도 등

- 저압 가공전선로의 지지물은 목주인 경우에는 풍압하중의 1.2배, 기타의 경우에는 풍압하중에 견디는 강도를 가지는 것이어야 한다.
- 고압 가공전선로의 지지물로서 사용하는 목주의 기준
    - 풍압하중에 대한 안전율은 1.3 이상이어야 한다.
    - 굵기는 위쪽 끝 지름 12[cm] 이상이어야 한다.

⑧ 가공전선의 병행설치(저압 가공전선과 고압 가공전선을 동일 지지물에 시설하는 경우)

- 저압 가공전선을 고압 가공전선의 아래로 하고 별개의 완금류에 시설해야 한다.
- 저압 가공전선과 고압 가공전선 사이의 간격은 50[cm] 이상이어야 한다.(단, 고압 가공전선이 케이블일 경우에는 30[cm] 이상으로 할 수 있다.)

⑨ 고압 가공전선로 지지물 간 거리의 제한

- 지지물의 종류에 따른 지지물 간 거리

지지물의 종류	지지물 간 거리[m]
목주, A종 철주 또는 A종 철근 콘크리트주	150 이하
B종 철주 또는 B종 철근 콘크리트주	250 이하
철탑	600 이하

- 고압 가공전선로의 지지물 간 거리가 100[m]를 초과하는 경우 그 부분의 전선로는 다음에 따라 시설하여야 한다.
  - 고압 가공전선 : 인장강도가 8.01[kN] 이상 또는 지름이 5[mm] 이상의 경동선
  - 목주의 풍압하중에 대한 안전율 : 1.5 이상

⑩ 저 · 고압 보안공사

- 전선(케이블 제외)은 인장강도가 8.01[kN] 이상 또는 지름이 5[mm]이어야 한다. 단, 사용전압이 400[V] 이하인 경우에는 인장강도가 5.2[kN] 이상 또는 지름이 4[mm] 이상의 경동선이어야 한다.
- 목주의 기준
  - 풍압하중에 대한 안전율 : 1.5 이상
  - 목주의 굵기 : 위쪽 끝 지름 12[cm] 이상
- 저 · 고압 보안공사 시 가공전선로의 지지물 간 거리 제한

지지물의 종류	지지물 간 거리[m]
목주 A종 철주 또는 A종 철근 콘크리트주	100 이하
B종 철주 또는 B종 철근 콘크리트주	150 이하
철탑	400 이하

⑪ 저 · 고압 가공전선과 건조물 조영재 사이의 간격

건조물 조영재의 구분	접근 형태	이격 거리
상부 조영재(지붕 차양, 옷말리는 곳 기타 사람이 올라갈 우려가 있는 조영재)	위쪽	2[m] 이상(전선이 고압 · 특고압 절연전선 또는 케이블인 경우 1[m])
	옆쪽 또는 아래쪽	• 1.2[m] 이상 • 전선에 사람이 쉽게 접촉할 우려가 없도록 시설한 경우 : 80[cm] • 고압 · 특고압 절연전선 또는 케이블인 경우 : 40[cm]
기타의 조영재	–	• 1.2[m] 이상 • 전선에 사람이 쉽게 접촉할 우려가 없도록 시설한 경우 : 80[cm] • 고압 · 특고압 절연전선 또는 케이블인 경우 : 40[cm]

⑫ 저 · 고압 가공전선 상호 간의 접근 또는 교차

- 저압 가공전선 상호 간의 간격 : 60[cm]
  - 어느 한쪽의 전선이 고압 · 특고압 절연전선 또는 케이블인 경우 30[cm]) 이상이어야 한다.
  - 하나의 저압 가공전선과 다른 저압 가공전선로의 지지물 사이의 간격은 30[cm] 이상이어야 한다.
- 고압 가공전선과 저압 가공전선 등 또는 그 지지물 사이의 간격

저압 가공전선 등 또는 그 지지물의 구분	간격[cm]
저압 가공전선 등	80 이상(고압 가공전선이 케이블인 경우 40)
저압 가공전선 등의 지지물	60 이상(고압 가공전선이 케이블인 경우 30)

- 고압 가공전선 상호 간의 간격 : 80[cm] 이상(어느 한쪽의 전선이 케이블인 경우에는 40[cm])
- 하나의 고압 가공전선과 다른 고압 가공전선로의 지지물 사이의 간격은 60[cm] 이상이어야 한다.(단, 전선이 케이블인 경우에는 30[cm])

⑬ 저ㆍ고압 가공전선과 가공 약전류전선 등을 동일 지지물에 시설하는 경우

- 지지물로 사용하는 목주의 풍압하중에 대한 안전율은 1.5 이상이어야 한다.
- 가공전선을 가공 약전류 전선의 위로하고 별개의 완금류에 시설하여야 한다.
- 가공전선과 가공 약전류 전선 사이의 간격은 저압은 75[cm] 이상, 고압은 1.5[m] 이상이어야 한다.

2) 옥측 전선로, 가공 인입선, 이웃 연결 인입선

① 저압 옥측전선로의 시설

- 저압 옥측전선로는 애자공사(전개된 장소), 합성수지관공사, 금속관공사(목조의 조영물에 시설하는 경우 제외), 버스덕트공사(목조의 조영물에 시설하는 경우 제외), 케이블공사를 한다.
- 애자 공사에 의한 저압 옥측전선로의 전선은 공칭단면적 4[mm^2] 이상의 연동 절연전선(OW 및 DV 제외)일 것이며, 전선 상호 간의 간격 및 조영재 사이의 간격과 전선 지지점 간의 거리 등은 애자공사를 참조해야 한다.

② 저압 가공 인입선의 시설

- 전선은 절연전선 또는 케이블이어야 한다.
- 전선이 케이블인 경우 이외에는 인장강도 2.30[kN] 이상 또는 지름 2.6[mm] 이상의 인입용 비닐절연전선(DV)이어야 한다. 다만 지지물 간 거리가 15[m] 이하인 경우는 인장강도 1.25[kN] 이상 또는 지름 2[mm] 이상의 인입용 비닐절연전선이어야 한다.
- 전선의 높이는 다음에 의해야 한다.
  - 도로를 횡단하는 경우 : 노면상 5[m] 이상(기술상 부득이한 경우에 교통에 지장이 없을 때에는 3[m])
  - 철도 또는 궤도를 횡단하는 경우 : 레일면상 6.5[m] 이상
  - 횡단보도교의 위에 시설하는 경우 : 노면상 3[m] 이상
  - 상기 이외의 경우 : 지표상 4[m] 이상(기술상 부득이한 경우에 교통에 지장이 없을 때에는 2.5[m])

③ 저압 이웃 연결 인입선의 시설

- 인입선에서 분기하는 점으로부터 100[m]를 초과하는 지역에 미치지 않아야 한다.
- 폭 5[m]를 초과하는 도로를 횡단하지 않아야 한다.
- 옥내를 통과하지 않아야 한다.

3) 특고압 가공 전선로

① 시가지 등에서 특고압 가공전선로의 시설

- 특고압 가공전선로는 전선이 케이블인 경우 또는 전선로를 다음과 같이 시설하는 경우에는 시가지 그 밖에 공급이 밀집한 지역에 시설할 수 있다.

– 사용전압이 170[kV] 이하인 전선로를 다음에 의하여 시설하는 경우 : 특고압 가공전선로의 지지물 간 거리는 다음 표에서 정한 값 이하여야 한다.

– 시가지 등에서 170[kV] 이하 특고압 가공전선로의 지지물 간 거리

지지물의 종류	경간[m]
A종 철주 또는 A종 철근 콘크리트주	75
B종 철주 또는 B종 철근 콘크리트주	150
철탑	• 400(단주인 경우에는 300) • 다만 전선이 수평으로 2개 이상 있는 경우에 전선 상호 간의 거리가 4[m] 미만일 때 250[m]

• 시가지 등에서 170[kV] 이하 특고압 가공전선로의 지표상 높이(다음 표에서 정한 값 이상일 것)

사용전압의 구분	지표상의 높이[m]
35[kV] 이하	10(전선이 특고압 절연전선인 경우에는 8)
35[kV] 초과	10[m]에 35[kV]를 초과하는 1[kV] 또는 그 단수마다 12[cm]를 더한 값

• 사용전압이 170[kV] 초과하는 전선로를 다음에 의하여 시설하는 경우

　– 지지물 간 거리 거리는 600[m] 이하여야 한다.

　– 지지물은 철탑을 사용하여야 한다.

　– 전선의 지표상의 높이는 10[m]에 35[kV]를 초과하는 10[kV] 마다 12[cm]를 더한 값 이상이어야 한다.

② 유도장해의 방지

• 사용전압이 60[kV] 이하인 경우 : 전화선로의 길이 12[km] 마다 유도전류가 2[μA]를 넘지 않도록 할 것

• 사용전압이 60[kV]를 초과하는 경우 : 전화선로의 길이 40[km] 마다 유도전류가 3[μA]를 넘지 않도록 할 것

③ 특고압 가공전선의 지표상의 높이(다음 표에서 정한 값 이상)

사용전압의 구분	지표상의 높이[m]	비고
35[kV] 이하	5	• 철도 또는 궤도를 횡단하는 경우 : 6.5 • 도로를 횡단하는 경우 : 6 • 횡단보도교 위의 전선이 특고압절연전선 또는 케이블인 경우 : 4
35[kV] 초과 160[kV] 이하	6	• 철도 또는 궤도를 횡단하는 경우 : 6.5 • 산지 등 사람이 쉽게 들어갈 수 없는 장소 : 5 • 횡단보도교 위의 전선이 케이블인 경우 : 5
160[kV] 초과	6에 160[kV] 초과 시 10[kV] 마다 12[cm]를 더한 값	• 철도 또는 궤도를 횡단하는 경우 : 6.5 • 산지 등 사람이 쉽게 들어갈 수 없는 장소 : 5

④ 목주는 풍압하중에 대한 안전율은 1.5 이상, 굵기는 위쪽 끝 지름 12[cm] 이상이어야 한다.

⑤ B종 철근, B종 콘크리트주 또는 철탑의 종류

• 직선형 : 전선로의 직선부분(3도 이하인 수평각도를 이루는 곳을 포함)에 사용

• 각도형 : 전선로 중 3도를 초과하는 수평 각도를 이루는 곳에 사용

• 잡아당기는형(인류형) : 전 가섭선을 잡아당기는 곳에 사용

• 내장형 : 전선로의 지지물 양쪽의 지지물 간 거리의 차가 큰 곳에 사용

• 보강형 : 전선로의 직선부분의 보강을 위하여 사용

⑥ 특고압 가공전선과 저고압 가공전선 등의 병행설치
- 사용전압이 35[kV] 이하인 특고압 가공전선과 저·고압의 가공전선을 동일 지지물에 시설하는 경우에는 간격은 1.2[m] 이상이어야 한다. 다만 특고압 가공전선이 케이블로서 저·고압 가공전선이 절연전선이거나 케이블인 때는 50[cm]까지로 감할 수 있다.
- 사용전압이 35[kV]를 초과하고 100[kV] 미만인 특고압 가공전선과 저·고압의 가공전선을 동일 지지물에 시설하는 경우에는 간격은 2[m] 이상이어야 한다. 다만 특고압 가공전선이 케이블로서 저·고압 가공전선이 절연전선이거나 케이블인 때는 1[m]까지 감할 수 있다.

⑦ 특고압 가공전선로의 지지물 간 거리(다음 표에서 정한 값 이하)

지지물의 종류	경간[m]
목주 A종 철주 또는 A종 철근 콘크리트주	150
B종 철주 또는 B종 철근 콘크리트주	250
철탑	600(단주인 경우 400)

⑧ 500[kV] 직류 특고압 가공전선의 시설
- 사용전압이 500[kV]인 직류 특고압 가공전선을 시설하는 경우, 여기서 특별히 정한 것 이외에는 교류 특고압 가공전선의 시설기준에 의하여야 한다.
- 직류전압은 3상 교류전압($=\sqrt{3}/\sqrt{2} \times$[직류사용전압])으로 환산하여 적용한다.
- 사용전압 500[kV] 직류 특고압 가공전선이 제2차 접근상태로 있는 경우에는 다음에 따라 시설하여야 한다.
  - 전선의 높이가 최저상태일 때 가공전선과 건조물 상부와의 수직거리가 21[m] 이상이어야 한다.
  - 건조물 최상부에서 직류전계(25[kV/m]) 및 직류자계(400,000[μT])를 초과하지 않아야 한다.
- 직류 500[kV] 가공전선의 시가지에서의 시설, 지지물 등의 간격, 가공전선 높이, 저·고압 가공전선 등의 병행설치 등은 교류 특고압 가공전선에 준하여 적용한다.

1) 지중 전선로

① 지중전선로의 시설
- 지중 전선로는 전선에 케이블을 사용하고, 관로식·암거식 또는 직접 매설식에 의하여 시설하여야 한다.
- 지중 전선로를 관로식 또는 직접매설식에 의하여 시설하는 경우에는 매설 깊이를 차량 기타 중량물의 압력을 받을 우려가 있는 장소에는 1.0[m] 이상으로 하여야 한다.
- 중량물의 압력을 받을 우려가 없는 곳은 60[cm] 이상으로 하며, 암거식에 의하여 시설하는 경우에는 견고하고 차량 기타 중량물의 압력에 견디는 것을 사용하여야 한다.

② 지중전선 상호간의 접근 또는 교차
- 저압 지중전선과 고압 지중전선 간에는 15[cm] 이상, 저압이나 고압의 지중전선과 특고압 지중전선 간에는 30[cm] 이상이 되도록 이격하여 시설하여야 한다.
- 사용전압이 25[kV] 이하인 다중접지방식 지중전선로를 관로식 또는 직접매설식으로 시공할 경우, 그 간격이 10[cm] 이상이 되도록 시설하여야 한다.

2) 터널 안 전선로

① 철도 · 궤도 또는 자동차도 전용터널 안의 전선로

- 저압 전선은 지름 2.6[mm] 이상의 경동선의 절연전선을 사용하고 애자사용배선에 의하여 시설하며, 노면상 2.5[m]의 높이로 유지하여야 한다.
- 고압 전선은 지름 4[mm] 이상의 경동선의 절연전선을 사용하고 애자사용배선에 의하여 시설하며, 노면상 3[m]의 높이로 유지하여야 한다.

② 사람이 상시 통행하는 터널 안의 전선로

- 저압 전선은 지름 2.6[mm] 이상의 경동선의 절연전선을 사용하고 애자사용배선에 의하여 시설(노면상 2.5[m]의 높이로 유지)하거나, 케이블 공사에 의하여야 한다.
- 고압 전선은 케이블 공사에 의하여야 한다.

3) 수상 및 물밑 전선로 등

① 수상전선로의 전선을 가공전선로와 접속하는 경우 접속점의 높이

- 접속점이 육상에 있는 경우에는 지표상 5[m] 이상이어야 한다. 다만 사용전압이 저압이고 도로상 이외의 곳인 경우는 4[m]까지 가능하다.
- 접속점이 수상에 있는 경우에는 사용전압이 저압이면 수면상 4[m] 이상, 고압이면 수면상 5[m] 이상 유지하여야 한다.

② 물밑전선로의 시설 : 저압 또는 고압의 물밑전선로의 전선은 물밑케이블 또는 지름 4.5[mm] 아연도철선 이상의 금속선으로 개장한 케이블을 사용

③ 지상에 시설하는 전선로

- 저압 또는 고압의 전선은 케이블 또는 클로로프렌 캡타이어케이블이어야 한다.
- 특고압 전선로는 사용전압이 100[kV] 이하여야 한다.

④ 다리의 윗면에 시설하는 전선로

- 저압인 경우 전선의 높이는 다리의 노면상 5[m] 이상, 전선은 케이블 또는 지름 2.6[mm] 이상의 경동선이고 절연전선이며, 케이블인 경우 전선과 조영재 사이의 간격은 0.15[m] 이상이어야 한다.
- 고압인 경우 전선의 높이는 다리의 노면상 5[m] 이상, 전선은 케이블 또는 지름 4[mm] 이상의 경동선(철도 · 궤도 전용 다리)이고, 케이블인 경우 전선과 조영재 사이의 간격은 0.3[m] 이상(케이블 이외는 0.6[m] 이상)이어야 한다.

⑤ 급경사지에 시설하는 전선로의 시설

- 급경사지에 시설하는 저압 또는 고압의 전선로는 기술상 부득이한 경우 이외에는 다른 가공전선 등과 수평거리로 3[m] 미만에 접근하여 시설하여서는 안 된다.
- 전선의 지지점간의 거리는 15[m] 이하이고, 고 · 저압을 같은 벼랑에 시설하는 경우에는 고압전선을 위로 하고, 이들 간의 간격은 0.5[m] 이상이어야 한다.

4) 저압 옥내 직류 전기설비

① 직류 가공전선로를 교류 전로와 동일한 지지물에 시설하는 경우 직류 전로를 구분하기 위한 표시를 하여야 하며, 모든 전로의 끝부분 및 접속점에서 극성을 표시하기 위한 표시(양극－빨간색, 음극－백색, 중성선－파란색)하여야 한다.

② 저압 옥내 직류전기설비는 직류 2선식의 임의의 한 점 또는 변환장치의 직류측 중간점 등을 접지하여야 한다. 다만 사용전압이 60[V] 이하인 경우, 교류전로에서 공급 받는 정류기에서 인출되는 회로, 최대전류 30[mA] 이하의 직류화재경보회로 등에는 접지를 생략할 수 있다.

01 가공전선로의 인입구에 사용하며, 금속관공사에서 관 끝부분의 빗물 침입을 방지하기 위해 사용하는 부속품은?

① 엔트런스 캡

② 터미널 캡

③ 절연 부싱

④ 유니버설 엘보

- 엔트런스 캡 : 저압 가공전선의 인입구에 사용하며, 금속관공사에서 관 끝부분의 빗물 침입을 방지하기 위해 사용
- 터미널 캡 : 저압 가공 인입선의 전동기 단자 부분 접속 시 사용
- 절연 부싱 : 배관 끝부분에 설치하여 전선의 인입 시 전선 피복이 손상되지 않도록 하는 부품
- 유니버설 엘보 : 금속관공사에서 노출 배관공사 시 직각으로 구부러지는 장소에 사용

02 고압 가공 전선로의 전선 개수가 3조일 때, 완금의 표준 길이는 몇 [mm]인가?

① 900

② 1,400

③ 1,800

④ 2,400

완금(완철)의 표준 길이

전선의 개수	저압	고압	특고압
2	900	1,400	1,800
3	1,400	1,800	2,400

03 동일한 지지물에 고압과 저압 가공전선을 병행 설치하는 경우 이격거리는 몇 [cm] 이상이어야 하는가?

① 20

② 30

③ 50

④ 60

저압과 고압 가공전선을 병행 설치하는 경우 저압 가공전선을 고압 가공전선의 아래로 하고 별개의 완금류에 시설하며, 저압 가공전선과 고압 가공전선 사이의 간격은 50[cm] 이상이어야 한다.

04 철근 콘크리트주의 설계하중이 6.8[kN] 이하이고, 길이가 15[m]인 경우 땅에 묻히는 깊이는 몇[m] 이상으로 하여야 하는가?

① 3.5

② 3.2

③ 3.0

④ 2.5

강관주, 철근 콘크리트주의 땅에 묻히는 깊이
- 설계하중 6.8[kN] 이하, 전체 길이 16[m] 이하
  - 전체 길이 15[m] 이하 : 6분의 1 이상
  - 전체 길이 15[m] 초과 : 2.5[m] 이상
- 설계하중 6.8[kN] 초과 9.8[kN] 이하, 전체 길이 14[m]~20[m] : 기준보다 30[cm] 가산
- 설계하중 9.81[kN] 초과 14.72[kN] 이하, 전체 길이 15[m] 이하
  - 기준보다 0.5[m] 더한 값
  - 전체 길이 15[m] 초과 18[m] 이하 : 3[m] 이상
  - 전체 길이 18[m] 초과 : 묻히는 깊이 3.2[m] 이상

05 다음 중 지지선의 시설 기준으로 틀린 것은?

① 연선은 소선 3가닥 이상일 것

② 지지선의 안전율은 2.0 이상일 것

③ 소선의 지름이 2.6[mm] 이상의 금속선

④ 지중부분 및 지표상 0.3[m] 까지의 부분에
   는 아연도금을 한 철봉을 사용

지지선의 시설 기준
- 지지선의 안전율은 2.5 이상일 것
- 지지선에 연선을 사용할 경우, 소선 3가닥 이상, 지름이 2.6[mm] 이상의 금속선 사용
- 지중부분 및 지표상 0.3[m] 까지의 부분에는 내식성이 있는 것 또는 아연도금을 한 철봉을 사용하고 쉽게 부식되지 않는 근가에 견고하게 붙일 것

06 사용전압이 400[V] 이하인 저압 가공전선(케이블 제외)의 지름은 몇 [mm] 이상이어야 하는가?

① 1.5

② 2.6

③ 4.0

④ 3.2

사용전압 400[V] 이하인 저압 가공전선(케이블 제외)은 지름 3.2[mm](절연전선은 지름 2.6[mm]) 이상의 경동선을 사용하여야 한다.

07 고압 가공인입선이 횡단보도교를 지나는 경우 노면상 몇 [m] 이상이어야 하는가?

① 3.5

② 4

③ 5

④ 6

저 · 고압 가공 인입선의 높이

구분	저압	고압(=저 · 고압 가공전선)
도로횡단	5	6
철도횡단	6.5	6.5
횡단보도교	3	3.5
기타	4	5(위험표시를 한 경우 3.5)

08 고압 가공전선로 중에서 B종 철근 콘크리트주의 경간은 몇 [m] 이하로 하여야 하는가?

① 150

② 250

③ 400

④ 600

고압 가공전선로의 경간

지지물의 종류	경간[m]
목주, A종 철주 또는 A종 철근 콘크리트주	150
B종 철주 또는 B종 철근 콘크리트주	250
철탑	600

09 다음 중 저압 이웃연결 인입선의 시설에 관한 설명으로 틀린 것은?

① 전선은 지름 2.6[mm] 이상의 인입용 비닐 절연전선(DV)일 것

② 폭 6.5[m]를 초과하는 도로를 횡단하지 않을 것

③ 인입선의 분기점으로부터 100[m]를 초과하는 지역에 미치지 않을 것

④ 옥내를 통과하지 않을 것

저압 이웃연결 인입선의 시설
- 인입선의 분기점으로부터 100[m]를 초과하는 지역에 미치지 않을 것
- 폭 5[m]를 초과하는 도로를 횡단하지 않을 것
- 옥내를 통과하지 않을 것
- 전선은 지름 2.6[mm] 이상의 인입용 비닐절연전선(DV)일 것

10 전주 외등을 전주에 부착하는 경우 전주의 하단으로부터 몇 [m] 이상 높이에 시설해야 하는가? (단, 교통에 지장이 없는 경우이다.)

① 3.0

② 3.5

③ 4.0

④ 4.5

전주 외등
- 적용 대상 : 대지전압 300[V] 이하의 형광등, 고압방전등, LED등 등을 배전선로의 지지물 등에 시설하는 경우
- 전주 외등의 기구 부착 높이 : 4.5[m] 이상(단, 교통에 지장이 없을 경우 3.0[m] 이상)
- 돌출 수평거리 : 1[m] 이내
- 배선은 단면적 2.5[mm^2] 이상의 절연전선을 사용하고, 케이블공사, 합성 수지관공사, 금속관공사 중에서 시행
- 사용전압이 1[kV]를 초과하는 옥측 또는 옥외 방전등 공사 시 방전관은 지표상 4.5[m] 이상의 높이에 시설하며, 기타 시설물 또는 식물 사이의 간격은 60[cm] 이상이어야 함

조명 및 소방 설비

빈출 태그 ▶ 조명 용어, 조명방식, 조명설계 공식(등 간격 S, 소요램프 N, 실지수, 광원 크기 F),
자탐설비

01 조명배선

01 조명 및 조명방식

1) 조명 관련 용어

① 광속(F)

- 광원에서 나오는 복사속을 눈으로 보아 빛으로 느끼는 크기를 나타낸 것이다. 즉 단위시간당 방사되는 빛의 양을 말하며 단위는 루멘[lm]이다.

- 광속의 공식 : $F = \dfrac{dQ}{dt}[lm]$ (단, Q는 광량[lm · h]이다.)

- 광원 종류별 광속
  - 구광원(점광원) : $F = 4\pi I$
  - 반구광원 : $F = 2\pi I$
  - 평판(면)광원 : $F = \pi I$
  - 원통광원 : $F = \pi^2 I$

② 광도(I)

- 광원에서 나오는 빛의 강도이다. 즉, 광속의 입체각 밀도를 말하며, 단위는 칸델라[cd]이다.

- 광도의 공식 : $I = \dfrac{dF}{dw}[cd]$ (단, ω는 입체각[rad]이다.)

③ 조도(E)

- 광속이 투사된 피조면의 단위 면적당 입사 광속의 크기를 나타낸 것이다. 즉, 단위면적당 광속밀도를 말하며 단위는 룩스[lx]이다.

- 조도의 공식 : $E = \dfrac{F}{A}[lm/m^2] = \dfrac{I}{R^2}\cos\theta[lx]$

  - A : 면적[m²]
  - R : 점광원에서의 거리[m]
  - θ : 입사광속과 피조면의 각도

④ 휘도(B)

- 광원을 어떠한 방향에서 바라볼 때 단위 투영 면적당 빛이 나는 정도를 의미하며, 단위는 니트[nt]나 스틸브[sb]를 사용한다.

- 휘도의 공식 : $B = \dfrac{1}{A}[nt]$

광속, 광도, 조도, 휘도 구분
- 광속 : 루멘[lm] → 눈에 보이는 '총량'
- 광도 : 칸델라[cd] → 방향성 '세기'
- 조도 : 룩스[lx] → 받는 면의 '밀도'
- 휘도 : 니트[nt] → 보이는 밝기 '강도'

2) 배광에 의한 조명방식 분류

조명 방식	하향 광속
직접조명 방식	90~100[%]
반직접조명 방식	60~90[%]
전반확산조명 방식	40~60[%]
반간접조명 방식	10~40[%]
간접조명 방식	10[%] 이하

02 조명설비의 설계와 기술 기준

1) 조명 설비의 설계와 시공

① 직접조명 전등의 높이(H)와 등기구 간의 간격(S)

$$H \leq \frac{2}{3}H_0,\ S \leq 1.5H,\ S_0 \leq \frac{1}{3}H,\ S_0 \leq \frac{1}{2}H(\text{벽면 이용 시})$$

- H : 작업면에서 등기구까지 거리[m]
- H_0 : 작업면에서 천장까지 거리[m]
- S : 등기구 간격[m]
- S_0 : 벽면과 등기구 간격[m]
- 작업면 높이 : 0.85[m]

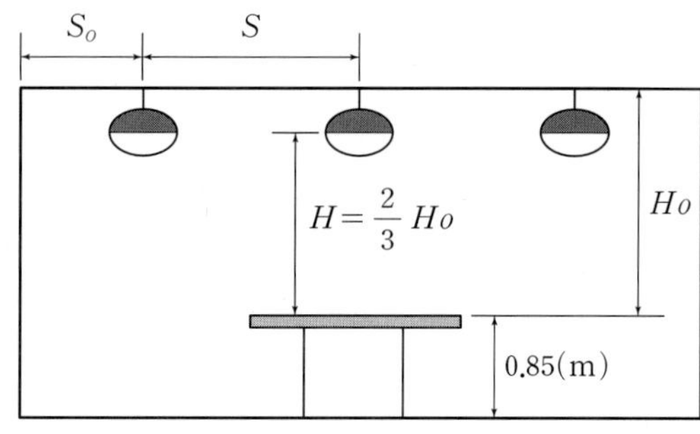

▲ 직접조명에서 전등의 높이와 등기구간의 간격

② 간접 및 반간접 조명방식 : $H \leq \dfrac{4}{5} H_0,\ S \leq \dfrac{1}{3} H$

③ 소요램프 수(N) : $N = \dfrac{EA}{FUM}$

- N : 램프 수[개]
- E : 평균 수평면 조도[lx]
- A : 실 면적[m^2]
- F : 램프 1개당 광속[lm]
- U : 조명율
- M : 보수율(유지율)

④ 실(방)지수

- 실지수 : 조명률(작업면에 도달하는 유효 광속의 비율)을 결정할 때 방의 크기, 모양, 천장 등의 반사율과 조명기구의 배광방식과 함께 고려하는 지수
- 실지수의 공식 : 실지수 $= \dfrac{XY}{H(X+Y)}$

  – X : 실의 폭
  – Y : 실의 길이
  – H : 작업면에서 광원의 높이[m]

⑤ 광원의 크기(F) : $F = \dfrac{AED}{UN}$

- F : 램프 1개당 광속[lm]
- D : 감광보상율

2) 조명설비의 일반사항

① 열 영향으로부터의 보호 : 등기구는 주변의 가연성 재료로부터 안전거리를 유지하여야 하며, 특히 스포트라이트나 프로젝트는 모든 방향에서 가연성 재료로부터 최소한의 거리를 두고 설치하여야 한다.

- 정격용량 100[W] 이하 : 0.5[m]
- 정격용량 100[W] 초과 300[W] 이하 : 0.8[m]
- 정격용량 300[W] 초과 500[W] 이하 : 1.0[m]
- 정격용량 500[W] 초과 : 1.0[m] 초과

② 조명용 전구선 및 이동전선의 시설

- 조명용 전원코드 또는 이동전선은 0.75[mm^2] 이상의 코드 또는 캡타이어케이블을 용도에 맞게 사용하고, 코드는 사용전압이 400[V] 이하인 전로에만 사용할 수 있다.
- 옥내에 시설하는 사용전압이 400[V] 이하인 전구선 또는 이동전선을 습기 또는 수분이 있는 장소에 시설하는 경우에는 고무코드 또는 0.6/1[kV] EP 고무 절연 클로로프렌 캡타이어케이블로서 단면적이 0.75[mm^2] 이상인 것이어야 한다.
- 코드 상호, 캡타이어케이블 상호 또는 이들 상호간의 접속은 코드접속기, 접속함 및 기타 기구를 사용하여야 한다.

③ 욕조나 샤워시설이 있는 욕실 또는 화장실 등 인체가 물에 젖어있는 상태에서 전기를 사용하는 장소에 콘센트를 시설하는 경우

- 「전기용품 및 생활용품 안전관리법」의 적용을 받는 인체감전보호용 누전차단기(정격감도전류 15[mA] 이하, 동작시간 0.03[초] 이하의 전류동작형)를 사용해야 한다.
- 또는 절연변압기(정격용량 3[kVA] 이하)로 보호된 전로에 접속하거나, 인체감전보호용 누전차단기가 부착된 콘센트를 시설하여야 한다.
④ 점멸기의 시설 : 조명용 전등을 설치할 때에는 관광숙박업 또는 숙박업(여인숙업 제외)에 이용되는 객실의 입구등은 1분 이내, 일반주택 및 아파트 각 호실의 현관등은 3분 이내에 소등되는 센스등(타임스위치)을 시설
⑤ 고압 방전등
- 가로등, 경기장, 공장, 아파트 단지 등의 일반조명을 위하여 시설하는 고압방전등은 그 효율이 70[lm/W] 이상의 것이어야 한다.
- 옥내, 옥측 또는 옥외에 시설하는 네온 방전등의 배선은 애자공사로 하고, 전선 지지점간 거리는 1[m] 이하, 전선 상호간의 간격은 6[cm] 이상이며, 전선과 조영재 사이의 간격은 전개된 곳에서는 사용전압에 따라 2~4[cm], 은폐된 장소에서는 6[cm] 이상이어야 한다.
⑥ 옥외등의 인하선의 시설
- 옥외등의 인하선은 사람의 접촉과 전선피복의 손상을 방지하기 위하여 애자공사(지표상 2[m] 이상 노출 장소에 한함), 금속관공사, 합성수지관공사, 케이블공사로 시설하여야 한다.
- 옥외등의 인하선으로서 지표상의 높이 2.5[m] 미만의 부분은 전선에 공칭단면적 2.5[mm^2] 이상의 절연 전선(OW 제외)을 사용하여야 한다.
⑦ 옥측 또는 옥외의 방전등 공사
- 옥측 또는 옥외에 시설하는 관등회로의 사용전압이 1[kV]를 초과하는 방전등의 방전관은 금속제의 견고한 기구에 넣고, 이 기구를 지표상 4.5[m] 이상의 높이에 시설한다.
- 또한 기구와 기타 시설물(가공전선 제외) 또는 식물 사이의 간격은 60[cm] 이상으로 하여야 한다.

3) 조명설비 종류와 전등 점멸방법

① 조명의 종류
- 조명 방식에는 가열된 물체가 열을 방사하는 방식인 온도 복사 원리와 방전관 내에 아르곤, 질소, 수은, 나트륨 등 가스를 주입하고 방전에 의해서 빛이 발생하는 루미네선스 방식이 있으며, 발광 원리에 따라 조명의 종류를 분류할 수 있다.
- 발광원리에 따른 조명의 종류

발광원리		광원	종류	특징
온도 복사		텅스텐 필라멘트 전구	백열 전구, 특수 전구, 할로겐 전구	
루미네선스	방전 발광	저압 방전등	형광등(저압 수은등), 저압 나트륨등, 네온 관등	
		고압 방전등	고압 수은등(형광 고압 수은등, 메탈할라이드등), 고압 나트륨등	고휘도, 고효율, 긴 수명
		초고압 방전등	초고압 수은등	고휘도
	전계 발광	EL등, LED등		면광원, 고체 발광
	레이저 발광	레이저		
	플라스마 발광	무전극등		긴 수명, 고효율

- 가정이나 사무실에서 많이 사용하는 형광등에는 램프 형태, 소비 전력, 소켓 타입, 램프 지름, 색상을 표시한다.

$$\text{FL } 40 \text{ EX} - \text{SS } D$$

| 램프 형태 | 소비 전력 | 소켓 타입 | 램프 지름 | 색상 |

▲ 형광등의 특성 표시

- 조명 및 콘센트의 명칭과 기호

기호	명칭	기호	명칭
○	백열등	●	비상용 조명등
○⊣	벽등	⊗	외부등(가로등용)
Ⓒ	샹들리에	Ⓒ	실링 라이트
Ⓡ	리셉터클	▭○▭	형광등
⦂	콘센트(매입용)	▣	비상용 콘센트

② 스위치의 종류와 전등 점멸 방법

- 점멸용 스위치의 종류별 접점기호

단로스위치	3로스위치	4로스위치

- 한 개의 전등을 두 곳에서 점멸하려면 3로스위치 2개가 필요하고, 세 곳에서 점멸하려면 3로스위치 2개와 4로스위치 한 개를 사용하면 된다.

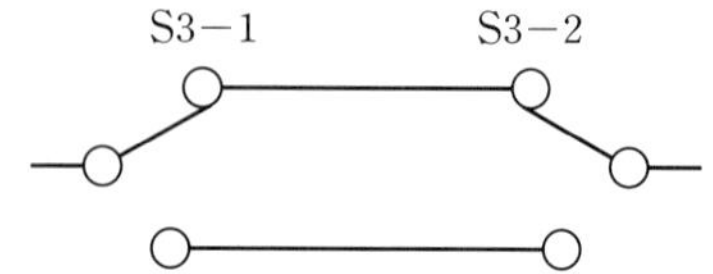

▲ 점멸 방법에 따른 배선방법 – 두 곳 점멸

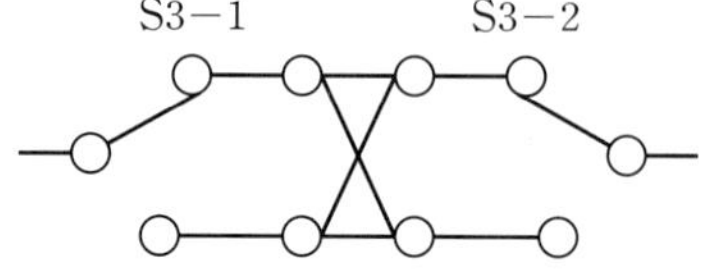

▲ 점멸 방법에 따른 배선방법 – 세 곳 점멸

③ 콘센트 그림 기호

기호	명칭	설명	기호	명칭	설명
⦂	콘센트	벽에 붙이는 쪽을 말한다.	⦂WP	콘센트	방수용
⦂20A	콘센트	20a 이상은 병기한다.	⦂E	콘센트	접지극붙이
⦂2	콘센트	2개 이상은 개수를 병기한다.	⦂EX	콘센트	방폭형
⦂3P	콘센트	3개 이상은 극수를 병기한다.	▣	비상용 콘센트	
⦂	플로어 콘센트		Ⓙ	정크션 박스	

1) 소방설비의 개요

① 소방설비의 목적 및 종류
- 방재설비 : 화재를 포함한 재해로부터 인명과 재산을 보호하기 위한 설비
- 법적 근거 : 소방법 및 건축법에 따라 건물의 용도 및 규모에 따라 설치가 의무화되어 있다.
  - **예** 화재탐지설비, 피뢰설비, 항공장애등설비, 누전경보설비 등

② 구성 요소
- 소화설비 : 화재 발생 시 화재를 초기에 진압하기 위한 설비
- 경보설비 : 화재 발생을 건물 내의 사람 및 관계자에게 알리는 설비
- 피난설비 : 건물 내 인원이 안전한 장소로 대피할 수 있도록 돕는 설비
- 소화용수설비 : 소방대에 소화용수를 공급하기 위한 설비
- 소화활동설비 : 소방관들의 소화 활동을 보조하는 설비

2) 경보설비

① 경보설비의 목적 및 종류
- 경보설비 : 화재 발생 사실을 신속하게 인지하고 통보하는 기능을 가진 설비
- 주요설비 : 자동화재탐지설비, 시각경보기, 누전경보기, 자동화재속보설비, 비상방송설비, 비상경보설비, 단독경보형감지기, 가스누설경보기, 통합감시시설
- 자동화재속보설비 : 소방서에 화재 사실을 통보하기 위한 설비로서, 자체 감지 기능은 없으므로 자동화재탐지설비와 연동

② 자동화재탐지설비의 구성 요소와 역할
- 자동화재탐지설비는 화재 초기 발생 열 · 연기 · 불꽃 등을 자동으로 감지하여 경보를 발하는 설비이다.
- 설치 목적 : 화재의 조기 발견, 조기 통보, 초기 소화 및 조기 피난
- 구성 요소
  - 감지기 : 화재를 자동으로 탐지하고 신호를 발신하는 장치
  - 발신기 : 사람이 수동으로 화재신호를 발신하는 장치
  - 중계기 : 발신기 또는 접점 신호를 수신기로 전달하는 장치
  - 수신기 : 신호를 수신하여 경보 및 연동설비를 작동시키는 장치
  - 음향장치, 시각경보기, 표시등, 전원, 배선 등이 포함된다.

③ 수신기의 기능 및 종류
- 수신기 : 감지기 및 발신기로부터 화재신호를 수신하고 이를 통해 화재 발생 및 위치를 표시하며, 경보장치를 작동시키는 장치
- 주요 기능 : 비상방송설비, 자동화재속보설비, 유도등과의 연동
- 수신기의 종류
  - P형 수신기 : 감지기 및 발신기로부터 공통신호를 수신하며, 각 경계구역마다 실선 배선을 사용한다. 신뢰성은 높으나 확장성이 부족
  - R형 수신기 : 중계기를 통해 고유신호를 수신하며, 하나의 선로로 여러 신호를 처리 가능

- 수신기 설치 적합성
  - P형 수신기 : 회로 수가 많이 필요해서 소규모 건물에 적합
  - R형 수신기 : 회로 수가 적어 경계구역 수가 많은 대형건물에 적합

④ 감지기의 개념과 종류

- 감지기 : 화재 시 발생하는 물리 · 화학적 변화를 자동으로 감지하여 수신기에 신호를 보내는 장치
- 감지기의 종류

차동식 스포트형 감지기	일정 구역의 온도 상승률이 일정 수치 이상일 때 작동한다.
차동식 분포형 감지기	넓은 범위의 온도 상승률이 일정 수치 이상일 때 작동한다.
정온식 스포트형 감지기	일정 구역의 온도가 일정 온도에 도달하면 작동한다.
정온식 감지선형 감지기	외관이 전선 형태이며, 감지선의 온도가 일정 수치 이상일 때 작동한다.
연기식 스포트형 감지기	광전기 방식과 이온화식 방식이 있으며 연기를 감지한다.
광전기 부착 분리형 감지기	발광부와 수광부가 분리되어 있으며 적외선 광량 변화로 연기를 감지한다.
복합형 감지기	열 감지기와 연기 감지기의 기능을 함께 가진다.
불꽃감지기	물질 연소 시 발생하는 불꽃의 파장을 감지하여 작동한다.

3) 피난설비의 종류

① 유도등 및 유도표지 : 화재 시 피난 방향을 안내하기 위해 설치하는 설비

- 유도등 : 상용전원으로 점등되며, 정전 시에는 비상전원으로 자동 전환되어 점등
- 📵 피난구 유도등, 통로 유도등(계단통로, 복도통로, 거실통로), 객석 유도등 등
- 유도표지 : 자체 발광도료 또는 휘도 처리된 표지판으로 구성되며 전원을 사용하지 않음
- 📵 피난구 유도표지, 통로 유도표지(계단통로, 복도통로, 거실통로) 등
- 전원 조건 : 축전지, 전기저장장치 또는 교류전압의 옥내간선 사용 및 전원 배선은 전용으로 사용
- 비상전원 기준 : 축전지를 사용할 경우 20분 이상 작동 가능해야 하며, 지하층을 제외한 11층 이상 건물, 지하층 또는 무창층 중 도매시장 · 소매시장 · 여객터미널 · 지하역사 등은 60분 이상 작동 가능해야 함

② 비상조명등

- 비상조명등 : 화재 발생 등으로 인한 정전 시 피난 통로를 밝히기 위한 조명장치
- 비상조명등의 종류
  - 고정식 비상조명등 : 거실 또는 피난통로 등에 설치되며, 정전 시 자동으로 점등
  - 휴대용 비상조명등 : 피난자가 휴대할 수 있도록 설계된 조명장치
- 설치 기준 : 일정 규모 이상의 특정소방대상물에는 비상조명등을 반드시 설치

4) 소화활동설비

① 비상콘센트설비

- 비상콘센트설비 : 화재 시 차단된 전원 대신 소화활동에 필요한 전기를 공급하기 위한 설비
- 설치 기준
  - 전원회로는 단상교류 220[V], 1.5[kVA] 이상으로 하여야 한다.
  - 각 층에 2개 이상의 전원회로를 설치하여야 한다.
  - 개폐기에는 '비상콘센트'라는 표지를 부착하여야 한다.
  - 하나의 회로에는 10개 이하의 비상콘센트를 연결하여야 한다.
  - 설치 높이는 바닥으로부터 0.8[m] 이상, 1.5[m] 이하로 하여야 한다.

② 제연설비

- 제연설비 : 화재 발생 시 발생하는 연기, 열, 유해가스의 확산을 제어하거나 외부로 배출하는 설비
- 인명과 재산 피해를 최소화하며, 안전한 피난 및 소방대의 원활한 활동을 가능하게 한다.

01 광속이 투사된 피조면의 단위 면적당 입사 광속의 크기를 나타낸 것 즉, 단위면적당 광속밀도를 의미하는 조명 용어의 단위는?

① 루멘[lm]
② 칸델라[cd]
③ 니트[nt]
④ 룩스[lx]

조도(E)의 단위는 룩스[lx]이다.

02 가로가 18.88[m], 세로가 4.5[m], 천장의 높이가 3.85[m], 작업면의 높이 0.85[m]인 국민주택 규모 아파트의 실지수는 약 얼마인가?

① 1.04
② 1.21
③ 2.15
④ 3.42

실지수$=\dfrac{XY}{H(X+Y)}=\dfrac{18.88\times4.5}{3(18.88+4.5)}≒1.21$
(단, X, Y : 실의 폭, 길이, H : 작업면에서 광원의 높이[m])

03 실내 면적 200[m²]인 교실의 광속 2,000[lm]인 40[W] 형광등을 설치하여 평균조도를 약 150[lx]로 하려면 몇 개의 형광등을 설치해야 하는가? (단, 조명률은 67[%], 보수율은 0.75이다.)

① 10
② 20
③ 30
④ 40

소요램프 수$=\dfrac{EA}{FUM}=\dfrac{150\times200}{2,000\times0.67\times0.75}≒29.9[개]$
(단, E : 평균 조도[lx], A : 실면적[m²], F : 램프 1개당 광속[lm], U : 조명률, M : 보수율)

04 가로등, 경기장, 공장, 아파트 단지 등의 일반조명을 위하여 시설하는 고압방전등은 그 효율이 몇 [ℓm/W] 이상의 것이어야 하는가?

① 70
② 60
③ 50
④ 40

가로등, 경기장, 공장, 아파트 단지 등의 일반조명을 위하여 시설하는 고압방전등은 그 효율이 70[ℓm/W] 이상의 것이어야 한다.

05 한 개의 전등을 세 곳에서 점멸하기 위해 필요한 스위치의 종류와 개수는?

① 단로스위치 2개, 3로스위치 1개
② 단로스위치 2개, 3로스위치 2개
③ 3로스위치 2개, 4로스위치 1개
④ 3로스위치 2개, 4로스위치 2개

한 개의 전등을 두 곳에서 점멸하려면 3로스위치 두 개가 필요하고, 세 곳에서 점멸하려면 3로스위치 두 개와 4로스위치 한 개를, 네 곳에서 점멸하려면 3로스위치 2개와 4로스위치 두 개를 사용하면 된다.

06 다음 그림 중 방수용 콘센트를 표시하는 심벌은?

① ⊙E   ② ⊙WP
③ ⊙EX   ④ ⊙

콘센트의 종류

명칭	기호	명칭	기호
접지극붙이	⊙E	접지극붙이	⊙WP
방폭형	⊙EX	플로어 콘센트	⊙

07 다음 중 자동화재 탐지설비의 구성 요소가 아닌 것은?

① 누전경보기
② 감지기
③ 수신기
④ 음향장치

자동화재 탐지설비는 감지기, 발신기, 중계기, 수신기, 음향장치, 표시등, 전원, 배선 등으로 구성되어 있다.

08 화재로 인해 실내의 온도가 일정 상승률 이상이 되는 경우에 작동하는 것으로, 넓은 범위의 열 효과 누적에 의하여 작동하는 감지기는?

① 차동식 분포형
② 차동식 스포트형
③ 정온식 분포형
④ 정온식 스포트형

감지기의 종류
• 차동식 스포트형 감지기 : 화재로 인한 실내의 온도 상승률이 설정 값[℃/sec]을 초과하였을 때 작동하도록 설계한 감지기
• 차동식 분포형 감지기 : 화재로 인해 실내의 온도가 일정 상승률 이상이 되는 경우에 작동하는 것으로서 넓은 범위의 열 효과 누적에 의하여 작동하는 감지기
• 정온식 스포트형 감지기 : 화재로 인해 실내의 온도가 일정한 온도 이상이 되는 경우에 작동하는 감지기
• 정온식 감지선형 감지기 : 화재로 인한 실내의 온도가 일정한 온도 이상이 되는 경우에 작동하는 감지기로 외관이 전선으로 되어 있는 감지기

특수 설비 공사

▶ 합격 강의

빈출 태그 ▶ 기울타리, 교통신호등, 먼지 위험 장소(가연성, 폭연성, 화약류), 소세력 회로

01 특수 시설의 종류

1) 전기울타리

① 전기울타리용 전원 장치에 전기를 공급하는 전로의 사용전압은 250[V] 이하여야 한다.
② 전선은 인장강도 1.38[kN] 이상 또는 지름 2[mm] 이상의 경동선이어야 한다.
③ 간격은 전선과 기둥사이는 2.5[cm] 이상, 다른 시설물 또는 수목 사이는 30[cm] 이상이어야 한다.

2) 놀이용 전차

① 전로의 사용전압은 직류 60[V] 이하, 교류 40[V] 이하여야 한다.
② 전기를 공급하기 위하여 사용하는 변압기의 1차 전압은 400[V] 이하여야 한다.
③ 놀이용 전차 안에 승압용 변압기를 시설하는 경우에는 그 변압기의 2차 전압은 150[V] 이하여야 한다.
④ 접촉전선과 대지 사이의 절연저항은 사용전압에 대한 누설전류가 레일의 단위 길이 1[km]마다 100[mA]를 넘지 아니하도록 유지해야 한다.
⑤ 놀이용 전차안의 전로와 대지 사이의 절연저항은 사용전압에 대한 누설전류가 규정 전류의 5,000분의 1을 넘지 아니하도록 유지해야 한다.

3) 전격살충기의 시설

① 전격격자가 지표상, 바닥에서 3.5[m] 이상의 높이가 되도록 시설해야 한다.
② 전격격자와 다른 시설물(가공전선 제외) 또는 식물 사이의 간격은 30[cm] 이상이어야 한다.

4) 교통신호등의 시설

① 교통신호등 회로의 최대사용전압은 300[V] 이하여야 한다.
② 교통신호등 회로의 인하선의 지표상의 높이는 2.5[m] 이상이어야 한다.
③ 교통신호등 제어장치의 전원 측에는 전용 개폐기 및 과전류 차단기를 각 극에 시설하여야 한다. 또한 교통신호등 회로의 사용전압이 150[V]를 초과하는 경우에는 전로에 지락이 생겼을 때에 자동적으로 전로를 차단하는 장치를 시설하여야 한다.
④ 교통신호등 회로의 배선이 시설물과 접근하거나 교차하는 경우에는 교통신호등 회로의 배선과 이들 사이의 간격은 60[cm](교통신호등 회로의 배선이 케이블인 경우 30[cm]) 이상이어야 한다.

5) 수중조명등의 시설

① 조명 등에 전기를 공급하기 위해서는 절연 변압기를 사용하고, 1차 측 전로의 사용전압은 400[V] 이하, 2차 측 전로의 사용전압은 150[V] 이하여야 한다.

② 절연 변압기는 2차 측 전로의 사용전압이 30[V] 이하인 경우에는 1차 권선과 2차 권선 사이에 금속제의 혼촉방지판을 설치하고, 접지공사를 하여야 한다.

③ 절연 변압기의 2차 측 전로의 사용전압이 30[V]를 초과하는 경우에는 그 전로에 지락이 생겼을 때 자동적으로 전로를 차단하는 장치(정격감도전류 30[mA] 이하의 누전차단기)를 설치하여야 한다.

④ 절연 변압기 2차 측 전로의 개폐기 및 과전류 차단기를 넣은 금속제 외함 및 조명등용 용기나 방호장치의 금속제 부분에는 접지공사를 하여야 한다.

6) 전기부식 방지장치의 시설

① 전기부식방지 회로의 사용전압은 직류 60[V] 이하여야 한다.

② 지중에 매설하는 양극의 매설깊이는 75[cm] 이상이어야 한다.

③ 수중에 시설하는 양극과 그 주위 1[m] 이내의 거리에 있는 임의 점과의 사이의 전위차는 10[V]를 넘지 않아야 한다.

④ 지표 또는 수중에서 1[m] 간격의 임의의 2점간의 전위차가 5[V]를 넘지 않아야 한다.

7) 소세력 회로의 시설

① 전자 개폐기의 조작회로 또는 초인 벨, 경보 벨 등에 접속하는 전로로서 최대 사용전압이 60[V] 이하인 것(최대 사용전압이 15[V] 이하인 것은 5[A] 이하, 최대 사용전압이 15[V]를 초과하고 30[V] 이하인 것은 3[A] 이하, 30[V]를 초과하는 것은 1.5[A] 이하인 것)으로 전로와 절연변압기로 결합되는 것을 소세력 회로라 한다.

② 소세력 회로에 전기를 공급하기 위한 절연변압기의 사용전압은 대지전압 300[V] 이하로 하여야 한다.

8) 전기자동차 전원설비

① 전기자동차의 충전장치는 부착된 충전 케이블을 거치할 수 있는 거치대 또는 충분한 수납공간(옥내 0.45[m], 옥외 0.6[m] 이상)을 갖는 구조이며, 충전 케이블은 반드시 거치하여야 한다.

② 충전장치의 충전 케이블 인출부는 옥내용의 경우 지면으로부터 0.45[m] 이상 1.2[m] 이내에, 옥외용의 경우 지면으로부터 0.6[m] 이상에 위치하여야 한다.

③ 전기자동차 커플러의 조건

- 다른 배선기구와 대체 불가능한 구조로서, 극성이 구분이 되고 접지극이 있는 것이어야 한다.
- 접지극은 투입 시 제일 먼저 접속되고, 차단 시 제일 나중에 분리되는 구조여야 한다.
- 의도하지 않은 부하의 차단을 방지하기 위해 잠금 또는 탈부착을 위한 기계적 장치가 있는 것이어야 한다.
- 전기자동차 접속기가 전기자동차 접속구로부터 분리될 때 충전 케이블의 전원공급을 중단시키는 인터록 기능이 있는 것이어야 한다.

④ 자주식 지하주차장에 충전장치를 설치하는 경우

- 주차구역을 감시할 수 있는 CCTV 설치(과금형 콘센트는 예외 가능)
- 원활한 화재 진압을 위해 지하주차장 3층 이내에 설치
- 가연성 또는 인화성 물질 보관장소로부터 10[m] 이상, 피난계단 또는 비상용 승강기로부터 3[m] 이상 이격

1) 폭연성 먼지(마그네슘 · 알루미늄 · 티탄 · 지르코늄 등의 먼지가 쌓여있는 상태에서 불이 붙었을 때에 폭발할 우려가 있는 것)가 존재하는 곳

① 저압 옥내배선 등은 금속관 공사 또는 케이블 공사(캡타이어 케이블 제외)에 의해야 한다.

② 금속관 공사에 의하는 때에는 관 상호 간 및 관과 박스 기타의 부속품, 풀박스 또는 전기기계기구와는 5산 이상 나사 조임으로 접속하는 방법 기타 이와 동등 이상의 효력이 있는 방법에 의하여 견고하게 접속하여야 한다.

③ 케이블 공사에 의하는 때에는 전선은 개장된 케이블 또는 미네럴인슐레이션(MI)케이블을 사용하는 경우 이외에는 관 기타의 방호 장치에 넣어 사용하여야 한다.

2) 가연성 먼지(소맥분, 전분, 유황 기타 가연성의 먼지로 공중에 떠다니는 상태에서 착화하였을 때에 폭발할 우려가 있는 것)가 존재하는 곳

① 고압 옥내배선 등은 합성수지관 공사(두께 2[mm] 미만의 합성수지 전선관 및 난연성이 없는 콤바인 덕트관 사용은 제외), 금속관 공사 또는 케이블 공사에 의해야 한다.

② 합성수지관배선에 의하는 때에는 관과 전기기계기구는 관 상호간 및 박스와는 관을 삽입하는 깊이를 관의 바깥지름의 1.2배(접착제를 사용하는 경우에는 0.8배) 이상으로 하고 또한 꽂음 접속에 의하여 견고하게 접속하여야 한다.

③ 금속관배선에 의하는 때에는 관 상호간 및 관과 박스 기타 부속품, 풀 박스 또는 전기기계기구와는 5산 이상 나사 조임으로 접속하는 방법 기타 또는 이와 동등 이상의 효력이 있는 방법에 의하여 견고하게 접속하여야 한다.

3) 먼지가 많은 그 밖의 위험장소

불연성 먼지가 많은 곳에 시설하는 저압 옥내배선 등은 애자공사, 합성수지관공사, 금속관공사, 금속제 가요전선관공사, 금속덕트공사, 버스덕트공사(환기형의 덕트 사용 제외) 또는 케이블공사에 의하여 시설하여야 한다.

4) 화약류 저장소 등 위험 장소

화약류 저장소 안에는 전기설비를 시설해서는 안 된다. 다만 백열전등이나 형광등 또는 이들에 전기를 공급하기 위한 전기설비는 주어진 조건에 따라 시설하는 경우에는 시설할 수 있다.

- 전로의 대지전압 300[V] 이하
- 전기기계기구는 전폐형 또는 폭발방지형일 것
- 케이블을 전기기계기구에 인입할 때에는 인입구에서 케이블이 손상될 우려가 없도록 시설. 즉, 인입구 배선은 케이블로 하고, 또한 지중화할 것

5) 진열장 안의 배선공사

① 건조한 곳에 시설하고 또한 내부를 건조한 상태로 사용하는 진열장 안의 사용전압이 400[V] 이하인 저압 옥내배선은 외부에서 보기 쉬운 곳에 한하여 단면적이 0.75[mm^2] 이상인 코드 또는 캡타이어 케이블을 조영재에 접촉하여 시설할 수 있다.
② 이때 전선의 붙임점 간의 거리는 1[m] 이하로 하고 또한 배선에는 전구 또는 기구의 중량을 지지시키지 않아야 한다.

6) 옥내에 시설하는 저압 접촉전선 공사

① 이동기중기·자동청소기 그 밖에 이동하며 사용하는 저압의 전기기계기구에 전기를 공급하기 위하여 사용하는 저압 접촉전선을 옥내에 시설하는 경우에는 기계기구에 시설하는 경우 이외에는 애자공사 또는 버스덕트 공사 또는 절연 트롤리 공사에 의하여야 한다.
② 저압 접촉전선을 애자공사에 의하여 옥내의 전개된 장소에 시설하는 경우에는 전선의 바닥에서의 높이는 3.5[m] 이상으로 하고 또한 사람이 접촉할 우려가 없도록 시설하여야 한다. 다만 전선의 최대 사용전압이 60[V] 이하이고 또한 건조한 장소에 시설하는 경우로서 사람이 쉽게 접촉할 우려가 없도록 시설하는 경우에는 그러하지 않다.
③ 전선은 인장강도 11.2[kN] 이상의 것 또는 지름 6[mm]의 경동선으로 단면적이 28[mm^2] 이상인 것이어야 한다. 다만, 사용전압이 400[V] 이하인 경우에는 인장강도 3.44[kN] 이상의 것 또는 지름 3.2[mm] 이상의 경동선으로 단면적이 8[mm^2] 이상인 것을 사용할 수 있다.
④ 전선의 지지점간의 거리는 6[m] 이하여야 한다.
⑤ 애자공사에 의하여 시설하는 경우 옥내의 전개된 장소의 전선 상호 간의 간격은 전선을 수평으로 배열하는 경우 14[cm] 이상, 기타의 경우 20[cm] 이상이고, 옥내의 점검할 수 있는 은폐된 장소에서는 12[cm] 이상이어야 한다.
⑥ 전선과 조영재 사이의 간격 및 그 전선에 접촉하는 집전장치의 충전부분과 조영재 사이의 간격은 습기가 많은 곳 또는 물기가 있는 곳에 시설하는 것은 4.5[cm] 이상, 기타의 곳에 시설하는 것은 2.5[cm] 이상이어야 한다.

7) 터널, 갱도 기타 이와 유사한 장소

① 사람이 상시 통행하는 터널 안의 배선은 그 사용전압이 저압의 것에 한해야 한다.
② 전선은 공칭단면적 2.5[mm^2]의 연동선과 동등 이상의 세기 및 굵기의 절연 전선(OW 및 DV 제외)을 사용하여 애자 사용 공사에 의하여 시설하고 또한 이를 노면상 2.5[m] 이상의 높이로 하여야 한다.

8) 이동식 숙박 차량의 정박지, 야영지 등

① 표준전압은 220/380[V]를 초과해서는 안 된다.

② 지중배전회로는 매설 깊이를 차량 기타 중량물의 압력을 받을 우려가 있는 장소에는 1.0[m] 이상, 기타 장소에는 0.6[m] 이상으로 하여야 한다.

③ 가공전선은 차량이 이동하는 모든 지역에서 지표상 6[m], 다른 모든 지역에서는 4[m] 이상의 높이로 시설하여야 한다.

④ 모든 콘센트 및 이동식 주택 또는 이동식 조립주택에 공급하기 위해 고정 접속되는 최종분기회로는 정격감도전류가 30[mA] 이하인 누전차단기에 의하여 개별적으로 보호되어야 한다.

⑤ 긴 연결코드로 인한 위험을 방지하기 위하여 하나의 외함 내에는 4개 이하의 콘센트를 조합 배치하여야 한다.

⑥ 정격전압 200~250[V], 정격전류 16[A] 단상 콘센트가 제공되어야 한다.

⑦ 콘센트는 지면으로부터 0.5~1.5[m] 높이에 설치하여야 한다.

9) 마리나 등

① 마리나에서 TN 계통의 사용 시 TN-S 계통만을 사용하여야 한다. 또한 놀이용 수상 기계기구 또는 선상가옥에 전원을 공급하는 최종회로는 PEN 도체를 포함해서는 안 된다.

② 표준전압은 220/380[V]를 초과해서는 안 된다.

③ 지중배전회로는 매설 깊이를 차량 기타 중량물의 압력을 받을 우려가 있는 장소에는 1.0[m] 이상, 기타 장소에는 0.6[m] 이상으로 하여야 한다.

④ 가공전선은 차량이 이동하는 모든 지역에서 지표상 6[m], 다른 모든 지역에서는 4[m] 이상의 높이로 시설하여야 한다.

⑤ 정격전류가 63[A] 이하인 모든 콘센트와 주거용 선박에 전원을 공급하는 접속장치는 정격감도전류가 30[mA] 이하인 누전차단기에 의해 개별적으로 보호되어야 하며, 선택된 누전차단기는 중성극을 포함한 모든 극을 차단하여야 한다.

⑥ 정격전류가 63[A]를 초과하는 콘센트는 정격감도전류 300[mA] 이하이고, 중성극을 포함한 모든 극을 차단하는 누전차단기에 의해 개별적으로 보호되어야 한다.

⑦ 긴 연결코드로 인한 위험을 방지하기 위하여 하나의 외함 안에는 4개 이하의 콘센트가 조합 배치되어야 한다.

⑧ 정격전압 200~250[V], 정격전류 16[A] 단상 콘센트가 제공되어야 한다.

01 다음 중 전기울타리용 전원 장치에 관한 설명으로 틀린 것은?

① 전로의 사용전압은 400[V] 이하일 것

② 전선은 지름 2[mm] 이상의 경동선일 것

③ 전선과 기둥사이 이격거리는 2.5[cm] 이상일 것

④ 전선과 다른 시설물 또는 수목 사이는 30[cm] 이상일 것

전기울타리
- 전로의 사용전압은 250[V] 이하
- 전선은 지름 2[mm] 이상의 경동선 사용
- 이격거리는 전선과 기둥사이는 2.5[cm] 이상, 다른 시설물 또는 수목 사이는 30[cm] 이상일 것

02 교통신호등 회로의 인하선의 지표상의 높이는 몇 [m] 이상이어야 하는가?

① 2.0

② 2.5

③ 4.0

④ 4.5

교통신호등의 시설
- 교통신호등 : 사용전압 150[V] 초과 시 전로에 지락이 생겼을 때에 자동적으로 전로를 차단하는 장치 시설
- 사용전압 : 300[V] 이하
- 인하선의 지표상의 높이 : 2.5[m] 이상
- 교통신호등 회로의 배선과 시설물 사이의 간격 : 60[cm] 이상(케이블인 경우 30[cm] 이상)

03 화약류 저장소에서 백열전등이나 형광등 또는 이들에 전기를 공급하기 위한 전기설비를 시설하는 경우, 전로의 대지전압은 몇 [V] 이하여야 하는가?

① 100

② 200

③ 300

④ 400

화약류 저장소 안에는 전기설비를 시설해서는 안 된다. 다만 백열전등이나 형광등 또는 이들에 전기를 공급하기 위한 전기설비는 다음 조건에 따라 시설할 수 있다.
- 전로의 대지전압은 300[V] 이하
- 전기기계기구는 전폐형
- 인입구 배선은 케이블 및 지중화할 것

04 소세력 회로란 최대 사용전압이 몇 [V] 이하인 것을 전로와 절연변압기로 결합되는 것을 말하는가?

① 70

② 60

③ 50

④ 40

소세력 회로란 전자 개폐기의 조작회로 또는 초인 벨, 경보 벨 등에 접속하는 전로로서 최대 사용전압이 60[V] 이하인 것으로 전로와 절연변압기로 결합되는 것을 말한다.

05 사람이 상시 통행하는 터널 안의 전선로를 애자 공사에 의하여 시설할 경우에는 지름 몇 [mm] 이상의 경동선의 절연전선을 사용해야 하는가?

① 2.0

② 2.6

③ 3.0

④ 3.2

사람이 상시 통행하는 터널 안의 전선로 사용전압은 저압 또는 고압에 한하며, 애자사용공사에 의하여 시설할 경우에는 절연전선 또는 지름 2.6[mm] 이상의 경동선을 사용하며, 노면상 2.5[m] 이상의 높이로 유지하거나 또는 합성수지관 공사, 금속관 공사, 가요전선관 공사 또는 케이블 공사에 의할 것

06 다음 중 가연성 먼지가 있는 장소에서 가능한 저압 옥내배선공사가 아닌 것은?

① 케이블 공사

② 합성수지관 공사

③ 애자사용 공사

④ 금속관 공사

가연성 먼지가 있는 곳에서 가능한 저압옥내배선공사는 합성수지관 공사(두께 2[mm] 미만의 합성수지 전선관 및 난연성이 없는 콤바인 덕트관 사용은 제외), 금속관 공사 또는 케이블 공사이다

07 저압 접촉전선을 애자사용 공사에 의하여 옥내의 전개된 장소에 시설하는 경우에는 전선의 바닥에서의 높이는 몇 [m] 이상으로 해야 하는가?

① 2.0

② 2.5

③ 3.0

④ 3.5

저압 접촉전선을 애자사용 공사에 의하여 옥내의 전개된 장소에 시설하는 경우에는 전선의 바닥에서의 높이는 3.5[m] 이상으로 하고 또한 사람이 접촉할 우려가 없도록 시설해야 한다.

08 야영지, 이동식 숙박차량에 시설하는 가공전선은 차량이 이동하는 모든 지역에서 지표상 몇 [m] 이상의 높이로 시설해야 하는가?

① 2.5

② 3.5

③ 4.5

④ 6.0

야영지, 이동식 숙박차량에 시설하는 전선로의 표준전압은 220/380[V]를 초과해서는 안 되며, 가공전선은 차량이 이동하는 모든 지역에서 지표상 6[m], 다른 모든 지역에서는 4[m] 이상의 높이로 시설하여야 한다.

수변전 설비

빈출 태그 ▶ 수용률, 부등률, 부하율, 수전설비 명치 및 특징, 차단기 종류

▶ 합격 강의

01 수변전 설비의 설계 및 책임 분계점

① 계약 전력에 따른 수전 전압

계약 전력에 따른 수전 전압은 전기사업자와 협의한다.

계약 전력	수전 전압
1,000[kW] 미만	교류 단상 220[V] 또는 교류 삼상 380[V] 중 한국전력공사가 결정
1,000~10,000[kW]	교류 3상 22,9[kV]
1,000~400,000[kW]	교류 3상 154[kV]
400,000[kW] 초과	교류 3상 345[kV] 이상

② 책임 분계점

- 전기사업법에 따라 전기판매사업자와 전기사용자 간에 협의하여 책임분계점이 기본공급약관에 포함되도록 명시하고 있다.
- 저압수용가의 수급지점은 공중인입 혹은 지중인입 등 시설 유형에 따라 다르다. 그러나 일반적으로 인입선과 인입구배선의 연결점 혹은 접속점을 수급지점으로 정하고 있다.

02 수전용량 산정 및 설비의 구성

1) 부하설비용량, 수전용량, 변압기 용량의 산정

① 부하설비용량의 산정 : 부하설비용량은 부하밀도에 대한 표준부하, 부분부하, 가산부하 등을 고려하여 결정

② 수전용량의 산정

- 부하설비용량이 결정되었다 해서 전부가 상시로 사용되는 것은 아니다.
- 각 부하마다 추산한 설비용량에 수용률, 부등률, 부하율 등을 고려하여 최대수용전력을 선정하고, 이에 따라 수전용량과 변압기 용량 등을 결정한다.

③ 수용률(Demand Factor), 부하율(Load Factor), 부등률(Diversity Factor)의 적용

- 수용률 $=\dfrac{\text{최대수용전력}[kW]}{\text{총부하설비용량}[kW]}\times 100[\%]$

- 부등률 $=\dfrac{\text{각 부하의 최대수용전력의 합}[kW]}{\text{합성최대수용전력}[kW]}\geq 1$

- 부하율 $=\dfrac{\text{평균수용전력}[kW]}{\text{최대수용전력}[kW]}\times 100[\%]=\dfrac{\text{평균전력}[kW]}{\text{총 설비용량}[kW]}\times\dfrac{\text{부등률}}{\text{수용률}}$

- 최대부하 $=\text{부하설비용량의 합계}\times\dfrac{\text{수용률}}{\text{부등률}}$

④ 변압기 용량

- 간선의 최대 사용용량은 장래의 수요증가에 대비하여 10[%] 정도의 여유를 두고 설계하는 것이 좋다.
- 각 부하별로 최대 수용전력을 산출하고, 부하의 역률과 부하 증가를 고려하여 시설할 변압기의 총 용량을 결정한다.

2) 수변전설비의 기기 구성

① 수변전설비의 명칭과 특징

단로기(DS)	• 설비 계통의 보수 · 점검 시 차단기를 개방한 후 전로를 완전히 개방, 분리하거나 그 접속을 변경할 때 사용한다. • 부하 전류, 고장전류 개폐 능력이 없다.
선로 개폐기(LS)	• 66[kV] 이상의 수전 설비 계통에서 선로의 보수, 점검 시 차단기를 개방한 후 전로를 완전히 개방할 때 사용한다. • 단로기와 마찬가지로 부하 전류 개폐 능력이 없다.
피뢰기(LA)	외부 뇌로 인하여 이상전압이 전기설비에 침입할 때, 그 파고값을 감소시켜 기기를 보호하도록 임펄스 전류를 대지를 통하여 방전시키는 장치이다.
계기용 변성기(MOF)	고전압, 대전류를 변성하여 전압, 전류, 전력을 계측하거나 보호계전기에 신호를 주기 위해 PT, CT 등을 하나의 외함에 설치한 장치이다.
컷아웃스위치(COS)	• 주로 변압기 1차 측에 설치되어 변압기 보호와 단로를 목적으로 하는 스위치이다. • 과전류로 퓨즈가 용단되면 퓨즈링크(Fuse Link)만 교체하면 된다.
부하개폐기(LBS)	3상 부하의 경우 전력 퓨즈 용단 시 결상방지 목적으로 사용하며 정상적인 부하 전류만 개폐할 수 있다.
전력용콘덴서(SC)	부하와 병렬로 콘덴서를 접속하여 역률을 개선하는 장치로 진상용 콘덴서라고도 부른다.
배선용차단기(MCCB)	• 개폐기구 트립장치 등을 절연물 용기 속에 일체형으로 조립한 기중차단기이다. • 배선용차단기에는 과전류차단 기능을 부여하도록 명시하고 있다. • 부하 개폐 외에 과부하 트립 장치가 있어서 NFB(No Fuse Breaker)라고도 한다.
누전차단기(ELB)	• 저압 전로에서 인체에 대한 감전사고 및 누전에 의한 화재, 아크에 의한 기구 손상을 방지하기 위한 목적으로 사용되는 차단기이다. • 누전이 발생하면 자동적으로 전류를 차단하는 기능이 있으며, 수동 또는 자동으로 전로를 개폐할 수 있다.
고장구간 자동개폐기 (ASS)	과부하나 지락 사고 발생 시 고장 구간만을 신속 · 정확하게 차단 또는 개방하여 고장 구간을 분리하기 위한 개폐기로 22.9[kV] 수용가 인입구 등에 사용한다.
리클로저(Recloser)	배전 선로에서 지락 고장이나 단락 고장 사고가 발생하였을 때 고장을 검출하여 선로를 차단한 후 일정 시간이 경과하면 자동적으로 재투입 동작을 반복함으로써 순간 고장을 제거하는 기능을 하는 장치이다.
영상 변류기(ZCT)	왕복 회로의 전류차, 3상 회로의 불평형, 접지선의 고장전류를 검출하여 접지계전기(GR) 및 누전차단기 등의 전원으로 사용한다.

② 차단기

- 차단기는 차단방식에 따라 기중차단기(ACB), 공기차단기(ABB), 자기차단기(MBB), 진공차단기(VCB), 유입차단기(OCB), 가스차단기(GCB)로 구분된다.
- 차단기의 동작책무란 1~2회 이상의 투입차단 또는 투입차단이 일정한 시간 간격으로 행하여지는 일련의 동작을 말한다. 이것을 기준으로 하여 그 차단기의 차단성능, 투입성능 등을 정한 동작책무를 '표준동작책무'라고 부른다.
- 표준동작책무의 종류
  - 일반용 : CO─(15초)─CO
  - 고속도 재투입용 : 0─(0.3초)─CO─(3분)─CO

③ 배전반

- 전력 계통의 감시, 제어, 보호 기능을 유지할 수 있도록 전력 계통의 전압, 전류, 전력 등을 측정하기 위한 계측 장치와 기기류의 조작 및 보호를 위한 제어 개폐기, 보호계전기 등을 판넬에 부착하여 기기류를 제어하는 전기설비이다.
- 형태에 따라 벤치형, 데스크형 등으로 분류할 수 있다.
- 구조에 따른 분류
  - 라이브 프런트식 배전반 : 지시 계기류나 조작 개폐기, 계전기 등이 배전반 표면에 부착되어 있다.
  - 데드 프런트식 배전반 : 각종 기기류와 개폐기 조작용 핸들만 배전반 표면에 나타나고, 모든 기기류 및 개폐기와 충전 부분은 배전반 표면에 노출되지 않는 구조의 배전반이다.
  - 폐쇄식 배전반(큐비클형) : 회로의 변성기, 차단기 등의 주기기류와 이를 감시, 제어, 보호하기 위한 각종 계기 및 조작 개폐기, 계전기 등의 전부 또는 일부를 금속제 상자 안에 조립하는 방식이다.
  - 폐쇄식 배전반의 특성

    - 배전반의 충전부가 노출되지 않아서 안전하다.
    - 배전반의 소형화에 따라 점유 면적이 작다.
    - 배전반의 표준화에 의한 운전 및 증설 · 보수가 쉽다.
    - 신뢰도가 높아 공장이나 빌딩 등의 전기실에 적합하다.

- 배전반의 위치별 간격[m]

구분	앞면 또는 조작 · 계측면	뒷면 또는 점검면	열 상호 간(점검하는 면)
특고압 배전반	1.7	0.8	1.4
고압 배전반	1.5	0.6	1.2
저압 배전반	1.5	0.6	1.2
변압기 등	0.6	0.6	1.2

1) 예비전원의 개요

① 예비전원의 필요성

- 전력회사로부터 상용전원을 공급받는 설비는 정전 시 인명과 재산 손실을 방지하기 위해 예비전원을 설치해야 한다.
- 소방법, 건축법 등에서 각 부하의 목적, 사용시간 등을 고려하여 예비전원 설치를 규정하고 있다.

② 예비전원이 필요한 대상

- 비상조명장치, 소방설비, 보안 전원, 비상용 엘리베이터
- 전산실, 병원 수술기기, 공장의 주요 생산설비 등

③ 예비전원의 종류

- 자가용 발전설비
- 축전지 설비
- 무정전 전원설비(UPS)

2) 자가용 발전설비

① 발전기 종류에 따른 분류

- 비상용 발전기 : 정전 시 비상용 전원 공급용
- 상용 발전기 : 평상시 자체 전원으로 사용하며 정전 시에도 전원을 공급
- 열병합 발전기 : 전기와 열에너지를 동시에 생산
- 피크 컷 발전기 : 최대 부하 시간대의 전력 일부를 공급

② 구동 방식에 따른 분류

- 디젤 엔진
- 가솔린 엔진
- 가스터빈 엔진

3) 축전지 설비

① 활용 목적 : 비상전원, 감시 · 제어반 전원, 화재경보기 전원 등

② 축전지의 종류 및 용량

- 주로 납축전지가 사용된다.
- 용량은 [Ah] 단위로, 비상용 전원의 용량과 사용시간에 따라 설계한다.

③ 충전 방식

- 초기충전 : 신규 설치 시 초기에 충전하는 것
- 부동충전 : 정상 운영 시 항상 만충 상태를 유지
- 균등충전 : 셀 간 전압과 비중의 불균형을 방지

④ 30[V] 초과 축전지는 비접지측 도체에 개폐기를 설치하여 쉽게 차단할 수 있도록 한다.

4) 2차전지를 이용한 전기저장장치의 시설

① 이차전지, 전력변환장치(PCS), 제어·통신·보호 설비 등으로 구성된다.

② 침수, 누수 우려가 없도록 설치해야 한다.

③ 주택의 경우 자동 차단장치 또는 케이블배선과 방호장치를 사용하면 직류 600[V]까지 적용 가능하다.

④ 상세 시설 기준

- 전선 기준 : 공칭단면적 2.5[mm^2] 이상
- 전지 종류별 기준 : 20[kWh] 초과 리튬, 나트륨, 레독스플로우 계열은 적절한 보호·제어장치를 갖추고 폭발 위험이 없어야 함
- 시설 장소
  - 지표면 기준 높이 22[m] 이내, 바닥면 기준 깊이 9[m] 이내에 설치한다.
  - 전력변환장치와 분리된 격실에 설치하고 벽면으로부터 1[m] 이상 이격한다.
- 건물 내 설치 기준
  - 일반인 출입 건물 부속공간 설치 시 내화구조로 구성한다.
  - 개별 랙 용량 : 50[kWh] 이하
  - 총 용량 : 600[kWh] 이하
  - 시설로부터 1.5[m], 출입구와 피난계단 등으로부터 3[m] 이상 이격
- 침수를 방지하기 위해 지표면에서 최소 0.3[m], 염전 등에서는 0.6[m] 이상 높이로 설치한다.
- 내화구조 분할 : 이차전지 용량 5[MWh] 이하 단위로 격벽을 설치
- 이동형 장치 기준 : 동일 장소 사용 시 30일 이내, 타 구조물과 3[m] 이상 이격

5) 무정전 전원설비(Uninterruptible Power Supply)

① 상용전원 정전 시에도 부하에 연속 전력을 공급하는 설비로, 전력변환장치, 스위치, 축전지 등을 조합하여 구성된다.

② 특정기술 적용 시 기준 : 20[kWh] 초과 리튬·나트륨 계열 이차전지를 사용하고, 총 600[kWh] 초과 설치 시에는 전용건물 또는 격실에 시설

③ 비상용 예비전원설비의 전원공급 방법(절환시간에 따른 분류)

- 무순단 : 과도 시간 내에 정해진 조건에서 연속적인 전원 공급이 가능
- 순단 : 0.15초 이내 자동 전원공급이 가능한 것
- 단시간 차단 : 0.5초 이내 자동 전원공급이 가능한 것
- 보통 차단 : 5초 이내 자동 전원공급이 가능한 것
- 중간 차단 : 15초 이내 자동 전원공급이 가능한 것
- 장시간 차단 : 자동 전원공급이 15초 이후에 가능한 것

④ 비상전원의 격리 조치(상용전원과 병렬운전을 방지하기 위한 격리 수단을 다음 중 하나 이상 적용)

- 조작기구 또는 절환 개폐장치의 제어회로 사이의 전기적, 기계적 또는 전기·기계적 연동
- 단일 이동식 열쇠를 갖춘 잠금 계통
- 차단−중립−투입의 3단계 절환 개폐장치
- 적절한 연동 기능을 갖춘 자동 절환 개폐장치
- 동등한 동작을 보장하는 기타 수단

01 다음 중 수전용량 산정 시 부하율을 나타내는 식으로 올바른 것은?

① $\dfrac{\text{최대수용전력}[kW]}{\text{총 부하설비용량}[kW]}$

② $\dfrac{\text{각 부하의 최대수용전력의 합}[kW]}{\text{합성최대수용전력}[kW]}$

③ $\dfrac{\text{평균수용전력}[kW]}{\text{최대수용전력}[kW]}$

④ $\dfrac{\text{평균전력}[kW]}{\text{총 설비용량}[kW]}$

- 수용률 $= \dfrac{\text{최대수용전력}[kW]}{\text{총 부하설비용량}[kW]} \times 100[\%]$
- 부등률 $= \dfrac{\text{각 부하의 최대수용전력의 합}[kW]}{\text{합성최대수용전력}[kW]} \times 100[\%]$
- 부하율 $= \dfrac{\text{평균수용전력}[kW]}{\text{최대수용전력}[kW]} \times 100[\%] = \dfrac{\text{평균전력}[kW]}{\text{총 설비용량}[kW]} \times \dfrac{\text{부등률}}{\text{수용률}}$

02 다음 중 고전압, 대전류를 변성하여 전압, 전류, 전력을 계측하거나 보호계전기에 신호를 주기 위해 PT, CT 등을 하나의 외함에 설치한 장치는?

① COS
② MOF
③ LBS
④ Recloser

MOF(계기용 변성기) : 고전압, 대전류를 변성하여 전압, 전류, 전력을 계측하거나 보호계전기에 신호를 주기 위해 PT, CT 등을 하나의 외함에 설치한 장치

오답 피하기

① 주로 변압기 1차 측에 설치되어 변압기 보호와 단로를 목적으로 하는 스위치
③ 3상 부하의 전력 퓨즈 용단 시 결상방지 목적으로 사용하며 정상적인 부하 전류만 개폐 가능
④ 배전선로에서 지락 고장이나 단락고장 사고가 발생하였을 때 고장을 검출하여 선로를 차단한 후 일정시간 경과하면 자동적으로 재투입 동작을 반복함으로써 순간 고장을 제거하는 기능을 하는 장치

03 다음 중 SF_6 가스의 특징이 아닌 것은?

① 무색, 무취, 무독성, 불연성 가스로서 열적, 화학적으로 안정하다.
② 소호 능력이 공기보다 약 100~200배 뛰어나다.
③ 공기보다 약 1.5배 가볍다.
④ 대표적인 지구온난화 물질로 특별한 관리가 필요하다.

SF_6 가스의 특징
- 무색, 무취, 무독성, 불연성 가스로서 열적, 화학적으로 안정하다.
- 소호 능력이 공기보다 약 100~200배 뛰어나다.
- 공기보다 절연 내력이 2.5~3.5배 정도 높다.
- 열전도율이 공기보다 약 1.6배로 뛰어나다.
- 공기보다 약 5배 무겁다.
- 대표적인 지구온난화 물질로 특별한 관리가 필요하다.

04 다음 중 주기기류와 각종 계기 및 조작 개폐기, 계전기 등의 전부 또는 일부를 금속제 상자 안에 조립하는 방식의 구조에 따른 배전반의 형식은?

① 수직형
② 큐비클형
③ 벤치형
④ 데스크형

폐쇄식 배전반(큐비클형) : 회로의 변성기, 차단기 등의 주기기류와 이를 감시, 제어, 보호하기 위한 각종 계기 및 조작 개폐기, 계전기 등의 전부 또는 일부를 금속제 상자 안에 조립하는 방식

05 다음 중 저 · 고압 배전반의 앞면 또는 조작 · 계측면의 적정 이격거리는 몇 [m]인가?

① 1.5
② 2.0
③ 2.5
④ 3.0

저 · 고압 배전반의 앞면 또는 조작 · 계측면의 적정 이격 거리는 1.5[m]이다

06 분전반 및 분전함의 재질이 강판제일 경우 두께는 몇 [mm²] 이상이어야 하는가?

① 0.75
② 1.0
③ 1.2
④ 1.5

분전함 설치 기준
• 반의 뒤쪽에는 배선 및 기구를 배치하지 말 것
• 강판제의 것은 두께 1.2[mm] 이상일 것
• 난연성 합성수지제는 두께 1.5[mm] 이상일 것
• 절연저항 측정 및 전선 접속 단자의 점검이 용이한 구조일 것

07 상용전원의 정전 시에도 정상적인 전원을 부하에 공급하는 설비로서, 비상시에는 자동으로 축건지 전원을 인버터를 통하여 교류로 전환하여 정전 없이 부하에 공급하는 방식을 무엇이라 하는가?

① ASS
② SC
③ ZCT
④ UPS

UPS(무정전 전원설비) : 상용전원의 정전 시에도 정상적인 전원을 부하에 공급하는 설비로서 교류 입력 전원이 정전되었을 때 부하 전력의 연속성을 확보하기 위해 전력변환장치, 스위치 및 축전지나 이차전지 등을 조합하여 구성한 전원장치를 시설하는 것을 통칭하는 개념

오답 피하기

① 과부하나 지락 사고 발생 시 고장 구간만을 신속하고 정확하게 차단 또는 개방하여 고장 구간을 분리하기 위한 개폐기로 22.9[kV] 수용가 인입구 등에 사용한다.
② 부하와 병렬로 콘덴서를 접속하여 역률을 개선하는 장치로 진상용 콘덴서라고도 부른다.
③ 왕복 회로의 전류차, 3상 회로의 불평형, 접지선의 고장전류를 검출하여 접지계전기(GR) 및 누전차단기 등의 전원으로 사용한다.

01 다음 중 최소 동작전류 값 이상일 경우 동작전류가 커질수록 동작 시간이 짧아지는 특성을 가지는 계전기는?

① 정한시 계전기
② 반한시 계전기
③ 순한시 계전기
④ 반한시성 정한시 계전기

02 다음 중 병렬로 사용하는 전선 접속 시 유의사항으로 틀린 것은?

① 전선의 굵기는 구리선 50[mm^2] 이상 또는 알루미늄 전선 70[mm^2] 이상이어야 한다.
② 전선을 나사로 고정할 경우에 나사가 진동 등으로 헐거워질 우려가 있는 장소는 2중 볼트를 사용하여야 한다.
③ 같은 극인 각 전선의 터미널러그는 동일한 도체에 2개 이상의 리벳 또는 2개 이상의 나사로 접속하여야 한다.
④ 교류회로에서 전선은 금속관 안에 전자적 불평형이 생기지 않도록 하여야 한다.

03 다음 중 활전작업 중 작업자와 전선이 접촉하는 것을 방지하기 위한 공구는?

① 전선 피박기
② 와이어 스트리퍼
③ 오스터
④ 와이어 통

04 우리나라 배전선로에 사용하는 22.9[kV]인 전로의 절연내력 시험 전압은 몇 [kV]인가?

① 21.07
② 25.19
③ 28.63
④ 34.35

05 보호도체와 계통도체를 겸용하는 겸용도체(PEN)의 구리의 단면적은 몇 [mm^2] 이상이어야 하는가?

① 6
② 10
③ 16
④ 50

06 과전류차단기로 저압전로에 사용하는 주택용 배선차단기의 정격전류가 50[A]일 때, 75[A]의 전류가 흘렀다면 몇 분 이내에 차단되어야 하는가?

① 30
② 60
③ 120
④ 180

07 배전설계를 위한 전등 및 소형 전기기기의 부하 용량을 산정하기 위해서 건축물 종류에 따른 표준부하를 적용하는데, 기숙사, 여관, 호텔, 병원의 표준부하는 몇 [VA/m²]을 적용하는가?

① 20

② 30

③ 40

④ 50

08 다음 중 금속전선관 중에서 후강전선관의 규격이 아닌 것은?

① 28

② 42

③ 74

④ 82

09 전주 외등을 전주에 부착하는 경우 전주의 하단으로부터 몇 [m] 이상 높이에 시설해야 하는가? (단, 교통에 지장이 없는 경우이다.)

① 3.0

② 3.5

③ 4.0

④ 4.5

10 다음 중 가공 전선로의 지지물에 시설하는 지지선의 시설 기준으로 틀린 것은?

① 연선은 소선 3가닥 이상이어야 한다.

② 소선의 지름이 2.6[mm] 이상의 금속선이어야 한다.

③ 지지선의 안전율은 2.0 이상이어야 한다.

④ 지중부분 및 지표상 0.3[m] 까지의 부분에는 아연도금을 한 철봉을 사용하여야 한다.

11 고압 가공인입선이 횡단보도교를 지나는 경우, 노면상 몇 [m] 이상이어야 하는가?

① 3

② 3.5

③ 4

④ 5

12 고압 보안공사 시 가공전선로의 지지물 간 거리는 A종 철근 콘크리트주의 경우 몇 [m] 이하여야 하는가?

① 100

② 150

③ 250

④ 400

13 다음 중 전기울타리 시설공사에 대한 설명으로 틀린 것은?

① 전로의 사용전압은 250[V] 이하여야 한다.
② 전선은 지름 2.6[mm] 이상인 경동선이어야 한다.
③ 전선과 기둥 사이의 이격거리는 2.5[cm] 이상이어야 한다.
④ 수목과의 이격거리는 30[cm] 이상이어야 한다.

14 호텔 연회장이 간접조명을 사용하고, 가로가 30[m], 세로가 25[m], 작업면 높이가 85[cm], 천장 높이는 4.85[m]일 때 실지수는 약 얼마인가?

① 0.29
② 1.35
③ 2.81
④ 3.41

15 다음 중 폭연성 먼지가 존재하는 곳의 저압 옥내배선공사 시의 공사 방법을 올바르게 짝지은 것은?

① 금속관공사, 개장된 케이블공사, MI 케이블공사
② 금속관공사, CD 케이블공사, MI 케이블공사
③ CD 케이블공사, 개장된 케이블공사, MI 케이블공사
④ CD 케이블공사, MI 케이블공사, 캡타이어 케이블공사

PART 03

1-322p

01 ②	02 ②	03 ④	04 ①	05 ②
06 ②	07 ①	08 ③	09 ①	10 ③
11 ②	12 ①	13 ②	14 ④	15 ①

01 ②

계전기별 특성

- 순한시 계전기 : 최소 동작전류 이상의 전류가 흐르면 즉시 동작
- 정한시 계전기 : 동작전류의 크기에 관계 없이 일정한 시간에 동작
- 반한시 계전기 : 동작전류가 커질수록 동작 시간이 짧아짐
- 반한시성 정한시 계전기 : 동작전류가 작을 때에는 반한시 특성을, 일정 전류 이상에서는 정한시 특성을 가지는 계전기

02 ②

전선 접속 시 유의사항

- 전선의 세기(인장하중)를 20[%] 이상 감소시키지 않아야 한다.
- 병렬로 사용하는 각 전선의 굵기는 구리선 50[mm²] 이상 알루미늄 전선 70[mm²] 이상으로 하여야 한다.
- 병렬로 사용하는 전선은 각각에 퓨즈를 설치하지 말아야 한다.
- 같은 극인 각 전선의 터미널러그는 동일한 도체에 2개 이상의 리벳 또는 2개 이상의 나사로 접속하여야 한다.
- 전선을 나사로 고정할 경우에 나사가 진동 등으로 헐거워질 우려가 있는 장소는 2중 너트, 스프링와셔 및 나사풀림 방지기구가 있는 것을 사용하여야 한다.
- 교류회로에서 전선은 금속관 안에 전자적 불평형이 생기지 않도록 하여야 한다.

03 ④

와이어 통(Wire Tongs) : 핀애자나 현수애자의 장주에서 활선을 작업 영역 밖으로 밀어낼 때 사용하는 절연봉

오답 피하기

① 활선 상태에서 전선 피복을 벗기는 공구
② 절연 전선의 피복 절연물을 벗기기 위한 공구
③ 금속관 공사 시 금속관 끝단에 나사를 내기 위한 공구

04 ①

절연내력 = 22.9[kV]×0.92 = 21,068[V]

전로의 절연내력 시험전압

전로의 종류	시험 전압
최대사용전압 7[kV] 이하	최대 사용전압의 1.5배 (500[V] 미만은 500[V])
7[kV] 초과 25[k] 이하 (중성선다중접지)	최대 사용전압의 0.92배
7[kV] 초과 60[kV] 이하 (2호 제외)	최대 사용전압의 1.25배 (10.5[kV] 미만은 10.5[kV])
60[kV] 초과 중성점 비접지	최대 사용전압의 1.25배
60[kV] 초과 중성점 접지 (직접접지 제외)	최대 사용전압의 1.1배 (75[kV] 미만은 75[kV])
60[kV] 초과 중성점 직접접지	최대 사용전압의 0.72배

05 ②

접지도체의 최소 단면적

- 구리 저압 : 6[mm²] 이상(고압 이상은 16[mm²]) 이상(단, 접지도체에 피뢰시스템이 접속되는 경우 구리 16[mm²], 철제 50[mm²] 이상)
- 중성점 접지용 접지도체 : 16[mm²] 이상의 연동선(단, 7[kV] 이하의 전로와 25[kV] 이하의 중성선 다중접지방식으로서 지락 발생 시 2초 이내에 자동으로 차단하는 장치가 있는 경우는 6[mm²] 이상)
- 겸용도체(PEN) : 구리 10[mm²], 알루미늄 16[mm²] 이상

06 ②

과전류차단기의 동작시간 특성

구분	정격전류의 구분 [A]	시간[분]	정격전류의 배수[배]	
			부동작전류	동작전류
산업용	63 이하	60	1.05	1.3
	63 초과	120	1.05	1.3
주택용	63 이하	60	1.13	1.45
	63 초과	120	1.13	1.45

건축물의 종류별 표준부하

건축물의 종류	표준부하[VA/m^2]
공장, 공회당, 사원, 교회, 극장, 영화관, 연회장 등	10
기숙사, 여관, 호텔, 병원, 음식점, 다방, 대중목욕탕	20
사무실, 은행, 상점, 이발소, 미용원	30
주택, 아파트	40

부분적인 표준부하

건축물의 부분	표준부하[VA/m^2]
복도, 계단, 세면장, 창고, 다락	5
강당, 관람석	10
단, 건축물 중 주택, 아파트는 제외	

08 ③

- 금속전선관의 호칭
  - 박강 전선관(바깥지름, 홀수) : 15, 19, 25, 31, 39, 51, 63, 75
  - 후강 전선관(안지름, 짝수) : 16, 22, 28, 36, 42, 54, 70, 82, 92, 104
- 비닐관의 호칭
  - 경질비닐관(PVC)의 호칭(안지름, 짝수) : 14, 16, 22, 28, 36, 42, 54, 70, 82
  - 합성수지제 가요전선관(PF, CD)의 호칭 : 14, 16, 22, 28, 36, 42

09 ①

전주 외등

- 적용 대상 : 대지전압 300[V] 이하의 형광등, 고압방전등, LED등 등을 배전선로의 지지물 등에 시설하는 경우
- 전주 외등의 기구 부착 높이 : 4.5[m] 이상(단, 교통에 지장이 없을 경우 3.0[m] 이상)
- 돌출 수평거리 : 1[m] 이내
- 배선은 단면적 2.5[mm²] 이상의 절연전선을 사용하고, 케이블공사, 합성수지관공사, 금속관공사 중에서 시행
- 사용전압이 1[kV]를 초과하는 옥측 또는 옥외 방전등 공사 시 방전관은 지표상 4.5[m] 이상의 높이에 시설하며, 기타 시설물 또는 식물 사이의 간격은 60[cm] 이상의 높이에 시설
- 옥외등의 인하선을 애자공사로 시행할 경우 지표상 2[m] 이상의 높이로 노출장소에 한함

10 ③

지지선 설치 기준

- 지지선의 안전율은 2.5(최저 인장하중 4.31[kN], 목주 등의 지지선 1.5) 이상이다.
- 지지선에 연선을 사용할 경우, 소선 3가닥 이상, 소선의 지름이 2.6[mm] 이상의 금속선을 사용해야 한다.
- 지중부분 및 지표상 0.3[m] 까지의 부분에는 내식성이 있는 아연도금을 한 철봉을 사용해야 한다.

11 ②

가공 인입선(가공전선)의 높이[m]

구분	저압	고압(저 · 고압 가공전선의 높이)
도로횡단	5	6
철도횡단	6.5	6.5
횡단보도교	3	3.5
기타	4	5(위험표시를 한 경우 3.5)

12 ①

가공전선로의 지지물 간 거리

지지물의 종류	지지물 간 거리[m]	
	일반	보안공사
목주, A종 철주 또는 A종 철근 콘크리트주	150	100
B종 철주 또는 B종 철근 콘크리트주	250	150
철탑	600	400

13 ②

전기울타리 시설공사

- 250[V] 이하를 사용해야 한다.
- 전선은 인장강도 1.38[kN] 이상 또는 지름 2[mm] 이상의 경동선을 사용한다.
- 전선과 기둥 사이 간격은 2.5[cm], 다른 시설물 또는 수목 사이 간격은 30[cm] 이상이어야 한다.

14 ④

$$실지수 = \frac{XY}{H(X+Y)} = \frac{30 \times 25}{4(30+25)} ≒ 3.41$$

(단, X, Y : 실의 폭, 길이, H : 작업면에서 광원의 높이[m])

15 ①

폭연성 먼지가 있는 곳에 시설하는 저압 옥내 전기설비

- 금속관 공사 또는 케이블 공사(캡타이어 케이블 제외)에 의하고, 케이블 공사 시는 개장된 케이블 또는 MI케이블을 사용하는 경우 이외에는 관 기타 방호장치에 넣어 사용
- 금속관 공사에 의하는 때는 관 상호 간 및 관과 박스 기타의 부속품, 풀박스 또는 전기기계기구와는 5턱 이상 나사 조임으로 접속

P A R T

04

실기 기초 이론

파트 소개

전기기능사 실기는 자전거를 배우는 것과 같이 기본 이론을 완벽하게 숙지하여 실제 시험장에서 반사적으로 움직일 수 있어야 한다. 본 파트에서는 실전에서 즉각적으로 활용할 수 있는 필수 이론을 엄선하였으며, 시퀀스 제어의 종류부터 푸시버튼(PB)과 램프의 색상별 기능, 접점의 유형, 그리고 가장 기초가 되는 시퀀스 기본 회로까지 핵심 내용을 중점적으로 정리하였다. 더불어 전기기능사 실기 시험을 원활하게 수행할 수 있도록 실기용 자재의 명칭과 용도, 실기에 필요한 공구와 도구의 종류와 용도에 대해서 자세하게 설명하였다.

시퀀스 기초 개념

빈출 태그 ▶ 시퀀스 제어, 누름버튼 스위치, 접점

01 시퀀스 제어

1) 시퀀스 제어의 종류

① 시퀀스 제어 : 미리 정해진 순서 또는 정해진 논리에 따라 기기나 장치의 동작을 순차적으로 제어하는 것

② 실생활에서 사용하는 전기나 전자제품의 대부분이 시퀀스 제어를 활용한다.

③ 시퀀스 제어의 종류

- 릴레이를 사용하는 유접점 제어와 반도체를 사용한 논리소자를 이용한 무접점 제어
- PC를 활용하여 시퀀스 회로를 프로그램화한 프로그램 제어(PLC)

④ 시퀀스 회로는 작성 방법에 따라 가로형과 세로형이 있는데, 전기기능사 실기에서는 세로형을 사용하고
있다.

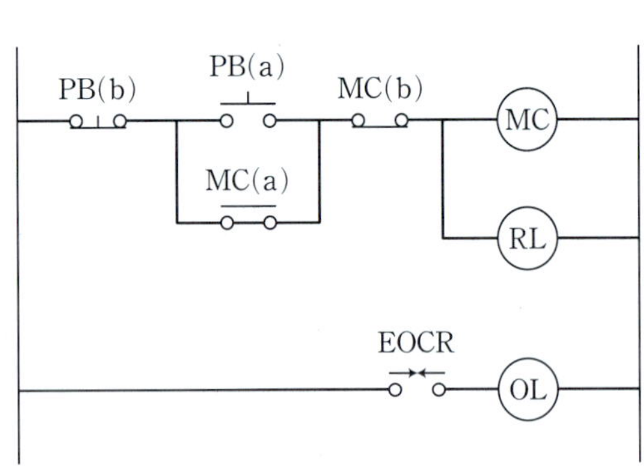

▲ 가로형 시퀀스 도면   ▲ 세로형 시퀀스 도면

2) 누름버튼 스위치(PB)와 램프의 색상과 기능

① 누름버튼 스위치의 색상에 따른 분류

- 녹색 : 전동기 기동 시 사용
- 빨강색 : 전동기의 정지 · 비상정지 시 사용
- 노랑색 : 부분적 리셋 시 사용
- 흰색 : 특별한 동작 필요시 사용

② 램프의 색상에 따른 분류
- 램프의 색상을 PL1, PL2 등으로 도면에 표시하고, 범례에 설명하기도 한다.
- 램프 색상별 상태 및 약호

색상	전원표시 상태	약호
녹색	정지 상태	GL
빨강색	운전 상태	RL
주황색	경보 표시	OL
노랑색	고장 표시	YL
흰색	전원 표시	WL

3) 접점

① 단자(Pin)란 전선을 연결하기 위해 나사로 된 부분을 말하며, 접점(Contact)이란 두 단자 사이에 도체를 이용하여 떨어진 회로를 연결하거나 붙어 있는 회로를 떨어지게 하는 곳을 말한다.
② 접점의 종류 : a 접점, b 접점, c 접점
③ 접점의 종류와 기능

종류	기능	비고
a 접점	열려 있는 접점	• 메이크 접점(Arbeit Contact) • 상시 오픈 접점(NO)
b 접점	닫혀 있는 접점	• 브레이크 접점(Break Contact) • 상시 클로즈 접점(NC)
c 접점	전환 접점	트랜스퍼 접점(Transfer Contact)

④ 접점의 종류별 기호

구분		a 접점		b 접점		c 접점	
		횡서	종서	횡서	종서	횡서	종서
전원 입력(릴레이)		─○─(가로)		○(세로)			
수동 조작 접점	수동 복귀						
	자동 복귀						
릴레이 접점	수동 복귀						
	자동 복귀						
타이어 접점	한시 동작						
	한시 복귀						
기계적 접점							

1) 자기유지 회로(Self-holding Circuit)

① 자기유지 회로는 입력신호가 소멸해도 지속적으로 출력신호를 유지할 수 있는 회로를 말하며 기억회로라고도 한다.

② 자기유지 회로는 주로 수동조작 자동복귀형인 푸시버튼(PB)과 연계하여 사용한다.

③ 푸시버튼을 누르면 X 릴레이의 전원이 ON되어 릴레이의 X−a 접점이 붙어서 푸시버튼이 스프링 힘에 의해서 복귀되어도 X 릴레이는 계속 전원이 ON 상태로 유지(자기유지)된다.

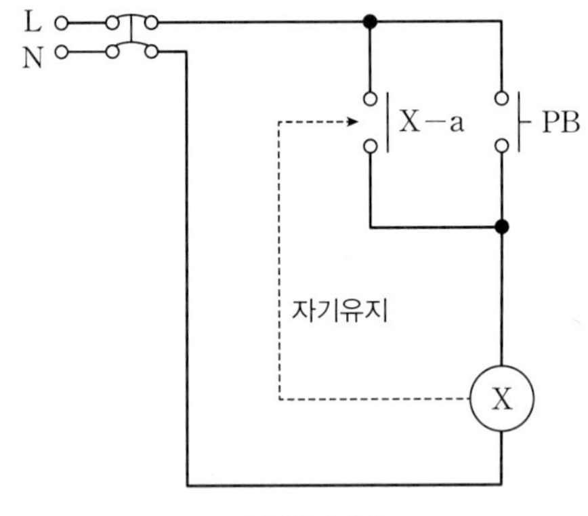

▲ 자기유지 회로

2) 인터록 회로(Interlock Circuit)

① 기기의 보호나 조작자의 안전을 목적으로, 기계적 인터록과 전기적 인터록 회로가 있으며, 이를 동시에 적용하는 경우도 있다.

② 선행동작 우선회로 또는 상대동작 금지회로라고도 한다.

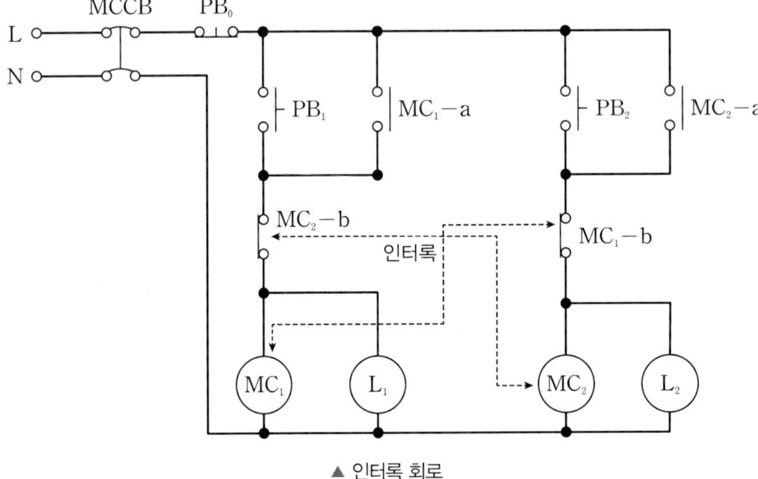

▲ 인터록 회로

3) 인칭 회로(Inching Circuit)

① 지정된 시간 동안 버튼을 누르고 있거나 터치하고 있을 때만 동작하는 회로이다.

② 전기기기를 짧은 간격으로 반복 운전하거나, 회전기의 회전방향을 점검할 때 주로 활용한다.

③ PB_2는 자기유지회로를 포함한 기동·정지용 버튼이고, PB_1은 버튼을 누르고 있을 때만 회로가 구성되어 릴레이가 동작되는 회로이다.

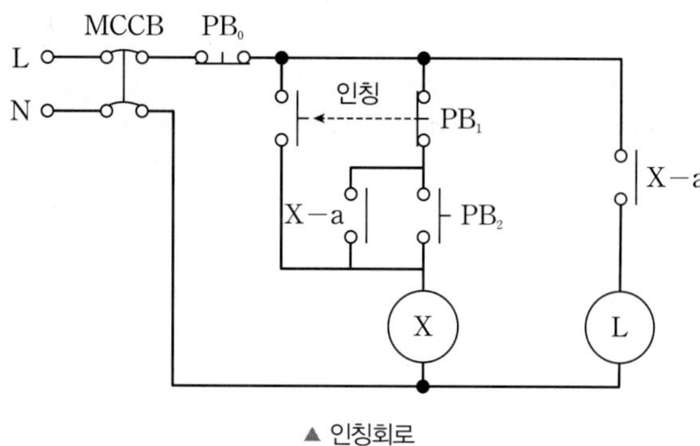

▲ 인칭회로

실기용 공구 및 기자재

01 배선 공사용 공구 및 기자재

1) 실기시험용 자재

합판		• 제어판(제어함)용 • 규격 가로 400×세로 420[mm] 1장 제공
케이블 타이		• 전선을 묶어주는 자재 • 25개 제공
나사못(피스)		• 기구 등의 고정용 • 3.5×25[mm](납작머리) 4개, 4×12[mm](납작머리) 96개, 4×16[mm](둥근머리) 16개, 4×20[mm](둥근머리) 18개 제공
퓨즈 홀더 및 유리형 퓨즈		• 제어 전원용 • 1세트 제공
8각 박스(정션 박스)		• 전선관 분기용 • 1개 제공

플렉시블 전선관(CD)관 및 PE 전선관	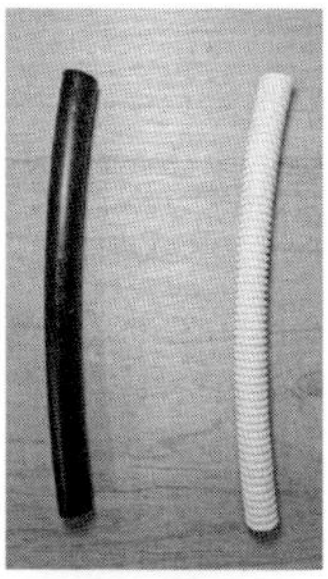 • 기구 간 전선 연결용 • 각각 6[m]씩 제공
케이블	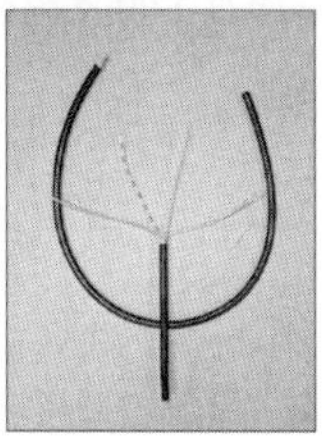 • 갈색, 흑색, 회색, 녹색과 노랑색의 4C 케이블 • 1[m] 제공 • 흑색으로 스트리핑된 것이 흑색(감독자가 특별히 지정하면 감독자의 지시에 따름)
새들	 • 케이블 및 배관 고정용 • 케이블용 2개, 전선관용 40개 제공
커넥터	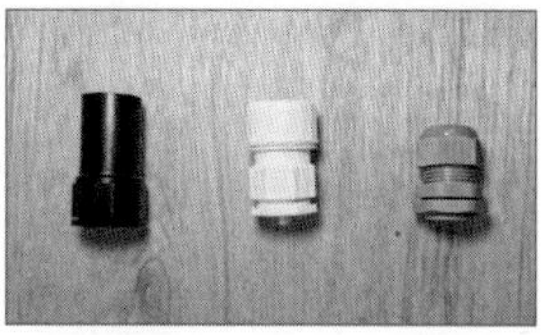 • 기구와 전선관 및 케이블 연결용 • 각각 PE 및 CD관용 커넥터 7개, 케이블용 커넥터 1개 제공
전원선	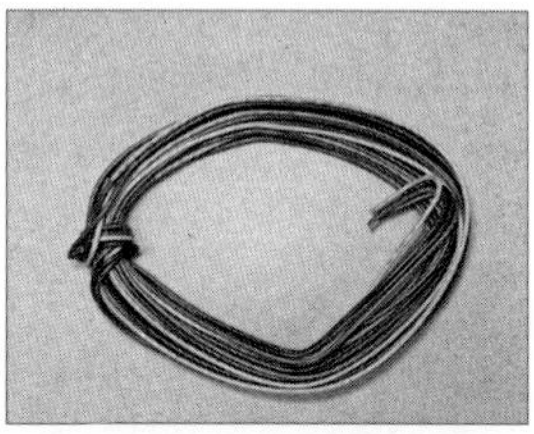 • 기구 간 전선 연결용 • 갈색, 흑색, 회색, 녹색 전원 및 접지선(2.5[mm^2])이 동시에 감은 형태로, 5[m] 제공
제어선	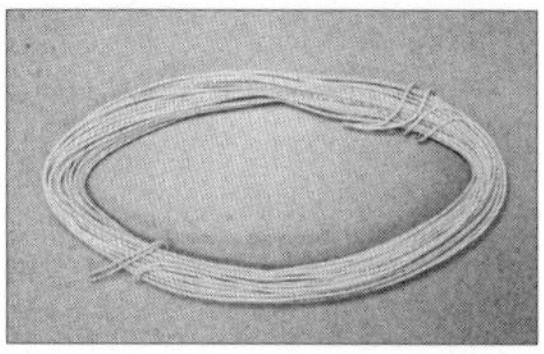 • 제어판 내 기구 간 전선 연결용 • 감은 형태로 황색선(1.5[mm^2]) 50[m] 제공
단자대(TB)	 • 전원의 인입과 인출되는 곳에 사용 • 4P와 10P 단자대 각각 4개씩 제공

배선용차단기(MCCB)	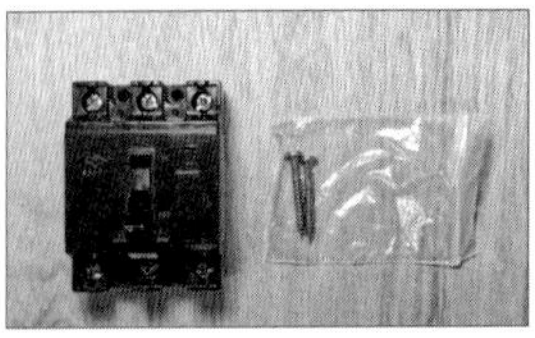	• 전원 투입용 • 3상 배선용차단기 1개 제공
소켓(베이스)		• 릴레이 부착용 • 8핀 소켓(8핀 릴레이, 타이머 릴레이, 플리커 릴레이, 플로트리스 스위치 용) 4개, 12핀 소켓(전자접촉기, EOCR 용) 3개 제공
컨트롤 박스		• 램프, 부저, 푸시버튼 스위치 등 부착용 • 2구용 컨트롤 박스 4개 제공
램프		• 운전상태 표시용 • 녹색(GL), 적색(RL), 노랑색(YL), 하얀색(WL) 램프 각각 1개씩 제공
푸시버튼 스위치(PB)		• 기구 제어용 • 수동조작 스프링 복귀형의 푸시버튼 스위치 • 적색 1개, 녹색 1~2개 제공
셀렉터 스위치(SS)		• 유지형 스위치 • 자동(A)/수동(M) 전환에 사용됨 • 1개 제공
부저(Bz)		• 회로 이상 시 경보를 울리는 장치 • 1개 제공
홀 마개(CAP)		• 2구용 컨트롤 박스에서 남는 홀에 부착 • 1개 제공

2) 채점용 자재

자재명	자재 사진	설명
전자접촉기(MC, PR)	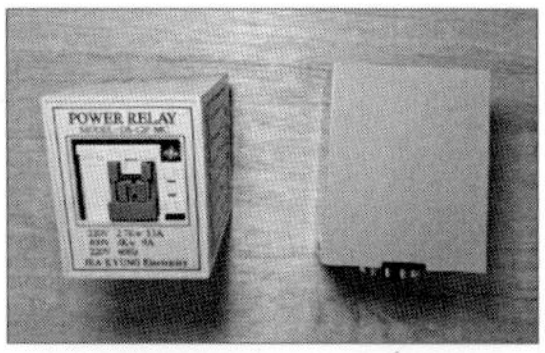	• 주전원 접속용 • 12핀 릴레이로서 릴레이 전원 단자, 주접점(전원용), 보조접점(제어용)으로 구성 • 2개 제공
전자식 과전류 계전기(EOCR)		• 과전류 보호 장치 • 12핀 릴레이로서 릴레이 전원 단자, 주접점(전원용), 보조접점(제어용)으로 구성 • 1개 제공
타이머 릴레이(T)	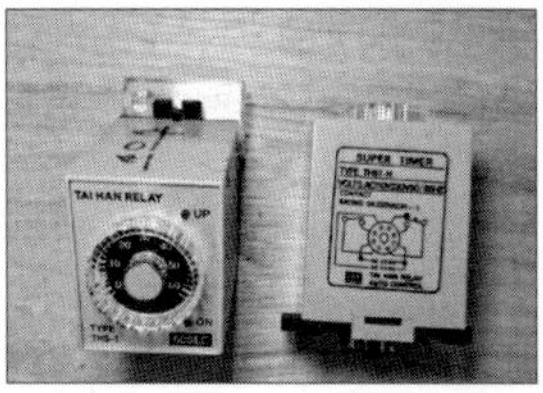	• 미리 설정한 시간 경과 후에 동작하는 계전기 • 실기 시험에서는 On-delay 타이머만 제공 • 1~2개 제공
플리커 릴레이(FR)		• 두 개의 플리커 접점 • YL과 Bz에 연결하여 순환 동작에 활용 • 1개 제공
플로트리스 스위치(FLS)		• 급·배수 등에 사용되는 레벨스위치 • 전원단자, 보조접점 및 3개의 추가 점점(E_1, E_2, E_3) • 1개 제공
8핀 릴레이(X, Ry)		• 8핀의 기본 릴레이 • 2쌍의 a, b 접점 • 1~2개 제공

PART 04

1) 수험자 지참 준비물 및 유의사항

① 지참 준비물 목록 외 물품은 사용할 수 없다.

② 안전을 위한 운동화, 면장갑 등은 실기시험 시 반드시 지참해야 하며, 안전한 복장이 아닐 경우(반바지, 슬리퍼 등) 채점 상의 불이익을 받을 수 있다.

③ 임팩트 드릴 또는 유선 방식의 드릴 사용은 불가하다.

④ 충전 드릴은 드라이버 기능으로만 사용 가능(해머드릴 사용 불가)하다.

⑤ 모든 지참 준비물은 시중에 유통되는 원형(原型)으로 지참하여야 한다(상용품이 아닌 개인이 제작한 것(번호 등이 인쇄된 스티커), 개조 및 변경한 것(특정 길이 표시한 자), 시험에 최적화된 공구(지그, 수제작 회로시험기 등) 는 사용할 수 없음).

⑥ 시험 중 시설·장비의 조작 또는 재료의 취급이 미숙하여 위해를 일으킬 것으로 예상되는 경우 시험감독위원이 실격 처리할 수 있다.

2) 필수 준비물

공구명	공구 사진	설명
벨테스터		• 전선의 접속 불량 여부를 점검할 때 사용 • 리드 선의 길이는 80[cm] 이상, 목에 걸 수 있게 준비
드라이버(+, −)		• 핀에 전선을 고정할 때 사용 • +, − 별개로 준비하거나, 일체형 사용 가능
전동 드릴		• 기구를 고정하거나 벽체에 배관을 고정할 때 사용 • 팁의 길이는 짧은 것 사용
롱노즈 플라이어		전선을 단자에 넣고 뺄 때 사용

와이어 스트리퍼	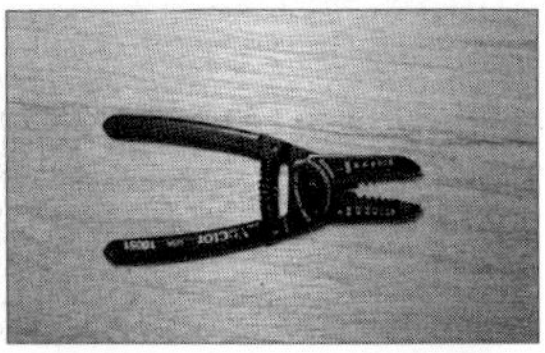	전선의 피복을 벗기거나 전선을 자르는 데 사용
파이프 커터	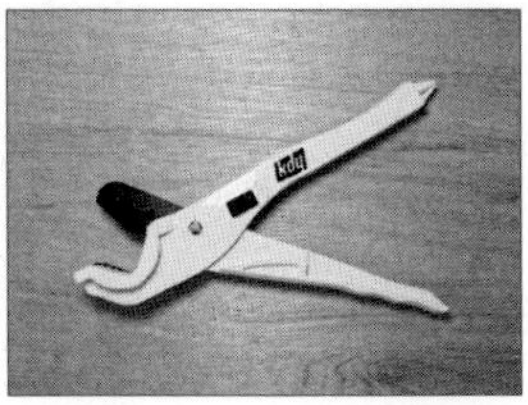	전선관을 자르는 데 사용
50[cm] 플라스틱 방안자	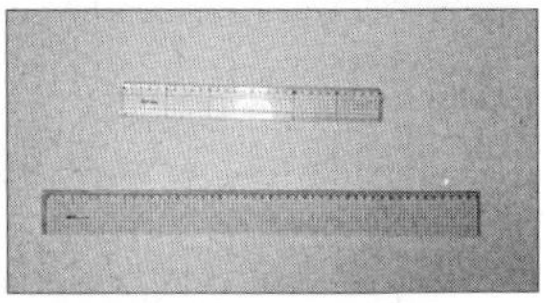	• 제어판과 배관 제도용으로 사용 • 철자, 연귀자, 수평계 등 불필요 • 30[cm] 방안자는 이미지트레이닝 시 사용
단자용 자석		• 제어판 결선 시 사용 • 자화력이 강하며, 적색(단일색) 사용 • 20개 준비
스프링 벤더	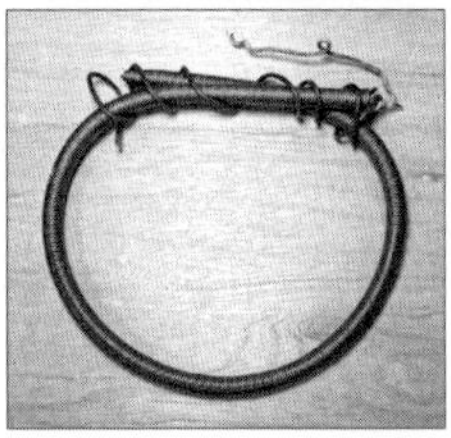	• PE 전선관을 구부릴 때 사용 • 1[m] 길이 준비
마스킹 테이프		• 기구 이름과 배선 명칭 기록용 • 전선을 배관에 입선할 때 전선의 앞쪽을 감는 용도
필기구	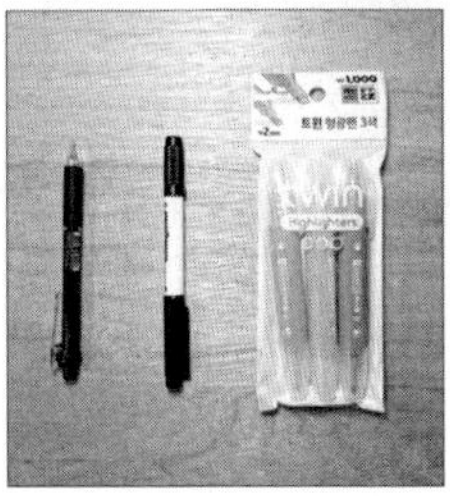	• 3색 볼펜 : 넘버링 시 사용 • 네임펜(유성펜) : 제어판 이기 시 사용 • 형광펜(3색 준비) : 3단계 결선 점검 시 단계별로 사용

| 분필 | 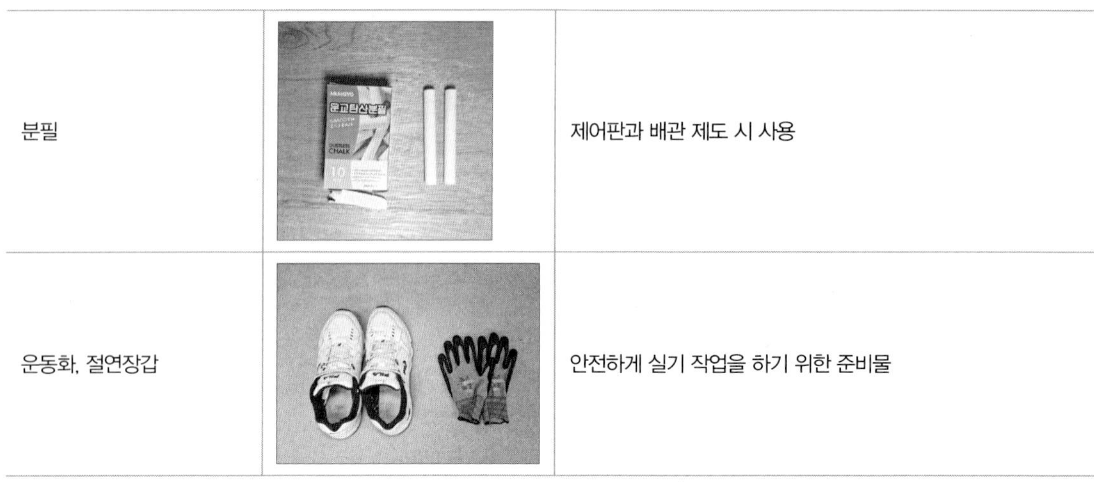 | 제어판과 배관 제도 시 사용 |
| 운동화, 절연장갑 | | 안전하게 실기 작업을 하기 위한 준비물 |

3) 권장 준비물

공구명	공구 사진	설명
만능 가위		케이블을 자를 때 주로 사용
공구용 허리 벨트		• 공구나 피스, 새들 등의 보관용 • 안전하고, 작업 속도를 빠르게 도와줌
드라이버용 자석, 손목 자화 벨트		• 드라이버용 자석 : 피스 고정 용이 • 손목 자화벨트 : 피스를 가까이 붙여 두어 활용
5[m] 줄자		인입용 전선을 자를 때 사용

PART

05

실기시험 실전 연습

파트 소개

본 파트에서는 공개 문제의 전체적인 구성과 실기시험 시 꼭 준수해야 할 유의사항, 실기 시험 작업에 대하여 설명한다. 전기기능사 실기 작업은 접점번호 부여, 제어판 단자대 명칭 부여, 제어판 결선, 배관 및 결선 순서로 진행해야 한다. 작업 단계마다 꼭 숙지해야 할 사항과 단계별 점검 절차에 의해서 작업을 진행하여야 오류를 없애고, 완벽한 작품을 구현할 수 있다. 따라서 전기기능사 실기 작업 전 본 파트 내용을 반드시 숙지하고 실습에 임해야 한다.

실기시험 안내

01 공개문제의 구성

1) 실기 시험용 도면

① 전기기능사 실기 시험용 도면은 실제 현장에서 사용하는 산업용 도면과 비교했을 때, 기능 및 특성 면에서 다소 차이가 있을 수 있다.

② 실기 시험용 도면을 읽을 때, 전선의 연결 부분은 항상 점(Dot)으로 표시하게 되어 있다.

③ 기구나 전선 등의 표기는 항상 왼쪽에서 오른쪽으로, 위에서 아래 방향의 순서로 기록한다.

2) 공개문제 출제

① 18개 과제 중 한 가지 유형의 과제가 제시된다.

② 1~9번 과제 : 셀렉트 스위치(SS)와 FLS가 포함된 문제

③ 10~18번 과제 : 리미트 스위치(LS)가 포함된 문제

3) 문제의 구성

① 요구사항

② 수험자 유의사항

③ 도면(제어회로의 동작 사항 포함)

④ 지급재료 목록 순으로 기술

4) 공개문제의 도면 구성

① 배관 및 기구 배치도

• 제어판 완성 후 합판 위에 기구와 배관을 배치하는 도면이다.

• 시퀀스 제어에 필요한 각종 기구와 케이블 및 배관 종류와 위치를 표시한다.

• 아래 그림은 배관 및 기구 배치도를 표시한 도면이다.

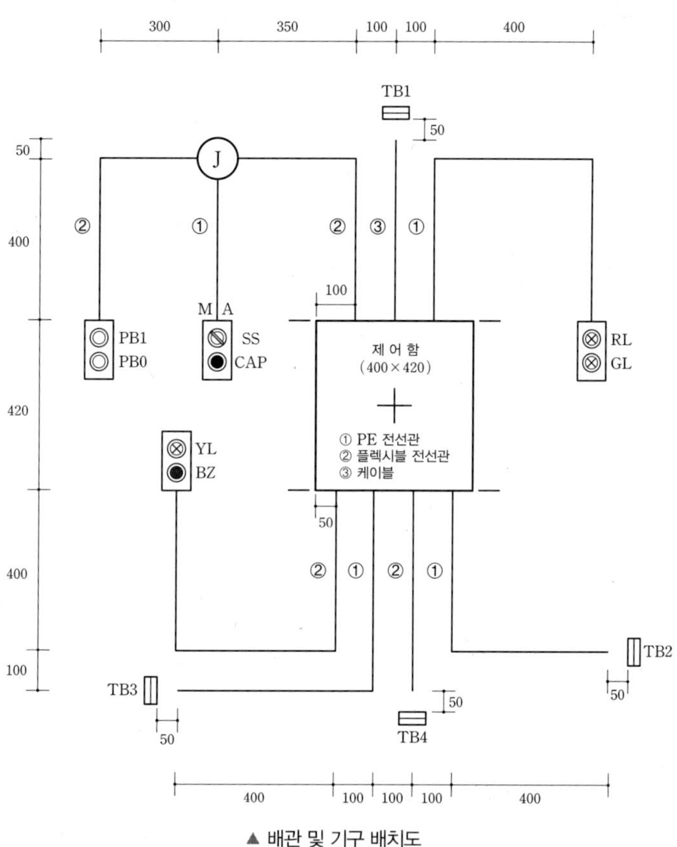

▲ 배관 및 기구 배치도

② 제어판 내부 기구 배치도

• 제어판 기구 배치도와 범례를 표시한 것으로, 범례에는 기구별 명칭이 기술되어 있다.

• 제어판 내부 기부 배치도와 범례를 표시한 도면

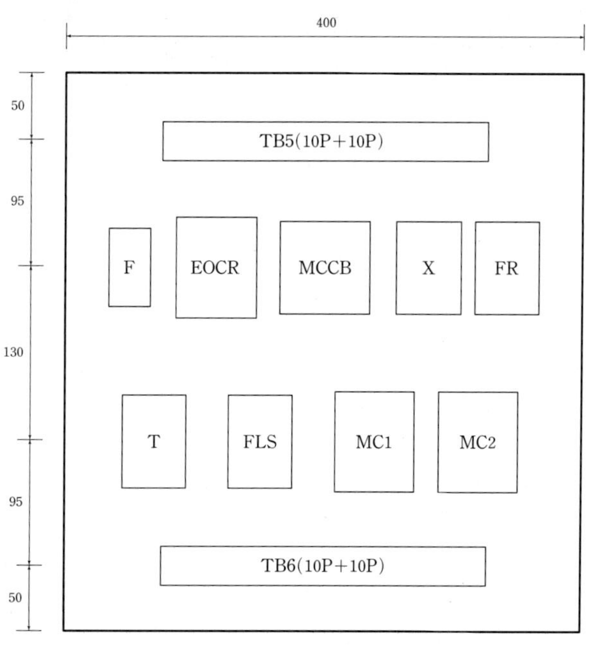

▲ 제어판 내부 기구 배치도

• 범례

기호	명칭	기호	명칭
TB1	전원(단자대 4P)	PB0	푸시버튼 스위치(적색)
TB2, TB3	전동기(단자대 4P)	PB1	푸시버튼 스위치(녹색)
TB4	플로트레스(단자대 4P)	SS	셀렉터 스위치
TB5, TB6	단자대(10P+10P)	YL	램프(황색)
MC1, MC2	전자접촉기(12P)	GL	램프(녹색)
EOCR	EOCR(12P)	RL	램프(적색)
X	릴레이(8P)	BZ	부저
T	타이머(8P)	CAP	홀마개
FR	플리커릴레이(8P)	①	8각 박스
FLS	플로트레스 스위치(8P)	F	퓨즈 및 퓨즈홀더
MCCB	배선용차단기		

③ 제어회로의 시퀀스 회로도

• 각 기구별 결선 방법을 제시하여 기기별 동작 순서를 도식화한 회로도이다.

• 제어회로의 시퀀스 회로도

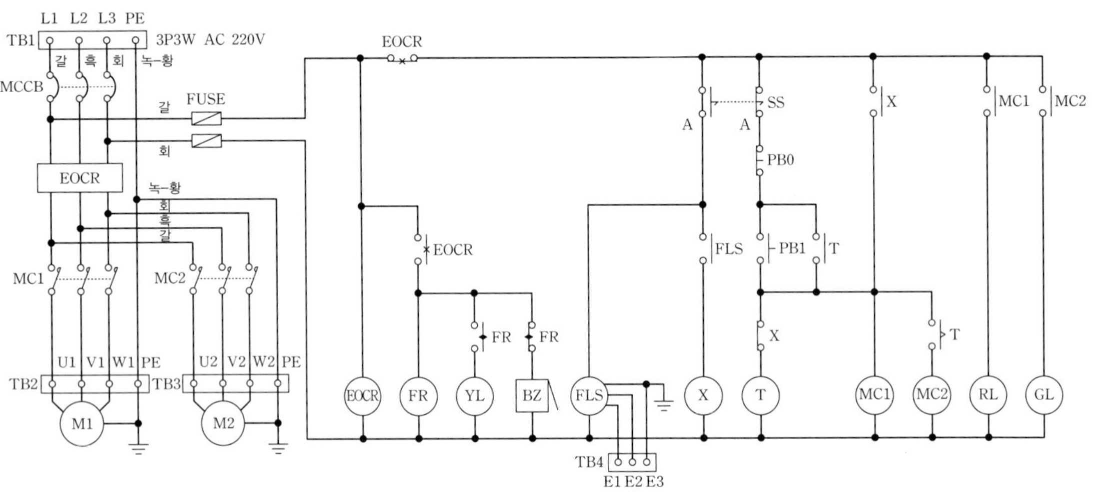

④ 제어회로의 동작 사항

• 자동운전과 수동운전 및 EOCR의 동작 사항을 설명한다.

• 회로의 동작 사항을 완벽히 파악하는 것이 좋으나, 동작 원리를 다 이해하지 못하더라도 결선법에 따라 정확히 결선하면 정해진 순서대로 동작한다.

⑤ 기구의 내부 결선도 및 구성도

- 12핀 릴레이는 각 릴레이별 전원 단자, 주접점(전원용), 보조접점(제어용)의 구성과 접점번호를 표시한다.
- 8핀 릴레이는 전원 단자와 보조접점(제어용)의 구성과 접점번호를 표시한다.
- 8핀과 12핀의 소켓(베이스) 구성도를 표시하고 있으며, 릴레이의 접점번호는 아래에서 본 핀 번호를 표시하였기 때문에 소켓의 핀 번호 배열과는 반대 방향이라는 점을 유의해야 한다.
- 문제 1~9번까지는 SS의 자동(A), 수동(M) 방향을 지정하고 있다.

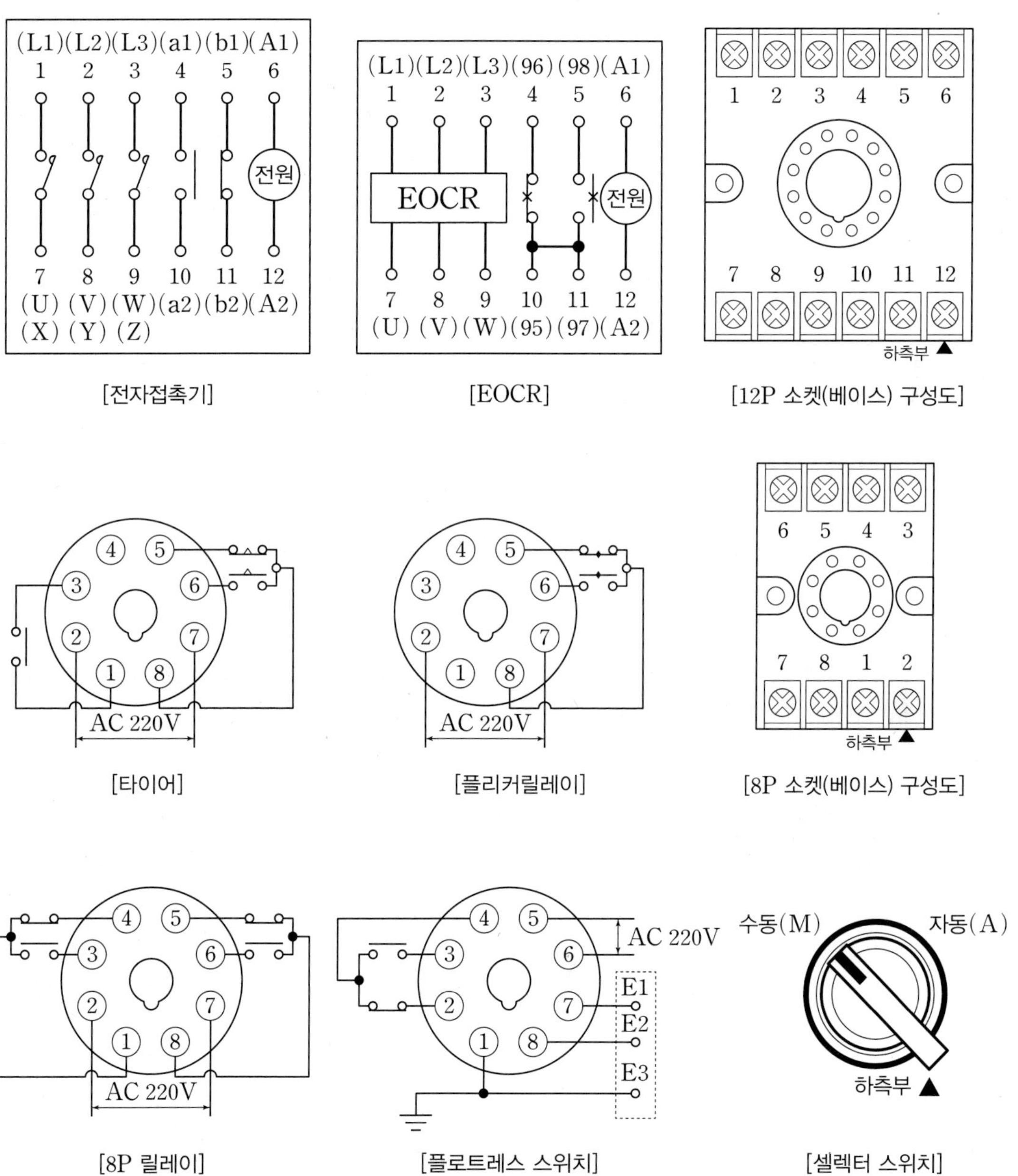

[전자접촉기]　　　　　[EOCR]　　　　　[12P 소켓(베이스) 구성도]

[타이어]　　　　　[플리커릴레이]　　　　　[8P 소켓(베이스) 구성도]

[8P 릴레이]　　　　　[플로트레스 스위치]　　　　　[셀렉터 스위치]

▲ 기구의 내부 결선도 및 구성도

1) 수험자 요구 사항

① 지급된 재료와 시험장 시설을 사용하여 제한 시간 내에 주어진 과제를 안전에 유의하여 완성한다.

② 운동화와 절연장갑은 반드시 준비해야 한다.

③ 도면에 따라 배관 및 기구를 배치한다. 제어판을 제어함이라고 가정하고 전선관 및 케이블을 접속하고, 전동기는 생략하고 접속할 수 있도록 단자대까지만 배선한다.

2) 수험자 유의사항

① 시험 시작 후 파손된 재료는 추가로 지급받지 못한다.

② 제어판을 포함한 작업판에서의 제반 치수는 [mm]이고, 치수 허용 오차는 외관은 ±30[mm], 제어판 내부는 ±5[mm]이다. 단, 치수는 부품의 중심을 기준으로 한다.

③ 굴곡부가 없는 배관에서 기구와 기구 끝단 사이의 치수가 400[mm] 미만이면 새들 1개도 가능하고, 새들로 고정 시 나사를 2개 모두 체결해야 고정된 것으로 인정한다.

④ 기구와 전선관 및 케이블이 접속되는 부분에 전선관 및 케이블용 커넥터를 사용하고 제어판에 전선관 및 케이블용 커넥터를 5[mm] 정도 올리고 새들로 고정한다.

⑤ 컨트롤 박스에서 사용하지 않는 홀(구멍)에 홀마개를 반드시 설치한다.

⑥ 제어판 배선 시 기구와 기구 사이의 배선을 금지한다.

⑦ 주회로의 전선 색상은 L1은 갈색, L2는 흑색, L3는 회색을, PE(접지) 회로는 $2.5[\text{mm}^2]$ 녹/황색 전선을 사용한다.

⑧ 퓨즈홀더 1차 측 주회로는 갈색과 회색 전선, 2차 측 보조회로는 녹/황색 전선을 사용한다.

⑨ 단자 조임 불량이란 피복이 제거된 나선이 2[mm] 이상 보이거나, 피복이 단자에 물린 경우를 말한다. 단, 한 단자에 전선 3가닥 이상 접속하는 것을 금지한다.

⑩ 각종 단자대는 가로인 경우 왼쪽부터 세로인 경우 위쪽부터 각각 'L1, L2, L3, PE'의 순서로 결선한다.

⑪ 전원 측 단자대는 동작시험을 할 수 있도록 전원선의 색상에 맞추어 100[mm] 정도 인출하고, 피복은 전선 끝에서 약 10[mm] 정도 벗겨둔다.

⑫ 기타 공사 방법 등은 감독위원의 지시사항과 안전수칙을 준수한다.

⑬ 다음 사항은 실격에 해당하여 채점 대상에서 제외된다.

• 수험자 스스로 작업 포기 의사를 표현한 경우

• 지급재료 이외의 재료를 사용한 작품

• 시험 관련 부정에 해당하는 장비(기기) · 재료 등을 사용한 경우(범용 공구가 아닌 시험에 최적화된 공구는 사용할 수 없음)

• 도면 및 배치도, 시퀀스 회로도의 동작사항, 부품의 방향, 결선 상태 등이 상이한 경우

- 제어판 내의 단자대를 거치지 않고 직접 접속된 경우
- 기구의 접속 불가 등으로 동작 상태의 확인이나 전기공급이 불가한 경우
- 주회로(갈색, 흑색, 회색) 및 보조회로(황색), 보호도체(접지) 회로(녹색−황색) 배선의 전선 굵기 및 색상이 도면 및 유의 사항과 다른 경우
- 배관 및 기구 배치도에서 허용오차 ±50[mm]를 넘는 곳이 3개소 이상, ±100[mm]를 넘는 곳이 1개소 이상인 경우 (단, 박스, 단자대, 전선관, 케이블 등이 도면 치수를 벗어나는 경우 개별 개소로 판정)
- 커넥터를 정상 접속하지 않은 경우(미접속 및 불필요한 접속 포함)
- 새들의 고정나사가 1개소 이상 누락된 경우
- 전선관 및 케이블을 말아서 결선한 경우
- 한 단자에 전선 3가닥 이상 접속된 경우
- 제어판 내의 배선 시 기구와 기구 사이로 수직 배선한 경우
- 전기설비기술기준, 한국전기설비규정에 따라 공사를 진행하지 않은 경우

실기시험 단계별 작업 절차

01 작업 절차

1) 실기 단계 구분 및 단계별 목표 시간 설정

① 실기 연습을 할 때 반드시 시계를 활용하여, 단계별 소요 시간을 기록하며 연습함으로써 시간 배분 전략을 세우는 것이 좋다.

② 작업 절차가 체화되어 즉각 실행할 수 있도록 충분히 연습하는 것이 중요하다.

구분	실기 단계별 작업 절차	목표 시간
제어판 결선	1. 제어판 넘버링 및 이기	15~20분
	2. 제어판 결선(섹터별 점검 포함)	60~80분
	3. 제어판 점검	10~15분
총 결선 시간		1시간 25분 ~ 1시간 55분
배관 결선	4. 배관 제도(기구 부착 포함)	15~20분
	5. 새들 및 배관 고정(배관절단, 새들위치 제도 포함)	40~50분
	6. 입선(전선 절단 포함)	15~20분
	7. 결선(컨트롤박스 커버 조립, 케이블타이 고정 포함)	20~25분
	8. 최종 점검	10분
	결선 시간	1시간 40분 ~ 2시간 05분
총 소요 시간		3시간 05분 ~ 4시간

2) 접점번호 부여

① 접점번호를 부여하는 목적은 제어 회로도의 결선 내용과 동일하게 결선을 하여 제어회로의 동작이 제시한 절차와 동일하게 이루어지도록 하는 것이다.

② 기구와 기구를 연결하려면 먼저 각 단자(Pin)마다 번호를 매기고, 지정된 번호끼리 연결해야 한다.

③ 공개문제로 주어진 「기구의 내부 결선도 및 구성도」에 표시된 기구의 기능별 번호를 활용하여 작업한다.

④ 지정된 번호가 없는 MCCB, Fuse, SS, PB, BZ, Lamp, LS는 별도로 번호를 지정해야 한다.

3) 기구의 내부 결선도 및 구성도 파악

① 8P 소켓(베이스) : 하측부 눈물샘(홈이 파진 부분)을 중심으로 반시계 방향으로 번호가 지정되어 있다.

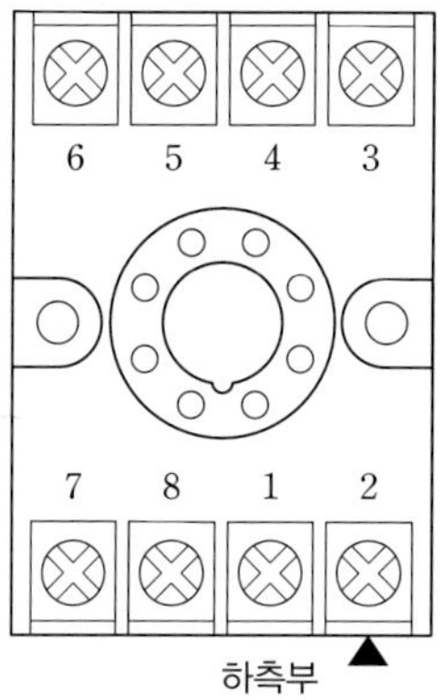

▲ 8P 소켓(베이스)

② 8p 릴레이(X 또는 Ry)

- 가장 기본적인 릴레이로서, a, b 접점이 각각 2개가 있다.
- 시퀀스 회로도에서 접점의 위치가 다른 기구를 경유하여 별개로 되어 있으면 반드시 그룹을 달리하여 접점 번호를 부여하여야 한다.
- 시퀀스 회로도에서 동일한 릴레이의 접점이 2개 이상 있을 때는 이를 감안하여 동시에 번호를 매겨야 한다.
- 8p 릴레이의 내부 핀 번호 구성

릴레이 전원	②, ⑦	
공통접점	a 접점	b 접점
①	③	④
⑧	⑥	⑤

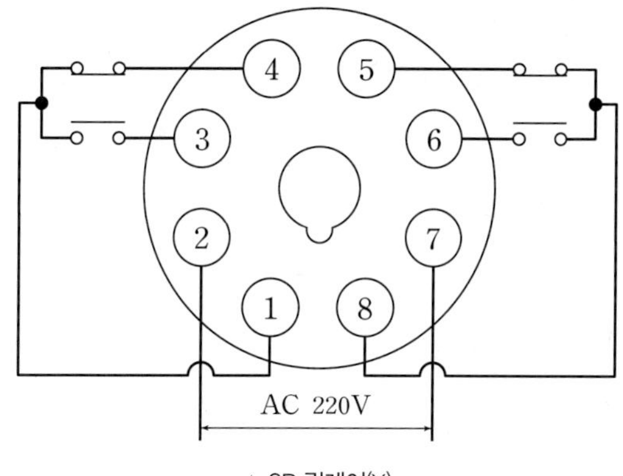

▲ 8P 릴레이(X)

③ 타이머(T)

- 순시 접점과 타이머 접점의 번호를 혼동하지 않도록 주의해야 한다.
- 8핀 타이머 릴레이의 핀 번호 구성

릴레이 전원		②, ⑦	
순시접점		①	③
타이머 접점	공통접점	a 접점	b 접점
	⑧	⑥	⑤

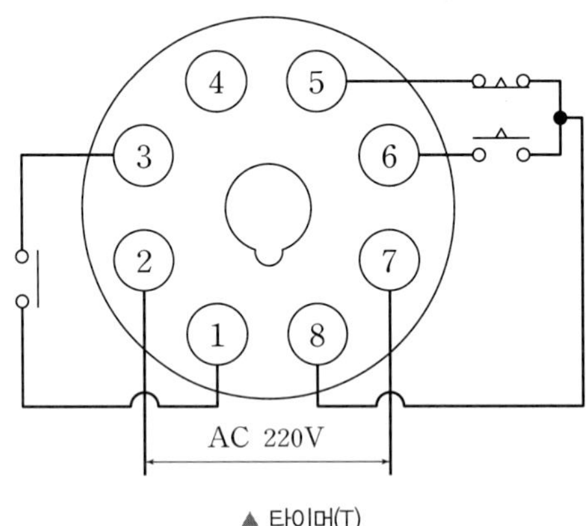

▲ 타이머(T)

④ 플리커 릴레이(FR)

- 두 개의 플리커 접점이 있으며, 주로 경보회로에 사용된다.
- 플리커 릴레이의 핀 번호 구성

릴레이 전원	②, ⑦	
공통접점	a 접점	b 접점
⑧	⑥	⑤

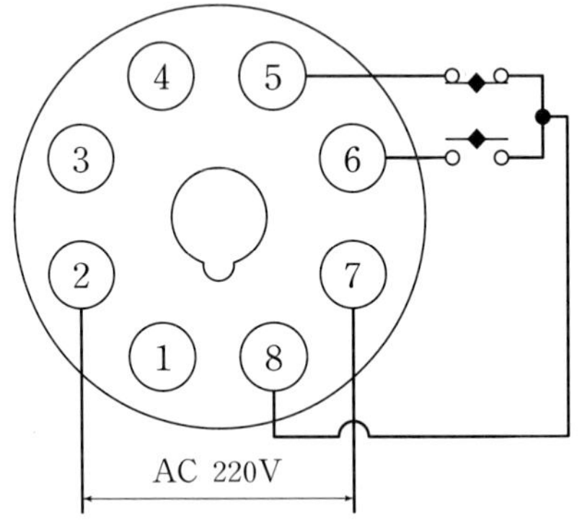

▲ 플리커 릴레이(FR)

⑤ 플로트리스 스위치(FLS)

• 릴레이 전원은 ⑤번과 ⑥번이며, 한 쌍의 a, b 접점과 E1, E2, E3 접점이 있다.

• 제어판 내에서만 접지선을 연결하는 내부접지를 수행한다.

• 플로트리스 스위치(FLS)의 핀 번호 구성

릴레이 전원		⑤, ⑥	
제어 접점	공통접점	a 접점	b 접점
	④	③	②
플로트리스 접점	E1	E2	E3
	⑦	⑧	①(내부접지)

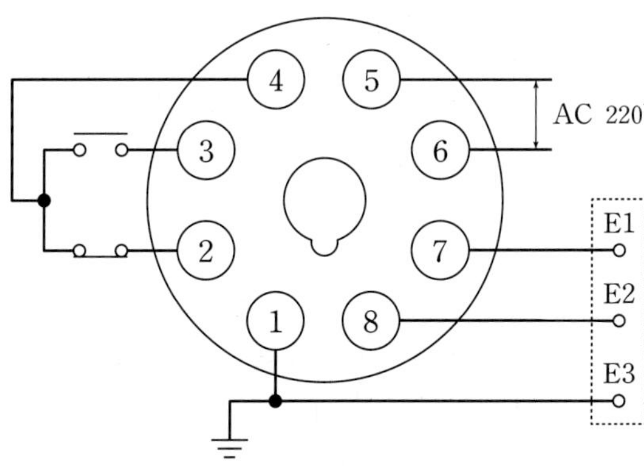

▲ 플로트리스 스위치(FLS)

⑥ 12P 소켓(베이스) : 상층부의 좌에서 우로 1~6번까지, 하측부의 좌에서 우로 7~12번까지 접점 번호가 지정되어 있다.

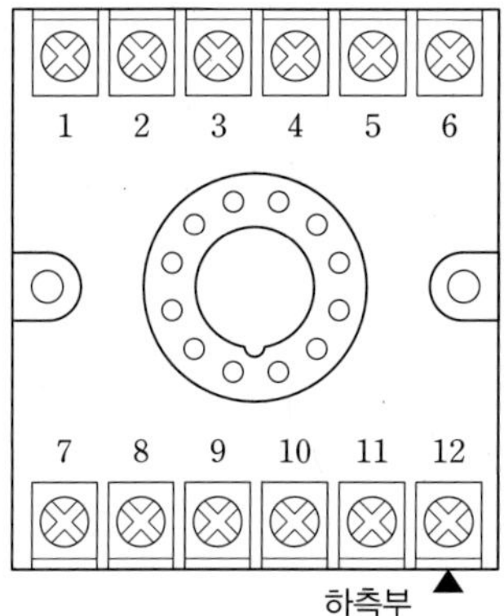

▲ 12P 소켓(베이스)

⑦ EOCR

- 단자 번호를 기입할 때, 항상 공통접점을 먼저 기록하고 a, b 접점을 기록해야 실수할 확률이 줄어든다.
- EOCR의 ⑩번과 ⑪번은 공통접점이므로, ⑪번은 아예 없는 핀 번호로 처리하는 것이 좋다.
- EOCR의 핀 번호 구성

릴레이 전원		⑥, ⑫	
제어접점	공통접점	a 접점	b 접점
	⑩	⑤	④
전원접점	L1	L2	L3
	①	②	③
	U	V	W
	⑦	⑧	⑨

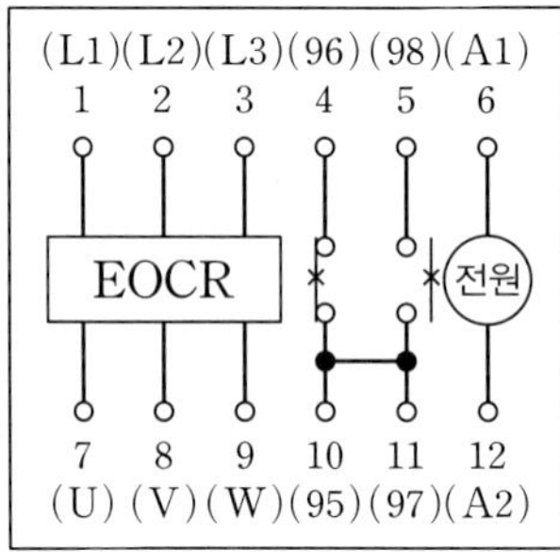

▲ EOCR

⑧ 전자접촉기(MC)

- a, b 접점이 EOCR과 반대로 되어 있어서 실수할 가능성이 높으므로 유의해야 한다.
- MC의 ⑩번과 ⑪번은 공통접점은 아니지만, EOCR 접점과의 혼동을 피하기 위해서 항상 ⑩번과 ④번, ⑪번과 ⑤번 순서로 호칭하는 것이 좋다.
- 전자접촉기의 핀 번호 구성

릴레이 전원		⑥, ⑫	
제어접점	a 접점	⑩	④
	b 접점	⑪	⑤
전원접점	L1	L2	L3
	①	②	③
	U	V	W
	⑦	⑧	⑨

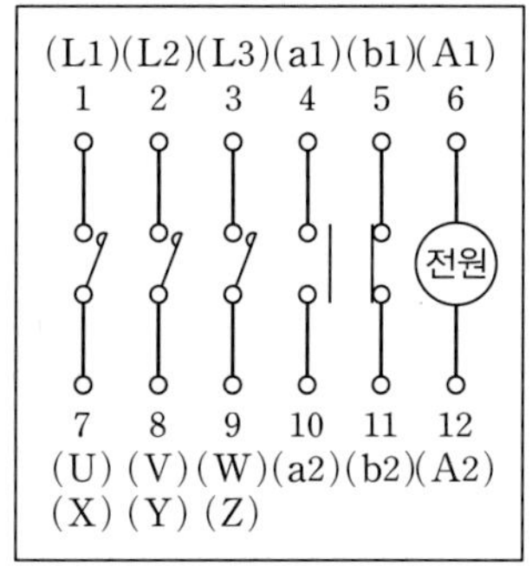

▲ 전자접촉기(MC)

4) 기타 기구의 접점번호 지정

① MCCB

- 3상 MCCB는 전원 측 3단자와 부하 측 3단자로 구성되어 있다.
- 전원 측을 L1, L2, L3로, 부하 측을 U, V, W로 정하였다.
- 비교적 간단한 기구지만 반드시 접점번호를 기입하고 결선하여야 실수없이 작업할 수 있다.

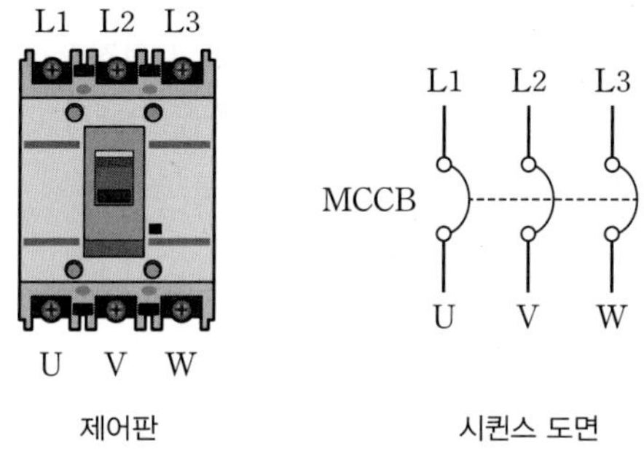

제어판   시퀀스 도면

▲ MCCB와 시퀀스 도면

② 퓨즈 홀더

- 퓨즈 홀더는 연결되는 전원선의 이름과 전원이 들어오는 쪽을 (+), 나가는 쪽을 (−)로 방향을 결정하고 접점번호를 매긴다.
- 공개문제는 전부 L1, L3에 전선이 연결되어 있으나, 문제에 따라서는 전원 인출선을 바꿀 수도 있으니 반드시 시퀀스 회로도를 보고 기록하여야 한다.
- 제어판과 시퀀스 회로도의 방향이 다른 경우에는 '상 → 하', '좌 → 우'의 전기도면 기록 원칙을 준수해야 한다.

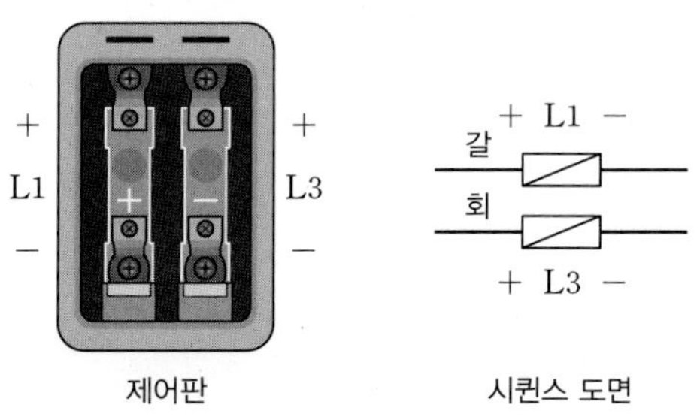

제어판   시퀀스 도면

▲ 퓨즈 홀더와 시퀀스 도면

③ 푸시 버튼(PB) : b 접점(NC)은 ①번과 ②번으로, a 접점(NO)은 ③번과 ④번으로 스위치 접점번호를 매긴다.

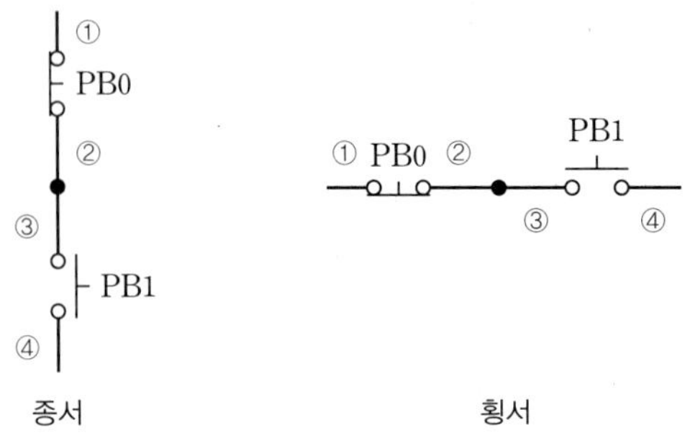

▲ 푸시 버튼(PB)

④ 셀렉터 스위치(SS)

- 셀렉터 스위치의 위치는 「기구의 내부 결선도 및 구성도」의 맨 아래쪽에 표시되어 있다.
- 모든 공개문제는 왼쪽이 수동(M), 오른쪽이 자동(A)으로 되어 있다. 즉, 셀렉터 스위치를 왼쪽으로 돌렸을 때 접점이 붙는 단자를 M 접점으로, 오른쪽으로 돌렸을 때 접점이 붙는 단자를 A 접점으로 하면 된다.
- 셀렉터 스위치는 원래 단자가 4개 있어서 단자 2개당 하나의 접점으로 작업할 수 있으나, 실제 작업 중에는 두 접점 중 한쪽을 공통접점으로 잡아서 3개의 전선을 인출해야 한다.

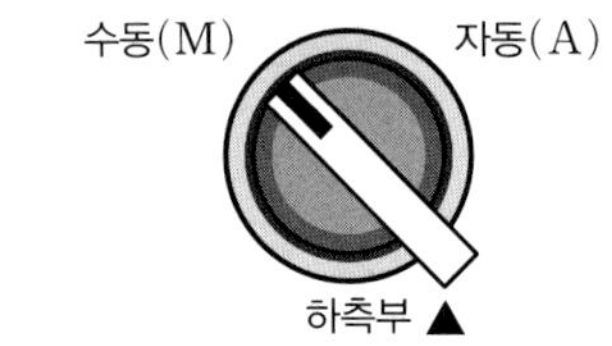

▲ 셀렉터 스위치(SS)의 위치 표시

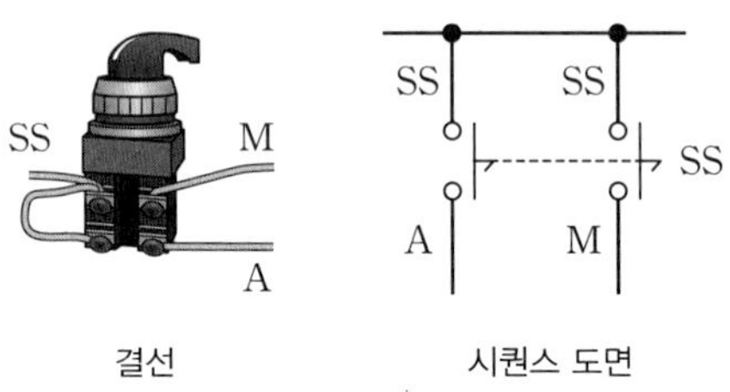

▲ 셀렉터 스위치(SS)의 결선 모습과 접점번호 기재 방법

⑤ 2단자 기구(BZ, Lamp[RL, GL, YL, WL], LS)

• 단자가 2개인 접점은 간단하게 ＋, －로 접점 번호를 부여하였다.

• 2단자 기구의 a, b 접점이 하나의 회로도에 있는 경우에는 푸시 버튼과 마찬가지로 ③번과 ④번, ①번과 ②번을 접점번호로 사용하면 된다.

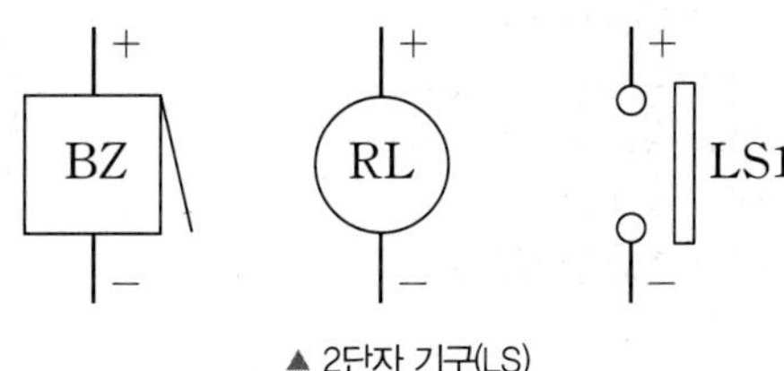

▲ 2단자 기구(LS)

02 제어도면의 시퀀스 회로도 넘버링

1) 시퀀스 회로도 넘버링 시 주의사항

① 넘버링하는 기준을 지켜야 한다.

• '갈색, 흑색, 회색, 녹색/황색순으로'

• '왼쪽에서 오른쪽으로'

• '위에서 아래로'

• '맨 밑에서 맨 위로'

② 항상 공통 접점(com)부터 적어야 한다.

③ 접점번호 기입 시 릴레이 도면을 보고 기록해야 한다. 단, 릴레이 단자 번호는 외우지 않아도 된다.

④ 넘버링 후 반드시 재확인해야 한다(넘버링 실수는 단계별 점검 시 발견 불가).

⑤ 기구 배치도에 넘버링한다.

• 배관 종류 및 배관별 전선 개수 확인 후 기록

• 푸시 버튼의 색상 및 접점 번호 기록

2) 시퀀스 회로도의 넘버링 준비

① 제어도면의 시퀀스 회로도와 기구의 내부 결선도 및 구성도를 준비한다.

② 자체적으로 정한 접점번호를 기억한다.

③ 넘버링 시 볼펜(또는 가는 네임펜)의 색깔은 청색으로, 적정한 크기의 정자로 작성한다.

④ 넘버링은 반드시 핀 가까이에 기록해야 한다.

3) 전원계통의 넘버링 원칙

① 넘버링 원칙에 따라 도면의 전원계통 가장 왼쪽 상단부터 시작한다.

② 'TB1부터 MCCB'순으로 넘버링을 실시한다.

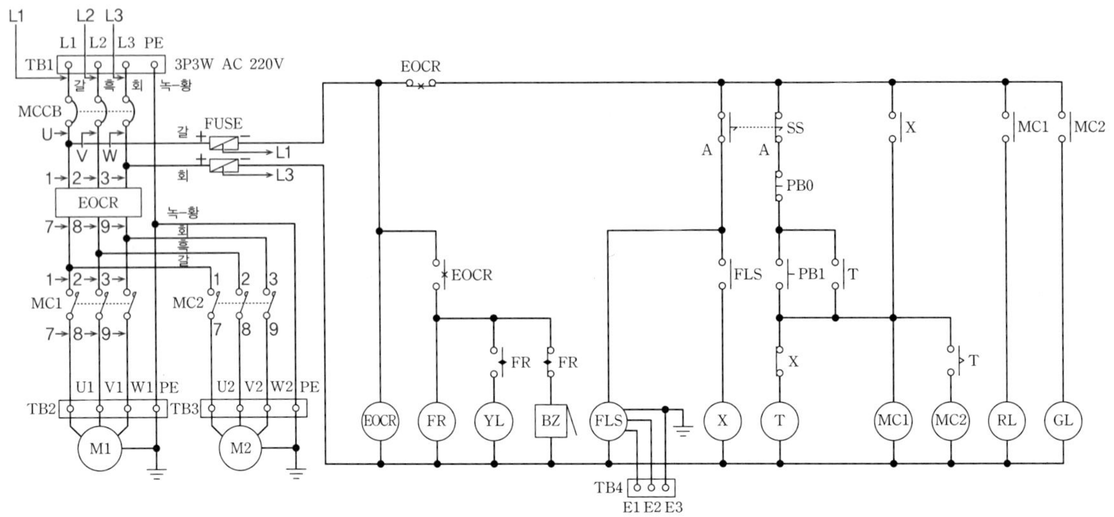

▲ 전원계통의 넘버링 완료 도면

4) 제어계통 넘버링 원칙

① 혼동의 우려가 없는 아래쪽부터 먼저 넘버링한다. 이때 릴레이 전원은 아래에서 위로(원칙과 반대)로 기록한다.

② FLS의 E1, E2, E3 결선 단자인 7, 8, 1도 기록한다.

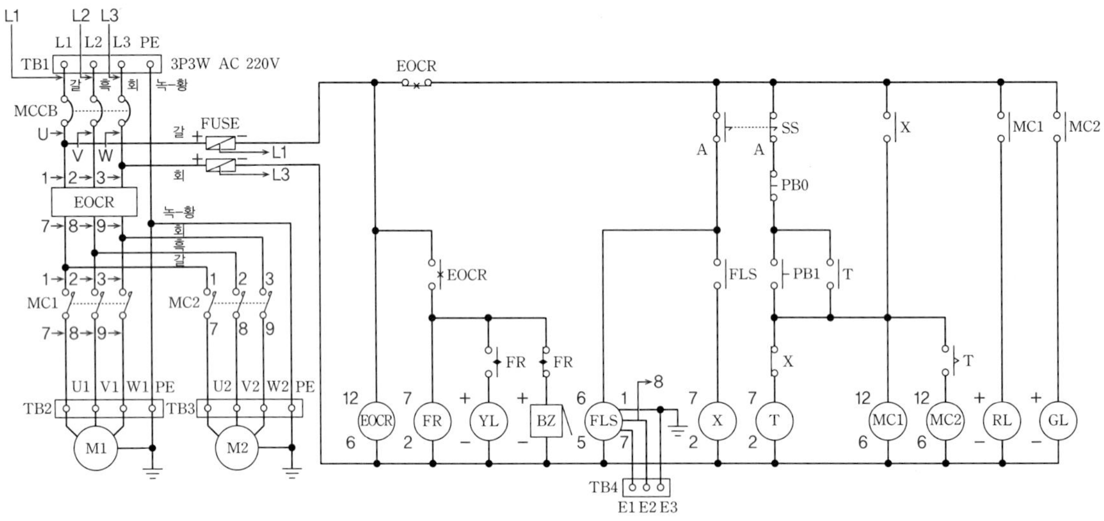

▲ 제어계통의 릴레이 전원부 넘버링 완료 도면

5) 제어계통 넘버링 순서

① EOCR 접점부터 넘버링을 시작해서 '왼쪽에서 오른쪽으로', '위에서 아래'의 순서에 따라서 넘버링을 완료한다.

② X 릴레이의 a 접점과 b 접점이 서로 떨어져서(다른 기구를 거쳐서) 위치한 경우, 서로 다른 그룹 접점(1, 4와 8, 6)을 사용해야 한다.

• 절대로 같은 그룹 접점(예 1, 4와 1, 3)을 사용하면 안 된다.

• 시퀀스 회로도에 같은 릴레이의 접점이 2개 이상 있으면, 반드시 확인한 후 동시에 넘버링해야 한다.

③ T 릴레이의 접점에서 순시 접점과 한시 접점의 번호를 혼동하면 안 된다.

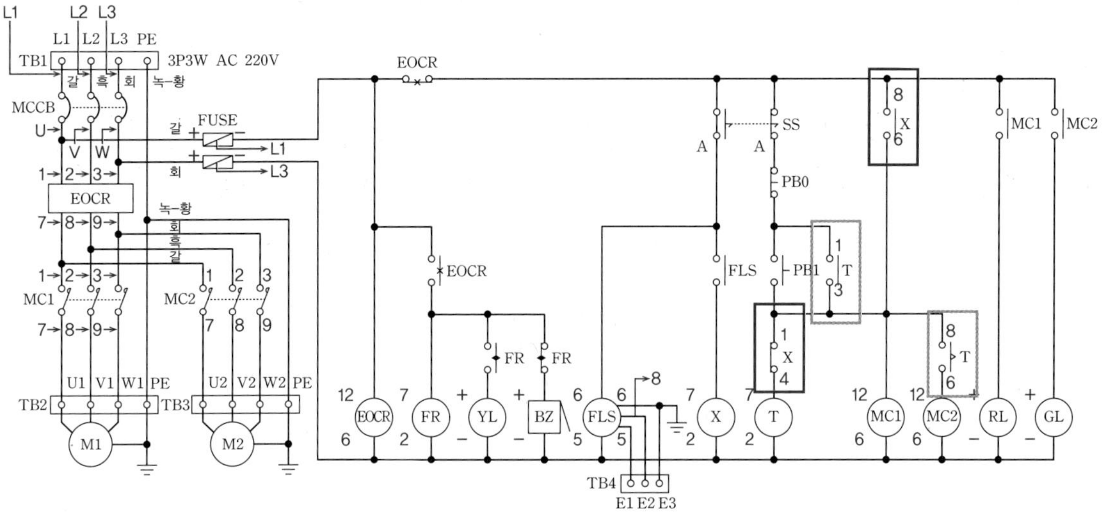

▲ X 릴레이 접점과 T 릴레이 접점 넘버링 예시

⑤ 제어도면의 시퀀스 회로도의 넘버링을 완료한 모습

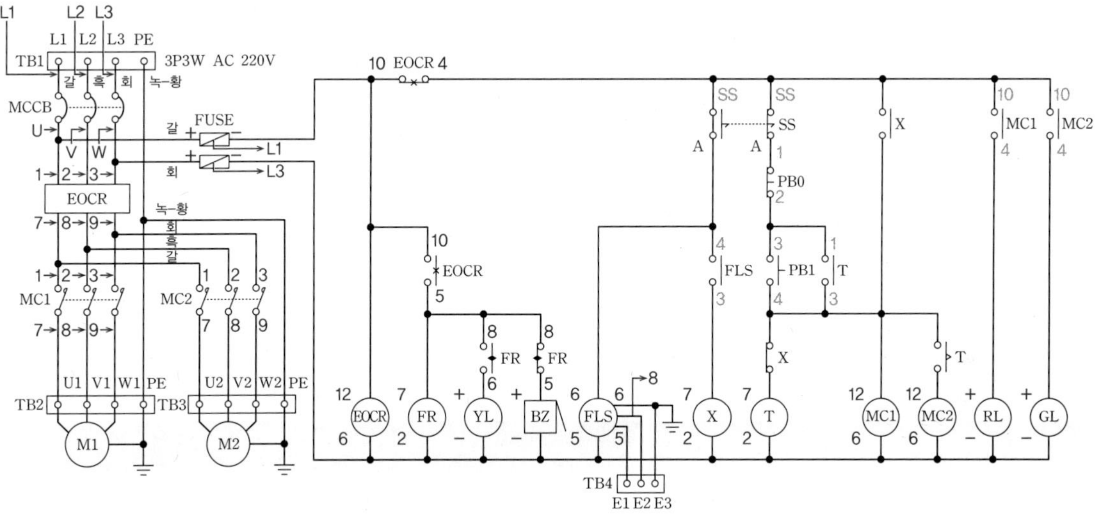

03 기구 배치도 넘버링

1) 배관 및 기구 배치도 넘버링의 목적

① 합판에 배관 및 기구 배치도 제도 시 넘버링 내용을 모두 기록하기 위한 것이다.

② 1인당 표준 규격 900×1,800mm 이상인 합판 2매가 제공된다. 이때, 배관 작업의 실수를 줄이고 작업을 용이하게 수행하기 위하여 넘버링한다.

2) 넘버링 방법

① 이미 작성한 시퀀스 도면과 필요시 범례를 보고 넘버링한다. 이때, 배관의 종류와 배관에 삽입할 전선의 개수, 푸시 버튼(PB)의 색깔과 접점 번호를 기록한다.

② 배관 및 기구 배치도 넘버링을 완성한 도면

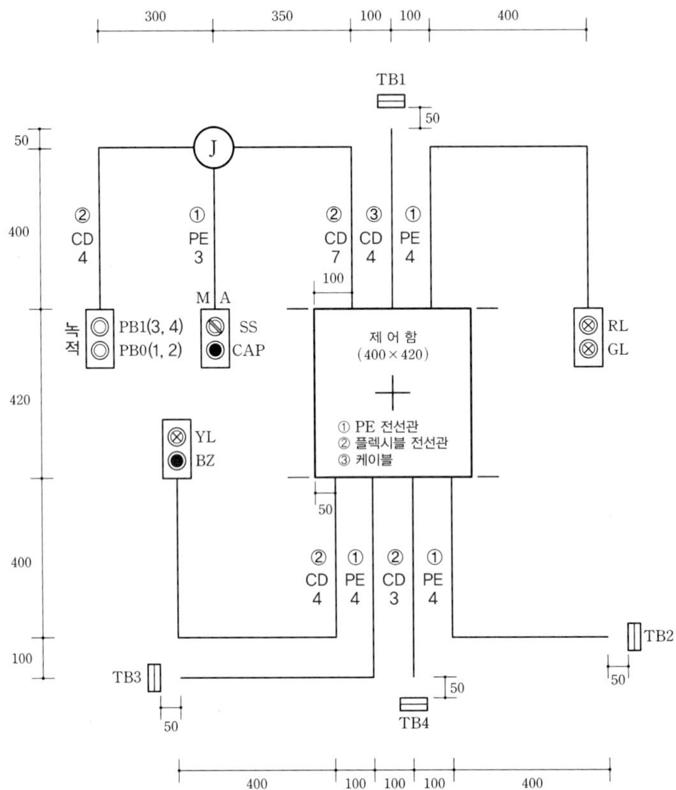

04 제어판 단자대 명칭부여(이기)

1) 제어판 단자대 명칭부여 시 주의사항

① 제어판의 가로와 세로를 혼동하거나 기구 배치 위치를 틀릴 수 있으므로, 도면 기준에 따라 제도해야 한다.

② 기구 배치 시 반드시 방향을 보고 배치한다.

③ 제어판 단자대(20P)의 위아래에 이기 시에는 제어판 기준으로 기록한다. 이때, 배관 및 기구 배치도를 기준으로 작성하면 안 된다.

2) 제어판 제도

① 제어판 내부 기구 배치도(6p)와 배관 및 기구 배치도(5p)를 준비한다.

② 제어판(가로 400×세로 420[mm]) 위에 도면의 기준에 따라 분필로 제도한다.

③ 우선 제어판 외곽을 전부 5[cm] 방안자로 제도한다. 이는 전선 결선 시 전선이 가는 방향을 구분하기 위함이다.

④ 제어판 내부 기구 배치도에 따라 제도한다. 제도 시에는 제어판 위아래에 배관의 위치도 표시하여야 배관 제도 시 편리하다.

▲ 제어판 제도 모습

3) 제어판 내부 기구 배치

① 제어판 내부 기구 배치도에 따라 기구를 배치한다.

• 기구 배치 시 세로 방향의 간격은 주어지나 가로 방향의 간격은 주어지지 않는다.

• 기구의 개수가 적을 때에는 제어판의 좌우 5[cm]를 기준으로 적당한 간격을 두고 배치한다.

• 기구의 개수가 5개 이상이라면, 기구 사이를 검지손가락이 들어갈 정도의 간격을 두고 배치한다. 이때, 퓨즈 홀더의 커버는 벗겨서 따로 보관해야 한다.

② 기구 배치 시 베이스의 크기 및 방향을 반드시 확인하고, MCCB의 방향도 확인한다.

③ 10P TB와, 퓨즈 홀더, 8P 베이스, 12P 베이스를 각각의 높이에 맞는 피스로 고정한다. 이때 MCCB 용 피스는 별도로 제공된다.

▲ 제어판 기구 배치 모습

제어판 내부 기구 사용 시 주의사항

- 부품 중 여러 종류의 나사가 있다. 그중 MCCB 체결용 나사는 종이 박스에, 컨트롤 박스용 나사는 체결되어 있다. 다른 종류의 나사를 사용하면 안 되므로, 필요한 나사들은 별도로 보관하여 사용해야 한다.
- 10P 터미널, 릴레이 베이스 등은 나사가 체결되어 있다. 제어판에 기구를 배치한 뒤 전동드릴로 나사를 일괄적으로 풀어준다. 이때 나사를 충분히 풀어두어야 나중에 전선을 삽입할 때 번거롭게 다시 작업하는 일을 방지할 수 있다.

05 제어판 단자대 명칭부여(이기) 절차

1) 제어판 기구 위와 단자대 위아래에 마스킹테이프를 부착한다.

2) 제어판 기구 위에는 제어판 내부 기구 배치도에 따라 기구 명칭을 기록한다.

① 퓨즈는 시퀀스 회로도에서 넘버링한 것처럼 좌우를 정확하게(+L1−), (+L3−)로 표시한다.

② 단자대 위아래에는 배관 및 기구 배치도를 보면서 이기한다. 이때, 네임펜을 사용하여 기록하는 것이 좋다.

- 단자대 양쪽 끝에서부터 적당한 간격으로 기록한다.
- 단자대의 좌우에 기록할 때에는 제어판을 기준으로 좌우를 구별해야 한다. 이때, 아래쪽 단자대에는 컨트롤 박스(YL, Bz)를 먼저 이기하고, 그 다음에 TB3를 이기하여야 한다.
- 기구 사이에 표시된 도면상의 선은 실제 전선을 결선할 때 전선이 위치해야 하는 길을 표시한 것이다.

▲ 제어판 단자대 명칭부여(이기) 완료 모습

3) 제어판 단자대(20P)의 위아래에 이기 시 공통 접점(COM)을 사용하는 경우

① 공통 접점(COM)이란 두 개의 기기 단자에서 공통으로 할 수 있는 접점을 사용하여, 결선할 전선의 개수를 줄이는 것을 말한다.

② 현재 공개문제는 공통 접점을 따로 잡지 않아도 상관없다. 공통 접점을 사용하면, 제어판에서 접점 수를 줄여서 결선할 전선 수를 줄일 수 있지만 최종 단계에 있는 기기에 연결할 때 전선의 결선을 혼동할 우려가 있다.

③ 제어판 단자대(20P) 위아래에 연결해야 하는 전선 개수가 20개를 초과하거나 시험 문제에 별도의 지시가 있을 때 공통접점을 잡아야 한다.

④ 동일배관, 동일 컨트롤 박스에 있는 접점으로서 시퀀스 회로도 상 다른 기구를 거치치 않고 단자끼리 연결이 가능한 기구는 공통접점(COM)이 가능하다.

⑤ 기구 배치도 상에서 PB0와 PB1, YL과 BZ, RL과 GL이 동일배관, 동일 컨트롤 박스에 있으므로 공통 접점이 가능하다. 시퀀스 회로도에서 PB0의 2번 단자와 PB1의 3번 단자가 가능하고, YL과 BZ의 (−) 단자, RL과 GL의 (−) 단자끼리 공통 접점으로 사용할 수 있다.

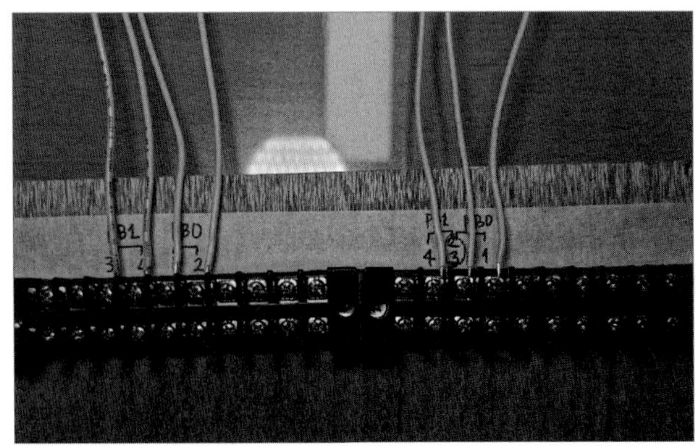

▲ 제어판에서 PB0와 PB1에서 공통 접점을 잡지 않은 경우와 공통 접점을 잡은 경우의 비교

06 제어판 결선 방법

1) 제어판 결선 시 주의사항

① 단자용 자석을 사용한 후 결선 시 반드시 제거해서 혼동하지 않도록 한다. 이때, 전동드릴 토크는 반드시 5 이하로 조정한다.

② 전선이 가는 길은 정해져 있다.

③ 시퀀스 회로도 상의 접점 순서는 제어판의 결선 순서가 아니다.

④ 제어판 결선 시 섹터별(다른 기구를 거치지 않고 전선으로 연결하는 구간)로 정확히 구별하여 결선하는 것이 중요하다. 하나의 섹터는 동시에 결선하여야 하며, 하나라도 결선이 안 되거나 추가로 결선하면 오결선이 된다.

⑤ L1, L2, L3 전원선을 동시에 자르고, 제어선은 자석 위치에 따른 결선 순서에 따라 순차적으로 잘라서 결선하면 시간을 절약할 수 있다.

⑥ 선을 베이스에 꽂을 때 반드시 단자의 접점 나사 조임을 확인한다. 단자 조임 후 반드시 전선을 바닥으로 눌러 놓아야 한다. 이는 단자 조임을 확인하고 전선 배치를 용이하게 하기 위함이다.

⑦ 전선의 스트리핑 기준은 12mm로 한다(MCCB는 약 14~15mm로 길게 조정).

⑧ 전선 접속의 불량 원인을 파악한다.
- 볼트 조임 불량
- 절연물 포함 접속
- 심선 훼손
- 심선 결합 불량(심선을 플레이트 사이에 끼우지 않았을 경우)
- 정해진 위치가 아닌 엉뚱한 곳에 접속

⑨ MCCB, Fuse, SS, Bz, PB, Lamp는 전동 드릴을 사용하지 않는 것이 좋다.

⑩ Fuse, SS, Bz는 반고리형 접속을 하면 접속 불량을 방지할 수 있다.

⑪ 섹터별 결선 완료 후 반드시 재점검한다. 이때, '섹터별 결선 → 도면과 일치 여부 확인 → 벨테스터 시행 → 형광펜 표시'순으로 점검한다.

2) 제어판 결선 시 준비물(공구 및 자재는 동선을 최소화할 수 있도록 배치)

① 전동 드릴, 드라이버, 와이어 스트리퍼, 롱노즈 플라이어, 단자용 자석, 벨테스터, 형광펜(3색)

② MCCB용 피스(별도 제공), 8P 베이스용 피스(25mm), 12P 베이스용 피스(20mm), TB와 Fuse 홀더용 피스(16mm)

③ 전원선(5m) 및 제어선(50m)

3) 제어판 결선 순서

① 시퀀스 회로도 넘버링의 원칙과 마찬가지로 제일 왼쪽과 위쪽부터 결선한다.

② 먼저 전원계통을 결선하고 난 뒤 제어계통을 결선한다.

③ 시퀀스 회로도에 전원계통과 제어계통의 결선 섹터를 구분하고, 결선 순서를 번호순으로 표시한다.

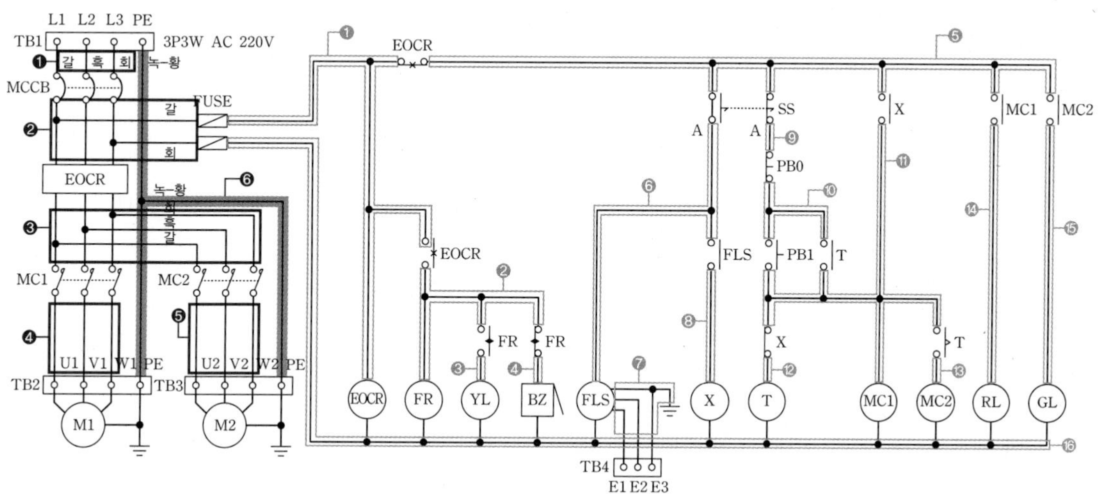

▲ 제어판 결선 순서 표시

07 섹터별 결선 및 제어판 결선 점검

1) 제어판 섹터별 결선 순서

① 결선할 섹터를 확인하고, 핀에 단자용 자석을 붙인다.

② 단자 사이에 결선할 전선을 자른다.

③ 전선을 12mm 스트리핑(12mm Rule)하고, 자석을 제거한 후 단자에 심선을 삽입하여 볼트로 고정시킨다.

④ 결선된 전선을 바닥으로 누른다.

⑤ 결선이 끝나면 제어판 결선이 시퀀스 회로도와 일치하는지 확인한다.

⑥ 결선이 확인되면 벨테스터로 접속 불량 여부를 확인한다.

⑦ 벨테스터를 확인한 후 가장 연한 색의 형광펜으로 결선한 전선 부분만 컬러링한다.

2) 전원계통 결선 순서

① 'TB1과 MCCB → MCCB와 EOCR 및 Fuse 홀더 → EOCR과 MC1 및 MC2 → MC1과 TB2 → MC2
와 TB3'순으로 결선하고, 마지막에 PE선을 결선한다.
② 섹터별 결선 순서는 항상 왼쪽에서 오른쪽, 위에서 아래의 순서이다.
③ 시퀀스 회로도에 전원계통의 섹터별 결선 순서 6단계를 번호순으로 표기한다.

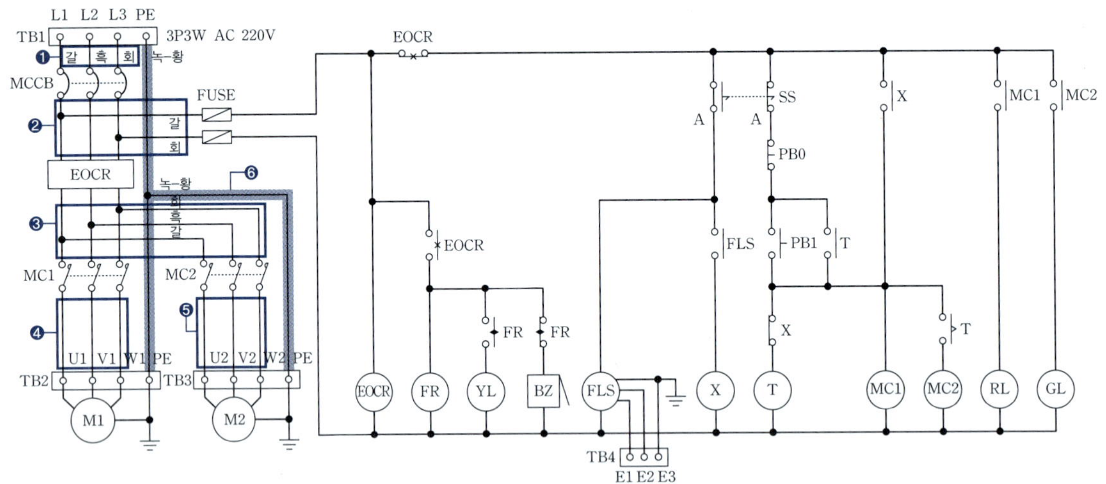

▲ 전원계통의 섹터별 결선 순서

3) 전원계통의 단계별 결선 절차

① 결선할 섹터를 확인하고, 결선할 핀에 단자용 자석을 붙인다.
② 감겨 있는 전원선을 바깥쪽부터 풀고 일단 4선을 동시에 도면상 길이보다 여유 있게 자른다.
③ 고정할 핀 쪽의 단자용 자석은 단자에서 제거하여 제어판 바깥쪽에 놓아둔다.
④ 전선의 한쪽을 12mm(MCCB는 15mm)로 스트리핑한 후에 핀에 심선을 삽입하여 볼트로 고정시킨다.
⑤ 한쪽이 고정되면, 다른 쪽의 피스에 맞게 전선을 자르고 스트리핑을 한 다음 심선을 삽입하여 볼트로 고
정시킨다. 전선의 양쪽이 고정되면 전원선을 바닥으로 눌러준다.
⑥ 결선이 끝나면 제어판 결선이 정확하게 시퀀스 회로도와 일치하는지 확인한다.
⑦ 벨테스터로 접속 불량 여부를 확인한다.
⑧ 벨테스터 확인이 끝나면 가장 연한 색의 형광펜으로 결선한 전선 부분만 정확히 컬러링한다. 전원계통
의 모든 섹터를 결선할 때, ① ~ ⑧까지의 결선 절차를 따라 진행해야 한다.

➕ 더 알기 TIP

전원계통의 단계별 결선 절차 세부설명

③ 단자용 자석은 전선의 접속을 정확하고 쉽게 할 수 있게 돕지만, 자석을 잘못 관리하면 원하지 않는 곳에 붙어서 오결선을
할 우려가 있으므로 사용에 주의한다.
④ 전선을 12mm로 스트리핑하는 이유는 전선 결선 후 심선이 너무 짧아서 피복이 단자에 물리거나 심선이 2mm 이상 보이
지 않게 하고, 실습의 속도를 높이기 위함이다.
⑤ 전원선을 바닥으로 눌러주는 이유는 피스 고정을 확인하고, 제어선의 배치를 쉽게 하기 위해서이다.
⑥ 각 전선마다 오접속이 없는지 도면과 직접 비교하는 것이 중요하다.
⑦ 벨테스터는 접속 불량을 점검하는 장비일 뿐 오결선을 점검하는 장비가 아니라는 점을 명심해야 한다.
⑧ 컬러링하면 결선 과정에서의 오류를 즉시 발견할 수 있으며, 미결선 구간이 발생하는 것을 방지할 수 있다.

4) 전원계통 결선

① TB1의 L1, L2, L3와 MCCB의 L1, L2, L3를 갈색, 흑색, 회색으로 가장 먼저 결선한다.

> ㉠ 핀에 단자용 자석을 붙인다.
> ㉡ 전원선 길이는 직선 길이보다 여유 있게 자른다.
> ㉢ MCCB 측 단자용 자석을 제거한다.
> ㉣ 전원선의 한쪽을 15mm 정도 스트리핑하여 전선 색깔에 맞게 MCCB의 L1, L2, L3에 삽입하고, 볼트로 고정시킨다.
> ㉤ TB1의 L1, L2, L3의 피스에 맞게 전선을 자르고 12mm로 스트리핑한 다음 심선을 삽입하여 볼트로 고정시킨다.
> ㉥ 전선의 양쪽이 고정되면, 전원선을 바닥으로 눌러준다.
> ㉦ 제어판 결선이 정확하게 시퀀스 회로도와 일치하는지 확인한다.
> ㉧ 벨테스터로 접속 불량 여부를 확인한다.
> ㉨ 가장 연한 색의 형광펜으로 결선한 전선 부분만 정확히 컬러링한다.

② MCCB U, V, W와 EOCR 1, 2, 3 및 퓨즈 홀더 L1(+), L3(+) 사이를 결선한다.

> ㉠ 핀에 단자용 자석을 붙인다.
> ㉡ 전원선을 MCCB U, V, W와 EOCR 1, 2, 3 사이 및 EOCR 1, 2, 3과 퓨즈 홀더 L1(+), L3(+) 사이의 직선 길이보다 여유 있게 자른다.
> ㉢ MCCB측 단자용 자석을 제거한다.
> ㉣ 전원선의 한쪽을 15mm 정도 스트리핑하여 전선 색깔에 맞게 MCCB의 U, V, W에 삽입하고 볼트로 고정시킨다.
> ㉤ 퓨즈 홀더 측 단자용 자석을 제거한다.
> ㉥ L1(+), L3(+)용 갈색 및 회색 전원선의 한쪽을 12mm 스트리핑하여 반고리형을 만든다.
> ㉦ 반고리형의 갈색 및 회색 전원선을 퓨즈 홀더의 L1(+), L3(+)에 삽입하고, 볼트로 고정시킨다.
> ㉧ EOCR 1에는 갈색 2선, 2에는 흑색 1선, 3에는 회색 2선을 핀 길이에 맞게 자른다. → EOCR측 단자용 자석을 제거한다.
> ㉨ 전원선을 스트리핑한 후, EOCR 1,2,3에 삽입하고 볼트로 고정시킨다.
> ㉩ 전원선을 바닥으로 눌러준다.
> ㉪ 제어판 결선이 정확하게 시퀀스 회로도와 일치하는지 확인한다.
> ㉫ 벨테스터로 접속 불량 여부를 확인한다.
> ㉬ 가장 연한 색의 형광펜으로 결선한 전선 부분만 정확히 컬러링한다.

- 퓨즈 홀더 L1(+)와 L3(+) 측은 접속 후에 전선이 빠질 수 있기 때문에 반고리형을 만들어 결선한다. 반고리형으로 결선하면 피스를 제거할 필요 없이 전선을 결선할 수 있으나, 고리형으로 전선을 결선하면 피스를 완전히 제거하고 결선해야 하므로 퓨즈홀더의 피스가 작아서 한 번 빼고 나면 다시 끼울 때 시간이 많이 소요된다.
- 반고리형을 단자에 삽입할 때 오른나사 법칙에 의거하여 나사가 잠기는 쪽으로 삽입한다.
- 퓨즈 홀더 L1(+), L3(+)는 도면상 MCCB U, V, W와 결선하든지 EOCR 1, 2, 3과 결선하든지 상관없다. 그러나 MCCB는 누름나사형이기 때문에 EOCR과 결선하는 것이 바람직하다.

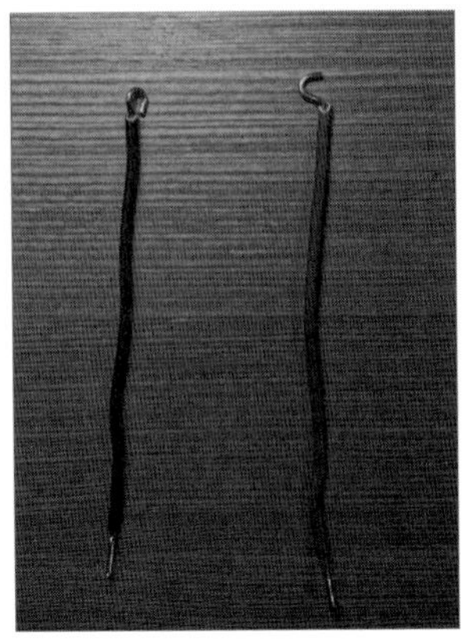

▲ 전원선의 고리형과 반고리형의 모양

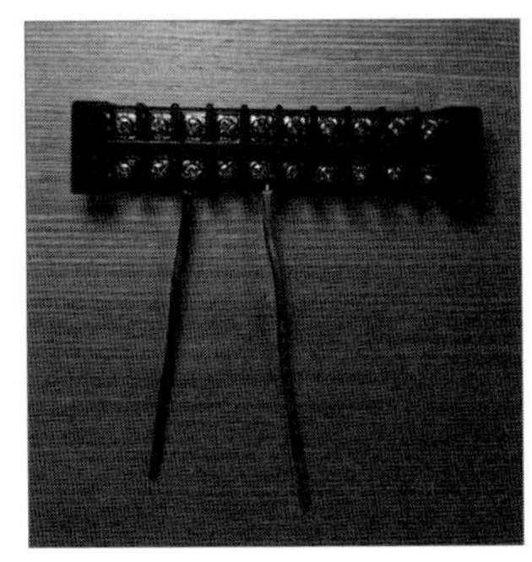

▲ 심선을 바르게 삽입한 모습과 잘못 삽입한 모습

③ EOCR 7, 8, 9와 MC1 1, 2, 3 및 MC2 1, 2, 3 사이를 결선한다.

> ㉠ 핀에 단자용 자석을 붙인다.
> ㉡ 전원선을 EOCR 7, 8, 9와 MC1 1, 2, 3 사이 및 MC1 1, 2, 3과 MC2 1, 2, 3 사이의 직선 길이보다 여유 있게 자른다.
> ㉢ EOCR 측 단자용 자석을 제거한다.
> ㉣ 전원선의 한쪽을 12mm 스트리핑하여 전선 색깔에 맞게 EOCR 7, 8, 9에 삽입하고, 볼트로 고정시킨다.
> ㉤ MC2측 단자용 자석을 제거한다.
> ㉥ 전원선의 한쪽을 12mm 스트리핑하여 전선 색깔에 맞게 MC2 1, 2, 3에 삽입하고, 볼트로 고정시킨다.
> ㉦ MC1의 1, 2, 3에 갈색, 흑색, 회색 각각 2선을 핀 길이에 맞게 자른다.
> ㉧ MC1 측 단자용 자석을 제거한다.
> ㉨ 전원선을 스트리핑한 후, MC1 1, 2, 3에 삽입하고 볼트로 고정시킨다.
> ㉩ 전원선을 바닥으로 눌러준다.
> ㉪ 제어판 결선이 정확하게 시퀀스 회로도와 일치하는지 확인한다.
> ㉫ 벨테스터로 접속 불량 여부를 확인한다.
> ㉬ 가장 연한 색의 형광펜으로 결선한 전선 부분만 정확히 컬러링한다.

④ MC1 7, 8, 9와 TB2 U1, V1, W1, MC2 7, 8, 9와 TB3 U2, V2, W2를 동일한 절차와 방법으로 결선한다. 이때, MC1과 TB2, MC2와 TB3 사이는 별개의 섹터로서 단계별로 결선하여야 한다.

⑤ PE(접지) 계통은 전원계통 결선의 제일 마지막 단계에서 시행한다.

> ㉠ 핀에 단자용 자석을 붙인다.
> ㉡ 접지선의 한쪽을 12mm 스트리핑하여 TB1 PE에 심선을 삽입하고 볼트로 고정시킨다.
> ㉢ 전선이 가는 길을 따라 TB2 PE의 핀에 맞게 전선을 자른다.
> ㉣ 자른 전선 양쪽을 동시에 12mm 스트리핑하여 핀에 삽입하고 볼트로 고정한다.
> ㉤ 전선을 바닥으로 눌러준다.
> ㉥ TB3 PE의 핀에 맞게 전선을 자르고, 스트리핑한 후 심선을 삽입하여 볼트로 고정시킨다.
> ㉦ 전선을 바닥으로 눌러준다.
> ㉧ 제어판 결선이 정확하게 시퀀스 회로도와 일치하는지 확인한다.
> ㉨ 벨테스터로 접속 불량 여부를 확인한다.
> ㉩ 가장 연한 색의 형광펜으로 결선한 전선 부분만 정확히 컬러링한다.

⑥ 전원계통의 결선이 완료되면, 전원계통 시퀀스 회로도의 컬러링도 완료된다.

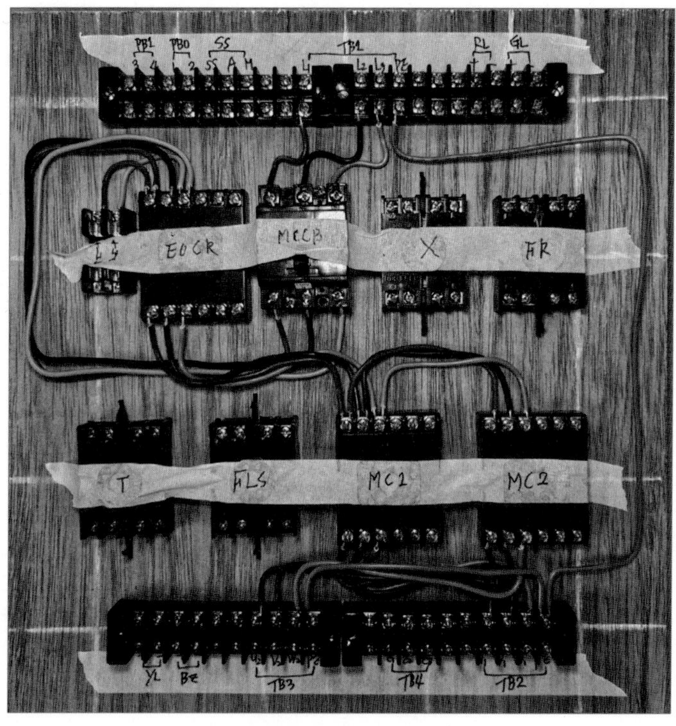

▲ 전원계통의 결선을 완료한 모습

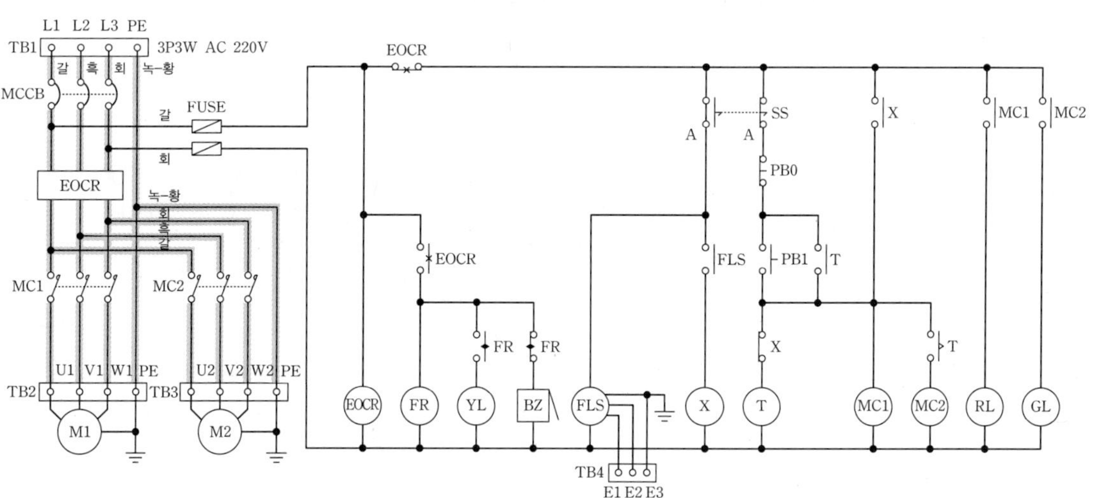

▲ 전원계통 시퀀스 회로도 컬러링 예시

5) 제어계통 결선 순서

① 퓨즈 홀더 L1(−)와 EOCR 10번과 12번을 결선하는 것부터 시작한다.

② 섹터별 결선 순서는 항상 왼쪽에서 오른쪽, 위에서 아래의 순서로 단계별로 결선한다.

③ L3(−)와 EOCR 6, FR 2, YL(−), BZ (−), FLS 5, X 2, T 2, MC1 6, MC2 6, RL (−), GL (−) 간의 결선은 제일 마지막에 결선한다.

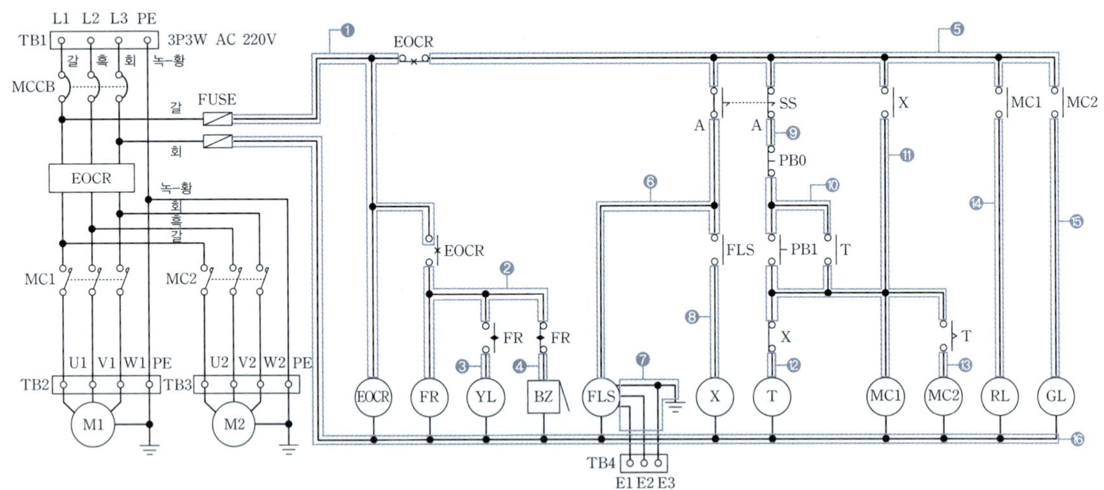

▲ 제어계통의 섹터별 결선 순서

6) 제어계통의 단계별 결선 절차(제어계통의 모든 섹터를 결선할 때, ①~⑧까지의 결선 절차를 따라 진행)

① 결선할 섹터를 확인하고, 결선할 핀에 단자용 자석을 붙인다.

② 제어선은 50m 길이로 한꺼번에 감겨 있어서 전선을 풀 때, 반드시 바깥쪽부터 풀어야 한다.

③ 고정할 핀 쪽의 단자용 자석은 단자에서 제거하여 제어판 바깥쪽에 놓아둔다.

④ 제어선은 전원선처럼 미리 자르지 말고 12mm 스트리핑하여 한쪽을 결선한 다음, 다른 쪽을 자르고 양쪽을 동시에 스트리핑하여 심선을 삽입하고 볼트로 고정하는 방법으로 순차적으로 결선한다.

⑤ 전선의 양쪽이 고정될 때마다 제어선을 바닥으로 눌러준다.

⑥ 결선이 끝나면 제어판 결선이 정확하게 시퀀스 회로도와 일치하는지 확인한다.

⑦ 벨테스터로 접속 불량 여부를 확인한다.

⑧ 벨테스터 확인이 끝나면 가장 연한 색의 형광펜으로 결선한 전선 부분만 정확히 컬러링한다.

7) 제어계통 결선

① 퓨즈 홀더 L1(−)과 EOCR 10번, 12번 단자 간의 결선부터 시작한다.

> ㉠ 핀에 단자용 자석을 붙인다.
> ㉡ 제어선을 12mm로 스트리핑하여 반고리형을 만든다.
> ㉢ 퓨즈 홀더 L1(−)의 단자용 자석을 제거한다.
> ㉣ 반고리형 심선을 퓨즈 홀더 L1(−)에 삽입하고, 볼트로 고정시킨다.
> ㉤ EOCR 10의 피스에 맞게 전선을 자르고, 자른 부분을 동시에 스트리핑한다.
> ㉥ 두 개의 심선을 삽입하여 볼트로 고정시킨다.
> ㉦ EOCR 12의 피스에 맞게 전선을 자른 후 스트리핑한다. 이때, EOCR 10과 12의 간격이 좁다고 전선을 너무 짧게 자르지
>   말고, 전선이 가는 길을 따라 'ㄷ'자 모양의 길이로 자른다.
> ㉧ 심선을 삽입하여 볼트로 고정시킨다.
> ㉨ 결선한 제어선을 바닥으로 눌러준다.
> ㉩ 제어판 결선이 정확하게 시퀀스 회로도와 일치하는지 확인한다.
> ㉪ 벨테스터로 접속 불량 여부를 확인한다.
> ㉫ 가장 연한 색의 형광펜으로 결선한 전선 부분만 정확히 컬러링한다.

② EOCR 5와 FR 7 및 FR 8 사이를 결선한다.

> ㉠ 핀에 단자용 자석을 붙인다.
> ㉡ 제어선을 12mm로 스트리핑한다.
> ㉢ EOCR 5의 단자용 자석을 제거한다.
> ㉣ 심선을 EOCR 5에 삽입하고, 볼트로 고정시킨다.
> ㉤ FR 8의 피스에 맞게 전선을 자르고, 자른 부분을 동시에 스트리핑한다(EOCR 5에서 FR 7로 결선할지, FR 8로 결선할지
>   실습자가 결정).
> ㉥ 두 개의 심선을 삽입하여 볼트로 고정시킨다.
> ㉦ FR 7의 피스에 맞게 전선을 자른 후 스트리핑한다.
> ㉧ 심선을 삽입하여 볼트로 고정시킨다.
> ㉨ 결선한 제어선을 바닥으로 눌러준다.
> ㉩ 제어판 결선이 정확하게 시퀀스 회로도와 일치하는지 확인한다.
> ㉪ 벨테스터로 접속 불량 여부를 확인한다.
> ㉫ 가장 연한 색의 형광펜으로 결선한 전선 부분만 정확히 컬러링한다.

③ FR 6과 YL (+), FR 5와 Bz (+) 접점 간에도 동일한 절차와 방법으로 결선한다.

④ EOCR 4번과 SS, X 8, MC1 10, MC2 10 사이를 결선한다.

> ㉠ 핀에 단자용 자석을 붙인다.
> ㉡ SS의 단자용 자석을 제거하고, 스트리핑되어 있는 심선을 삽입하여 볼트로 고정한다.
> ㉢ EOCR 4의 피스에 맞게 전선을 자르고, 자른 부분을 동시에 스트리핑한다.
> ㉣ EOCR 4의 단자용 자석을 제거한다.
> ㉤ 두 개의 심선을 EOCR 4에 삽입하여 볼트로 고정한다.
> ㉥ X 8의 피스에 맞게 전선을 자른 후, 자른 부분을 동시에 스트리핑한다(EOCR 4와 X 8 사이를 오른쪽으로 결선할지 왼쪽
>   으로 결선할지 실습자가 결정).
> ㉦ X 8의 단자용 자석을 제거한다.
> ㉧ 두 개의 심선을 X 8에 삽입하여 볼트로 고정시킨다.
> ㉨ 결선한 제어선을 바닥으로 눌러준다.
> ㉩ MC2 10의 피스에 맞게 전선을 자른 후, 자른 부분을 동시에 스트리핑한다.
> ㉪ MC2 10의 단자용 자석을 제거한다.

ⓔ 두 개의 심선을 MC2 10에 삽입하여 볼트로 고정시킨다.

ⓟ 결선한 제어선을 바닥으로 눌러준다.

ⓗ MC1 10의 피스에 맞게 전선을 자른 후, 자른 부분을 동시에 스트리핑한다.

㉮ MC1 10의 단자용 자석을 제거한다.

㉯ 두 개의 심선을 MC1 10에 삽입하여 볼트로 고정시킨다.

㉰ 결선한 제어선을 바닥으로 눌러준다.

㉱ 제어판 결선이 정확하게 시퀀스 회로도와 일치하는지 확인한다.

㉲ 벨테스터로 접속 불량 여부를 확인한다.

㉳ 가장 연한 색의 형광펜으로 결선한 전선 부분만 정확히 컬러링한다.

제어계통 오결선의 수정 방법

• 잘못 결선된 접점의 단자용 자석만 놓고, 나머지 자석은 제거한다.

• 잘못 결선된 접점의 전선을 따라 연결된 접점을 찾아서 다시 자석을 놓는다.

• 오결선된 섹터를 발견하면, 바로 확인 후 수정하고 지금 결선 중인 섹터부터 다시 결선한다.

⑤ SS A, FLS 4, FLS 6 접점 간에도 동일한 절차와 방법으로 결선한다.

⑥ FLS 7과 TB4 E1, FLS 8과 TB4 E2, FLS 1과 TB4 E3를 결선한다.

㉠ 동일한 절차와 방법으로 제어선을 FLS 7과 TB4 E1, FLS 8과 TB4 E2, FLS 1과 TB4 E3를 결선한다.

㉡ 접지선을 사용하여, TB4 E3와 TB3 PE 단자 사이를 결선한다(내부 접지).

㉢ 결선한 제어선을 바닥으로 눌러준다.

㉣ 제어판 결선이 정확하게 시퀀스 회로도와 일치하는지 확인한다.

㉤ 벨테스터로 접속 불량 여부를 확인한다.

㉥ 가장 연한 색의 형광펜으로 결선한 전선 부분만 정확히 컬러링한다.

▲ TB4 E3와 TB3 PE 단자 간의 내부 접지 모습

⑦ 동일한 절차와 방법으로 FLS 3과 X 7, SS M과 PB0 1, PB0 2와 PB1 3 및 T 1, PB1 3과 X 1 및 T 3 및 X 6, MC1 12 및 T 8, T 6과 MC2 12, MC1 4와 RL(+), MC2 4와 GL(+)를 순서대로 결선한다.

⑧ 마지막으로, 퓨즈 홀더 L3(−)와 EOCR 6, FR 2, YL (−), BZ (−), FLS 5, X 2, T 2, MC1 6, MC2 6, RL (−), GL (−) 단자를 결선한다.

> ㉠ 단자용 자석 12개를 붙이고, 퓨즈 홀더 L3(−)부터 시작하여 결선 순서를 결정한다. 3개 접점 이상의 결선 순서에 Fuse 홀더가 들어 있으면 항상 Fuse 홀더의 단자부터 시작해서 결선을 시작한다. 실무상 Fuse 홀더는 피스가 작기 때문에 전선의 결합이 쉽지 않고 잘 빠지기 때문에 반고리형으로 1개만 결선하는 것이 바람직하다.
>
> ㉡ 제어선을 12mm로 스트리핑하여 반고리형을 만든다.
>
> ㉢ 퓨즈 홀더 L3(−)의 단자용 자석을 제거한다.
>
> ㉣ 반고리형 심선을 퓨즈 홀더 L3(−)에 삽입하여 볼트로 고정시킨다.
>
> ㉤ 계속하여 퓨즈 홀더 L3(−)와 FLS 5, FLS 5와 MC1 6, MC1 6와 X 2, X 2와 MC2 6, MC 6와 FR 2, FR 2와 GL (−), GL (−)와 RL (−), RL (−)와 EOCR 6, EOCR 6과 T 2, T 2와 YL (−), YL (−)와 Bz (−) 접점 사이를 동일한 절차와 방법으로 결선한다.

▲ 제어판 결선 완료 모습

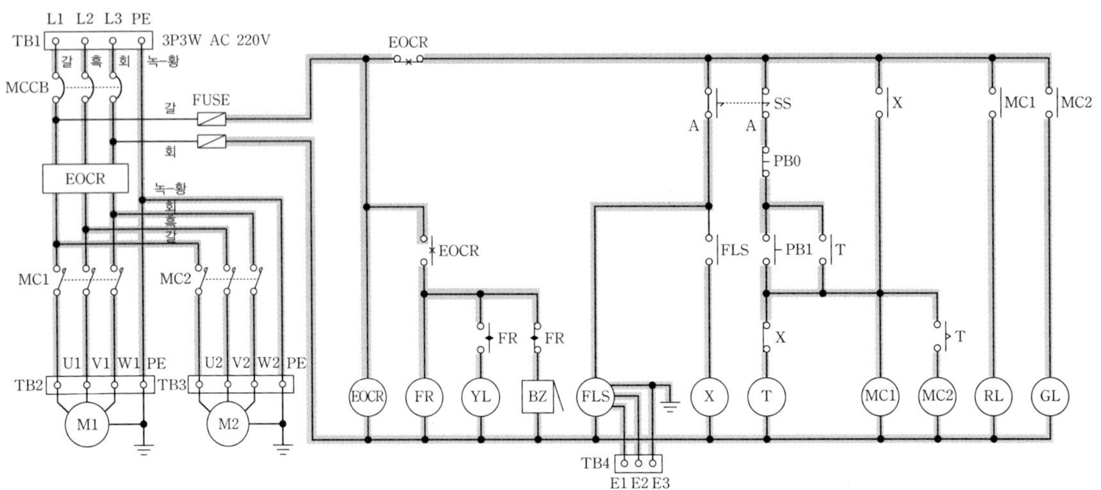

▲ 제어판의 섹터별 결선 후 시퀀스 회로도 컬러링 예시

8) 제어판 결선 후 최종 점검

① 제어판 결선 후 최종 점검 시 주의사항

- 제어판 결선을 섹터별로 하면서 결선 단계마다 점검 절차를 지켰다 하더라도 제어판 전체를 다시 점검해 보면 5~10[%] 정도는 결선 오류가 발견된다.
- 본인의 결선 결과를 완전히 믿지 말아야 한다. 본인의 작업이 옳다고 생각하고 점검을 하면 절대로 오류를 발견할 수 없다.
- 벨테스터는 접속의 오류를 점검하는 도구이지 오결선을 점검하는 도구가 아니라는 점을 명심한다.
- 전선 접속 불량 요인 즉, 볼트 조임 불량, 절연물 포함 접속, 심선 결합 불량(심선을 플레이트 사이에 끼우지 않았을 때), 심선 훼손, 엉뚱한 곳에 접속한 경우가 있는지 등을 중점적으로 점검해야 한다.

② 제어판 최종 점검

- 두 번째 진한 색깔의 형광펜과 벨테스터를 준비한다.
- 항상 왼쪽에서 오른쪽, 위에서 아래의 순서로 섹터별로 점검한다.
- 전원계통의 점검 순서는 TB1의 L1, L2, L3와 MCCB의 L1, L2, L3 사이의 결선 점검을 시작으로 총 6개의 섹터를 단계별로 점검한다.
- 제어계통의 점검 순서는 Fuse 홀더 L1(−)와 EOCR 10, 12번 단자 간의 결선 점검부터 시작하여 총 16개의 섹터를 단계별로 점검한다.
- '섹터별 제어판 결선 확인 → 벨테스터로 접속 불량 여부 확인 → 형광펜으로 점검 부분 중복 컬러링'의 순서로 점검한다.

1) 배관 결선 시 주의사항

① 누락 요소 없이 정확하게 제도한다.

- 새들의 위치 : 15cm 간격
- TB 측 : 5cm

② 배관 종류, 입선 수, 램프 및 푸시 버튼(PB0, PB1, PB2 등) 색상, 접점번호를 배관 및 기구 배치도 넘버 링에 의거하여 합판에 표시한다.

③ 배관 절차

> 제도 → 기구 부착 → 새들 고정(새들 위치 제도 포함, 처음은 한쪽만) → 배관(배관 절단, 커넥터 조립 포함) → 입선(전선 절 단 포함) → 컨트롤 박스 커버 조립 → 결선(반드시 컨트롤 박스부터) → 최종 점검 → 퓨즈 조립 → 컨트롤 박스 피스 및 케이 블타이 고정(8개 이상)

- 배관 시 커넥터는 제어판 위 5mm 간격으로 올린다.
- 배관 고정 시 새들 고정용 나사는 반드시 2개 모두 고정한다.
- TB에 새들 고정 시 TB 기준 50mm(배관)＋50mm(새들) 이격한다.
- 기구 부착 시 컨트롤 박스와 TB는 나사 1개만 박아서 배관 고정 시 조정할 수 있도록 한다.
- 컨트롤 박스는 배관 완료 시, TB는 결선 시 나사를 추가하여 고정한다.

④ 컨트롤박스 커버 조립

- PB, 램프 등 커버의 상·하에 맞게 기구 배치도에 의거 미리 조립한다.
- 컨트롤 박스의 빈 곳에는 캡(Cap)이 지급되면 반드시 씌운다.

⑤ 입선한 후 반드시 컨트롤 박스 쪽부터 결선하고 제어판 쪽을 결선한다.

- 부저, 퓨즈, 셀렉트 스위치는 반드시 반고리형으로 결합한다.
- 접속 불량 요인을 파악한다.

   예 볼트 조임 불량, 절연물 포함 접속, 심선 결합 불량(심선을 플레이트 사이에 끼우지 않았을 때), 심선 훼손, 엉뚱한 곳에 접속

⑥ 케이블은 TB에서 먼저 결선한 후 제어판을 결선한다.

- 길이에 충분히 여유를 주어 65cm로 절단한다.
- 최종 길이는 기준에 맞게 연결한다.

⑦ 도면과 비교하여 최종 점검한다. 이때, 반드시 벨 테스트를 한다.

⑧ 케이블타이는 최소 8개 이상 반드시 묶는다(좌상 2 ＋ 좌하 2 ＋ 우상 2 ＋ 우하 2)

⑨ '배관별 점검 → 도면과 일치 여부 확인 → 벨테스터 시행 → 형광펜 표시'순으로 점검한다.

2) 배관 제도 준비

① 결선이 완료된 제어판을 배관용 합판에 수평으로 고정한다.

② 제어판의 높이가 높으면 위쪽 배관 시 의자를 놓고 작업해야 하며, 좌우로 치우치면 배관을 다시 해야 하는 경우가 있다. 따라서 제어판의 높이는 윗부분이 가슴 높이로, 합판의 중앙에 고정한다.

③ 제어판 왼쪽에는 배관 및 기구 배치도 도면을 배치하고, 오른쪽에는 제어도면의 시퀀스 회로도를 배치 한다.

3) 배관 제도

① 50cm 방안자와 분필을 사용하여, 제어판 위쪽과 아래쪽 기준 수평으로 각각 50cm(8각 박스 쪽은 70cm)를 그어 준다.

② 제어판 상·하 수평선을 활용하여 도면의 치수대로 수평 및 수직선을 제도한다.

③ 제도가 끝나면 기구의 위치에 실제 크기의 기구 모양을 그린다.

④ 배관 및 기구 배치도 넘버링 내용을 그대로 기록한다.

- 배관 종류는 PE, CD, CA로 표시한다.
- 배관별 입선 수, 기구 명칭을 기록한다.
- 푸시 버튼(PB0, PB1)은 범례 및 시퀀스 회로도를 참조하여 색상과 접점 번호를 기록한다.

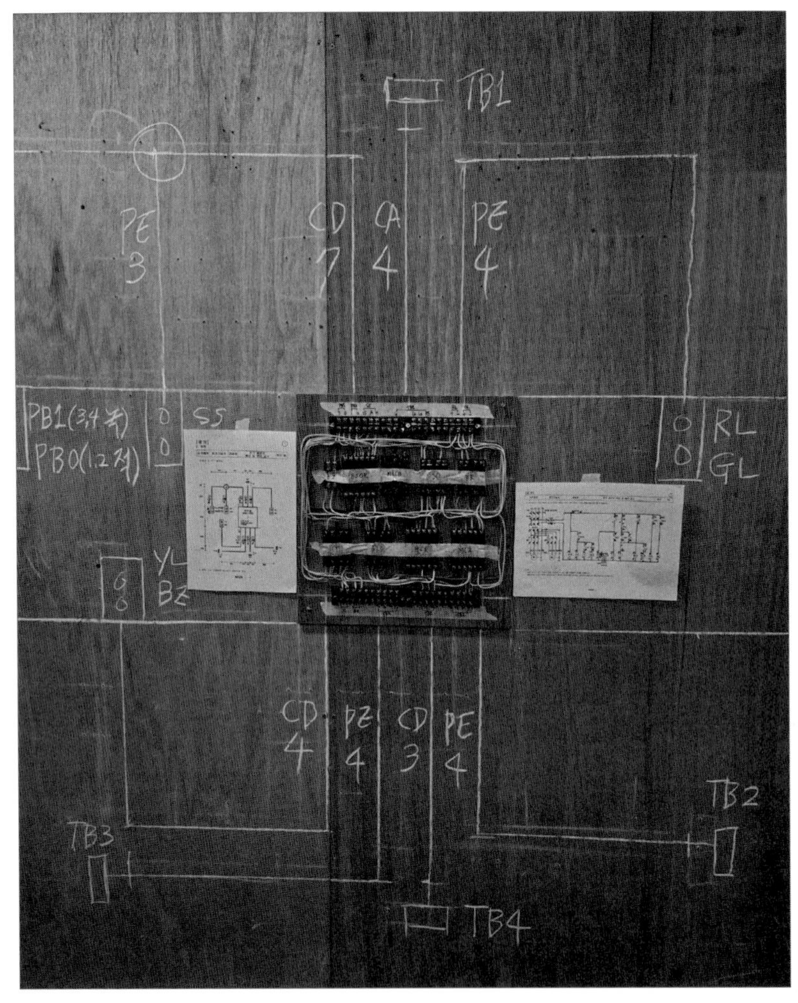

▲ 배관 제도 완료 모습

4) 기구 부착

① 컨트롤 박스와 8각 박스, 4P 단자대를 고정한다.

② 8각 박스는 완전히 고정하고, 컨트롤 박스와 4P 단자대는 한쪽만 고정한다.

③ 컨트롤 박스 커버는 따로 분리하고, 커버용 피스는 따로 보관해야 한다.

5) 새들 고정

① 새들 위치 제도는 반드시 기구 부착 후에 시행한다.

② 15cm 간격의 새들 위치(컨트롤 박스, 8각 박스, 제어판, 전선관)는 컨트롤 박스 커버를 이용하고, 5cm
   간격의 새들 위치(단자대 측)는 50cm 방안자를 이용한다.

③ 새들은 배관 제도선에서 0.5~1cm 이격하여 한쪽만(곡선의 안쪽 부분) 고정하여 뒤쪽으로 제쳐 둔다.

④ 케이블에는 케이블 전용 새들로 고정해야 한다.

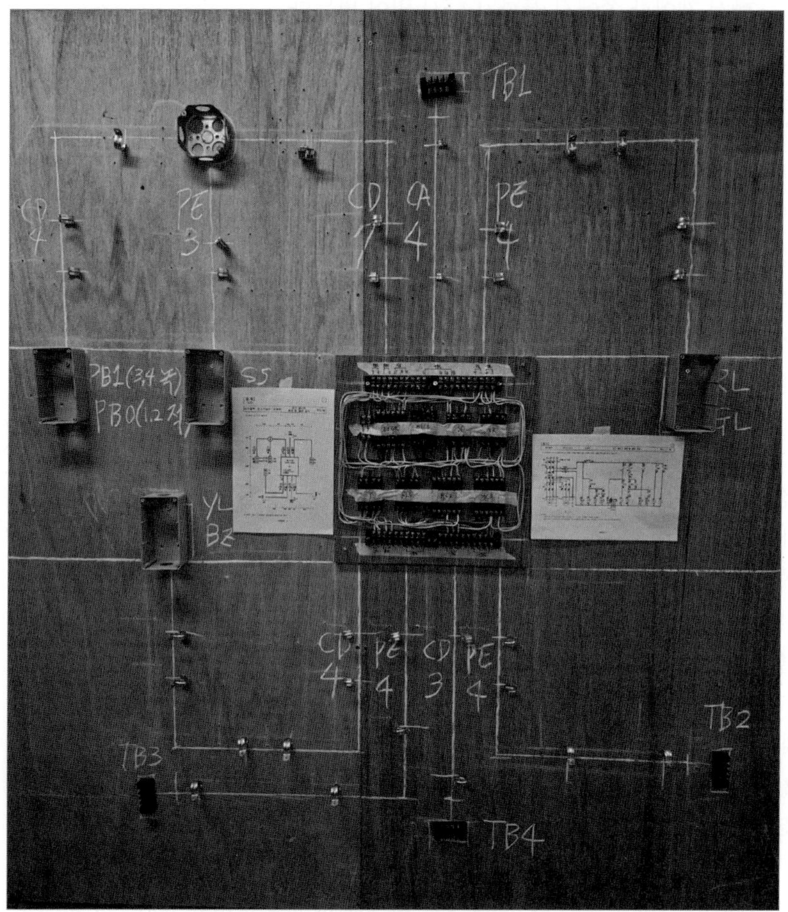

▲ 기구 부착 및 새들 고정 모습

6) 배관

① 5m 길이의 PE관과 CD관을 배관 및 기구 배치도 길이만큼 먼저 자른다.

② 컨트롤 박스와 8각 박스에 배관 종류에 맞는 커넥터를 결합한다.

③ PE관을 고정한다.

• 8각 박스와 컨트롤 박스(SS)

  − 8각 박스에 400mm 배관을 고정시킨다.

  − 컨트롤 박스(SS)에서 2.5cm 간격을 두고 배관을 파이프 커터로 자른다.

  − 컨트롤 박스를 분리해서 배관을 끼운 후, 컨트롤 박스를 위치에 맞게 다시 고정시킨다.

  − 새들의 나머지 피스를 고정하고, 컨트롤 박스를 완전히 고정시킨다.

- 제어판과 컨트롤 박스(RL, GL)
  - 컨트롤 박스에 1,200mm 배관을 고정시킨다.
  - 스프링벤더를 컨트롤 박스 쪽에서 끝까지 밀어 넣는다.
  - 컨트롤 박스쪽 새들 2개를 고정시킨다.
  - 컨트롤 박스의 위쪽 새들 위를 오른손으로 꽉 누른 상태에서 배관을 120~150° 정도 굽힌다.
  - 배관을 놓고, 상부 수평 방향 새들 2개로 배관을 고정시킨다.
  - 스프링벤더를 빼서 제어판 쪽에서 끝까지 다시 밀어 넣는다.
  - 상부 수평 방향의 왼쪽 새들 위를 오른손으로 꽉 누른 상태에서 배관을 120~150° 정도 굽힌다.
  - 배관을 놓고, 수직 방향 위쪽 새들을 하나만 고정시킨다.
  - 스프링벤더를 빼내고, 제어판에서 2.5cm 간격을 두고 배관을 자른다.
  - 배관에 커넥터를 끼워서 제어판 위에 5mm 정도 얹히게 올려놓는다.
  - 마지막 수직 방향 새들을 고정시킨다.
- 제어판과 TB2, TB3
  - 배관에 커넥터를 삽입해서 제어판 위에 5mm 정도 올려놓는다.
  - 새들을 위에서부터 고정하고, 길이에 맞춰서 배관을 자른다.
  - 마지막 수평 방향 새들을 고정한다.

7) CD관 고정

① 8각 박스와 컨트롤 박스(PB1, PB0)
- 8각 박스에 배관을 고정하고, 새들을 8각 박스부터 차례대로 고정한다.
- 상부 수평 방향 새들과 수직 방향 새들 사이를 적정한 곡률 반지름으로 굽힌다.
- 컨트롤 박스에서 2.5cm 간격을 두고 배관을 자르고 커넥터에 끼운다.
- 마지막 새들을 고정한다.

② 8각 박스와 제어판
- 8각 박스에 배관을 고정하고, 새들을 8각 박스부터 차례대로 고정한다.
- 제어판에서 2.5cm 간격을 두고 배관을 자르고, 배관에 커넥터를 끼운다.
- 제어판 위에 5mm 정도 올려 놓고, 마지막 새들을 고정한다.

③ 컨트롤 박스(YL, BZ)와 제어판
- 컨트롤 박스 쪽 배관을 먼저 고정한 다음, 새들을 차례대로 고정시킨다.
- 수평 방향 새들과 수직 방향 새들 사이를 적정한 곡률 반지름으로 굽힌다.
- 제어판에서 2.5cm 간격을 두고 배관을 자르고, 배관에 커넥터를 끼운다.
- 제어판 위에 5mm 정도 올려놓고, 마지막 새들을 고정한다.

④ 제어판과 TB4
- 배관에 커넥터를 삽입해서 제어판 위에 5mm 정도 올려놓는다.
- 새들을 위에서부터 고정하고, 길이에 맞춰서 배관을 자른다.
- 마지막 수평 방향 새들을 고정한다.

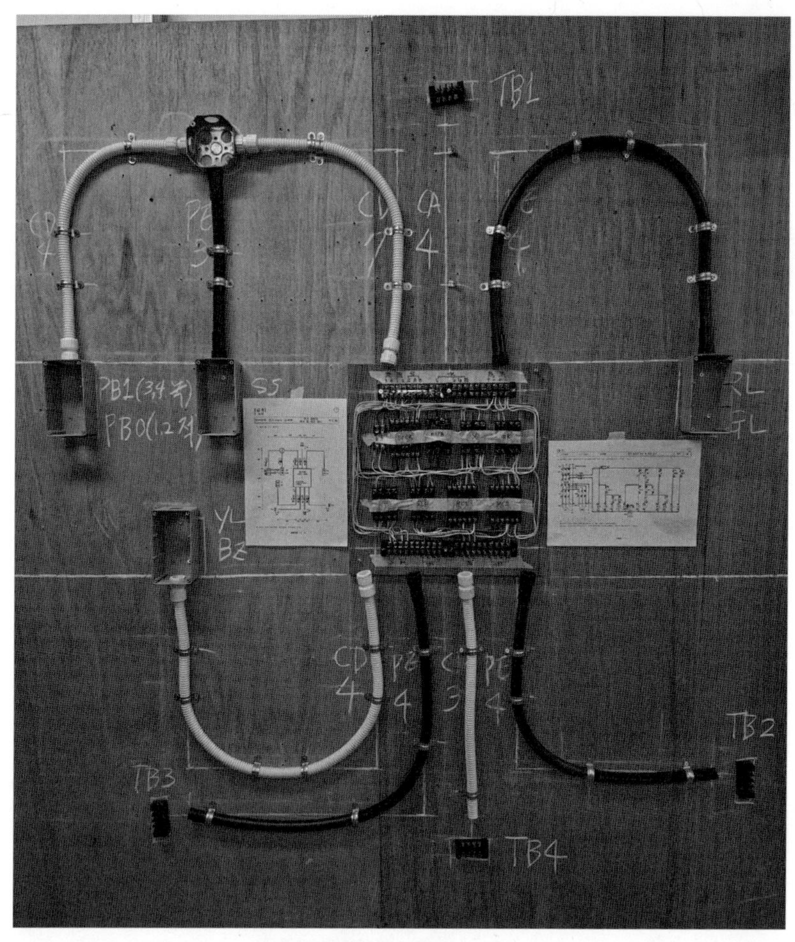

▲ 배관 완성 모습

8) 입선

① 전원선 입선

- 갈색, 흑색, 회색, 녹색의 전원선을 결선을 고려하여 1,200mm와 1,000mm로 여유 있게 자른다. 이때, 전원선의 길이는 각각 1,000mm와 800mm이다.
- 전원선 한쪽 끝을 맞춘 다음 마스킹 테이프로 끝부분을 한 번만 감아준다.
- 제어판 쪽에서부터 배관에 전원선을 끼운 후 양쪽을 제껴서 전원선이 움직이지 않게 한다. 마스킹 테이프는 제거한다.

② 제어선 입선

- 제어선은 결선을 고려하여 1,800mm 7개, 1,500 8개, 700mm 3개의 선으로 여유 있게 자른다.
    - 제어선은 1,450mm 4개, 1,350mm 3개, 1,200mm 8개, 500mm 3개가 필요하다.
    - 8각 박스와 컨트롤 박스에는 전선을 15~20cm 남겨야 하므로 여유 있게 자른다.
- 제어판과 8각 박스 및 컨트롤 박스(PB1, PB0)와 컨트롤 박스(SS)
    - 1,800mm 7개의 제어선 끝부분을 맞추어서 마스킹 테이프로 한 번만 감아준다.
    - 반드시 8각 박스 쪽에서 제어판 쪽으로 먼저 입선한다.

- 8각 박스 쪽에서 4개의 선을 골라서 끝을 맞추고 마스킹 테이프로 한번 감아준 다음 컨트롤 박스(PB1, PB0) 쪽으로 입선한다.
    - 같은 방법으로 나머지 3개의 선을 컨트롤 박스(SS) 쪽으로 입선한다.
    - 입선 완료 후 전선이 빠지지 않게 제쳐 두고, 마스킹 테이프는 제거한다.
    - 남는 전선은 8각 박스와 컨트롤 박스 안에 약 15cm 정도 길이로 감아 넣는다.
- 제어판과 컨트롤 박스(RL, GL), 제어판과 컨트롤 박스(YL, BZ)
    - 각각 1,500mm 4개의 제어선 끝부분을 맞추어서 마스킹 테이프로 한 번만 감아준다.
    - 컨트롤 박스 쪽에서 제어판 쪽으로 입선한다.
    - 입선 완료 후 전선이 빠지지 않게 제쳐 두고, 마스킹 테이프는 제거한다.
- 제어판과 TB4
    - 700mm 3개의 제어선 끝부분을 맞추어서 마스킹 테이프로 한 번만 감아준다.
    - 제어판 쪽에서 TB4 쪽으로 입선한다.
    - 입선 완료 후 전선이 빠지지 않게 제쳐 두고, 마스킹 테이프는 제거한다.

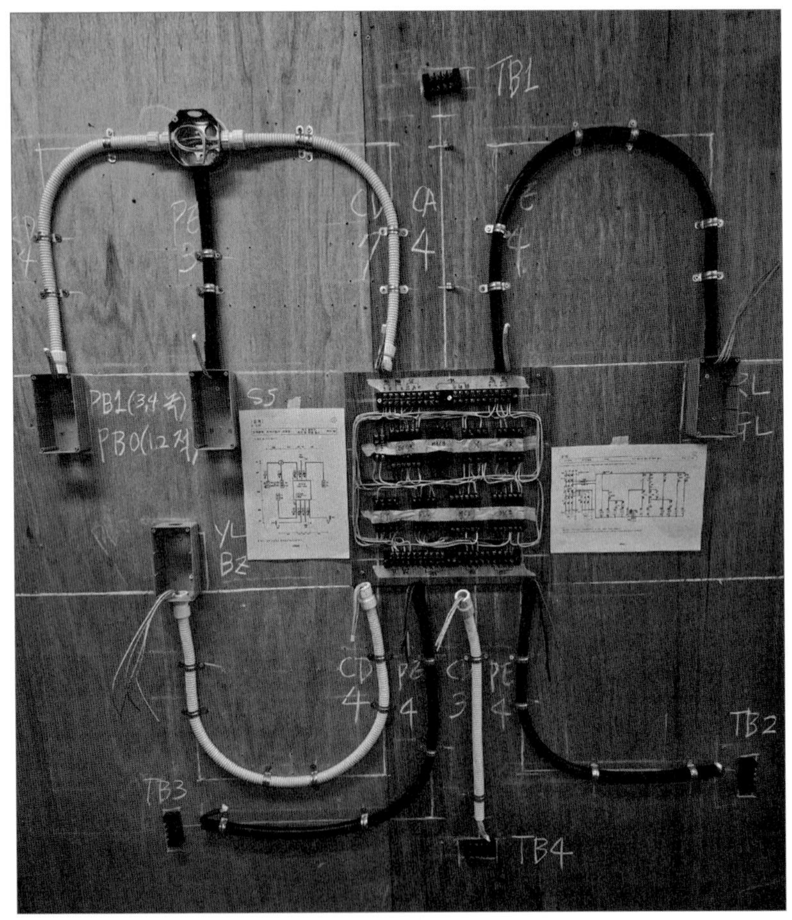

▲ 입선 완료 모습

9) 결선

① 케이블 결선

> ㉠ 케이블을 65cm로 자른 후, 케이블용 커넥터를 기구 결합용 볼트가 아래 방향으로 향하게 하여 케이블 중간 하단에 끼운다.
>
> ㉡ TB1을 합판에서 분리하여 작업용 책상 위에 놓고, 만능가위를 사용하여 케이블 위쪽 7.5cm 정도 길이의 절연물을 제거해준다. 이때, 전원선의 심선이 잘리지 않도록 주의한다.
>
> ㉢ 갈색, 흑색, 회색, 녹색 전원선을 TB1의 폭에 맞게 쇠스랑 모양으로 굽히고, 전선의 높이를 같게 한 다음 12mm 스트리핑한다.
>
> ㉣ 스트리핑한 심선을 꼬아서 TB의 각 단자에 동시에 끼우고 볼트로 고정한다.
>
> ㉤ 케이블용 새들 2개를 조여서 케이블을 고정시킨다.
>
> ㉥ 제어판의 TB1 이기 위치까지 조금 여유를 두고 길이에 맞춰서 전원선을 자른다.
>
> ㉦ 만능가위를 이용하여 제어판 입구 위치에서부터 케이블 절연물을 제거한다.
>
> ㉧ 제어판 이기 위치에 맞게 각 전선의 길이를 조정하여 자르고, 12mm 정도 스트리핑한다.
>
> ㉨ 심선을 꼰 다음 벨테스터를 이용하여 동일한 전선 여부를 확인한 후 단자에 접속한다.
>
> ㉩ 케이블용 커넥터를 조정하여 제어판 위 5mm 정도 얹히게 올려놓고, 볼트를 조여서 고정한다.

▲ 4개의 케이블 전원선을 쇠스랑 모양으로 스트리핑한 모습

② 전원선 결선(제어판과 TB2 및 제어판과 TB3)

> ㉠ 제어판과 TB2는 700mm 전선, TB3는 1,000mm 전선이 입선되어 있다.
>
> ㉡ 입선된 모든 전선의 양 끝을 12mm로 스트리핑한다.
>
> ㉢ 제어판 아래쪽 TB6에 이기한 TB2, TB3 위치에 갈색, 흑색, 회색, 녹색의 순서로 전원선을 입선하고 볼트로 고정한다.
>
> ㉣ TB2 쪽은 위로부터 갈색, 흑색, 회색 ,녹색의 순서로 전선 길이를 조정하여 자른다.
>
> ㉤ 12mm 스트리핑하여 TB2에 전선을 삽입하여 고정한다.
>
> ㉥ TB3 쪽도 위로부터 갈색, 흑색, 회색 ,녹색의 순서로 전선 길이를 조정하여 자른다.
>
> ㉦ 12mm 스트리핑하여 TB3에 전선을 삽입하여 고정한다.

③ 제어선 결선

> ㉠ 입선된 모든 전선의 양 끝을 12mm로 스트리핑한다.
> ㉡ 제어선을 컨트롤 박스 쪽의 필요한 단자마다 전선을 먼저 결선한다.
> ㉢ 제어판과 컨트롤 박스(PB1, PB0)
> • 벨테스터를 사용하여 PB1 3, 4 및 PB0 1, 2에 벨테스터의 한쪽을 물리고 제어판 쪽 전선을 하나씩 순서대로 점검하여 4개의 전선을 결선한다.
> • PB0은 1, 2번(b 접점)에, PB1은 3, 4번(a 접점)에 접속해야 한다.
> • 컨트롤 박스와 8각 박스에는 전선을 약 15cm 정도 남기고, 제어판 쪽에는 전선을 남기지 않도록 전선의 길이를 조정한다. 남는 전선은 8각 박스에 감아서 눌러 놓는다.
> ㉣ 제어판과 컨트롤 박스(SS)
> • 기구의 내부 결선도 및 구성도의 하단에 표시되어 있는 셀렉트 스위치의 위치를 확인한다.
> • 셀렉터 스위치를 수동(M) 위치에 맞춘 후, 벨테스터의 한쪽을 컨트롤 박스 쪽의 SS에 물리고 결선되지 않은 제어판 쪽의 3선을 접촉한다.
> • 3개의 전선 중 2개만 소리가 나고, 한 개는 소리가 나지 않는다. 소리가 나지 않는 전선은 자동(A)이므로 제어판의 접점번호 A에 삽입하고 접속한다.
> • 셀렉터 스위치를 자동(A) 위치에 맞춘 후, 벨테스터의 한쪽을 컨트롤 박스 쪽의 SS에 물리고 결선되지 않은 제어판 쪽의 2선을 접촉한다.
> • 소리가 나는 전선은 공통접점(SS)이므로 제어판의 접점 번호 SS에다 삽입하고 접속한다.
> • 나머지 전선 1개는 수동(M) 접점에 접속한다.
> ㉤ 제어판과 컨트롤 박스(RL, GL)와 컨트롤 박스(YL, BZ)
> • 벨테스터를 이용하여 RL, GL, YL, BZ의 (+), (−)를 순서대로 확인하여 결선한다.
> • 남는 전선은 컨트롤 박스 쪽에 남기고, 제어판 쪽에 전선을 남기지 않는다.
> ㉥ 벨테스터를 이용하여 제어판의 E1, E2, E3과 TB4의 E1, E2, E3를 확인하여 각각 접속한다.

10) 최종 점검

① 가장 진한 색깔의 형광펜과 벨테스터를 준비한다.

② 섹터별로 항상 왼쪽에서 오른쪽, 위에서 아래의 순서로 점검한다.

③ 전원계통은 TB1의 L1, L2, L3와 MCCB의 L1, L2, L3 사이의 결선 점검을 시작으로 총 6개의 섹터를 단계별로 점검한다.

④ 제어계통은 Fuse 홀더 L1(−)과 EOCR 10, 12번 사이의 결선 점검부터 총 16개의 섹터를 단계별로 점검한다.

⑤ 마지막 점검 시 새들의 고정을 포함한 배관의 접속 상태와 컨트롤 박스 및 TB와 제어판 사이의 오결선이나 접속 불량 여부를 중점적으로 확인한다.

⑥ 각 단계별로 점검 시 다음 절차를 병행한다.

• 제어판 결선이 정확하게 시퀀스 회로도와 일치하는지 육안으로 확인한다.

• 벨테스터로 접속 불량 여부를 확인한다.

• 가장 진한 색깔의 형광펜으로 이미 두 번의 컬러링이 완료된 결선 부위 위에 중복하여 단계별로 컬러링한다.

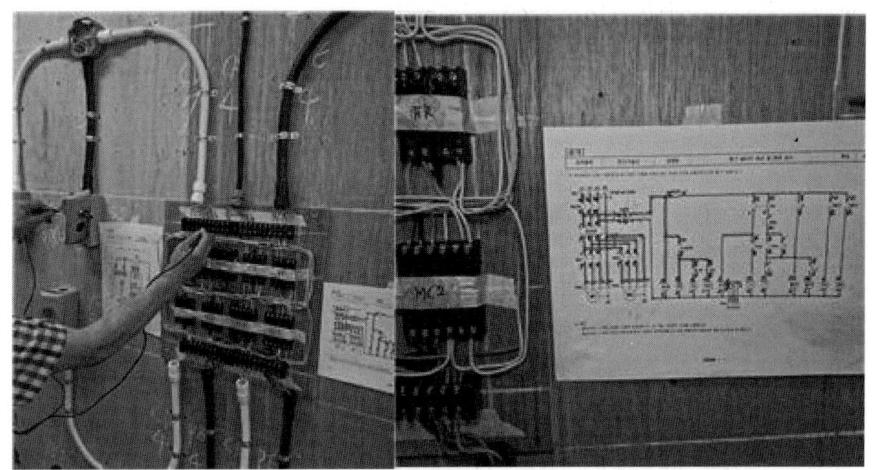

▲ 배관 결선 점검 모습

11) 퓨즈 조립과 컨트롤 박스 커버 및 케이블타이 고정

① 퓨즈 조립

- 퓨즈 홀더의 접속부 양쪽을 일자형 드라이버로 적당히 벌려준다.
- 퓨즈 홀더의 상하 간격을 적절히 유지하여 눌러서 끼운다.
- '딸깍' 소리가 나고, 퓨즈를 돌려 보아서 움직이지 않으면 정상적으로 조립된 것이다.
- 퓨즈 접속이 끝나면 벨테스트로 접속 불량 여부를 점검한 후 퓨즈 홀더의 커버를 닫는다.

② 기구 부착 시 따로 보관한 컨트롤 박스 커버용 피스 4개씩을 사용하여 커버를 조립한다.

③ 동작 시험 준비

- 전원 측 단자대(TB1)는 전원선의 색상에 맞추어 갈색과 회색 선을 100mm 정도 인출하고, 피복은 전선 끝에서 약 10mm 정도 벗겨서 접속한다.
- TB4의 E1, E2, E3에는 제어선을 각각 100, 150, 200mm 정도 인출하고, 피복을 전선 끝에서 10mm 정도 벗겨서 접속한다.
- 감독의 특별한 지시가 없으면, E3에만 100mm 정도 인출하고, 피복을 전선 끝에서 10mm 정도 벗겨서 접속해도 동작 시험이 가능하다.

④ 케이블타이 고정

- 모든 점검이 끝나면 케이블타이로 제어판의 전선을 고정한다.
- 25개의 케이블타이가 지급되지만 모두 사용할 필요는 없다. 특별한 사정이 없으면 제어판 왼쪽과 오른쪽에 각각 4개씩, 최소한 8개 이상을 사용한다.
- 케이블타이를 고정하기 전에 시간이 남으면 반복하여 재점검하는 것이 바람직하다.

▲ 케이블타이로 전선을 고정한 제어판 모습

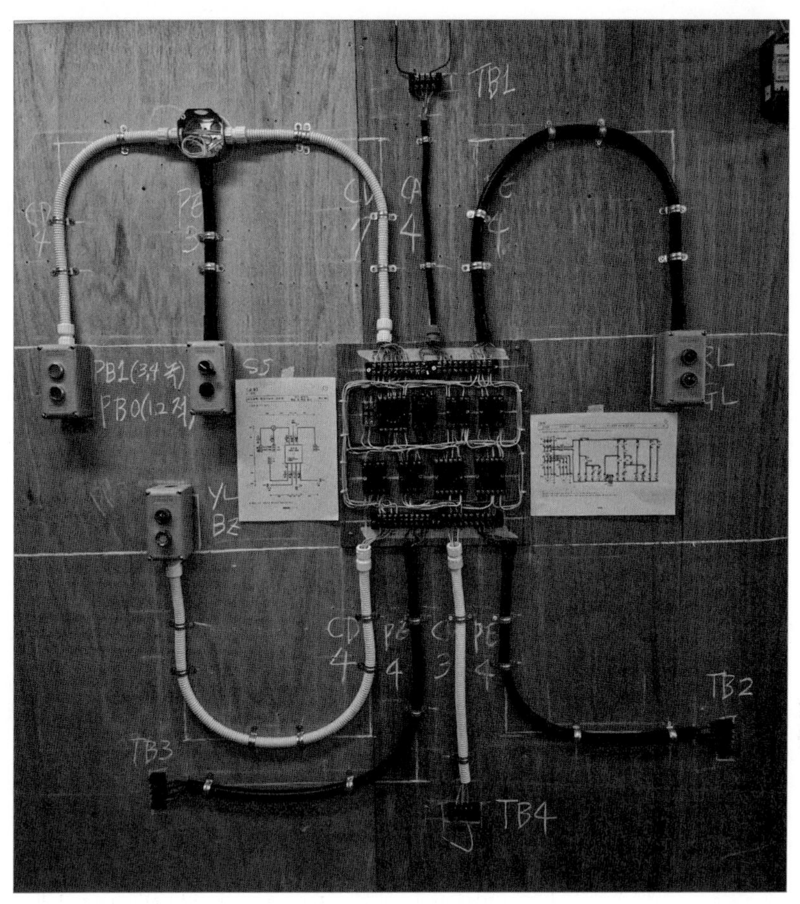

▲ 실기 작업 완료 모습

MEMO

MEMO

결과가 어떨지 아무도 모르지.
그냥 지금까지 열심히 공부한 만큼
네가 합격했으면 좋겠다.

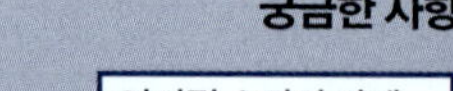

기적의 적중률, 여러분의 참여로 완성됩니다
기출 복원 EVENT

1 이기적 수험서로 공부하고 시험에 응시했다면 누구나 참여 가능

2 응시일로부터 7일 이내 복원 문제만 인정(수험표 첨부 필수!)

3 중복, 누락, 허위 문제는 당첨 대상에서 제외

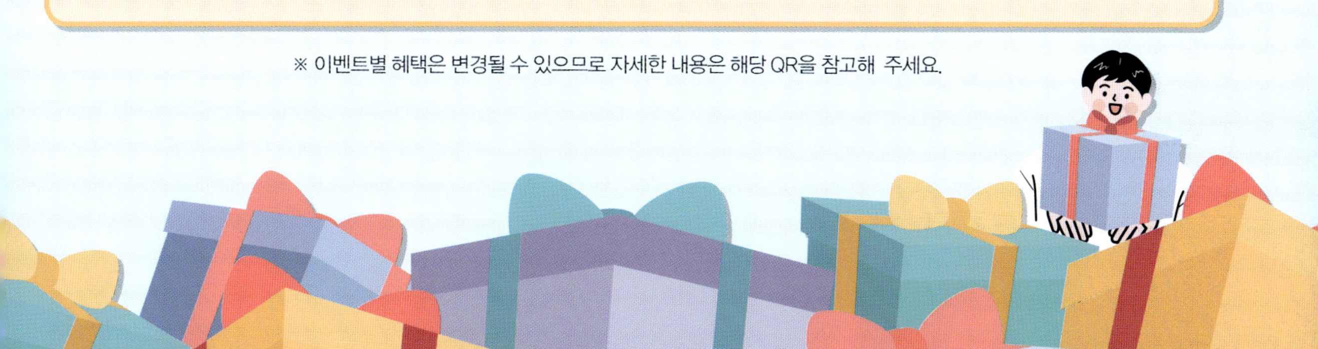

※ 이벤트별 혜택은 변경될 수 있으므로 자세한 내용은 해당 QR을 참고해 주세요.

소비자만족지수
1위
산출근거 판권표기

동영상 강의
무료 제공

기출문제
+
공개문제

이렇게
기막힌
적중률

필기 + 실기
올인원
All in one
전기기능사
2권·문제집
26
·2026년 수험서·
수험서 28,000원
안경재 저

9 788931 480290
13000
ISBN 978-89-314-8029-0

100% 무료 강의
고퀄리티 저자 직강 제공

CBT 온라인 문제집
시험 환경 완벽 대비

또기적 합격자료집
구매자 한정 특별 제공

YoungJin.com Y.
영진닷컴

시험 환경 100% 재현!

CBT 온라인 문제집

CBT 온라인 문제집 이용 가이드	
STEP 1	CBT 사이트 (cbt.youngjin.com) 접속하기
STEP 2	과목을 선택하고 시작하기 버튼 클릭하기
STEP 3	시간에 맞춰 문제 풀고 합격 여부 확인하기
STEP 4	로그인하면 MY 페이지에서 응시 결과 확인 가능

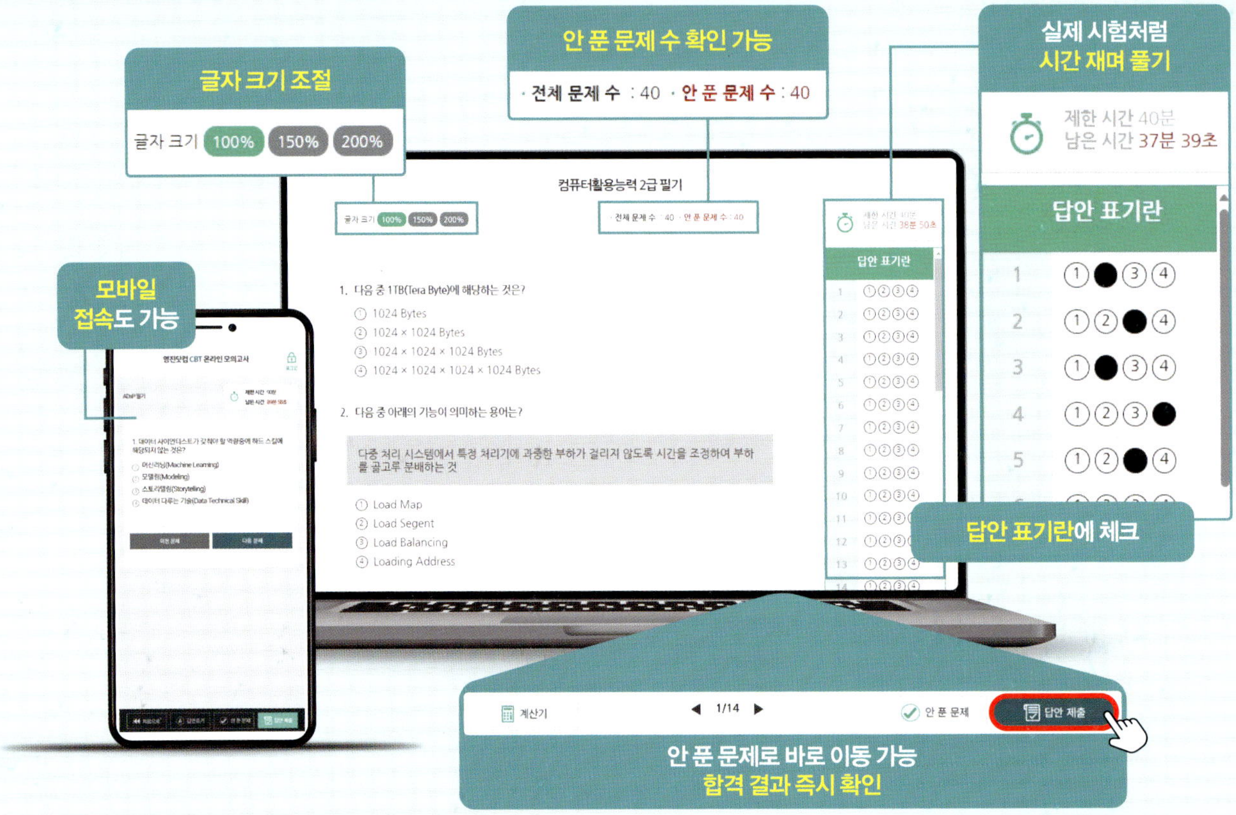

이기적 CBT

전기기능사

올인원

2권 · 문제집

"이" 한 권으로 합격의 "기적"을 경험하세요!

차례

06

2026~2022
필기 기출문제

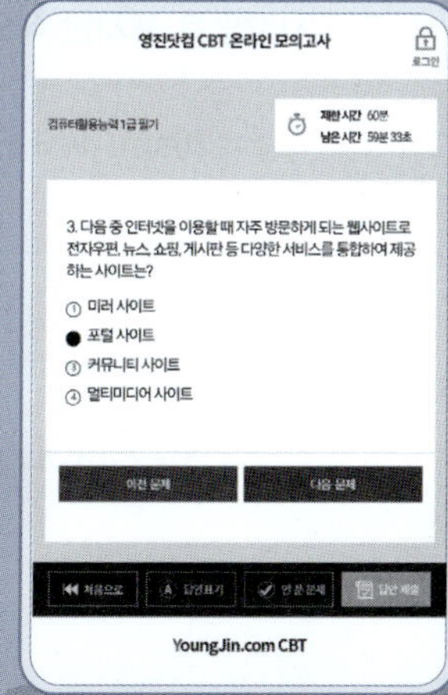

◀ 접속

CBT 온라인 문제집

① QR 코드 찍기(PC는 홈페이지 접속)
② 랜덤 모의고사 무료 응시
③ 풀이 후 자동 채점
④ 해설 즉시 확인 가능

<h1 style="text-align:center">전기기능사 필기 기출문제 01회</h1>

시험 일자	시험 시간	문항 수
2026년 1회 시행	60분	60문항

수험번호 : ________________

성　　명 : ________________

정답 & 해설 ▶ 2–158p

01 2[Ω]과 3[Ω]의 저항 2개를 병렬로 접속하면, 합성저항은 직렬로 접속할 때의 몇 배인가?

① 0.24
② 0.6
③ 1.2
④ 4.17

02 다음 중 전지의 내부저항이나 전해액의 저항을 측정하는 장치는?

① 메거
② 콜라우시 브리지
③ 휘스톤 브리지
④ 캘빈 더블브리지

03 전류계의 최대 눈금이 10[A], 내부 저항이 10[Ω]일 때, 이 전류계로 1,010[A]까지 측정하려면 몇 [Ω]의 분류기가 필요한가?

① 0.01
② 0.1
③ 10
④ 100

04 다음 중 전기력선 밀도를 이용하여 주로 대칭 정전계의 세기를 구하기 위하여 사용하는 법칙은?

① 쿨롱의 법칙
② 패러데이의 법칙
③ 줄의 법칙
④ 가우스의 법칙

05 다음 회로에서 각 전선에 흐르는 전류 I_1, I_2, I_3의 값은 얼마인가?

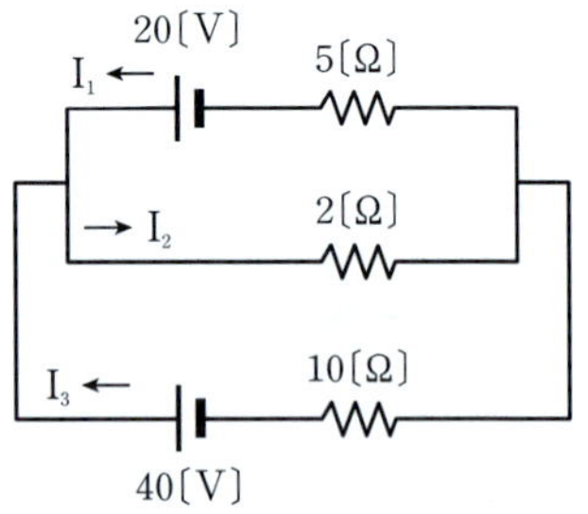

① 2[A], 3[A], 5[A]
② 2[A], 5[A], 3[A]
③ 3[A], 5[A], 2[A]
④ 5[A], 2[A], 3[A]

06 R–L 직렬회로에 교류 전압 $v=100\sqrt{2}\cos(\omega t -\frac{\pi}{6})[\mathrm{V}]$를 인가했을 때, 전압보다 위상이 $\frac{\pi}{3}$[rad]만큼 뒤지고, 크기가 20[A]인 전류를 순시값으로 표시한 식으로 올바른 것은?

① $i=20\sin(\omega t+\frac{\pi}{6})[\mathrm{A}]$
② $i=20\sin(\omega t-\frac{\pi}{2})[\mathrm{A}]$
③ $i=20\sin(\omega t-\frac{\pi}{3})[\mathrm{A}]$
④ $i=20\sqrt{2}\sin(\omega t)[\mathrm{A}]$

07 $v=100\sqrt{2}\sin\left(\omega t+\dfrac{\pi}{6}\right)[\text{V}]$인 교류 전압의 최 댓값과 순시값이 같아지는 ωt[rad]는?

① 0　　　　　　　② $\dfrac{\pi}{6}$

③ $\dfrac{\pi}{3}$　　　　　　④ $\dfrac{\pi}{2}$

08 20[℃]의 물 20[L]에 300[kcal]의 열을 가할 때, 온도는 15[℃]에서 몇 [℃]로 변하는가?

① 15　　　　　　② 20

③ 30　　　　　　④ 45

09 자속이 80[μWb]인 자성체의 단면적이 20[cm²], 비투자율이 1,000일 때, 이 자성체의 자속밀도 는 약 몇 [Wb/m²]인가?

① 2.0×10^{-3}

② 4.0×10^{-2}

③ 2.0

④ 2.0×10^{3}

10 다음 중 정전흡인력에 대한 설명으로 옳은 것은?

① 극판의 간격에 반비례한다.
② 극판 면적의 제곱에 비례한다.
③ 전압의 제곱에 비례한다.
④ 전계의 세기에 비례한다.

11 자체인덕턴스가 L[H]인 코일에 전류를 3배로 하면서 코일에 저장되는 에너지를 동일하게 하려면, 코일의 자체인덕턴스는 몇 배가 되어야 하는가?

① $\dfrac{1}{9}$　　　　　② $\dfrac{1}{3}$

③ 3　　　　　　　④ 9

12 비투자율 1,000, 자속밀도가 1[Wb/m²]일 때, 유전체 내의 자기에너지 밀도는 약 몇 [J/m³]인가?

① 236　　　　　　② 398

③ 634　　　　　　④ 910

13 자체 인덕턴스가 L_1, L_2[H]인 두 코일이 서로 간섭이 없도록 직렬로 연결하였을 때, 합성인덕 턴스는 몇 [H]인가? (단, 상호인덕턴스는 M[H] 이다.)

① L_1+L_2
② L_1+L_2-2M
③ L_1+L_2+2M
④ 0

14 정현파의 주기가 20[ms]일 때, 주파수는 몇 [Hz]인가?

  ① 0.5   ② 50

  ③ 60   ④ 120

15 교류 전류의 순시값 $i=200\sqrt{2}\sin\left(\omega t-\dfrac{\pi}{2}\right)[\mathrm{A}]$ 일 때, 이를 복소수로 표시한 식은?

  ① 200   ② j200

  ③ $200\sqrt{2}$ ④ $\mathrm{j}200\sqrt{2}$

16 정격이 5.2[kW], 380[V], 8[A]인 3상 전동기의 무효율은?

  ① 0.16   ② 0.75

  ③ 0.86   ④ 0.98

17 다음 중 시정수와 과도현상의 관계에 대한 설명으로 옳은 것은?

  ① 시정수가 클수록 과도현상은 길어진다.

  ② 시정수가 작을수록 과도현상은 길어진다.

  ③ 시정수가 클수록 과도현상은 짧아진다.

  ④ 시정수와 과도현상은 관련이 없다.

18 각 상의 저항의 크기가 동일한 경우 △결선을 Y결선으로 변경하면, Y결선의 소비전력(P_Y)은 △결선의 소비전력(P_Δ)의 몇 배가 되는가?

  ① $P_Y=P_\Delta$

  ② $P_Y=\dfrac{1}{\sqrt{3}}P_\Delta$

  ③ $P_Y=\dfrac{1}{3}P_\Delta$

  ④ $P_Y=\dfrac{1}{6}P_\Delta$

19 다음 그림에서 a–b에서 본 데브난 등가회로의 전원전압 $V_{th}[\mathrm{V}]$와 등가저항 $R_{th}[\Omega]$는 각각 얼마인가?

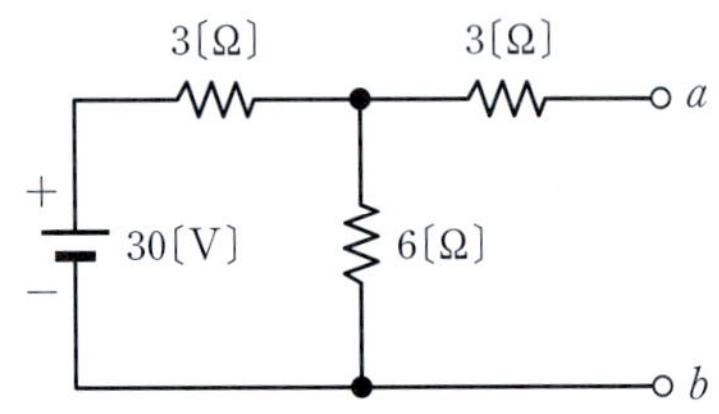

  ① 10, 2   ② 15, 12

  ③ 20, 5   ④ 30, 8

20 저항 R=4[Ω], 리액턴스 ωL=3[Ω]인 직렬회로에 $i=100\sqrt{2}\sin\omega t+50\sqrt{2}\sin3\omega t[\mathrm{V}]$의 전압을 인가하였을 때, 출력은 약 몇 [W]인가?

  ① 1,228   ② 1,456

  ③ 1,703   ④ 2,182

21 직류 복권발전기의 병렬운전 시 두 발전기의 전기자와 직권 권선의 접속점에 연결해야 하는 것은?

① 브러시
② 균압선
③ 접전 환
④ 안정 저항

22 다음 중 출력 1[kW], 효율 80[%]인 직류기의 손실은 몇 [kW]인가?

① 0.2
② 0.25
③ 0.64
④ 0.8

23 직류 직권전동기의 회전수를 1/3로 감소시키면 토크는 어떻게 변하는가?

① $\frac{1}{9}$배로 감소
② $\frac{1}{3}$배로 감소
③ 3배로 증가
④ 9배로 증가

24 다음 중 동기전동기의 여자전류 변화 시에 변하지 않는 것은? (단, 공급 전압과 부하는 일정한 경우이다.)

① 역률
② 역기전력
③ 동기속도
④ 전기자 전류

25 병렬운전 중인 두 동기발전기의 유도기전력이 200[V]의 차이가 있다면, 두 발전기 사이의 무효순환전류는 약 몇 [A]인가? (단, 두 발전기의 동기 임피던스는 5[Ω]이다.)

① 5
② 10
③ 15
④ 20

26 동기전동기를 자기 기동법으로 기동할 때, 계자회로는 어떻게 하여야 하는가?

① 단락시킨다.
② 개방시킨다.
③ 직류를 공급한다.
④ 단상 교류를 공급한다.

27 다음 중 동기발전기를 회전계자형으로 하는 이유가 아닌 것은?

① 전기자 권선을 절연하기 쉽다.
② 전기자 단자에 발생한 고전압을 간단하게 외부회로에 인가할 수 있다.
③ 전기자가 고정되어 있지 않아 제작비용이 저렴하다.
④ 기계적 강도를 높일 수 있다.

PART 06

28 퍼센트 저항 강하 3[%], 퍼센트 리액턴스 강하 4[%]인 변압기의 역률이 0.8(지상)일 때, 전압 변동율[%]은 얼마인가?

① 2.4   ② 3.6
③ 4.8   ④ 5.2

29 다음 중 변압기 보호 계전기가 아닌 것은?

① 비율차동 계전기
② 부흐홀츠 계전기
③ 충격압력 계전기
④ 임피던스 계전기

30 다음 중 변압기의 열화방지 장치와 가장 거리가 먼 것은?

① 흡습 호흡기   ② 콘서베이터
③ 불활성 질소   ④ 방열기

31 다음 중 변압기 정격용량을 표시하는 단위로 옳은 것은?

① kVar   ② kW
③ kVA   ④ MW

32 다음 중 변압기의 임피던스 전압을 설명한 것으로 옳은 것은?

① 정격전류가 흐를 때의 1차 측 단자전압
② 2차 측을 단락한 상태에서 전압을 서서히 증가시켜 1차 측에 정격전류가 흐를 때의 1차 측 단자전압
③ 2차 측을 단락한 상태에서 전압을 서서히 증가시켜 2차 측에 정격전류가 흐를 때의 2차 측 단자전압
④ 정격전류가 흐를 때의 2차 측 단자전압

33 다음 중 유도전동기의 동작원리를 설명한 내용으로 옳은 것은?

① 전자유도와 플레밍의 왼손 법칙
② 전자유도와 플레밍의 오른손 법칙
③ 정전유도와 플레밍의 왼손 법칙
④ 정전유도와 플레밍의 오른손 법칙

34 다음 중 농형유도전동기의 속도제어 방법으로 많이 사용되는 것은?

① 2차 여자법   ② 극수 변환법
③ 저항 제어법   ④ 슬립 제어법

35 15[kW], 60[Hz], 4극 3상 유도전동기의 전부하 슬립이 3[%]라면, 2차 측 동손은 약 몇 [kW]인가?

① 0.25   ② 0.38
③ 0.46   ④ 0.63

36 출력이 9.8[kW], 회전수가 600[rpm]인 유도전동기의 토크는 약 몇 [kg · m]인가?

① 4.2　　　　② 5.8
③ 15.9　　　④ 18.6

37 직류를 교류로 변환하는 장치로서 초고속 전동기의 속도제어용 전원이나 초고주파 형광등의 점등용으로 사용하는 장치는?

① 초퍼
② 인버터
③ 컨버터
④ 사이클로 컨버터

38 다음 그림은 전력제어 소자를 이용한 전동기 속도제어회로이다. '가' 부분에 사용할 소자로 적당한 것은?

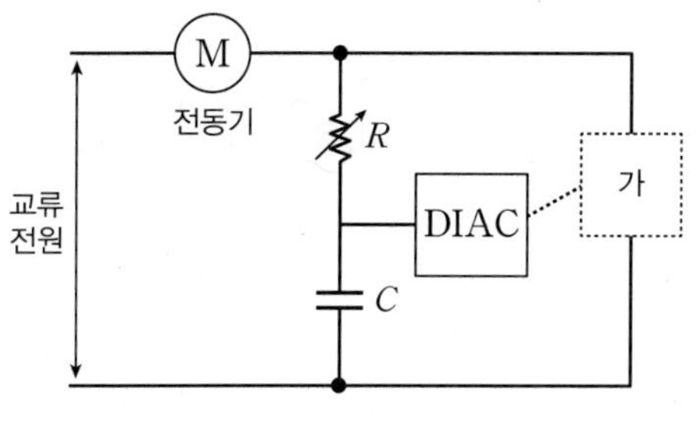

① SCR　　　② TRIAC
③ GTO　　　④ IGBT

39 다음 중 3단자 사이리스터가 아닌 것은?

① SCS　　　② TRIAC
③ SCR　　　④ GTO

40 단상 전파 사이리스터 브리지 정류회로에서 전원 전압의 실효값이 100[V]일 때, 인덕턴스 부하가 있는 경우의 정류전압은 약 몇 [V]인가? (단, 점호각은 60[˚]이고, 직류 측 전류가 연속전류이다.)

① 141　　　② 120
③ 90　　　④ 45

41 다음 중 저독성 난연 폴리올레핀 절연전선을 나타내는 전선의 약호는?

① HFIO　　　② HFCO
③ DV　　　④ MI

42 다음 심벌은 무엇을 표시하는 것인가?

① 방폭형 콘센트　　　② 지진감지 콘센트
③ 방수용 콘센트　　　④ 접지극붙이

43 최대 사용전압이 220[V]인 3상 유도전동기의 절연내력 시험전압은 몇 [V]로 해야 하는가?

① 275

② 330

③ 440

④ 500

44 다음 중 저항의 값이 클수록 좋은 것은?

① 접지 저항

② 접촉 저항

③ 도체 저항

④ 절연 저항

45 금속덕트에 넣는 전선 단면적의 합계는 전선의 피복 절연물을 포함한 단면적이 덕트 내부 단면적의 몇 [%] 이하가 되도록 선정하여야 하는가?

① 20

② 30

③ 40

④ 50

46 다음 중 합성수지관의 호칭이 아닌 것은?

① 22

② 28

③ 52

④ 70

47 다음 중 합성수지몰드 공사 시 일반적인 홈의 폭과 판의 두께는? (단, 사람이 쉽게 접촉할 우려가 없도록 시설하는 경우이다.)

① 폭 3.5[cm] 이하, 두께 2[mm] 이상

② 폭 3.5[cm] 이하, 두께 1[mm] 이상

③ 폭 5[cm] 이하, 두께 2[mm] 이상

④ 폭 5[cm] 이하, 두께 1[mm] 이상

48 중성점 접지용 접지도체의 단면적은 몇 [mm^2] 이상의 연동선이어야 하는가? (단, 전로는 25[kV] 이하의 중성선 다중접지방식을 적용하며, 지락 발생 시 2초 이내에 자동으로 차단하는 장치가 있다.)

① 6

② 10

③ 16

④ 50

49 과전류차단기로 저압전로에 사용하는 정격전류가 100[A]인 산업용 배선차단기에 전류가 130[A] 흘렀을 때, 몇 분 이내에 차단되어야 하는가?

① 30

② 60

③ 120

④ 180

50 사용 중 예기치 않은 회로의 개방이 위험 또는 손상을 초래할 수 있는 회로에 대해서는 안전을 위해서 과부하 보호장치를 생략할 수 있다. 이 경우에 포함되지 않는 회로는?

① 전자석 크레인의 전원회로

② 승강기 설비의 제어회로

③ 소방설비의 전원회로

④ 주거침입 경보회로

51 접지극이 동봉, 동피복강봉일 경우 지름이 몇 [mm] 이상이어야 하는가?

① 6   ② 8

③ 10   ④ 12

52 특고압 3조의 가공전선을 설치할 때, 완금의 표준 길이는 몇 [mm]인가?

① 900   ② 1,400

③ 1,800   ④ 2,400

53 다음 중 저압 배전선로에서 전선을 수직으로 지지하는 데 사용되는 장주용 자재는?

① 완금밴드   ② 암타이밴드

③ 행거밴드   ④ 래크

54 고압 옥측전선로의 전선이 그 고압 옥측전선로를 시설하는 조영물에 시설하는 타 종류의 옥측전선, 수관, 가스관 등과 교차하거나 접근하는 경우, 고압 옥측전선로와 이들 사이의 간격은 몇 [m] 이상이어야 하는가?

① 0.15   ② 0.30

③ 0.45   ④ 0.60

55 전주외등을 전주에 부착하는 경우, 옥외등의 인하선은 지표상 높이 2.5[m] 미만에서 공칭단면적 몇 [mm²] 이상의 절연전선을 사용하여야 하는가?

① 1.5

② 2.0

③ 2.5

④ 3.2

56 다음 중 옥외에서 35[kV] 이하 특고압 변압기를 설치하려면, 설치 높이는 몇 [m] 이상이어야 하는가?

① 5   ② 6

③ 6.5   ④ 12

57 배전선로에서 지락이나 단락사고가 발생하였을 때 고장을 검출하여 자동으로 차단한 후 일정 시간이 지나면 자동적으로 재투입 동작을 반복함으로써 순간고장을 제거하는 기능을 수행하는 것은?

① 리클로저
② 부하개폐기
③ 컷아웃스위치
④ 고장구간 자동개폐기

58 실내 전반 조명 시 작업면에서 등기구까지의 높이가 2.4[m]인 조명기구를 배치할 때, 등기구 간의 최대 간격은 몇 [m] 이하로 유지해야 하는가?

① 1.2
② 2.4
③ 3.0
④ 3.6

59 다음 수변전 기기 중 사용하는 주목적이 전원의 공급 · 개폐 및 차단인 기구는?

① DS
② COS
③ LBS
④ MCCB

60 화재로 인해 실내의 온도가 일정 상승률 이상이 되는 경우 작동하는 것으로서 넓은 범위의 열효과 누적에 의해 작동하는 감지기는?

① 차동식 분포형 감지기
② 차동식 스포트형 감지기
③ 정온식 스포트형 감지기
④ 정온식 감지선형 감지기

시험 일자	시험 시간	문항 수
2025년 4회 시행	60분	60문항

수험번호 : ___________________

성   명 : ___________________

정답 & 해설 ▶ 2-162p

01 다음 중 전위의 단위가 아닌 것은?

① V
② J/C
③ V/m
④ N · m/C

02 2[Ω]과 3[Ω]의 저항 2개를 직렬로 연결하였을 때의 합성컨덕턴스는 몇 [℧]인가?

① 0.2
② 0.5
③ 2.5
④ 5

03 다음 중 반도체의 저항값과 온도와의 관계를 바르게 설명한 것은?

① 저항값은 온도에 비례한다.
② 저항값은 온도에 반비례한다.
③ 저항값은 온도의 제곱에 비례한다.
④ 저항값은 온도의 제곱에 반비례한다.

04 다음은 전기의 성질에 대한 설명이다. 옳지 않은 것은?

① 물질이 전자가 부족하거나 남게 되어 전기를 띠게 되는 것을 대전이라 한다.
② 물질은 전기적으로 평형상태를 유지하려는 경향이 있다.
③ 외부 에너지에 의해 전자가 부족한 상태가 되면 음전기(−)를 띠게 된다.
④ 전기적으로 회로를 구성하여 전자가 이동함으로써 전기를 띠지 않게 되는 것을 방전이라 한다.

05 기전력이 1.5[V], 내부저항이 0.5[Ω]인 전지 10개를 직렬로 연결하였을 때, 외부저항 2.5[Ω]에 흐르는 전류는 몇 [A]인가?

① 1.2
② 1.5
③ 2.0
④ 2.5

06 다음 중 진공의 유전율을 바르게 나타낸 것은?

① $6.33 \times 10^4 [H/m]$
② $9 \times 10^9 [F/m]$
③ $4\pi \times 10^{-7} [H/m]$
④ $8.855 \times 10^{-12} [F/m]$

PART **06**

07 황산구리($CuSO_4$) 전해액에 2개의 구리판을 넣고 전원을 연결하였을 때 음극에서 나타나는 현상으로 옳은 것은?

① 구리판이 두꺼워진다.
② 구리판이 얇아진다.
③ 수소가스가 발생한다.
④ 변화가 없다.

08 주파수가 2[kHz]일 때 콘덴서의 용량이 50[Ω]이라면, 1[kHz]일 때는 몇 [Ω]이 되는가?

① 50
② 100
③ 1,000
④ 5,000

09 다음 중 자기회로에 강자성체를 사용하는 이유로 옳은 것은?

① 자속을 감소시키기 위해 사용한다.
② 공극을 크게 하기 위해 사용한다.
③ 자기저항을 증가시키기 위해 사용한다.
④ 자기저항을 감소시키기 위해 사용한다.

10 공기 중 +1[Wb]의 자극에서 나오는 자기력선의 수는 약 몇 개인가?

① 6.33×10^4
② 7.86×10^5
③ 8.855×10^4
④ 9.32×10^5

11 다음 중 환상솔레노이드 내부 자계의 세기와 전류의 관계에 대한 설명으로 알맞은 것은?

① 전류의 세기에 비례한다.
② 전류의 세기에 반비례한다.
③ 전류의 세기의 제곱에 비례한다.
④ 전류의 세기와 관련이 없다.

12 10[cm]당 권선 수가 20회인 무한장 솔레노이드에 5[A]의 전류를 흘릴 때, 솔레노이드 내부의 자계의 세기는 몇 [AT/m]인가?

① 0
② 20
③ 100
④ 1,000

13 자체인덕턴스가 L[H]인 코일에 I[A]의 전류가 흐를 때, 다른 코일에 흐르는 전류를 3I[A]로 하면서 코일에 저장되는 에너지를 동일하게 하려면 다른 코일의 자체인덕턴스는 몇 배가 되어야 하는가?

① $\dfrac{1}{9}$
② $\dfrac{1}{3}$
③ 3
④ 9

14 길이가 1[m]인 두 개의 왕복도선 사이의 거리가 2[m]일 때, 두 도선 사이에 단위 길이당 작용하는 힘의 세기가 $9 \times 10^{-7}[\text{N}]$일 때, 전류의 크기는 몇 [A]인가?

① 1
② 2
③ 3
④ 4

15 다음 중 전기회로와 자기회로 간 대응관계로 옳지 않은 것은?

① 전계 — 자계
② 전류 — 자속
③ 기전력 — 기자력
④ 유전율 — 투자율

16 다음 그림과 같은 R–C 병렬회로의 역률을 바르게 나타낸 것은?

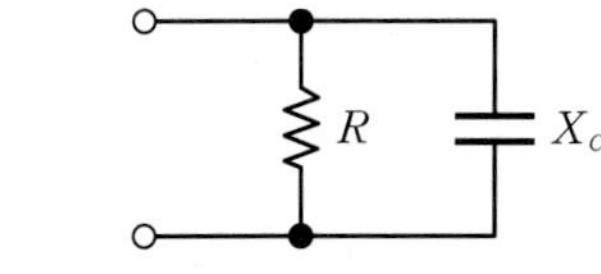

① $\dfrac{R}{\sqrt{R^2+X_C^2}}$
② $\dfrac{X_C}{\sqrt{R^2+X_C^2}}$
③ $\dfrac{R}{R^2+X_C^2}$
④ $\dfrac{X_C}{R^2+X_C^2}$

17 자속밀도가 $B[\text{Wb/m}^2]$인 평등자계 내에 길이가 $l[\text{m}]$인 도체가 자계와 90°의 각도로 배치되어 I[A]의 전류가 흐를 때, 도체에 작용하는 힘 F[N]은? (단, v[m/s]는 도체의 속도이다.)

① $\dfrac{1}{2}Blv$
② $\dfrac{1}{2}BIl$
③ Blv
④ BIl

18 다음 중 Y–Y 결선에 대한 설명으로 옳지 않은 것은?

① 1차와 2차 간 전압의 위상차가 없다.
② 선전류가 상전류의 $\sqrt{3}$배이므로 소전류 회로에 유리하다.
③ 중성점의 접지가 가능하다.
④ 상전압이 선간전압보다 $\dfrac{1}{\sqrt{3}}$배로 작아서 기기의 절연이 유리하다.

19 220[V], 60[W]인 전구 2개를 직렬과 병렬로 연결했을 때, 어느 것이 더 밝은가?

① 직렬로 연결했을 때 더 밝다.
② 병렬로 연결했을 때 더 밝다.
③ 두 전구의 밝기는 같다.
④ 상항에 따라 밝기가 다르다.

20 다음 중 RLC 병렬공진에서 최솟값을 가지는 것은?

① 전압   ② 전류
③ 저항   ④ 임피던스

21 다음 중 계자 권선이 전기자와 접속되어 있지 않은 직류발전기는?

① 타여자 발전기   ② 직권 발전기
③ 복권 발전기   ④ 분권 발전기

22 전기자 도체 수가 400[개], 극수가 4[극], 회전수가 900[rpm]인 직류 파권 분권발전기의 유기 기전력이 120[V]일 때, 1극당 자속은 몇 [Wb]인가?

① 0.01   ② 0.02
③ 6   ④ 10

23 다음 중 직류기의 정류곡선에서 브러시의 앞쪽에서 불꽃이 발생하기 쉬운 경우는?

① 직선정류   ② 정현파정류
③ 과정류   ④ 부족정류

24 직류기에서 전기자 반작용을 방지하기 위해 설치하는 보상권선의 전류의 방향으로 옳은 것은?

① 계자권선의 전류 방향과 같다.
② 계자권선의 전류 방향과 반대이다.
③ 전기자권선의 전류 방향과 같다.
④ 전기자권선의 전류 방향과 반대이다.

25 다음 중 직류 분권전동기의 기동방법에 대한 설명으로 옳은 것은?

① 기동저항기를 전기자와 병렬접속한다.
② 기동 토크를 작게 하여 기동한다.
③ 계자저항기의 저항값을 최소로 한다.
④ 계자저항기의 저항값을 최대로 한다.

26 다음 중 동기발전기의 병렬운전 시 주파수가 다른 경우 나타나는 현상은?

① 전기자 권선이 과열된다.
② 무효 순환전류가 흐른다.
③ 난조의 원인이 된다.
④ 무효전력이 생성된다.

27 다음 중 동기전동기의 자기기동법에서 계자권선을 단락하는 이유로 옳은 것은?

① 기동이 쉽기 때문에
② 기동권선으로 이용하기 위해
③ 전기자반작용을 방지하기 위해
④ 고전압 유도에 의한 절연파괴의 위험을 방지하기 위해

28 3상 동기발전기의 부하각은 무엇을 의미하는가?

① 유도기전력 E와 부하전류 I 사이의 위상각
② 부하 측 단자전압 V와 부하전류 I 사이의 위상각
③ 선간전압과 상전압과의 위상각
④ 유도기전력 E와 부하 측 단자전압 V 사이의 위상각

29 변압기의 2차 저항이 0.1[Ω]일 때, 이를 1차로 환산하면 90[Ω]이 된다. 이 변압기의 권수비는?

① 9
② 30
③ 45
④ 90

30 히스테리시스손은 주파수와 최대 자속밀도의 각각 몇 승에 비례하는가? (단, 최대 자속밀도가 1[Wb/m^2] 미만인 경우이다.)

① 주파수 1.0, 최대 자속밀도 1.0
② 주파수 1.0, 최대 자속밀도 1.6
③ 주파수 1.6 최대 자속밀도 1.0
④ 주파수 1.6, 최대 자속밀도 1.6

31 다음 중 변압기의 임피던스 전압에 대한 설명으로 옳은 것은?

① 정격전류가 흐를 때의 변압기 내의 전압강하
② 2차 측을 단락한 상태에서 전압을 서서히 증가시켜 1차 측에 정격전류가 흐를 때의 1차 측 단자전압
③ 2차 측을 단락한 상태에서 전압을 서서히 증가시켜 2차 측에 정격전류가 흐를 때의 2차 측 단자전압
④ 정격전류가 흐를 때의 2차 측 단자전압

32 다음 중 변압기 내부고장 보호에 사용되는 계전기가 아닌 것은?

① 부흐홀츠 계전기
② 비율차동 계전기
③ 과전류 계전기
④ 충격압력 계전기

33 다음 중 역회전이 불가능한 단상 유도전동기는?

① 반발 기동형
② 세이딩 코일형
③ 분상 기동형
④ 콘덴서 기동형

34 다음 중 농형 유도전동기와 비교할 때, 권선형 유도전동기의 장점이 아닌 것은?

① 기동토크가 크다.
② 기동전류가 작다.
③ 구조가 간단하다.
④ 속도제어가 쉽다.

35 3상 유도전동기에서 2차 측 저항을 2배로 하면 최대 토크는 얼마나 변하는가?

① $\frac{1}{2}$배가 된다.
② $\sqrt{2}$배가 된다.
③ 2배가 된다.
④ 값이 변하지 않는다.

36 회전자 입력 10[kW], 슬립 3[%]인 3상 유도전동기의 2차 동손은 몇 [W]인가?

① 150
② 200
③ 250
④ 300

37 다음 중 직류전압을 직접 제어하는 것은?

① 단상 인버터
② 3상 인버터
③ 초퍼형 인버터
④ 브리지형 인버터

38 정현파 교류 전압 $e=\sqrt{2}E\sin\omega t\,[\mathrm{V}]$를 인가했을 때, 직류 평균값이 $E_d=1.17E\,[\mathrm{V}]$인 회로는?

① 단상반파 정류회로
② 단상전파 정류회로
③ 3상반파 정류회로
④ 3상전파 정류회로

39 다음 중 양방향으로 전류를 흘릴 수 있는 반도체 소자는?

① TRIAC
② GTO
③ SCR
④ LASCR

40 다음 중 2단자 사이리스터가 아닌 것은?

① DIAC
② Diode
③ SCR
④ SSS

41 다음 중 전선의 접속 방법에 대한 설명으로 옳지 않은 것은?

① 전선의 세기를 20[%] 이상 감소시키지 않는다.

② 전선 접속 부분의 전기저항을 증가시키면 안 된다.

③ 접속 부분은 염화비닐 절연 테이프를 이용하여 반폭 이상 겹쳐서 1회 이상 감는다.

④ 전선 접속 부분이 기준 온도 이상 상승하면 안 된다.

42 다음 중 전로의 중성점 접지의 목적에 해당하지 않는 것은?

① 계통의 이상전압 발생 억제

② 보호계전기의 확실한 동작 확보

③ 전기설비 공사비 절감

④ 감전사고 방지

43 다음 중 접지시스템을 구분한 것이 아닌 것은?

① 통합접지　　　　② 계통접지

③ 보호접지　　　　④ 피뢰시스템 접지

44 고압 및 특고압 전로에 시설하는 피뢰기의 접지 저항은 몇 [Ω] 이하여야 하는가?

① 10　　　　② 20

③ 50　　　　④ 100

45 후강 전선관의 호칭 중 가장 굵은 관의 직경은 몇 [mm]인가?

① 82　　　　② 92

③ 104　　　　④ 113

46 다음 중 배선설비공사에 대한 설명으로 옳은 것은?

① 이중천장(반자) 내에 합성수지관을 시설하였다.

② 금속관공사에서 금속관 내부에 일부 전선을 접속하였다.

③ 금속덕트공사에서 전선을 분기하기 위하여 금속덕트 내에 전선을 접속하고, 점검이 쉽도록하였다.

④ 합성수지몰드 공사에서 몰드 내부에 일부 전선을 접속하였다.

47 금속관 공사 시 피복절연물을 포함한 전선 단면적의 총합계는 전선관 굵기의 몇 배를 초과하지 않아야 하는가?

① $\dfrac{1}{2}$　　　　② $\dfrac{1}{3}$

③ $\dfrac{1}{4}$　　　　④ $\dfrac{1}{5}$

48 다음 옥내배선 기호 중 천장은폐배선을 표시한 기호는?

① ————— ② - - - - -
③ ·········· ④ -··-··-··-

49 최대 사용전압이 220[V]인 3상 유도전동기가 있다. 이 전동기의 절연내력 시험 전압은 몇 [V]로 하여야 하는가?

① 220 ② 330
③ 500 ④ 750

50 본체와 덮개가 별도로 구성되어 덮개를 개폐할 수 있는 것으로서 절연전선, 케이블 등을 완전하게 수용할 수 있는 구조의 배선설비는?

① 케이블 덕팅 ② 케이블 트렁킹
③ 케이블 래더 ④ 케이블 브래킷

51 금속관공사에서 노출 배관공사 시 직각으로 구부러지는 장소에 사용하는 부품은?

① 엔트런스 캡 ② 링 리듀서
③ 로크너트 ④ 유니버설 엘보

52 다음 중 주상변압기의 2차 측 보호장치로 사용하는 기구는?

① 캐치홀더
② 컷아웃스위치
③ 리클로저
④ 고장구간자동개폐기

53 저압 연접(이웃 연결) 인입선의 길이가 15[m] 이하인 경우 전선의 지름은 몇 [mm] 이상이어야 하는가?

① 1.5 ② 2.0
③ 2.6 ④ 3.2

54 주택, 기숙사, 여관 등의 간선 굵기 선정 시 수용률은 몇 [%]로 적용하는가?

① 20 ② 30
③ 50 ④ 70

55 다음 중 SF₆ 가스에 대한 설명으로 틀린 것은?

① 무색, 무취, 무독성, 불연성 가스이다.
② 소호능력이 공기의 약 100~200배 이다.
③ 절연 내력이 공기의 2.5~3.5배 정도 낮다.
④ 공기보다 약 5배 무겁다.

56 교통신호등 시설 시 사용전압이 몇 [V]를 초과하는 경우에 지락 발생 시 전로를 자동적으로 차단하는 장치를 시설해야 하는가?

① 150　　　　② 200
③ 250　　　　④ 300

57 0.2[kW]를 초과하는 단상전동기를 시설할 때 과전류 보호장치를 시설하지 않아도 되는 전원 측 전로의 과전류 차단기 정격전류는 몇 [A] 이하인가?

① 8　　　　② 16
③ 20　　　　④ 32

58 다음 중 전동기의 정역 운전 시 2개의 전자개폐기가 동시에 작동하지 않도록 하는 회로는?

① 인칭 회로　　　　② 자기유지 회로
③ 인터록 회로　　　　④ Y－Δ 회로

59 전로에 지락사고가 발생했을 때 영상전류를 검출하여 보호계전기 등의 전원으로 사용하는 것은?

① ZCT　　　　② PT
③ CT　　　　④ MOF

60 다음 중 보호계전기의 동작을 확실하게 하기 위한 방법이 아닌 것은?

① 적정한 온도와 습도를 유지한다.
② 제어케이블의 노이즈를 방지한다.
③ 접지저항을 크게 한다.
④ 차폐케이블의 양단을 접지한다.

전기기능사 **필기 기출문제 03회**

시험 일자	시험 시간	문항 수
2025년 3회 시행	60분	60문항

수험번호 : ___________________

성   명 : ___________________

---

01 동일한 저항 4개를 연결하여 얻을 수 있는 최대 저항값은 최소 저항값의 몇 배인가?

① $\dfrac{1}{2}$　　　　② 4

③ 8　　　　④ 16

02 임피던스 $Z' = 8 + j6[\Omega]$일 때, 컨덕턴스는 몇 $[\mho]$인가?

① 0.06　　　　② 0.08

③ -0.06　　　　④ -0.08

03 220[V], 5[kW] 전열기를 2시간 동안 사용했을 때 발생하는 열량은 약 몇 [kcal]인가?

① 8.6　　　　② 860

③ 4,300　　　　④ 8,600

04 기전력 1.5[V], 내부저항 0.2[Ω]의 전지 5개를 직렬로 접속하고, 여기에 부하저항 1.5[Ω]을 접속하면 이 회로에 흐르는 전류는 약 몇 [A]인가?

① 1.5　　　　② 2

③ 3　　　　④ 5

05 다음 중 2차전지로 널리 사용되고 있는 알칼리 축전지는?

① 수은 전지
② 니켈카드뮴 전지
③ 산화은 전지
④ 망간 건전지

06 권수가 50회인 코일에 쇄교하는 자속이 0.5초 동안 0.1[Wb]에서 0.3[Wb]로 변했다면, 기전력의 크기는 약 몇 [V]인가?

① 5　　　　② 10

③ 15　　　　④ 20

07 다음 중 가우스 법칙을 이용하여 구할 수 있는 것은?

① 쿨롱의 법칙
② 전계의 세기
③ 전계의 에너지
④ 전위차

08 5[kW]의 전열기를 사용하여 30분간 가열하면 온도가 15[℃]인 물 20[L]를 약 몇 [℃]까지 상승시킬 수 있는가? (단, 전열기의 효율은 80[%]이다.)

① 51.6   ② 66.6
③ 86   ④ 101

09 자속이 80[μWb]인 자성체의 단면적이 20[cm^2], 비투자율이 1,000일 때, 이 자성체의 자속밀도는 약 몇 [Wb/m^2]인가?

① 2.0×10^{-3} ② 4.0×10^{-2}
③ 2.0×10^{3} ④ 4.0×10^{3}

10 자속이 1×10^{-3}[Wb]인 평등 자계 내에 권수 100회, 자체 인덕턴스 10[mH]인 코일이 있다면 이 코일에는 몇 [A]의 전류가 흐르는가?

① 10   ② 20
③ 50   ④ 100

11 1[cm]당 권수가 10인 무한장 솔레노이드에 5[A]의 전류가 흐르고 있을 때, 솔레노이드 내부 자계의 세기는 몇 [AT/m]인가?

① 0   ② 50
③ 500   ④ 5,000

12 다음 중 직사각형파의 주기가 20[ms]일 때, 주파수는 몇 [Hz]인가?

① 0.5   ② 50
③ 60   ④ 120

13 다음 중 코일의 자체 인덕턴스에 대한 설명으로 틀린 것은?

① 권수에 비례한다.
② 자로의 길이에 반비례한다.
③ 자속에 비례한다.
④ 투자율에 비례한다.

14 자기회로의 길이가 l[m], 단면적이 A[m^2], 진공의 투자율이 μ_0[H/m], 비투자율이 μ_s[H/m]일 때, 자기저항 R_m[AT/Wb]을 바르게 나타낸 식은?

① $R_m = \dfrac{\mu_0 \mu_s l}{A}$

② $R_m = \dfrac{\mu_0 \mu_s A}{l}$

③ $R_m = \dfrac{A}{\mu_0 \mu_s l}$

④ $R_m = \dfrac{l}{\mu_0 \mu_s A}$

15 자체 인덕턴스가 L_1[H]인 코일에 I_1[A]의 전류를 흘렸을 때 저장되는 에너지가 W[J]이었다면, 전류를 $3I_1$[A]로 늘려도 저장되는 에너지의 변화가 없으려면 자체 인덕턴스 L_2[H]는 L_1[H]의 몇 배로 해야 하는가?

① $\dfrac{1}{9}$ 　　② $\dfrac{1}{3}$

③ 3 　　④ 9

16 교류 전류의 순시값 $i = 200\sqrt{2}\sin\left(120\pi t + \dfrac{\pi}{2}\right)$ [A]일 때, 이를 복소수로 나타낸 식으로 옳은 것은?

① 200 　　② j200

③ $200\sqrt{2} + \text{j}200$ 　　④ $200 + \text{j}200\sqrt{2}$

17 $R = 3[\Omega]$, $X_L = 8[\Omega]$, $X_C = 4[\Omega]$인 RLC 직렬회로에서 양단의 전위차가 200[V]일 때, X_L에 흐르는 전류의 크기[A]는?

① 5 　　② 25

③ 40 　　④ 50

18 Y−Y 결선에서 선간전압이 200[V]일 때, 상전압은 약 몇 [V]가 되는가?

① 100 　　② 115

③ 200 　　④ 346

19 다음 중 시정수와 과도현상과의 관계에 대한 설명으로 옳은 것은?

① 시정수가 클수록 과도현상은 짧아진다.

② 시정수가 작을수록 과도현상은 짧아진다.

③ 시정수가 작을수록 과도현상은 길어진다.

④ 시정수와 과도현상은 관련이 없다.

20 다음 중 RLC 직렬공진에서 최솟값을 가지는 것은?

① 전압 　　② 전류

③ 저항 　　④ 임피던스

21 다음 중 전동기의 정 · 역 운전 시 2개의 전자개폐기가 동시에 작동하지 않도록 하는 회로는?

① 인칭회로

② 자기유지회로

③ 인터록회로

④ Y − $\varDelta$회로

22 직류 분권발전기의 무부하 단자전압을 조정하기 위해서 조정이 필요한 회로는?

① 회전 속도

② 계자 저항

③ 전기자 저항

④ 부하 저항

23 직류 전동기의 전기자 도체 수가 284, 1상당 자속이 0.04[Wb], 부하전류가 60[A], 토크가 108.48[N], 회전수가 800[rpm]일 때, 이 전동기의 출력은 약 몇 [W]가 되는가? (단, 이 전동기는 6극 중권이다.)

① 2,465
② 3,081
③ 9,087
④ 9,859

24 동기발전기의 전기자에 전류가 흐르면 전기자 전류에 의한 자기장이 주자속과 수직 방향으로 작용한다. 이때, 주자속의 한쪽은 증가시키고, 다른 한쪽은 감소시켜 주자속을 왜곡시키는 전기자 반작용은?

① 감자 작용
② 증자 작용
③ 직축 반작용
④ 교차 자화작용

25 다음 단락비가 큰 동기발전기의 특성 중 작아지는 것을 모두 고른 것은?

① 동기 임피던스, 전압 안정도
② 단락전류, 효율
③ 동량, 전압 변동률
④ 전기자 반작용, 공극

26 3상 동기발전기의 유도기전력을 E[V], 1상의 단자전압을 V[V], 동기 리액턴스를 X_s[Ω], 부하각을 δ[°]라 하면, 출력 P_3는 몇 [W]인가?

① $\dfrac{VE\cos\delta}{X_s}$

② $\dfrac{3VE\cos\delta}{X_s}$

③ $\dfrac{VE\sin\delta}{X_s}$

④ $\dfrac{3VE\sin\delta}{X_s}$

27 다음 중 동기기에서 단절권을 사용하는 이유는?

① 역률 개선
② 기전력 증가
③ 고조파 제거
④ 계통 안정화

28 다음 중 3상 동기전동기의 자기기동법에 대한 설명으로 틀린 것은?

① 적당한 기동토크 유지를 위해 정격전압의 80[%] 정도의 전압을 인가하여 기동한다.
② 제동권선을 활용하기 때문에 기동토크가 발생한다.
③ 일반적으로 기동토크는 전부하 토크의 40~60[%] 정도이다.
④ 기동 시 계자 권선에는 고전압이 인가되어 계자 회로가 소손될 우려가 있다.

PART 06

29 히스테리시스 곡선의 가로축과 세로축은 각각 무엇을 나타내는 것인가?

① 자계의 세기, 자속밀도

② 자속밀도, 투자율

③ 자속밀도, 자계의 세기

④ 투자율, 자속밀도

30 다음 중 변압기의 임피던스 전압을 설명한 것으로 옳은 것은?

① 정격전류가 흐를 때의 변압기 내의 전압강하

② 2차 측을 단락한 상태에서 전압을 서서히 증가시켜 1차 측에 정격전류가 흐를 때의 1차 측 단자전압

③ 2차 측을 단락한 상태에서 전압을 서서히 증가시켜 2차 측에 정격전류가 흐를 때의 2차 측 단자전압

④ 정격전류가 흐를 때의 2차 측 단자전압

31 히스테리시스손은 주파수와 최대 자속밀도의 각각 몇 승에 비례하는가? (단, 최대 자속밀도가 1.0[Wb/m^2] 미만이다.)

① 주파수 1.0, 최대 자속밀도 1.0

② 주파수 1.0, 최대 자속밀도 1.6

③ 주파수 1.6, 최대 자속밀도 1.0

④ 주파수 1.6, 최대 자속밀도 1.6

32 변압기 절연재료의 내열성에 따른 분류에서 B종 절연물의 최고 허용온도는 몇 [℃]인가?

① 105   ② 120

③ 130   ④ 155

33 다음 그림은 변압기의 어떤 회로인가?

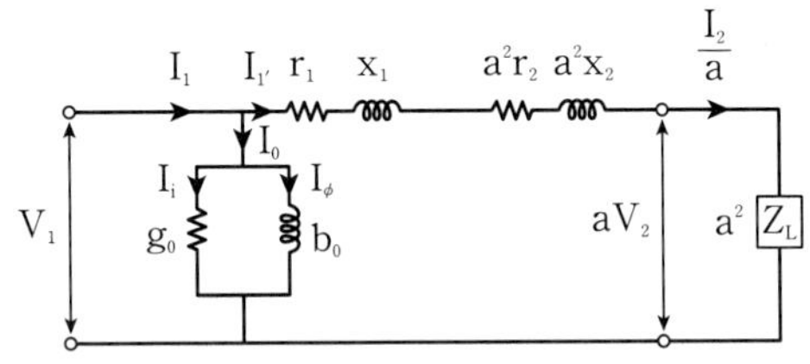

① 이상변압기 회로

② 변압기 근사 회로

③ 1차 측을 2차 측으로 환산한 등가회로

④ 2차 측을 1차 측으로 환산한 등가회로

34 다음 중 변압기의 온도상승 시험법으로 적당한 것은?

① 극성 시험

② 무부하 시험

③ 절연내력 시험

④ 단락 시험

35 권선형 유도전동기의 회전자 권선에 2차 저항기를 삽입하면 나타나는 현상은?

① 출력 감소

② 기동전류 감소

③ 회전수 증가

④ 기동토크 감소

36 슬립이 3[%]인 3상 유도전동기의 2차 동손이 600[W]일 때, 회전자 입력은 몇 [kW]인가?

① 6.2 　　　　② 18
③ 20 　　　　④ 582

37 다음 중 농형유도전동기의 기동방법 중 전전압 기동에 대한 설명으로 틀린 것은?

① 전동기 단자에 직접 정격전압을 인가한다.
② 소용량 농형 유도전동기의 기동법이다.
③ 소용량 농형 유도전동기는 일반적으로 기동시간이 길다.
④ 기동 시에는 역률이 좋지 않다.

38 슬립이 5[%]인 유도전동기의 등가저항은 2차 저항의 약 몇 배인가?

① 5 　　　　② 19
③ 24 　　　　④ 32

39 교류회로에서 양방향 점호(ON) 및 소호(OFF) 신호를 이용하여 위상제어를 할 수 있는 반도체 소자는?

① SCR 　　　　② TRIAC
③ GTO 　　　　④ IGBT

40 다음 중 3단자 사이리스터가 아닌 것은?

① SCS 　　　　② TRIAC
③ SCR 　　　　④ SSS

41 다음 전선의 종류 중 ACSR은 어떤 전선을 말하는가?

① 일반용 단심 비닐절연 전선
② 고무절연 클로로플렌 시스 케이블
③ 내열용 비닐절연 전선
④ 강심알루미늄 연선

42 다음 단선의 접속방법 중 동전선의 종단접속 방법이 아닌 것은?

① 종단겹침용 슬리브(E형)에 의한 접속
② 직선 맞대기용 슬리브(B형)에 의한 접속
③ 직선겹침용 슬리브(P형)에 의한 접속
④ 비틀어 꽂는 전선접속기에 의한 접속

43 다음 중 접지시설의 종류가 아닌 것은?

① 단독접지 　　　　② 계통접지
③ 공통접지 　　　　④ 통합접지

44 코드나 케이블 등을 기계 기구의 단자 등에 접속할 때 연선의 단면적이 몇 [mm²]를 초과하면 터미널러그(압착단자)를 부착하여야 하는가?

① 4　　　　　　② 6
③ 8　　　　　　④ 10

45 다음 중 합성수지제 가요전선관(PF관 및 CD관)의 호칭에 포함되지 않는 것은?

① 16　　　　　② 22
③ 36　　　　　④ 56

46 활전 작업 중 작업자와 전선이 접촉하는 것을 방지하기 위한 공구는?

① 전선 피박기　　② 와이어 통
③ 전선 커버　　　④ 애자 커버

47 저압 구내 가공인입선(DV) 사용 시 최소 굵기는 몇 [mm²] 이상이어야 하는가? (단, 전선의 길이가 15[m] 이하이다.)

① 1.5　　　　　② 2.0
③ 2.6　　　　　④ 4.0

48 과전류차단기로 저압전로에 사용하는 산업용 배선차단기의 정격전류가 100[A]일 때, 몇 분 이내에 차단되어야 하는가?

① 30　　　　　② 60
③ 120　　　　④ 180

49 다음 중 버스 덕트의 종류가 아닌 것은?

① 탭붙이 버스덕트
② 플로어 버스덕트
③ 익스펜션 버스덕트
④ 트랜스포지션 버스덕트

50 욕조나 샤워시설이 있는 욕실 또는 화장실 등 인체가 물에 젖어있는 상태에서 전기를 사용하는 장소에 콘센트를 시설하는 경우에는 인체 감전보호용 누전차단기의 정격감도전류는 몇 [mA] 이하여야 하는가?

① 10　　　　　② 15
③ 20　　　　　④ 30

51 다음 중 단상 차단기의 정격용량을 바르게 표시한 식은?

① 정격전압×정격전류
② 정격전압×정격차단전류
③ $\sqrt{2}$×정격전압×정격전류
④ $\sqrt{2}$×정격전압×정격차단전류

52 가공 케이블을 조가선에 행거로 시설할 경우, 조가선은 단면적 몇 [mm²] 이상인 아연도강 연선이어야 하는가?

① 10 ② 16
③ 22 ④ 25

53 고압 옥측 전선로를 시설할 경우 그 조영물에 시설하는 전선 등이나 수관·가스관 등과 접근하거나 교차하는 경우에, 전선과 이들 사이의 간격은 몇 [m] 이상이어야 하는가?

① 0.10 ② 0.15
③ 0.25 ④ 0.30

54 전주외등을 전주에 부착하는 경우 전주의 하단으로부터 몇 [m] 이상의 높이에 시설하여야 하는가? (단, 교통에 지장이 없는 경우이다.)

① 2.5 ② 3.0
③ 4.5 ④ 6.0

55 저압 크레인 호이스트 등의 저압 접촉전선을 옥내의 전개된 장소에서 애자공사로 시설하는 경우 전선의 바닥에서의 높이는 몇 [m] 이상으로 하여야 하는가?

① 1.5 ② 2.0
③ 2.5 ④ 3.5

56 다음 차단기의 종류 중 공기 중에서 자연 소호를 이용하여 아크를 차단하는 방식의 차단기는?

① 공기차단기
② 기중차단기
③ 자기차단기
④ 진공차단기

57 자동화재탐지설비는 화재의 발생을 조기에 탐지하여 소방 대상물의 관계자에게 화재의 발생을 통보해 주는 설비이다. 다음 중 자동화재 탐지설비의 구성요소가 아닌 것은?

① 수신기 ② 발신기
③ 감지기 ④ 누전경보기

58 컴퓨터를 기반으로 여러 개의 디지털 또는 아날로그 신호를 이용해 로직, 시퀀싱, 타이밍, 연산과 같은 특수한 기능을 수행하기 위해 프로그램 가능한 메모리를 사용해서 여러 가지 기계 장비를 프로세서에 의해 제어하는 장치를 무엇이라 하는가?

① 시퀀스 제어
② 릴레이 제어
③ PLC
④ HMI

59 다음 중 보호계전기 시험 시 유의사항에 대한 설명으로 옳지 않은 것은?

① 보호계전기가 연결된 전력설비의 전원을 차단하고, 차단기 개폐 상태를 확인한다.

② 시험 장비의 영점 조정, 교정 상태 등을 확인하여 측정 오차를 최소화한다.

③ 시험 회로의 결선 상태를 정확히 확인하고, 특히 극성 및 교류·직류 여부에 유의한다.

④ 보호계전기는 고장 발생 시 즉각적으로 동작해야 하므로 절대로 예열하지 않는다.

60 전압과 전류의 위상 관계를 이용하여 전류의 흐름 방향을 감지하여 단락 사고 발생 시 고장 위치를 정확히 파악한 후 해당 구간만 차단함으로써 전체 시스템의 정지를 방지하는 계전기는?

① 거리 계전기

② 파일럿 계전방식

③ 방향단락 계전기

④ 선택단락 계전기

전기기능사 **필기 기출문제 04회**

시험 일자	시험 시간	문항 수
2025년 2회 시행	60분	60문항

수험번호 : ___________________

성   명 : ___________________

정답 & 해설 ▶ 2–171p

01 길이가 1[m]인 도체의 저항이 20[Ω]일 때, 길이를 2배로 늘이면 저항은 몇 [Ω]이 되는가? (단, 도체의 체적은 일정하다.)

① 10 　　② 20
③ 40 　　④ 80

02 다음 그림에서 A–B 사이의 합성저항은 몇 [Ω]인가?

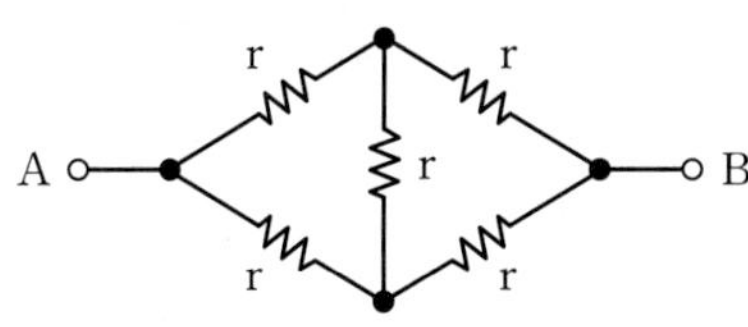

① r/2 　　② r
③ 2r 　　④ 4r

03 5[Ω]과 10[Ω]의 저항 2개를 병렬로 연결하였을 때의 합성컨덕턴스는 몇 [℧]인가?

① 0.3 　　② 0.7
③ 7.5 　　④ 15

04 다음 그림과 같이 알루미늄박 검전기의 원판 위에 금속 철망을 씌우고 양(+)의 대전체를 가까이 했을 경우 알루미늄박은 움직이지 않는다. 이는 금속 철망의 어떤 현상 때문인가?

① 정전유도 　　② 정전차폐
③ 자기유도 　　④ 대전

05 열전대를 구성하는 두 금속의 한쪽은 접속되어 있고, 다른 쪽은 임의의 금속으로 연결하여도 두 접점이 동일한 온도라면 기전력이 발생하지 않는다. 이 법칙은 무엇인가?

① 펠티에 효과
② 제3 금속의 법칙
③ 톰슨 효과
④ 제벡 효과

06 다음 중 2차전지가 아닌 것은?

① 리튬이온 전지　　② 니켈카드뮴 전지
③ 알칼리 축전지　　④ 망간 건전지

07 니켈의 원자가는 2.0이고 원자량은 58.7이다. 니켈의 화학당량은 얼마인가?

① 117.4　　② 60.70
③ 56.70　　④ 29.35

08 정격전압에서 1[kW]의 전력을 소모하는 전열기에 정격의 90[%]의 전압을 인가하였을 때, 이 전열기가 소비하는 전력은 몇 [W]인가?

① 640　　② 810
③ 900　　④ 1,111

09 220[V], 60[W] 전구 2개를 직렬과 병렬로 연결했을 때, 어느 전구가 더 밝은가?

① 직렬로 연결했을 때 더 밝다.
② 병렬로 연결했을 때 더 밝다.
③ 두 전구의 밝기는 같다.
④ 상황에 따라 밝기가 다르다.

10 용량이 C_1, C_2[F]인 콘덴서를 직렬접속하고 양단에 V[V]의 전압을 인가하였을 때, 콘덴서 C_2에 걸리는 전압은 몇 V[V]인가?

① $\dfrac{C_1}{C_1+C_2}V$

② $\dfrac{C_2}{C_1+C_2}V$

③ $\dfrac{C_1+C_2}{C_1}V$

④ $\dfrac{C_1+C_2}{C_2}V$

11 평판 도체의 단위면적당 정전 흡인력은 전압의 몇 제곱에 비례하는가?

① 2　　② $\dfrac{1}{2}$

③ $\dfrac{1}{4}$　　④ 4

12 평균 반지름 r[m]인 환상솔레노이드에 I[A]의 전류가 흐를 때, 내부 자계의 세기가 H[AT/m]이면 환상 솔레노이드의 권수 N은?

① $\dfrac{HI}{2\pi r}$

② $\dfrac{2\pi r}{HI}$

③ $\dfrac{2\pi r H}{I}$

④ $\dfrac{I}{2\pi r H}$

13 다음 중 상자성체에 속하는 물질은?

① Al   ② Fe

③ Ag   ④ Bi

14 직선도선에 작용하는 자속이 5[Wb]일 때, 전자력이 한 일이 2[J]이라면, 이 도선에 흐르는 전류는 몇 [A]인가?

① 0.2   ② 0.4

③ 1.0   ④ 2.5

15 다음 그림과 같이 평행한 두 도체에 동일한 방향의 전류가 흐를 때, 두 도체 사이에 작용하는 힘은?

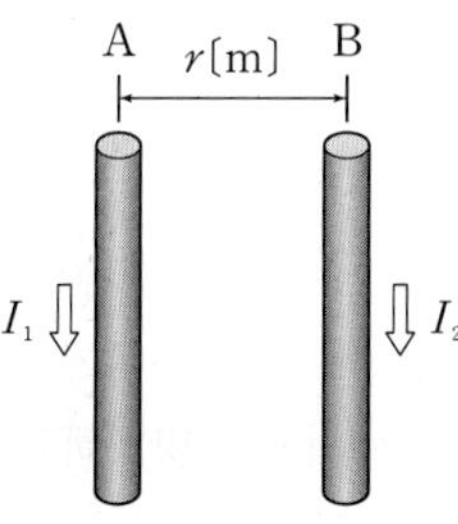

① 반발력이 작용한다.

② 힘의 크기는 0이다.

③ 흡인력이 작용한다.

④ $\dfrac{1}{2\pi r}$의 힘이 작용한다.

16 다음 중 전기회로와 자기회로의 요소를 짝지은 것으로 옳지 않은 것은?

① 유전율 − 투자율

② 전계 − 자계

③ 전류 − 자속

④ 전류밀도 − 자속밀도

17 저항이 R[Ω], 리액턴스가 X_c[Ω]인 R–C 병렬회로의 역률을 표시한 값으로 옳은 것은?

① $\dfrac{R}{\sqrt{R+X_c}}$

② $\dfrac{X_c}{\sqrt{R+X_c}}$

③ $\dfrac{R}{\sqrt{R^2+X_c^2}}$

④ $\dfrac{X_c}{\sqrt{R^2+X_c^2}}$

18 RC 직렬회로에서 시정수 τ[s]는?

① $\dfrac{C}{R}$ ② $\dfrac{R}{C}$

③ RC ④ $\dfrac{1}{RC}$

19 Y–Y 결선에서 선간전압이 200[V], 1상의 임피던스가 $Z'=8+j6[\Omega]$일 때, 선전류는 몇 [A]인가?

① 20
② $\dfrac{20}{\sqrt{3}}$
③ $10\sqrt{3}$
④ $20\sqrt{3}$

20 저항 R=4[Ω], 리액턴스 ωL=3[Ω]인 직렬회로에 $v=100\sqrt{2}\sin\omega t+50\sqrt{2}\sin3\omega t$[V]의 전압을 인가하였을 때, 출력은 약 몇 [W]인가?

① 1,228
② 1,456
③ 1,703
④ 2,182

21 직류 분권전동기의 단자전압이 100[V], 전기자 전류가 10[A], 전기자 저항이 1[Ω], 회전수가 1,800[rpm]일 때, 이 전동기의 역기전력은 몇 [V]인가?

① 80
② 90
③ 100
④ 110

22 직류기의 정격전압이 100[V], 무부하 전압이 104[V]일 때, 전압변동률 ε[%]은?

① 2
② 4
③ 6
④ 8

23 직류발전기 중 부하를 증가시켜도 부하의 변화와 관계없이 부하전류가 거의 일정하게 되는 수하특성을 이용하여 정전류를 만드는 곳이나 용접기 전원으로 사용하는 것은?

① 직권 발전기
② 분권 발전기
③ 타여자 발전기
④ 차동복권 발전기

24 동기전동기의 위상특성곡선에서 전기자 전류가 가장 적을 때의 역률은 얼마인가?

① 0
② 1
③ 0.6
④ 0.8

25 동기전동기 기동 시 자기기동법에서 계자권선을 단락시키는 이유는?

① 기동을 쉽게 하기 위해
② 기동권선으로 이용하기 위해
③ 전기자반작용을 방지하기 위해
④ 고전압 유도에 의한 절연파괴의 위험을 방지하기 위해

26 병렬운전 중인 동기발전기의 유도기전력이 100[V]의 차이가 있다면, 두 발전기 사이의 무효순환전류는 약 몇 [A]인가? (단, 두 발전기의 동기 임피던스는 10[Ω]이다.)

① 5

② 10

③ 15

④ 20

27 다음 중 동기전동기에 설치된 제동권선의 역할로 옳지 않은 것은?

① 기동권선의 역할

② 과부하 내량의 증대

③ 난조 방지

④ 단락사고 시 이상전압 억제

28 변압기가 정상 운전 중 단락사고가 났을 때, 단락전류는 정격전류의 몇 배가 되는가? (단, 이 변압기의 %임피던스 강하는 5[%]이다.)

① 5

② 9.5

③ 20

④ 50

29 변압기의 정격 출력은 무엇을 기준으로 하는가?

① 고압 측 단자전압

② 저압 측 단자전압

③ 1차 측 단자전압

④ 2차 측 단자전압

30 다음 중 변압기 보호 계전기가 아닌 것은?

① 차동 계전기

② 부흐홀츠 계전기

③ 충격압력 계전기

④ 임피던스 계전기

31 다음 중 변압기용 절연유의 구비조건으로 옳은 것은?

① 절연내력이 작을 것

② 인화점이 높을 것

③ 응고점이 높을 것

④ 비열이 작을 것

32 변압기의 2차 측 저항이 1[Ω]이고 권수비가 20일 경우, 1차 측으로 환산한 저항은 몇 [Ω]이 되는가?

① 2.5×10^{-3}

② 0.05

③ 20

④ 400

33 단상 변압기 2대로 V 결선을 하여 3상 전력을 공급하였을 때, 이용률은 약 몇 [%]가 되는가?

① 57.7

② 73.2

③ 86.6

④ 97.2

34 다음 중 변압기의 Y–Y 결선에 대해 설명한 것으로 옳지 않은 것은?

① 중성점을 접지할 수 있어서 이상전압을 방지할 수 있다.
② 중성접을 접지할 수 있어서 절연이 쉽다.
③ 선간전압이 작아지는 장점이 있다.
④ 제3 고조파를 제거하여 유도장해를 방지할 수 있다.

35 다음 괄호 안에 들어갈 알맞은 용어는?

> 히스테리시스 곡선의 가로축과 만나는 점은 (㉠)(이)고, 세로축과 만나는 점은 (㉡)(이)다.

① ㉠ 보자력   ㉡ 잔류자기
② ㉠ 잔류자기   ㉡ 보자력
③ ㉠ 자기저항   ㉡ 자계의 세기
④ ㉠ 자계의 세기   ㉡ 자기저항

36 회전자 입력 10[kW], 슬립 3[%]인 3상 유도전동기의 2차 동손은 몇 [W]인가?

① 150   ② 200
③ 300   ④ 350

37 일반적으로 엘리베이터에 사용되는 전동기의 결선 방법으로 알맞은 것은?

① Y–Y 결선
② Y–⊿ 결선
③ ⊿–Y 결선
④ ⊿–⊿ 결선

38 200[V], 50[Hz], 4극, 15[kW]의 3상 유도전동기가 있다. 전부하일 때 회전수가 1,320[rpm]이면 2차 효율은 약 몇 [%]인가?

① 78   ② 88
③ 96   ④ 98

39 다음 중 트라이악(TRIAC)을 나타낸 기호는?

①    ② 

③ 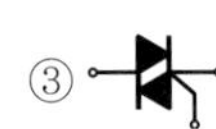   ④ 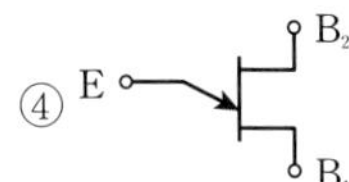

40 SCR에서 게이트 단자의 반도체는 주로 어떤 형태인가?

① N형   ② P형
③ PN형   ④ PNPN형

41 다음 중 인입용 비닐 절연전선의 약호는 무엇인가?

① OW
② CV
③ DV
④ EV

42 다음 중 금속제 캐비닛이나 철판의 구멍을 뚫을 때 필요한 공구는?

① 오스터
② 클리퍼
③ 히키
④ 녹아웃펀치

43 다음 중 가요 전선관과 금속관의 상호 접속에 사용되는 부속품은?

① 스플릿 커플링
② 콤비네이션 커플링
③ 엔트런스 캡
④ 유니버설 엘보

44 건축물 · 구조물의 철골 기타의 금속제는 이를 비접지식 고압전로에 시설하는 기계기구의 철대 또는 금속제 외함의 접지공사 또는 비접지식 고압전로와 저압전로를 결합하는 변압기의 저압전로의 접지공사의 접지극으로 사용할 수 있다. 이 경우 대지와의 사이에 전기저항 값이 몇 [Ω] 이하여야 하는가?

① 2
② 3
③ 5
④ 10

45 다음 중 고압용 케이블이 아닌 것은?

① 비닐 외장 케이블
② 폴리에틸렌 외장 케이블
③ 무기물 절연(MI) 케이블
④ 컴바인 덕트 (CD) 케이블

46 노출장소 또는 점검 가능한 장소에서 제2종 가요 전선관을 시설하고 제거하는 것이 자유로운 경우, 배관의 곡률 반지름은 안지름의 몇 배 이상이어야 하는가?

① 3　　　　② 6
③ 8　　　　④ 10

47 다음 중 박강전선관의 호칭이 아닌 것은?

① 19 ② 25

③ 31 ④ 35

48 다음 중 합성수지관 공사에 대한 설명으로 옳지 않은 것은?

① 합성수지관 내에서는 전선의 접속점이 없도록 한다.
② 관 상호 간 및 박스와 관을 삽입하는 깊이는 관 바깥지름의 1.2배 이상으로 한다.
③ 관의 지지점 간의 거리는 2[m] 이하로 한다.
④ 습기가 많은 장소에는 방습 장치를 한다.

49 전로의 전압이 7[kV] 이하인 중성점 접지용 접지도체의 공칭 단면적은 몇 [mm²] 이상의 연동선이어야 하는가?

① 6 ② 10

③ 16 ④ 50

50 공장의 설비용량이 1,000[kW]이고 전압이 3상 22.9[kV], 역률이 0.8일 때, 주 차단기의 정격 전류는 몇 [A]인가?

① 18 ② 25

③ 31 ④ 43

51 저압 2조의 가공전선을 설치할 때 완금의 표준 길이는 몇 [mm]인가?

① 900 ② 1,400

③ 1,800 ④ 2,400

52 고압 가공인입선이 도로를 지나는 경우 노면상 몇 [m] 이상이어야 하는가?

① 3 ② 4

③ 5 ④ 6

53 저압 크레인 호이스트 등의 저압 접촉전선을 옥내의 전개된 장소에서 애자공사로 시설하는 경우 전선의 바닥에서의 높이는 몇 [m] 이상으로 해야 하는가?

① 1.5 ② 2.0

③ 2.5 ④ 3.5

54 다음 중 보호계전기의 동작을 확실하게 하기 위한 방법이 아닌 것은?

① 적정한 온도와 습도를 유지한다.
② 제어케이블의 노이즈를 방지한다.
③ 접지저항을 크게 한다.
④ 차폐케이블의 양단을 접지한다.

55 사용전압이 400[V] 이하인 옥외 백열전등 관등회로의 배선은 공칭단면적이 몇 [mm²] 이상의 연동선과 이와 동등 이상의 절연전선(OW 및 DV 제외)을 사용하여야 하는가?

① 0.75　　　　② 1.5

③ 2.5　　　　④ 3.0

56 저압 연접(이웃 연결) 인입선을 시설하는 경우에 대한 설명으로 옳지 않은 것은?

① 인입선에서 분기하는 점으로부터 100[m]를 초과하지 않을 것

② 폭 5[m]를 초과하는 도로를 횡단하지 않을 것

③ 옥내를 통과하지 않을 것

④ 전선은 지름 2.6[mm] 이상의 DV 전선일 것(단, 전선의 길이가 15[m] 이하인 경우)

57 철근 콘크리트주의 길이가 9[m]이고, 설계하중이 8.5[kN]일 때, 땅에 묻히는 깊이는 최소 몇 [m] 이상이어야 하는가?

① 1.2　　　　② 1.5

③ 1.8　　　　④ 2.0

58 배전선로에서 지락이나 단락사고가 발생하였을 때 고장을 검출하여 자동으로 차단한 후 일정 시간이 지나면 자동적으로 재투입 동작을 반복함으로써 순간고장을 제거하는 기능을 수행하는 것은?

① 리클로저

② 부하개폐기

③ 컷아웃스위치

④ 고장구간 자동개폐기

59 상가나 연립주택 등에 적용하는 380/220[V] 전원을 수전하기 위한 변압기 2차 측의 일반적인 결선방식은?

① 단상 2선식　　　　② 단상 3선식

③ 3상 3선식　　　　④ 3상 4선식

60 최대광도가 I[cd]인 원통광원(형광등)의 전광속은?

① $F = \pi I$　　　　② $F = 2\pi I$

③ $F = \pi^2 I$　　　　④ $F = 4\pi I$

전기기능사 **필기 기출문제 05회**

시험 일자	시험 시간	문항 수
2025년 1회 시행	60분	60문항

수험번호 : ___________________

성   명 : ___________________

01 10[kWh]는 약 몇 [kcal]인가?

① 4,186　　　　② 41,86

③ 860　　　　④ 8,600

02 다음 그림과 같은 회로의 합성저항은 약 몇 [Ω]인가?

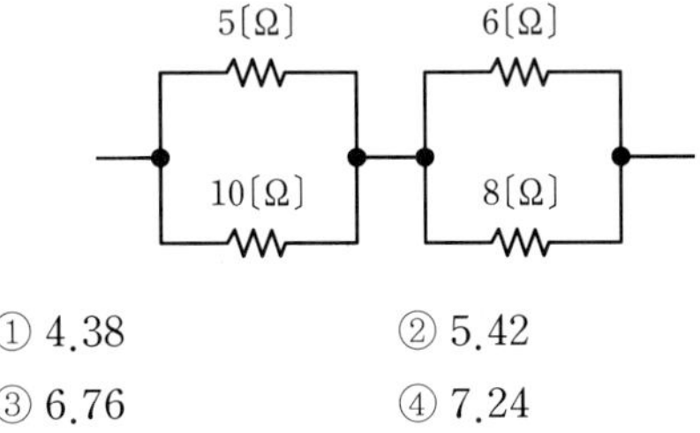

① 4.38　　　　② 5.42

③ 6.76　　　　④ 7.24

03 4[Ω]과 6[Ω]의 저항 2개를 직렬로 연결하였을 때의 합성컨덕턴스는 몇 [℧]인가?

① 0.1　　　　② 0.2

③ 10　　　　④ 20

04 기전력 4[V], 내부저항 0.2[Ω]의 전지 10개를 직렬로 접속하고, 여기에 부하저항을 접속하였더니 4[A]의 전류가 흘렀다. 이때 외부저항의 크기는 약 몇 [Ω]인가?

① 4　　　　② 6

③ 8　　　　④ 10

05 다음 중 망간 건전지의 양극으로 사용하는 소재로 적합한 것은?

① 구리판

② 알루미늄판

③ 아연판

④ 탄소막대

06 커피포트로 25[℃], 100[L] 용량의 물을 1시간 30분 동안 가열하여 온도를 100[℃]까지 올렸다면, 전열기의 용량은 약 몇 [kW]가 되는가? (단, 커피포트의 효율은 60[%]이다.)

① 9.7　　　　② 11.2

③ 12.9　　　　④ 14.9

07 기전력 100[V], 내부저항 10[Ω]인 전지에 부하 저항 R[Ω]을 연결하여 얻을 수 있는 최대전력은 약 몇 [W]인가?

① 125　　　　　　② 250

③ 500　　　　　　④ 1,000

08 다음 중 전자냉동에 적용하는 법칙은?

① 펠티에 효과

② 제3 금속의 법칙

③ 톰슨 효과

④ 제벡 효과

09 다음 중 정전흡인력에 대한 설명으로 옳은 것은?

① 극판의 간격에 반비례한다.

② 극판 면적의 제곱에 비례한다.

③ 전압의 제곱에 비례한다.

④ 전계의 세기에 비례한다.

10 C[F]의 콘덴서에 W[J]의 에너지를 충전하려면 몇 [V]의 충전전압이 필요한가?

① $\sqrt{\dfrac{2W}{C}}$

② $\sqrt{\dfrac{W}{C}}$

③ $\sqrt{\dfrac{W}{2C}}$

④ $\sqrt{\dfrac{2C}{W}}$

11 다음 물질 중 강자성체로만 짝지어진 것은?

① 니켈, 망간, 아연, 철

② 구리, 망간, 비스무트, 코발트

③ 구리, 니켈, 아연, 철

④ 니켈, 망간, 철, 코발트

12 C[F]의 콘덴서에 V[V]의 전압을 인가하여 Q[C]의 전하를 충전할 때, 저장되는 에너지는 몇 [J]인가? (단, 유전율은 ε[F/m]이고, 전계의 세기는 E[V/m], 전속밀도는 D[C/m²]이다.)

① $\dfrac{1}{2}CV$

② $\dfrac{1}{2}QV$

③ $\dfrac{1}{2}DE$

④ $\dfrac{1}{2}\varepsilon E^2$

13 1[cm]당 권수가 5인 무한장 솔레노이드에 10[A]의 전류가 흐를 때, 솔레노이드 외부 자계의 세기는 몇 [AT/m]인가?

① 0　　　　　　② 50

③ 250　　　　　④ 5,000

14 직선도선에 작용하는 자속이 5[Wb]일 때 전자력이 한 일이 2[J]이라면, 이 도선에 흐르는 전류는 몇 [A]인가?

① 0.2 　　② 0.4

③ 1.0 　　④ 2.5

15 R-L-C 직렬공진 회로에서 최대가 되는 것은?

① 전압 　　② 전류

③ 저항 　　④ 임피던스

16 출력이 P[kW]인 3상 유도전동기의 정격전압이 $V_n[\mathrm{V}]$, 정격전류가 $I_n[\mathrm{A}]$이고 역률이 cosθ일 때, 효율 η[pu]을 나타내는 식으로 옳은 것은?

① $\dfrac{P\times10^3}{\sqrt{3}\,V_nI_n\cos\theta}$

② $\dfrac{\sqrt{3}\,V_nI_n\cos\theta}{P\times10^3}$

③ $\dfrac{P\times10^3}{3V_nI_n\cos\theta}$

④ $\dfrac{3V_nI_n\cos\theta}{P\times10^3}$

17 다음 중 시정수와 과도현상과의 관계에 대한 설명으로 옳은 것은?

① 시정수가 클수록 과도현상은 길어진다.

② 시정수가 작을수록 과도현상은 길어진다.

③ 시정수가 클수록 과도현상은 짧아진다.

④ 시정수와 과도현상은 관련이 없다.

18 3상 유도전동기의 정격이 200[V], 60[Hz], 10[kW]일 때, 정격전류는 몇 [A]인가? (단, 효율과 역률은 각각 0.85이다.)

① 10 　　② 20

③ 30 　　④ 40

19 어떤 회로에 단상 200[V]의 교류전압을 인가할 때 위상이 30° 뒤진 10[A]의 전류가 흐른다면, 이 회로의 역률은 얼마인가?

① 0.816 　　② 0.866

③ 0.936 　　④ 0.956

20 비정현파 종류에 속하는 사각파의 전개식에서 기본파의 진폭[V]은? (단, $V_m=20[\mathrm{V}]$, $T=10[\mathrm{s}]$이다.)

① 23.46 　　② 24.46

③ 25.46 　　④ 26.46

21 다음 중 계자에서 발생한 자속을 전기자에 골고루 분포시켜주기 위한 것은?

① 공극
② 브러시
③ 정류자
④ 저항

22 다음 중 불꽃 없이 직류기의 정류를 하기 위해 가장 적합한 것으로 짝지어진 것은?

① 보극과 보상권선
② 보상권선과 탄소브러시
③ 보극과 탄소브러시
④ 보상권선과 전압정류

23 직류전동기의 속도제어 방법 중 워드레오나드 방식은 무슨 제어에 속하는가?

① 전압 제어
② 계자 제어
③ 저항 제어
④ 주파수 제어

24 고압용 전동기의 전기자 철심 강판에 만드는 홈의 모양은 일반적으로 어떤 형태인가?

① 전폐형
② 반폐형
③ 개방형
④ 사구형

25 2대의 동기발전기 A, B를 운전 중 A기의 여자전류를 증가시키면 일어나는 현상은?

① A기의 역률은 낮아지고 B기의 역률은 높아진다.
② A기의 역률은 높아지고 B기의 역률은 낮아진다.
③ A, B기 모두 역률이 높아진다.
④ A, B기 모두 역률이 낮아진다.

26 병렬운전 중인 동기발전기의 유도기전력이 100[V]의 차이가 있다면, 두 발전기 사이의 무효순환전류는 약 몇 [A]인가? (단, 두 발전기의 동기 임피던스는 10[Ω]이다.)

① 5
② 10
③ 15
④ 20

27 다음 중 주로 동기발전기의 돌발 단락전류를 제한하는 것은?

① 권선 저항
② 동기 임피던스
③ 동기 리액턴스
④ 누설 리액턴스

28 교류전동기의 운전 중 발생하는 손실 중에서 측정이나 계산으로 구할 수 없는 손실로서 도체나 철심 내부에 생기는 손실을 무엇이라 하는가?

① 표유부하손
② 베어링의 마찰손
③ 1,2차 권선의 저항손
④ 풍손

29 동기전동기를 자기 기동법으로 기동할 때, 계자 회로는 어떻게 하여야 하는가?

① 단락시킨다.
② 개방시킨다.
③ 직류를 공급한다.
④ 단상 교류를 공급한다.

30 다음 중 3상 동기전동기의 제동권선의 역할은?

① 기동역할 및 출력증가
② 역률개선 및 출력증가
③ 기동역할 및 난조방지
④ 출력증가 및 난조방지

31 다음 중 변압기의 극성에 대한 설명으로 틀린 것은?

① 1차와 2차의 자속이 철심을 통하여 증가하는 방향이면 가극성이다.
② 변압기 1차 측과 2차 측의 극성이 서로 같으면 감극성이다.
③ 단상변압기 병렬운전 시에는 극성을 고려할 필요가 없다.
④ 우리나라는 감극성을 표준으로 사용한다.

32 60[Hz]의 변압기에 50[Hz]의 동일한 전압을 인가하였을 때, 최대 자속밀도는 어떻게 변하는가?

① $\frac{5}{6}$배로 감소 ② $\frac{6}{5}$배로 증가

③ $\left(\frac{5}{6}\right)^{1.6}$배로 감소 ④ $\left(\frac{6}{5}\right)^{1.6}$배로 증가

33 유입변압기에서 변압기 외함과 방열기 사이에 순환펌프를 설치하고, 송풍팬을 운용하여 방열 효과를 향상시키는 냉각방식은?

① 유입 풍냉식
② 송유 수냉식
③ 송유 풍냉식
④ 유입 자냉식

34 다음 중 변압기의 Y-Y 결선에 대해 설명한 것
으로 옳지 않은 것은?

① 중성점을 접지할 수 있어서 이상전압을 방
지할 수 있다.

② 중성접을 접지할 수 있어서 절연이 쉽다(단
절연 가능).

③ 선간전압이 $\sqrt{3}$배 높아지는 장점이 있다.

④ 제3 고조파를 제거하여 유도장해를 방지할
수 있다.

35 권선형 3상 유도전동기의 2차 측 저항을 2배로
하였을 때 최대 토크의 크기는?

① 변하지 않는다.   ② 2배가 된다.

③ 4배가 된다.   ④ $\frac{1}{2}$배가 된다.

36 다음 중 농형 유도전동기와 비교했을 때 권선형
유도전동기의 장점은?

① 구조가 간단하다.
② 보수 및 점검이 용이하다.
③ 가격이 저렴하다.
④ 기동토크가 크다.

37 200[V], 50[Hz], 4극, 15[kW]의 3상 유도전동
기가 있다. 전부하일 때의 회전수가 1,320[rpm]
이면 2차 효율은 약 몇 [%]인가?

① 78   ② 88
③ 96   ④ 98

38 다음 중 반도체 사이리스트에 의한 주파수 제어
를 이용하여 전동기의 속도를 제어하는 방식은?

① 초퍼 제어   ② 인버터 제어
③ 컨버터 제어   ④ 브리지정류 제어

39 다음 중 다이오드를 사용한 정류회로에서 다이
오드를 여러 개 직렬로 연결하여 사용하는 경우
에 대한 설명으로 가장 적당한 것은?

① 낮은 전압 전류에 적합하다.
② 다이오드를 과전압으로부터 보호할 수 있다.
③ 다이오드를 과전류로부터 보호할 수 있다.
④ 부하출력의 맥동률을 감소시킬 수 있다.

40 다음 중 2단자 사이리스터가 아닌 것은?

① DIAC   ② Diode
③ SCR   ④ SSS

41 다음 중 연동선의 고유저항은 몇 $[\Omega \cdot mm^2/m]$
인가?

① $\frac{1}{58}$ ② $\frac{1}{55}$

③ $\frac{1}{35}$ ④ $\frac{1}{27}$

42 전선의 직선 접속 시 S형 슬리브 접속은 몇 회 이상 꼬아야 하는가?

① 2 　　　　　② 3
③ 4 　　　　　④ 5

43 다음 중 단선의 접속방법의 하나인 종단접속의 방법이 아닌 것은?

① 종단겹침용 슬리브(E형)에 의한 접속
② 직선 맞대기용 슬리브(B형)에 의한 접속
③ 직선겹침용 슬리브(P형)에 의한 접속
④ 비틀어 꽂는 형의 전선접속기에 의한 접속

44 다음 중 합성수지 전선관(PVC관)을 구부릴 때 사용하는 공구는?

① 파이프렌치 　　　② 플라이어
③ 토치램프 　　　　④ 녹아웃펀치

45 노출장소 또는 점검 가능한 장소에서 제2종 가요전선관을 시설하고 제거하는 것이 부자유하거나 점검이 불가능한 경우, 배관의 곡률 반지름은 안지름의 몇 배 이상이어야 하는가?

① 3 　　　　　② 6
③ 8 　　　　　④ 12

46 활전작업 중 작업자와 전선이 접촉하는 것을 방지하기 위한 공구는?

① 전선 피박기 　　② 와이어 통
③ 드라이브 이트 　④ 리머

47 중성점 접지용 접지도체의 단면적은 몇 [mm²] 이상의 연동선이어야 하는가? (단, 전로는 25[kV] 이하의 중성선 다중접지방식으로서 지락 발생 시 2초 이내에 자동으로 차단하는 장치가 있다.)

① 6 　　　　　② 10
③ 16 　　　　　④ 50

48 교통신호등 시설 시 사용전압이 몇 [V]를 초과하는 경우 지락 발생 시 전로를 자동적으로 차단하는 장치를 시설해야 하는가?

① 150 　　　　② 200
③ 250 　　　　④ 300

49 최대 사용전압이 70[kV]인 중성점 직접접지식 전로의 절연내력 시험전압은 몇 [V]인가?

① 35,000 　　　② 42,700
③ 45,200 　　　④ 50,400

50 연피케이블 및 알루미늄케이블을 구부릴 경우, 굴곡부의 곡률 반지름은 케이블 바깥지름의 몇 배 이상이어야 하는가?

① 3 　　　　　　② 6
③ 8 　　　　　　④ 12

51 애자공사 시 고압 옥내배선의 전선 상호간의 간격은 몇 [cm] 이상이어야 하는가?

① 2.5 　　　　　② 6
③ 4.5 　　　　　④ 8

52 다음 중 폭연성 먼지에 속하지 않는 것은?

① 알루미늄 　　　② 지르코늄
③ 유황 　　　　　④ 티탄

53 화약류 분말이 발화원에 의해 폭발할 우려가 있는 장소에 시설하는 저압 옥내배선공사의 방법으로 가장 적당한 것은?

① 금속관 공사
② 애자 공사
③ 버스덕트 공사
④ 합성수지몰드 공사

54 고압 가공전선을 횡단보도교 위에 시설하는 경우 노면상 몇 [m]의 높이에 설치해야 하는가?

① 3.5 　　　　　② 4.0
③ 5.0 　　　　　④ 6.0

55 고압 옥측 전선로를 시설할 경우 그 조영물에 시설하는 전선이나 수관, 가스관 등과 접근하거나 교차하는 경우 전선과 이들 사이의 간격은 몇 [m] 이상이어야 하는가?

① 0.10 　　　　　② 0.15
③ 0.25 　　　　　④ 0.30

56 저압 연접(이웃 연결) 인입선을 시설하는 경우의 내용으로 옳지 않은 것은?

① 인입선에서 분기하는 점으로부터 100[m]를 초과하지 않을 것
② 폭 5[m]를 초과하는 도로를 횡단하지 않을 것
③ 옥내를 통과하지 않을 것
④ 전선은 지름 2.6[mm] 이상의 DV 전선일 것 (단, 긍장이 15[m] 이하인 경우)

57 다음 중 보호계전기의 동작을 확실하게 하기 위한 방법이 아닌 것은?

① 적정한 온도와 습도를 유지한다.
② 제어케이블의 노이즈를 방지한다.
③ 접지저항을 크게 한다.
④ 차폐케이블의 양단을 접지한다.

58 다음 중 보호계전기의 종류에 해당하지 않는 것은?

① 지락 계전기　　② 과전류 계전기
③ 과전압 계전기　　④ 저저항 계전기

59 다음 중 전동기의 정역 운전 시 2개의 전자개폐기가 동시에 작동하지 않도록 하는 회로는?

① 인칭회로　　② 자기유지회로
③ 인터록회로　　④ $Y-\Delta$회로

60 다음 중 자동화재 탐지설비의 구성 설비가 아닌 것은?

① 누전경보기　　② 감지기
③ 수신기　　④ 음향장치

전기기능사 **필기 기출문제 06회**

시험 일자	시험 시간	문항 수
2024년 4회 시행	60분	60문항

수험번호 : ___________________

성　　명 : ___________________

정답 & 해설 ▶ 2-180p

01 100[V]의 전위차로 가속된 전자의 운동 에너지는 약 몇 [J]인가?

① 1.6×10^{-16}　　② 1.6×10^{-17}

③ 1.6×10^{-18}　　④ 1.6×10^{-19}

02 열전대를 구성하는 두 금속의 한쪽은 접속되어 있고, 다른 쪽은 임의의 금속으로 연결하여도 두 접점이 동일한 온도라면 기전력이 발생하지 않는다. 이 현상을 설명하는 법칙은?

① 펠티에 효과　　② 제3 금속의 법칙

③ 톰슨 효과　　④ 제벡 효과

03 다음 중 접지저항을 측정하는 방법이나 기구가 아닌 것은?

① 어스 테스터　　② 콜라우시 브리지

③ 접지 저항계　　④ 캘빈 더블브리지

04 6[Ω]의 저항 3개를 연결했을 때 얻을 수 없는 합성저항은?

① 18　　② 9

③ 3　　④ 2

05 길이가 10[m]인 전선의 저항이 10[Ω]일 때, 길이를 2배로 늘이면 저항의 크기는 몇 [Ω]이 되는가? (단, 전선의 체적은 일정하다.)

① 20　　② 40

③ 100　　④ 400

06 직선도선에 작용하는 자속이 5[Wb]일 때 전자력이 한 일이 2[J]이라면 이 도선에 흐르는 전류는 몇 [A]인가?

① 0.2　　② 0.4

③ 1.0　　④ 2.5

07 다음 그림과 같은 회로에서 각 전선에 흐르는 전류 I_1, I_2, I_3[A]를 바르게 표시한 것은?

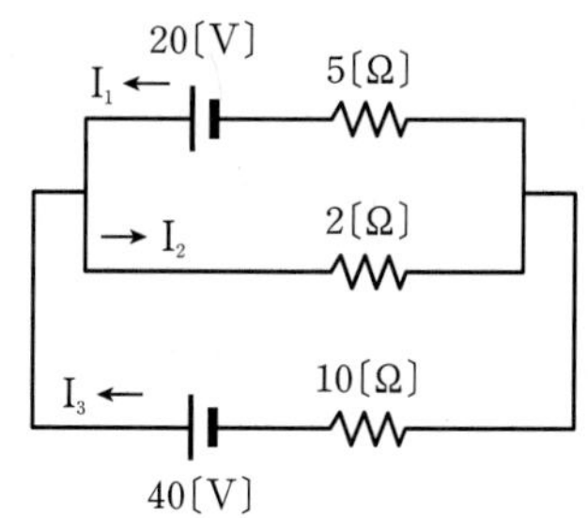

① 2, 3, 5　　② 2, 5, 3

③ 3, 5, 2　　④ 5, 2, 3

08 어떤 도체에 임의의 도체를 일정 전위(보통 영전위)의 도체로 완전히 포위하면 내·외부의 전계를 완전히 차단할 수 있다. 이를 무엇이라 하는가?

① 대전　　　　　② 자기차폐
③ 정전차폐　　　④ 정전유도

09 불균일한 전계에서 부분적으로 절연이 파괴되었을 때 일어나는 방전을 무엇이라 하는가?

① 스파크　　　　② 코로나 방전
③ 아크 방전　　　④ 글로우 방전

10 콘덴서 $C_1=1[\mu F]$, $C_2=3[\mu F]$, $C_3=6[\mu F]$를 직렬로 연결한 경우 합성 정전용량 [μF]은?

① 0.67　　　　　② 1.5
③ 2　　　　　　④ 3

11 전압이 200[V]이고 용량이 $C_1=10[\mu F]$, $C_2=5[\mu F]$인 콘덴서를 직렬로 접속하였을 때, 콘덴서 C_2에 걸리는 전압은 약 몇 V[V]인가?

① 66.7　　　　　② 100
③ 133.3　　　　④ 200

12 다음 그림과 같이 철심에 코일을 감고 전류를 흘렸을 때, 괄호 안의 방향에 나타나는 극성은?

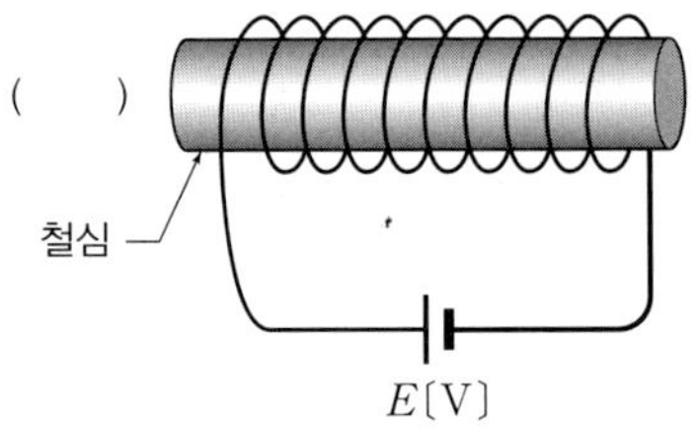

① N극
② S극
③ N극과 S극이 서로 교번한다.
④ 극성 판단이 불가능하다.

13 두 자계 사이에 작용하는 힘의 세기가 F[N]일 때, 두 자계의 거리를 2배로 증가시키면 작용하는 힘의 세기는 몇 배가 되는가?

① 0.25　　　　　② 0.5
③ 2　　　　　　④ 4

14 단위길이당 권선 수가 100회인 무한장 솔레노이드에 5[A]의 전류를 흘릴 때, 솔레노이드 내부의 자계의 세기는 몇 [AT/m]인가?

① 0　　　　　　② 20
③ 100　　　　　④ 500

15 자속밀도가 2[Wb/m²]인 평등자계 내에 길이 0.5[m]인 도체가 자계와 30°의 각도로 배치되어 8[A]의 전류가 흐를 때, 도체에 작용하는 힘 [N]은?

① 2
② 4
③ $4\sqrt{3}$
④ 8

16 비상전원에 3[A]의 전류로 20시간 동안 사용하려면 축전지의 용량은 몇 [Ah]가 되어야 하는가?

① 6
② 7
③ 2 0
④ 60

17 저항 R[Ω], 리액턴스 $X_c[Ω]$인 R–C병렬회로의 역률을 표시한 값으로 옳은 것은?

① $\dfrac{R}{\sqrt{R+X_c}}$

② $\dfrac{X_c}{\sqrt{R+X_c}}$

③ $\dfrac{R}{\sqrt{R^2+X_c^2}}$

④ $\dfrac{X_c}{\sqrt{R^2+X_c^2}}$

18 선간전압 210[V], 선전류 10[A]인 Y–Y회로의 상전압 [V]과 상전류 [A]는 각각 약 얼마인가?

① 121, 5.77
② 121, 10
③ 210, 5.77
④ 210, 10

19 다음 중 RL 직렬회로에서 시정수 τ[s]는?

① $\dfrac{L}{R}$
② $\dfrac{R}{L}$
③ RL
④ $\dfrac{1}{RL}$

20 다음 중 교류의 파형률을 나타내는 식은?

① $\dfrac{최대값}{실효값}$
② $\dfrac{실효값}{평균값}$
③ $\dfrac{평균값}{실효값}$
④ $\dfrac{실효값}{최대값}$

21 다음 중 직류발전기의 전기자 권선이 중권인 경우 균압선을 설치하는 이유로 옳은 것은?

① 리액턴스 감소
② 기전력 증대
③ 불꽃발생 방지
④ 정류작용 향상

22 직류 직권전동기의 회전수를 1/3로 감소시키면 토크는 어떻게 변하는가?

① $\dfrac{1}{9}$배 감소
② $\dfrac{1}{3}$배 감소
③ 3배 증가
④ 9배 증가

23 전기자 전류 104[A], 전기자 저항 0.1[Ω]인 직류분권발전기의 유도기전력이 110.4[V]일 때 이 발전기의 단자전압은 몇 [V]인가?

① 90 ② 100

③ 110 ④ 120

24 직류발전기 중에서 부하를 증가시켜도 부하의 변화와 관계없이 부하전류가 거의 일정하게 되는 수하특성을 이용하여 정전류를 만드는 곳이나 용접기 전원으로 사용하는 것은?

① 직권 발전기
② 분권 발전기
③ 타여자 발전기
④ 차동복권 발전기

25 다음 중 동기기의 전기자 권선법이 아닌 것은?

① 단절권
② 중권
③ 분포권
④ 전절권

26 다음 중 동기발전기의 규약효율[%]을 나타낸 식은?

① $\dfrac{출력}{입력} \times 100$

② $\dfrac{입력-손실}{입력} \times 100$

③ $\dfrac{출력}{입력-손실} \times 100$

④ $\dfrac{출력}{출력+손실} \times 100$

27 단락비가 1.25인 동기발전기의 %동기임피던스는 몇 [%]인가?

① 70 ② 80

③ 90 ④ 100

28 다음 중 토크(회전력)의 단위를 올바르게 표시한 것은?

① N ② kg · m

③ rpm ④ W · s

29 정격이 10,000[V], 500[A], 역률 90[%]인 3상 동기발전기의 단락비가 1.3일 때, 동기발전기의 단락전류 I_s는 몇 [A]인가? (단, 전기자 저항은 무시한다.)

① 450 ② 550

③ 585 ④ 650

30 동기전동기의 위상특성곡선에서 전기자 전류가 가장 적을 때의 역률 값은 얼마인가?

① 0 　　　　　② 1
③ 0.6 　　　　 ④ 0.8

31 권수비가 30인 변압기의 1차 단자전압이 6,600[V]일 때, 2차 단자전압은 몇 [V]인가?

① 110 　　　　② 220
③ 330 　　　　④ 440

32 다음 중 피시테이프(Fish Tape)의 용도로 옳은 것은?

① 활선 상태에서 전선 피복을 벗기는 공구이다.
② 배관 공사 시 전선을 넣기 위한 강선이다.
③ 활선을 작업영역 밖으로 밀어낼 때 사용하는 절연봉이다.
④ 콘크리트 벽 등에 구멍을 뚫는 공구이다.

33 2대의 변압기를 V결선하여 3상 변압기로 운영하는 경우의 변압기 이용률[%]은?

① 57.7 　　　　② 75.5
③ 86.6 　　　　④ 98.5

34 3상 4극 유도전동기가 전원 주파수 60[Hz], 슬립 3[%]로 운전되고 있는 경우 회전자의 주파수는 몇 [Hz]인가?

① 1.8 　　　　② 18
③ 58.2 　　　　④ 60

35 유도전동기의 2차 입력 P_2, 기계적 출력 P_0, 슬립 s, 동기속도 N_s, 회전속도 N, 2차 동손 P_{c2} 라 할 때, 2차 효율 η_2[%]를 표기한 식으로 옳지 않은 것은?

① $1-s$ 　　　　② $\dfrac{P_{c2}}{P_2}$

③ $\dfrac{P_0}{P_2}$ 　　　　④ $\dfrac{N}{N_s}$

36 다음 그림은 유도전동기의 출력에 따른 속도, 토크, 효율, 슬립 곡선이다. 이 특성곡선에서 슬립을 나타내는 것은?

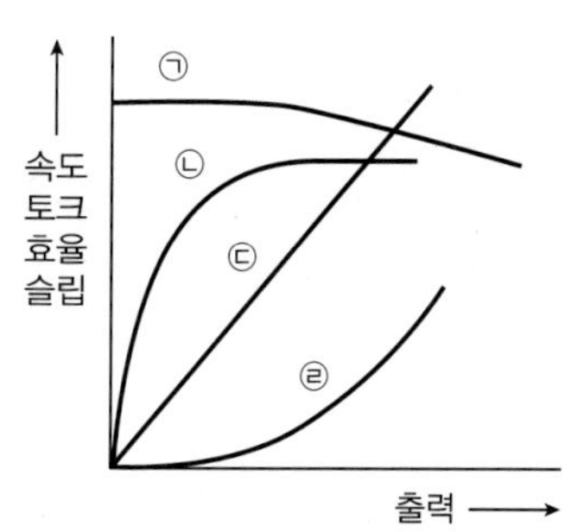

① ㉠ 　　　　② ㉡
③ ㉢ 　　　　④ ㉣

37 회전자 입력 10[kW], 슬립 3[%]인 3상 유도전동기의 2차 동손은 몇 [W]인가?

① 150 ② 200
③ 300 ④ 350

38 다음 중 3상 유도전동기의 원선도를 그리는 데 필요한 시험이 아닌 것은?

① 저항측정 시험
② 구속 시험
③ 슬립측정 시험
④ 무부하 시험

39 다음 중 양방향으로 전류를 흘릴 수 있는 반도체 소자는?

① SCR ② GTO
③ TRIAC ④ LASCR

40 다음 중 직류를 교류로 변환하는 장치로, 전동기의 속도제어용 전원으로 사용하는 장치는?

① 초퍼제어
② 인버터제어
③ 콘버터제어
④ 브리지 정류 제어

41 다음 중 450/750[V] 일반용 단심 비닐 절연전선의 약호는?

① NRI ② NFI
③ NF ④ NR

42 전선 약호가 CN−CV−W인 케이블의 품명은?

① 동심중성선 차수형 전력케이블
② 동심중성선 수밀형 전력케이블
③ 동심중성선 수밀형 무독성 난연 전력케이블
④ 동심중성선 트리억제형 전력케이블

43 연선에서 중심 소선을 뺀 층수가 3층이라면 소선의 총수는 몇 가닥인가?

① 37 ② 25
③ 22 ④ 12

44 전선의 직선 접속 시 S형 슬리브 접속은 몇 회 이상 꼬아야 하는가?

① 2 ② 3
③ 4 ④ 5

45 공칭 단면적이 8[mm²]인 연선의 소선 지름이 1.2[mm]인 경우, 소선은 몇 가닥인가?

① 4
② 5
③ 6
④ 7

46 배전반이나 분전반의 금속제 캐비닛에 구멍을 뚫기 위한 공구는?

① 히키
② 오스터
③ 프레셔 툴
④ 녹아웃 펀치

47 보호도체와 계통도체를 겸용하는 겸용도체 (PEN)의 구리 단면적은 몇 [mm²] 이상이어야 하는가?

① 6
② 10
③ 16
④ 50

48 과전류 차단기로 사용하는 퓨즈 중 고압전로에 사용하는 포장 퓨즈는 정격전류의 몇 배에 견디어야 하는가?

① 1.1
② 1.25
③ 1.3
④ 1.5

49 과전류차단기로 저압전로에 사용하는 산업용 배선차단기의 정격전류가 45[A]일 때, 60[A]의 전류가 흘렀다면 몇 분 이내에 차단되어야 하는가?

① 30
② 60
③ 120
④ 180

50 배관공사 시 금속관이나 합성수지관으로부터 전선을 뽑아 전동기 단자 부근에 접속할 때 전선관의 끝단에 사용하는 부품은?

① 절연 부싱
② 엔트런스 캡
③ 터미널 캡
④ 로크 너트

51 다음 금속전선관 중 박강전선관의 호칭이 아닌 것은?

① 19

② 25

③ 31

④ 35

52 COS를 설치하는 경우 완금의 설치 위치는 전력선용 완금으로부터 몇 [m] 떨어진 하부에 설치하여야 하는가?

① 0.5

② 0.75

③ 1.0

④ 1.2

53 저압배선을 조명설비로 배선하는 경우 인입구로부터 기기까지의 전압강하는 몇 [%] 이하로 하여야 하는가?

① 3

② 5

③ 6

④ 8

54 다음 중 가공 전선로의 지지물에 시설하는 지지선의 시설 기준으로 틀린 것은?

① 연선은 소선 3가닥 이상이어야 한다.

② 지지선의 최소 허용인장응력은 4.05[kN] 이상이어야 한다.

③ 소선의 지름이 2.6[mm] 이상의 금속선을 사용하여야 한다.

④ 지중부분 및 지표상 0.3[m] 까지의 부분에는 아연도금을 한 철봉을 사용하여야 한다.

55 다음 중 고압 가공전선과 저압 가공전선이 접근 또는 교차할 경우, 고 · 저압 가공전선 사이의 간격은 몇 [cm] 이상이어야 하는가?

① 30

② 40

③ 60

④ 80

56 고압 가공선선과 저압 가공전선을 병행 설치 시 저압 가공전선은 어디에 설치해야 하는가?

① 동일한 완금에 설치한다.

② 고압 전선의 아래에 설치한다.

③ 고압 전선의 위에 설치한다.

④ 상황에 따라 다르다.

57 다음 중 계전기가 설치된 위치에서 고장점까지의 임피던스에 비례하여 동작하는 보호 계전기는?

① 방향단락 계전기 　② 거리 계전기
③ 과전류 계전기 　④ 선택단락 계전기

58 전주외등을 전주에 부착하는 경우 전주의 하단으로부터 몇 [m] 이상 높이에 시설하여야 하는가? (단, 사용전압이 1[kV]를 초과하는 방전등 공사의 경우이다.)

① 3.0
② 3.5
③ 4.0
④ 4.5

59 다음 중 소세력 회로의 전선을 조영재에 붙여 시설하는 경우에는 시설 기준으로 옳지 않은 것은?

① 전선은 코드 · 캡타이어케이블 또는 케이블일 것
② 전선은 케이블인 경우 이외에는 공칭단면적 2.5[mm²] 이상의 연동선 또는 이와 동등 이상의 세기 및 굵기의 것일 것
③ 전선이 손상을 받을 우려가 있는 곳에 시설하는 경우에는 방호장치를 할 것
④ 전선은 금속제의 수관 · 가스관 또는 이와 유사한 것과 접촉되지 않도록 시설할 것

60 다음 중 반송 보호 계전방식의 장점을 설명한 것으로 옳지 않은 것은?

① 장치가 다소 복잡하나 선로의 특성과 상관없이 고장구간을 고속도로 차단할 수 있다.
② 고장구간의 선택성이 우수하다.
③ 예민한 동작 구현이 가능하다.
④ 장치가 간단하고 고장이 거의 없다.

전기기능사 **필기 기출문제 07회**

시험 일자	시험 시간	문항 수
2024년 3회 시행	60분	60문항

수험번호 : ___________________

성 명 : ___________________

01 100[V], 40[W] 전구의 저항 값은 약 몇 [Ω]인가?

① 2.5
② 6.25
③ 250
④ 625

02 고유저항 1.72×10^{-8}[Ω · m], 지름 3.2[mm], 길이 2,000[m]인 구리 도체의 저항은 약 몇 [Ω]인가?

① 2.14
② 3.32
③ 4.28
④ 6.25

03 1[Wb/m²]은 몇 [Gauss]인가?

① 10
② 100
③ 1,000
④ 10,000

04 다음 그림과 같은 회로에서 저항 R_2에 걸리는 전압은 몇 [V]인가?

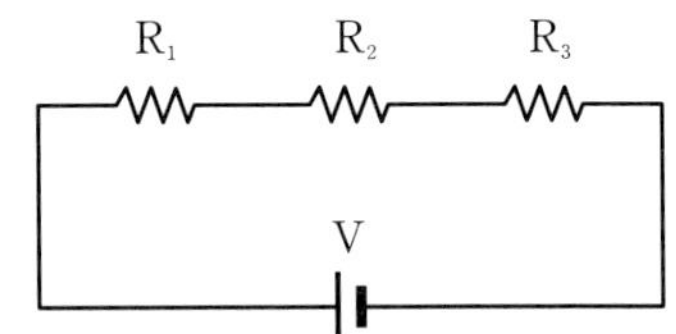

① $\dfrac{R_1}{R_1+R_2+R_3} \times V$

② $\dfrac{R_2}{R_1+R_2+R_3} \times V$

③ $\dfrac{R_1+R_2}{R_1+R_2+R_3} \times V$

④ $\dfrac{R_1 \cdot R_2}{R_1+R_2+R_3} \times V$

05 서로 다른 세 개의 저항 2[Ω], 4[Ω], 6[Ω]을 병렬로 연결하였을 때 전 전류가 10[A]이면 4[Ω]에 흐르는 전류는 약 몇 [A]인가?

① 2.73
② 3.36
③ 5.45
④ 6.85

06 다음 중 전압계와 전류계의 측정 범위를 넓히기 위하여 사용하는 배율기와 분류기의 접속 방법으로 옳은 것은?

① 전압계와 배율기는 병렬접속하고, 전류계와 분류기는 직렬접속한다.

② 전압계와 배율기는 직렬접속하고, 전류계와 분류기는 병렬접속한다.

③ 배율기와 분류기 모두 전압계와 전류계에 병렬접속한다.

④ 배율기와 분류기 모두 전압계와 전류계에 직렬접속한다.

07 다음 중 패러데이 법칙에서 화학당량을 나타내는 식은?

① $\dfrac{원자량}{분자량}$

② $\dfrac{분자량}{원자량}$

③ $\dfrac{원자가}{원자량}$

④ $\dfrac{원자량}{원자가}$

08 전압이 200[V]이고 용량이 $C_1 = 10[\mu F]$, $C_2 = 5[\mu F]$인 콘덴서를 직렬로 접속하였을 때 콘덴서 C_2에 걸리는 전압은 약 몇 V[V]인가?

① 66.7　　　　　② 100

③ 133.3　　　　④ 200

09 4[μF]의 콘덴서에 8[kV]의 전압을 인가하여 200[Ω]의 저항을 통하여 방전시킬 경우 이때, 발생하는 에너지는 약 몇 [J]인가?

① 16　　　　　② 32

③ 50　　　　　④ 128

10 다음 물질 중 비투자율이 가장 작은 것은?

① 니켈　　　　② 은

③ 철　　　　　④ 코발트

11 자석을 가까이 해도 전혀 자화되지 않는 물질을 무엇이라 하는가?

① 강자성체　　② 상자성체

③ 비자성체　　④ 반자성체

12 다음 중 자기력선에 대한 설명으로 옳지 않은 것은?

① 자기력선은 N극에서 나와 S극으로 들어간다.

② 자기력선의 밀도는 그 점에서의 자계의 세기를 나타낸다.

③ 두 자기력선은 서로 교차한다.

④ 자기력선의 접선방향은 그 점에서의 자계의 방향과 일치한다.

13 공심 솔레노이드의 내부 자계의 세기가 500 [AT/m]일 때, 자속밀도는 약 몇 [Wb/m²]인가?

① 6.28×10^{-3}

② 6.28×10^{-4}

③ 3.14×10^{-3}

④ 3.14×10^{-4}

14 권수 100회의 코일에 5[A]의 전류가 흐를 때 10^{-3}[Wb]의 자속이 생성된다면, 이 코일의 자체 인덕턴스는 몇 [mH]인가?

① 10 ② 20

③ 25 ④ 40

15 $e = 50\sqrt{2}\sin\left(377t + \dfrac{\pi}{6}\right)[\text{V}]$인 정현파 교류의 주파수는 몇 [Hz]인가?

① 50 ② 60

③ 120 ④ 377

16 정현파 교류의 최대값이 200[V]일 때, 평균값 은 약 몇 [V]인가?

① 71.7 ② 115

③ 127.3 ④ 141.4

17 인덕턴스가 180[mH]인 코일에 220[V], 60[Hz] 의 교류 전압을 인가하였을 때, 흐르는 전류는 약 몇 [A]인가?

① 0.56 ② 1.17

③ 1.62 ④ 3.24

18 단상 교류회로의 피상전력이 900[kVA]이고 무 효전력이 720[kVar]일 때, 유효전력은 몇 [kW] 인가?

① 180 ② 270

③ 360 ④ 540

19 ⊿결선인 3상 교류 변압기의 상전압이 100[V] 이고 상전류가 30[A]일 때, 이 변압기의 선간전 압($V_l{}'$)과 선전류($I_l{}'$)는 각각 얼마인가?

① $V_l{}' = 100[\text{V}]$, $I_l{}' = 30[\text{A}]$

② $V_l{}' = 100[\text{V}]$, $I_l{}' = 30\sqrt{3}[\text{A}]$

③ $V_l{}' = 100\sqrt{3}[\text{V}]$, $I_l{}' = 30[\text{A}]$

④ $V_l{}' = 100\sqrt{3}[\text{V}]$, $I_l{}' = 30\sqrt{3}[\text{A}]$

20 저항 R=4[Ω], 리액턴스 ωL=3[Ω]인 직렬회로 에 $v = 100\sqrt{2}\sin\omega t + 50\sqrt{2}\sin3\omega t[\text{V}]$의 전압 을 인가하였을 때, 출력은 약 몇 [W]인가?

① 1,228 ② 1,456

③ 1,703 ④ 2,182

21 다음 중 계자에서 발생한 자속을 전기자에 골고루 분포시켜주기 위한 것은?

① 공극　　　　　　② 브러시

③ 정류자　　　　　④ 저항

22 보극이 없는 직류발전기 운전 중 전기적 중성축의 위치가 변하지 않는 경우는?

① 최대부하 운전 시

② 정격부하 운전 시

③ 중간부하 운전 시

④ 무부하 운전 시

23 직류 직권전동기에서 벨트를 걸고 운전하면 안 되는 이유는?

① 손실이 많아지므로

② 속도제어가 곤란하므로

③ 벨트의 마모가 심하므로

④ 벨트가 벗겨지면 위험속도에 도달하므로

24 직류 전동기의 자속을 2배로 증가시키면 회전속도는 어떻게 변하는가?

① 4배 증가한다.

② 2배 증가한다.

③ $\frac{1}{2}$배 감소한다.

④ $\frac{1}{4}$배 감소한다.

25 전기자 전류 104[A], 전기자 저항 0.1[Ω], 유도기전력 110.4[V]인 직류 분권발전기의 단자전압은 몇 [V]인가?

① 90　　　　　　② 100

③ 120　　　　　④ 173

26 다음 중 직류 분권전동기에 대한 설명으로 틀린 것은?

① 부하전류에 따른 속도 변화가 거의 없다.

② 계자회로에 퓨즈를 넣어서는 안 된다.

③ 토크는 전기자 전류의 자승에 비례한다.

④ 계자권선과 전기자 권선이 전원에 병렬로 접속되어 있다.

27 다음 중 직류 전동기의 규약효율[%]을 나타낸 식은?

① $\dfrac{출력}{입력} \times 100$

② $\dfrac{입력 - 손실}{입력} \times 100$

③ $\dfrac{출력}{입력 - 손실} \times 100$

④ $\dfrac{출력}{출력 + 손실} \times 100$

28 동기발전기의 병렬운전 중에 기전력의 위상차가 생기면 발생하는 현상으로 옳은 것은?

① 동기화 전류가 흘러 두 기전력의 위상이 동상이 되도록 작용한다.
② 전체적으로 출력이 감소한다.
③ 무효순환전류가 흘러서 전기자권선에 저항손이 생긴다.
④ 주기적으로 동기화전류가 흘러서 난조의 원인이 된다.

29 다음 중 동기전동기의 안정도를 향상시키는 방법으로 옳지 않은 것은?

① 동기임피던스를 작게 한다.
② 관성효과를 증대시킨다.
③ 전기자반작용을 크게 한다.
④ 속응여자방식을 채용한다.

30 동기전동기의 기동 시 자기기동법에서 계자권선을 단락시키는 이유는?

① 기동을 쉽게 하기 위해
② 기동권선으로 이용하기 위해
③ 전기자반작용을 방지하기 위해
④ 고전압 유도에 의한 절연파괴의 위험을 방지하기 위해

31 다음 중 변압기유의 구비조건으로 옳은 것은?

① 절연내력이 클 것
② 인화점이 낮을 것
③ 응고점이 높을 것
④ 비열이 작을 것

32 다음 괄호 안에 들어갈 알맞은 용어는?

> 뱅크(Bank)란 전로에 접속된 변압기 또는 (   )의 결선상 단위를 말한다.

① 차단기　　　　　② 단로기
③ 리액터　　　　　④ 콘덴서

33 3상 $\varDelta$결선 회로의 각 상에 부하 R[Ω]이 접속되어 있고, 여기에 전압 V[V]가 인가되어 있다. 이 때, 1선이 단선되어 단상이 된 경우의 소비전력은 단선되기 전 소비전력의 몇 배가 되는가?

① $\dfrac{1}{\sqrt{3}}$　　　　　② $\dfrac{1}{2}$

③ $\dfrac{\sqrt{3}}{2}$　　　　　④ $\dfrac{1}{3}$

34 코일 주위에 전기적 특성이 큰 에폭시 수지를 고진공으로 침투시키고, 다시 그 주위를 기계적 강도가 큰 에폭시 수지로 몰딩한 변압기는?

① 건식 변압기　　　　② 유입 변압기
③ 가스 변압기　　　　④ 몰드 변압기

35 다음 중 유도전동기의 동작원리를 옳게 나열한 것은?

① 정전유도와 플레밍의 왼손 법칙
② 정전유도와 플레밍의 오른손 법칙
③ 전자유도와 플레밍의 왼손 법칙
④ 전자유도와 플레밍의 오른손 법칙

36 3상 유도전동기의 속도제어 방법 중 인버터를 이용한 속도제어 방법은 주로 무엇을 조절하여 속도를 제어하는가?

① 주파수　　　② 전압
③ 슬립　　　④ 2차 저항

37 다음 반도체 소자 중 사이리스터가 아닌 것은?

① SCR　　　② GTO
③ LED　　　④ TRIAC

38 다음 반도체 소자 중 고속, 고전압, 대전류 제어에 사용하는 것은?

① GTO　　　② IGBT
③ TRIAC　　　④ LASCR

39 다음 그림과 같은 반파정류회로에서 변압기 2차 전압의 실효값을 E[V]라 하면 직류 전류의 평균값은 몇 [A]인가? (단, 정류기의 전압강하는 무시한다.)

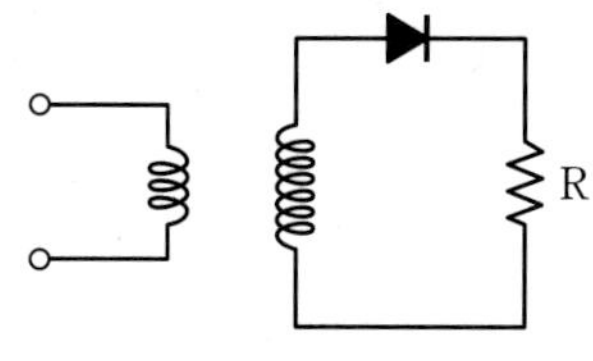

① $\dfrac{E}{R}$　　　② $\dfrac{1}{2}\dfrac{E}{R}$

③ $\dfrac{\sqrt{2}}{\pi}\dfrac{E}{R}$　　　④ $\dfrac{2\sqrt{2}}{\pi}\dfrac{E}{R}$

40 다음 그림은 전력제어 소자를 이용한 전동기 속도제어회로이다. '가' 부분에 사용할 소자로 적당한 것은?

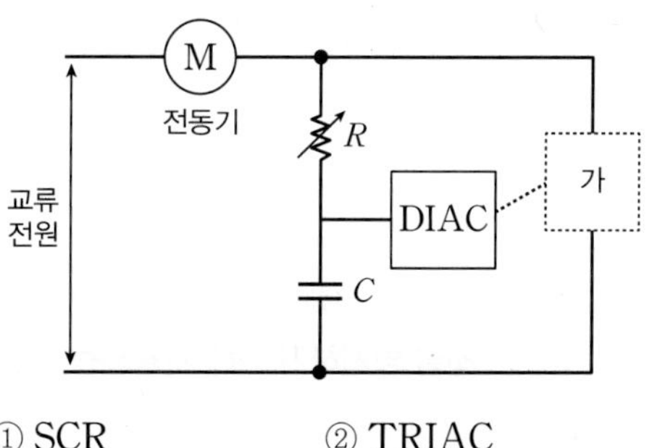

① SCR　　　② TRIAC
③ GTO　　　④ IGBT

41 다음 전선의 종류 중 CV 케이블은 무엇을 뜻하는가?

① 비닐절연 비닐시스 케이블
② 폴리에틸렌절연 비닐시스 케이블
③ 고무절연 클로로플렌 시스 케이블
④ 인입용 비닐절연 전선

42 다음 중 병렬로 사용하는 전선 접속 시 유의사항으로 틀린 것은?

① 전선의 굵기는 구리선 이상 또는 알루미늄 전선 이상이어야 한다.
② 병렬로 사용하는 전선은 각각에 퓨즈를 설치하여야 한다.
③ 같은 극인 각 전선의 터미널러그는 동일한 도체에 2개 이상의 리벳 또는 2개 이상의 나사로 접속하여야 한다.
④ 교류회로에서 전선은 금속관 안에 전자적 불평형이 생기지 않도록 하여야 한다.

43 전기기계기구의 금속제 외함, 배관 등과 접지선과의 접속 시 단선의 단면적이 몇 [mm²]를 초과하면 터미널러그를 사용해야 하는가?

① 6
② 8
③ 10
④ 12

44 기구의 단자에 전선 접속 시 진동 등으로 헐거워지는 것을 방지하기 위해 사용되는 것은?

① 스프링 와셔
② 2중 볼트
③ 접속기
④ 용접

45 다음 중 합성수지관 공사에서 옥외 등 온도차가 큰 장소에 노출 배관을 할 때 사용하는 커플링은?

① 신축커플링(0C)
② 신축커플링(1C)
③ 신축커플링(2C)
④ 신축커플링(3C)

46 다음 중 전로의 중성점 접지의 목적에 해당하지 않는 것은?

① 고장전류 유입에 대한 기기 보호
② 보호계전기의 확실한 동작 확보
③ 계통의 이상전압 발생 억제
④ 고장선로 보호

47 합성수지(PVC)관 1본의 표준 길이는 몇 [m]인가?

① 2.5
② 3.6
③ 4.0
④ 5.0

48 금속 전선관 중에서 후강 전선관의 최대 규격은 몇 [mm²]인가?

① 92
② 100
③ 104
④ 114

49 금속덕트를 취급자 이외의 자가 출입할 수 없도록 설비한 곳에서 수직으로 붙이는 경우 지지점 간의 거리는 몇 [m] 이하로 하여야 하는가?

① 2
② 3
③ 4
④ 6

50 저압으로 수전하는 단상 3선식에서 설비 불평형률을 몇 [%] 이하로 유지하여야 하는가?

① 10 　　　　② 20
③ 30 　　　　④ 40

51 다음 중 래크(Rack)를 사용하는 장소는?

① 저압가공전선로
② 저압지중전선로
③ 고압가공전선로
④ 고압지중전선로

52 다음 중 저압 가공전선의 굵기 및 종류에 대한 설명으로 틀린 것은?

① 나전선은 중성선, 접지측 전선에 한한다.
② 사용전압 400[V] 이하에는 지름 2.6[mm] 이상의 경동선을 사용한다.
③ 사용전압이 400[V] 초과인 저압·고압 가공전선을 시가지에 시설하는 경우는 지름 5[mm] 이상의 경동선을 사용한다.
④ 사용전압이 400[V] 초과인 저압 가공전선에는 DV전선 또는 다심형 전선을 사용해서는 안 된다.

53 교통신호등 제어장치의 2차 측 배선의 제어회로의 최대사용전압은 몇 [V] 이하여야 하는가?

① 150 　　　　② 250
③ 300 　　　　④ 400

54 욕실 등 인체가 물에 젖어 있는 상태에서 물을 사용하는 장소에 콘센트를 시설하는 경우에 적합한 누전차단기는 무엇인가?

① 정격감도전류 15[mA] 이하, 동작시간 0.03초 이하의 전류 동작형 누전차단기
② 정격감도전류 15[mA] 이하, 동작시간 0.3초 이하의 전류 동작형 누전차단기
③ 정격감도전류 30[mA] 이하, 동작시간 0.03초 이하의 전류 동작형 누전차단기
④ 정격감도전류 30[mA] 이하, 동작시간 0.3초 이하의 전류 동작형 누전차단기

55 지반이 약한 곳에 지지물 공사 시 전주의 넘어짐을 방지하기 위해 시설하는 것은?

① 완금
② 지지선
③ 행거밴드
④ 전주 버팀대

56 특고압 가공전선로 지지물에 시설하는 통신선 또는 이에 직접 접속하는 통신선 중 옥내에 시설하는 부분은 몇 [V] 초과의 저압 옥내배선시설에 준하여 시설하여야 하는가?

① 150 　　　　② 250
③ 300 　　　　④ 400

57 동일한 지지물에 고압과 저압 가공전선을 병행 설치하는 경우에 이격거리는 몇 [cm] 이상이어야 하는가?

① 20 　　② 30
③ 50 　　④ 60

58 다음 중 전기 배선용 도면을 작성할 때, 사용하는 벽붙이(매입용) 콘센트의 도면 기호는?

59 최대광도가 I[cd]인 구광원의 전광속은?

① $F = \pi I$ 　　② $F = 2\pi I$
③ $F = \pi^2 I$ 　　④ $F = 4\pi I$

60 컴퓨터를 기반으로 기계 장비를 프로세서에 의해 제어하는 장치를 무엇이라 하는가?

① HMI 　　② PLC
③ 릴레이 제어 　　④ 시퀀스 제어

전기기능사 **필기 기출문제 08회**

시험 일자	시험 시간	문항 수
2024년 2회 시행	60분	60문항

수험번호 : ______________

성　　명 : ______________

정답 & 해설 ▶ 2-189p

01 세라믹 봉에 탄소계의 저항체를 구워 붙이고, 여기에 나선형으로 홈을 파서 원하는 저항 값을 만든 가장 일반적인 저항기는 무엇인가?

① 가변 저항기
② 어레이 저항기
③ 탄소피막 저항기
④ 금속피막 저항기

02 다음 중 도체를 전기 전도도가 좋은 순서대로 나열한 것은?

① 구리 → 금 → 은 → 알루미늄
② 금 → 은 → 구리 → 알루미늄
③ 은 → 구리 → 금 → 알루미늄
④ 구리 → 은 → 금 → 알루미늄

03 다음 그림에서 B점의 전위가 100[V]이고, C점의 전위가 60[V]라면 AB 사이의 저항 3[Ω]에 흐르는 전류는 약 몇 [A]인가?

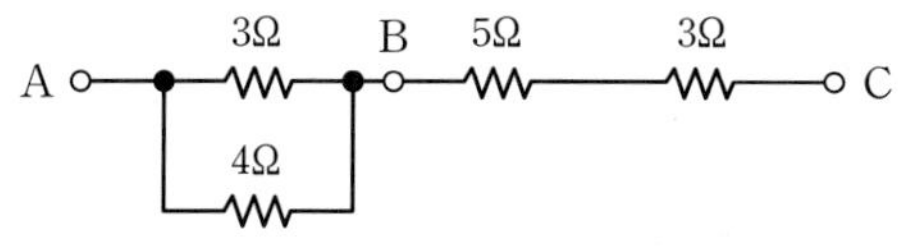

① 2.14
② 2.86
③ 5.0
④ 25.7

04 중첩의 원리를 이용하여 회로를 해석할 때, 전류원과 전압원의 제거 방식으로 옳은 것은?

① 전압원 개방, 전류원 개방
② 전압원 개방, 전류원 단락
③ 전압원 단락, 전류원 개방
④ 전압원 단락, 전류원 단락

05 220[V], 60[W]와 100[W] 전구 2개를 전원에 직렬로 연결하였을 때, 어느 전구가 더 밝은가?

① 60[W]
② 100[W]
③ 두 전구의 밝기가 같다.
④ 상황에 따라 다르다.

06 다음 중 전기분해를 통해 석출되는 물질의 양에 대한 설명으로 옳은 것은?

① 전기량과 화학당량에 비례한다.
② 전기량과 화학당량에 반비례한다.
③ 전기량에 비례하고 화학당량에 반비례한다.
④ 전기량에 반비례하고 화학당량에 비례한다.

07 전열기를 사용하여 300[kcal]의 열량을 공급하면, 온도 15[℃]인 물 20[L]를 몇 [℃]까지 상승시킬 수 있는가?

① 10　　　　　② 20

③ 30　　　　　④ 40

08 다음 중 납축전지의 양극 재료를 표시한 것은?

① Pb　　　　　② PbO_2

③ $PbSO_4$　　　④ H_2SO_4

09 다음 중 비유전율이 가장 작은 것은?

① 염화비닐　　　② 공기

③ 운모　　　　　④ 산화티탄 자기

10 다음 중 자기력선에 대한 설명으로 옳지 않은 것은?

① 자기력선은 N극에서 나와 S극으로 들어간다.

② 자기력선의 밀도는 그 점에서의 자계의 세기를 나타낸다.

③ 두 자기력선은 서로 교차한다.

④ 자기력선의 접선 방향은 그 점에서의 자계의 방향과 일치한다.

11 2[μF], 3[μF], 5[μF]의 콘덴서를 병렬로 연결하였을 때의 합성 정전용량은 약 몇 [μF]인가?

① 0.97　　　　　② 3

③ 5　　　　　　④ 10

12 다음 중 코일의 성질에 대한 설명으로 옳지 않은 것은?

① 전자유도작용을 한다.

② 공진하는 성질이 있다.

③ 전원의 노이즈 차단기능이 있다.

④ 전류의 변화를 확대시키려는 경향이 있다.

13 단면적 0.5[m²], 자로의 평균 길이 40[cm], 비투자율 100, 권수 500[회]인 환상 솔레노이드의 자체 인덕턴스는 약 몇 [H]인가?

① 5.53　　　　　② 39.27

③ 392.7　　　　④ 553.4

14 코일에 20[A]의 전류를 흘릴 때 4[J]의 에너지가 저장되었다면 이 코일의 자체 인덕턴스는 몇 [mH]인가?

① 2　　　　　　② 4

③ 20　　　　　④ 40

15 자기회로의 길이가 l[m], 단면적이 A[m²], 진공의 투자율이 μ_0[H/m], 비투자율이 μ_s[H/m]일 때, 자기저항 R_m[AT/Wb]을 바르게 나타낸 식은?

① $R_m = \dfrac{\mu_0 \mu_s l}{A}$

② $R_m = \dfrac{\mu_0 \mu_s A}{l}$

③ $R_m = \dfrac{A}{\mu_0 \mu_s l}$

④ $R_m = \dfrac{l}{\mu_0 \mu_s A}$

16 단면적 0.5[m²], 자로의 평균 길이 40[cm], 비투자율 1,000인 환상철심에 500회의 권선을 감고, 여기에 0.25[A]의 전류를 흘리면 약 몇 [AT]의 기자력이 발생하는가?

① 12.5   ② 39.3

③ 125   ④ 392.7

17 다음 그림과 같은 R-L 직렬회로에 200[V], 60[Hz]의 교류 전압을 인가하였을 때, 이 회로에서 소비되는 전력은 약 몇 [kW]인가?

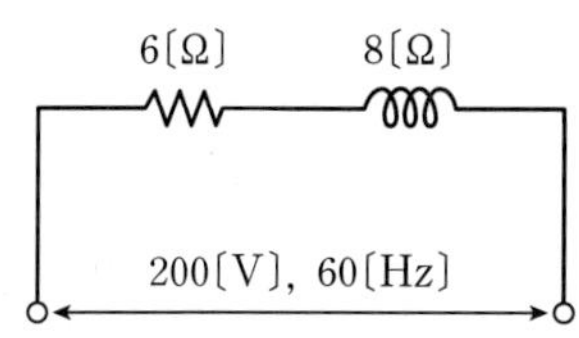

① 2.4   ② 2.8

③ 4.0   ④ 6.7

18 220[V], 60[Hz]의 전원에 30[W]의 형광등을 연결하였을 때, 이 전원의 평균전압은 약 몇 [V]인가?

① 173.2   ② 198.2

③ 141.4   ④ 218

19 다음 중 용량성 리액턴스와 반비례하는 것은?

① 전압   ② 주파수

③ 저항   ④ 임피던스

20 다음 그림과 같이 전원과 부하가 △결선인 3상 평형회로가 있다. 상전압이 220[V]이고, 부하의 임피던스가 $Z' = 6 + j8$[Ω]일 때, 선전류는 몇 [A]인가?

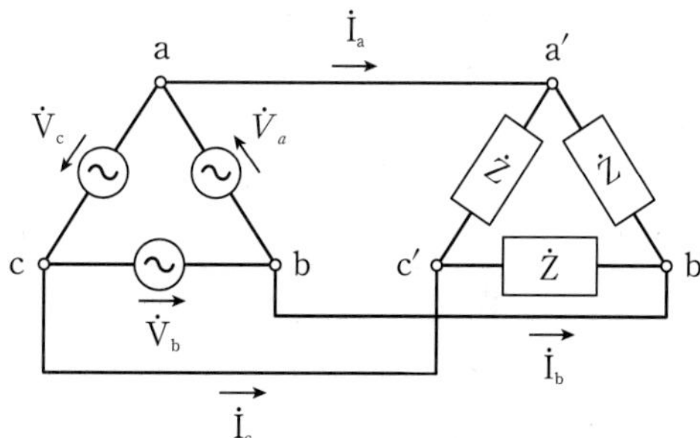

① 11   ②

③ 22   ④

21 전기자 전류 104[A], 전기자 저항 0.1[Ω]인 직류분권발전기의 유도기전력이 110.4[V]일 때, 이 발전기의 단자전압은 몇 [V]인가?

① 90 ② 100

③ 110 ④ 120

22 다음 직류전동기 중에서 정속도 전동기에 해당하는 것은?

① 직권전동기

② 가동복권 전동기

③ 분권전동기

④ 차동복권 전동기

23 다음 중 변압기의 자속에 대한 설명으로 옳은 것은?

① 전압과 주파수에 비례한다.

② 전압에 비례하고 주파수에 반비례한다.

③ 전압에 반비례하고 주파수에 비례한다.

④ 전압과 주파수에 반비례한다.

24 퍼센트 저항 강하가 3[%], 퍼센트 리액턴스 강하가 4[%]인 변압기의 역률이 0.8(지상)일 때, 전압변동율[%]은?

① 4.1 ② 4.6

③ 4.8 ④ 4.9

25 다음 중 3상 변압기의 병렬운전이 불가능한 조합은?

① $\Delta-\Delta$와 $Y-Y$

② $\Delta-Y$와 $Y-\Delta$

③ $Y-Y$와 $Y-\Delta$

④ $Y-\Delta$와 $\Delta-Y$

26 1대의 출력이 20[kVA]인 단상 변압기 2대로 V결선을 하여, 3상 전력을 공급하면 용량은 약 몇 [kVA]가 되는가?

① 45.2 ② 34.6

③ 23.8 ④ 15.7

27 다음 중 변압기의 내부고장 보호에 사용되는 계전기는?

① 접지 계전기 ② 부흐홀츠 계전기

③ 역상 계전기 ④ 과전압 계전기

28 다음 괄호 안에 들어갈 알맞은 용어는?

> 뱅크(Bank)란 전로에 접속된 변압기 또는 (   )의 결선상 단위를 말한다.

① 차단기 ② 단로기

③ 리액터 ④ 콘덴서

29 정격 200[V], 50[Hz], 8극, 15[kW]인 3상 유도전동기의 전부하 속도가 720[rpm]이라면, 이 전동기의 2차효율은 약 몇 [%]가 되는가?

① 83   ② 88

③ 96   ④ 98

30 교류 전동기의 운전 중 발생하는 손실 중에서 동손이란 무엇을 의미하는가?

① 표유부하손

② 베어링의 마찰손

③ 1, 2차 권선의 저항손

④ 풍손

31 고압용 전동기의 전기자 철심 강판에 만드는 홈의 모양은 일반적으로 어떤 형태인가?

① 전폐형   ② 반폐형

③ 개방형   ④ 사구형

32 정격이 22.9[kV], 60[Hz], 역률 0.8, 30극, 60[MVA]인 발전기의 전부하 손실이 1,600[kW]라면, 이 발전기의 전부하 효율은 약 몇 [%]인가?

① 95   ② 96

③ 97   ④ 98

33 4극 3상 동기발전기의 계자에서 극 사이의 간격은 몇 [rad]인가?

① $\dfrac{\pi}{4}$ ② $\dfrac{\pi}{3}$

③ $\dfrac{\pi}{2}$ ④ π

34 2대의 동기발전기 A, B 운전 중 A기의 여자전류를 증가시키면 일어나는 현상은?

① A기의 역률은 낮아지고 B기의 역률은 높아진다.

② A기의 역률은 높아지고 B기의 역률은 낮아진다.

③ A, B기 모두 역률이 높아진다.

④ A, B기 모두 역률이 낮아진다.

35 병렬운전 중인 2대의 3상 동기발전기의 유도기전력이 200[V]의 차이가 있다면, 두 발전기 사이에 흐르는 무효순환전류의 크기는 약 몇 [A] 인가? (단, 동기 임피던스는 5[Ω]이다.)

① 10   ② 20

③ 30   ④ 40

36 다음 중 3상 동기발전기의 단락곡선이 직선이 되는 이유를 바르게 설명한 것은?

① 무부하 상태이기 때문에

② 자기포화가 있기 때문에

③ 전기자 반작용이 있기 때문에

④ 누설 리액턴스가 크기 때문에

37 다음 중 단락비가 큰 동기기에서 작은 값을 가지는 것을 고르면?

① 단락전류, 동기임피던스
② 전압변동률, 안정도
③ 공극의 간격, 효율
④ 전기자 반작용, 전압변동률

38 3상 유도전동기의 정격이 200[V], 60[Hz], 10[kW]일 때, 정격전류는 몇 [A]인가? (단, 효율과 역률은 각각 0.85이다.)

① 10
② 20
③ 30
④ 40

39 온도의 변화에 비례하여 전기저항이 크게 변하는 반도체로서 온도를 감지하는 센서로 사용하는 반도체는?

① 바리스터
② 서미스터
③ 제너 다이오드
④ 포토 다이오드

40 다음 중 다이오드를 사용한 정류회로에서 다이오드를 여러 개 직렬로 연결하여 사용하는 경우를 설명하는 것으로 가장 적당한 것은?

① 낮은 전압 전류에 적합하다.
② 다이오드를 과전압으로부터 보호할 수 있다.
③ 다이오드를 과전류로부터 보호할 수 있다.
④ 부하출력의 맥동률을 감소시킬 수 있다.

41 다음 중 금속관 공사 시 사용하는 부속품이 아닌 것은?

① 노멀 밴드
② 링 리듀서
③ 로크너트
④ 유니버설 엘보

42 전기 배선용 도면 작성 시 사용하는 매입용 콘센트를 표시하는 기호는?

① ○
② ●
③ ⦿
④ ▭

43 금속덕트 공사에서 취급자 이외의 자가 출입할 수 없도록 설비한 곳에서 수직으로 붙이는 경우에는 지지점 간의 거리를 몇 [m] 이하로 하여야 하는가?

① 2.0
② 3.0
③ 4.0
④ 6.0

44 코드나 케이블 등을 기계 기구의 단자 등에 접속할 때 연선의 단면적이 몇 [mm^2]를 초과하면 터미널러그(압착단자)를 부착하여야 하는가?

① 4
② 6
③ 8
④ 10

45 노출장소 또는 점검 가능한 장소에서 제2종 가요 전선관을 시설하고 제거하는 것이 자유로운 경우, 배관의 곡률 반지름은 안지름의 몇 배 이상이어야 하는가?

① 3 ② 6
③ 8 ④ 10

46 1종 금속몰드 공사 시 동일 몰드 내에 넣는 전선의 수는 최대 몇 본 이하로 하여야 하는가?

① 5 ② 8
③ 10 ④ 12

47 다음 중 저압 가공전선의 굵기 및 종류에 대한 설명으로 틀린 것은?

① 저압 가공전선 중 나전선은 중성선 또는 접지 측 전선에 한한다.
② 사용전압이 400[V] 이하인 저압 가공전선(케이블 제외)은 지름 3.2[mm] 이상의 경동선이어야 한다.
③ 사용전압이 400[V] 초과인 저압 가공전선(케이블 제외)을 시가지에 시설하는 것은 지름 5[mm] 이상의 경동선이어야 한다.
④ 사용전압이 400[V] 초과인 저압 가공전선에는 DV전선 또는 다심형 전선을 사용한다.

48 화약류 저장소 등 위험 장소의 전기설비 시설 시 전로의 대지전압은 몇 [V] 이하로 하여야 하는가?

① 300 ② 400
③ 500 ④ 600

49 소맥분, 전분, 유황 등 가연성 먼지가 있는 곳에 시설하는 저압 옥내 전기설비의 공사 방법으로 옳지 않은 것은?

① 애자 공사 ② 합성수지관 공사
③ 케이블 공사 ④ 금속관 공사

50 접지극을 사람이 접촉할 우려가 있는 곳에 시설할 경우, 지하 몇 [cm] 이상의 깊이에 매설하여야 하는가?

① 30 ② 60
③ 75 ④ 90

51 일반적으로 학교 건물이나 은행 등의 간선의 수용률은 몇 [%]인가?

① 50 ② 60
③ 70 ④ 80

52 점유면적이 좁고 운전 보수에 안전하며 공장이나 빌딩 등의 전기실에 많이 사용되는 배전반의 종류는?

① 데드 프런트형
② 폐쇄식
③ 수직형
④ 라이브 프런트형

53 다음 중 가공전선로의 지지물에 지지선을 사용해서는 안 되는 것은?

① 목주
② 철주
③ 철근콘크리트주
④ 철탑

54 다음 중 래크 배선을 적용하는 전선로로 알맞은 것은?

① 저압 가공 배전선로
② 저압 지중 배전선로
③ 고압 가공 배전선로
④ 고압 지중 배전선로

55 주상변압기를 철근콘크리트 전주에 설치할 때 사용되는 자재는?

① 암 밴드
② 암타이 밴드
③ 랙크 밴드
④ 행거 밴드

56 고압 보안공사 시 가공전선로의 지지물간 거리는 철탑의 경우 몇 [m] 이하여야 하는가?

① 150
② 250
③ 400
④ 600

57 실링, 직접부착 등을 배선도에 표시할 때 사용하는 기호는?

① ⌒ (O-)
② ⬭ (⊂⊃)
③ (CL)
④ (R)

58 다음 그림과 같이 분기회로(S_2)의 보호장치(P_2)는 의 전원 측에서 분기점(O) 사이에 다른 분기회로 또는 콘센트의 접속이 없고, 단락의 위험과 화재 및 인체에 대한 위험성이 최소화 되도록 시설된 경우, 분기회로의 보호장치(P_2)는 분기회로의 분기점(O)으로부터 몇 [m]까지 이동하여 설치할 수 있는가?

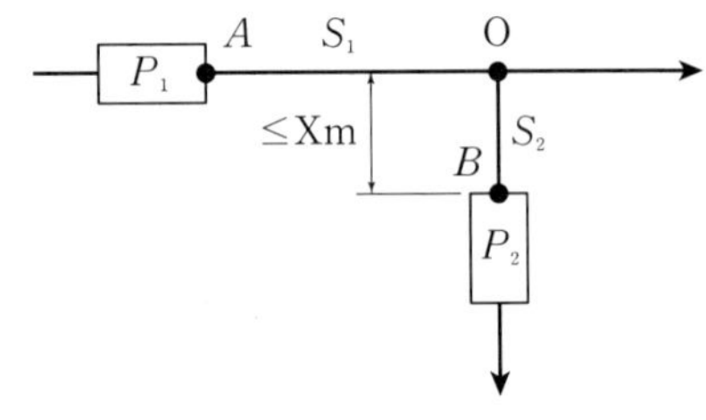

① 1
② 3
③ 5
④ 8

59 다음 중 과전압계전기의 약호로 올바른 것은?

① OCR

② OVR

③ ZCT

④ AVR

60 다음 중 선택지락계전기(SGR)의 용도로 적당한 것은?

① 단일 회선에서 지락사고 지속시간 선택

② 단일 회선에서 지락전류의 방향 선택

③ 단일 회선에서 지락전류의 크기 선택

④ 다회선에서 지락사고의 회선 선택

전기기능사 **필기 기출문제 09회**

시험 일자	시험 시간	문항 수
2024년 1회 시행	60분	60문항

수험번호 : ______________

성　명 : ______________

정답 & 해설 ▶ 2-194p

01 어떤 도체에 5초간 4[C]의 전하가 이동하였다면, 이 도체에 흐르는 전류는 약 몇 [A]인가?

① 0.8
② 1.25
③ 8
④ 20

02 3개의 저항 2[Ω], 4[Ω], 6[Ω]을 병렬접속했을 때, 10[A]의 전류가 흐른다면 2[Ω]에 흐르는 전류는 몇 [A]인가?

① 1.67
② 2.45
③ 4.25
④ 5.45

03 기전력이 $V_0[V]$, 내부저항이 r[Ω]인 전지 n개를 병렬로 접속하였을 때 단자전압[V]은?

① $\dfrac{r}{n}V_0$
② V_0
③ nV_0
④ nrV_0

04 직선도선에 작용하는 자속이 5[Wb]일 때 전자력이 한 일이 2[J]이라면, 이 도선에 흐르는 전류는 몇 [A]인가?

① 0.2
② 0.4
③ 1.0
④ 2.5

05 10[A], 100[W]의 전열기에 15[A]의 전류가 흘렀다면, 이 전열기의 소비전력은 몇 [W]가 되는가?

① 125
② 150
③ 225
④ 250

06 황산구리($CuSo_4$) 전해액에 2개의 구리판을 넣고 전원을 연결하였을 때, 음극에서 나타나는 현상으로 옳은 것은?

① 구리판이 두꺼워진다.
② 구리판이 얇아진다.
③ 수소가스가 발생한다.
④ 변화가 없다.

07 서로 다른 금속을 접속하고 전류를 흘리면 접합부에서 흡열 또는 발열이 나타나는 현상은?

① 줄 효과
② 제벡 효과
③ 톰슨 효과
④ 펠티에 효과

08 기전력 1.5[V], 용량 20[Ah]인 축전지 5개를 직렬로 연결하여 사용할 때, 이 축전지의 전체 용량 [Ah]은?

① 15
② 20
③ 75
④ 100

09 공기 중 20[μC]과 100[μC]의 전하 사이에 2[N]의 힘이 작용한다면, 두 점 사이의 거리는 얼마[m]인가?

① 3×10^6
② 90
③ 9
④ 3

10 다음 중 비유전율이 가장 작은 것은?

① 염화비닐
② 공기
③ 운모
④ 산화티탄 자기

11 C[F]의 콘덴서에 W[J]의 에너지를 충전하려면 몇 [V]의 충전전압이 필요한가?

① $\sqrt{\dfrac{2W}{C}}$
② $\sqrt{\dfrac{W}{C}}$
③ $\sqrt{\dfrac{W}{2C}}$
④ $\sqrt{\dfrac{2C}{W}}$

12 자기회로의 기자력이 50,000[AT]이고, 자기저항이 5,000[AT/Wb]이라면 자속[Wb]은?

① 5
② 10
③ 15
④ 20

13 공심 솔레노이드의 내부 자계의 세기가 500[AT/m]일 때, 자속밀도는 약 몇 [Wb/m²]인가?

① 6.28×10^{-3}
② 6.28×10^{-4}
③ 3.14×10^{-3}
④ 3.14×10^{-4}

14 자체 인덕턴스 $L_1[\mathrm{H}]$, $L_2[\mathrm{H}]$, 상호 인덕턴스 M[H]인 두 코일이 서로 직교할 때 상호인덕턴스는 몇 [H]인가?

① $L_1 + L_2$
② $\sqrt{L_1 L_2}$
③ $\sqrt{L_1 + L_2}$
④ 0

15 저항 3[Ω], 리액턴스 4[Ω]의 직렬회로에 교류 100[V]를 인가할 때, 흐르는 전류의 크기 [A]와 역률은?

① 14.3, 0.6 　　② 14.3, 0.8
③ 20, 0.6 　　④ 20, 0.8

16 어드미턴스 $Y_1[\mho]$과 $Y_2[\mho]$를 병렬로 연결하면 합성 어드미턴스는 몇 [℧]가 되는가?

① Y_1+Y_2

② $\dfrac{1}{Y_1+Y_2}$

③ $\dfrac{1}{Y_1}+\dfrac{1}{Y_2}$

④ $\dfrac{Y_1Y_2}{Y_1+Y_2}$

17 1[kWh]는 몇 [J]인가?

① 860 　　② 1,000
③ 9,800 　　④ 3.6×10^6

18 정전용량 C[μF]인 콘덴서에 충전된 전하가 $q=\sqrt{2}Q\sin\omega t\,[C]$과 같이 변화한다면, 이때 콘덴서에 흐르는 전류[A]는?

① $q=\sqrt{2}Q\sin\omega t$

② $q=\sqrt{2}\omega Q\sin\omega t$

③ $q=\sqrt{2}\omega Q\sin\left(\omega t-\dfrac{\pi}{2}\right)$

④ $q=\sqrt{2}\omega Q\sin\left(\omega t+\dfrac{\pi}{2}\right)$

19 다음 중 비정현파가 발생하는 원인과 거리가 먼 것은?

① 옴의 법칙
② 자기포화
③ 히스테리시스
④ 전기자 반작용

20 다음 중 시정수와 과도현상의 관계에 대한 설명으로 옳은 것은?

① 시정수가 클수록 과도현상은 짧아진다.
② 시정수가 짧을수록 전압이 커진다.
③ 시정수가 클수록 과도현상은 길어진다.
④ 시정수는 과도현상과 무관하다.

21 직류기의 정격전압이 100[V], 무부하 전압이 104[V]일 때, 전압변동률 ε[%]은?

① 2
② 4
③ 6
④ 8

22 직류 전동기를 기동할 때 저항을 가감하여 전기
자 전류를 제한하는 장치를 무엇이라 하는가?

① 기동 저항기
② 전류 제한기
③ 한류 저항기
④ 한시 저항기

23 직류 전동기의 속도 제어법 중 워드 레오너드
방식이나 일그너 방식의 전압조정용 발전기로
사용하는 발전기는?

① 타여자발전기
② 분권발전기
③ 직권발전기
④ 복권발전기

24 속도를 광범위하게 조정할 수 있으므로 압연기
나 엘리베이터 등에 사용되는 직류 전동기는?

① 직권 전동기
② 가동복권 전동기
③ 타여자 전동기
④ 차동복권 전동기

25 직류 분권전동기의 회전수를 1/3로 줄이면 토크
의 값은 어떻게 변하는가?

① 3배로 커진다.
② 9배로 커진다.
③ $\frac{1}{3}$배로 작아진다.
④ $\frac{1}{9}$배로 작아진다.

26 다음 중 직류 직권전동기의 특징에 대한 설명으
로 틀린 것은?

① 계자권선과 전기자 권선이 직렬로 접속되
  어 있다.
② 무부하 운전이나 벨트 운전은 위험하다.
③ 전동기 기동 시 기동 토크가 작다.
④ 부하전류가 증가할 때 속도의 감소량이 크
  다.

27 동기발전기를 회전계자형으로 하는 이유가 아
닌 것은?

① 전기자 권선을 절연하기 쉽다.
② 전기자 단자에 발생한 고전압을 간단하게
  외부회로에 인가할 수 있다.
③ 전기자가 고정되어 있지 않아 제작비용이
  저렴하다.
④ 기계적으로 튼튼하게 제작할 수 있다.

28 다음 중 동기발전기를 계통에 병렬로 접속시킬 때 관련 없는 것은?

① 전압　　　　　② 전류
③ 위상　　　　　④ 주파수

29 동기전동기의 기동방법 중 제동권선을 이용하여 기동토크를 발생시키는 방법은?

① 기동 전동기법　　② 저전압 기동법
③ 자기 기동법　　　④ 저주파 기동법

30 동기조상기(위상 조절기)가 전력용 콘덴서보다 우수한 점은?

① 손실이 적다.
② 가격이 저렴하다.
③ 보수가 쉽다.
④ 진상과 지상 역률을 얻을 수 있다.

31 정격이 22.9[kV], 60[Hz], 역률 0.8, 30극, 60[MVA]인 발전기의 전부하 손실이 1,600[kW]이라면, 이 발전기의 전부하 효율은 약 몇 [%]인가?

① 95　　　　　② 96
③ 97　　　　　④ 98

32 다음 중 변압기에 대한 설명으로 옳지 않은 것은?

① 전압을 변성한다.
② 변압기의 정격용량은 피상전력으로 표시한다.
③ 전력을 발생한다.
④ 정격 출력은 2차 측 단자전압을 기준으로 한다.

33 변압기의 성층 철심 강판 재료의 철 함유량은 약 몇 [%] 정도인가?

① 75~80[%]　　② 83~87[%]
③ 88~92[%]　　④ 95~97[%]

34 변압기의 2차 측 저항이 1[Ω]이고, 권수비가 20일 경우, 1차 측으로 환산한 저항은 몇 [Ω]이 되는가?

① 2.5×10^{-3}　　② 0.05
③ 20　　　　　④ 400

35 3상 100[kVA], 13,200/200[V]인 변압기의 저압 측 선전류의 유효분은 약 몇 [A]인가? (단, 역률은 80[%]이다.)

① 100　　　　　② 132
③ 200　　　　　④ 231

36 1대의 출력이 20[kVA]인 단상 변압기 2대로 V 결선을 하여 3상 전력을 공급하면, 용량은 약 몇 [kVA]가 되는가?

① 45.2 ② 34.6

③ 23.8 ④ 15.7

37 다음 중 유도전동기의 2차 효율 η_2[%]을 표시한 식으로 틀린 것은? (단, 2차 입력 P_2, 출력 P_0, 2차 동손 P_{c2}, 동기속도 N_s, 회전속도 N, 슬립 s이다.)

① $\dfrac{P_0}{P_2}$ ② $1-s$

③ $\dfrac{P_{c2}}{P_2}$ ④ $\dfrac{N}{N_s}$

38 3상 유도전동기의 1차 입력이 16[kW], 100[V], 1차 동손이 1[kW]이고, 슬립이 4[%]일 때, 2차 동손은 몇 [kW]인가?

① 0.2 ② 0.4

③ 0.6 ④ 0.8

39 다음 중 양방향성 반도체 소자는?

① SCR

② TRIAC

③ GTO

④ LASCR

40 단상 전파 사이리스터 브리지 정류회로에서 전원 전압의 실효값이 100[V]일 때, 인덕턴스 부하가 있는 경우의 정류전압은 약 몇 [V]인가? (단, 점호각은 60°이고, 직류 측 전류가 연속전류이다.)

① 141 ② 120

③ 90 ④ 45

41 다음 중 옥외용 가교 폴리에틸렌 전선을 나타내는 전선의 약호는?

① OW ② HIV

③ OC ④ NR

42 다음 중 물체의 두께, 깊이, 안지름 및 바깥지름을 측정할 수 있는 공구는?

① 다이얼 게이지

② 버니어캘리퍼스

③ 와이어 게이지

④ 마이크로미터

43 최대 사용전압이 220[V]인 3상 유도전동기의 절연내력 시험전압은 몇 [V]이어야 하는가?

① 275 ② 330

③ 440 ④ 500

44 다음 중 전선관과 박스를 고정시킬 때 사용하는 부속품은?

① 터미널 캡
② 절연 부싱
③ 링 리듀서
④ 로크너트

45 다음 중 버스덕트 공사의 시설조건으로 옳지 않은 것은?

① 덕트의 끝 부분은 막아야 한다.
② 덕트 본체와 구분하여 뚜껑을 설치하는 경우에는 쉽게 열리도록 시설하여야 한다.
③ 덕트 안에 먼지가 침입하지 않도록 하여야 한다.
④ 덕트 상호 간 및 전선 상호 간은 견고하고 전기적으로 완전하게 접속하여야 한다.

46 합성수지몰드 공사 시 일반적으로 홈의 폭과 판의 두께는?

① 폭 3.5[cm] 이하, 두께 2[mm] 이상
② 폭 3.5[cm] 이하, 두께 1[mm] 이상
③ 폭 5[cm] 이하, 두께 2[mm] 이상
④ 폭 5[cm] 이하, 두께 1[mm] 이상

47 다음 중 금속덕트 공사에 대한 설명으로 틀린 것은?

① 덕트의 끝 부분은 막아야 한다.
② 금속덕트는 두께 1.2[mm] 이상의 철판 등으로 견고하게 제작하여야 한다.
③ 덕트를 조영재에 붙이는 경우 덕트 지지점 간의 거리를 2[m] 이하로 하여야 한다.
④ 금속덕트 안에는 접속점이 없어야 한다.

48 셀룰로이드 · 성냥 · 석유류 기타 타기 쉬운 위험한 물질을 제조하거나 저장하는 곳에 시설하는 저압 옥내 전기설비의 공사방법으로 틀린 것은?

① 케이블 공사
② 금속관 공사
③ 애자 공사
④ 합성수지관 공사

49 다음 중 병렬로 사용하는 전선 접속 시 유의사항으로 틀린 것은?

① 전선의 굵기는 구리선 50[mm^2] 이상 또는 알루미늄 전선 70[mm^2] 이상이어야 한다.
② 병렬로 사용하는 전선은 각각에 퓨즈를 설치하여야 한다.
③ 같은 극인 각 전선의 터미널러그는 동일한 도체에 2개 이상의 리벳 또는 2개 이상의 나사로 접속하여야 한다.
④ 교류회로에서 전선은 금속관 안에 전자적 불평형이 생기지 않아야 한다.

50 정격전류가 60[A]일 때, 주택용 배선차단기의 동작 시간은 몇 [분] 이내여야 하는가?

① 15 ② 30
③ 60 ④ 120

51 지반이 약한 곳에 지지물 공사 시 전주의 넘어짐을 방지하기 위해 시설하는 것은?

① 완금
② 지지선
③ 행거밴드
④ 전주 버팀대

52 지지물에 전선 그 밖의 기구를 고정하기 위하여 완철(완금), 래크 등을 장치하는 것을 무엇이라 하는가?

① 건주 ② 장주
③ 가선 ④ 배선

53 다음 중 금속관공사를 할 때 엔트런스 캡의 용도로 옳은 것은?

① 저압 가공 인입선의 인입구에 사용
② 배관의 굴곡 부분에 사용
③ 금속관이 고정되어 회전이 불가능할 때 사용
④ 무거운 조명기구의 부착 시 사용

54 저압 구내 가공인입전선의 지름은 몇 [mm] 이상이어야 하는가? (단, 전선의 길이가 15[m]를 초과한다.)

① 1.5 ② 2.0
③ 2.6 ④ 3.2

55 지중 전선로를 직접 매설식으로 시설하는 경우, 차량 및 기타 중량물의 압력을 받을 우려가 있는 장소의 매설 깊이는 몇 [m] 이상이어야 하는가?

① 1.0 ② 1.2
③ 1.5 ④ 2.0

56 고압배전선로의 주상변압기의 2차 측에 실시하는 변압기 중성점 접지공사의 접지저항 값은 몇 [Ω] 이하여야 하는가? (단, I_g는 지락전류이며, 고저압 혼촉 시 2초 이내, 1초를 초과하여 자동 차단 장치가 포함되어 있다.)

① $1.45I_g$

② $\dfrac{150}{I_g}$

③ $\dfrac{300}{I_g}$

④ $\dfrac{600}{I_g}$

57 화약류 저장소에 백열전등이나 형광등 또는 이들에 전기를 공급하기 위한 전기설비를 시설하는 경우, 전로의 대지전압은 몇 [V] 이하여야 하는가?

① 100　　② 200
③ 300　　④ 400

58 옥외등의 인하선을 애자공사에 의해 노출장소에 시설할 경우, 지표상 몇 [m] 이상의 높이에 시설하여야 하는가?

① 1.5　　② 2.0
③ 2.5　　④ 3.5

59 저압 크레인 호이스트 등의 저압 접촉전선을 옥내의 전개된 장소에서 애자공사로 시설하는 경우에, 전선의 바닥으로부터 높이는 몇 [m] 이상이어야 하는가?

① 1.5　　② 2.0
③ 2.5　　④ 3.5

60 전력회사가 수용가의 인입구에 설치하여, 필요 시 전력량 및 전력의 과다사용을 제한하는 장치는?

① 과전압차단기
② 전류제한기
③ 과전류차단기
④ 배선용차단기

전기기능사 **필기 기출문제 10회**

시험 일자	시험 시간	문항 수
2023년 4회 시행	60분	60문항

수험번호 : ___________

성　　명 : ___________

01 서로 다른 세 개의 저항 $R_1[\Omega]$, $R_2[\Omega]$, $R_3[\Omega]$를 병렬로 연결하였을 때, 합성저항은 몇 $[\Omega]$인가?

① $\dfrac{R_1+R_2+R_3}{R_1R_2R_3}$

② $\dfrac{R_1R_2R_3}{R_1+R_2+R_3}$

③ $\dfrac{R_1R_2+R_2R_3+R_3R_1}{R_1R_2R_3}$

④ $\dfrac{R_1R_2R_3}{R_1R_2+R_2R_3+R_3R_1}$

02 저항 R_1과 R_2가 병렬로 연결되어 전류 I[A]가 흐를 때, 저항 R_2에 흐르는 전류의 크기는 몇 [A]인가?

① $\dfrac{R_1R_2}{R_1+R_2}I$

② $\dfrac{R_1+R_2}{R_1R_2}I$

③ $\dfrac{R_1}{R_1+R_2}I$

④ $\dfrac{R_2}{R_1+R_2}I$

03 다음과 같은 회로에 흐르는 전류는 약 몇 [A]인가?

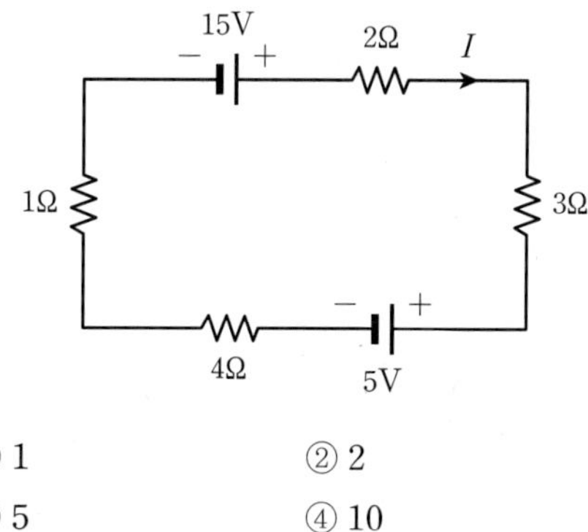

① 1

② 2

③ 5

④ 10

04 다음 중 단상 3선식 회로(100/200[V])에 100[V]용 전구 R, 100[V]용 콘센트 C, 200[V]용 전동기 M을 접속한 방법으로 옳은 것은?

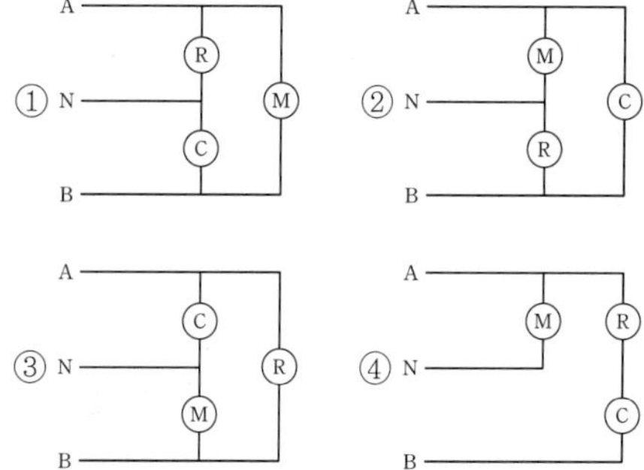

05 기전력이 1.2[V], 용량 20[Ah]인 전지를 직렬로 5개 연결하였을 경우에 전지의 용량은 몇 [Ah] 인가?

① 20 ② 24
③ 60 ④ 100

06 정격전압에서 1[kW]의 전력을 소모하는 전열기에 정격의 90[%]의 전압을 인가하였을 때, 이 전열기가 소비하는 전력은 몇 [W]인가?

① 640 ② 810
③ 900 ④ 1,111

07 20[℃]의 물 100[L]를 2시간 동안에 40[℃]로 올리기 위해 사용할 전열기의 용량은 약 몇 [kW]이어야 하는가? (단, 전열기의 효율은 60[%]이다.)

① 1.16 ② 1.94
③ 116 ④ 194

08 묽은 황산(H_2SO_4) 용액에 구리(Cu)와 아연(Zn)을 넣으면 전지가 된다. 양극에 대한 설명으로 옳은 것은?

① 구리판이며, 산소 기체가 발생한다.
② 구리판이며, 수소 기체가 발생한다.
③ 아연판이며, 산소 기체가 발생한다.
④ 아연판이며, 수소 기체가 발생한다.

09 커패시터 중에서 온도의 변화에도 비교적 용량의 변화가 적고 극성이 있으며 비교적 가격이 비싸지만, 온도 특성과 주파수 특성이 우수한 것은?

① 바리콘 ② 세라믹 콘덴서
③ 마일러 콘덴서 ④ 탄탈 콘덴서

10 1[C]의 전하에 100[N]의 힘이 작용한다면, 전계의 세기는 몇 [V/m]인가?

① 1 ② 50
③ 100 ④ 200

11 $C_1 = 5[\mu F]$, $C_2 = 10[\mu F]$인 콘덴서를 직렬로 연결하고, 직류 30[V]를 인가하였을 때 콘덴서 C_2에 걸리는 전압은 몇 [V]인가?

① 10 ② 15
③ 20 ④ 30

12 자속밀도가 2[Wb/m²]인 평등자계 내에 길이 0.5[m]인 도체가 자계와 30[°]의 각도로 배치되어 8[A]의 전류가 흐를 때, 도체에 작용하는 힘 [N]은?

① 2 ② 4
③ $4\sqrt{3}$ ④ 8

13 환상솔레노이드에 감긴 코일의 권수를 3배로 늘리면 자체 인덕턴스는 몇 배로 변하는가?

① $\dfrac{1}{9}$ ② $\dfrac{1}{3}$

③ 3   ④ 9

14 평균반지름 r[m]의 환상솔레노이드에 I[A]의 전류가 흐를 때, 내부 자계의 세기가 H[AT/m]이었다. 권수 N은?

① $\dfrac{NI}{2\pi r}$

② $\dfrac{NI}{2\pi}$

③ $\dfrac{2\pi r H}{I}$

④ $\dfrac{2\pi r I}{H}$

15 $R=3[\Omega]$, $\omega L=8[\Omega]$, $\dfrac{1}{\omega C}=4[\Omega]$인 RLC 직렬회로의 합성 임피던스는 약 몇 [Ω]인가?

① 3   ② 5

③ 7   ④ 15

16 $R=3[\Omega]$, $L=10.6[\mathrm{mH}]$인 RL 직렬회로에 500[V], 60[Hz]의 교류 전압을 인가할 때, 전류의 크기는 약 몇 [A]인가?

① 12.5   ② 25

③ 45.4   ④ 100

17 저항 $R=8[\Omega]$, 유도 리액턴스 $X_L=6[\Omega]$인 RL 직렬회로에 $e=100\sqrt{2}\sin\omega t[\mathrm{V}]$의 전압을 인가할 때, 회로에 흐르는 전류의 실효값은 약 몇 [A]인가?

① 10   ② 14.14

③ 48   ④ 100

18 Y–Y 결선에서 선간전압이 200[V], 1상의 임피던스 $Z'=8+j6[\Omega]$일 때, 선전류는 몇 [A]인가?

① 20   ② $\dfrac{20}{\sqrt{3}}$

③ $10\sqrt{3}$ ④ $20\sqrt{3}$

19 다음 그림을 테브난 등가회로로 바꿀 때, 개방전압 $V_{Th}[\mathrm{V}]$와 등가저항 $R_{Th}[\Omega]$는?

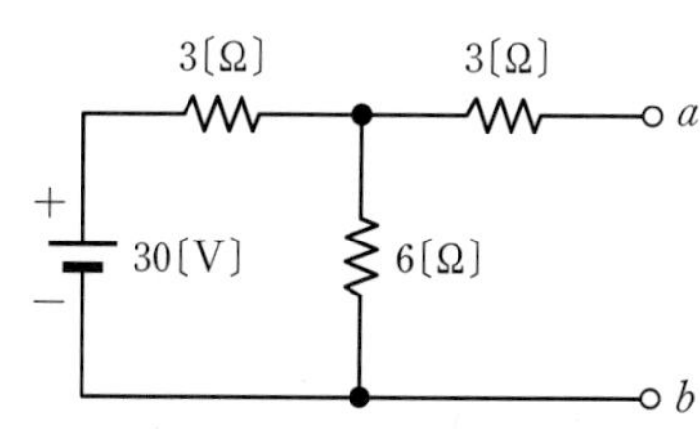

① 10, 1.2   ② 15, 12

③ 20, 5   ④ 30, 8

20 다음 중 교류의 파형률을 나타낸 식은?

① $\dfrac{\text{실효값}}{\text{평균값}}$

② $\dfrac{\text{최대값}}{\text{실효값}}$

③ $\dfrac{\text{실효값}}{\text{최대값}}$

④ $\dfrac{\text{평균값}}{\text{실효값}}$

21 직류기발전기에서 자기저항이 가장 큰 부위는?

① 브러시   ② 공극
③ 계자철심   ④ 전기자철심

22 다음 중 직류전동기의 속도제어 방법이 아닌 것은?

① 전압 제어   ② 계자 제어
③ 저항 제어   ④ 주파수 제어

23 직류 분권전동기에 220[V]를 인가했을 때, 정격속도에서 전기자 전류가 30[A], 전기자 저항 0.26[Ω]인 경우 역기전력은 약 몇 [V]인가?

① 208   ② 212.2
③ 220   ④ 227.8

24 다음 중 발전기 권선의 층간 단락보호에 가장 적합한 계전기는?

① 접지 계전기   ② 차동 계전기
③ 온도 계전기   ④ 과부하 계전기

25 변압기의 퍼센트 저항 강하가 3[%], 퍼센트 리액턴스 강하가 4[%]일 때, 역률 0.8(지상)에서의 전압변동률은 약 몇 [%]인가?

① 2.4   ② 3.6
③ 4.8   ④ 5.2

26 Δ–Y 결선 변압기의 2차 측 출력 전압이 1[V]라면, 1차 측 전압은 약 몇 [V]인가?

① 0.577   ② 1.0
③ 1.414   ④ 1.732

27 다음 중 1차 권선과 2차 권선을 직렬로 접속하여 기전력을 얻는 방식의 변압기는?

① 누설변압기   ② 내철형 변압기
③ 단권변압기   ④ 외철형 변압기

28 전력계통이 운전 중일 때 전류계를 정비할 필요
가 있을 경우에는 변류기 2차 측은 반드시 단락
시켜야 한다. 그 이유는?

① 변류비 유지
② 측정오차 감소
③ 2차 측 절연 보호
④ 2차 측 과전류 보호

29 동기발전기의 무부하 포화곡선에 대한 설명으
로 옳은 것은?

① 정격전류와 정격전압과의 관계
② 정격전류와 단자전압과의 관계
③ 계자전류와 정격전압과의 관계
④ 계자전류와 단자전압과의 관계

30 6극, 1,200[rpm]의 교류 발전기와 병렬운전하
는 8극 동기발전기의 회전수는 몇 [rpm]인가?

① 900　　　　　　② 1,120
③ 1,200　　　　　④ 1,600

31 동기전동기의 자기기동법에서 계자권선을 단락
하는 이유는?

① 기동을 원활하게 하기 위해
② 기동권선으로 활용하기 위해
③ 고전압의 유도로 인한 회로 손상을 방지하
기 위해
④ 전기자반작용을 방지하기 위해

32 6극 3상 유도전동기의 홈 수가 72개일 때, 매
극 · 매상당 홈 수는?

① 4　　　　　　　② 6
③ 12　　　　　　④ 24

33 60[Hz], 2극 3상 유도전동기의 슬립이 10[%]인
때의 회전수는 몇 [rpm]인가?

① 1,800　　　　　② 3,000
③ 3,240　　　　　④ 3,600

34 슬립이 4[%]인 유도전동기의 등가저항은 2차
저항의 약 몇 배인가?

① 1.04　　　　　② 2
③ 10.4　　　　　④ 24

35 다음 중 유도전동기의 원선도 작성 시 필요한
시험이 아닌 것은?

① 구속시험
② 무부하시험
③ 저항측정시험
④ 슬립측정시험

36 5.5[kW], 200[V] 유도 전동기의 전전압 기동 시의 기동전류가 150[A]이었다. 이 기기를 Y−⊿ 기동 시 기동전류는 몇 [A]가 되는가?

① 30 ② 50

③ 80 ④ 150

37 다음 중 반도체 사이리스터에 의한 주파수 제어를 이용하여 전동기의 속도를 제어하는 방식은?

① 초퍼제어

② 인버터제어

③ 콘버터제어

④ 브리지 정류 제어

38 다음 그림과 같은 회로를 이용하여 제어할 수 있는 전동기의 종류는?

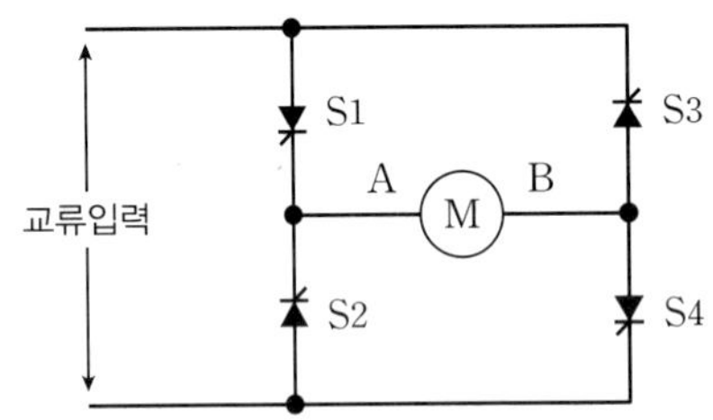

① 직류전동기

② 동기전동기

③ 농형 유도전동기

④ 권선형 유도전동기

39 P−N 접합 다이오드에서 애벌런치 항복전압은 온도의 상승에 따라 어떻게 변하는가?

① 증가한다.

② 감소한다.

③ 증가했다가 감소한다.

④ 온도와 무관하다.

40 단상 전파 사이리스터 정류회로에서 저항 부하만 있는 경우 점호각이 60[°]일 때, 정류전압은 약 몇 [V]인가? (단, 전원전압의 실효값은 100[V]이고, 직류 측 전류는 연속적이다.)

① 67.5 ② 72.5

③ 86.7 ④ 97.5

41 다음 중 접지시스템을 구분하는 방법으로 옳지 않은 것은?

① 계통접지 ② 피뢰시스템 접지

③ 공통접지 ④ 보호접지

42 저압 구내 가공인입선(DV) 사용 시 최소 굵기는 몇 [mm] 이상이어야 하는가? (단, 전선의 길이가 15[m] 이하이다.)

① 0.75 ② 2.0

③ 2.6 ④ 4.0

43 다음 중 금속전선관 중 하나인 박강전선관의 호칭이 아닌 것은?

① 19   ② 25
③ 31   ④ 37

44 연피 케이블 및 알루미늄 케이블을 구부릴 경우, 굴곡부의 곡률반경은 케이블 외경의 몇 배 이상이어야 하는가?

① 3   ② 6
③ 8   ④ 12

45 다음 중 저압 배선설비 공사에서 셀룰러 덕트의 관 두께는 몇 [mm] 이상이어야 하는가? (단, 덕트의 최대 폭이 150[mm] 이하이다.)

① 1.2   ② 1.4
③ 1.6   ④ 1.8

46 폭연성 먼지가 있는 장소에서 전동기에 접속하는 부분에 가요성이 필요한 배선에는 어떤 부속품을 사용해야 하는가?

① 분진형 부속품
② 방수형 유연성 부속품
③ 방폭형 유연성 부속품
④ 분진 방폭형 유연성 부속품

47 다음 중 화약류 저장소와 같은 위험장소의 전기설비 시설에 대한 설명으로 옳은 것은?

① 전로의 대지전압은 400[V] 이하여야 한다.
② 전기기계기구는 개방형을 사용하여야 한다.
③ 인입구 배선은 케이블로 사용하고, 지중화하여야 한다.
④ 백열전등이나 형광등에 전기를 공급하기 위한 전기설비를 하면 안 된다.

48 전기울타리에 사용하는 경동선의 지름은 최소 몇 [mm] 이상이어야 하는가?

① 0.75   ② 2.0
③ 2.6   ④ 4.0

49 교통신호등 시설 시 사용전압이 몇 [V]를 초과하는 경우에 지락 발생 시 전로를 자동적으로 차단하는 장치를 시설해야 하는가?

① 150   ② 200
③ 250   ④ 300

50 배전설계를 위한 전등 및 소형 전기기기의 부하용량을 산정하기 위해서 건축물 종류에 따른 표준부하를 적용한다. 은행, 상점, 사무실의 표준부하는 몇 $[VA/m^2]$로 적용하는가?

① 10   ② 20
③ 30   ④ 40

51 저압용 접지도체의 최소 단면적은 구리인 경우 최소 몇 $[\text{mm}^2]$ 이상이어야 하는가?

① 4 ② 6
③ 16 ④ 50

52 저압 수용장소에서 계통접지가 TN–C–S 방식인 경우 중성선 겸용 보호도체(PEN)의 단면적은 알루미늄인 경우 몇 $[\text{mm}^2]$ 이상이어야 하는가?

① 2.5 ② 4
③ 10 ④ 16

53 지지물에 완금, 완목, 애자 등을 장치하는 것을 무엇이라 하는가?

① 건주 ② 장주
③ 가선 ④ 병가

54 고압 가공인입선이 횡단보도교를 지나는 경우 노면상 몇 [m] 이상이어야 하는가?

① 3 ② 3.5
③ 5 ④ 6

55 전등 1개를 3개소에서 점멸하고자 할 때 필요한 3로 스위치와 4로 스위치의 개수는?

① 3로 스위치 3개
② 4로 스위치 3개
③ 3로 스위치 1개, 4로 스위치 2개
④ 3로 스위치 2개, 4로 스위치 1개

56 과전류차단기로 저압전로에 사용하는 산업용 배선차단기의 정격전류가 30[A]일 때, 39[A]의 전류가 흘렀다면 몇 분 이내에 차단되어야 하는가?

① 30 ② 60
③ 120 ④ 180

57 저압전로 중 전동기보호용 과부하 보호장치로 전자접촉기를 사용할 경우 반드시 함께 부착되어 있어야 하는 것은?

① 릴레이
② 과부하계전기
③ 단로기
④ 전력퓨즈

58 다음 그림과 같이 분기회로(S_2)의 보호장치(P_2)는 P_2의 전원 측에서 분기점(O) 사이에 다른 분기회로 또는 콘센트의 접속이 없고, 단락의 위험과 화재 및 인체에 대한 위험성이 최소화되록 시설된 경우, 분기회로의 보호장치(P_2)는 분기회로의 분기점(O)으로부터 몇 [m]까지 이동하여 설치할 수 있는가?

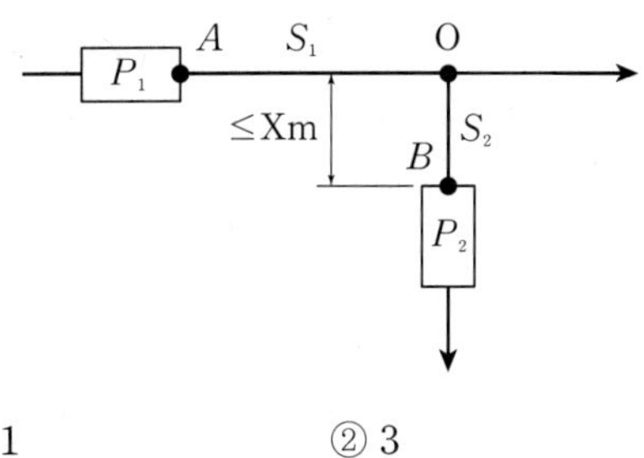

① 1 ② 3

③ 5 ④ 8

59 최소 동작전류 값 이상일 경우 일정한 시간에 동작하는 한시 특성을 가지는 계전기는?

① 정한시 계전기

② 반한시 계전기

③ 순한시 계전기

④ 반한시성 정한시 계전기

60 화재로 인해 실내의 온도가 일정 상승률 이상이 되는 경우에 작동하는 것으로서 넓은 범위의 열효과 누적에 의하여 작동하는 감지기는?

① 차동식 분포형

② 차동식 스포트형

③ 정온식 분포형

④ 정온식 스포트형

전기기능사 **필기 기출문제 11회**

시험 일자	시험 시간	문항 수
2023년 3회 시행	60분	60문항

수험번호 : ＿＿＿＿＿＿＿＿＿＿

성　　명 : ＿＿＿＿＿＿＿＿＿＿

정답 & 해설 ▶ 2-202p

01 다음 그림에서 A-B 간의 합성저항은 몇 [Ω]인가?

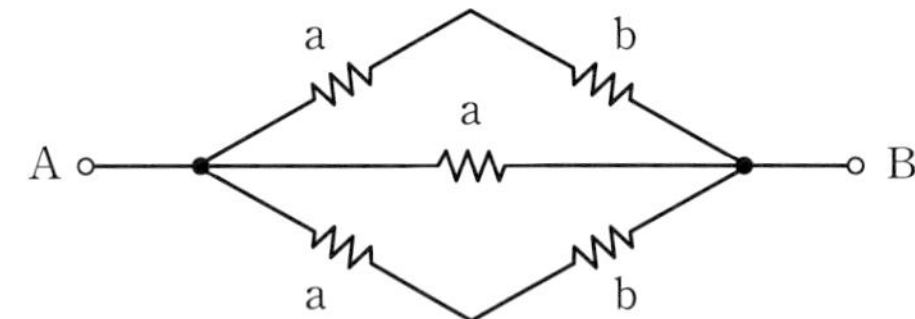

① $\dfrac{1}{\left(\dfrac{1}{ab}+\dfrac{1}{a}+\dfrac{1}{ab}\right)}$

② $\dfrac{1}{\left(\dfrac{1}{a+b}+\dfrac{1}{a}+\dfrac{1}{a+b}\right)}$

③ $(a+b)+a+(a+b)$

④ $ab+a+ab$

02 2[Ω], 4[Ω], 6[Ω]의 저항을 병렬로 연결하였을 때, 전체 회로의 전류가 10[A]라면 2[Ω]에 흐르는 전류는 약 몇 [A]인가?

① 1.67　　　　② 3.33

③ 5.00　　　　④ 5.45

03 다음 그림과 같은 회로에서 3[Ω]의 저항에 흐르는 전류는 몇 [A]인가?

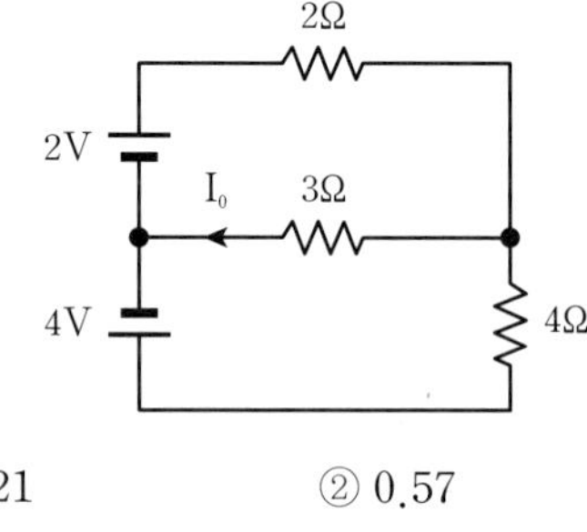

① 0.21　　　　② 0.57

③ 0.62　　　　④ 0.96

04 다음 중 납축전지의 양극에 사용하는 재료는?

① Pb　　　　② PbO_2

③ $PbSO_4$　　　　④ H_2SO_4

05 일반적으로 절연체를 서로 마찰시키면 이들 물체는 마찰 에너지에 의해 전기를 띠게 된다. 이와 같은 현상을 무엇이라 하는가?

① 방전

② 대전

③ 정전유도

④ 정전차폐

06 다음 중 황산구리($CuSO_4$) 수용액에 2개의 구리판을 놓고 전원을 연결하였을 때, 음극에서 나타나는 현상으로 옳은 것은?

① 변화가 없다.
② 구리판이 얇아진다.
③ 구리판이 두터워진다.
④ 수소가스가 발생한다.

07 다음 중 전기력선에 대한 설명으로 옳지 않은 것은?

① 전기력선은 양전하에서 나와 음전하로 들어간다.
② 전기력선의 밀도는 그 점에서의 전계의 세기를 나타낸다.
③ 두 전기력선은 서로 교차한다.
④ 전기력선의 접선방향은 그 점에서의 전계의 방향과 일치한다.

08 정전용량이 20[μF]와 30[μF]인 콘덴서를 병렬로 접속하고 100[V]의 전압을 인가하였을 때, 전체 전기량은 몇 [C]인가?

① 12×10^{-4}
② 20×10^{-4}
③ 30×10^{-4}
④ 50×10^{-4}

09 콘덴서에 2[kV]의 전압을 인가하여 2[J]의 에너지가 축적되었다면, 이 콘덴서의 정전용량은 몇 [μF]인가?

① 1
② 2
③ 3
④ 4

10 공기 중에서 1[Wb]의 자극으로부터 나오는 자력선의 총수는 몇 개인가?

① 6.33×10^4
② 7.96×10^5
③ 8.855×10^4
④ 9.32×10^5

11 R-L 직렬회로에 직류전압 100[V]를 인가하였더니 25[A]의 전류가 흘렀다. 이때 100[V], 60[Hz]의 교류전압을 인가하였더니 10[A]의 전류가 흘렀다. 이 회로의 유도성 리액턴스 X_L은 약 몇 [Ω]인가?

① 3.25
② 5.40
③ 6.52
④ 9.17

12 다음 중 환상솔레노이드 내부의 자계의 세기에 대한 설명으로 옳은 것은?

① 자계의 세기는 권수에 비례한다.
② 자계의 세기는 전류에 반비례한다.
③ 자계의 세기는 반지름에 비례한다.
④ 자계의 세기는 권수와 관련 없다.

13 다음 그림과 같이 도선에 I[A]의 전류를 흘릴 때, 도선의 미소 부분 ⊿l에서 전류의 방향과 θ[˚]의 각도로 r[m] 떨어진 점 P에서 ⊿l에 의한 자계의 세기 ⊿H[AT/m]를 나타낸 식으로 옳은 것은?

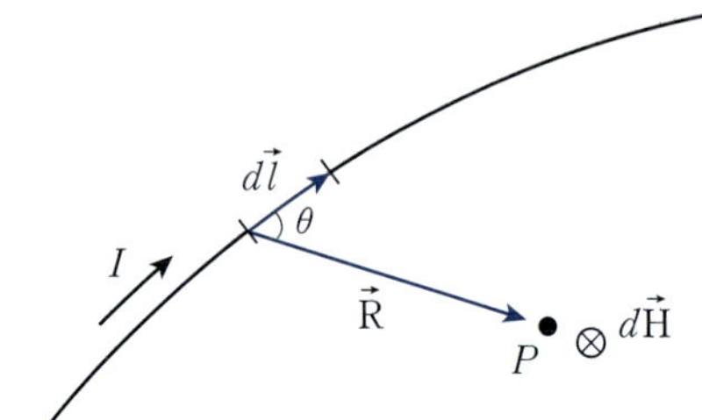

① $\Delta H = \dfrac{I\Delta l}{4\pi r}\sin\theta$

② $\Delta H = \dfrac{I^2\Delta l}{4\pi r}\sin\theta$

③ $\Delta H = \dfrac{I\Delta l}{4\pi r^2}\sin\theta$

④ $\Delta H = \dfrac{I^2\Delta l}{4\pi r^2}\sin\theta$

14 다음 중 자기회로와 전기회로에 대응되는 용어끼리 짝지은 것으로 옳지 않은 것은?

① 기자력 − 기전력
② 자속 − 전속
③ 자기저항 − 전기저항
④ 자속밀도 − 전류밀도

15 교류전류의 순시값이 $i = 200\sqrt{2}\sin(\omega t + 30)$ [A]일 때, 이를 복소수로 나타낸 값으로 옳은 것은?

① $50 - j86.6$
② $50 + j86.6$
③ $173.2 - j100$
④ $173 + j100$

16 3상 6,600[V], 1,000[kVA] 발전기의 전류[A]와 역률 70[%]에서 출력[kW]은?

① 87.48, 700
② 87.48, 1,000
③ 151.52, 700
④ 151.52, 1,000

17 다음 중 2전력계법으로 교류 3상 전력을 측정할 때, 전력계 W_1의 지시값이 P_1[W], 전력계 W_2의 지시값이 P_2[W]이라면 유효전력은 몇 [W]인가?

① $P_1 - P_2$
② $P_1 + P_2$
③ $\sqrt{3}(P_1 - P_2)$
④ $\sqrt{3}(P_1 + P_2)$

18 각 상의 임피던스 Z가 12[Ω]인 평형 3상 ⊿결선 회로를 Y결선의 등가회로로 변환할 경우 각 상의 임피던스는 몇 [Ω]인가?

① 3
② 4
③ 6
④ 36

19 비정현파 교류전류가 $i=100+50\sqrt{2}\sin\omega t+20\sqrt{2}\sin\left(3\omega t+\dfrac{\pi}{6}\right)[\mathrm{A}]$일 때, 이 전류의 실효값은 약 몇 [A]인가?

① 100　　　　② 114

③ 120　　　　④ 170

20 다음 중 정현파 교류의 왜형률은?

① 0

② 0.1414

③ 0.1732

④ 0.2236

21 전기자 도체 수가 220[개], 극수가 6[극], 회전수가 1,500[rpm]인 직류 파권 분권발전기의 유기기전력이 165[V]일 때, 1극당 자속은 몇 [Wb]인가?

① 0.01　　　　② 0.02

③ 6　　　　　④ 10

22 전기자 전류 104[A], 전기자 저항 0.1[Ω]인 직류분권발전기의 유도기전력이 110.4[V]일 때, 단자전압은 몇 [V]인가?

① 90　　　　② 100

③ 110　　　　④ 120

23 직류 직권 및 복권 발전기를 병렬운전할 때, 발전기의 부하분담을 적절히 하기 위해서 직권계자 권선에 연결해야 하는 것은?

① 브러시
② 방전코일
③ 균압선
④ 정류자

24 다음 중 직류기에서 불꽃 없는 정류를 하기 위한 가장 효과적인 방법은?

① 브러시의 이동
② 보극과 탄소브러시
③ 보상권선과 탄소브러시
④ 보극과 보상권선

25 직류 전동기의 전기자 도체 수 284, 1상당 자속이 0.04[Wb], 부하전류 60[A], 토크 108.48[N], 회전수가 800[rpm]일 때, 이 전동기의 출력은 약 몇 [W]인가? (단, 이 전동기는 6극 중권이다.)

① 2,465　　　　② 3,081

③ 9,087　　　　④ 9,859

26 다음 중 동기발전기를 회전계자형으로 하는 이유가 아닌 것은?

① 전기자 권선을 절연하기가 쉽다.
② 전기자 단자에 발생한 고전압을 간단하게 외부회로에 인가할 수 있다.
③ 전기자가 고정되어 있지 않아 제작비용이 저렴하다.
④ 기계적으로 튼튼하게 할 수 있다.

27 동기발전기의 단락 사고 시 돌발 단락전류를 주로 제한하는 것은?

① 누설 리액턴스
② 반작용 리액턴스
③ 동기임피던스
④ 권선 저항

28 다음 중 단락비가 큰 동기발전기를 설명한 것으로 옳은 것은?

① 동기 임피던스가 작다.
② 단락전류가 작다.
③ 전압 변동률이 크다.
④ 전기자 반작용이 크다.

29 동기전동기의 자기기동법에서 계자권선을 단락하는 이유는?

① 기동을 쉽게 하기 위해서
② 기동권선으로 이용하기 위해서
③ 고전압 유도에 의한 절연파괴 위험을 방지하기 위해서
④ 전기자반작용 방지를 위해서

30 변압기 성층 철심 강판 재료의 규소 함유량은 약 몇 [%]인가?

① 2
② 4
③ 6
④ 8

31 6,600/220[V]인 변압기의 1차 측에 2,850[V]를 인가하면 2차 측 전압 [V]은?

① 90
② 95
③ 105
④ 120

32 다음 중 단권변압기의 특징을 설명한 것으로 옳지 않은 것은?

① 한 개의 권선으로 재료 절약이 가능하다.
② 누설자속이 작아서 효율이 좋다.
③ 단락사고 시 단락전류가 크다.
④ 승압용 변압기로만 사용이 가능하다.

33 1차권선과 2차권선을 직렬로 접속하여 기전력을 얻어내는 방식의 변압기는?

① 단권변압기
② 누설변압기
③ 내철형 변압기
④ 외철형 변압기

34 다음 중 3상 전원을 이용하여 2상 전압을 얻고자 할 때 사용하는 결선 방법은?

① Scott 결선
② Fork 결선
③ 환상 결선
④ 2중 3각 결선

35 다음 그림은 슬립과 전류 및 토크의 관계 곡선이다. 이런 특성을 가지는 전동기는?

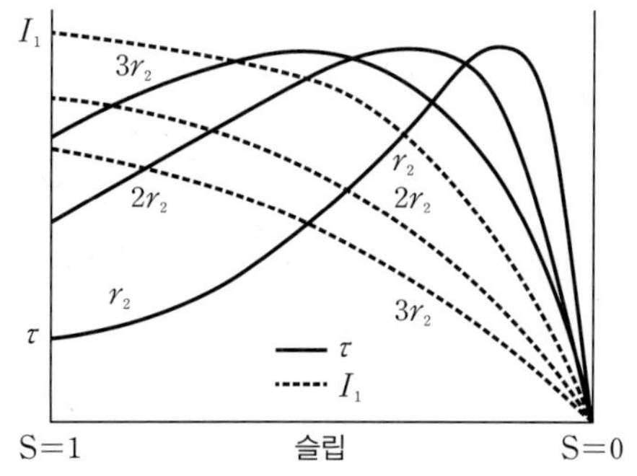

① 반발 기동형 단상 유도전동기
② 콘덴서 기동형 단상 유도전동기
③ 농형 3상 유도전동기
④ 권선형 3상 유도전동기

36 다음 중 권선형 3상 유도전동기에서 비례추이로 조정할 수 없는 것은?

① 출력
② 1차 전류
③ 1차 입력
④ 역률

37 4극 3상 유도전동기의 홈 수가 24개일 때, 매극·매상당 홈 수는?

① 1 　　　　② 2
③ 4 　　　　④ 6

38 유도전동기의 슬립이 '0'인 경우는 어떤 상태인가?

① 정지 상태
② 전부하 운전상태
③ 동기속도 회전상태
④ 부하 차단 시

39 다음 중 반도체에서 정공의 발생하는 원인은?

① 원자의 공유
② 결합 전자의 이탈
③ 전자의 이동
④ 5가 원자의 첨가

40 다음 그림은 단상 전파정류회로의 브리지 회로를 나타낸 것이다. 왼쪽을 입력 측, 오른쪽을 출력 측이라 할 때, 다이오드의 배치가 옳은 것은?

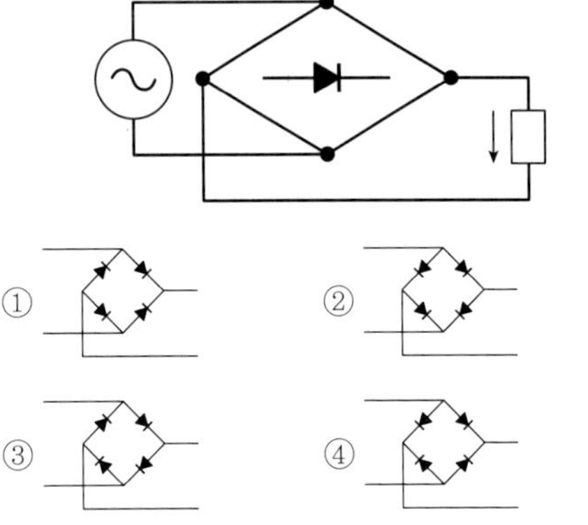

① ② ③ ④

41 다음 전선의 종류 중 CV 케이블은?

① 비닐절연 비닐시스 케이블
② 폴리에틸렌절연 비닐시스 케이블
③ 고무절연 클로로플렌 시스 케이블
④ 가교폴리에틸렌절연 비닐시스 케이블

42 2.6[mm] 이하의 가는 단선을 직선 접속할 때 주로 사용하는 접속 방법은?

① 쥐꼬리 접속
② 브리타니아 접속
③ 트위스트 접속
④ 슬리브 접속

43 다음 금속전선관의 규격 중 박강 전선관의 호칭이 아닌 것은?

① 19　　　　② 27
③ 31　　　　④ 39

44 금속제 가요전선관 공사에서 가요전선관 상호 접속 시 사용되는 부속품은?

① 스플릿 커플링
② 노멀 밴드
③ 로크너트
④ 컴비네이션 커플링

45 금속덕트에 넣는 전선 단면적의 합계는 전선의 피복 절연물을 포함한 단면적이 덕트 내부 단면적의 몇 [%] 이하가 되도록 선정하여야 하는가?

① 20　　　　② 30
③ 40　　　　④ 50

46 캡타이어 케이블을 조영재의 아랫면 또는 옆면에 따라 붙이는 경우 지지점 간의 거리는 몇 [m] 이하여야 하는가?

① 1　　　　② 1.5
③ 2　　　　④ 3

47 400[V] 이하의 저압 옥내배선 공사에서 점검할 수 없는 은폐된 장소에 적용할 수 없는 배선공사는?

① 합성수지관 공사
② 금속몰드 공사
③ 금속관 공사
④ 플로어덕트 공사

48 다음 중 셀룰로이드, 유황, 전분 등 기타 가연성 먼지로 폭발할 우려가 있는 곳에 시설하는 전기설비의 공사 방법으로 옳지 않은 것은?

① 합성수지관 공사
② 합성수지몰드 공사
③ 금속관 공사
④ 케이블 공사

49 고압 배전선로의 주상변압기 2차 측에 시공하는 변압기 중성점 접지저항 값은 얼마 이하여야 하는가? (단, 고장 시 2초 이내에 자동차단 장치가 설치되어 있고, I_g는 1선 지락전류이다.)

① $\dfrac{150}{I_g}$

② $\dfrac{300}{I_g}$

③ $\dfrac{450}{I_g}$

④ $\dfrac{600}{I_g}$

50 다음 중 접지극의 공사방법이 아닌 것은?

① 접지극은 지하 75[cm] 이상으로 하되 동결 깊이를 고려하여야 한다.
② 동판일 경우는 단면적 900[mm^2] 이상이어야 한다.
③ 동봉일 경우는 지름 6[mm] 이상이어야 한다.
④ 지하 75[cm]로부터 지표상 2[m] 까지는 합성수지관 등으로 덮어야 한다.

51 가공전선로 지지물의 기초안전율은 얼마 이상이 되어야 하는가?

① 1.5　　② 2.0
③ 2.5　　④ 3.0

52 정격전류가 40[A]인 주택의 전로에 58[A]의 전류가 흘렀을 경우 주택에 사용하는 배선용 차단기는 몇 분 이내에 자동으로 동작하여야 하는가?

① 20　　② 30
③ 60　　④ 120

53 다음 중 설치면적과 설치비용이 많이 들지만 가장 효과적인 진상용 콘덴서 설치 방법은?

① 부하 측 전원에 설치
② 부하 측 모선에 설치
③ 대용량 부하 측에 설치
④ 부하 측에 분산하여 설치

54 철근콘크리트 전주에 주상변압기를 고정하는 용도로 쓰이는 것은?

① 암 밴드
② 암타이 밴드
③ 행거 밴드
④ 래크

55 저압 가공인입선이 횡단보도교를 지나는 경우 노면상 몇 [m] 이상이어야 하는가?

① 3
② 4
③ 5
④ 6

56 교통신호등 제어장치의 2차 측 배선의 제어회로의 최대사용전압은 몇 [V] 이하여야 하는가?

① 100
② 200
③ 300
④ 400

57 다음 중 분전반 및 분전함에 대한 설명으로 틀린 것은?

① 반의 뒤쪽에 배선 및 기구를 배치하여야 한다.
② 강판제는 두께가 1.2[mm] 이상이어야 한다.
③ 난연성 합성수지제는 두께가 1.5[mm] 이상이어야 한다.
④ 절연저항 측정 및 전선 접속단자의 점검이 용이한 구조여야 한다.

58 호텔 연회장이 간접조명을 사용하고, 가로 20[m], 세로 18[m], 작업면 높이 85[cm], 천장 높이 3.85[m]일 때 실지수는 약 얼마인가?

① 1.27
② 2.46
③ 3.16
④ 9.87

59 다음 중 한 개의 전등을 두 곳에서 점·소등 할 수 있는 배선 방법으로 옳은 것은? (단, S3는 3로 스위치이다.)

① 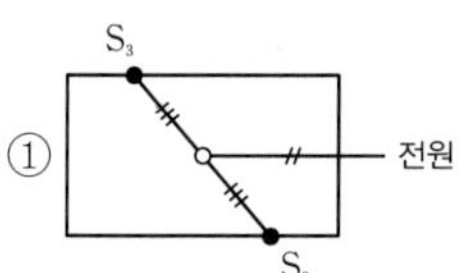

② 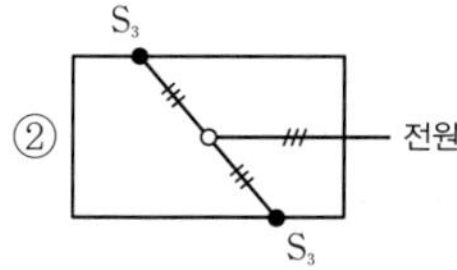

③ 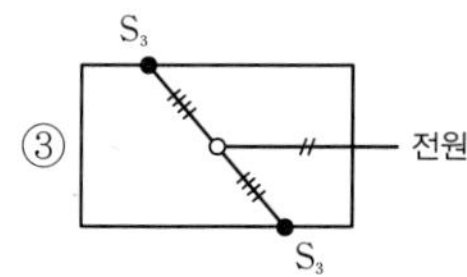

④ 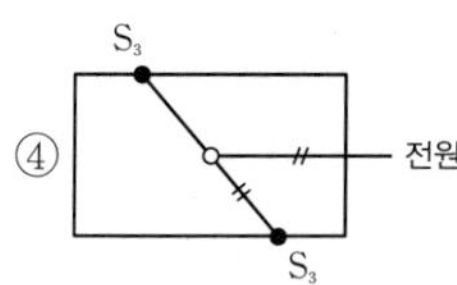

60 최소 동작전류값 이상일 경우 일정한 시간에 동작하는 한시 특성을 가지는 계전기는?

① 정한시 계전기
② 반한시 계전기
③ 순한시 계전기
④ 반한시성 정한시 계전기

전기기능사 **필기 기출문제 12회**

시험 일자	시험 시간	문항 수
2023년 2회 시행	60분	60문항

수험번호 : _______________

성　　명 : _______________

정답 & 해설 ▶ 2-206p

01 기전력 1.5[V], 내부저항 0.2[Ω]인 전지 10개를 직렬로 연결하였을 때, 외부저항 4.5[Ω]에 흐르는 전류는 몇 [A]인가?

① 1.2　　　　② 1.8

③ 2.3　　　　④ 4.2

02 컨덕턴스가 0.5[℧]인 회로에 6[V]의 전압을 인가하면 몇 [A]의 전류가 흐르는가?

① 1.2　　　　② 3.0

③ 5.0　　　　④ 6.0

03 서로 다른 금속을 접속하고 전류를 흘리면 접합부에서 흡열 또는 발열이 나타나는 현상은?

① 줄 효과

② 제벡 효과

③ 톰슨 효과

④ 펠티에 효과

04 220[V]의 전원에 60[W] 전등 10개를 20시간 동안 사용하였을 때, 전력량은 몇 [kWh]인가?

① 10　　　　② 12

③ 20　　　　④ 60

05 황산구리 용액에 10[A]의 전류를 60분간 흘릴 때, 석출되는 구리의 양은 약 몇 [g]인가? (단, 구리의 전기 화학당량은 0.3293×10^{-3}[g/℃]이다.)

① 1.85　　　　② 4.67

③ 8.26　　　　④ 11.85

06 다음 중 주로 대칭 정전계에서 전기력선의 밀도를 이용하여 전계의 세기를 구하는 법칙은?

① 가우스의 법칙

② 쿨롱의 법칙

③ 앙페르의 법칙

④ 페러데이의 법칙

07 정전용량이 동일한 콘덴서 10개를 직렬로 연결했을 때의 전체 정전용량은 병렬로 연결했을 때와 비교하여 어떻게 변화하는가?

① $\frac{1}{10}$배 감소한다.

② $\frac{1}{100}$배 감소한다.

③ 10배 증가한다.

④ 100배 증가한다.

08 비유전율이 큰 산화티탄 등을 사용하여 극성이 없고, 가격에 비해 성능이 우수하여 널리 사용되고 있는 콘덴서는?

① 전해 콘덴서

② 세라믹 콘덴서

③ 마일러 콘덴서

④ 마이카 콘덴서

09 콘덴서 $C_1=3[\mu\text{F}]$, $C_2=6[\mu\text{F}]$를 직렬로 연결한 경우 합성 정전용량 $[\mu\text{F}]$은?

① 0.2　　　　② 1

③ 2　　　　④ 4.5

10 다음 중 정전차폐재로 사용하기 가장 좋은 것은?

① 반자성체

② 강자성체

③ 상자성체

④ 비투자율 1인 자성체

11 환상철심에 코일을 감고 5[A]의 전류를 흘려서 2,000[AT]의 기자력을 발생시키려면, 코일의 권수는 몇 회로 해야 하는가?

① 100　　　　② 200

③ 300　　　　④ 400

12 평균 반지름 10[cm], 권수 10회인 원형코일에 20[A]의 전류를 흘리면 코일 중심의 자계의 세기는 몇 [AT/m]인가?

① 100　　　　② 200

③ 1,000　　　　④ 2,000

PART 06

13 평균 반지름 r[m]인 환상솔레노이드에 I[A]의 전류가 흐를 때, 솔레노이드 내부자계의 세기가 H[AT/m]였다. 권수 N은 몇 회인가?

① $\dfrac{I}{2\pi rH}$

② $\dfrac{2\pi rH}{I}$

③ $\dfrac{2\pi r}{HI}$

④ $\dfrac{HI}{2\pi r}$

14 두 개의 코일 L_1, L_2가 서로 직각으로 교차할 때, 상호 인덕턴스는 몇 [H]인가?

① $L_1 + L_2$

② $L_1 - L_2$

③ $\sqrt{L_1 L_2}$

④ 0

15 다음 중 자기회로와 전기회로의 대응관계 중 잘못된 것은?

① 기자력 − 기전력

② 자속 − 전계

③ 투자율 − 도전율

④ 자기저항 − 전기저항

16 다음 중 RLC 직렬회로의 공진조건을 바르게 나타낸 것은?

① $\omega L = \dfrac{1}{\omega C}$

② $\omega L = \omega C$

③ $\omega L - \dfrac{1}{\omega C} = 1$

④ $\omega L + \dfrac{1}{\omega C} = 1$

17 교류 전압의 주파수가 60[Hz], 실효값이 20[V]이고 위상이 0°일 때, 이를 순시값으로 표시하면?

① $v = 20\cos(120\pi t)$

② $v = 20\sqrt{2}\cos(120\pi t)$

③ $v = 20\sin(120\pi t)$

④ $v = 20\sqrt{2}\sin(120\pi t)$

18 각 상의 저항의 크기가 동일할 경우, Δ결선의 소비전력(P_Δ)과 Y결선의 소비전력(P_Y)을 비교하면?

① $P_\Delta = \dfrac{1}{\sqrt{3}} P_Y$

② $P_\Delta = P_Y$

③ $P_Y = \dfrac{1}{\sqrt{3}} P_\Delta$

④ $P_\Delta = 3 P_Y$

19 그림과 같이 전원과 부하가 △결선인 3상 평형 회로가 있다. 상전압이 200[V]이고, 부하의 임피던스가 $Z'=6+j8[\Omega]$일 때, 선전류는 몇 [A]인가?

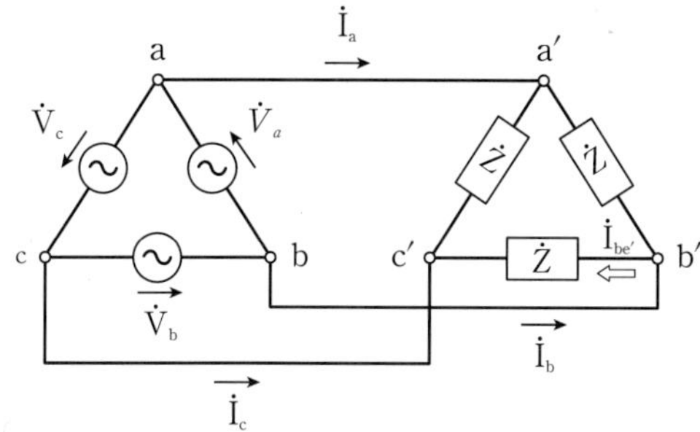

① $10\sqrt{3}$　　　② 10
③ $20\sqrt{3}$　　　④ 20

20 저항 R=4[Ω], 리액턴스 ωL=3[Ω]인 직렬회로에 $v=100\sqrt{2}\sin\omega t+30\sqrt{2}\sin3\omega t\,[\mathrm{V}]$의 전압을 인가하였을 때, 출력은 약 몇 [W]인가?

① 1,228　　　② 1,456
③ 1,637　　　④ 2,182

21 직류 직권전동기에서 벨트운전을 하면 안 되는 이유는 무엇인가?

① 벨트가 벗겨지면 위험속도에 도달하므로
② 속도 제어가 곤란하므로
③ 유지 보수가 곤란하므로
④ 마찰 손실이 늘어나므로

22 직류 직권전동기의 회전수가 1/2배인 경우 토크의 크기는 기존 토크와 비교하면 어떻게 되는가?

① 토크는 변화가 없다.
② 기존 토크의 2배가 된다.
③ 기존 토크의 4배가 된다.
④ 기존 토크의 1/2배가 된다.

23 전압이 100[V], 전기자 전류가 10[A], 전기자 저항이 1[Ω], 회전수가 1,800[rpm]인 직류 분권전동기의 역기전력은 몇 [V]인가?

① 90　　　② 100
③ 120　　　④ 173

24 다음 직류전동기 중 정속도 전동기에 해당하는 것은?

① 직권전동기　　　② 가동복권 전동기
③ 분권전동기　　　④ 평복권 전동기

25 동기발전기의 무부하 포화곡선에 대한 설명으로 옳은 것은?

① 정격전류와 정격전압과의 관계
② 정격전류와 단자전압과의 관계
③ 계자전류와 정격전압과의 관계
④ 계자전류와 단자전압과의 관계

26 정격이 10,000[V], 500[A], 역률 90[%]인 3상 동기발전기의 단락비가 1.3일 때, 동기발전기의 단락전류 I_s는 몇 [A]인가? (단, 전기자 저항은 무시한다.)

① 450 　　　　② 550
③ 585 　　　　④ 650

27 12극 3상 동기발전기가 있다. 기계각 15[°]에 해당하는 전기각은 몇 [°]인가?

① 30 　　　　② 45
③ 60 　　　　④ 90

28 다음 3상 동기전동기의 자기기동법에 대한 설명으로 틀린 것은?

① 적당한 기동토크 유지를 위해 정격전압의 80[%] 정도의 전압을 인가해 기동한다.
② 제동권선을 활용하여 기동토크를 발생한다.
③ 일반적으로 기동토크는 전부하 토크의 40~60[%] 정도이다.
④ 기동 시 계자 권선에는 고전압이 인가되어 계자 회로가 소손될 우려가 있다.

29 3상 동기발전기에서 전기자 전류에 의한 자기장의 축이 주자속의 축과 수직이 되어 편자작용을 일으키는 전기자 반작용은?

① 감자작용
② 증자작용
③ 교차자화작용
④ 직축 반작용

30 다음 중 동기기의 전기자 권선법이 아닌 것은?

① 분포권 　　　　② 중권
③ 단절권 　　　　④ 전절권

31 다음 괄호 안에 들어갈 알맞은 용어는?

> (㉠)(은)는 고압회로의 전압을 낮은 전압으로 변성해 주는 기기로서, 회로에 (㉡)로 접속하여 사용한다.

① ㉠ CT, ㉡ 직렬
② ㉠ CT, ㉡ 병렬
③ ㉠ PT, ㉡ 직렬
④ ㉠ PT, ㉡ 병렬

32 다음 중 변압기의 자속에 대한 설명으로 옳은 것은?

① 전압과 주파수에 비례한다.
② 전압에 비례하고 주파수에 반비례한다.
③ 전압에 반비례하고 주파수에 비례한다.
④ 전압과 주파수에 반비례한다.

33 다음 괄호 안에 들어갈 알맞은 용어는?

> 히스테리시스 곡선의 가로축과 만나는 점은 (㉠)(이)고, 세로축과 만나는 점은 (㉡)(이)다.

① ㉠ 보자력, ㉡ 잔류자기
② ㉠ 잔류자기, ㉡ 보자력
③ ㉠ 자기저항, ㉡ 자계의 세기
④ ㉠ 자계의 세기, ㉡ 자기저항

34 3상 유도전동기의 회전 방향을 바꾸기 위한 가장 적당한 방법은?

① 3선의 접속을 모두 바꾼다.
② 3선 중 2선의 접속을 바꾼다.
③ 3선 중 1선에 코일을 접속한다.
④ 3선 중 2선에 코일을 접속한다.

35 회전자 입력 10[kW], 슬립 3[%]인 3상 유도전동기의 2차 동손은 몇 [W]인가?

① 150　　② 200
③ 300　　④ 350

36 다음 중 유도전동기에서 비례추이를 할 수 있는 것은?

① 출력　　② 효율
③ 역률　　④ 2차 동손

37 단상 전파 사이리스터 정류회로에서 전원 전압의 실효값이 100[V]일 때, 인덕턴스 부하가 있는 경우의 정류전압은 약 몇 [V]인가? (단, 점호각은 60[°]이고, 직류 측 전류가 연속전류이다.)

① 141　　② 120
③ 90　　④ 45

38 다음 중 비선형 소자는?

① 인덕턴스
② 커패시턴스
③ 다이오드
④ 저항

39 다음 중 자기 소호기능이 가장 좋은 소자는?

① SCR
② GTO
③ TRIAC
④ IGBT

40 다음 중 다이오드를 사용한 정류회로에서 다이오드를 여러 개 직렬로 연결하여 사용하는 경우를 설명하는 것으로 가장 적당한 것은?

① 낮은 전압 전류에 적합하다.
② 다이오드를 과전압으로부터 보호할 수 있다.
③ 다이오드를 과전류로부터 보호할 수 있다.
④ 부하출력의 맥동률을 감소시킬 수 있다.

41 보호도체(PE)의 절연전선 색상은 어떤 색으로 하여야 하는가?

① 백색
② 청색
③ 녹색 − 노란색
④ 흑색

42 저압 옥내 배선공사 시 사용하는 연동선의 최소 굵기는 몇 [mm^2]인가?

① 1.5　　　　② 2.5
③ 4　　　　　④ 6

43 내부를 건조한 상태로 사용하는 진열장 안의 사용전압이 400[V] 이하인 저압 옥내배선을 외부에서 보기 쉬운 곳에 한하여 조영재에 접촉하여 시설할 수 있는 케이블의 최소 단면적은 몇 [mm^2] 이상이어야 하는가?

① 0.15　　　② 0.25
③ 0.5　　　　④ 0.75

44 다음 중 PVC관의 호칭이 아닌 것은?

① 16　　　　② 28
③ 32　　　　④ 54

45 다음 두 개의 전선을 병렬로 사용하는 것에 대한 설명으로 옳지 않은 것은?

① 동선은 50[mm^2] 이상, 알루미늄 선은 70 [mm^2] 이상의 전선을 사용하여야 한다.
② 각각의 전선에는 퓨즈를 설치하여야 한다.
③ 교류회로에서 전선은 금속관 안에 전자적 불평형이 생기지 않아야 한다.
④ 각각의 전선은 같은 도체, 같은 재료, 같은 길이 및 같은 굵기의 것을 사용하여야 한다.

46 배전반이나 분전반의 금속제 캐비닛에 구멍을 뚫기 위한 공구는?

① 히키
② 오스터
③ 클리퍼
④ 녹아웃펀치

47 저압 옥내배선공사에서 애자사용공사 시 전선 간의 간격은 몇 [cm] 이상이어야 하는가?

① 2.5 　　　　② 6
③ 4.5 　　　　④ 8

48 다음 중 금속전선관 중에서 후강전선관의 규격이 아닌 것은?

① 24 　　　　② 36
③ 42 　　　　④ 54

49 금속관 공사 시 피복절연물을 포함한 전선 단면적의 총합계는 전선관 굵기의 몇 배를 초과하지 않아야 하는가?

① $\frac{1}{2}$ 　　　　② $\frac{1}{3}$
③ $\frac{1}{4}$ 　　　　④ $\frac{1}{5}$

50 최대 사용전압이 3.3[kV]인 전로의 절연내력 시험전압은 몇 [V]인가?

① 3,360
② 4,215
③ 4,950
④ 5,610

51 저압 전로에 정격전류 50[A]가 흐를 때, 산업용 배선차단기의 트립 전류는 정격전류의 몇 배에서 동작하여야 하는가?

① 1.05 　　　　② 1.13
③ 1.25 　　　　④ 1.3

52 다음 중 화약류 저장소의 전기설비 시설에 대한 설명으로 옳은 것은?

① 전로의 대지전압은 400[V] 이하여야 한다.
② 전기기계기구는 개방형이어야 한다.
③ 케이블을 전기기계기구에 인입할 때에는 인입구에서 케이블이 손상될 우려가 없도록 시설하여야 한다.
④ 백열전등이나 형광등 또는 이들에 전기를 공급하기 위한 전기설비를 시설하면 안 된다.

53 다음 중 가공전선로의 지지물에 지지선을 사용
하면 안 되는 것은?

① 목주
② 철근콘크리트주
③ 철주
④ 철탑

54 다음 중 선택지락계전기(SGR)의 용도로 적당한
것은?

① 단일 회선에서 지락사고 지속시간 선택
② 단일 회선에서 지락전류의 방향 선택
③ 단일 회선에서 지락전류의 크기 선택
④ 다회선에서 지락사고의 회선 선택

55 배전선로에서 지락이나 단락사고가 발생하였을
때 고장을 검출하여 자동으로 차단한 후 일정 시
간이 지나면 자동적으로 재투입 동작을 반복함
으로써 순간고장을 제거하는 기능을 가진 것은?

① 리클로저
② 부하개폐기
③ 컷아웃스위치
④ 고장구간 자동개폐기

56 가공전선로의 지지물에 취급자가 오르고 내리
는데 사용하는 발판 볼트 등은 지표상 몇 [m]
미만에 시설하면 안 되는가?

① 1.0
② 1.2
③ 1.5
④ 1.8

57 실내 전반 조명 시 작업면에서 등기구까지의 높
이가 2.4[m]인 조명기구를 배치할 때, 등기구
간의 최대 간격은 몇 [m] 이하로 유지하여야 하
는가?

① 1.2
② 2.4
③ 3.0
④ 3.6

58 동일한 지지물에 고압과 저압 가공전선을 병가
(병행 설치)하는 경우 이격거리는 몇 [cm] 이상
이어야 하는가?

① 20
② 30
③ 50
④ 60

59 다음 중 전동기의 기동 시 기동전류에 대해 동작하지 않는 퓨즈는?

① 나사형 퓨즈
② 전동기용 퓨즈
③ 통형 퓨즈
④ 텅스텐 퓨즈

60 점유 면적이 좁고 운전 보수에 안전하며 공장, 빌딩 등의 전기실에 많이 사용되는 배전반은 어떤 것인가?

① 수직형
② 큐비클형
③ 데드 프런트형
④ 라이브 프런트형

시험 일자	시험 시간	문항 수
2023년 1회 시행	60분	60문항

수험번호 : _______________

성　　명 : _______________

정답 & 해설 ▶ 2-210p

01 전자 1개의 질량은 몇 [kg]인가?

① 1.605×10^{-19}　　② 9.109×10^{-31}

③ 8.855×10^{-12}　　④ 1.672×10^{-27}

02 다음 회로에서 저항 값의 크기가 '$R_1 > R_2 > R_3 > R_4$'의 순서일 때, 전류가 최소로 흐르는 저항은?

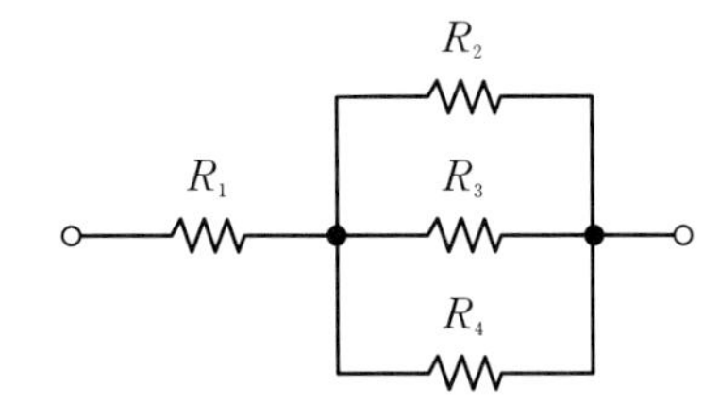

① R_1　　　　② R_2

③ R_3　　　　④ R_4

03 컨덕턴스가 0.2[℧]인 저항체에 3[A]의 전류를 흘리려면 몇 [V]의 전압을 인가하여야 하는가?

① 6　　　　② 12

③ 15　　　　④ 20

04 100[V]의 전압을 측정 가능한 전압계로 200[V]의 전압을 측정하려면 최소 몇 [Ω]의 외부저항을 접속해야 하는가? (단, 전압계의 내부저항은 5,000[Ω]이다.)

① 2,500　　　　② 5,000

③ 7,500　　　　④ 10,000

05 다음 그림과 같은 회로에서 각 전선에 흐르는 전류 $I_1, I_2, I_3[A]$를 바르게 표시한 것은?

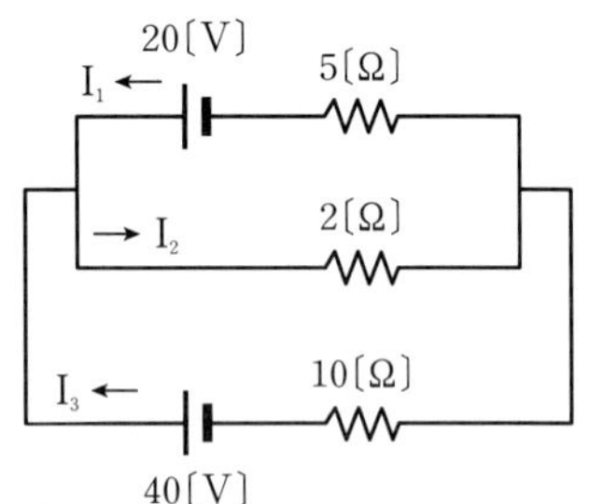

① 2, 3, 5　　　　② 2, 5, 3

③ 3, 5, 2　　　　④ 5, 2, 3

06 정격 1[kW] 용량의 저항에 정격전압의 80[%]를 인가하면, 소비전력은 몇 [kW]가 되는가?

① 640　　　　② 720

③ 800　　　　④ 900

07 다음 중 극성이 있는 콘덴서는?

① 바리콘   ② 세라믹 콘덴서

③ 마일러 콘덴서   ④ 탄탈 콘덴서

08 온도 변화에도 용량의 변화가 없으며 높은 주파수에서 사용하며 극성이 없고, 비교적 가격이 비싸지만 온도의 변화나 높은 주파수에 안정적인 콘덴서는?

① 탄탈 콘덴서

② 마일러 콘덴서

③ 마이카 콘덴서

④ 세라믹 콘덴서

09 정전용량 C[F]의 콘덴서에 W[J]의 에너지를 축적하기 위해 필요한 충전전압 V[V]는?

① $V = \dfrac{C}{2W}$

② $V = \dfrac{W}{2C}$

③ $V = \sqrt{\dfrac{C}{2W}}$

④ $V = \sqrt{\dfrac{2W}{C}}$

10 용량 C_1, $C_2[\mathrm{F}]$인 콘덴서를 직렬접속하고 양단에 V[V]의 전압을 인가하였을 때, 콘덴서 C_2에 걸리는 전압은 몇 V[V]인가?

① $\dfrac{1}{C_1 + C_2}$ ② $\dfrac{C_2}{C_1 + C_2}$

③ $\dfrac{C_1 + C_2}{C_1}$ ④ $\dfrac{C_1 + C_2}{C_2}$

11 공심 솔레노이드의 내부 자계의 세기가 800[AT/m]일 때, 자속밀도는 약 몇 [Wb/m²]인가?

① 1×10^{-3} ② 1×10^{-4}

③ 1×10^{-5} ④ 1×10^{-6}

12 자기회로의 자기저항이 2,000[AT/Wb]이고 기자력이 50,000[AT]라면, 자속은 몇 [Wb]인가?

① 10   ② 15

③ 20   ④ 25

13 그림과 같이 도선에 I[A]의 전류를 흘릴 때, 도선의 미소부분 Δl에서 전류의 방향과 θ[°]의 각도로 r[m] 떨어진 점 P에서 Δl에 의한 자계의 세기 ΔH[AT/m]를 나타낸 식으로 옳은 것은?

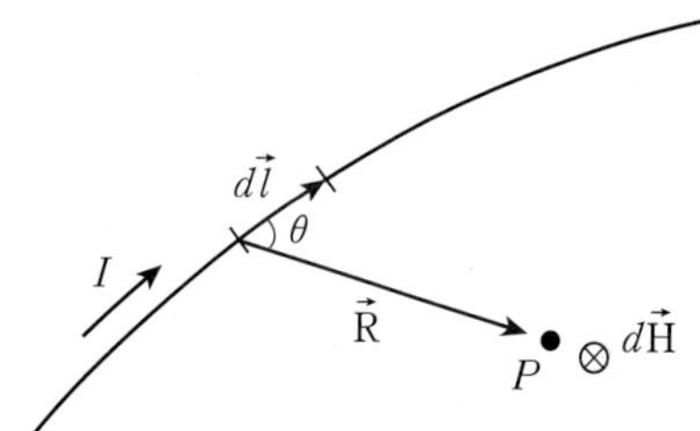

① $\Delta H = \dfrac{I \Delta l}{4\pi r} \sin\theta$

② $\Delta H = \dfrac{I^2 \Delta l}{4\pi r} \sin\theta$

③ $\Delta H = \dfrac{I \Delta l}{4\pi r^2} \sin\theta$

④ $\Delta H = \dfrac{I^2 \Delta l}{4\pi r^2} \sin\theta$

14 페러데이관의 단위 전위차 당 보유 에너지는 몇 [J]인가?

① 4 ② 2

③ 1 ④ 1/2

15 반지름 10[cm], 권수 20회인 원형코일에 30[A]의 전류를 흘렸을 때, 코일 중심의 자계의 세기는 몇 [AT/m]인가?

① 2,000 ② 2,500

③ 3,000 ④ 3,500

16 자체 인덕턴스가 각각 L_1, L_2[H]인 두 코일을 직렬로 가동 접속한 경우와 차동 접속 한 경우의 합성 인덕턴스 차이는 몇 [H]인가?

① $\dfrac{M}{2}$ ② M

③ 2M ④ 4M

17 교류 전류의 순시값이 $i=10\sin\left(314t-\dfrac{\pi}{6}\right)[\mathrm{A}]$ 일 때, 이를 복소수로 표시한 식으로 옳은 것은?

① $6.12-\mathrm{j}3.5$

② $3.5-\mathrm{j}6.12$

③ $7.32+\mathrm{j}5.4$

④ $5.4+\mathrm{j}7.32$

18 다음 그림과 같은 R–L 병렬회로에서 위상각을 바르게 표시한 것은?

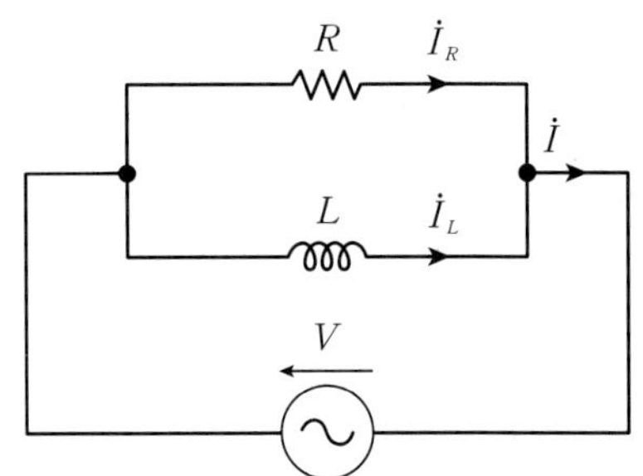

① $\tan^{-1}\dfrac{1}{\omega l R}$ ② $\tan^{-1}\dfrac{R}{\omega l}$

③ $\tan^{-1}\dfrac{\omega l}{R}$ ④ $\tan^{-1}\omega LR$

19 220[V], 60[Hz]의 전원에 30[W]의 형광등을 연결하였을 때, 이 전원의 평균전압은 약 몇 [V]인가?

① 173.2 ② 198.2

③ 141.4 ④ 218

20 RLC 직렬공진 회로에서 최댓값을 가지는 것은 무엇인가?

① 전류

② 리액턴스

③ 저항

④ 주파수

21 다음 중 계자에서 발생한 자속을 전기자에 골고루 분포시켜주기 위한 것은?

① 공극 ② 브러시
③ 정류자 ④ 저항

22 평등자계 내에 있는 도체에 전류가 흐를 때, 작용하는 힘과 관련이 있는 전기기기는?

① 발전기 ② 전동기
③ 변압기 ④ 정류기

23 총 전기자 도체수가 440개, 매 극의 자속이 0.01[Wb], 극수가 6, 회전수가 1,500[rpm]인 직류 분권발전기의 유기 기전력은 몇 [V]인가? (단, 전기자 권선은 중권이다.)

① 44 ② 75
③ 110 ④ 173

24 다음은 직류전동기의 속도제어 방법을 기술한 것으로 옳은 것은?

① 전압제어, 저항제어, 계자제어
② 저항제어, 계자제어, 주파수제어
③ 전압제어, 위상제어, 계자제어
④ 저항제어, 위상제어, 주파수 제어

25 병렬운전 중인 동기발전기의 유도기전력이 2,000[V], 동기임피던스가 5[Ω], 위상차가 60[°]일 때, 두 발전기 사이의 유효순환전류는 약 몇 [A]인가?

① 20 ② 200
③ 500 ④ 1,000

26 다음 중 동기발전기의 특징으로 옳지 않은 것은?

① 기동 토크가 작다.
② 역률을 조정할 수 없다.
③ 난조가 발생하기 쉽다.
④ 여자기가 필요하다.

27 다음 중 주로 동기발전기의 돌발 단락전류를 제한하는 것은?

① 누설리액턴스 ② 동기리액턴스
③ 동기임피던스 ④ 권선 저항

28 동기발전기의 회전수를 결정하는 요인으로 바르게 묶은 것은?

① 역률, 극수 ② 전압, 극수
③ 주파수, 극수 ④ 역률, 주파수

29 단락비가 1.25인 동기발전기의 %동기임피던스
는 몇 [%]인가?

① 70   ② 80

③ 90   ④ 100

30 3상 동기전동기의 제동권선의 역할은?

① 난조 방지   ② 역률 개선

③ 출력 증가   ④ 효율 개선

31 다음 중 변압기의 열화방지 장치와 가장 거리가
먼 것은?

① 흡습 호흡기   ② 콘서베이터

③ 불활성 질소   ④ 부싱

32 퍼센트 저항 강하가 3[%], 퍼센트 리액턴스 강
하가 4[%]인 변압기의 역률이 0.8(지상)일 때,
전압변동율[%]은?

① 2.4   ② 3.6

③ 4.8   ④ 5.2

33 200[V], 10[kW] 3상 유도전동기의 정격전류는
약 몇 [A]인가? (단, 유도전동기의 효율과 역률
은 0.85[pu]이다.)

① 10   ② 20

③ 30   ④ 40

34 권선형 3상 유도전동기의 2차 측 저항을 2배로
하였을 때, 최대 토크의 크기는?

① 변하지 않는다.

② 2배가 된다.

③ 4배가 된다.

④ $\frac{1}{2}$배가 된다.

35 유도전동기에서 회전자 속도가 '0'일 경우, 슬립
은 얼마인가?

① 0   ② 0.5

③ 1   ④ 2

36 전원 주파수가 60[Hz]이고, 슬립이 0.05인 유
도전동기의 회전자 회로(2차 회로)의 주파수는
몇 [Hz]인가?

① 1   ② 2

③ 3   ④ 4

37 단상 유도전동기 중에서 고정자 자극을 몇 개의 돌극으로 구성하여 자극의 일부에 코일을 감아서, 이 코일의 작용으로 생긴 자속에 의한 유도기전력으로 기동 토크가 발생시키는 전동기는?

① 반발 기동형

② 콘덴서 기동형

③ 세이딩 코일형

④ 분상 기동형

38 VVVF는 어떤 전동기의 속도제어에 주로 사용하는가?

① 동기전동기   ② 직류 분권전동기

③ 직류 복권전동기   ④ 유도전동기

39 다음 중 자기 소호기능이 가장 좋은 소자는?

① TRIAC   ② SCR

③ GTO   ④ LASCR

40 다음 중 단상 반파정류회로의 출력식으로 알맞은 것은? (단, E는 교류의 실효값이다.)

① $E_d=0.45E$ ② $E_d=0.9E$

③ $E_d=1.17E$ ④ $E_d=1.35E$

41 다음 중 고압에 대한 설명으로 옳은 것은?

① 직류 1,500[V], 교류 1,000[V] 이하인 것

② 직류 1,500[V], 교류 1,000[V] 이상인 것

③ 직류 1,500[V], 교류 1,000[V]를 초과하고, 7[kV] 이하인 것

④ 7[kV]를 초과하는 것

42 다음 중 내열성 PVC 전선의 최고 허용온도는 몇 [℃]인가?

① 60   ② 70

③ 80   ④ 90

43 전선을 나사로 고정할 경우에 진동 등으로 헐거워질 우려가 있는 곳에 사용되는 자재는?

① 스프링 와셔   ② 2중 볼트

③ 리벳   ④ 납땜

44 다음 중 'O'형 압착터미널의 전선 규격이 아닌 것은?

① 1.5[mm²]   ② 2.5[mm²]

③ 3.5[mm²]   ④ 4.0[mm²]

45 다음 중 합성수지관 공사에서 옥외 등 온도차가 큰 장소에 노출 배관을 할 때 사용하는 커플링은?

① 신축커플링(0C)
② 신축커플링(1C)
③ 신축커플링(2C)
④ 신축커플링(3C)

46 가공전선로의 인입구에 사용하며, 금속관공사에서 관 끝부분의 빗물 침입을 방지하기 위해 사용하는 부속품은?

① 엔트런스 캡
② 터미널 캡
③ 절연 부싱
④ 유니버설 엘보

47 금속관 공사 시 피복절연물을 포함한 전선 단면적의 총합계는 전선관 굵기의 몇 배를 초과하지 않아야 하는가?

① $\dfrac{1}{2}$ ② $\dfrac{1}{3}$

③ $\dfrac{1}{4}$ ④ $\dfrac{1}{5}$

48 다음 중 셀룰러덕트의 판 두께[mm]로 올바른 것은? (단, 덕트 최대 폭이 150[mm] 이하이다.)

① 1.0 ② 1.2
③ 1.6 ④ 2.0

49 케이블을 구부릴 때, 단심인 경우 곡률반경은 케이블 외경의 몇 배 이상이어야 하는가?

① 3 ② 6
③ 8 ④ 12

50 합성수지몰드 공사 시 일반적으로 홈의 폭과 판의 두께는?

① 폭 3.5[cm] 이하, 두께 2[mm] 이상
② 폭 3.5[cm] 이하, 두께 1[mm] 이상
③ 폭 5[cm] 이하, 두께 2[mm] 이상
④ 폭 5[cm] 이하, 두께 1[mm] 이상

51 다음 중 피뢰설비에 사용하는 접지극으로 동봉을 사용할 경우, 동봉의 직경은 몇 [mm]인가?

① 6 ② 8
③ 10 ④ 12

52 선도체의 단면적이 16[mm²]일 경우, 구리 보호도체의 단면적은 몇 [mm²] 이상이어야 하는가?

① 1.5 ② 2.5
③ 16 ④ 25

53 일반적으로 분기회로의 개폐기 및 과전류차단기는 저압 옥내 간선의 분기점으로부터 몇 [m]까지 이동하여 설치할 수 있는가?

① 3 ② 4
③ 5 ④ 8

54 주상변압기를 철근콘크리트 전주에 설치할 때 사용되는 자재는?

① 암 밴드 ② 암타이 밴드
③ 랙크 ④ 행거 밴드

55 저압 가공인입선이 횡단보도교를 지나는 경우, 노면상 몇 [m] 이상이어야 하는가?

① 3 ② 4
③ 5 ④ 6

56 가공전선로 지지물의 기초안전율은 철탑의 경우 얼마 이상이 되어야 하는가?

① 1.33 ② 1.5
③ 2.0 ④ 2.5

57 동일한 지지물에 고압과 저압 가공전선을 병가(병행 설치)하는 경우에 이격거리는 몇 [cm] 이상이어야 하는가?

① 20 ② 30
③ 50 ④ 60

58 전주외등을 전주에 부착하는 경우 전주의 하단으로부터 몇 [m] 이상 높이에 시설해야 하는가? (단, 교통에 지장이 없는 경우이다.)

① 3.0 ② 3.5
③ 4.0 ④ 4.5

59 다음 중 전주외등의 공사방법으로 옳지 않은 것은?

① 금속관공사 ② 합성수지관공사
③ 케이블공사 ④ 금속덕트공사

60 분전반 및 분전함의 재질이 강판제일 경우 두께는 몇 [mm] 이상이어야 하는가?

① 0.75 ② 1.0
③ 1.2 ④ 1.5

전기기능사 필기 기출문제 14회

시험 일자	시험 시간	문항 수
2022년 4회 시행	60분	60문항

수험번호 : ______________

성   명 : ______________

정답 & 해설 ▶ 2-214p

01 다음 중 도체의 전기저항에 대한 설명으로 옳은 것은?

① 도체의 저항은 고유저항과 길이에 반비례한다.
② 도체의 저항은 길이와 단면적에 반비례한다.
③ 도체의 저항은 단면적에 비례하고 길이에 반비례한다.
④ 도체의 저항은 고유저항에 비례하고 단면적에 반비례한다.

02 4[Ω]과 6[Ω]의 저항 2개를 직렬로 연결하였을 때의 합성컨덕턴스는 몇 [℧]인가?

① 0.1
② 0.2
③ 10
④ 20

03 최대 눈금 1[A], 내부저항 10[Ω]인 전류계로 101[A]까지의 전류를 측정하려면 분류기의 저항은 약 몇 [Ω]으로 해야 하는가?

① 0.01
② 0.1
③ 10
④ 100

04 다음 그림과 같은 회로에서 3[Ω]의 저항에 흐르는 전류는 몇 [A]인가?

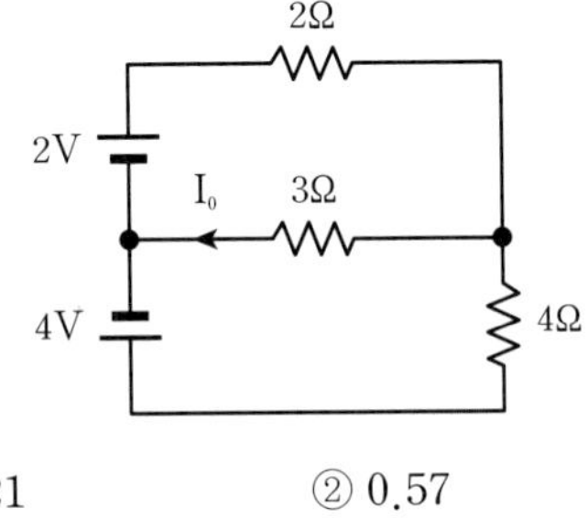

① 0.21
② 0.57
③ 0.62
④ 0.96

05 100[V]의 전원에 전기기기 50[W] 10개, 30[W] 5개, 25[W] 10개, 1[kW] 1개를 병렬 연결하여 사용하면 몇 [A]의 전류가 흐르는가?

① 17
② 19
③ 23
④ 27

06 니켈의 원자가는 2.0이고 원자량은 58.7이다. 니켈의 화학당량은 얼마인가?

① 117.4
② 60.70
③ 56.70
④ 29.35

07 기전력 1.5[V], 용량 20[Ah]인 축전지 5개를 직렬로 연결하여 사용할 때, 이 축전지의 전체 용량 [Ah]은?

① 15　　　　　　② 20
③ 75　　　　　　④ 100

08 자유 공간에 4×10^{-5}[C]과 6×10^{-5}[C]의 두 전하가 2[m]의 거리에 있을 때, 이들 전하 사이에 작용하는 힘[N]의 크기와 종류는?

① 5.4[N], 흡인력
② 5.4[N], 반발력
③ 10.8[N], 흡인력
④ 10.8[N], 반발력

09 일반적으로 절연체를 서로 마찰시키면 이들 물체는 전기를 띠게 된다. 이러한 현상을 무엇이라 하는가?

① 분극 현상　　　② 정전 현상
③ 대전 현상　　　④ 코로나 방전

10 비유전율이 큰 산화티탄 등을 사용하여 극성이 없고, 가격에 비해 성능이 우수하여 널리 사용되고 있는 콘덴서는?

① 전해 콘덴서
② 세라믹 콘덴서
③ 마일러 콘덴서
④ 마이카 콘덴서

11 다음 그림의 브리지회로에서 평형이 되었을 때, C_x의 값은 약 몇 [μF]인가?

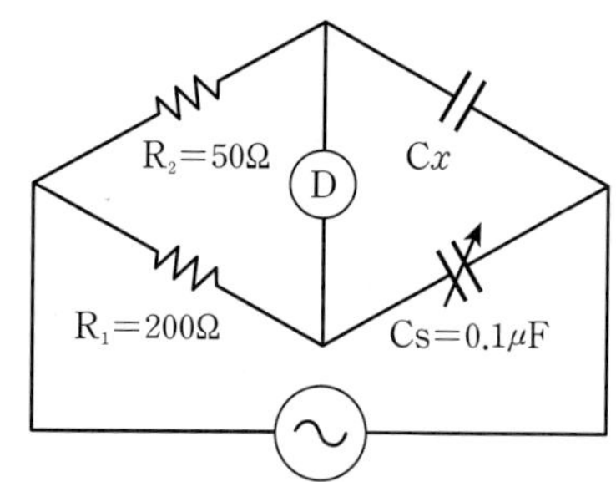

① 0.1　　　　　　② 0.2
③ 0.3　　　　　　④ 0.4

12 1[C]의 전하에 100[N]의 힘이 작용하였다면, 전계의 세기는 약 몇 [V/m]인가?

① 0.1　　　　　　② 1.0
③ 10　　　　　　④ 100

13 다음 그림과 같이 콘덴서를 연결하였을 때, A-B 사이의 합성 정전용량은 몇 [F]인가?

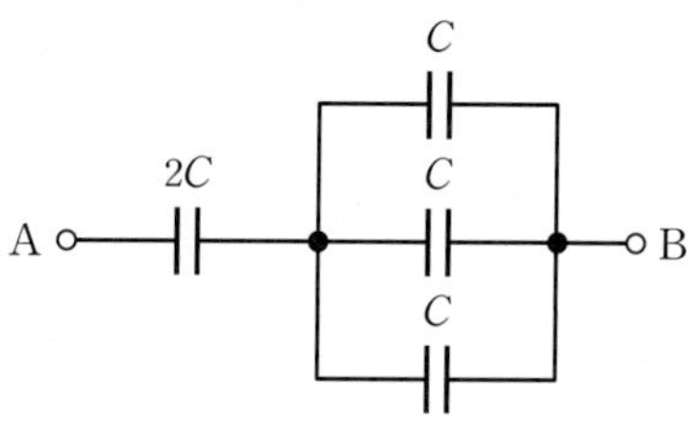

① 1C　　　　　　② 1.2C
③ 2C　　　　　　④ 2.4C

14 0.04[μF] 용량의 콘덴서에 20[μC]의 전하를 충전하면 콘덴서 양단에는 몇 [V]의 전위차가 생기는가?

① 200
② 300
③ 400
④ 500

15 다음 중 비오사바르의 법칙을 설명한 것으로 옳은 것은?

① 미소 부분의 자계의 세기는 전류의 크기에 비례하고, 거리의 제곱에 반비례한다.
② 미소 부분의 자계의 세기는 전류의 크기에 반비례하고, 거리의 제곱에 반비례한다.
③ 미소 부분의 자계의 세기는 전류의 크기에 반비례하고, 거리의 제곱에 비례한다.
④ 미소 부분의 자계의 세기는 전류의 크기에 비례하고, 거리의 제곱에 비례한다.

16 권수 200회인 코일 P와 권수 300회인 코일 S를 가까이 놓고, 코일 P에 1[A]의 전류를 흘릴 때 코일 S와 쇄교하는 자속이 4×10^{-4}[Wb]였다면, 이들 코일의 상호인덕턴스는 약 몇 [mH]인가?

① 0.8
② 1.2
③ 80
④ 120

17 교류전류 i=30sinωt+40sin(3ωt+45)[A]의 실효값은 몇 [A]인가?

① 25
② $25\sqrt{2}$
③ 50
④ $50\sqrt{2}$

18 임피던스 Z가 12[Ω]일 때, 평형 3상회로를 Δ결선에서 Y결선의 등가회로로 변경하면 임피던스는 몇 [Ω]이 되는가?

① 48
② 36
③ 4
④ 3

19 $A_1' = 4 + j3$, $A_2' = 3 + j4$인 두 복소수의 곱 $A' = A_1' \times A_2'$는?

① $25 \angle 0$
② $25 \angle \dfrac{\pi}{2}$
③ $25 \angle -\dfrac{\pi}{2}$
④ $25 \angle \dfrac{\pi}{3}$

20 다음 중 RL 직렬회로에서 시정수 τ[s]는?

① $\dfrac{L}{R}$
② $\dfrac{R}{L}$
③ RL
④ $\dfrac{1}{RL}$

21 전기기기의 효율 중 발전기의 규약효율 η_G[%]
를 나타내는 식은?

① $\eta_G = \dfrac{\text{입력} - \text{손실}}{\text{입력}} \times 100$

② $\eta_G = \dfrac{\text{입력} - \text{손실}}{\text{입력} + \text{손실}} \times 100$

③ $\eta_G = \dfrac{\text{출력}}{\text{입력}} \times 100$

④ $\eta_G = \dfrac{\text{출력}}{\text{출력} + \text{손실}} \times 100$

22 출력이 9.8[kW], 회전수가 600[rpm]인 전동기
의 토크는 약 몇 [kg · m]인가?

① 5.9   ② 11.8

③ 15.9   ④ 18.6

23 직류 직권전동기에서 벨트를 걸고 운전하면 안
되는 이유는?

① 손실이 많아지므로
② 속도제어가 곤란하므로
③ 벨트의 마모가 심하므로
④ 벨트가 벗겨지면 위험속도에 도달하므로

24 직류 직권전동기의 토크(τ)와 회전수(N)의 관계
를 바르게 나타낸 식은?

① $\tau \propto N$ ② $\tau \propto \dfrac{1}{N^2}$

③ $\tau \propto \dfrac{1}{N}$ ④ $\tau \propto N^2$

25 직류 복권전동기를 직류 분권전동기로 사용하
는 방법은?

① 전기자를 단락시킨다.
② 분권계자를 단락시킨다.
③ 직권계자를 단락시킨다.
④ 부하 단자를 단락시킨다.

26 3상 동기발전기에서 90[°] 뒤진 전기자전류가
흐를 때의 전기자 반작용은?

① 감자작용   ② 증자작용
③ 교차자화작용   ④ 횡축 반작용

27 다음 중 동기전동기의 용도로 적합하지 않은 것
은?

① 송풍기   ② 분쇄기
③ 크레인   ④ 압축기

28 1차 전압 6,300[V], 2차 전압 210[V], 주파수 60[Hz]인 변압기가 있다. 이 변압기의 권수비는?

① 30 　　　　② 40
③ 50 　　　　④ 60

29 정격 100[kVA], 13,200/200[V]인 3상 변압기의 저압 측 선전류의 유효분은 약 몇 [A]인가? (단, 변압기의 손실은 없고, 역률은 80[%]이다.)

① 100 　　　　② 173
③ 231 　　　　④ 289

30 히스테리시스 곡선의 가로축(㉠)과 세로축(㉡)은 각각 무엇을 나타내는가?

① ㉠ 자속밀도, ㉡ 투자율
② ㉠ 자계의 세기, ㉡ 자속밀도
③ ㉠ 투자율, ㉡ 자계의 세기
④ ㉠ 자계의 세기, ㉡ 투자율

31 2대의 변압기를 V결선하여 3상 변압기로 운영하는 경우의 변압기 이용률[%]은?

① 57.7 　　　　② 75.5
③ 86.6 　　　　④ 98.5

32 변압기의 내부고장 발생 시 CT의 2차 측 억제 코일에 흐르는 전류가 일정 비율 이상이 되었을 때 동작하는 보호계전기는?

① 과전류계전기
② 비율차동계전기
③ 거리계전기
④ 과전압계전기

33 유도전동기에서 슬립이 '0'인 경우는?

① 동기속도로 회전한다.
② 정지 상태이다.
③ 급제동을 한다.
④ 전부하 운전 상태이다.

34 주파수 60[Hz]에서 슬립 10[%]인 2극 유도전동기의 회전속도는 몇 [rpm]인가?

① 1,500 　　　　② 1,800
③ 3,240 　　　　④ 3,500

35 다음 중 유도전동기의 속도제어 방법이 아닌 것은?

① 슬립 제어 　　　　② 자속 제어
③ 극수 변환 　　　　④ 주파수 제어

36 다음 중 농형 유도전동기의 장점이 아닌 것은?

① 구조가 간단하다.
② 보수 및 점검이 용이하다.
③ 가격이 저렴하다.
④ 기동토크가 크다.

37 다음 중 단상 유도전동기의 기동토크가 큰 순서대로 나열한 것은?

① 콘덴서 기동형, 분상 기동형, 반발 기동형
② 분상 기동형, 반발 기동형, 콘덴서 기동형
③ 반발 기동형, 콘덴서 기동형, 분상 기동형
④ 반발 기동형, 분상 기동형, 콘덴서 기동형

38 3상 전파 정류 회로의 저항 부하 전압이 100[V]일 때, 전원 전압은 약 몇 [V]인가?

① 135
② 121
③ 90
④ 74

39 다음 중 마이크로 프로세서에서 수정의 역할로 옳은 것은?

① 정류작용
② 증폭작용
③ 발진작용
④ 변조작용

40 디지털시계나 전자계산기와 같이 숫자나 문자를 표시하기 위해 전류를 흘려서 빛을 발산하는 반도체 소자는?

① 제너 다이오드
② 쇼트키 다이오드
③ 발광 다이오드
④ 포토 다이오드

41 다음 중 450/750[V] 일반용 단심 비닐절연 전선의 약호는?

① NRI
② NFI
③ NF
④ NR

42 다음 중 전선 약호가 CN–CV–W인 케이블의 품명은?

① 동심중성선 차수형 전력케이블
② 동심중성선 수밀형 전력케이블
③ 동심중성선 수밀형 무독성 난연 전력케이블
④ 동심중성선 트리억제형 전력케이블

43 건축물·구조물의 철골 기타의 금속제는 이를 비접지식 고압전로에 시설하는 기계기구의 철대 또는 금속제 외함의 접지공사 또는 비접지식 고압전로와 저압전로를 결합하는 변압기의 저압전로의 접지공사의 접지극으로 사용할 수 있다. 이 경우 대지와의 사이에 전기저항값이 몇 [Ω] 이하여야 하는가?

① 2
② 3
③ 5
④ 10

44 금속관 공사 시 아웃렛 지름이 로크너트보다 클 때 사용하는 자재는?

① 링 리듀서
② 엔트런스 캡
③ 노멀 밴드
④ 유니버설 엘보

45 다음 중 애자공사에 사용되는 애자의 구비조건이 아닌 것은?

① 절연성
② 난연성
③ 내수성
④ 내유성

46 옥내배선공사에 사용하는 경질비닐 전선관 (PVC)의 두께는 몇 [mm] 이상이어야 하는가?

① 1.0
② 1.5
③ 2.0
④ 2.5

47 금속덕트에 넣는 전선 단면적의 합계는 전선의 피복 절연물을 포함하여 덕트 내부 단면적의 얼마 이하가 되도록 해야 하는가?

① $\frac{1}{5}$
② $\frac{1}{4}$
③ $\frac{1}{3}$
④ $\frac{1}{2}$

48 화약류 저장소 등 위험 장소에 시설하는 저압 옥내배선공사의 방법으로 가장 적당한 것은?

① 금속관 공사
② 애자사용 공사
③ 버스덕트 공사
④ 합성수지몰드 공사

49 최대 사용전압이 70[kV]인 중성점 직접접지식 전로의 절연내력 시험전압은 몇 [V]인가?

① 35,000
② 42,700
③ 45,200
④ 50,400

50 사람이 상시 통행하는 터널 안의 저압 배선 공사의 방법으로 틀린 것은?

① 전선은 절연전선을 사용한다.
② 저압 전선은 지름 2.0[mm] 이상의 경동선을 사용한다.
③ 애자공사는 노면상 2.5[m] 이상의 높이로 시설한다.
④ 케이블 공사로 시설할 수 있다.

51 화약류 저장소 안의 전기설비 공사에서 전로의 대지전압은 몇 [V] 이하여야 하는가?

① 300 　　　　② 400
③ 500 　　　　④ 600

52 주택용 누전차단기의 정격 감도전류 [mA]와 동작시간[sec]으로 옳은 것은?

① 3, 0.3 　　　　② 30, 0.03
③ 30, 0.3 　　　　④ 300, 0.03

53 가공전선로의 지지물에 시설하는 지지선의 안전율은 얼마 이상이어야 하는가?

① 1.5 　　　　② 2.5
③ 3.0 　　　　④ 3.5

54 분기회로의 과부하 보호장치는 전원 측과 분기점 사이에 다른 분기회로 또는 콘센트의 접속이 없고, 단락 위험 등이 최소화되도록 시설된 경우 분기점으로부터 몇 [m]까지 이동하여 시설할 수 있는가?

① 3 　　　　② 4
③ 5 　　　　④ 6

55 사용전압이 400[V] 이하인 저압 가공전선이 절연전선일 경우 전선의 굵기는 지름 몇 [mm] 이상인 경동선이어야 하는가?

① 1.5 　　　　② 2.6
③ 3.2 　　　　④ 4.0

56 교통신호등의 제어장치로부터 신호등의 전구까지의 전로에 사용하는 전압은 몇 [V] 이하여야 하는가?

① 100 　　　　② 200
③ 300 　　　　④ 400

57 저압과 고압 가공전선을 동일 지지물에 시설하는 경우 상호 이격거리는 몇 [cm] 이상이어야 하는가?

① 20 　　　　② 30
③ 40 　　　　④ 50

58 다음 중 피뢰기의 약호는?

① LA 　　　　② SC
③ LBS 　　　　④ COS

59 설치면적과 비용이 많이 들지만 가장 이상적인 진상용 콘덴서 설치 방법은?

① 가장 큰 부하 측에 설치

② 수전단 모선에 설치

③ 부하 측에 분산하여 설치

④ 수전단 모선과 부하 측에 분사하여 설치

60 조명기구를 일정한 높이 및 간격으로 배치하여 방 전체의 조도를 균일하게 조명하는 방식으로, 공장이나 사무실 등에 널리 쓰이는 조명방식은?

① 직접조명

② 간접조명

③ 전반조명

④ 국부조명

정답 & 해설 ▶ 2–218p

01 다음 그림에서 r＝2[Ω]일 때, a–b 간의 합성저항은 몇 [Ω]인가?

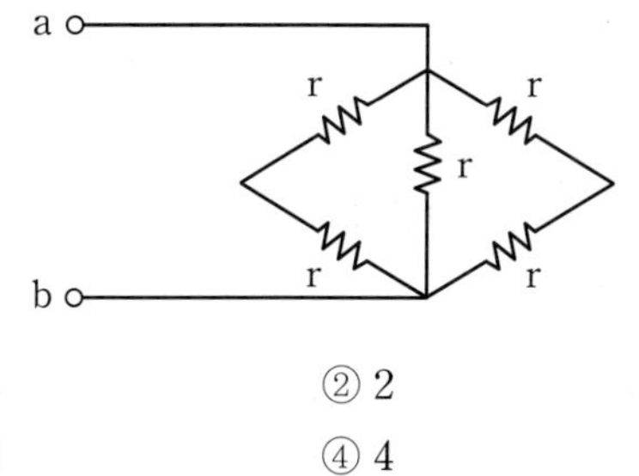

① 1　　　　　　② 2

③ 3　　　　　　④ 4

02 전선의 길이를 4배로 늘렸을 때, 처음의 저항 값을 유지하기 위해서는 도선의 반지름을 어떻게 해야 하는가?

① $\dfrac{1}{4}$배로 줄인다.　　② $\dfrac{1}{2}$배로 줄인다.

③ 2배 늘린다.　　④ 4배 늘린다.

03 100[V]의 전원에 전기기기 100[W] 5개, 60[W] 5개, 20[W] 10개, 1[kW] 1개를 병렬연결하여 사용하면 몇 [A]의 전류가 흐르는가?

① 15　　　　　　② 20

③ 25　　　　　　④ 35

04 500[Ω]의 저항에 1[A]의 전류를 1분 동안 흘릴 때 발생하는 열량은 몇 [cal]인가?

① 3,600　　　　② 5,000

③ 6,200　　　　④ 7,200

05 다음 중 키르히호프의 법칙을 이용하여 방정식을 세우는 방법이 잘못된 것은?

① 키르히호프의 제1법칙은 회로망의 임의의 한 점에 적용한다.

② 각 폐회로에서는 키르히호프의 제2법칙을 적용한다.

③ 전류의 계산 결과가 양(＋)으로 표시되면, 처음 정한 방향과 반대 방향을 의미한다.

④ 각 회로의 전류를 문자로 표시하고, 임의의 방향을 정한다.

06 다음 중 대전의 종류가 아닌 것은?

① 분출대전　　　② 박리대전

③ 반응대전　　　④ 마찰대전

07 다음 중 가우스의 정리에 의해 구할 수 있는 값은?

① 전위
② 전하 사이의 힘
③ 전계의 세기
④ 전계의 에너지

08 다음 그림과 같은 회로의 합성정전용량은 몇 [μF]인가? (단, C = 4[μF]이다.)

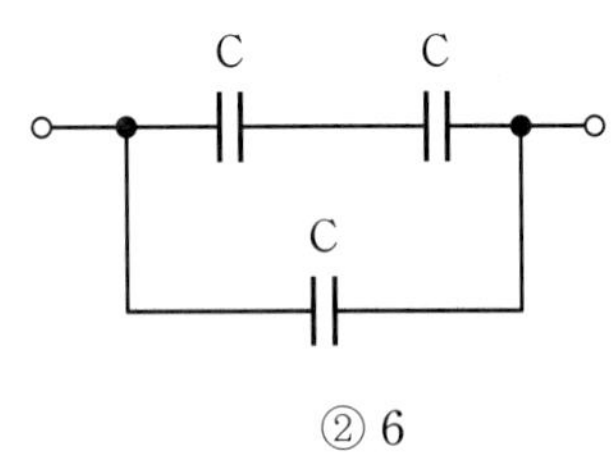

① 4
③ 8
② 6
④ 12

09 $C_1=5[\mu F]$, $C_2=10[\mu F]$인 콘덴서를 직렬로 연결하고 직류 30[V]를 인가했을 때, 콘덴서 C_1에 걸리는 전압은 몇 [V]인가?

① 10
③ 20
② 15
④ 30

10 자기저항은 자기회로의 길이에 (㉠)하고 자로의 단면적과 투자율의 곱에 (㉡)한다. 괄호 안에 들어갈 용어로 알맞은 것은?

① ㉠ 비례, ㉡ 반비례
② ㉠ 반비례, ㉡ 비례
③ ㉠ 비례, ㉡ 비례
④ ㉠ 반비례, ㉡ 반비례

11 자속밀도가 2[Wb/m²]인 평등 자계에 자기장과 30[°]의 방향으로 길이 50[cm]인 도체에 8[A]의 전류가 흐를 때, 미치는 전자력 F[N]의 값은?

① 8
③ 2
② 4
④ 1

12 플레밍의 왼손 법칙에서 엄지손가락이 의미하는 것은?

① 자기력선의 방향
② 힘의 방향
③ 기전력의 방향
④ 전류의 방향

13 자체 인덕턴스가 $L_1[H]$, $L_2[H]$인 두 원통 코일이 서로 직교할 때, 두 코일 사이의 상호 인덕턴스는 몇 [H]인가?

① L_1+L_2
② $\sqrt{L_1 L_2}$
③ $L_1 L_2$
④ 0

14 환상 솔레노이드 외부의 자기장 세기는 몇 [AT/m]인가?

① $H = \dfrac{NI}{2\pi r}$

② $H = \dfrac{NI}{2r}$

③ $H = \dfrac{I}{2\pi r}$

④ 0

15 자체인덕턴스가 0.01[H]인 코일에 100 [V], 60 [Hz]의 정현파 전압을 인가할 때 유도 리액턴스는 약 몇 [Ω]인가?

① 3.77   ② 6.28

③ 12.28   ④ 37.68

16 반지름 10[cm], 권수 100회인 원형 코일에 15 [A]의 전류가 흐를 때, 코일 중심의 자계의 세기는 몇 [AT/m]인가?

① 1,000   ② 7,500

③ 12,000   ④ 22,500

17 $v = 100\sqrt{2}\sin\left(120\pi t + \dfrac{\pi}{6}\right)[\mathrm{V}]$이고, $i = 100\sin\left(120\pi t + \dfrac{\pi}{3}\right)[\mathrm{A}]$일 때, 전류의 위상은 전압의 위상과 비교한 것으로 옳은 것은?

① 30° 앞선다.

② 30° 뒤처진다.

③ 60° 앞선다.

④ 60° 뒤처진다.

18 다음 그림과 같은 평형 3상회로가 있다. 상전압 200[V], 부하의 임피던스가 $Z' = 6 + j8[\Omega]$인 경우 선전류는 몇 [A]인가?

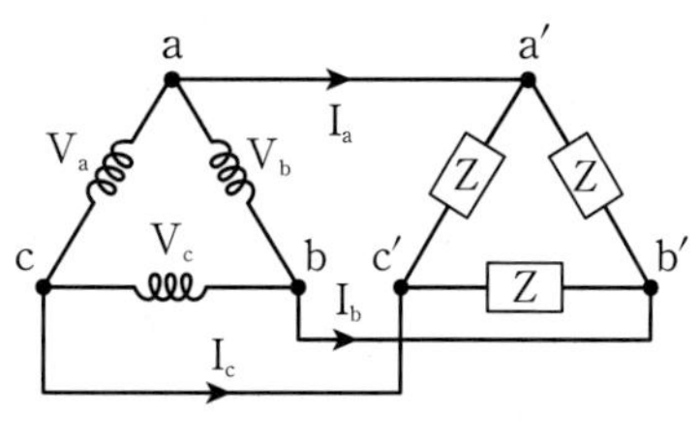

① 20   ② $\dfrac{20}{\sqrt{3}}$

③ $20\sqrt{3}$ ④ $10\sqrt{3}$

19 다음과 같은 회로에 100[V]의 교류전압을 인가했을 때 유효전력[W]은?

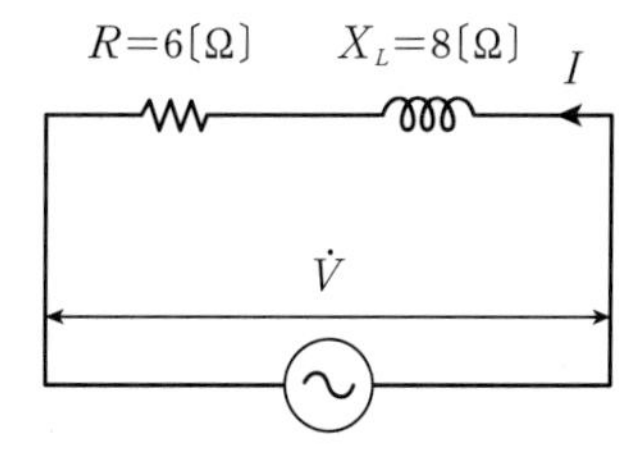

① 10   ② 60

③ 100   ④ 600

20 비정현파를 여러 가지 파형의 합으로 표시하는 방법은?

① 키르히호프의 법칙

② 노튼의 법칙

③ 퓨리에 분석

④ 테일러의 분석

21 다음 중 직류발전기의 무부하 특성곡선의 설명으로 옳은 것은?

① 부하전류와 무부하 단자전압과의 관계이다.
② 계자전류와 부하전류와의 관계이다.
③ 계자전류와 무부하 단자전압과의 관계이다.
④ 계자전류와 회전력과의 관계이다.

22 정격전압이 100[V], 전기자전류가 10[A], 전기자저항이 1[Ω], 회전수가 1,500[rpm]인 직류 분권전동기의 역기전력은 몇 [V]인가?

① 90
② 100
③ 110
④ 186

23 직류 분권전동기의 기동 시 저항 조정 방법으로 옳은 것은?

① 기동기는 최소, 계자저항은 최대
② 기동기는 최대, 계자저항은 최소
③ 기동기, 계자저항 모두 최대
④ 기동기, 계자저항 모두 최소

24 직류 분권전동기 운전 중 계자저항을 증가시켰을 때의 회전속도는?

① 증가한다.
② 감소한다.
③ 변함없다.
④ 정지한다.

25 다음 중 직류 전동기 중에서 속도변동율이 가장 작은 것은?

① 직권 전동기
② 가동복권 전동기
③ 분권 전동기
④ 차동복권 전동기

26 주로 동기발전기의 돌발 단락전류를 제한하는 것은?

① 권선 저항
② 동기 임피던스
③ 동기 리액턴스
④ 누설 리액턴스

27 다음 중 단락비가 큰 동기발전기의 설명으로 틀린 것은?

① 동기임피던스가 작다.
② 단락전류가 크다.
③ 전기자반작용이 크다.
④ 공극이 크고 전압 변동율이 작다.

28 2대의 동기발전기 A, B가 운전 중 A기의 여자전류를 증가시키면 일어나는 현상은?

① A기의 역률은 낮아지고, B기의 역률은 높아진다.
② A기의 역률은 높아지고, B기의 역률은 낮아진다.
③ A, B기 모두 역률이 높아진다.
④ A, B기 모두 역률이 낮아진다.

29 단락비가 1.2인 동기발전기의 %동기 임피던스
는 약 몇 [%]인가?

① 68 ② 83

③ 100 ④ 120

30 3,300/220[V]의 변압기에 20[A]의 1차 전류가
흐르면 2차 전류는 몇 [A]가 흐르는가?

① 15 ② 20

③ 30 ④ 300

31 다음 중 변압기유의 구비조건으로 옳은 것은?

① 절연내력이 작고 산화하지 않아야 한다.
② 비열이 작아서 냉각효과가 커야 한다.
③ 인화점이 높고 응고점이 낮아야 한다.
④ 화학작용을 일으켜야 한다.

32 수전설비의 전압을 측정하기 위해 고압회로와
전압계 사이에 설치하는 기기는?

① 수전용 변압기
② 계기용 변류기
③ 계기용 변압기
④ 권선형 변류기

33 다음 손실 중 변압기의 무부하 손실의 대부분을
차지하는 것은?

① 유전체손 ② 철손

③ 동손 ④ 부하손

34 다음 중 유도전동기의 슬립을 측정하는 방법이
아닌 것은?

① 수화기법
② 직류밀리볼트계법
③ 스트로보스코프법
④ 프로니브레이크법

35 다음 중 유도전동기의 슬립이 가장 큰 상태는?

① 무부하 운전 시
② 경부하 운전 시
③ 정격부하 운전 시
④ 기동 시

36 일정한 주파수의 전원에서 운전하는 3상 유도
전동기의 전원 전압이 80[%]로 강하하면, 토크
는 약 몇 [%]가 되는가? (단, 회전수는 변하지
않는다고 가정한다.)

① 56 ② 64

③ 75 ④ 80

37 200[V], 50[Hz], 4극, 15[kW]의 3상 유도전동기가 있다. 전부하일 때의 회전수가 1,320[rpm]이면 2차 효율은 약 몇 [%]인가?

① 78
② 88
③ 96
④ 98

38 분상 기동형 단상 유도전동기의 기동 권선은?

① 운전 권선보다 가늘고 권선이 적다.
② 운전 권선보다 가늘고 권선이 많다.
③ 운전 권선보다 굵고 권선이 적다.
④ 운전 권선보다 굵고 권선이 많다.

39 단상 반파정류회로의 전원전압 200[V], 부하저항 10[Ω]이면, 부하전류는 약 몇 [A]인가?

① 4
② 9
③ 13
④ 18

40 다음 중 트라이악(TRIAC)의 기호는?

① 
② 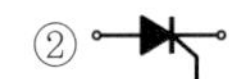
③ 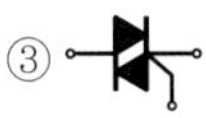
④ 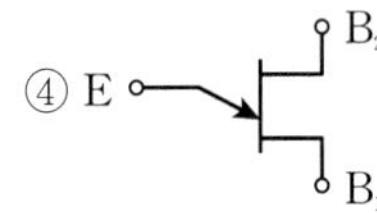

41 보호도체의 색상은 어떤 색으로 표시해야 하는가?

① 흑색
② 녹색
③ 녹색 – 노란색
④ 녹색 – 적색

42 2개의 전선을 쥐꼬리 접속 시 두 전선을 약 몇 [°]로 벌려야 하는가?

① 30
② 60
③ 90
④ 180

43 전선을 기구의 단자에 접속 시 나사를 헐겁게 조였을 경우 발생할 수 있는 현상이 아닌 것은?

① 누전
② 화재 위험
③ 과열 발생
④ 저항 감소

44 다음은 금속관 공사에 대한 설명이다. 잘못된 것은?

① 교류회로는 1회로의 전선 전부를 동일 관 내에 넣는 것을 원칙으로 한다.
② 교류회로의 왕복도선은 반드시 같은 관에 넣을 필요는 없다.
③ 배관 내에서는 절대로 전선의 접속점을 만들어서는 안 된다.
④ 관의 두께는 콘크리트에 매입하는 경우 1.2[mm] 이상이어야 한다.

45 노출장소 또는 점검 가능한 장소에서 제2종 가요 전선관을 시설하고 제거하는 것이 자유로운 경우, 배관의 곡률 반지름은 안지름의 몇 배 이상이어야 하는가?

① 3 　　　　　　② 6
③ 8 　　　　　　④ 10

46 금속 덕트에 넣는 전선 단면적의 합계는 피복 절연물을 포함하여 덕트 내부 단면적의 몇 [%] 이하가 되도록 해야 하는가?

① 20 　　　　　　② 30
③ 40 　　　　　　④ 50

47 금속 덕트의 두께는 몇 [mm] 이상의 철판이어야 하는가?

① 0.8 　　　　　　② 1.0
③ 1.2 　　　　　　④ 2.0

48 소맥분, 전분 등 가연성 먼지가 있는 곳의 저압 옥내배선공사 방법을 짝지은 것으로 옳은 것은?

① 케이블공사, 애자사용공사
② 금속관공사, 콤바인덕트관, 애자사용공사
③ 케이블공사, 금속관공사, 애자사용공사
④ 케이블공사, 금속관공사, 합성수지관공사

49 화약고 등 위험장소의 배선공사에서 전로의 대지전압은 몇 [V] 이하여야 하는가?

① 300 　　　　　　② 400
③ 500 　　　　　　④ 600

50 계통의 일부분에서 PEN 도체를 사용하거나, 중성선과 별도의 PE 도체를 사용하는 방식의 계통접지 구성 방식은?

① TT계통
② IT계통
③ TN－C－S계통
④ TN－S계통

51 과전류차단기로 저압전로에 사용하는 퓨즈의 정격전류가 70[A]이면 정격전류의 1.6배에서 몇 분 이내에 용단되어야 하는가?

① 30 　　　　　　② 60
③ 120 　　　　　　④ 180

52 저압전로에 과전류차단기로 사용하는 산업용 배선차단기의 정격전류가 30[A]인 경우 39[A]의 전류가 흘렀다면, 몇 분 이내에 자동적으로 동작하여야 하는가?

① 30 　　　　　　② 60
③ 120 　　　　　　④ 180

53 일반적으로 분기회로의 개폐기 및 과전류차단
기는 저압 옥내 간선의 분기점으로부터 몇 [m]
까지 이동하여 설치할 수 있는가?

① 3 　　　　　　② 4

③ 5 　　　　　　④ 8

54 철근 콘크리트주에 완금을 고정시키는 데 필요
한 밴드는?

① 암 밴드 　　　② 래크 밴드

③ 지선 밴드 　　④ 행거 밴드

55 A종 철근콘크리트주의 전장이 16[m]인 경우에
땅에 묻히는 깊이는 최소 몇 [m] 이상이어야 하
는가? (단, 설계하중은 6.8[kN] 이하이다.)

① 2.5 　　　　　② 3.0

③ 3.5 　　　　　④ 4.0

56 다음 중 실링, 직접부착 등을 배선도에 표시할
때의 기호로 옳은 것은?

① ◯ー 　　　　② ⓒⒽ

③ ⓒⓁ 　　　　④ Ⓡ

57 고압 가공인입선이 도로를 횡단할 때 설치 높이
는 몇 [m] 이상이어야 하는가?

① 3 　　　　　　② 3.5

③ 5 　　　　　　④ 6

58 전등 1개를 2개소에서 점멸하고자 할 때 필요한
3로 스위치의 개수는?

① 4 　　　　　　② 3

③ 2 　　　　　　④ 1

59 다음 중 공기 중에서 개방할 때 접촉자가 떨어
지면서 자연소호에 의해 전류가 차단되는 차단
기는?

① 기중 차단기 　　② 자기 차단기

③ 공기 차단기 　　④ 진공 차단기

60 다음 중 디지털 계전기의 장점이 아닌 것은?

① 복잡한 보호연산 능력 구현이 가능하다.

② 자동 감시 기능을 갖출 수 있다.

③ 신뢰성이 높다.

④ 진동의 영향을 받지 않는다.

시험 일자	시험 시간	문항 수
2022년 2회 시행	60분	60문항

수험번호 : ________________

성   명 : ________________

정답 & 해설 ▶ 2-222p

01 세라믹 봉에 탄소 피막을 붙이고, 여기에 나선형으로 홈을 파서 원하는 저항값을 만드는 저항기를 무엇이라 하는가?

① 가변 저항기

② 탄소피막 저항기

③ 어레이 저항기

④ 금속피막 저항기

02 24[V]의 전원에서 6[A]의 전류가 흐르는 회로의 컨덕턴스는 몇 [℧]인가?

① 0.25

② 0.4

③ 2.5

④ 4

03 기전력 1.5[V], 내부저항 0.2[Ω]인 전지 10개를 직렬로 연결하였을 때 외부저항 4.5[Ω]에 흐르는 전류는 몇 [A]인가?

① 1.2

② 1.5

③ 2.3

④ 4.5

04 200[V], 60[W] 전등 10개를 20시간 동안 사용했을 때의 전력량은 몇 [kWh]인가?

① 10

② 12

③ 13

④ 15

05 다음 중 1차 전지가 아닌 것은?

① 공기 전지

② 수은 전지

③ 알칼리 축전지

④ 망간 건전지

06 묽은 황산(H_2SO_4) 용액에 구리(CU)와 아연(Zn)판을 넣으면 전지가 된다. 이때 양극에 대한 설명으로 옳은 것은?

① 양극은 구리판이며 산소 기체가 발생한다.

② 양극은 구리판이며 수소 기체가 발생한다.

③ 양극은 아연판이며 산소 기체가 발생한다.

④ 양극은 아연판이며 수소 기체가 발생한다.

07 5,000[g]의 물을 10[℃]에서 40[℃]로 올리려면 효율 80[%]인 1[kW]의 전열기를 사용하면 약 몇 분이 걸리는가?

① 13

② 15

③ 18

④ 20

08 열전대를 구성하는 두 금속의 한쪽은 접속되어 있고, 다른 쪽은 임의의 금속으로 연결하여도 두 접점이 동일한 온도라면 기전력이 발생하지 않는다. 이 현상을 설명하는 법칙은?

① 펠티에 효과
② 제3의 금속 법칙
③ 톰슨 효과
④ 제벡 효과

09 황산구리 용액에 10[A]의 전류를 60분간 흘렸을 때 석출되는 구리의 양은 약 몇 [g]인가? (단, 구리의 화학당량은 0.3293×10^{-3}[g/C]이며, 소수점 이하는 반올림한다.)

① 6
② 8
③ 10
④ 12

10 비유전율이 큰 산화티탄 등을 유전체로 사용한 것으로 극성이 없으며, 가격에 비해 성능이 우수하여 널리 사용되고 있는 콘덴서의 종류는?

① 탄탈 콘덴서
② 마이카 콘덴서
③ 세라믹 콘덴서
④ 마일러 콘덴서

11 정전용량이 같은 콘덴서 10개를 직렬로 연결하였을 경우, 병렬로 연결 시 정전용량의 변화로 옳은 것은?

① $\dfrac{1}{10}$배 감소한다.
② $\dfrac{1}{100}$배 감소한다.
③ 10배 증가한다.
④ 100배 증가한다.

12 비유전율이 9인 물질의 유전율은 약 몇 [F/m]인가?

① 8.855×10^{-11}
② 8.855×10^{-12}
③ 7.965×10^{-11}
④ 7.965×10^{-12}

13 평판 도체의 단위면적당 정전 흡인력은 전압의 몇 제곱에 비례하는가?

① 2
② $\dfrac{1}{2}$
③ $\dfrac{1}{4}$
④ 4

14 다음 중 비유전율이 가장 작은 물질은?

① 절연유
② 운모
③ 염화비닐
④ 산화티탄 자기

15 공심 솔레노이드의 내부 자계의 세기가 500[AT/m]일 때, 자속밀도는 약 몇 [Wb/m²]인가?

① 6.28×10^{-3} ② 6.28×10^{-4}

③ 3.14×10^{-3} ④ 3.14×10^{-4}

16 0.5[H]의 인덕턴스에 220[V], 60[Hz]의 전압을 인가했을 때 흐르는 전류는 약 몇 [A]인가?

① 0.55   ② 0.75

③ 0.87   ④ 1.17

17 다음 그림의 회로의 평형조건을 나타내는 식은?

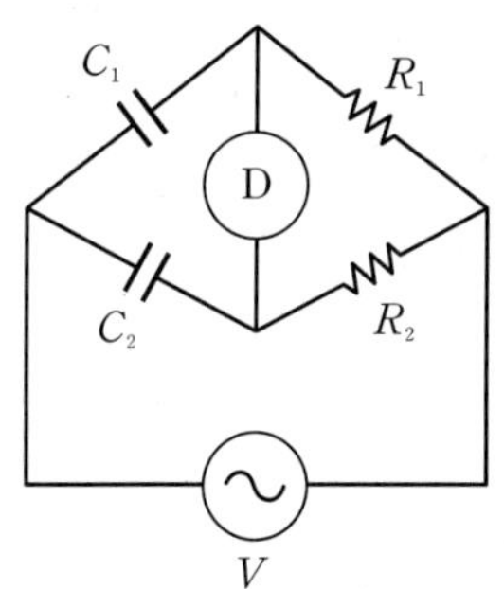

① $C_1 R_1 = C_2 R_2$ ② $C_1 R_2 = C_2 R_1$

③ $C_1 R_2 = R_1 R_2$ ④ $\dfrac{1}{C_1 C_2} = R_1 R_2$

18 평균 반지름 r[m]인 환상솔레노이드에 I[A]의 전류가 흐를 때, 내부 자계의 세기가 H[AT/m]이면 환상 솔레노이드의 권수 N은?

① $\dfrac{HI}{2\pi r}$

② $\dfrac{2\pi r}{HI}$

③ $\dfrac{2\pi r H}{I}$

④ $\dfrac{I}{2\pi r H}$

19 코일에 60[Hz]의 교류 전압 100[V]을 인가했더니 4[A]의 지상전류가 흘렀다. 여기에 15[Ω]의 용량성 리액턴스 X_C[Ω]를 직렬로 연결하였더니 4[A]의 진상전류가 흘렀다면, 유도성 리액턴스 X_L은 약 몇 [Ω]인가?

① 5   ② 6

③ 7.5   ④ 15

20 교류의 평균값은 최댓값의 몇 배인가?

① 0.637   ② 0.707

③ 1.414   ④ 1.732

21 직류기에서 정류를 좋게 하는 방법 중 전압정류의 역할을 하는 것은?

① 보극   ② 탄소 브러시

③ 보상권선   ④ 전기자 반작용

22 직류발전기 중 부하를 증가시켜도 부하의 변화와 관계 없이 부하전류가 거의 일정하게 되는 수하특성을 이용하여 정전류를 만드는 곳이나 용접기 전원으로 사용하는 것은?

① 직권발전기 ② 분권발전기
③ 타여자발전기 ④ 차동복권발전기

23 직류 직권전동기의 회전수를 $\frac{1}{3}$배 감소시키면 토크는 어떻게 변하는가?

① $\frac{1}{9}$배 감소 ② $\frac{1}{3}$배 감소
③ 3배 증가 ④ 9배 증가

24 직류전동기를 급정지하는 데 사용하는 정지 방식은?

① 단상제동 ② 회생제동
③ 발전제동 ④ 역전제동

25 다음 중 변압기의 원리와 관련 있는 법칙은?

① 전기자 반작용
② 전자유도 작용
③ 플레밍의 왼손법칙
④ 플레밍의 오른손법칙

26 10[kVA], 2,000/100[V]인 변압기의 1차 환산 등가임피던스가 $6.2+j7[\Omega]$이다. 이 변압기의 퍼센트 리액턴스 강하는 약 몇 [%]인가?

① 0.18 ② 1.75
③ 0.35 ④ 3.5

27 정격 100[kVA], 13,200/200[V]인 3상 변압기의 저압 측 선전류의 유효분은 약 몇 [A]인가? (단, 변압기의 손실은 없고, 역률은 80[%]이다.)

① 100 ② 173
③ 231 ④ 289

28 1대의 출력이 20[kVA]인 단상 변압기 2대로 V결선을 하여 3상 전력을 공급하면, 용량은 약 몇 [kVA]가 되는가?

① 45.2 ② 34.6
③ 23.8 ④ 15.7

29 동기발전기를 계통에 병입할 때와 관련 없는 것은?

① 주파수 ② 위상
③ 전압 ④ 전류

30 단락비가 1.25인 3상 동기발전기의 %동기 임피던스는 몇 [%]인가?

① 70 　　　　　　② 80

③ 90 　　　　　　④ 100

31 다음 그림은 동기기의 위상특성곡선을 나타낸 것이다. 전기자 전류가 가장 적게 흐를 때의 역률은?

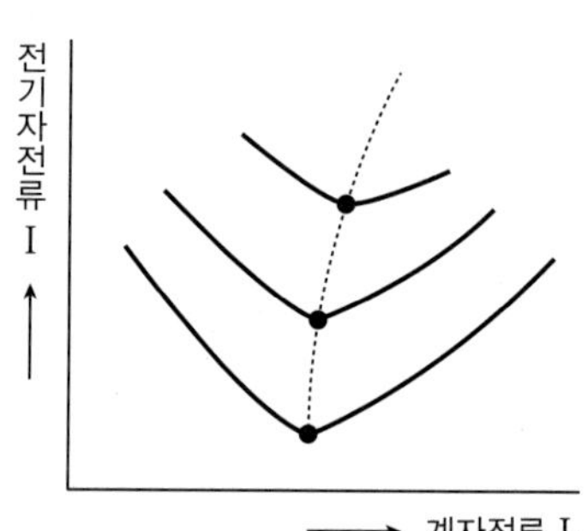

① 1 　　　　　　② 0.8(진상)

③ 0.8(지상) 　　　　④ 0

32 3상 동기전동기의 제동권선을 사용하는 주목적은 무엇인가?

① 역률의 개선

② 효율의 증가

③ 출력의 증가

④ 난조의 방지

33 농형 유도전동기의 회전자에 비뚤어진 홈을 쓰는 이유는?

① 출력을 높일 수 있다.

② 미관상 좋다.

③ 소음을 줄일 수 있다.

④ 회전수를 증가시킬 수 있다.

34 다음 중 정격 50[kW]의 농형 유도전동기를 기동할 때의 기동방법으로 가장 적당한 것은?

① 분상 기동법

② $Y - \varDelta$ 기동법

③ 전전압 기동법

④ 기동 보상기법

35 다음 그림은 유도전동기의 출력에 따른 속도, 토크, 효율, 슬립 곡선이다. 이 특성곡선에서 슬립을 나타내는 것은?

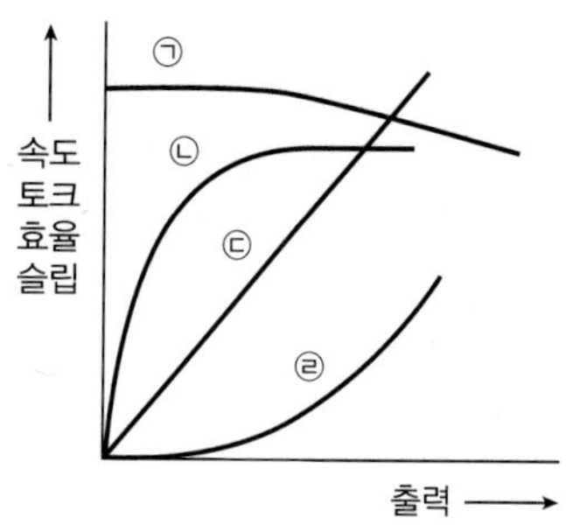

① ㉠ 　　　　　　② ㉡

③ ㉢ 　　　　　　④ ㉣

36 유도전동기의 2차 입력 P_2, 기계적 출력 P_0, 슬립 s, 동기속도 N_s, 회전속도 N, 2차 동손 P_{c2} 라 할 때, 2차 효율 $\eta_2[\%]$를 표기한 식으로 옳지 않은 것은?

① $1-s$

② $\dfrac{P_{c2}}{P_2}$

③ $\dfrac{P_0}{P_2}$

④ $\dfrac{N}{N_s}$

37 다음 중 역회전이 불가능한 단상 유도전동기는?

① 반발 기동형　　　② 셰이딩 코일형
③ 분상 기동형　　　④ 콘덴서 기동형

38 다이오드를 사용한 정류회로에서 다이오드 여러 개를 직렬로 연결하여 사용하면 나타나는 현상은?

① 고조파 전류를 감소시킬 수 있다.
② 출력전압의 맥동률을 감소시킬 수 있다.
③ 입력전압을 증가시킬 수 있다.
④ 부하전류를 증가시킬 수 있다.

39 다음 중 트라이악(TRIAC)을 나타낸 기호는?

　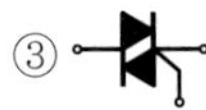

40 다음 중 양방향으로 전류를 흘릴 수 있는 반도체 소자는?

① SCR
② GTO
③ TRIAC
④ LASCR

41 다음 중 바닥은폐 배선을 표시한 기호는?

42 전선의 직선 접속 시 S형 슬리브 접속은 몇 회 이상 꼬아야 하는가?

① 2　　　　　　② 3
③ 4　　　　　　④ 5

43 저압 옥내 배선공사 시 사용하는 전선의 최소 굵기는 몇 [mm²]인가?

① 1.5 　　　　② 2.5
③ 4 　　　　　④ 6

44 다음 중 변압기 중성점의 접지공사 이유로 가장 알맞은 것은?

① 전류 변동 방지
② 고저압 혼촉 방지
③ 전력 변동 방지
④ 전압 변동 방지

45 16호 합성수지 전선관을 직각으로 구부리기를 할 경우 곡률 반지름은 약 몇 [mm]인가? (단, 관의 안지름은 18[mm], 바깥지름은 22[mm]) 이다.)

① 119 　　　　② 132
③ 176 　　　　④ 224

46 금속 덕트에 넣는 전선의 피복 절연물을 포함한 전선 단면적의 합계는 금속덕트 단면적의 몇 [%] 이하가 되어야 하는가?

① 20 　　　　　② 30
③ 40 　　　　　④ 50

47 건물의 바닥에 전선을 인출하여 사용할 수 있도록 하는 배선공사 방법은?

① 버스덕트 공사
② 플로어덕트 공사
③ 금속덕트 공사
④ 트레이 공사

48 플로어덕트 공사에 의한 저압 옥내배선공사에서 절연전선으로서 연선을 사용하지 않아도 되는 전선의 굵기는 몇 [mm²] 이하인가?

① 2.5 　　　　② 4
③ 6 　　　　　④ 10

49 폭연성 먼지가 존재하는 곳의 저압 옥내배선공사 시의 공사 방법으로 옳게 짝지어진 것은?

① 금속관공사, 개장된 케이블공사, MI 케이블공사
② 금속관공사, CD 케이블공사, MI 케이블공사
③ CD 케이블공사, 개장된 케이블공사, MI 케이블공사
④ CD 케이블공사, MI 케이블공사, 캡타이어 케이블공사

50 400[V] 이하의 가공전선으로서 절연전선의 최소 굵기는 몇 [mm] 이상이어야 하는가?

① 1.5 　　　　② 2.6
③ 3.2 　　　　④ 4.0

51 저압 가공인입선이 횡단보도교를 지나는 경우 지상으로부터의 높이는 몇 [m] 이상이어야 하는가?

① 3 　　　　② 4
③ 5 　　　　④ 6

52 고압 가공인입선이 케이블 이외의 것으로서 그 아래에 위험표시를 하였다면 전선의 지표상 높이는 몇 [m]까지 감할 수 있는가?

① 3 　　　　② 3.5
③ 4 　　　　④ 5

53 다음 중 배전설계를 위한 부하용량 산정 시 표준부하를 20[VA/m²]로 하는 건축물의 종류로 옳은 것은?

① 교회, 극장 　　　② 호텔, 병원
③ 은행, 상점 　　　④ 주택, 아파트

54 어느 수용가의 설비용량이 각각 1[kW], 2[kW], 3[kW], 4[kW]인 부하가 있다. 수용률이 60[%]인 경우 이 수용가의 최대 수용전력은 약 몇 [kW]인가?

① 6 　　　　② 10
③ 60 　　　　④ 100

55 다음 중 UPS는 무엇을 의미하는가?

① 구간자동개폐기
② 단로기
③ 무정전 전원장치
④ 계기용 변성기

56 감전 방지를 위한 주택용 누전차단기의 정격감도전류[mA]와 동작시간[Sec]은?

① 3, 0.03 　　　② 30, 0.03
③ 300, 0.3 　　　④ 300, 0.03

57 22.9[kV] 이하의 배전선로에서 수전하는 설비의 피뢰기 정격전압은 몇 [kV]인가?

① 18 　　　　② 72
③ 144 　　　　④ 288

58 전주에서 COS용 완철의 설치 위치로 적당한 것은?

① 전력선용 완철에서 0.5[m] 하부에 설치한다.
② 전력선용 완철에서 0.75[m] 하부에 설치한다.
③ 전력선용 완철에서 1.0[m] 하부에 설치한다.
④ 전력선용 완철에서 1.2[m] 하부에 설치한다.

59 다음 중 칸델라(cd) 무슨 개념의 단위인가?

① 휘도

② 조도

③ 광도

④ 광속

60 다음 중 자동화재 탐지설비의 구성요소가 아닌 것은?

① 수신기

② 발신기

③ 중계기

④ 비상경보기

전기기능사 **필기 기출문제 17회**

시험 일자	시험 시간	문항 수
2022년 1회 시행	60분	60문항

수험번호 : ________________

성 명 : ________________

정답 & 해설 ▶ 2-226p

01 전자 1개의 질량은 약 몇 [kg]인가?

① 1.602×10^{-19}　　② 1.672×10^{-27}

③ 9.109×10^{-27}　　④ 9.109×10^{-31}

02 다음 회로에서 10[Ω]의 저항에 걸리는 전압은 몇 [V]인가?

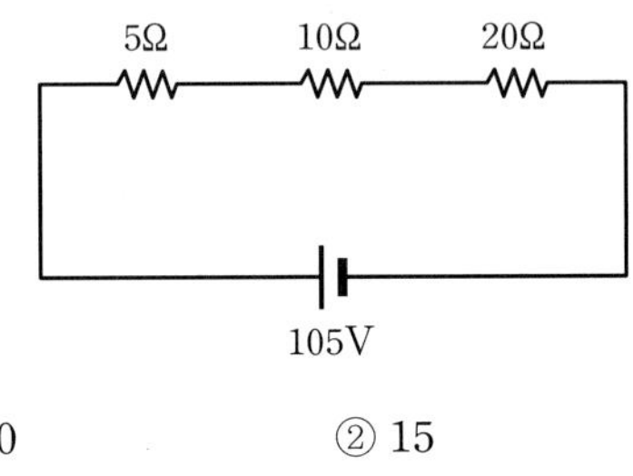

① 10　　② 15

③ 20　　④ 30

03 다음의 회로에 흐르는 전류 [A]는?

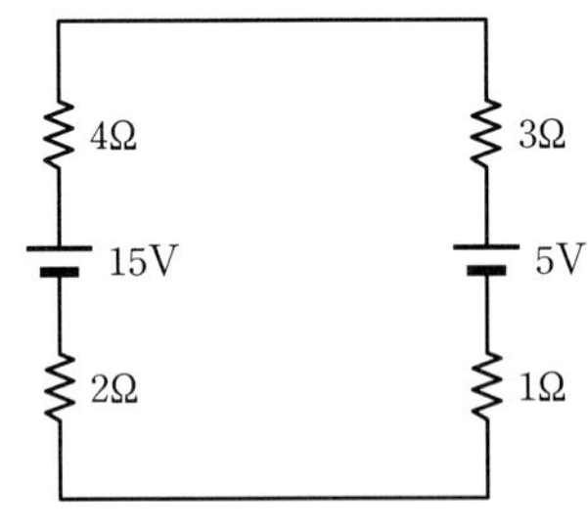

① 0.5　　② 1

③ 1.5　　④ 2

04 전계와 반대 방향으로 전하를 20[cm] 이동시키는데 400[J]의 에너지가 소모되었다. 이 두 위치 사이의 전위차가 100[V]이면, 전하의 전기량은 몇 [C]인가?

① 2　　② 4

③ 5　　④ 10

05 5[Wh]는 몇 [J]인가?

① 3,600　　② 6,000

③ 12,000　　④ 18,000

06 중첩의 원리를 이용하여 회로를 해석할 때, 전류원과 전압원의 처리 방법으로 옳은 것은?

① 전압원 － 개방, 전류원 － 개방

② 전압원 － 단락, 전류원 － 개방

③ 전압원 － 개방, 전류원 － 단락

④ 전압원 － 단락, 전류원 － 단락

07 커피포트로 4[L]의 물의 온도를 15[℃]에서 90[℃]로 올리는 데 1[kW]의 전력을 사용하여 30분간 가열하였다. 이 커피포트의 효율은 약 몇 [%]인가?

① 58.6
② 69.8
③ 76.2
④ 80.5

08 1[kW]의 전력을 소비하는 저항에 정격의 90[%]인 전압을 인가했을 때, 소비되는 전력은 몇 [W]인가?

① 680
② 750
③ 810
④ 900

09 다음 그림과 같이 알루미늄박 검전기의 원판 위에 금속 철망을 씌우고 양(+)의 대전체를 가까이 했을 경우에는 알루미늄박은 움직이지 않는다. 이는 금속 철망의 어떤 현상 때문인가?

① 정전유도
② 정전차폐
③ 자기유도
④ 대전

10 어떤 회로의 소자에 일정한 크기의 전압에서 주파수를 2배로 증가시켰더니 전류의 크기가 1/2배가 되었다. 이 소자의 종류는?

① 저항
② 콘덴서
③ 코일
④ 다이오드

11 1[C]의 전하에 100[V]의 전압을 인가하여 두 점 사이를 이동할 때, 한 일은 몇 [J]인가?

① 1
② 10
③ 100
④ 1,000

12 다음 중 유전율의 단위는?

① F/m
② H/m
③ V/m
④ C/m^2

13 다음 중 유전체 내의 단위 체적당 정전에너지를 설명한 것으로 옳지 않은 것은?

① 전계의 세기의 제곱과 유전율의 곱에 비례한다.
② 전계의 세기와 전속의 곱에 비례한다.
③ 전하와 전위의 곱에 비례한다.
④ 전속의 제곱에 비례한다.

14 자기회로의 단면적 $A[\text{m}^2]$, 길이 l[m], 투자율 μ[H/m]일 때, 자기저항 $R_m[\text{AT/Wb}]$을 나타내는 식은?

① $R_m = \dfrac{\mu l}{A}$

② $R_m = \dfrac{A}{\mu l}$

③ $R_m = \dfrac{\mu A}{l}$

④ $R_m = \dfrac{l}{\mu A}$

15 환상솔레노이드의 권선 수를 3배로 늘이면 자체 인덕턴스의 크기는 몇 배가 되는가?

① 3   ② 9

③ $\dfrac{1}{3}$ ④ $\dfrac{1}{9}$

16 코일에 흐르는 전류가 0.1초 동안에 1[A]가 변할 때 유도되는 기전력이 20[V]가 되면, 이 코일의 자체 인덕턴스는 몇 [H]인가?

① 1   ② 2

③ 3   ④ 4

17 공기 중에서 반지름 10[cm]인 원형도체에 1[A]의 전류가 흐를 때, 원형도체 중심의 자계의 세기는 몇 [AT/m]인가?

① 5   ② 10

③ 15   ④ 20

18 길이가 1[m]인 두 개의 왕복도선 사이의 거리가 1[m]일 때, 두 도선 사이에 단위 길이당 작용하는 힘의 세기가 $18 \times 10^{-7}[\text{N}]$일 때, 전류의 크기는 몇 [A]인가?

① 1   ② 2

③ 3   ④ 4

19 저항 3[Ω], 리액턴스 4[Ω]의 직렬회로에 교류 100[V]를 인가할 때, 흐르는 전류의 크기[A]와 위상각[°]의 크기는?

① 14.3[A], 37[°]   ② 14.3[A], 53[°]

③ 20[A], 37[°]   ④ 20[A], 53[°]

20 단상 100[V], 1[kW]의 전열기의 저항이 10[%] 감소하면 소비전력은 몇 [kW]가 되는가?

① 0.81   ② 1.11

③ 2.25   ④ 3.62

21 전기자 전류 104[A], 전기자 저항 0.1[Ω], 유도 기전력 110.4[V]인 직류 분권발전기의 단자전압은 몇 [V]인가?

① 98   ② 100

③ 104   ④ 110

22 다음 중 분권전동기의 토크 T와 회전수 N의 관계를 바르게 표시한 식은?

① $T \propto \dfrac{1}{N}$ ② $T \propto \dfrac{1}{N^2}$

③ $T \propto N$ ④ $T \propto N^2$

23 다음 그림과 같은 분권발전기에서 전기자 전류가 100[A], 계자전류가 6[A]라면 부하전류는 몇 [A]가 되는가?

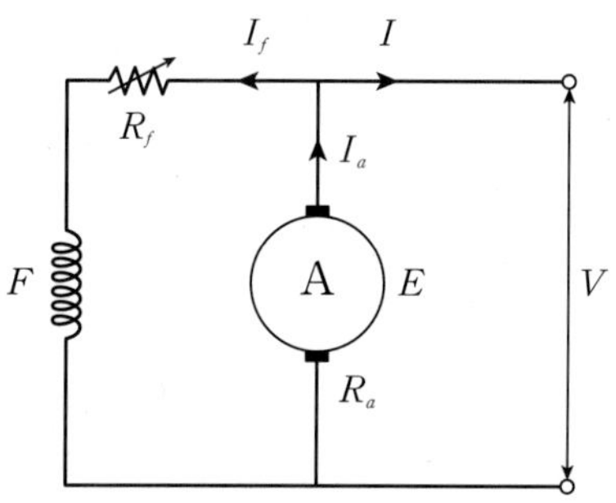

① 94   ② 96

③ 100   ④ 106

24 직류 분권전동기의 회전방향을 바꾸기 위해 일반적으로 무엇의 방향을 바꾸어야 하는가?

① 전원
② 주파수
③ 계자 저항
④ 전기자 전류

25 직류전동기의 전부하 속도가 1,200[rpm]이고 속도변동률이 2[%]일 때, 무부하 회전속도는 몇 [rpm]인가?

① 1,164
② 1,176
③ 1,224
④ 1,236

26 병렬운전 중인 동기발전기의 유도 기전력이 2,000[V], 위상차 60[°]인 경우 유효순환전류는 몇 [A]가 흐르는가? (단, 동기 임피던스는 5[Ω]이다.)

① 50
② 200
③ 500
④ 1,000

27 동기전동기를 부족여자로 운전하면 어떤 역할을 하는가?

① 콘덴서로 작용
② 뒤진역률 보상
③ 리액터로 작용
④ 저항손의 보상

28 다음 그림은 동기전동기의 위상특성곡선을 나타낸 것이다. 전기자 전류가 가장 작을 때의 역률은 얼마인가?

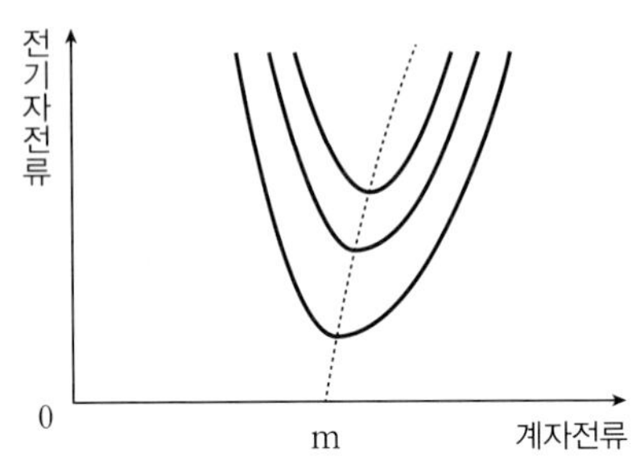

① 1
② 0.8(진상)
③ 0.8(지상)
④ 0

29 다음 중 변압기에서 콘서베이터의 사용 목적으로 가장 옳은 것은?

① 일정한 유압의 유지
② 과부하로부터 변압기 보호
③ 냉각장치의 효율성 제고
④ 변압기유의 열화 방지

30 수변전 설비의 고압회로의 전압을 측정하기 위해 고압회로와 전압계 사이에 설치하는 기기는?

① 수전용 변압기
② 계기용 변류기
③ 계기용 변압기
④ 권선형 변류기

31 유입변압기에서 오일의 대류작용에 의해 열을 대기로 방산하는 냉각방식은?

① 유입 풍냉식
② 송유 수냉식
③ 송유 풍냉식
④ 유입 자냉식

32 다음 중 유도전동기의 슬립을 측정하는 방법은?

① 전압계법
② 전류계법
③ 평형 브리지법
④ 스트로보법

33 3상 유도전동기의 1차 입력 60[kW], 1차 손실 1[kW], 슬립 3[%]일 때, 기계적 출력은 약 몇 [kW]인가?

① 57
② 58
③ 62
④ 75

34 정격전압 200[V], 5.5[kW]인 유도전동기의 전 전압 기동 시의 기동전류가 150[A]이었다. 이 전동기를 Y−△ 기동 시 기동 전류는 약 몇 [A]가 되는가?

① 50
② 65
③ 87
④ 95

35 단상유도전동기의 정회전 슬립이 s일 때, 역회전 슬립 값을 표현한 것으로 옳은 것은?

① 1−s
② 1+s
③ 2−s
④ 2+s

36 단상 유도전동기 중에서 회전자는 농형이고 자극의 일부에 홈을 만들어 단락된 코일을 끼워 넣어 기동하는 전동기는?

① 반발 기동형　　② 세이딩 코일형
③ 반발 유도형　　④ 분상 기동형

37 가격이 비교적 싸고 역률이 좋아서 가정용 세탁기, 선풍기, 냉장고 등에 많이 사용되는 유도전동기는?

① 분상 기동형　　② 콘덴서 기동형
③ 반발 기동형　　④ 세이딩 코일형

38 단상 반파정류회로에서 교류 입력이 100[V]이면 직류 출력은 약 몇 [V]인가?

① 45　　　　　② 70.7
③ 90　　　　　④ 173

39 다음 반도체 소자 중 사이리스터 정류소자가 아닌 것은?

① SCR　　　　② GTO
③ LED　　　　④ TRIAC

40 SCR에서 게이트 단자의 반도체는 주로 어떤 형태인가?

① N형　　　　② P형
③ PN형　　　④ PNPN형

41 다음 중 나전선 등의 금속선에 속하지 않는 것은?

① 경동선(지름 12[mm] 이하의 것)
② 연동선
③ 동합금선(단면적 이하의 것)
④ 경알루미늄선(단면적 이하의 것)

42 기구의 단자에 전선 접속 시 진동 등으로 헐거워지는 것을 방지하기 위해 사용되는 것은?

① 스프링 와셔　　② 2중 볼트
③ 접속기　　　　④ 용접

43 다음 중 금속관 공사를 할 때, 엔트런스 캡의 용도로 옳은 것은?

① 저압 가공 인입선의 인입구에 사용
② 배관의 굴곡 부분에 사용
③ 금속관이 고정되어 회전이 불가능할 때 사용
④ 무거운 조명기구 부착 시 사용

44 다음 금속전선관 중 박강전선관의 호칭이 아닌 것은?

① 19　　　　　② 25
③ 31　　　　　④ 35

45 연피 케이블 및 알루미늄 케이블을 구부릴 경우, 굴곡부의 곡률반경은 케이블 외경의 몇 배 이상으로 하여야 하는가?

① 3   ② 6

③ 8   ④ 12

46 라이팅 덕트를 조영재에 따라 부착할 경우 지지점 간의 거리는 몇 [m] 이하여야 하는가?

① 1.0   ② 1.5

③ 2.0   ④ 2.5

47 건조한 장소에 시설하는 진열장의 내부에 사용전압 400[V] 이하의 배선용 전선의 단면적은 몇 [mm^2]인가? (단, 외부에서 잘 보이는 장소에 시설하는 경우이다.)

① 0.75   ② 1.25

③ 2.5   ④ 4.0

48 600[V] 이하의 저압 회로에 사용하는 비닐절연전선 비닐시스케이블의 약호로서 알맞은 것은?

① OW   ② DV

③ VV   ④ CV

49 다음 괄호 안에 들어갈 용어로 올바른 것은?

> "후강 전선관의 호칭은 (㉠) 크기로 정하며 (㉡)
> (으)로 표시한다."

① ㉠ 안지름, ㉡ 짝수

② ㉠ 안지름, ㉡ 홀수

③ ㉠ 바깥지름, ㉡ 짝수

④ ㉠ 바깥지름, ㉡ 홀수

50 전선의 약호 중 MI는 무엇을 의미하는가?

① 미네랄인슐레이션 케이블

② 내열용 비닐절연 전선

③ 가교폴리에틸렌절연 비닐시스 케이블

④ 고무절연 비닐시스 네온전선

51 다음 중 전기울타리 시설공사에 대한 내용으로 틀린 것은?

① 전선은 지름 2[mm] 이상인 경동선이어야 한다.

② 수목과의 이격거리는 30[cm] 이상이어야 한다.

③ 전선과 기둥 사이의 이격거리는 2[cm] 이상이어야 한다.

④ 전원장치에 전기를 공급하는 전로의 사용전압은 250[V] 이하여야 한다.

52 화약고 등의 위험장소의 배선공사에서 전로의 대지전압은 몇 [V] 이하여야 하는가?

① 300
② 400
③ 500
④ 600

53 다음 중 접지극의 시공방법이 아닌 것은?

① 동판 면적은 $900[cm^2]$ 이상이어야 한다.
② 동피복강봉은 지름이 6[mm] 이상이어야 한다.
③ 접지선과 접지극은 은납땜 기타 확실한 방법에 의해 접속한다.
④ 사람이 접촉할 우려가 있는 곳에 설치할 경우 손상을 방지하기 위해 방호장치를 시설하여야 한다.

54 고압배전선로의 주상변압기 2차 측 중성점 접지공사의 접지저항 값을 계산하는 식으로 옳은 것은? (단, I_g는 지락전류이며, 고압 배전선로에는 고ㆍ저압 혼촉 시 2초 이내에 전로를 자동적으로 차단하는 장치가 설치되어 있다.)

① $\dfrac{150}{I_g}$
② $\dfrac{300}{I_g}$
③ $\dfrac{600}{I_g}$
④ $\dfrac{900}{I_g}$

55 피뢰설비공사에 대한 내용으로 옳지 않은 것은?

① 피뢰접지극은 지표면에서 0.75[m] 이상의 깊이로 매설해야 한다.
② 피뢰도선 중 동선의 단면적은 $20[mm^2]$ 이상이어야 한다.
③ 돌침부는 건축법에서 규정한 풍압하중에 견딜 수 있는 것이어야 한다.
④ 뇌서지 전류를 대지로 방류시키기 위한 접지를 시행하여야 한다.

56 가공전선로 지지물의 기초안전율은 얼마 이상이어야 하는가?

① 1.5
② 2.0
③ 2.5
④ 3.0

57 고압 가공전선이 도로를 횡단할 경우 지표상 높이는 몇 [m] 이상으로 하여야 하는가?

① 3.5
② 4
③ 5
④ 6

58 전주외등을 전주에 부착하는 경우 기구 부착 높이는 하단으로부터 몇 [m] 이상의 높이에 시설하여야 하는가?

① 3.0
② 3.5
③ 4.0
④ 4.5

59 다음 중 터널 안 전선로의 시공 방법으로 틀린 것은?

① 고압 전선을 절연전선으로 사용하여 애자 사용 배선으로 시설하였다.

② 저압 전선을 지름 2.6[mm]의 경동선을 사용하였다.

③ 저압 배선을 애자사용 공사에 의하여 시설하고 이를 노면상 2.2[m] 높이에 시설하였다.

④ 고압 배선을 금속관 공사에 의하여 시설하고 이를 노면상 3[m] 높이에 시설하였다.

60 저압 크레인 또는 호이스트 등의 트롤리 선을 애자공사에 의하여 옥내에 시설하는 경우 전선의 바닥에서의 높이는 몇 [m] 이상이어야 하는가?

① 2.0

② 2.5

③ 3.5

④ 4.5

필기 기출문제
정답 & 해설

차례

필기 기출문제 01회

2–4p

01 ①	02 ②	03 ②	04 ④	05 ②
06 ④	07 ③	08 ③	09 ②	10 ③
11 ①	12 ②	13 ①	14 ②	15 ②
16 ①	17 ①	18 ③	19 ③	20 ③
21 ②	22 ②	23 ②	24 ③	25 ④
26 ①	27 ②	28 ③	29 ④	30 ④
31 ③	32 ②	33 ①	34 ②	35 ③
36 ③	37 ②	38 ②	39 ①	40 ④
41 ①	42 ②	43 ④	44 ④	45 ①
46 ③	47 ④	48 ①	49 ③	50 ②
51 ②	52 ④	53 ④	54 ①	55 ③
56 ①	57 ①	58 ④	59 ④	60 ①

01 ①

병렬저항 $R_{병}=\dfrac{2\times3}{2+3}=1.2[\Omega]$이고, 직렬저항 $R_{직}=2+3=5[\Omega]$이다.

따라서 $R_{병}=\dfrac{1.2}{5}\times R_{직}=0.24R_{직}$이므로, 합성저항은 직렬로 접속할 때의 0.24배이다.

02 ②

저항 측정 방법

- 메거 : 절연저항 등 고저항 측정
- 콜라우시 브리지 : 보조 접지극을 사용하여 접지저항이나 전해액의 전기 전도도를 정밀하게 측정
- 휘스톤 브리지 : 일반적인 중저항 측정
- 캘빈 더블브리지 : 전기 접촉부 등 매우 낮은 저항을 정밀하게 측정

03 ②

분류기 저항

$$R_s=\frac{R_a}{(n-1)}=\frac{10}{(101-1)}=0.1[\Omega]$$

04 ④

가우스의 법칙

폐곡면을 통과하는 전속의 수가 폐곡면 속의 전하량과 동일하다는 법칙으로, 주로 대칭 정전계에서 전기력선의 밀도를 이용하여 전계의 세기를 구하기 위하여 활용된다.

05 ②

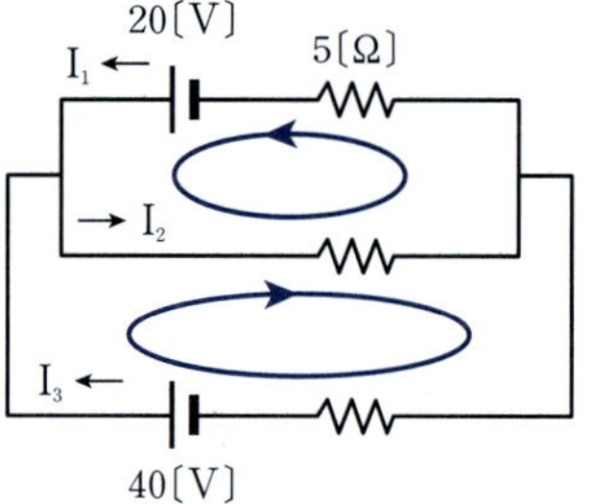

위쪽 회로의 전류(I_1) 방향이 반시계 방향이고, 아래쪽 회로의 전류(I_3) 방향을 시계 방향일 때, $I_2=I_1+I_3$이다.

$20=5I_1+2(I_1+I_3)=7I_1+2I_3$

$40=10I_3+2(I_1+I_3)=2I_1+12I_3$

$\therefore I_1=\dfrac{80}{40}=2[A],\ I_3=\dfrac{6}{2}=3[A]$

$\therefore I_2=I_1+I_3=2+3=5[A]$

06 ④

$\cos(\omega t)=\sin(\omega t+\dfrac{\pi}{2})$이므로, $v=100\sqrt{2}\cos(\omega t-\dfrac{\pi}{6})=100\sqrt{2}\sin$ $(\omega t+\dfrac{\pi}{3})$이다. 따라서 전류의 위상은 $\dfrac{\pi}{3}-\dfrac{\pi}{3}=0[\mathrm{rad}]$이며, 전류의 순시는 $i=20\sqrt{2}\sin(\omega t)[A]$로 나타낼 수 있다.

07 ③

$v=100\sqrt{2}\sin(\omega t+\dfrac{\pi}{6})[V]$은 $\sin(\dfrac{\pi}{2})=1$일 때, 순시값이 최댓값이 된다. 즉, $\sin(\omega t+\dfrac{\pi}{6})=\sin(\dfrac{\pi}{2})=1$인 경우를 의미하므로 $\omega t=\dfrac{\pi}{2}-\dfrac{\pi}{6}$ $=\dfrac{\pi}{3}$이다.

08 ③

$860Pt\eta=mC\varDelta T[\mathrm{kcal}]$(단, $P[\mathrm{kW}]$, $t[\mathrm{h}]$, $\eta[\mathrm{pu}]$, $m[\mathrm{kg}]$, $c=1$, $\varDelta T=T_2-T_1$)

$300=20\times\varDelta T$

$\therefore \varDelta T=15[°]$

$\therefore$ 변하는 온도=15+15=30[℃]

09 ②

자속밀도

$$B=\frac{\phi}{A}=\frac{80\times10^{-6}}{20\times(10^{-2})^2}=4.0\times10^{-2}[\mathrm{Wb/m^2}]$$

10 ③

정전흡인력

$$F_0=\frac{1}{2}\varepsilon E^2=\frac{1}{2}\varepsilon(\frac{V}{d})^2[\mathrm{N/m^2}]$$

11 ①

$W_L=\frac{1}{2}LI^2[\text{J}]$이므로 L은 I^2에 반비례한다. 따라서 $W_L=\frac{1}{2}LI^2=\frac{1}{2}L'$ $(3I)^2$, $L'=\frac{1}{9}L$이다.

12 ②

자기 에너지 밀도란 단위체적당 자기 에너지를 의미하므로, 단위 체적당 축적되는 에너지는 $W_0=\frac{1}{2}\mu H^2=\frac{1}{2}\frac{B^2}{\mu_0\mu_s}=\frac{1}{2}\frac{B^2}{4\pi\times10^{-7}\times1,000}≒398[\text{J/m}^3]$이다.

13 ①

두 코일이 서로 간섭하지 않는다는 것은 직교한다는 의미이므로, 상호인덕턴스는 '0'이 된다. 즉, $L=L_1+L_2[\text{H}]$이다.

14 ②

주기는 $T[\text{s}]$이고, 주파수는 $f=\frac{1}{T}[\text{Hz}]$이다. 따라서 주파수 $f=\frac{1}{T}=\frac{1}{20\times10^{-3}}=50[\text{Hz}]$이다.

15 ②

$i=200\sqrt{2}\sin(\omega t+\frac{\pi}{2})=200\angle\frac{\pi}{2}=200(\cos\frac{\pi}{2}+j\sin\frac{\pi}{2})=j200[\text{A}]$

16 ①

$P=\sqrt{3}VI\cos\theta[\text{W}]$에서, $\cos\theta=\frac{P}{\sqrt{3}VI}=\frac{5.2\times10^3}{\sqrt{3}\times380\times8}≒0.9876$이다. 따라서 무효율 $\sin\theta=\sqrt{1-\cos^2\theta}=1-\sqrt{(0.9876)^2}≒0.16$이다.

17 ①

과도현상

- 인덕턴스 L[H]과 정전용량 C[F]를 포함한 회로에서 스위칭 작용에 의해 하나의 상태에서 다른 정상상태로 변화하여 안정되기까지의 현상
- 정격의 63.2[%]까지 도달하는 데 걸리는 시간을 시정수 τ 라 하며, 단위는 [sec]를 사용한다.
- 시정수가 작을수록 정격에 도달하는 시간이 짧아져서 과도현상이 짧아질 수 있으나 회로의 안정도는 낮아지고, 시정수가 크면 과도현상이 길어질 수 있으나 회로의 안정도는 높아진다.

18 ③

상별 저항과 입력 전압이 동일한 경우 각 결선의 소비전력을 비교하면 아래와 같다.

- $P_\Delta=3V_pI_p\cos\theta=3\frac{(V_p)^2}{R}\cos\theta=3\times\frac{(V_l)^2}{R}\cos\theta$

$=3\times\frac{(V_l)^2}{R}\cos\theta[\text{W}]$

- $P_Y=3V_pI_p\cos\theta=3\frac{(V_p)^2}{R}\cos\theta=3\times\frac{(V_l/\sqrt{3})^2}{R}\cos\theta$

$=\frac{(V_l)^2}{R}\cos\theta[\text{W}]$

따라서 $P_\Delta=3P_Y$가 된다.

19 ③

$V_{th}=V_6=V\times\frac{6}{6+3}=30\times\frac{6}{9}=20[\text{V}]$, $R_{th}=3+\frac{3\times6}{3+6}=5[\Omega]$

20 ③

- 기본파의 임피던스 $Z_1=\sqrt{R^2+(\omega L)^2}=\sqrt{4^2+3^2}=5[\Omega]$, 전류 $I_1=\frac{V_1}{Z_1}=\frac{100}{5}=20[\text{A}]$
- ∴ 전력 $P_1=I_1^2R=20^2\times4=1,600[\text{W}]$
- 제3고조파의 임피던스 $Z_3=\sqrt{R^2+(3\omega L)^2}=\sqrt{4^2+9^2}[\Omega]$, 전류 $I_3=\frac{V_3}{Z_3}=\frac{50}{\sqrt{4^2+9^2}}[\text{A}]$
- ∴ 전력 $P_3=I_3^2R=(\frac{50}{\sqrt{4^2+9^2}})^2\times4=103[\text{W}]$
- ∴ 총 전력 $P=P_1+P_2=1,600+103=1,703[\text{W}]$

21 ②

직권 및 복권발전기는 수하특성이 없어서 적절한 부하분담이 이루어지지 않으므로, 양 발전기의 직권 계자권선의 단자를 서로 연결하는 균압선이 필요하다.

22 ②

직류기

- 효율 $\eta=\frac{\text{출력}}{\text{입력}}=\frac{\text{출력}}{\text{출력}+\text{손실}}\times100[\%]$
- 손실 $=\frac{1-\eta}{\eta}\times\text{출력}=\frac{1-0.8}{0.8}\times1=0.25[\text{kW}]$

23 ④

직류 직권전동기의 속도 $N=K\frac{V}{I_a}$이고, $T=K\phi I_a=KI_a^2$이므로, T는 I_a^2과 $\frac{1}{N^2}$에 비례한다. 따라서 $T'=(\frac{1}{N^2})T=(\frac{1}{(1/3)^2})T=9T$이다.

24 ③

동기전동기에 계자전류(여자전류)를 변화시키면 위상특성곡선에 따라 전기자 전류와 역률이 변한다. 과여자 시 역기전력이 증가하고, 역기전력이 단자전압보다 커지게 되어 진상전류가 흘러서 콘덴서로 작용하고, 부족여자 시에는 지상 전류가 흘러서 리액터로 작용한다. 이 특성을 이용하여 동기전동기를 무효전력 보상장치로 활용하며, 동기속도는 변하지 않는다.

25 ④

동기발전기의 무효순환전류

$I_c=\frac{\Delta V}{Z_1+Z_2}=\frac{200}{5+5}=20[\text{A}]$

26 ①

자기 기동법으로 동기전동기 기동 시에 계자 권선에는 고전압이 공급되어 계자 회로가 소손될 우려가 있으므로, 계자 회로는 저항을 연결하여 반드시 단락시킨 후에 기동해야 한다.

27 ③

회전계자형의 장점

- 계자 전원의 소요 전력이 적다.
- 회전자의 구조가 간단하여 소형으로 구성이 가능하다.
- 기계적 강도가 우수하다.
- 전원의 공급이 유리하다.
- 계자 권선 및 전기자 권선의 절연이 상대적으로 쉽다.

28 ③

$$\varepsilon = \frac{V_{20} - V_{2n}}{V_{2n}} \times 100 = p \cdot \cos\theta + p \cdot \sin\theta\,[\%]$$

$$\therefore \varepsilon = 3 \times 0.8 + 4 \times 0.6 = 4.8\,[\%]$$

29 ④

임피던스계전기는 전압과 전류의 비율인 임피던스를 측정하여 고장 여부를 판단하는 계전기로, 대표적인 임피던스계전기는 거리계전기이다. 거리계전기는 주로 송전선로 보호에 사용된다.

오답 피하기

① 변압기의 1차 측 전류와 2차 측 전류의 차에 의해 동작하는 계전기로, 변압기의 내부고장 보호에 사용된다. 변압기가 정상 운전할 경우에는 1, 2차 측의 전류비가 일정하나 고장이 발생하여 이 차이가 일정 이상 커지면 동작하는 방식이다.

② 변압기 본체와 콘서베이터 중간에 설치되어, 부분방전 등 이상가스 발생 시 경보를 발생하고, 내부 고장에 의한 아크 발생으로 탱크 압력의 급격한 증가를 감지하여 차단 장치를 동작하도록 하는 기능을 한다.

③ 변압기 내부에 고장 발생으로 인한 아크에 의하여 내부 압력상승 속도가 일정 수준 이상이 되면 동작하는 계전기로, 부흐홀츠 계전기가 미처 파악하지 못하는 부분을 감지하여 차단기 동작의 신속성을 확보한다.

30 ④

방열기는 변압기의 냉각용으로 사용되는 설비이다.

31 ③

변압기의 정격용량[VA] = 정격 2차 전압[V] × 정격 2차 전류[A]이며, 단위는 [VA], [kVA], [MVA] 등을 사용한다.

32 ②

임피던스 전압

변압기의 2차 측을 단락하고 1차 측에 정격 주파수의 전압을 서서히 증가시켜 전류계가 1차 정격전류 I_n이 될 때의 전압 V_s[V]를 공급한다. 이때의 전압은 변압기의 1,2차 임피던스에 의한 전압 강하를 의미한다. 이때의 전력 P_s[W]를 임피던스 와트라 하는데, 이것이 동손(P_C)이 된다.

33 ①

유도전동기는 플레밍의 오른손 법칙에 의해 발생한 유도기전력(전자유도)이 플레밍의 왼손 법칙에 의해 발생하는 회전력을 이용하는 원리이다.

34 ②

유도전동기의 속도 $N = (1-s)Ns = (1-s)\dfrac{120f}{P}$[rpm]이고, 농형 유도전동기의 속도제어 방법은 주파수 제어(VVVF), 극수 변환법이 있다.

35 ③

$$P_{c2} = sP_2,\ P_0 = (1-s)P_2$$

$$\therefore P_{c2} = sP_2 = \frac{s}{1-s}P_0 = \frac{0.03}{1-0.03} \times 15 \fallingdotseq 0.46\,[\mathrm{kW}]$$

36 ③

유도전동기의 기계적 출력 $P_0 = \omega T = 2\pi \dfrac{N}{60} T\,[\mathrm{W}]$이다. $T = 9.55 \dfrac{P_0}{N}$

$[\mathrm{N \cdot m}] = 0.975 \dfrac{P_0}{N}[\mathrm{kg \cdot m}]$이므로, $T = 0.975 \dfrac{P_0}{N} = 0.975 \times \dfrac{9.8 \times 10^3}{600}$

$\fallingdotseq 15.9\,[\mathrm{kg \cdot m}]$이다.

37 ②

인버터

직류를 교류로 변환하는 장치로 역변환 장치라고도 한다. 인버터 제어는 교류를 일단 직류로 변환시키고, 사이리스터 등 반도체 소자를 이용하여 직류를 교류로 역변환시키면서 스위칭 간격을 이용하여 출력 주파수를 변환함으로써 전동기의 속도 조절용으로 많이 활용한다.

38 ②

TRIAC을 이용한 전동기 속도제어회로

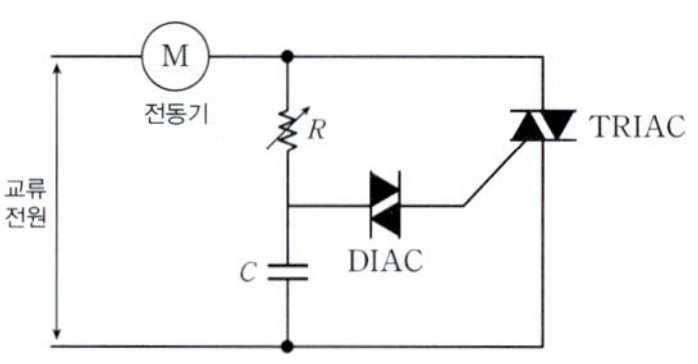

- RC 직렬회로의 R 조정을 통해 시정수(τ=RC)와 점호각을 조정하여 출력전압이나 전류를 제어하는 제어정류회로이다.
- DIAC을 통해 트리거 펄스로 TRIAC을 점호하게 되는데, 기동 시 R을 최대로 하여 시정수를 크게 하여 점호각을 최대로 한다.
- 정상 운전 시 서서히 R을 감소시켜 R을 최소로 하고 시정수를 작게 하여 점호각을 최소로 하여 운전한다.

39 ①

SCS는 역저지 4단자 사이리스트로, 광에 의한 스위치 제어 소자이다.

오답 피하기

② 쌍방향성 3단자 사이리스터 교류 제어용 소자
③ 역저지 3단자 사이리스터 직류 · 교류 제어용 소자
④ 게이트 턴오프 스위치 직류 · 교류 제어용 소자

40 ④

단상 브리지정류 회로(순브리지 회로)

연속전류 $E_d = \dfrac{2\sqrt{2}E}{\pi}\cos\alpha\,[\mathrm{V}] = \dfrac{2\sqrt{2} \times 100}{\pi}\cos60 = 45\,[\mathrm{V}]$

41 ①

HFIO : 저독성 난연 폴리올레핀 절연전선

오답 피하기

② 가교폴리에틸렌 절연 저독성 난연폴리올레핀 전선
③ 인입용 비닐절연 전선
④ 미네랄 인슐레이션 전선

42 ②

- 방폭형 콘센트 : ⊙EX
- 방수용 콘센트 : ⊙WP
- 접지극붙이 : ⊙E

43 ④

회전기의 절연내력 시험전압

- 최대사용전압이 7[kV] 이하일 때, 시험전압은 최대사용전압의 1.5배 (500[V] 미만은 500[V])이다.
- 최대사용전압이 7[kV] 초과일 때, 시험전압은 최대사용전압의 1.25배 (10.5[kV] 미만은 10.5[kV])이다.
- ∴ 220[V]는 7[kV] 이하이나, 500[V] 미만이므로 시험전압은 500[V]이다.

44 ④

접지 저항, 도체 저항과 접촉 저항은 작을수록 좋고, 절연 저항은 클수록 좋다.

45 ①

금속덕트에 넣은 전선 단면적의 합계는 덕트 내부 단면적의 20[%](제어회로 등의 배선만을 넣는 경우에는 50[%]) 이하여야 한다.

46 ③

- 경질비닐관(PVC)의 호칭(안지름/짝수) : 14, 16, 22, 28, 36, 42, 54, 70, 82, 100
- 금속전선관의 호칭
  - 박강 전선관(바깥지름/홀수) : 15, 19, 25, 31, 39, 51, 63, 75
  - 후강 전선관(안지름/짝수) : 16, 22, 28, 36, 42, 54, 70, 82, 92, 104

47 ④

합성수지 몰드는 홈의 폭 및 깊이가 3.5[cm] 이하, 두께는 2[mm] 이상의 것이어야 한다. 다만 사람이 쉽게 접촉할 우려가 없도록 시설하는 경우에는 폭이 5[cm] 이하, 두께 1[mm] 이상의 것을 사용할 수 있다.

48 ①

중성점 접지용 접지도체의 최소 단면적은 16[mm²] 이상이다. 단, 7[kV] 이하의 전로와 25[kV] 이하의 중성선 다중접지방식으로서 지락 발생 시 2초 이내에 자동으로 차단하는 장치가 있는 경우는 6[mm²] 이상의 연동선을 사용한다.

49 ③

과전류차단기의 동작시간 특성

구분	정격전류의 구분 [A]	시간 [분]	정격전류의 배수 [배] (모든 극에 통전)	
			부동작전류	동작전류
산업용	63 이하	60	1.05	1.3
	63 초과	120	1.05	1.3
주택용	63 이하	60	1.13	1.45
	63 초과	120	1.13	1.45

50 ②

사용 중 예기치 않은 회로 개방이 오히려 더 큰 위험이나 손상을 초래할 우려가 있는 경우, 안전을 위해 과부하 보호장치를 생략할 수 있다. 해당되는 부하의 종류는 아래와 같다.

- 회전기의 여자회로
- 전자석 크레인의 전원회로
- 전류변성기의 2차회로
- 소방설비의 전원회로
- 안전설비(주거침입경보, 가스누출경보 등)의 전원회로

51 ②

접지극의 시설 기준

- 접지극은 지하 75[cm] 이상으로 하되 동결 깊이를 감안해야 한다.
- 접지극은 철주의 밑면으로부터 30[cm] 이상의 깊이에 매설하거나, 지중에서 그 금속체로부터 1[m] 이상 떼어서 매설한다.
- 접지선의 지하 75[cm]로부터 지표상 2[m]까지의 부분은 합성수지관 등으로 덮는다.
- 접지극이 동봉 · 동피복강봉일 경우는 지름 8[mm] 이상, 길이 0.9[m] 이상으로 하고, 동판일 경우는 두께 0.7[mm] 이상, 단면적 900[cm²] 이상이어야 하며, 철봉일 경우는 지름 12[mm] 이상, 길이 0.9[m] 이상이어야 한다.

52 ④

완금의 표준 길이[mm]

전선의 개수	저압	고압	특고압
2	900	1,400	1,800
3	1,400	1,800	2,400

53 ④

래크는 저압 배전선로에서 전선을 수직으로 배치하여 지지할 때 사용하는 대표적인 장주용 자재이다.

① 전주의 크로스암(완금)을 설치하기 위해 사용하는 밴드
② 전주에 암타이(완금 지지용 부속품) 및 래크를 부착하는 데 사용하는 밴드
③ 전주에 주상변압기를 고정시킬 때 사용하는 밴드

54 ①

고압 옥측전선로의 전선이 그 고압 옥측전선로를 시설하는 조영물에 시설하는 타 종류의 옥측전선이나 수관 · 가스관 등과 교차하거나 접근하는 경우, 고압 옥측전선로와 이들 사이의 간격은 0.15[m] 이상이어야 하고, 다른 시설물 사이의 간격은 0.3[m] 이상이어야 한다.

55 ③

전주외등

- 대지전압 300[V] 이하의 형광등, 고압방전등, LED등 등을 배전선로의 지지물 등에 시설하는 경우에 적용한다.
- 전주외등의 기구 부착 높이 : 4.5[m] 이상(단, 교통에 지장이 없을 경우 3.0[m] 이상)
- 돌출 수평거리 : 1[m] 이내
- 배선은 단면적 이상의 절연전선을 사용하고, 케이블공사, 합성수지관공사, 금속관공사 중 시행
- 사용전압이 1[kV]를 초과하는 옥측 또는 옥외 방전등 공사 시 방전관은 지표상 4.5[m] 이상의 높이에 시설하고, 기타 시설물 또는 식물 사이의 간격은 60[cm] 이상이어야 함
- 옥외등의 인하선을 애자공사로 시행할 경우 지표상 2[m] 이상의 높이로 노출장소에 한함

56 ①

특고압용 기계기구 지표상 높이

사용전압	울타리의 높이와 울타리로부터 충전부분 까지의 거리의 합계 또는 지표상의 높이
35[kV] 이하	5[m]
35[kV] 초과 160[kV] 이하	6[m]
160[kV] 초과	6[m]에 160[kV]를 초과하는 10[kV]마다 12[cm]를 더한 값

57 ①

리클로저

배전 선로에서 지락이나 단락사고 발생 시 고장을 검출하여 선로를 차단한 후 일정시간 경과하면 자동적으로 재투입 동작을 반복함으로써 순간 고장을 제거하는 기능을 하는 장치

58 ④

직접조명에서 전등의 높이(H)와 등기구 간의 간격

$S \leq 1.5H$ (단, H는 작업면에서 등기구까지 거리[m]이다.)

$\therefore S = 1.5H = 1.5 \times 2.4 = 3.6[m]$

59 ④

배선용차단기(MCCB)는 개폐기구 트립장치 등을 절연물 용기 속에 일체형으로 조립한 기중차단기를 말한다. 배선용차단기에는 과전류차단 기능을 부여하도록 명시하고 있다.

오답 피하기

① 설비 계통의 보수 · 점검 시 차단기를 개방한 후 전로를 완전히 개방. 분리하거나 그 접속을 변경할 때 사용하며 부하 전류, 고장전류 개폐 능력이 없다.

② 주로 변압기 1차 측에 설치되어 변압기 보호와 단로를 목적으로 하는 스위치를 말한다. 과전류로 퓨즈가 용단되면 퓨즈링크(Fuse Link)만 교체하면 된다.

③ 3상 부하의 경우 전력 퓨즈 용단 시 결상 방지 목적으로 사용하며, 정상적인 부하 전류만 개폐할 수 있다.

60 ①

차동식 분포형 감지기는 화재로 인해 실내의 온도가 일정 상승률 이상이 되는 경우에 작동하는 것으로서 넓은 범위의 열 효과 누적에 의하여 작동하는 감지기이다.

오답 피하기

② 화재로 인해 실내의 온도가 일정 상승률 이상이 되는 경우에 작동하는 것으로서, 국소 지점에서의 열 효과에 의하여 작동하는 감지기

③ 화재로 인해 실내의 온도가 일정한 온도 이상이 되는 경우에 작동하는 감지기

④ 화재로 인한 실내의 온도가 일정한 온도 이상이 되는 경우에 작동하는 감지기로 외관이 전선으로 되어 있는 감지기

01 ③	02 ①	03 ②	04 ③	05 ③
06 ④	07 ①	08 ②	09 ④	10 ②
11 ①	12 ④	13 ①	14 ③	15 ④
16 ②	17 ④	18 ②	19 ②	20 ②
21 ①	22 ①	23 ③	24 ④	25 ②
26 ③	27 ④	28 ④	29 ②	30 ②
31 ②	32 ③	33 ②	34 ③	35 ④
36 ④	37 ③	38 ③	39 ①	40 ②
41 ③	42 ③	43 ①	44 ①	45 ③
46 ③	47 ②	48 ①	49 ③	50 ②
51 ①	52 ①	53 ②	54 ②	55 ①
56 ①	57 ②	58 ③	59 ①	60 ③

01 ③

전위 $V[\text{V}] = \dfrac{W}{Q}[\text{J/C}] = [\text{N} \cdot \text{m/C}]$

02 ①

합성저항 $R = 2 + 3 = 5[\Omega]$

컨덕턴스 $G = \dfrac{1}{R} = \dfrac{1}{5} = 0.2[\mho]$

03 ②

일반적인 금속은 온도가 올라갈수록 물질의 저항값은 증가한다. 저항의 온도계수를 α라 하고, 온도를 $T_1[℃]$에서 $T_2[℃]$로 올렸을 때의 저항값 $R_2 = R_1\{1 + \alpha(T_2 - T_1)\}[\Omega]$이다.

다만 반도체나 서미스트(Thermistor) 등은 온도가 올라가면 반대로 저항값이 작아진다.

04 ③

전기의 성질

- 물질은 전기적으로 평형상태를 유지하려는 경향이 있다.
- 물질이 전자가 부족하거나 남게 되어 전기를 띠게 되는 것을 대전이라 한다.
- 외부 에너지에 의해 전자가 부족한 상태가 되면 양전기(+)를, 전자가 더 많아지면 음전기(−)를 띠게 된다.
- 전기적으로 회로를 구성하여 전자가 이동함으로써 전기를 띠지 않게 되는 것을 방전이라 한다.

05 ③

전지의 접속

- 직렬접속 : $I = \dfrac{nE}{nr + R}[\text{A}]$

- 병렬접속 : $I = \dfrac{E}{\dfrac{r}{n} + R}[\text{A}]$

$\therefore I = \dfrac{nE}{nr + R} = \dfrac{10 \times 1.5}{10 \times 0.5 + 2.5} = 2.0[\text{A}]$

06 ④

- 진공의 유전율 : $8.855 \times 10^{-12}[\mathrm{F/m}]$
- 진공의 투자율 : $4\pi \times 10^{-7}[\mathrm{H/m}]$

07 ①

전기분해에 대한 설명으로 황산구리 용액에 구리판 전극을 넣고 전류를 흘리면 음극판에는 구리가 석출된다. 양극에서는 물 분자(H_2O)에서 남은 산소이온(O^{--})이 산소(O_2)가 되어 산소기체가 발생한다.

08 ②

콘덴서에 유도되는 저항 $X_C = \dfrac{1}{j\omega C} = \dfrac{1}{j2\pi fC}[\Omega]$이므로 X_C는 f에 반비례하고, 코일에 유도되는 저항 $X_L = j\omega C = j2\pi fL[\Omega]$이므로, X_L은 f에 비례한다. 따라서 $X_C = 50 \times \dfrac{2}{1} = 100[\Omega]$이다.

09 ④

자기저항 $R_m = \dfrac{l}{\mu A}[\mathrm{AT/m}]$이다. 즉, 투자율이 클수록 자기저항값이 작아진다. 저항이 작아지면 같은 기자력으로도 훨씬 많은 자속을 얻을 수 있어 기기의 효율이 좋아진다.

10 ②

자극의 세기가 +1[Wb]일 때, 여기서 나오는 자기력선의 수 N

$$N = \dfrac{m}{\mu_0} = \dfrac{1}{4\pi \times 10^{-7}} = 7.95 \times 10^4[\text{개}]$$

11 ①

환상솔레노이드 내부 자계의 세기 $H = \dfrac{NI}{l} = \dfrac{NI}{2\pi r}[\mathrm{AT/m}]$이다. 즉 H는 I에 비례한다.

12 ④

자계의 세기 $H = \dfrac{NI}{l}[\mathrm{AT/m}]$이고, 단위길이당 권선 수 $n_0 = \dfrac{N}{l} = \dfrac{20}{0.1}$
$= 200[\text{회}]$이므로, $H = \dfrac{NI}{l} = n_0 I = 200 \times 5 = 1,000[\mathrm{AT/m}]$이다.

13 ①

$W_L = \dfrac{1}{2}LI^2[\mathrm{J}]$이므로, L은 I^2에 반비례한다. 따라서 $W_L = \dfrac{1}{2}LI^2 = \dfrac{1}{2}L'(3I)^2$, $L' = \dfrac{1}{9}L$이다.

14 ③

$F = \dfrac{2I_1 I_2}{r} \times 10^{-7}[\mathrm{N}]$, $I_1 = I_2[\mathrm{A}]$이므로,
$I = \sqrt{\dfrac{F \times r}{2 \times 10^{-7}}} = \sqrt{\dfrac{9 \times 10^{-7} \times 2}{2 \times 10^{-7}}} = 3[\mathrm{A}]$이다.

15 ④

전기회로와 자기회로의 대응관계

전기회로	자기회로
기전력	기자력
전류	자속
전기저항	자기저항
도전율	투자율
전계	자계

16 ②

- R-C 직렬회로의 역률 : $\cos\theta = \dfrac{R}{\sqrt{R^2 + X_C}}$
- R-C 병렬회로의 역률

$$\cos\theta = \dfrac{G}{\sqrt{G^2 + B^2}} = \dfrac{(\frac{1}{R})}{\sqrt{(\frac{1}{R})^2 + (\frac{1}{X_C})^2}} = \dfrac{(\frac{1}{R})(\sqrt{R^2 \cdot X_C^2})}{\sqrt{R^2 + X_C^2}}$$
$$= \dfrac{X_C}{\sqrt{R^2 + X_C^2}}$$

17 ④

도체에 작용하는 힘 F[N]

$$F = BIl\sin\theta = BIl \times \sin\dfrac{\pi}{2} = BIl[\mathrm{N}]$$

18 ②

Y결선

- 중성점을 접지할 수 있어서 고장 시 고장 전류는 크나 고장의 검출이 쉽다.
- 건전상의 전위 급상승을 방지할 수 있으며, 단절연이 가능하다.
- $\varDelta$ 전선 연결에 비해 선간 전압이 $\sqrt{3}$배 높아지는 장점이 있다.
- 제3 고조파를 제거할 수 없어서 통신선 등에 유도장해를 일으킬 수 있다.

19 ②

동일한 전압에서 전력 소모량을 비교하려면 $P = \dfrac{V^2}{R}$ 식을 활용하여 비교하면 된다. 이때, P와 R은 서로 반비례한다. 따라서 저항이 작을수록 즉 병렬 연결할 때 전구의 밝기가 더 밝다.

20 ②

- 직렬공진(전압공진) : $Z' = R + j(\omega L - \dfrac{1}{\omega C})[\Omega]$에서 $\omega L - \dfrac{1}{\omega C} = 0$,
$f_0 = \dfrac{1}{2\pi\sqrt{LC}}[\mathrm{Hz}]$인 경우이므로, Z가 최소, I가 최대가 된다.
- 병렬공진(전류공진) : $Y' = \dfrac{1}{R} + j(\omega C - \dfrac{1}{\omega L})[\mho]$에서 $\omega C - \dfrac{1}{\omega L} = 0$,
$f_0 = \dfrac{1}{2\pi\sqrt{LC}}[\mathrm{Hz}]$인 경우이므로, Z가 최대, I가 최소가 된다.

21 ①

자여자 발전기는 별도의 여자전원이 없기 때문에 잔류자기가 있어야 기전력이 서서히 정격까지 생성되나(전압의 확립), 타여자 발전기는 외부에서 여자전원을 공급하므로 잔류자기가 없어도 전압의 확립이 가능하다.

22 ①

직류발전기의 유기기전력 $E=PZ\phi\dfrac{N}{60a}[\mathrm{V}]$이므로, 1극당 자속은 $\phi=$

$\dfrac{60Ea}{PZN}=\dfrac{60\times120\times2}{4\times400\times900}=0.01[\mathrm{Wb}]$이다.

23 ③

과정류 시에는 정류를 시작할 때에 전류의 변화가 커지므로 브러시의 앞쪽에서 불꽃이 발생하기 쉽고, 부족정류 시에는 코일의 리액턴스 전압의 영향으로 정류가 끝나는 시점에 전류의 변화가 커져서 브러시의 뒤쪽에서 불꽃이 발생하기 쉽다.

24 ④

- 보상권선 : 주자극 표면에 배치하여 전기자 권선과 직렬로 연결하고, 전기자 전류와 반대방향의 전류를 흐르게 하여 전기자 기자력을 상쇄시킨다.
- 보극 : 주자극 사이에 설치하여 전기자 자속과 반대 방향으로 기자력을 유기하여 전기자 반작용을 부분적으로 상쇄시킨다.

25 ③

직류 전동기의 전기자 전류 $I_a=\dfrac{V-E}{R_a}[\mathrm{A}]$로, 정지 상태에 있는 전동기를 기동할 때 전원 전압 V가 그대로 공급되면 기동전류가 매우 크게 되어 위험하다. 따라서 일반적으로 분권전동기와 직권 및 가동 복권전동기는 전기자 회로에 직렬로 기동저항기를 넣어 기동 전류를 억제하며, 분권전동기는 기동 시 계자저항 R_f를 0으로 하여 기동 토크를 크게 하여 기동한다.

26 ③

두 발전기의 주파수가 일치하지 않으면 회전 속도에 차이가 생겨 출력이 일정하지 않고 요동치게 된다. 더불어 주파수 차이로 인해 유효 순환전류(동기화 전류)가 흐르며, 이 전류가 권선을 통과할 때 열을 발생시켜 권선 과열이 발생할 수 있다.

27 ④

동기전동기의 자기기동 시 계자권선에는 고전압이 공급되어 계자 회로가 소손될 우려가 있다. 따라서 계자 회로는 저항을 연결하여 반드시 단락시킨 후에 기동해야 한다.

28 ④

3상 동기발전기에서 부하각이란 발전기 측 단자전압 E와 부하 측 단자전압 V 사이의 위상각을 말하며, 일반적으로 45[°]보다 작다. 3상 동기발전기의 출력 $P_3=3\times\dfrac{EV}{X_s}\sin\delta=\dfrac{E_lV_l}{X_s}\sin\delta[\mathrm{W}]$이다.

29 ②

권수비 $a=\dfrac{N_1}{N_2}=\dfrac{V_1}{V_2}=\dfrac{I_2}{I_1}=\sqrt{\dfrac{Z_1}{Z_2}}$이므로, 1차 측으로 환산하면 $V_1=aV_2$,

$I_1=\dfrac{1}{a}I_2$, $Z_1=a^2Z_2$가 된다. 따라서 $a=\sqrt{\dfrac{90}{0.1}}=30$이다.

30 ②

- 히스테리시스손 $P_h=k_hfB_m^{1.6}\sim k_hfB_m^{2.0}[\mathrm{W/kg}]$ (단, B_m이 1[Wb/m²] 미만 → $B_m^{1.6}$, B_m이 1[Wb/m²] 이상 → $B_m^{2.0}$에 비례)
- 와류손 $P_e=k_e(tfB_m)^2[\mathrm{W/kg}]$ (단, t는 강판의 두께이다.)

31 ②

변압기 2차 측을 단락하고 1차 측에 정격 주파수의 전압을 서서히 증가시켜 전류계가 1차 정격전류 $I_n[\mathrm{A}]$이 될 때의 전압 $V_s[\mathrm{V}]$를 공급한다. 이 때의 전압은 변압기의 1, 2차 임피던스에 의한 전압강하를 의미하므로 이 전압을 임피던스 전압이라 하고, 이때의 전력 $P_s[\mathrm{W}]$를 임피던스 와트라 하는데, 이것이 동손(P_c)이 된다.

32 ③

과전류 계전기는 주로 선로의 단락 사고나 과부하로부터 선로 및 기기를 보호하기 위해 사용한다.

① 변압기 본체와 콘서베이터 중간에 설치되어 이상가스 발생 시 경보를 발생하고, 내부 고장에 의한 아크 발생으로 탱크 압력의 급격한 증가를 감지하여 차단 장치를 동작하도록 하는 기능을 한다.
② 변압기의 1차 측 전류와 2차 측 전류의 차에 의해 동작하는 계전기로, 변압기의 내부고장 보호에 사용된다. 변압기가 정상 운전할 경우 1, 2차 측의 전류비가 일정하나 고장이 발생하여 이 차이가 일정 이상 커지면 동작한다.
④ 변압기 내부에 고장 발생으로 인한 아크에 의하여 내부 압력상승 속도가 일정 수준 이상이 되면 동작하는 계전기로, 부흐홀츠 계전기가 미처 파악하지 못하는 부분을 감지하여 차단기 동작의 신속성을 확보한다.

33 ②

세이딩 코일형은 회전자를 농형으로 하고, 고정자 자극을 몇 개의 돌극으로 구성하여 자극의 일부에 세이딩 코일을 감은 형태로서 구조적으로 역회전이 불가능하다.

34 ③

유도전동기의 특징

종류	특징
농형 유도전동기	• 브러시나 슬립링 등 접촉 부분이 없어서, 구조가 단순하고 저렴하며 유지보수가 간단하다. • 전동기 중에서 가장 많이 사용되는 형태이다. • 기동 전류가 크고, 기동 토크가 작으며 속도 조정범위가 좁다.
권선형 유도전동기	• 2차 저항을 조정하여 기동전류를 줄이고 기동 토크를 크게 할 수 있다. • 속도조정을 비교적 자유롭게 할 수 있다. • 구조가 복잡하고 운전이 어렵다.

35 ④

권선형 유도전동기의 비례추이

- $\dfrac{r_2}{s}$는 일정하다. 즉, 2차 저항과 슬립 사이에는 서로 비례관계가 성립한다.
- 유도전동기의 2차 저항을 조절하여 기동전류를 줄이고, 기동 토크를 크게 할 수 있다.
- 최대 토크는 변하지 않는다.
- 조정 가능한 것 : 1차 전류(I_1), 1차 입력(P_1), 역률($\cos\theta$)
- 조정 불가능한 것 : 출력(P_0), 효율(η_2), 동손(P_{c2})

36 ④

3상 유도전동기의 2차 동손

$$P_{c2}={}_sP_2=0.03\times10\times10^3=300[\mathrm{W}]$$

37 ③

초퍼 회로는 직류를 직류로 승압하거나 강압하는 변환기이다.

오답 피하기

①, ②, ④ 인버터(Inverter)로 직류(DC)를 교류(AC)로 변환하는 장치이다. 단상, 3상, 브리지형 등은 변환 방식이나 회로 구성에 따른 분류일 뿐, 직류 전압 자체를 직접 제어하는 장치는 아니다.

38 ③

다이오드 정류회로

- 단상반파 $E_d = \dfrac{\sqrt{2}}{\pi}E = 0.45E\,[\mathrm{V}]$

- 단상전파 $E_d = \dfrac{2\sqrt{2}}{\pi}E = 0.9E\,[\mathrm{V}]$

- 3상반파 $E_d = \dfrac{3\sqrt{6}}{2\pi}E = 1.17E\,[\mathrm{V}]$

- 3상전파 $E_d = \dfrac{6\sqrt{2}}{2\pi}E = 1.35E\,[\mathrm{V}]$

39 ①

DIAC, SSS, TRIAC는 양방향 사이리스터이다.

오답 피하기

② SCR과 같은 단방향성이며, 게이트 신호로 전류를 끄는 기능이 추가된 소자이다.
③ 단방향성 3단자 소자로, 한쪽 방향으로만 전류를 흘린다.
④ 빛에 의해 작동하는 SCR로, 단방향성 소자이다.

40 ③

SCR은 역저지 3단자 사이리스터 직류 · 교류 제어용 소자이다.

오답 피하기

① 2단자 대칭형 3층 다이오드 트리거 펄스 발생 소자
② 2단자 정류용 소자
④ 2단자 양방향성 대칭형 스위치 교류 제어용

41 ③

밀폐된 공간에서 전선의 접속부에 사용하는 테이프 및 튜브 등 도체의 절연에 사용되는 절연 피복은 전기용 점착 테이프에 적합한 것을 사용하고, 반폭 이상 겹쳐서 2회 이상 감아야 한다.

42 ③

접지의 목적

- 인축의 감전 및 화재 방지
- 보호계전기의 확실한 동작 확보로 전기설비 신뢰도 향상
- 계통의 이상전압 발생 억제
- 고장전류나 뇌전류 유입에 대한 기기 보호

43 ①

접지시스템

- 접지시스템의 구분 : 계통접지, 보호접지, 피뢰시스템 접지
- 접지시설의 종류 : 단독접지, 공통접지, 통합접지
- 접지시스템의 구성 : 접지극, 접지도체, 보호도체 및 기타 설비

44 ①

피뢰기의 접지저항은 10[Ω] 이하여야 한다.

45 ③

- 금속전선관의 호칭
  - 박강 전선관(바깥지름, 홀수) : 15, 19, 25, 31, 39, 51, 63, 75
  - 후강 전선관(안지름, 짝수) : 16, 22, 28, 36, 42, 54, 70, 82, 92, 104
- 비닐전선관의 호칭
  - 경질비닐관(PVC)의 호칭(안지름, 짝수) : 14, 16, 22, 28, 36, 42, 54, 70, 82, 100
  - 합성수지제 가요전선관(PF, CD)의 호칭 : 14, 16, 22, 28, 36, 42

46 ③

배선설비공사

- 이중천장(반자) 내에서 합성수지관을 시설해서는 안 된다.
- 배선설비공사에서 모든 전선관 내에는 전선을 접속해서는 안 된다. 다만 금속덕트 및 플로어덕트 내에 전선을 분기하기 위하여 전선을 접속하고, 점검이 쉽도록 한 경우에는 예외적으로 허용된다.

47 ②

금속관 공사 규정에 따른 전선관의 규격

- 전선관시스템 : 관 내 단면적의 $\dfrac{1}{3}$(33.3%) 이하
- 케이블트렁킹시스템 및 케이블덕팅시스템 : 덕트 내 단면적의 20% 이하 (제어 · 통신선 50%)
- 케이블트레이시스템 : 트레이 내측 폭 이하 단층으로 케이블 바깥지름의 합 이내

48 ①

옥내배선의 기호

천장은폐배선	———————————
노출배선	··············
바닥은폐배선	— — — — — — —
바닥면노출배선	—·—·—·—·—·—
지중매설배선	—··—··—··—··

49 ③

회전기의 절연내력 시험전압

전로의 종류	시험 전압
최대사용전압 7[kV] 이하	최대사용전압의 1.5배 (500[V] 미만은 500[V])
7[kV] 초과	최대사용전압의 1.25배 (10.5[kV] 미만은 10.5[kV])

50 ②

- 케이블 덕팅 시스템 : 본체와 덮개의 구분 없이 하나로 구성된 덕트 공사
  예 플로어덕트공사, 셀룰러덕트공사, 금속덕트공사
- 케이블 트렁킹 시스템 : 본체와 덮개가 별도로 구성되어 덮개를 개폐할 수 있는 공사
  예 합성수지몰드공사, 금속몰드공사, 금속트렁킹공사

51 ④

유니버설 엘보는 금속관공사에서 노출 배관공사 시 직각으로 구부러지는 장소에 사용하는 부품이다.

오답 피하기

① 전주나 강관 등에 수직으로 설치한 전선관 끝에 부착하여 빗물의 침입을 방지하기 위해 사용
② 아웃렛 지름이 로크너트보다 클 때 사용
③ 금속관과 박스의 접속 시 사용

52 ①

캐치홀더는 주상변압기의 2차 측 인출구에 접속하는 퓨즈의 일종이다.

오답 피하기

② 주상변압기의 작업을 위한 1차 측 개폐기로서 사용되며, 선로용 개폐기와 보호용 차단기로 활용
③ 배전 선로에서 지락이나 단락 사고 발생 시 고장을 검출하여 선로를 차단한 후 일정시간 경과하면 자동적으로 재투입 동작을 반복함으로써 순간 고장을 제거하는 기능을 하는 장치
④ 과부하나 지락 사고 발생 시 고장 구간만을 신속하고 정확하게 차단 또는 개방하여 고장 구간을 분리하기 위한 개폐기로, 22.9[kV] 수용가 인입구 등에 사용

53 ②

저압 이웃 연결 인입선의 시설

- 인입선에서 분기하는 점으로부터 100[m]를 초과하지 않을 것
- 폭 5[m]를 초과하는 도로를 횡단하지 않을 것
- 옥내를 통과하지 않을 것
- 전선은 지름 2.6[mm] 이상의 DV 전선일 것(단, 길이가 15[m] 이하인 경우는 2.0[mm])

54 ②

간선의 수용률

건축물의 종류	수용률[%]
주택, 기숙사, 여관, 호텔, 창고	50
학교, 사무실, 은행	70

55 ③

SF₆ 가스의 특징

- 무색, 무취, 무독성, 불연성 가스로서 열적·화학적으로 안정한 물질이다.
- 소호 능력이 공기보다 약 100~200배 양호하다.
- 공기보다 절연내력이 약 2.5~3.5배 높다.
- 열전도율이 공기보다 약 1.6배로 좋다.
- 공기보다 약 5배 무겁다.
- 대표적인 지구온난화 물질로 특별한 관리가 필요하다.

56 ①

교통신호등의 시설

- 사용전압 : 300[V] 이하
- 인하선의 지표상 높이 : 2.5[m] 이상
- 사용전압 150[V] 초과 시 : 자동적으로 전로를 차단하는 장치 시설 필요
- 교통신호등 회로의 배선과 시설물 사이의 간격 : 60[cm](케이블 30[cm]) 이상

57 ②

저압 옥내전로에는 인입구에 가까운 곳에 각 극에 개폐기를 시설하여야 한다. 다만 사용전압이 400[V] 이하인 옥내전로로서 다른 옥내전로에 접속하는 길이 15[m] 이하의 전로에서 전기의 공급을 받는 경우는 개폐기를 생략할 수 있다. 이때 정격전류가 16[A] 이하인 과전류차단기 또는 16[A]를 초과하고 20[A] 이하의 배선차단기로 보호되는 회로에 한한다.

58 ③

인터록 회로는 기기의 보호나 조작자의 안전이 목적이며 기기가 동작할 때 관련된 다른 기기의 동작을 금지하는 회로이다. 인터록 회로의 종류는 기계적 인터록 회로와 전기적 인터록 회로, 기계적 인터록 회로와 전기적 인터록 회로를 동시에 적용하는 경우가 있다.

오답 피하기

① 지정된 시간 동안 버튼을 누르고 있거나 터치하고 있을 때만 동작하는 회로를 말한다. 전기기기를 짧은 간격으로 반복 운전하거나 회전기의 회전방향을 점검할 때 많이 활용한다.
② 입력신호가 소멸해도 지속적으로 출력신호를 유지할 수 있는 회로이다.
④ 전동기 기동 시 기동 전류를 줄이기 위해 사용하는 회로이다.

59 ①

영상 변류기(ZCT)는 왕복 회로의 전류차, 3상 회로의 불평형, 접지선의 고장전류를 검출하여 접지계전기(GR) 및 누전차단기 등의 전원으로 사용한다.

오답 피하기

② 고전압을 측정하기 쉬운 낮은 전압으로 변환하는 계기용 변압기
③ 대전류를 측정하기 쉬운 낮은 전류로 변환하는 계기용 변류기
④ PT와 CT를 한 함 안에 넣은 것으로, 전력량계에 전원을 공급하기 위해 사용하는 계기용 변성기

60 ③

보호계전기의 동작을 확실하게 하기 위한 조건

- 적정한 온도와 습도 유지
- 제어케이블의 노이즈 방지
- 차폐케이블의 양단 접지
- 접지저항을 작게 조절

01 ④	02 ②	03 ④	04 ③	05 ②
06 ④	07 ②	08 ④	09 ②	10 ①
11 ④	12 ②	13 ①	14 ④	15 ①
16 ②	17 ②	18 ②	19 ②	20 ④
21 ③	22 ②	23 ③	24 ④	25 ③
26 ④	27 ②	28 ②	29 ①	30 ②
31 ②	32 ③	33 ④	34 ④	35 ②
36 ③	37 ③	38 ②	39 ②	40 ①
41 ④	42 ②	43 ②	44 ②	45 ④
46 ②	47 ②	48 ③	49 ②	50 ②
51 ②	52 ②	53 ②	54 ②	55 ④
56 ②	57 ④	58 ③	59 ④	60 ③

01 ④

동일한 저항 n개 연결 시 저항값

- 직렬접속 시 : $R_0 = nr[\Omega]$
- 병렬접속 시 : $R_0 = \dfrac{r}{n}[\Omega]$

따라서 직렬접속은 병렬접속 보다 n^2배 크므로 4^2인 16배가 크다.

02 ②

$Y' = \dfrac{1}{Z'}[\mho]$이고, 표시형식은 다음과 같다.

- $\dot{Z}$(임피던스)$=R$(레지스턴스)$+jX$(리액턴스)$[\Omega]$
- $\dot{Y}$(어드미턴스)$=G$(컨덕턴스)$+jB$(서셉턴스)$[\mho]$

따라서 $Y' = \dfrac{1}{8+j6}[\mho] = \dfrac{8-j6}{(8+j6)(8-j6)} = \dfrac{8-j6}{100} = 0.08 - j0.06[\mho]$ 이므로, 컨덕턴스는 0.08, 서셉턴스는 -0.06이다.

03 ④

$1[\text{kWh}] = 860[\text{kcal}]$이므로, $H = 860 \times 5 \times 2 = 8,600[\text{kcal}]$이다.

04 ③

전지의 접속

- 직렬접속 : $I = \dfrac{nE}{nr+R}[\text{A}]$
- 병렬접속 : $I = \dfrac{E}{\dfrac{r}{n}+R}[\text{A}]$

$\therefore I = \dfrac{nE}{nr+R} = \dfrac{7.5}{1.0+1.5} = 3[\text{A}]$

05 ②

- 1차 전지 : 건전지(망간 전지), 수은전지, 알칼리전지, 리튬전지 등
- 2차 전지 : 납축전지, 알칼리축전지, 니켈–카드뮴전지, 니켈–수소전지, 리튬이온 2차 전지, 리튬이온폴리머 2차 전지 등

06 ④

전자유도 법칙

$e = -N\dfrac{d\phi}{dt} = -L\dfrac{di}{dt}[\text{V}] = -50 \times \dfrac{(0.3-0.1)}{0.5} = -20[\text{V}]$

07 ②

가우스의 법칙

폐곡면을 통과하는 전속의 수는 폐곡면 속의 전하량과 동일하다는 법칙으로, 주로 대칭 정전계에서 전기력선의 밀도를 이용하여 전계의 세기를 구하기 위하여 적용한다.

08 ④

$860Pt\eta = mC\Delta T[\text{kcal}], \quad \Delta T = \dfrac{Pt\eta}{mC}[^\circ\text{C}]$

$\Delta T = \dfrac{860 \times 5 \times (0.5) \times 0.8}{20} = 86[^\circ\text{C}]$

$\therefore T_2 = T_1 + \Delta T = 15 + 86 = 101[^\circ\text{C}]$

09 ②

자속밀도 $B = \dfrac{\phi}{A}[\text{Wb/m}^2]$이므로,

$B = \dfrac{\phi}{A} = \dfrac{80 \times 10^{-6}}{(20 \times 10^{-2})^2} = 4 \times 10^{-3}[\text{Wb/m}^2]$이다.

10 ①

$L = \dfrac{N\phi}{I} = \dfrac{\mu N^2 A}{l}[\text{H}]$

$\therefore I = \dfrac{N\phi}{L} = \dfrac{100 \times 1 \times 10^{-3}}{10 \times 10^{-3}} = 10[\text{A}]$

11 ④

$H = \dfrac{NI}{l} = n_0 I = (10 \times 100) \times 5 = 5,000[\text{AT/m}]$ (단, n_0 : [권수/m])

12 ②

주기는 T[s], 주파수는 $f = \dfrac{1}{T}[\text{Hz}]$이다. 따라서 $f = \dfrac{1}{T} = \dfrac{1}{20 \times 10^{-3}} = 50$ [Hz]이다.

13 ①

$L = \dfrac{N\phi}{I} = \dfrac{\mu N^2 A}{l}[\text{H}]$이다. 즉, 코일의 자체인덕턴스는 권수의 제곱에 비례한다.

14 ④

자기회로의 자기저항

$R_m = \dfrac{F}{\phi} = \dfrac{NI}{\phi} = \dfrac{l}{\phi A} = \dfrac{l}{\mu_0 \mu_s A}[\text{AT/Wb}]$

15 ①

$W = \dfrac{1}{2}LI^2[\text{J}]$이므로, $L \propto \dfrac{1}{I^2}$이다. 따라서 $L_2 = (\dfrac{I_1}{I^2})^2 \times L_1 = (\dfrac{I_1}{3I_1})^2 \times L_1 = \dfrac{1}{9}L_1[\text{H}]$이다.

16 ②

$i = 200\sqrt{2}\sin(100\pi t + \dfrac{\pi}{2})[\text{A}]$**의 표현 방식**

- 극좌표 : $i = 200\angle\dfrac{\pi}{2}$
- 삼각함수 : $i = 200(\cos\dfrac{\pi}{2} + j\sin\dfrac{\pi}{2})$
- 직교좌표 : $i = j200$

17 ②

X_L에 흐르는 전류 $I_L = \dfrac{V_L}{X_L} = \dfrac{200}{8} = 25[\text{A}]$이다.

18 ②

- Y결선 방식에 따른 전압 : $V_l{'} = \sqrt{3}\,V_p{'} \angle \dfrac{\pi}{6}[\text{A}]$
- Y결선 방식에 따른 전류 : $I_l{'} = I_p{'}[\text{A}]$

$\therefore V_l{'} = \sqrt{3}\,V_p{'} \angle \dfrac{\pi}{6}[\text{V}]$

$\therefore V_p = \dfrac{V_L}{\sqrt{3}} = \dfrac{200}{\sqrt{3}} \approx 115.47[\text{V}]$

19 ②

과도현상

- 인덕턴스 L[H]과 정전용량 C[F]를 포함한 회로에서 스위칭 작용에 의해 하나의 상태에서 다른 정상상태로 변화하여 안정되기까지의 현상이다.
- 정격의 63.2[%]까지 도달하는 데 걸리는 시간을 시정수 τ라 하며, 단위는 [sec]를 사용한다.
- 시정수가 작을수록 정격에 도달하는 시간이 짧아져서 과도현상이 짧아질 수 있으나 회로의 안정도는 낮아지고, 시정수가 크면 과도현상이 길어질 수 있으나 회로의 안정도는 높아진다.

20 ④

RLC 직렬회로에서 임피던스 $Z' = R + j\left(\omega L - \dfrac{1}{\omega C}\right)[\Omega]$이고, 공진조건은 $\omega_0 L - \dfrac{1}{\omega_0 C} = 0,\ f_0 = \dfrac{1}{2\pi\sqrt{LC}}[\text{Hz}]$이다. 이때, 임피던스가 최소로 되고 회로의 전류는 최대가 된다.

21 ③

인터록 회로는 기기의 보호나 조작자의 안전이 목적이며 기기가 동작할 때 관련된 다른 기기의 동작을 금지하는 회로이다. 인터록 회로의 종류는 기계적 인터록 회로와 전기적 인터록 회로, 기계적 인터록 회로와 전기적 인터록 회로를 동시에 적용하는 경우가 있다.

> **오답 피하기**
>
> ① 지정된 시간 동안 버튼을 누르고 있거나 터치하고 있을 때만 동작하는 회로를 말한다. 전기기기를 짧은 간격으로 반복 운전하거나 회전기의 회전방향을 점검할 때 많이 활용한다.
> ② 입력신호가 소멸해도 지속적으로 출력신호를 유지할 수 있는 회로이다.
> ④ 기동 시에는 Y 결선으로 전압을 낮추어 기동 전류를 감소시키고, 운전 시에는 Δ 결선으로 전환하는 기동 제어 회로이다.

22 ②

분권발전기 전압 조정(= 계자 저항 조절)

- 계자 저항 증가 → 계자 전류 감소 → 자속 감소 → 단자전압 하락
- 계자 저항 감소 → 계자 전류 증가 → 자속 증가 → 단자전압 상승

23 ③

토크와 기계적 출력의 관계식

$T = 9.55 \dfrac{P_0}{N}[\text{N} \cdot \text{m}] = 0.975 \dfrac{P_0}{N}[\text{kg} \cdot \text{m}]$

$\therefore P_0 = \dfrac{TN}{9.55} \times \dfrac{108.48 \times 800}{9.55} \approx 9,087.33[\text{W}]$

24 ④

동기발전기의 전기자 반작용

- 저항부하 : 횡축 반작용(교차 자화작용), 편자 작용
- 유도성부하 : 직축 반작용, 감자 작용
- 용량성부하 : 직축 반작용, 증자 작용

25 ③

- 단락비 : $K_s = \dfrac{I_f{'}}{I_f{''}} = \dfrac{I_s}{I_n} = \dfrac{1}{\%Z_s}$
- 단락비가 큰 기계 특성 중 작아지는 값
  - 동량
  - 동기 임피던스
  - 전기자 반작용
  - 전압변동률
  - 효율
- 단락비가 큰 기계 특성 중 커지는 값
  - 전압 안정도
  - 공극
  - 계자 전류
  - 기계의 중량
  - 가격
  - 과부하 내량

26 ④

3상 동기발전기의 출력

$P_3 = 3 \cdot \dfrac{EV}{X_s} \sin\delta[\text{W}] = 3 \cdot \dfrac{E_l}{\sqrt{3}} \cdot \dfrac{V_l}{\sqrt{3}} \cdot \dfrac{1}{X_s} \sin\delta = \dfrac{E_l V_l}{X_s} \sin\delta[\text{W}]$

(단, E, V : 상전압, E_l, V_l : 선간전압)

27 ③

동기발전기의 전기자 권선에는 주로 분포권과 단절권이 적용된다. 이 방식들은 집중권이나 전절권에 비해 기전력의 크기는 다소 감소시키지만, 고조파를 제거하여 기전력의 파형을 개선하고 권선의 과열을 방지하는 효과가 있어 대부분의 발전기에서 표준으로 채택한다.

28 ①

자기기동법

회전자 자극 표면에 기동 권선(제동 권선)을 설치하여 기동하는 방법이다. 이 경우 처음부터 전 전압을 인가하면 기동전류가 많이 흘러서 전기자를 과열시키거나 전력 공급 모선의 전압 강하를 수반하므로 공급 전압을 전 전압의 30~50[%]로 낮추어서 기동한 후에 속도가 70~80[%]로 상승하면 전전압 운전을 한다. 또한 계자 권선에는 고전압이 인가되어 계자 회로가 소손될 우려가 있으므로, 계자 회로는 저항을 연결하여 반드시 단락시킨 후에 기동해야 한다.

29 ①

철심에 가해지는 자화력의 방향을 바꿀 때마다 손실이 발생하는데, 이 손실을 히스테리시스손이라 하며, 종축은 자속밀도 $B[\text{Wb/m}^2]$, 횡축은 자계의 세기 H[AT/m]를 나타내고, B_r은 잔류자기를, H_c는 보자력을 표시하며, 곡선의 면적은 손실을 의미한다.

30 ②

변압기 2차 측을 단락하고 1차 측에 정격 주파수의 전압을 서서히 증가시켜 전류계가 1차 정격전류 $I_n[\text{A}]$이 될 때의 전압 $V_s[\text{V}]$를 공급한다. 이때의 전압은 변압기의 1, 2차 임피던스에 의한 전압 강하를 의미하므로 이 전압을 임피던스 전압이라 하고, 이때의 전력 $P_s[\text{W}]$를 임피던스 와트라 하는데, 이것이 동손(P_c)이 된다.

31 ②

• 히스테리시스손은 $P_h=k_hfB_m^{1.6}\sim k_hfB_m^{2.0}[\text{W/kg}]$이다.
 – $B_m<1[\text{Wb/m}^2]:B_m^{1.6}$
 – $B_m\geq1[\text{Wb/m}^2]:B_m^{2.0}$에 비례
• 와류손 $P_e=k_e(tfB_m)^2[\text{W/kg}]$ (단, t : 강판의 두께)

32 ③

절연재료의 내열성에 따른 분류

종류	최고 사용온도[℃]
Y종	90
A종	105
E종	120
B종	130
F종	155
H종	180
C종	180 이상

33 ④

등가회로

변압기의 실제 회로를 권수비를 사용하여 1차 측 회로와 2차 측 회로를 결합시킨 단일 회로로 구성하여 보다 쉽게 변압기의 전기적 특성을 설명하기 위한 회로이다. 본 문제의 회로는 2차 측을 1차 측으로 환산한 등가회로이다.

34 ④

변압기의 온도상승시험

• 실 부하법 : 정격부하를 걸어서 온도 상승을 시험하는 방법으로, 소형 변압기 외에는 거의 사용하지 않는다.
• 반환 부하법 : 전력 소비 없이 철손과 동손만 별도로 변압기에 공급하여 온도 상승을 시험하는 방법으로, 일반적으로 많이 사용한다.
• 단락법 : 변압기 2차 측을 단락시키고, 1차 측에 철손과 동손에 해당하는 전류를 공급하여 온도 상승을 시험하는 방법이다.

35 ②

권선형 유도전동기의 비례추이

• $\dfrac{r_2}{s}$는 일정하다. 즉, 2차 저항과 슬립 사이에는 서로 비례관계가 성립한다.
• 유도전동기의 2차 저항을 조절하여 기동전류를 줄이고, 기동 토크를 크게 할 수 있다.
• 최대 토크는 변하지 않는다.
• 조정 가능한 것 : 1차 전류(I_1), 1차 입력(P_1), 역률($\cos\theta$)
• 조정 불가능한 것 : 출력(P_0), 효율(η_2), 동손(P_{c2})

36 ③

2차 동손 $P_{c2}=sP_2[\text{W}]$이므로, 2차(회전자) 입력 $P_2=\dfrac{P_{c2}}{s}=\dfrac{600}{0.03}=20,000[\text{W}]=20[\text{kW}]$이다.

37 ③

전전압 기동은 별도의 기동장치가 필요 없어 구성이 간단하고 조작하기 쉽지만, 기동전류가 크므로 기동 시간이 짧은 소용량 전동기(5[kW] 이하)에 적합하다. 또한 기동 시 기동전류에 의한 무효전력이 발생하여 역률이 저하된다.

38 ②

유도전동기의 기계적 출력을 발생하는 데 필요한 등가저항

$$R=\frac{1-s}{s}r_2=(\frac{1-0.05}{0.05})r_2=19r_2[\Omega]$$

39 ②

TRIAC

쌍방향성 3단자 사이리스터 교류 제어용. 교류 전압의 양(+)과 음(−) 방향 모두에서 스위칭이 가능하고, 조명 밝기 조절, 모터 속도 제어, 히터 온도 제어 등 다양한 전력 제어 회로 분야에서 활용된다.

40 ①

SCS는 역저지 4단자 사이리스트로, 광에 의한 스위치 제어 소자이다.

오답 피하기

② 쌍방향성 3단자 사이리스터 교류 제어용 소자
③ 역저지 3단자 사이리스터 직류 · 교류 제어용 소자
④ 2단자 양방향성 대칭형 스위치 교류 제어용 소자

41 ④

ACSR은 강심알루미늄 연선을 말하며, 가공 송전선로에 가장 많이 사용되는 전선이다. 알루미늄 도체와 강선 심재로 구성되어, 높은 인장 강도와 전기적 특성을 동시에 가진 전선이다.

42 ②

• 전선의 종단접속 방법 : 쥐꼬리접속, 동선 압착단자 접속, 비틀어 꽂음형 전선접속기 접속, 종단겹침용 슬리브(E형) 접속, 직선겹침용 슬리브(P형) 접속, 꽂음형 커넥터 접속 등
• 전선의 직선접속 방법 : 트위스트 접속, 직선 맞대기용 슬리브(B형) 접속

43 ②

접지시스템의 구분

• 접지시스템의 구분 : 계통접지, 보호접지, 피뢰시스템 접지
• 접지시설의 종류 : 단독접지, 공통접지, 통합접지
• 접지시스템의 구성 : 접지극, 접지도체, 보호도체 및 기타 설비

44 ②

옥내에 시설하는 사용전압 400[V] 이하인 조명용 전원코드 또는 이동전선은 기구단자가 누름나사형, 크램프형이거나 이와 유사한 구조가 아닌 경우는 단면적 100[mm²]를 초과하는 단선 또는 단면적 6[mm²]를 초과하는 연선에는 터미널러그를 부착해야 한다.

45 ④

• 금속전선관의 호칭
 – 박강 전선관(바깥지름, 홀수) : 15, 19, 25, 31, 39, 51, 63, 75
 – 후강 전선관(안지름, 짝수) : 16, 22, 28, 36, 42, 54, 70, 82, 92, 104
• 비닐전선관의 호칭
 – 경질비닐관(PVC)의 호칭(안지름, 짝수) : 14, 16, 22, 28, 36, 42, 54, 70, 82, 100
 – 합성수지제 가요전선관(PF, CD)의 호칭 : 14, 16, 22, 28, 36, 42

46 ②

와이어 통(Wire Tongs)은 핀애자나 현수애자의 장주에서 활선을 작업영역 밖으로 밀어낼 때 사용하는 절연봉이다.

47 ②

저압 가공인입선의 시설에서 전선이 케이블인 경우 이외에는 인장강도 2.30[kN] 이상 또는 지름 2.6[mm] 이상의 인입용 비닐절연전선(DV)을 사용해야 한다. 다만 지지물 간 거리가 15[m] 이하인 경우는 인장강도 1.25[kN] 이상 또는 지름 2[mm] 이상의 인입용 비닐절연전선을 사용해야 한다.

48 ③

과전류차단기의 동작시간 특성

구분	정격전류의 구분 [A]	시간 [분]	정격전류의 배수 [배] (모든 극에 통전)	
			부동작전류	동작전류
산업용	63 이하	60	1.05	1.3
	63 초과	120	1.05	1.3
주택용	63 이하	60	1.13	1.45
	63 초과	120	1.13	1.45

49 ②

버스덕트의 종류

- 피더 버스덕트
- 플러그인 버스덕트
- 트롤리 버스덕트
- 익스펜션 버스덕트
- 탭붙이 버스덕트
- 트랜스포지션 버스덕트

50 ②

주택용 누전차단기

- 금속제 외함을 가지는 사용전압 50[V]를 초과하는 저압의 기계기구로서 사람이 쉽게 접촉할 우려가 있는 곳에 전기를 공급하는 전로에는 누전차단기를 시설해야 한다.
- 욕조나 샤워시설이 있는 욕실 또는 화장실 등 인체가 물에 젖어있는 상태에서 전기를 사용하는 장소에 콘센트를 시설하는 경우에는 인체감전보호용 누전차단기(정격감도전류 15[mA] 이하, 동작시간 0.03[초] 이하의 전류동작형) 또는 절연변압기(정격용량 3[kVA] 이하인 것)로 보호된 전로에 접속하거나, 인체감전보호용 누전차단기가 부착된 콘센트를 시설하여야 한다.

51 ②

차단기의 정격 차단 용량(차단기가 안전하게 차단할 수 있는 최대 단락 전류 용량)

- 단상 회로 : 정격 전압×정격 차단 전류
- 3상 회로 : $\sqrt{3}$×정격 전압×정격 차단 전류

52 ③

가공 케이블을 사용하는 경우

- 케이블은 조가선에 행거로 시설한다. 이 경우 사용전압이 고압일 때 행거의 간격을 50[cm] 이하로 시설하여야 한다.
- 조가선은 인장강도 5.93[kN] 이상의 연선 또는 단면적 22[mm²] 이상인 아연도철 연선이어야 한다.
- 조가선의 케이블에 금속 테이프를 사용 시는 20[cm] 이하의 간격을 유지해야 한다.

53 ②

고압 옥측 전선로를 시설할 경우, 그 조영물에 시설하는 전선 등이나 수관·가스관 등과 접근하거나 교차하는 경우에 전선과 이들 사이의 간격은 0.15[m] 이상이어야 하며, 위 경우 이외의 다른 시설물과 전선이 접근하는 경우에 전선과 이들 사이의 간격은 0.3[m] 이상이어야 한다.

54 ②

전주외등

- 대지전압 300[V] 이하의 형광등, 고압방전등, LED등 등을 배전선로의 지지물 등에 시설하는 경우에 적용
- 전주외등의 기구 부착 높이 : 4.5[m] 이상(단, 교통에 지장이 없을 경우 3.0[m] 이상)
- 돌출 수평거리 : 1[m] 이내
- 배선은 단면적 2.5[mm²] 이상의 절연전선을 사용하고, 케이블공사, 합성수지관공사, 금속관공사 중 시행
- 사용전압이 1[kV]를 초과하는 옥측 또는 옥외 방전등 공사 시 방전관은 지표상 4.5[m] 이상의 높이에 시설하고, 기타 시설물 또는 식물 사이의 간격은 60[cm] 이상이어야 함
- 옥외등의 인하선을 애자공사로 시행할 경우 지표상 2[m] 이상의 높이로 노출장소에 한함

55 ④

옥내에 시설하는 저압 접촉전선 공사

- 공사 방법 : 애자공사, 버스덕트 공사, 절연 트롤리 공사
- 애자공사에 의하여 옥내의 전개된 장소에 시설하는 경우 : 전선의 바닥에서의 높이 3.5[m] 이상인 곳에 시설한다. 다만 전선의 최대 사용전압이 60[V] 이하이고 또한 건조한 장소에 시설하는 경우로서 사람이 쉽게 접촉할 우려가 없도록 시설하는 경우에는 적용되지 않는다.
- 전선은 지름 6[mm]의 경동선으로 단면적이 28[mm²] 이상이어야 한다.

56 ②

차단기를 차단방식에 따라 기중차단기(ACB), 공기차단기(ABB), 자기차단기(MBB), 진공차단기(VCB), 유입차단기(OCB), 가스차단기(GCB)로 분류할 수 있다. 그 중 기중차단기는 자연 소호 방식으로 저압 회로에 사용한다.

57 ④

소방설비의 구성

- 소방시설 : 소화설비, 경보설비, 피난설비, 소화용수설비, 소화활동설비
- 경보설비 : 자동화재 탐지설비, 시각경보기, 누전경보기, 자동화재 속보설비, 비상방송설비, 비상경보설비, 단독경보형 감지기, 가스누설경보기, 통합감시시설
- 자동화재탐지설비 : 감지기, 발신기, 중계기, 수신기, 음향장치, 표시등, 전원, 배선 등

58 ③

제어의 종류

- 릴레이 제어 : 제어 전류의 유무 또는 방향에 따라 접점이 동작하여 다른 회로를 개폐함으로써 시스템을 제어하는 것이다. 릴레이의 종류에는 유접점 릴레이와 무접점 릴레이가 있다.
- PLC(Programmable Logic Controller) : 컴퓨터 기반으로 기계 장비를 프로세서에 의해 제어하는 장치이다.
- 시퀀스 제어 : 연속적인 사건이나 동작이 공간적, 시간적으로 정해져서 필요한 시스템을 제어하는 것이다.
- HMI(Human Machine Interface) : 사람과 기계 간의 의사소통 수단이며, 수많은 물리적 시스템을 일원화하여 감시 및 제어를 원활하게 하도록 만든 하나의 솔루션을 의미한다.

59 ④

보호계전기 시험 시 유의사항

- 보호계전기가 연결된 전력설비의 전원을 차단하고, 차단기 개폐 상태를 확인한다.
- 시험 장비의 영점 조정, 교정 상태 등을 확인하여 측정 오차를 최소화한다.
- 시험 회로의 결선 상태를 정확히 확인하고, 특히 극성 및 교류/직류 여부에 유의한다.
- 대부분의 디지털 계전기는 예열이 불필요하지만 아날로그 계전기와 특수한 계전기는 예열이 필요한 경우가 있다.

60 ③

방향단락 계전기는 전압과 전류의 위상 관계를 이용하여 전류의 흐름 방향을 감지하여 단락 사고 발생 시 고장 위치를 정확히 파악하여 해당 구간만 차단함으로써 전체 시스템의 정지를 방지하는 계전기이다. 송전 선로나 배전선로, 변전소에서 발생하는 단락 사고를 신속하게 차단하여 설비 손상을 방지하고, 안정적인 전력 공급을 유지하는 역할을 한다.

오답 피하기

① 계전기로부터 고장점까지의 임피던스를 측정하여 고장점까지의 거리를 판별한다.
② 보호구간 양단에 통신수단을 두어 고장상황을 서로 연락함으로써 고장점의 위치와 관련 없이 송전선로의 양단을 동시에 고속으로 차단한다.
④ 병행 2회선 송전선로에서 1회선에 단락사고 발생 시 고장회선을 선택하여 차단한다.

01 ④	02 ②	03 ①	04 ②	05 ②
06 ④	07 ④	08 ②	09 ②	10 ①
11 ①	12 ③	13 ①	14 ②	15 ③
16 ①	17 ④	18 ③	19 ②	20 ③
21 ②	22 ②	23 ④	24 ②	25 ④
26 ①	27 ②	28 ③	29 ④	30 ④
31 ②	32 ④	33 ③	34 ④	35 ①
36 ③	37 ②	38 ②	39 ③	40 ②
41 ③	42 ④	43 ②	44 ①	45 ③
46 ①	47 ④	48 ③	49 ①	50 ②
51 ①	52 ④	53 ④	54 ③	55 ③
56 ④	57 ③	58 ①	59 ④	60 ③

01 ④

$R = \rho \dfrac{l}{A}[\Omega]$에서 $v = A \cdot l\,[\mathrm{m}^3]$이므로, 일정한 체적을 유지한 채 길이를 늘리면 단면적은 그 값만큼 줄어든다. 바뀐 저항 $R' = \dfrac{2l}{(1/2A)} = 4R = 4 \times 20 = 80[\Omega]$이다.

02 ②

본 회로는 휘스톤 브리지와 같아서 평형조건이 성립되므로, 가운데 접속된 저항에는 전류가 흐르지 않는다. 따라서 $r = \infty$와 같으므로 r을 제거하고 합성저항을 구할 수 있다. 따라서 $R_0 = \dfrac{2r \cdot 2r}{2r + 2r} = r[\Omega]$이다.

03 ①

병렬연결 시 저항을 컨덕턴스로 바꾼 후 계산하면 합성 컨덕턴스를 구할 수 있다.

$$\therefore G_0 = \frac{1}{G_1} + \frac{1}{G_2} + \frac{1}{5} + \frac{1}{10} = \frac{3}{10}[\mho]$$

04 ②

정전차폐는 양 물체 사이에 금속 철망으로 격리시켜서 정전유도 현상을 방지하는 현상이다.

오답 피하기

① 대전된 물체에 도체를 접근시킬 때 도체가 대전되는 현상
③ 코일에 흐르는 전류가 변할 때 그 변화를 방해하는 방향으로 코일 자체에 유도 기전력이 발생하는 현상
④ 한 물체가 어떤 에너지에 의해서 양(+)전하와 음(−)전하로 분리되는 현상

05 ②

제3 금속의 법칙은 두 종류의 금속으로 된 열전회로 사이에 제3의 금속을 연결해도, 양끝의 접점 온도가 같다면 회로 전체의 열기전력은 변하지 않는다는 법칙이다.

오답 피하기

① 서로 다른 금속을 접속하고 전류를 흘리면, 전류가 흐르는 방향에 따라서 접합부에서 발열 또는 흡열 현상이 발생
③ 같은 종류의 금속선이라도 온도차가 있으면 전류를 흘렸을 때, 열의 흡수 또는 발열이 되는 현상
④ 서로 다른 금속을 접속하고 온도차를 유지하면, 기전력이 발생하여 전류가 흐르는 현상으로, 열전 온도계에 이용

06 ④

- 1차 전지 : 건전지(망간 전지), 수은전지, 알칼리전지, 리튬전지 등
- 2차 전지 : 납축전지, 알칼리축전지, 니켈-카드뮴 전지, 니켈-수소전지, 리튬이온 2차 전지, 리튬이온폴리머 2차 전지 등

07 ④

페러데이 법칙(전기분해에 의한 물질의 석출량 계산)

$w=kQ=kIt[\text{g}]$(단, $k=\dfrac{\text{원자량}}{\text{원자가}}[\text{g/C}]$, $Q[\text{C}]$: 전기량, $I[\text{A}]$: 전류, $t[\text{s}]$: 시간)

$\therefore$ 화학당량 $k=\dfrac{\text{원자량}}{\text{원자가}}=\dfrac{58.7}{2.0}=29.35[\text{g/C}]$

08 ②

$P=VI=I^2R=\dfrac{V^2}{R}[\text{W}]$

$\therefore P'=\dfrac{(0.9V)^2}{R}=0.81\dfrac{V^2}{R}=0.81P=0.81\times1,000=810[\text{W}]$

09 ②

동일한 전압에서 전력 소모량을 비교하려면 $P=\dfrac{V^2}{R}$ 식을 활용하여 비교하면 된다. 이때, P와 R은 서로 반비례한다. 따라서 저항이 작을수록 즉 병렬연결할 때 전구의 밝기가 더 밝다.

10 ①

- 병렬 연결
  - 콘덴서에 걸리는 전압은 동일하고 흐르는 전류가 달라진다.
  - $I=\dfrac{Q}{t}[\text{A}]$에서 콘덴서에 충전되는 전하는 $Q=CV[\text{C}]$이므로 Q는 C에 비례한다. 따라서 $Q_1=\dfrac{C_1}{C_1+C_2}Q[\text{C}]$, $Q_2=\dfrac{C_2}{C_1+C_2}Q[\text{C}]$ 이다.
- 직렬 연결

  콘덴서에 충전되는 전하는 동일하며, $V=\dfrac{Q}{C}[\text{V}]$이므로, V는 C에 반비례한다. 따라서 $V_1=\dfrac{C_2}{C_1+C_2}V[\text{V}]$, $V_2=\dfrac{C_1}{C_1+C_2}V[\text{V}]$이다. 즉, 콘덴서 C_1, C_2를 직렬연결하고 양단에 $V[\text{V}]$의 전압을 인가하면, 콘덴서 C_1에는 $\dfrac{C_2}{C_1+C_2}V$, 콘덴서 C_2에는 $\dfrac{C_1}{C_1+C_2}V$의 전압이 인가된다.

11 ①

평판도체의 단위체적당 정전흡인력

$F_0=\dfrac{1}{2}\varepsilon E^2=\dfrac{1}{2}\varepsilon(\dfrac{V}{d})^2[\text{N/m}^2]$

$\therefore$ 전압의 제곱에 비례하고, 극판의 간격의 제곱에 반비례한다.

12 ③

환상솔레노이드 내부 자계의 세기 $H=\dfrac{NI}{2\pi r}[\text{AT/m}]$이다.

따라서 $N=\dfrac{2\pi rH}{I}[\text{회}]$이다.

13 ①

자성체

- 강자성체 : 철(Fe), 니켈(Ni), 코발트(Co), 망간(Mn) 등
- 상자성체 : 알루미늄(Al), 백금(Pt), 텅스텐(W), 주석(Sn), 산소(O_2) 등
- 반자성체 : 구리(Cu), 은(Ag), 아연(Zn), 비스무트(Bi), 안티몬(Sb) 등

14 ②

도체에 작용하는 힘을 최댓값으로 하면 $F=BIl[\text{N}]$, $W=F\cdot r=BIl\cdot r=\dfrac{\phi}{S}\Pi\cdot r=\dfrac{\phi}{l\cdot r}\Pi\cdot r=\phi\cdot I[\text{J}]$, $I=\dfrac{W}{\phi}[\text{A}]$이다. (단, l : 도체의 길이, r : 도체가 움직인 거리, S : 면적)

따라서 $I=\dfrac{W}{\phi}=\dfrac{2}{5}=0.4[\text{A}]$이다.

15 ③

평행도선에 미치는 힘은 $F=\dfrac{2I_1I_2}{r}\times10^{-7}[\text{N/m}]$이고, 두 도체에 같은 방향의 전류가 흐르면 플레밍의 왼손법칙에 의해 흡인력이 작용하고, 반대 방향의 전류(왕복전류)가 흐르면 반발력이 작용한다.

16 ①

전기회로와 자기회로의 대응관계

전기회로	자기회로
기전력	기자력
전류	자속
전계	자계
전기저항	자기저항
도전율	투자율

17 ④

R-C 병렬회로의 어드미턴스는 $Y'=\dfrac{1}{R}+\dfrac{1}{-jX_C}=\dfrac{1}{R}+j\dfrac{1}{X_C}[\mho]$.

$Y=\sqrt{(\dfrac{1}{R})^2+(\dfrac{1}{X_C})^2}$이므로, $\cos\theta=\dfrac{G}{Y}=\dfrac{\dfrac{1}{R}}{\sqrt{(\dfrac{1}{R})^2+(\dfrac{1}{X_C})^2}}=$

$\dfrac{\dfrac{1}{R}}{\sqrt{\dfrac{X_C^2+R^2}{(R\cdot X_C)^2}}}=\dfrac{(\dfrac{1}{R})\cdot(R\cdot X_C)}{\sqrt{X_C^2+R^2}}=\dfrac{X_C}{\sqrt{R^2+X_C^2}}$이다.

18 ③

- R-L 직렬회로의 시정수 : $\tau=\dfrac{L}{R}[\text{sec}]$
- R-C 직렬회로의 시정수 : $\tau=RC[\text{sec}]$

19 ②

• Y 결선방식에 따른 선전압 : $V_l' = \sqrt{3}V_p' \angle \dfrac{\pi}{6}[\text{V}]$

• Y 결선방식에 따른 선전류 : $I_l' = I_p'[\text{A}]$

Y 결선 $I_l = I_p = \dfrac{V_p}{Z}[\text{A}]$, $V_p = \dfrac{V_l}{\sqrt{3}}[\text{V}]$, $Z = \sqrt{8^2+6^2} = 10[\Omega]$이므로,

$I_l = I_p = \dfrac{V_p}{Z} = \dfrac{(V_l/\sqrt{3})}{Z} = \dfrac{(200/\sqrt{3})}{10} = \dfrac{20}{\sqrt{3}}[\text{A}]$이다.

20 ③

비정현파의 조합에서 전류나 전력은 각각의 파형별로 따로 구해야 한다.

• 기본파
  - 임피던스 $Z' = \sqrt{R^2+(2\pi fL)^2} = \sqrt{4^2+3^2} = 5[\Omega]$
  - 전류 $I_1 = \dfrac{V_1}{Z_1} = \dfrac{100}{5} = 20[\text{A}]$
  - 전력 $P_1 = I_1^2 R = 20^2 \times 4 = 1{,}600[\text{W}]$
• 제3 고조파
  - 임피던스 $Z_3 = \sqrt{R^2+(2\pi fL)^2} = \sqrt{4^2+(3\times3)^2} = \sqrt{4^2+9^2}[\Omega]$
  - 전류 $I_3 = \dfrac{V_3}{Z_3} = \dfrac{50}{\sqrt{4^2+9^2}} \fallingdotseq 5.077[\text{A}]$
  - 전력 $P_3 = I_1^2 R = (\dfrac{50}{\sqrt{4^2+9^2}})^2 \times 4 \fallingdotseq 103.09[\text{W}]$

$\therefore$ 총 전력 $P = P_1 + P_3 = 1{,}600 + 103.09 = 1{,}703.1[\text{W}]$

21 ②

직류 분권전동기의 역기전력

$E = V - I_a R_a = 100 - 10 \times 1 = 90[\text{V}]$

22 ②

전압변동률

$\varepsilon = \dfrac{\text{무부하} - \text{정격}}{\text{정격}} \times 100 = \dfrac{V_0 - V_n}{V_n} \times 100 = \dfrac{104-100}{100} \times 100 = 4[\%]$

23 ④

차동복권발전기는 부하를 증가시켜도 부하의 변화와 관계 없이 부하전류가 거의 일정하게 되는 수하특성을 가지므로 주로 용접기용 전원으로 많이 사용한다.

24 ②

동기전동기는 V곡선(위상특성곡선)의 특성을 이용하여 무부하 상태에서 계자 전류만 조정하여 비교적 큰 용량의 송전계통의 전압조정과 역률 개선을 하는데, 이를 무효전력보상장치라고 한다. V곡선에서 곡선의 최저점은 역률(cosθ)이 1에 해당되는 점이며, 이때 전기자 전류가 가장 작다. 이 점의 오른쪽은 앞선 역률을, 왼쪽은 뒤진 역률을 나타내므로 이를 이용하여 역률을 조정할 수 있다.

25 ④

동기전동기의 자기 기동 시 계자권선에는 고전압이 공급되어 계자 회로가 소손될 우려가 있으므로, 계자 회로는 저항을 연결하여 반드시 단락시킨 후에 기동해야 한다.

26 ①

동기발전기의 병렬운전 조건 중 기전력의 크기가 다르면 무효 순환전류가 흐르며, 그 크기는 $I_c = \dfrac{\Delta V}{Z_1 + Z_2}[\text{A}]$이다. 따라서 $I_c = \dfrac{\Delta V}{Z_1 + Z_2} = \dfrac{100}{10+10}$ $= 5[\text{A}]$이다.

27 ②

제동권선의 역할

• 난조 방지
• 전력계통의 안정도 향상에 기여(단락전류 제한)
• 동기전동기의 기동 권선의 역할

28 ③

동기발전기의 단락비는 $K_s = \dfrac{I_f'}{I_f''} = \dfrac{I_s}{I_n} = \dfrac{1}{\%Z_s}$이므로, $I_s = \dfrac{I_n}{\%Z_s} = \dfrac{1}{0.05}$ $= 20I_n$이다.

29 ④

변압기의 정격 출력은 전력을 사용하는 부하 측, 즉 2차 측 단자를 기준으로 정의한다.

30 ④

임피던스계전기는 전압과 전류의 비율인 임피던스를 측정하여 고장 여부를 판단하는 계전기로, 대표적인 임피던스계전기는 거리계전기이다. 거리계전기는 주로 송전선로 보호에 사용된다.

오답 피하기

① 변압기의 1차 측 전류와 2차 측 전류의 차에 의해 동작하는 계전기로, 변압기의 내부고장 보호에 사용된다. 변압기가 정상 운전할 경우에는 1, 2차 측의 전류비가 일정하나 고장이 발생하여 이 차이가 일정 이상 커지면 동작하는 방식이다.
② 변압기 본체와 콘서베이터 중간에 설치되어, 부분방전 등 이상가스 발생 시 경보를 발생하고, 내부 고장에 의한 아크 발생으로 탱크 압력의 급격한 증가를 감지하여 차단 장치를 동작하도록 하는 기능을 한다.
③ 변압기 내부에 고장 발생으로 인한 아크에 의하여 내부 압력상승 속도가 일정 수준 이상이 되면 동작하는 계전기로, 부흐홀츠 계전기가 미처 파악하지 못하는 부분을 감지하여 차단기 동작의 신속성을 확보한다.

31 ②

변압기 절연유의 구비조건

• 절연 내력이 클 것
• 비열이 커서 냉각효과가 클 것
• 인화점이 높을 것
• 점도가 낮고 응고점이 낮을 것
• 화학적으로 안정할 것
• 고온에서 산화, 석출물이 발생하지 않을 것

32 ④

권수비 $a = \dfrac{N_1}{N_2} = \dfrac{V_1}{V_2} = \dfrac{I_2}{I_1} = \sqrt{\dfrac{Z_1}{Z_2}}$이므로, 1차 측으로 환산하면 $V_1 = aV_2$, $I_1 = \dfrac{1}{a}I_2$, $Z_1 = a^2 Z_2$이다.

33 ③

V–V 결선

• 출력 $P_V = \sqrt{3}P_a = \sqrt{3}V_P I_P[\text{VA}]$
• 이용률 $= \dfrac{P_V}{P_2} = \dfrac{\sqrt{3}}{2} = 0.866$
• 출력비 $= \dfrac{P_V}{P_3} = \dfrac{\sqrt{3}}{3} = 0.577$
• $\therefore$ 이용률 $= \dfrac{P_V}{P_3} = \dfrac{\sqrt{3}}{2} = 0.866[\text{pu}] = 86.6[\%]$

34 ④

Y결선

- 중성점을 접지할 수 있어서 고장 시 고장 전류는 크나 고장의 검출이 쉽다.
- 건전상의 전위 급상승을 방지할 수 있으며, 단절연이 가능하다.
- Δ 전선 연결에 비해 선간 전압이 $\sqrt{3}$배 높아지는 장점이 있다.
- 제3 고조파를 제거할 수 없어서 통신선 등에 유도장해를 일으킬 수 있다.

35 ①

철심에 가해지는 자화력의 방향을 바꿀 때마다 손실이 발생하는데, 이 손실을 히스테리시스손이라 하며, 그림의 종축은 자속밀도 $B[\text{Wb/m}^2]$, 횡축은 자계의 세기 $H[\text{AT/m}]$를 나타내고, B_r은 잔류자기를, H_c는 보자력을 표시하며, 곡선의 면적은 손실을 의미한다.

36 ③

유도전동기의 2차 동손은 $P_{c2}=sP_2[\text{W}]$이다. 따라서 $P_{c2}=sP_2=0.03\times 10\times 10^3=300[\text{W}]$이다.

37 ②

엘리베이터에 사용하는 중용량(10~15[kW]급)의 3상 유도전동기는 기동전류를 줄이기 위해 일반적으로 Y–Δ 결선을 사용하여 기동전류를 줄이고, 단상 유도전동기는 직·병렬 결선을 많이 사용하며, 최근에는 인버터 제어(VVVF)를 많이 사용하는 추세이다.

38 ②

유도전동기의 2차 효율은 $\eta_2=\dfrac{P_0}{P_2}=1-s=\dfrac{N}{N_s}\times 100[\%]$이다.

$$\therefore N_s=\dfrac{120f}{P}=\dfrac{120\times 50}{4}=1{,}500[\text{rpm}]$$

$$\therefore \eta_2=\dfrac{N}{N_s}=\dfrac{1{,}320}{1{,}500}=0.88[\text{pu}]=88[\%]$$

39 ③

① DIAC
② SCR
④ UJT(단접합 트랜지스터)

40 ②

SCR은 게이트의 부착 위치에 따라 P형 게이트와 N형 게이트가 있는데, 대부분 P형 게이트를 사용한다.

41 ③

인입용 비닐절연전선의 약호는 DV이다.

① 옥외용 비닐절연 전선
② 가교폴리에틸렌절연 비닐시스 케이블
④ 폴리에틸렌절연 비닐시스 케이블

42 ④

녹아웃 펀치(홀소)는 금속제 캐비닛이나 철판의 구멍을 뚫기 위한 공구이다.

① 금속관 공사 시 금속관 끝단에 나사를 내기 위한 공구
② 굵은 전선이나 철선 등을 절단하기 위한 공구
③ 금속관을 구부리는 공구

43 ②

콤비네이션 커플링은 가요 전선관과 금속관을 상호 접속할 때 사용한다.

① 가요전선관 상호 접속 시 사용
③ 전주나 강관 등에 수직으로 설치한 전선관 끝에 부착하여 빗물의 침입을 방지하기 위해 사용
④ 금속관공사에서 노출 배관공사 시 직각으로 구부러지는 장소에 사용

44 ①

- 수도관 : 3[Ω]
- 건축물·구조물의 철골 : 2[Ω] 이하

45 ③

고압 전로에 사용되는 케이블은 컴바인덕트(CD) 케이블, 연피케이블, 알루미늄케이블, 비닐외장케이블, 폴리에틸렌 외장케이블, 클로로프렌 외장케이블, 저독성 난연 폴리올레핀 외장케이블 등이 있다.

무기물 절연(MI) 케이블은 저압용 케이블이다.

46 ①

배관의 곡률 반지름

- 금속관, 합성수지관 : 관 안지름의 6배
- 금속제 가요전선관 : 관 안지름의 6배(단, 제2종 금속제 가요전선관의 시설 및 제거가 자유로운 경우 관 안지름의 3배)
- 케이블 공사(비닐, 클로로프렌, 폴리에틸렌 외장 케이블) : 바깥지름의 6배(단심인 경우 8배)
- 연피나 알루미늄 피 : 바깥지름의 12배 이상

47 ④

- 금속전선관의 호칭
  - 박강 전선관(바깥지름, 홀수) : 15, 19, 25, 31, 39, 51, 63, 75
  - 후강 전선관(안지름, 짝수) : 16, 22, 28, 36, 42, 54, 70, 82, 92, 104
- 비닐전선관의 호칭
  - 경질비닐관(PVC)의 호칭(안지름, 짝수) : 14, 16, 22, 28, 36, 42, 54, 70, 82, 100
  - 합성수지제 가요전선관(PF, CD)의 호칭 : 14, 16, 22, 28, 36, 42

48 ③

합성수지관 공사

- 관의 두께는 2[mm] 이상이어야 한다.
- 이중천장(반자 속 포함) 내에는 시설할 수 없다.
- 전선은 절연전선(OW 제외)이고, 연선(단, 단면적 10[mm²](알루미늄선은 단면적 16[mm²]) 이하는 단선 가능)일 것이며, 합성수지관 안에서 접속점이 없어야 한다.
- 합성수지관 상호 간 및 박스와 관을 삽입하는 깊이를 관의 바깥지름의 1.2배(접착제를 사용하는 경우에는 0.8배) 이상이다.
- 관 지지점 간의 거리는 1.5[m] 이하, 전선관의 끝부분이나 박스 가까운 부분은 0.3[m] 이하여야 한다.
- PVC 전선관 1본의 표준 길이는 4[m], 굵기는 관의 안지름 크기에 가까운 짝수 [mm]로 해야 한다.

49 ①

접지도체의 최소 단면적

- 구리 저압은 6[mm²] 이상, 구리 고압은 16[mm²] 이상 (단, 접지도체에 피뢰시스템이 접속되는 경우 구리 16[mm²], 철제 50[mm²] 이상)
- 중성점 접지용 접지도체 : 16[mm²] 이상의 연동선 (단, 7[kV] 이하의 전로와 25[kV] 이하의 중성선 다중접지방식으로서 지락 발생 시 2초 이내에 자동으로 차단하는 장치가 있는 경우 6[mm²] 이상의 연동선)
- 겸용도체(PEN) : 구리 10[mm²], 알루미늄 16[mm²] 이상

50 ③

3상 교류전력 $P=\sqrt{3}VI\cos\theta[\text{W}]$에서

$$I=\frac{P}{\sqrt{3}V\cos\theta}=\frac{1,000}{\sqrt{3}\times22.9\times0.8}≒31.5[\text{A}]\text{이다.}$$

또한 과전류 보호기준에서 $I_B{\le}I_n{\le}I_Z{\le}I_2{\le}1.45I_Z$(단, I_B : 회로의 설계전류, I_n : 보호장치의 정격전류, I_Z : 케이블의 허용전류, I_2 : 보호장치의 동작전류)이므로, 차단기의 정격전류는 회로의 설계전류 이상이고 케이블의 허용전류 이하여야 하므로, 위 값은 공장회로의 최대전류라 할 수 있다. 따라서 해당 전류 이하의 값이면 적당하다.

51 ①

완금의 표준 길이[mm]

전선의 개수	저압	고압	특고압
2	900	1,400	1,800
3	1,400	1,800	2,400

52 ④

가공 인입선(가공전선)의 높이[m]

구분	저압	고압(저 · 고압 가공전선의 높이)
도로횡단	5	6
철도횡단	6.5	6.5
횡단보도교	3	3.5
기타	4	5(위험표시를 한 경우 3.5)

53 ④

옥내에 시설하는 저압 접촉전선 공사

- 공사방법 : 애자공사, 버스덕트 공사, 절연 트롤리 공사
- 애자공사에 의하여 옥내의 전개된 장소에 시설하는 경우 : 전선의 바닥에서의 높이 3.5[m] 이상이어야 한다. 다만, 전선의 최대 사용전압이 60[V] 이하이고 또한 건조한 장소에 시설하는 경우로서 사람이 쉽게 접촉할 우려가 없도록 시설하는 경우에는 적용하지 않는다.
- 전선 : 지름 6[mm]의 경동선으로 단면적이 28[mm²] 이상이어야 한다.

54 ③

보호계전기의 동작을 확실하게 하기 위한 조건

- 적정한 온도와 습도 유지
- 제어케이블의 노이즈 방지
- 차폐케이블의 양단 접지
- 접지저항을 작게 조절

55 ③

관등회로의 사용전압이 400[V] 이하인 배선은 공칭단면적 2.5[mm²] 이상인 연동선과 이와 동등 이상의 세기 및 굵기의 절연전선(옥외용 비닐절연전선 및 인입용 비닐절연전선은 제외), 캡타이어케이블 또는 케이블을 사용하여 시설하여야 한다.

56 ④

저압 이웃 연결 인입선의 시설

- 인입선에서 분기하는 점으로부터 100[m]를 초과하지 않을 것
- 폭 5[m]를 초과하는 도로를 횡단하지 않을 것
- 옥내를 통과하지 않을 것
- 전선은 지름 2.6[mm]이상의 DV 전선일 것(단, 길이가 15[m] 이하인 경우는 2.0[mm])

57 ③

철근 콘크리트주의 땅에 묻히는 깊이

- 전체 길이 16[m] 이하이고, 설계하중 6.8[kN] 이하인 것
- 전체 길이 15[m] 이하 : 6분의 1 이상
- 전체 길이 15[m] 초과 : 2.5[m] 이상
- 전체 길이 14[m]~20[m]이고, 설계하중 6.8[kN] 초과 9.8[kN] 이하 : 기준보다 30[cm] 가산
- 설계하중 9.81[kN] 초과 14.72[kN] 이하이고, 전체 길이 15[m] 이하인 경우 : 위 기준보다 0.5[m] 더한 값 이상
- 전체 길이 15[m] 초과 18[m] 이하 : 묻히는 깊이 3[m] 이상
- 전체 길이 18[m] 초과 : 묻히는 깊이 3.2[m] 이상

∴ 전체 길이 9[m]이고, 설계하중 6.8[kN] 초과 9.8[kN] 이하이므로 기준보다 30[cm] 가산한다. 따라서 $L=9\times\frac{1}{6}+0.3=1.8[\text{m}]$이다.

58 ①

리클로저는 배전 선로에서 지락이나 단락사고 발생 시 고장을 검출하여 선로를 차단한 후 일정시간 경과하면 자동적으로 재투입 동작을 반복함으로써 순간 고장을 제거하는 기능을 하는 장치이다.

59 ④

380/220[V]를 사용하기 위해서는 변압기 2차 측을 Y결선으로 해서, 선간전압은 380[V]로 전동기용 전원으로 사용하고, 220[V]는 상전압으로 전등이나 전열용으로 사용한다.

60 ③

광원별 광속

- 구광원(점광원) : $F=4\pi I$
- 반구광원 : $F=2\pi I$
- 평판(면)광원 : $F=\pi I$
- 원통광원 : $F=\pi^2 I$

01 ④	02 ③	03 ①	04 ③	05 ④
06 ①	07 ②	08 ①	09 ③	10 ①
11 ④	12 ②	13 ①	14 ②	15 ②
16 ①	17 ①	18 ④	19 ②	20 ③
21 ①	22 ③	23 ①	24 ③	25 ①
26 ①	27 ④	28 ①	29 ①	30 ③
31 ③	32 ②	33 ③	34 ④	35 ①
36 ④	37 ②	38 ②	39 ②	40 ②
41 ①	42 ①	43 ②	44 ③	45 ②
46 ②	47 ①	48 ①	49 ④	50 ④
51 ④	52 ③	53 ①	54 ①	55 ②
56 ④	57 ③	58 ④	59 ③	60 ①

01 ④

1[cal]=4.186[J]이고 1[kWh]=860[kcal]이므로, 10[kWh]=8,600[kcal]이다.

02 ③

2개의 병렬저항을 먼저 계산하고, 직렬로 합산하면 된다. 즉,

$$R_0=\frac{R_1R_2}{R_1+R_2}+\frac{R_3R_4}{R_3+R_4}=\frac{5\times10}{5+10}+\frac{6\times8}{6+8}=6.76[\Omega]$$이다.

03 ①

합성저항 $R=4+6=10[\Omega]$이다. 따라서 컨덕턴스 $G=\frac{1}{R}=\frac{1}{10}=0.1[\mho]$이다.

04 ③

전지의 접속

- 직렬접속 : $I=\frac{nE}{nr+R}[A]$

- 병렬접속 : $I=\frac{nE}{\frac{r}{n}+R}[A]$

$I=\frac{nE}{nr+R}$, $4=\frac{10\times4}{10\times0.2+R}$

$\therefore 4R=40-8$

$\therefore R=8[\Omega]$

05 ④

우리가 주로 사용하는 건전지(망간 건전지)는 NH_4Cl용액에다 MnO_2를 반죽하여 종이 또는 천에 적셔 아연 통에 접속시키고, 양극으로는 탄소봉을 사용한 건전지이다.

06 ①

전열기에서 발생하는 열량을 [kcal] 기준으로 환산하면, $860Pt\eta=mC\varDelta T$ [kcal]가 성립하고, 물의 비열은 1이고, t=1.5[h]이므로 $P=\frac{mC\varDelta T}{860t\eta}$

$\frac{100\times(100-25)}{860\times(90/60)\times0.6}≒9.7[kW]$이다.

1시간 30분은 $1+\frac{30}{60}=\frac{90}{60}=1.5$시간이다.

07 ②

최대전력 전달 조건은 r=R인 경우이다.

$$\therefore P=\frac{(V/2)^2}{R}=\frac{(100/2)^2}{10}=250[W]$$

08 ①

펠티에 효과는 서로 다른 금속을 접속하고 전류를 흘리면, 전류가 흐르는 방향에 따라서 접합부에서 발열 또는 흡열 현상이 발생한다는 법칙이며, 전자냉동 등에 활용된다.

오답 피하기

② 두 종류의 금속으로 된 열전회로 사이에 제3의 금속을 연결해도, 양끝의 접점 온도가 같다면 회로 전체의 열기전력은 변하지 않는다는 법칙

③ 같은 종류의 금속선이라도 온도차가 있으면 전류를 흘렸을 때, 열의 흡수 또는 발열이 되는 현상

④ 서로 다른 금속을 접속하고 온도차를 유지하면, 기전력이 발생하여 전류가 흐르는 현상

09 ③

평판도체의 단위체적당 정전흡인력 $F_0=\frac{1}{2}\varepsilon E^2=\frac{1}{2}\varepsilon(\frac{V}{d})^2[N/m^2]$이므로, 전압의 제곱에 비례하고, 극판의 간격의 제곱에 반비례한다.

10 ①

콘덴서에 충전되는 에너지는 $W=\frac{1}{2}CV^2[J]$이므로, $V=\sqrt{\frac{2W}{C}}[V]$이다.

11 ④

자성체

- 강자성체 : 철(Fe), 니켈(Ni), 코발트(Co), 망간(Mn) 등
- 상자성체 : 알루미늄(Al), 백금(Pt), 텅스텐(W), 주석(Sn), 산소(O_2) 등
- 반자성체 : 구리(Cu), 은(Ag), 아연(Zn), 비스무트(Bi), 안티몬(Sb) 등

12 ②

콘덴서에 충전되는 에너지는 $W=\frac{1}{2}CV^2[W]$, $Q=CV[C]$이므로, $W=\frac{1}{2}CV^2=\frac{1}{2}QV=\frac{1}{2}\frac{Q^2}{C}[J]$이다.

13 ①

무한장 솔레노이드 내부 자계의 세기 $H=\frac{NI}{l}=n_0I=(5\times100)\times10=5,000[AT/m]$이고, 외부 자계의 세기는 '0'이다.

14 ②

도체에 작용하는 힘을 최대값으로 하면, $F=BIl[N]$, $W=F\cdot r[N\cdot m]$, $B=\frac{\phi}{S}[Wb/m^2]$, $S=l\cdot r[m^2]$ (단, l : 도체의 길이, r : 도체의 이동 거리)이므로 $W=BIl\cdot r=\frac{\phi}{S}\cdot Il\cdot r=\frac{\phi}{lr}\cdot Il\cdot r=\phi I$, $I=\frac{W}{\phi}=\frac{2}{5}=0.4[A]$이다.

15 ②

RLC 직렬회로에서 임피던스는 $Z'=R+j(\omega L-\frac{1}{\omega C})[\Omega]$이고, 공진조건은 $\omega_0 L-\frac{1}{\omega_0 C}=0$, $f_0=\frac{1}{2\pi\sqrt{LC}}[Hz]$이다. 이때 임피던스가 최소가 되고 회로의 전류는 최대가 된다.

16 ①

3상 유도전동기의 출력은 $P=\sqrt{3}VI\cos\theta\times\eta[\mathrm{W}]$이므로,

$\eta=\dfrac{P\times10^3}{\sqrt{3}V_nI_n\cos\theta}[\mathrm{pu}]$이다.

17 ①

과도현상

- 인덕턴스 L[H]과 정전용량 C[F]를 포함한 회로에서 스위칭 작용에 의해 하나의 상태에서 다른 정상상태로 변화하여 안정되기까지의 현상
- 정격의 63.2[%]까지 도달하는 데 걸리는 시간을 시정수 τ라 하며, 단위는 [sec]를 사용한다.
- 시정수가 작을수록 정격에 도달하는 시간이 짧아져서 과도현상이 짧아질 수 있으나 회로의 안정도는 낮아지고, 시정수가 크면 과도현상이 길어질 수 있으나 회로의 안정도는 높아진다.

18 ④

3상 유도전동기의 출력은 $P=\sqrt{3}VI\cos\theta\times\eta[\mathrm{W}]$이므로,

$I=\dfrac{P}{\sqrt{3}V\cos\theta\times\eta}=\dfrac{10\times10^3}{\sqrt{3}\times200\times0.85\times0.85}\fallingdotseq39.96[\mathrm{A}]$이다.

이때, 문제에서 효율이 제시되면 반드시 효율을 곱한 값을 유효출력으로 계산해야 한다.

19 ②

$P=VI\cos\theta[\mathrm{W}]$에서 역률은 $\cos\theta=\dfrac{P}{P_a}=\dfrac{R}{Z}$이고, θ는 전압과 전류의

상차각이다. 따라서 $\cos\theta=\cos(30°)=\dfrac{\sqrt{3}}{2}\fallingdotseq0.866$이다.

20 ③

사각파(구형파, Square Wave)는 퓨리에 급수 전개를 하면 여러 개의 정현파를 중첩시킨 형태이다. 여기서 주기가 T이고 진폭이 A인 구형파를 시간 t의 함수로 표시하면 $x(t)=\dfrac{4A}{\pi}\displaystyle\sum_{n=1}^{\infty}\dfrac{1}{2k-1}\sin\dfrac{2\pi(2k-1)t}{T}$이다. 따라서 기본파(정현파)의 진폭은 $A_B=\dfrac{4A}{\pi}=\dfrac{4V_m}{\pi}=\dfrac{4\times20}{\pi}\fallingdotseq25.46[\mathrm{V}]$이다.

21 ①

발전기에서 공극은 회전자와 전기자 간에 일정한 간격을 유지하여 기계적으로는 안정적인 회전을 유지하고, 전기적으로도 계자에서 생성된 자속을 전기자에 골고루 분배시켜 균일한 기전력을 유도하는 역할을 한다. 불균일한 공극은 기계적으로나 전기적으로 진동을 유발한다.

22 ③

탄소질 브러시를 사용하여 브러시에 접촉저항을 크게 하여, 전류를 줄이는 방식을 저항정류, 보극을 사용하여 정류 중의 코일의 인덕턴스에 의하여 발생한 기전력(리액턴스 전압)을 상쇄시키는 방식을 전압정류라 한다. 보상권선은 주자극표면에 배치하여 전기자반작용을 상쇄시키는 방식이다. 따라서 전기자 반작용 해소방법(보극, 보상권선)과 불꽃방지 방법(보극, 탄소브러시)은 구분해야 한다.

23 ①

직류전동기의 속도 $N=\dfrac{V-I_aR_a}{\phi}K[\mathrm{rpm}]$에서 속도제어 방법은 계자 제어, 저항 제어, 전압 제어 방법이 있다. 이 중 전압 제어법으로는 워드레오나드 방식, 일그너 방식과 직병렬 제어방식이 있다.

24 ③

전동기의 전기자 철심에는 권선을 끼우기 위한 슬롯(홈)을 만드는데, 일반적으로 소형기에는 반폐 슬롯을, 중형기와 대형기에는 개방형 슬롯을 많이 사용한다.

25 ①

동기발전기 A, B를 병렬운전 중 A기의 여자를 증가시키면 A기의 기전력은 커지고, B기의 기전력이 작아져서 무효순환전류가 흐르게 된다. 이렇게 되면 A기의 무효전력의 분담은 증가(역률은 저하)하고, 반대로 B기의 무효전력의 분담은 감소(역률은 상승)한다.

26 ①

동기발전기의 무효순환전류 $I_c=\dfrac{\varDelta V}{Z_1+Z_2}=\dfrac{100}{10+10}=5[\mathrm{A}]$이다.

27 ④

동기발전기의 정상 운전 중 단락사고 발생 시 돌발 단락전류의 크기를 제한하는 것은 주로 전기자 누설 리액턴스 x_l이며, 영구 단락전류를 제한하는 것은 주로 전기자 반작용 리액턴스 x_a이다.

28 ①

교류전동기의 손실에는 무부하손과 부하손이 있다. 무부하손에는 철손(히스테리시스손, 와류손)과 기계손(마찰손, 풍손)이 있으며, 부하손에는 동손(저항손)과 표유부하손(측정이나 계산으로 구할 수 없는 손실)이 있다.

29 ①

자기 기동법으로 동기전동기 기동 시에 계자 권선에는 고전압이 공급되어 계자 회로가 소손될 우려가 있으므로, 계자 회로는 저항을 연결하여 반드시 단락시킨 후에 기동해야 한다.

30 ③

동기전동기의 기동방법은 제동권선을 기동권선으로 사용하는 자기 기동법과 기동용 전동기(주로 극수가 2극정도 적은 유도전동기 사용)를 사용하는 기동 전동기법이 있다. 제동권선은 동기발전기의 난조 방지와 전력계통의 안정도 향상에 기여하고, 전동기의 기동 토크를 발생하는 기동 권선의 역할을 한다.

31 ③

변압기의 극성은 2차 측 권선법을 달리하여 1차와 2차의 자속이 철심을 통하여 증가하는 방향이면 가극성이고, 자속이 감소하는 방향이면 감극성이 된다. 이렇게 되면 가극성은 1차와 2차의 극성이 반대가 되고, 감극성은 1차와 2차의 극성이 동일하다. 단상 변압기의 병렬운전 조건 중 하나는 변압기의 극성이 같아야 하며, 3상 변압기는 상회전 방향과 1, 2차 선간전압의 위상 즉, 각 변위(angular displacement)가 같은 것끼리 병렬운전을 해야 한다. 또한 우리나라는 감극성을 표준으로 하고 있다.

32 ②

변압기의 유도기전력은 $E_1=4.44f_1N_1\phi_m[\mathrm{V}]$이므로, 최대자속(자속밀도)은 주파수에 반비례한다. 따라서 $\phi_m{}'=\dfrac{f_1}{f_2}\phi_m=(\dfrac{60}{50})\phi_m$이다.

33 ③

변압기 냉각방식은 변압기 용량에 따라 건식 자냉식(AN), 건식 풍냉식(AF), 유입 자냉식(ONAN), 유입 풍냉식(ONAF), 송유 풍냉식(OFAF), 송유 수냉식(OFWF) 등이 있다. 유입변압기에서 변압기 외함과 방열기 사이에 순환 펌프를 설치하고, 송풍팬을 운용하여 방열효과를 향상시키는 냉각방식은 송유 풍냉식(OFAF)이다.

34 ④

△전선연결은 제3 고조파를 제거하여 통신선 등의 유도장해를 방지하는 장점이 있으나 중성점 접지가 없어서 지락 보호가 어렵고, 사고에 의해 이상 전압의 발생 우려가 있다. Y결선은 중성점을 접지할 수 있어서 고장시 고장 전류는 크나 고장의 검출이 쉽고 건전상의 전위 급상승을 방지할 수 있으며, 단절연이 가능하고 △전선연결에 비해 선간 전압이 $\sqrt{3}$배 높아지는 장점이 있으나 제3 고조파를 제거할 수 없어서 통신선 등에 유도장해를 일으키기 쉽다.

35 ①

권선형 유도전동기의 비례추이

- $\dfrac{r_2}{s}$는 일정하다. 즉, 2차 저항과 슬립 사이에는 서로 비례관계가 성립한다.
- 유도전동기의 2차 저항을 조절하여 기동전류를 줄이고, 기동 토크를 크게 할 수 있다.
- 최대 토크는 변하지 않는다.
- 조정 가능한 것 : 1차 전류(I_1), 1차 입력(P_1), 역률($\cos\theta$)
- 조정 불가능한 것 : 출력(P_0), 효율(η_2), 동손(P_{c2})

36 ④

유도전동기

종류	특징
농형 유도전동기	• 브러시나 슬립링 등 접촉 부분이 없어서, 구조가 단순하고 저렴하며 유지보수가 간단하다. • 전동기 중에서 가장 많이 사용되는 형태이다. • 기동 전류가 크고, 기동 토크가 작으며 속도 조정범위가 좁다.
권선형 유도전동기	• 2차 저항을 조정하여 기동전류를 줄이고 기동토크를 크게 할 수 있다. • 속도조정을 비교적 자유롭게 할 수 있다. • 구조가 복잡하고 운전이 어렵다.

37 ②

3상 유도전동기의 2차 효율 $\eta_2=\dfrac{P_0}{P_2}=1-s=\dfrac{N}{N_s}[\text{pu}]$, $N_s=\dfrac{120f}{P}$

$\dfrac{120\times50}{4}=1{,}500[\text{rpm}]$이므로 $\eta_2=\dfrac{N}{N_s}=\dfrac{1{,}320}{1{,}500}=0.88[\text{pu}]$이다.

38 ②

인버터 제어는 교류를 일단 직류로 변환시키고, 사이리스터 등 반도체 소자를 이용하여 직류를 교류로 역변환시키면서 스위칭 간격을 이용하여 출력 주파수를 변환함으로써 전동기의 속도를 조절하는 방법이다. 유도전동기 등에 많이 활용하며, 최근에는 전압과 주파수를 동시에 가변시켜 전동기의 토크를 조정하는 VVVF(Variable Voltage Variable Frequency)를 많이 사용하는 추세이다.

39 ②

다이오드를 여러 개 직렬로 접속하면 연결한 값만큼 높은 전압에서 사용이 가능하여 다이오드를 과전압으로부터 보호할 수 있고, 병렬로 여러 개를 접속하면 전류가 분산되어 과전류로부터 보호할 수 있다.

40 ③

SCR은 역저지 3단자 사이리스터 직류 · 교류 제어용 소자이다.

41 ①

전선의 고유저항($\Omega \cdot \text{mm}^2/\text{m}$)

- 연동선 : $\dfrac{1}{58}$
- 경동선 : $\dfrac{1}{55}$
- 알루미늄선 : $\dfrac{1}{35}$

42 ①

S형 슬리브 접속은 2회 이상 꼬아야 한다.

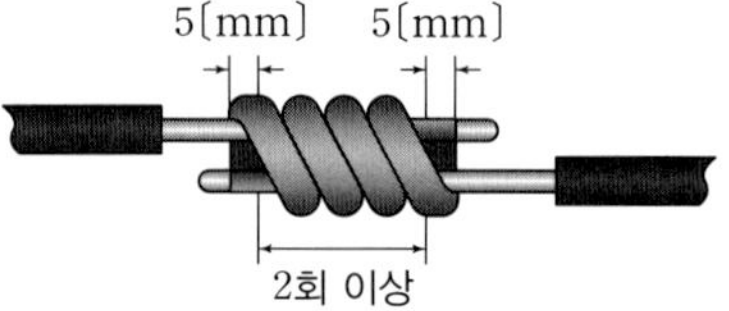

43 ②

전선의 접속 방법

- 종단 접속
  - 쥐꼬리접속
  - 동선 압착단자 접속
  - 비틀어 꽂음형 전선접속기 접속
  - 종단겹침용 슬리브(E형) 접속
  - 직선겹침용 슬리브(P형) 접속
  - 꽂음형 커넥터 접속
- 직선 접속
  - 트위스트 접속
  - 직선 맞대기용 슬리브(B형) 접속

44 ③

PVC관은 경질 비닐관으로서 구부리고자 하는 부분을 가열해야 한다. 가열하는 공구로는 토치램프, 히터 건(Heat Gun) 등이 있다.

45 ②

배관의 곡률 반지름

- 금속관, 합성수지관 : 관 안지름의 6배
- 금속제 가요전선관 : 관 안지름의 6배(단, 제2종 금속제 가요전선관의 시설 및 제거가 자유로운 경우 관 안지름의 3배)
- 케이블 공사(비닐, 클로로프렌, 폴리에틸렌 외장 케이블) : 바깥지름의 6배(단심인 경우 8배)
- 연피나 알루미늄 피 : 바깥지름의 12배 이상

46 ②

와이어 통(Wire Tongs)은 핀애자나 현수애자의 장주에서 활선을 작업 영역 밖으로 밀어낼 때 사용하는 절연봉이다.

오답 피하기

① 활선 상태에서 전선 피복을 벗기는 공구
③ 화약의 폭발력을 이용하여 콘크리트 벽 등에 구멍을 뚫는 공구
④ 금속관이나 합성수지관을 쇠톱이나 파이프 커터로 자른 후, 관 끝부분을 다듬기 위한 공구

47 ①

접지도체의 최소 단면적

- 구리 저압은 6[mm²] 이상, 구리 고압은 16[mm²] 이상 (단, 접지도체에 피뢰시스템이 접속되는 경우 구리 16[mm²], 철제 50[mm²] 이상)
- 중성점 접지용 접지도체 : 16[mm²] 이상의 연동선 (단, 7[kV] 이하의 전로와 25[kV] 이하의 중성선 다중접지방식으로서 지락 발생 시 2초 이내에 자동으로 차단하는 장치가 있는 경우 6[mm²]이상의 연동선)
- 겸용도체(PEN) : 구리 10[mm²], 알루미늄 16[mm²] 이상

48 ①

교통신호등의 시설

- 사용전압 : 300[V] 이하
- 인하선의 지표상 높이 : 2.5[m] 이상
- 사용전압 150[V] 초과 시 : 자동적으로 전로를 차단하는 장치 시설
- 교통신호등 회로의 배선과 시설물 사이의 간격 : 60[cm](케이블 30[cm]) 이상

49 ④

전로(기구)의 절연내력 시험전압

전로의 종류	시험 전압
최대사용전압 7[kV] 이하	최대사용전압의 1.5배 (500[V] 미만은 500[V])
7[kV] 초과 25[k] 이하 (중성선다중접지)	최대사용전압의 0.92배
7[kV] 초과 60[kV] 이하(2호 제외)	최대사용전압의 1.25배 (10.5[kV] 미만은 10.5[kV])
60[kV] 초과 중성점 비접지	최대사용전압의 1.25배
60[kV] 초과 중성점 접지 (직접접지 제외)	최대사용전압의 1.1배 (75[kV] 미만은 75[kV])
60[kV] 초과 중성점 직접접지	최대사용전압의 0.72배

따라서 절연내력=70[kV]×0.7=50,400[V]이다.

50 ④

배관의 곡률 반지름

- 금속관, 합성수지관 : 관 안지름의 6배
- 금속제 가요전선관 : 관 안지름의 6배(단, 제2종 금속제 가요전선관의 시설 및 제거가 자유로운 경우 관 안지름의 3배)
- 케이블 공사(비닐, 클로로프렌, 폴리에틸렌 외장 케이블) : 바깥지름의 6배(단심인 경우 8배)
- 연피나 알루미늄 피 : 바깥지름의 12배 이상

51 ④

애자공사

- 전선 : 절연전선(OW 및 DV 제외)
- 전선 상호 간의 간격 : 6[cm] 이상
- 전선과 조영재 사이의 간격
  - 사용전압 400[V] 이하 → 2.5[cm] 이상
  - 400[V] 초과 → 4.5[cm](건조한 장소에 시설하는 경우는 2.5[cm] 이상)
- 전선의 지지점 간의 거리 : 전선을 조영재의 윗면 또는 옆면에 따라 붙일 경우 → 2[m] 이하(사용전압 400[V] 초과 및 기타 6[m] 이하)
- 애자 : 절연성, 난연성, 내수성
- 고압 : 전선 6[mm²] 이상, 전선 상호간 8[cm], 전선과 조영재 5[cm] 이상

52 ③

폭연성 먼지 : 마그네슘, 알루미늄, 티탄, 지르코늄 등

53 ①

폭연성 먼지가 있는 곳에 시설하는 전기설비는 금속관 공사 또는 케이블(개장된 케이블 또는 MI 케이블) 공사(캡타이어 케이블 제외)에 의하여 시행해야 한다.

54 ①

저 · 고압 가공전선의 높이

- 도로 횡단 : 지표상 6[m]
- 철도, 궤도 횡단 : 레일면상 6.5[m]
- 횡단보도교 위 : 저압은 노면상 3.5[m](케이블인 경우 3[m])
- 상기 이외 : 지표상 5[m] 이상(교통에 지장이 없도록 시설하는 경우 지표상 4[m])

55 ②

고압 옥측 전선로를 시설할 경우 그 조영물에 시설하는 전선 등이나 수관 · 가스관 등과 접근하거나 교차하는 경우에 전선과 이들 사이의 간격은 0.15[m] 이상이어야 하며, 위 경우 이외의 다른 시설물과 전선이 접근하는 경우에 전선과 이들 사이의 간격은 0.3[m] 이상이어야 한다.

56 ④

저압 이웃 연결 인입선의 시설

- 인입선에서 분기하는 점으로부터 100[m]를 초과하지 않을 것
- 폭 5[m]를 초과하는 도로를 횡단하지 않을 것
- 옥내를 통과하지 않을 것
- 전선은 지름 2.6[mm]이상의 DV 전선일 것(단, 길이가 15[m] 이하인 경우는 2.0[mm])

57 ③

보호계전기의 동작을 확실하게 하기 위한 조건

- 적정한 온도와 습도 유지
- 제어케이블의 노이즈 방지
- 차폐케이블의 양단 접지
- 접지저항을 작게 조절

58 ④

보호계전기 종류

- 자동전압조정기(AVR, Automatic Voltage Regulator)
- 차동계전기(DFR, Differential Relay)
- 접지계전기(GR, Ground Relay)
- 과전류계전기(OCR, Over Current Relay)
- 과전압계전기(OVR, Over Voltage Relay)
- 열동계전기(THR, Thermal Relay)
- 부족전압계전기(UVR, Under Voltage Relay)
- 저주파수계전기(UFR, Under Frequency Relay)
- 영상변류기(ZCT, Zoro−phase Current Transformer)

59 ③

인터록 회로는 기기의 보호나 조작자의 안전이 목적인 기기가 동작할 때 관련된 다른 기기의 동작을 금지하는 회로로서, 기계적 인터록 회로와 전기적 인터록 회로가 있으며 이를 동시에 적용하는 경우도 있다.

60 ①

방재설비 구성

- 방재설비의 종류 : 화재탐지설비, 피뢰설비, 항공장애등 설비, 누전경보설비
- 소방시설의 구분 : 소화설비, 경보설비, 피난설비, 소화용수설비, 소화활동설비
- 자동화재 탐지설비의 구성 : 감지기, 발신기, 중계기, 수신기, 음향장치, 표시등, 전원, 배선 등

필기 기출문제 06회

2–49p

01 ②	02 ②	03 ④	04 ③	05 ②
06 ②	07 ②	08 ③	09 ②	10 ①
11 ③	12 ①	13 ①	14 ④	15 ②
16 ④	17 ④	18 ②	19 ①	20 ②
21 ②	22 ④	23 ②	24 ④	25 ④
26 ④	27 ②	28 ②	29 ④	30 ②
31 ②	32 ②	33 ③	34 ①	35 ②
36 ④	37 ②	38 ③	39 ③	40 ②
41 ④	42 ②	43 ①	44 ①	45 ④
46 ④	47 ②	48 ③	49 ②	50 ③
51 ④	52 ②	53 ①	54 ②	55 ④
56 ②	57 ②	58 ④	59 ②	60 ④

01 ②

$W = QV[\text{J}]$이고, 전자 1개의 전기량은 $e = 1.602 \times 10^{-19}[\text{C}]$이므로, $W = QV = (1.602 \times 10^{-19}[\text{C}]) \times (100[\text{V}]) = 1.602 \times 10^{-17}[\text{J}]$이다.

02 ②

제3 금속의 법칙은 두 종류의 금속으로 된 열전회로 사이에 제3의 금속을 연결해도, 양끝의 접점 온도가 같다면 회로 전체의 열기전력은 변하지 않는다는 법칙이다.

오답 피하기

① 서로 다른 금속을 접속하고 전류를 흘리면, 전류가 흐르는 방향에 따라서 접합부에서 발열 또는 흡열 현상이 발생
③ 같은 종류의 금속선이라도 온도차가 있으면 전류를 흘렸을 때, 열의 흡수 또는 발열이 되는 현상
④ 서로 다른 금속을 접속하고 온도차를 유지하면, 기전력이 발생하여 전류가 흐르는 현상. 열전 온도계로 이용

03 ④

접지저항 측정 방법에는 접지저항계(어스 테스터), 콜라우시 브리지, 비헤르트 브리지가 있다.

04 ③

6[Ω]의 저항 3개를 연결했을 때, 얻을 수 있는 합성저항은 직렬 3개(18), 직렬 1개 및 병렬 2개(9), 3개 병렬(2)의 3가지 경우이다.

05 ②

$R = \rho \dfrac{l}{A}[\Omega]$에서 체적 $v = A \cdot l[\text{m}^3]$이므로, 일정한 체적을 유지한 채 길이를 늘리면 단면적은 그 값만큼 줄어든다. 따라서 $R' = \rho \dfrac{2l}{(1/2A)} = 4R = 4 \times 10 = 40[\Omega]$이다.

06 ②

도체에 작용하는 힘을 최대값으로 하면, $F = BIl[\text{N}]$, $W = F \cdot r = BIl \cdot r = \dfrac{\phi}{S}Il \cdot r = \dfrac{\phi}{l \cdot r}Il \cdot r = \phi \cdot I[\text{J}]$, $I = \dfrac{W}{\phi}[\text{A}]$ (단, l : 도체의 길이, r : 도체가 움직인 거리, S : 면적)이다. 따라서 $I = \dfrac{W}{\phi} = \dfrac{2}{5} = 0.4[\text{A}]$이다.

다음 회로 그림과 같이 위쪽 회로의 전류 방향은 반시계방향, 크기가 I_1, 아래쪽 회로의 전류 방향은 시계방향, 크기가 I_3일 때 $I_2=I_1+I_3$[A]이다.

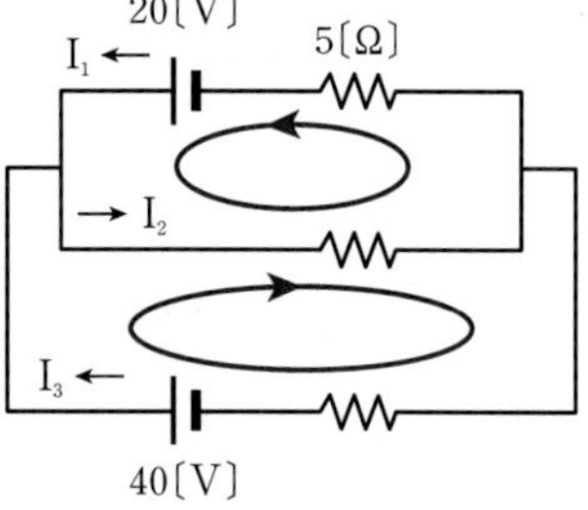

$20=5I_1+2(I_1+I_3) \rightarrow 20=7I_1+2I_3$
$40=10I_3+2(I_1+I_3) \rightarrow 40=2I_1+12I_3$

따라서 $I_1=\dfrac{80}{40}=2$, $I_3=\dfrac{6}{2}=3$, $I_2=I_1+I_3=2+3=5$[A]이다.

$\therefore I_1=2, I_2=5, I_3=3$[A]

08 ③

양 물체 사이에 금속 철망으로 격리시켜서 정전유도 현상을 방지하는 것을 정전차폐라고 한다.

오답 피하기

① 한 물체가 어떤 에너지에 의해서 양(+)전하와 음(−)전하로 분리되는 것
② 자기장(자기력)이 외부로 나가거나 들어오는 것을 막는 것
④ 대전된 물체에 도체를 접근시킬 때 도체가 대전되는 현상

09 ②

코로나 방전은 전극 간 또는 전선과 대지 간에 임계전압이 걸리면 절연이 약한 부분에서 그 사이에 있는 매질의 절연이 상실되어 불규칙하게 '지지직' 소리를 내며 푸른 빛의 방전을 하는 현상을 말하는데, 비오는 날 송전선의 애자에서 푸른 불꽃을 내며 소리가 나는 것을 볼 수 있다.

오답 피하기

① 아크가 지속적인데 반해 스파크는 순간적으로 절연이 파괴되면서 그 사이의 매질이 산화되며 빛과 소리를 내는 현상을 말한다. 야간에 전등의 스위치를 켜거나 끌 때, 빛이 나는 현상도 스파크의 일종이다.
③ 글로우 방전 상태에서 전위차가 더 커지면 전압은 떨어지고 매우 큰 전류가 흘러서 기체를 태우며 강한 빛을 내게 되는 현상을 말하며, 전기용접을 하거나 번개가 치는 것도 아크 방전의 일종이다.
④ 전극 간에 전압이 더 올라가면 그 사이에 있는 가스가 이온화되면서 지속적으로 빛을 내는 현상이다. 이 특성을 이용한 것이 형광등, 네온등 등이다.

10 ①

콘덴서를 직렬로 연결하면 $\dfrac{1}{C_0}=\dfrac{1}{C_1}+\dfrac{1}{C_2}+\dfrac{1}{C_3}=\dfrac{1}{1}+\dfrac{1}{3}+\dfrac{1}{6}=\dfrac{3}{2}$이다.

따라서 $C_0=\dfrac{2}{3}≒0.67[\mu\text{F}]$이다.

11 ③

콘덴서의 직렬 연결(전하는 동일)

$V_1=\dfrac{C_2}{C_1+C_2}V[\text{V}]$, $V_2=\dfrac{C_1}{C_1+C_2}V[\text{V}]$

$\therefore V_2=\dfrac{C_1}{C_1+C_2}V=\dfrac{10}{10+5}\times 200≒133.3[\text{V}]$

12 ①

철심에 코일을 감고 전류를 흘리면 자계가 발생하여 전자석이 되는데, 앙페르의 오른나사 법칙에 의하면 자속이 나오는 방향은 왼쪽이 되므로, 괄호 안은 N극이 된다.

13 ①

쿨롱의 법칙에 의하여 두 자계 사이에 작용하는 힘의 크기는 $F=\dfrac{1}{4\pi\mu}\cdot\dfrac{m_1\cdot m_2}{r^2}[\text{N}]$이므로, 힘의 크기는 거리의 제곱에 반비례한다. 따라서

$F'=\dfrac{1}{4\pi\mu}\cdot\dfrac{m_1\cdot m_2}{r'^2}=\dfrac{1}{4}\times\dfrac{1}{4\pi\mu}\cdot\dfrac{m_1\cdot m_2}{r^2}=\dfrac{1}{4}F=0.25F[\text{N}]$이다.

14 ④

자계의 세기 $H=\dfrac{NI}{l}[\text{AT/m}]$이고, 단위길이당 권선 수 즉, $n_0=\dfrac{N}{l}=100[\text{회/m}]$이므로, $H=\dfrac{NI}{l}=n_0I=100\times 5=500[\text{AT/m}]$이다.

15 ②

플레밍의 왼손 법칙에 의해 도체에 작용하는 힘은 $F=BIl\sin\theta[\text{N}]$이다. 따라서 $F=BIl\sin\theta=2\times 8\times 0.5\times\sin30=4[\text{N}]$이다.

16 ④

축전지 용량

$Q=I\times h=3\times 20=60[\text{Ah}]$

17 ④

어드미턴스 $Y'=\dfrac{1}{R}+\dfrac{1}{-jX_C}=\dfrac{1}{R}+j\dfrac{1}{X_C}[\text{℧}]$, $Y=\sqrt{(\dfrac{1}{R})^2+(\dfrac{1}{X_C})^2}$이므로, $\cos\theta=\dfrac{G}{Y}=\dfrac{\dfrac{1}{R}}{\sqrt{(\dfrac{1}{R})^2+(\dfrac{1}{X_C})^2}}=\dfrac{\dfrac{1}{R}}{\sqrt{\dfrac{X_C^2+R^2}{(R\cdot X_C)^2}}}$

$=\dfrac{(\dfrac{1}{R})\cdot(R\cdot X_C)}{\sqrt{X_C^2+R^2}}=\dfrac{X_C}{\sqrt{R^2+X_C^2}}$이다.

18 ②

Y결선

· $V_l'=\sqrt{3}V_p'\angle\dfrac{\pi}{6}[\text{V}]$

· $I_l'=I_p'[\text{A}]$

$\therefore V_p=\dfrac{V_l}{\sqrt{3}}=\dfrac{210}{\sqrt{3}}≒121.2[\text{V}]$, $I_p=I_l=10[\text{A}]$

19 ①

시정수

· R–L 직렬회로 : $\tau=\dfrac{L}{R}[\text{sec}]$

· R–C 직렬회로 : $\tau=RC[\text{sec}]$

20 ②

· 파형률 $=\dfrac{\text{실효값}}{\text{평균값}}$

· 파고율 $=\dfrac{\text{최대값}}{\text{실효값}}$

21 ③

중권과 파권의 비교

구분	중권(병렬권)	파권(직렬권)
병렬회로 수	P	2
브러시 수	P	2(극수만큼 가능)
용도	저전압, 대전류	고전압, 저전류
비고	균압선 필요	균압선 불필요

22 ④

직류 직권전동기의 토크는 $T \propto I_a^2$, $\dfrac{1}{N^2}$의 관계가 있다. 따라서 $T' = (\dfrac{1}{N^2})T = (\dfrac{1}{(1/3)^2})T = 9T$이다.

23 ②

직류 분권발전기의 유도기전력 $E = V + I_a R_a [\mathrm{V}]$이다. 따라서 $V = E - I_a R_a = 110.4 - 104 \times 0.1 = 100[\mathrm{V}]$이다.

24 ④

차동복권발전기는 부하를 증가시켜도 부하의 변화와 관계 없이 부하전류가 거의 일정하게 되는 수하특성을 가지므로 주로 용접기용 전원으로 많이 사용한다.

25 ④

동기발전기의 전기자 권선은 분포권, 단절권을 적용하는데 기전력의 크기는 다소 줄어들 수 있으나 고조파를 제거하여 기전력의 파형을 좋게 한다. 또한 권선을 감는 방법에 따라 중권과 2층권을 많이 사용한다.

26 ④

전기기기의 효율은 $\eta = \dfrac{출력}{입력} \times 100[\%]$이다. 발전기와 변압기는 출력 기준, 전동기는 입력기준으로 효율을 표시하는 것을 규약효율이라 한다.

$$\therefore \eta_{G, T} = \dfrac{출력}{출력 + 손실} \times 100[\%],\quad \eta_M = \dfrac{입력 - 손실}{입력} \times 100[\%]$$

27 ②

단락비는 $K_s = \dfrac{I_f'}{I_f''} = \dfrac{I_s}{I_n} = \dfrac{1}{\%Z_s}$이다. 따라서 $\%Z_s = \dfrac{1}{K_s} = \dfrac{1}{1.25} = 0.8[\mathrm{pu}] = 80[\%]$이다.

28 ②

토크(T)의 단위는 $[\mathrm{N \cdot m}]$ 또는 $[\mathrm{kg \cdot m}]$이다.

29 ④

동기발전기의 단락비는 $K_s = \dfrac{I_f'}{I_f''} = \dfrac{I_s}{I_n} = \dfrac{1}{\%Z_s}$이므로, $I_s = K_s \times I_n = 1.3 \times 500 = 650[\mathrm{A}]$이다.

30 ②

동기전동기는 V곡선(위상특성곡선)의 특성을 이용하여 무부하 상태에서 계자 전류만 조정하여 비교적 큰 용량의 송전계통의 전압조정과 역률 개선하는데, 이를 무효전력보상장치라고 한다. V곡선에서 곡선의 최저점은 역률(cosθ)이 1에 해당되는 점이며, 이때 전기자 전류가 가장 작다. 이 점의 오른쪽은 앞선 역률을, 왼쪽은 뒤진 역률을 나타내므로 이를 이용하여 역률을 조정할 수 있다.

31 ②

$$a = \dfrac{N_1}{N_2} = \dfrac{V_1}{V_2} = \dfrac{I_2}{I_1} = \sqrt{\dfrac{Z_1}{Z_2}}$$

$$V_2 = \dfrac{V_1}{a} = \dfrac{6,600}{30} = 220[\mathrm{V}]$$

32 ②

피시 테이프

- 배관(전선관) 안에 전선을 넣기 위해 먼저 넣는 강선이다.
- 피시 테이프를 전선관 안으로 먼저 밀어 넣은 후 반대쪽에서 나온 피시 테이프 끝에 전선을 묶고, 다시 잡아당겨서 전선을 관 안으로 끌어 넣는다.
- 탄성이 있는 강선 또는 얇은 금속 · 플라스틱 띠로 길고 유연해서 관 속을 통과하기 쉽다.

33 ③

V–V 결선

- 출력 $P_V = \sqrt{3} P_a = \sqrt{3} V_P I_P [\mathrm{kVA}]$
- 이용률 $= \dfrac{P_V}{P_2} = \dfrac{\sqrt{3}}{2} = 0.86$
- 출력비 $= \dfrac{P_V}{P_3} = \dfrac{\sqrt{3}}{3} = 0.577$

34 ①

유도전동기의 2차 측 권선에 유도되는 기전력의 실효값(E_{2s})과 2차측 주파수(f_{2s})는 $E_{2s} = sE_2[\mathrm{V}]$, $f_{2s} = sf_1[\mathrm{Hz}]$이다. 따라서 $f_{2s} = sf_1 = 0.03 \times 60 = 1.8[\mathrm{Hz}]$이다.

35 ②

유도전동기의 2차 효율은 $\eta_2 = \dfrac{P_0}{P_2} = 1 - s = \dfrac{N}{N_s} \times 100[\%]$이다.

36 ④

유도전동기의 출력에 따른 ㉠ 속도, ㉡ 효율, ㉢ 토크, ㉣ 슬립 곡선이다.

37 ③

유도전동기의 2차 동손 $P_{c2} = sP_2[\mathrm{W}]$이다. 따라서 $P_{c2} = sP_2 = 0.03 \times 10 \times 10^3 = 300[\mathrm{W}]$이다.

38 ③

원선도법은 유도전동기의 특성을 그래픽을 사용하여 해석하는 방법이며, 이것을 작성하기 위해서는 무부하시험, 구속시험, 저항측정시험이 필요하다. 원선도에서 알 수 있는 것은 1차 입력, 1차 동손, 여자전류, 철손, 2차 동손 등이다.

39 ③

DIAC, SSS, TRIAC는 양방향 사이리스터이다.

40 ②

인버터 제어는 교류를 일단 직류로 변환시키고, 사이리스터 등 반도체 소자를 이용하여 직류를 교류로 역변환시키면서 스위칭 간격을 이용하여 출력 주파수를 변환함으로써 전동기의 속도를 조절하는 방법이다. 유도전동기 등에 많이 활용하며, 최근에는 전압과 주파수를 동시에 가변시켜 전동기의 토크를 조정하는 VVVF(Variable Voltage Variable Frequency)를 많이 사용하는 추세이다.

41 ④

NR : 일반용 단심 비닐절연 전선

① 기기배선용
② 기기배선용
③ 일반용 유연성 단심 비닐절연 전선

42 ②

CN–CV–W : 동심중성선 수밀형 전력케이블

① CN–CV
③ FR CNCO–W
④ TR CN/CV–W

43 ①

연선의 공칭 단면적

- 소선 총수 : $N=3n(n+1)+1$[개] (단, n : 중심 소선을 뺀 층수)
- 공칭 단면적 : $A=\pi r^2 N=\dfrac{\pi d^2}{4}N$[mm^2] (단, r : 소선의 반지름, d : 소선의 지름)
- 연선의 바깥지름 : $D=(2n+1)d$[mm]
∴ 소선 총수 $N=3n(n+1)+1=9\times4+1=37$[가닥]

44 ①

S형 슬리브 접속은 2회 이상 꼬아야 한다.

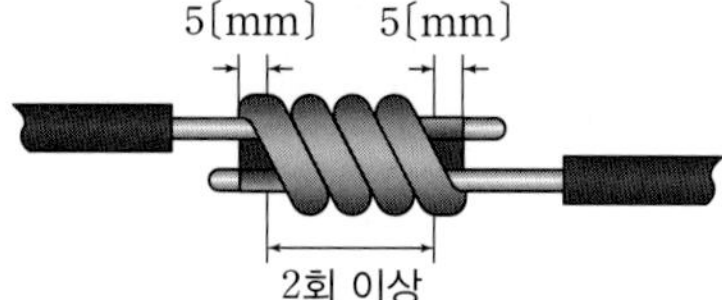

45 ④

연선의 공칭 단면적

- 소선 총수 : $N=3n(n+1)+1$[개] (단, n : 중심 소선을 뺀 층수)
- 공칭 단면적 : $A=\pi r^2 N=\dfrac{\pi d^2}{4}N$[mm^2] (단, r : 소선의 반지름, d : 소선의 지름)
- 연선의 바깥지름 : $D=(2n+1)d$[mm]
∴ $A=\dfrac{\pi d^2}{4}N$[mm^2], $N=\dfrac{4A}{pd^2}=\dfrac{4\times8}{\pi(1.2)^2}≒7.08$[개]

46 ④

녹아웃 펀치(홀소)는 금속제 캐비닛이나 철판의 구멍을 뚫기 위한 공구이다.

① 금속관을 구부리는 공구
② 금속관 공사 시 금속관 끝단에 나사를 내기 위한 공구
③ 전선 접속 시 사용하는 압착단자 등을 눌러 붙이기 위한 공구

47 ②

접지도체의 최소 단면적

- 구리 저압은 6[mm^2](고압 이상은 16[mm^2]) 이상. 다만, 접지도체에 피뢰시스템이 접속되는 경우는 구리 16[mm^2], 철제 50[mm^2] 이상. 알루미늄 도체는 접지도체로 사용해서는 안 된다.
- 중성점 접지용 접지도체 : 16[mm^2] 이상(단, 7[kV] 이하의 전로와 25[kV] 이하의 중성선 다중접지방식으로서 지락 발생 시 2초 이내에 자동으로 차단하는 장치가 있는 경우는 6[mm^2] 이상의 연동선
- 겸용도체(PEN) : 구리 10[mm^2], 알루미늄 16[mm^2] 이상

48 ③

고압전로에 사용하는 퓨즈의 정격

- 포장 퓨즈 : 정격전류의 1.3배에 견디고, 2배의 전류로 120분 안에 용단
- 비포장 퓨즈 : 정격전류의 1.25배에 견디고, 2배의 전류로 2분 안에 용단

49 ②

과전류차단기의 동작시간 특성

구분	정격전류의 구분 [A]	시간 [분]	정격전류의 배수 [배] (모든 극에 통전)	
			부동작전류	동작전류
산업용	63 이하	60	1.05	1.3
	63 초과	120	1.05	1.3
주택용	63 이하	60	1.13	1.45
	63 초과	120	1.13	1.45

50 ③

터미널 캡은 수평으로 된 전선관 끝에 부착하여 전선 인출 시 전선의 보호를 위하여 사용한다.

① 배관 끝부분에 설치하여 전선의 인입 시 전선 피복이 손상되지 않도록 하는 부품
② 전주나 강관 등에 수직으로 설치한 전선관 끝에 부착하여 빗물의 침입을 방지하기 위해 사용
④ 금속관과 박스의 접속 시 사용

51 ④

- 금속전선관의 호칭
  - 박강 전선관(바깥지름, 홀수) : 15, 19, 25, 31, 39, 51, 63, 75
  - 후강 전선관(안지름, 짝수) : 16, 22, 28, 36, 42, 54, 70, 82, 92, 104
- 비닐전선관의 호칭
  - 경질비닐관(PVC)의 호칭(안지름, 짝수) : 14, 16, 22, 28, 36, 42, 54, 70, 82, 100
  - 합성수지제 가요전선관(PF, CD)의 호칭 : 14, 16, 22, 28, 36, 42

52 ②

주상변압기 설치 시 COS용 완철

- 작업자의 안전 확보를 위해 변압기 반대방향으로 설치한다.
- 선로용 완철과 COS용 완철은 0.75[m] 이상, 변압기 1차 부싱과는 1.8[m] 이상 이격하여 설치한다.

53 ①

수용가설비의 전압강하

설비의 유형	조명[%]	기타[%]
저압으로 수전	3	5
고압이상으로 수전	6	8

54 ②

지지선 설치 기준

- 지지선의 안전율 2.5(최저 인장하중 4.31[kN], 목주 등의 지지선 1.5) 이상
- 지지선에 연선을 사용할 경우, 소선 3가닥 이상, 소선의 지름이 2.6[mm] 이상의 금속선 사용
- 지중부분 및 지표상 0.3[m]까지의 부분에는 내식성이 있는 아연도금을 한 철봉을 사용

55 ④

저 · 고압 가공전선 상호간의 접근 또는 교차 시

지지물의 구분		간격[m]
저압 가공전선	상호 간	0.6 (어느 한 쪽이 케이블인 경우 0.3)
고압 가공전선	저압 가공전선	0.8 (고압 가공전선이 케이블인 경우 0.4)
	저압 가공전선 등의 지지물	0.6 (고압 가공전선이 케이블인 경우 0.3)
고압 가공전선	상호 간	0.8 (어느 한 쪽이 케이블인 경우 0.4)

가공전선의 병행설치 시

- 저압 가공전선을 고압 가공전선의 아래로 하고 별개의 완금류에 시설할 것
- 저압 가공전선과 고압 가공전선 사이의 간격은 0.5[m](고압 가공전선이 케이블인 경우 0.3[m]) 이상일 것
- ∴ 이 경우는 저 · 고압 가공전선 간의 접근 또는 교차 시, 고 · 저압 가공전선의 간격은 80[cm]이다.

56 ②

저압과 고압 가공전선을 병행 설치하는 경우 저압 가공전선을 고압 가공전선의 아래에 설치해야 하며, 별개의 완금류에 시설하고, 저압 가공전선과 고압 가공전선 사이의 간격은 50[cm] 이상이어야 한다.

57 ②

거리 계전기는 계전기로부터 고장점까지의 임피던스를 측정하여 고장점까지의 거리를 판별할 수 있는 계전기이다.

> **오답 피하기**
>
> ① 고장 전류가 일정한 방향에서 설정한 값 이상이 되면 동작
> ④ 병행 2회선 송전선로에서 1회선에 단락(지락)사고 발생 시, 고장회선을 선택하여 차단

58 ④

전주외등

- 대지전압 300[V] 이하의 형광등, 고압방전등, LED등 등을 배전선로의 지지물 등에 시설하는 경우에 적용한다.
- 전주외등의 기구 부착 높이 : 4.5[m] 이상(단, 교통에 지장이 없을 경우 3.0[m] 이상)
- 돌출 수평거리 : 1[m] 이내
- 배선은 단면적 2.5[mm^2] 이상의 절연전선을 사용하고, 케이블공사, 합성수지관공사, 금속관공사 중 시행
- 사용전압이 1[kV]를 초과하는 옥측 또는 옥외 방전등 공사 시 방전관은 지표상 4.5[m] 이상의 높이에 시설하고, 기타 시설물 또는 식물 사이의 간격은 60[cm] 이상이어야 함
- 옥외등의 인하선을 애자공사로 시행할 경우 지표상 2[m] 이상의 높이로 노출장소에 한함

59 ②

소세력회로

- 정의 : 전자 개폐기의 조작회로 또는 초인 벨, 경보 벨 등에 접속하는 전로로서 최대 사용전압이 60[V] 이하인 것(최대 사용전압이 15[V] 이하인 것은 5[A] 이하, 최대 사용전압이 15[V]를 초과하고 30[V] 이하인 것은 3[A] 이하, 30[V]를 초과하는 것은 1.5[A] 이하인 것)으로 전로와 절연변압기로 결합되는 것
- 소세력 회로에 전기를 공급하기 위한 절연변압기의 사용전압은 대지전압 300[V] 이하로 하여야 한다
- 소세력 회로의 시설
  - 전선은 공칭단면적 1[mm^2] 이상의 연동선일 것
  - 전선은 코드 · 캡타이어케이블 또는 케이블일 것
  - 전선이 손상을 받을 우려가 있는 곳에 시설하는 경우에는 방호장치를 할 것
  - 전선은 금속제의 수관 · 가스관 또는 이와 유사한 것과 접촉되지 않도록 시설할 것

60 ④

송전선 보호계전방식의 종류에는 과전류방식, 방향 과전류방식, 거리계전방식, 파일럿계전방식(표시선 계전방식, 전력선 반송 계전방식, 통신선 반송비교방식 등), 재폐로방식(고속도, 저속도)가 있다. 파일럿 계전방식이란 보호구간 양단에 통신수단을 두어 고장상황을 서로 연락함으로써 고장점의 위치에 관계 없이 송전선로의 양단을 동시에 고속으로 차단하는 방식을 말한다. 이 중 전력선 반송 계전방식은 30~300[kHz]의 반송파를 전력선을 이용한 통신수단으로 하는 계전방식으로서 방향비교방식, 전송차단방식, 위상비교방식이 있으며, 장치가 다소 복잡하나 선로의 특성에 관계 없이 고장구간을 고속도로 차단할 수 있고, 고장구간의 선택성이 우수하며, 동작을 예민하게 할 수 있는 장점이 있다.

01 ③	02 ③	03 ④	04 ②	05 ①
06 ②	07 ④	08 ③	09 ④	10 ②
11 ③	12 ③	13 ②	14 ②	15 ②
16 ③	17 ④	18 ④	19 ①	20 ③
21 ①	22 ④	23 ④	24 ③	25 ②
26 ③	27 ②	28 ①	29 ③	30 ④
31 ①	32 ④	33 ②	34 ④	35 ③
36 ①	37 ③	38 ②	39 ③	40 ②
41 ④	42 ②	43 ④	44 ①	45 ④
46 ④	47 ③	48 ③	49 ④	50 ④
51 ①	52 ②	53 ③	54 ①	55 ④
56 ④	57 ③	58 ①	59 ④	60 ②

01 ③

전력은 $P=VI=I^2R=\dfrac{V^2}{R}[\mathrm{W}]$이다. 따라서 $R=\dfrac{V^2}{P}=\dfrac{100^2}{40}=250[\Omega]$이다.

02 ③

$$R=\rho\frac{l}{A}=1.72\times10^{-8}\times\frac{2,000}{\pi\times(1.6\times10^{-3})^2}\fallingdotseq4.28[\Omega]$$

03 ④

가우스(G, Gauss)는 자기장의 CGS 단위이다. 국제단위계에서 자기장의 단위는 테슬라(T, Tesla)이며, $1[\mathrm{T}]$는 $1[\mathrm{m}^2]$당 $1[\mathrm{Wb}]$의 자속이 통과할 때의 밀도를 말하며, $1[\mathrm{G}]$는 $10^{-4}[\mathrm{T}]$와 동일하다. 즉, $1[\mathrm{G}]=10^{-4}[\mathrm{Wb/m}^2]$이다.

04 ②

3개의 저항을 직렬로 연결한 경우, 각 저항에 걸리는 전압을 구하는 방법은 2가지가 있다.

• 합성저항과 전류를 구하고, 각각의 저항을 곱하는 방법

$$R_0=R_1+R_2+R_3[\Omega],\ I=\frac{V}{R_0}[\mathrm{A}],\ V_2=I\times R_2=\frac{R_2}{R_1+R_2+R_3}V[\mathrm{A}]$$

• 직렬회로에서는 전류가 동일하므로 $V=IR[\mathrm{V}]$에서 V와 R의 비례관계를 이용하는 방법

$$V_2=\frac{R_2}{R_1+R_2+R_3}V[\mathrm{A}]$$

05 ①

합성저항을 구하고, 전압을 구한 다음에 각 저항에 흐르는 전류를 구해야 한다.

$$\frac{1}{R_0}=\frac{1}{R_1}+\frac{1}{R_2}+\frac{1}{R_3}=\frac{1}{2}+\frac{1}{4}+\frac{1}{6}=\frac{11}{12}$$

$$R_0=\frac{11}{12}[\Omega]$$

$$V=IR_0=10\times\frac{12}{11}=\frac{120}{11}[\mathrm{V}]$$

$$\therefore\ \frac{V}{R_4}=\frac{(12/11)}{4}\fallingdotseq2.73[\mathrm{A}]$$

06 ②

회로의 전압과 전류를 측정할 때 전압계는 회로에 병렬로 접속하고 배율기는 전압계에 직렬로 연결하며, 전류계는 회로에 직렬로 접속하고 분류기는 전류계에 병렬로 연결하여 사용한다.

07 ④

전기분해에 의한 석출량(패러데이 법칙)은 $W=kQ=kIt[\mathrm{g}]$ (단, k(화학당량)$=\dfrac{원자가}{원자량}[\mathrm{g/C}]$)이다.)

08 ③

콘덴서의 직렬 연결(전하는 동일)

$$V_1=\frac{C_2}{C_1+C_2}V[\mathrm{V}],\ V_2=\frac{C_1}{C_1+C_2}V[\mathrm{V}]$$

$$\therefore\ V_2=\frac{C_1}{C_1+C_2}V=\frac{10}{10+5}\times200\fallingdotseq133.3[\mathrm{V}]$$

09 ④

콘덴서에 충전되는 에너지는 $W=\dfrac{1}{2}CV^2=\dfrac{1}{2}\times4\times10^{-6}\times(8\times10^3)^2=128[\mathrm{J}]$이다.

10 ②

순철, 규소강, 니켈, 코발트 등 강자성체일수록 비투자율이 크고, 은, 주석, 구리 등과 같이 반자성체일수록 비투자율이 작다.

11 ③

외부의 자계에 전혀 반응하지 않는 물질을 비자성체라 한다.

12 ③

자기력선의 성질

• 자기력선은 N극에서 나와 S극으로 들어간다.
• 두 자기력선은 서로 교차하지 않는다.
• 자기력선의 접선방향은 그 점에서의 자계의 방향과 일치한다.
• 자기력선의 밀도는 그 점에서의 자계의 세기를 나타낸다.

13 ②

공기 중 자속밀도는 $B=\mu_0H=4\pi\times10^{-7}\times500=6.28\times10^{-4}[\mathrm{Wb/m}^2]$이다.

14 ②

자체인덕턴스 $L=\dfrac{N\phi}{I}=\dfrac{\mu N^2A}{l}[\mathrm{H}]$에서, $L=\dfrac{N\phi}{I}=\dfrac{100\times10^{-3}}{5}=0.02[\mathrm{H}]=20[\mathrm{mH}]$이다.

15 ②

각속도는 $\omega=2\pi f=377[\mathrm{rad/s}]$이므로, $f=\dfrac{377}{2\pi}=60[\mathrm{Hz}]$이다.

16 ③

정현파 교류의 평균값

$$V_{av}=\frac{V_m}{(\pi/2)}=\frac{200}{(\pi/2)}=127.3[\mathrm{V}]$$

17 ④

코일의 리액턴스 $X_L'=j2\pi fL=j2\pi\times60\times180\times10^{-3}\fallingdotseq67.86[\Omega]$이다.

따라서 $I=\dfrac{V}{j2\pi fL}=\dfrac{220}{67.86}\fallingdotseq3.24[\text{A}]$이다.

18 ④

교류의 전력은 $P_a^2=P^2+P_r^2$이므로, $P=\sqrt{P_a^2-P_r^2}=\sqrt{900^2-720^2}=540$ [kW]이다.

19 ②

△결선방식에 따른 전압과 전류

$$V_l'=V_p'[\text{V}],\ I_l'=\sqrt{3}I_p'\angle-\frac{\pi}{6}[\text{A}]$$

$$\therefore\ V_l'=V_p'=100[\text{V}],\ I_l'=\sqrt{3}I_p'\angle-\frac{\pi}{6}=30\sqrt{3}\angle-\frac{\pi}{6}[\text{A}]$$

20 ③

비정현파의 조합에서 전류나 전력은 각각의 파형별로 따로 구해야 한다.

- 기본파
  - 임피던스 $Z'=\sqrt{R^2+(2\pi fL)^2}=\sqrt{4^2+3^2}=5[\Omega]$
  - 전류 $I_1=\dfrac{V_1}{Z_1}=\dfrac{100}{5}=20[\text{A}]$
  - 전력 $P_1=I_1^2R=20^2\times4=1,600[\text{W}]$
- 제3 고조파
  - 임피던스 $Z_3=\sqrt{R^2+(2\pi fL)^2}=\sqrt{4^2+(3\times3)^2}=\sqrt{4^2+9^2}[\Omega]$
  - 전류 $I_3=\dfrac{V_3}{Z_3}=\dfrac{50}{\sqrt{4^2+9^2}}\fallingdotseq5.077[\text{A}]$
  - 전력 $P_3=I_3^2R=(\dfrac{50}{\sqrt{4^2+9^2}})^2\times4\fallingdotseq103.09[\text{W}]$
- $\therefore$ 총 전력 $P=P_1+P_3=1,600+103.1=1,703.1[\text{W}]$

21 ①

발전기에서 공극은 회전자와 전기자 간에 일정한 간격을 유지하여 기계적으로는 안정적인 회전을 유지하고, 전기적으로도 계자에서 생성된 자속을 전기자에 골고루 분배시켜 균일한 기전력을 유도하는 역할을 한다. 불균일한 공극은 기계적으로나 전기적으로 진동을 유발한다.

22 ④

직류발전기의 전기자 반작용

- 발생 조건 : 부하를 접속하여 전기자 권선에 전류가 흐를 경우
- 현상
  - 주자속의 분포를 찌그러뜨린다(편자작용).
  - 자극의 중성축을 이동(발전기는 회전방향)시켜서, 브러시에 불꽃을 발생시킨다.
  - 주자속을 감소시켜 유도전압을 감소시킨다.
- 대책
  - 브러시의 위치를 전기적 중성점(발전기의 경우 회전방향)으로 이동시킨다.
  - 보상권선을 주자극 표면에 배치하여 전기자 권선과 직렬로 연결하여 전기자 기자력을 상쇄시킨다.
  - 보극을 주자극 사이에 설치하여 전기자 반작용을 부분적으로 상쇄시킨다.

23 ④

직류 직권전동기의 속도 $N=K\dfrac{V}{I_a}[\text{rpm}]$. $T=KI_a^2[\text{N}\cdot\text{m}]$이므로, $T\propto I_a^2,\ \dfrac{1}{N^2}$이다. 따라서 부하가 감소하면 속도가 급증하고, 무부하가 되면 과속도가 되어서 위험하기 때문에 무부하 운전이나 벨트 운전을 해서 절대로 안 된다.

24 ③

직류 전동기(타여자 전동기. 분권전동기)의 속도식은 $N=K\dfrac{V-I_aR_a}{\phi}$ [rpm]이다. 따라서 R(↑) → I(↓) → ϕ(↓) → N(↑)의 관계가 성립한다.

$\therefore$ 자속이 2배로 증가하면 속도는 $\dfrac{1}{2}$로 줄어든다.

25 ②

직류 분권발전기의 유도기전력 $E=V+I_aR_a[\text{V}]$이다. 따라서 $V=E-I_aR_a=110.4-104\times0.1=100[\text{V}]$이다.

26 ③

직류 분권전동기의 특성

- 계자권선과 전기자 권선이 전원에 병렬로 접속되어 있다.
- 부하전류에 따른 속도 변화가 거의 없어서 정속도 전동기라 부른다.
- 직류전동기의 속도특성은 $N=K\dfrac{V-I_aR_a}{\phi}[\text{rpm}]$으로. 계자전류가 '0'이 되면 전동기의 속도가 급증하여 위험하므로 계자회로에 퓨즈를 넣어서는 안 된다.
- 직류전동기의 토크 특성은 $T=K\phi I_a[\text{N}\cdot\text{m}]$이다.

27 ②

전기기기의 효율은 $\eta=\dfrac{\text{출력}}{\text{입력}}\times100[\%]$이다. 발전기와 변압기는 출력 기준. 전동기는 입력기준으로 효율을 표시하는 것을 규약효율이라 한다.

$$\therefore\ \eta_{G,\,T}=\dfrac{\text{출력}}{\text{출력}+\text{손실}}\times100[\%],\ \eta_M=\dfrac{\text{입력}-\text{손실}}{\text{입력}}\times100[\%]$$

28 ①

동기발전기의 병렬운전조건

- 기전력의 크기 동일 : 무효 순환전류, 저항손 발생, $I_c=\dfrac{\Delta V}{Z_1+Z_2}[\text{A}]$
- 기전력의 위상 동일 : 유효 순환전류(동기화 전류), $I_s=\dfrac{E}{Z_s}\sin\delta[\text{A}]$
- 기전력의 주파수 동일 : 동기화 전류, 난조의 원인
- 기전력의 파형 동일 : 고조파 무효 순환전류, 저항손 증가로 과열의 원인
- 상회전방향 일치 : 전기자 권선 소손 가능

29 ③

동기발전기의 안정도 증진법

- 단락비를 크게 할 것
- 동기 임피던스를 작게 할 것
- 관성 모멘트를 크게 할 것
- 속응 여자방식을 채용할 것

30 ④

동기전동기의 자기 기동 시 계자 권선에는 고전압이 공급되어 계자 회로가 소손될 우려가 있으므로, 계자 회로는 저항을 연결하여 반드시 단락시킨 후에 기동해야 한다.

31 ①

변압기 절연유의 구비조건

- 절연 내력이 클 것
- 비열이 커서 냉각효과가 클 것
- 인화점이 높을 것
- 점도가 낮고 응고점이 낮을 것
- 화학적으로 안정할 것
- 고온에서 산화,석출물이 발생하지 않을 것

32 ④

뱅크(Bank)와 베이(Bay)

- 뱅크 : 교류 3상을 공급하기 위한 최소 단위의 변압기 또는 콘덴서의 결선상의 단위
  - 예 765[kV] 변압기 1뱅크 → 단상 변압기 3대
- 베이 : 송전선로 또는 변압기 연결을 위해 필요한 차단기, 단로기 등 일련의 조합
  - 예 345[kV] GIS 6베이

33 ②

아래 그림과 같이 3상 △결선의 부하 운전 중 1선이 단선되어 단상으로 운전되는 경우의 소비전력을 묻는 문제이다.

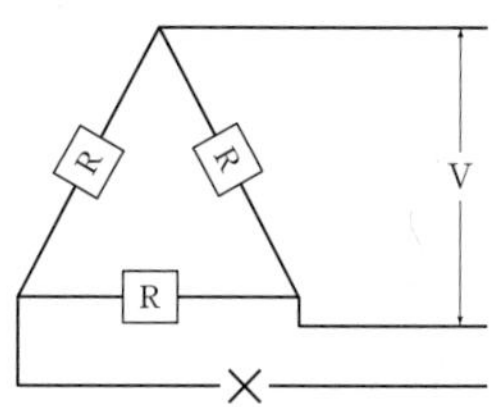

- 3상 운전 부하 : $P_3 = 3P = 3 \times = \dfrac{V^2}{R}[\text{W}]$

- 단상 운전 부하

$$P_1 = \frac{V^2}{R} + \frac{V^2}{2R} = \frac{3V^2}{2R} = \frac{3}{2} \times \frac{V^2}{R}[\text{W}]$$

$$P_1 = \frac{V^2}{R} + \frac{V^2}{2R} = \frac{3V^2}{2R}[\text{W}]$$

$$\therefore P_1 = \frac{1}{2}P_3[\text{W}]$$

34 ④

몰드 변압기에 대한 설명이다.

35 ③

유도 전동기가 정지해 있을 때에는 변압기의 원리와 같이 1차 권선에 흐르는 전류에 의해 생긴 회전 자계가 2차 권선에 교차하여 자속 변화에 따른 전자 유도작용에 의하여 기전력을 유도하며, 이 기전력에 의해 전류가 흘러서 플레밍의 왼손법칙에 의한 회전력이 발생한다.

36 ①

$N = (1-s)Ns = (1-s)\dfrac{120f}{P}[\text{rpm}]$에서 유도전동기의 속도는 슬립(2차 저항 가감), 주파수(인버터, VVVF), 극수를 제어하여 속도를 제어할 수 있다. 이 외에도 2차 여자법, 종속 접속법, 인버터 제어법 등이 있다. 인버터 제어는 교류를 일단 직류로 변환시키고, 사이리스터 등 반도체 소자를 이용하여 직류를 교류로 역변환시키면서 스위칭 간격을 이용하여 출력 주파수를 변환함으로써 전동기의 속도를 조절하는 방법이다. 유도전동기 등에 많이 활용하며, 최근에는 전압과 주파수를 동시에 가변시켜 전동기의 토크를 조정하는 VVVF(Variable Voltage Variable Frequency)를 많이 사용하는 추세이다.

37 ③

LED(Light Emitting Diode)는 순방향으로 전압을 인가했을 때 빛과 열이 나는(발광하는) 반도체이다.

38 ②

IGBT는 고속, 고전압, 대전류 제어용 반도체 소자이다.

> **오답 피하기**

① 게이트 턴오프 스위치 직류 · 교류 제어용 소자
③ 쌍방향성 3단자 사이리스터 교류 제어용 소자
④ 감광 역저지 2단자 스위치 광스위치, 카운터 회로

39 ③

다이오드 정류회로

- 단상반파 $E_d = \dfrac{\sqrt{2}}{\pi}E = 0.45E[\text{V}]$, 단상전파 $E_d = \dfrac{2\sqrt{2}}{\pi}E = 0.9E[\text{V}]$

- 3상반파 $E_d = \dfrac{3\sqrt{6}}{2\pi}E = 1.17E[\text{V}]$, 3상전파 $E_d = \dfrac{6\sqrt{2}}{2\pi}E = 1.35E[\text{V}]$

40 ②

TRIAC을 이용한 전동기 속도제어회로

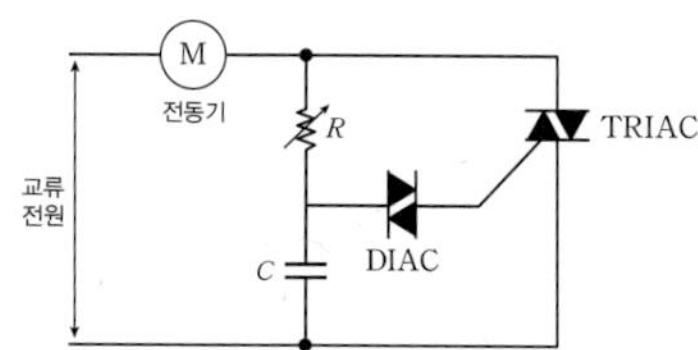

- RC 직렬회로의 R 조정을 통해 시정수(τ=RC)와 점호각을 조정하여 출력전압이나 전류를 제어하는 제어정류회로이다.
- DIAC을 통해 트리거 펄스로 TRIAC을 점호하게 되는데, 기동 시 R을 최대로 하여 시정수를 크게 하여 점호각을 최대로 한다.
- 정상 운전 시 서서히 R을 감소시켜 R을 최소로 하고 시정수를 작게 하여 점호각을 최소로 하여 운전한다.

41 ④

CV : 가교폴리에틸렌절연 비닐시스 케이블

> **오답 피하기**

① VV
② EV
③ DV

42 ②

전선 접속 시 유의사항

- 전선의 세기(인장하중)를 20[%] 이상 감소시키지 않을 것
- 병렬로 사용하는 각 전선의 굵기는 구리선 50[mm²] 이상 알루미늄 전선 70[mm²] 이상으로 할 것
- 병렬로 사용하는 전선은 각각에 퓨즈를 설치하지 말 것
- 같은 극인 각 전선의 터미널러그는 동일한 도체에 2개 이상의 리벳 또는 2개 이상의 나사로 접속할 것
- 전선을 나사로 고정할 경우에 나사가 진동 등으로 헐거워질 우려가 있는 장소는 2중 너트, 스프링와셔 및 나사풀림 방지기구가 있는 것을 사용할 것
- 교류회로에서 전선은 금속관 안에 전자적 불평형이 생기지 않도록 할 것

43 ③

기구단자가 누름나사형, 크램프형이거나 이와 유사한 구조가 아닌 경우는 단면적 10[mm²]를 초과하는 단선 또는 단면적 6[mm²]를 초과하는 연선에 터미널러그를 부착해야 한다.

44 ①

전선을 나사로 고정할 경우 나사가 진동 등으로 헐거워질 우려가 있는 장소는 2중 너트, 스프링와셔 및 나사풀림 방지기구가 있는 것을 사용하여야 한다.

45 ④

옥외 등 온도차가 큰 장소에 노출 배관을 할 때 사용하는 것은 신축커플링(3C)이다.

46 ④

접지의 목적

- 인축의 감전 및 화재 방지
- 보호계전기의 확실한 동작 확보로 전기설비 신뢰도 향상
- 계통의 이상전압 발생 억제
- 고장전류나 뇌전류 유입에 대한 기기 보호

47 ③

합성수지관 공사

- 관의 두께는 2[mm] 이상이어야 한다.
- 이중천장(반자 속 포함) 내에는 시설할 수 없다
- 전선은 절연전선(OW 제외)이고, 연선(단, 단면적 10[mm²](알루미늄선은 단면적 16[mm²]) 이하는 단선 가능)일 것이며, 합성수지관 안에서 접속점이 없도록 해야 한다.
- 합성수지관 상호 간 및 박스와 관을 삽입하는 깊이를 관의 바깥지름의 1.2배(접착제를 사용하는 경우에는 0.8배) 이상이어야 한다.
- 관 지지점 간의 거리는 1.5[m] 이하, 전선관의 끝부분이나 박스 가까운 부분은 0.3[m] 이하여야 한다.
- PVC 전선관 1본의 표준 길이는 4[m], 굵기는 관의 안지름 크기에 가까운 짝수[mm]로 해야 한다.

48 ③

- 금속전선관의 호칭
  - 박강 전선관(바깥지름, 홀수) : 15, 19, 25, 31, 39, 51, 63, 75
  - 후강 전선관(안지름, 짝수) : 16, 22, 28, 36, 42, 54, 70, 82, 92, 104
- 비닐전선관의 호칭
  - 경질비닐관(PVC)의 호칭(안지름, 짝수) : 14, 16, 22, 28, 36, 42, 54, 70, 82, 100
  - 합성수지제 가요전선관(PF, CD)의 호칭 : 14, 16, 22, 28, 36, 42

49 ④

금속덕트 공사

- 금속덕트에 넣은 전선 단면적의 합계는 덕트 내부 단면적의 20[%](제어회로 등은 50[%]) 이하일 것
- 금속덕트 안에는 전선에 접속점이 없도록 할 것(다만, 금속덕트 안에서 전선을 분기하는 경우에는 그 접속점을 쉽게 점검할 수 있는 때에는 적용하지 않는다.)
- 금속덕트는 폭이 40[mm] 이상, 두께 1.2[mm] 이상인 철판 등으로 견고하게 제작한 것일 것
- 덕트를 조영재에 붙이는 경우에는 덕트의 지지점 간의 거리를 3[m](단, 취급자 이외의 자가 출입할 수 없도록 설비한 곳에서 수직으로 붙이는 경우에는 6[m]) 이하로 하고 또한 견고하게 붙일 것

50 ④

저압 설비 불평형률

- 단상 3선식 : 40[%]
- 3상 3선식, 4선식 : 30[%] 이하

51 ①

래크(Rack)는 저압 가공배전선로용 전주의 수직배선에 사용하는 가선용 자재이다.

52 ②

저압 가공전선의 굵기 및 종류

- 저압 가공전선은 나전선(중성선 또는 접지측 전선에 한한다), 절연전선, 다심형 전선 또는 케이블을 사용
- 사용전압이 400[V] 이하인 저압 가공전선(케이블 제외)은 지름 3.2[mm](절연전선은 지름 2.6[mm]) 이상의 경동선
- 사용전압이 400[V] 초과인 저압·고압 가공전선(케이블 제외)은 시가지에 시설하는 것은 지름 5[mm] 이상의 경동선, 시가지 외에 시설하는 것은 지름 4[mm] 이상의 경동선
- 사용전압이 400[V] 초과하는 저압 가공전선에는 DV전선 또는 다심형 전선을 사용하여서는 안 된다.

53 ③

교통신호등의 시설

- 사용전압 300[V] 이하
- 인하선의 지표상 높이 2.5[m] 이상
- 사용전압 150[V] 초과 시 : 자동적으로 전로를 차단하는 장치 시설
- 교통신호등 회로의 배선과 시설물 사이의 간격 60[cm](케이블 30[cm]) 이상

54 ①

주택용 누전차단기

- 금속제 외함을 가지는 사용전압 50[V]를 초과하는 저압의 기계기구로서 사람이 쉽게 접촉할 우려가 있는 곳에 전기를 공급하는 전로에는 누전차단기를 시설하여야 한다.
- 욕조나 샤워시설이 있는 욕실 또는 화장실 등 인체가 물에 젖어있는 상태에서 전기를 사용하는 장소에 콘센트를 시설하는 경우에는 인체감전보호용 누전차단기(정격감도전류 15[mA] 이하, 동작시간 0.03[초] 이하의 전류동작형) 또는 절연변압기(정격용량 3[kVA] 이하인 것)로 보호된 전로에 접속하거나, 인체감전보호용 누전차단기가 부착된 콘센트를 시설하여야 한다.

55 ④

- 완금 : 전선을 지지하기 위하여 전주에 설치하는 구조물이다.
- 전주 버팀대 : 전주가 안정적으로 직립상태를 유지하기 위하여 전주의 하단에 고정시켜 지반에 매립하는 것으로서, 주로 콘크리트 재질로 된 직사각형 또는 반원형이다.

56 ④

특고압 가공전선로 지지물에 시설하는 통신선(광섬유 케이블 제외) 또는 이에 직접 접속하는 통신선 중 옥내에 시설하는 부분은 400[V] 초과의 저압 옥내배선시설에 준하여 시설하여야 한다.

57 ③

저압과 고압 가공전선을 병행 설치하는 경우 저압 가공전선을 고압 가공전선의 아래로 하고 별개의 완금류에 시설하며, 저압 가공전선과 고압 가공전선 사이의 간격은 50[cm] 이상이어야 한다.

58 ①

조명 및 콘센트의 명칭과 기호

기호	명칭	기호	명칭
○	백열등	●	비상용 조명등
○─	벽등	✕	외부등(가로등용)
CH	샹들리에	CL	실링 라이트
R	리셉터클	▭	형광등
◑	콘센트(매입용)	◉◉	비상용 콘센트

59 ④

광원별 광속

- 구광원(점광원) : $F = 4\pi I$
- 반구광원 : $F = 2\pi I$
- 평판(면)광원 : $F = \pi I$
- 원통광원 : $F = \pi^2 I$

60 ②

제어의 종류

- 릴레이 제어 : 제어 전류의 유무 또는 방향에 따라 접점이 동작하여 다른 회로를 개폐함으로써 시스템을 제어하는 것이다. 릴레이의 종류에는 유접점 릴레이와 무접점 릴레이가 있다.
- PLC(Programmable Logic Controller) : 컴퓨터 기반으로 기계 장비를 프로세서에 의해 제어하는 장치이다.
- 시퀀스 제어 : 시퀀스 제어란 연속적인 사건이나 동작이 공간적, 시간적으로 정해져서 필요한 시스템을 제어하는 것을 말한다.
- HMI(Human Machine Interface) : 사람과 기계 간의 의사소통 수단을 말하는데, 수많은 물리적 시스템을 일원화하여 감시 및 제어를 원활하게 하도록 만든 하나의 솔루션을 의미한다.

필기 기출문제 08회

2-67p

01 ③	02 ③	03 ②	04 ③	05 ①
06 ①	07 ③	08 ②	09 ②	10 ③
11 ④	12 ④	13 ②	14 ③	15 ④
16 ③	17 ①	18 ②	19 ②	20 ④
21 ②	22 ③	23 ②	24 ③	25 ②
26 ②	27 ②	28 ④	29 ③	30 ③
31 ③	32 ③	33 ③	34 ①	35 ②
36 ③	37 ④	38 ③	39 ②	40 ②
41 ④	42 ③	43 ④	44 ②	45 ②
46 ③	47 ④	48 ①	49 ①	50 ③
51 ②	52 ②	53 ④	54 ①	55 ④
56 ③	57 ③	58 ②	59 ②	60 ④

01 ③

저항기의 종류

- 고정형 저항기
  - 탄소피막 저항기 : 세라믹 로드에 탄소 피막을 입히고 나선형으로 홈을 파서 저항값을 조정하는 저항기로, 가장 널리 사용되며, 띠의 색깔로 저항값을 알 수 있음
  - 솔리드 저항기 : 탄소 분말과 폴리머를 몰드 형태로 성형한 저항기로, 소형, 고압, 고저항용으로 활용
  - 권선형 저항기 : 미세한 금속선을 세라믹 로드에 감아서 일정한 저항값을 갖도록 한 저항기로, 정밀하여 계측기에 많이 사용
  - 칩 저항기 : 세라믹 기판 위에 저항체를 칩 형태로 얹어서 제조한 저항기로, 고주파 특성 등 여러 성능이 우수하여 컴퓨터나 전자기기 등에 주로 사용
  - 어레이 저항기 : 여러 개의 저항을 묶어 일체형으로 만든 저항기로, 디지털 회로에 주로 사용
  - 시멘트 저항기 : 시멘트로 덮어서 허용 전류가 크고 내열성이 뛰어남
- 가변형 저항기 : 탄소 피막형, 서미트형, 권선형, 볼륨형 가변저항기 등

02 ③

전기 전도도는 '은 → 구리 → 금 → 알루미늄' 순으로 좋다.

03 ②

$$V_{BC} = V_B - V_C = 100 - 60 = 40[V]$$

$$I_{BC} = \frac{V_{BC}}{R_{BC}} = \frac{40}{8} = 5[A]$$

$$\therefore I_3 = I_{BC} \times \frac{4}{3+4} = 5 \times \frac{4}{7} \fallingdotseq 2.86[A]$$

04 ③

중첩의 원리

- 정의 : 선형 회로망에서 회로 내의 임의의 점의 전류 또는 두 점 사이의 전압은 개개의 전원이 개별적으로 작용할 때 그 점에 흐르는 전류 또는 두 점 사이의 전압을 합한 것과 같다.
- 적용
  - 전원을 개별적으로 작용시킬 때 작용하지 않는 다른 전원은 제거
  - 전압원은 단락시키고 전류원은 개방한다.

05 ①

60[W]의 저항 $R_1=\dfrac{V^2}{P_1}=\dfrac{200^2}{60}[\Omega]$, 100[W]의 저항 $R_2=\dfrac{V^2}{P_2}=\dfrac{200^2}{100}[\Omega]$
이고, 직렬연결 시에 전류는 일정하고 전압이 저항에 비례하여 배분되기 때문에 전구의 밝기 즉, 전력소모량은 $P=I^2R[\mathrm{W}]$로 간단하게 비교할 수 있다. 여기서는 $R_1>R_2$이므로 직렬연결 시는 저항이나 전류값을 구하지 않고도 60[W] 전구가 더 밝은 것을 알 수 있다.

06 ①

패러데이 법칙

- $w=kQ=kIt[\mathrm{g}]$

- 화학당량 $=\dfrac{원자량}{원자가}$

07 ③

$860Pt\eta=mC\Delta T[\mathrm{kcal}]$에서 $\Delta T=\dfrac{860Pt\eta}{mC}=\dfrac{300}{20\times1}=1.5[\,^\circ\mathrm{C}\,]$이다.
따라서 $T=T_0-\Delta T=15+15=30[\,^\circ\mathrm{C}\,]$이다.

08 ②

납축전지는 묽은 황산(비중 1.2~1.3)의 용액에 다음의 화학식과 같이 양극판과 음극판을 넣어서 연결하면 약 2[V]의 기전력이 발생한다.

| 양극 | 전해액 | 음극 | (방전) | 양극 | 전해액 | 음극 |

$$PbO_2 + 2H_2SO_4 + Pb \;\rightleftharpoons\; PbSO_4 + 2H_2O + PbSO_4$$

(충전)

09 ②

비유전율

- 공기 : 1
- 운모 : 6~7
- 염화비닐 : 5~9
- 산화티탄 : 100

10 ③

자기력선의 성질

- 자기력선은 N극에서 나와 S극으로 들어간다.
- 두 자기력선은 서로 교차하지 않는다.
- 자기력선의 접선 방향은 그 점에서의 자계의 방향과 일치한다.
- 자기력선의 밀도는 그 점에서의 자계의 세기를 나타낸다.

11 ④

콘덴서의 병렬연결은 저항의 직렬연결과 같다. 즉, $C_0=C_1+C_2+C_3=2+3+5=10[\mu\mathrm{F}]$이다.

12 ④

렌츠의 법칙

코일은 전자유도작용, 공진, 노이즈(잡음)의 필터 역할을 하며, 전류의 변화를 억제시키려는 경향이 있다.

13 ②

자체인덕턴스는 $L=\dfrac{N\phi}{I}=\dfrac{\mu N^2A}{l}[\mathrm{H}]$에서,

$L=\dfrac{\mu_0\mu_sN^2A}{l}=\dfrac{4\pi\times10^{-7}\times100\times(500)^2\times0.5}{10\times10^{-3}}≒39.27[\mathrm{H}]$이다.

14 ③

코일에 저장되는 에너지는 $W=\dfrac{1}{2}LI^2[\mathrm{J}]$이다. 따라서 $L=\dfrac{2W}{I^2}=\dfrac{2\times4}{20^2}=20\times10^{-3}[\mathrm{H}]=20[\mathrm{mH}]$이다.

15 ④

자기회로의 자기저항

$$R_m=\frac{F}{\phi}=\frac{NI}{\phi}=\frac{l}{\phi A}=\frac{l}{\mu_0\mu_sA}[\mathrm{AT/Wb}]$$

16 ③

기자력 $F=NI=500\times0.25=125[\mathrm{AT}]$

17 ①

R–L 직렬회로에서 소비되는 전력은 $P=VI\cos\theta=I^2R[\mathrm{W}]$로 구하면 된다.

$Z'=6+j8[\Omega]$, $Z=\sqrt{6^2+8^2}=10[\Omega]$, $\cos\theta=\dfrac{R}{Z}=\dfrac{6}{10}=0.6$

$Z'=6+j8[\Omega]$, $Z=\sqrt{6^2+8^2}=10$

$I=\dfrac{V}{Z}=\dfrac{200}{10}=20[\mathrm{A}]$

따라서 $P=VI\cos\theta=200\times20\times0.6=2,400[\mathrm{W}]=2.4[\mathrm{kW}]$ 또는 $P=I^2R=20^2\times6=2,400[\mathrm{W}]=2.4[\mathrm{kW}]$이다.

18 ②

220[V]는 실효값이다. 따라서 $V_m=\sqrt{2}\times V_{rms}=220\sqrt{2}[\mathrm{V}]$, $V_{av}=\dfrac{V_m}{(\pi/2)}=\dfrac{220\sqrt{2}}{(\pi/2)}≒198.2[\mathrm{V}]$이다.

19 ②

유도성 리액턴스 $X_L=j2\pi fL[\Omega]$이고, 용량성 리액턴스 $X_C=\dfrac{1}{j2\pi fC}[\Omega]$ 이다. 따라서 코일의 임피던스는 주파수의 크기에 비례하고, 커패시터의 임피던스는 주파수의 크기에 반비례한다.

20 ④

Δ결선방식에 따른 전압과 전류

- $V_l'=V_p'[\mathrm{V}]$

- $I_l'=\sqrt{3}I_p'\angle-\dfrac{\pi}{6}[\mathrm{A}]$

따라서 Δ결선의 상전류는 $I_p'=\dfrac{V_p}{Z}=\dfrac{220}{\sqrt{6^2+8^2}}=22[\mathrm{A}]$이고, $I_l'=\sqrt{3}I_p'=22\sqrt{3}[\mathrm{A}]$이다.

21 ②

직류 분권발전기의 유도기전력 $E=V+I_aR_a[\mathrm{V}]$이다. 따라서 $E=V-I_aR_a=110.4-104\times0.1=100$이다.$[\mathrm{V}]$

22 ③

직류전동기의 속도 특성 $N=K\dfrac{V-I_aR_a}{\phi}[\mathrm{rpm}]$이다. 분권전동기는 계자전류를 일정하게 유지하면 부하의 변화에도 속도의 변화가 거의 없어 정속도 전동기라 부른다. 타여자 전동기도 외부 전원에 의해 자속을 일정하게 유지하여 속도를 일정하게 유지하거나, 속도를 광범위하게 조정할 수 있다.

23 ②

변압기의 유도기전력 $E_1=4.44f_1N_1\phi_m[\mathrm{V}]$이므로, 자속은 기전력에 비례하고, 권수와 주파수에 반비례한다.

24 ③

변압기의 전압변동률은 $\varepsilon=\dfrac{V_{20}-V_{2n}}{V_{2n}}\times100=p\cos\theta+q\sin\theta[\%]$이다. 따라서 $p\cos\theta+q\sin\theta=3\times0.8+4\times0.6=4.8[\%]$이다.

25 ③

3상 변압기 군을 병렬운전할 때는 변압기 전선 연결 방식의 조합에 따라 각 변위를 일치시킬 수 없을 때는 병렬운전이 불가능하다. 예를 들면 $\varDelta$–$\varDelta$ 와 $\varDelta$–Y 전선 연결 변압기, $\varDelta$–Y와 Y–Y 전선 연결 변압기는 병렬운전이 불가능하다.

26 ②

V–V 결선

- 출력 $P_V=\sqrt{3}P_a=\sqrt{3}V_PI_P[\mathrm{VA}]$
- 이용률 $=\dfrac{P_V}{P_2}=\dfrac{\sqrt{3}}{2}=0.866$
- 출력비 $=\dfrac{P_V}{P_3}=\dfrac{\sqrt{3}}{3}=0.577$

따라서 $P_V=\sqrt{3}P_a=\sqrt{3}\times20=20\sqrt{3}[\mathrm{kVA}]$이다.

27 ②

변압기 보호장치

- 부흐홀츠 계전기(Buchholtz Relay) : 변압기 본체와 콘서베이터 중간에 설치되어, 부분방전 등 이상가스 발생 시 경보를 발생하고, 내부 고장에 의한 아크 발생으로 탱크 압력의 급격한 증가를 감지하여 차단 장치를 동작하도록 하는 기능을 한다.
- 충격압력 계전기(Sudden Pressure Relay) : 변압기 내부에 고장 발생으로 인한 아크에 의하여 내부 압력상승 속도가 일정 수준 이상이 되면 동작하는 계전기로, 부흐홀츠 계전기가 미처 파악하지 못하는 부분을 감지하여 차단기 동작의 신속성을 확보한다.
- (비율)차동 계전기(Ratio Differential Relay) : 변압기의 1차 측 전류와 2차 측 전류의 차에 의해 동작하는 계전기로, 변압기의 내부고장 보호에 사용된다. 변압기가 정상 운전할 경우에는 1, 2차 측의 전류비가 일정하나 고장이 발생하여 이 차이가 일정 이상 커지면 동작하는 방식이다.

28 ④

뱅크(Bank)와 베이(Bay)

- 뱅크 : 교류 3상을 공급하기 위한 최소 단위의 변압기 또는 콘덴서의 결선상의 단위
- 🔮 765[kV] 변압기 1뱅크 → 단상 변압기 3대
- 베이 : 송전선로 또는 변압기 연결을 위해 필요한 차단기, 단로기 등 일련의 조합
- 🔮 345[kV] GIS 6베이

29 ③

유도전동기의 2차 효율 $\eta_2=\dfrac{P_0}{P_2}=1-s=\dfrac{N}{N_s}\times100[\%]$이다. 따라서 N_s를 구하면 된다.

$$\therefore N_s=\dfrac{120f}{P}=\dfrac{120\times50}{8}=750[\mathrm{rpm}]$$

$$\therefore \eta_2=\dfrac{N}{N_s}\times100=\dfrac{720}{750}\times100 ≒96[\%]$$

30 ③

교류전동기의 손실에는 무부하손과 부하손이 있다. 무부하손에는 철손(히스테리시스손, 와류손)과 기계손(마찰손, 풍손)이 있으며, 부하손에는 동손(저항손)과 표유부하손(측정이나 계산으로 구할 수 없는 손실)이 있다.

31 ③

전동기의 전기자 철심에는 권선을 끼우기 위한 슬롯(Slot)을 만드는데, 일반적으로 소형기에는 반폐 슬롯을, 중형기와 대형기에는 개방형 슬롯을 많이 사용한다.

32 ②

발전기의 효율

$$\eta_G=\dfrac{\text{출력}}{\text{출력}+\text{손실}}=\dfrac{VI\cos\theta}{VI\cos\theta+P_l}=\dfrac{60\times10^3\times0.8}{60\times10^3\times0.8+1{,}600}≒0.968[\mathrm{pu}]$$

33 ③

2극기인 경우 극 간격은 $\pi[\mathrm{rad}]$, 4극기인 경우는 $\dfrac{\pi}{2}[\mathrm{rad}]$이 된다. 이것이 기계각과 전기각이 다른 이유이다.

34 ①

동기발전기 A, B를 병렬운전 중 A기의 여자를 증가시키면 A기의 기전력은 커지고 B기의 기전력이 작아져서 무효순환전류가 흐르게 된다. 이렇게 되면 A기의 무효전력의 분담은 증가(역률은 저하)하고, 반대로 B기의 무효전력의 분담은 감소(역률은 상승)한다.

35 ②

동기발전기의 병렬운전조건

- 기전력의 크기 동일 : 무효 순환전류, 저항손 발생, $I_c=\dfrac{\varDelta V}{Z_1+Z_2}[\mathrm{A}]$
- 기전력의 위상 동일 : 유효 순환전류(동기화 전류), $I_s=\dfrac{E}{Z_s}\sin\dfrac{\delta}{2}[\mathrm{A}]$
- 기전력의 주파수 동일 : 동기화 전류, 난조의 원인
- 기전력의 파형 동일 : 고조파 무효 순환전류, 저항손 증가로 과열의 원인
- 상회전방향 일치 : 전기자 권선 소손 가능

$$\therefore I_c=\dfrac{\varDelta V}{Z_1+Z_2}=\dfrac{200}{5+5}=20[\mathrm{A}]$$

36 ③

동기발전기를 3상 단락시켜서 계자전류를 점점 증가시키면, 임피던스의 대부분이 리액턴스($x\gg r$)이고, 여기에 흐르는 전류는 지상전류가 흐르며, 이 전류에 따른 전기자 반작용은 감자작용으로 주자속을 상쇄시키는 방향으로 작용하기 때문에 자기회로는 거의 불포화상태로 유지되게 되어 계자전류에 대한 단락전류는 거의 직선으로 된다.

37 ④

- 단락비 : $K_s=\dfrac{I_f'}{I_f''}=\dfrac{I_s}{I_n}=\dfrac{1}{\%Z_s}$
- 단락비가 큰 기계 특성 중 작아지는 값
  - 동량
  - 동기 임피던스
  - 전기자 반작용
  - 전압변동률
  - 효율

- 단락비가 큰 기계 특성 중 커지는 값
  - 전압 안정도
  - 공극
  - 계자 전류
  - 기계의 중량
  - 가격
  - 과부하 내량

38 ④

3상 유도전동기의 출력은 $P = \sqrt{3}\,V I \cos\theta \times \eta\,[\mathrm{W}]$ 이다. 따라서 $I = \dfrac{P}{\sqrt{3}\,V \cos\theta \times \eta} = \dfrac{10 \times 10^{3}}{\sqrt{3} \times 200 \times 0.85 \times 0.85} \fallingdotseq 39.96\,[\mathrm{A}]$ 이다.

39 ②

서미스터는 온도의 변화에 비례하여 저항의 변화가 큰 특성을 보이는 온도 감지소자를 말하며, 온도센서로 사용하거나 과전류를 제한하는 용도로도 사용된다. 이 소자는 온도가 올라갈수록 저항값이 감소하는 음의 온도특성을 가진다.

40 ②

다이오드를 여러 개 직렬로 접속하면 연결한 값만큼 높은 전압에서 사용 가능하여 다이오드를 과전압으로부터 보호할 수 있고, 병렬로 여러 개를 접속하면 전류가 분산되어 과전류로부터 보호할 수 있다.

41 ④

스플릿 커플링 : 금속제 가요전선관 상호 접속 시 사용

오답 피하기

① 주로 매입 금속관을 직각으로 배관 시 사용하는 접속 부품
② 아웃렛 지름이 로크너트보다 클 때 사용
③ 금속관공사에서 노출 배관공사 시 직각으로 구부러지는 장소에 사용

42 ③

조명 및 콘센트의 명칭과 기호

기호	명칭	기호	명칭
○	백열등	●	비상용 조명등
O⊢	벽등	✕	외부등(가로등용)
CH	샹들리에	CL	실링 라이트
R	리셉터클	▭	형광등
◐	콘센트(매입용)	⊙⊙	비상용 콘센트

43 ④

금속덕트 공사

- 금속덕트에 넣은 전선 단면적의 합계는 덕트 내부 단면적의 20[%](제어회로 등은 50[%]) 이하일 것
- 금속덕트 안에는 전선에 접속점이 없도록 할 것(다만, 금속덕트 안에서 전선을 분기하는 경우에는 그 접속점을 쉽게 점검할 수 있는 때에는 적용하지 않는다.)
- 금속덕트는 폭이 40[mm] 이상, 두께 1.2[mm] 이상인 철판 등으로 견고하게 제작한 것일 것
- 덕트를 조영재에 붙이는 경우에는 덕트의 지지점 간의 거리를 3[m](단, 취급자 이외의 자가 출입할 수 없도록 설비한 곳에서 수직으로 붙이는 경우에는 6[m])이하로 하고 또한 견고하게 붙일 것

44 ②

옥내에 시설하는 사용전압 400[V] 이하인 조명용 전원코드 또는 이동전선은 기구단자가 누름나사형, 크램프형이거나 이와 유사한 구조가 아닌 경우는 단면적 10[mm²]를 초과하는 단선 또는 단면적 6[mm²]를 초과하는 연선에는 터미널러그를 부착해야 한다.

45 ①

배관의 곡률 반지름

- 금속관, 합성수지관 : 관 안지름의 6배
- 금속제 가요전선관 : 관 안지름의 6배(단, 제2종 금속제 가요전선관의 시설 및 제거가 자유로운 경우 관 안지름의 3배)
- 케이블 공사(비닐, 클로로프렌, 폴리에틸렌 외장 케이블) : 바깥지름의 6배(단심인 경우 8배)
- 연피나 알루미늄 피 : 바깥지름의 12배 이상

46 ③

1종 금속몰드에 넣는 전선 수는 10본 이하로 한다.

47 ④

저압 가공전선의 굵기 및 종류

- 저압 가공전선은 나전선(중성선 또는 접지측 전선에 한한다), 절연전선, 다심형 전선 또는 케이블을 사용
- 사용전압이 400[V] 이하인 저압 가공전선(케이블 제외)은 지름 3.2[mm](절연전선은 지름 2.6[mm]) 이상의 경동선
- 사용전압이 400[V] 초과인 저압 · 고압 가공전선(케이블 제외)은 시가지에 시설하는 것은 지름 5[mm] 이상의 경동선, 시가지 외에 시설하는 것은 지름 4[mm] 이상의 경동선
- 사용전압이 400[V] 초과하는 저압 가공전선에는 DV전선 또는 다심형 전선을 사용하여서는 안 된다.

48 ①

화약류 저장소

화약류 저장소 안에는 전기설비를 시설해서는 안 된다. 다만 다음의 경우에는 전기설비를 시설할 수 있다.

- 전로의 대지전압은 300[V] 이하일 것
- 전기기계기구는 전폐형의 것일 것
- 인입구 배선은 케이블 및 지중화할 것

49 ①

가연성 먼지(소맥분, 전분, 유황 기타 가연성의 먼지로 공중에 떠다니는 상태에서 착화하였을 때에 폭발할 우려가 있는 것)이 있는 곳에 시설하는 저압 옥내 전기설비는 합성수지관 공사(두께 2[mm] 이상), 금속관 공사 또는 케이블 공사에 의할 것

50 ③

접지극의 시설기준

- 접지극은 지하 75[cm] 이상으로 하되 동결 깊이 감안
- 접지극은 철주의 밑면으로부터 30[cm] 이상의 깊이에 매설하거나, 지중에서 그 금속체로부터 1[m] 이상 떼어서 매설
- 접지선의 지하 75[cm]로부터 지표상 2[m]까지의 부분은 합성수지관 등으로 덮을 것
- 접지극이 동봉 · 동피복강봉일 경우는 지름 8[mm] 이상, 길이 0.9[m] 이상으로 하고, 동판일 경우는 두께 0.7[mm] 이상, 단면적 이상이어야 하며, 철봉일 경우는 지름 12[mm]이상, 길이 0.9[m] 이상일 것

51 ③

간선의 수용률

건축물의 종류	수용률[%]
주택, 기숙사, 여관, 호텔, 창고	50
학교, 사무실, 은행	70

52 ②

폐쇄식 배전반(큐비클형)은 회로의 변성기, 차단기 등의 주기기류와 이를 감시, 제어, 보호하기 위한 각종 계기 및 조작 개폐기, 계전기 등의 전부 또는 일부를 금속제 상자 안에 조립하는 방식으로서, 공장이나 빌딩 등에 많이 적용한다.

53 ④

가공전선로의 지지물로 사용하는 철탑은 지선을 사용하여 그 강도를 분담시켜서는 안 된다.

54 ①

래크는 저압 배전선로에서 전선을 수직으로 배치하여 지지할 때 사용하는 대표적인 장주용 자재이다.

55 ④

행거 밴드는 전주에 변압기를 고정하기 위한 밴드이다.

> **오답 피하기**

① 전주에 완금을 고정시키기 위한 밴드
② 전주에 암타이(완금 지지용 부속품) 부착하는데 사용하는 밴드
③ 인류애자 설치를 위한 금구류

56 ③

가공전선로의 지지물간 거리

지지물의 종류	지지물 간 거리 [m]	
	일반	보안공사
목주, A종 철주 또는 A종 철근 콘크리트주	150	100
B종 철주 또는 B종 철근 콘크리트주	250	150
철탑	600	400

57 ③

조명 및 콘센트의 명칭과 기호

기호	명칭	기호	명칭
○	백열등	●	비상용 조명등
○－	벽등	○	외부등(가로등용)
CH	샹들리에	CL	실링 라이트
R	리셉터클	▭	형광등
◉	콘센트(매입용)	◌◌	비상용 콘센트

58 ②

전원 측에서 분기점 사이에 다른 분기회로 또는 콘센트의 접속이 없고, 단락의 위험과 화재 및 인체에 대한 위험성이 최소화되도록 시설된 경우, 분기회로의 보호장치는 분기회로의 분기점으로부터 3[m]까지 이동하여 설치할 수 있다.

59 ②

보호계전기 종류

- 자동전압조정기(AVR, Automatic Voltage Regulator)
- 차동계전기(DFR, Differential Relay)
- 접지계전기(GR, Ground Relay)
- 과전류계전기(OCR, Over Current Relay)
- 과전압계전기(OVR, Over Voltage Relay)
- 열동계전기(THR, Thermal Relay)
- 부족전압계전기(UVR, Under Voltage Relay)
- 저주파수계전기(UFR, Under Frequency Relay)
- 영상변류기(ZCT, Zoro-phase Current Transformer)

60 ④

선택지락계전기(SGR, Selective Ground Relay)는 다회선 송전선로에서 지락이 발생한 회선만을 선택하여 차단할 수 있는 계전기이다.

01	①	02	④	03	②	04	②	05	③
06	①	07	④	08	②	09	④	10	②
11	①	12	②	13	②	14	④	15	③
16	①	17	④	18	④	19	①	20	③
21	②	22	①	23	①	24	①	25	①
26	③	27	③	28	②	29	③	30	④
31	①	32	③	33	④	34	④	35	④
36	①	37	③	38	③	39	②	40	④
41	③	42	②	43	④	44	④	45	②
46	①	47	③	48	③	49	②	50	③
51	④	52	②	53	①	54	③	55	①
56	③	57	③	58	②	59	④	60	②

01 ①

$$I = \frac{Q}{t} = \frac{4}{5} = 0.8[\text{A}]$$

02 ④

3개의 저항을 병렬로 연결한 경우는 합성저항을 구해야 한다.

$$R_0 = \frac{1}{\left(\frac{1}{2} + \frac{1}{4} + \frac{1}{6}\right)} = \frac{1}{\frac{4 \times 6 + 2 \times 6 + 2 \times 4}{2 \times 4 \times 6}} = \frac{48}{44} = 1.09[\Omega]$$

$$V = IR_0 = 10 \times 1.09 = 10.9[\text{V}]$$

$$\therefore I_2 = \frac{V}{R_2} = \frac{10.9}{2} = 5.45[\text{A}]$$

03 ②

기전력 E[V], 내부저항 r[Ω]인 전지를 n개 연결하여 부하 R[Ω]에 전류를 흘리면, 직렬연결 시는 전압은 높아지고 용량은 변하지 않는다. 반면 병렬 연결 시는 용량은 커지고 전압은 변하지 않는다.

04 ②

도체에 작용하는 힘을 최대값으로 하면, $F = BIl[\text{N}]$, $W = F \cdot r = BIl \cdot r = \frac{\phi}{S}Il \cdot r = \frac{\phi}{l \cdot r}Il \cdot r = \phi \cdot I[\text{J}]$, $I = \frac{W}{\phi}[\text{A}]$이다. (단, l : 도체의 길이, r : 도체가 움직인 거리, S : 면적) 따라서 $I = \frac{W}{\phi} = \frac{2}{5} = 0.4[\text{A}]$이다.

05 ③

전력의 공식

$$P_2 = I^2R, \quad R = \frac{P}{I^2} = \frac{100}{10^2} = 1[\text{A}]$$

$$\therefore P' = I^2R = 15^2 \times 1 = 225[\text{W}]$$

06 ①

전기분해에 대한 설명으로 황산구리 용액에 구리판 전극을 넣고 전류를 흘리면 음극판에는 구리가 석출된다. 양극에서는 물분자(H_2O)에서 남은 산소이온(O^{--})이 산소(O_2)가 되어 산소기체가 발생한다.

07 ④

- 펠티에 효과 : 서로 다른 금속을 접속하고 전류를 흘리면, 전류가 흐르는 방향에 따라서 접합부에서 발열 또는 흡열이 발생하는 현상이며, 전자냉동 등에 활용한다.
- 톰슨효과 : 같은 종류의 금속선이라도 온도차가 있으면 전류를 흘렸을 때, 열의 흡수 또는 발열이 되는 현상을 말한다.
- 제벡효과 : 서로 다른 금속을 접속하고 온도차를 유지하면, 기전력이 발생하여 전류가 흐르는 현상을 말하며, 열전 온도계로 이용한다.
- 제3 금속의 법칙 : 열전대의 접속점에 임의의 금속을 연결하여도 이 금속에 의한 열기전력의 변화는 없다.

08 ②

축전지를 직렬 연결하면 기전력은 커지고, 용량은 변하지 않는다. 반면 병렬 연결하면 기전력은 변하지 않고 용량은 커진다.

09 ④

쿨롱의 법칙

$$F = 9 \times 10^9 \cdot \frac{Q_1 Q_2}{r^2}$$

$$r^2 = 9 \times 10^9 \cdot \frac{Q_1 Q_2}{r^2} = 9 \times 10^9 \cdot \frac{20 \times 10^{-6} \times 100 \times 10^{-6}}{2} = 9$$

$$\therefore r = \sqrt{9} = 3[\text{m}]$$

10 ②

비유전율

- 공기 : 1
- 운모 : 6~7
- 염화비닐 : 5~9
- 산화티탄 : 100

11 ①

콘덴서에 충전되는 에너지는 $W = \frac{1}{2}CV^2[\text{J}]$이므로 $V = \sqrt{\frac{2W}{C}}[\text{V}]$이다.

12 ②

자기회로의 자기저항은 $R_m = \frac{F}{\phi} = \frac{NI}{\phi} = \frac{l}{\mu A}[\text{AT/Wb}]$이므로, $\phi = \frac{F}{R_m} = \frac{50,000}{5,000} = 10[\text{Wb}]$이다.

13 ②

공심 솔레노이드란 솔레노이드를 공기 중에 두었음을 의미한다. 따라서 (공기)자속밀도 $B = \mu_0 H = 4\pi \times 10^{-7} \times 500 = 6.28 \times 10^{-4}[\text{Wb/m}^2]$이다.

14 ④

인덕턴스의 접속에서 $L = L_1 + L_2 \pm 2M$이고, 직교하면 상호인덕턴스 M이 0이다.

15 ③

R–L 직렬회로에서 임피던스 $Z' = 3 + j4[\Omega]$이고, $Z = \sqrt{3^2 + 4^2} = 5[\Omega]$, $\cos\theta = \frac{3}{5} = 0.6$이다. 따라서 $I = \frac{V}{Z} = \frac{100}{5} = 20[\text{A}]$이다.

16 ①

임피던스 $Z' = \frac{1}{Y'}$이므로, 어드미턴스 Y_1, Y_2를 직렬연결하면 $Y_0 = \frac{Y_1 Y_2}{Y_1 + Y_2}$이고, 병렬연결하면 $Y_0 = Y_1 + Y_2$가 된다.

17 ④

$$1[\text{kWh}]=1[\text{W}]\times10^3\times3{,}600[\text{s}]=3.6\times10^6[\text{W}\cdot\text{s}]=3.6\times10^6[\text{J}]$$

18 ④

전류의 기본공식에서 $I=\dfrac{Q}{t}[\text{A}]$이고, 이것을 미분함수로 변환하면 다음과 같다.

$$i=\frac{dq}{dt}=\frac{d}{dt}(\sqrt{2}Q\sin\omega t)=\sqrt{2}\omega Q\cos\omega t=\sqrt{2}\omega Q\sin\omega t\left(\omega t+\frac{\pi}{2}\right)$$

19 ①

비정현파는 정현파(Sine Wave)를 제외한 파형을 말한다. 비정현파 발생원인은 발전기의 전기자 반작용, 변압기 철심의 자기포화와 히스테리시스 현상, 다이오드 등의 비선형 특성, 인버터 등 비정현파 전력변환 기기 등이 있다.

20 ③

과도현상

- 인덕턴스 L[H]과 정전용량 C[F]를 포함한 회로에서 스위칭 작용에 의해 하나의 상태에서 다른 정상상태로 변화하여 안정되기까지의 현상이다.
- 정격의 63.2[%]까지 도달하는 데 걸리는 시간을 시정수 τ라 하며, 단위는 [sec]를 사용한다.
- 시정수가 작을수록 정격에 도달하는 시간이 짧아져서 과도현상이 짧아질 수 있으나 회로의 안정도는 낮아지고, 시정수가 크면 과도현상이 길어질 수 있으나 회로의 안정도는 높아진다.
- 예를 들어 R–L 직렬회로에서는 $i(t)=\dfrac{E}{R}(1-e^{-\frac{R}{L}t})$가 되고, $\tau=\dfrac{L}{R}[\text{s}]$가 클수록 과도현상은 오랫동안 지속된다.

21 ②

전압변동률

$$\varepsilon=\frac{\text{무부하}-\text{정격}}{\text{정격}}\times100=\frac{V_0-V_n}{V_n}\times100=\frac{104-100}{100}\times100=4[\%]$$

22 ①

직류 전동기의 전기자 전류는 $I_a=\dfrac{V-E}{R_a}[\text{A}]$로서 정지 상태에 있는 전동기를 기동할 때에는 전원 전압 V가 그대로 공급되면 기동 전류가 매우 크게 되어 위험하다. 따라서 일반적으로 분권전동기와 직권 및 가동 복권전동기는 전기자 회로에 직렬로 기동 저항기(starter)를 넣어 기동 전류를 억제하며, 분권전동기는 기동 시 계자저항 R_f를 0으로 하여 기동 토크를 크게 하여 기동한다.

23 ①

타여자 발전기는 계자 전압을 전기자 전압과 관계없이 조정할 수 있기 때문에 단자 전압 강하가 적고, 전압을 광범위하게 조정할 수 있어서 전기 화학용이나, 전압 조정용(워드레오나드 방식, 일그너 방식) 발전기나 동기 발전기의 주 여자기용으로 사용된다.

24 ③

타여자 전동기는 속도를 광범위하게 조정할 수 있어서 압연기나 엘리베이터 등에 사용된다.

25 ①

직류 분권전동기의 속도는 $N=K\dfrac{(V-I_aR_a)}{\phi}[\text{rpm}]$이고, 토크는 $T=K\phi I[\text{N}\cdot\text{m}]$이므로, $T\propto I_a\dfrac{1}{N}$이다. 따라서 속도가 $\dfrac{1}{3}$로 줄어들면 토크는 3배로 늘어난다.

26 ③

직류 직권전동기는 계자 권선과 전기자 권선이 직렬로 연결되어 있어서, 기동 초기에는 $T=K\phi I_a=KI_a^2,\ K\dfrac{1}{N^2}$의 관계가 있고 기동 토크가 크다.
또한 부하가 감소하면 속도가 급증하고, 무부하가 되면 과속도가 되어서 위험하기 때문에, 무부하 운전이나 벨트 운전을 해서 절대로 안 된다.

27 ③

회전계자형의 장점

- 계자 전원의 소요 전력이 적어 단상, 직류, 저압(100~125 [V])이므로 회전자의 구조가 간단하다.
- 소형으로 기계적 강도가 우수하다.
- 전원의 공급이 유리하며, 계자 권선 및 전기자 권선의 절연이 상대적으로 쉽다.

28 ②

동기발전기의 병렬운전 조건은 기전력의 크기, 위상, 주파수, 파형 및 상회전 방향이 같아야 한다는 것이다.

29 ③

동기전동기의 기동방법은 제동권선을 기동권선으로 사용하는 자기 기동법과 기동용 전동기(주로 극수가 2극정도 적은 유도전동기 사용)를 사용하는 기동 전동기법이 있다. 제동권선은 동기발전기의 난조 방지와 전력계통의 안정도 향상에 기여하고, 전동기의 기동 토크를 발생하는 기동 권선의 역할을 한다.

30 ④

동기전동기는 V곡선(위상특성곡선)의 특성을 이용하여 무부하 상태에서 계자 전류만 조정하여 비교적 큰 용량의 송전계통의 전압조정과 역률 개선을 하는데, 이를 위상 조정 장치라 한다. V곡선에서 곡선의 최저점은 역률(cosθ)이 1에 해당되는 점이며, 이때 전기자 전류가 가장 작다. 이 점의 오른쪽은 앞선 역률을, 왼쪽은 뒤진 역률을 나타내므로 이를 이용하여 역률을 조정할 수 있다.

31 ③

발전기의 효율

$$\eta_{G,\,T}=\frac{\text{출력}}{\text{출력}+\text{손실}}=\frac{60\times10^3\times0.8}{60\times10^3\times0.8+1{,}600}\fallingdotseq0.968[\text{pu}]$$

32 ③

변압기란 전자유도 현상을 이용하여 교류의 전압이나 전류를 변화시켜 용도에 맞게 사용하는 정지기이다. 변압기는 전력을 변환하는 장치이지 전력을 생산하거나 주파수를 변환하는 기기가 아니다.

33 ④

변압기의 철심은 무부하 손실을 감소시키기 위하여 히스테리시스손과 와류손이 적은 두께 0.35[mm] 정도의 규소강판(규소 함유량 4~4.5[%])을 사용한다.

34 ④

권수비 $a=\dfrac{N_1}{N_2}=\dfrac{V_1}{V_2}=\dfrac{I_2}{I_1}=\sqrt{\dfrac{Z_1}{Z_2}}$ 이므로, 1차 측으로 환산하면 $V_1=aV_2$,

$I_1=\dfrac{1}{a}I_2$, $Z_1=a^2Z_2$ 가 된다.

35 ④

3상 변압기의 피상전력은 $P_a=\sqrt{3}V_lI_l[\mathrm{VA}]$ 이므로 저압 측 선전류 $I_l=$

$\dfrac{P_a}{\sqrt{3}_l}=\dfrac{100\times10^3}{\sqrt{3}\times200}=288.68[\mathrm{A}]$ 이다. 따라서 유효분은 역률을 곱하면 되

므로 $I_l(유효분)=288.68\times0.8=230.94[\mathrm{A}]$ 이다.

36 ②

V–V 결선

- 출력 $P_V=\sqrt{3}V_pI_p=\sqrt{3}\times20\fallingdotseq34.6[\mathrm{kVA}]$

- 이용률 $=\dfrac{P_V}{P_2}=\dfrac{\sqrt{3}}{2}=0.866$

- 출력비 $=\dfrac{P_V}{P_3}=\dfrac{\sqrt{3}}{3}=0.577$

37 ③

유도전동기의 2차 효율

$\eta_2=\dfrac{P_0}{P_2}=1-S=\dfrac{N}{N_s}[\mathrm{pu}]$

38 ③

2차 동손의 관계식은 $P_{c2}=sP_2[\mathrm{kW}]$ 이다. 문제에서는 1차 입력이 16[kW]
이고, 1차 동손이 1[kW]이므로 2차 입력은 15[kW]이다. 따라서 $P_{c2}=sP_2$
$=0.04\times(16-1)=0.04\times15=0.06[\mathrm{kW}]$ 가 된다.

39 ②

DIAC, SSS, TRIAC는 양방향 사이리스터이다.

40 ④

사이리스터제어 정류 회로

- 단상 반파정류 회로

  – 저항부하 $E_d=\dfrac{\sqrt{2}E}{2\pi}(1+\cos\alpha)[\mathrm{V}]$

  – 유도부하 $E_d=\dfrac{\sqrt{2}E}{2\pi}(\cos\alpha+\cos\beta)[\mathrm{V}]$

- 단상 브리지정류 회로(순브리지 회로) (단, α : 점호각, β : 소호각)

  – 단속 전류 $E_d=\dfrac{2\sqrt{2}E}{\pi}\left(\dfrac{\cos\alpha+\cos\beta}{2}\right)[\mathrm{V}]$

  – 연속 전류 $E_d=\dfrac{2\sqrt{2}E}{\pi}(\cos\alpha)[\mathrm{V}]$

∴ 단상 브리지정류회로(연속전류)이므로 $E_d=\dfrac{2\sqrt{2}E}{\pi}(\cos\alpha)=0.9E\times$

$\cos\alpha=0.9\times100\times\cos60=45[\mathrm{V}]$ 이다.

41 ③

OC : 옥외용 가교 폴리에틸렌 전선

① 옥외용 비닐절연 전선
② 내열용 비닐절연 전선
④ 일반용 단심 비닐절연 전선

42 ②

물체의 두께, 깊이, 안지름 및 바깥지름을 측정할 수 있는 공구는 버니어캘
리퍼스이다.

43 ④

회전기의 절연내력 시험전압

전로의 종류	시험전압
최대사용전압 7[kV] 이하	최대사용전압의 1.5배 (500[V] 미만은 500[V])
7[kV] 초과	최대사용전압의 1.25배 (10.5[kV] 미만은 10.5[kV])

220[V]는 7[kV] 이하이나, 500[V] 미만이므로 시험전압은 500[V]이다.

44 ④

로크너트 : 금속관과 박스의 접속 시에 사용

① 수평으로 된 전선관 끝에 부착하여 전선 인출 시 전선의 보호를 위하여
사용
② 배관 끝부분에 설치하여 전선의 인입 시 전선 피복이 손상되지 않도록
하는 부품
③ 아웃렛 지름이 로크너트보다 클 때 사용

45 ②

버스덕트의 시설조건

- 덕트의 끝 부분은 막을 것
- 덕트 본체와 구분하여 뚜껑을 설치하는 경우에는 쉽게 열리지 않도록 시
설할 것
- 덕트 안에 먼지가 침입하지 않도록 할 것
- 덕트 상호 간 및 전선 상호 간은 견고하고 전기적으로 완전하게 접속할
것

46 ①

합성수지 몰드는 홈의 폭 및 깊이가 3.5[cm] 이하, 두께는 2[mm] 이상의
것이어야 한다. 다만 사람이 쉽게 접촉할 우려가 없도록 시설하는 경우에
는 폭이 5[cm] 이하, 두께 1[mm] 이상의 것을 사용할 수 있다.

47 ③

금속덕트 공사

- 금속덕트에 넣은 전선 단면적의 합계는 덕트 내부 단면적의 20[%](제어
회로 등은 50[%]) 이하일 것
- 금속덕트 안에는 전선에 접속점이 없도록 할 것(다만, 금속덕트 안에서
전선을 분기하는 경우에는 그 접속점을 쉽게 점검할 수 있는 때에는 그
러하지 아니하다.)
- 금속덕트는 폭이 40[mm] 이상, 두께 1.2[mm] 이상인 철판 등으로 견고
하게 제작한 것일 것
- 덕트를 조영재에 붙이는 경우에는 덕트의 지지점 간의 거리를 3[m] 이
하로 설정하고, 견고하게 붙일 것

48 ③

가연성 먼지(소맥분, 전분, 유황, 셀룰로이드 · 성냥 · 석유류 기타 가연성
의 먼지로 공중에 떠다니는 상태에서 착화하였을 때에 폭발할 우려가 있
는 것)이 있는 곳에 시설하는 저압 옥내 전기설비는 합성수지관 공사(두께
2[mm] 이상), 금속관 공사 또는 케이블 공사에 의해야 한다.

49 ②

전선 접속 시 유의사항

- 전선의 세기(인장하중)를 20[%] 이상 감소시키지 않을 것
- 병렬로 사용하는 각 전선의 굵기는 구리선 50[mm²] 이상 또는 알루미늄 전선 70[mm²] 이상으로 할 것
- 병렬로 사용하는 전선은 각각에 퓨즈를 설치하지 말 것
- 같은 극인 각 전선의 터미널러그는 동일한 도체에 2개 이상의 리벳 또는 2개 이상의 나사로 접속할 것
- 전선을 나사로 고정할 경우에 나사가 진동 등으로 헐거워질 우려가 있는 장소는 2중 너트, 스프링와셔 및 나사풀림 방지기구가 있는 것을 사용할 것
- 교류회로에서 전선은 금속관 안에 전자적 불평형이 생기지 않도록 할 것

50 ③

과전류차단기의 동작시간 특성

구분	정격전류의 구분 [A]	시간 [분]	정격전류의 배수 [배] (모든 극에 통전)	
			부동작전류	동작전류
산업용	63 이하	60	1.05	1.3
	63 초과	120	1.05	1.3
주택용	63 이하	60	1.13	1.45
	63 초과	120	1.13	1.45

51 ④

- 완금(완철) : 전선을 지지하기 위하여 전주에 설치하는 구조물
- 전주 버팀대 : 전주가 안정적으로 직립상태를 유지하기 위하여 전주의 하단에 고정시켜 지반에 매립하는 것으로서, 주로 콘크리트 재질로 된 직사각형 또는 반원형 구조물

52 ②

- 건주 : 전주를 설치하는(세우는) 것
- 장주 : 지지물에 완금, 애자, 래크 등을 설치하는(장치하는) 것
- 가선 : 전선로에 전선을 가설하는 것

53 ①

엔트런스 캡은 전주나 강관 등에 수직으로 설치한 전선관 끝에 부착하여 빗물의 침입을 방지하기 위해 사용한다.

54 ③

저압 가공인입선은 전선이 케이블인 경우 이외에는 지름 2.6[mm] 이상의 인입용 비닐절연전선(DV)이어야 한다. 다만 지지물 간 거리가 15[m] 이하인 경우는 지름 2[mm] 이상의 인입용 비닐절연전선이어야 한다.

55 ①

지중 전선로를 관로식 또는 직접매설식에 의하여 시설하는 경우에는 매설 깊이를 차량 기타 중량물의 압력을 받을 우려가 있는 장소에는 1.0[m] 이상으로 하되, 중량물의 압력을 받을 우려가 없는 곳은 0.6[m] 이상으로 하여야 한다.

56 ③

변압기 중성점 접지

- 접지 저항값[Ω] : $\dfrac{150}{1선지락전류의 값}$ (단, 2초 이내 자동차단장치를 설치한 경우 300, 1초 이내 자동차단장치를 설치한 경우 600에서 나눈 값)
- 접지선 굵기 : 16[mm²]

57 ③

화약류 저장소

화약류 저장소 안에는 전기설비를 시설해서는 안 된다. 다만, 다음의 경우에는 전기설비를 시설할 수 있다.

- 전로의 대지전압은 300[V] 이하일 것
- 전기기계기구는 전폐형의 것일 것
- 인입구 배선은 케이블 및 지중화할 것

58 ②

옥외등의 인하선은 애자공사(지표상 2[m] 이상 노출장소에 한함), 합성수지관 공사, 케이블 공사로 시설하여야 한다.

59 ④

옥내에 시설하는 저압 접촉전선 공사

- 공사방법 : 애자공사, 버스덕트 공사, 절연 트롤리 공사
- 애자공사에 의하여 옥내의 전개된 장소에 시설하는 경우 : 전선의 바닥에서의 높이 3.5[m] 이상. 다만 전선의 최대 사용전압이 60[V] 이하이고, 건조한 장소에 시설하는 경우로서 사람이 쉽게 접촉할 우려가 없도록 시설하는 경우에는 적용하지 않는다.
- 전선은 지름 6[mm]의 경동선으로 단면적이 이상이어야 한다.

60 ②

전류제한기는 전력회사가 수용가의 인입구에 설치하여, 필요시 전력량 및 전력의 과다 사용을 제한하여 일정한 전기만 공급하는 장치이다.

01 ④	02 ③	03 ①	04 ①	05 ①
06 ②	07 ②	08 ②	09 ④	10 ③
11 ①	12 ②	13 ④	14 ③	15 ②
16 ④	17 ①	18 ②	19 ③	20 ①
21 ②	22 ④	23 ②	24 ②	25 ③
26 ①	27 ②	28 ②	29 ④	30 ①
31 ③	32 ①	33 ③	34 ④	35 ④
36 ②	37 ②	38 ②	39 ①	40 ①
41 ③	42 ②	43 ④	44 ④	45 ①
46 ④	47 ③	48 ②	49 ①	50 ③
51 ②	52 ④	53 ②	54 ②	55 ④
56 ②	57 ②	58 ②	59 ①	60 ①

01 ④

3개의 저항을 병렬로 연결하였을 때의 합성저항은 $\dfrac{1}{R_0}=\dfrac{1}{R_1}+\dfrac{1}{R_2}+\dfrac{1}{R_3}$ 이다.

$$\therefore R_0=\dfrac{1}{\left(\dfrac{1}{R_1}+\dfrac{1}{R_2}+\dfrac{1}{R_3}\right)}=\dfrac{R_1R_2R_3}{R_1R_2+R_2R_3+R_3R_1}[\Omega]$$

02 ③

양 저항에 걸리는 전압은 동일하고, $I=\dfrac{V}{R}[A]$ 즉, I는 R에 반비례한다.

따라서 $I_1=\dfrac{R_2}{R_1+R_2}I[A]$, $I_2=\dfrac{R_1}{R_1+R_2}I[A]$이다.

03 ①

키르히호프의 전압법칙을 적용하여 전류가 시계방향으로 흐른다고 가정하면, $(15-5)[V]=(2+3+4+1)I$, $I=\dfrac{10}{10}=1[A]$이다.

04 ①

단상 3선식에서 중성선(N)을 기준으로 AN 100[V], BN 100[V], AB 200[V]이므로 200[V]용 전동기를 접속하려면 ①과 같이 결선해야 한다.

05 ①

축전지를 직렬 연결하면 기전력은 커지고, 용량은 변하지 않는다. 반면 병렬 연결하면 기전력은 변하지 않고 용량은 커진다.

06 ②

전열기의 저항은 일정하므로, $P=VI=I^2R=\dfrac{V^2}{R}[W]$에서 $P\propto V^2$이다.

따라서 $P'=\dfrac{(0.9V)^2}{R}=0.81\dfrac{V^2}{R}=0.81P=0.81\times1{,}000=810[W]$이다.

07 ②

$860Pt\eta=mC\varDelta T[kcal]$ (단, $P[kW]$, $t[h]$, $\eta[pu]$, $m[kg]$, $C=1$, $T=(T_2-T_1))$

$$\therefore T=\dfrac{mT}{860t\eta}=\dfrac{100\times(40-20)}{860\times2\times0.6}\fallingdotseq1.94[kW]$$

08 ②

볼타전지는 묽은 황산(H_2SO_4)을 전해액으로 하여 양극(+)에 구리판, 음극(−) 아연판을 연결하면 약 1.1[V]의 기전력이 발생되며, 구리판에는 수소가 발생한다.

09 ④

탄탈 콘덴서는 전해콘덴서의 일종으로 극성이 있고 온도변화와 주파수 특성이 우수하며, 가격이 비싸다.

오답 피하기

① 가변 콘덴서이다.
② 유전체로 세라믹을 사용하여, 온도 특성과 고주파 특성이 우수하고 극성이 없으며, 가장 보편적으로 사용되는 소자이다. 다만, 충격이나 진동에 약한 단점이 있다.
③ 필름형의 얇은 막을 절연체로 사용하여, 인덕턴스 성분이 커서 고주파에는 사용할 수 없고, 극성이 없다.

10 ③

$F=qE[N]$

$$\therefore E=\dfrac{F}{q}=\dfrac{100}{1}=[V/m]$$

11 ①

콘덴서를 직렬연결 시 $C=\dfrac{Q}{V}[F]$이므로, 각 콘덴서에 걸리는 전압은 콘덴서 용량에 서로 반비례하여 분담한다.

$$V_1=\dfrac{C_2}{C_1+C_2}V[V], \quad V_2=\dfrac{C_1}{C_1+C_2}V[V]$$

$$\therefore V_2=\dfrac{C_1}{C_1+C_2}V=\dfrac{4}{5+10}\times30=10[V]$$

12 ②

플레밍의 왼손 법칙에 의해 도체에 작용하는 힘은 $F=BIl\sin\theta[N]$이다.

따라서 $F=BIl\sin\theta=2\times8\times0.5\times\sin30=4[N]$이다.

13 ④

자체인덕턴스 $L=\dfrac{N\phi}{I}=\dfrac{\mu N^2A}{l}[H]$에서 자체인덕턴스는 권수의 제곱에 비례한다.

14 ③

환상솔레노이드 내부 자계의 세기는 $H=\dfrac{NI}{2\pi r}[AT/m]$이다.

따라서 $N=\dfrac{2\pi rH}{I}$[회]이다.

15 ②

RLC 직렬회로의 인덕턴스 $Z'=R+j\left(\omega L-\dfrac{1}{\omega C}\right)=3+j(8-4)=3+j4[\Omega]$이다. 따라서 $Z=\sqrt{3^2+4^2}=5[\Omega]$이고, 유도성 회로이다.

16 ④

전류의 크기를 구하려면 임피던스의 크기를 알아야 한다.

$Z'=R+j\omega L=R+j2\pi fL=3+j(2\pi\times60\times10.6\times10^{-3})=3+j3.99[\Omega]$

$$\therefore Z=\sqrt{3^2+(3.99)^2}\fallingdotseq5[\Omega], \quad I=\dfrac{V}{Z}=\dfrac{500}{5}=100[A]$$

17 ①

$Z'=R+j\omega L=8+j6[\Omega]$, $Z=\sqrt{8^2+6^2}=10[\Omega]$

$\therefore I=\dfrac{V}{Z}=\dfrac{100}{10}=10[\mathrm{A}]$

18 ②

Y결선방식에 따른 전압과 전류

- $V_l'=\sqrt{3}V_p'\angle\dfrac{\pi}{6}[\mathrm{V}]$

- $I_l'=I_p'[\mathrm{A}]$

$\therefore Z'=R+j\omega L=8+j6[\Omega]$, $Z=\sqrt{8^2+6^2}=10[\Omega]$, $V_p=\dfrac{V_l}{\sqrt{3}}=\dfrac{200}{\sqrt{3}}[\mathrm{V}]$

$\therefore I_l=I_p=\dfrac{V_p}{Z}=\dfrac{(200/\sqrt{3})}{10}=\dfrac{20}{\sqrt{3}}[\mathrm{A}]$

19 ③

데브난 등가회로에서 등가전압과 등가저항은 양 단자에서 본 전압과 전류를 구하면 된다. 이 때 전압원은 단락시키고, 전류원은 개방시켜서 해석한다. 즉, V_{th}는 $6[\Omega]$에 걸리는 전압을 구하고, R_{th}는 전압원을 단락시킨 후의 양 단자에서 본 합성저항을 구하면 된다.

$\therefore V_{th}=\dfrac{6}{6+3}\times 30=20[\mathrm{V}]$, $R_{th}=3+\dfrac{3\times6}{3+6}=5[\Omega]$

20 ①

- 파형률 $=\dfrac{실효값}{평균값}$

- 파고율 $=\dfrac{최대값}{실효값}$

21 ②

자속의 누설이 가장 많은 곳 즉, 자기저항이 가장 큰 곳이 공극이다.

22 ④

속도제어 방법

계자 제어, 저항 제어, 전압 제어 방법이 있다. 이 중에서 전압제어법으로는 워드레오나드 방식, 일그너 방식과 직병렬 제어방식이 있다.

23 ②

직류 분권전동기에서 인가전압 220[V]는 단자전압이다. 따라서 직류 분권전동기의 역기전력 $E=V-I_aR_a=220-30\times0.26=212.2[\mathrm{V}]$이다.

24 ②

(비율)차동계전기는 1차 측 전류와 2차 측 전류의 차에 의해 동작하는 계전기로, 발전기나 변압기의 내부고장 보호에 사용된다.

25 ③

변압기의 전압변동률 $\varepsilon=\dfrac{V_{20}-V_{2n}}{V_{2n}}\times100=p\cos\theta+q\sin\theta[\%]$이다. 따라서 $\varepsilon=p\cos\theta+q\sin\theta=3\times0.8+4\times0.6=4.8[\%]$이다.

26 ①

여기서 말하는 1, 2차 측 전압은 선간전압을 의미한다. 따라서 $\varDelta-Y$ 결선의 변압기의 전압의 크기는 $1:\sqrt{3}$이다.

$\therefore V_1=\dfrac{V_2}{\sqrt{3}}=0.577V_1[\mathrm{V}]$

27 ③

단권 변압기는 1차와 2차 권선을 분리하지 않고 권선의 일부를 공통으로 사용하는 권선 방식이다. 따라서 일반 변압기에 비하여 재료의 절약이 가능하고 누설자속이 작으며 효율이 좋으나 고 · 저압측의 완전 절연이 불가하여 적절한 절연설계가 필요하며, 단락 사고 시 단락전류가 커서 거기에 맞는 설계를 해야 한다. 단권 변압기는 승압용 · 강압용 모두 가능하며, 동기 전동기나 유도 전동기의 기동 보상기용이나 형광등용 승압기 등에 사용된다.

28 ③

전력계통이 운전 중일 때 전류계를 정비할 필요가 있을 때는 1차 전류에 의한 자속의 급증으로 2차 회로의 기전력을 급증시켜 절연이 파괴될 우려가 있으므로 변류기의 2차 측은 반드시 단락시켜야 한다.

29 ④

동기발전기를 무부하 상태에서 정격속도로 운전하면서 계자전류를 서서히 증가시킬 경우에 유도 기전력 $V_0[\mathrm{V}]$와 계자 전류 $I_f[\mathrm{A}]$와의 관계를 나타낸 곡선을 무부하 포화곡선이라 한다. 무부하 포화곡선은 가로축이 계자 전류 $I_f[\mathrm{A}]$, 세로축이 유도 기전력 $V_0[\mathrm{V}]$인 곡선이다.

30 ①

$N_{s1}=\dfrac{120f}{P}$, $f=\dfrac{P\times N_{s1}}{120}=\dfrac{6\times1{,}200}{120}=60[\mathrm{Hz}]$

$N_{s2}=\dfrac{120f}{P}=\dfrac{120\times60}{8}=900[\mathrm{rpm}]$

31 ③

동기전동기를 제동권선을 이용하여 자체기동할 때, 계자 권선에는 고전압이 공급되어 계자 회로가 소손될 우려가 있으므로 저항을 연결하여 반드시 단락시킨 후에 기동해야 한다.

32 ①

3상 유도전동기의 매극 · 매상당 홈 수는 총 홈 수를 상수와 극수의 곱으로 나눠주면 된다.

$\therefore q=\dfrac{총\ 홈수}{상수\times극수}=\dfrac{72}{3\times6}=4[개]$

33 ③

유도전동기의 속도

$N=(1-s)Ns=(1-s)\dfrac{120f}{P}=(1-0.1)\times\dfrac{120\times60}{2}=3{,}240[\mathrm{rpm}]$

34 ④

유도전동기에서 기계적출력을 발생시키기 위한 등가저항

$R=\left(\dfrac{1-s}{s}\right)r_2=\left(\dfrac{1-0.04}{0.04}\right)\times r_2=24r_2[\Omega]$

35 ④

원선도법은 유도전동기의 특성을 그래픽을 사용하여 해석하는 방법이며, 이것을 작성하기 위해서는 무부하시험, 구속시험, 저항측정시험이 필요하다. 원선도에서 알 수 있는 것은 1차 입력, 1차 동손, 여자전류, 철손, 2차 동손 등을 알 수 있다.

36 ②

Y결선은 △결선에 비해 기동전류와 기동토크가 각각 1/3이 되며, 실제로는 기동전류가 정격의 50~200[%], 기동토크는 40~50[%] 정도가 된다.

37 ②

인버터 제어는 교류를 일단 직류로 변환시키고, 사이리스터 등 반도체 소자를 이용하여 직류를 교류로 역변환시키면서 스위칭 간격을 이용하여 출력 주파수를 변환함으로써 전동기의 속도를 조절하는 방법이다. 유도전동기 등에 많이 활용하며, 최근에는 전압과 주파수를 동시에 가변시켜 전동기의 토크를 조정하는 VVVF(Variable Voltage Variable Frequency)를 많이 사용하는 추세이다.

38 ①

교류전원을 브리지형 사이리스터 제어정류 회로에 입력하면 위상제어를 통해 직류 전파 정류 출력을 얻을 수 있어, 직류전동기를 접속하여 제어할 수 있다. 이 경우는 교류를 입력하면 항상 A에서 B로 전류가 흐른다.

39 ①

P–N 접합 다이오드에 일정 이상의 전압이 인가되면 역방향 전류가 흐르게 되는데, 이 때의 전압을 항복전압이라 한다. 애벌런치 항복은 높은 역전압이 인가된 상태에서 큰 전류가 흐르는 현상이고, 이로 인해 다이오드가 열화되어 사용할 수 없게 된다. 애벌런치 항복전압은 온도가 상승하면 높아지는 특성이 있다. 제너 항복(터널링)은 인위적으로 P–N 접합의 도핑(3가나 5가 원소를 첨가하여 전자와 정공의 수를 늘리는 방법) 농도를 조절하여 비교적 낮은 역전압에서도 큰 전류를 흘리게 함으로써 정전압 특성을 가지게 할 수 있다.

40 ①

사이리스터제어 정류회로

- 단상 반파정류 회로

  – 저항부하 $E_d = \dfrac{\sqrt{2}E}{2\pi}(1+\cos\alpha)\,[\text{V}]$

  – 유도부하 $E_d = \dfrac{\sqrt{2}E}{2\pi}(\cos\alpha + \cos\beta)\,[\text{V}]$

- 단상 브리지정류 회로(순브리지 회로) (단, α : 점호각, β : 소호각)

  – 단속전류 $E_d = \dfrac{2\sqrt{2}E}{\pi}\left(\dfrac{\cos\alpha+\cos\beta}{2}\right)[\text{V}]$

  – 연속 전류 $E_d = \dfrac{2\sqrt{2}E}{\pi}(\cos\alpha)\,[\text{V}]$

$$\therefore E_d = 2 \times \dfrac{2\sqrt{2}E}{\pi}(1+\cos\alpha) = 2 \times 0.45 \times 100 \times (1+\cos60) = 67.5\,[\text{V}]$$

41 ③

접지시스템의 구분

- 접지시스템의 구분 : 계통접지, 보호접지, 피뢰시스템 접지
- 접지시설의 종류 : 단독접지, 공통접지, 통합접지
- 접지시스템의 구성 : 접지극, 접지도체, 보호도체 및 기타 설비

42 ②

저압 가공인입선의 시설에서 전선이 케이블인 경우 이외에는 인장강도 2.30[kN] 이상 또는 지름 2.6[mm] 이상의 인입용 비닐절연전선(DV)이어야 한다. 다만 지지물 간 거리가 15[m] 이하인 경우는 인장강도 1.25[kN] 이상 또는 지름 2[mm] 이상의 인입용 비닐절연전선이어야 한다.

43 ④

- 금속전선관의 호칭
  – 박강 전선관(바깥지름, 홀수) : 15, 19, 25, 31, 39, 51, 63, 75
  – 후강 전선관(안지름, 짝수) : 16, 22, 28, 36, 42, 54, 70, 82, 92, 104
- 비닐전선관의 호칭
  – 경질비닐관(PVC)의 호칭(안지름, 짝수) : 14, 16, 22, 28, 36, 42, 54, 70, 82, 100
  – 합성수지제 가요전선관(PF, CD)의 호칭 : 14, 16, 22, 28, 36, 42

44 ④

배관의 곡률 반지름

- 금속관, 합성수지관 : 관 안지름의 6배
- 금속제 가요전선관 : 관 안지름의 6배(단, 제2종 금속제 가요전선관의 시설 및 제거가 자유로운 경우 관 안지름의 3배)
- 케이블 공사(비닐, 클로로프렌, 폴리에틸렌 외장 케이블) : 바깥지름의 6배(단심인 경우 8배)
- 연피나 알루미늄 피 : 바깥지름의 12배 이상

45 ①

셀룰러 덕트의 관 두께는 덕트의 최대 폭이 150[mm] 이하는 1.2[mm], 150~200[mm]는 1.4[mm], 200[mm] 초과는 1.6[mm] 이상이어야 한다.

46 ④

폭연성 먼지 위험장소에서 금속관 공사를 하는 경우 전동기에 접속하는 부분에 가요성을 필요로 하는 부분의 배선에는 폭발방지형의 부속품 중 분진방폭형 유연성 부속품을 사용하여야 한다.

47 ③

화약류 저장소

화약류 저장소 안에는 전기설비를 시설해서는 안 된다. 다만 다음의 경우에는 전기설비를 시설할 수 있다.

- 전로의 대지전압은 300[V] 이하일 것
- 전기기계기구는 전폐형의 것일 것
- 인입구 배선은 케이블 및 지중화할 것

48 ②

전기울타리

- 사용전압 250[V] 이하
- 전선은 인장강도 1.38[kN] 이상 또는 지름 2[mm] 이상의 경동선
- 간격 : 전선과 기둥 사이 2.5[cm], 다른 시설물 또는 수목 사이 30[cm] 이상

49 ①

교통신호등의 시설

- 사용전압 : 300[V] 이하
- 인하선의 지표상 높이 : 2.5[m] 이상
- 사용전압 150[V] 초과 시 : 자동적으로 전로를 차단하는 장치 시설 필요
- 교통신호등 회로의 배선과 시설물 사이의 간격 : 60[cm](케이블 30[cm]) 이상

50 ③

건축물의 표준부하

건축물의 종류	표준부하[VA/m^2]
공장, 공회당, 사원, 교회, 극장, 영화관, 연회장 등	10
기숙사, 여관, 호텔, 병원, 음식점, 다방, 대중목욕탕	20
사무실, 은행, 상점, 이발소, 미용원	30
주택, 아파트	40

부분적인 표준부하

건축물의 부분	표준부하[VA/m^2]
복도, 계단, 세면장, 창고, 다락	5
강당, 관람석	10
단, 건축물 중 주택, 아파트는 제외	

51 ②

접지도체의 최소 단면적

- 구리 저압은 6[mm^2](고압 이상은 16[mm^2]) 이상. 다만 접지도체에 피뢰시스템이 접속되는 경우는 구리 16[mm^2], 철제 50[mm^2] 이상. 알루미늄 도체는 접지도체로 사용해서는 안 된다.
- 중성점 접지용 접지도체 : 16[mm^2] 이상(단, 7[kV] 이하의 전로와 25[kV] 이하의 중성선 다중접지방식으로서 지락 발생 시 1초 이내에 자동으로 차단하는 장치가 있는 경우는 6[mm^2] 이상)의 연동선
- 겸용도체(PEN) : 구리 10[mm^2], 알루미늄 16[mm^2] 이상

52 ④

저압수용장소의 접지 : 계통접지가 TN–C–S 방식인 경우에 보호도체(PEN)의 단면적은 구리 구리 10[mm^2], 알루미늄 16[mm^2] 이상이어야 한다.

53 ②

건주는 전주를 설치하는(세우는) 것이고, 장주는 지지물에 완금, 애자 등을 설치하는(장치하는) 것이며, 가선은 전선로에 전선을 가설하는 것을 말한다.

54 ②

가공 인입선(가공전선)의 높이[m]

구분	저압	고압(저·고압 가공전선의 높이)
도로횡단	5	6
철도횡단	6.5	6.5
횡단보도교	3	3.5
기타	4	5(위험표시를 한 경우 3.5)

55 ④

한 개의 전등을 두 곳에서 점멸하려면 3로 스위치 2개가 필요하고, 세 곳에서 점멸하려면 3로 스위치 2개와 4로 스위치 1개를 사용하면 된다.

56 ②

과전류차단기의 동작시간 특성

구분	정격전류의 구분 [A]	시간 [분]	정격전류의 배수 [배] (모든 극에 통전)	
			부동작전류	동작전류
산업용	63 이하	60	1.05	1.3
	63 초과	120	1.05	1.3
주택용	63 이하	60	1.13	1.45
	63 초과	120	1.13	1.45

산업용 배선차단기의 정격전류가 63[A] 이하이면, 정격전류의 1.3배 이상에서 60[분] 이내에 동작한다. 39[A]는 정격전류 30[A]의 1.3배이므로 60분 이내에 차단되어야 한다.

57 ②

저압전로 중의 전동기보호용 과부하 보호장치로 전자접촉기를 사용할 경우에는 반드시 과부하계전기가 부착되어 있어야 한다.

58 ②

전원 측에서 분기점 사이에 다른 분기회로 또는 콘센트의 접속이 없고, 단락의 위험과 화재 및 인체에 대한 위험성이 최소화되도록 시설된 경우, 분기회로의 보호장치는 분기회로의 분기점으로부터 3[m]까지 이동하여 설치할 수 있다.

59 ①

보호계전기 특성

- 순한시 : 최소 동작전류 이상의 전류가 흐르면 즉시 동작
- 정한시 : 동작전류의 크기에 관계 없이 일정한 시간에 동작
- 반한시 : 동작전류가 커질수록 동작 시간이 짧아짐
- 반한시성 정한시 : 동작전류가 작을 때에는 반한시 특성을, 일정 전류 이상에서는 정한시 특성을 가지는 계전기

60 ①

감지기

- 차동식 스포트형 감지기 : 화재로 인한 실내의 온도 상승률이 설정 값[℃/sec]을 초과하였을 때 작동하도록 설계한 감지기
- 차동식 분포형 감지기 : 화재로 인해 실내의 온도가 일정 상승률 이상이 되는 경우에 작동하는 것으로서 넓은 범위의 열 효과 누적에 의하여 작동하는 감지기
- 정온식 스포트형 감지기 : 화재로 인해 실내의 온도가 일정한 온도 이상이 되는 경우에 작동하는 감지기
- 정온식 감지선형 감지기 : 화재로 인한 실내의 온도가 일정한 온도 이상이 되는 경우에 작동하는 감지기로 외관이 전선으로 되어 있는 감지기

필기 기출문제 11회

01 ②	02 ④	03 ③	04 ②	05 ②
06 ③	07 ③	08 ④	09 ①	10 ②
11 ④	12 ①	13 ③	14 ②	15 ④
16 ①	17 ②	18 ②	19 ②	20 ①
21 ①	22 ②	23 ③	24 ②	25 ②
26 ③	27 ④	28 ①	29 ③	30 ②
31 ②	32 ④	33 ①	34 ①	35 ④
36 ①	37 ②	38 ③	39 ②	40 ①
41 ④	42 ③	43 ②	44 ①	45 ①
46 ①	47 ②	48 ②	49 ②	50 ③
51 ②	52 ③	53 ④	54 ③	55 ①
56 ③	57 ①	58 ③	59 ①	60 ①

01 ②

합성저항 R_{AB}는 저항 $(a+b)$, a, $(a+b)$의 병렬이므로 $\dfrac{1}{R_{AB}}=\dfrac{1}{a+b}$

$+\dfrac{1}{a}+\dfrac{1}{a+b}$, $R_{AB}=\dfrac{1}{\left(\dfrac{1}{a+b}+\dfrac{1}{a}+\dfrac{1}{a+b}\right)}[\Omega]$이다.

02 ④

3개의 저항을 병렬로 연결한 경우 합성저항을 구하여 문제를 푼다.

$R_0=\dfrac{1}{\left(\dfrac{1}{2}+\dfrac{1}{4}+\dfrac{1}{6}\right)}=\dfrac{4\times6+2\times6+2\times4}{2\times4\times6}=\dfrac{48}{44}=1.09[\Omega]$, $V=IR_0$

$=10\times1.09=10.9[V]$

$\therefore I_2=\dfrac{V}{R_2}=\dfrac{10.9}{2}=5.45[A]$

03 ③

다음 그림과 같이 키르히호프의 전압법칙을 적용하여 위쪽 폐회로의 전류의 크기를 시계방향 $I_1[A]$, 아래쪽 폐회로의 전류의 크기를 반시계방향 $I_2[A]$라 가정하면, 2개의 식이 성립하고 $I_0=I_1+I_2[A]$가 된다.

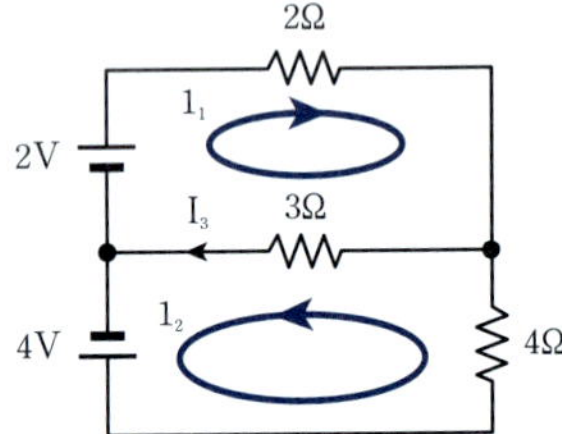

$2=2I_1+3(I_1+I_2) \rightarrow 2=5I_1+3I_2$

$4=4I_2+3(I_1+I_2) \rightarrow 4=3I_1+7I_2$

$\therefore I_1=\dfrac{1}{13}$, $I_2=\dfrac{7}{13}$

$\therefore I_0=I_1+I_2=\dfrac{1}{13}+\dfrac{7}{13}=\dfrac{8}{13}=0.615[A]$

04 ②

납축전지는 묽은 황산(비중 1.2~1.3)의 용액에 다음의 화학식과 같이 양극판과 음극판을 넣어서 연결하면 약 2[V]의 기전력이 발생한다.

양극　　전해액　　음극　(방전)　양극　　전해액　　음극
$$PbO_2 + 2H_2SO_4 + Pb \; \underset{(충전)}{\rightleftharpoons} \; PbSO_4 + 2H_2O + PbSO_4$$

05 ②

대전은 한 물체가 어떤 에너지에 의해서 양(+)전하와 음(−)전하로 분리되는 현상이다.

오답 피하기

① 대전된 물체를 접지하여 전하를 잃어버리는 현상
③ 대전된 물체에 도체를 접근시킬 때 도체가 대전되는 현상
④ 양 물체 사이에 금속 철망으로 격리시켜서 정전유도 현상을 방지하는 것

06 ③

전기분해에 대한 설명으로, 황산구리 용액에 구리판 전극을 양극(+)과 음극(−)에 넣고 전류를 흘리면 음극판에는 구리가 석출된다. 양극에서는 물 분자(H_2O)에서 남은 산소이온(O^{--})이 산소(O_2)가 되어 산소기체가 발생한다.

07 ③

전기력선의 성질

- 전기력선은 양전하에서 나와 음전하로 들어간다.
- 두 전기력선은 서로 교차하지 않는다.
- 전기력선의 접선 방향은 그 점에서의 전계의 방향과 일치한다.
- 전기력선의 밀도는 그 점에서의 전계의 세기를 나타낸다.

08 ④

콘덴서를 병렬 연결하면 $C_0=C_1+C_2[F]$이다. 따라서 $C_0=C_1+C_2=20+30=50[\mu F]$, $Q=C_0V=50\times10^{-6}\times100=50\times10^{-4}[C]$

09 ①

콘덴서에 축적되는 에너지는 $W=\dfrac{1}{2}CV^2[J]$이다. 따라서 $C=\dfrac{2W}{V^2}=\dfrac{2\times2}{(2,000)^2}=1\times10^{-6}[F]=1[\mu F]$이다.

10 ②

자력선의 수

$$N=\dfrac{m}{\mu_0}=\dfrac{1}{4\pi\times10^{-7}}=7.96\times10^{5}[개]$$

11 ④

직류전압 인가 시 R만 존재한다. 이때 $R=\dfrac{V}{I}=\dfrac{100}{25}=4[\Omega]$이다.

교류전압 인가 시 $Z=\dfrac{V}{I}=\dfrac{100}{10}=10[\Omega]$이다.

따라서 $Z=\sqrt{R^2+X_L^2}$, $X_L=\sqrt{Z^2-R^2}=\sqrt{10^2-4^2}=9.17[\Omega]$이다.

12 ①

환상솔레노이드 내부 자계의 세기 $H=\dfrac{NI}{2\pi r}[AT/m]$이므로, 자계는 권수와 전류에 비례하고, 반지름에 반비례한다.

13 ③

비오사바르의 법칙은 도선에 흐르는 전류에 의한 자계의 세기를 구하는 법칙으로, $\Delta H = \dfrac{I \Delta l}{4 \pi r^2} \sin\theta [\mathrm{AT/m}]$으로 표시할 수 있다.

14 ②

전기회로와 자기회로의 대응관계

전기회로	자기회로
기전력	기자력
전류	자속
전기저항	자기저항
도전율	투자율
전계	자계

15 ④

$i = 200\sin(\omega t + 30)[\mathrm{A}]$**의 표현 방식**

- 극좌표 : $i = 200\angle(30)$
- 삼각함수 : $200(\cos30 + j\sin30)$
- 직교좌표 : $200\left(\dfrac{\sqrt{3}}{2} + j\dfrac{1}{2}\right) = 173.2 + j100[\mathrm{A}]$

16 ①

3상 교류 피상전력 $P_a = \sqrt{3}\,VI[\mathrm{KVA}]$이다. 따라서 $P = P_a\cos\theta = 1,000 \times 0.7 = 700[\mathrm{kW}]$, $I = \dfrac{P_a}{\sqrt{3}\,V} = \dfrac{1,000 \times 10^3}{\sqrt{3} \times 6,600} = 87.48[\mathrm{A}]$이다.

17 ②

- 유효전력 $P = P_1 + P_2[\mathrm{W}]$
- 무효전력 $P_r = \sqrt{3}(P_1 - P_2)[\mathrm{Var}]$

18 ②

각 상의 부하가 동일한 평형 3상인 경우 $\Delta \rightarrow Y$로 등가변환하려면 임피던스를 $\dfrac{1}{3}$로 줄이면 되고, 그 역도 성립한다.

19 ②

비정현파 전류 실효값 $I = \sqrt{I_0^2 + I_1^2 + I_3^2}[\mathrm{A}]$이다. 따라서 $I = \sqrt{I_0^2 + I_1^2 + I_3^2} = \sqrt{100^2 + 50^2 + 20^2} = 114[\mathrm{A}]$이다.

20 ①

왜형률은 $k = \dfrac{\text{고조파의 실효값}}{\text{기본파의 실효값}}$이다. 이때 정현파 교류는 고조파 성분이 없으므로 왜형률은 '0'이다.

21 ①

직류 발전기의 유기기전력 $E = PZ\phi\dfrac{N}{60a}[\mathrm{V}]$이다. 따라서 $\phi = \dfrac{60aE}{PZN} = \dfrac{60 \times 2 \times 165}{6 \times 220 \times 1,500} = 0.01[\mathrm{Wb}]$이다.

22 ②

직류 분권발전기의 유도기전력 $E = V + I_a R_a[\mathrm{V}]$이다. 따라서 $V = E - I_a R_a = 110.4 - 104 \times 0.1 = 100[\mathrm{V}]$이다.

23 ③

분권발전기의 병렬운전 시에는 전압이 같고, 동일 용량 발전기는 기기의 외부특성이 일치하여야 한다. 직권 및 복권발전기는 수하특성이 없어서 적절한 부하분담이 이루어지지 않으므로, 양 발전기의 직권 계자권선의 단자를 서로 연결하는 균압선이 필요하다.

24 ②

직류기에서 불꽃 없는 정류를 하기 위한 방법은 보극 설치(전압정류)와 탄소브러시 설치(저항정류)가 있다.

25 ③

직류기의 토크와 기계적 출력의 관계식은 $T = 9.55\dfrac{P_0}{N}[\mathrm{N \cdot m}] = 0.975\dfrac{P_0}{N}[\mathrm{kg \cdot m}]$이다. 따라서 $P_0 = \dfrac{TN}{9.55} \times \dfrac{108.48 \times 800}{9.55} = 9,087.33[\mathrm{W}]$이다.

26 ③

회전계자형의 장점

- 단상, 직류, 저압(100~125 [V])이므로 계자 전원의 소요 전력이 적다.
- 전원의 공급이 유리하다.
- 회전자의 구조가 간단하고 소형으로 기계적 강도가 우수하다.
- 계자 권선 및 전기자 권선의 절연이 상대적으로 쉽다.

27 ①

동기발전기의 정상 운전 중 갑자기 단락사고가 발생하면, 초기 2~3[cycle] 동안은 매우 큰 돌발 단락전류가 흐르다가 그 이후에는 크기가 일정한 영구(지속) 단락전류가 흐르게 된다. 돌발 단락전류의 크기를 제한하는 것은 주로 전기자 누설 리액턴스(x_1)이며, 영구 단락전류를 제한하는 것은 주로 전기자 반작용 리액턴스(x_a)이다.

28 ①

- 단락비 : $K_s = \dfrac{I_f'}{I_f''} = \dfrac{I_s}{I_n} = \dfrac{1}{\%Z_s}$
- 단락비가 큰 기계 특성 중 작아지는 값
  - 동량
  - 동기 임피던스
  - 전기자 반작용
  - 전압변동률
  - 효율
- 단락비가 큰 기계 특성 중 커지는 값
  - 전압 안정도
  - 공극
  - 계자 전류
  - 기계의 중량
  - 가격
  - 과부하 내량

29 ③

자기 기동법으로 동기전동기 기동 시에 계자 권선에는 고전압이 공급되어 계자 회로가 소손될 우려가 있으므로, 계자 회로는 저항을 연결하여 반드시 단락시킨 후에 기동하여야 한다.

30 ②

변압기의 철심은 무부하 손실을 감소시키기 위하여 히스테리시스손과 와류손이 적은 두께 0.35[mm] 정도의 규소강판(규소 함유량 4~4.5[%])을 사용한다.

31 ②

권수비 $a=\dfrac{N_1}{N_2}=\dfrac{V_1}{V_2}=\dfrac{I_2}{I_1}=\sqrt{\dfrac{Z_1}{Z_2}}$이다. 따라서 $V_2=\dfrac{1}{a}\times V_1=\dfrac{1}{30}\times 2{,}850$ $=95[\mathrm{V}]$이다.

32 ④

단권 변압기는 승압용·강압용 모두 가능하며, 동기 전동기나 유도 전동기의 기동 보상기용이나 형광등용 승압기 등에 사용된다.

33 ①

단권 변압기

1차와 2차 권선을 분리하지 않고 권선의 일부를 공통으로 사용하는 권선 방식이다. 따라서 일반 변압기에 비하여 재료의 절약이 가능하고 누설자속이 작으며 효율이 좋으나 고·저압측의 완전 절연이 불가하여 적절한 절연 설계가 필요하며, 단락 사고 시 단락전류가 커서 적절한 설계 방법이 필요하다.

34 ①

변압기의 상변환 방법

- 3상 → 2상 : 스콧결선(T결선), 메이어결선, 우드브리지결선
- 3상 → 6상 : 포크결선, 2차 2중 Y결선, 2차 2중 Δ결선

35 ④

권선형 유도전동기는 $\dfrac{r_2}{s}$가 일정하다. 즉, 2차 저항과 슬립 사이에는 서로 비례관계가 성립한다.

36 ①

권선형 유도전동기의 비례추이

- $\dfrac{r_2}{s}$는 일정하다. 즉, 2차 저항과 슬립 사이에는 서로 비례관계가 성립한다.
- 유도전동기의 2차 저항을 조절하여 기동전류를 줄이고, 기동 토크를 크게 할 수 있다.
- 최대 토크는 변하지 않는다.
- 조정 가능한 것 : 1차 전류(I_1), 1차 입력(P_1), 역률($\cos\theta$)
- 조정 불가능한 것 : 출력(P_0), 효율(η_2), 동손(P_{c2})

37 ②

3상 유도전동기의 매극·매상당 홈 수는 $q=\dfrac{\text{총 슬롯수}}{\text{상수}\times\text{극수}}$[개]이다. 따라서 $q=\dfrac{\text{총 슬롯수}}{\text{상수}\times\text{극수}}=\dfrac{24}{3\times4}=2(\text{개})$이다.

38 ③

유도전동기의 슬립은 $s=\dfrac{N_s-N}{N_s}$이다. (단, $1\geq s\geq 0$) $N=(1-s)N_s$ [rpm]이며, $s=1$은 정지 상태, $s=0$은 동기속도, 부하 차단 등으로 회전수가 동기속도보다 큰 경우에는 $s<0$이며, 역회전 시에는 $s>1$이 되기도 한다.

39 ②

진성 반도체는 4가 원자로서 공유결합을 하여 화학적으로 가장 안정된 형태로 존재한다. P형 반도체는 3가 원자인 인듐(In), 알루미늄(Al), 갈륨(Ga) 등을 첨가하여 전자 1개를 더 받을 수 있는 공간 즉, 정공(Positive Hole)을 확보하게 한 것이며, N형 반도체는 5가 원자인 인(P), 안티몬(Sb), 비소(As) 등을 첨가하여 전자가 1개 남게 되어, 전자가 이동하는 형태가 된다.

40 ①

브리지 회로는 입력 단자 기준으로 다이오드가 각각 동일한 방향으로 배치되어야 정류가 가능하다.

41 ④

CV는 가교폴리에틸렌절연 비닐시스 케이블이다.

오답 피하기

① 비닐절연 비닐시스 케이블
② 폴리에틸렌절연 비닐시스 케이블
③ 고무절연 클로로프렌 시스 케이블

42 ③

단선의 직선접속이나 분기접속 시 단면적 (2.6[mm]) 이하인 경우는 트위스트 접속을, 단면적 (3.2[mm]) 이상인 경우는 브리타니아 접속을 한다.

43 ②

- 금속전선관의 호칭
  - 박강 전선관(바깥지름, 홀수) : 15, 19, 25, 31, 39, 51, 63, 75
  - 후강 전선관(안지름, 짝수) : 16, 22, 28, 36, 42, 54, 70, 82, 92, 104
- 비닐전선관의 호칭
  - 경질비닐관(PVC)의 호칭(안지름, 짝수) : 14, 16, 22, 28, 36, 42, 54, 70, 82, 100
  - 합성수지제 가요전선관(PF, CD)의 호칭 : 14, 16, 22, 28, 36, 42

44 ①

스플릿 커플링은 가요전선관 상호 접속 시 사용한다.

오답 피하기

② 주로 매입 금속관을 직각으로 배관 시 사용하는 접속 부품
③ 금속관과 박스의 접속 시 사용
④ 가요전선관과 금속관과의 접속 시 사용

45 ①

금속덕트에 넣은 전선 단면적의 합계는 덕트 내부 단면적의 20[%](전광표시 장치, 출퇴 표시등 또는 제어회로 등의 배선만을 넣는 경우에는 50[%]) 이하이어야 한다.

46 ①

전선을 조영재의 아랫면 또는 옆면에 따라 붙이는 경우 전선의 지지점 간의 거리를 케이블은 2[m](사람이 접촉할 우려가 없는 곳에서 수직으로 붙이는 경우에는 6[m]) 이하, 캡타이어 케이블은 1[m] 이하여야 한다.

47 ②

케이블트렁킹시스템(합성수지몰드공사, 금속몰드공사, 금속트렁킹공사), 케이블트레이시스템, 애자공사는 건물 내에서 접근이 불가능한 장소에는 적용할 수 없다.

48 ②

가연성 먼지(소맥분, 전분, 유황 기타 가연성의 먼지로 공중에 떠다니는 상태에서 착화하였을 때에 폭발할 우려가 있는 것)이 있는 곳에 시설하는 저압 옥내 전기설비는 합성수지관 공사(두께 2[mm] 이상), 금속관 공사 또는 케이블 공사에 의해야 한다.

49 ②

변압기 중성점 접지

- 접지 저항값[Ω] : $\dfrac{150}{1선지락전류의 \, 값}$ (단, 2초 이내 자동차단장치를 설치한 경우 300, 1초 이내 자동차단장치를 설치한 경우 600에서 나눈 값)
- 접지선 굵기 : 16[mm²]

50 ③

접지극의 시설기준

- 접지극은 지하 75[cm] 이상으로 하되 동결 깊이 감안
- 접지극은 철주의 밑면으로부터 30[cm] 이상의 깊이에 매설하거나, 지중에서 그 금속체로부터 1[m] 이상 떼어서 매설
- 접지선의 지하 75[cm]로부터 지표상 2[m]까지의 부분은 합성수지관 등으로 덮을 것
- 접지극이 동봉 · 동피복강봉일 경우는 지름 8[mm] 이상, 길이 0.9[m] 이상으로 하고, 동판일 경우는 두께 0.7[mm] 이상, 단면적 900[cm²] 이상이어야 하며, 철봉일 경우는 지름 12[mm]이상, 길이 0.9[m] 이상

51 ②

가공전선로 지지물의 기초의 안전율은 2(철탑의 기초 : 1.33) 이상이어야 한다.

52 ③

과전류차단기의 동작시간 특성

구분	정격전류의 구분 [A]	시간 [분]	정격전류의 배수 [배] (모든 극에 통전)	
			부동작전류	동작전류
산업용	63 이하	60	1.05	1.3
	63 초과	120	1.05	1.3
주택용	63 이하	60	1.13	1.45
	63 초과	120	1.13	1.45

산업용 배선차단기의 정격전류가 63[A] 이하면, 정격전류의 1.3배 이상에서 60[분] 이내에 동작한다.

53 ④

진상용 콘덴서를 설치하는 방법에는 부하 측 전원에 설치, 부하 측 모선에 설치, 부하 측에 분산하여 설치하는 방법이 있으며, 부하 측에 분산하여 설치하는 방법은 가장 효율적이기는 하나 비용이 많이 들어 경제적이지 않다.

54 ③

행거 밴드는 전주에 변압기를 고정하기 위한 밴드이다.

오답 피하기

① 전주에 완금을 고정시키기 위한 밴드
② 암타이 고정용 밴드
④ 저압 가공배전선로의 인류애자 설치를 위한 금구류

55 ①

가공 인입선(가공전선)의 높이[m]

구분	저압	고압(저 · 고압 가공전선의 높이)
도로횡단	5	6
철도횡단	6.5	6.5
횡단보도교	3	3.5
기타	4	5(위험표시를 한 경우 3.5)

56 ③

교통신호등의 시설

- 사용전압 : 300[V] 이하
- 인하선의 지표상 높이 : 2.5[m] 이상
- 사용전압 150[V] 초과 시 : 자동적으로 전로를 차단하는 장치 시설 필요
- 교통신호등 회로의 배선과 시설물 사이의 간격 : 60[cm](케이블 30[cm]) 이상

57 ①

배 · 분전반 설치 기준

- 반의 뒤쪽에는 조작 · 유지보수 측면에서 배선 및 기구를 배치하지 말 것
- 강판제의 것은 두께 최소 1.2[mm] 이상이고, 난연성 합성수지제는 두께 1.5[mm] 이상일 것
- 절연저항 측정 및 전선 접속단자의 점검이 용이한 구조일 것
- 노출된 충전부가 있는 배전반 및 분전반은 취급자 이외의 사람이 쉽게 출입할 수 없도록 설치할 것
- 한 개의 분전반에는 한 가지 전원(1회선의 간선)만 공급할 것
- 옥외 분전반의 경우, 배분전반 안에 물이 스며들어 고이지 않도록 한 구조일 것

58 ③

실지수 $= \dfrac{XY}{H(X+Y)} = \dfrac{20 \times 18}{3(20+18)} = 3.16$ (단, X, Y : 실의 폭, 길이, H : 작업면에서 광원의 높이[m])

59 ①

한 개의 전등을 두 곳에서 점멸하려면 3로스위치 2개가 필요하고, 세 곳에서 점멸하려면 3로스위치 2개와 4로스위치 한 개를 사용하면 된다.

60 ①

보호계전기 특성

- 순한시 : 최소 동작전류 이상의 전류가 흐르면 즉시 동작
- 정한시 : 동작전류의 크기에 관계 없이 일정한 시간에 동작
- 반한시 : 동작전류가 커질수록 동작 시간이 짧아짐
- 반한시성 정한시 : 동작전류가 작을 때에는 반한시 특성을, 일정 전류 이상에서는 정한시 특성을 가지는 계전기

01 ③	02 ②	03 ④	04 ②	05 ④
06 ①	07 ②	08 ②	09 ③	10 ②
11 ④	12 ③	13 ②	14 ④	15 ②
16 ①	17 ④	18 ④	19 ③	20 ③
21 ①	22 ④	23 ①	24 ③	25 ④
26 ④	27 ④	28 ①	29 ③	30 ④
31 ④	32 ②	33 ①	34 ②	35 ③
36 ③	37 ④	38 ②	39 ③	40 ②
41 ③	42 ②	43 ④	44 ④	45 ②
46 ④	47 ②	48 ①	49 ②	50 ③
51 ④	52 ③	53 ④	54 ④	55 ①
56 ④	57 ④	58 ③	59 ②	60 ②

01 ③

기전력 $E[\mathrm{V}]$, 내부저항 $r[\Omega]$인 전지를 n개 직렬연결하여 부하 $R[\Omega]$에 전류를 흘리면, 전류는 $I=\dfrac{nE}{nr+R}[\mathrm{A}]$이다.

따라서 $I=\dfrac{nE}{nr+R}=\dfrac{10\times1.5}{10\times0.2+4.5}=2.3[\mathrm{A}]$이다.

02 ②

$I=GV[\mathrm{A}]$이다. 따라서, $I=GV=0.5\times6=3[\mathrm{A}]$이다.

03 ④

서로 다른 금속을 접속하고 전류를 흘리면, 전류가 흐르는 방향에 따라서 접합부에서 발열 또는 흡열 현상이 나타나는데 이를 펠티에 효과라 하며, 전자냉동 등에 활용한다.

오답 피하기

② 서로 다른 금속을 접속하고 온도차를 유지하면, 기전력이 발생하여 전류가 흐르는 현상. 열전 온도계로 이용
③ 같은 종류의 금속선이라도 온도차가 있으면 전류를 흘렸을 때, 열의 흡수 또는 발열이 되는 현상

04 ②

$W=P\cdot t=60\times10\times20[\mathrm{Wh}]=12[\mathrm{kWh}]$

05 ④

전기분해에 의한 물질의 석출량은 $w=kQ=kIt[\mathrm{g}]$이다. (단, 화학당량 $k=\dfrac{원자량}{원자가}$이다.) 따라서 $w=kIt=0.3293\times10^{-3}\times10\times60\times60≒11.85[\mathrm{g}]$이다.

06 ①

가우스의 법칙은 폐곡면을 통과하는 전속의 수는 폐곡면 속의 전하량과 동일하다는 법칙으로, 주로 대칭 정전계에서 전기력선의 밀도를 이용하여 전계의 세기를 구하기 위하여 적용한다.

07 ②

$C[\mathrm{F}]$의 콘덴서 10개를 직렬접속하면 합성정전용량은 $\dfrac{1}{10}C[\mathrm{F}]$, 병렬접속하면 $10C[\mathrm{F}]$가 되므로 직렬접속한 콘덴서 용량이 $\dfrac{1}{100}$로 감소한다.

08 ②

세라믹콘덴서는 비유전율이 큰 산화티탄, 티탄산바륨 등을 유전체로 사용하여 고주파 특성이 우수하고 극성이 없다.

오답 피하기

① 전해콘덴서의 일종으로 극성이 있고 온도변화와 주파수 특성이 우수하며, 가격이 비싸다.
③ 필름형의 얇은 막을 절연체로 사용하여, 인덕턴스 성분이 커서 고주파에는 사용할 수 없고, 극성이 없다.
④ 유전체로 운모를 사용하여, 온도 특성, 주파수 특성이 우수하나 가격이 비싸고 용량이 작은 단점이 있다.

09 ③

콘덴서의 연결

- 직렬연결 : $C_0=\dfrac{C_1\cdot C_2}{C_1+C_2}[\mathrm{F}]$
- 병렬연결 : $C_0=C_1+C_2[\mathrm{F}]$

$\therefore C_0=\dfrac{C_1\cdot C_2}{C_1+C_2}=\dfrac{3\times6}{3+6}=2[\mathrm{F}]$

10 ②

공간의 특정 부분을 도체나 강자성체로 둘러싸서 내·외부 간에 전자계가 서로 영향을 미치지 않도록 하는 것을 전자기 차폐라 한다. 정전차폐는 도체를 사용하고, 자기차폐는 강자성체를 사용한다.

11 ④

기자력은 $F=NI[\mathrm{AT}]$이다. 따라서 $N=\dfrac{F}{I}=N=\dfrac{F}{I}=\dfrac{2,500}{5}=400[회]$이다.

12 ③

원형코일 중심의 자계의 세기 $H=\dfrac{NI}{2r}[\mathrm{AT/m}]$이다. 따라서 $H=\dfrac{NI}{2r}=\dfrac{10\times20}{2\times0.1}=1,000[\mathrm{AT/m}]$이다.

13 ②

환상 솔레노이드 내부 자계의 세기는 $H=\dfrac{NI}{2\pi r}[\mathrm{AT/m}]$이다. 따라서 $N=\dfrac{2\pi rH}{I}[회]$이다.

14 ④

$M=k\sqrt{L_1L_2}[\mathrm{H}]$에서, 두 코일이 직교하면 결합계수는 '0'이다.

15 ②

전기회로와 자기회로의 대응관계

전기회로	자기회로
기전력	기자력
전류	자속
전기저항	자기저항
도전율	투자율
전계	자계

16 ①

RLC 직렬회로에서 임피던스는 $Z'=R+j(\omega L-\frac{1}{\omega C})[\Omega]$이고, 공진조건은 $\omega_0 L-\frac{1}{\omega_0 C}=0$, $f_0=\frac{1}{2\pi\sqrt{LC}}[\mathrm{Hz}]$이다. 이때 임피던스가 최소로 되고 회로의 전류는 최대가 된다. 그러나 L과 C에 걸리는 전압이 전원전압보다 높게 되어 전압공진이라 한다. 따라서 공진조건은 $\omega_0 L-\frac{1}{\omega_0 C}=0$, $\omega_0 L=\frac{1}{\omega_0 C}$, $\omega_0^2 LC=1$, $\omega_0=\frac{1}{\sqrt{LC}}$, $f_0=\frac{1}{2\pi\sqrt{LC}}[\mathrm{Hz}]$이다.

17 ④

교류 전압의 순시값을 표시하면 $v=V_m\sin(\omega t+\theta)[\mathrm{V}]$이고, 전압의 실효값이 20[V], 각속도는 $\omega=2\pi f=120\pi[\mathrm{rad}]$, 위상각이 0[°]이므로, $v=V_m\sin(\omega t+\theta)=20\sqrt{2}\sin(120\pi t)[\mathrm{V}]$이다.

18 ④

Y결선은 $V_l'=\sqrt{3}V_p'\angle(+\frac{\pi}{6})[\mathrm{V}]$, $I_l'=I_p'[\mathrm{A}]$이고, △결선은 $V_l'=V_p'[\mathrm{V}]$, $I_l'=\sqrt{3}I_p'\angle(-\frac{\pi}{6})[\mathrm{A}]$의 관계에 있고, 상별 저항이 동일하고 입력전압이 동일한 경우이므로 결선별 소비전력을 비교하면 다음과 같다.

- $P_\Delta=3V_p I_p\cos\theta=3\frac{(V_p)^2}{R}\cos\theta=3\times\frac{(V_l)^2}{R}\cos\theta[\mathrm{W}]$

- $P_Y=3V_p I_p\cos\theta=3\frac{(V_p)^2}{R}\cos\theta$

$=3\times\frac{(V_l/\sqrt{3})^2}{R}\cos\theta=\frac{(V_l)^2}{R}\cos\theta\ [\mathrm{W}]$

따라서 $P_\Delta=3P_Y$가 된다.

19 ③

결선방식에 따른 전압과 전류

- Y결선 : $V_l'=\sqrt{3}V_p'\angle\frac{\pi}{6}[\mathrm{V}]$, $I_l'=I_p'[\mathrm{A}]$

- △결선 : $V_l'=V_p'[\mathrm{V}]$, $I_l'=\sqrt{3}I_p'\angle-\frac{\pi}{6}[\mathrm{A}]$

따라서 △결선의 상전류 $I_p'=\frac{V_p}{Z}=\frac{200}{\sqrt{6^2+8^2}}=20[\mathrm{A}]$이고, $I_l'=\sqrt{3}I_p'=20\sqrt{3}[\mathrm{A}]$이다.

20 ③

비정현파의 조합에서 전류나 전력은 각각의 파형별로 따로 구해야 한다.

- 기본파
  - 임피던스 $Z_1=\sqrt{R^2+(2\pi fL)^2}=\sqrt{4^2+3^2}=5[\Omega]$
  - 전류 $I_1=\frac{V_1}{Z_1}=\frac{100}{5}=20[\mathrm{A}]$
  - 전력 $P_1=I_1^2 R=20^2\times 4=1,600[\mathrm{W}]$
- 제3 고조파
  - 임피던스 $Z_3=\sqrt{R^2+(2\pi fL)^2}=\sqrt{4^2+(3\times 3)^2}=\sqrt{4^2+9^2}[\Omega]$
  - 전류 $I_3=\frac{V_3}{Z_3}=\frac{30}{\sqrt{4^2+9^2}}[\mathrm{A}]$
  - 전력 $P_3=I_3^2 R=(\frac{50}{\sqrt{4^2+9^2}})^2\times 4\fallingdotseq 37.11[\mathrm{W}]$

∴ 총 전력 $P=P_1+P_2=1,600+37.11=1,637.11[\mathrm{W}]$

21 ①

직류 직권전동기의 자속 $\phi[\mathrm{Wb}]$는 계자전류 $I_f(=I_a)$의 크기에 따라 결정되므로, 전기자전류 I_a가 작은 상태에서는 $\phi=kI_a[\mathrm{Wb}]$가 성립한다. 속도는 $N=K\frac{V}{I_a}[\mathrm{rpm}]$이므로, 정격속도에서 운전하다가 갑자기 부하가 급감하여 무부하에서 운전되면 속도가 급증하여 위험하다. 따라서 벨트운전을 해서는 안 된다.

22 ③

직류 직권전동기의 자속 $\phi[\mathrm{Wb}]$는 계자전류 $I_f(=I_a)$의 크기에 따라 결정되므로, 전기자전류 I_a가 작은 상태에서는 $\phi=kI_a[\mathrm{Wb}]$가 성립한다. 따라서 속도는 $N=K\frac{V}{I_a}[\mathrm{rpm}]$이고, 기동 초기에는 $T=K\phi I_a=KI_a^2$ $[\mathrm{N\cdot m}]$이므로, $T\propto I_a^2$, $\frac{1}{N^2}$이다.

23 ①

직류 분권전동기의 역기전력 $E=V-I_a R_a=100-10\times 1=90[\mathrm{V}]$이다.

24 ③

직류전동기의 속도 $N=KN\frac{V-I_a R_a}{\phi}[\mathrm{rpm}]$이다. 분권전동기는 계자전류를 일정하게 유지하면 부하의 변화에도 속도의 변화가 거의 없어 정속도 전동기라 부른다. 타여자 전동기도 외부 전원에 의해 자속을 일정하게 유지하여 속도를 일정하게 유지하거나, 속도를 광범위하게 조정할 수 있다.

25 ④

동기발전기를 무부하 상태에서 정격속도로 운전하면서 계자전류를 서서히 증가시킬 경우, 유도기전력(종축) $V_0[\mathrm{V}]$와 계자전류(횡축) $I_f[\mathrm{A}]$와의 관계를 나타낸 곡선을 무부하 포화곡선이라 한다.

26 ④

동기발전기의 단락비는 단락비 $K_s=\frac{I_f'}{I_f''}=\frac{I_s}{I_n}=\frac{1}{\%Z_s}$이므로, $I_s=K_s\times I_n=1.3\times 500=650[\mathrm{A}]$이다.

27 ④

전기각은 극수 P가 2개일 때 기계각과 동일하므로, 전기각=기계각$\times\frac{P}{2}[°]$이다. 따라서 전기각=기계각$\times\frac{P}{2}=15\times\frac{12}{2}=90[°]$이다.

28 ①

동기전동기의 자기기동법은 회전자 자극 표면에 기동 권선(제동 권선)을 설치하여 기동하는 방법이다. 이 경우 처음부터 전전압을 인가하면 기동전류가 많이 흘러서 전기자를 과열시키거나 전력 공급 모선의 전압 강하를 수반하므로, 공급 전압을 전전압의 30~50[%]로 낮추어서 기동한 후에 속도가 70~80[%]로 상승하면 전 전압 운전을 한다. 또한 계자 권선에는 고전압이 인가되어 계자회로가 소손될 우려가 있으므로, 계자 회로는 저항을 연결하여 반드시 단락시킨 후에 기동해야 한다.

29 ③

동기발전기의 전기자 반작용

- 저항부하 : 횡축반작용(교차자화작용), 편자작용
- 유도성부하 : 직축반작용, 감자작용
- 용량성부하 : 직축반작용, 증자작용

30 ④

동기발전기의 전기자 권선은 분포권, 단절권을 적용하는데 기전력의 크기는 다소 줄어들 수 있으나 고조파를 제거하여 기전력의 파형을 좋게 한다. 또한 권선을 감는 방법에 따라 중권과 2층권을 많이 사용한다.

31 ④

고압회로의 고전압과 대전류를 측정하기 위해 계기용변압기(PT)와 계기용변류기(CT)를 사용하며, PT는 회로와 병렬로 접속하고 전압계에 연결하며, CT는 회로에 직렬로 접속하고 전류계에 연결한다.

32 ②

변압기의 유도 기전력 $E_1 = 4.44 f_1 N_1 \phi_m [\text{V}]$이므로, 자속은 전압에 비례하고, 주파수에 반비례한다.

33 ①

철심에 가해지는 자화력의 방향을 바꿀 때마다 손실이 발생하는데, 이 손실을 히스테리시스손이라 하며, 종축은 자속밀도 $B[\text{Wb/m}^2]$, 횡축은 자계의 세기 H[AT/m]를 나타내고, B_r은 잔류자기를, H_c는 보자력을 표시하며, 곡선의 면적은 손실을 의미한다.

34 ②

3상 유도전동기의 회전력은 3상 전원의 회전자계에 의해 형성된다. 따라서 3선 중 2선의 결선 순서를 바꿔주면 회전자계가 반대가 된다.

35 ③

유도전동기의 2차 동손

$$P_{c2} = sP_2 = 0.03 \times 10 \times 10^3 = 300[\text{W}]$$

36 ③

권선형 유도전동기의 비례추이

- $\frac{r_2}{s}$는 일정하다. 즉, 2차 저항과 슬립 사이에는 서로 비례관계가 성립한다.
- 유도전동기의 2차 저항을 조절하여 기동전류를 줄이고, 기동 토크를 크게 할 수 있다.
- 최대 토크는 변하지 않는다.
- 조정 가능한 것 : 1차 전류(I_1), 1차 입력(P_1), 역률($\cos\theta$)
- 조정 불가능한 것 : 출력(P_0), 효율(η_2), 동손(P_{c2})

37 ④

사이리스터제어 정류 회로

- 단상 반파정류 회로
  - 저항부하 $E_d = \frac{\sqrt{2}E}{2\pi}(1+\cos\alpha)[\text{V}]$
  - 유도부하 $E_d = \frac{\sqrt{2}E}{2\pi}(\cos\alpha+\cos\beta)[\text{V}]$
- 단상 브리지정류 회로(순브리지 회로) (단, α : 점호각, β : 소호각)
  - 단속 전류 $E_d = \frac{2\sqrt{2}E}{\pi}(\frac{\cos\alpha+\cos\beta}{2})[\text{V}]$
  - 연속 전류 $E_d = \frac{2\sqrt{2}E}{\pi}(\cos\alpha)[\text{V}]$

단상 브리지정류회로(연속전류)이므로 $E_d = \frac{2\sqrt{2}E}{\pi}(\cos\alpha) = 0.9E \times \cos\alpha = 0.9 \times 100 \times \cos60 = 45[\text{V}]$이다.

38 ③

선형소자는 R, L, C 등과 같이 입·출력이 비례하는 소자를 말하고, 비선형소자는 다이오드, 트랜지스터 등과 같이 입·출력이 비선형으로 동작하는 소자를 말한다.

39 ②

GTO는 게이트 턴오프 스위치, 직류·교류 제어용 소자(자기소호 기능)이다.

오답 피하기

① 역저지 3단자 사이리스터 직류·교류 제어용 소자
③ 쌍방향성 3단자 사이리스터 교류 제어용 소자
④ 고속, 고전압, 대전류 제어용 소자

40 ②

다이오드를 여러 개 직렬로 접속하면 연결한 값만큼 높은 전압에서 사용 가능하여 다이오드를 과전압으로부터 보호할 수 있고, 병렬로 여러 개를 접속하면 전류가 분산되어 과전류로부터 보호할 수 있다.

41 ③

전선의 색상

상(문자)	색상
L1	갈색
L2	검은색
L3	회색
N(중성선)	파란색
PE(보호도체)	녹색-노란색

42 ②

저압 옥내배선의 사용 전선

- 단면적 2.5[mm²] 이상의 연동선
- 단면적 1[mm²] 이상의 MI케이블
- 단면적 0.75[mm²] 이상의 코드 또는 캡타이어케이블

43 ④

건조한 곳에 시설하는 진열장 안의 사용전압이 400[V] 이하인 저압 옥내배선은 외부에서 보기 쉬운 곳에 한하여 시설하고, 전선은 단면적 0.75[mm²] 이상인 코드 또는 캡타이어 케이블을 사용하며, 전선 붙임점 간의 거리는 1[m] 이하로 해야 한다.

44 ③

- 금속전선관의 호칭
  - 박강 전선관(바깥지름, 홀수) : 15, 19, 25, 31, 39, 51, 63, 75
  - 후강 전선관(안지름, 짝수) : 16, 22, 28, 36, 42, 54, 70, 82, 92, 104
- 비닐전선관의 호칭
  - 경질비닐관(PVC)의 호칭(안지름, 짝수) : 14, 16, 22, 28, 36, 42, 54, 70, 82, 100
  - 합성수지제 가요전선관(PF, CD)의 호칭 : 14, 16, 22, 28, 36, 42

45 ②

전선 접속 시 유의사항

- 전선의 세기(인장하중)를 20[%] 이상 감소시키지 않을 것
- 병렬로 사용하는 각 전선의 굵기는 구리선 50[mm²] 이상 알루미늄 전선 70[mm²] 이상으로 할 것
- 병렬로 사용하는 전선은 각각에 퓨즈를 설치하지 말 것
- 같은 극인 각 전선의 터미널러그는 동일한 도체에 2개 이상의 리벳 또는 2개 이상의 나사로 접속할 것
- 전선을 나사로 고정할 경우에 나사가 진동 등으로 헐거워질 우려가 있는 장소는 2중 너트, 스프링와셔 및 나사풀림 방지기구가 있는 것을 사용할 것
- 교류회로에서 전선은 금속관 안에 전자적 불평형이 생기지 않도록 할 것

46 ④

녹아웃 펀치(홀소)는 금속제 캐비닛이나 철판의 구멍을 뚫기 위한 공구이다.

> **오답 피하기**

① 금속관을 구부리는 공구
② 금속관 공사 시 금속관 끝단에 나사를 내기 위한 공구
③ 굵은 전선이나 철선 등을 절단하기 위한 공구

47 ②

애자공사

- 전선 : 절연전선(OW 및 DV 제외)
- 전선 상호 간의 간격 : 6[cm] 이상
- 전선과 조영재 사이의 간격
  - 사용전압 400[V] 이하 → 2.5[cm] 이상
  - 400[V] 초과 → 4.5[cm](건조한 장소에 시설하는 경우는 2.5[cm] 이상)
- 전선의 지지점 간의 거리 : 전선을 조영재의 윗면 또는 옆면에 따라 붙일 경우 → 2[m] 이하(사용전압 400[V] 초과 및 기타 6[m] 이하)
- 애자 : 절연성, 난연성, 내수성
- 고압 : 전선 6[mm²] 이상, 전선 간 8[cm], 전선과 조영재 5[cm] 이상

48 ①

- 금속전선관의 호칭
  - 박강 전선관(바깥지름, 홀수) : 15, 19, 25, 31, 39, 51, 63, 75
  - 후강 전선관(안지름, 짝수) : 16, 22, 28, 36, 42, 54, 70, 82, 92, 104
- 비닐전선관의 호칭
  - 경질비닐관(PVC)의 호칭(안지름, 짝수) : 14, 16, 22, 28, 36, 42, 54, 70, 82, 100
  - 합성수지제 가요전선관(PF, CD)의 호칭 : 14, 16, 22, 28, 36, 42

49 ②

전선관 시스템에서는 전선 및 케이블의 피복 절연물을 포함한 단면적의 합계가 관 내 단면적의 $\frac{1}{3}$(33.3%) 이하여야 한다.

50 ③

고압 · 특고압 전로의 절연내력 시험전압

전로의 종류	시험 전압
최대사용전압 7[kV] 이하	최대사용전압의 1.5배 (500[V] 미만은 500[V])
7[kV] 초과 25[k] 이하 (중성선다중접지)	최대사용전압의 0.92배
7[kV] 초과 60[kV] 이하(2호 제외)	최대사용전압의 1.25배 (10.5[kV] 미만은 10.5[kV])
60[kV] 초과 중성점 비접지	최대사용전압의 1.25배
60[kV] 초과 중성점 접지 (직접접지 제외)	최대사용전압의 1.1배 (75[kV] 미만은 75[kV])
60[kV] 초과 중성점 직접접지	최대사용전압의 0.72배

따라서 절연내력=3,300×1.5=4,950[V]이다.

51 ④

과전류차단기의 동작시간 특성

구분	정격전류의 구분 [A]	시간 [분]	정격전류의 배수 [배] (모든 극에 통전)	
			부동작전류	동작전류
산업용	63 이하	60	1.05	1.3
	63 초과	120	1.05	1.3
주택용	63 이하	60	1.13	1.45
	63 초과	120	1.13	1.45

산업용 배선차단기의 정격전류가 63[A] 이하이면, 정격전류의 1.3배 이상에서 60[분] 이내에 동작한다. 50[A]의 동작전류는 정격전류의 1.3배이다.

52 ③

화약류 저장소

화약류 저장소 안에는 전기설비를 시설해서는 안 된다. 다만 다음의 경우에는 전기설비를 시설할 수 있다.

- 전로의 대지전압은 300[V] 이하일 것
- 전기기계기구는 전폐형의 것일 것
- 인입구 배선은 케이블 및 지중화할 것

53 ④

가공전선로의 지지물로 사용하는 철탑은 지지선을 사용하여 그 강도를 분담시켜서는 안 된다.

54 ④

선택지락계전기(SGR, Selective Ground Relay)는 다회선 송전선로에서 지락이 발생한 회선만을 선택하여 차단할 수 있는 계전기이다.

55 ①

리클로저는 배전 선로에서 지락이나 단락사고 발생 시 고장을 검출하여 선로를 차단한 후 일정시간 경과하면 자동적으로 재투입 동작을 반복함으로써 순간 고장을 제거하는 기능을 하는 장치이다.

56 ④

가공전선로의 지지물에 취급자가 오르고 내리는 데 사용하는 발판 볼트 등은 지표상 1.8[m] 미만에 시설하여서는 안 된다.

57 ④

직접조명에서 전등의 높이(H)와 등기구 간의 간격(S)은 $S \leq 1.5H$ 이다. (H : 작업면에서 등기구까지 거리[m])

58 ③

저압과 고압 가공전선을 병행설치하는 경우 저압 가공전선을 고압 가공전선의 아래로 하고 별개의 완금류에 시설하며, 저압 가공전선과 고압 가공전선 사이의 간격은 50[cm] 이상이어야 한다.

59 ②

퓨즈의 종류

- 나사형(플러그) 퓨즈 : 분전반용
- 전동기용 퓨즈 : 전동기의 기동전류에는 용단되지 않도록 설계
- 통형 퓨즈 : 배전반, 분전반용
- 텅스텐 퓨즈 계기용
- 온도 퓨즈 : 전기로, 전기 곤로용

60 ②

폐쇄식(큐비클형) 배전반은 주기기류와 이를 감시, 제어, 보호하기 위한 각종 계기 및 조작 개폐기, 계전기 등의 전부 또는 일부를 금속제 상자 안에 조립하는 방식이다. 점유 면적이 좁고 운전 보수에 안전하며 공장, 빌딩 등의 전기실에 많이 사용한다.

필기 기출문제 13회
2–114p

01 ②	02 ②	03 ③	04 ②	05 ②
06 ①	07 ④	08 ①	09 ④	10 ①
11 ①	12 ④	13 ③	14 ④	15 ③
16 ④	17 ①	18 ②	19 ②	20 ①
21 ①	22 ②	23 ③	24 ①	25 ②
26 ②	27 ①	28 ③	29 ②	30 ①
31 ④	32 ③	33 ④	34 ①	35 ③
36 ③	37 ③	38 ④	39 ②	40 ①
41 ③	42 ④	43 ①	44 ③	45 ④
46 ①	47 ②	48 ②	49 ③	50 ①
51 ②	52 ③	53 ②	54 ①	55 ①
56 ①	57 ③	58 ①	59 ④	60 ③

01 ②

- 전자 1개의 질량 : $9.109 \times 10^{-31}[\text{kg}]$
- 전자 1개의 전기량 : $1.602 \times 10^{-19}[\text{C}]$
- 양성자 1개의 질량 : $1.672 \times 10^{-27}[\text{kg}]$

02 ②

먼저 R_1에는 전체 회로의 전류가 흐르며, R_2, R_3, R_4는 병렬회로이므로 $I = \dfrac{V}{R}[\text{A}]$ 식을 적용하면 전류의 크기는 저항의 크기에 반비례한다. 따라서 저항 R_2에 가장 적은 전류가 흐른다.

03 ③

$$V = IR = \frac{I}{G} = \frac{3}{0.2} = 15[\text{V}]$$

04 ②

전압계에 배율기를 직렬로 접속하면 내부 저항(r)과 배율기 저항(R_m)에 비례하여 전압이 걸리므로, m배의 저항을 측정하려면 배율기의 저항 $R_m = (m-1)r[\Omega]$의 저항을 연결하면 된다. 따라서 2배의 전압을 측정하려면, $R_m = (m-1)r = (2-1) \times 5{,}000 = 5{,}000[\Omega]$의 저항을 연결하면 된다.

05 ②

다음 그림과 같이 키르히호프의 전압법칙을 적용하여 위쪽 폐회로의 전류의 크기를 반시계 방향 $I_1[\text{A}]$, 아래쪽 폐회로의 전류의 크기를 시계 방향 $I_3[\text{A}]$라 가정하면 2개의 식이 성립하고, $I_2 = I_1 + I_3[\text{A}]$가 된다.

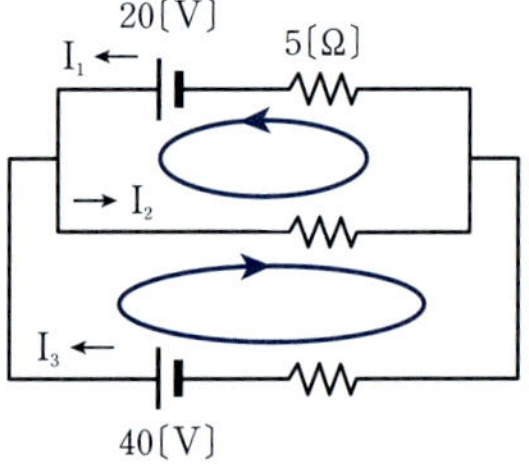

$20 = 5I_1 + 2(I_1 + I_3) = 7I_1 + 2I_3$

$40 = 10I_3 + 2(I_1 + I_3) = 2I_1 + 12I_3$

$\therefore I_1 = \dfrac{80}{40} = 2[\text{A}]$, $I_3 = \dfrac{6}{2} = 3[\text{A}]$

$\therefore I_2 = I_1 + I_3 = 2 + 3 = 5[\text{A}]$

06 ①

$P=VI=I^2R=\dfrac{V^2}{R}$[W]에서 동일한 저항에서는 전력 P[W]는 전압 V[V]의 제곱에 비례한다. 따라서 $P'=\dfrac{(0.8V)^2}{R}=0.64\dfrac{V^2}{R}=0.64P=0.64\times1,000=640$[W]이다.

07 ④

탄탈 콘덴서는 전해 콘덴서의 일종으로 극성이 있다.

08 ①

탄탈 콘덴서는 전해콘덴서의 일종으로 극성이 있고 온도변화와 주파수 특성이 우수하며, 가격이 비싸다.

오답 피하기

② 필름형의 얇은 막을 절연체로 사용하여, 인덕턴스 성분이 커서 고주파에는 사용할 수 없고, 극성이 없다.
③ 극성이 없고, 유전체로 운모를 사용하여, 온도 특성, 주파수 특성이 우수하나 가격이 비싸고 용량이 작은 단점이 있다.
④ 유전체로 세라믹을 사용하여, 온도 특성과 고주파 특성이 우수하고 극성이 없으며, 가장 보편적으로 사용되는 소자이다. 다만, 충격이나 진동에 약한 단점이 있다.

09 ④

콘덴서에 충전되는 에너지 $W=\dfrac{1}{2}CV^2$[J]이므로, $V=\sqrt{\dfrac{2W}{C}}$[V]이다.

10 ①

콘덴서 C_1, C_2를 직렬연결하고 양단에 V[V]의 전압을 인가하면, $V=\dfrac{Q}{C}$[V]에 의해서 분배되는 전압은 정전용량에 반비례한다. 따라서 $V_{c1}=\dfrac{C_2}{C_1+C_2}V$[V], $V_{c2}=\dfrac{C_1}{C_1+C_2}V$[V]의 전압이 인가된다.

11 ①

공심(공기 중) 솔레노이드이므로, $B=\mu_0H=4\pi\times10^{-7}\times800=1\times10^{-3}$[Wb/m²]이다.

12 ④

자기저항 $R_m=\dfrac{F}{\phi}=\dfrac{NI}{\phi}=\dfrac{l}{\mu A}$[AT/Wb]에서, $\phi=\dfrac{F}{R_m}=\dfrac{50,000}{2,000}=25$[Wb]이다.

13 ③

비오-사바르 법칙

$$\Delta H=\dfrac{I\Delta l}{4\pi r^2}\sin\theta\,[\text{AT/m}]$$

14 ④

패러데이관이란 양단에 양(+) 또는 음(−)의 단위전하가 존재하며, 패러데이관의 수는 전속선의 수와 같으며 패러데이관의 밀도는 전속밀도와 같다. 따라서 $W=\dfrac{1}{2}QV=\dfrac{1}{2}\times1\times1=\dfrac{1}{2}$[J]이다.

15 ③

원형코일의 중심에서의 자계의 세기

$$H=\dfrac{NI}{2r}=\dfrac{20\times30}{2\times0.1}=3,000\,[\text{AT/m}]$$

16 ④

인덕턴스의 접속 $L_{가동}=L_1+L_2+2M$[H], $L_{차동}=L_1+L_2-2M$[H]이므로 $L_{가동}+L_{차동}=4M$[H]이다.

17 ①

$i=10\sin\left(314t-\dfrac{\pi}{6}\right)$[A]의 **표현 방식**

- 극좌표 : $i=\dfrac{10}{\sqrt{2}}\angle\left(-\dfrac{\pi}{6}\right)$
- 삼각함수 : $\dfrac{10}{\sqrt{2}}\left(\cos\left(-\dfrac{\pi}{6}\right)+j\sin\left(-\dfrac{\pi}{6}\right)\right)$
- 직교좌표 : $6.12-j3.5$[A]

18 ②

병렬회로의 어드미턴스는 $Y'=\dfrac{1}{R}-j\dfrac{1}{\omega L}$[℧]이다.

따라서, $Y=\sqrt{\left(\dfrac{1}{R}\right)^2+\left(\dfrac{1}{\omega L}\right)^2}$, $\theta=\tan^{-1}\dfrac{(1/\omega L)}{(1/R)}=\dfrac{R}{\omega L}$[°]이다.

19 ②

220[V]는 실효값이다. $V_{av}=0.637V_m$, $V_s=0.707V_m$이므로, 따라서 $V_{av}=0.9V_s=0.9\times220=198.2$[V]이다.

20 ①

RLC 직렬회로에서 임피던스는 $Z'=R+j\left(\omega L-\dfrac{1}{\omega C}\right)$[Ω]이고, 공진조건은 $\omega_0L-\dfrac{1}{\omega_0C}=0$, $f_0=\dfrac{1}{2\pi\sqrt{LC}}$[Hz]이다. 이때 임피던스가 최소로 되고 회로의 전류는 최대가 된다. 그러나 L과 C에 걸리는 전압이 전원전압보다 높게 되어 전압공진이라 한다.

21 ①

발전기에서 공극은 회전자와 전기자 간에 일정한 간격을 유지하여 기계적으로는 안정적인 회전을 유지하고, 전기적으로도 계자에서 생성된 자속을 전기자에 골고루 분배시켜 균일한 기전력을 유도하는 역할을 한다. 불균일한 공극은 기계적으로나 전기적으로 진동을 유발한다.

22 ②

자계 내에서 도체에 전류를 흘리면 전자기력에 의해 도체에 힘이 발생하는데 이때 힘과 자계와 전류의 방향은 플레밍의 왼손법칙에 의해 결정되고 전동기에 적용할 수 있다. 자계 내에서 도체에 힘을 가하여 운동을 하면 도체 내의 자속의 변화로 인해 유도 기전력이 발생하는데 이때, 힘과 자계와 전류의 방향은 플레밍의 오른손 법칙에 의해 결정되며, 발전기에 응용하고 있다.

23 ③

직류 발전기의 유기기전력

$$E=PZ\phi\dfrac{N}{60a}=6\times440\times0.01\times\dfrac{1,500}{60\times6}=110\,[\text{V}]$$

24 ①

직류전동기의 속도제어 방법은 $N=K\dfrac{(V-I_aR_a)}{\phi}$[rpm]에서 전압제어, 저항제어, 자속제어 방법이 있다.

25 ②

동기발전기의 병렬운전조건

- 기전력의 크기 동일 : 무효 순환전류, 저항손 발생, $I_c = \dfrac{\Delta V}{Z_1 + Z_2}[\text{A}]$
- 기전력의 위상 동일 : 유효 순환전류(동기화 전류), $I_s = \dfrac{E}{Z_s}\sin\delta[\text{A}]$
- 기전력의 주파수 동일 : 동기화 전류, 난조의 원인
- 기전력의 파형 동일 : 고조파 무효 순환전류, 저항손 증가로 과열의 원인
- 상회전방향 일치 : 전기자 권선 소손 가능

$$\therefore I_s = \frac{E}{Z_s}\sin\delta = \frac{2,000}{5}\sin\frac{60}{2} = 200[\text{A}]$$

26 ②

동기전동기(발전기)의 특징

- 장점
  - 부하 변화에도 속도 변동이 없다.
  - 여자 전류를 조정하여 역률 조정이 가능하다.
  - 전부하 효율이 양호하다.
  - 공극이 넓어서 기계적으로 견고하다.
  - 공급 전압의 변화에 대하여 토크의 변화가 적다.
- 단점
  - 속도 제어가 어렵다.
  - 난조가 발생하기 쉽다.
  - 기동 토크가 적고, 직류 여자기가 필요하다.

27 ①

동기발전기의 정상 운전 중 갑자기 단락사고가 발생하면, 초기 2~3[cycle] 동안은 매우 큰 돌발 단락전류가 흐르다가 그 이후에는 크기가 일정한 영구(지속) 단락전류가 흐르게 된다. 돌발 단락전류의 크기를 제한하는 것은 주로 전기자 누설 리액턴스이며, 영구 단락전류를 제한하는 것은 주로 전기자 반작용 리액턴스이다.

28 ③

동기속도는 $N_s = \dfrac{120f}{P}[\text{rpm}]$이다. 따라서 회전수를 결정하는 것은 주파수와 극수이다.

29 ②

단락비는 $K_s = \dfrac{I_f'}{I_f''} = \dfrac{I_s}{I_n} = \dfrac{1}{\%Z_s}$이다. 따라서 $\%Z_s = \dfrac{1}{1.25} = 0.8[\text{pu}] = 80[\%]$이다.

30 ①

제동권선의 역할

- 난조 방지
- 전력계통의 안정도 향상에 기여(단락전류 제한)
- 동기전동기의 기동 권선의 역할

31 ④

변압기유 열화방지 장치

- 콘서베이터(Conservator) : 절연유의 부피변화에 의한 압력변화 완충(절연유와 공기 사이에 고무격막 또는 질소 봉입)
- 흡습 호흡기(Breather) : 공기와의 호흡작용, 실리카겔 봉입
- 부싱(Bushing) : 고압 측과 저압 측 단자를 변압기 외함과 절연하여 도체를 내·외부로 연결할 때 사용하는 절연 단자

32 ③

변압기의 전압변동률 $\varepsilon = \dfrac{V_{20} - V_{2n}}{V_{2n}} \times 100 = p\cos\theta + q\sin\theta[\%]$이다. 따라서 $\varepsilon = p\cos\theta + q\sin\theta = 3 \times 0.8 + 4 \times 0.6 = 4.8[\%]$이다.

33 ④

3상 유도전동기의 출력

$$P = \sqrt{3}\,VI\cos\theta \times \eta[\text{W}]$$

$$\therefore I = \frac{P}{\sqrt{3}\,VI\cos\theta \times \eta} = \frac{10 \times 10^3}{\sqrt{3} \times 200 \times 0.85 \times 0.85} \fallingdotseq 39.96[\text{A}]$$

34 ①

권선형 유도전동기의 비례추이

- $\dfrac{r_2}{s}$는 일정하다. 즉, 2차 저항과 슬립 사이에는 서로 비례관계가 성립한다.
- 유도전동기의 2차 저항을 조절하여 기동전류를 줄이고, 기동 토크를 크게 할 수 있다.
- 최대 토크는 변하지 않는다.
- 조정 가능한 것 : 1차 전류(I_1), 1차 입력(P_1), 역률($\cos\theta$)
- 조정 불가능한 것 : 출력(P_0), 효율(η_2), 동손(P_{c2})

35 ③

유도전동기의 슬립 $s = \dfrac{N_s - N}{N_s}$이다. (단, $1 \geq s \geq 0$) 따라서 $N = (1 - s)N_s[\text{rpm}]$이며, $s = 1$은 정지 상태, $s = 0$은 동기속도, 부하 차단 등으로 회전수가 동기속도 보다 큰 경우에는 $s < 0$이며, 역회전 시에는 $s > 1$이 되기도 한다.

36 ③

유도전동기의 2차 권선에 유도되는 기전력의 실효값과 슬립주파수는 $E_{2s} = sE_2[\text{V}]$, $f_{2s} = sf_1[\text{Hz}]$이다. 따라서 $f_{2s} = sf_1 = 0.05 \times 60 = 3[\text{Hz}]$이다.

37 ③

세이딩 코일형은 고정자 자극을 몇 개의 돌극으로 구성하여 자극의 일부에 코일을 감는다. 이 코일의 작용으로 생긴 자속에 의한 유도 기전력으로 기동 토크가 발생하는 원리이다. 이 전동기는 구조상 역회전이 불가능하며 기동 토크가 매우 작고, 역률과 효율이 낮으며 속도 변동율도 크다.

38 ④

VVVF(Variable Voltage Variable Frequency)는 전원의 전압과 주파수를 제어하여 전동기의 속도를 제어하는 방식으로, 유도전동기와 전동차용 직류직권 전동기에 많이 사용한다.

39 ③

GTO는 게이트 턴오프 스위치, 직류·교류 제어용 소자(자기소호 기능)이다.

오답 피하기

① 쌍방향성 3단자 사이리스터 교류 제어용 소자
② 역저지 3단자 사이리스터 직류·교류 제어용 소자
④ 감광 역저지 2단자 키 광스위치, 카운터 회로

40 ①

정류 회로의 출력식

- 단상반파 $E_d = \dfrac{\sqrt{2}}{\pi}E = 0.45E[\text{V}]$, 단상전파 $E_d = \dfrac{2\sqrt{2}}{\pi}E = 0.9E[\text{V}]$

- 3상반파 $E_d = \dfrac{3\sqrt{6}}{2\pi}E = 1.17E[\text{V}]$, 3상전파 $E_d = \dfrac{6\sqrt{2}}{2\pi}E = 1.35E[\text{V}]$

41 ③

전압의 구분

구분	저압	고압	특고압
교류	1[kV] 이하	1[kV] 초과~7[kV] 이하	7[kV] 초과
직류	1.5[kV] 이하	1.5[kV] 초과~7[kV] 이하	

42 ④

PVC 절연전선의 최고허용온도는 일반 70[℃], 내열성 90[℃]이다.

43 ①

전선을 나사로 고정할 경우에 나사가 진동 등으로 헐거워질 우려가 있는 장소는 2중 너트, 스프링와셔 및 나사풀림 방지기구가 있는 것을 사용해야 한다.

44 ③

'O'형 압착터미널 규격 : 1.5, 2.5, 4, 6, 10, 16, 25, 35 등

45 ④

옥외 등 온도차가 큰 장소에 노출 배관을 할 때는 신축커플링(3C)을 사용한다.

46 ①

엔트런스 캡은 전주나 강관 등에 수직으로 설치한 전선관 끝에 부착하여 빗물의 침입을 방지하기 위해 사용한다.

② 수평으로 된 전선관 끝에 부착하여 전선 인출 시 전선의 보호를 위하여 사용

③ 배관 끝부분에 설치하여 전선의 인입 시 전선 피복이 손상되지 않도록 하는 부품

④ 금속관공사에서 노출 배관공사 시 직각으로 구부러지는 장소에 사용하는 부품

47 ②

전선관 시스템에서는 전선 및 케이블의 피복 절연물을 포함한 단면적의 합계가 관 내 단면적의 1/3(33.3%) 이하여야 한다.

48 ②

셀룰러 덕트의 관 두께

- 덕트의 최대폭 150[mm] 이하 1.2[mm]
- 150~200[mm] 1.4[mm]
- 200[mm] 초과 1.6[mm] 이상일 것

49 ③

배관의 곡률 반지름

- 금속관, 합성수지관 : 관 안지름의 6배
- 금속제 가요전선관 : 관 안지름의 6배(단, 제2종 금속제 가요전선관의 시설 및 제거가 자유로운 경우 관 안지름의 3배)
- 케이블 공사(비닐, 클로로프렌, 폴리에틸렌 외장 케이블) : 바깥지름의 6배(단심인 경우 8배)
- 연피나 알루미늄 피 : 바깥지름의 12배 이상

50 ①

합성수지 몰드는 홈의 폭 및 깊이가 3.5[cm] 이하, 두께는 2[mm] 이상의 것을 사용하여야 한다. 다만 사람이 쉽게 접촉할 우려가 없도록 시설하는 경우에는 폭이 5[cm] 이하, 두께 1[mm] 이상의 것을 사용할 수 있다.

51 ②

접지극의 시설기준

- 접지극은 지하 75[cm] 이상으로 하되 동결 깊이 감안
- 접지극은 철주의 밑면으로부터 30[cm] 이상의 깊이에 매설하거나, 지중에서 그 금속체로부터 1[m] 이상 떼어서 매설
- 접지선의 지하 75[cm]로부터 지표상 2[m]까지의 부분은 합성수지관 등으로 덮을 것
- 접지극이 동봉 · 동피복강봉일 경우는 지름 8[mm] 이상, 길이 0.9[m] 이상으로 하고, 동판일 경우는 두께 0.7[mm] 이상, 단면적 이상이어야 하며, 철봉일 경우는 지름 12[mm]이상, 길이 0.9[m] 이상

52 ③

보호도체(PE)의 단면적

상도체의 단면적 S(mm²)	보호도체의 최소 단면적[mm²] (상도체, 보호도체 재질 동일)
$S \leq 16$	S
$16 < S \leq 35$	16
$S > 35$	$S/2$

선도체의 단면적이 16(mm²)일 경우, 구리 보호도체의 단면적은 16[mm²] 이상이면 된다.

53 ①

전원 측에서 분기점 사이에 다른 분기회로 또는 콘센트의 접속이 없고, 단락의 위험과 화재 및 인체에 대한 위험성이 최소화되도록 시설된 경우 분기회로의 보호장치는 분기회로의 분기점으로부터 3[m]까지 이동하여 설치할 수 있다.

54 ④

행거 밴드는 전주에 변압기를 고정하기 위한 밴드이다.

① 전주에 완금을 고정시키기 위한 밴드
② 전주에 암타이(완금 지지용 부속품) 및 래크를 부착하는 데 사용하는 밴드
③ 저압 가공전선을 전주에 수직으로 배선할 때 사용

55 ①

가공 인입선(가공전선)의 높이[m]

구분	저압	고압(저·고압 가공전선의 높이)
도로횡단	5	6
철도횡단	6.5	6.5
횡단보도교	3	3.5
기타	4	5(위험표시를 한 경우 3.5)

56 ①

가공전선로 지지물의 기초의 안전율은 2(철탑의 기초에 대하여는 1.33) 이상이어야 한다.

57 ③

저압과 고압 가공전선을 병가(병행 설치)하는 경우 저압 가공전선을 고압 가공전선의 아래로 하고 별개의 완금류에 시설하며, 저압 가공전선과 고압 가공전선 사이의 간격은 50[cm] 이상이어야 한다.

58 ①

옥외등의 인하선을 애자공사로 시행할 경우 지표상 2[m] 이상의 높이로 노출장소에 한한다

59 ④

전주외등

- 대지전압 300[V] 이하의 형광등, 고압방전등, LED등 등을 배전선로의 지지물 등에 시설하는 경우에 적용한다.
- 전주외등의 기구 부착 높이 : 4.5[m] 이상(단, 교통에 지장이 없을 경우 3.0[m] 이상)
- 돌출 수평거리 : 1[m] 이내
- 배선은 단면적 2.5[mm²] 이상의 절연전선을 사용하고, 케이블공사, 합성 수지관공사, 금속관공사 중 시행
- 사용전압이 1[kV]를 초과하는 옥측 또는 옥외 방전등 공사 시 방전관은 지표상 4.5[m] 이상의 높이에 시설하고, 기타 시설물 또는 식물 사이의 간격은 60[cm] 이상이어야 함
- 옥외등의 인하선을 애자공사로 시행할 경우 지표상 2[m] 이상의 높이로 노출장소에 한함

60 ③

배·분전반 설치 기준

- 반의 뒤쪽에는 조작·유지보수 측면에서 배선 및 기구를 배치하지 말 것
- 강판제의 것은 두께 최소 1.2[mm] 이상이고, 난연성 합성수지제는 두께 1.5[mm] 이상일 것
- 절연저항 측정 및 전선 접속단자의 점검이 용이한 구조일 것
- 노출된 충전부가 있는 배전반 및 분전반은 취급자 이외의 사람이 쉽게 출입할 수 없도록 설치할 것
- 한 개의 분전반에는 한 가지 전원(1회선의 간선)만 공급할 것
- 옥외 분전반의 경우, 배분전반 안에 물이 스며들어 고이지 아니하도록 한 구조일 것

01 ④	02 ①	03 ②	04 ③	05 ②
06 ④	07 ②	08 ②	09 ③	10 ②
11 ④	12 ④	13 ②	14 ④	15 ①
16 ④	17 ②	18 ③	19 ②	20 ①
21 ④	22 ③	23 ④	24 ②	25 ③
26 ①	27 ③	28 ①	29 ③	30 ④
31 ③	32 ②	33 ①	34 ③	35 ②
36 ④	37 ③	38 ④	39 ③	40 ④
41 ④	42 ②	43 ②	44 ①	45 ④
46 ③	47 ①	48 ①	49 ④	50 ②
51 ①	52 ②	53 ②	54 ①	55 ②
56 ③	57 ④	58 ①	59 ③	60 ③

01 ④

도체의 저항 $R = \rho \dfrac{l}{A}[\Omega]$이다. 즉, 도체의 저항은 고유저항에 비례하고 단면적에 반비례한다.

02 ①

4[Ω]과 6[Ω]의 저항 2개를 직렬로 연결하였을 때, 합성저항 $R = 4+6 = 10[\Omega]$이다. 따라서, 합성 컨덕턴스 $G = \dfrac{1}{R} = \dfrac{1}{10} = 0.1[℧]$이다.

03 ②

배율기 저항 $R_m = (n-1)r[\Omega]$이고, 분류기 저항 $R_s = \dfrac{1}{n-1}r[\Omega]$이다. 따라서 $R_s = \dfrac{1}{n-1}r = \dfrac{1}{101-1} \times 100 = 0.1[\Omega]$이다.

04 ③

다음 그림과 같이 키르히호프의 전압법칙을 적용하여 위쪽 폐회로의 전류의 크기를 시계 방향 $I_1[A]$, 아래쪽 폐회로의 전류의 크기를 반시계 방향 $I_2[A]$라 가정하면 2개의 식이 성립하고, $I_0 = I_1 + I_2[A]$가 된다.

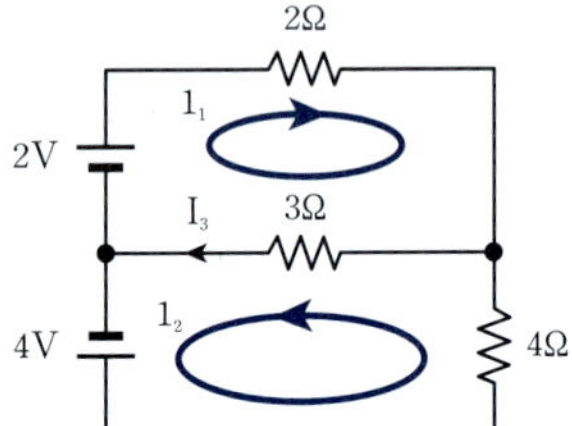

$2 = 2I_1 + 3(I_1 + I_2) \rightarrow 2 = 5I_1 + 3I_2$

$4 = 4I_2 + 3(I_1 + I_2) \rightarrow 4 = 3I_1 + 7I_2$

$\therefore I_1 = \dfrac{1}{13}, \ I_2 = \dfrac{7}{13}$

$\therefore I_0 = I_1 + I_2 = \dfrac{1}{13} + \dfrac{7}{13} = \dfrac{8}{13} = 0.615[A]$

05 ②

$$P=(50\times10)+(30\times5)+(25\times10)+1,000=1,900[\mathrm{W}]$$
$$\therefore I=\frac{P}{V}=\frac{1,900}{100}=19[\mathrm{A}]$$

06 ④

전기분해에 의한 물질의 석출량은 페러데이 법칙으로 정의되며, $w=kQ$ $=kIt[\mathrm{g}](k[\text{화학당량}]=\dfrac{\text{원자량}}{\text{원자가}})$이다. 따라서 화학당량$(k)=\dfrac{\text{원자량}}{\text{원자가}}$ $\dfrac{58.7}{2}=29.35$이다.

07 ②

축전지를 직렬 연결하면 기전력은 커지고, 용량은 변하지 않는다. 반면에 병렬 연결하면 기전력은 변하지 않고 용량은 커진다.

08 ②

쿨롱의 힘

$$F=9\times10^9\times\frac{Q_1Q_2}{r^2}[\mathrm{N}]$$

$\therefore F=9\times10^9\times\dfrac{4\times10^{-5}\times6\times10^{-5}}{2^2}=5.4[\mathrm{N}]$이고, 서로 같은 전하끼리는 반발력이 작용한다.

09 ③

대전 현상은 한 물체가 어떤 에너지에 의해서 양(+)전하와 음(−)전하로 분리되는 것이다.

10 ②

세라믹콘덴서는 비유전율이 큰 산화티탄. 티탄산바륨 등을 유전체로 사용하여 고주파 특성이 우수하고 극성이 없다.

> **오답 피하기**

③ 필름형의 얇은 막을 절연체로 사용하여, 인덕턴스 성분이 커서 고주파에는 사용할 수 없고, 극성이 없다.
④ 유전체로 운모를 사용하여, 온도 특성, 주파수 특성이 우수하나 가격이 비싸고 용량이 작은 단점이 있다.

11 ④

휘스톤브리지의 평형조건은 마주보는 임피던스의 곱이 같은 경우이다. 즉, $\dfrac{1}{j\omega C_x}\times R_1=\dfrac{1}{j\omega C_s}\times R_2$, $\dfrac{R_1}{C_x}=\dfrac{R_2}{C_s}$이다. 따라서 $C_x=\dfrac{R_1}{R_2}\times C_s=\dfrac{200}{50}\times0.1=0.4[\mu\mathrm{F}]$이다.

12 ④

전계의 세기 관계식은 $F=qE[\mathrm{N}]$이다. 따라서 $E=\dfrac{F}{Q}=\dfrac{100}{1}=100[\mathrm{V}/\mathrm{m}]$이다.

13 ②

병렬 연결한 콘덴서의 용량은 $C_0=\dfrac{2C\times3C}{2C+3C}=1.2C[\mathrm{F}]$이다.

14 ④

정전용량의 관계식은 $Q=CV[\mathrm{C}]$이다. 따라서 $V=\dfrac{C}{Q}=\dfrac{20\times10^{-6}}{0.04\times10^{-6}}=$ $500[\mathrm{V}]$이다.

15 ①

비오사바르의 법칙은 도선에 흐르는 전류에 의한 자계의 세기를 구하는 법칙으로, $\Delta H=\dfrac{I\Delta l}{4\pi r^2}\sin\theta[\mathrm{AT/m}]$으로 표시할 수 있다.

16 ④

상호인덕턴스 $M=\dfrac{N_2\phi}{I_1}=\dfrac{\mu N_1 N_2 A}{l}[\mathrm{H}]$이다. 따라서 $M=\dfrac{N_2\phi}{I_1}$ $=\dfrac{300\times4\times10^{-4}}{1}=0.12[\mathrm{H}]=120[\mathrm{mH}]$이다.

17 ②

비정현파 전류 실효값 $I=\sqrt{I_1^2+I_3^2}[\mathrm{A}]$이다. 따라서 $I=\sqrt{I_1^2+I_3^2}=$ $\sqrt{(\dfrac{30}{\sqrt2})^2+(\dfrac{40}{\sqrt2})^2}=25\sqrt2[\mathrm{A}]$이다.

18 ③

각 상의 부하가 동일한 평형 3상인 경우 Δ → Y로 등가변환하려면 임피던스를 $\dfrac{1}{3}$로 줄이면 되고, 그 역도 성립한다.

19 ②

$$A'=A_1'\times A_2'=(4+j3)\times(3+j4)=12+j16+j9-12=j25=25\angle\frac{\pi}{2}$$

20 ①

시정수

- R–L 직렬회로 : $\tau=\dfrac{L}{R}$
- R–C 직렬회로 : $\tau=RC[\mathrm{sec}]$

21 ④

전기기기의 효율은 $\eta=\dfrac{\text{출력}}{\text{입력}}\times100[\%]$이다. 발전기와 변압기는 출력 기준, 전동기는 입력기준으로 효율을 표시하는 것을 규약효율이라 한다.

- $\eta_{G,\,T}=\dfrac{\text{출력}}{\text{출력+손실}}\times100[\%]$
- $\eta_M=\dfrac{\text{입력−손실}}{\text{입력}}\times100[\%]$

22 ③

전동기의 기계적 출력은 $P_0=\omega T=2\pi\dfrac{N}{60}T[\mathrm{W}]$이고, $T=\dfrac{60}{2\pi}\cdot\dfrac{P_0}{N}$ $=9.55\dfrac{P_0}{N}[\mathrm{N}\cdot\mathrm{m}]=0.975\dfrac{P_0}{N}[\mathrm{kg}\cdot\mathrm{m}]$이므로, $T=0.975\dfrac{P_0}{N}=0.975$ $\times\dfrac{9,800}{600}\fallingdotseq15.9[\mathrm{kg}\cdot\mathrm{m}]$이다. 따라서 $T=\dfrac{60}{2\pi}\cdot\dfrac{P_0}{N}=9.55\dfrac{P_0}{N}[\mathrm{N}\cdot\mathrm{m}]$ $=0.975\dfrac{P_0}{N}[\mathrm{kg}\cdot\mathrm{m}]\fallingdotseq15.9[\mathrm{kg}\cdot\mathrm{m}]$이다.

23 ④

직류 직권전동기의 속도는 $N=K\dfrac{V}{I_a}[\mathrm{rpm}]$, $T=KI_a^2[\mathrm{N\cdot m}]$이므로, $T\propto I_a^2$, $\dfrac{1}{N^2}$이다. 따라서 부하가 감소하면 속도가 급증하고, 무부하가 되면 과속도가 되어서 위험하기 때문에, 무부하 운전이나 벨트 운전을 해서 절대로 안 된다.

24 ②

직류 직권전동기의 자속 $\phi[\mathrm{Wb}]$는 계자전류 $I_f(=I_a)$의 크기에 따라 결정되므로, 전기자전류 I_a가 작은 상태에서는 $\phi=kI_a$가 성립한다. 따라서 속도는 $N=K\dfrac{V}{I_a}[\mathrm{rpm}]$, $T=KI_a^2[\mathrm{N\cdot m}]$의 관계가 있으므로, $T\propto I_a^2$, $\dfrac{1}{N^2}$이다.

25 ③

직류 복권전동기는 분권계자와 직권계자를 접속한 기기이므로, 직권계자를 단락시키면 분권전동기가 되고, 분권계자를 단락시키면 직권전동기가 된다.

26 ①

동기발전기의 전기자 반작용

- 저항부하 : 횡축반작용(교차자화작용), 편자작용
- 유도성부하 : 직축반작용, 감자작용
- 용량성부하 : 직축반작용, 증자작용

27 ③

동기전동기의 특징

- 장점
  - 부하 변화에도 속도 변동이 없다.
  - 여자 전류를 조정하여 역률 조정이 가능하다.
  - 전부하 효율이 양호하다.
  - 공극이 넓어서 기계적으로 견고하다.
  - 공급 전압의 변화에 대하여 토크의 변화가 적다.
- 단점
  - 속도 제어가 어렵다.
  - 난조가 발생하기 쉽다.
  - 기동 토크가 적고, 직류 여자기가 필요하다.

28 ①

권수비 $a=\dfrac{N_1}{N_2}=\dfrac{V_1}{V_2}=\dfrac{I_2}{I_1}=\sqrt{\dfrac{Z_1}{Z_2}}$이다. 따라서 $a=\dfrac{V_1}{V_2}=\dfrac{6{,}300}{210}=30$이다.

29 ③

3상 피상전력 $P_a=\sqrt{3}\,V_lI_l[\mathrm{VA}]$이고, 2차 전력은 $P_{2a}=\sqrt{3}\,V_{2l}I_{2l}[\mathrm{kVA}]$이다.

$\therefore I_{2l}=\dfrac{P_{2a}}{\sqrt{3}\,V_{2l}}=\dfrac{100\times10^3}{\sqrt{3}\times200}\fallingdotseq288.68[\mathrm{A}]$, I_{2l}(유효분)$=I_{2l}\cos\theta=288.68\times0.8\fallingdotseq231[\mathrm{A}]$

30 ②

철심에 가해지는 자화력의 방향을 바꿀 때마다 손실이 발생하는데, 이 손실을 히스테리시스손이라 하며 종축은 자속밀도 $B[\mathrm{Wb/m^2}]$, 횡축은 자계의 세기 H[AT/m]를 나타내고, B_r은 잔류자기를, H_c는 보자력을 표시하며, 곡선의 면적은 손실을 의미한다.

31 ③

V–V 결선

- 출력 $P_V=\sqrt{3}P_a=\sqrt{3}\,V_PI_P[\mathrm{VA}]$
- 이용률 $=\dfrac{P_V}{P_2}=\dfrac{\sqrt{3}}{2}=0.866$
- 출력비 $=\dfrac{P_V}{P_3}=\dfrac{\sqrt{3}}{3}=0.577$

$\therefore$ 이용률 $=\dfrac{P_V}{P_2}=\dfrac{\sqrt{3}}{2}=0.866[\mathrm{pu}]=86.6[\%]$

32 ②

차동(비율차동) 계전기는 유입 전류와 유출 전류와의 차에 의해 동작하는 계전기로 발전기나 변압기의 내부고장 보호에 사용된다.

33 ①

슬립 $s=\dfrac{N_s-N}{N_s}$(단, $1\geq s\geq0$)이고, $N=(1-s)N_s[\mathrm{rpm}]$이다. 여기서 $s=1$은 정지 상태, $S=0$은 동기속도, 부하 차단 등으로 회전수가 동기속도보다 큰 경우에는 $s<0$이며, 역회전 시에는 $s>1$이 되기도 한다. 이 경우는 $2-s$로 표시할 수 있다.

34 ③

유도전동기의 속도 $N=(1-s)N_s=(1-s)\dfrac{120f}{P}[\mathrm{rpm}]$이므로, $N_s=\dfrac{120f}{P}=\dfrac{120\times60}{2}=3{,}600[\mathrm{rpm}]$, $N=(1-s)N_s=(1-0.1)\times3{,}600=3{,}240[\mathrm{rpm}]$이다.

35 ②

유도전동기의 속도 $N=(1-s)N_s=(1-s)\dfrac{120f}{P}[\mathrm{rpm}]$이고, 속도제어 방법에는 슬립제어(2차 저항 가감법), 주파수 제어(VVVF), 극수 변환법이 있다. 자속제어는 직류기의 속도제어 방법이다.

36 ④

농형 유도전동기의 특징

- 구조가 단순하며 가격이 저렴하다.
- 유지보수가 간단하다.
- 기동 전류가 크고, 기동 토크가 작으며 속도 조정범위가 좁다.

37 ③

단상 유도전동기의 기동 토크가 큰 순서는 '반발 기동형 > 반발 유도형 > 콘덴서 기동형 > 분상 기동형 > 세이딩 코일형'이다.

38 ④

정류 회로

- 단상반파 $E_d=\dfrac{\sqrt{2}}{\pi}E=0.45E[\mathrm{V}]$, 단상전파 $E_d=\dfrac{2\sqrt{2}}{\pi}E=0.9E[\mathrm{V}]$
- 3상반파 $E_d=\dfrac{3\sqrt{6}}{2\pi}E=1.17E[\mathrm{V}]$, 3상전파 $E_d=\dfrac{6\sqrt{2}}{2\pi}E=1.35E[\mathrm{V}]$

$\therefore$ 전원전압 $E=\dfrac{E_d}{1.35}=\dfrac{100}{1.35}=74.07[\mathrm{V}]$

39 ③

수정의 압전효과

수정에 압력을 가해 주면 전기적 분극(기전력)이 발생하고, 반대로 수정의 양단에 전계를 인가하면 결정이 축소 또는 팽창하는 즉, 전기-기계적 가역 현상이 발생한다. 전자를 응용한 것이 마이크로폰, 스피커, 압력 센서 등이고, 후자를 응용한 것이 수정 발진기, 수정시계 등이다. 마이크로프로세서에서 수정(Quartz Oscillator)은 시계소자로 활용한다.

40 ③

발광 다이오드(LED)는 순방향으로 전압을 인가했을 때 빛과 열이 나는 다이오드이다.

오답 피하기

① 다이오드에 흐르는 전류가 급증해도 단자 전압을 거의 일정하게 유지할 수 있어서 정전압 다이오드라 함
② P형 반도체 대신 금속을 N형 반도체와 결합시킨 형태로서 일반 다이오드보다 고주파 특성이 좋고 고속 스위칭에 적합한 다이오드
④ 빛 에너지를 전기 에너지로 변환하는 다이오드

41 ④

일반용 단심 비닐절연 전선의 약호는 NR이다.

42 ②

케이블 약호

- CN–CV : 동심중성선 차수형 전력케이블
- CN–CV–W : 동심중성선 수밀형 전력케이블
- FR CNCO–W : 동심중성선 수밀형 무독성 난연 전력케이블
- TR CN/CV–W : 동심중성선 트리억제형 전력케이블

43 ①

- 수도관 : 3[Ω]
- 건축물 · 구조물의 철골 : 2[Ω] 이하

44 ①

링 리듀서는 아웃렛 지름이 로크너트보다 클 때 사용한다.

오답 피하기

② 전주나 강관 등에 수직으로 설치한 전선관 끝에 부착하여 빗물의 침입을 방지하기 위해 사용
③ 주로 매입 금속관을 직각으로 배관 시 사용하는 접속 부품
④ 금속관공사에서 노출 배관공사 시 직각으로 구부러지는 장소에 사용하는 부품

45 ④

애자의 구비조건은 절연성, 난연성, 내수성이다.

46 ③

옥내 배선공사에 적용하는 합성수지관(PVC) 공사의 관 두께는 2[mm] 이상이어야 한다.

47 ①

금속덕트에 넣은 전선 단면적의 합계는 덕트 내부 단면적의 20[%](전광표시 장치, 출퇴 표시등 또는 제어회로 등의 배선만을 넣는 경우에는 50[%]) 이하여야 한다.

48 ①

폭연성 분진 또는 화약류의 분말이 전기설비가 발화원이 되어 폭발할 우려가 있는 곳에 시설하는 저압 옥내 전기설비는 금속관 공사 또는 케이블 공사(캡타이어 케이블 제외)에 의해야 한다.

49 ④

고압 · 특고압 전로의 절연내력 시험전압

전로의 종류	시험 전압
최대사용전압 7[kV] 이하	최대사용전압의 1.5배 (500[V] 미만은 500[V])
7[kV] 초과 25[k] 이하 (중성선다중접지)	최대사용전압의 0.92배
7[kV] 초과 60[kV] 이하(2호 제외)	최대사용전압의 1.25배 (10.5[kV] 미만은 10.5[kV])
60[kV] 초과 중성점 비접지	최대사용전압의 1.25배
60[kV] 초과 중성점 접지 (직접접지 제외)	최대사용전압의 1.1배 (75[kV] 미만은 75[kV])
60[kV] 초과 중성점 직접접지	최대사용전압의 0.72배

따라서 절연내력=70[kV]×0.7=50.4[kV]이다.

50 ②

사람이 상시 통행하는 터널 안의 전선로

- 저압 전선은 지름 2.6[mm] 이상의 경동선의 절연전선을 사용하고 애자 사용배선에 의하여 시설(노면상 2.5[m]의 높이로 유지)하거나, 케이블 공사에 의할 것
- 고압 전선은 케이블 공사에 의할 것

51 ①

화약류 저장소

화약류 저장소 안에는 전기설비를 시설해서는 안 된다. 다만 다음의 경우에는 전기설비를 시설할 수 있다.
- 전로의 대지전압은 300[V] 이하일 것
- 전기기계기구는 전폐형의 것일 것
- 인입구 배선은 케이블 및 지중화할 것

52 ②

주택용 누전차단기는 '전기용품 및 생활용품 안전관리법'에 의해 정격감도전류30[mA], 동작시간 0.03[초] 이내의 전류 동작형이어야 한다.

53 ②

지지선의 안전율은 2.5 이상이어야 한다.

54 ①

분기회로의 보호장치는 전원 측에서 분기점 사이에 다른 분기회로 또는 콘센트의 접속이 없고, 단락의 위험과 화재 및 인체에 대한 위험성이 최소화되도록 시설된 경우 분기회로의 분기점으로부터 3[m]까지 이동하여 설치할 수 있다.

55 ②

저압 가공전선의 굵기 및 종류

- 저압 가공전선은 나전선(중성선 또는 접지측 전선에 한한다), 절연전선, 다심형 전선 또는 케이블을 사용
- 사용전압이 400[V] 이하인 저압 가공전선(케이블 제외)은 지름 3.2[mm] (절연전선은 지름 2.6[mm]) 이상의 경동선
- 사용전압이 400[V] 초과인 저압·고압 가공전선(케이블 제외)은 시가지에 시설하는 것은 지름 5[mm] 이상의 경동선, 시가지 외에 시설하는 것은 지름 4[mm] 이상의 경동선
- 사용전압이 400[V] 초과하는 저압 가공전선에는 DV전선 또는 다심형 전선을 사용하여서는 안 된다.

56 ③

교통신호등의 시설

- 사용전압 : 300[V] 이하
- 인하선의 지표상 높이 : 2.5[m] 이상
- 사용전압 150[V] 초과 시 : 자동적으로 전로를 차단하는 장치 시설 필요
- 교통신호등 회로의 배선과 시설물 사이의 간격 : 60[cm](케이블 30[cm]) 이상

57 ④

저압과 고압 가공전선을 병행설치 하는 경우, 저압 가공전선을 고압 가공전선의 아래로 하고 별개의 완금류에 시설하며, 저압 가공전선과 고압 가공전선 사이의 간격은 50[cm] 이상이어야 한다.

58 ①

피뢰기의 약호는 LA이다.

오답 피하기

② 전력용 콘덴서
③ 부하 개폐기
④ 컷아웃 스위치

59 ③

각 부하마다 진상 콘덴서를 설치하여 전압강하를 보상하는 것이 가장 이상적이기는 하지만 설치비용이 많이 소요된다.

60 ③

전반조명은 조명기구를 일정한 높이 및 간격으로 배치하여 방 전체의 조도를 균일하게 조명하는 방식이다.

필기 기출문제 15회

2-131p

01 ①	02 ③	03 ②	04 ④	05 ③
06 ③	07 ③	08 ②	09 ③	10 ①
11 ②	12 ②	13 ④	14 ④	15 ①
16 ②	17 ①	18 ③	19 ④	20 ③
21 ③	22 ①	23 ②	24 ①	25 ④
26 ④	27 ③	28 ①	29 ③	30 ④
31 ③	32 ③	33 ②	34 ④	35 ④
36 ②	37 ②	38 ①	39 ②	40 ③
41 ③	42 ②	43 ④	44 ②	45 ①
46 ①	47 ③	48 ④	49 ①	50 ③
51 ③	52 ②	53 ①	54 ①	55 ①
56 ③	57 ④	58 ③	59 ①	60 ③

01 ①

a–b 간의 합성저항은 2r, r, 2r의 저항을 병렬연결한 것과 같으므로,

$$\frac{1}{R_0}=\frac{1}{R_1}+\frac{1}{R_2}+\frac{1}{R_3}=\frac{1}{2r}+\frac{1}{r}+\frac{1}{2r}=\frac{4}{2r}=\frac{2}{r}, \ R_0=\frac{r}{2}[\Omega]$$이다.

02 ③

$$R=\rho\frac{l}{A}=\rho\frac{l}{\pi r^2}[\Omega]$$

$$R'=\rho\frac{4l}{\pi(2r)^2}=R[\Omega]$$

∴ 2배로 늘리면 된다.

03 ②

합성전력 $P=(100\times5)+(60\times5)+(20\times10)+1,000=2,000[W]$

$$\therefore I=\frac{P}{V}=\frac{2,000}{100}=20[A]$$

04 ④

$$H=0.24Pt=0.24I^2Rt=0.24\times1^2\times500\times(1\times60)=7,200[cal]$$

05 ③

키르히호프의 전압법칙에서 방정식의 해가 양(+)의 값이 나오면 처음에 임의로 정한 전류의 방향과 실제 전류가 흐르는 방향이 같고, 음(−)의 값이 나오면 반대 방향이 된다.

06 ③

대전이란 물질이 어떤 충격 또는 마찰에 의한 전자의 이동으로 전하를 띠게 되는 현상 즉, 한 물체가 어떤 에너지에 의해서 양(+)전하와 음(−)전하로 분리되는 것을 말하는데, 마찰·유동·분출·박리·동결 등 여러 원인이 있다.

07 ③

가우스의 법칙

폐곡면을 통과하는 전기 선속(전속)이 폐곡면 속의 알짜 전하량과 동일하다는 법칙이다. 가우스의 법칙을 이용하면 어느 한 점에서의 전계의 세기를 구할 수 있다.

08 ②

이 그림은 직렬인 C 두 개의 합성정전용량과 C 한 개가 병렬로 연결되어 있으므로, $C_0 = \dfrac{C \times C}{C+C} + C = \dfrac{4 \times 4}{4+4} + 4 = 6[\mu \text{F}]$이다.

09 ③

직렬연결 시 $C = \dfrac{Q}{V}[\text{F}]$이므로, 각 콘덴서에 걸리는 전압은 콘덴서 용량에 서로 반비례하여 분담한다.

즉, $V_1 = \dfrac{C_2}{C_1+C_2}V[\text{V}]$, $V_2 = \dfrac{C_1}{C_1+C_2}V[\text{V}]$이므로 $V_1 = \dfrac{C_2}{C_1+C_2}V$ $= \dfrac{10}{5+10} \times 30 = 20[\text{V}]$이다.

10 ①

자기저항 $R_m = \dfrac{l}{\mu A}[\Omega]$이다. 따라서 자기저항은 자기회로의 길이에 비례하고, 자로의 단면적과 투자율의 곱에 반비례한다.

11 ②

플레밍의 왼손 법칙(전동기 원리)

$F = BIL\sin\theta = 2 \times 8 \times 0.5 \times \sin 30 = 4[\text{N}]$

12 ②

플레밍의 법칙은 왼손, 오른손 법칙 모두 엄지는 힘(F), 검지는 자속(B), 중지는 기전력(I)를 나타낸다.

13 ④

상호인덕턴스

- 1차 코일에 의한 자속에 의해 2차 코일에 유도기전력을 발생하게 하는 인덕턴스
- $e = -M\dfrac{di_1}{dt}[\text{V}]$, $M = k\sqrt{L_1 L_2}[\text{H}]$
- k는 결합계수로서, 코일이 직교하면 서로 영향을 주지 못하므로 M은 "0"이 된다.

14 ④

환상 솔레노이드 내부 자계의 세기는 $H = \dfrac{NI}{2\pi r}[\text{ATM}]$이지만, 외부에는 구조상 자계의 영향이 미치지 않는다.

15 ①

리액턴스의 크기

$X_L{'} = j\omega L = j2\pi f L = j2\pi \times 60 \times 0.01 \fallingdotseq j3.77[\Omega]$

16 ②

원형코일 중심의 자계의 세기

$H = \dfrac{NI}{2r} = \dfrac{100 \times 15}{2 \times 0.1} = 7,500[\text{ATM}]$

17 ①

전압과 전류를 극좌표로 표시하면, $v = 100\angle \dfrac{\pi}{6}[\text{V}]$, $i = \dfrac{100}{\sqrt{2}}\angle \dfrac{\pi}{3}[\text{A}]$이다. 즉, 전압을 기준으로 전류의 위상은 30[°] 앞선다.

18 ③

결선방식에 따른 전압과 전류

- Y결선 : $V_l{'} = \sqrt{3}V_p{'}\angle \dfrac{\pi}{6}[\text{V}]$, $I_l{'} = I_p{'}[\text{A}]$
- Δ결선 : $V_l{'} = V_p{'}[\text{V}]$, $I_l{'} = \sqrt{3}I_p{'}\angle -\dfrac{\pi}{6}[\text{V}]$

따라서 Δ결선의 상전류 $I_p{'} = \dfrac{V_p}{Z} = \dfrac{200}{\sqrt{6^2+8^2}} = 20[\text{A}]$이고, $I_l{'} = \sqrt{3}I_p{'} = 20\sqrt{3}[\text{A}]$이다.

19 ④

$Z = \sqrt{6^2+8^2} = 10[\Omega]$, $I = \dfrac{V}{Z} = \dfrac{100}{10} = 10[\text{A}]$

$\therefore P = I^2 R = 10^2 \times 6 = 600[\text{W}]$

20 ③

일반적으로 비정현파가 주기파인 경우에는 퓨리에 급수 전개 방식(퓨리에 분석)으로 분해할 수 있으며, 직류분과 기본파, 고조파의 합으로 표시된다.

21 ③

- 무부하 특성곡선 : 무부하 단자전압–계자전류
- 부하 특성곡선 : 단자전압–계자전류
- 외부 특성곡선 : 단자전압–부하전류

22 ①

직류 분권전동기에서 인가전압 100[V]는 단자전압이다. 따라서 직류 분권 전동기의 역기전력 $E = V - I_a R_a = 100 - 10 \times 1 = 90[\text{V}]$이다.

23 ②

분권전동기와 직권 및 가동 복권전동기는 전기자 회로에 직렬로 기동 저항기(Starter)를 넣어 기동 전류를 억제하며, 분권전동기는 $T = K\phi I_a$이므로, 기동 시 계자저항 R_f를 0으로 하여 기동 토크를 크게 하여 기동한다.

24 ①

직류 전동기(타여자 전동기, 분권전동기)의 속도식은 $N = K\dfrac{V - I_a R_a}{\phi}$ [rpm]이다. 따라서 계자저항 R_f이 커지면 I_f, ϕ이 작아지고, N이 커진다.

25 ④

직류기의 토크 특성곡선

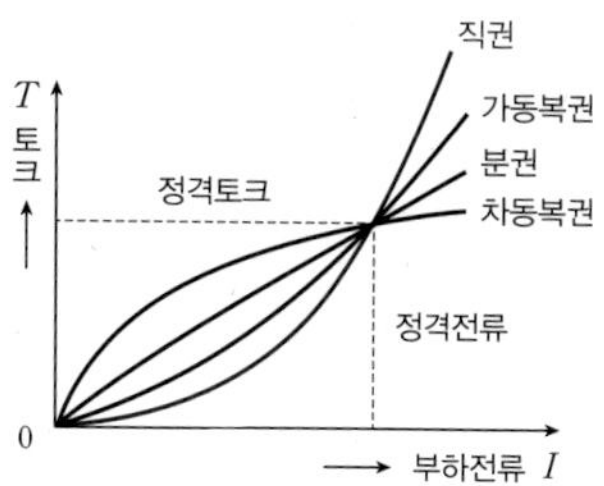

직류기의 속도는 토크에 반비례하므로, 속도변동율이 작은 순서는 '차동복권 – 타여자 – 분권 – 가동복권 – 직권'이다.

26 ④

동기발전기의 정상 운전 중 단락사고 발생 시 돌발 단락전류의 크기를 제한하는 것은 주로 전기자 누설 리액턴스이며, 영구 단락전류를 제한하는 것은 주로 전기자 반작용 리액턴스이다.

27 ③

- 단락비 : $K_s = \dfrac{I_f'}{I_f''} = \dfrac{I_s}{I_n} = \dfrac{1}{\%Z_s}$
- 단락비가 큰 기계 특성 중 작아지는 값
  - 동량
  - 동기 임피던스
  - 전기자 반작용
  - 전압변동률
  - 효율
- 단락비가 큰 기계 특성 중 커지는 값
  - 전압 안정도
  - 공극
  - 계자 전류
  - 기계의 중량
  - 가격
  - 과부하 내량

28 ①

동기발전기 A, B를 병렬운전 중 A기의 여자를 증가시키면 A기의 기전력은 커지고, B기의 기전력이 작아져서 무효순환전류가 흐르게 된다. 이때 A기의 무효전력의 분담은 증가(역률은 저하)하고, 반대로 B기의 무효전력의 분담은 감소(역률은 상승)한다.

29 ②

단락비 $K_s = \dfrac{I_f'}{I_f''} = \dfrac{I_s}{I_n} = \dfrac{1}{\%Z_s}$ 이다. 따라서 $\%Z_s = \dfrac{1}{K_s} = \dfrac{1}{1.2} = 0.833$ $[\mathrm{pu}] = 83.3[\%]$ 이다.

30 ④

권수비 $a = \dfrac{N_1}{N_2} = \dfrac{V_1}{V_2} = \dfrac{I_2}{I_1} = \sqrt{\dfrac{Z_1}{Z_2}}$ 이다. 따라서 $I_2 = \dfrac{V_2}{V_1} \times I_1 = \dfrac{3,300}{220} \times 20 = 300[\mathrm{A}]$ 이다.

31 ③

변압기 절연유의 구비조건은 절연 내력이 클 것, 비열이 커서 냉각효과가 클 것, 인화점이 높을 것, 점도가 낮고 응고점이 낮을 것, 화학적으로 안정할 것, 고온에서 산화하거나 석출물이 발생하지 않을 것 등이다.

32 ③

- 계기용변성기(MOF) : PT와 CT를 하나의 함에 넣고 전압계, 전류계, 전력계 등을 접속할 수 있는 기기
- 계기용 변압기(PT) : 고전압을 낮은 전압으로 변성하는 기기. 2차 측 정격전압의 표준 110[V]
- 계기용 변류기(CT) : 대전류를 적은 전류로 변성하는 기기. 2차 측 정격전류의 표준 5[A]

33 ②

변압기의 무부하 손실은 철손과 여자전류에 의한 권선의 저항손과 절연물의 유전체에 의한 손실인 유전체손이 있는데, 저항손과 유전체손은 미미하여 무시할 수 있고 대부분은 철손인 히스테리시스손과 와류손이 차지한다.

34 ④

슬립 측정 방법에는 회전수 측정용 계기 사용방법과 직류 밀리볼트계법, 수화기법, 스트로보스코프를 이용하는 방법이 있다. 프로니브레이크법은 소형 직류전동기의 토크를 측정하는 방법이다.

35 ④

유도전동기의 슬립 $s = \dfrac{N_s - N}{N_s}$ 이다.(단, $1 \geq s \geq 0$), $N = (1-s)N_s[\mathrm{rpm}]$ 이며, $s=1$은 정지 상태, $s=0$은 동기속도, 부하 차단 등으로 회전수가 동기속도보다 큰 경우 $s\langle 0$이며, 역회전 시에는 $s\rangle 1$이 되기도 한다.

36 ②

$T = 9.55\dfrac{P_0}{N}[\mathrm{N \cdot m}] = 0.975\dfrac{P_0}{N}[\mathrm{kg \cdot m}]$ 이고, $P_0 = (1-s)P_2$, $P_2 = E_2 I_2 = (\dfrac{r_2}{s})I_2^2 = (\dfrac{s}{r_2})E_2^2$ 이므로, 토크는 전압의 제곱에 비례한다. 따라서 $T' = (0.8)^2 T = 0.64T[\mathrm{N \cdot m}]$ 이다.

37 ②

유도전동기의 2차 효율 $\eta_2 = \dfrac{P_0}{P_2} = 1 - s = \dfrac{N}{N_s} \times 100[\%]$ 이다. 따라서 $N_s = \dfrac{120f}{P} = \dfrac{120 \times 50}{4} = 1,500[\mathrm{rpm}]$, $\eta_2 = \dfrac{N}{N_s} = \dfrac{1,320}{1,500} = 0.88[\mathrm{pu}] = 88[\%]$ 이다.

38 ①

분상 기동형은 주 권선과 위상이 서로 다른 보조 권선(기동 권선)을 별도로 구성하여, 전동기가 동기속도의 약 60~80[%]가 되면 원심력 스위치로 기동권선을 분리시켜서 운전하는 방식이다. 기동권선은 주 권선보다 가늘고, 크기를 작게 하여 저항값을 크게 한다.

39 ②

정류 회로

- 단상반파 $E_d = \dfrac{\sqrt{2}}{\pi}E = 0.45E[\mathrm{V}]$. 단상전파 $E_d = \dfrac{2\sqrt{2}}{\pi}E = 0.9E[\mathrm{V}]$
- 3상반파 $E_d = \dfrac{3\sqrt{6}}{2\pi}E = 1.17E[\mathrm{V}]$. 3상전파 $E_d = \dfrac{6\sqrt{2}}{2\pi}E = 1.35E[\mathrm{V}]$
- $\therefore$ 단상반파 정류 $E_d = 0.45E = 0.45 \times 200 = 90[\mathrm{V}]$, $I = \dfrac{E_d}{R}E = \dfrac{90}{10} = 9[\mathrm{A}]$

40 ③

오답 피하기

① DIAC
② SCR
④ UJT

41 ③

전선의 색상

상(문자)	색상
L1	갈색
L2	검은색
L3	회색
N(중성선)	파란색
PE(보호도체)	녹색-노란색

42 ③

단선의 종단접속(쥐꼬리 접속)은 6[mm²] 이하의 가는 단선 접속 시 사용하는데, 2선 접속 시는 두 개의 심선을 약 80~90[°]로 벌린 후에 2~3회 감아서 접속하고, 그 위에 절연 테이프를 감거나 커넥터를 끼운다.

43 ④

접촉 불량이 발생하면 접촉부위의 저항 증가로 인한 과열과 화재 위험이 있고, 심한 경우 전선의 탈락으로 인한 누전이나 선간 단락 사고가 발생할 수 있다.

44 ②

금속 전선관에 교류회로의 전선을 병렬로 사용할 때에는 전선관 내부에서 전자적 불평형이 일어나지 않도록 전원선과 접지선, 병렬 도선, 왕복 도선은 반드시 동일 배관 안에 시설하여야 한다.

45 ①

배관의 곡률 반지름

- 금속관, 합성수지관 : 관 안지름의 6배
- 금속제 가요전선관 : 관 안지름의 6배(단, 제2종 금속제 가요전선관의 시설 및 제거가 자유로운 경우 관 안지름의 3배)
- 케이블 공사(비닐, 클로로프렌, 폴리에틸렌 외장 케이블) : 바깥지름의 6배(단심인 경우 8배)
- 연피나 알루미늄 피 : 바깥지름의 12배 이상

46 ①

금속덕트에 넣은 전선 단면적의 합계는 덕트 내부 단면적의 20[%](전광표시 장치, 출퇴 표시등 또는 제어회로 등의 배선만을 넣는 경우에는 50[%]) 이하이여야 한다.

47 ③

금속덕트는 폭이 5[cm]를 초과하고 또한 두께가 1.2[mm] 이상인 철판 또는 동등 이상의 세기를 가지는 금속제의 것으로 견고하게 제작한 것이어야 한다.

48 ④

가연성 먼지가 있는 곳에 시설하는 저압 옥내 전기설비는 합성수지관 공사(두께 2[mm] 이상), 금속관 공사 또는 케이블 공사에 의해야 한다.

49 ①

화약류 저장소

화약류 저장소 안에는 전기설비를 시설해서는 안 된다. 다만 다음의 경우에는 전기설비를 시설할 수 있다.

- 전로의 대지전압은 300[V] 이하일 것
- 전기기계기구는 전폐형의 것일 것
- 인입구 배선은 케이블 및 지중화할 것

50 ③

TN–C–S계통은 계통의 일부분에서 PEN 도체를 사용하거나, 중성선과 별도의 PE 도체를 사용하는 방식이다.

51 ③

과전류차단기로 저압전로에 사용하는 퓨즈의 용단 특성

정격전류의 구분	시간	정격전류의 배수	
		불용단 전류	용단 전류
4[A] 이하	60분	1.5배	2.1배
4[A] 초과 16[A] 미만	60분	1.5배	1.9배
16[A] 이상 63[A] 이하	60분	1.25배	1.6배
63[A] 초과 160[A] 이하	120분	1.25배	1.6배
160[A] 초과 400[A] 이하	180분	1.25배	1.6배
400[A] 초과	240분	1.25배	1.6배

52 ②

과전류차단기의 동작시간 특성

구분	정격전류의 구분 [A]	시간 [분]	정격전류의 배수 [배] (모든 극에 통전)	
			부동작전류	동작전류
산업용	63 이하	60	1.05	1.3
	63 초과	120	1.05	1.3
주택용	63 이하	60	1.13	1.45
	63 초과	120	1.13	1.45

산업용 배선차단기의 정격전류가 63[A] 이하이면, 정격전류의 1.3배 이상에서 60[분] 이내에 동작한다. 39[A]는 30[A]의 1.3배이므로 여기에 해당된다.

53 ①

전원 측에서 분기점 사이에 다른 분기회로 또는 콘센트의 접속이 없고, 단락의 위험과 화재 및 인체에 대한 위험성이 최소화되도록 시설된 경우, 분기회로의 보호장치는 분기회로의 분기점으로부터 3[m]까지 이동하여 설치할 수 있다.

54 ①

암 밴드는 전주에 완금을 고정시키기 위한 밴드이다.

오답 피하기

② 저압 가공배전선로의 인류애자 설치를 위한 금구류
④ 전주에 변압기를 고정하기 위한 밴드

55 ①

철근 콘크리트주의 땅에 묻히는 깊이

- 전체 길이 16[m] 이하이고, 설계하중 6.8[kN] 이하인 것
- 전체 길이 15[m] 이하 : 6분의 1 이상
- 전체의 길이 15[m] 초과 : 2.5[m] 이상
- 전체의 길이 14[m]~20[m]이고, 설계하중 6.8[kN] 초과 9.8[kN] 이하 : 기준보다 30[cm] 가산
- 설계하중 9.81[kN] 초과 14.72[kN] 이하이고, 전체의 길이 15[m] 이하인 경우 : 위 기준보다 0.5[m] 더한 값 이상
- 전체 길이 15[m] 초과 18[m] 이하 : 묻히는 깊이 3[m] 이상
- 전체 길이 18[m] 초과 : 묻히는 깊이 3.2[m] 이상

∴ 전체 길이 16[m]이고, 설계하중 6.8[kN] 이하인 것은 2.5[m] 이상이다

56 ③

조명 및 콘센트의 명칭과 기호

기호	명칭	기호	명칭
○	백열등	●	비상용 조명등
○⊣	벽등	⊗	외부등(가로등용)
CH	샹들리에	CL	실링 라이트
R	리셉터클	▭	형광등
☻	콘센트(매입용)	⊡⊡	비상용 콘센트

57 ④

가공 인입선(가공전선)의 높이[m]

구분	저압	고압(저 · 고압 가공전선의 높이)
도로횡단	5	6
철도횡단	6.5	6.5
횡단보도교	3	3.5
기타	4	5(위험표시를 한 경우 3.5)

58 ③

한 개의 전등을 두 곳에서 점멸하려면 3로스위치 2개가 필요하고, 세 곳에서 점멸하려면 3로스위치 2개와 4로스위치 한 개를 사용하면 된다.

59 ①

차단방식에 따른 차단기의 종류

- 기중차단기(ACB), 공기차단기(ABB), 자기차단기(MBB), 진공차단기(VCB), 유입차단기(OCB), 가스차단기(GCB)가 있다.
- 공기차단기는 공기 압력으로 아크를 불어서 차단하는 방식이며, 기중차단기는 스프링 등의 힘으로 아크를 자연적으로 소멸시키는 방식이다.

60 ③

디지털 계전기의 특성

- 복잡한 보호연산 능력 구현 가능
- 장치의 소형화 가능
- 장분석과 자동감시 기능부여 가능
- 진동의 영향을 받지 않음
- 외란에 의한 오동작 가능성 높음

필기 기출문제 16회

2-139p

01 ②	02 ①	03 ③	04 ②	05 ③
06 ②	07 ①	08 ②	09 ④	10 ③
11 ②	12 ③	13 ①	14 ①	15 ②
16 ④	17 ①	18 ③	19 ③	20 ①
21 ①	22 ④	23 ④	24 ④	25 ②
26 ②	27 ③	28 ②	29 ④	30 ③
31 ①	32 ④	33 ③	34 ④	35 ④
36 ②	37 ②	38 ③	39 ④	40 ③
41 ③	42 ①	43 ②	44 ②	45 ①
46 ①	47 ②	48 ④	49 ①	50 ②
51 ①	52 ②	53 ②	54 ①	55 ②
56 ②	57 ①	58 ②	59 ③	60 ④

01 ②

저항기의 종류

- 고정형 저항기
  - 탄소피막 저항기 : 세라믹 로드에 탄소 피막을 입히고 나선형으로 홈을 파서 저항값을 조정하는 저항기로, 가장 널리 사용되며, 띠의 색깔로 저항값을 알 수 있음
  - 솔리드 저항기 : 탄소 분말과 폴리머를 몰드 형태로 성형한 저항기로, 소형, 고압, 고저항용으로 활용
  - 권선형 저항기 : 미세한 금속선을 세라믹 로드에 감아서 일정한 저항값을 갖도록 한 저항기로, 정밀하여 계측기에 많이 사용
  - 칩 저항기 : 세라믹 기판 위에 저항체를 칩 형태로 얹어서 제조한 저항기로, 고주파 특성 등 여러 성능이 우수하여 컴퓨터나 전자기기 들에 주로 사용
  - 어레이 저항기 : 여러 개의 저항을 묶어 일체형으로 만든 저항기로, 디지털 회로에 주로 사용
  - 시멘트 저항기 : 시멘트로 덮어서 허용 전류가 크고 내열성이 뛰어남
- 가변형 저항기 : 탄소 피막형, 서미트형, 권선형, 볼륨형 가변저항기 등

02 ①

$$R = \frac{V}{I} = \frac{24}{6} = 4[\Omega]$$

$$G = \frac{1}{R} = \frac{1}{4} = 0.25[\mho]$$

03 ③

기전력 $E[\mathrm{V}]$, 내부저항 $r[\Omega]$인 전지를 n개 연결하여 부하 $R[\Omega]$에 전류를 흘리면, 직렬연결일 때, $I = \dfrac{nE}{nr+R}[\mathrm{A}]$이다. 따라서 $I = \dfrac{nE}{nr+R}$ $= \dfrac{10 \times 1.5}{10 \times 0.2 + 4.5} = 2.3[\mathrm{A}]$이다.

04 ②

$$W = P \cdot t = 60 \times 10 \times 20 = 12{,}000[\mathrm{W \cdot h}] = 12[\mathrm{kWh}]$$

05 ③

- 1차 전지 : 건전지(망간전지), 수은전지, 알칼리전지, 리튬전지
- 2차 전지 : 납축전지, 알칼리축전지, 니켈카드뮴전지, 리튬이온 2차전지 등

06 ②

볼타전지는 묽은 황산(H_2SO_4) 용액 속에 아연판(−)과 구리판(+)을 넣고, 양극을 연결하면 약 1.1[V]의 전압이 나타난다. 또한 구리 전극에는 수소 기체(H_2)가 발생한다.

07 ①

$$860Pt\eta = mCT$$
$$\therefore t = \frac{mC(T_2 - T_1)}{860P\eta} = \frac{5 \times (40 - 10)}{860 \times 1 \times 0.8} = 0.218[\,h\,] = 0.218 \times 60$$
$$= 13.08[\text{분}]$$

08 ②

열전대의 접속점에 임의의 금속을 연결하여도 이 금속에 의한 열기전력의 변화는 없다는 법칙은 제3의 금속 법칙이다.

오답 피하기

① 서로 다른 금속을 접속하고 전류를 흘리면, 전류가 흐르는 방향에 따라서 접합부에서 발열 또는 흡열이 나타나는 현상
③ 같은 종류의 금속선이라도 온도차가 있으면 전류를 흘렸을 때, 열의 흡수 또는 발열이 되는 현상
④ 서로 다른 금속을 접속하고 온도차를 유지하면, 기전력이 발생하여 전류가 흐르는 현상

09 ④

전기분해에 의한 석출량(패러데이 법칙)

$$W = kQ = kIt[\text{g}] \ (\text{단, } k(\text{화학당량}) = \frac{\text{원자가}}{\text{원자량}}[\text{g/C}])$$
$$\therefore W = kIt = 0.3293 \times 10 \times 60 \times 60 = 11.854 \fallingdotseq 12[\text{g}]$$

10 ③

세라믹 콘덴서는 비유전율이 큰 산화티탄 등 세라믹을 유전체로 사용한 것으로 극성이 없으며, 가격에 비해 성능이 우수하여 널리 사용되고 있다.

오답 피하기

① 전해콘덴서의 일종으로 극성이 있고 온도변화와 주파수 특성이 우수하며, 가격이 비싸다.
② 극성이 없고, 유전체로 운모를 사용하여, 온도 특성, 주파수 특성이 우수하나 가격이 비싸고 용량이 작은 단점이 있다.
④ 필름형의 얇은 막을 절연체로 사용하여, 인덕턴스 성분이 커서 고주파에는 사용할 수 없고, 극성이 없다.

11 ②

$C[\text{F}]$의 콘덴서 10개를 직렬접속하면 합성정전용량은 $\frac{1}{10}[\text{C}]$, 병렬접속하면 $10[\text{C}]$가 되므로 직렬접속한 콘덴서 용량이 $\frac{1}{100}$배 감소한다.

12 ③

유전율 $\varepsilon = \varepsilon_0\varepsilon_s$, $\varepsilon_0 = 8.855 \times 10^{-12}[\text{F/m}]$이므로, $\varepsilon = \varepsilon_0\varepsilon_s = 8.855 \times 10^{-12} \times 9 = 7.965 \times 10^{-11}[\text{F/m}]$이다.

13 ①

평판 도체의 단위 면적당 정전 흡인력

$$F_0 = \frac{1}{2}\varepsilon E^2 = \frac{1}{2}\varepsilon\left(\frac{V}{d}\right)^2[\text{N/m}^2]$$

14 ①

비유전율

- 절연유 : 2.2~2.4
- 운모 : 6.7
- 산화티탄 : 100
- 티탄산바륨 자기 : 1,000~3,000

15 ②

공기 중 자속밀도는 $B = \mu_0 H$이다.
$$\therefore B = \mu_0 H = 4\pi \times 10^{-7} \times 500 = 6.28 \times 10^{-4}[\text{Wb/m}^2]$$

16 ④

$$V = 220[\text{V}], \ Z' = X_L' = j\omega L = j2\pi f L = j2\pi \times 60 \times 0.5 \fallingdotseq j188.5[\Omega]$$
$$\therefore I = \frac{V}{Z} = \frac{220}{188.5} = 1.167[\text{A}]$$

17 ①

휘스톤브리지의 평형조건은 마주보는 임피던스의 곱이 같은 경우이다.
즉, $\frac{1}{j\omega C_1} \times R_2 = \frac{1}{j\omega C_2} \times R_1$, $\frac{R_2}{C_1} = \frac{R_1}{C_2}$, $C_1 R_1 = C_2 R_2$이다.

18 ③

환상솔레노이드의 내부 자계의 세기는 $H = \frac{NI}{2\pi r}[\text{AT/m}]$이다. 따라서 $N = \frac{2\pi r H}{I}[\text{회}]$이다.

19 ③

$$Z_1' = R + jX_L, \ Z_1 = \sqrt{R^2 + X_L^2}, \ Z_1 = \frac{V}{I} = \frac{100}{4} = 25 = \sqrt{R^2 + X_L^2}$$
$$Z_2' = R + j(X_C - X_L), \ Z_2 = \sqrt{R^2 + j(X_C - X_L)^2}, \ Z_2 = \frac{V}{I} = \frac{100}{4} = 25$$
$$= \sqrt{R^2 + (15 - X_L)^2}$$
$$\sqrt{R^2 + X_L^2} = \sqrt{R^2 + (15 - X_L)^2}, \ R^2 + X_L^2 = R^2 + (15 - X_L)^2$$
$$\therefore X_L^2 = (15 - X_L)^2, \ 2X_L = 15, \ X_L = 7.5[\Omega]$$

20 ①

- 평균값 $V_{av} = \dfrac{V_m}{\dfrac{\pi}{2}} = 0.637 V_m[\text{V}]$
- 실효값 $V_s = \dfrac{V_m}{\sqrt{2}} = 0.707 V_m[\text{V}]$

21 ①

- 저항정류 : 탄소질 브러시(접촉저항 증대)
- 전압정류 : 보극(리액턴스 전압 상쇄)

22 ④

차동복권발전기는 부하를 증가시켜도 부하의 변화와 관계 없이 부하전류가 거의 일정하게 되는 수하특성을 가지므로, 주로 용접기용 전원으로 많이 사용한다.

23 ④

직류기의 토크와 전기자 전류, 속도 관계

- 타여자, 분권전동기 : $T \propto I_a,\ \dfrac{1}{N}$

- 직권 전동기 : $T \propto I_a^2,\ \dfrac{1}{N^2}$ (단, 이 경우는 기동 초기일 때이다.)

- $\therefore$ 직류 직권전동기 $T' = \dfrac{1}{N^2}T = \dfrac{1}{(/3)^2}T = 9T[\mathrm{N \cdot m}]$

24 ④

역전제동은 전동기가 전원에 접속된 상태에서 전기자의 접속을 반대로 하여 회전방향과 반대방향의 토크를 발생시켜 급속히 정지하는 방식이다.

25 ②

변압기는 전자유도 현상을 이용하여 교류의 전압이나 전류를 변화시켜 용도에 맞게 사용하는 정지기이다.

26 ②

변압기의 %임피던스 강하

- p(%저항 강하)$= \dfrac{\text{저항에 의한 전압강하}}{\text{정격전압}} = \dfrac{I_{1n} \times r_1}{V_{1n}}[\%]$

- q(%리액턴스 강하)$= \dfrac{\text{리액턴스에 의한 전압강하}}{\text{정격전압}} = \dfrac{I_{1n} \times x_1}{V_{1n}}[\%]$

따라서 $I_{1n} = \dfrac{P_a}{V_{1n}} = \dfrac{10 \times 10^3}{2,000} = 5[\mathrm{A}]$, $p = \dfrac{I_{1n} \times r_1}{V_{1n}} = \dfrac{5 \times 6.2}{2,000} = 1.55[\%]$,

$q = \dfrac{I_{1n} \times x}{V_{1n}} = \dfrac{5 \times 7}{2,000} = 1.75[\%]$이다.

27 ③

3상 변압기의 피상전력은 $P_a = \sqrt{3}V_l L_l[\mathrm{VA}]$이다. 2차 측 전류 $I_l = \dfrac{P_a}{\sqrt{3}V_l}$

$= \dfrac{100 \times 10^3}{\sqrt{3} \times 200} = 288.68[\mathrm{A}]$이므로, 전류의 유효분 I_l(유효분)$= I\cos\theta = 288.68 \times 0.8 = 230.94[\mathrm{A}]$이다.

28 ②

V–V 결선

- 출력 $P_V = \sqrt{3}P_a = \sqrt{3}V_P I_P[\mathrm{kVA}]$

- 이용률 $= \dfrac{P_V}{P_2} = \dfrac{\sqrt{3}}{2} = 0.86$

- 출력비 $= \dfrac{P_V}{P_3} = \dfrac{\sqrt{3}}{3} = 0.577$

- $\therefore P_V = \sqrt{3}V_P I_P = \sqrt{3}P_a = \sqrt{3} \times 20 = 20\sqrt{3}[\mathrm{kVA}]$

29 ④

동기발전기의 병렬운전 조건은 기전력의 크기, 위상, 주파수, 파형 및 상회전 방향이 같아야 한다는 것이다.

30 ②

단락비는 $K_s = \dfrac{I_f'}{I_f''} = \dfrac{I_s}{I_n} = \dfrac{1}{\%Z_s}$이므로, $\%Z_s = \dfrac{1}{K_s} = 0.8 \times 100 = 80[\%]$이다.

31 ①

동기전동기는 V곡선(위상특성곡선)의 특성을 이용하여 무부하 상태에서 계자 전류만 조정하여 비교적 큰 용량의 송전계통의 전압조정과 역률 개선을 하는데, 이를 무효전력보상장치라 한다. V곡선에서 곡선의 최저점은 역률(cosθ)이 1에 해당되는 점이며, 이때 전기자 전류가 가장 작다. 이 점의 오른쪽은 앞선 역률을, 왼쪽은 뒤진 역률을 나타내므로 이를 이용하여 역률을 조정할 수 있다.

32 ④

동기발전기의 제동권선은 난조 방지와 전력계통의 안정도 향상에 기여하고, 전동기의 기동 토크를 발생하는 기동 권선의 역할을 한다.

33 ③

경사슬롯(비뚤어진 홈)을 적용하면 소음을 줄일 수 있으며, 크롤링 현상도 어느 정도 방지할 수 있다.

34 ④

농형 유도전동기 기동방법

- 전전압 기동 : 5[kW] 이하 소용량
- Y−Δ 기동 : 10~15[kW]
- 기동 보상기법 : 15[kW] 이상

35 ④

유도전동기의 출력에 따른 ㉠은 속도, ㉡은 효율, ㉢은 토크, ㉣은 슬립 곡선을 의미한다.

36 ②

유도전동기의 2차 효율은 $\eta_2 = \dfrac{P_0}{P_2} = 1 - s = \dfrac{N}{N_s} \times 100[\%]$이다.

37 ②

세이딩 코일형은 회전자를 농형으로 하고, 고정자 자극을 몇 개의 돌극으로 구성하여 자극의 일부에 세이딩 코일을 감은 형태로서 구조적으로 역회전이 불가능하다.

38 ③

다이오드를 여러 개 직렬로 연결하면 과전압으로부터 보호받을 수 있고, 입력전압을 증가시킬 수 있다. 또한 다이오드를 여러 개 병렬로 연결하면 과전류로부터 보호받을 수 있으나, 이때 다이오드의 특성이 동일한 것을 사용할 필요가 있다.

39 ③

오답 피하기

① DIAC
② SCR
④ UJT(단접합 트랜지스터)

40 ③

양방향 사이리스터는 DIAC, SSS, TRIAC이다.

41 ③

일반 배선용 기호

명칭	기호	명칭	기호
천장은폐배선	——————	노출배선	- - - - - - - - -
바닥은폐배선	- - - - -	지중매설배선	—·—·—·—

42 ①

S형 슬리브 접속은 2회 이상 꼬아야 한다.

43 ②

저압 옥내배선의 사용 전선

- 단면적 2.5[mm²] 이상의 연동선
- 단면적 1[mm²] 이상의 MI케이블
- 단면적 0.75[mm²] 이상의 코드 또는 캡타이어케이블

44 ②

변압기 중성점 접지의 목적

- 지락사고 시 보호계전기의 동작을 확실하게 한다.
- 이상전압 발생 시 건전상의 전위상승을 억제한다.
- 고·저압 혼촉 시 저압 측 전위 상승을 억제한다.

45 ①

합성수지관 구부리기

- 곡률반지름 : $r=6d+\dfrac{D}{2}[\mathrm{mm}]\,(d:$ 내경, $D:$ 외경$)$

- 관을 굽히기 위해 필요한 길이 : $L=2\pi r\times\dfrac{1}{4}[\mathrm{mm}]$

$\therefore r=6d+\dfrac{D}{2}=6\times18+\dfrac{22}{2}=119[\mathrm{mm}]$, $L=2\pi\times119\times\dfrac{1}{4}≒187[\mathrm{mm}]$

46 ①

금속덕트에 넣은 전선 단면적의 합계는 덕트 내부 단면적의 20[%](전광표시 장치, 출퇴 표시등 또는 제어회로 등의 배선만을 넣는 경우에는 50[%]) 이하여야 한다.

47 ②

플로어덕트 공사

- 전선은 절연전선(OW 제외)이어야 한다.
- 전선은 연선이어야 한다. 단, 단면적 10[mm²](알루미늄선 16[mm²] 이하 인 것은 단선도 가능하다.
- 플로어덕트 안에는 전선에 접속점이 없어야 한다. 다만 전선을 분기하는 경우에 접속점을 쉽게 점검할 수 있을 때는 그렇지 않다.

48 ④

플로어덕트 공사 시 전선은 연선이어야 한다. 다만 단면적 10[mm²](알루미 늄선 16[mm²]) 이하인 것은 단선도 가능하다.

49 ①

폭연성 먼지가 있는 곳에 시설하는 저압 옥내 전기설비

- 금속관 공사 또는 케이블 공사(캡타이어 케이블 제외)에 의할 것
- 금속관 공사에 의하는 때에는 관 상호 간 및 관과 박스 기타의 부속품, 풀박스 또는 전기기계기구와는 5산 이상 나사 조임으로 접속할 것
- 케이블 공사에 의하는 때 전선은 개장된 케이블 또는 MI케이블을 사용 할 것

50 ②

저압 가공전선의 굵기 및 종류

- 저압 가공전선은 나전선(중성선 또는 접지측 전선에 한한다), 절연전선, 다심형 전선 또는 케이블을 사용
- 사용전압이 400[V] 이하인 저압 가공전선(케이블 제외)은 지름 3.2[mm] (절연전선은 지름 2.6[mm]) 이상의 경동선
- 사용전압이 400[V] 초과인 저압·고압 가공전선(케이블 제외)은 시가지 에 시설하는 것은 지름 5[mm] 이상의 경동선, 시가지 외에 시설하는 것 은 지름 4[mm] 이상의 경동선
- 사용전압이 400[V] 초과하는 저압 가공전선에는 DV전선 또는 다심형 전선을 사용하여서는 안 된다.

51 ①

가공 인입선(가공전선)의 높이[m]

구분	저압	고압(저·고압 가공전선의 높이)
도로횡단	5	6
철도횡단	6.5	6.5
횡단보도교	3	3.5
기타	4	5(위험표시를 한 경우 3.5)

52 ②

위험표시를 한 경우 가공 인입선(가공전선)의 높이는 3.5[m]까지이다.

53 ②

건축물의 표준부하

건축물의 종류	표준부하[VA/m²]
공장, 공회당, 사원, 교회, 극장, 영화관, 연회장 등	10
기숙사, 여관, 호텔, 병원, 음식점, 다방, 대중목욕탕	20
사무실, 은행, 상점, 이발소, 미용원	30
주택, 아파트	40

부분적인 표준부하

건축물의 부분	표준부하[VA/m²]
복도, 계단, 세면장, 창고, 다락	5
강당, 관람석	10
단, 건축물 중 주택, 아파트는 제외	

54 ①

- 수용률 $=\dfrac{\text{최대수용전력[kW]}}{\text{총 부하설비용량[kW]}}\times100[\%]$

- 부하율 $=\dfrac{\text{평균수용전력[kW]}}{\text{최대수용전력[kW]}}\times100[\%]$

- 부등률 $=\dfrac{\text{각부하의 최대수용전력의 합[kW]}}{\text{합성최대수용전력[kW]}}\geq1$

$\therefore$ 최대수용전력 = 총 부하설비용량 × 수용률
$=(1+2+3+4)\times0.6=6[\mathrm{kW}]$

55 ③

무정전 전원설비(UPS)

상용전원의 정전 시에도 정상적인 전원을 부하에 공급하는 설비로서 교류 입력전원이 정전되었을 때 부하전력의 연속성을 확보하기 위해 전력변환장치, 스위치 및 축전지나 2차전지 등을 조합하여 구성한 전원장치를 시설하는 것을 통칭한다.

56 ②

주택용 누전차단기는 '전기용품 및 생활용품 안전관리법'에 의해 정격감도전류 30[mA], 동작시간 0.03[초] 이내의 전류 동작형이어야 한다.

57 ①

특고압 배전선로인 22.9[kV]-Y 중성점다중접지 계통의 피뢰기 정격전압은 변전소 21[kV], 배전선로 18[kV]이다.

58 ②

주상변압기 설치 시 COS용 완철

- 작업자의 안전 확보를 위해 변압기 반대방향으로 설치한다.
- 선로용 완철과 COS용 완철은 0.75[m] 이상, 변압기 1차 부싱과는 1.8[m] 이상 이격하여 설치한다.

59 ③

cd는 광도(I)의 단위이다.

오답 피하기

① 휘도 B[nt] : 단위 투영 면적당 빛이 나는(눈부심) 정도
② 조도 E[lx] : 단위면적당 광속밀도, $E = \dfrac{F}{A}[\text{lm/m}^2] = \dfrac{I}{R^2}\cos\theta[\text{lx}]$

  (단, A : 면적[m²], R : 점광원에서의 거리[m], θ : 입사광속과 피조면의 각도)
④ 광속 F[lm] : 단위시간당 방사되는 빛의 양

60 ④

자동화재탐지설비는 감지기, 발신기, 중계기, 수신기, 음향장치, 표시등, 전원, 배선 등으로 구성된다.

필기 기출문제 17회

2-148p

01 ④	02 ④	03 ②	04 ②	05 ④
06 ②	07 ②	08 ③	09 ②	10 ③
11 ③	12 ①	13 ③	14 ④	15 ②
16 ②	17 ①	18 ③	19 ④	20 ②
21 ②	22 ①	23 ①	24 ④	25 ③
26 ②	27 ③	28 ①	29 ②	30 ④
31 ④	32 ④	33 ①	34 ①	35 ③
36 ②	37 ②	38 ①	39 ③	40 ②
41 ③	42 ①	43 ①	44 ④	45 ④
46 ③	47 ①	48 ③	49 ①	50 ①
51 ③	52 ①	53 ②	54 ②	55 ②
56 ②	57 ④	58 ④	59 ③	60 ③

01 ④

- 전자 1개의 전하량 : $1.602 \times 10^{-19}[\text{C}]$
- 전자 1개의 질량 : $9.109 \times 10^{-31}[\text{kg}]$
- 양성자 1개의 질량 : $1.672 \times 10^{-27}[\text{kg}]$

02 ④

- 합성저항과 전류를 구하고, 각각의 저항을 곱하는 방법

$R_0 = 5+10+20 = 35[\Omega]$, $I = \dfrac{V}{R} = \dfrac{105}{35} = 3[\text{A}]$, $V_{10} = 3 \times 10 = 30[\text{V}]$

- 직렬회로에서 전류가 동일하므로 V=IR[V]에서 V와 R의 비례관계를 이용하는 방법

$V_{10} = \dfrac{10}{5+10+20} \times 105 = 30[\text{V}]$

03 ②

키르히호프의 전압법칙에서 전류가 시계 방향으로 흐른다고 가정하면, 기전력의 합은 전압강하의 합과 같다. 따라서 $(15-5)[\text{V}] = (4+3+1+2)$ [I]이므로 $I = \dfrac{V}{R} = \dfrac{(15-5)}{(4+3+1+2)} = 1[\text{A}]$가 되고, 전류값이 양(+)이므로, 전류는 시계방향으로 흐른다.

04 ②

$V = \dfrac{W}{Q}[\text{V}]$

$Q = \dfrac{W}{V} = \dfrac{400}{100} = 4[\text{C}]$

05 ④

$W = P \cdot t[\text{W} \cdot \text{s}] = [\text{J}]$이므로 $5[\text{Wh}] = 5 \times 1 \times 3,600[\text{W} \cdot \text{s}] = 18,000[\text{J}]$이다.

06 ②

회로망 해석 시 중첩의 원리를 적용할 때, 전압원은 단락하고 전류원은 개방하여야 한다.

07 ②

전열기에서 발생하는 열량을 [kcal] 기준으로 환산하면, $860Pt\eta=mC\Delta T$ [kcal]가 성립한다.

$$\therefore \eta=\frac{mC(T_2-T_1)}{860Pt}=\frac{4\times1\times(90-15)}{860\times1\times0.5}=0.6977\fallingdotseq69.8[\%]$$

08 ③

$P=VI=I^2R=\dfrac{V^2}{R}$[W]에서, 일정한 저항에서 P와 V의 관계식은 $P=\dfrac{V^2}{R}$ 을 적용한다.

$$\therefore P'=\frac{(0.9V)^2}{R}=0.81P=0.81\times1,000=810[\mathrm{W}]$$

09 ②

- 대전 : 한 물체가 어떤 에너지에 의해서 양(+)전하와 음(−)전하로 분리되는 것
- 방전 : 대전된 물체를 접지하여 전하를 잃어버리는 것
- 정전유도 : 대전된 물체에 도체를 접근시킬 때 도체가 대전되는 현상
- 정전차폐 : 양 물체 사이에 금속 철망으로 격리시켜서 정전유도 현상을 방지하는 것

10 ③

$X_L=j2\pi fL$, $X_C=\dfrac{1}{j2\pi fC}$[Ω]에서 코일의 임피던스는 주파수의 크기에 비례하고, 커패시터의 임피던스는 주파수의 크기에 반비례한다. 따라서 전류가 주파수의 크기에 반비례하는 것은 코일이다.

11 ③

전위차는 어느 두 점 사이에 Q[C]의 전하가 이동하여 W[J]의 일을 하였을 때 전기적인 압력차를 의미하므로 $V=\dfrac{W}{Q}$[J/C]=[V], $W=QV$[J]로 나타낼 수 있다. 따라서 $W=QV=1\times100=100[\mathrm{J}]$이다.

12 ①

- 유전율 : [F/m]
- 전계의 세기 : [V/m]
- 전속밀도 : [C/m²]
- 자계의 세기 : [H/m]

13 ④

유전체 내의 단위체적당 정전에너지는 $W_0=\dfrac{1}{2}\varepsilon E^2=\dfrac{1}{2}DE=\dfrac{1}{2}\dfrac{D^2}{\varepsilon}$[J/m³]이다.

14 ④

자기저항

$$R_m=\frac{F}{\phi}=\frac{NI}{\phi}=\frac{l}{\mu A}[\mathrm{AT/Wb}]$$

15 ②

자체인덕턴스 $L=\dfrac{N\phi}{I}=\dfrac{\mu N^2A}{l}$[H]에서, 자체인덕턴스는 권수의 제곱에 비례한다. 즉, $L'=\dfrac{\mu(3N)^2A}{l}=9L[\mathrm{H}]$이다.

16 ②

코일에 유도되는 역기전력 $e=-N\dfrac{d\phi}{dt}=-L\dfrac{di}{dt}$[V]이므로, $e=-L\dfrac{di}{dt}$ [V], $L=-20\times\dfrac{0.1}{1}=-2[\mathrm{H}]$이다.

17 ①

원형코일 중심의 자계의 세기 $H=\dfrac{I}{2r}$[AT/m]이다. 따라서 $H=\dfrac{I}{2r}=\dfrac{1}{2\times0.1}=5[\mathrm{AT/m}]$이다.

18 ③

평행도선에 미치는 힘 : $F=\dfrac{2I_1I_2}{r}\times10^{-7}[\mathrm{N/m}]$

$\therefore$ 왕복도선 $F=\dfrac{2I^2}{r}\times10^{-7}[\mathrm{N/m}]$

$$\therefore I=\sqrt{\frac{Fr}{2\times10^{-7}}}=\sqrt{\frac{18\times10^{-7}\times1}{2\times10^{-7}}}=3[\mathrm{A}]$$

19 ④

$Z'=3+j4[\Omega]$

$Z=\sqrt{R^2+X_L^2}=\sqrt{3^2+4^2}=5[\Omega]$

$\theta=\tan^{-1}\dfrac{X_L}{R}=\tan^{-1}\dfrac{4}{3}=53.12[°]$

$I=\dfrac{V}{Z}=\dfrac{100}{5}=20[\mathrm{A}]$

20 ②

$P=VI=I^2R=\dfrac{V^2}{R}$[kW]에서 전압이 일정한 경우는 P는 R에 반비례한다. 따라서 $P'=\dfrac{V^2}{(0.9R)}=1.11P[\mathrm{kW}]$이다.

21 ②

직류 분권발전기의 기전력 관계식

$E=V+I_aR_a[\mathrm{V}]$

$V=E-I_aR_a=110.4-104\times0.1=100[\mathrm{V}]$

22 ①

직류 분권전동기의 속도 $N=K\dfrac{V-I_aR_a}{\phi}$[rpm]이고, 토크는 $T=K\phi I_a$ [N·m]이므로, $T\propto I_a$, $\dfrac{1}{N}$이다.

23 ①

직류 분권발전기의 전류 관계식은 $I_a=I_l+I_f$이므로, $I_f=I_a-I_f=100-6=94[\mathrm{A}]$이다.

24 ④

직류전동기의 회전 방향을 바꾸려면 전기자 또는 계자전류의 방향을 바꿔주면 된다.

25 ③

속도변동률 $\varepsilon=\dfrac{N_0-N_n}{N_n}$이므로, $N_0=(1+\varepsilon)N_n=(1+0.02)\times1,200=1,224[\mathrm{rpm}]$이다.

26 ②

동기발전기의 병렬운전조건

- 기전력의 크기 동일 : 무효 순환전류, 저항손 발생, $I_c = \dfrac{\Delta V}{Z_1 + Z_2}[\mathrm{A}]$

- 기전력의 위상 동일 : 유효 순환전류(동기화 전류), $I_s = \dfrac{E}{Z_s}\sin\dfrac{\delta}{2}[\mathrm{A}]$

- 기전력의 주파수 동일 : 동기화 전류, 난조의 원인
- 기전력의 파형 동일 : 고조파 무효 순환전류, 저항손 증가로 과열의 원인
- 상회전방향 일치 : 전기자 권선 소손 가능

$$\therefore I_s = \dfrac{E}{Z_s}\sin\dfrac{\delta}{2} = \dfrac{2,000}{5}\sin\dfrac{60}{2} = 200[\mathrm{A}]$$

27 ③

동기전동기에 계자전류(여자전류)를 변화시키면 위상특성곡선에 따라 전기자 전류와 역률이 변한다. 과여자 시 역기전력이 증가하고, 역기전력이 단자전압보다 커지게 되어 진상전류가 흘러서 콘덴서로 작용하고, 부족여자 시에는 지상 전류가 흘러서 리액터로 작용한다. 이 특성을 이용하여 동기전동기를 무효전력 보상장치로 활용한다.

28 ①

동기전동기는 V곡선(위상특성곡선)의 특성을 이용하여 무부하 상태에서 계자 전류만 조정하여 비교적 큰 용량의 송전계통의 전압조정과 역률 개선을 하는데, 이를 무효전력보상장치라 한다. V곡선에서 곡선의 최저점은 역률($\cos\theta$)이 1에 해당되는 점이며, 이때 전기자 전류가 가장 작다. 이 점의 오른쪽은 앞선 역률을, 왼쪽은 뒤진 역률을 나타내므로 이를 이용하여 역률을 조정할 수 있다.

29 ④

대형 변압기에서는 변압기 본체와 연결된 콘서베이터를 별도로 설치하고, 콘서베이터 내부의 공기와 유면 사이에는 고무 격막을 설치하거나 질소를 봉입하여 절연유와 공기의 직접 접촉을 차단하고, 콘서베이터에 흡습호흡기(브리더)를 부착하여 압력의 증감을 완충하고, 수분의 유입 방지로 변압기유의 열화를 방지하고 있다.

30 ③

- 계기용변성기(MOF) : PT와 CT를 하나의 함에 넣고 전압계, 전류계, 전력계 등을 접속할 수 있는 기기이다.
- 계기용 변압기(PT) : 고전압을 낮은 전압으로 변성하는 기기. 2차 측 정격전압의 표준은 110[V]이다.
- 계기용 변류기(CT) : 대전류를 적은 전류로 변성하는 기기. 2차 측 정격전류의 표준은 5[A]이다.

31 ④

변압기 냉각방식은 변압기 용량에 따라 건식 자냉식(AN), 건식 풍냉식(AF), 유입 자냉식(ONAN), 유입 풍냉식(ONAF), 송유 풍냉식(OFAF), 송유 수냉식(OFWF) 등이 있다. 유입변압기에서 변압기 외함과 방열기 사이에 순환펌프를 설치하고, 송풍팬을 운용하여 방열효과를 향상시키는 냉각방식은 송유 풍냉식(OFAF)이다.

32 ④

슬립 측정 방법에는 회전수 측정용 계기 사용방법과 직류 밀리볼트계법, 수화기법, 스트로보스코프를 이용하는 방법이 있다. 프로니브레이크법은 소형 직류전동기의 토크를 측정하는 방법이다.

33 ①

유도전동기의 기계적출력은 $P_0 = (1-s)P_2$이고, 2차 입력은 1차 입력에서 1차 동손을 제외한 값이므로 $P_2 = P_1 - P_{c1}$이다. 따라서 $P_2 = P_1 - P_{c1} = 60 - 1 = 59[\mathrm{kW}]$, $P_0 = (1-s)P_2 = (1-0.03)\times59 = 57.23[\mathrm{kW}]$이다.

34 ①

농형 유도전동기의 기동방법 중 Y–Δ 기동은 10~15[kW] 용량의 전동기에 적용하는 방법이며, 기동전류와 기동토크가 각각 $\dfrac{1}{3}$배 줄어든다.

35 ③

유도전동기의 슬립은 $s = \dfrac{N_s - N}{N_s}$(단, 1≥s≥0)이다. 따라서 $N = (1-s)N_s[\mathrm{rpm}]$이며, s=1은 정지 상태, s=0은 동기속도, 부하 차단 등으로 회전수가 동기속도보다 큰 경우에는 s<0이며, 역회전 시에는 s>1이 되기도 한다. 이 경우는 2–s로 표시할 수 있다.

36 ②

세이딩 코일형 단상 유도전동기에 대한 설명이다.

37 ②

단상 유도전동기 중에서 영구 콘덴서형 전동기는 기동토크가 다소 작고, 운전 특성도 좋지 않지만 설비가 간단하고 가격도 저렴하여 가정용 선풍기, 냉장고, 세탁기 등에 대부분 사용된다.

38 ①

정류 회로의 출력식

- 단상반파 $E_d = \dfrac{\sqrt{2}}{\pi}E = 0.45E[\mathrm{V}]$, 단상전파 $E_d = \dfrac{2\sqrt{2}}{\pi}E = 0.9E[\mathrm{V}]$

- 3상반파 $E_d = \dfrac{3\sqrt{6}}{2\pi}E = 1.17E[\mathrm{V}]$, 3상전파 $E_d = \dfrac{6\sqrt{2}}{2\pi}E = 1.35E[\mathrm{V}]$

$$\therefore E_d = 0.45E = 0.45\times100 = 45[\mathrm{V}]$$

39 ③

LED는 순방향으로 전압을 인가했을 때 빛과 열이 나는(발광하는) 반도체이다.

40 ②

SCR은 게이트의 부착 위치에 따라 P형 게이트와 N형 게이트가 있는데, 대부분 P형 게이트를 사용한다.

41 ③

나전선

- 경동선(지름 12[mm] 이하)
- 연동선, 동합금선(단면적 25[mm^2] 이하)
- 경알루미늄선(단면적 35[mm^2] 이하)
- 알루미늄합금선(단면적 35[mm^2] 이하)
- 아연도 강선
- 아연도 철선

42 ①

전선을 나사로 고정할 경우 나사가 진동 등으로 헐거워질 우려가 있는 장소는 2중 너트, 스프링와셔 및 나사풀림 방지기구가 있는 것을 사용하여야 한다.

43 ①

- 터미널 캡 : 수평으로 된 전선관 끝에 부착하여 전선 인출 시 전선의 보호하기 위하여 사용
- 엔트런스 캡 : 전주나 강관 등에 수직으로 설치한 전선관 끝에 부착하여 빗물의 침입을 방지하기 위하여 사용

44 ④

- 금속전선관의 호칭
  - 박강 전선관(바깥지름, 홀수) : 15, 19, 25, 31, 39, 51, 63, 75
  - 후강 전선관(안지름, 짝수) : 16, 22, 28, 36, 42, 54, 70, 82, 92, 104
- 비닐전선관의 호칭
  - 경질비닐관(PVC)의 호칭(안지름, 짝수) : 14, 16, 22, 28, 36, 42, 54, 70, 82, 100
  - 합성수지제 가요전선관(PF, CD)의 호칭 : 14, 16, 22, 28, 36, 42

45 ④

배관의 곡률 반지름

- 금속관, 합성수지관 : 관 안지름의 6배
- 금속제 가요전선관 : 관 안지름의 6배(단, 제2종 금속제 가요전선관의 시설 및 제거가 자유로운 경우 관 안지름의 3배)
- 케이블 공사(비닐, 클로로프렌, 폴리에틸렌 외장 케이블) : 바깥지름의 6배(단심인 경우 8배)
- 연피나 알루미늄 피 : 바깥지름의 12배 이상

46 ③

라이팅덕트를 조영재에 따라 부착할 경우 지지점 간의 거리는 2[m] 이하여야 한다.

47 ①

진열장 안의 사용전압 400[V] 이하인 저압 옥내 배선공사 시 전선은 단면적 0.75[mm^2] 이상인 코드 또는 캡타이어 케이블이고, 전선 붙임점 간의 거리는 1[m] 이하여야 한다.

48 ③

VV은 비닐절연 비닐시스 케이블이다.

오답 피하기

① 옥외용 비닐절연 전선
② 인입용 비닐절연 전선
④ 가교폴리에틸렌절연 비닐시스 케이블

49 ①

- 금속전선관의 호칭 : 박강 전선관(바깥지름, 홀수), 후강 전선관(안지름, 짝수)
- 경질비닐관(PVC)의 호칭(안지름, 짝수)

50 ①

MI 케이블은 미네랄인슐레이션 케이블(Mineral Insulated Cable)이다.

오답 피하기

② HIV
③ CV
④ NRV

51 ③

전기울타리

- 사용전압 250[V] 이하
- 전선은 인장강도 1.38[kN] 이상 또는 지름 2[mm] 이상의 경동선
- 간격 : 전선과 기둥 사이 2.5[cm], 다른 시설물 또는 수목 사이 30[cm] 이상일 것

52 ①

화약류 저장소

화약류 저장소 안에는 전기설비를 시설해서는 안 된다. 다만 다음의 경우에는 전기설비를 시설할 수 있다.

- 전로의 대지전압은 300[V] 이하일 것
- 전기기계기구는 전폐형의 것일 것
- 인입구 배선은 케이블 및 지중화할 것

53 ②

접지극의 시설기준

- 접지극은 지하 75[cm] 이상으로 하되 동결 깊이 감안
- 접지극은 철주의 밑면으로부터 30[cm] 이상의 깊이에 매설하거나, 지중에서 그 금속체로부터 1[m] 이상 떼어서 매설
- 접지선의 지하 75[cm]로부터 지표상 2[m]까지의 부분은 합성수지관 등으로 덮을 것
- 접지극이 동봉 · 동피복강봉일 경우는 지름 8[mm] 이상, 길이 0.9[m] 이상으로 하고, 동판일 경우는 두께 0.7[mm] 이상, 단면적 900[mm^2] 이상이어야 하며, 철봉일 경우는 지름 12[mm]이상, 길이 0.9[m] 이상일 것

54 ②

변압기 중성점 접지

- 접지 저항값[Ω] : $\dfrac{150}{1선지락전류의\ 값}$ (단, 2초 이내 자동차단장치를 설치한 경우 300, 1초 이내 자동차단장치를 설치한 경우 600에서 나눈 값)
- 접지선 굵기 : 16[mm^2]

55 ②

피뢰시스템의 인하도선의 최소 단면적은 구리 50[mm^2] 이상이어야 한다.

56 ②

가공전선로 지지물의 기초의 안전율은 2(철탑의 기초에 대하여는 1.33) 이상이어야 한다.

57 ④

저 · 고압 가공전선의 높이

- 도로 횡단 : 지표상 6[m]
- 철도 · 궤도 횡단 : 레일면상 6.5[m]
- 횡단보도교 위 : 저압 3.5[m](케이블 3[m])
- 그 외 : 5[m](교통에 지장이 없도록 시설 시 4[m])

58 ④

전주외등

- 대지전압 300[V] 이하의 형광등, 고압방전등, LED등 등을 배전선로의 지지물 등에 시설하는 경우에 적용한다.
- 전주외등의 기구 부착 높이 : 4.5[m] 이상(단, 교통에 지장이 없을 경우 3.0[m] 이상)
- 돌출 수평거리 : 1[m] 이내
- 배선은 단면적 2.5[mm²] 이상의 절연전선을 사용하고, 케이블공사, 합성수지관공사, 금속관공사 중 시행
- 사용전압이 1[kV]를 초과하는 옥측 또는 옥외 방전등 공사 시 방전관은 지표상 4.5[m] 이상의 높이에 시설하고, 기타 시설물 또는 식물 사이의 간격은 60[cm] 이상이어야 함
- 옥외등의 인하선을 애자공사로 시행할 경우 지표상 2[m] 이상의 높이로 노출장소에 한함

59 ③

사람이 상시 통행하는 터널 안의 전선로는 저압 또는 고압에 한하며, 전선은 지름 2.6[mm] 이상의 경동선의 절연전선을 사용하고 애자사용배선에 의하여 시설하며, 노면상 2.5[m] 이상의 높이로 유지해야 한다.

60 ③

저압 접촉전선을 옥내에 시설하는 경우에는 기계기구에 시설하는 경우 이외에는 애자공사 또는 버스덕트 공사 또는 절연 트롤리 공사를 해야 한다. 저압 접촉전선을 애자공사에 의하여 옥내의 전개된 장소에 시설하는 경우에는 전선의 바닥에서의 높이는 3.5[m] 이상으로 하고 또한 사람이 접촉할 우려가 없도록 시설해야 한다.

07

실기 공개문제

파트 소개

본 파트에서 유형 1번과 10번 공개문제의 실기 작업 절차를 다룬다. 공개문제 구성부터 수험자 준비물, 단계별 작업 순서까지 체계적으로 정리하였다. 수험생이 제한 시간 내에 오류 없이 과제를 완수할 수 있도록 상세한 절차와 주의 사항을 담았으며, 특히 작업 중 발생한 실수를 스스로 수정할 수 있는 검증 과정까지 학습할 수 있도록 구성하였다.

실기 공개문제(유형 01)

01 공개문제의 구성

01 실기시험 시 유의사항

1) 요구사항

① 지급된 재료와 시험장 시설을 사용하여 제한 시간 내에 주어진 과제를 안전에 유의하여 완성한다. (단, 지급된 재료와 도면에서 요구하는 재료가 서로 상이할 수 있으므로 도면을 참고하여 필요한 재료를 지급된 재료에서 선택하여 작품을 완성한다.)

② 배관 및 기구 배치 도면에 따라 배관 및 기구를 배치한다(제어판을 제어함이라고 가정하고 전선관 및 케이블을 접속).

③ 전기 설비 운전 제어회로 구성

- 제어회로의 도면과 동작 사항을 참고하여 제어회로를 구성한다.
- 전원 방식 : 3상 3선식 220[V]
- 전동기의 접속은 생략하고 접속할 수 있게 단자대까지 배선한다.

2) 수험자 유의사항(수험자 유의사항을 고려하여 요구사항을 완성)

① 시험 시작 전 지급된 재료의 이상 유무를 확인하고 이상이 있을 때에는 감독위원의 승인을 얻어 교환할 수 있다. 단, 시험 시작 후 파손된 재료는 수험자 부주의에 의해 파손된 것으로 간주되어 추가로 지급받지 못한다.

② 제어판을 포함한 작업판에서의 제반 치수는 [mm]이고, 치수 허용 오차는 외관(전선관, 케이블, 박스, 전원 및 부하 측 단자대 등)은 ±30[mm], 제어판 내부는 ±5[mm]이다. (단, 치수는 도면에 표시된 사항에 의하며 표시되지 않은 경우 부품의 중심을 기준으로 한다.)

③ 전선관 및 케이블의 수직과 수평을 맞추어 작업하고, 전선관의 곡률 반지름은 전선관 안지름의 6배 이상, 8배 이하로 작업해야 한다.

④ 기구(컨트롤 박스, 8각 박스, 제어판, 단자대)와 전선관 및 케이블이 접속되는 부분에서 가까운 곳(300[mm] 이하)에 새들을 설치하고, 전선관 및 케이블이 작업판에서 뜨지 않도록 새들을 적절히 배치하여 튼튼하게 고정한다. (단, 굴곡부가 없는 배관에서 기구와 기구 끝단 사이의 치수가 400[mm] 미만이면 새들 1개도 가능하고, 새들로 고정 시 나사를 2개 모두 체결해야 고정된 것으로 인정한다.)

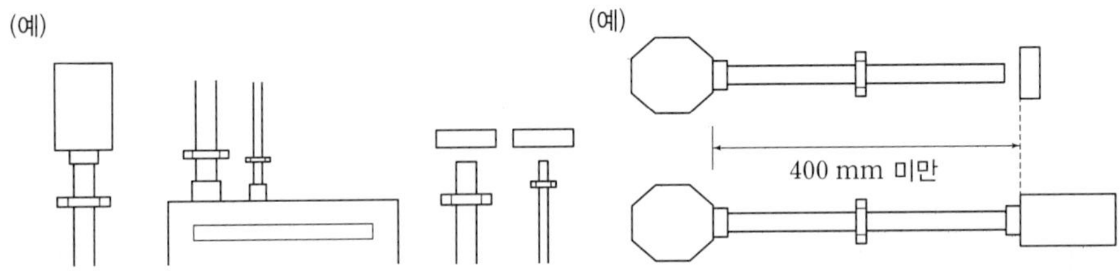

⑤ 기구(컨트롤 박스, 8각 박스, 제어판)와 전선관 및 케이블이 접속되는 부분에 전선관 및 케이블용 커넥터를 사용하고, 제어판에 전선관 및 케이블용 커넥터를 5mm 정도 올리고 새들로 고정해야 한다. (단, 단자대와 전선관 또는 케이블이 접속되는 부분에 전선관 및 케이블용 커넥터를 사용하는 것을 금지한다.)

⑥ 전선의 열적 용량에 대한 전선관의 용적률은 고려하지 않는다.

⑦ 컨트롤 박스에서 사용하지 않는 홀(구멍)에 홀마개를 설치한다.

⑧ 제어판 내의 기구는 기구 배치도와 같이 균형 있게 배치하고 흔들림이 없도록 고정한다.

⑨ 소켓(베이스)에 채점용 기기가 들어갈 수 있도록 작업한다.

⑩ 제어판 배선은 미관을 고려하여 전면에 노출 배선(수평수직)하고, 전선의 흐트러짐 등이 없도록 케이블 타이를 이용하여 균형 있게 배선한다. (단, 제어판 배선 시 기구와 기구 사이의 배선을 금지한다.)

⑪ 주회로는 2.5$[\mathrm{mm}^2]$(1/1.78)전선, 보조회로는 1.5$[\mathrm{mm}^2]$(1/1.38) 전선(황색)을 사용하고, 주회로의 전선 색상은 L1은 갈색, L2는 흑색, L3는 회색을 사용한다.

⑫ 보호도체(접지) 회로는 2.5$[\mathrm{mm}^2]$(1/1.78) 녹색-황색 전선으로 배선해야 한다.

⑬ 퓨즈홀더 1차 측 주회로는 각각 2.5$[\mathrm{mm}^2]$(1/1.78) 갈색과 회색 전선을 사용하고, 퓨즈홀더 2차 측 보조 회로는 1.5$[\mathrm{mm}^2]$(1/1.38) 황색 전선을 사용하고, 퓨즈홀더에는 퓨즈를 끼워 놓아야 한다.

⑭ 케이블의 색상이 주회로 색상과 상이한 경우 감독위원이 지정한 색상으로 대체한다. (단, 보호도체(접지) 회로 전선은 제외한다.)

⑮ 단자에 전선을 접속하는 경우 나사를 견고하게 조인다. 단자 조임 불량이란 피복이 제거된 나선이 2[mm] 이상 보이거나, 피복이 단자에 물린 경우를 말한다. (단, 한 단자에 전선 3가닥 이상 접속하는 것을 금지한다.)

⑯ 전원과 부하(전동기) 측 단자대, 리밋스위치의 단자대, 플로트레스 스위치의 단자대는 가로인 경우 왼쪽부터 세로인 경우 위쪽부터 각각 'L1, L2, L3, PE(보호도체)', 'U(X), V(Y), W(Z), PE(보호도체)', 'LS1, LS2', 'E1, E2, E3'의 순서로 결선한다.

⑰ 배선점검은 회로시험기 또는 벨시험기만을 가지고 확인할 수 있고, 전원을 투입한 동작시험은 할 수 없다.

⑱ 전원 측 단자대는 동작시험을 할 수 있도록 전원선의 색상에 맞추어 100[mm] 정도 인출하고 피복은 전선 끝에서 약 10[mm] 정도 벗겨둔다.

⑲ 전자접촉기, 타이머, 릴레이 등의 소켓(베이스)의 방향은 기구의 내부 결선도 및 구성도를 참고하여 홈이 아래로 향하도록 배치하고, 소켓 번호에 유의하여 작업한다.

※ 기구의 내부 결선도 및 구성도와 지급된 채점용 기구 및 소켓(베이스)이 상이할 경우 감독위원의 지시에 따라 작업한다.

⑳ 8P 소켓을 사용하는 기구(타이머, 릴레이, 플리커릴레이, 온도릴레이, 플로트레스 등)는 기구의 구분 없이 지급된 8P 소켓(베이스)을 적용하여 작업한다. (단, 각 기구에 해당하는 소켓을 고려하지 않고 모두 동일하게 적용한다.)

㉑ 보호도체(접지)의 결선은 도면에 표시된 부분만 실시하고, 보호도체(접지)는 입력(전원) 단자대에서 제어판 내의 단자대를 거쳐 출력(부하) 단자대까지 결선하며, 도면에 별도로 표시하지 않더라도 모든 보호도체(접지)는 입력 단자대의 보호도체단자(PE)와 연결되어야 한다.

※ 기타 외부로의 보호도체(접지)의 결선은 실시하지 않아도 된다.

㉒ 기타 공사 방법 등은 감독위원의 지시사항을 준수하여 작업하며, 작업에 대한 문의사항은 시험 시작 전 질의하도록 하고 시험 진행 중에는 질의를 삼가도록 한다.

㉓ 특별히 지정한 것 이외에는 전기사업법령에 따른 행정규칙(전기설비기술기준, 한국전기설비규정(KEC))에 의하되 외관이 보기 좋아야 하며 안전성이 있어야 한다.

㉔ 시험 중 수험자는 반드시 안전 수칙을 준수해야 하며, 작업 복장 상태와 안전 사항 등이 채점대상이 된다.

㉕ 다음 사항은 실격에 해당하여 채점 대상에서 제외된다.

- 과제 진행 중 수험자 스스로 작업에 대한 포기 의사를 표현한 경우
- 지급재료 이외의 재료를 사용한 작품
- 시험 중 시설·장비의 조작 또는 재료의 취급이 미숙하여 위해를 일으킬 것으로 감독위원 전원이 합의하여 판단한 경우
- 기능이 해당 등급 수준에 전혀 도달하지 못한 것으로 감독위원 전원이 합의하여 판단한 경우
- 시험 관련 부정에 해당하는 장비(기기)·재료 등을 사용하는 것으로 감독위원 전원이 합의하여 판단한 경우(시험 전 사전 준비작업 및 범용 공구가 아닌 시험에 최적화된 공구는 사용할 수 없음)
- 시험 시간 내에 제출된 작품이라도 다음과 같은 경우
  - 제출된 과제가 도면 및 배치도, 시퀀스 회로도의 동작사항, 부품의 방향, 결선 상태가 상이한 경우(전자접촉기, 타이머, 릴레이, 푸시버튼 스위치 및 램프 색상 등)
  - 주회로(갈색, 흑색, 회색) 및 보조회로(황색) 배선의 전선 굵기 및 색상이 도면 및 유의사항과 상이한 경우
  - 제어판 밖으로 인출되는 배선이 제어판 내의 단자대를 거치지 않고 직접 접속된 경우
  - 제어판 내의 배선상태나 전선관 및 케이블 가공 상태가 불량하여 전기 공급이 불가한 경우
  - 제어판 내의 배선상태나 기구의 접속 불가 등으로 동작 상태의 확인이 불가한 경우
  - 보호도체(접지)의 결선을 하지 않은 경우와 보호도체(접지) 회로(녹색－황색) 배선의 전선 굵기 및 색상이 도면 및 유의사항과 다른 경우(단, 전동기로 출력되는 부분은 생략)
  - 컨트롤박스 커버 등이 조립되지 않아 내부가 보이는 경우
  - 배관 및 기구 배치도에서 허용오차 ±50[mm]를 넘는 곳이 3개소 이상, ±100[mm]를 넘는 곳이 1개소 이상인 경우(단, 박스, 단자대, 전선관, 케이블 등이 도면 치수를 벗어나는 경우 개별 개소로 판정)
  - 기구(컨트롤 박스, 8각 박스, 제어판)와 전선관 및 케이블이 접속되는 부분에 전선관 및 케이블용 커넥터를 정상 접속하지 않은 경우(미접속 및 불필요한 접속 포함)
  - 기구(컨트롤 박스, 8각 박스, 제어판, 단자대)와 전선관 및 케이블이 접속되는 부분에서 가까운 곳(300[mm] 이하)에 새들의 고정이 누락된 경우(단, 굴곡부가 없는 배관에서 기구와 기구 끝단 사이의 치수가 400[mm] 미만이면 새들 1개도 가능)
  - 전선관 및 케이블을 말아서 배관한 경우
  - 전원과 부하(전동기) 측 단자대에서 L1, L2, L3, PE(보호도체)의 배치 순서와 U(X), V(Y), W(Z), PE(보호도체)의 배치 순서가 유의사항과 상이한 경우, 리밋스위치 단자대에서 LS1, LS2의 배치 순서가 유의사항과 상이한 경우, 플로트레스 스위치 단자대에서 E1, E2, E3의 배치 순서가 유의사항과 상이한 경우
  - 한 단자에 전선이 3가닥 이상 접속된 경우
  - 제어판 내의 배선 시 기구와 기구 사이로 수직 배선한 경우
  - 전기설비기술기준, 한국전기설비규정에 따라 공사를 진행하지 않은 경우

㉖ 시험 종료 후 완성작품에 한해서만 작동 여부를 감독위원으로부터 확인받을 수 있다.

② 제어회로의 동작

※ 동작 내용은 단순 참고 사항이며, 모든 동작은 시퀀스 회로를 기준으로 한다.

1) MCCB를 통해 전원을 투입하면, 전자식과전류계전기 EOCR에 전원이 공급된다.

2) 자동 운전 동작 사항

① 셀렉터 스위치 SS를 A(자동) 위치에 놓으면 플로트레스 스위치 FLS에 전원이 공급되고, 플로트레스 스위치 FLS의 수위 감지가 동작되면, 릴레이 X, 전자접촉기 MC1가 여자되어, 전동기 M1이 회전하고 램프 RL이 점등된다.

② 전동기가 운전하는 중 플로트레스 스위치 FLS의 수위 감지가 해제되거나 셀렉터스위치 SS를 M(수동) 위치에 놓으면, 제어회로 및 전동기의 동작은 모두 정지된다.

3) 수동 운전 동작 사항

① 셀렉터 스위치 SS를 M(수동) 위치에 놓은 상태에서, 푸시버튼 스위치 PB1을 누르면, 타이머 T, 전자접촉기 MC1이 여자되어, 전동기 M1이 회전하고 램프 RL이 점등된다.

② 타이머 T의 설정시간 t초 후, 전자접촉기 MC2가 여자되어, 전동기 M2가 회전하고 램프 GL이 점등된다.

③ 전동기가 운전하는 중 푸시버튼 스위치 PB0를 누르거나 셀렉터 스위치 SS를 A(자동) 위치에 놓으면, 제어회로 및 전동기 동작은 모두 정지된다.

4) EOCR 동작 사항

① 전동기가 운전하는 중 전동기의 과부하로 과전류가 흐르면, 전자식과전류계전기 EOCR이 동작되어 전동기는 정지하고, 플리커릴레이 FR이 여자되고, 부저 BZ가 동작된다.

② 플리커릴레이 FR의 설정시간 간격으로 부저 BZ와 램프 YL이 교대로 동작된다.

③ 전자식과전류계전기 EOCR을 리셋(RESET)하면 제어회로는 초기 상태로 복귀된다.

1) 배관 및 기구 배치도

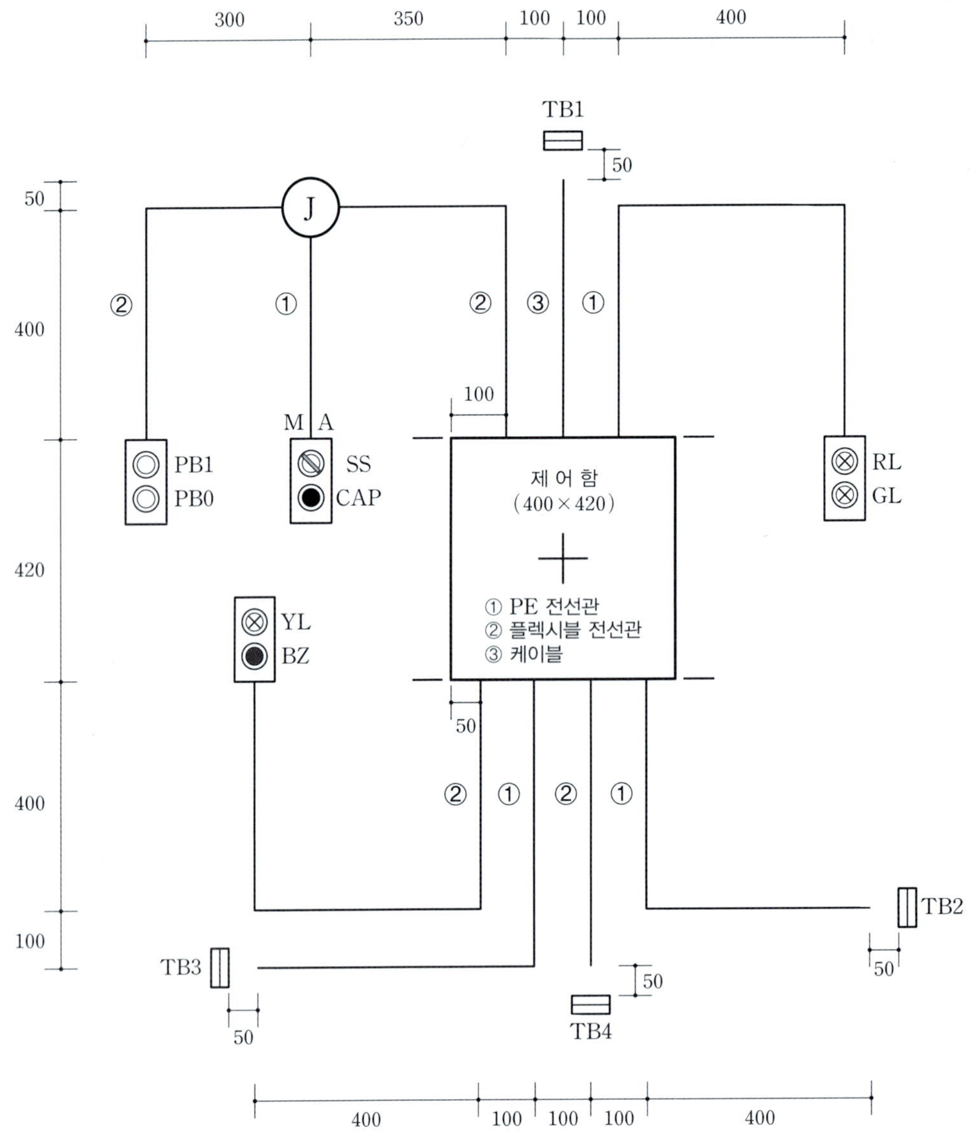

300
350
100
100
400
TB1
50
50
J
②
①
②
③
①
400
100
M A
PB1
PB0
SS
CAP
제 어 함
(400×420)
RL
GL
420
YL
BZ
① PE 전선관
② 플렉시블 전선관
③ 케이블
400
②
①
②
①
TB2
50
100
50
TB3
②
①
②
①
50
TB4
50
50
400
100
100
100
400

2) 제어판 내부 기구 배치도 및 범례

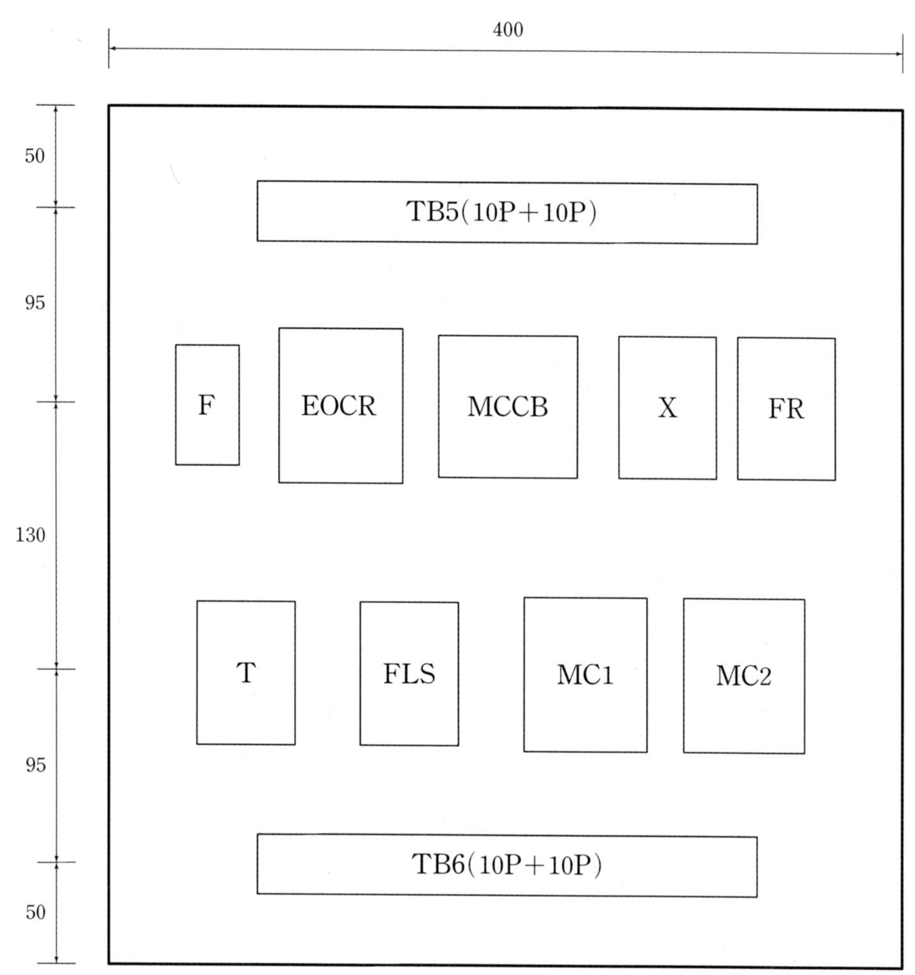

[범례]

기호	명칭	기호	명칭
TB1	전원(단자대 4P)	PB0	푸시버튼 스위치(적색)
TB2, TB3	전동기(단자대 4P)	PB1	푸시버튼 스위치(녹색)
TB4	플로트레스(단자대 4P)	SS	셀렉터 스위치
TB5, TB6	단자대(10P+10P)	YL	램프(황색)
MC1, MC2	전자접촉기(12P)	GL	램프(녹색)
EOCR	EOCR(12P)	RL	램프(적색)
X	릴레이(8P)	BZ	부저
T	타이머(8P)	CAP	홀마개
FR	플리커릴레이(8P)	ⓙ	8각 박스
FLS	플로트레스 스위치(8P)	F	퓨즈 및 퓨즈홀더
MCCB	배선용차단기		

3) 제어회로의 시퀀스 회로도(※ 본 도면은 시험을 위해서 임의 구성한 것으로 상용도면과 상이할 수 있다.)

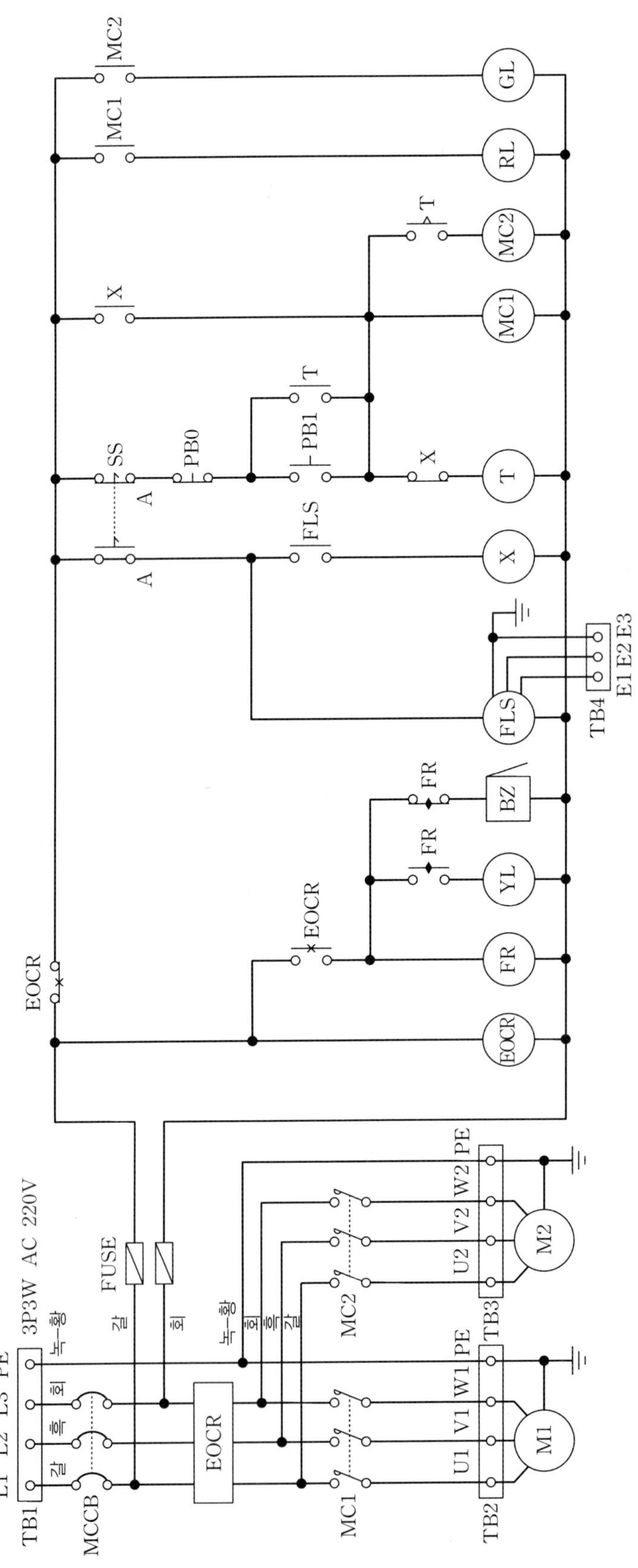

4) 기구의 내부 결선도 및 구성도

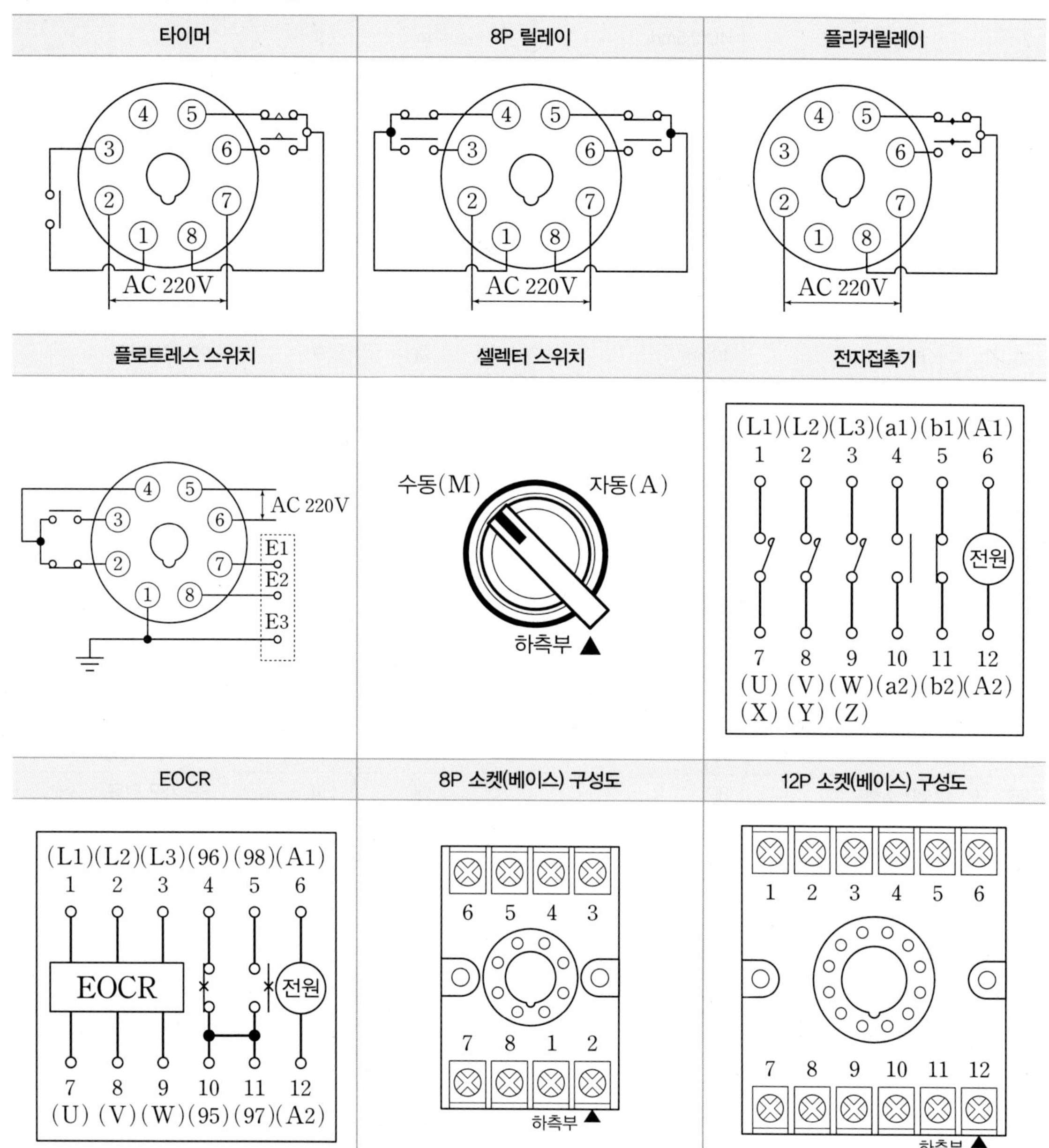

5) 지급재료 목록

일련 번호	재료명	규격	단위	수량	비고
1	합판	400×420×12mm	장	1	
2	케이블타이	100mm	개	25	
3	나사못	3.5×25	개	4	납작머리
4	나사못	4×12	개	96	납작머리
5	나사못	4×16	개	16	둥근머리

6	나사못	4×20	개	18	둥근머리
7	케이블	4C 2.5mm^2	m	1	
8	케이블 새들	4C 케이블용	개	2	
9	케이블 커넥터	4C 케이블용	개	1	
10	유리관 퓨즈 및 홀더	250V 30A	개	1	퓨즈 10A 2개 포함
11	새들	16mm 전선관용	개	40	
12	8각 박스	철제	개	1	
13	PE 전선관	16mm	m	6	
14	플렉시블 전선관	16mm	m	6	
15	커넥터	16mm	개	7	PE 전선관용
16	커넥터	16mm	개	7	플렉시블 전선관용
17	비닐절연전선	1.5mm^2(1/1.38), 황색	m	50	
18	비닐절연전선	2.5mm^2(1/1.78), 갈색	m	5	
19	비닐절연전선	2.5mm^2(1/1.78), 흑색	m	5	
20	비닐절연전선	2.5mm^2(1/1.78), 회색	m	5	
21	비닐절연전선	2.5mm^2(1/1.78), 녹색–황색	m	5	
22	단자대	10P 20A 220V	개	4	
23	단자대	4P 20A 220V	개	4	
24	배선용차단기	3P, AC250V, 30A	개	1	
25	12P 소켓	12P	개	3	12P 기구 겸용
26	8P 소켓	8P	개	4	8P 기구 겸용
27	램프	25ϕ, 220V	개	3	적1, 녹1, 황1
28	푸시버튼 스위치	25ϕ, 1a1b	개	2	적1, 녹1
29	셀렉터 스위치	25ϕ, 1a1b	개	1	
30	부저	25ϕ, 220V	개	1	
31	컨트롤 박스	25ϕ, 2구	개	4	
32	홀마개	25ϕ	개	1	재사용
33	전자접촉기	AC220V, 12P	개	2	채점용
34	EOCR	AC220V, 12P	개	1	채점용
35	타이머	AC220V, 8P	개	1	채점용
36	릴레이	AC220V, 8P	개	1	채점용
37	플리커릴레이	AC220V, 8P	개	1	채점용
38	플로트레스 스위치	AC220V, 8P	개	1	채점용

1) 수험자 지참 준비물 및 유의사항

① 지참 준비물 목록 외 물품은 사용할 수 없다.

② 안전을 위한 운동화, 면장갑 등은 실기시험 시 반드시 지참하고, 안전한 복장이 아닐 경우(반바지, 슬리퍼 등) 채점 상의 불이익을 받을 수 있다.

③ 임팩트 드릴 또는 유선 방식의 드릴은 사용할 수 없다.

④ 충전 드릴은 드라이버 기능으로만 사용 가능하며, 해머드릴은 사용할 수 없다.

⑤ 모든 지참 준비물은 시중에 유통되는 원형(原型)으로 지참하여야 한다(상용품이 아닌 개인이 제작한 것(번호 등이 인쇄된 스티커 등), 개조 및 변경한 것(특정 길이 표시한 자 등), 시험에 최적화된 공구(지그, 수제작 회로시험기 등)는 사용할 수 없음).

⑥ 시험 중 시설 · 장비의 조작 또는 재료의 취급이 미숙하여 위해를 일으킬 것으로 예상되는 경우 시험감독위원이 실격 처리할 수 있다.

2) 필수 준비물

공구명	설명	공구명	설명
벨테스터	• 리드선의 길이는 80[cm] 이상 • 목에 걸 수 있게 준비	와이어 스트리퍼	전선의 피복을 벗기거나 전선을 자르는 데 사용
드라이버 (+, −)	+, − 별개로 준비하거나, 일체형 사용 가능	파이프 커터	전선관을 자르는 데 사용
전동 드릴	팁의 길이는 짧은 것을 사용	플라스틱 방안자	제어판과 배관 제도용으로 사용(50cm)
롱노즈 플라이어	전선을 단자에 넣고 뺄 때 사용	스프링 벤더	PE 전선관을 구부릴 때 사용
단자용 자석	• 자화력이 강하고 적색(단일색) 사용 • 20개 준비	만능 가위	주로 케이블을 자를 때 사용
마스킹 테이프	기구 이름과 배선 명칭 기록용	분필	제어판과 배관 제도 시 사용
필기구	• 3색 볼펜(넘버링) • 네임펜(제어판 이기) • 형광펜(3색, 결선 점검)	운동화, 절연장갑	안전하게 작업하기 위해 착용

3) 권장 준비물

공구명	설명
공구용 허리벨트	• 공구나 피스, 새들 등 보관용 • 안전한 작업 가능 • 빠르게 작업 가능
손목자화 벨트	피스를 가까이 붙여 두어 활용
드라이버용 자석	피스를 용이하게 고정하기 위해 사용
5m 줄자	인입용 전선을 자를 때 사용

01 단계별 작업 절차 및 목표 시간

구분	실기 단계별 작업 절차	목표 시간
제어판 결선	1. 제어판 넘버링 및 이기	15~20분
	2. 제어판 결선(섹터별 점검 포함)	60~80분
	3. 제어판 점검	10~15분
	결선 시간	1시간 25분 ~ 1시간 55분
배관 결선	4. 배관 제도(기구 부착 포함)	15~20분
	5. 새들 및 배관 고정(배관 절단, 새들위치 제도 포함)	40~50분
	6. 입선(전선 절단 포함)	15~20분
	7. 결선(컨트롤박스 커버 조립, 케이블타이 고정 포함)	20~25분
	8. 최종 점검	10분
	결선 시간	1시간 40분 ~ 2시간 5분
총 소요 시간		3시간 5분 ~ 4시간

02 접점번호 부여(넘버링)

1) 접점번호 부여 방법

① 제어도면의 시퀀스 회로도와 배관 및 기구 배치도에 접점번호를 기입하기 위해 3색 볼펜을 준비한다.

② 기구의 내부 결선도 및 구성도에 있는 주요 기구는 8P 릴레이(X), 타이머(T), 플리커 릴레이(FR), 플로트리스 스위치(FLS), EOCR, 전자접촉기(MC) 등의 접점번호가 기재되어 있다.

③ 위 기구들과는 별개로 MCCB, 퓨즈 홀더, 푸시 버튼(PB), 셀렉트 스위치(SS), 2단자 기구(BZ, Lamp, LS) 등의 접점번호는 별도로 지정하여 활용한다.

- MCCB는 전원 측을 L1, L2, L3로, 부하 측을 U, V, W로 표시한다.
- 퓨즈 홀더는 전원 연결선을 기준으로 (+L1−)와 (+L3−)로 표시한다.
- 푸시 버튼(PB)은 a 접점을 3, 4로, b 접점을 1, 2로 표시한다.
- 셀렉터 스위치는 공통접점(com)을 SS로, 자동은 A, 수동은 M으로 표시한다.
- 2단자 기구(Bz, Lamp, LS)는 (+, −)로 표시한다.

2) 시퀀스 회로도 및 기구 배치도 넘버링

① 시퀀스 회로도와 배관 및 기구 배치도의 넘버링은 기본 원칙(항상 왼쪽에서 오른쪽으로, 위에서 아래의 순서로 넘버링하는 것)을 따른다.

② 도면의 전원계통에서 제일 왼쪽이자 위쪽인 TB1부터 MCCB 순으로 넘버링을 시작한다.

③ 전원계통의 넘버링을 완료한 후에는 제어계통의 넘버링을 실시한다.

- 제어계통 넘버링은 릴레이 전원과 각종 램프 등이 있는 아래쪽부터 먼저 시작한다.
- X 릴레이의 접점과 a 접점, b 접점이 서로 떨어져서 위치해 있는 경우, 도면과 같이 서로 다른 그룹 접점(1, 4와 8, 6)을 사용해야 한다.

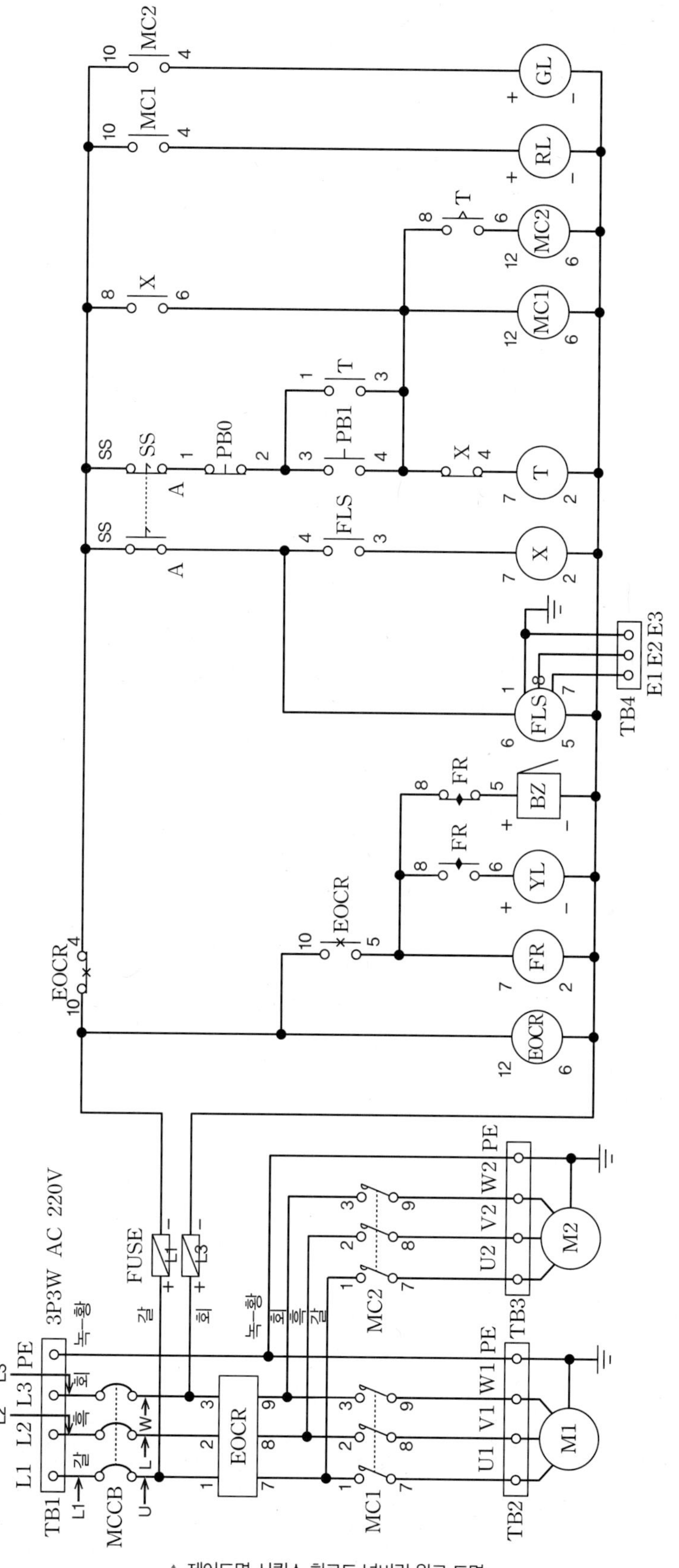

▲ 제어도면 시퀀스 회로도 넘버링 완료 도면

④ 배관 및 기구 배치도의 넘버링은 다음 사항을 포함하여 작성한다.

• 배관의 종류를 구분하여 기록한다.

• 배관에 삽입할 전선의 개수를 명확히 기록한다.

• 푸시버튼(PB)의 색깔과 해당 접점번호를 함께 기입한다.

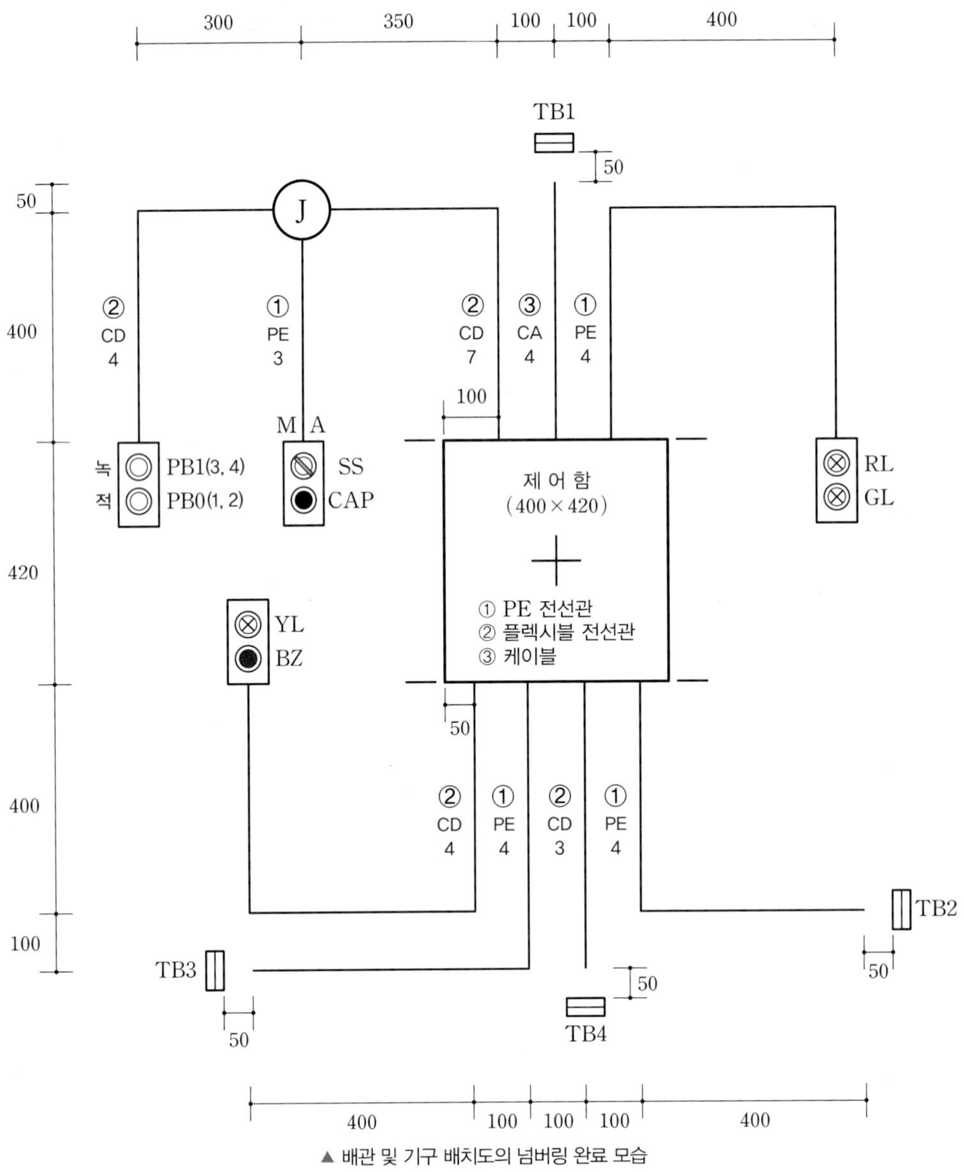

▲ 배관 및 기구 배치도의 넘버링 완료 모습

시퀀스 회로도 넘버링 시 주의사항

- 기준을 지켜야 한다.
  - 갈색 → 흑색 → 회색 → 녹색/황색
  - 왼쪽에서 오른쪽으로, 위에서 아래로, 맨 밑은 밑에서 위로
- 항상 공통 접점(com)부터 적는다.
- 접점번호 기입 시 릴레이 도면을 보고 기록한다(릴레이 단자 번호 외우지 말 것).
- 넘버링 후 반드시 재확인한다.
  - 시퀀스 회로도 재점검 필수
  - 넘버링 실수는 단계별 점검 시 발견 불가
- 기구 배치도 넘버링
  - 배관 종류 및 배관별 전선 개수 확인 및 기록
  - PB의 색상 및 접점 번호 기록

03 제어판 단자대 명칭부여(이기)

1) 제어판 제도 및 기구 배치

① 제어판 내부 기구 배치도와 배관 및 기구 배치도를 참고하여 제어판(가로 400[mm]×세로 420[mm]) 위에 도면을 기준으로 분필로 제도한다.

② 제어판 내부 기구 배치도에 따라 기구를 배치한다. 이때 베이스 크기 및 방향을 반드시 확인하고, MCCB의 방향도 확인한 후 피스로 고정한다.

2) 제어판 단자대 명칭부여(이기)

① 제어판 기구 위와 단자대의 위와 아래에 마스킹테이프를 부착한다.

② 제어판 기구 위에는 제어판 내부 기구 배치도에 따라 기구 명칭을 기록한다.

③ 단자대의 위와 아래에는 배관 및 기구 배치도를 보고, 양쪽 끝에서부터 적당한 간격으로 기록한다. 이때 네임펜을 사용한다.

④ 단자대와 기구 사이에 전선을 배치할 경로를 실선으로 표시한다.

▲ 제어판 단자대 명칭부여 모습

제어판 단자대 명칭부여 시 주의사항

- 도면 기준에 따라 제도한다.
- 제어판의 가로와 세로를 혼동하지 않도록 유의한다.
- 기구 배치 시 반드시 방향을 보고 배치한다.
- 제어판 단자대(20P)의 위와 아래에 이기 시 제어판을 기준으로 기록한다. 이때 배관 및 기구 배치도를 기준으로 작성하지 않는다.

④ 제어판 결선

1) 제어판 결선 방법

① 제어판 결선을 위해 다음의 도구와 부품을 사전에 준비한다.
- 전동드릴, 드라이버, 와이어 스트리퍼, 롱노즈 플라이어, 단자용 자석, 벨테스터, 형광펜(3색)
- MCCB용 피스(별도 제공), 8P 베이스용 피스(25[mm]), 12P 베이스용 피스(20[mm]), TB와 퓨즈 홀더용 피스(16[mm])
- 전원선(5[m]) 및 제어선(50[m])

② 제어판 결선 작업은 시퀀스 회로도 넘버링 원칙과 동일하게 가장 왼쪽 상단부터 순차적으로 진행한다.

③ 주어진 제어회로의 시퀀스 회로도에 전원계통과 제어계통의 결선 섹터를 구분하고, 결선 순서를 번호순으로 표시한다.

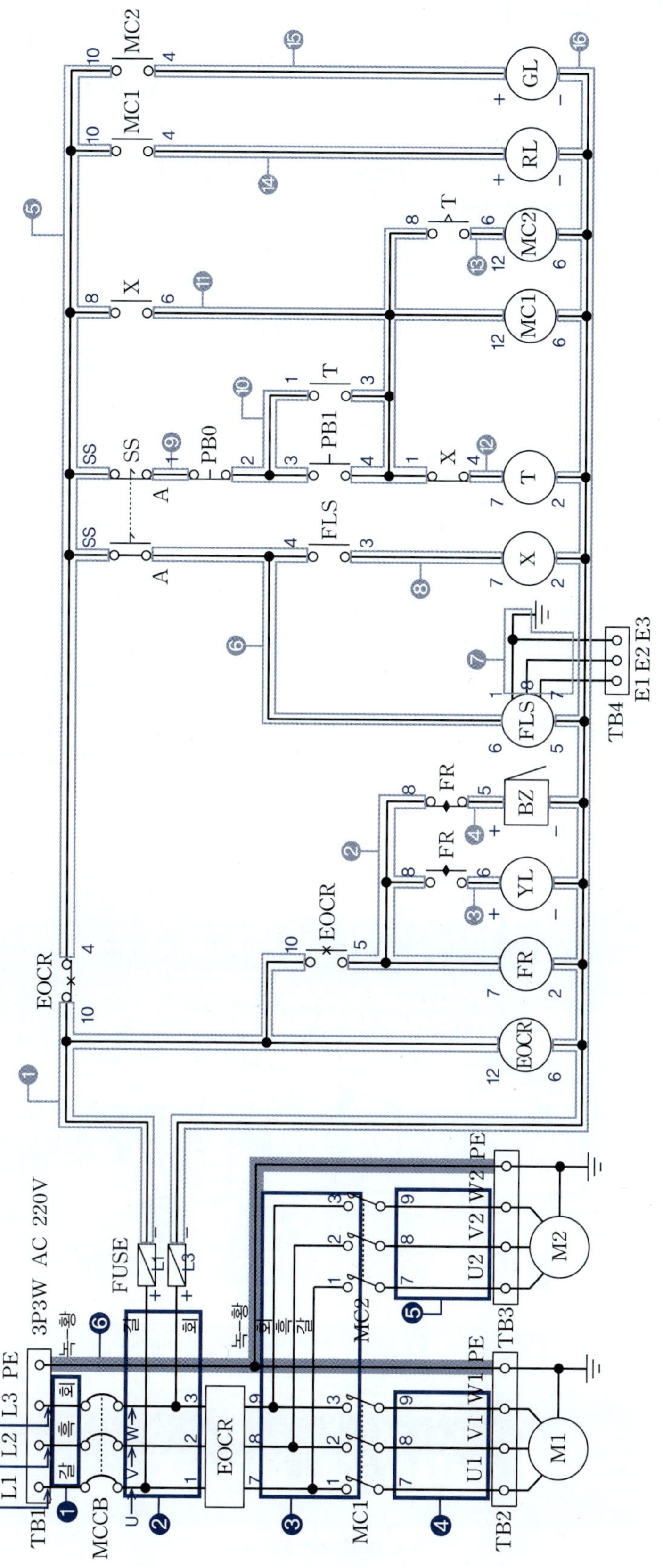

▲ 제어판 결선 순서

2) 섹터별 결선 및 제어판 결선 점검

① 전원계통 결선

- 'TB1과 MCCB, MCCB와 EOCR 및 퓨즈 홀더, EOCR과 MC1 및 MC2, MC1과 TB2 및 MC2와 TB3'
  순으로 결선하며, 마지막에 PE선을 결선한다.
- 먼저 결선할 섹터를 확인한 후, 결선할 단자에 단자용 자석을 붙인다.
- 전원선은 바깥쪽부터 풀고 4선을 동시에 자른다.
- 전선의 길이는 여유 있게 자른 후 12[mm]를 스트리핑하여 단자에 삽입하고, 볼트를 조인 뒤 전선을 바
  닥으로 눌러 고정한다.
- 결선이 완료되면 시퀀스 회로도와 정확히 일치하는지 확인한다.
- 일치 여부를 확인한 후 각 전선마다 도면과 직접 비교하여 오접속이 없는지 점검하고, 벨테스터로 접속
  불량 여부를 확인한다.
- 벨테스터 확인이 끝나면 가장 연한 색의 형광펜으로 결선된 전선 부분만 정확히 컬러링한다.

② 제어계통 결선

- 제어계통 결선은 퓨즈 홀더 L1(−)과 EOCR 10, 12번 결선부터 시작하며, 왼쪽에서 오른쪽, 위에서 아
  래 순서로 16단계에 걸쳐 결선한다. L3 (−)부터 GL (−) 까지의 12개 단자 결선은 제일 마지막에 한다.
- 제어판 섹터별 결선 순서를 따라 결선한다.
- 제어선은 50[m] 길이로 한꺼번에 감겨 있으므로 바깥쪽부터 풀어야 한다.
- 황색선은 전원선과 달리 미리 자르지 않고, 12[mm] 스트리핑한 후 단계별로 접속한다.
- 결선 완료 후에는 시퀀스 회로도와 일치 여부를 다시 확인한다.
- 도면과 비교하여 단자 사이의 오접속 여부를 점검하고, 벨테스터로 접속 불량 여부를 확인한다.
- 벨테스터 점검이 끝나면 가장 연한 색의 형광펜으로 결선된 전선 부분만 정확히 컬러링한다.
- 제어판 결선도의 섹터별 결선 순서에 따라 모든 구간에 대해 동일한 절차로 진행한다.

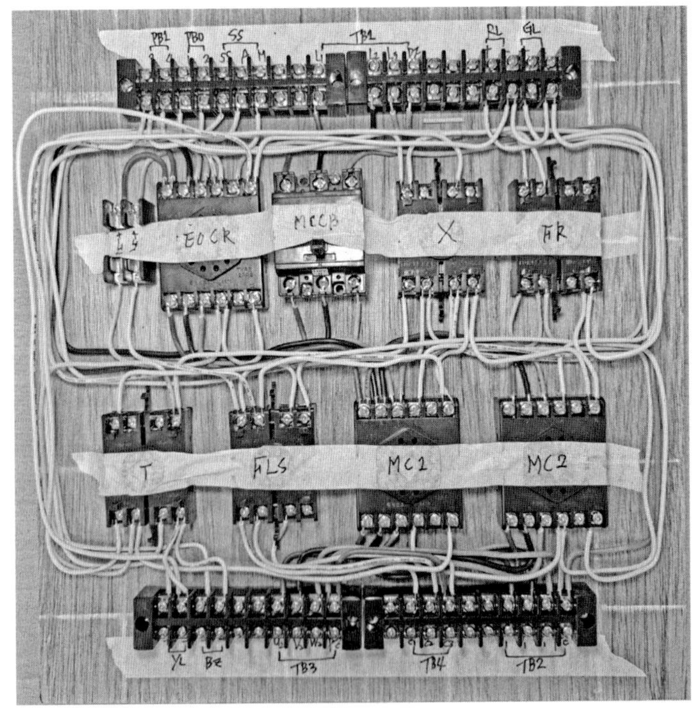

▲ 제어판 결선 완료 모습

③ 제어판 결선 점검

- 섹터별로 결선을 완료하고 점검 절차를 지켰더라도 제어판 전체를 다시 점검하면 5~10[%] 정도의 결선 오류가 발견된다.
- 점검 시 벨테스터만 믿어서는 안 된다. 벨테스터는 접속 오류를 점검하는 도구이며, 오결선을 판별하는 도구는 아니라는 점을 명심해야 한다.
- 점검을 위해 두 번째 진한 색의 형광펜과 벨테스터를 준비한다.
- 도면과 직접 비교하면서 손과 눈으로 결선 상태를 점검하고, 벨테스터로 접속 불량 여부를 확인한다.
- 벨테스터 확인이 끝나면 첫 번째 연한 색으로 컬러링된 부분 위에 더 진한 색의 형광펜으로 중복하여 정확하게 단계별로 컬러링한다.

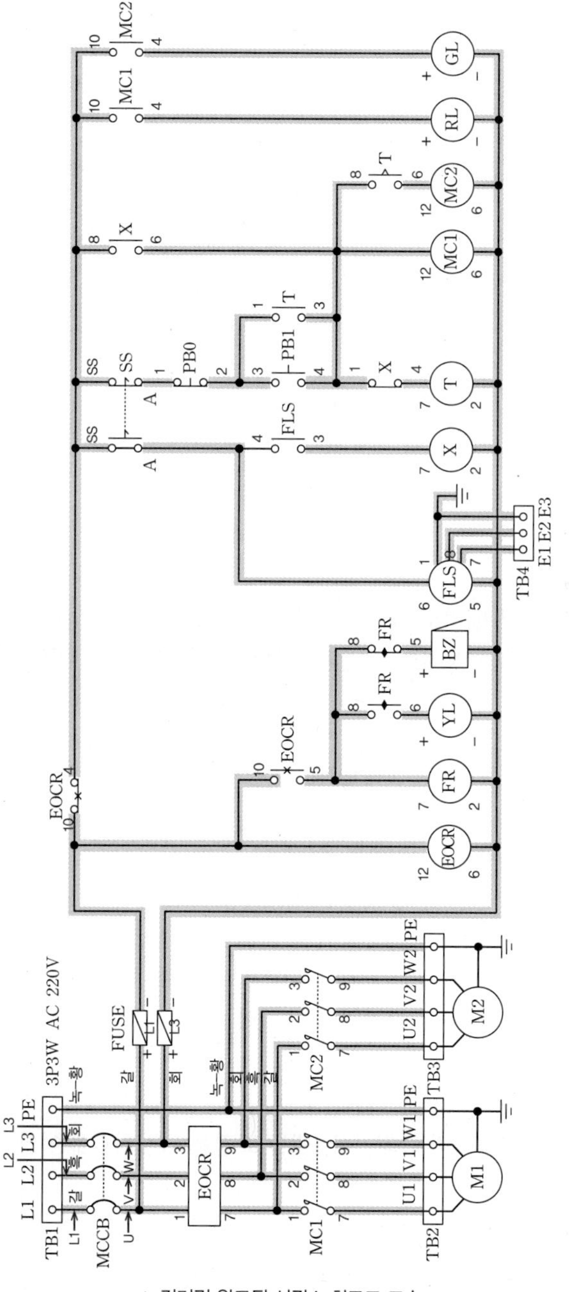

▲ 컬러링 완료된 시퀀스 회로도 모습

제어판 결선 시 주의사항

- 단자용 자석을 사용한 후 결선 시 반드시 제거하여 혼동하지 않도록 한다. 이때, 전동드릴 토크는 반드시 5 이하로 조정한다.
- 전선이 배치되어야 하는 길은 정해져 있다.
- 섹터(다른 기구를 거치지 않고 전선으로 연결하는 구간)별로 정확히 구별하여 결선해야 한다.
- 하나의 섹터는 동시에 결선해야 하며, 하나라도 결선이 안되거나 추가로 결선되면 오결선이 생긴다.
- L1, L2, L3선을 동시에 자르고, 제어선은 자석 위치에 따른 결선 순서에 따라 순차적으로 잘라서 결선하면 작업 시간을 줄일 수 있다.
- 전선의 스트리핑 기준은 12[mm]이며, MCCB의 스트리핑 기준은 약 14~15[mm]이다.
- 시퀀스 회로도 상의 접점 순서는 제어판의 결선 순서가 아니다.
- 선을 베이스에 꽂을 때 반드시 단자의 접점 나사 조임을 확인한다. 단자 조임 후 반드시 전선을 바닥으로 눌러 놓아야 한다.
- MCCB, Fuse, SS, Bz, PB, Lamp는 전동 드릴 사용을 하지 않는 것이 좋다.
- Fuse, SS, Bz는 반고리형 접속을 하면 접속불량을 방지할 수 있다.
- 섹터별 결선 완료 후 반드시 재점검한다. 이때, '섹터별 결선 → 도면과 일치 여부 확인 → 벨테스터 시행 → 형광펜 표시' 순으로 점검한다.

05 배관 및 결선

1) 배관 제도

① 배관용 합판에 결선이 완료된 제어판의 윗부분이 가슴 높이에 합판의 중앙에 수평 방향으로 위치하도록 고정한다.

② 50[cm] 방안자와 분필을 사용하여, 제어판 위쪽과 아래쪽을 기준으로 수평으로 각각 50[cm](8각 박스 쪽은 70[cm])를 그어 준다.

③ 제어판 왼쪽에는 배관 및 기구 배치도 도면을 배치하고, 오른쪽에는 시퀀스 회로도를 배치한다.

④ 배관 및 기구 배치도 넘버링을 활용하여 도면과 동일하게 제도하고, 넘버링 내용을 그대로 기록한다.

2) 기구 부착 및 새들 고정

① 컨트롤 박스, 8각 박스, 4P 단자대를 고정한다. 이때 8각 박스는 완전히 고정하고, 컨트롤 박스와 4P 단자대는 한쪽만 고정한다.

② 컨트롤 박스 커버를 사용하여 새들의 위치를 제도한다.

- 새들 위치 제도는 반드시 기구 부착 후에 시행한다.
- 15[cm] 간격의 새들 위치(컨트롤 박스, 8각 박스, 제어판, 전선관)는 컨트롤 박스 커버를 이용하고, 5cm[cm] 간격의 새들 위치(단자대 측)는 50[cm] 방안자를 이용한다.

③ 새들은 배관 제도선에서 0.5~1[cm] 이격하여 곡선의 안쪽 부분에 한쪽만 고정하고 뒤쪽으로 제쳐 놓는다.

- 케이블에는 케이블 전용 새들로 고정해야 한다.
- 새들을 고정해야 할 위치에 새들이 누락되거나, 새들 고정용 나사가 1개 이상 누락되면 실격에 해당된다.

3) 배관

① 5[m] 길이의 PE관과 CD관을 배관 및 기구 배치도에 기록된 길이만큼 먼저 잘라서 바닥에 둔다.

② 컨트롤 박스와 8각 박스에 배관 종류에 맞는 커넥터를 결합한다.

③ PE관은 8각 박스나 컨트롤 박스와 다른 기구를 연결할 때에는 8각 박스나 컨트롤 박스에 배관을 먼저 고정시킨 후, 스프링벤더를 컨트롤 박스 쪽에서 배관 속에 끝까지 밀어 넣고, 배관을 120~150°로 굽힌 다음 새들로 단계별로 고정한다.

④ CD관도 8각 박스나 컨트롤 박스와 다른 기구를 연결할 때에는 8각 박스나 컨트롤 박스에 배관을 먼저 고정시킨 후, 단계별로 새들을 고정하면서 배관을 접속한다. 이때 배관의 곡률 반지름을 배관 안지름의 6배 이상으로 유지하는 것이 중요하다.

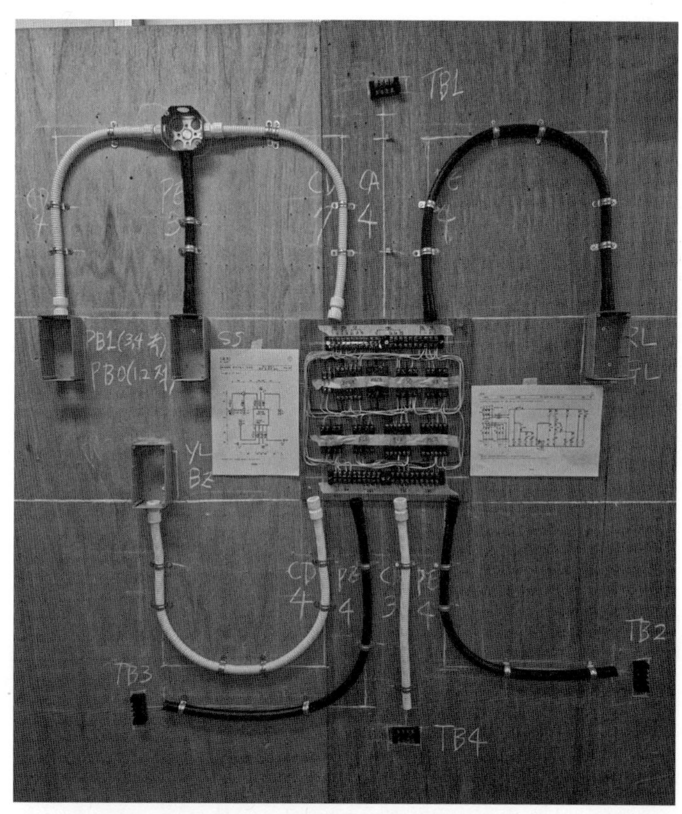

▲ 배관 완성 모습

4) 입선

① 전원선 입선

- 전원선의 길이는 결선을 고려하여 1,200[mm]와 1,000[mm]로 여유 있게 자른다.
- 전원선 한쪽 끝을 맞춘 다음 마스킹 테이프로 끝부분을 한 번만 감아준다.
- 제어판 쪽에서부터 배관에 전원선을 끼운 후 양쪽을 제쳐서 전원선이 움직이지 않게 한다.

② 제어선 입선

- 제어선은 결선을 고려하여 1,800[mm] 7개, 1,500[mm] 8개, 700[mm] 3개의 선으로 자른다.
- 제어선을 8각 박스나 컨트롤 박스 쪽에서 입선할 때에는 반드시 8각 박스나 컨트롤 박스 쪽에서 먼저 입선한다.
- 제어선 끝부분을 맞추어서 마스킹 테이프로 한 번만 감아준 후, 입선하면 쉽게 작업할 수 있다. 입선 후에 마스킹 테이프는 제거한다.

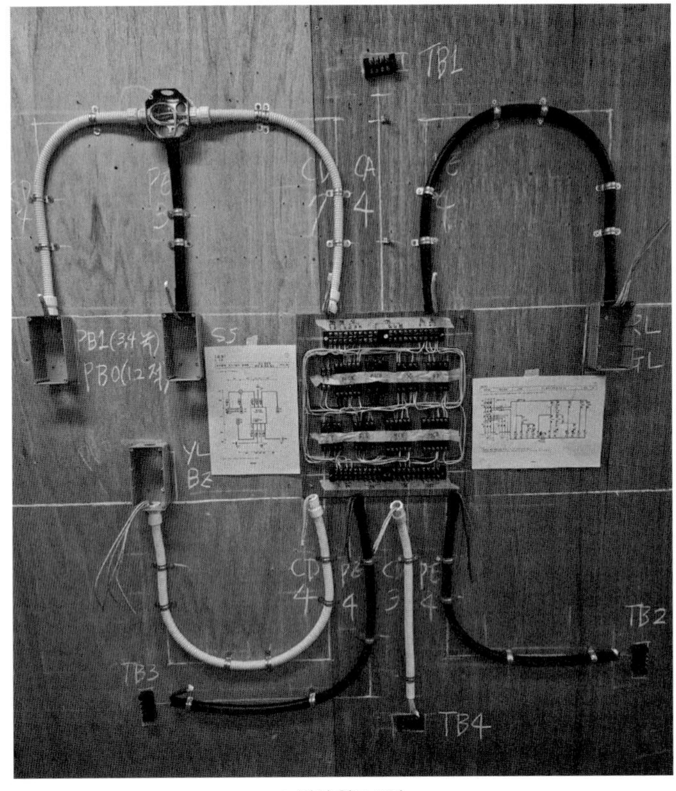

▲ 입선 완료 모습

5) 결선 및 최종 점검

① 케이블 결선

- 케이블을 65[cm]로 자른 후, 케이블용 커넥터를 기구 결합용 볼트가 아래 방향으로 향하게 하여 케이블 중간 하단에 끼운다.
- TB1을 합판에서 분리하여 작업용 책상 위에 놓고, 만능가위를 사용하여 케이블 위쪽 7.5[cm] 정도 길이의 절연물을 제거해 준다.
- 갈색, 흑색, 회색, 녹색 전선을 TB1의 폭에 맞게 쇠스랑 모양으로 굽히고 높이를 같게 한 다음 각 전선을 12[mm] 스트리핑한다.
- 스트리핑한 심선을 꼬아서 TB의 각 단자에 동시에 끼우고 볼트로 고정한다.
- 케이블용 새들 2개를 조여서 케이블을 고정시키고, 제어판의 TB1 이기 위치까지 조금 여유를 두고 맞춰서 잘라준다.
- 만능가위를 이용하여 제어판 입구 위치에서부터 케이블 절연물을 제거한다.
- 제어판 이기 위치에 맞게 각 전선의 길이를 조정하여 자르고, 12[mm] 스트리핑하여 심선을 꼰 다음 단자에 접속한다.
- 케이블용 커넥터를 조정하여 제어판 위 5[mm] 정도 얹히게 올려놓고, 볼트로 고정한다.

② 전원선 결선

- 입선된 모든 전선의 양 끝을 12[mm]로 스트리핑한다.
- 제어판 아래쪽 TB6에 이기한 TB2, TB3 위치에 갈색, 흑색, 회색, 녹색의 순서로 전원선을 입선하고 볼트로 고정한다.
- TB2 쪽은 위로부터 갈색, 흑색, 회색, 녹색의 순서로 전선 길이를 조정하여 자른다.
- 12[mm] 스트리핑하여 TB2에 전선을 삽입하여 고정한다.
- TB3 쪽도 위로부터 갈색, 흑색, 회색, 녹색의 순서로 전선 길이를 조정하여 자른다.
- 12[mm] 스트리핑하여 TB3에 전선을 삽입하여 고정한다.

③ 제어선 결선

- 입선된 모든 전선의 양 끝을 12[mm]로 스트리핑한다.
- 제어선을 컨트롤 박스 쪽의 필요한 단자마다 전선을 먼저 결선한다.
- 제어판의 PB1, PB0, YL, BZ, RL, GL, E1, E2, E3를 결선할 때는 벨테스터를 사용하여 양쪽의 전선을 확인하여 한 개씩 결선한다. 이때 PB1, PB0 결선 시에는 a,b 접점을 구분하여 정확하게 결선한다.

④ 셀렉트 스위치 결선

- 셀렉터 스위치를 수동(M) 위치에 맞춘 후 벨테스터의 한쪽을 컨트롤 박스 쪽의 SS에 물리고 제어판 쪽의 3선을 접촉하면 2개의 전선에서 소리가 난다.
- 소리가 나지 않는 전선은 자동(A)이므로 접점번호 A에다 물리고 접속한다.
- 셀렉터 스위치를 자동(A) 위치에 맞춘 후, 벨테스터의 한쪽을 컨트롤 박스 쪽의 SS에 물리고 제어판 쪽의 2선을 접촉하면 한 개의 전선은 소리가 나고, 나머지 한 개의 전선은 소리가 나지 않는다.
- 소리가 나는 전선을 SS에 물려서 접속하고, 나머지 한 개의 전선은 M에다 접속하면 된다.

⑤ 최종 점검

- 배관 결선을 완료하고 나면 반드시 전체적인 점검을 다시 해야 한다.
- 먼저 가장 진한 색깔의 형광펜과 벨테스터를 준비한다.

- 점검 순서는 섹터별 결선 때와 마찬가지로 항상 왼쪽에서 오른쪽, 위에서 아래의 순서로 섹터별로 점검한다.
- 이때 배관의 종류, 전선의 색깔, PB0과 PB1의 접점, Lamp의 색깔을 중점적으로 점검하고, 결선의 오류가 없는지를 도면과 비교하여 육안으로 점검한다.
- 육안 점검이 끝나면 벨테스터로 접속 불량 여부를 다시 한번 확인한다.
- 가장 진한 색깔의 형광펜으로 결선 부위 위에 중복하여 단계별로 컬러링한다.

6) 퓨즈 조립과 컨트롤 박스 피스 및 케이블타이 고정

① 유리관형 퓨즈 조립

- 퓨즈 홀더의 접속기를 일자형 드라이버로 양쪽 간격을 적당히 벌려준다.
- 퓨즈 홀더 상 · 하의 간격을 적절히 유지하여 눌러 끼워서 퓨즈가 움직이지 않게 고정한다.
- 퓨즈 접속이 끝나면 벨테스트로 접속 불량 여부를 점검한 후에 퓨즈 커버를 닫는다.

② 컨트롤 박스 커버 고정 : 따로 보관한 컨트롤 박스 커버용 피스 4개씩을 사용하여 커버를 결합한다.

③ 동작 시험 준비

- 전원 측 단자대(TB1)는 갈색과 회색 선을 100[mm] 정도 인출하고, 피복은 전선 끝에서 약 10[mm] 정도 벗겨서 접속한다.
- TB4의 E1, E2, E3에는 제어선을 각각 100[mm], 150[mm], 200[mm] 정도 인출하고 피복을 전선 끝에서 10[mm] 정도 벗겨서 접속한다.

④ 케이블타이 고정 : 케이블타이는 왼쪽과 오른쪽 각각 4개씩 총 8개만 사용해도 무방하다.

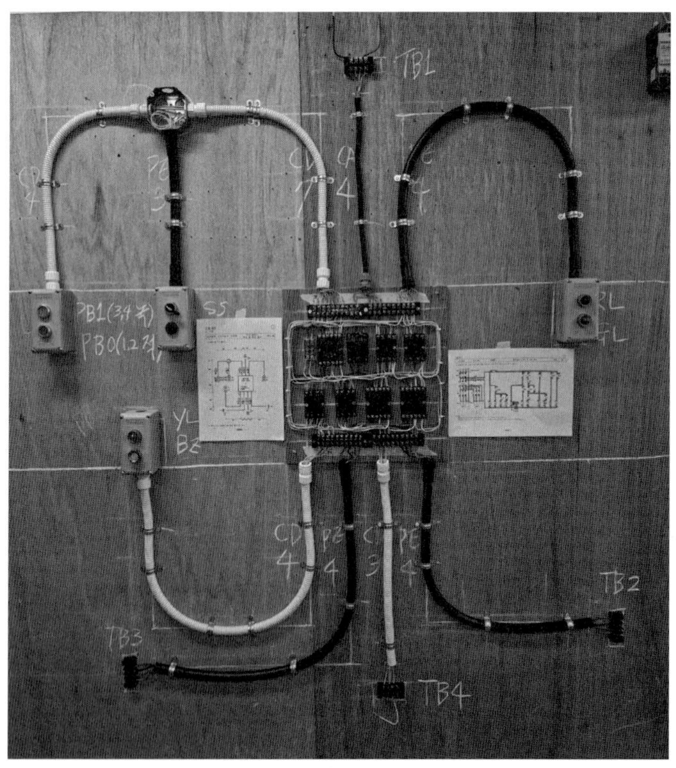

▲ 실기 작업 완료 모습

실기 공개문제(유형 10)

01 공개문제의 구성

01 실기시험 시 유의 사항

1) 요구사항

① 지급된 재료와 시험장 시설을 사용하여 제한 시간 내에 주어진 과제를 안전에 유의하여 완성한다. (단, 지급된 재료와 도면에서 요구하는 재료가 서로 상이할 수 있으므로 도면을 참고하여 필요한 재료를 지급된 재료에서 선택하여 작품을 완성한다.)

② 배관 및 기구 배치 도면에 따라 배관 및 기구를 배치한다(제어판을 제어함이라고 가정하고 전선관 및 케이블을 접속).

③ 전기 설비 운전 제어회로 구성

• 제어회로의 도면과 동작 사항을 참고하여 제어회로를 구성한다.

• 전원 방식 : 3상 3선식 220[V]

• 전동기의 접속은 생략하고 접속할 수 있게 단자대까지 배선한다.

2) 수험자 유의사항(수험자 유의사항을 고려하여 요구사항을 완성)

① 시험 시작 전 지급된 재료의 이상 유무를 확인하고 이상이 있을 때에는 감독위원의 승인을 얻어 교환할 수 있다. 단, 시험 시작 후 파손된 재료는 수험자 부주의에 의해 파손된 것으로 간주되어 추가로 지급받지 못한다.

② 제어판을 포함한 작업판에서의 제반 치수는 [mm]이고, 치수 허용 오차는 외관(전선관, 케이블, 박스, 전원 및 부하 측 단자대 등)은 ±30[mm], 제어판 내부는 ±5[mm]이다. (단, 치수는 도면에 표시된 사항에 의하며 표시되지 않은 경우 부품의 중심을 기준으로 한다.)

③ 전선관 및 케이블의 수직과 수평을 맞추어 작업하고, 전선관의 곡률 반지름은 전선관 안지름의 6배 이상, 8배 이하로 작업해야 한다.

④ 기구(컨트롤 박스, 8각 박스, 제어판, 단자대)와 전선관 및 케이블이 접속되는 부분에서 가까운 곳(300[mm] 이하)에 새들을 설치하고, 전선관 및 케이블이 작업판에서 뜨지 않도록 새들을 적절히 배치하여 튼튼하게 고정한다. (단, 굴곡부가 없는 배관에서 기구와 기구 끝단 사이의 치수가 400[mm] 미만이면 새들 1개도 가능하고, 새들로 고정 시 나사를 2개 모두 체결해야 고정된 것으로 인정한다.)

(예)   (예)

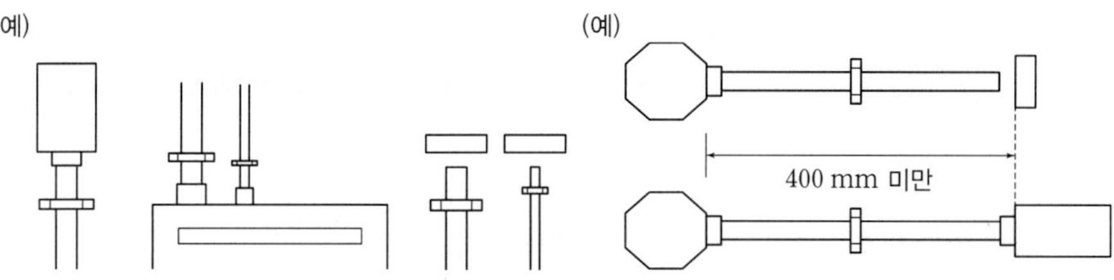

⑤ 기구(컨트롤 박스, 8각 박스, 제어판)와 전선관 및 케이블이 접속되는 부분에 전선관 및 케이블용 커넥터를 사용하고, 제어판에 전선관 및 케이블용 커넥터를 5mm 정도 올리고 새들로 고정해야 한다. (단, 단자대와 전선관 또는 케이블이 접속되는 부분에 전선관 및 케이블용 커넥터를 사용하는 것을 금지한다.)

⑥ 전선의 열적 용량에 대한 전선관의 용적률은 고려하지 않는다.

⑦ 컨트롤 박스에서 사용하지 않는 홀(구멍)에 홀마개를 설치한다.

⑧ 제어판 내의 기구는 기구 배치도와 같이 균형 있게 배치하고 흔들림이 없도록 고정한다.

⑨ 소켓(베이스)에 채점용 기기가 들어갈 수 있도록 작업한다.

⑩ 제어판 배선은 미관을 고려하여 전면에 노출 배선(수평수직)하고, 전선의 흐트러짐 등이 없도록 케이블 타이를 이용하여 균형 있게 배선한다. (단, 제어판 배선 시 기구와 기구 사이의 배선을 금지한다.)

⑪ 주회로는 2.5[mm²](1/1.78)전선, 보조회로는 1.5[mm²](1/1.38) 전선(황색)을 사용하고, 주회로의 전선 색상은 L1은 갈색, L2는 흑색, L3는 회색을 사용한다.

⑫ 보호도체(접지) 회로는 2.5[mm²](1/1.78) 녹색−황색 전선으로 배선해야 한다.

⑬ 퓨즈홀더 1차 측 주회로는 각각 2.5[mm²](1/1.78) 갈색과 회색 전선을 사용하고, 퓨즈홀더 2차 측 보조회로는 1.5[mm²](1/1.38) 황색 전선을 사용하고, 퓨즈홀더에는 퓨즈를 끼워 놓아야 한다.

⑭ 케이블의 색상이 주회로 색상과 상이한 경우 감독위원이 지정한 색상으로 대체한다. (단, 보호도체(접지) 회로 전선은 제외한다.)

⑮ 단자에 전선을 접속하는 경우 나사를 견고하게 조인다. 단자 조임 불량이란 피복이 제거된 나선이 2[mm] 이상 보이거나, 피복이 단자에 물린 경우를 말한다. (단, 한 단자에 전선 3가닥 이상 접속하는 것을 금지한다.)

⑯ 전원과 부하(전동기) 측 단자대, 리밋스위치의 단자대, 플로트레스 스위치의 단자대는 가로인 경우 왼쪽부터 세로인 경우 위쪽부터 각각 'L1, L2, L3, PE(보호도체)'의 순서, 'U(X), V(Y), W(Z), PE(보호도체)'의 순서, 'LS1, LS2'의 순서, 'E1, E2, E3'의 순서로 결선한다.

⑰ 배선점검은 회로시험기 또는 벨시험기만을 가지고 확인할 수 있고, 전원을 투입한 동작시험은 할 수 없다.

⑱ 전원 측 단자대는 동작시험을 할 수 있도록 전원선의 색상에 맞추어 100[mm] 정도 인출하고 피복은 전선 끝에서 약 10[mm] 정도 벗겨둔다.

⑲ 전자접촉기, 타이머, 릴레이 등의 소켓(베이스)의 방향은 기구의 내부 결선도 및 구성도를 참고하여 홈이 아래로 향하도록 배치하고, 소켓 번호에 유의하여 작업한다.

※ 기구의 내부 결선도 및 구성도와 지급된 채점용 기구 및 소켓(베이스)이 상이할 경우 감독위원의 지시에 따라 작업한다.

⑳ 8P 소켓을 사용하는 기구(타이머, 릴레이, 플리커릴레이, 온도릴레이, 플로트레스 등)는 기구의 구분 없이 지급된 8P 소켓(베이스)을 적용하여 작업한다. (단, 각 기구에 해당하는 소켓을 고려하지 않고 모두 동일하게 적용한다.)

㉑ 보호도체(접지)의 결선은 도면에 표시된 부분만 실시하고, 보호도체(접지)는 입력(전원) 단자대에서 제어판 내의 단자대를 거쳐 출력(부하) 단자대까지 결선하며, 도면에 별도로 표시하지 않더라도 모든 보호도체(접지)는 입력 단자대의 보호도체단자(PE)와 연결되어야 한다.

※ 기타 외부로의 보호도체(접지)의 결선은 실시하지 않아도 된다.

㉒ 기타 공사 방법 등은 감독위원의 지시사항을 준수하여 작업하며, 작업에 대한 문의사항은 시험 시작 전 질의하도록 하고 시험 진행 중에는 질의를 삼가도록 한다.

㉓ 특별히 지정한 것 이외에는 전기사업법령에 따른 행정규칙(전기설비기술기준, 한국전기설비규정(KEC))에 의하되 외관이 보기 좋아야 하며 안전성이 있어야 한다.

㉔ 시험 중 수험자는 반드시 안전 수칙을 준수해야 하며, 작업 복장 상태와 안전 사항 등이 채점대상이 된다.

㉕ 다음 사항은 실격에 해당하여 채점 대상에서 제외된다.

- 과제 진행 중 수험자 스스로 작업에 대한 포기 의사를 표현한 경우
- 지급재료 이외의 재료를 사용한 작품
- 시험 중 시설·장비의 조작 또는 재료의 취급이 미숙하여 위해를 일으킬 것으로 감독위원 전원이 합의하여 판단한 경우
- 기능이 해당 등급 수준에 전혀 도달하지 못한 것으로 감독위원 전원이 합의하여 판단한 경우
- 시험 관련 부정에 해당하는 장비(기기)·재료 등을 사용하는 것으로 감독위원 전원이 합의하여 판단한 경우(시험 전 사전 준비작업 및 범용 공구가 아닌 시험에 최적화된 공구는 사용할 수 없음)
- 시험 시간 내에 제출된 작품이라도 다음과 같은 경우
  - 제출된 과제가 도면 및 배치도, 시퀀스 회로도의 동작사항, 부품의 방향, 결선 상태가 상이한 경우(전자접촉기, 타이머, 릴레이, 푸시버튼 스위치 및 램프 색상 등)
  - 주회로(갈색, 흑색, 회색) 및 보조회로(황색) 배선의 전선 굵기 및 색상이 도면 및 유의사항과 상이한 경우
  - 제어판 밖으로 인출되는 배선이 제어판 내의 단자대를 거치지 않고 직접 접속된 경우
  - 제어판 내의 배선상태나 전선관 및 케이블 가공 상태가 불량하여 전기 공급이 불가한 경우
  - 제어판 내의 배선상태나 기구의 접속 불가 등으로 동작 상태의 확인이 불가한 경우
  - 보호도체(접지)의 결선을 하지 않은 경우와 보호도체(접지) 회로(녹색－황색) 배선의 전선 굵기 및 색상이 도면 및 유의사항과 다른 경우(단, 전동기로 출력되는 부분은 생략)
  - 컨트롤박스 커버 등이 조립되지 않아 내부가 보이는 경우
  - 배관 및 기구 배치도에서 허용오차 ±50[mm]를 넘는 곳이 3개소 이상, ±100[mm]를 넘는 곳이 1개소 이상인 경우(단, 박스, 단자대, 전선관, 케이블 등이 도면 치수를 벗어나는 경우 개별 개소로 판정)
  - 기구(컨트롤 박스, 8각 박스, 제어판)와 전선관 및 케이블이 접속되는 부분에 전선관 및 케이블용 커넥터를 정상 접속하지 않은 경우(미접속 및 불필요한 접속 포함)
  - 기구(컨트롤 박스, 8각 박스, 제어판, 단자대)와 전선관 및 케이블이 접속되는 부분에서 가까운 곳(300[mm] 이하)에 새들의 고정이 누락된 경우(단, 굴곡부가 없는 배관에서 기구와 기구 끝단 사이의 치수가 400[mm] 미만이면 새들 1개도 가능)
  - 전선관 및 케이블을 말아서 배관한 경우
  - 전원과 부하(전동기) 측 단자대에서 L1, L2, L3, PE(보호도체)의 배치 순서와 U(X), V(Y), W(Z), PE(보호도체)의 배치 순서가 유의사항과 상이한 경우, 리밋스위치 단자대에서 LS1, LS2의 배치 순서가 유의사항과 상이한 경우, 플로트레스 스위치 단자대에서 E1, E2, E3의 배치 순서가 유의사항과 상이한 경우
  - 한 단자에 전선이 3가닥 이상 접속된 경우
  - 제어판 내의 배선 시 기구와 기구 사이로 수직 배선한 경우
  - 전기설비기술기준, 한국전기설비규정에 따라 공사를 진행하지 않은 경우

㉖ 시험 종료 후 완성작품에 한해서만 작동 여부를 감독위원으로부터 확인받을 수 있다.

※ 동작 내용은 단순 참고 사항이며, 모든 동작은 시퀀스 회로를 기준으로 한다.

1) MCCB를 통해 전원을 투입하면, 전자식과전류계전기 EOCR에 전원이 공급된다.

2) 푸시버튼 스위치 PB1 동작 사항

① 푸시버튼 스위치 PB1을 누르면, 릴레이 X1이 여자되어, 램프 WL이 점등된다.

② 릴레이 X1이 여자된 상태에서 리밋스위치 LS1이 감지되면, 타이머 T1이 여자된다.

③ 타이머 T1의 설정시간 t1초 후, 전자접촉기 MC1이 여자되어, 전동기 M1이 회전하고, 램프 RL이 점등, 램프 WL이 소등된다.

④ 전동기 M1이 회전하는 중 리밋스위치 LS1의 감지가 해제되면, 타이머 T1, 전자접촉기 MC1이 소자되어, 전동기 M1은 정지하고 램프 RL은 소등, 램프 WL은 점등된다.

3) 푸시버튼 스위치 PB2 동작 사항

① 푸시버튼 스위치 PB2를 누르면, 릴레이 X2가 여자되어, 램프 WL이 점등된다.

② 릴레이 X2가 여자된 상태에서 리밋스위치 LS2가 감지되면, 타이머 T2가 여자된다.

③ 타이머 T2의 설정시간 t2초 후, 전자접촉기 MC2가 여자되어, 전동기 M2가 회전하고, 램프 GL이 점등, 램프 WL이 소등된다.

④ 전동기 M2가 회전하는 중 리밋스위치 LS2의 감지가 해제되면, 타이머 T2, 전자접촉기 MC2가 소자되어, 전동기 M2는 정지하고 램프 GL은 소등, 램프 WL은 점등된다.

4) 제어회로가 동작하는 중 푸시버튼 스위치 PB0를 누르면, 제어회로 및 전동기 동작은 모두 정지된다.

5) EOCR 동작 사항

① 전동기가 운전하는 중 전동기의 과부하로 과전류가 흐르면, 전자식과전류계전기 EOCR이 동작되어 전동기는 정지하고, 램프 YL이 점등된다.

② 전자식과전류계전기 EOCR을 리셋(RESET)하면 제어회로는 초기 상태로 복귀된다.

1) 배관 및 기구 배치도

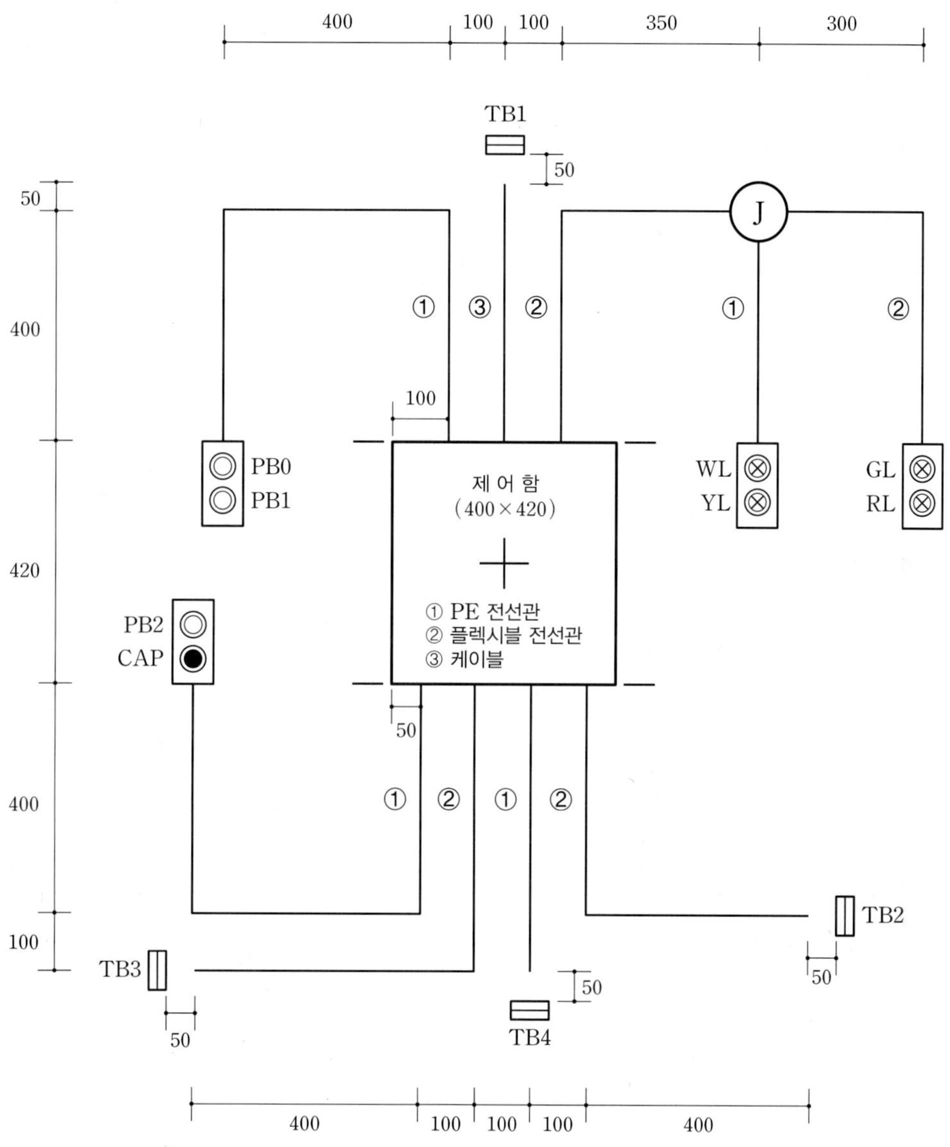

2) 제어판 내부 기구 배치도 및 범례

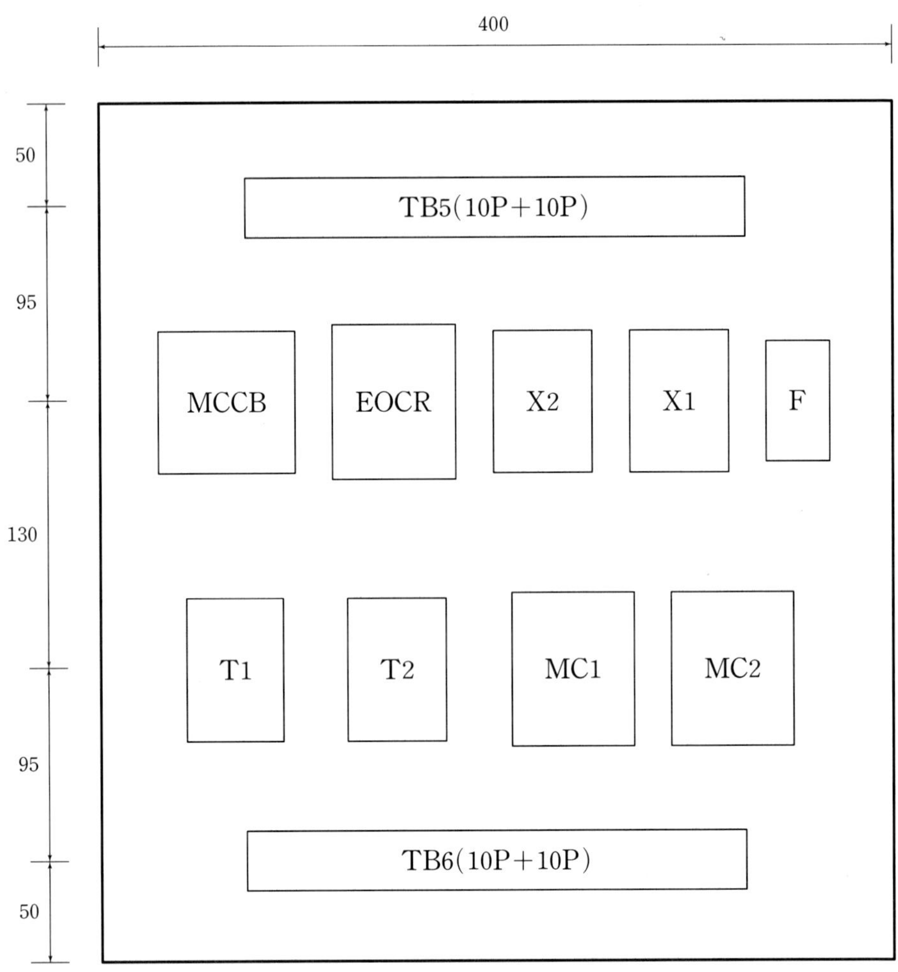

[범례]

기호	명칭	기호	명칭
TB1	전원(단자대 4P)	PB0	푸시버튼 스위치(적색)
TB2, TB3	전동기(단자대 4P)	PB1	푸시버튼 스위치(녹색)
TB4	LS1, LS2(단자대 4P)	PB2	푸시버튼 스위치(녹색)
TB5, TB6	단자대(10P+10P)	YL	램프(황색)
MC1, MC2	전자접촉기(12P)	GL	램프(녹색)
EOCR	EOCR(12P)	RL	램프(적색)
X1, X2	릴레이(8P)	WL	램프(백색)
T1, T2	타이머(8P)	CAP	홀마개
F	퓨즈 및 퓨즈홀더	Ⓙ	8각 박스
MCCB	배선용차단기		

3) 제어회로의 시퀀스 회로도(※ 본 도면은 시험을 위해서 임의 구성한 것으로 상용도면과 상이할 수 있다.)

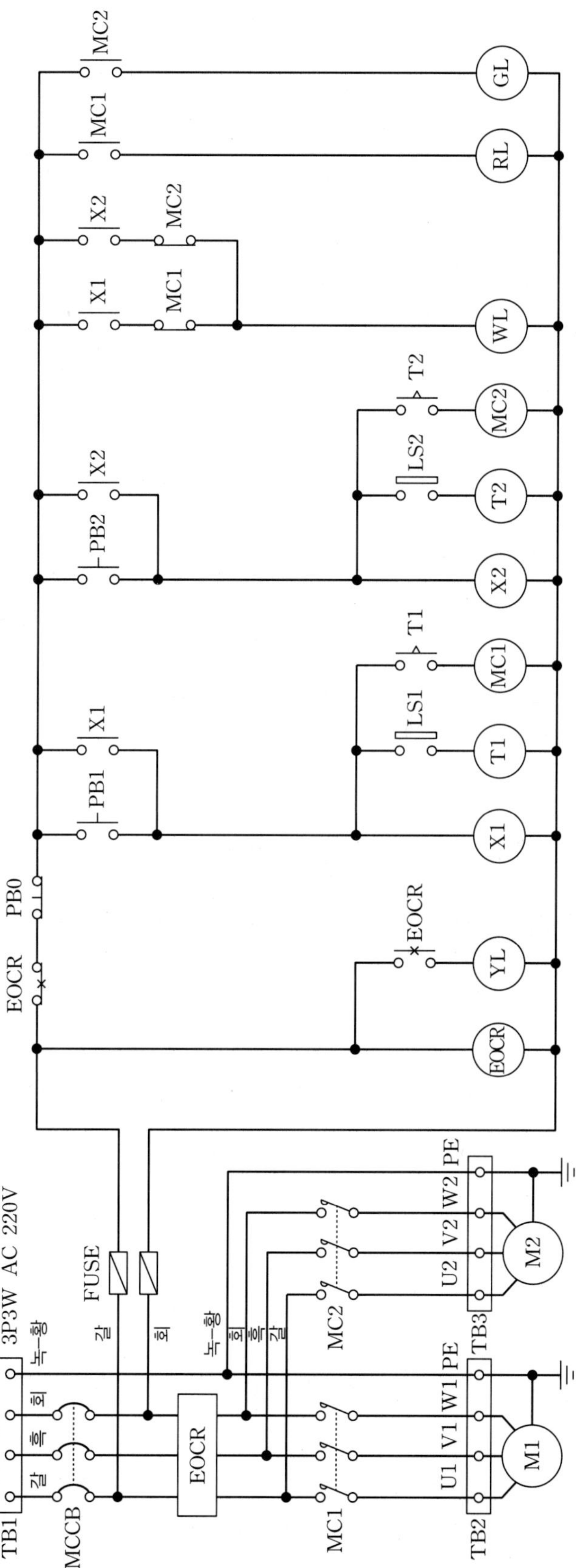

4) 기구의 내부 결선도 및 구성도

전자접촉기	EOCR

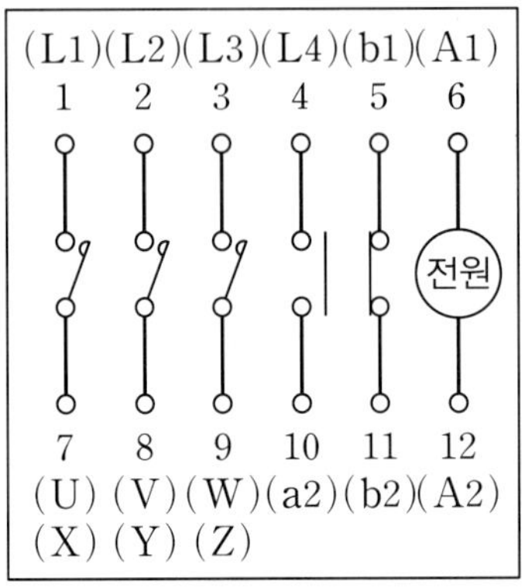

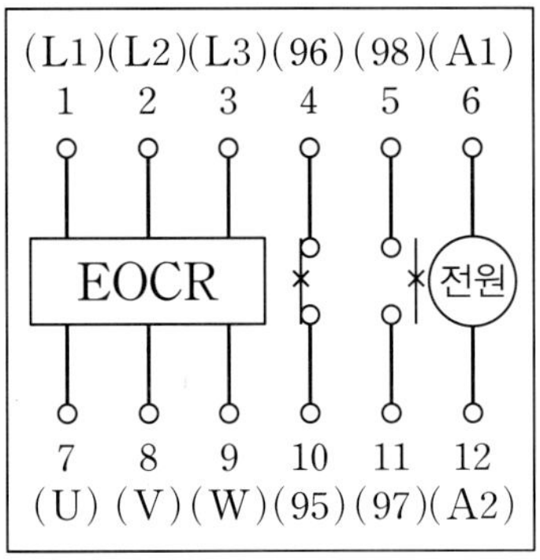

타이머	8P 릴레이

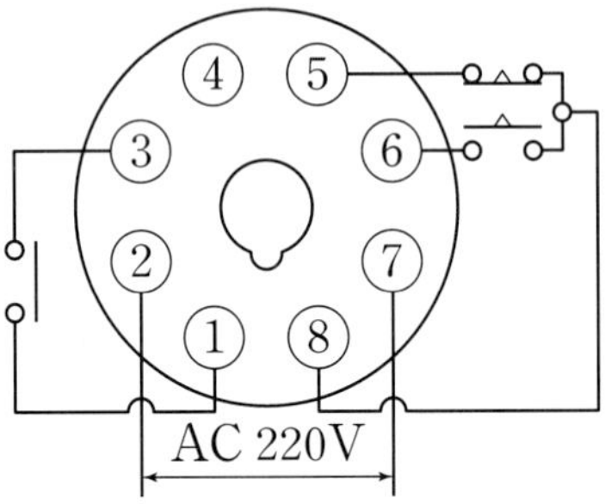

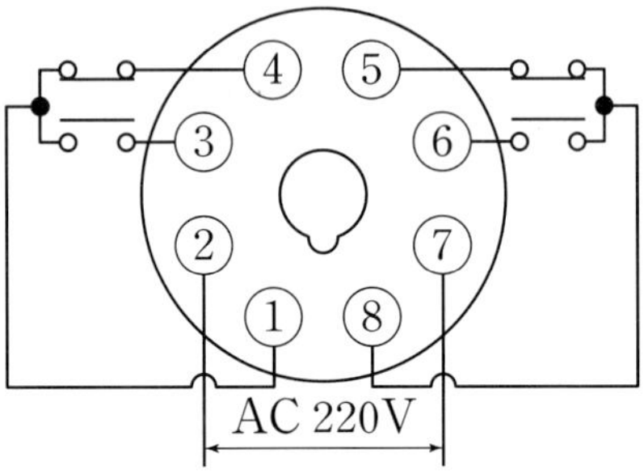

8P 소켓(베이스) 구성도	12P 소켓(베이스) 구성도

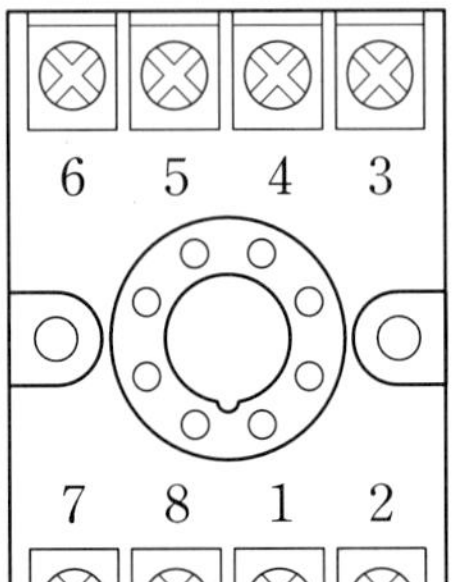

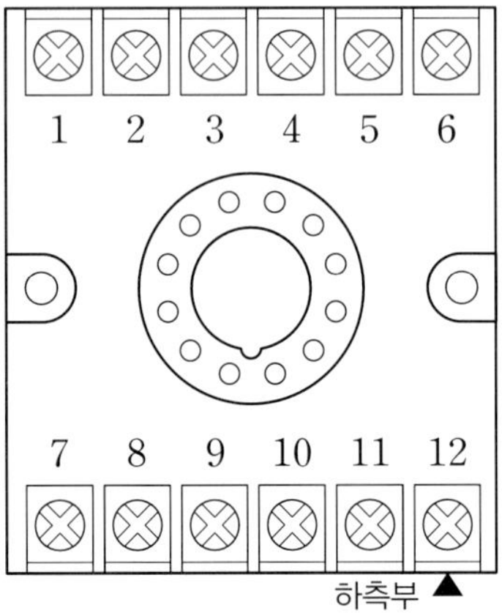

5) 지급재료 목록

일련 번호	재료명	규격	단위	수량	비고
1	합판	400×420×12mm	장	1	
2	케이블타이	100mm	개	25	
3	나사못	3.5×25	개	4	납작머리
4	나사못	4×12	개	96	납작머리
5	나사못	4×16	개	16	둥근머리
6	나사못	4×20	개	18	둥근머리
7	케이블	4C 2.5mm^2	m	1	
8	케이블 새들	4C 케이블용	개	2	
9	케이블 커넥터	4C 케이블용	개	1	
10	유리관 퓨즈 및 홀더	250V 30A	개	1	퓨즈 10A 2개 포함
11	새들	16mm 전선관용	개	40	
12	8각 박스	철제	개	1	
13	PE 전선관	16mm	m	6	
14	플렉시블 전선관	16mm	m	6	
15	커넥터	16mm	개	7	PE 전선관용
16	커넥터	16mm	개	7	플렉시블 전선관용
17	비닐절연전선	1.5mm^2(1/1.38), 황색	m	50	
18	비닐절연전선	2.5mm^2(1/1.78), 갈색	m	5	
19	비닐절연전선	2.5mm^2(1/1.78), 흑색	m	5	
20	비닐절연전선	2.5mm^2(1/1.78), 회색	m	5	
21	비닐절연전선	2.5mm^2(1/1.78), 녹색–황색	m	5	
22	단자대	10P 20A 220V	개	4	
23	단자대	4P 20A 220V	개	4	
24	배선용차단기	3P, AC250V, 30A	개	1	
25	12P 소켓	12P	개	3	12P 기구 겸용
26	8P 소켓	8P	개	4	8P 기구 겸용
27	램프	25φ, 220V	개	4	적1, 녹1, 황1, 백1
28	푸시버튼 스위치	25φ, 1a1b	개	3	적1, 녹2
29	컨트롤 박스	25φ, 2구	개	4	
30	홀마개	25φ	개	1	재사용
31	전자접촉기	AC220V, 12P	개	2	채점용
32	EOCR	AC220V, 12P	개	1	채점용
33	타이머	AC220V, 8P	개	2	채점용
34	릴레이	AC220V, 8P	개	2	채점용

1) 수험자 지참 준비물 및 유의사항

① 지참 준비물 목록 외 물품은 사용할 수 없다.

② 안전을 위한 운동화, 면장갑 등은 실기시험 시 반드시 지참하고, 안전한 복장이 아닐 경우(반바지, 슬리퍼 등) 채점 상의 불이익을 받을 수 있다.

③ 임팩트 드릴 또는 유선 방식의 드릴은 사용할 수 없다.

④ 충전 드릴은 드라이버 기능으로만 사용 가능하며, 해머드릴은 사용할 수 없다.

⑤ 모든 지참 준비물은 시중에 유통되는 원형(原型)으로 지참하여야 한다(상용품이 아닌 개인이 제작한 것(번호 등이 인쇄된 스티커 등), 개조 및 변경한 것(특정 길이 표시한 자 등), 시험에 최적화된 공구(지그, 수제작 회로시험기 등)는 사용할 수 없음).

⑥ 시험 중 시설 · 장비의 조작 또는 재료의 취급이 미숙하여 위해를 일으킬 것으로 예상되는 경우 시험감독위원이 실격 처리할 수 있다.

2) 필수 준비물

공구명	설명	공구명	설명
벨테스터	• 리드선의 길이는 80[cm] 이상 • 목에 걸 수 있게 준비	와이어 스트리퍼	전선의 피복을 벗기거나 전선을 자르는 데 사용
드라이버 (+, −)	+, − 별개로 준비하거나, 일체형 사용 가능	파이프 커터	전선관을 자르는 데 사용
전동 드릴	팁의 길이는 짧은 것을 사용	플라스틱 방안자	제어판과 배관 제도용으로 사용(50cm)
롱노즈 플라이어	전선을 단자에 넣고 뺄 때 사용	스프링 벤더	PE 전선관을 구부릴 때 사용
단자용 자석	• 자화력이 강하고 적색(단일색) 사용 • 20개 준비	만능 가위	주로 케이블을 자를 때 사용
마스킹 테이프	기구 이름과 배선 명칭 기록용	분필	제어판과 배관 제도 시 사용
필기구	• 3색 볼펜(넘버링) • 네임펜(제어판 이기) • 형광펜(3색, 결선 점검)	운동화, 절연장갑	안전하게 작업하기 위해 착용

3) 권장 준비물

공구명	설명
공구용 허리벨트	• 공구나 피스, 새들 등 보관용 • 안전한 작업 가능 • 빠르게 작업 가능
손목자화 벨트	피스를 가까이 붙여 두어 활용
드라이버용 자석	피스를 용이하게 고정하기 위해 사용
5m 줄자	인입용 전선을 자를 때 사용

01 단계별 작업 절차 및 목표 시간

구분	실기 단계별 작업 절차	목표 시간
제어판 결선	1. 제어판 넘버링 및 이기	15~20분
	2. 제어판 결선(섹터별 점검 포함)	60~80분
	3. 제어판 점검	10~15분
	결선 시간	1시간 25분 ~ 1시간 55분
배관 결선	4. 배관 제도(기구 부착 포함)	15~20분
	5. 새들 및 배관 고정(배관 절단, 새들위치 제도 포함)	40~50분
	6. 입선(전선 절단 포함)	15~20분
	7. 결선(컨트롤박스 커버 조립, 케이블타이 고정 포함)	20~25분
	8. 최종 점검	10분
	결선 시간	1시간 40분 ~ 2시간 5분
총 소요 시간		3시간 5분 ~ 4시간

02 접점번호 부여(넘버링)

1) 접점번호 부여 방법

① 제어도면의 시퀀스 회로도와 배관 및 기구 배치도에 접점번호를 기입하기 위해 3색 볼펜을 준비한다.

② 기구의 내부 결선도 및 구성도에 있는 주요 기구는 8P 릴레이(X), 타이머(T), EOCR, 전자접촉기(MC) 등의 접점번호가 기재되어 있다.

③ 위 기구들과는 별개로 MCCB, 퓨즈 홀더, 푸시 버튼(PB), 2단자 기구(Lamp, LS) 등의 접점번호는 별도로 지정하여 활용한다

- MCCB는 전원 측을 L1, L2, L3로, 부하 측을 U, V, W로 표시한다.
- 퓨즈 홀더는 전원 연결선을 기준으로 (+L1−)와 (+L3−)로 표시한다.
- 푸시 버튼(PB)은 a 접점을 3, 4로, b 접점을 1, 2로 표시한다.
- 2단자 기구(Lamp, LS)는 (+, −)로 표시한다.

2) 시퀀스 회로도 및 기구 배치도 넘버링

① 시퀀스 회로도와 배관 및 기구 배치도의 넘버링은 기본 원칙(항상 왼쪽에서 오른쪽으로, 위에서 아래의 순서로 넘버링하는 것)을 따른다.

② 도면의 전원계통에서 제일 왼쪽이자 위쪽인 TB1부터 MCCB 순으로 넘버링을 시작한다.

③ 전원계통의 넘버링을 완료한 후에는 제어계통의 넘버링을 실시한다.

- 제어계통 넘버링은 릴레이 전원과 각종 램프 등이 있는 아래쪽부터 먼저 시작한다.
- X 릴레이의 접점과 a 접점, b 접점이 서로 떨어져서 위치해 있는 경우, 도면과 같이 서로 다른 그룹 접점 (1, 3과 8, 6)을 사용해야 한다.

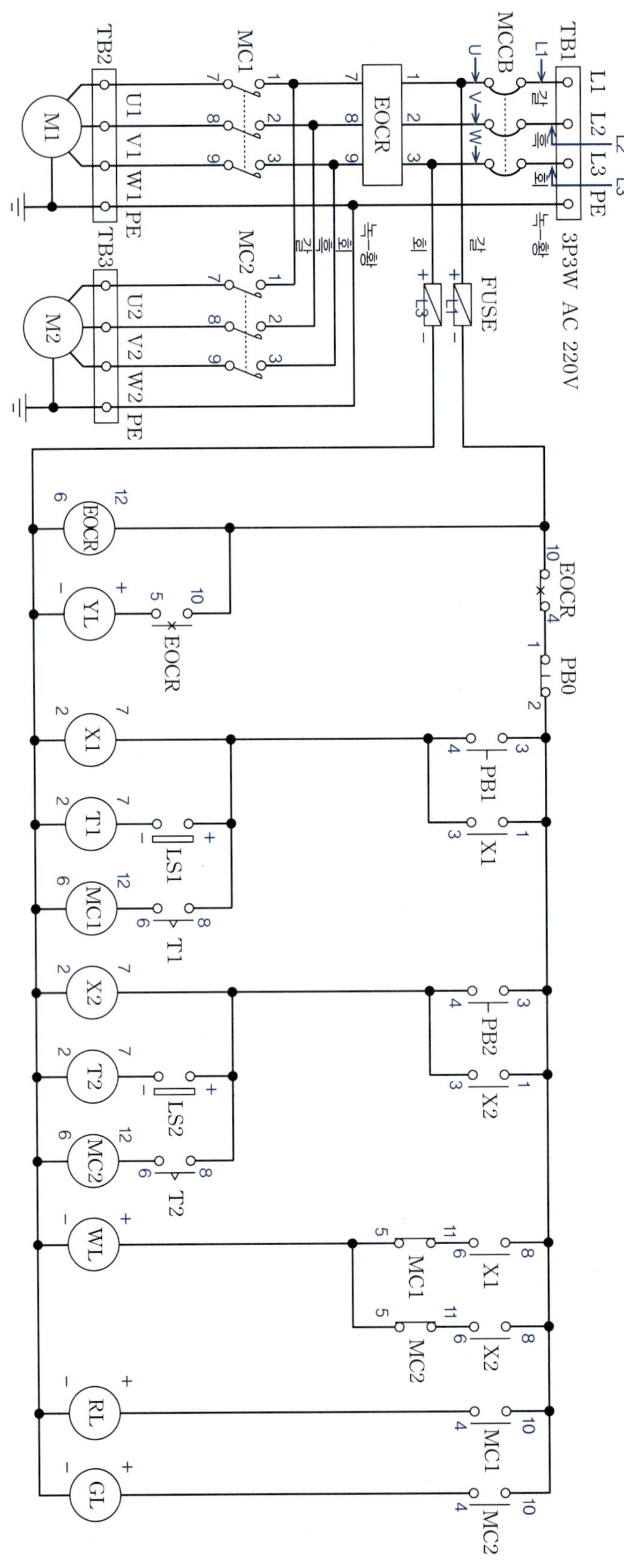

▲ 제어도면 시퀀스 회로도 넘버링 완료 도면

④ 배관 및 기구 배치도의 넘버링은 다음 사항을 포함하여 작성한다.
- 배관의 종류를 구분하여 기록한다.
- 배관에 삽입할 전선의 개수를 명확히 기록한다.
- 푸시버튼(PB)의 색깔과 해당 접점번호를 함께 기입한다.

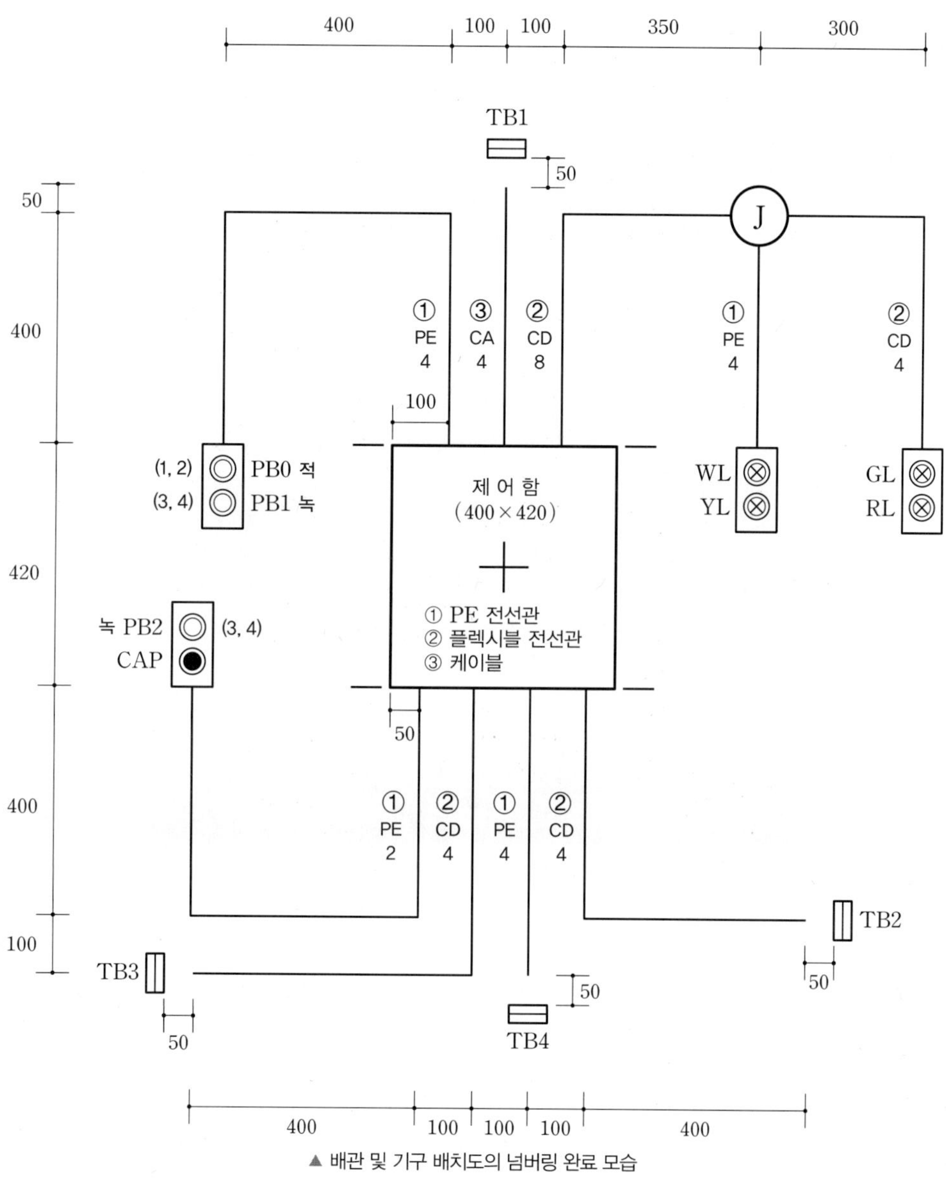

▲ 배관 및 기구 배치도의 넘버링 완료 모습

⑱ 제어판 단자대 명칭부여(이기)

1) 제어판 제도 및 기구 배치

① 제어판 내부 기구 배치도와 배관 및 기구 배치도를 참고하여 제어판(가로 400[mm]×세로 420[mm]) 위에 도면을 기준으로 분필로 제도한다.

② 제어판 내부 기구 배치도에 따라 기구를 배치한다. 이때 베이스 크기 및 방향을 반드시 확인하고, MCCB의 방향도 확인한 후 피스로 고정한다.

2) 제어판 단자대 명칭부여(이기)

① 제어판 기구 위와 단자대의 위와 아래에 마스킹테이프를 부착한다.

② 제어판 기구 위에는 제어판 내부 기구 배치도에 따라 기구 명칭을 기록한다.

③ 단자대의 위와 아래에는 배관 및 기구 배치도를 보고, 양쪽 끝에서부터 적당한 간격으로 기록한다.

• TB4는 시퀀스 회로도에는 없고, 범례에 (LS1, LS2)의 단자대로 표기되어 있다.

• 이기 시에는 네임펜을 사용한다.

④ 단자대와 기구 사이에 전선을 배치할 경로를 실선으로 표시한다.

▲ 제어판 단자대 명칭부여 모습

04 제어판 결선

1) 제어판 결선 방법

① 제어판 결선을 위해 다음의 도구와 부품을 사전에 준비한다.

• 전동드릴, 드라이버, 와이어 스트리퍼, 롱노즈 플라이어, 단자용 자석, 벨테스터, 형광펜(3색)

• MCCB용 피스(별도 제공), 8P 베이스용 피스(25mm), 12P 베이스용 피스(20mm), TB와 Fuse 홀더용 피스(16mm)

• 전원선(5m) 및 제어선(50m)

② 제어판 결선 작업은 시퀀스 회로도 넘버링 원칙과 동일하게 가장 왼쪽 상단부터 순차적으로 진행한다.

③ 주어진 제어회로의 시퀀스 회로도에 전원계통과 제어계통의 결선 섹터를 구분하고, 결선 순서를 번호순으로 표시한다.

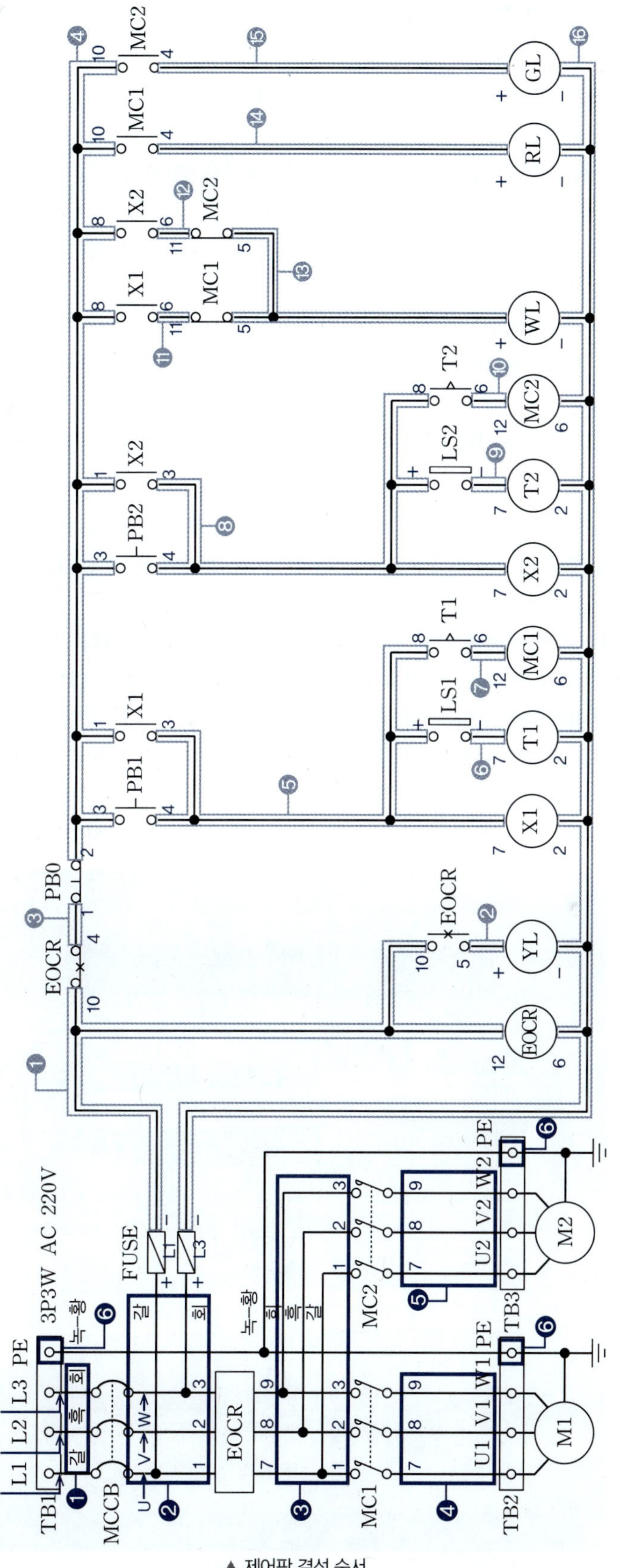

MC2
MC1
X2
MC2
X1
MC1
X2
PB2
X1
PB1
PB0
EOCR
EOCR
GL
RL
WL
MC2
T2
LS2
X2
MC1
T1
LS1
X1
YL
EOCR
3P3W AC 220V
FUSE
EOCR
TB1
MCCB
TB2
TB3
M1
M2
L1 L2 L3 PE
U V W
U1 V1 W1 PE
U2 V2 W2 PE
MC1
MC2

▲ 제어판 결선 순서

2) 섹터별 결선 및 제어판 결선 점검

① 전원계통 결선

- 'TB1과 MCCB, MCCB와 EOCR 및 퓨즈 홀더, EOCR과 MC1 및 MC2, MC1과 TB2 및 MC2와 TB3' 순으로 결선하며, 마지막에 PE선을 결선한다.
- 먼저 결선할 섹터를 확인한 후, 결선할 단자에 단자용 자석을 붙인다.
- 전원선은 바깥쪽부터 풀고 4선을 동시에 자른다.
- 전선의 길이는 여유 있게 자른 후 12[mm]를 스트리핑하여 단자에 삽입하고, 볼트를 조인 뒤 전선을 바닥으로 눌러 고정한다.
- 결선이 완료되면 시퀀스 회로도와 정확히 일치하는지 확인한다.
- 일치 여부를 확인한 후 각 전선마다 도면과 직접 비교하여 오접속이 없는지 점검하고, 벨테스터로 접속 불량 여부를 확인한다.
- 벨테스터 확인이 끝나면 가장 연한 색의 형광펜으로 결선된 전선 부분만 정확히 컬러링한다.

② 제어계통 결선

- 제어계통 결선은 퓨즈 홀더 L1(−)과 EOCR 10, 12번 결선부터 시작하며, 왼쪽에서 오른쪽, 위에서 아래 순서로 16단계에 걸쳐 결선한다. L3 (−)부터 GL (−) 까지의 12개 단자 결선은 제일 마지막에 한다.
- 제어판 섹터별 결선 순서를 따라 결선한다.
- 제어선은 50[m] 길이로 한꺼번에 감겨 있으므로 바깥쪽부터 풀어야 한다.
- 황색선은 전원선과 달리 미리 자르지 않고, 12[mm] 스트리핑한 후 단계별로 접속한다.
- 결선 완료 후에는 시퀀스 회로도와 일치 여부를 다시 확인한다.
- 도면과 비교하여 단자 사이의 오접속 여부를 점검하고, 벨테스터로 접속 불량 여부를 확인한다.
- 벨테스터 점검이 끝나면 가장 연한 색의 형광펜으로 결선된 전선 부분만 정확히 컬러링한다.
- 제어판 결선도의 섹터별 결선 순서에 따라 모든 구간에 대해 동일한 절차로 진행한다.

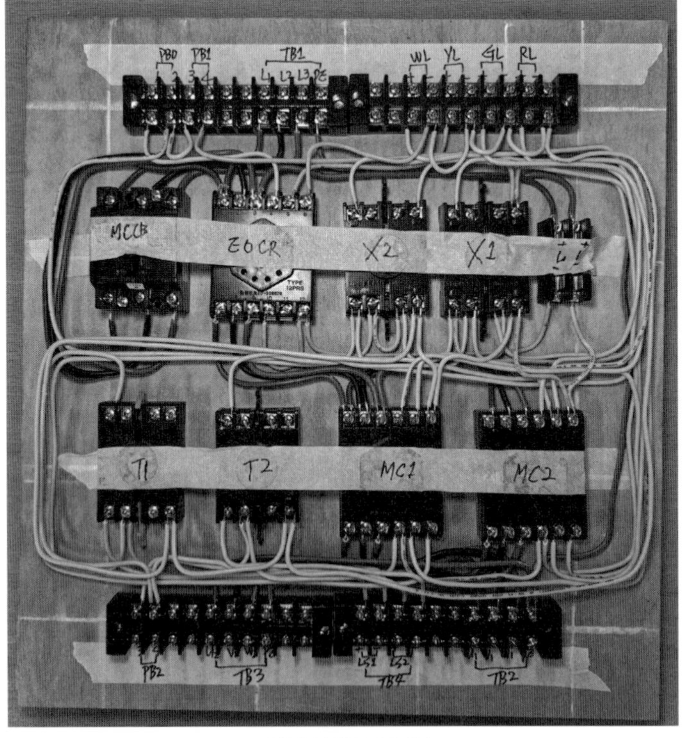

▲ 제어판 결선 완료 모습

③ 제어판 결선 점검
- 섹터별로 결선을 완료하고 점검 절차를 지켰더라도 제어판 전체를 다시 점검하면 5~10[%] 정도의 결선 오류가 발견된다.
- 점검 시 벨테스터만 믿어서는 안 된다. 벨테스터는 접속 오류를 점검하는 도구이며, 오결선을 판별하는 도구는 아니라는 점을 명심해야 한다.
- 점검을 위해 두 번째 진한 색의 형광펜과 벨테스터를 준비한다.
- 도면과 직접 비교하면서 손과 눈으로 결선 상태를 점검하고, 벨테스터로 접속 불량 여부를 확인한다.
- 벨테스터 확인이 끝나면 첫 번째 연한 색으로 컬러링된 부분 위에 더 진한 색의 형광펜으로 중복하여 정확하게 단계별로 컬러링한다.

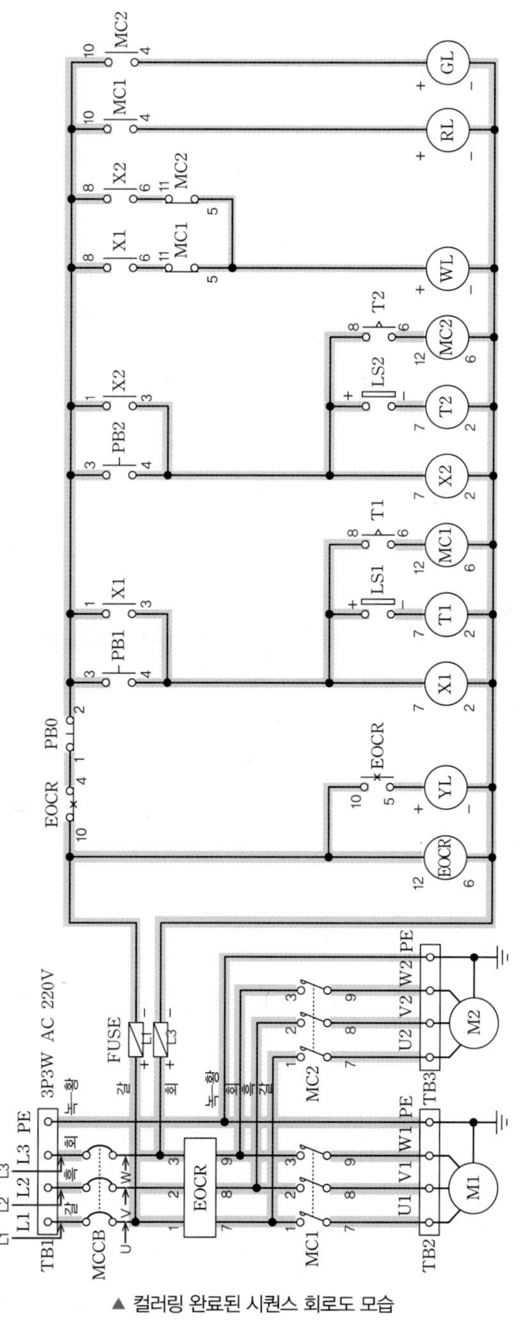

▲ 컬러링 완료된 시퀀스 회로도 모습

🔵05 배관 및 결선

1) 배관 제도

① 배관용 합판에 결선이 완료된 제어판의 윗부분이 가슴 높이에, 합판의 중앙에 수평방향으로 위치하도록 고정한다.

② 50[cm] 방안자와 분필을 사용하여, 제어판 위쪽과 아래쪽을 기준으로 수평으로 각각 50[cm](8각 박스 쪽은 70[cm])를 그어 준다.

③ 제어판 왼쪽에는 배관 및 기구 배치도 도면을 배치하고, 오른쪽에는 시퀀스 회로도를 배치한다.

④ 배관 및 기구 배치도 넘버링을 활용하여 도면과 동일하게 제도하고, 넘버링 내용을 그대로 기록한다.

2) 기구 부착 및 새들 고정

① 컨트롤 박스, 8각 박스, 4P 단자대를 고정한다. 이때 8각 박스는 완전히 고정하고, 컨트롤 박스와 4P 단자대는 한쪽만 고정한다.

② 컨트롤 박스 커버를 사용하여 새들의 위치를 제도한다.

- 새들 위치 제도는 반드시 기구 부착 후에 시행한다.
- 15[cm] 간격의 새들 위치(컨트롤 박스, 8각 박스, 제어판, 전선관)는 컨트롤 박스 커버를 이용하고, 5[cm] 간격의 새들 위치(단자대 측)는 50[cm] 방안자를 이용한다.

③ 새들은 배관 제도선에서 0.5~1[cm] 이격하여 곡선의 안쪽 부분에 한쪽만 고정하고 뒤쪽으로 제쳐 놓는다.

- 케이블에는 케이블 전용 새들로 고정해야 한다.
- 새들을 고정해야 할 위치에 새들이 누락되거나, 새들 고정용 나사가 1개 이상 누락되면 실격에 해당된다.

3) 배관

① 5[m] 길이의 PE관과 CD관을 배관 및 기구 배치도에 기록된 길이만큼 먼저 잘라서 바닥에 둔다.

② 컨트롤 박스와 8각 박스에 배관 종류에 맞는 커넥터를 결합한다.

③ PE관은 8각 박스나 컨트롤 박스와 다른 기구를 연결할 때에는 8각 박스나 컨트롤 박스에 배관을 먼저 고정시킨 후, 스프링벤더를 컨트롤 박스 쪽에서 배관 속에 끝까지 밀어 넣고, 배관을 120~150°로 굽힌 다음 새들로 단계별로 고정한다.

④ CD 관도 8각 박스나 컨트롤 박스와 다른 기구를 연결할 때에는 8각 박스나 컨트롤 박스에 배관을 먼저 고정시킨 후, 단계별로 새들을 고정하면서 배관을 접속한다. 이때 배관의 곡률 반지름을 배관 안지름의 6배 이상으로 유지하는 것이 중요하다.

▲ 배관 완성 모습

4) 입선

① 전원선 입선

- 전원선의 길이는 결선을 고려하여 1,200[mm]와 1,000[mm]로 여유 있게 자른다.
- 전원선 한쪽 끝을 맞춘 다음 마스킹 테이프로 끝부분을 한 번만 감아준다.
- 제어판 쪽에서부터 배관에 전원선을 끼운 후 양쪽을 제쳐서 전원선이 움직이지 않게 한다.

② 제어선 입선

- 제어선은 결선을 고려하여 1,800[mm] 8개, 1,500[mm] 6개, 700[mm] 4개의 선으로 자른다.
- 제어선을 8각 박스나 컨트롤 박스 쪽에서 입선할 때에는 반드시 8각 박스나 컨트롤 박스 쪽에서 먼저 입선한다.
- 제어선 끝부분을 맞추어서 마스킹 테이프로 한 번만 감아준 후, 입선하면 쉽게 작업할 수 있다. 입선 후에 마스킹 테이프는 제거한다.

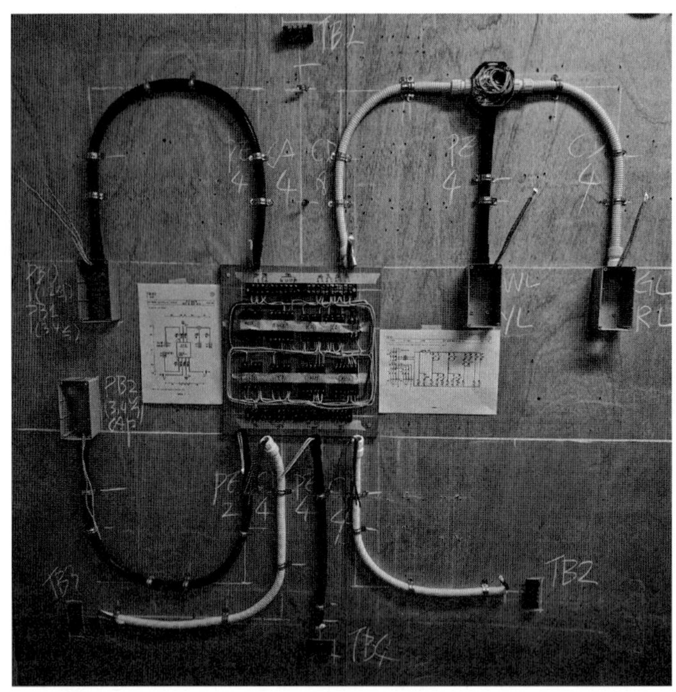

▲ 입선 완료 모습

5) 결선 및 최종 점검

① 케이블 결선

- 케이블을 65[cm]로 자른 후, 케이블용 커넥터를 기구 결합용 볼트가 아래 방향으로 향하게 하여 케이블 중간 하단에 끼운다.
- TB1을 합판에서 분리하여 작업용 책상 위에 놓고, 만능가위를 사용하여 케이블 위쪽 7.5[cm] 정도 길이의 절연물을 제거해 준다.
- 갈색, 흑색, 회색, 녹색 전선을 TB1의 폭에 맞게 쇠스랑 모양으로 굽히고 높이를 같게 한 다음 각 전선을 12[mm] 스트리핑한다.
- 스트리핑한 심선을 꼬아서 TB의 각 단자에 동시에 끼우고 볼트로 고정한다.
- 케이블용 새들 2개를 조여서 케이블을 고정시키고, 제어판의 TB1 이기 위치까지 조금 여유를 두고 맞춰서 잘라준다.
- 만능가위를 이용하여 제어판 입구 위치에서부터 케이블 절연물을 제거한다.
- 제어판 이기 위치에 맞게 각 전선의 길이를 조정하여 자르고, 12[mm] 스트리핑하여 심선을 꼰 다음 단자에 접속한다.
- 케이블용 커넥터를 조정하여 제어판 위 5[mm] 정도 얹히게 올려놓고, 볼트로 고정한다.

② 전원선 결선

- 입선된 모든 전선의 양 끝을 12[mm]로 스트리핑한다.
- 제어판 아래쪽 TB6에 이기한 TB2, TB3 위치에 '갈색, 흑색, 회색, 녹색'의 순서로 전원선을 입선하고 볼트로 고정한다.

- TB2 쪽은 위로부터 갈색, 흑색, 회색, 녹색의 순서로 전선 길이를 조정하여 자른다.
- 12[mm] 스트리핑하여 TB2에 전선을 삽입하여 고정한다.
- TB3 쪽도 위로부터 갈색, 흑색, 회색, 녹색의 순서로 전선 길이를 조정하여 자른다.
- 12[mm] 스트리핑하여 TB3에 전선을 삽입하여 고정한다.

③ 제어선 결선

- 입선된 모든 전선의 양 끝을 12[mm]로 스트리핑한다.
- 제어선을 컨트롤 박스 쪽의 필요한 단자마다 전선을 먼저 결선한다.
- 제어판의 PB0, PB1, WL, YL, GL, RL, PB2를 결선할 때는 벨테스터를 사용하여 양쪽의 전선을 확인하여 한 개씩 결선한다. 이때 PB0, PB1, PB2 결선 시 a, b 접점을 구분하여 정확하게 결선한다.

④ 최종 점검

- 배관 결선을 완료하고 나면 반드시 전체적인 점검을 다시 해야 한다.
- 먼저 가장 진한 색깔의 형광펜과 벨테스터를 준비한다.
- 점검 순서는 섹터별 결선 때와 마찬가지로 항상 왼쪽에서 오른쪽, 위에서 아래의 순서로 섹터별로 점검한다.
- 이때 배관의 종류, 전선의 색깔, PB0과 PB1, PB2의 접점, Lamp의 색깔을 중점적으로 점검하고, 결선의 오류가 없는지를 도면과 비교하여 육안으로 점검한다.
- 육안 점검이 끝나면 벨테스터로 접속 불량 여부를 다시 한번 확인한다.
- 가장 진한 색깔의 형광펜으로 결선 부위 위에 중복하여 단계별로 컬러링한다.

6) 퓨즈 조립과 컨트롤 박스 피스 및 케이블타이 고정

① 유리관형 퓨즈 조립
- 퓨즈 홀더의 접속기를 일자형 드라이버로 양쪽 간격을 적당히 벌려준다.
- 퓨즈 홀더 상·하의 간격을 적절히 유지하여 눌러 끼워서 퓨즈가 움직이지 않게 고정한다.
- 퓨즈 접속이 끝나면 벨테스트로 접속 불량 여부를 점검한 후에 퓨즈 커버를 닫는다.

② 컨트롤 박스 커버 고정 : 따로 보관한 컨트롤 박스 커버용 피스 4개씩을 사용하여 커버를 결합

③ 동작 시험 준비
- 전원 측 단자대(TB1)는 갈색과 회색 선을 100[mm] 정도 인출하고, 피복은 전선 끝에서 약 10[mm] 정도 벗겨서 접속한다.
- TB4의 LS1 (−), LS2 (−) 측에는 제어선을 각각 100[mm] 정도 인출하고 피복을 전선 끝에서 10[mm] 정도 벗겨서 접속한다.

④ 케이블타이 고정 : 케이블타이는 왼쪽과 오른쪽 각각 4개씩 총 8개만 사용해도 무방하다.

▲ 실기 작업 완료 모습

ⓕ 기적의 TIP

배관 및 결선 시 주의사항

- 누락 요소 없이 정확하게 제도한다. 새들의 위치는 15cm, TB 측은 5cm 간격을 유지한다.
- 배관 종류, 입선 수, 램프 및 푸시 버튼(PB0, PB1, PB2 등) 색상, 접점 번호를 배관 및 기구 배치도 넘버링에 의거하여 합판에 표시한다.
- '제도 → 기구 부착 → 새들 고정(새들 위치 제도 포함, 처음은 한쪽만 작업) → 배관(배관 절단, 커넥터 조립 포함) → 입선 (전선 절단 포함) → 컨트롤 박스 커버 조립 → 결선(반드시 컨트롤 박스부터 작업) → 최종 점검 → 퓨즈 조립 → 컨트롤 박스 피스 고정 및 8개 이상의 케이블타이 고정'의 배관 절차를 따라 단계적으로 작업한다.
- 다음 사항에 특히 주의한다.
  - 배관 시 커넥터는 제어판 위에 5[mm] 올린다.
  - 배관 고정 시 새들 고정용 나사는 반드시 2개 모두 고정한다.
  - TB에 새들 고정 시 TB 기준 50[mm](배관) + 50[mm](새들) 이격한다.
  - 기구 부착 시 컨트롤 박스와 TB는 나사 1개만 박아둔다.
  - 컨트롤 박스는 배관 완료 시, TB는 결선 시 나사를 추가하여 고정한다.
  - 컨트롤 박스 커버를 상·하에 맞게 조립 : PB, 램프 등 커버의 상·하에 맞게 기구 배치도에 따라 미리 조합하고, 컨트롤 박스의 빈 곳에는 캡(Cap)이 지급되면 반드시 씌운다.
  - 입선한 후 반드시 컨트롤 박스 쪽부터 결선하고 후에 제어판 쪽을 결선한다. 이때, 부저, 퓨즈, 셀렉트 스위치는 반드시 반고리 형상으로 결합한다.
  - 접속 불량 요인을 염두에 두고 결선한다.
  - 케이블은 TB에서 먼저 결선한 후, 제어판을 결선한다. 이때 길이에 충분히 여유를 주어 65cm로 절단하고, 최종 길이는 기준에 맞게 연결한다.
  - 도면과 비교하여 다시 '배관별 점검 → 도면과 일치 여부 확인 → 벨테스터 시행 → 형광펜 표시' 순으로 최종 점검을 한다.
  - 최종 점검 완료 후, 케이블타이는 왼쪽과 오른쪽 각각 4개씩 총 8개 이상을 반드시 묶는다.

MEMO

MEMO

MEMO

자격증은
이기적!